Wörterbuch Biologie Englisch - Deutsch

Über 62.000 Fachbegriffe aus allen modernen und klassischen biologischen Disziplinen

Rund 2.000 Tier- und Pflanzennamen mit lateinischen Gattungs- und Artbezeichnungen

Wichtige Grundbegriffe aus Nachbardisziplinen

Herausgegeben von:
Olga I. Tschibissowa
Alexandra J. Bolotina
Ewgenij F. Linnik

Deutsche Bearbeitung:
Dr. Michaela Bühler

1996
Verlag Harri Deutsch
Thun und Frankfurt am Main

Die Deutsche Bibliothek · CIP-Einheitsaufnahme

Čibisova, Olga I.:
Wörterbuch Biologie : englisch - deutsch ; über 62000 Fachbegriffe aus allen modernen und klassischen biologischen Disziplinen ; rund 2000 Tier- und Pflanzennamen mit lateinischen Gattungs- und Artbezeichnungen ; wichtige Grundbegriffe aus Nachbardisziplinen / hrsg. von: Olga I. Tschibissowa ; Alexandra J. Bolotina ; Ewgenij F. Linnik. Dt. Bearb.: Michaela Bühler. - Thun ; Frankfurt am Main : Deutsch, 1996
ISBN 3-8171-1483-4
NE: Bolotina, Aleksandra Ju.:; Linnik, Evgenij F.:; Bühler, Michaela [Bearb.]; HST

ISBN 3-8171-1483-4

1. Auflage 1996

Druck: Fuldaer Verlagsanstalt GmbH, Fulda
Printed in Germany

Vorwort

Das Lesen englischsprachiger Fachliteratur ist für jeden Studenten und Wissenschaftler der biologischen Disziplinen eine notwendige und unerläßliche Arbeit. Beim Lesen und Durcharbeiten von englischen Texten verliert der Student, dem die Fachbegriffe noch nicht geläufig sind, sehr viel Zeit durch das reine Übersetzen. Besonders das Auffinden der spezifischen biologischen Fachwörter gestaltet sich problematisch, da sie in allgemeinen Wörterbüchern meist nicht enthalten sind. Aber auch der versierte Biologe hatte bisher keinen schnellen Zugriff auf Übersetzungen weniger geläufiger Begriffe. Aus diesen Gründen haben wir ein Fachwörterbuch für die klassischen und modernen Disziplinen der Biologie erarbeitet. Die Autoren hoffen, mit diesem Buch für die Übersetzung wissenschaftlicher Publikationen eine gute Grundlage geschaffen zu haben. Das Buch richtet sich an Studenten der Biologie und Wissenschaftler, die in der Forschung tätig sind. Aus diesem Grund wurde z.B. auf die Aufnahme systematischer, taxonomischer und syntaxonomischer Begriffe verzichtet, soweit sie im Englischen und Deutschen gleichlautend sind und auch gleich oder fast gleich geschrieben werden.

Eine solche umfangreiche Arbeit, wie sie hier vorliegt, ist sicherlich nicht fehlerfrei. Falls Sie Fehler finden, wären wir Ihnen sehr dankbar, wenn Sie diese dem Verlag Harri Deutsch mitteilen würden.

Autoren und Verlag Harri Deutsch
Gräfstr. 47
D-60486 Frankfurt am Main
Fax 069-7073739
E-Mail: verlag@harri-deutsch.de
http://www.Germany.EU.net/shop/HD/verlag/

Das Wörterbuch Biologie enthält:

• *ca. 62.000 Fachbegriffe aus allen modernen und klassischen biologischen Disziplinen* (Botanik, Zoologie, Genetik, Anatomie, Morphologie, Zytologie, Histologie, Physiologie, Biochemie, Molekularbiologie, Ökologie, Paläontologie, Evolutionsbiologie, Ethologie, Systematik, Pflanzen- und Tierbestimmung.)

• *ca. 2.000 Tier- und Pflanzennamen mit ihren lateinischen Gattungs- und Artbezeichnungen*

• *wichtige Grundbegriffe aus den Nachbardisziplinen* Medizin, Chemie, Physik, Mathematik, Geologie, Geographie, Bodenkunde, soweit sie für die Biologie relevant sind

Das Wörterbuch Biologie richtet sich an
Studenten und Wissenschaftler aller biologischen Fachgebiete, die eine umfassende Übersetzung englischer Termini ins Deutsche suchen.

Benutzerhinweise

Die führenden Termini sind alphabetisch und nach dem Nestsystem angeordnet. Als ein „Nest“ wird bei dem erwähnten System ein Stichwort (Substantiv) mit den dazugehörigen Attributen bzw. attributiven Gruppen bezeichnet, wobei jedes Nestglied (Terminus, der aus einem Stichwort und einem Attribut bzw. einer attributiven Gruppe besteht) als eine Wortstelle gilt. Dementsprechend soll der Leser z.B. den Terminus **egg capsule** im Nest **capsule** suchen.
Das Stichwort wird im Nest durch eine Tilde ersetzt.
Die synonymischen Stichwörter werden durch ein Komma getrennt, wenn sie im Alphabet einander folgen, z.B. **lactigenic, lactigenous**.
Austauschbare Teile der zusammengesetzten Termini oder Übersetzungen können in eckigen Klammern stehen, z. B. **korn [field] kale**. Den Terminus soll man lesen **korn kale, field kale**.
Verschiedene Bedeutungen der Übersetzung werden durch Ziffern, sinnverwandte Varianten durch ein Semikolon und synonymische Varianten durch ein Komma getrennt.
Erklärungen zu den Übersetzungen sind kursiv gesetzt und stehen in runden Klammern.
Tier- und Pflanzennamen sind mit ihren lateinischen Gattungs- und Artbezeichnungen aufgeführt.

Abkürzungen

(Ant.)	Anatomie
(Biom.)	Biometrie
(Bot.)	Botanik
(Ent.)	Entomologie
(Ethol.)	Ethologie
(Evol.)	Evolutionsbiologie
(Gen.)	Genetik, Gentechnologie
(Helm.)	Helminthologie
(Herp.)	Herpetologie
i.e.S.	im engeren / eigentlichen Sinne
(Ichth.)	Ichthyologie
(Mol.)	Molekularbiologie
(Ökol.)	Ökologie
(Orn.)	Ornithologie
(Zool.)	Zoologie

A

aardvark Erdferkel *n (Orycteropus afer)*
aardwolf Erdwolf *m (Proteles cristatus)*
Aaron's-beard Gemeines Leinkraut *n (Linaria vulgaris)*
Aaron's-rod → Adam's-rod
abacate → avocado
abacterial abakteriell, bakterienfrei; steril, keimfrei
abalone Meerohr *n*, Seeohr *n (Haliotis)*; *pl* Seeohren *npl*, Meerohren *npl (Haliotidae)*
abandon verlassen, verwerfen
abandoned field *(Ökol.)* aufgegebenes Ackerland *n*
abapertural *(Zool.)* von der Schalenöffnung entfernt liegend (bei Gastropoda)
abatement 1. Vernichtung *f*; 2. Verminderung *f*, Linderung *f*, Senkung *f*
abbreviation Abbreviation *f*, Abkürzung *f*
abdomen 1. Bauch *m*; 2. *(Ent.)* Hinterleib *m*
petiolated ~ Hinterleib *m* ohne Wespentaille *(bei Hautflüglern)*
sessile ~ Hinterleib *m* mit Wespentaille *(bei Hautflüglern)*
abdominal 1. abdominal, Bauch...; 2. *(Ent.)* Hinterleibs...
abdominous großbäuchig
abducent abziehend, wegbewegend, wegführend
abduction Abduktion *f*, Abziehung *f*, Abspreizung *f*, Seitwärtsbewegung *f*
abductor Abduktor *m*, Abzieh(er)muskel *m*
abele Silberpappel *f*, Weißpappel *f (Populus alba)*
abenteric extraintestinal, außerhalb des Darmkanals liegend
aberrance [aberrancy] Abweichung *f* (von der natürlichen Gestalt)
aberrant aberrant, anormal, abweichend
aberration Aberration *f*, Anomalie *f*, Abweichung *f*
abgerminal dem Embryo abgewandt
abiatrophy [vorzeitiger] Vitalitätsverlust *m*
abhorrence Abscheu *m*
abience Flucht *f* von der Reizquelle
ability Fähigkeit *f*, Befähigung *f*, Vermögen *n*;
~ to conceive Empfängnismöglichkeit *f*
~ for tillering Bestockungsfähigkeit *f*
colony-forming ~ Kolonienbildungsfähigkeit *f*
combining ~ Kombinationsvermögen *n*
competitive ~ Konkurrenzvermögen *n*
complement-fixing ~ Komplementbindungsvermögen
germinating ~ Keimfähigkeit *f*
regenerative ~ Regenerationsvermögen *n*
abiogenesis [abiogeny] Abiogenese *f*, Urzeugung *f*
abioseston Abioseston *n*, Tripton *n (unbelebter Anteil aller im Wasser schwebenden Teile)*
abiosis Abiose *f*, Lebensunfähigkeit *f*
abirritation Beruhigung *f*, Erregungshemmung *f*
abjection 1. Ausscheidung *f*; 2. *(Ethol.)* Demütigung *f*
abjunction Abtrennung *f*
ablactation 1. Annäherungpfropfung *f*; 2. Ablaktation *f*, Abstillen *n*, Abstillung *f (eines Säuglings)*
ablastemic *(Bot.)* nicht keimend
ablastous *(Bot.)* 1. knospenlos; 2. keimlos
ablastous ablastisch
ablate amputieren, abtragen
ablation Amputation *f*, Abtragung *f*
ablaze aufgeregt, erregt; in Flammen
able-bodied kräftig, gesund, körperlich leistungsfähig
ablet Laube *m*, Ukelei *m*, Silberfisch *m (Alburnus alburnus)*
abloom blühend, in Blüte stehend
abludent abweichend
ablution Waschung *f*, Spülung *f*
abmigration Abwanderung *f*
abnormal anomal
abnormality Anomalie *f*, Abnormität *f*
abomasum Abomasus *m*, Labmagen *m*
aboospore parthenogenetische Oospore *f*
aboral aboral, vom Munde weggerichtet
aboriginal 1. Ureinwohner *m*; 2. aborigen, ursprünglich *(z. B.)*; 3. einheimisch
abortion 1. Fehlgeburt *f*, Ausstoßung *f* der Leibesfrucht; 2. Fehlgeburt *f*, lebensunfähige Leibesfrucht *f*; 3. Verkümmerung *f*
abortive verkümmert, unausgebildet, abortiv
abortus lebensunfähige Leibesfrucht *f*
above-ground oberirdisch, epigäisch
abranchial [abranchiate] kiemenlos
abrego Germon *m*, Weißer Thun *m (Thunnus alalunga)*
abroma Kakaomalve *f (Abroma)*
cotton ~ Erhabene Kakaomalve *f (Abroma augusta)*
abscission 1. Excision *f*, Abszission *f*, Abtrennung *f*; 2. Abfallen *n*
absconded versteckt; maskiert
absinth(e) [absinthium] Wermut(beifuß) *m (Artemisia absinthum)*
absolute 1. rein, unvermischt; 2. absolut *(Alkohol)*; 3. völlig, vollkommen
absolutely restricted *(Ökol.)* 1. gemeinschaftstreu, treu (Arten); 2. ortstreu, treu
absorb absorbieren, aufnehmen, aufsaugen, einsaugen
absorbancy optische Dichte *f*
absorbefacient absorbierend, aufnehmend, aufsaugend
absorbency → absorbancy
absorbent 1. Absorbens *n*, Absorptionsmittel *n*; 2. absorbierend, aufnehmend, aufsaugend
absorption Absorption *f*, Aufnahme *f*, Aufsaugen *n*, Einsaugen *n*
dermal ~ Hautabsorption *f*
internal [intestinal] ~ Intestinalabsorption *f*
light ~ Lichtabsorption *f*
nutritive ~ Nahrungsmittelabsorption *f*
oxygen ~ Sauerstoffabsorption *f*
parenteral ~ Parenteralabsorption *f*, extraintestinale Absorption *f*

X-ray ~ Röntgenstrahlenabsorption *f*
absorptive 1. absorptiv, Absorptions...; 2. absorbierend, aufnahmefähig, aufsaugfähig
absorptivity Absorptionsvermögen *m pl*
abstract extrahieren; destillieren
abstraction Extrahierung *f*, Absonderung *f*
abundance 1. Fülle *f*, große Menge *f*; 2. Abundanz *f*, Artendichte *f*; 3. Abundanz *f*, Individuendichte *f*, Häufigkeit *f*
seasonal ~ seasonabhängige Populationsdynamik *f*
abundant reichlich vorhanden; weit verbreitet; üppig
abuse falscher Gebrauch *m*, Mißbrauch *m*
abutilon Abutilon *m*, Samtpappel *f*, Schmuckmalve *f* (*Abutilon*)
painted ~ Farbige Samtpappel *f* (*Abutilon pictum*)
abyss Abyssal *n (tiefer als 1000 m gelegene Region der Tiefsee)*
abyssal abyssal, abyssisch
abzyme Abzym *n (Antikörper mit künstlich erzeugter enzymatischer Aktivität)*
acacia Akazie *f*, Schotendorn *m* (*Acacia*)
bastard ~ Gemeine Robinie *f*, Scheinakazie *f*, Unechte Akazie *f* (*Robinia pseudoacacia*)
golden-wattle ~ Dichtblumige Akazie *f* (*Acacia pycnantha*)
gum arabic ~ Ägyptischer Schotendorn *m*, Arabische Akazie *f* (*Acacia arabica*)
rose ~ Borstige Robinie *f* (*Robinia hispida*)
sweet ~ Antillenkassie *f* (*Acacia farnesiana*)
Sydney ~ Langblättrige Akazie *f* (*Acacia longifolia*)
three-thorned ~ Christusakazie *f*, Dornbaum *m* , Dreidornige Gleditschie *f* (*Cleditschia triacanthos*)
acalycine [acalycinous] kelchlos, unbekelcht
acalyculate außenkelchlos, nebenkelchlos
acantha 1. Stachel *f*; Nadel *f*, Dorn *m*; 2. Dornfortsatz *m*
acanthaceous dornig, stachelig; bestachelt
acanthocarpous stachelfrüchtig
acanthocephalous stachelköpfig
acanthocladous stachelzweigig
acanthoid 1. nadelartig, stachelartig; 2. stachelig; bedornt, bestachelt
acanthophorous dornig, stachelig
acanthous stachelig
acanthus Akanthus *m*, Bärenklau *f*, Löwenklau *f* (*Acanthus*)
acara Buntbarsch *m* (*Aequidens*)
acarian *(Zool.)* Milbe *f*; Zecke *f*
acaricide 1. Akarizid *n*, Milbenbekämpfungsmittel *n*; 2. akarizid, milbentötend
acarology Akarologie *f*, Milbenkunde *f*
acarophilous *(Bot.)* akarophil, mit Milben in Symbiose lebend
acarophytium mutualistische Gemeinschaft *f* der Milben und Pflanzen
acarotoxic akarotoxisch, milbentötend
acarpel(l)ous fruchtblattlos
acarpous fruchtlos
acaryocyte Akaryozyt *m*, kernlose Zelle *f*
acaryote 1. Akaryozyt *m*, kernlose Zelle *f*; 2. kernlos
acaudate schwanzlos
acaulescence *(Bot.)* Akauleszenz *f*, Stengellosigkeit *f*
acaulescent stengellos, ungestielt
acaulosia Stengelunterentwicklung *f*
acaulous stengellos, ungestielt
acceleration 1. Akzeleration *f*, Beschleunigung *f*; 2. Entwicklungsbeschleunigung
accelerator Akzelerator *m*, Beschleuniger *m*
accentor Braunelle *f* (*Prunella*)
Alpine ~ Alpenbraunelle *f* (*Prunella collaris*)
black-throated ~ Schwarzkehlbraunelle *f* (*Prunella atrogularis)*
brown ~ Fahlbraunelle *f (Prunella fulvescens)*
hedge ~ Heckenbraunelle *f (Prunella modularis)*
Himalayan ~ Himalaya-Braunelle *f*, Steinbraunelle *f (Prunella himalayana)*
Japanese ~ Rötenbraunelle *f (Prunella rubida)*
maroon-backed ~ Waldbraunelle *f (Prunella immaculata)*
mountain ~ Bergbraunelle *f* (*Prunella montanella*)
rufous-breasted ~ Rotbrust-Braunelle *f (Prunella strophiata)*
accept 1. annehmen; aufnehmen, akzeptieren; 2. binden, zusammenbinden
acceptability Annehmbarkeit *f*
acceptor Akzeptor *m*, Empfänger *m*
accessibility Zugänglichkeit *f*
accessible zugänglich, erschließbar (z.B. Nährstoffe, Oberflächen)
accessory Hilfs..., Neben..., Begleit...; zusetzend
accidental zufällig, nebensächlich, hinzugekommen; adventiv
acclimatization Akklimatisation *f*, Umweltanpassung *f*; Einbürgerung *f*; Eingewöhnung *f*, Anpassung *f*
acclimatize (sich) akklimatisieren, sich anpassen, eingewohnen
accommodation 1. Anpassung *f*; 2. Akkomodation *f (in der Sehphysiologie)*
accomodative akkomodativ, sich anpassend
accompaniment Begleitprodukt *n*, Beiprodukt *n*
accompanying organism *(Ökol.)* Begleitorganismus *m*
accouchement Geburt *f*, Entbindung *f*
accrescence 1. kontinuierlicher Wuchs *m*; 2. Wachstum *n* der Pflanze nach dem Abblühen
accrescent fortwachsend
accrete 1. zusammengewachsen; verwachsen; 2. anheften; 3. umwachsen
accretion 1. Wachstum *n*; Wuchs *m*; 2. Zuwachs *m*, Zunahme *f*; 3. Umwachsung *f*; 4. Verwachsung *f*
height ~ Höhenzuwachs *m*
accumbent anliegend; aneinanderliegend
accumulation Akkumulation *f*, Ansammlung *f*, Anhäufung *f*; Speicherung *f*
mud ~ Verschlammung *f*
accumulative akkumulativ, ansammelnd

acellular zellenlos, zellenfrei
acephalic azephal, kopflos, ohne Kopf
acephalous 1. kopflos; 2. ohne Blütenkopf
acerate nadelförmig, nadelartig, nadelspitzig
acerola Kirschtanne *f*, Barbadoskirsche *f*, Malpigie *f* (*Malpighia punicifolia*)
acerose 1. *(Bot.)* spitz[ig], nadelscharf; 2. → acerous
acerous 1. nadelförmig, nadelartig, nadelspitzig; 2. hornlos; 3. tentakellos
acervate gehäuft, aneinandergedrängt
acervulus 1. Konidienlager *n*; 2. Häufchen *n*; Fruchthäufchen *n*; 3. Sporenhäufchen *n*; 4. Blütenknäuel *m*
acetabular Hüft(gelenk)pfannen...
acetabuliform schälenförmig, becherförmig, napfförmig
acetabulum 1. Azetabulum *n*, Hüftgelenkspfanne *f*; 2. Bauch-Saugnapf *m (von Bandwürmern der Familie Cyclophyllidea)*
acetal(iz)ation Azetalisierung *f*
acetification Essigsäuregärung *f*
acetoacetylation Azetoazetylierung *f*
acetoclastic essigsäureabbauend
acetogenic essigsäurebildend
acetoethylation Azetoäthylierung *f*
acetonation Azetonierung *f*
acetoxylation Azetoxylierung *f*
acetoxymethylation Azetoxymethylierung *f*
acetylation [acetylization] Azetylierung *f*
achaetous *(Zool.)* borstenlos; ohne Haare; ohne Dornen (Körperdecke von Annelida und Arhropoda)
ache 1. Echter [Gemeiner] Sellerie *m* (*Apium graveolens*); 2. Schmerz *m*
acheilous lippenlos, ohne Lippen
achene [achenocarp] *(Bot.)* Achäne *f*, Schließfrucht *f*
achlamydate mantellos
achlamydeous blütenhüllenlos, nacktblütig
achlorophyllous chlorophyllos
achroacyte Lumphozyt *m*, Lymphzelle *f*
achromasia Achromasie *f*, Achromie *f*, Pigmentlosigkeit *f (Histologie)*
achromatic achromatisch, farblos; unfärbbar
achromatophilous achromatophil, unfärbbar
achromia → achromasia
achromic → achromatic
achromophilous achromatophil, unfärbbar
achroous achromatisch, farblos; unfärbbar
acicle [acicula] *(Bot.)* Nadel *f*
acicular [aciculiform] nadelartig, nadelförmig, nadelspitzig; Nadel...
aciculum Azicule *f*, kleine Nadel *f*; Dörnchen *n*; Stachelchen *n*
acid 1. Säure *f*; 2. sauer; Säure...
  acetic ~ Essigsäure *f*
  acetoacetic ~ Azet(o)essigsäure *f*
  acetolactic ~ Azetomilchsäure *f*
  adenosine diphosphoric ~ Adenosindiphosphatsäure *f*, ADP
  adenosine triphosphoric ~ Adenosintriphosphatsäure *f*, ATP
  amino ~ Aminosäure *f*
  aminobutyric ~ Aminobuttersäure *f*
  aminoisobutyric ~ Aminoisobuttersäure *f*
  aspartic ~ Asparaginsäure *f*
  bile ~ Gallensäure *f*
  butyric ~ Buttersäure *f*
  caffeic ~ Koffeinsäure *f*
  chain-terminal amino ~ endständige Aminosäure *f*
  cinnamic ~ Zimtsäure *f*
  citric ~ Zitronensäure *f*
  C-terminal amino ~ C-terminale Aminosäure *f*
  deoxyribonucleic ~ Desoxyribonukleinsäure *f*, DNS *f*, DNA *f*
  diacetic ~ Azetoessigsäure *f*
  dimethylarsinic ~ Kakodilsäure *f*
  erucylacetic ~ Azeteruksäure *f*
  essential amino ~ essentielle Aminosäure *f*
  fatty ~ Fettsäure *f*
  formic ~ Ameisensäure *f*
  formyltetrahydrofolic ~ Folinsäure *f*, Formyltetrahydrofolsäure *f*
  free fatty ~ freie Fettsäure *f*
  hexanoic ~ Kapronsäure *f*
  high-molecular weight ribonucleic ~ Ribonukleinsäure *f* von hohem Molekulargewicht
  hydroxypyruvic ~ Hydroxypyruvatsäure *f*, Hydroxybrenztraubensäure *f*
  indispensable amino ~ essentielle Aminosäure *f*
  indoleacetic ~ Indolessigsäure *f*
  indolebutyric ~ Indolbuttersäure *f*
  informational ribonucleic ~ Messenger-Ribonukleinsäure *f*, Messenger-RNS *f*, mRNS *f*, mRNA *f*, Boten-RNS *f*
  lactic ~ Milchsäure *f*
  malic ~ Apfelsäure *f*
  mercapturic ~ Merkaptopurinsäure *f*
  messenger ribonucleic ~ Messenger-Ribonukleinsäure *f*, Messenger-RNS *f*, mRNS *f*, mRNA *f*, Boten-RNS *f*
  n-octanoic ~ Kaprilsäure *f*
  N-terminal amino ~ N-terminal-Aminosäure *f*
  nucleic ~ Nukleinsäure *f*
  oxaloacetic ~ Oxalessigsäure *f*
  pyruvic ~ Brenztraubensäure *f*
  quinic ~ Chininsäure *f*
  quinolinic ~ Chinolinsäure *f*
  ribonucleic ~ Ribonukleinsäure *f*, RNS *f*, RNA *f*
  saccharic ~ Zuckersäure *f*
  sinapic ~ Sinapissäure *f*, Senfsäure *f*
  succinic ~ Bernsteinsäure *f*
  template ribonucleic ~ Messenger-Ribonukleinsäure *f*, Messenger-RNS *f*, mRNS *f*, mRNA *f*, Boten-RNS *f*
  transfer ribonucleic ~ Transfer-Ribonukleinsäure *f*, lösliche Ribonukleinsäure *f*, t-RNS *f*, t-RNA *f*
  translational ribonucleic ~ Messenger-Ribonukleinsäure *f*, Messenger-RNS *f*, mRNS *f*, mRNA *f*, Boten-

RNS *f*
uric ~ Harnsäure *f*
valeric ~ Valeriansäure *f*
acid-fast säurefest, säureresistent, säureunempfindlich
acidic sauer; Säure...; säurehaltig
acidification Ansäuerung *f*, Säuerung *f*, Versäuerung *f*, Ansäuern *n*
acidity Azidität *f*, Säuregehalt *m*, Säuregrad *m*
actual ~ aktive (echte) Azidität *f*
exchange ~ Austauschazidität *f*
total ~ totale Azidität *f*
true ~ → actual acidity
acidocyte azidophiler [eosinophiler] Leukozyt *m*
acidofuge Azidophobe *m*
acidogenic säurebildend, säureproduzierend
acidophilic 1. azidophil, acidoklin, säureliebend; säurefärbend; 2. eosinophil
acidoresistant säureresistent, säurefest, säureunempfindlich
acidosis Azidose *f*, Azidämie *f (Senkung des Blut pH-Wertes unter 7,38)*
acidotolerant säuretolerant
acidotus zugespitzt
acid-treated säurebearbeitet
acidulant ansäuerndes Mittel *n*
acidulation Ansäuerung *f*
acidulous säuerlich
acinacifolious säbelblätterig
acinaciform *(Bot.)* säbelförmig
acinarious *(Bot.)* scheinbeerig
acine 1. Steinbeerchen *n*, Steinfrüchtchen *n*; 2. Azinus *m*, Drüsenazinus *m*, Drüsenbeere *f*
aciniform traubenartig
acinose körnig, granulär
acinus → acine1.
acme Höhepunkt *m*, Gipfel *m*
acoelomatous leibeshöhlenlos
acoelous 1. leibeshöhlenlos; 2. verdauungstraktlos; 3. azöl *(Wirbel)*
acolous extremitätenlos
acolpate furchenlos
aconite Eisenhut *m*, Sturmhut *m*, Akonit *m* (*Aconitum*)
monkshood ~ Pyramidalakonit (*Aconitum pyramidale*)
winter ~ Winterrose *f*, Schneerose *f (Helleborus hyemalis)*
acormose stammlos
acorn *(Bot.)* Eichel *f*
sea ~ Seepocke *f* (*Balanus* balanoides); *pl* Seepocken *fpl (Balanomorpha)*
acorncup Fruchtschälchen *n*, Becherhülle *f*
acostate rippenlos
acotyledon keimblattlose Pflanze *f*
acotyledonous samenlappenlos, keimblattlos
acouchi Geschwänztes Aguti *n*, Acouchi *n* (*Myoprocta*)
acoustical akustisch
acoxylation Azyloxylierung *f*
acquaint *(Ethol.)* bekannt machen, kennenlernen
acquired erworben
acquirement 1. Erwerbung *f*; 2. erworbene Fähigkeit *f*
acquisition Erwerbung *f*, Anschaffung *f*
acranial akranial, schädellos
acranthed gipfelblütig, mit endständigen Blüten
acrobryous gipfelwachsend
acrocarpous die Frucht obentragend, mit endständigen Früchten
acrodromal *(Bot.)* spitzläufig
acrodromous *(Bot.)* spitzläufig, an der Blattspitze zusammenlaufend
acrofugal *(Bot.)* herablaufend
acrogenous spitzständig; endsproßend
acromial akromial, Schulterhöhe...
acropetal 1. akropetal; 2. spitzkronblättrig
acrophyte Akrophyt *m*, Hochgebirgspflanze *f*
acroscopic gipfelgerichtet
acrosome Akrosom *n*, Perforatorium *n (am Kopf des Spermiums)*
acrospire 1. Blattanlage *f*; 2. Blattfederchen *n (z.B. beim Getreide)*, Fiederblättchen *n*; 3. Blattanlage *(Knospe)* treiben; keimen
acrospore *(Bot.)* Akrospore *f*, endständige Konidie *f (bei Pilzen)*
acroteric endständig
actic litoralbewohnend, Litoral...
actinia Aktinie *f*, Seerose *f* (*Actinia*)
actinidia *(Bot.)* Aktinidie *f*, Strahlengriffel *m* (*Actinidia*)
bower ~ Arguta *f* (*Actinidia arguta*)
actiniform strahlenförmig
actinobiology Aktinobiologie *f*, Strahlenbiologie *f*
actinodrome [actinodromous] *(Bot.)* strahlenläufig
actinoid aktinoid, strahlenartig
actinomere Radialsegment *n*
actinometry Aktinometrie *f*, Strahlungsmessung *f*
actinomorphic [actinomorphous] 1. radiär symmetrisch, aktinomorph; 2. strahlig, strahlenförmig
actinomyces Aktinomyzeten *pl*, Strahlenpilze *m pl (Actinomycetales)*
actinophyllous strahlenblättrig
actinost Flossenträger *m*
action 1. Wirkung *f*; 2. Einwirkung *f*, Einfluß *m*; 3. Tätigkeit *f*; 4. Effekt *m*
antibiotic ~ antibiotische Wirkung *f*
antiseptic ~ antiseptische Wirkung *f*
bactericidal ~ bakterizide Wirkung *f*
bacteriostatic ~ bakteriostatische Wirkung *f*
control ~ Regulation *f*
cumulative ~ kumulative Wirkung *f*
diastatic ~ diastatische Wirkung *f*
inhibitory ~ Hemmwirkung *f*, Hemmung, Inhibition *f*
mutator ~ mutatorische Wirkung *f*, Mutationserzeugung *f*
poisonous ~ Giftwirkung *f*
protective ~ protektiver Effekt *m*
psychomotor ~ 1. psychomotorische Wirkung *f*;

2. psychomotorische Aktion *f*
reflex ~ 1. reflektorischer Effekt *m*; 2. reflektorische Aktion *f*
specific dynamic ~ spezifisch-dynamische Wirkung *f*
sporostatic ~ sporostatischer Effekt *m*
synergistic ~ synergische Wirkung *f*
systemic ~ systemischer (allgemeiner) Effekt *m*
acivation 1. Aktivierung *f*; 2. Erregung *f*
activator Aktivator *m*
distance ~ Distanzaktivator *m*
leukoagglutinating ~ Aktivator *m* der Leukozytenagglutination
local ~ lokaler Aktivator *m*
nonspecific lymphocyte ~ unspezifischer Leukozytenaktivator *m*
specific lymphocyte ~ spezifischer Lymphozytenaktivator *m*
active aktiv
activin Aktivin *n*
activity ~ Aktivität *f*
antiradiation ~ strahlenprotektive Aktivität *f*
cortical ~ Hirnrindenaktivität *f*
displacement ~ verschobene Aktivität *f*
enzymatic [fermentation] ~ Enzymaktivität *f*
germicidal ~ bakterizide Aktivität *f*
life ~ Lebenstätigkeit *f*
priming ~ Anlaßaktivität *f*
redirection ~ Umadressierungsaktivität *f*
reflex ~ reflektorische Tätigkeit *f*
residual ~ Restaktivität *f*
sexual ~ Sexualaktivität *f*, Geschlechtsaktivität *f*
substitute ~ Ersatzaktivität *f*
template ~ Matrixaktivität *f*
vacuum ~ *(Ethol.)* Vakuumaktivität *f*, Tätigkeit *f* im Vakuum
vital ~ Lebenstätigkeit *f*
acuity Schärfe *f (z.B. Sinneswahrnehmung)*, Scharfsinnigkeit *f*
aculeate 1. stachelig; dornig; 2. *(Ethol.)* den Giftstachel besitzend
aculeiform stachelförmig
aculeolate kleindornig, kleinstachelig
aculescent *(Bot.)* ungestielt
acuminate zugespitzt
acuminiferous dorntragend, stacheltragend
acuminulate feingespitzt
acutate schärflich
acute 1. scharf *(z.B. Sinneswahrnehmung)*; fein *(z.B. Gehör)*; 2. scharfsinnig; 3. schrill, durchdringend; 4. dringend
acutely keeled scharf gekielt
acutiflorous spitzblumig
acutifoliate spitzblättrig
acyclic 1. azyklisch; 2. *(Bot.)* schraubig gewunden, schraubenförmig
acyesis weibliche Sterilität *f*
adactyl fingerlos; zehenlos
adamantoblast Adamantoblast *m*, Schmelzbildner *m (Bildungszelle des harten Zahnshmelzes)*
Adam's-flannel Wilde Karde *f (Dipsacus silvester)*
Adam's-needle Adamsnadel *f*, Palmlilie *f* (*Yucca*)
Adam's-rod Echte Königskerze *f*, Kleinblütige Königskerze *f* (*Verbascum thapsus*)
adaptability Anpassungsfähigkeit *f*
adaptation Adaptation *f*, Anpassung *f*
altitude ~ Höhenanpassung *f*
background ~ Adaptation *f* zum Hintergrund
developmental ~ Entwicklungsadaptation *f*
light ~ Helladaptation *f*
mutual ~ gegenseitige Adaptation *f*
protective ~ Schutzanpassung *f*
sensory ~ sensorische Adaptation *f*, Sinnesadaptation *f*
threshold ~ Schwellenadaptation *f*
adapted race ökologische Rasse *f*
adaptive 1. adaptiv, Anpassungs...; 2. anpassungsfähig
addax Mendesantilope *f* (*Addax nasomaculatis*)
adder 1. Giftschlange *f*; 2. Kreuzotter *f* (*Vipera berus*)
banded ~ Krait *m*, Bungar *m (Bungarus)*; Indischer Krait *m*, Gewöhnlicher Bungar *m*(*Bungarus caeruleus*)
berg ~ → mountain adder
burrowing ~ Erdviper *f*, Erdotter *f* (*Atractaspis*)
deaf ~ Blindschleiche *f*, Bruchschleiche *f*, Haselwurm *m* (*Anguis fragilis*)
death ~ Todesotter *f* (*Acanthophis*)
demon ~ Krötenotter *f*, Pfeilotter *f*, Nachtotter *f* (*Causus rhombeatus*)
hissing ~**s** Hakennattern *fpl (Heterodon)*
horned ~ (Afrikanische) Hornviper *f* (*Cerastes*)
king ~**s** Königsnattern *fpl* (*Lampropeltis*)
milk ~**s** Milchschlangen *fpl (Lampropeltis)*
mountain ~ Bergpuffotter *f* (*Bitis atropos*)
night ~ Pfeilotter *f* (*Causus rhombeatus*
puff ~ Gewöhnliche Puffotter *f (Bitis auricraus*); pl Puffottern *fpl (Bitis)*
puffing ~ Hakennatter *f*, Schweinnasen-Schlange *f* (*Heterodon*)
spotted ~ Dreiecksnatter *f* (*Lampropeltis triangulus*)
spreading ~ → hissing adder
adder's-fern → adder's-spear 1.
adder's-mouth Kleingriffel *m* (*Arethusa*)
adder-spit Adlerfarn *m* (*Pteridium aquilinum*)
adder's-spear [adder's-tongue] 1. Natternfarn *m*, Natternzunge *f (Ophioglossum)*; 2. Zahnlilie *f (Erythronium)*
addition 1. Zusatz *m*, Ergänzung *f*; 2. Zusatz *m*, Beimischung *f*
additional zusätzlich, Mehr..., Extra...
additive 1. additiv, zusätzlich; 2. Zusatz, Beimischung *f*
adducent (heran)ziehend, heranführend
adduction Adduktion *f*, Heranziehung *f*, Anziehung *f*, Heranführen *n*
adductor Adduktor *m*, Anziehmuskel *m*, Heranzieher *m*
adeciduous immergrün, nicht Laub abwerfend
adelges Tannen(gall)laus *f* (*Adelges*)

adelomorphous adelomorph, kaum sichtbar
adelphia Adelphie *f*, Staubfädenverwachsung *f*
adelphogamy Adelphogamie *f*, Geschwisterbestäubung *f*
adeniform drüsenförmig
adenocarpous drüsenfrüchtig
adenocaulis drüsenstengelig
adenocyte Adenozyt *m*, Drüsenzelle *f*
adenohypophysis Adenhypophyse *f*, Prähypophyse *f*, Hypophysenvorderlappen *m*
adenoid adenoid, drüsig; drüsenähnlich, drüsenförmig
adenophore Adenophorea *mpl (Unterklasse der Fadenwürmer)*
adenophyllous drüsenblätterig
adenopodous drüsenstielig
adenopterous *(Bot.), (Zool.)* drüsenflügelig
adenose → adenoid
adenotrichous drüsenhaarig
adenovirus Adenovirus *n*
adeps Fett *n*
adermin Adermin *n*, Vitamin B6, Pyridoxin *n*
adherence Adhäsion *f*, Anhaften *n*, Festhaften *n*
adherent anhaftend, anklebend; festverbunden
adhesion Adhäsion *f*, Anhaften *n*, Festhaften *n*; Haftvermögen *n*
adhesiveness Adhäsivität *f*, Klebrigkeit *f*, Haftvermögen *n*, Klebkraft *f*
adipic Fett..., Adip(o)...
adipocere Leichenwachs *n*
adipocyte Adipozyt *m*, Fettzelle *f*
adipogenesis Lipogenese *f*, Fettbildung *f*
adipogenous adipogen, fettbildend
adipolysis Lipolyse *f*, Fettspaltung *f*
adipopectic [adipopexic] fettanhäufend, fettspeichernd
adipose adipös, fetthaltig, Fett...
adiposis [adiposity] Fettsucht *f*
adjacent benachbart, angrenzend, anliegend
adjustment Einstellung *f*
  binocular ~ Binokularansatz *m*
  coarse ~ grobe Einstellung *f*
  fine ~ feine Einstellung *f*
  initial-condition ~ Einstellung *f* der Primärbedingungen
adjutage Ansatz *m*
adjutant Marabu *m* (*Leptoptilus*)
  African ~ Afrikanischer Marabu *m* (*Leptoptilos crumeniferus*)
  greater ~ Argala-Marabu *m* (*Leptoptilos dubius*)
  lesser ~ Sundamarabu *m*, Malaien-Storch *m* (*Leptoptilos javanicus*)
adjuvant Adjuvant *n*, Adjuvans *n*
  depot-forming ~ Depot-Adjuvans *n*
  Freund's ~ Freundsches Adjuvans *n*
  Freund's complete ~ volles Freundsches Adjuvans *n*
adjuvanticity Adjuvanseigenschaft *f*
  built-in ~ beigebrachte Adjuvanseigenschaften *f pl*
adlay Tränengras *n* (*Coix lacrima-jobi)*
administration Anwendung *f*; Handhabung *f*; Durchführung *f*
admiral Admiral *m (Pyrameis atalanta)*
  poplar ~ Aspenfalter *m*, Großer Eisvogel *m (Limenitis populi)*
  southern white ~ Zaunlinienfalter *m (Limenitis reducta)*
  white ~ Kleiner Eisfalter *m*, Heckenkirschenfalter *m (Limenitis camilla)*
admix beimischen
admixture Beimischung *f*
adnate angewachsen, verwachsen
adnexa Adnexen *npl*, Anhangsorgane *npl*, Anhangsgebilde *npl*
adnexed angeheftet
adolescence Adoleszenz *f*, Jugend *f*
adolescent jung, heranwachsend, jugendlich; Jugend...
adonis Adonisröschen *n (Adonis)*
adoption Adoption *f*, Aufnahme *f*
adoral adoral, mundwärts; mundnah
adorned geschmückt
adpressed angedrückt
adrenal 1. Nebenniere *f*, Adrenaldrüse *f*; 2. Nebennieren...
adrenergic adrenergisch, adrenomimetisch
adrenocortical adrenokortikal, Nebennierenrinden...
adrenocorticotropin Adrenokortikotropin *n*, adrenokortikotropes Hormon *n*
adrenogenous adrenogen, aus den Nebennieren stammend
adrenolytic adrenolytisch, sympathikolytisch, adrenalineffekthemmend
adrenomedullary Nebennierenmark(s)...
adrostral neben dem Schabel liegend, adrostral
adsorbate Adsorbat *n*, adsorbierter Stoff *m*
adsorbent Adsorbens *n*, Adsorptionsmittel *n*, adsorbierender Stoff *m*
adsorption Adsorption *f*, Adsorbieren *n*
adsternal adsternal, brustbeinwärts
adult 1. Erwachsener *m*; 2. adult, erwachsen; ausgewachsen
adulterant 1. Beimischung *f*; 2. Verunreinigungsstoff *m*
adulteration 1. Beimischung *f*; 2. Verunreinigung *f*
adulthood Erwachsensein *n*; Erwachsenhalter *m*
aduncate hakenförmig, hakig, hakiggebogen
adust gebrannt; brandig, angesengt, versengt
advanced vorgerückt, progressiv, fortgeschritten
advantage Vorzug *m*, Vorteil *m*
advehent afferent, zentripetal, hinführend, zuführend
adventitia Adventitia *f*, Bindegewebshülle *f*
adventitious 1. adventiv, hinzugekommen; 2. zufällig, nebensächlich
adventive adventiv, eingeschleppt, fremd, später hinzukommend
adversary Gegner *m*
adverse 1. ungünstig, schädlich; 2. gegnerisch; feindlich; 3. zugekehrt, zugewandt
adversity Ungünstigkeit *f*

advertisement 1. Demonstration *f (Anpassungsfärbung)*; 2. Benachrichtigung *f*, Reklamierung *f*
AE-cellulose Aminoäthylzellulose *f*
aecium Äzidium *n*
aeolian äolisch, windtransportiert
aequilate gleichmäßig breit
aerating root Atemwurzel *f*, Pneumatophore *f*
aeration Aeration *f*, Sauerstoffsättigung *f*
aerenchyma Aerenchym *n*, Luftgewebe *n*
aerie Horst *m*
aeriferous luftführend, luftenthaltend, lufthaltig
aeriform gasförmig, gasartig
aerobe Aerobier *m*, Aerobiont *m*
facultative ~ fakultativer Aerobier *m*
obligate ~ obligater Aerobier *n*
aerobic aerob, sauerstoffhängig
aerobiosis Aerobiose *f*, sauerstoffabhängiger Stoffwechsel *m*
aerobiotic aerobiotisch, Aerobiose...
aerogenesis bakterielle Gasbildung *f*
aerogenic 1. aerogen, gasbildend; 2. aerogen, durch Luft übertragen
aerophilic [aerophilous] aerophil, luftliebend; aerob
aerophyte Aerophyt *m*
aeroplane:
black-and-white ~ Trauerfalter *m (Neptis)*
aeroplankton Aeroplankton *n*, Luftplankton *n*
aerostat Luftsack *m*; Lufthöhle *f*
aerotaxis Aerotaxis *f*
aerotropic aerotrop
aerotropism Aerotropismus *m*
aeruginous grünspanfarbig, spangrün
aery → aerie
aesthacyte Ästhazyt *m*, Sinneszelle *f (bei Wirbellosen)*
aestho-physiology Physiologie *f* der Sinnesorgane, Sinnesphysiologie *f*
aestidurilignosa Gemeinschaft *f* der Hartlaubpflanzen
aestifruticeta Fallaubsgebüschgemeinschaft *f*
aestilignosa sommergrüne Wälder *mpl* und Gebüsche *npl*
aestisilvae sommergrüne Wälder *mpl*
aestival Sommer..., sommerlich
aestivarium Sommerglashaus *n*
aestivation 1. Ästivation *f*, Knospenlage *f*; 2. Sommerschlaf *m*
aestivator sommerschlafender Organismus *m*
aestratifruticeta → aestifruticeta
affection 1. Erkrankung *f*; Leiden *n*; Befall *m*; 2. Einfluß *m*, Einwirkung *f*
afferent afferent, zentripetal; hinführend, zuführend
affined verwandt
affinity 1. Affinität *f*, stofflich-chemische Verwandtschaft *f*; 2. phylogenetische Verwandtschaft *f*; 3. Verwandschaft *f*; Ähnlichkeit *f*
affixion Anheftung *f*; Befestigung *f*
affluence 1. Fülle *f*, Überfluß *m*; 2. Zufluß *m*, Zustrom *m*
afflux Zufluß *m*, Andrang *m*
afford die Ernte eintragen
afforestation Aufforstung *f*
agricultural ~ *(Ökol.)* Schutzwaldanbau *m*, Schutzwaldanlegung *f*
aflagellar geißellos
afloat schwimmend; überschwemmt, unter Wasser
afteraction Nachwirkung *f*
afterbirth Mutterkuchen *m*, Plazenta *f*, Nachgeburt *f*
afterbrain Hinterhirn *n*, Nachhirn *n*, verlängertes Rükkenmark *n*
afterbreast *(Ent.)* Hinterbrust *f*
aftercrop Nachernte *f*
afterdepolarization Spurendepolarisation *f*
afterdischarge Nachentladung *f*
aftereffect Nachwirkung *f*
aftergrass Gummet *m*, Nachgrass *n*
afterimage Nachbild *n*, Nachempfindung *f*
afterload Nachlast *f*, peripherer Gefäßwiderstand *m*
aftermath Gummet *m*, Nachgrass *n*; Nachwirkung *f*
afternystagmus Nachnystagmus *m*
optokinetic ~ optokinetischer Nachnystagmus *m*
afterpotential Nachpotential *n*
negative ~ negatives Nachpotential *n*
after-regeneration of wood Wiederaufforstung *f*
afterripening Nachreifung *f*
aftersensation Nachempfindung *f*
aftershaft *(Orn.)*. Afterschaft *m*, Nebenschaft *m*
afunction Funktionslosigkeit *f*
agad Uferpflanze *f*, Küstenpflanze *f*
agalactous *(Zool.)* 1. agalaktisch, milchlos, keine Milch gebend; 2. ohne Muttermilch aufgezogen
agama Agame *f (Agama)*; *pl* Agamen *fpl (Agamidae)*
barbed ~ Bartagame *f (Amphibolurus barbatus)*
common(rock) ~ Siedleragame *f (Agama agama)*
earless ~s Blaumaul-Agamen *fpl* (*Aphaniotis*)
rock ~ Hardun *m (Agama stellio)*
sand ~s Sandagamen *fpl* (*Psammophilus*)
smooth-scaled ~ Schmetterlingsagame *f* (*Leiolepis*)
toad ~s Krötenkopf-Agamen *fpl* (*Phrynocephalus*)
agami Agami *m*, Trompetervogel *m* (*Psophia*)
agamic 1. ungeschlechtig; 2. *Bot.* kryptogam, verborgenehig
agammaglobulinaemia Agammaglobulinamie *f*
X-linked ~ X-gekoppelte Agammaglobulinämie *f*
agamogenesis Agamogenese *f*, ungeschlechtliche Fortpflanzung *f (Fortpflanzung ohne Befruchtung)*
agamogenetic agamogenetisch, ungeschlechtlich fortpflanzend
agamogony Agamogonie *f*, ungeschlechtliche Fortpflanzung *f (Fortpflanzung ohne Befruchtung)*
agamont 1. *(Bot.)* Sporophyt *m*; 2. *(Zool.)* Agamont *m*; Schizont *m*
agamospecies Agamospezies *f*
agamous 1. agam, ungeschlechtlich; 2. kryptogam, verborgenehig
agar(-agar) Agar *n*, Agar(-Agar) *m*, *n*
beef-extract ~ Fleischbrühagar *n*
beer-wort ~ Biermalzagar *n*

blood ~ Blutagar *n*
casein ~ Kaseinagar *n*
corn-meal ~ Maismehlagar *n*
desoxycholate ~ Desoxycholagar *n*
desoxycholate lactose ~ Desoxychol-Laktose-Agar *n*
eosin methylene blue ~ Agar *n* mit Eosin und Methylenblau
glucose ~ Traubenzuckeragar *n*
malt ~ Malzagar *n*
meat infusion ~ Fleischinfusionagar *n*
milk double-digest ~ zweifach fermentiertes Milchagar *n*
milk peptone ~ Milch-Pepton-Agar *n*
nutrient ~ Nähragar *m, n*
oblique ~ schräg erstarrtes Agar *n*
orange serum ~ Agar *n* mit Orangensaft
plain ~ Gemeines Agar *n*, Fleischbrüheagar *n*
potato ~ Kartoffelagar *n, m*
potato dextrose ~ Kartoffel-Dextrose-Agar *n*
proteose tryptone ~ Proteose-Trypton-Agar *n*
semisolid ~ halbflüssiges Agar *n*
slant [slope] ~ schräg erstarrtes Agar *n*
soft ~ weiches Agar *n*
soy glucose ~ Soja-Traubenzuckeragar *n*
starch-and-ammonia ~ Stärke-Ammoniak-Agar *n*
sugar ~ Zuckernähragar *n*
violet-red bile ~ Gallenagar *n* mit Violettblau
water peptone ~ Wasserpeptonagar *n*
wort ~ Würzenagar *n*
yeast extract ~ Hefenagar *n*

agaric 1. eßbarer Pilz *m*; *pl* Blätterpilze *mpl (Agaricales)*
fly ~ Fliegenblätterpilz *m (Amanita muscaria)*
garlic-scented ~ Knoblauchpilz *m*, Knoblauchschwamm *m (Marasmius scorodonius)*
honey ~ Hallimasch *m*, Honigpilz *m (Armillaria mellea)*
male ~ Falscher Feuerschlamm *m*, Pappel-Feuerschwamm *m (Phellinus igniarius)*
orange ~ Edelreizker *m*, Hirschling *m*, Röstling *m (Lactarius deliciosus)*
sharp ~ Birkenreizker *m*, Brennreizker *m (Lactarius torminosus)*
starry ~ Grünling *m (Tricholoma equestris)*

agaricole [agaricolous] pilzebewohnend
agarlike agarartig
agar-producing agarproduzierend
agave Agave *f*, Jahrhundertpflanze *f (Agava)*
green ~ → sisal agave
sisal ~ Sisalagave *f (Agave sisalana)*

age 1. Alter *n*, Altersstufe *f*; 2. altern; 3. Zeit *f*, Zeitalter *n*; 4. Generation *f*
Binet ~ Altersbestimmung *f* nach Binet
ecological ~ ökologisches Alter *n*
ice ~ Eiszeit *f*
reproduction ~ Fortpflanzungsalter *n*

aged alt
age-grade [age-group] Altersgruppe *f*
ageing → aging
agency 1. (wirkende) Kraft *f*; 2. Tätigkeit *f*, Wirkung *f*; 3. Mittel *n*, Hilfe *f*, Vermittlung *f*
agenesia [agenesis] Agenese *f*, Unterentwicklung *f* einer Struktur

agent 1. Agens *n*, Wirkstoff *m*, wirkende Kraft *f*; 2. Erreger *m*, Krankheitserreger *m*; 3. Faktor *m*; 4. Mittel *n*
~ of disease Krankheitserreger *m*
~ of infection Infektionserreger *m*
activating ~ Aktivierungsfaktor *m*
alkylating ~ Alkilierungsmittel *n*
antibacterial ~ Antibakterialmittel *n*
anti-infective ~ Antiinfektionsmittel *n*
antiseptic ~ Antiseptikum *n*
antiviral ~ Antivirusmittel *n*
carrying ~ Überträger *m*, Vektor *m*
chelating ~ Chelierungsmittel *n*
clarifying ~ Klärungsmittel *n*
cytolytic ~ Zytolytikum *n*
cytopathogenic ~ zytopathogenetischer Faktor *m*
decontamination ~ desaktivierender Faktor *m*
dehydrating ~ dehydrierender Faktor *m*
depurinating ~ depurinisierender Faktor *m*
dorsalizing ~ Neuralinduktor *m*
effective ~ Wirkungsagens *n*
fixing ~ Fixierungsmittel *n*
flocculating ~ ausfällendes Mittel *n*, Flockulationsmittel *n*
fragmenting ~ Fragmentierungsmittel *n*
gelling ~ Gelatinisierungsmittel *n*
immune-respose modulating ~ Immunomodulator *m*
infectious ~ Infektionserreger *m*
larvicidal ~ Larvizid *n*, larventötendes Mittel *n*
membrane-acting ~ membranaktiver Faktor *m*
mesodermalizing ~ Mesodermalinduktor *m*
mutagenic ~ Mutagenfaktor *m*
neuralizing ~ Neutralinduktor *m*
phylactic ~ Immunstoff *m*
plasmolyzing ~ Plasmolytikum *n*
polyploiding ~ polyploidieerzeugendes Mittel *n*
reducing ~ Reduktionsmittel *n*
spinocaudal ~ Mesodermalinduktor *m*
staining ~ Färbungsmittel *n*
stimulating ~ Stimulator *m*
transforming ~ Transformationsfaktor *m*
transmitting ~ Übertragungsfaktor *m*; Überträger *m*, Vektor *m*

ageotropism negativer Geotropismus *m*
agglomeration Agglomeration *f*, Anhäufung *f*
agglutinant 1. agglutinierender Stoff *m*; 2. agglutinierend
agglutinate 1. agglutinieren; 2. agglutiniert
agglutination Agglutination *f*
slide ~ Agglutinationsreaktion *f* auf einem Objektglas
agglutinative agglutinierend
agglutinin Agglutinin *n*
incomplete ~ unvollständiges (inkomplettes) Agglutinin *n*

minor [partial] ~ Teilagglutinin *n*
saline ~ Salzagglutinin *n*
wheatgerm ~ Weizenkeimlingagglutinin *n*
aggregate 1. Aggregat *n,* Ansammlung *f;* Gemeinschaft *f;* 2. saumeln; 3. gehäuft, gesammelt
aggregation 1. Aggregation *f;* Anhäufung *f,* Ansammlung *f;* 2. Gruppe *f;* 3. Assoziation *f*
feeding ~ Freßgemeinschaft *f*
mating ~ Paarungsaggregation *f*
aggression Aggression *f*
fear-induced ~ Angst-Aggression *f*
intergroup ~ Zwischengruppenaggression *f*
intermale ~ Aggression *f* zwischen Männchen
intragroup ~ Innergruppenaggression *f*
redirected ~ umadressierte Aggression *f*
aggressive aggressiv, angriffslustig
agile flink, behend(e)
agility Flinkheit *f,* Behendigkeit *f*
aging 1. Altern *n;* 2. Reifung *f*
immunologic ~ Altern *n* des Immunsystems
agitation 1. Erschütterung *f;* 2. Aufregung *f*
agitator Rührer *m;* Rührkelle *f*
aglandular drüsenlos
aglet 1. Kätzchenblüte *f;* 2.Weißdorn *m* (*Crataegus*); 3. Hasel *f (Corylus)*
aglomerular aglomerular, glomerulumlos *(Niere)*
aglossate zungenlos
aglow aufgeregt, glühend
agminate(d) traubenartig
agnate 1. Agnat *m (Verwandter väterlicherseits)*; 2. väterlicherseits, verwandt
agnathostomatous [agnathous] kieferlos
agnation Agnation *f,* Verwandtschaft *f* väterlicherseits
agnogenic ungeklärten Ursprungs, ätiologisch ungeklärt
agnosia Agnosie *f.* Nichtwahrnehmung *f*
tactile ~ Taktilagnosie *f*
visual ~ Visualagnosie *f,* Seelenblindheit *f*
agonad gonadenlos
agonistic agonistisch
agony Agonie *f,* Todeskampf *m*
agouti Aguti *n,* Stummelschwanzaguti *n (Daspyrocta); pl* Agutis *npl (Dasyproctidae)*
orange-rumped ~ Eigentliches Aguti *n,* Goldaguti *n,* Goldhase *m* (*Dasyprocta agouti*)
tailed ~ Geschwänztes Aguti *n,* Acouchi *n (Myo- -procta)*
agranular agranulär, körnerlos
agranulocyte Agranulozyt, agranulozytärer Leukozyt *m*
agrestal [agrestic] ackerwachsend, feldwachsend; ackerbewohnend, feldbewohnend
agrilus Prachtkäfer *m* (*Agrilus*)
agrimony *(Bot.)* Odermenning *m* (*Agrimonia*)
Britton's ~ Gestreifter Odermenning *m* (*Agrimonia striata*)
hemp ~ Hirschklee *m,* Wasserdost *m,* Wasserhanf *m* (*Eupatorium cannabinum*)
small-fruited ~ Kleiner Odermenning *m* (*Agrimonia pumila)*
soft ~ Weicher Odermenning *m* (*Agrimonia mollis)*
woodland ~ Kleingeschnäbelter Odermenning *m* (*Agrimonia rostellata*)
agrium Kulturpflanzengemeinschaft *f*
agrostological agrostologisch, gräserkundlich
agrostology Gräserkunde *f*
agrotype Kulturpflanzenrasse *f*
aguano Mahagonibaum *m* (*Swietenia*)
ague Schüttelfrost m, Malarie *f,* Paludismus *m,* Sumpffieber *n*
ague-tree Sassafraslorbeer *m,* Fenchelholzbaum *m* (*Sassafras officinale)*
ague-weed Fünfblättriger Enzian *m* (*Gentiana quinquefolia*)
aholeholes Kuhlien *fpl,* Flaggen-Fische *mpl* (*Kuhliidae*)
ai Dreizehenfaultier *n,* Dreifingerfaultier *n,* Ai *n* (*Bradypus tridactylus*)
aigialophilous strandbewohnend
aigicolous 1. kiesbewohnend; 2. strandbewohnend
aigrette 1. *(Bot.)* Federkrönchen *n;* 2. Silberreiher *m* (*Egretta alba*); 3. Aigrette *f*
aiguille 1. zugespitzter Wipfel *m;* 2. Nadel *f,* Nadelfortsatz *m*
aiphyllophilous immergrünwaldbewohnend
aiphyllous immergrün
air Luft *f*
alveolar ~ Alveolarluft *f*
expired ~ Ausatmungsluft *f*
air-borne luftübertragen, durch Luft übertragen
air-dry lufttrocken
airif Klebkraut *n,* Klettenlabkraut *n* (*Galium aparine)*
air-vessel Lufthöhle *f*
airway Atemweg *m,* Luftweg *m*
aise-weed Geißfuß *m,* Giersch *m,* Zaungiersch *m* (*Aegopodium podagraria*)
aitchbone Kreuzbein *n*
aiten Gemeiner Wacholder *m* (*Juniperus communis)*
akadai Sackbrassen *mpl,* Rotbrassen *mpl* (*Pagrus*)
akene → achene
akin 1. verwandt; 2. ähnlich
akinesia [akinesis] Akinese *f,* Unbeweglichkeit *f,* Bewegungslosigkeit *f*
akinetic akinetisch, azentrisch *(Chromosom)*
aku Echter [Bauchstreifiger] Bonito *m* (*Katsuwonus pelamis)*
ala Flügel *m,* Flügelfortsatz *m*
alabato 1. Heilbutt *m* (*Hipoglossus*); 2. Scholle *f (Paralichthys)*
alalonga → alilonghi
alamo Kanadapappel *f,* Rosenkranzpappel *f* (*Populus deltoideus*)
alar 1. flügelartig, flügelförmig; 2. Achselhöhlen...
alarm 1. Alarm *m,* Unruhe *f,* Angst *f;* 2. Warnruf *m,* Warnung *f*
alary 1. flügelformig; 2. Flügel...
alate geflügelt

albacore Germon *m*, Weißer Thun *m* (*Thunnus alalunga*)
false ~ Kleiner Thun *m*, Thonine *f* (*Euthynnus alleteratus)*
great ~ Großer (Gemeiner) Thunfisch *m*, Roter Thun *m* (*Thunnus thynnus*)
long-finned ~ → abbacore
yellow-finned ~ Gelbflossenthun *m (Thunnus albacares)*
albany-hemp Ausgespreizte Brennessel *f* (*Urtica divaricata*)
albatross Albatros *m (Diomedea); pl* Albatrosse *mpl (Diomedeidae)*
black-browed ~ Schwarzbrauen-Albatros *m*, Mollymauk *m (Diomedea melanophrys)*
black-footed ~ Schwarzfußalbatros *m* (*Diomedea nigripes)*
dusky ~ → sooty albatross
gray-headed ~ Graukopfalbatros *m* (*Diomedea chrysostoma)*
Laysan ~ Laysan-Albatros *m (Diomedea immutabilis)*
light-mantled sooty ~ Südlicher Rußalbatros *m (Phoebetria palpebrata)*
royal ~ Königsalbatros *m* (*Diomedea epomorpha*)
short-tailed ~ Kurzschwanzalbatros *m (Diomedea albatrus)*
sooty ~ Nördlicher Rußalbatros *m (Phoebetria fusca)*
Steller's ~ → short-tailed albatross
wandering ~ Wanderalbatros *m* (*Diomedea exulans*)
yellow-nosed ~ Gelbnasenalbatros *m* (*Diomedea chlororynchos)*
albedo 1. *(Ökol.)* Albedo *f*, Strahlungsreflexionsvermögen *n*, Rückstrahlvermögen *n*, Reflexzahl *f* (von nichtspiegelnden Oberflächen); 2. *(Bot.)* weiße Innenschicht der Schale von Citrusfrüchten
albescent weißlich
albicant weißwerdend
albiflorous weißblumig
albino Albino *m*
albomaculatus *(Bot.)* Weißgrünbuntheit *f* (Segregation in der Mitose oder Plastidenentmischung)
albumen Eiweiß *m*
albumin Albumin *n*
egg ~ Eialbumin *n*
milk ~ Milchalbumin *n*
serum ~ Serumalbumin *n*
albuminiparous albuminbildend
albuminolysis Albuminolyse *f*, Albuminauflösung *f*
albuminous eiweißhaltig; eiweißartig
alburnum Splint *m*
alchemist [alchymist] *(Ent.)* Weißes Ordensband *m*, Schwarzweiße Baum-Bandeule *f* (*Calephia alchymista*)
alcohol 1. Alkohol *m*; 2. Äthanol *n*, Äthylalkohol *m*
alcoholic alkoholisch, Alkohol...
alcoholize mit dem Alkohol bearbeiten
alder Erle *f* (*Alnus)*
black ~ Schwarze [Klebrige, Gemeine] Erle *f* (*Alnus glutinosa)*
dwarf ~ Erlenblättriger Färberdorn *m* (*Rhamnus alnifolia*)
European ~ → black alder
green ~ Harte Erle *f* (*Alnus firma)*
Italian ~ Herzblättrige Erle *f* (*Alnus cordata*)
mountain ~ Alpenerle *f*, Bergerle *f*, Grünerle *f* (*Alnus viridis)*
sierra ~ Rautenblättrige Erle *f* (*Alnus rhombifolia)*
smooth ~ Haselerle *f*, Herbsterle *f*, Runzelerle *f* (*Alnus rugosa*)
speckled ~ Graue [Weiße] Erle *f* (*Alnus incana*)
spiked ~ Erlenblättrige Scheinerle *f* (*Clethra alnifolia)*
thinleaf ~ Dünnblätterige Erle *f* (*Alnus tenuifolia*)
white ~ 1. Scheinerle *f* (*Clethra*); 2. → speckled alder
alderflies Wasser(flor)fliegen *fpl* (*Sialidae*)
aldolization Aldolverbindung *f*, Aldolangliederung *f*
alecithal alezithal, dotterlos
alecost Balsamrainfarn *m* (Tanacetum balsamina)
alehoof Efeugundermann *m*, Efeublättrige Gundelrebe *f* (*Glechoma hederacea*)
alemmal *(Zool.)* ohne Neurilemm, ohne Schwannsche-Scheide (Nerv)
alepidote schuppenlos
alert 1. Alarm *m*; Alarmsignal *n*, Warnung *f*; 2. wachsam; alert; 3. rege, munter
alertness Wachsamkeit *f*
aletocyte Wanderzelle *f*
aleurone Aleuron *n*, [pflanzliches] Reserveeiweiß *n*
alevin Jungfisch *m*
alewife Maifisch *m* (*Alosa pseudoharengus*)
alexander Gelbdolde *f*, Myrrhenkraut *n* (*Smyrnium olusatrum*)
alexin Alexin *n*; Komplement *n*
aleyrodids Aleirodiden *fpl*, Weiße Fliegen *fpl*, Mottenläuse *fpl* (*Aleyrodidae*)
alfa Alfagras *n*, Esparto *m*, Espartogras *n*, Halfagras *n* (*Stipa tenacissima)*
alfalfa Schneckenklee *m*, Alfalfa *f*, Luzerne *f* (*Medicago)*
sickle ~ Gelbe [Schwedische]Luzerne *f*, Sichelklee *m*, Sichelluzerne *f* (*Medicago falcata)*
tree ~ Baumartige Luzerne *f* (*Medicago arborescens)*
alfilaria Gemeiner [Schierlingsblättriger] Reiherschnabel *m*, Schierlingsreiherschnabel *m* (*Erodium cicutarium*)
alfonsino Kaiserfisch *m*, Kaiserbarsch *m*, Schleimfisch *m (Beryx); pl* Schleimfische *mpl (Berycidae),* Schleimfische *mpl*, Schleimköpfe *mpl* (*Berycidae*)
alga Alge *f*; Tang *m*
filamentous ~ fadenförmige Alge *f*
microphytic ~ mikroskopische Alge *f*
red-snow ~ Schnee-Chlamydomonade *f* (*Chlamydomonas nivalis*)
soil ~ Bodenalge *f*
algae Algen *fpl* (*Algae*)
blue-green ~ Blaugrüne Algen *fpl*, Zyanophyzeen *fpl* (*Cyanophyceae*)

brown ~ Braunalgen *fpl*, Tange (*Phaeophyceae*)
green ~ Grünalgen *fpl* (*Chlorophyceae*)
red ~ Rotalgen *fpl*, Purpuralgen *fpl* (*Rhodophyceae*)
yellow-green ~ Goldengrüne Algen *fpl* (*Chrysophyceaea*)
algae-eating algenfressend
algae-free algenlos
algae-vegetation Algenflora *f*
algal Algen..., Tang...
algarobilla Kurzblättrige Zäsalpinie *f* (*Caesalpinia brevifolia)*
algarroba 1. Mezquitestrauch *m*, Schraubenbohne *f* (*Prosopis*); 2. Algarova *f*, Bockshornbaum *m*, Johannisbrotbaum *m* (*Ceratonia siliqua)*
algesia Schmerzempfindlichkeit *f*
algetic schmerzhaft, Schmerz...
algivorous algenfressend
algoid 1. Algen...; 2. algenförmig
algology Algologie *f*, Algenkunde *f*
alien 1. eingeführte Art *f*; 2. fremd, ausländisch
aliferous geflügelt
aliform flügelförmig, flügelartig
aligerous geflügelt
alight sich niederlassen, sich setzen *(Vögel)*
alilonghi Germon *m*, Weißer Thun *m* (*Thunnus alalunga)*
aliment Nahrung *f*, Nahrungsmittel *n*
alimental Nahrungs...
alimentary alimentär, Nahrungs...; nahrhaft
alimentation Ernährung *f*, Fütterung *f*
alinasal Nasenflügel...
aliped Flügelfuß...
alison Steinkraut *n* (*Alyssum*)
alisphenoid Keilbeinflügelknochen *m*
alitrunk *(Ent.)* flügeltragende Brustsegmente *n pl*
alive 1. lebend, am Leben; 2. voll, belebt, wimmelnd; 3. tätig, in voller Kraft
alk → auk
alkali Lauge *f*, Alkali *m*
alkaline alkalisch, alkalihaltig, basisch
alkalinity Alkalinität *f*, alkalische Eigenschaft *f*
alkalitrophic alkalitrop, basitrop, basiphil
alkaloid Alkaloid *n*
cadaveric ~ Ptomain *n*
alkanet Färberochsenzunge *f* (*Alkanna tinctoria)*
alkekengi Judenkirsche *f*, Blasenkirsche *f* (*Physalis alkekengi)*
alkylation Alkylierung *f*
extractive ~ Extraktivalkylierung *f*
free radical ~ Freiradikalalkylierung *f*
reductive ~ Reduktivalkylierung *f*, Desoxydationsalkylierung *f*
allantoid 1. Allantois *f*, Urharnsack *m*, embryonaler Harnsack *m*; 2. allantoid, würstchenförmig
allantois Allantois *f*, Urharnsack *m*, embryonaler Harnsack *m*
allatectomy *(Zool.)* Allatektomie *f*, Entfernen *n* der Corpora allata
allbone Große Sternmiere *f*, Jungferngras *n* (*Stellaria holostea)*
allele Allel *n*
blank ~ inaktives Allel *n*
compatibility ~s Kompatibilitätsallele *npl*
dominant ~ Dominantallel *n*
inactive ~s inaktives Allele *npl*
multiple ~s multiple Allele *npl*
nonrearranged ~ Ausgangsallele *npl*
position ~s Positionsallele *npl*
potency ~s Potenzallele *npl*
rearranged ~ rearrangiertes Allelsegment *n*
recessive ~ rezessives Allel *n*
allelic Allel...
allelism Allelismus *m*
oppositional ~ Oppositionsallelismus *m*
allelomorphism Allelomorphismus *m*
step ~ stufenweiser Allelomorphismus *m*, Treppenallelomorphismus *m*
alleluia Färberginster *m* (*Genista tinctoria)*
Allen's rule [Allensche] Proportionalitätsregel *f*, Allensche Regel *f (Klimaregel)*
allergen Allergen *n*, allergieauslösender Stoff *m*
food-borne ~ Nahrungsmittelallergen *n*
offending ~ spezifisches Allergen *n*
primary ~ Primärallergen *n*
solid phase ~ auf festen Boden immobilisiertes Allergosorbent *n*
specific ~ spezifisches Allergen *n*
allergenic allergen, allergieauslösend, Allergie hervorrufend
allergenicity Allergeni(zi)tät *f*
allergic allergisch; überempfindlich
allergization Allergisierung *f*, Sensibilisierung *f*
allergy Allergie *f*
immediate-type ~ Sofortallergie *f*, allergische Sofortreaktion *f*
multiple ~ polyvalente Allergie *f*, polyallergische Reaktion *f*
all-good Guter Heinrich *m* (*Chenopodium bonus-henricus)*
all-heal 1. Gummiwurzel *f*, Heilwurz *f* (*Opopanax*); 2. Baldrian *m* (*Valeriana*)
all-hell Kleine Br(a)unelle *f*, Halskraut *n* (*Prunella vulgaris*)
alliaceous *(Bot.)* lauchartig, alliumartig; zwiebelförmig
alliance Verwandtschaft *f*
allied 1. verwandt; 2. verbunden
alligator Alligator *m* (*Alligator)*
American ~ Mississippi-Alligator *m* (*Alligator mississipiensis)*
Chinese ~ China-Alligator *m* (*Alligator sinensis)*
Mississippi ~ → American alligator
alligator-bonnet Pfeilblättrige Nixenblume *f* (*Nyphaea saggittaefolia)*
alligator-tree Amerikanischer Amberbaum *m*, Guldenbaum *m* (*Liquidambar styraciflua)*

allison → alyssum
allmouth Amerikanischer Anglerfisch *m*, Amerikanischer Seeteufel *m* *(Lophius americanus)*
allocarpy *(Bot.)* Allokarpie *f*; Fruchtbildung *f* durch Fremdbestäubung
allocation Verteilung *f*
allochoric 1. *(Bot.)* allochor, fremdverbreitet, durch äußere Kräfte verbreitet (z. B. Samen durch Wind, Wasser); 2. *(Ökol.)* allochor, in ähnlichen Lebensräumen vorkommend
allochroic allochroisch, farbewechselnd
allochronic allochronisch, nicht gleichzeitig
allochthonic [allochthonous] allochthonisch, nicht einheimisch
allogamous allogamisch, kreuzbestäubend, fremdbestäubend
allogamy Allogamie *f*, Fremdbestäubung *f*, Kreuzbestäubung *f*
allogene Allogen *m*, rezessives Gen *n*
allogenetic → allochthonic
allogenic allogen; homolog *(Transplantation)*
allograft Allotransplantat *n*, Homograft *n*
allografting Allotransplantation *f*
allogrooming *(Ethol.)* Allogrooming *m*; gegenseitige Körperpflege *f*
alloimmunity Alloimmunität *f*, Fremdimmunität *f*
allokinesis Allokinese *f*, reflektorische Bewegung *f*
allophore Allophore *f*; rotfarbige Pigmentzelle *f* (z. B. bei Fischen)
alloresponse Alloimmunantwort *f*
allorhizy *(Bot.)* Allorhizie *f*
all-or-none "Alles oder Nichts"-(Gesetz) *n*
allosensitization Allosensibilisierung *f*, Fremdsensibilisierung *f*
alloserum Allogenantiserum *n*
allosome Allosom *n*; Geschlechtschromosom *n*, Heterochromosom *n*
allostose membranöser Knochen *m*, Bindegewebeknochen *m*
allotope allotypische Determinante *f*
allotopic *(Ökol.)* allotop, verschiedene Lebensräume besiedelnd
allotropy 1. Allotropie *f*, gegenseitige Anziehung *f (z. B. von Gameten)*; 2. *(Ökol.)* Allotropie *f (Vorkommen z. B. einer Population in verschiedenen Habitaten)*
allseed vielsamige Pflanze *f*
allspice Pimentbaum *m* *(Pimenta officinalis)*
alluvial alluvial; Auen...
alluvium Schwemmland *n*, angeschwemmter Boden *m*
alm Alp *f*, Alpenwiese *f*, Hochgebirgswiese *f*
almendro(n) Catappenbaum *m* *(Terminalia catappa)*
almond 1. Mandel *f*, Mandelbaum *m* (*Amygdalus*); 2. Mandel *f*, Mandeldrüse *f*
  biter ~ Bittermandelbaum *m*, Echte Mandel *f* (*Amygdalus communis* synonym *Prunus dulcis*)
  earth ~ Erdmandel *f*, Mandelzypergras *m* *(Cyperus esculentus)*
  flowering ~ 1. Japanischer Mandelbaum *m* *(Amygdalus japonica)*; 2. Dreilappige Pflaume *f* *(Prunus triloba)*
  Russian ~ Kalmückennuß*f*, Strauchmandel *f*, Zwergmandel *f* *(Amygdalus nana)*
  sweet ~ Süßmandel *f* (*Amygdalus communis var. dulcis)*
  tropical ~ Catappenbaum *m* (*Terminalia catappa*)
aloe Aloe *f* *(Aloe)*
  false ~ Virginische Agave *f* *(Agave virginica)*
aloe-root Mehlige Fieberwurzel *f* *(Aletris farinosa)*
alone allein, alleinstehend, solitär, einsam
alp Hochgebirgsweide *f*
alpaca Alpaka *n* (*Lama guanicoë pacos)*
alpage Sommerweide *f* im Hochgebirgsregion
alpestrine subalpin(isch), Subalpen..., Voralpen...
alpia Kanariengras *n*, Kanarienhirse *f* *(Phalaris canariensis)*
alpine alpenbewohnend, alpinisch, Alpen...
alsium Wäldchenphytozönose *f*, Hainphytozönose *f*
alteration Alteration *f*, Änderung *f*, Veränderung *f*
alternate wechselständig, abwechselnd
alternately pitted *(Bot.)* lternierend getüpfelt
alternation Alternation *f*, Abwechslung *f*, Wechsel *m*
  ~ of generations Generationswechsel *m*
alternately-leaved wechselblättrig
alterne *(Ökol.)* räumlich abwechselnde Pflanzengesellschaft *f*
alterniflorous *(Bot.)* wechselblütig
alternifoliate mit wechselständigen Blüten
alternipinnate abwechselndgefiedert
altherbosum Hochstaudenwiese *f*
alticolate auf einer Höhe wohnend
altitude Höhe *f*
  ~ above sea level Höhe *f* über dem Meeresspiegel
  flight ~ Flughöhe *f*
altrice Nesthocker *m*
altricial nesthockerig
altruism Altruismus *m*
  evolutionary ~ Evolutionsaltruismus *m*
  reciprocal ~ Reziprokaltruismus *m*
alula 1. *(Orn.)* Afterflügel *m*, Daumenfittich *m*, Eckflügel *m*; 2. *(Ent.)* Calyptra *f*, Flügelschüppchen *n (membranöser Lappen am Hinterende der Flügelbasis)*
alumbloom → alumroot
alumina Tonerde *f*
alutaceous *(Bot.)* 1. lederartig, lederig *(Konsistenz)*; 2. lederfarben
alveolar 1. alveolär, Alveolen..., Zahnfach...; 2. alveolär, Lungenbläschen...; 3. grübchenartig
alveolate grubig; kleingrubig
alveole 1. Alveole *f*, Grübchen *n*; 2. Zahnfach *n*; 3. Lungenbläschen *n*
alycha Kirschpflaume *f*, Türkische *f* Pflaume *f* *(Prunus divaricata)*
alyssum Steinkraut *n* (*Alyssum)*
  goldentuft ~ Felsensteinkraut *n* (*Alyssum saxatile)*

hoary ~ Grauweiße [Gemeine] Graukresse *f* *(Berteroa incana)*
sweet ~ Lappenblume *f* *(Lobularia)*
amakihi Amakihi *m* *(Loxops virens)*
amanthicolous auf Sandboden wachsend
amanthium Phytozönose *f* der Sandhügel und Ebenen
amanthophilous amanthophil, sandliebend
amaranth Amarant *m*, Fuchsschwanz *m*, Samtblume *f* *(Amaranthus)*
green ~ Krummer Amarant *m*, Rauhaariger Fuchsschwanz *m* *(Amaranthus retroflexus)*
livid ~ Grünlicher Amarant *m*, Mißfarbener Fuchsschwanz *m* *(Amaranthus lividus)*
prostrate [purplish] ~ → livid amaranth
thorny ~ Dorniger Amarant *m* *(Amaranthus spinosus)*
amastigote Amastigotenform *f*, Leischmania-Form *f* *(der Trypanosomatiden)*
amazon Amazonenameise *f* *(Polyergus rufescens)*
shining ~ Gastameise *f* *(Polyergus lucidus)*
ambari Bombayhanf *m*, Gambohanf *m*, Kenaf *n* *(Hibiscus cannabinus)*
amber 1. Durchlöchertes [Getüpfeltes] Hartheu *m*, Durchlöchertes Johanniskraut *n* *(Hypericum perforatum)*; 2. Bernstein *m*
ambercane Sorgo *n*, Sorghum *n* *(Sorghum)*
amberfish Seriolafisch *m* *(Seriola)*
ambergrease [ambergris] (graue) Ambra *f*
ambience Milieu *n*, Umwelt *f*
ambient Umgebungs...
ambiguity Zweideutigkeit *f* (eines Codons)
ambilateral beidseitig; zweiseitig
ambiparous Blatt- und Blütenanlagen enthaltend
ambisexual bisexuell, zweigeschlechtlich; *(Bot.)* einhäusig
ambit 1. Umgebung *f*; 2. Umriß, Umkreis *m*
amble Paß *m*, Paßgang *m*
amblychromatic amblychromatisch, schwach färbbar
amblyocarpous stumpffrüchtig
amblyophyllous stumpfblättrig
amblyopterous stumpfflügelig
amboceptor Ambozeptor *m*, Zwischenkörper *m* *(Immunkörper)*
ambomalleal Amboß-Hammer...
ambrose Klebriger Gänsefuß *m*, Traubenschmergel *m* *(Chenopodium botrys)*
ambrosia Ambrosienkraut *n*, Traubenkraut *n* *(Ambrosia)*
ambulacral ambulakral
ambulacrum 1. Ambulakralfüßchen *n*, Hydropodium *n*; 2. Ambulakralfurche *f*; 3. *(Ent.)* Gangbein *n*, Gehbein *n*, Schreitfuß *m*
ambulatorial [ambulatory] Gang..., Geh..., Schreit...
ambuscade auflauern, aus dem Hinterhalt überfallen; 2. in einem Hinterhalt liegen; 3. Hinterhalt *m*
ambuscader lauerndes Tier *n*
ambush 1. Hinterhalt *m*; 2. aus dem Hinterhalt überfallen; 3. in einem Hinterhalt liegen
ameba Amöbe *f*
amelification Zahnschmelzbildung *f*
amelioration Melioration *f*, Verbesserung *f*; Bodenverbesserung *f*
ameloblast Ameloblast *m*, Adamantoblast *m*, Zahnschmelzbildner *m*
amelogenesis Zahnschmelzbildung *f*
ament Kätzchenblüte *f*, Kätzchen *n*
amentaceous kätzchenartig, kätzchenförmig
amentiferous kätzchenblütig, kätzchentragend
ameristic ameristisch, unsegmentiert
amerosporous *(Bot.)* amerospor, mit einzelligen Sporen
ametabolic ametabolisch
ametoecious einwirtig
ametrous gebärmutterlos
amicronucleate mikronukleuslos
amination Aminierung *f*
reductive ~ Reduktivaminierung *f*
aminoacylation Aminoazylierung *f*
aminoacyl-tRNA Aminoazyl-transport-RNS *f*, Aminoazyl-tRNS *f*
amitosis Amitose *f*, direkte Kernteilung *f*, Kernfragmentation *f*
amitotic amitotisch
ammochthad Sandbankpflanze *f*
ammochthium Sandbankphytozönose *f*
ammocolous sandbewohnend
ammonification Ammonifizierung *f*
ammonitiferous Ammonitenmerkmale enthaltend
ammophilous psammophil, sandliebend
ammoxidation Ammoxidierung *f*
amnicolous Sandstrandbewohner *m*
amnion [amnios] Amnion *n*, Schafhaut *f*, Fruchtwassersack *m*, Embryonalhülle *f*
amniote Amniote *m*
amniotic amniotisch, Schafhaut...
amoeba Amöbe *f*
amoebiform amöboid
amoebocyte Amöbozyt *m*, amöboide Zelle *f*
amoeboid amöboid, amöbenartig
amorph Amorph *n*, amorphes Gen *n*
amorphism Amorphzustand *m*
amorphous amorph,formlos
amount Menge *f*
~ **of blossom** *(Bot.)* Blühstärke *f*
~ **of coverage** *(Ökol.)* Deckungsgrad *m*
~ **of growth** Zuwachs *m*
ampelopsis Doldenrebe *f*, Jungfernrebe *f* *(Ampelopsis)*
pepper-vine ~ Baumartige Doldenrebe *f* *(Ampelopsis arborea)*
simple-leaved ~ Herzförmige Doldenrebe *f* *(Ampelopsis cordata)*
amphiarthrosis Amphiarthrose *f*, Wackelgelenk *m*
amphibian Amphibie *f*; *pl* Amphibien *fpl*, Lurche *mpl* *(Amphibia)*
limbless ~s Blindwühlen *fpl*, Schleichenlurche *mpl* *(Gymnophiona)*
tailed ~s Schwanzlurche *mpl* *(Caudata)*

tailless ~s Froschlurche *mpl (Anura)*
amphibious amphibiotisch
amphicarpous amphikarpisch, doppelfrüchtig, verschiedenfrüchtig
amphichromy Heterochromatismus *m*, Verschiedenfarbigkeit *f*
amphicoelous amphizöl, beiderseits ausgehöhlt
amphicribral ringsumdurchlöchert; hadrozentrisch
amphigaean 1. *(Ökol.)* über alle Zonen verbreitet; in beiden gemäßigten Zonen vorkommend; 2. *(Bot.)* mit unmittelbar aus der Wurzel hervorwachsenden Blüten
amphigamous *(Bot.)* amphigam, ohne ausgeprägte Geschlechtsorgane
amphigastrium Amphigastrium *n*, Beiblatt *n*
amphigenesis Amphigonie *f*, sexuelle Frotpflanzung *f*
amphigenetic [amphigonic] amphigenetisch
amphigonium Archegonium *n*
amphigony Amphigonie *f*, sexuelle Fortpflanzung *f*
amphikaryon Amphikarion *n*; Amphinukleus *m*, Zygotenkern *m*
amphimictic amphimiktisch
amphimixis Amphimixis *f (Plasma- und Kernverschmelzung)*
amhinucleolus Amphinukleolus *m*
amphinucleus → amphikaryon
amphiont Amphiont *n*, Zygote *f*
amphipacific *(Ökol.)* amphipazifisch, auf beiden Seiten des Pazifik vorkommend
amphiphloic *(Bot.)* amphiphloisch, Leitsystem mit Außen- und Innenphloem
amphiphyte Amphiphyt *m*, amphibische Pflanze *f*
amphipneustic kiemen- und lungenatmend
amphirhinal mit zwei Nasenlöchern
amphisbaenians Doppelschleichen *fpl*, Wurmschleichen *fpl (Amphisbaenia)*
amphispermium Amphispermium *n*, Samenhülle *f*, Samenoberhaut *f*
amphitene Amphitän *n*
amphithecium Amphithecium *n*, Thallusgehäuse *n*
amphitoky Amphitokie *f*, Parthenogenese *f (Nachkommen sowohl männlich als auch weiblich)*
amphitrichous amphitrich, beidseitig begeißelt
amphitropal *(Bot.)* amphitrop, zweiseitswendig *(Samenanlage)*
amphitropous doppelwendig, krummläufig, doppelläufig
amphivorous *(Zool.)* fleisch- und pflanzenfressend
amphoterotoky → amphitoky
amplectant umfassend
amplexicaul stengelumfassend
amplexifoliate blattumfassend
ampliate erweitert, dilatiert
amplifier Verstärker *m*, Amplifikator *m*
cytotoxic ~ zytotoxischer Amplifikator *m*
T~ T-Amplifikatorzelle *f*, Promotorzelle *f*
amplitude Amplitude *f*, Schwingungsweite *f*
ecological ~ ökologische Amplitude *f*
ampulla Ampulle *f (1. blasenförmige Erweiterung von Hohlorganen*; 2. *Glasgefäß)*
amyelinic amyelin, markscheidenlos
amyelonic 1. amyeloisch, rückenmarklos; 2. knochenmarklos
amygdala 1. *(Bot.)* Mandel *f*; 2. *(Anat.)* Tonsille *f*, Mandel *f*; 3. Mandelkern *m (Hirnstruktur)*; 4. Kleinhirntonsille *f*
amygdaliform mandelförmig
amylaceous stärkeenthaltend; stärkeähnlich
amylobacterium Amylobakterie *f*
amylogenesis Amylogenese *f*, Stärkebildung *f*
amylogenic amylogen, stärkebildend
amylolysis Stärkehydrolyse *f*, Stärkespaltung *f*
amylolytic amylolytisch, stärkespaltend
amylum Stärke *f*
amyoaesthesis *(Zool.)* Verlust *m* des Muskelsinns
anabiosis Anabiose *f*, latentes Leben *n*, Dauerstadien *npl*
anabolism Anabolismus *m*, Aufbaustoffwechsel *m*
anaboly Anabolie *f*
anacanthous 1. *(Bot.)* stachellos, dornlos; 2. *(Zool.)* weichflossig
anaconda Anakonda *f (Eunectes)*; Große Anakonda *f (Eunectes murinus)*
anadromous anadrom *(vom Meer flußaufwärts wandernd)*
anaerobe Anaerobier *m*, Anaerobiont *m*, sauerstoffunabhängiger Organismus *m*
facultative ~ fakultativer Anaerobier *m*
putrefactive ~ Fäulnisanaerobier *m*
strict ~ obligatorischer Aerobier *m*
anaerobic anaerob, sauerstoffunabhängig
anaerobion Anaerobier *m*
anaerobiosis Anaerobiose *f*, Anoxybiose *f*, sauerstoffunabhängiger Stoffwechsel *m*
anaerogen nicht gasbildend
anaerophyte anaerobe Pflanze *f*
anaesthesia [anaesthetization] 1. Anästhesie *f*, Empfindungslosigkeit *f*; 2. Anästhesie *f*, Betäubung *f*
anaesthetize anästhesieren
anal anal, After...
analogous analog
analogue Analoge *m*
base ~ Basenanaloge *m*, Basenanalogon *n*
analysis Analyse *f*
~ of covariance Kovarianzanalyse *f*
~ of variance Dispersionsanalyse *f*
association ~ Assoziationsanalyse *f*
basal ~ Basalstoffwechselanalyse *f*
base ratio ~ Analyse *f* der Nukleotidenzusammensetzung
biochemical ~ biochemische Analyse *f*
blot(ting) ~ Blot-Analyse *f*
chromatographic ~ chromatographische Analyse *f*
cluster ~ Cluster-Analyse *f*
complementation ~ Komplementationsanalyse *f*
compositional ~ Kompositionsanalyse *f*
conformational ~ Konformationsanalyse *f*

countercurrent ~ Gegenstromverteilungsmethode *f*
distance ~ Distanzanalyse *f*
dot-blot ~ Dot-Blot-Analyse *f*
end-group ~ Terminalgruppenanalyse *f*
end-point ~ Analyse *f* der endgültigen Ergebnisse
error ~ Fehleranalyse *f*
factor ~ Faktoranalyse *f*
Fourier ~ harmonische Analyse *f*
frequency ~ Frequenzanalyse *f*
gradient ~ Gradientanalyse *f*
harmonic ~ harmonische Analyse *f*
immune marker ~ immun(o)chemische Analyse *f*
immunogenotypic ~ immun(o)genotypische Analyse
microspectral ~ Mikrospektralanalyse *f*
Ouchterlony ~ Immunogegendiffusion *f* nach Ouchterlony
radioimmunochemical ~ radioimmunochemische Analyse *f*
recombination ~ Rekombinationsanalyse *f*
restriction (enzyme digest) ~ Restriktionskartierung *f*
self-displacement ~ Selbstverdrängungsanalyse *f*
sequence ~ Sequenzanalyse *f*, Sequenierung *f*
sonographic ~ sonographische Analyse *f*
sporo-pollen ~ Sporopollenanalyse *f*
tetrad ~ Tetradanalyse *f*
tree-ring ~ Jahresringanalyse *f (des Baumstammes)*
volumetric ~ volumetrische Analyse *f*
X-ray crystallographic ~ Röntgenstrukturanalyse *f*
analyzer Analysator *m*
aminoacid ~ Aminosäurenanalysator *m*
gas ~ Gasenanalysator *m*
mass ~ Masspektrometer *n*
motor ~ Bewegungsanalysator *m*
recording gas ~ registrierender Gasenanalysator *m*
anamniote Anamniote *m*
anamorphosis Anamorphose *f*
anandrous staubblattlos
anangian gefäßlos
anantherous staubbeutellos
ananthous blütenlos
anaphase Anaphase *f*
anaphylactic anaphylaktisch
anaphylaxis Anaphylaxie *f*
acute ~ Anaphylaxieschock *m*, anaphylaktischer Schock *m*
passive cutaneous ~ passive Hautanaphylaxie *f*
systemic ~ systemische Anaphylaxiereaktion *f*
anaplast Leukoplast *n*
anarthrous gelenklos
anastomose anastomosieren, miteinander verbinden *(z.B. Blutgefäße)*
anastomosing 1. anastomosierend; 2. *(Bot.)* netzaderig
anastomosis Anastomose *f*
arteriovenous ~ arteriovenöse Anastomose *f*
anatomical anatomisch, Anatomie...
anatomist Anatom *m*
anatomy Anatomie *f*
comparative ~ vergleichende Anatomie *f*
gross ~ Makroanatomie *f*, makroskopische Anatomie *f*
microscopical ~ mikroskopische Anatomie *f*; Histologie *f*
anatropic *(Bot.)* umgewendet, gegenläufig, abgewendet
anavaccine Anavakzine *f*
anaxial anaxial, unsymmetrisch
anazotic stickstofflos, stickstoffrei
anbury Knotensucht *f*, Kohlhernie *f*, Kohlkropf *m*
ancestor Vorfahr *m*
ancestral 1. Erb..., Ur..., der Vorfahren angestammt; 2. atavistisch
ancestry 1. Abstammung *f*; 2. Ahnen *pl*, Ahnenreihe *f*
anchoan Javanischer Sennenstrauch *m*, Javanische Kassie *f (Cassia javanica)*
anchorage Verankerung *f*, Standfestigkeit *f* (von Pflanzen)
anchovy Sardelle *f*, Anchovis *f (Engraulis)*, Europäische [Echte] Sardelle *f*, Echte Anschovis *f (Engraulis encrasicholus)*
Australian ~ Australische Sardelle *f (Engraulis australis)*
Azov ~ Europäische [Echte] Sardelle *f*, Echte Anchovis *f (Engraulis encrasicolus)*
Californian [northern] ~ Nordamerikanische Sardelle *f (Engraulis mordax)*
Pacific ~ Japanische Sardelle *f (Engraulis japonicus)*
ancient uralt, alt; altertümlich
ancipitous *(Bot.)* zweischneidig
anconal Ellenbogen...
andric andrisch, männlich
androchorous menschenverbreitend, menschenübertragend
androclinium Antherengrube *f*
androdioecious androdiöizisch
androecial *(Bot.)* Staubblätter...
androecium Staubblattformation *f*
androecy Androezie *f*
androgametangium Antheridium *n*, Befruchtungskolben *m*
androgen Androgen *n (männliches Geschlechtshormon)*
androgenesis Androgenese, männliche Parthenogenese *f*
androgyne Hermaphrodit *n*, Zwitter *m*
androgynism [androgyny] Androgynie *f*, Scheinzwittrigkeit *f*, Hermaphroditismus *m*
andromeda Gränke *f*, Rosmarinheide *f (Andromeda)*
androphore Staubblatträger *m*, Androphor *n*
androspore Androspore *f*, Mikrospore *f*
anelectrotonus Anelektrotonus *m*
anemochore windverbreitende Pflanze *f*
anemochoric [anemochorous] anemochor, windverbreitend
anemogamous anemophil, windblütig
anemone Anemone *f*, Windröschen *n (Anemone)*
blue ~ Apenninenanemone *f*, Blaue Anemone *f (Anemone apennina)*
brook ~ Rinnige Anemone *f (Anemone rivularis)*

cut-leaved ~ Hudsonische Anemone *f* (*Anemone hudsonica)*
long-fruited ~ Zylindrische Anemone *f* (*Anemone cylindrica)*
mountain ~ Berganemone *f*, Dreiblättrige Anemone *f* (*Anemone trifolia*)
northern ~ → small-flowered anemone
prairie ~ Ausgebreitete Kuhschelle *f*, Heidekuhschelle *f* (*Pulsatilla patens)*
round-leaved ~ Kanadisches [Rundblättriges] Windröschen *n* (*Anemone canadensis)*
sea ~s Aktinien *fpl*, Meeranemonen *fpl*, Seeanemonen *fpl* (*Actiniaria*)
small-flowered ~ Kleinblumiges Windröschen *n* (*Anemone parviflora*)
tall ~ Virginisches Windröschen *n* (*Anemone virginica)*
wood ~ Aprilblume *f*, Buschwindröschen *n*, Weiße Osterblume *f* (*Anemone nemorosa)*
yellow ~ Gelbe Osterblume *f*, Gelbes Windröschen *n* (*Anemone ranunculoides)*

anemonefish Sergeantfische *mpl*, (Neon-)Riffbarsche *mpl* (*Pomacentridae*)
anemophilous anemophil, windblütig
anemoplankton Aeroplankton *n*, Luftplankton *n*
anenterous darmlos
aner Insektenmännchen *n*; Ameisenmännchen *n*
anergy Anergie *f*, immunologische Toleranz *f*
clonal ~ Klonaltoleranz *f*
anesthesia Anästhesie *f*, Betäubung *f*
anesthetization Anästhesierung *f*
anesthetize anästhesieren
aneurin(e) Aneurin *n*, Vitamin B1
anfractuose gewunden, geschlängelt
angel:
death ~ Grün(lich)er Knollenblätterpilz *m* (*Amanita phalloides)*
angeleyes Houstonie *f*, Engelsauge *n* (*Houstonia)*
angelfish Meerengel *m*, Engelhai *m* (*Squatina squatina)*
angelica Angelika *f*, Brustwurz *f*, Engelwurz *f* (*Angelica)*
cultivated ~ Gartenengelwurz *f* (*Angelica archangelica)*
pubescent ~ Haarige Brustwurz *f* (*Angelica villosa)*
purple-stemmed ~ Dunkelpurpurrote Brustwurz *f* (*Angelica atropurpurea)*
sea-coast ~ → cultivated angelica
wild ~ Waldangelika *f*, Waldbrustwurz *f* (*Angelica silvestris)*
angelico Kanadischer Liguster *m* (*Ligustrum canadense)*
angelin Kohlbaum *m* (*Andira*)
angelmouths Borstenmäuler *mpl* (*Gonostomatidae*)
angel's-eye Gamanderehrenpreis *m*, Wilder Gamander *m* (*Veronica chamaedrys)*
angenesis Gewebsregeneration *f*
anger 1. Zorn *m*, Wut *f*, Ärger *m*; 2. erzürnen, ärgern
angienchyma Gefäßgewebe *n*
angiocarpous hüllfrüchtig, bedecktfrüchtig
angiogenesis Blutgefäßentwicklung *f*
angiogenic gefäßbildend
angioid gefäßartig
angiology Angiologie *f*
angioscope Kapillaroskop *n*
angiosperm bedecktsamige Pflanze *f*
angiospermous bedecktsamig
angiostomatous *(Zool.)* engmündig, mit kleiner Mundöffnung
angle Winkel *m*
~ of jaw Kieferwinkel *m*
~ of mandible Mandibularwinkel *m*, Unterkieferwinkel *m*
branch ~ Verzweigungswinkel *m*, Bifurkationsangulus
costal ~ Rippenwinkel *m*
gnathic ~ Gesichtswinkel *m*
heliotropic ~ Heliotropiewinkel *m*, Sonnenwendigkeitswinkel *m*
humeral ~ Oberarmwinkel *m*
leaf ~ Winkel *m* zwischen Blatt und Stengel
tilt ~ Wendungswinkel *m*
visual ~ Gesichtswinkel *m*
anglehead Winkelkopfagame *f (Gonocephalus; Aanthosaura)*
subcristate ~ Kammwinkelkopfagame *f (Coryophophylax)*
anglemouths → angelmouths
angler [anglerfish] Seeteufel *m*, Froschfisch *m* (*Lophius*); *pl* Seeteufel *mpl*, Froschfische *mpl*, Anglerfische *mpl*
deep-sea ~s Riesenangler *mpl*, Tiefsee-Anglerfische *mpl* (*Ceratiideae)*
angry ärgerlich, zornig
anguine schlangenartig
angulate winkelig, eckig
angulinerved winkelnervig
angustifoliate schmalblättrig
angustirostrate schmalschnabelig
angustiseptate *(Bot.)* mit schmaler Scheidewand
angwantibo Bärenmoki *m*, Angwantibo *m* (*Arctocebus calabarensis*)
anhydration Dehydration *f*, Entwässerung *f*
anhydrous wasserlos; wasserfrei; getrocknet, Dörr...
ani Ani *m* (*Crotophaga*)
greater ~ Riesenani *m (Crotophaga major)*
groove-billed ~ Riefenschnabel-Ani *m* (*Crotophaga sulcirostris*)
smooth-billed ~ Ani *m*, Glattschnabel-Ani *m (Crotophaga ani)*
anil 1. Indigo *m*, Indigofarbstoff *m*; 2. Indigopflanze *f*, Indigostrauch *m (Indigofera)*
animal 1. Tier *n*; 2. animalisch, tierisch
alpha ~ Alphatier *n*, Dominanttier *n*, dominierendes Tier *n* im Schar
beta ~ Betatier *n*
carnivorous ~ Raubtier *n*

ch(e)iropterous ~s Fledermäuse *fpl*, Handflügler *mpl* *(Chiroptera)*
cloven-hoofed ~ Paarhufer *m*, Paarzeher *m*, Paarhuftier *n*
cold-blooded ~ Kaltblüter *m*, Wechselwarmblüter *m*
detritophagous ~ Detritophag *m*
domestic ~ Haustier *n*
experimental ~ Experimentaltier *n*, Versuchstier *n*
four-footed ~ Vierfüß(l)er *m*
fur-bearing ~ Pelztier *n*
game ~ Wild *n*
germ-free ~ keimfreies Tier *n*
gnawing ~s Nagetiere *npl*, Nager *mpl*, Pfotentiere *npl* *(Rodentia)*
higher ~ höheres Tier *n*
hoofed ~ Huftier *n*
horned ~ Horntier *n*
hypothalamic ~ hypothalamisches Tier *n*
mature ~ erwachsenes Tier *n*
multiparous ~ vielfrüchtiges Tier *n*
nuisance ~ Schädling *m*
preying ~ Raubtier *n*
primed ~ sensibilisiertes Tier *n*
ruminant ~ Wiederkäuer *m*
solid-hoofed ~ Unpaarhufer *n*
splenectomized ~ splenektomiertes Tier *n*
stationary ~ sessiles Tier *n*
stuffed ~ Balg *m*
test ~ Versuchstier *n*, Experimentaltier *n*
trained ~ dressiertes Tier *n*
wing-handed ~s Fledertiere *npl*, Handflügler *mpl* *(Chiroptera)*
wood-boring ~ Holzbohrer *m*

animalcule kleines [mikroskopisches] Tierchen*n*
bear ~s Bärtierchen *npl* *(Tardigrada)*
moss ~s Moostierchen *npl* *(Bryozoa)*
slipper ~ Pantoffeltierchen *n* *(Paramecium)*
sun ~s Sonnentierchen *npl* *(Heliozoa)*
wheel ~s Rädertierchen *n pl* *(Rotifera)*

animate lebend; das Tierleben betreffend

anise Anis *m*, Ene(i)s *m* *(Anisum)*
peckaway ~ Dreiblättriger Lederbaum *m* *(Ptelea trifoliata)*
star ~ Sternanis *m* *(Illicium)*

anise-root Washingtonie *f* *(Washingtonia)*
anise-tree Gemeiner Sternanis *m* *(Illicium verum)*
anisocarpous anisokarp
anisodont ungleichartig bezahnt
anisogamy Anisogamie *f* *(Verschmelzung ungleicher Geschlechtszellen)*
anisogenomatic anisogenomatisch
anisogenous anisogenisch
anisogeny Anisogenie *f*
anisogynous *(Bot.)* mit unterschiedlicher Frucht- und Kelchblätterzahl
anisolobous ungleichlappig
anisomerous anisomer
anisomery Anisomerie *f*
anisopetalous ungleichkronblätterig, verschieden kronblätterig
anisophyllous ungleichblättrig
anisophylly Anisophyllie *f*, Ungleichblättrigkeit *f*
anisopleural ungleichseitig
anisoploidy Anisoploidie *f*
anisopterous ungleichgeflügelt
anisoreflexia Anisoreflexie *f*
anisospore Anisospore *f*
anisospory Anisosporie *f*
anisotropic anisotrop
anitrogenous stickstoffrei, stickstofflos
ankle Knöchel *m*, Fußknöchel *m*
anlage Anlage *f*
annectent verbindend
annelides Anneliden *mpl*, Ringelwürmer *mpl* *(Annelida)*
annidation *(Ökol.)* Einnischung *f*, Einnischen *n*
annotinous jährig, jährlich; einjährig
annoyance Störung *f*, Belästigung *f*; Ärger *m*
annual 1. einjährige Pflanze *f*; 2. einjährig ; 3. jährig, jährlich
hardy ~ Winterannuelle *f*, winterannuelle Pflanze *f*

annular ringförmig, Ring...
annulate Ring...; geringelt
annulated 1. geringelt, aus Ringen bestehend; 2. *(Bot.)* ringförmig; Ring...
annulation Ringbildung *f*
annulet Grauer Felsenspanner *m* *(Gnophos obscurarius)*
annulus Ring *m*
anoa Anoa *f*, Gemsbüffel *m* *(Bubalus depressicornis)*
anoestrus Anöstrus *m* *(sexuelle Ruhe zwischen zwei Oestrus-Zyklen)*
anogenital anogenital
anole Anolis *m*, Saumfinger *m* *(Anolis)*
false ~ Falscher Anolis *m*, Anden-Anolis *m* *(Phenacosaurus)*

anomalous anomal, abnorm; ungewöhnlich, abweichend
anomaly Anomalie *f*, Abweichung *f* von der Norm
anopelvic Anus-Becken...
anoperineal Anus-Damm...
anorectal Anus-Rektum...
anormogenesis Anormogenese, atypische Entwicklung *f*
anotous ohr(en)los
anox(a)emia Anoxämie *f*
anoxia Anoxie *f*, Sauerstoffmangel *m*
anoxic anoxisch
anoxybiont Anaerobe *m*
anoxybiosis Anoxybiose *f*
anoxybiotic anoxybiotisch
ansa Schlinge *f*, Schleife *f*
ansate ansiform, schlingenförmig, schleifenförmig
ansated *(Bot.)* geöhrt
anserine Gänse...
ansiform schleifenartig
ansjovie Japanische Sardelle *f* *(Engraulis japonicus)*
ant Ameise *f*; *pl* Ameisen *fpl* *(Formicidae)*

Amazon ~ Amazonenameise *f (Polyergus)*
Argentine ~ Argentinische Ameise *f (Iridomyrmex humilis)*
army ~s Heeresameisen *fpl*, Treiberameisen *fpl (Dorylinae)*
black ~ Wegameise *f (Lasius)*
bulldog ~s Stachelameisen *fpl (Ponerinae)*
carpenter ~ Roßameise *f*, Holzameise *f (Camponotus)*
common black ~ Schwarzgraue Wegameise *f (Lasius niger)*
common red ~ → hill ant
cornfield ~ Wanderameise *f (Lasius alienus)*
cow ~s Ameisenwespen *fpl*, Bienenameisen *fpl (Mutillidae)*
fungus garden ~ → Texas leaf-cutting ant
garden ~ → common black ant
gray ~ Aschgraue Sandameise *f (Formica cinerea)*
herculean ~ Riesenameise *f (Camponotus herculeanus)*
hill ~ Gemeine Rote Ameise *f*, (Große) Rote Waldameise *f*, Hügelameise *f (Formica rufa)*
larger yellow ~ → yellow (turf) ant
leaf-cutting ~ Blattschneiderameise *f*, Parasolameise *f (Atta)*
legionary ~s → army ants
little yellow ~ → Pharaoh's ant
meadow ~ → yellow (turf) ant
pavement ~ Rasenameise *f (Tetramorium caespitum)*
Pharaoh's ~ Pharao-Ameise *f (Monomorium pharaonis)*
ponerine ~s → bulldog ants
red ~ → hill ant
sanguinary ~ Blutrote Raubameise *f (Formica sanguinea)*
silky ~ Grauschwarze Sklavenameise *f (Formica fusca)*
slave-making ~ → Amazon ant
soldier ~ Soldat *m (Ameisenkaste)*
Texas leaf-cutting ~ Texassche Blattschneiderameise *f (Atta texana)*
thief ~ Diebsameise *f (Solenopsis fugax)*
velvet ~s → cow ants
visiting ~s → army ants
white ~s Weiße Ameisen *fpl*, Termiten *fpl (Isoptera)*
wood ~ → hill ant
yellow (turf) ~ Gelbe Wiesenameise *f (Lasius flavus)*

antagonism Antagonismus *m*, Widerstand *m*
competitive ~ Kompetitivantagonismus *m*, Konkurrenzantagonismus *m*
direct ~ direkter Antagonismus *m*

antagonist Antagonist *m*, Gegenspieler, Gegenwirker *m*

antagonistic antagonistisch, gegenwirkend

antbirds Ameisenvögel *mpl*, Wollschlüpfer *mpl (Formicariidae)*

anteater 1. Ameisenbär *m*; *pl* Ameisenbären *mpl*, Ameisenfresser *mpl (Myrmecophagidae)*; 2. Ameisenigel *m*; *pl* Ameisenigel *mpl (Tachyglossidae)* ; 3. *pl* Ameisenbeutler *mpl (Myrmecobiidae)*
American ~s 1. Zahnarme *mpl*, Zahnlose *mpl (Edentata)*; 2. Ameisenbären *mpl*, Ameisenfresser *mpl (Myrmecophagidae)*
Australian [banded] ~ Ameisenbeutler *m (Myrmecobius fasciatus)*
Cape ~ Erdferkel *n (Orycteropus afer)*
collared ~ Tamandua *m (Tamandua tetradactyla)*
dwarf ~ Zweizehiger Ameisenfresser *m*, Zwergameisenbär *m (Cyclopes didactylus)*
giant [great] ~ Großer Ameisenbär *m*, Yurumi *m (Myrmecophaga tridactyla)*
lesser ~ → collared anteater
long-beaked spiny ~ Langschnabelameisenigel *m (Zaglossus)*
marsupial ~ → Australian anteater
porcupine ~ Ameisenigel *m*, Kurzschnabeligel *m (Tachyglossus)*
pygmy ~ → dwarf anteater
scaly ~ Schuppentier *n (Manidae)*
silky ~ → dwarf anteater
spiny ~s Ameisenigel *mpl*, Schnabeligel *mpl (Tachyglossidae)*
two-toed ~ → dwarf anteater

anteclimax Anteklimax *f*

antedisplacement Verschiebung *f* nach vorn, Vorwärtsverschiebung *f*

anteflexion Vorwärtsknickung *f*

antelocation Vorderlage *f*

antelope Antilope *f*; *pl* Antilopen *fpl*, Gazellenartige *fpl (Antilopinae)*
Bates' dwarf ~ Bates Böckchen *n (Neotragus batesi)*
beira ~ Beira *f (Dorcatragus megalotis)*
beisa ~ Beisa *m (Oryx gazella beisa)*
Buffon's kob ~ Riedbock *m (Redunca)*
four-horned ~ Vierhornantilope *f (Tetracerus quadricornis)*
goat ~ Goral *m*, Langschwänzige Ziegenantilope *f (Nemorhaedus goral)*
golden goat ~ Takin *m (Budorcas taxicolor)*
harnessed ~ Buschbock *m*, Schirrantilope *f (Tragelaphus scriptus)*
Indian ~ Hirschziegenantilope *f (Antilope cervicapra)*
kob ~ → Buffon's kob antelope
pied ~ Buntbock *m*, Bleßbock *m (Damaliscus dorcas)*
prong-horned ~ Gabelhornantilope *f*, Gabelbock *m (Antilocapra americana)*
pygmy ~ Kleinstböckchen *n*, Sansibarantilope *f (Neotragus pygmaeus)*
roan(e) ~ → sable antelope
royal ~ → pygmy antelope
sable ~ Rappenantilope *f (Hippotragus niger)*
saiga ~ Pferdeantilope *f (Hippotragus equinus)*
spiral-horned ~s Schraubenantilopen *fpl (Strepsicerotinae)*
Tibetan ~ Tibetantilope *f*, Tschiru *m*, Orongo *m (Pantholops hodgsoni)*

Zanzibar ~ → pygmy antelope
antenatal antenatal, pränatal, vor der Geburt
antenna Antenne *f*, Fühler *m*
bristle-like ~ borstenförmige Antenne *f*
clavate [club-shaped] ~ keulenförmige Antenne *f*
comb-like ~ kammförmige Antenne *f*
crooked ~ gekniete Antenne *f*
dentate ~ gezähnte Antenne *f*
dichotomous ~ zweigabelige Antenne *f*
filiform ~ fadenförmige Antenne *f*
geniculate ~ gekniete Antenne *f*
imbricate ~ schuppige Antenne *f*
knobbed ~ kopfförmige Antenne *f*
lamellate ~ blattförmige Antenne *f*
moniliform [necklace] ~ perlschnurförmige Antenne
nodose ~ knotige Antenne *f*
pectinate ~ kammförmige Antenne *f*
saw-like [serrate] ~ gesägte Antenne *f*
setaceous ~ borstenförmige Antenne *f*
thread-like ~ fadenförmige Antenne *f*
antennal antennal, Fühler...
antennatus antennartig, fühlerförmig
antenodal antenodal, vor dem Knoten liegend
antepenultimate drittletzt
antepetalous *(Bot.)* vor den Kronblättern
anteposition Übereinanderstehen *n*
anteriad nach vorn, vorwärts
anterior Vorder..., vorn (liegend), Vor...
anteroexternal vorn und außen
anteroinferior vorn und unten
anterolateral vorn und seitlich
anteromedial vorn und in der Mitte
anteromedian vorn und in der Mittellinie
anteroposterior vorn und hinten
anterosuperior vorn und oben
antesepalous *(Bot.)* vor den Kelchblättern
anteversion Vorwärtsneigung *f*, Vorwärtsbiegung *f*
anthela Spirre *f*, Trichterspirre *f*
anther Anthere *f*, Staubbeutel *m*
bilocular ~ zweiteiliger Staubbeutel *m*
antheridiophore Antheridioträger *m*
antheridium Antheridium *n*, Befruchtungskolben *m*
antheriferous staubbeuteltragend
antherless staubbeutellos
antherozo(o)id Antherozoid *n*
anthesis Blühen *n*; Blütezeit *f*, Blühperiode *f*
anthill Ameisenhaufen *m*
anthobiology Blütenbiologie *f*
anthoclinium gemeiner Fruchtboden *m*, Blütenlager *m*
anthodium allgemeine Blütendecke *f*, Blütenkorb *m*
anthology Anthologie *f*, Blütenkunde *f*
antholysis Antholyse *f*, Blütenzerstörung *f*
anthophilous anthophil, blütenliebend
anthophore Blumenträger *m*
anthophorous blütentragend
anthophyllous blumenblättrig
anthophyte Anthophyt *m*, Blütenpflanze, Samenpflanze *f*
anthotaxy Anthotaxie *f*, Blütenanordnung *f*
anthracnose Anthraknose *f*, Brennfleckenkrankheit *f*
Northern ~ Nordanthraknose *f* des Klees, Stengelbrenner *m (Erreger v. Kabatiella caulivora)*
Southern ~ Südanthraknose *f* des Klees, Stengelbrenner *m (Erreger v. Colletotrichium trifolii)*
spot ~ fleckige Anthraknose *f*, *Elsinoe*-Blattfleckenkrankheit *f (Erreger v. Elsinoe sphaseloma)*
anthropic anthropogen
anthropocentrism Anthropozentrismus *m*
anthropochoria Menschenverbreitung *f*
anthropochorous anthropochorisch, menschenverbreitend
anthropogenesis Anthropogenese *f*, Menschenwerdung *f*
anthropogenic [anthropogenous] anthropogen
anthropoid 1. menschenähnlich, Menschen...; 2. Menschenaffe *m*
anthropology Anthropologie *f*, Menschenkunde *f*
anthropometric anthropometrisch
anthropometry Anthropometrie *f*
anthropomorphism Anthropomorphismus *m*
anthropomorphous anthropomorph
anthropophilous anthropophil
anthropotomy Menschenanatomie *f*
anthurus 1. Schweif *m*, Blütenschweif *m*; 2. Anthurus *m (Gattung der Blumenpilze)*
antiagglutinating agglutinationshemmend
antialgal gegen Algen gerichtet
antiallerg(en)ic antiallergisch
antiantibody Antiantikörper *m*
antiaris Antiar *m*, Upasbaum *m* (*Antiaris)*
antibacterial antibakteriell, bakterienhemmend, bakterientötend
antibiotic 1. Antibiotikum *n*; 2. antibiotisch
antibody Antikörper *m*, Immunkörper *m*
abortifacient ~ abortisierender Antikörper *m*
anaphylactic ~ anaphylaktischer Antikörper *m*
anti-antiself ~ antiidiotypischer Antikörper *m*
anti-B ~ B-Zellen-Antikörper *m*
anticarrier ~ Antikörper *m* gegen Träger
anticlonotypic ~ antiklonotypischer Antikörper *m*
anti-idiotypic ~ antiidiotypischer Antikörper *m*
antinative DNA [anti-nDNA] ~ Antikörper gegen native DNS
anti-Rh ~ Antirhesus-Antikörper *mpl*
antiself ~ Autoantikörper *m*
anti-T ~ T-Zellen-Antikörper *m*
autoreactive ~ Autoantikörper *m*
bifunctional ~ bifunktionaler [heterovalenter] Antikörper *m*
bivalent ~ bivalenter Antikörper *m*
capture ~ immobilisierter Antikörper *m*
carrier-bound ~ trägergebundener Antikörper *m*
chelate-tagged ~ chelatinisierter Antikörper *m*
chimeric ~ Hybridantikörper *m*
classical ~ natürlicher Antikörper *m*
cold-reactive ~ Kälteantikörper *m*

complement-fixing ~ komplementfixierender Antikörper *m*
early ~ Antikörper *m* der ersten Phase der Immunantwort
framework monoclonal ~ monoklonaler Antikörper *m* gegen das Molekulargerüst
graft-specific ~ transplantatspezifischer Antikörper *m*
hemolytic ~ hämolytischer Antikörper, Hämolysin *n*
heteroligating ~ heterovalenter Antikörper *m*, Hybridantikörper *m*
hyperimmune ~ Hyperimmunantikörper *m*
idiotype-bearing [idiotypic] ~ idiotypischer Antikörper *m*
immune ~ Immunantikörper *m*
incomplete ~ unkompletter [unvollständiger] Antikörper *m*
"internal image" ~ antiidiotypischer Antikörper *m*
late ~ "später" Immunkörper *m*, Antikörper *m* der zweiten Phase der Immunantwort
leukoagglutinating ~ Leukoagglutinin *m*
low-grade ~ mäßigaktiver Antikörper *m*
monoclonal ~ monoklonaler Antikörper *m*
monovalent ~ monovalenter [univalenter] Antikörper
natural ~ natürliche Antikörper *m*
nonprecipitating ~ nichtpräzipitierender Antikörper
opsoning ~ Opsonin *n*
precipitating ~ präzipitierender Antikörper *m*
protective ~ protektiver Antikörper *m*
reaginic ~ Reagin *n*
second(-layer) ~ies sekundäre Antikörper *mpl*
serotype-specific ~ serotypspezifischer Antikörper *m*
site-directed ~ site-spezifischer Antikörper *m*
skin-sensitizing ~ hautsensibilisierender Antikörper *m*
solid-phase ~ Festphasenantikörper *m*
targeting ~ Zielzellenantikörper *m*
univalent ~ unnivalenter Antikörper *m*
vaccine-induced ~ Postvakzinalantikörper *m*
whole ~ kompletter (voller) Antikörper *m*

antibody-blocking antikörperblockierend
anticatalyst Antikatalysator *m*
anticlockwise im umgekehrten Uhrzeigersinn, entgegen dem Uhrzeigersinn
anticoagulant 1. Antikoagulans *n*, gerinnungshemmendes Mittel *n*; 2. antikoagulierend, gerinnungshemmend
anticoagulative antikoagulierend, gerinnungshemmend
anticodon Antikodon *m*
anticomplementary antikomplementär
antidote Gegengift *n*
antidromal [antidromic] antidrom(isch), gegenläufig
antienzyme Antienzym *n*, Antiferment *n*
antifoam Mittel *n* gegen Schaumbildung
antifogging beschlagsverhindernd
antifouling bewuchsverhindernd
antifungal antifungal, gegen Pilze wirkend
antigalactic 1. Antilaktationsmittel *n*; 2. milch(fluß)hemmend
antigen Antigen *n*

activation ~ Aktivierungsantigen *n*
adult(-specific) ~ Antigen *n* des reifen Gewebe
age-restricted ~ altersspezifisches Antigen *n*
allostimulating ~ allostimulierendes Antigen *n*
allotypic ~ Alloantigen *n*
artificial ~ künstliches Antigen *n*
Australia ~ Australia-Antigen *n*, Australia-Hepatitisantigen *n*
autoimmune ~ Autoantigen *n*
autostimulating ~ autostimulierendes Antigen *n*
B lineage-associated ~ B-Zellen-Differenzierungsantigen *n*
blockading ~ Blockierungsantigen *n*
blood-group ~s Blutgruppenantigene *npl*
bridged ~ Brückenantigen *npl*
"buried" ~ harviertes Antigen *n*
capsular ~ Kapselantigen *n*
cellular ~ Zellantigen *n*
common leucocyte ~s allgemeine Leukozytenantigene *npl*
competing ~s konkurrierende Antigene *npl*
complete ~ Komplettantigen *n*, volles Antigen *n*
complex ~ Komplexantigen *n*
cortical-specific ~ kortikalspezifisches Antigen *n*
cross-reacting ~s kreuzreagierende Antigene *npl*
crude ~ ungereinigtes [unraffiniertes] Antigen *n*
cytoplasmic ~ zytoplasmatisches Antigen *n*
diagnostic ~ diagnostisches Antigen *n*
differential ~ Differenzierungsantigen *n*
distantly related ~s weitverwandte Antigene *npl*
early activation ~ früher Aktivierungsantigen *n*
embryonic(-stage) ~ Embryonal-Antigen *n*, Fetal--Antigen *n*
entrapped ~ eingekapseltes Antigen *n*
environmental ~ Umgebungsantigen *n*
graft-specific ~ transplantatspezifisches Antigen *n*
group-specific ~s gruppenspezifisches Antigen *n*
heat-labile ~ thermolabiles Antigen *n*
heterocell ~ Heterozellenantigen *n*, Heteroantigen *n*
heterogenetic [heterophil] ~s heterogenetische Antigene *npl*
histocompatibility ~s Histokompatibilitätsantigene
immunodominant ~ immun(o)dominierendes Antigen *n*
inaccessible ~ unerkennbares Antigen *n*
incomplete ~ unkomplettes (unvollständiges) Antigen
interfering ~s kreuzreagierende Antigene *npl*
late-differentiation ~ spätdifferenzierendes Antigen *n*
Lewis ~s Antigene *npl* der Lewis-Blutgruppe
main histocompatibility ~s Haupthistokompatibilitätskomplex-Antigene *npl*
membrane ~ Membranantigen *n*
metabolic ~ Stoffwechselantigen *n*
model ~ Modellantigen *n*
modified ~ modifiziertes Antigen *n*
modified self- ~ modifiziertes Autoantigen *n*
monovalent ~ monovalentes Antigen *n*

myeloid-lineage ~ Myeloidlinieantigen *n*
natural ~ Naturantigen *n*
neuroblastoma-associated ~ Neuroblastom-assoziiertes Antigen *n*
nominal ~ Pseudoantigen *n*
"nonshared" ~ fremdes [unverwandtes] Antigen *n*
oncofetal ~ karzinoembrionales Antigen *n*
organ-specific ~ organspezifisches Antigen *n*
outer-shell ~ Virushülleantigen *n*
partial ~ Teilantigen *n*
particle [particulate] ~ Korpuskularantigen *n*, unlösbares Antigen *n*
plasma cell specific ~ plasmozytäres Antigen *n*, Plasmazellantigen *n*
platelet ~ Thrombozytenantigen *n*
polyvalent ~ polyvalentes Antigen *n*
potent ~ starkimmunogenes Antigen *n*
radioactive ~ isotopenmarkiertes Antigen *n*
residue ~ Restantigen *n*
restricted ~ evolutionsstabiles Antigen *n*, konservatives Antigen *n*
sensitizing ~ sensibilisierendes Antigen *n*
sequestered ~ sequestriertes Antigen *n*
serum-born ~ Serumantigen *n*
sex-associated ~ sexgekoppeltes Antigen *n*
shared ~s verwandte Antigene *npl*, kreuzreagierende Antigene *npl*
skin ~ Hautantigen *n*
somatic ~ somatisches Antigen *n*
species-specific ~ artspezifisches Antigen *n*
specific ~ spezifisches Antigen *n*
stage-specific ~ stadiumspezifisches Antigen *n*
surface ~ Oberflächenantigen *n*
synthetic ~ synthetisches Antigen *n*
target ~ Zielzellenantigen *n*
T-cell ~ T-Zellen-Antigen *n*
test ~ Test-Antigen *n*
thymic-dependent ~ thymusabhängiges Antigen *n*
thymic-independent ~ thymusunabhängiges Antigen
tissue-specific ~ gewebespezifisches Antigen *n*
transitory ~ transitorisches Antigen *n*
transplantation ~ Transplantationsantigen *n*
tumor-associated ~ tumorassoziiertes Antigen *n*
tumor rejection ~ Tumorabstoßungsantigen *n*
tumor-specific ~ tumorspezifisches Antigen *n*
vaccine ~ Vakzineantigen *n*
viral ~ Virusantigen *n*
viral coat ~ Virushülleantigen *n*
"weak" ~ schwaches Antigen *n*

antigenic antigen, Antigen...
antigenicity Antigenität *f*
antigeny Sexualdimorphismus *m*, Geschlechtsdimorphismus *m*
antihemolytic antihämolytisch, hämolysehemmend
antihormone Antihormon *n*, Gegenhormon *n*, Hormonantagonist *m*
anti-idiotype Antiidiotyp *m*
antimetabolite Antimetabolit, Stoffwechselantagonist *m*
antimicrobial antimikrobiell, mikrobentötend
antimitotic antimitotisch
antimorph Antimorph *m*
antimutagene Antimutagen *n*
antimycotic 1. Antimykotikum *n*, pilztötendes [fungizides] Mittel *n*; 2. antimykotisch, pilztötend, fungizid
antiparasitic 1. antiparasitisches Mittel *n*; 2. antiparasitisch
antipetalous *(Bot.)* epipetal, vor den Blütenblättern
antipodal antipodisch, entgegengesetzt
antipoison Gegengift *n*
antiputrefactive fäulnisverhindernd
antirot fäulnishemmend, fäulnisverhindernd
antisepalous *(Bot.)* episepal, vor den Kelchblättern [stehend]
antisepsis Antiseptik *f*, Antisepsis *f*, Keimbekämpfung *f*
antiseptic 1. Antiseptikum *n*, antiseptisches [keimtötendes] Mittel *n*; 2. antiseptisch, keimtötend
antiserum Antiserum *n*, Immunoserum *n*
absorbed ~ absorbiertes Serum *n*, Konsumptionsserum *n*
anti-idiotypic ~ antiidiotypisches Serum *n*
antimetabolic ~ antimetabolisches Serum *n*
Coombs-type ~ Humanglobulin-Antiserum, Coombs-Typ-Antiserum *n*
cross-reactive ~ kreuzreagierendes Antiserum *n*
heat-inactivated ~ thermoinaktiviertes Antiserum *n*
hemolytic ~ hämolytisches Antiserum *n*
high-avid ~ hochavides Antiserum *n*
high-titered ~ Antiserum *n* mit hohem Immun(körper)titer
low-avid ~ wenigavides Antiserum *n*
low-titered ~ Antiserum *n* mit niedrigem Immun(körper)titer
nonavid ~ nichtavides Antiserum *n*
polyclonal ~ polyklonales Antiserum *n*

antitoxic antotoxisch, Gegengift...
antitoxin Antitoxin *n*, Gegengift *n*
antitrope Antikörper *m*
antitropic gegengerichtet
antivenene [antivenin] Schlangengiftantikörper *m*, Schlangengegengift *m*
antiviral antiviral, Antivirus...
antivitamin Antivitamin *n*, Vitaminantagonist *m*, Vitaminantimetabolist *m*
antler 1. Geweihsprosse *f*; 2. *pl* Geweih *npl*
antler-rubbing *(Ethol.)* Geweihreiben *n*
anubis Grüner Pavian *m*, Anubis-Pavian *m* (*Papio anubis*)
anucleate kernlos
anucleolate nukleoluslos
anurans Froschlurche *mpl* (*Anura*)
anurous schwanzlos
anus Anus *m*, After *m*
anvil Amboß *m*
anxiety Angst *f*, Unruhe *f*

aorta Aorta *f*, Hauptschlagader *f*
dorsal ~ Dorsalaorta *f*, Rückenaorta *f*
ventral ~ Ventralaorta *f*, Bauchaorta *f*
aortic aortal, Hauptschlagader...
aoudad Mähnenspringer *m*, Mähnenschaf *n*, Afrikanischer Tur *m* (*Ammotragus lervia)*
ape Affe *m*; Menschenaffe *m*
anthropoid ~s 1. Menschenähnliche Affen *mpl* (*Anthropoidea*); 2. Menschenaffen *mpl* (*Pongidae*)
barbary ~ Magot *m*, Berberaffe *m* (*Macaca sylvanus)*
black [Celebesian] ~ Schopf-Makak *m* (Cynopithecus *nigra)*
Gibraltar ~ → barbary ape
great ~s → anthropoid apes 2.
holy ~ Hanuman *m*, Hulman *m* (*Presbytis etellus)*
lesser ~s Gibbons *mpl*, Langarmaffen *mpl* (*Hylobatidae*)
night ~ 1. Mirikina *m* (*Aotes trivirgatus)*; 2. Wickelbär *m* (*Potos flavus)*
red ~ Orang-Utan *m* (*Pongo pygmaeus)*
aperiodicity Nichtperiodizität *f*, Aperiodizität *f*
aperture 1. Öffnung *f*; 2. Mündung *f*, Mundöffnung *f*; Schalenöffnung *f*
branchial ~ Kiemenspalte *f*
cloacal ~ Kloakenöffnung *f*
apetalous blumenblattlos, kronenlos
apex Spitze *f*, Gipfel *m*, Wipfel *m*, Scheitel *m*
apheliotropism negativer Heliotropismus *m*
aphid Baumlaus *f*, Blattlaus *f*, Pflanzenlaus *f*; *pl* Baumläuse *fpl*, Blattläuse *fpl*, Pflanzenläuse *fpl* (*Aphidiida)*
apple ~ Grüne Apfelblattlaus *f*, Obstblattlaus *f* (*Aphis pomi)*
apple grain ~ Apfelgraslaus *f* (*Rhopalosiphum insertum*)
balsam twig ~ Weißtannentrieblaus *f* (*Mindarus abietinus)*
balsam wolly ~ Tannenstammlaus *f* (*Dreyfusia piceae*)
bean ~ Schwarze Bohnenblattlaus *f*, Schwarze Rübenblattlaus *f* (*Aphis fabae*)
beech blight ~ Birkenlaus *f* (*Prociphilus imbricator*)
black cherry ~ Kirschblattlaus *f*, Schwarze Sauerkirschen(blatt)laus *f (Myzus cerasi)*
black citrus ~ Schwarze Orangenlaus *f*, Schwarze Citrusblattlaus *f* (*Toxoptera aurantii)*
black peach ~ Dunkle Pflaumenblattlaus *f* (*Brachycaudus prunicola)*
box-elder ~ Eschenahornblattlaus *f* (*Periphyllus negundinis)*
cabbage ~ (Mehlige) Kohlblattlaus *f*, Kohllaus *f* (*Brevicoryne brassicae)*
caragana ~ Caraganablattlaus *f (Acyrtosiphon caraganae)*
chrysanthemum ~ Braune [Dunkle] Chrysanthemenblattlaus *f (Macrosiphoniella sanborni)*
clover ~ Kleeblattlaus *f* (*Anuraphis bakeri)*
corn leaf ~ Grüne Maisblattlaus *f* (*Aphis maidis)*
corn root ~ Maiswurzellaus *f* (*Anuraphis maidiradicis)*
cotton ~ Grüne Baumwollblattlaus *f*, Gurkenblattlaus *f* (*Aphis gossypii)*
cowpea ~ Schwarze Kleeblattlaus *f*, Luzerne-Blattlaus *f* (*Aphis medicaginis)*
crescent-marked lily ~ Gefleckte Gewächshaus(blatt)laus *f (Neomyzus circumflexus)*
currant ~ Johannisbeerblasenlaus *f*, Johannisbeerblattlaus *f* (*Capitophorus ribis)*
eastern spruce gall ~ Gemeine Tannenlaus *f*, Gelbe Fichtengallenlaus *f (Sacchiphantes abietis)*
foxglove ~ Windenblattlaus *f* (*Myzus convolvuli)*
gall ~ gallenbildende Pflanzenlaus *f*
green peach ~ Grüne Pfirsichblattlaus *f (Myzodes persicae)*
hop ~ Hopfen(blatt)laus *f (Phorodon humuli)*
ivy ~ Schwarze Efeu-Blattlaus *f (Aphis hederae)*
mealy plum ~ Grüne [Mehlige] Pflaumenblattlaus *f* (*Hyalopterus arundinis)*
melon ~ → cotton aphid
painted maple ~ Ahornblattlaus *f* (*Drepanaphis acerifoliae)*
pea ~ Grüne Erbsenblattlaus *f* (*Acyrthosipon pisi*)
pine bark ~ Stroben(rinden)laus *f*, Weymouthskiefern-Wollaus *f (Eopineus strobi)*
poplar-leaf gall ~ Pappelblattrandgallenlaus *f (Thecabius affinis)*
potato ~ Kartoffelblattlaus *f* (*Macrosiphium solanifolii*)
privet ~ Ligusterblattlaus *f* (*Myzus ligustri*)
raspberry ~ Kleine Himbeerblattlaus *f (Aphis idaei)*
root ~ Wurzellaus *f*
rose ~ (Große) Rosenblattlaus *f* (*Macrosiphum rosae*)
rosy apple ~ Rosige Apfel(blatt)laus *f (Dysaphis plantaginea)*
spirea ~ Spierstrauch-Blattlaus *f* (*Aphis spiraeella*)
spring grain ~ (Grüne) Getreidelaus *f* (*Schizaphis graminum)*
spruce ~ Fichtenröhrenlaus *f*, Sitkafichtenlaus *f (Elatobium abietinum)*
strawberry ~ Erdbeerblattlaus *f*, Knotenhaarlaus *f* (*Capitophorus fragaefolii*)
strawberry root ~ Erdbeerenwurzellaus *f* (*Aphis forbesi)*
sugar-beet root ~ Rübenblattlaus *f* (*Pemphigus betae, Aphis fabae*)
sycamore ~ Bergahornlaus *f* (*Drepanosiphum platanoides)*
thistle ~ Große Pflaumenblattlaus *f* (*Anuraphis cardui, Brachycaudus cardui)*
tulip bulb ~ Tulpenzwiebellaus *f* (*Anuraphis tulipae)*
tulip-tree ~ Tulpenbaumblattlaus *f* (*Macrosiphum liriodendri)*
turnip ~ Senfblattlaus *f (Lipaphis pseudobrassicae)*
vagabond ~ Wanderblattlaus *f* (*Mordwilkoja vagabunda)*
viburnum ~ Schneeballblätterlaus *f* (*Anuraphis vibur-*

niphila)

violet ~ Veilchenblattlaus *f (Mikromyzus violae)*

walnut ~ Kleine Waldnuß(blatt)laus *f (Chromaphis juglandicola)*

water-lily ~ Sumpfpflanzenblattlaus *f*, Seerosenblattlaus *f (Rhopalosiphum nymphaeae)*

woolly ~s Blasenläuse *fpl*, Woll-Läuse *fpl (Eriosomatinae)*

woolly apple ~ Blutlaus *f*, Wolltragende Rindenlaus *f (Eriosoma lanigerum)*

yellow sugarcane ~ Gelbe Zuckerrohrblattlaus *f (Sipha flava)*

aphotic aphotisch, lichtlos

aphotometric unbeleuchtet

aphotosynthetic nichtphotosynthesierend

aphototropism negativer Phototropismus *m*

aphyllous blattlos

aphylly Aphyllie *f*, Blattlosigkeit *f*

apiaceous *(Bot.)* schirmdoldig

apian Bienen...

apical apikal, gipfelständig, spitzenständig

apiculate zugespitzt

apiculiform spitz, zugespitzt

apilary *(Bot.)* apilar, haarlos

apileate hutlos *(Pilz)*

apish Affen...

apitong Großblütiger Zweiflügelnußbaum *m (Dipterocarpus grandiflorus)*

apitoxin Apitoxin *n*, Bienengift *n*

apivorous bienenfressend

aplacental plazentalos

aplanogamete Aplanogamet *m*, unbeweglicher Gamet *m*

apnoea Apnoe *f*, Atemstillstand *m*

apocarp Sammelfrucht *f*, getrenntfrüchtig

apocarpous getrenntfrüchtig

apochlorosis Chlorophyllosigkeit *f*

apochlorotic chlorophyllos

apocrine apokrin, absondernd

apocyte Apozyt *m*, mehrkernige Zelle *f*, mehrkerniges Plasmodium *n*

apodal [apodous] 1. fußlos, beinlos; 2. bauchflossenlos

apoenzyme Apoenzym *n*, Apoferment *n*

apogeny Apogenie *f*, Unfruchtbarkeit *f*, Sterilität *f*

apogeotropism negativer Geotropismus *m*

apogyny Apogynie *f*, weibliche Sterilität *f*

apolegamy Selektivkreuzung *f*

apollo Alpenfalter *m*, Apollo *m*, Apollofalter *m (Parnassius apollo)*

apophyllous blattlos, ungeblättert

apophysis *(Bot.)* Apophyse *f*, Ansatz *m*, Fortsatz *m*; 2. Apophyse *f*, Fortsatz *m*, Knochenfortsatz *m*

aporhynchos *(Bot.)* ungeschnäbelt

aposematic aposematisch, abschreckend

aposeme Anschreckfärbung *f*, Abschreckeigenschaft *f*

apostasis *(Bot.)* Auseinanderhebung *f*

apothecium *(Bot.)* Fruchtbehälter *m*

apotropous *(Bot.)* apotrop, abgewendet (Samenanlagen)

apparatus Apparat *m*, Gerät *n*, Vorrichtung *f*

Abbe-Zeiss ~ Abbe-Zeiss-Zählkammer *f*

bell-jar ~ Samenankeimungsthermostat *m*

canalicular ~ Golgi-Apparat *m*

egg ~ Eiapparat *m*

Golgi ~ Golgi-Apparat *m*

hatching ~ Brutschrank *m*

osmotic pressure ~ Osmometer *m*

reticular ~ of Golgi Golgi-Apparat *m*

shaking ~ Schüttelapparat *m*

stomatal closing ~ Spaltöffnungsschließapparat *m*

volumetric ~ Titrierungsapparat *m*

appearance 1. Äußere *n*, Aussehen *n*; 2. Erscheinen *n*, Vorkommen *n*

external ~ Exterriere *f*

gross ~ makroskopisches Bild *n*

appeasement Beruhigung *f*

appeasing gesture *(Ethol.)* Befriedungsgebärde *f*, Unterwerfungsgeste *f*

appendage 1. Anhängsel *m*, Anhang; 2. Samenanhang *m*

atrial ~ Herzohr *n*

corolla ~ 1. Nebenkrone *f*, Nebenblume *f*; 2. Nebenblumenblatt *f*

genital ~ Geschlechtsanhang *m*

pyloric ~ pylorischer Anhang *m*

appendicular *(Zool.)* 1. appendikular, die Glieder betreffend; 2. anhängend; Anhangs...; 3. Blinddarm..., Wurmfortsatz...

appendiculate auswuchstragend, anhangstragend

apperception (bewußte) Wahrnehmung *f*, Sinneswahrnehmung *f*

appetence 1. *(Ethol.)* Appetenz *f*; 2. instinktive Neigung *f*, Trieb *m*

appetent *(Ethol.)* appetent

appetite 1. Appetit *m*, Eßlust *f*; 2. Neigung *f*, Trieb *m*, Lust *f*

sexual ~ Sexualtrieb *m*, Sexualbegierde *f*

applanate flach, abgeflächt

apple 1. Apfelbaum *m (Malus)*; 2. Augapfel *m*

~ of love Tomate *f (Lycopersicon esculentum)*

~ of Peru Blaue Giftbeere *f (Nicandra physaloides)*

Adam's ~ Adamsapfel *m*

balsam ~ Balsamapfel *m (Momordica balsamina)*

bitter ~ Koloquinte *f*, Futterwassermelone *f (Citrullus colocynthis)*

Chinese flowering ~ Prachtzierapfel *m (Malus spectabilis)*

common ~ Zwergapfelbaum *m*, Strauchapfel *m (Malus pumila)*

crab ~ Wilder Apfelbaum *m (Malus silvestris)*

custard ~ 1. Honigapfel *m*, Zuckerapfel *m (Anona squamosa)*; 2. Dreilappiger Pappaubaum *m (Asimina triloba)*

dwarf ~ Beerenzierapfel *m (Malus baccata)*; Zwergapfelbaum *m*, Strauchapfel *m (Malus pumila)*

earth ~ Erdapfel *m*, Erdbirne *f*, Topinambur *m (Helianthus tuberosus)*

large empty oak ~ Galle *f* durch Gallwespe (*Amphibolips inanis*)
mad ~ Dornapfel *m*, Fliegenkraut *n*, Weißer Stechapfel *m* (*Datura stramonium*)
May ~ Maiapfel *m*, Fußblatt *n* (*Podophyllum*)
midget crab ~ Kleiner Apfelbaum *m* (*Malus micromalus*)
oak ~ Gallapfel *m*
pearleaf crab ~ Pflaumenblättriger Apfelbaum *m* (*Malus prunifolia*)
pond ~ Anone *f*, Flaschenbaum *m* (*Anona*)
scrab ~ → crab apple
star ~ Sternapfelbaum *m* (*Chrysophyllum caimito*)
sugar ~ → custard apple 1.
thorn ~ → mad apple
white star ~ Weißlicher Sternapfelbaum *m* (*Chrysophyllum albidum*)
wild ~ → crab apple

apple-of-Sodon Karolinischer Nachtschatten *m* (*Solanum carolinense*)
application 1. Anwendung *f*, Gebrauch; 2. Applikation *f*, Anlegen *n*, Auflegen *n*
apposition Beifügung *f*, Hinzufügung *f*
appositional growth *(Bot.)* Appositionswachstum *n*
appressed angedrückt
approach 1. Zugang *m*, Zutritt *m*; 2. *(Biom.)* Ansatz *m*, Problemansatz *m*, Methode *f*, Vorgehen *n*
Bayesian ~ Bayessches Vorgehen *n*
approaching *(Ethol.)* Annäherung *f*
approximate 1. ungefähr; angenähert; 2. naheliegend ; 3. genähert
approximation *(Biom.)* Approximation *f*, Annäherung *f*
successive ~ Konsekutivannäherung *f*
apricot Aprikose *f* (*Armeniaca*)
Japanese ~ Mumebaum *m* (*Armeniaca mume*)
aproctous *(Zool.)* afterlos
apron 1. Abdomen *n* der Krabben; 2. Wamme *f* (bei Huftieren); 3. Bauchhaut *f* (des Hausgeflügels); 4. → diaphragm 2.
apterous 1. flügellos; 2. *(Bot.)* ungeflügelt
apterygial 1. flügellos; 2. flossenlos
aptitude 1. Anlage *f*, Befähigung *f*,Eignung *f*; 2. physiologischer Zustand eines lysogenen Bakteriums zur Virusproduktion
apyrene 1. kernlos; 2. samenlos
aquaculture Aquakultur *f*, Wasserkultur *f*
aquarium Aquarium *n*
aquatic aquatisch, Wasser...
aquation Hydrati(si)erung *f*
aquatosere Phytozönose *f* auf feuchtem Boden
aqueous wäßrig; wasserartig; wasserhaltig
aquiculture Aquakultur *f*, Wasserkultur *f*
aquiferous wassertragend
aquiherbosa Gräserphytozönose *f* auf feuchtem Boden
arable *(Ökol.)* ackerfähig, kulturfähig, urbar [gemacht] *(Boden)*
aracari *(Orn.)* Arassari *m* *(Pteroglossus)*
black-necked ~ Schwarzkehl-Arassari *m*, Arassari *m(Pteroglossus aracari)*
collared ~ Halsband-Arassari *m* *(Pteroglossus torquatus)*
green ~ Grünarassari *m*, Schriftarassari *m* *(Pteroglossus viridis)*
arachnoid 1. Arachnoidea *f*, Spinnwebenhaut *f*; 2. spinngewebeartig; 3. arachnoidal, Spinnwebenhaut...; 4. spinnenartig
arar Sandarakzypresse *f* (*Tetraclinis articulata)*
araucnut Chilenische Araukarie *f*, Chilifichte *f* (*Araucaria araucana)*
arbor Baum *m*
~ **vitae** *(Zool.)* Lebensbaum *m* *(Kleinhirnstruktur)*
arboreal 1. Baum...; 2. bäumenbewohnend; 3. baumartig
arboretum Baumpflanzung *f*, Dendrarium *n*
arboricolous bäumenbewohnend
arborization 1. *(Bot.)* baumförmige (baumartige) Bildung *f*; 2. *(Zool.)* (baumartige) Verzweigung *f* (z. B. von Bronchien); Verästelung *f*, Gefäßverzweigung *f*; terminale Aufspaltung *f* oder Aufteilung *f* (z. B. von Nerven)
arborvitae Lebensbaum *m*, Thuja *f* (*Thuja)*
American ~ Abendländischer Lebensbaum *m* (*Thuja occidentalis)*
giant ~ Riesenlebensbaum *m* (*Thuja plicata)*
hiba ~ Hibalebensbaum *m*, Beilblättriger Lebensbaum *m* (*Thujopsis dolabrata)*
oriental ~ Orientalischer Lebensbaum *m* (*Thuja orientalis)*
arbuscle baumartiges Gebüsch *n*; Zwergbaum *m*
arbuscular baumartig
arc Bogen *m*
direct spinal ~ direkter Spinalbogen *m*
reflex ~ Reflexbogen *m*
arch Bogen *m*; Gewölbe*n*
~ **of cranium** Scheitelgewölbe *n*
~ **of tongue** Zungenbeinbogen *m*
aortic ~ Aortenbogen *m*
axillary ~ Axelbogen *m*
branchial ~ Kiemenbogen *m*
costal ~ Rippenbogen *m*
femoral ~ Leistenbogen *m*
gill ~ Kiemenbogen *m*
hyoid ~ Zungenbeinbogen *m*, Hyoidbogen *m*
inguinal ~ Leistenbogen *m*
lingual ~ Zungenbeinbogen *m*, Hyoidbogen *m*
mandibular ~ Kieferbogen *m*, Mandibularbogen *m*
neural ~ Neuralbogen *m*, oberer Wirbelbogen *m*
palatine ~ Gaumenbogen *m*
palmar ~ Palmarbogen *m*, Hohlhandbogen *m*
parietohemal ~ Zungenbeinbogen *m*, Hyoidbogen *m*
pectoral ~ Schultergürtel *m*
pelvic ~ Beckengürtel *m*
pubic ~ Schambogen *m*
subocular ~ Jochbogen *m*
visceral ~ Viszeralbogen *m*; Kiemenbogen *m*

zygomatic ~ Kieferbogen *m*
archaeostomatous Urmund...
archangel Gelbe Goldnessel *f*, Gelbe Taubnessel *f*, Ranunkelstrauch *m* (*Galeobdolon*)
arche:
black ~ Fichtenspinner *m*, Nonne *f*, Nonnenspinner *m* *(Lymantria monacha)*
buff ~ Achateule *f*, Himbeerspinner *m*, Prachteule *f* *(Habrosyne derasa)*
arched gewölbt, gebogen; gekrümmt
archegone Archegonie *f*, Keimanlage *f*
archegoniate Archegonialpflanze *f*
archegoniophore Archegonieträger *m*
archegonium Archeogonie *f*, Keimanlage *f*
archencephalon Archenzephalon *n*, Urhirn *n*, Vorderhirnbläschen *n*
archenteron Archenteron *n*, Urdarm *m*
archerfish Schützenfisch *m (Toxotes jaculator); pl* Schützenfische *mpl (Toxotidae)*
archicoel primäre Leibeshöhle *f*
archigaster Archenteron *n*, Urdarm *m*
archigenesis Abiogenese *f*
archistome Blastopore *f*, Urmund *m*
arciform bogenförmig
arctalpine arktisch-alpinisch
arctation Verengung *f*, Stenose *f*
artic arktisch
arctic-alpine arktisch-alpinisch
Arctogaea Arktogea *f*
arcuate gebogen, bogenförmig
area 1. Raum *m*, Gebiet *n*, Gegend *f*; 2. Areal *n*; 3. Fläche *f*, Flächenraum *m*
active ~ Hämolysenzone *f (Immunologie)*
altitudinal ~ Höhenareal *n*
assimilating ~ Assimilationsbereich *m*
association ~ Assoziation(s)zone *f*
barren ~ pflanzendeckenloses Territorium *n*
belt ~ Streifenareal *n*, Gürtelareal *n*, Bandareal *n*
breaking-up ~ disjunktes [unterbrochenes] Areal *n*
breeding ~ Fortpflanzungsareal *n*; Nistungsareal *n*
Broca's ~ Brocasches Zentrum *n*, motorisches Sprachzentrum *n*
closed ~ *(Ökol.)* Schongebiet *n*
Cohnheim's ~ Myofibrillärfeld, Cohnheimsches Feld
continuous ~ kontinuierliches [ununterbrochenes] Areal *n*
cortical speech ~ Sprachfeld *n* der Hirnrinde
diffuse ~ zerstreutes Areal *n*
disconnected [discontinuous] ~ disjunktes [unterbrochenes] Areal *n*
egg-laying ~ → spawning area
first somatic sensory ~ primäre somatosensorische Zone *f*
frontal association ~ frontale Assoziationszone *f* (des Hirnes)
hibernating ~ Überwinterungsareal *n*
leaf ~ Blätter(ober)fläche *f*
minimal ~ Minimum-Areal *n*
motor ~ motorische Zone *f* (des Gehirns)
natural ~ Naturschutzgebiet *n*, Naturreservat *n*
oyster-growing ~ Austernbank *f*
personal ~ *(Ethol.)* Individualraum *m*
regeneration ~ Regenerationsareal *n*
relict ~ Reliktareal *n*
reserved ~ Schonrevier *n*
"rocket" ~ Rocket-Zone *f* (Immunelektrophorese)
sample ~ Testplatz *m*
spawning ~ Laichstelle *f*
specific leaf ~ spezifische Blattfläche *f*
wilderness ~ Wildnis *n*
wildlife ~ mehrjähriges Schonrevier *n*
wintering ~ Überwinterungsort *n*
areactivity Areaktivität *f*
immunological ~ immunologische Areaktivität *f*
areal Areal *n*; → area
areflexia Areflexie *f*, Fehlen *n* der Reflexe, Reflexlosigkeit *f*
areg Wüste *f*, Sandwüste *f*
arenaceous sandig
arenicolous sandbewohnend
areography Areographie *f*, Territoriumuntersuchung *f*
areola 1. *(Bot.)* Stachelring *m*, Stachelpolster *m*; 2. Areola *f*, Hof *m*
cellular ~ Zellhof *m*
mammary ~ Brustwarzenhof *m*
areolar areolar
areolate areoliert
areole → areola
areology Area(lo)logie *f*, Arealkunde *f*, Chorologie *f*
arere *(Bot.)* Abachi *m* (*Triplochiton scleroxylon*)
argali Archar *m*, Argali *m*, Mufflon *m*, Wildschaf *n* (*Ovis ammon*)
argentaffin argyrophil, silberfärbend
argentate silberweiß
argentation Silberfärbung *f*, Versilberung *f*, Silberimprägnierung *f*
argenteal silbrig
argenteous silberartig
argentill *(Bot.)* Ackerfrauenmantel *m (Aphanes)*
argentines Glasaugen *npl*, Goldlachse *mpl* (*Argentinoidea*)
argusfish (Gefleckter) Argusfisch *m* (*Scatophagus argus)*
argyrophil(ous) argyrophil
arhar Taubenerbsenbaum *m* (*Cajanus indicus)*
arid dürr, trocken; unfruchtbar
arid-temperate gemäßigt trocken
aridity Dürre *f*, Trockenheit *f*; Unfruchtbarkeit *f*
aril Arillus *m*, Samenwarze *f*, Samenmantel *m*
arista Granne *f*
aristida Borstengras *n (Aristida)*
arm 1. Arm *m*; 2. Vorderextremität *f*, Vorderpfote *f*; 3. Ast *m*, großer Zweig *m*; 4. Chromosomenarm *m*
lower ~ Vorarm *m*, Unterarm *m*
upper ~ Oberarm *m*, Schulter *f*

armadillo Gürteltier *npl*; Gürteltiere *npl* (*Dasypodidae)*
Brazilian three-banded ~ Dreibinden-Kugelgürteltier *n* (*Tolypeutes tricinctus)*
broad-banded [eleven-banded] ~ Großes Nacktschwanzgürteltier *n* (*Cabassous unicinctus)*
fairy ~ Gürtelmull *m*, Gürtelmaus *f* (*Chlamyphorus truncatus)*
giant ~ Riesengürteltier *n* (*Priodontes giganteus*)
hairy ~ 1. Braunzottiges Borstengürteltier *n* (Eu*phractus villosus)*; 2. Pelzgürteltier *n (Dasypus pilosus)*
hairy long-nosed ~ → hairy armadillo 2.
long-haired ~ → hairy armadillo 1.
mulita ~ Kurzschwanzgürteltier *n* (*Dasypus hybridus)*
naked-tailed ~ → broad-banded armadillo
nine-banded ~ Neungürteliges Weichgürteltier *n*, Neunbindengürteltier *n* (*Dasypus novemcinctus)*
seven-banded ~ Siebenbindengürteltier *n* (*Dasypus septemcinctus)*
six-banded ~ Sechsbändiges Gürteltier *n*, Weißborstengürteltier *n* (*Euphractus sexcinctus)*
Texas ~ → nine-banded armadillo
three-banded ~ Dreibinden-Kugelgürteltier *n* (*Tolypeutes tricinctus)*
twelve-banded ~ → broad-banded armadillo
weasel-headed ~ Weißborstengürteltier *n* (*Euphractus sexanctus)*
white-bristled ~ → six-banded armadillo

armature Schutzdecke *m*, Panzer *m*

armilla *(Bot.)* Anulus sperulus *m*, Manschette *f*, Franse *f (Blätterpilze)*

armillate *(Bot.)* beringt

armless *(Zool.)* armlos, ohne Arme

armor Panzer *m*

armpit Achsel *f*, Achselgrube *f*, Achselhöhle *f*

arnica Wohlverleih *m*, Engelkraut *n*, Arnika *f* (*Arnica*)
Arctic ~ Alpinischer Wohlverleih *m* (*Arnica alpina)*
hairy ~ Weicher Wohlverleih *m* (*Arnica mollis)*
heartleaf ~ Herzblätteriger Wohlverleih *m* (*Arnica corolifolia)*

aromatic aromatisch, wohlriechend

arousal *(Ethol.)* 1. Erwachen *n*; 2. Erregung *f*; [mittlerer] Erregungsgrad *m* (→ vigilance)
sexual ~ Sexualerregung *f*

arrangement 1. Anordnung *f*, Aufstellung *f*; System *n*; 2. Blattstellung *f*
~ of leaf Blattstellung *f*
alternate leaf ~ wechselständige Blattstellung *f*
bostrychoid[al) flower ~ schraubenartige Blütenanordnung *f*
decussate leaf ~ kreuzgegenständige/dekussierte Blattstellung *f*
flower ~ Blütenstellung *f*
leaf ~ Blattstellung *f*
linear ~ Linearstellung *f*
opposite leaf ~ gegenständige Blattstellung *f*
verticillate leaf ~ quirlständige Blätterstellung *f*

arrest Verzögerung *f*, Hemmung *f*
~ of development Entwicklungshemmung *f*
cardiac ~ Herzstillstand *m*
developmental ~ Entwicklungshemmung *f*
diastolic ~ diastolischer Herzstillstand *m*
respiratory ~ Atemstillstand *m*
systolic ~ systolischer Herzstillstand *m*

arrow *(Bot.)* Blütenstand

arrowhead Pfeilkraut *n* (*Saggittaria)*
duck-potato ~ Zugespitztes Pfeilkraut *n* (*Sagittaria cuneata)*
giant ~ Riesenpfeilkraut *n* (*Sagittaria montevidensis)*
Old-World ~ Gemeines [Spitzes] Pfeilkraut *n* (*Sagittaria sagittifolia)*

arrowroot Pfeilwurz *f*, Marante *f* (*Maranta)*
Bermuda ~ → West Indian arrowroot
Brazilian ~ Bittere Cassave *f*, Kassawe *f*, Bitterer Maniok *m* (*Manihot esculenta)*
East Indian ~ schmalblättriger Gelbwurz *f* (*Curcuma angustifolia)*
West Indian ~ West-Indische Pfeilwurz *f* (*Maranta arundinacea)*

arrowwood Schneeball *m* (*Viburnum)*
downy-leaved ~ Feinbehaarter Schneeball *m* (*Viburnum pubescens)*
maple-leaved ~ Ahornblättriger Schneeball *m* (*Viburnum acerifolium)*
roughish ~ Rauher Schneeball *m* (*Viburnum scabrellum)*
soft-leaved ~ Weicher Schneeball *m* (*Viburnum molle)*

artefact Artefakt *n*

arterenol Arterenol *n*, Noradrenalin *n*

arterial arteriell

arterialization Arterialisation *f*

artery Arterie *f*, Schlagader *f*
allantoic ~ Allantoisarterie *f*
carotid ~ Karotis *f*, Halsschlagader *f*
cephalic ~ Kopfschlagader *f*, Gemeine Halsschlagader
coronary ~ Koronararterie *f*, Koronarie *f*
glomerular ~ Glomerular-Arterie *f*
umbilical ~ Nabelarterie *f*, Umbilikalararterie *f*
vitelline ~ Dottersackarterie *f*

arthral Gelenk...

arthrodial Kugelgelenk...

arthropodous gliederfüßig

arthropods Gliederfüß(l)er *mpl* (*Arthropoda)*

arthrous Gelenk...

artichoke Artischocke *f* (*Cynara)*
Chinese ~ Knollentragender Ziest *m* (*Stachys tubifera)*
globe ~ → artichoke
Jerusalem ~ Jerusalemartischocke *f*, Erdapfel *m*, Grundbirne *f* (*Helianthus tuberosus)*

articulate(d) 1. gegliedert; 2. Gelenk...; Glieder...

articulation 1. Gliederung *f*; 2. Gelenk *n*; Gelenkverbindung *f*

artifact Artefakt *n*

artiodactyl paarzehig; paarhufig

arucola Gartenrauke *f*, Senfkohl *m* (*Eruca sativa)*

arui Mähnenschaf *n*, Mähnenspringer *m* (*Ammotragus lervia)*
arum 1. Aronstab *m* (*Arum)*; Gefleckter [Gemeiner] Aronstab *m (Arum maculatum)*; 2. Zeichenwurz *f* (*Arisaema)*
  dragon ~ Zeichenwurz *f* (*Arisaema)*
  water ~ Schlangengewurz *f* (*Calla)*
asarabacca Braune [Gemeine] Haselwurz *f* (*Asarum europaeum)*
ascarid Askaris *f*, Spulwurm *m (Ascaris)*
ascending aufsteigend, aszendierend
ascidiform *(Bot.)* krugförmig, schlauchförmig
ascidium *(Bot.)* flaschenförmiges oder schlauchförmiges Organ *n*, Blattschlauch *m*
asciferous [ascigerous] *(Bot.)* mit Sporenschläuchen oder Schlauchzellen versehen
ascite Aszites *m*
ascocarpus Askokarp *n*, Schlauchfrucht *f (Schlauchpilze)*
ascomycetes Askomyzeten *mpl*, Schlauchpilze *mpl* (*Ascomycetes)*
ascus Schlauch *m*, Sporenschlauch *m*
aseity Urzeugung *f*
asepsis Keimfreiheit *f*
aseptate scheidewandlos
aseptic aseptisch, keimfrei, steril
asexual 1. geschlechtslos; 2. vegetativ
ash 1. Esche *f* (*Fraxinus)*; 2. Asche *f*
  American ~ Amerikanische Esche *f*, Grauesche *f* (*Fraxinus americana)*
  black [brown] ~ Schwarze Esche *f* (*Fraxinus nigra)*
  cane ~ → American ash
  European ~ Gemeine Esche *f*, Geißbaum *m* (*Fraxinus excelsior*)
  flowering ~ Blumenesche *f*, Mannaesche *f* (*Fraxinus ornus)*
  fragrant ~ Spitzblättrige Esche *f* (*Fraxinus cuspidata)*
  maple ~ Eschenahorn *m* (*Acer negundo*)
  mountain ~ Eberesche *f* (*Sorbus)*
  narrow-leaved ~ Schmalblättrige Esche *f* (*Fraxinus angustifolia)*
  poison ~ Firnisbaum *m*, Firnissumach *m (Rhus verniciflua)*
  prickly ~ Amerikanisches Gelbholz *n* (*Zanthoxylum americanum)*
  red ~ Rotesche *f (Fraxinus pennsylvanica)*
  sumach ~ Sumachblättrige Esche *f* (*Fraxinus coriariaefolia)*
  taller ~ → European ash
  wafer ~ Lederbaum *m* (*Ptelea*)
  water ~ Karolinische Esche *f* (*Fraxinus caroliniana)*
  white ~ → American ash
ashen aschfarben, aschgrau
ashweed Geißfuß *m*, Giersch *m*, Zaungiersch *m* (*Aegopodium podagraria*)
asohos Sandweißlinge *mpl (Sillaginidae)*
asp 1. Echte Otter *f*, Viper *f (Vipera)*; 2. Hornviper *f (Cerastes)*; 3. Kobra *f (Naja)*; 4. Rapfen *m* (*Aspius aspius)*
  European ~ Juraviper *f*, Aspisviper *f* (*Vipera aspis)*
asparagus Spargel *m* (*Asparagus)*
  garden ~ Gartenspargel *m*, Gemüsespargel *m* (*Asparagus officinalis)*
aspect 1. Aussehen *n*, Gestalt *f*; 2. Aspekt *m*; 3. Gebärde *f*, Miene *f*
  autumnal ~ Herbstaspekt *m*
  hibernal ~ Hiemal *n*, Winteraspekt *m*
  hiemal ~ Winteraspekt *m*
  seasonal ~ Seasonaspekt *m*
  vernal ~ Frühlingsaspekt *m*
aspectation *(Ökol.)* Aspektfolge *f*, Phänologie
aspen Aspe *f*, Bebereschе *f*, Espe *f* (*Populus tremula)*
  American ~ → quaking aspen
  European ~ Aspe *f*, Bebereschе *f*, Espe *f* (*Populus tremula)*
  Japanese ~ Siebolds Pappel *f* (*Populus sieboldi)*
  quaking [trembling] ~ Amerikanische Zitterpappel *f* (*Populus tremuloides)*
aspergilliform *(Bot.)* wedelförmig
asperous rauh, scharf
asphodel Affodil *m*, Asphodil *m*, Goldwurzel *f* (*Asphodelus)*
  bog ~ Beinbrech *m*, Beinbrechgras *n*, Beinheil *n*, Knochenbrecher *m* (*Narthecium ossifragum)*
asphyxia [asphyxiation] Asphyxie *f*, Erstickung *f*, Suffokation *f*
aspirated pit pair *(Bot.)* einseitig verschlossenes Tüpfelpaar *n*
aspiration 1. Aspiration *f*, Ansaugung *f*; 2. Einatmung *f*
asporogenic [asporogenous] asporogen
asproon Zingel *m (Zingel zingel)*
ass Esel *m* (*Equus asinus asinus)*
  African wild ~ Afrikanischer Wildesel *m* (*Equus asinus africanus)*
  Asiatic wild ~ Asiatischer Wildesel *m*, Asiatischer Halbesel *m* (*Equus hemmionus)*
  Nubian ~ → African wild ass
assart → 1. Urbarmachen *n* (von Land); Ausroden *n* (von Bäumen); 2. Lichtung *f*, Rodung *f*
assay 1. Probe *f*, Analyse *f*, Prüfung *f*, Untersuchung *f*; 2. Muster *m*
  antigen-binding ~ Antigenbindungsanalyse *f*
  cell attachment ~ Zellenimmobilisationsanalyse *f*
  cell-mediated lympholysis ~ zellvermittelte Lympholyse *f*
  competitive protein-binding ~ kompetitive Eiweißbindungsanalyse *f*
  complement binding [complement consumption] ~ Komplementbindungsreaktion *f*
  Con A-induced suppressor cell ~ Analyse *f* der Konkavalin A-induzierten Supressorzellen
  double-label immunofluorescence ~ Zweimarkerimmunofluoreszenztest *m*
  enzyme-linked coagulation ~ Immunofermentuntersuchung *f* der Blutgerinnungsfaktoren

enzyme-linked immunosorbent ~ Immunosorbent-Analyse *f*
enzyme-linked immunospot ~ Immunosorbent-Spotanalyse *f*
E-rosette ~ E-Rosettenanalyse *f*
exocolonizing ~ Methode *f* der exogenen (Lien-)Kolonien
graft-versus-host [GVH] ~ Analyse *f* der Transplantat - Wirt Reaktion
idiotype ~ Idiotypierung *f*
immune complex kinase ~ Immunkomplexmethode *f* der Kinaseaktivitätbestimmung
immune slot-blot ~ Slot-Blotting-Immunanalyse *f*
immunoradiobinding ~ Immun(o)radiobindungsanalyse *f*
immunoradiometric ~ immunoradiometrische Untersuchung *f*
LAI ~ → leukocyte adherence inhibition assay
latex-based ~ Latex-Methode *f*
leukocyte adherence inhibition ~ Methode *f* der Leukozytenadhärenzinhibition
lymphocyte transformation ~ Lymphozyten(blast)-transformationstest *m*
microlymphocytotoxicity ~ Mikrotest *m* der Lymphozytotoxizität
Petri-dish ~ Petri-Schalen-Methode *f*
plaque ~ Test *m* der Plättchenformation, Plättchenmethode *f*
quick ~ Schnelltest *m*
radioimmunosorbent ~ Radioimmunosorbentanalyse
rapid immunodiffusion enzymatic [RIDE] ~ Enzymimmunodiffusion-Expressanalyse *f*
rosette ~ Rosettentest *m*
serodiagnostic ~ Serumdiagnostik *f*
serologic ~ Serumanalyse *f*
short-term lymphocyte cytotoxic ~ kurzfristige Lymphozytenzytotoxizitätsprobe *f*
single-label immunofluorescence ~ Einmarker-Immunofluoreszenz-Test *m*
solid-phase clotting ~ Festphasen-Blutgerinnungsfaktorenanalyse *f*
T cell-accessory cell binding ~ Methode *f* der T-und-A-Zellenbindung
thymus-regeneration [thymus-repopulation] ~ Thymus-Regeneration-Methode *f*
tumor necrosis ~ Methode *f* der Tumornekrosenfaktorbestimmung

assemblage 1. Gemeinschaft *f*; 2. Ansammlung *f*, Schar *f*, Menge *f*; 3. Zusammensetzen *n*

assembly 1. Mikrogemeinschaft *f*; Lebensgemeinschaft *f*; 2. Zusammensetzung *f*

assessment Bewertung *f*, Taxierung *f*, Einschätzung *f*, Beurteilung *f*

assimilate 1. Assimilat *n*; 2. assimilieren

assimilation Assimilation *f*, Aufnahme *f*, Integration *f*
apparent ~ offensichtliche Assimilation *f*
net(te) [real] ~ echte Assimilation *f*
stomatal ~ stomatäre Assimilation *f*

assimilative [assimilatory] assimilierend

assize Taxation *f*

associate 1. Partner *m*; 2. Gemeinschafts(mit)glied *n*; 3. assoziieren, verbinden; 4. assoziativ, begleitend

association 1. Assoziation *f*, Verbindung *f*; 2. *(Ökol.)* Assoziation *f*, Vergesellschaftung *f* (von Pflanzen und Tieren); Pflanzengesellschaft *f*; 3. *(Ethol.)* Assoziation *f*, Verknüpfung *f* (von Wahrnehmungen, Erfahrungen u.s.w.); 4. *(Gen.)* Assoziation *f* (gemeinsames Auftreten verschiedener Merkmale)
climax ~ Klimaxassoziation *f*, Grundassoziation *f*
closed ~ geschlossene Assoziation *f*
derived ~ Ersatzassoziation *f*
elementary ~ Elementärassoziation *f*, Fazies *f*
fundamental ~ Klimaxassoziation, Grundassoziation *f*
open ~ offene Assoziation *f*
plant ~ Pflanzengemeinschaft *f*
reproductive ~ Fortpflanzungsgemeinschaft *n*
secondary short-timed ~ sekundäre Assoziation *f* von kurzer Dauer
short-timed [seral] ~ zeitliche Assoziation *f*, Assoziation *f* von kurzer Dauer
sperm-egg ~ Spermium-Ei-Verbindung *f*
subordinate ~ Assozies *f*
substitute ~ Ersatzgesellschaft *f*
temporary ~ zeitliche Assoziation *f*, Assoziation *f* von kurzer Dauer
terminal ~ Schlußassoziation *f*
transitional ~ Übergangsassoziation *f*
twin ~s Zwillingsassoziationen *f pl*

assort sortieren; gruppieren

assortment 1. Sortierung *f*; 2. Sortiment *n*, Auswahl *f*; 3. Disjunktion *f (z.B. der Chromosomen)*
independent ~ → random assortment
nonrandom ~ nicht zufallsgemäße Disjunktion *f*
random ~ zufallsgemäße Disjunktion *f*

assous Ährenfisch *m*, Priesterfisch *m*, Streifenfisch *m* *(Atherina presbyter)*

assurgent *(Bot.)* aufsteigend, schräg nach oben wachsend

astatic *(Ökol.)* astatisch, nicht stetig

aster 1. Aster *f*, Sternblume *f (Aster)*; 2. Aster *f*, Polstrahlung *f*, Plasmastrahlung *f (bei Mitose)*
aromatic ~ Wohlriechende Aster *f*, Langblättrige Aster *f (Aster oblongifolius)*
bog ~ Hocheichenwald-Aster *f (Aster nemoralis)*
bushy ~ Buschaster *f (Aster dumosis)*
China ~ Chinesische Gartenaster *f (Callistephus chinensis)*
eastern silvery ~ einfarbige Aster *f (Aster concolor)*
large-flowered ~ GroßblumigeAster *f (Aster grandiflorus)*
mountain ~ Zugespitzte Aster *f (Aster acuminatus)*
New York ~ Neubelgische Aster *f (Aster nova-belgii)*
panicled ~ Rispige Aster *f (Aster paniculatus)*
prairie ~ Gedrehte Aster *f (Aster turbinellus)*
salt-marsh perennial ~ Dünnblättrige Aster *f (Aster*

temufolius)
sea ~ Strandaster *f (Aster tripolium)*
seaside ~ Meirich *m*, Miere *f (Alsine)*
silk-seed ~ *Seriocarpus bifoliatus*
slender ~ zierliche Aster *f (Aster gracilis)*
small-healed ~ Kleinköpfige Aster *f (Aster parviceps)*
smooth ~ Nackte Aster *f (Aster laevis)*
starved ~ Ausgestrecktblütige Aster *f (Aster lateriflorus)*
stokes ~ Stokesie *f (Stokesia laevis)*
swamp southern ~ sumpfige Aster *f*, moorige Aster *f (Aster paludosus)*
various-leaved ~ vielgestaltige Aster *f (Aster multiformis)*
asteraceous *(Bot.)* zu den Korbblütlern *(Compositae, Asteraceae)* gehörend
asternal brustbeinlos
asteroid sternartig
astogeny Gestalt- und Größenwandel *m* einer Zooide
astom(at)ous mundlos
astragalocrural talokrural, Talus-Bein...
astragalofibular talofibular, Talus-Fibula..., Sprungbein-Wadenbein...
astragalus Talus *m*, Sprungbein *n*
astringent astrigierend, zusammenziehend
astrocenter Astrosphäre *f*, Plasmastrahlung *f*
astrocyte Astrozyt *m*, Makroglia *f*, Sternspinnenzelle *f*
astrosphere Astrosphäre *f*, Plasmastrahlung *f*
asymmetrical asymmetrisch, unsymmetrisch
asymmetry Asymmetrie *f*
asymphytous nicht zusammengewachsen
asystole Asystolie *f*, Systolenausfall *m*
atavism Atavismus *m*, Entwicklungsrückschlag *m*
atavistic atavistisch
atelia Atelie *f*; Exzessiventwicklung *f*, Überspezialisierung *f*, Luxusbildung *f*
atlantoaxial [atlantoepistrophic] Atlas-Axis...
atlantooccipital Atlas-Hinterhaupt...
atlas Atlas *m*, erster Halswirbel *m*, Kopfträger *m*
atocia weibliche Unfruchtbarkeit *f*
atocous 1. unfruchtbar, steril; 2. atok *(Parapodien der Ringelwürmer)*
atomizer Zerstäuber *m*, Sprüher *m*
atonia Atonie *f*, Erschlaffung *f*, Schlaffheit *f*
atopic atopisch
atopy Atopie *f*, Allergiebereitschaft *f*, erbliche Überempfindlichkeit *f*
atoxic ungiftig
atracheate tracheenlos, ohne Tracheen
atretic atretisch, verschlossen, nicht eröffnet
atrial atrial, Vorhof..., Herzvorkopf...
atrichous 1. haarlos; 2. geißellos
atriopore *(Zool.)* 1. Atrioporus *m*, Peribranchialraumöffnung f (der Tunicata); 2. Atrioporus *m*, Atemöffnung *f* der Kaulquappen
atrioventricular atrioventrikulär, Herzvorkopf-Herzkammer..., Vorhof-Kammer...
atrium 1. Atrium *n*, Vorhof *m*; Vestibulum *n*; 2. Herzvorhof *m*
infection ~ Infektionseintrittpforte *f*
atrophy Atrophie *f*, Schwund *m*; Verkümmerung *f*
atropous *(Bot.)* gerade, aufrecht *(Lage der Samenanlage bezüglich der Palcenta und/oder des Funiculums bei vielen Samenpflanzen)*
attached seßhaft, festsitzend, sessil
attachment 1. Befestigung *f*; 2. Verbindung *f*; 3. Bindung *f*, Zugehörigkeit *f*; Neigung *f*
leaf ~ Blattansatz *n*
attack 1. Attacke *f*; Angriff *m*; Anfall *m*; 2. überfallen; angreifen; 3. zerstören
sham ~ Scheinattacke *f*
attention Beachtung *f*; Aufmerksamkeit *f*
selective ~ Selektivaufmerksamkeit *f*
attenuation 1. Verminderung *f*; Abschwächung *f (der Virulenz pathogener Keime)*; 2. Milderung *f (z.B. von Symptomen)*; 3. Verdünnung *f*, Verdünnen *n*
attenuator Attenuator *m*
attenuatous verdünnt, verschmälert
attitude 1. Position *f*; 2. Lage *f*, Stellung *f*; 3. Stellung *f*, Haltung *f*
~ of combat Kampfhaltung *f*
attractant Lockstoff *m*
attractivity Anziehungskraft *f*
sexual ~ sexuale Anziehungskraft *f*
attribute Eigenschaft *f*; Merkmal *n*
protective ~ Schutzeigenschaft *f*
atypical atypisch
audad → aoudad
audition Gehör *n*, Hörvermögen *n*
auditory Gehör..., Hör...
aufwuchs *(Ökol.)* Aufwuchs *m*, Periphyton *n (Organismenschicht auf Unterwasserobjekten)*
augmentation Zunahme *f*, Zuwachs *m*, Vergrößerung *f*
~ of antibody response Antikörperbildungs-Zunahme
auk Alk *m*; *pl* Alken *mpl*, Alkenvögel *mpl*, Flügeltaucher *mpl (Alcidae)*
great ~ Riesenalk *m (Pinguinus impennis)*
little ~s Krabbentaucher *mpl (Plautus alle)*
razor-billed ~ Tordalk *m (Alca torda)*
auklet:
ancient ~ Silberalk *m (Synthliboramphus antiquus)*
Cassin's ~ Aleuten-Alk *m*, Dunkelalk *m (Ptychoramphus aleuticus)*
crested ~ Schopfalk *m (Aethia cristatella)*
Japanese ~ Japan-Alk *m (Synthliboramphus wumizusume)*
least ~ Zwergalk *m (Aethia pusilla)*
parakeet [paraquet] ~ Rotschnabelalk *m*, Kreisschnabelalk *m*, Papageischnabelalk *m (Cyclorrhynchus psittacula)*
rhinoceros ~ Nashornlund *m*, Nashornalk *m (Cerorhinca monocerata)*
whiskered ~ Bartalk *m (Aethia pygmaea)*
aulacocarpous furchenfrüchtig

aura Truthahngeier *m (Cathartes aura)*
aural Ohr..., Gehör...
auricle Aurikel n, Herzohr *n*; Blattöhrchen *n*, Ohrmuschel *f*; Ohrläppchen *n*
auricula 1. Herzohr *n*; 2. Frühlings-Schlüsselblume *f (Primula officinalis)*
auriculate ohrförmig, ohrartig; geöhrt
auriform ohrförmig, ohrartig
aurins Eigentliche Eingeweidefische *mpl (Carapidae)*
auroch 1. Auerochse *m*, Ur *m (Bos primigenius)*; 2. Bison *m*, Wisent *m (Bison bonasus)*
autallogamia Allautogamie *f*
autecology Aut(o)ökologie *f*
autoanalyzer Autoanalysator *m*, automatischer Analysator *m*
autoantibody Autoantikörper *m*
  true ~ echter (natürlicher) Autoantikörper *m*
autochore autochore Pflanze, selbstverbreitende Pflanze *f*
autochthon autochton, bodenständig, am Fundort beheimatet, einheimisch, nativ
autocinesis Autokinese *f*, willkürliche Bewegung *f*
autoclave Autoklav *m*, Dampfdrucksterilisator *m*
autoclaving Autoklavierung *f*, Dampfdrucksterilisation *f*
autodefense Resistenz *f*
autoecious einwirtig
autoecism Einwirtigkeit *f*
autoepitope Autoepitop *n*, Autodeterminante *f*
autogamy Autogamie *f*, Selbstbefruchtung *f*, Selbstbestäubung *f*
autogenic autogen, endogen
autogenomatic autogenomisch
autogenous autogen, endogen
autogeny Autogenese *f (endogene Evolution)*
autograft Autotransplantat, körpereigenes Transplantat *n*
autografting → autotransplantation
autogrooming *(Ethol.)* Selbstreinigung *f*, Selbstputzen *n*
autoimmunity Autoimmunität *f*
autoimmunization Autoimmunisierung *f*
autokinesia [autokinesis] Autokinese *f*, willkürliche Bewegung *f*
autolopping Selbstfreisetzung *f* der Äste [Zweige]
autolysis Autolyse *f*, Autodigestion *f*
automaticity Automatie *f*
automatism Automatismus *m*
automixis Selbstbefruchtung *f*, Selbstbestäubung *f*
autonomic 1. autonom; 2. spontan; 3. vegetativ
autonomous → autonomic 1.
autopalatine enchondrales Gaumenbein *n*
autoparasite Autoschmarotzer *m*
autoparasitism Autoparasitismus *m*, Überparasitismus *m*
autophilous selbstbestäubend
autophyte autotrophe Pflanze *f*
autophytic autotroph
autopotamic [autopotamous] fließwasserbewohnend
autopreening Selbstreinigung *f* des Gefieders
autopsy Autopsie *f*, Obduktion *f*, Sektion *f*
autoradiogram Autoradiogramm *n*
autoradiography Autoradiographie *f*, Radioautographie *f*
autorecognition Selbsterkennung *f*, autogene Erkennung, Erkennung *f* des "Selbst"
autoreduplication Selbstreduplikation *f*, Autoreduplikation *f*
autoresponse Autoimmunantwort, Autoimmunreaktion *f*
autosensitization Autosensibilisierung *f*
autoskeleton inneres Skelett *n*, Innenskelett *n*
autostimulation Autostimulierung *f*
autosynapsis [autosyndesis] Autosyndese *f*
autotomy Autotomie *f*, Selbstverstümmelung *f*
autotransfusion Autotransfusion *f*, Autotillie *f*, Selbsttransfusion *f*
autotransplant Autotransplantat *n*, Eigen(gewebe)transplantat *n*
autotransplantation 1. Autotransplantation *f*, Eigen(ge-webe)transplantation *f*; 2. Selbstpfropfung *f*
autotroph Autotroph *m*
autoxenous → autoecious
autumn-flowering plant Herbstblüher *m*
auxanometer Auxanometer *n*, Wachstumsmesser *m*
auxesis 1. Wachstum *n*; 2. Wachstum *n* ohne Zellteilung
auxetic wachstumsfördernd
auxiliary Hilfs..., Auxiliar...
availability 1. Vorhandensein *n*; 2. Verfügbarkeit *f*; 3. Gültigkeit *f*
available 1. anwesend; 2. verfügbar; 3. gültig
avalanche Lawine *f*
avalvular klappenlos, avalvulär
avare Helmbohne *f*, Lablabbohne *f (Dolichos lablab)*
avascular avaskulär, gefäßlos
avenous *(Bot.)* aderlos
avens Nelkenwurz *f (Geum)*
  cream-colored ~ Gelbe Nelkenwurz *f (Geum flavum)*
mountain ~ Bergnelkenwurz *f (Geum montanum)*
  roof ~ Mauernelkenwurz *f (Geum urbanum)*
  rough ~ Virginische [Echte] Nelkenwurz *f (Geum virginianum)*
  water ~ Bachnelkenwurz *f*, Ufererdröschen *n (Geum rivale)*
  white ~ Kanadische Nelkenwurz *f (Geum canadense)*
  wood ~ → roof avens
  yellow ~ Steife Nelkenwurz *f (Geum strictum)*
average *(Biom.)* Mittelwert *f*; arythmetisches Mittel *n*
  grand ~ Gesamtmittel *n*
  moving ~ gleitendes Mittel *n*
  weighted ~ gewichtetes Mittel *n*
aversion Anbeigung *f*, Abscheu *m*
  learned food ~ erworbene Nahrungsabneigung *f*
avian Vogel...; vogelartig
avidity Avidität *f (der Antikörper)*
avifauna Ornithofauna *f*, Vogelfauna *f*
avirulence Avirulenz *f*, Virulenzlosigkeit *f*
avitaminosis Avitaminose *f*, Vitaminmangelzustand *m*
avoador Weißer Thunfisch *m (Thunnus alalunga)*
avocado Avokadenbirne *f*, Aguacate *f*, Ahuaca *f*, Alligatorbirne *f (Persea gratissima)*

avocet Säbelschnäbler *m*, Säbler *m*, Schustervogel *m* *(Recurvirostra avosetta)*
avoidance Vermeidung *f*, Meidung *f*
conditioned ~ bedingte [bedingt-reflektorische] Vermeidung *f*
awa Milchfisch *m* *(Chanos chanos)*
awake 1. wach; wachsam; 2. wecken
awl-header Schnauzennatter *f* *(Lytorhynchus)*
awl-leaved pfriemenblättrig
awl-shaped pfriemenartig
awl-wort Pfriemenkresse *f* *(Subularia)*
awn Granne *f*
plumose ~ Fiedergranne *f*
scabrous ~ Zackengranne *f*
awned grannig
awning *(Bot.)* Begrannung *f*
awnless grannenlos
awnlet Grannenanlage *f*
awny *(Bot.)* grannig
axenic 1. axenisch; 2. steril, keimfrei
axial axenständig
axifugal zentrifugal
axil Achsel *f*, Blattwinkel *m*
leaf ~ Blattachse *f*
axile 1. achsenständig; 2. achsengerecht
axilemma → axolemma
axilla Achselhöhle *f*, Axelgrube *f*
axillary achselständig, blattachselständig
axipetal zentripetal, zentralwärts
axis 1. Achse *f*, Mittellinie *f*; 2. zweiter Halswirbel *m*, Epistropheus *m*; 3. Hauptstamm *m*
brain ~ Hirnstamm *m*
cerebrospinal ~ Zentralnervensystem *n*
ear ~ Ährenachse *f*
floral ~ Blütenachse *f*
hypothalamic-hypophysial-ovarian ~ Hypothalamus-Hypophysen-Eierstock-System *n*
neural ~ Zentralnervensystem *n*
pituitary-adrenal ~ Hypophysen-Nebennieren-System *n*
axofugal zentrifugal, peripheriewärts
axolemma Axolemm(a) *n*
axolotl Mexikanischer Querzahnmolch *m*, Axolotl *m* *(Ambystoma mexicanum)*
axon Axon *n*; Achsenzylinder *m*, Neurit *m*
axonost Flossenträger *m*
axopetal zentripetal, zentralwärts
axoplasm Axoplasma *n* *(Zytoplasma des Achsenzylinders)*
axostyle Axostyl *n*, Achsenstab *m* *(Einzeller, Geisseltierchen)*
axseed [axwort] Giftwicke *f*, Bunte Kronwicke *f* *(Coronilla varia)*
aye-aye Aye-Aye *m*, Fingertier *n* *(Daubentonia madagascariensis)*
aye-green Hauswurz *f* *(Sempervivum)*
ayu Ayu *m* *(Plecoglossus)*
azalea Azalee *f*, Azalie *f*, Felsenstrauch *m* *(Azalea)*
Alpine ~ Zwergazalie *f* *(Azalea procumbens)*
flame ~ Feuerrote Azalie *f* *(Azalea lutea)*
mountain ~ Bergazalie *f* *(Azalea canescens)*
smooth [sweet, tree] ~ Baumartige Azalie *f* *(Azalea arborescens)*
white ~ Klebrige Azalie *f* *(Azalea viscosa)*
azoic Azoikum *n*, Kryptozoikum *n* *(alle Straten älter als das Silur)*
azoospermia Azoospermie *f*, Samenzellenmangel *m*
azoted azotiert
azure Bläuling *f*
spring ~ Buschheideland-Bläuling *m*, Faulbaumbläuling *m* *(Cyaniris argiolus)*
azygobranchiate mit einseitig liegenden Kiemen
azygoid haploid
azygomatous ohne Jochbein, jochbeinlos
azygomelous ohne paarige Flossen
azygomorphous azygomorph, unsymmetrisch
azygospore Azygospore *f*, Parthenospore *f*
azygous unpaarig; ungepaart
azymia Enzymmangel *m*, Fermentmangel *m*

B

babacoto Indri *m*, Babakoto *m* *(Indri indri)*
babbler Timalie *f*;Timalien*f pl* *(Timaliidae)*
black-headed ~ Kapuzentimalie *f*, Schwarzkappen-Baumtimalie *f* *(Rhopocichla atriceps)*
black-winged ~ Schwarzflügeltimalie *f* *(Phyllanthus atripennis)*
blue-capped ~ Pittatimalie *f*, Ifrita *f* *(Ifrita)*
capuchin ~ → black-winged babbler
Celebes ~ Mooswaldtimalie *f* *(Malia)*
green-backed ~ Grünrückenflöter *m* *(Androphobus)*
long-billed scimitar ~ Zwergsäbler *m*, Rimator-Timalie *f* *(Rimator)*
oriole ~ Pirolsänger *m* *(Hyperergus)*
rail ~ Rallenläufer *m* *(Eupetes)*
red-capped ~ Rotkäppchentimalie *f* *(Timalia)*
rufous ~ Beutelsäbler *m* *(Garritornis)*
short-tailed scimitar ~ Kurzschwanzsäbler *m* *(Jabouilleia)*
slender-billed scimitar ~ Dünnsicheltimalie *f*, Dünnschnabelsäbler *m* *(Xiphirhynchus superciliaris)*
sooty ~ Steinspringer *m* *(Pinarornis)*
white-hooded ~ Weißkopfwürgertimalie *f* *(Gampsorhynchus rufulus)*
yellow-eyed ~ Goldaugentimalie *f* *(Chrysomma sinense)*
babbling Murmeln *n*; plätschern

babies'-breath Rispengipskraut *n*, Schleierkraut *n (Gypsophila paniculata)*

babir(o)ussa Babirusa *m*, Gemeiner Hirschheber *m (Babyrousa babirussa)*

baboon 1. Hundskopfaffe *m*, Pavian *m (Papio)*; 2. Hundsaffe *m (Theropithecus)*

anubis ~ Anubis-Pavian *m*, Grüner Pavian *m (Papio anubis)*

chac(k)ma ~ Bärenpavian *m (Papio ursinus)*

Doguera ~ → anubis baboon

gelada ~ Blutbrustpavian *m*, Dschelada *f (Theropithecus gelada)*

Guinea ~ Guinea-Pavian *m*, Roter Pavian *m (Papio papio)*

hamadryas ~ Hamadryas *m*, Mantelpavian *m*, Bergaffe *m (Papio hamadryas)*

olive ~ → anubis baboon

sacred ~ → hamadryas baboon

savanna ~ Hundskopfaffe *m*, Pavian *m (Papio)*

yellow ~ Gelber Babuin *m*, Babuin-Pavian *m (Papio cynocephalus)*

babul Arabische Akazie *f (Acacia arabica)*

baby junges Tier *n*, Baby *n*, Kleinkind *n*

bacca Beere *f*

baccate Beeren...

baccharis Kreuzstrauch *m (Baccharis)*

bacciferous beerentragend

bacciform beerenartig

bachelor's-button Kornblume *f (Centaurea cyanus)*; 2. Weiße Lichtnelke *f*, Marienröschen *n (Melandrium album)*

bacillary bazillär, Bazillen...; bakteriell, Bakterien...

bacillicarrier Bazillenträger *m*

bacillicidal bazillizid, bazillentötend, bazillenvernichtend

bacillicide bazillizides [bazillentötendes] Mittel *n*

bacilliform bazillenförmig; stäbchenförmig

bacillus Bazillus *m*, Stäbchenbakterie *f*

back 1. Rücken *m*, Dorsum *n*; 2. Rückseite *f*; Rück(en)-ansicht *f*

roach ~ Aitel *m*, Döbel *m (Leuciscus cephalus)*

back-cut im Tangentialschnitt, tangential geschnitten

backbone 1. Wirbelsäule *f*, Rückgrat *n*; 2. Gerüst *n*

polypeptide ~ Polypeptidengerüst *n*

primitive ~ Chorda *f*, Chorde *f*, Rückensaite *f*

backboned mit Wirbelsäule

backboneless ohne Wirbelsäule

backcross(ing) Rückkreuzung *f*

back-fin Rückenflosse *f*

back-front Rücken-Bauch...

background Hintergrund *m*

B-cell ~ B-Zellen-Schattenphänotyp *m*

genetic ~ genetisches [genotypisches] Milieu *n*

T-cell ~ T-Zellen-Schattenphänotyp *m*

backmutation Rückmutation *f*

backpollination Rückbestäubung *f*

backswimmers Rückenschwimmer *m pl (Notonectidae)*

backwater Stauwasser *n*, totes Wasser *n*

bacterial bakteriell, Bakterien...

bactericidal bakterizid, bakterientötend, bakterienvernichtend

bactericide Bakterizid *n*, bakterientötender Stoff *m*

bacterin Bakterin *n*, Bakterienimpfstoff *m*

bacteriochlorin Bakteriochlorin *n*

bacteriochlorophyll Bakteriochlorophyll *n*

bacteriogenous bakteriogen, durch Bakterien bewirkt

bacteriologic bakteriologisch

bacteriologist Bakteriologe *m*, Bakterienforscher *m*

bacteriology Bakteriologie *f*

bacteriolysant Bakteriolytikum *n*, bakteriolytischer Stoff *m*

bacteriolysin Bakteriolysin *n*

bacteriolysis Bakteriolyse *f*, Bakterienauflösung *f*

bacteriolytic bakteriolytisch, bakterienauflösend

bacteriophage Bakteriophage *m*, Phage *m*

DNA-containing ~ DNS-haltiger Bakteriophage *m*

lambda ~ Lambda-Bakteriophage *m*

lysogenic ~ lysogener Bakteriophage *m*

lytic ~ virulenter [lytischer] Bakteriophage *m*

RNA-containing ~ RNS-haltiger Bakteriophage *m*

temperate ~ temperierter Bakteriophage *m*

T-even ~s T-Phagen *mpl*, geradzählige Phagen *mpl*, Phagen *mpl* der T-Reihe

virulent ~ virulenter (lytischer) Bakteriophage *m*

bacteriophagy Bakteriophagie *f*

bacterioscopy Bakterioskopie *f*

bacteriosis Bakteriose *f*, Bakterienkrankheit *f*, bakterielle Erkrankung *f*

bacteriosolvent Bakteriolysin *n*

bacteriostasis Bakteriostase *f*

bacteriostatic bakteriostatisch, bakterienhemmend

bacteriotropin Bakteriotropin *n*, Opsonin *n*

bacteritic bakteriell

bacterium Bakterie *f*, Bakterium *n*

acetic-acid ~ Essigsäurebakterie *f*

acetoclastic ~ azetoklastische Bakterie *f*

acetogenic ~ azetogene Bakterie *f*

acetone-butanol ~ Azetobutanolbakterie *f*

acetone-ethanol ~ Azetonäthylbakterie *f*

acidophilic [aciduric] ~ azidophile Bakterie *f*

aerobic ~ aerobe Bakterie *f*

aerotolerant ~ aerotolerante Bakterie *f*

alkaliphilic ~ alkaliphile Bakterie *f*

anaerobic ~ anaerobe Bakterie *f*

appendaged ~ gestielte Bakterie *f*

aroma-forming ~ aromabildende Bakterie *f*

autotrophic ~ autotrophe Bakterie *f*

box-shaped halophilic ~ schachtelförmige Halobakterie *f*

budding ~ knospende Bakterie *f*

butyric-acid ~ Buttersäurebakterie *f*

catalase-negative ~ katalasenegative Bakterie *f*

cellulose-fermenting ~ zellulosefermentierende Bakterie *f*

chemosynthetic ~ chemosynthesierende Bakterie *f*

chromogenic ~ chromogene Bakterie *f*
coliform ~ koliforme Bakterie *f*
coryneformic ~ koryneforme Bakterie *f*
cryophilic ~ kryophile Bakterie *f*
denitrifying ~ denitrifizierende Bakterie *f*
facultatively autotrophic ~ fakultativ autotrophe Bakterie *f*
filamentous ~ fadenförmige Bakterie *f*
galophilic ~ halophile Bakterie *f*
gas-producing ~ gasbildende Bakterie *f*
gram-negative ~ gramnegative Bakterie *f*
gram-positive ~ grampositive Bakterie *f*
gram-variable ~ gramvariable Bakterie *f*
green sulfur ~ grüne Schwefelbakterie *f*
halophilic ~ halophile Bakterie *f*
hay ~ Heubazillus *m*, Subtilisbazillus *m*
heterofermentative lactic-acid ~ heterofermentative Milchsäurebakterie *f*
heterotrophic ~ heterotrophe Bakterie *f*
homofermentative lactic-acid ~ homofermentative Milchsäurebakterie *f*
hydrogen-reducing ~ wasserstoffreduzierende Bakterie *f*
iron ~ Eisenbakterie *f*
lactic-acid ~ Milchsäurebakterie *f*
legume ~ Knöllchenbakterie *f*
luminescent [luminous] ~ lumineszente Bakterie *f*, Leuchtbakterie *f*
lysogenic ~ lysogene Bakterie *f*
magnetic ~ Magnetbakterie *f*
mesophilic ~ mesophile Bakterie *f*
metatrophic ~ metatrophe Bakterie *f*
nitrifying ~ nitrifizierende Bakterie *f*
nitrogen-fixing ~ stickstoffixierende Bakterie *f*
nodule ~ Knöllchenbakterie *f*
nonfermentative ~ nichtfermentierende Bakterie *f*
nongas-producing ~ nichtgasproduzierende Bakterie *f*
nonpathogenic ~ nichtpathogene Bakterie *f*
nonspore-forming ~ nichtsporenbildende Bakterie *f*
opportunistic pathogenic ~ bedingtpathogene Bakterie *f*
osmophilic ~ osmophile Bakterie *f*
pathogenic ~ pathogene Bakterie *f*
photosynthetic ~ photosynthesierende Bakterie *f*
propionic ~ propionsaure Bakterie *f*
prototrophic ~ prototrophe Bakterie *f*
psychrophilic ~ psychrophile Bakterie *f*
purple ~ Purpurbakterie *f*
purple nonsulfur ~ schwefellose Purpurbakterie *f*
putrefactive ~ Fäulnisbakterie *f*
receptive ~ phagenadsorbierende Bakterie *f*
rod ~ Stäbchenbakterie *f*, Stäbchen *n*
rodlike [rod-shaped] ~ stäbchenartige Bakterie *f*
root nodule ~ Wurzel-Knöllchenbakterie *f*
ruminal ~ Ruminalbakterie *f*
saccharolytic ~ saccharolytische Bakterie *f*
salt-tolerant ~ salzfeste Bakterie *f*
saprophitic ~ Saprophytenbakterie *f*
sheathed ~ Scheidenbakterie *f*, bescheidete Bakterie *f*
slime-forming ~ schleimbildende Bakterie *f*
soil ~ Bodenbakterie *f*
spiral ~ Spirille *f*
spore-forming ~ sporenbildende Bakterie *f*
stalked ~ gestielte Bakterie *f*
sulfate-reducing ~ sulfatreduzierende Bakterie *f*
sulfur ~ Schwefelbakterie *f*
test ~ Test-Bakterie *f*
thermogenic ~ thermogene Bakterie *f*
thermophilic ~ thermophyle Bakterie *f*
thread ~ Fadenbakterie *f*
vinegar ~ Essigsäurebakterie *f*

bacterivores Bakterienfresser *mpl*
bacterized bakterienbesiedelt
bacteroid Bakteroid *n*; bakteroid
bactofuge Baktofuge *f*, Bakterienzentrifuge *f*
bacto-peptone Baktopepton *n*
baculate [baculiform] stäbchenförmig
baculovirus Bakulovirus *n*
badam Catappelbaum *m (Terminalia procera)*
badger 1. Dachs *m*, Dachsbär *m (Meles meles)*; 2. Silberdachs *m*, Amerikanischer Dachs *m (Taxidea taxus)*; 3. Bandikut *m*, Nasenbeuteldachs *m*, Langnasenbeutler *m (Perameles nasuta);* Nasenbeutler *mpl (Peramelidae)*; 4. Ausbreitete Kuhschelle *f*, Heidekuhschelle *f (Pulsatilla patens)*
American ~ → badger 2.
Chinese ferret ~ China-Sonnendachs *m (Melogale moschata)*
Eurasian ~ → badger 1.
hog ~ Schweinsdachs *m (Arctonyx collaris)*
honey ~ Honigdachs *m (Mellivora capensis)*
Malay ~ Malayischer Stinkdachs *m (Mydaus javanensis)*
piglike [sand] ~ → hog badger
stink ~ → Malay badger

badious rötlichbraun, rotbraun
badlands *(Ökol.)* Ödland *n*, Unland *n*, erodiertes Land *n*
bafaro (Atlantischer) Wrackbarsch *m*, Wrackfisch *m (Polyprion americanus)*
bag 1. Tasche *f*, Sack *m*, Höhle *f*; 2. Hodensack *m*, Skrotum *n*; 3. Euter *n*
~ of waters Amnion *n*, Fruchtblase *f*
farding ~ Pansen *m*, Wanst *m*
honey ~ Honigblase *f*, Honigmagen *m*, Sozialmagen *m (Bienen)*
honeycomb ~ Netzmagen *m*, Haube *f*
mesh ~ Netzbeutel *m*
rennet ~ Drüsenmagen *m*, Labmagen *m*
yolk ~ Dotterblase *f*

bagwhale Schnabelwal *m*, Zwergwal *m (Balaenoptera acutorostrata)*
bagworms Sackspinner *mpl*, Sackträgermotten *fpl (Psychidae)*
bahmin Indischer Fädler *m (Eleutheronema tetra-*

dactylum)
baicalfish Ölfische *mpl (Comephoridae)*
bajra Gemeine Hirse *f*, Rispenhirse *f (Panicum miliaceum)*
balance 1. Gleichgewicht *n*, Balance *f*; 2. Waage *f*
~ of nature Naturgleichgewicht *n*
acid-base ~ Säure-Base-Gleichgewicht *n*
biotic ~ biologische Balance *f*
dynamic ~ dynamische Balance *f*
ecological ~ ökologische Balance *f*
genetic(al) ~ genetisches Gleichgewicht *n*
genic ~ Genbalance *f*
heat ~ Wärmebalance *f*
hormonal ~ Hormongleichgewicht *n*
immunoregulatory ~ immunoregulatorische Balance
intrachromosomal ~ intrachromosomale Balance *f*
natural ~ 1. natürliches Gleichgewicht *n*; 2. Naturhaushalt *m*
polygenic ~ polygene Balance *f*
relational ~ relative Balance *f*
secondary (genic) ~ sekundäre genetische Balance
selective ~ selektive Balance *f*
thermal ~ Wärmebalance *f*
water ~ Wasserbalance *f*
balancer Schwingkölbchen *n*
balanic Glans..., Eichel...
balanocarpous eichelfrüchtig
balanoid eichelförmig
balanus 1. Eichel *f*; 2. Seepocke *f (Balanus)*
balausta Granatapfel *m*
bald kahl; haarlos
bald-crow Felshüpfer *m (Picathartes)*
gray-necked ~ Buntkopf-Felshüpfer *m*, Kamerun-Felshüpfer *m (Picathartes oreas)*
white-necked ~ Gelbkopf-Felshüpfer *m (Picathartes gymnocephalus)*
baldness 1. Kahlheit *f*; 2. Grannenlosigkeit *f*
beldpate Nordamerikanische Pfeifente *f (Anas americana)*
baleen Fischbein *n*, Barte *f*
baleful tödlich; schädlich
ball 1. Ball *m*, Kugel *m*, Knäuel *m/n*, Klumpen *m*, Ballen *m*; 2. Samenknäuel *m*; Samenkapsel *f*; Ballfrucht *f*
~ of thumb Daumenballen *m*
button ~ Kleiderbaum *m*, Sykomore *f*, Wasserbuche *f (Platanus occidentalis)*
deer ~ Hirschstreuling *m*, Hirschtrüffel *f*
fat ~ of Bichat Bichats Fettball *m*
germ ~ Keimball *m*
smut ~s Brandsporen *fpl*
ballistic ballistisch, schleudernd
ballistic fruit Schleuderfrucht *f*
ballistocardiogram Ballistokardiogramm *n*, Rückstoßwellenkardiogramm *n*
ballistocardiography Ballistokardiographie *f*
ballistospore Ballistospore *f*
ballochores *(Bot.)* Ballisten *mpl*, samenstreuende Pflanzen *fpl* (z. B. Teucrium-Arten)
balloonfish Igelfisch *m (Diodon)*
balloonflower Ballonblume *f (Platycodon)*
ballooning Ballonement *n*, Aufblähung *f*
ballooning-out Ausstülpung *f*
balm 1. Balsam *m*; 2. Bergamottminze *f (Melissa)*
~ of Gilead Ontariopappel *f (Populus candicans)*
basal ~ Riechende Pferdeminze *f*, Borstenquendelartige Pferdeminze *f*, Borstenquendel *m (Monarda clinopodia)*
bastard ~ Melissennimmenblatt *n (Melittis melissophylum)*
bee ~ Bienenbalsam *m*, Monarde *f (Monarda)*
field ~ Katzenkrautartiger Quendel *m (Clinopodium nepeta)*
garden ~ Gartenmelisse *f*, Mutterkraut *n (Melissa officinalis)*
horse ~ Kanadische Kollinsonie *f (Collinsonia canadensis)*
balsam 1. Balsamine *f*, Springkraut *n (Impatiens)*; 2. Balsam *m*, Balsamharz *n*
Canada ~ Kanadabalsam *m*
garden ~ Gartenbalsamine *f*, Gartenspringkraut *n (Impatiens balsamina)*
Indian ~ Drüsiges Springkraut *n*, Honigspringkraut *n (Impatiens glandulifera)*
Peru ~ Perubalsam *m*, Balsambaum *m (Myroxylon)*
yellow ~ Nolimetangere *n*, Rührmichnichtan *n (Impatiens noli-tangere)*
balsamic balsamisch, balsamduftend
balsamiferous balsamliefernd
balsamo Balsammyroxylon *n*, Echter Balsambaum *m (Myroxylon balsamum)*
balsawood Balsabaum *m (Ochroma lagopus)*
bamboo Bambus *m*
giant ~ Riesenbambus *m (Dendrocalamus)*
golden ~ Blattähre *f (Phyllostachus)*
red-berry ~ Walter's Sassaparille *f*, Waltersche Stechwinde *f (Smilax walteri)*
vine ~ Weinstechwinde *f (Smilax laurifolia)*
bamboo-cane Bambusrohr *n*
bamboo-partridge Bambushuhn *n (Bambusicola)*
banana Banane *f (Musa)*
common ~ Paradiesfeige *f (Musa paradisiaca var. sapientum)*
cooking ~ Pisangfeige *f*, Pisang *m (Musa paradisiaca)*
false ~ Dreilappiger Pappaubaum *m (Asimina triloba)*
plantain ~ → cooking banana
bananaquit Bananaquit *m*, (Gelbbrust-)Zuckervogel *m (Coereba flaveola)*
band 1. Streifen *m*, Querstreifen *m*, Zone *f*, Schicht *f*; 2. Band *n*, Gelenkband *n*, Ligament *n*; 3. *(Gen.)* Bande *f*, Scheibe *f*, Querscheibe *f*; 4. *(Orn.)* Ring *m*; Fußring *m*; beringen; 5. Schar *f*
Baillarger's external tangential ~ Baillargerscher äußerer Streifen *m (in der Großhirnrinde)*
Baillarger's internal tangential ~ Baillargerscher

innerer Streifen *m*
ciliated ~ Wimperkranz *m*
error ~ *(Biom.)* Fehlerbereich *m*
G- ~ Gimsa-Bande *f*, G-Bande *f*
germ ~ Primärstreifen *m*, Primitivstreifen *m*, Keimstreifen *m*
Gimsa ~ → G-band
M- ~ M-Streifen *m*, Mesophragma *n*
muscular ~ Muskelzug *m*
phonatory ~ Stimmband *n*
T-~ T-Streifen *m*, Krausescher Streifen *m*, Telophragma *n*
tendinous ~ Sehnenzug *m*
vocal ~ Stimmband *n*
bandfish Bandfische *m pl (Regalecidae)*
bandicoot Bandikut *m*, Nasenbeutler *m;* Nasenbeutler *mpl*, Beuteldachse *mpl (Peramelidae)*
Ceram (Island) long-nosed ~ Ceramnasenbeutler *m (Rhynchomeles prattorum)*
long-nosed ~ 1. Langnasenbeutler *m*, Beuteldachs *m (Perameles)*; 2. Ceramnasenbeutler *m (Rhynchomeles prattorum)*
mouse ~ Mausnasenbeutler *m (Microperoryctes mu-rina)*
New Guinea ~ Neuguineanasenbeutler *m (Peroryctes)*
New Guinea mouse ~ → mouse bandicoot
New Guinea spiny ~ → spiny bandicoot
pit-footed ~ Schweinfußnasenbeutler *m (Chaeropus ecaudatus)*
rabbit(-eared) ~ Kaninchennasenbeutler *m (Macrotis);* Groß-Kaninchennasenbeutler *m (Macrotis lagotis)*
short-nosed ~ Kurznasenbeutler *m (Thylacis)*
slender ~ → long-nosed bandicoot
spiny ~ Stachelnasenbeutler *m (Echymipera)*
banding 1. Beringung *f*, Ringelung *f (der Vögel)*; 2. Banding *f (der Chromosomen)*; 3. Schichtung *f*; 4. Banding *f*, Banding-Technik *f*
bandy-bandy Bandy-Bandy-Schlange *f (Vermicella)*
bane Eierfrucht *f*, Nachtsschatten *m (Solanum)*
baneberry Ähriges Christophskraut *n (Actaea spicata)*
baneful schädlich, verderblich; tödlich
bang Ohrensardine *f (Sardinella aurita)*
bangalay Traubeneukalyptus *m (Eucalyptus botryoides)*
bango Milchfisch *m (Chanos chanos)*; *pl* Milchfische *mpl (Chanidae)*
bank 1. Ufer *n*; [abfallendes] Flußufer *n*; 2. Damm *m*; Böschung *f*
blood ~ Blutbank *f*
colony ~ Genbank *f*
data ~ Datenbank
gene ~ Genbank
reed ~ Röhricht *n*
tissue ~ Gewebebank *f*
bankweed Wegerauke *f (Sisymbrium officinale)*
banner *(Bot.)* Fahne *f*, Wimpel *m*
banstickle Stichling *m (Gasterosteus)*
banteng Banteng *m*, Rotrind *n*, Balirind *n (Bos javanicus)*
banyan Banyan *m*, Heiliger Feigenbaum *m (Ficus bengalensis)*
baobab Affenbrotbaum *m (Adansonia digitata)*
bar:
silver ~ Großer Wolfshering *m (Chirocentrus dorab)*
baraesthesia Barästhesie *f*, Druckempfindung *f*
barasingha Sumpfhirsch *m (Cervus duvauceli)*
barb 1. *(Bot.)* Stachel *m*, Dorn *m*; 2. Granne *f*; 3. Bartel *f*, Bart *m*, Bartfaden *m*; 4. Fahne *f (einer Feder)*; 5. Königsfisch *m*, Umberfisch *m (Menticirrhus saxatilis)*
black ~ Purpurkopfbarbe *f (Barbus nigrofasciatus)*
cherry ~ Bitterlingsbarbe *f (Barbus titteya)*
flying ~ Flugbarbe *f (Esomus daurica)*
barbastelle Breitohrfledermaus *f*, Mopsfledermaus *f (Barbastella barbastellus)*
barbate 1. grannig; 2. bärtig
barbed *(Bot.)* dornig, stachelig
barbel 1. Barbe *f (Barbus)*; Flußbarbe *f*, Gewöhnliche Barbe *f (Barbus barbus)*; 2. Bart *m*; Bartfaden *m*
barber Gestreifter Korallenwels *m (Plotosus anguillaris)*
barberry Berberitze *f*, Sauerdorn *m*, Berberis *f (Berberis)*
allegany ~ Kanadische Berberitze *f (Berberis canadensis)*
hawthorn ~ Weißdornberberitze *f (Berberis crataegina)*
warty ~ Warzenberberitze *f (Berberis verruculosa)*
barbet Bartvogel *m*; *pl* Bartvögel *mpl (Capitonidae)*
black-girdled ~ Kehlbinden-Bartvogel *m (Caloramphus dayi)*
brown ~ Braunbartvogel *m (Caloramphus)*
fire-tufted ~ Rotbüschel-Bartvogel *m*, Ohrenbartvogel *m (Psilopogon pyrolophaus)*
great ~ Heulbartvogel *m (Megalaima virens)*
red-fronted ~ Diadembartvogel *m*, Rotbrust-Buntbärtling *m (Lybius diadematicus)*
red-headed ~ Rotkopf-Bartvogel *m (Eubucca bourcierri)*
spotted-flanked ~ Tränenbartvogel *m (Lybius lacrymasus)*
tooth-billed ~ Doppelzahn-Bartvogel *m (Lybius bidentatus)*
barbicel Seitenast *m (der Feder)*
barbudo Barbudo *n (Polymyxia nobilis)*
barbule 1. Häckchen *n (der Feder)*; 2. *(Bot.)* Bart *m*; 3. Bartfaden *m*
bare nackt; unbehaart
~ of crop brach[liegend] (Boden)
bare-skinned spärlich behaart; haarlos, unbehaart
bare-stalked nacktstengelig
barefaces Kaiserfische *mpl (Pomacanthus)*
bark 1. Borke *f*, Rinde *f*, Kortex *m*; 2. Gerberlohe *f*, Lohe *f*; 3. Chinarinde *f*; 4. Bellen *n*; 5. bellen; kläffen
dead ~ Außenrinde *f*, Rhytidom *n*
quina ~ Chinarindenbaum *m (Cinchona officinalis)*
scaly ~ Schuppenborke *f*
tan ~ Gerberlohe *f*, Lohe *f*

barking 1. Gebell *n*, Bellen *n*; 2. bellend; 3. Abrindung *f*
barkless rindenlos
barley Gerste *f (Hordeum)*
common ~ Mehrzeilige [Vielzeilige] Gerste *f (Hordeum vulgare)*
foxtail ~ Mähnengerste *f (Hordeum jubatum)*
hull-less ~ Kaffee-Gerste *f (Hordeum nudum)*
little ~ Kleine Gerste *f (Hordeum pusillum)*
meadow ~ Wiesengerste *f (Hordeum nodosum)*
mountain ~ Berggerste *f (Hordeum montanense)*
mouse ~ Mäusegerste *f (Hordeum murinum)*
naked ~ → hull-less barley
six-rowed ~ → common barley
two-rowed ~ Zweizeilige Gerste *f*, Sommergerste *f (Hordeum dictichum)*
wall [way] ~ Hasengerste *f (Hordeum leporinum)*
barm Bärme *f*, Bierhefe *f*
barmy gärend
barnacle Rankenfüßer *m*; *pl* Rankenfüßer *mpl (Cirripedia)*
acorn ~s Seepocken *fpl*, Meereicheln *fpl (Balanidae)*
goose ~ Entenmuschel *f (Lepas)*
barnyard-grass Gemeine Hühnerhirse *f*, Stachelhirse *f (Echinochloa crus-galli)*
barognosis Barognosis *f*, Gewichtssinn *m*; Druckempfindung *f*, Druckwahrnehmung *f*
barracouta Atun *m*, Snoek *m (Thyrsites atun)*
barracuda Barrakuda *m (Sphyraena)*
banded ~ → striped barracuda
California ~ Kalifornischer Barrakuda *m (Sphyraena argentea)*
European ~ Pfeilhecht *m*, Mittelmeerbarrakuda *m (Sphyraena sphyraena)*
giant [great] ~ Amerikanischer Pfeilhecht *m*, Atlantischer Barrakuda *m (Sphyraena barracuda)*
Indian ~ → striped barracuda
Pacific ~ → California barracuda
pickhandle ~ → striped barracuda
short ~ → giant barracuda
striped ~ Indomalayischer Barrakuda *m (Sphyraena jello)*
barracudinas *Paralepididae*
barramunda Australischer Lungenfisch *m (Neoceratodus forsteri)*
barred gestreift; quergestreift
barrel 1. Kiel *m (der Feder)*; 2. Rumpf *m*; 3. Paukenhöhle *f*
~ of the ear Paukenhöhle *f*
barrel-shaped tonnenartig
barren unfruchtbar; öde, dürr, kahl
barrenness Unfruchtbarkeit *f*, Sterilität *f*; Kargheit *f*, Trockenheit *f*
barrenwort Bischofsmütze *f*, Elfenblume *f*, Säckelblume *f (Epimedium)*
barrier Barriere *f*, Schranke *f*
biogeographical ~ to dispersal biogeographische Verbreitungsbarriere *f*
blood-brain ~ Blut-Gehirn-Schranke *f*
blood-cerebrospinal fluid ~ Blut-Liquor-Schranke *f*
blood-ocular ~ hämatoophthalmische Barriere *f*
hematoencephalic ~ Blut-Hirn-Schranke *f*
placental [transplacental] ~ Plazentabarriere *f*, Plazentaschranke *f*, Plazentarmembran *f*
barrow:
skate ~ Eikapsel *f* des Rochens
bartsia Alpenhelm *m*, Bartsie *f (Bartsia)*
basal 1. basal, Basis...; 2. grundständig
base 1. Base *f*, Grund *m*; Grundfläche *f*; 2. Base *f*, Lauge *f*
~ of skull Schädelbasis *f*
minor ~ *(Mol.)*. Minorbase *f*
nutritive ~ Futtergrundlage *f*
purine ~ Purinbase *f*
base-pairing *(Mol.)*. Basenpaarung *f*
baseplate Basalplatte *f*
basic 1. grundlegend; Grund..., elementar, Einheits...; 2. basisch
basicity Basizität *f*, Alkalität *f*, Basengehalt *m*
basicranial basikranial, Schädelbasis...
basidiomycetes Basidienpilze *mpl*, Sporenständerpilze *mpl (Basidiomycetales)*
basidiophore Basidienträger *m*
basidium Basidie *f (Sporenträger der Basidiomyceten)*
basifugal 1. basenmeidend; 2. (Bot) → acropetal
basigamy *Chalazogamie f*
basigene Basigen *n*
basigynium Fruchtträger *m*
basihyal Zungenbeinschaft *m*
basikaryotype Basikaryotyp *m*, Fundamentalkaryotyp *m*
basil Basilienkraut *n*, Basilikum *n (Ocimum basilicum)*
bush ~ → least basil
holy ~ Heiliges Basilienkraut *n (Ocimum sanctum)*
least ~ Kleines Basilienkraut *n (Ocimum minimum)*
sweet ~ Gartenhirnkraut *n*, Echtes Basilienkraut *n (Ocimum basilicum)*
wild ~ Alpenquendel *m*, Bergminze *f*, Pfefferkraut *n (Satureia vulgaris)*
basilar grundständig; basilar, Basis...
basilateral basal und seitlich
basilisk Basilisk *m*, Kroneidechse *f (Basiliscus)*
basilomental Hirnbasiskinn...
basin Becken *n*, Schüssel *f*, Reservoir *n*
retention ~ Rückhaltebecken *n*
basioccipital Hirnbasis-Hinterhaupt...
basipetal *(Bot.)* basipetal, von der Spitze zur Basis (Grundfläche) gerichtet
basipodium 1. Handwurzel *f*, Vorderfußwurzel *f*; 2. Fußwurzel *f*
basisphenoid Keilbein *n*, Wespenbein *n*
basket Körbchen *n*
pollen ~ Pollenkörbchen *n*
basketfish Medusenhaupt *n*, Gorgonenhaupt *n*, Medusenstern *m (Gorgonocephalus)*
basket-of-gold Felsensteinkraut *n*, Goldkörbchen *n*, Echtes Steinkraut *n (Alyssum saxatile)*

basket-shaped korbähnlich
basophil(e) Basophiler *m*, basophiler Leukozyt *m*
antigenically responsive ~ immunoreaktiver Basophiler *m*
basophilia Basophilie *f*
basophilic basophil, basenfreundlich
bass 1. Barsch *m*, Stachelflosser *m*; 2. Bast *m*; Lindenbast *m*
black ~es Sonnenbarsche *mpl*, Sonnenfische *mpl* *(Centrarchidae)*
black sea ~ Schwarzer Zackenbarsch *m*, Schwarzer Sägerbarsch *m* *(Centropristis striata)*
channel ~ → red bass
large-mouthed black ~ Forellenbarsch *m*, Großmäuliger Schwarzbarsch *m* *(Micropterus salmoides)*
mountain ~ Kuhlie *f*, Flaggen-Fisch *m* *(Kuhlia taeniurus)*
northern small-mouthed~ → small-mouth(ed) black bass
red ~ Roter Umberfisch *m* *(Sciaenops ocellata)*
rock ~ 1. Steinbarsch *m* *(Ambloplites rupestris)*; 2. → black sea bass; 3. *pl* Zackenbarsche *mpl* *(Epinephelus)*, Sägerbarsche *mpl* *(Serranidae)*
sea ~es → rock bass 3.
small-mouth(ed) black ~ Kleinmäuliger Schwarzbarsch *m* *(Micropterus dolomieu)*
split-tail ~ (Atlantischer) Wrackbarsch *m*, Wrackfisch *m* *(Polyprion americanus)*
striped ~ Felsenbarsch *m* *(Roccus saxatilis)*
white ~es → rock bass 3.
bassarisk Amerikanisches Katzenfrett *n* *(Bassariscus astutus)*
basswood Linde *f*, Lindenbaum *m* *(Tilia)*
American ~ Amerikanische Linde *f* *(Tilia americana)*
bast 1. Bast *m*, Sekundärrinde *f*; 2. Bastfaser *f*; 3. Bastteil *m* (der Leitbündel)
hard ~ harter Bast *m*
soft ~ weicher Bast *m*
bastard Hybrid *m*, Bastard *m*; 2. Sprößling *m*
bastard-balm Melissenimmenblatt *n* *(Melittis melissophyllum)*
bat 1. Fledermaus *f*; *pl* Gemeine Fledermäuse *fpl*, Glattnasenfledermäuse f*pl* *(Vespertilonidae)*; 2. *pl* Chiropteren *mpl*, Flattertiere *npl*, Handflügler *mpl* *(Chiroptera)*
African false vampire ~ Herznasenfledermaus *f* *(Cardioderma) Megaderma cor)*
African long-tongued fruit ~ Afrikanischer Langzungenflughund *m* *(Megaloglossus woermanni)*
African yellow-winged ~ Gelbflügelige Großblattnase *f* *(Lavia frons)*
banana ~ Bananenfledermaus *f* *(Musonycteris harrisoni)*
Bechstein's ~ Großohrige [Bechsteinsche] Fledermaus *f* *(Myotis bechsteini)*
bent-winged ~ Langflügelfledermaus *f* *(Miniopterus schreibersi)*
big-lipped ~ Hammerkopfflieghund *m* *(Hypsignathus monstrosus)*
blossom ~ Australischer Flughund *m* *(Pteropus alecto gouldi)*
brown ~ Braune Fledermaus *f* *(Eptesicus fuscus)*
bulldog ~ Großes Hasenmaul *n* *(Noctilio leporinus)*
common ~ Gemeine [Große Rattenartige] Fledermaus *f* *(Myotis)*
desert ~ Blasse Fledermaus *f* *(Antrozous pallidus)*
epaulet(ted) ~ Epaulettenflughund *m* *(Epomophorus)*
false vampire ~s Großblattnasen *fpl*, Klaffmäuler *npl* *(Megadermatidae)*
fisherman ~ Amerikanische Hasenmaulfledermaus *f* *(Noctilio leporinus)*; *pl* Hasenmaulfledermäuse *fpl* *(Noctilionidae)*
free-tailed ~ 1. Faltlippenfledermaus *f* *(Tadarida)*; 2. *pl* Glattnasenfreischwänze *fpl* *(Emballonuridae)*
fruit-eating ~s Flederhunde *mpl*, Flughunde *mpl* *(Pteropodidae)*
golden ~s Madagassische Haftscheibenfledermäuse *fpl* *(Myzopodidae)*
great ~ (Großer) Abendsegler *m*, Waldfledermaus *f* *(Nyctalis noctula)*
greater horseshoe ~ 1. Blattnase *f* *(Hipposideros)*; 2. Große Hufeisennase *f* *(Rhinolophus ferrumequinum)*
hammer-headed ~ Hammerkopfflughund *m* *(Hypsignathus monstrosus)*
hoary ~ Weißgraue Fledermaus *f*, Silberfledermaus *f* *(Lasiurus cinereus)*
hog-nosed ~ Langnasenfledermaus *f* *(Choeronycteris mexicana)*
horseshoe(-nosed) ~ Hufeisennase *f* *(Rhinolophus)*; *pl* Dreizehenhufeisennasen *fpl* *(Rhinolophidae)*
javelin ~ Lanzennase *f* *(Phyllostomus hastatus)*
lapped-eared ~ Großohr *n*, Ohrenfledermaus *f* *(Plecotus)*
leaf-nosed ~ 1. Rundblattfledermaus *f*, Zweizehenhufeisennase *f* *(Hipposideros)*; 2. Dreizehenhufeisennasen *fpl* *(Rhinolophidae)*
lesser horseshoe ~ kleine Dreizehenhufeisennase *f* *(Rhinolophus hipposideros)*
little brown ~ Kleine Braune Fledermaus *f* *(Myotis lucifugus)*
long-eared ~ Großohr *n*, Ohrenfledermaus *f* *(Plecotus auritus)*
long-nosed ~ Nasenfledermaus *f* *(Rhynchonycteris naso)*
long-tailed ~ Langschwanzfledermaus *f* *(Rhinopoma)*
long-winged ~ → bent-winged bat
mouse-eared ~ Mausohrfledermaus *f*, Mausohr *n* *(Myotis)*; Gemeine [Große, Rattenartige] Fledermaus *f*, Großmausohr *n* *(Myotis myotis)*
mouse-tailed ~ → long-tailed bat
naked-backed ~ Nacktrückenfledermaus *f* *(Pteronotus)*
Natterer's ~ (Europäische)Fransenfledermaus *f* *(Myotis nattereri)*
northern ~ Nordische Fledermaus *f*, Wanderfleder-

maus *f (Eptesicus nilssoni)*
rat-tailed ~ → long-tailed bat
red ~ Rote Fledermaus *f (Lasiurus borealis)*
sac-tailed ~ Gespenstfledermaus *f (Diclidurus albus)*
sac-winged ~ Glattnasenfreischwanz *m (Emballonura)*; *pl* Glattnasenfreischwänze *mpl (Emballonuridae)*
sea ~ Fledermausfisch *m (Platax)*
shelf-tailed ~ → sac-winged bat
slit-faced ~ Schlitznase *f (Nycteris)*
sucker-footed ~s → golden bats
vampire ~ Gemeiner Vampir *m (Desmodus)*; *pl* Echte Vampire *mpl*, Blutsauger *mpl (Desmodontidae)*
water ~ Wasserfledermaus *f*, Rotkurzohr *n (Myotis daubentoni)*
wrinkle-faced ~ Greisengesicht *n (Centurio)*

batata Batate *f*, Süßkartoffel *f*, Indische Kartoffel *f (Ipomoea batatas)*
batch 1. Gruppe *f*; 2. Charge *f*, Schub *m*
batchwise chargenweise, schubweise; diskontinuierlich (arbeitend)
bateleur Gaukler *m (Terathopius ecaudatus)*
batfish 1. Adlerrochen *m*, Meeradler *m (Myliobatis)*; 2. *pl* Silberflossenblättler *mpl (Monodactylidae)*; 3. *pl* Fledermausfische *mpl (Platacinae)*
bath:
circulating ~ Umlaufwasserbad *n*
water ~ Wasserbad *n*
bathyaesthesia Bathyästhesie *f*, Tiefensensibilität *f*, Tiefenempfindlichkeit *f*
batrachians Froschlurche *mpl (Anura)*
bats-in-the-belfry Nesselblättrige Glockenblume *f (Campanula trachelium)*
batten/to 1. mästen; fett werden; gut gedeihen, wuchern (Pflanzen); 2. fruchtbar machen, düngen (Boden)
bauplan Bauplan *m* (einer Tiergruppe)
bay 1. dumpfes Gebell *n*; 2. (dumpf)bellen; anbellen; 3. kastanienbraun *(Pferd)*; 4. Lorbeer *m (Laurus)*; 5. Bucht *f*, Bai *f*
dark ~ schwarz-braun
sweet ~ 1. Biberbaum *m*, Sumpfsassafras *m (Magnolia virginica)*; 2. Edler Loorbeer *(Laurus nobilis)*
bayberry 1. Pennsylvanischer Gagelstrauch *m (Myrica pennsylvanica)*; 2. Pimentbaum *m (Pimenta acris)*
bayonet:
Spanish ~ Aloeblättrige Palmlilie *f*, Wüstenpalme *f (Yucca aloifolia)*
beach Strand *m*
bead Granule *f*, Kügelchen *n*, Sphäre *f*
beaded halskettenförmig, auf einer Schnur aufgereiht
beadruby Schattenblume *f (Majanthemum)*
beak 1. Schnabel *m*; 2. Rüssel *m*; 3. schnabelförmiger Fortsatz *m*; 4. *(Bot.)* Schnabel *m*; Schnäbelchen *n*
sucking ~ Saugrüssel *m*
beakchervil Kerbel *m*, Kerbelkraut *n (Anthriscus)*
beaked 1. schnabelartig; 2. beschnabelt; 3. vorspringend, spitz
beak-fruited schnabelfrüchtig
beakie Halbschnäbler *m (Hyporhamphus, Dermogenys, Euleptorhamphus, Hemirhamphus)*
beak-leaved schnabelblättrig
beakless schnabellos
beam 1. Stange *f (am Geweih)*; 2. Lichtstrahl *m*, Strahlenbündel *n*
incident ~ fallender Strahlenbündel *m*
beambird Grauer Fliegenfänger *m*, Grauschnäpper *m (Muscicapa striata)*
bean 1. Bohne *f*; 2. Hülse *f*
adzuki ~ Strahlenfisole *f (Phaseolus radiatus)*
asparagus ~ → yard-long bean
black ~ Helmbohne *f*, Lablabbohne *f (Dolichos lablab)*
bush ~ Buschbohne *f*, Kruppbohne *f (Phaseolus compressus)*
caracol ~ Schneckenbohne *f (Vigna caracalla)*
castor ~ Kastorbohne *f*, Christuspalme *f*, Wunderbaum *m (Ricinus communis)*
China ~ Kuherbse *f (Vigna sinensis)*
cieva ~ → sieva bean
common ~ → kidney bean
coral ~ Korallenbaum *m*, Korallenbohne *f (Erythrina corallodendron)*
English [field] ~ → horse bean
French ~ → kidney bean
hog ~ Ackerbilsenkraut *n*, Gemeines Bilsenkraut *n (Hyoscyamus niger)*
horse ~ Pferdebohne *f (Vicia faba)*
hyacinth ~ → black bean
jack ~ → sword bean
kidney ~ Fasel *f*, Fasole *f*, Gartenbohne *f (Phaseolus vulgaris)*
lime ~ → sieva bean
multiflora ~ → scarlet bean
mung ~ Mungobohne *f (Phaseolus aureus)*
runner ~ Feuerbohne *f (Phaseolus coccineus)*
sacred ~ Gelbe Lotosblume *f (Nelumbium luteum)*
scarlet ~ Türkische Bohne *f (Phaseolus multiflorus)*
sieva ~ Mondbohne *f (Phaseolus lunatus)*
smoking ~ Gemeiner Trompetenbaum *m*, Zigarrenbaum *m (Catalpa bignonioides)*
soy ~ → soya bean
soya ~ Sojabohne *f (Glycine max)*
sword ~ Fetisch-Bohne *f*, Schwert-Bohne *f (Canavalia gladiata)*
tepary ~ Spitzblättrige Fasole *f (Phaseolus acutifolius)*
tonka ~ Tonkabaum *m (Dipteryx)*
velvet ~ Brennhülse *f (Stizolobium)*
yard-long ~ Riesenfasel *f (Vigna sesquipedalis)*
bean-like bohnenartig
bean-shaped bohnenförmig, bohnenartig
bear 1. Bär *m (Ursus)*; *pl* Bären *mpl (Ursidae)*; 2. *pl* Bärenschmetterlinge *mpl*, Bärenspinner *mpl (Arctiidae)*
Alaskan brown ~ → brown bear

American black ~ Baribal *m*, Schwarzbär *m (Ursus americanus)*
ant ~ Erdferkel *n (Orycteropus afer); pl* Erdferkel *npl (Orycteropodidae);* Röhrenzähner *mpl (Tubulidentata)*; 2. *pl* Ameisenbären *mpl (Myrmecophagidae)*
Asiatic black ~ Kragenbär *m*, Weißbrustbär *m (Ursus thibetanus)*
black ~ 1. → American black bear; 2. → Asiatic black bear
brown ~ Brauner [Gemeiner, Europäischer] Bär *m*, Braunbär *m*, Landbär *m (Ursus arctos)*
cat ~ Bambusbär *m*, Großer Panda *m (Ailuropoda melanoleuca)*
grizzly ~ Grislybär *m (Ursus arctos horribilis)*
Himalayan black ~ → Asiatic black bear
honey ~ Kinkaju *m*, Wickelbär *m (Potos flavus)*
ice ~ → polar bear
Indian ~ Lippenbär *m (Melursus ursinus)*
koala ~ Koala *m*, Beutelbär *m (Phascolarctos cinereus)*
kodiak ~ → grizzly bear
Malayan (sun) ~ → sun bear
Peruvian ~ → spectacled bear
polar ~ Eisbär *m*, Polarbär *m (Ursus maritimus)*
sea ~ 1. → polar bear; 2. Bärenrobbe *f*, (nördlicher) Seebär *m (Callorhinus ursinus)*
skunk ~ (Gemeiner) Vielfraß *m (Gulo gulo)*
sloth ~ → Indian bear
spectacled ~ Brillenbär *m*, Andenbär *m (Tremarctos ornatus)*
sun ~ Malayenbär *m*, Sonnenbär *m (Helarctos malayanus)*
true ~**s** Echte Bären *mpl (Ursus)*
water ~**s** Bärtierchen *npl (Tardigrada)*
white polar ~ → polar bear
wombat ~**s** Wombats *npl*, Plumpbeutler *mpl (Vombatidae)*

bearberry Echte [Gemeine] Bärentraube *f (Arctostaphylos uva-ursi)*
bearbind Bärwinde *f*, Zaunwinde *f (Calystegia)*
beard 1. Bart *m*; 2. Granne *f*; 3. Wurzelfaser *f*
bearded 1. bärtig; 2. grannig; begrannt
beardfish Barbudos *pl (Polymixiidae)*
beardless 1. bartlos; 2. unbegrannt
beardtongue *(Bot.)* Bartfaden *m*, Fünffaden *m (Penta-stemon)*
bearers:
shield ~ Erzglanzmotten *fpl (Heliozelidae)*
wheel ~ Rädertierchen *npl (Rotatoria)*
bearing /to come into ~ Fruchttragen *n*, Fruktifikation *f*; Fruchtbarkeit *f*; 2. Geburt *f*; 3. Früchte *fpl*; Ernte *f*, Ertrag *m*
heavy ~ volle Fruktifikation *f*
bear's-breech 1. Akanthus *m*, Bärenklau *m (Acanthus)*; 2. Gemeiner [Deutscher] Bärenklau *m*, Wiesenbärenklau *m (Heracleum sphondylium)*
bear's-ear Mehlprimel *f*, Mehlschlüsselblume *f (Primula farinosa)*
bear's-foot Christrose *f*, Nieswurz *f*, Schneerose *f (Helleborus)*; Stinkende Nieswurz *f (Helleborus foetidus)*
beast 1. Tier *n*; 2. Vieh *n*
~**s of the forest** Waldtiere *npl*
~ **of prey** Raubtier *n*
beat 1. Stoß *m*, Schlag *m*; Herzschlag *m*; 2. Systole *f*
apical ~ Herzspitzenstoß *m*
premature ~ Extrasystole *f*
beating 1. Herzpulsation *f*; 2. Schlagen *n (z.B. der Flügel)*
beaumont's-root Virginischer Ehrenpreis *m (Veronica virginica)*
beauty:
rock ~ Steinschmückel *n (Petrocallis)*
Rutland ~ Zaunwinde *f (Convolvulus sepium)*
spring ~ Claytonie *f (Claytonia)*
beaver Biber *m (Castor)*
American [Canadian] ~ Kanadischer Biber *m (Castor fiber canadensis)*
European ~ Europäischer Biber *m (Castor fiber)*
mountain ~ Stummelschwanzhörnchen *n (Aplodontia rufa)*; *pl* Stummelschwanzhörnchen *npl (Aplodontidae)*
musk ~ Bisamratte *f*, Biberratte *f*, Ondatra *f (Ondatra zibethica)*
sea ~ Kalan *m*, Kamtschatkabiber *m*, Seerotter *m (Enhydra lutris)*
swamp ~ Nutria *f*, Sumpfbiber *m (Myocastor coypus)*
bed 1. Beet *n*, Gartenbeet *n*; 2. *(Bot.)* Bett *n*; 3. Lager *n*, Schicht *f*, Bett *n*; 4. Tierlager *n*; 5. Flußbett *n*, Boden *m*; 6. Dickicht *n*
to ~ **out** auspflanzen; in ein Beet pflanzen
algal ~ Algenschicht *f*
bacteria ~ Biofilter *m*
flower ~ Blumenbeet *n*
heavy ~ Gestrüpp *n*
mussel ~ Miesmuschelnbank *f*
nail ~ Nagelbett *n*
vascular ~ Blutbahn *f*
bedbug Bettwanze *f (Cimex lectularius)*
bedew betauen
bedewed betaut, taubedeckt
bedstraw Labkraut *n*, Wegekraut *n (Galium)*
catchweed ~ Klebkraut *n*, Kleblabkraut *n*, Klettenlabkraut *n (Galium aparine)*
fragrant ~ Dreiblättriges Labkraut *n (Galium trifolium)*
hedge ~ → white bedstraw
lady's ~ → yellow bedstraw
marsh ~ Sumpflabkraut *n (Galium palustre)*
rough-fruited corn ~ Dreihörniges Labkraut *n*, Hornlabkraut *n (Galium tricorne)*
small ~ Dreispaltiges Labkraut *n (Galium trifidum)*
white ~ Gemeines Labkraut *n*, Wiesenlabkraut *n (Galium mollugo)*
wood ~ Waldlabkraut *n (Galium silvaticum)*
yellow ~ Echtes Labkraut *n*, Gelbes Waldstroh *n (Ga-*

lium verum)
bee Biene *f*; Biene *f (Apis)*
alkali ~ Schienenbiene *f (Nomia melanderi)*
bifid-tongued ~**s** Maskenbienen *fpl*, Urbienen *fpl*, Larvenbienen *fpl (Prosopidae)*
burrowing ~**s** Sandbienen *fpl*, Erdbienen *fpl (Andrenidae)*
carder ~ Wollbiene *f (Anthidium)*
carpenter ~**s** Holzbienen *fpl (Xylocopinae)*
dwarf ~ Zwerghonigbiene *f (Apis florae)*
giant Indian ~ Riesenhonigbiene *f*, Felsenbiene *f (Apis dorsata)*
hive [honey] ~ (Gemeine) Honigbiene *f (Apis mellifera)*
large carpenter ~ Virginische Holzbiene *f (Xylocopa virginica)*
leaf-cutting ~ Blattschneiderbiene *f*, Tapezierbiene *f (Megachile)*
male ~ Bienendrohne *f*, Drohne *f*
mason ~ 1. Mörtelbiene *f (Chalicodoma)*; 2. Mauerbiene *f (Osmia)*
mining ~**s** → burrowing bees
nurse ~ Ammenbiene *f*
queen ~ Königin *f*, Weisel *f*
short-tongued burrowing ~**s** → burrowing bees
small carpenter ~ Keulhornbiene *f (Ceratina)*
solitary ~ solitäre Biene *f*
sweat ~ Schmalbiene *f (Halictus)*
wall ~ → mason bee 1.
yellow-faced ~**s** → bifid-tongued bees
beebread Bienenbrot *n (veraltet)*, Cerago *m*, Bienenpollen *m*
beech Buche *f (Fagus)*
American ~ Amerikanische Buche *f (Fagus grandifolia)*
blue ~ Blaue Hainbuche *f (Carpinus americana)*
Dutch ~ Aspe *f*, Zitterpappel *f (Populus tremula)*
European ~ Gemeine Buche *f*, Blutbuche *f*, Rotbuche *f (Fagus silvatica)*
hard ~ Scheinbuche *f*, Süßbuche *f (Nothofagus)*
nut ~ Buchecker *f*
oriental ~ Orientalbuche *f*, Orientalische Buche *f (Fagus orientalis)*
rauli ~ Erhabene Scheinbuche *f (Nothofagus procera)*
red ~ Braune Scheinbuche *f (Nothofagus fusca)*
beech forest *(Ökol.)* Buchenwald *m*
beechnut Buchenuß *f*
beefsteak Leberblümchen *n*, Lebermoos *n (Hepatica)*
beefwood Sumpfeiche *f (Casuarina equisetifolia)*
beehive Bienenkorb *m*
beestings Kolostrum *n*, Vormilch *f*
beeswax Bienenwachs *n*
beet Rübe *f (Beta)*
garden ~ → red beet
fodder ~ Runkelrübe *f*, Futterrübe *f (Beta vulgaris* spp. *vulgaris* var. *rapacea)*
foliage ~ Schnittmangold *m (Beta vulgaris* ssp. *vulgaris* var. *cicla)*
red ~ Rote Rübe *f*, Rote Bete *f*, Speiserübe *f (Beta vulgaris* ssp. *vulgaris* var. *vulgaris)*
sugar ~ Zuckerrübe *f (Beta vulgaris* ssp. *vulgaris* var. *altissima)*
yellow ~ Gelbe Rübe *f (Beta vulgaris* ssp. *vulgaris* var. *lutea)*
beetle Käfer *m*; *pl* Käfer *pl*, Deckflügler *pl (Coleoptera)*
alder flea ~ *Altica ambiens*
alfalfa snout ~ Luzernerüßler *m (Brachyrhinus ligustici)*
Alleghany spruce ~ *Dendroctonus punctatus*
ambrosia ~ → timber beetle
ant ~ (Gemeiner) Ameisen(bunt)käfer *m (Thanasimus formicarius)*
antelope ~ (Gemeiner) Balkenschröter *m*, Zwerghirschkäfer *m (Dorcus parallelopipedus)*
antlike flower ~**s** Blumenkäfer *m pl*, Blütenmulmkäfer *m pl (Anthicidae)*
antlike stone ~**s** Ameisenkäfer *m pl (Scydmaenidae)*
aphodian dung ~**s** Dungkäfer *m pl (Aphodiinae)*
Asiatic garden ~ *Autoserica castanea*
asparagus ~ Spargelkäfer *m*, Spargelhähnchen *n (Crioceris asparagi)*
atlas ~ Atlasspinner *m (Chalcosoma atlas)*
bacon ~ Gemeiner Speckkäfer *(Dermestes lardarius)*
bark ~**s** (Echte)Borkenkäfer *mpl*, Ipiden *mpl (Ipidae)*
beet tortoise ~ Rübenschildkäfer *m*, Nebeliger Schildkäfer *m (Cassida nebulosa)*
Betsy ~**s** Zuckerkäfer *mpl (Passalidae)*
black ~**s** Schaben *fpl (Blattodea)*
black flea ~ Schwarzer Kohlerdfloh *m (Phyllotreta atra)*
black carpet ~ Dunkler Pelzkäfer *m*, Gemeiner Teppichkäfer *m (Attagenus piceus)*
black larder ~ Schwarzer Speckkäfer *m*, Aas-Speckkäfer *m (Dermester ater)*
black pine ~ Schwarzer Kiefernbastkäfer *m (Hylastes ater)*
black pine leaf ~ Fichtenblattkäfer *m (Galeruca pinicola)*
blister ~**s** Blasenkäfer *mpl*, Pflasterkäfer *mpl*, Ölkäfer *mpl (Meloidae)*
bloody nosed ~ Großer Tatzenblattkäfer *m*, Labkraut-Blattkäfer *m (Timarcha tenebricosa)*
blossom ~ Rapsglanzkäfer *m*, Kohlblüten-Glanzkäfer *m (Meligethes aeneus)*
bombardier ~ Bombardierkäfer *m (Brachynus)*
bone ~ Walzenkäfer *m*, Fellkäfer *m (Corynetes)*
broad-horned flour ~ Vierhornkäfer *m*, Gelbes Vierhorn *n (Gnathocerus cornutus)*
brown scavenger ~**s** Mulmkäfer *mpl*, Moderkäfer *mpl (Lathridiidae)*
brown willow ~ Linierter Blattkäfer *m (Galerucella lineola)*
burying ~ 1. Totengräber *m (Necrophorus)*; 2. *pl* Aaskäfer *mpl (Silphidae)*

cambium ~s Splintkäfer *mpl*, Echte Borkenkäfer *mpl* *(Scolytinae)*
capricorn ~s Bockkäfer *mpl*, Langhörner *mpl*, Holzböcke *mpl* *(Cerambycidae)*
carpet ~ 1. Teppichkäfer *m*, Gemeiner Blütenkäfer *m* *(Anthrenus scrophulariae)*; 2. *pl* → dermestid beetles
carrion ~s Aaskäfer *mpl* *(Silphidae)*
carrot ~ Möhrenkäfer *m* *(Ligyris gibbosus)*
cellar ~ Gemeiner Totenkäfer *m*, Gemeiner Trauerkäfer *m* *(Blaps mortisaga)*
cereal leaf ~s Blatthähnchen *npl*, Zirpkäfer *mpl* *(Criocerinae)*
checkered ~s Bienenkäfer *mpl*, Buntkäfer *mpl* *(Cleridae)*
cherry leaf ~ Pflaumenblattkäfer *m* *(Galerucella cavicollis)*
cigarette ~ Kleiner Zigarettenkäfer *m*, Kleiner Zigarrenkäfer *m*, Kleiner Tabakkäfer *m* *(Lasioderma serricorne)*
click ~s Schnellkäfer *mpl*, Springkäfer *mpl* *(Elateridae)*
clock ~ → dumble beetle
clouded shield ~ → beet tortoise beetle
Colorado potato ~ → potato beetle
comb-clawed bark ~s Pflanzenkäfer *mpl* *(Alleculidae)*
common stag ~ (Europäischer) Hirschkäfer *m*; Hornschröter *m* *(Lucanus cervus)*
confused flour ~ flour beetle 1.
corn sap ~ Saftkäfer *m* *(Carpophilus dimidiatus)*
cottonwood leaf ~ Roter Pappelblattkäfer *m* *(Chrysomela scripta)*
crawling water ~s Rundbauchschwimmer *mpl*, Wassertreter *mpl* *(Haliplidae)*
cylindrical bark ~s Scheidenkäfer *mpl*, Rindenkäfer *mpl* *(Colydiidae)*
dark mealworm ~ Dunkler Mehlkäfer *m* *(Tenebrio obscurus)*
darkling ~s Schwarzkäfer *mpl*, Dunkelkäfer *mpl*, Schattenkäfer *mpl* *(Tenebrionidae)*
death-watch ~ 1. (Gemeine) Totenuhr *f*, Gemeiner Pochkäfer *m* *(Anobium punctatum)*; 2. Bunter Klopfkäfer *m* *(Xestobium rufovillosum)*
dermestid ~s Speckkäfer *mpl*, Pelzkäfer *mpl* *(Dermestidae)*
diving ~s (Echte) Schwimmkäfer *mpl*, Tauchkäfer *mpl* *(Dytiscidae)*
dressed flour ~ Kleinäugiger Reismehlkäfer *m* *(Palorus subdepressus)*
dried-fruit ~ Backobstkäfer *mpl* *(Carpophilus hemipterus)*
drugstore ~ (Kleiner) Brotbohrer *m*, Brotkäfer *m* *(Stegobium paniceum)*
dumble ~ Gemeiner [Großer] Roßkäfer *m*, Waldmistkäfer *m* *(Geotrupes stercorarius)*
earth-boring dung ~ Roßkäfer *m*, Mistkäfer *m* *(Geotrupes)*
elm leaf ~ Sumpf-Fruchtblattkäfer *m*, Ulmen-Fruchtkäfer *m* *(Galerucella)*
engraver ~s → bark beetles
European blister ~ Spanische Fliege *f*, Spanischer Blasenzieher *m*, Pflasterkäfer *m* *(Lytta vesicatoria)*
European elm bark ~ Kleiner Ulmensplintkäfer *m* *(Scolytus multistriatus)*
European spruce ~ Riesenbastkäfer *m* *(Dendroctonus micans)*
false darkling ~s Düsterkäfer *mpl*, Schattenkäfer *mpl* *(Melandryidae)*
feather-winged ~s Federflügler *mpl*, Haarflügler *mpl* *(Ptiliidae)*
field ground ~ Gekörnter Laufkäfer *m* *(Carabus granulatus)*
fire-colored ~s Feuerkäfer *mpl* *(Pyrochroidae)*
five-dotted tortoise ~ Einpunktiger Schildkäfer *m* *(Physonata unipunctata)*
flat bark ~s Plattkäfer *mpl*, Flachkäfer *mpl*, Rindenkäfer *mpl* *(Cucujidae)*
flat grain ~ Kleiner Leisten(kopf)-Plattkäfer *m* *(Laemopholoeus pusillus)*
flea ~s Flohkäfer *mpl*, Erdflöhe *mpl* *(Halticinae)*
flour ~ 1. Mehlkäfer *m*, Reismehlkäfer *m* *(Tribolium confusum)*; 2. Gemeiner Mehlkäfer *m*, Mehlwurm *m* *(Tenebrio molitor)*
fringe-winged ~s Punktkäfer *mpl* *(Clambidae)*
fringe-winged fungus ~s Faulholzkäfer *mpl* *(Orthoperidae)*
fruitworm ~s Himbeerkäfer *mpl* *(Byturidae)*
fungus ~ → hairy fungus beetles
furniture ~ Trotzkopf *m*, Klopfkäfer *m* *(Anobium pertinax)*
garden flea ~ Nachtschattenerdfloh *m* *(Epithrix pubescens)*
garden ground ~ Großer Punktlaufkäfer *m* *(Carabus hortensis)*
golden apple ~s → leaf beetles
golden ground ~ Goldgrüner Laufkäfer *m* *(Carabus auratus)*
golden spider ~ Messinggelber Diebkäfer *m*, Gelber Messingskäfer *mpl* *(Niptus hololeucus)*
Goliath ~ Goliathkäfer *m* *(Goliathus)*
ground ~ Laufkäfer *m* *(Carabus)*
hairy fungus ~s Baumschwammkäfer *mpl*, Pilzfresser *mpl* *(Mycetophagidae)*
ham ~s Fellkäfer *mpl*, Kolbenkäfer *mpl* *(Corynetidae)*
handsome fungus ~s Stäublingskäfer *mpl*, Bovistkäfer *mpl* *(Endomychidae)*
Hercules ~ Herkuleskäfer *m* *(Dynastes hercules)*; *pl* Nashornkäfer *mpl* *(Dynastinae)*
hide ~ Fuchsspeckkäfer *m*, Dornspeckkäfer *m* *(Dermestes maculatus)*
hister ~s Stutzkäfer *mpl* *(Histeridae)*
horseradish flea ~ Meerretticherdfloh *m* *(Phyllotreta armoraciae)*
imported willow leaf ~ Breiter Weidenblattkäfer *m*

(Plagiodera versicolora)
Japanese ~ Japankäfer *m (Popillia japonica)*
knock ~ → furniture beetle
lady ~s Glückskäfer *mpl*, Gotteskälbchen *npl (Coccinellidae)*
lamellicorn ~s Blatthornkäfer *mpl*, Skarabäen *mpl (Scarabeidae)*
larch bark ~ Großer Lärchenborkenkäfer *m (Ips cembrae)*
larder ~ → bacon beetle
large striped flea ~ Gelbstreifiger Erdfloh *m (Phyllotreta nemorum)*
leaf ~s Blattkäfer *mpl (Chrysomelidae)*
leather ~s → dermestid beetles
leather-winged ~s Weichkäfer *mpl (Cantharididae)*
long-horned ~s → capricorn beetles
long-horned leaf ~s Schilfkäfer *mpl*, Rohrkäfer *mpl (Donaciinae)*
mammal-nest ~s Pelzflohkäfer *mpl*, Biberkäfer *mpl (Leptinidae)*
margined water ~ Gemeiner Gelbrandkäfer *m*, Gesäumter Fadenschwimm(käf)er *m (Dytiscus marginalis)*
May ~ Maikäfer *m (Melolontha); pl* Maikäfer *mpl*, Laubkäfer *mpl (Melolonthinae)*
mimic ~s Stutzkäfer *mpl (Histeridae)*
mud-loving ~s Sägekäfer *mpl*, Maulwurfkäfer *mpl (Heteroceridae)*
museum ~ Museumkäfer *m*, Kabinettkäfer *m (Anthrenus museorum)*
musk ~ Moschusbock *m*, Duftbock *m (Aromia moschata)*
net winged ~s Rotdecken-Käfer *mpl*, Netzkäfer *mpl (Lycidae)*
oil ~ Maiwurm *m*, Ölkäfer *m (Meloe)*
patent leather ~ Zuckerkäfer *mpl (Passalidae)*
pea ~ Gestreifter Blattrandkäfer *m*, Gestreifter [Linierter] Graurüßler *m (Sitona lineata)*
peach black ~ (Runzliger) Obstbaumsplintkäfer *m (Scolytus rugulosus)*
peach-tree bark ~ Eschenbastkäfer *m (Phthorophloeus liminaris)*
pear blight ~ Berninborkenkäfer *m (Anisandrus pyri)*
pill ~s Pillenkäfer *mpl*, Pillendreher *mpl (Byrrhidae)*
pine ~ Großer Waldgärtner *m*, Großer Kiefernmarkkäfer *m*, Waldgärtner *m (Blastophagus piniperda)*
pine engraver ~ Borkenkäfer *m (Ips)*
pleasing fungus ~s Pilzkäfer *mpl*, Faulholzkäfer *mpl (Erotylidae)*
plaster ~s → brown scavenger beetles
potato ~ Koloradokäfer *m*, Kartoffelkäfer *m (Leptinotarsa decemlineata)*
powder-post ~s Holzbohrkäfer *mpl*, Borkenkäfer *mpl (Bostrychidae)*
predacious diving ~s → diving beetles
raspberry ~ (Kurzschnäuziger) Himbeerkäfer *m (Byturus tomentosus)*
red flour ~ Rotbrauner Reismehlkäfer *m (Tribolium castaneum)*
red-legged ham ~ Rotbeiniger Kolbenkäfer *m (Necrobia rufipes)*
red-shouldered ham ~ Zweifarbiger Kolbenkäfer *m (Necrobia ruficollis)*
red turnip ~ Amerikanischer Rapsblattkäfer *m (Entomoscelis americana)*
rhinoceros ~ Nasenhornkäfer *m (Dynastes)*
road ~s Kurzflügelkäfer *mpl*, Raubkäfer *mpl*, Kurz(deck)flügler *m pl (Staphylinidae)*
rove ~s → road beetles
rusty grain ~ Rotbrauner Leistenkopf-Plattkäfer *m (Laemophloeus ferrugineus)*
sacred ~ of Egyptians Heiliger Pillendreher *m*, Heiliger Pillenkäfer *m (Scarabaeus sacer)*
sap (feeding) ~s Glanzkäfer *mpl (Nitidulidae)*
saw-toothed grain ~ Getreideschmalkäfer *m*, Getreideplattkäfer *m (Oryzaephilus surinamensis)*
sawyer ~ Schwarzer Fichten-Höckerbock *m (Monochamus)*
scarred snout ~ Dickmaulrüßler *m*, Lappenrüßler *m*, Ohrrüßler *m (Otiorhynchus)*
seed ~s Samenkäfer *mpl (Bruchidae)*
sexton ~ Totengräber *m (Necrophorus)*
shining flower ~s Glattkäfer *mpl*, Kranzkäfer *mpl (Phalacridae)*
shining fungus ~s Kahnkäfer *mpl (Scaphidiidae)*
ship-timber ~ Werftkäfer *m*, Schiffswerftkäfer *m (Lymexylon navale)*
silken fungus ~s Schimmelkäfer *mpl (Cryptophagidae)*
silver water ~ Großer Kolbenwasserkäfer , Schwimmkäfer *m (Hydrous piceus)*
skin ~s Erdkäfer *mpl*, Scharrkäfer *mpl (Trogidae)*
snapping ~s → click beetles
snout ~s Rüsselkäfer *mpl*, Rüssler *mpl (Curculionidae)*
soft-bodied plant ~s Sumpffieberkäfer *mpl*, Wiesenkäfer *mpl (Helodidae)*
sof-winged flower ~s Zipfelkäfer *mpl*, Warzenkäfer *mpl*, Malachiten-Käfer *mpl (Melyridae)*
soldier ~s → leather-winged beetles
southern lyctus ~ Amerikanischer Splintholzkäfer *m (Lyctus planicollis)*
spider ~s Diebskäfer *mpl (Ptinidae)*
spotted asparagus ~ Zwölfpunktiertes Spargelhähnchen *n*, Zwölfpunktierter Spargelkäfer *m (Crioceris duodecimpunctata)*
spruce ~ Schwarzer Fichtenbastkäfer *m (Hylastes cunicularius)*
stag ~ Hirschkäfer *m (Lucanus); pl* Hirschkäfer *mpl (Lucanidae)*
stone ~s Ameisenkäfer *mpl (Scydmaenidae)*
storehouse ~ Buckelkäfer *m*, Spinnenkäfer *m*, Kugelkäfer *m (Gibbium psylloides)*
strawberry leaf ~ Erdbeerblattkäfer *m (Galerucella*

tenella)

tansy leaf ~ Schwarzer Schmutzblattkäfer *m (Galeruca tanaceti)*

three-lined potato ~ Dreilineares Getreidehähnchen *n (Lema trilineata)*

tiger ~ Sand(lauf)käfer *mpl (Cicindelidae)*

timber ~ 1. Nutzholzborkenkäfer *m (Xyloterus)*; 2. Borkenkäfer *m*, Holzbohrer *m (Xyleborus)*; 3. → ship-timber beetle

toothed-nose snout ~s Blattrollkäfer *mpl*, Dickkopfrüßler *mpl (Rhynchitidae)*

tooth-legged flea ~ Erzfarbiger Erdfloh *m (Chaetocnema concinna)*

tortoise ~s Schildkäfer *mpl (Cassidinae)*

tree fungus ~s Schwammfresser *mpl*, Baumschwammfresser *mpl (Cisidae)*

tumbling flower ~ s Stachelkäfer *mpl (Mordellidae)*

turnip blossom ~ Rapsglanzkäfer *m*, Kohlblüten-Glanzkäfer *m (Meligethes aeneus)*

twig ~s → bark beetles

two-spotted lady ~ Doppelpunktierter Marienkäfer *m*, Zweipunkt *m (Adalia bipunctata)*

varied carpet ~ Gescheckter Teppichkäfer *m (Anthrenus verbasci)*

violet ground ~ Dunkelblauer [Violetter] Laufkäfer *m (Carabus violaceus)*

wasp ~ Widderbock *m (Clytus)*

water-lily leaf ~ Wasser-Fruchtkäfer *m*, Seerosen-Blattkäfer *m (Galerucella nymphaeae)*

water-scavenger ~s Kolbenwasserkäfer *mpl (Hydrophilidae)*

wavy-striped flea ~ Gebänderter Erdfloh *m (Phyllotreta vittata)*

wheat ~ (Gemeiner) Brotkäfer *m (Tenebrioides mauritanicus)*

whirligig ~s Taumelkäfer *mpl*, Kreiselkäfer *mpl (Gyrinidae)*

white-marked spider ~ Gemeiner Diebskäfer *m*, Kräuterdieb *m (Ptinus fur)*

wood tiger ~ Waldsandlaufkäfer *m (Cicindela sylvatica)*

yellow-margined diving ~ Gelbrandkäfer *m*, Gesäumter Fadenschwimm(käf)er *m (Dytiscus marginalis)*

yellow mealworm ~ → flour beetle 2.

beetleweed blattloses Bronseblatt *n (Galax aphylla)*

beggar's-lice Aufrechter [Gewöhnlicher] Igelsame *m (Lappulla echinata)*

beggar-ticks Zweizahn *m (Bidens)*

devil's [stick-tight] ~ Belaubter Zweizahn *m (Bidens frondosa)*

tall ~ Gemeiner Zweizahn *m (Bidens vulgata)*

beggarweed Bündelhülse *f*, Büschelkraut *n*, Felsenhülse *f (Desmodium)*

begging Erbittung *f*, Betteln *n*

food ~ Nahrungserbittung *f*

ritualized ~ Ritualerbittung *f*

begoon Aubergine *f*, Eierfrucht *f (Solanum melongena)*

behavior Verhalten *n*

adaptive ~ Anpassungsverhalten, adaptives Verhalten

affective ~ Emotionalverhalten *n*

aggregating [aggregative] ~ Gemeinschaftsverhalten *n*, Versammeln *n*

appeasement ~ Beschwichtigungsverhalten *n*

avoidance [avoidant] ~ Vermeidungsverhalten *n*

bathing ~ Badenverhalten *n*

begging ~ Betteln *n*

caregiving ~ Pflegeverhalten *n*

choice(-point) ~ Auswahlverhalten *n*

consort ~ Eheverhalten *n*

contagious ~ ansteckendes Verhalten *n*

cooperative ~ Kooperativverhalten *n*

courtship ~ Werberverhalten *n*

cryptic ~ Schutzverhalten *n*

curiosity ~ Neugierungsverhalten *n*

defensive ~ Verteidigungsverhalten *n*, Defensivverhalten *n*

demonstrative ~ Demonstrativverhalten *n*

directive ~ gerichtetes Verhalten *n*

displacement ~ verschobenes Verhalten *n*, Übersprungshandlung *f*

display ~ Demonstrationsverhalten *n*, Imponierverhalten *n*

eating ~ Nahrungsverhalten *n*

escape ~ Fluchtverhalten *n*

exploratory ~ Untersuchungsverhalten *n*, Erkundigungsverhalten *n*

expressive ~ Ausdrucksverhalten *n*

feeding ~ Nahrungsverhalten *n*

following ~ Folgeverhalten *n*

freezing ~ Erstarrung *f*

goal-seeking ~ gezieltes Verhalten *n*, Suchverhalten *n*

greeting ~ Grüßungsverhalten *n*

gregarious ~ Schwarmverhalten *n*

grooming ~ Putzverhalten *n*

huddling ~ Zusammendrängen *n*

imitative ~ Nachahmungsverhalten *n*

innate ~ angeborenes Verhalten *n*

instinctive ~ Instinktivverhalten *n*, Triebhandlung *f*

juvenile ~ juveniles Verhalten *n*

lekking ~ Balzverhalten *n*

marking ~ Markierungsverhalten *n*

mating ~ Paarungsverhalten *n*

maze ~ Verhalten *n* im Labyrinth

nesting ~ Nestverhalten *n*

parental ~ Elternverhalten *n*

play ~ Spielverhalten *n*

postcopulatory ~ Verhalten *n* nach der Kopulation

precopulatory ~ Verhalten *n* vor der Kopulation *f*

preening ~ Putzverhalten *n (bei Vögel)*

prespawning courtship ~ Ablaichvorspiel *n*

prey-catching ~ Verhalten *n* bei Beutefang

recruitment ~ Rekrutierungsverhalten *n*

rutting ~ Paarungsverhalten *n*

searching ~ Suchverhalten *n*

social ~ Sozialverhalten *n*
species specific ~ artspezifisches Verhalten *n*
submissive ~ Demutsverhalten *n*
team ~ Gruppenverhalten *n*
territorial ~ Territorialverhalten *n*
threat ~ Drohverhalten *n*
transposition ~ Transpositionsverhalten *n*, Revierverhalten *n*
behavioral Verhaltens...
beira Beira *f (Dorcatragus megalotis)*
beisa Beisa *m (Oryx gazella beisa)*
bell 1. *(Bot.)* Kelch *m*; 2. Glocke *f*; 3. röhren *(Hirsch)*
Canterbury ~ Gartenglockenblume *f*, Marienglocke *m (Campanula medium)*
Easter ~ Augentrostgras *n*, Jungferngras *n*, Sternmiere *f (Stellaria holostea)*
swimming ~ Schwimmglocke *f*
uterine ~ Uterusglocke *f*
belladonna Beilwurz *f*, Belladonna *f*, Gemeine Tollkirsche *f (Atropa belladonna)*
bellbird 1. Makomako *n (Anthornis melanura)*; 2. Glokkenhonigfresser *m (Manorina)*; 3. Glöckner *m (Procnias)*
bare-naked ~ Nacktkehl-Glockenvogel *m (Procnias nudicollis)*
bearded ~ Araponga *m (Procnias averano)*
crested ~ Haubengudilang *m (Oreoiea gutturalis)*
three-wattled ~ Hämmerling *m (Procnias tricarunculata)*
white ~ Zapfenglöckner *m (Procnias alba)*
belled erweitert
bellflower Glockenblume *f*, Schellenblume *f (Campanula)*
clustered [compact] ~ Knäuelglockenblume *f (Campanula glomerata)*
creeping ~ Ackerglockenblume *f (Campanula rapunculoides)*
nettle-leaved ~ Nesselblättrige Glockenblume *f (Campanula trachelium)*
panicled ~ Wiesenglockenblume *f (Campanula divaricata)*
tall ~ Amerikanische Glockenblume *f (Campanula americana)*
bellow Gebrüll *n*; brüllen
bellwort Zäpfchenkraut *n (Uvularia)*
belly 1. Bauch *m*; Unterleib *m*; 2. Magen *m*; 3. Ausbauchung *f*, Höhlung *f*
belonoid nadelartig
belt Gürtel *m*, Zone *f*, Gebiet *n*
confidence ~ *(Biom.)* Konfidenzgürtel *m*
floral ~ Pflanzenzone *f*
forest ~ Waldzone *f*; Waldstufe *f*
life ~ Lebenszone *f*
nival ~ Schneezone *f*
oreal ~ oreale Stufe *f (oberer Teil der Waldstufe)*
perpetual snow ~ Zone *f* des ständigen Schnee
protective ~ Schutzzone *f*
reed ~ Schilfgürtel *m*
shelter ~ Feldschutz(wald)streifen *m*
vegetational ~ Vegetationsgürtel *m*
beluga 1. Beluga *m*, (Riesiger) Hausen *m (Huso huso)*; 2. Belugawal *m*, Weißwal *m (Delphinapterus leucas)*
belvedere Besenkraut *n*, Sommerzypresse *f (Kochia scoparia)*
bend Wendung *f*, Biegung *f*, Krümmung *f*
beneficial wohltuend, nützlich, vorteilhaft
benign 1. weich *(Klima)*; 2. fruchtbar *(Grund)*; 3. gutartig *(Geschwulst)*
beniseed [benne] Sesam *m (Sesamum indicum)*
bennet Nelkenwurz *f (Geum)*
bent Straußgras *n (Agrostis)*
brown ~ Hunds-Straußgras *n (Agrostis canina)*
colonial ~ Gemeines Straußgras *n (Agrostis capillaris)*
creeping ~ Weißes Straußgras *n (Agrostis stolonifera)*
dog ~ → brown bent
highland ~ → colonial bent
loose silky ~ Gemeiner Windhalm *m (Apera spica-venti)*
sea ~ Sandsegge *f*, Sandriedgras *n (Carex arenaria)*
bent grass Riedgras *n*
bent upward aufwärts gekrümmt
benthal 1. Benthal *n (gesamter Bodenbereich der Gewässer)*; 2. → benth(on)ic
benth(on)ic benthisch, Benthos..., Boden...
benthophage Benthophage *m*; benthosfressend
benthophyte Benthospflanze *f*
benthos Benthos *n (Lebensgemeinschaft am Boden von Gewäsern*
benzyloxyurea Benzyloxyharnstoff *m*
berberoa Graukresse *f (Berberoa)*
berbine Eisenkraut *n (Verbena)*
European ~ Echtes Eisenkraut *n (Verbena officinalis)*
bergamot Bergamottbaum *m*, Bergamotte *f (Citrus bergamia)*
bergenia Wickelwurz *f*, Bergenie *f (Bergenia)*
leather ~ Dickblättrige Wickelwurz *f (Bergenia crassifolia)*
berried 1. *(Bot.)* beerentragend; 2. *(Zool.)* eiertragend
berry 1. Beere *f*; 2. Fleischfrucht *f*; 3. Laichkorn *n*
Canadian buffalo ~ Kanadische Ölweide *f (Elaeagnus canadensis)*
false ~ Scheinbeere *f*
June ~ → service berry
Persian ~ Faulbaum *m*, Felsenkreuzdorn *m (Frangula alnus)*
russet buffalo ~ → Canadian buffalo berry
service ~ Ährige Felsenbirne *f (Amelanchier spicata)*
berrylike beerenartig
berry-producing beerenbildend
berry-shaped beerenförmig
besom Besenheide *f*, Gemeines Heidekraut *n (Calluna vulgaris)*
bessbugs Zuckerkäfer *mpl (Passalidae)*
betel-nut-palm Katechupalme *f*, Betel(nuß)palme *f*,

Penang *m (Areca catechu)*
betony Betonie *f*, Batunge *f (Betonica)*
common ~ Heilziest *m (Betonica officinalis)*
field nettle ~ Ackerziest *m (Stachys arvensis)*
hedge-nettle ~ Einjähriger Ziest *m (Stachys annua)*
marsh ~ Sumpfziest *m (Stachys palustris)*
mouse-ear ~ Deutscher Ziest *m (Stachys germanica)*
whitespot ~ Waldziest *m (Stachys silvatica)*
wood ~ Läusekraut *n (Pedicularis)*
bettong Bürstenkänguruh *n*, Opossumratte *f (Bettongia)*
betweenbrain Zwischenhirn *n*, Dienzephalon *n*
bevy Schwarm *m (Vögel)*, Schar *f*
bezoar Bezoarbock *m*, Paseng *m*, Steinbock *m (Capra aegagrus)*
bharal Blauschaf *n*, Nahur *m (Pseudois nayaur)*
biacuminate doppeltzugespitzt
biaristate doppelgrannig, zweigrannig
biarticulate(d) zweigliederig
bias 1. *(Biom.)* Vezerrung *f*; 2. schräger Schnitt *m*; 3. Neigung *f*, Vorliebe *f*; 4. beeinflussen; 5. schräg, schief
biased *(Biom.)* verzerrt, beeinflusst
biauriculate *(Bot.)* zweiohrig
biaxial zweiachsig
bib Französischer Dorsch *m (Trisopterus luscus)*
bibacca Doppelbeere *f*, verwachsene Beere *f*
bibliotheque:
gene ~ Genotheke *f*; Genenbank *f*
bibracetol mit zwei kleinen Hochblättern
bibracteate doppeldeckblättrig
bicalcarate zweispornig
bicalyculate zweikelchig, doppelkelchig
bicapitate zweiköpfig
bicapsular zweikapselig, doppelkapselig
bicarinate zweikielig
bicarpellary aus zwei Fruchtblättern bestehend
bicarpellate zweifruchtblättrig
bicellular zweizellig
bicephalous zweiköpfig, dizephal
biceps 1. zweiköpfig; 2. Bizeps *m*, Bizipitalmuskel *m*, Zweikopfmuskel *m*, zweiköpfiger Muskel *m*
biciliate(d) zweigeißelig; zweiwimperig
bicipital zweiköpfig, dizephal
biclavate zweikeulig
bicoccous zweibeerig
bicolor(ous) zweifarbig
biconjugate zweipaarig, doppeltgepaart
biconvex doppeltgewölbt, zweiseitiggewölbt
bicorn(ous) zweihörnig
bicrenate doppeltgekerbt
bicuspid 1. mit zwei Spitzen, zweihöckerig; 2. *(Anat.)* vorderer Backenzahn
bicyclic bizyklisch; zweiwirtelig
bidental [bidentate] zweizähnig, doppeltgezähnt
bidenticulate doppeltkleingezähnt
bidirectional zweigerichtet
biduous zweitägig
biennial 1. zwejährige Pflanze *f (Wachstum im* 1. *Jahr, Blüten und Früchte im*; 2. *Jahr*); 2. zweijährig
bifacial bifazial, zweiseitig
bifarious zweireihig, zweizeilig
biferous zweimalblühend, zweimal Früchte tragend
bifid zweispaltig, zweiteilig, zweigeteilt
biflabellate doppelfächerig
biflagellate zweigeißelig
biflex doppeltgebogen
biflorate [biflorous] zweiblütig
bifoliate zweiblättrig
bifollicular aus zwei Balgfrüchten bestehend
biforate zweilöchrig, mit zwei Öffnungen
bifurcate(d) zweigabelig, doppeltgabelig, gegabelt
bifurcation Bifurkation *f*, Gabelung *f*, Dichotomie *f*
bigarade Bitterorange *f (Citrus aurantium)*
bigbloom Großblättrige Magnolie *f (Magnolia macrophylla)*
bigeminal zweimal wiederholt, doppelt
bigeminate zweipaarig, doppeltgepaart
bigemmate doppelknospig
bigener Zwischengattungsbastard *m*
bigerminal zweikeimig, doppelkeimig
bigeye Großaugenbarsch *m (Priacanthus arenatus);*Großaugenbarsche *mpl (Priacanthidae)*
biggy-heads Seeskorpione *(Eurypteridae)*
bighorn Bighorn *n*, Dickhornschaf *n (Ovis canadensis)*
biglandular zweidrüsig
bijugate zweipaarig, doppeltgepaart
bilabiate zweilippig
bilamellar [bilaminar, bilaminate(d)] bilaminär; zweischichtig
bilateral bilateral, zweiseitig, beid(er)seitig
bilateralism bilaterale Symmetrie *f*
bilberry 1. Blaubeere *f*, Heidelbeere *f (Vaccinium myrtillus)*; 2. Kanadische Felsenbirne *f (Amelanchier canadensis)*
bog ~ Moor(heidel)beere *f*, Rauschbeere *f (Vaccinium uliginosum)*
dwarf ~ Rasige Moorbeere *f (Vaccinium caespitosum)*
oval-leaved [tall] ~ Ovalblättrige Moorbeere *f (Vaccinium ovalifolium)*
bilby Kaninchennasenbeutler *m (Macrotis);* Groß-Kaninchennasenbeutler *m (Macrotis lagotis)*
bile Galle *f*
biliary gallig, Gallen...
biliation Gallenabsonderung *f*, Gallensekretion *f*, Gallenausscheidung *f*
bilifulvine Bilirubin *n*
biligenesis Gallenbildung *f*, Gallenproduktion *f*
biligulate zweiblattzüngig
bilimbi Gurkenbaum *m (Averrhoa bilimbi)*
bilingulate zweizüngig, mit zwei zungenförmigen Fortsätzen versehen
bill Schnabel *m*; schnabelähnliche Schnauze *f*
billfish 1. Knochenhecht *m*, Knochenschupper *m*, Langschnauziger Kaimanfisch *m (Lepisosteus)*; 2. Marlin *m (Makaira)*; 3. Makrelenhecht *m (Scomberesox)*

billing *(Ethol.)* Schnäbeln *n*
bilobate(d) [bilobular] zweilappig
bilocular zweifächerig; zweikammerig
biloment *(Bot.)* Gliederschote *f*
bimaculate(d) zweifleckig, doppelt gefleckt
bimanous [bimanual] bimanuell, zweihändig
bimarginate doppeltgesäumt
bimaxillary Oberkiefer-Unterkiefer...
bimestrious zweimonatlich
binary binar doppelt
binate doppelt, zweizählig, gezweit, binär
binaural binaural, zweiohrig, beidohrig
binding 1. Bindung *f*, Fixierung *f*; 2. Verbindung *f*
  ~ of complement Komplementbindung *f*
  cooperative ~ Kooperativbindung *f*
  equilibrium ~ Gleichgewichtsbindung *f*
  high-avidity ~ Hochavidbindung *f*, hochspezifische Bindung *f*
  hydrogen ~ Wasserstoffbindung *f*
  nonspecific ~ unspezifische Bindung *f*
bindweb 1. Neuroglia *f*; 2. Bindgewebe *n*
bindweed Winde *f (Convolvulus)*
  black ~ Windenknöterich *m (Polygonum convolvulus)*
  field ~ → trailing bindweed
  hedge ~ Deutsche Skammonie *f*, Uferzaunwinde *f*, Zaunwinde *f (Calystegia sepium)*
  trailing ~ Ackerwinde *f*, Feldwinde *f*, Kornwinde *f (Convolvulus arvensis)*
bine Ranke *f*
binervate zweiaderig
binocular Binokular *n*; binokular, beidäugig, zweiäugig
binom Agamospezies *f*
binominal binominal, zweinamig *(Nomenklatur)*
binominalism Binärnomenklatur *f*
binotic binaural, zweiohrig, beidohrig
binturong Binturong *m*, Marderbär *m (Arctictis binturong)*
binuclear zweikernig
bioassay biologische Probe *f*, biologischer Test *m*, Bioassay *m*, Biotest *m*
  rosette inhibition ~ Rosetteninhibitionreaktion *f*
bioastronautics Kosmobiologie *f*
biocatalysis Biokatalyse *f*
biocatalyst Biokatalysator *m*
biocenology Biozönologie *f*
biocenose [biocenosis] Biozönose *f*, Lebensgemeinschaft *f*
biocenotics Biozönologie *f*
biochemical biochemisch
biochemistry Biochemie *f*
biochore Biochore *f*, Lebensbezirk *m*, Lebensraum *m*
biocommunity Biozönose *f*, Lebensgemeinschaft *f*
biocycle Biozyklus *m*, Lebenszyklus *m*
biodegradable biologisch abbaubar
biodegradation biologische Degradation *f*, biologischer Abbau *m*
biodeterioration biologische Schädigung *f*
biodynamics Biodynamik *f*
bioecology Bioökologie *f*, biologische Standortslehre *f*
bioelectricity Bioelektrizität *f*
bioelectronics Bioelektronik *f*
bioenergetics Bioenergetik *f*
bioengineering Bioingenerie *f*
biofiltration Biofiltration *f*
biogenesis Biogenese *f*
biogenetic biogenetisch
biogenic [biogenous] biogen
biogeocenose [biogeocenosis] Biogeozönose *f*
biogeochemistry Biogeochemie *f*
biogeography Biogeographie *f*
biohazard biologisches Risiko *n*, biologische Gefährdung *f*
biologic(al) biologisch
biologist Biologe *m*
biology Biologie *f*
  aquatic ~ Hydrobiologie *f*
  cell ~ Zellbiologie *f*
  developmental ~ Entwicklungsbiologie *f*
  fishery ~ Ichthyologie *f*
  molecular ~ Molekularbiologie *f*
  radiation ~ Strahlenbiologie *f*
biolysis Biolysis *f*, biologische Degradation *f*
biomass Biomasse *f*
biometric biometrisch
biometrics [biometry] Biometrie *f*
bionics Bionik *f*
bionomics [bionomy] Bionomie *f*
biophysics Biophysik *f*
bioprobe Bioprobe *f*, Biotest *m*; Biosonde *f*
biopsy Biopsie *f*, Probeexzision *f*
bios 1. Bios *n*, Leben *n*; 2. Wachstumsfaktor *m*
  ~ I Bios I *n*, Inositol *n*
  ~ IIa Bios *n* IIa, Pantothensäure *f*
  ~ IIb Bios *n* IIb, Biotin *n*, Vitamin *n* H
bioscrubbling biologische Reinigung *f*
biosociology 1. Biosoziologie *f*; 2. Biozönologie *f*
biosphere Biosphäre *f*
biostimulant Biostimulator *m*
biosurfactant Biotensid *n*
biosynthesis Biosynthese *f*
biosystem Biosystem *n*
biosystematics [biosystematy] Biosystematik *f*, Taxonomie *f*
biota 1. Biote[a] *f*, Lebensbaum *m (Biota orientalis)*
biotaxonomy Biosystematik *f*, Taxonomie *f*
biotechnology Biotechnologie *f*
biotelemetry Biotelemetrie *f*
biotic biotisch, Lebens...
biotin Biotin *n*, Vitamin *n* H
biotinylation Biotinilierung *f*
biotope Biotop *m*, Lebensort *m*, Lebensstätte *f*
biotype Biotyp(us) *m*
biovular [biovulate] zweieiig
bipaleolate zweispelzig

bipalmate 1. dichotom verzweigt; 2. doppelhandförmig
biparental beiderelterlich
biparous 1. zweitgebärend; 2. dichotom verzweigt
bipartite zweiteilig
bipartition Zweiteilung *f*, Zweispaltung *f*
bipectinate zweikammig
biped 1. Zweifüß(l)er *m*; 2. zweifüßig, zweibeinig
bipetalous zweikronblättrig
bipinnaria Bipinnaria *f (Larve der Seesterne)*
bipinnate doppeltgefiedert
bipinnatifid doppelfiederspaltig
bipinnatipartite doppelfiederteilig, zweifiederiggeteilt
bipinnatisect doppelfiederschnittig
biplicate doppeltgefaltet
bipunctate zweipunktig
biradial zweistrahlig
biramous zweiästig
birch Birke *f (Betula)*
alder ~ Erlenartige Birke *f*, Erlenbirke *f (Betula alnoides)*
American ~ → yellow birch
American white ~ Pappelblättrige Birke *f (Betula populifolia)*
black ~ → cherry birch
Canadian ~ → yellow birch
canoe ~ Graubirke *f*, Papierbirke *f (Betula papyrifera)*
cherry ~ Hainbirke *f*, Zuckerbirke *f (Betula lenta)*
common ~ (Gewöhnliche) Weißbirke *f*, Warzenbirke *f (Betula verrucosa)*
curly ~ → cherry birch
dwarf (Arctic) ~ Alpenbirke *f*, Zwergbirke *f (Betula nana)*
European ~ → common birch
ground ~ Rundblättrige Birke *f (Betula rotundifolia)*
hard ~ → yellow birch
low ~ Kleine Birke *f (Betula pumila)*
paper ~ Japanische Birke *f (Betula japonica)*
river ~ Schwarzbirke *f*, Dahurische Birke *f (Betula* nigra)
water ~ Wasserbirke *f*, Quellenbirke *f (Betula fontinalis)*
white ~ Besenbirke *f*, Nordische Weißbirke *f (Betula pubescens)*
yellow ~ Gelbe Birke *f*, Gelbbirke *f (Betula lutea)*
bird Vogel *m*
~ of Jove Adler *m*
~ of Juno Pfau *m*
~s of paradise Paradiesvögel *mpl*, Laubenvögel *mpl (Paradiseidae)*
~ of passage Zugvogel *m*
~s of prey Raubvögel *mpl*, Greifvögel *mpl (Falconiformes)*
Ascension [Island] frigate ~ Adlerfregatvogel *m (Fregata aquila)*
bare-necked umbrella ~ Nacktkehl-Schirmvogel *m (Cephalopterus glabricollis)*
black-billed sicklebill ~ of paradise Gelbschwanz-Sichelschnabel *m (Drepanornis albertisii)*
blue ~ of paradise Blauer Paradiesvogel *m (Paradisaea rudolphi)*
brown-winged ~ of paradise Krähenparadiesvogel *m (Lycocorax)*
cherry ~ Zedernseidenschwanz *m*, Zedernvogel *m (Bombycilla cedrorum)*
Christmas [Island] frigate ~ Weißbauch-Fregattvogel *m (Fregata andrewsi)*
coachwhip ~ Wippflöter *m (Psophodes)*
decoy ~ Lockvogel *m*
dollar ~ Dollarvogel *m (Eurystomus orientalis)*
emperor ~ of paradise Blauer Paradiesvogel *m (Paradisaea guilielmi)*
fan-tailed windouw ~ Stummelwida *f (Colius passer)*
frigate ~ Fregattvogel *m (Fregata)*
gallinaceous ~s Hühnervögel *mpl (Galliformes)*
Goldie's ~ of paradise Lavendelparadiesvogel *m (Paradisaea decora)*
greater ~ of paradise Großer Paradiesvogel *m (Paradisaea apoda)*
greater frigate ~ Bindenfregattvogel *m (Fregata minor)*
hen ~ Henne *f*; Weibchen *n*
incubator ~s Großfußhühner *npl*, Wallnister *mpl (Megapodidae)*
king ~ of paradise Königsparadiesvogel *m (Cicinnurus regius)*
king of Saxony's ~ of paradise Albertparadiesvogel *m*, Wimpelträger *m (Pteridophora alberti)*
land ~ Landvogel *m*
least frigate ~ Kleiner Fregattvogel *m*, Arielfregattvogel *m (Fregata ariel)*
lesser ~ of paradise Kleiner Paradiesvogel *m (Paradisaea minor)*
long-tailed widow ~ Hahnschweifwida *f (Colius passer)*
long-wattled umbrella ~ Langlappen-Schirmvogel *m (Cephalopterus penduliger)*
magnificient ~ of paradise Prachtparadiesvogel *m (Diphyllodes magnificus)*
man-o'-war ~ → frigate bird
migratory ~ Zugvogel *m*
missel ~ Misteldrossel *f (Turdus viscivorus)*
multicrested ~ of paradise Furchenvogel *m (Cnemophilus)*
mutton ~ Millionen-Sturmtaucher *m (Puffinus tenuirostris)*
nidifugous ~ nestflüchtender Vogel *m*, Nestflüchter *m*
night ~ Nachtvogel *m*
october ~ → skunk bird
ornate umbrella ~ Schirmvogel *m (Cephalopterus ornatus)*
parson ~ Tui *n*, Pastorvogel *m (Prosthemadera novaeseelandiae)*
pintado ~ Kap-Sturmvogel *m (Daption capensis)*
red ~ of paradise Roter Paradiesvogel *m (Paradisaea*

rubra)
red-billed tropic ~ Rotschnabel-Tropikvogel *m (Phaethon aethereus)*
red-collared widow ~ Schildwida *f (Colius passer)*
red-tailed tropic ~ Rotschwanz-Tropikvogel *m (Phaethon rubricauda)*
sea ~ Seevogel *m*
second summer ~ Vogel *m* im zweiten Lebensjahr
secretary ~ Sekretär *m (Sagittarius serpentarius)*
singing ~ Singvogel *m (Oscines)*
skunk ~ Boblink *m*, Paperling *m*, Reisstärling *m (Dolichonyx oryzivorus)*
standard-winged ~ of paradise Wallaceparadiesvogel *m (Semioptera wallacei)*
stuffed ~ Vogelbalg *m*
superb ~ of paradise Kragenhopf *m (Lophorina su-perba)*
Tasmanian ~ → mutton bird
totimplate ~s Pelikanartige *mpl*, Ruderfüßer *mpl (Pelecaniformes)*
tropic ~ Tropikvogel *m (Phaethon); pl* Ruderfüßer *mpl (Pelecaniformes)*
trumpet ~ Trompeter-Paradiesvogel *m*, Schalldrossel *f (Phonygammus keraudrenii)*
twelve-wired ~ of paradise zwölffädiger Paradiesvogel *m (Seleucides melanoleuca)*
vervain ~ Zwergelfe *f (Mellisuga minima)*
white-billed ~ of paradise Weißsichelschnabel *m (Drepanornis bruijni)*
white-winged widow ~ Spiegelwida *f (Colius passer albonotatus)*
widow ~ Wida *f (Colius passer)*
yellow-billed tropic ~ Weißschwanz-Tropikvogel *m (Phaethon lepturus)*
yellow-breasted ~ of paradise Blaulappenparadiesvogel *m (Loboparadisea sericea)*

birdbanding Vogelberingung *f*, Vogelringelung *f*
birdcage Vogelkäfig *m*
birdhouse Nistkasten *m*, Vogelhäuschen *n*
bird's-eye 1. Mehlprimel *f*, Mehlschlüsselblume *f (Primula farinosa)*; 2. Sommeradonisröschen *n (Adonis annua)*; 3. Frauenbiß *m*, Gamanderehrenpreis *m*, Männertreu *f (Veronica chamaedrys)*
bird's-foot *(Bot.)* 1. Klauenschote *f*, Vogelklee *m*, Vogelfuß *m (Ornithopus)*; 2. Flügelerbse *f*, Hornklee *m (Lotus)*
bird's-nest Vogelnest *n*
bird's-tare Vogelwicke *f (Vicia cracca)*
birecurvate doppeltgebogen
birimose *(Bot.)* zweirißig, mit zwei Schlitzen öffnend
birefractive [birefringent] doppelbrechend
birostrate(d) *(Bot.)* zweischnabelig
birth ~ 1. Geburt *f*; Wurf *m*; 2. Abstammung *f*, Herkunft *f*; 3. Ursprung *m*
virgin ~ Parthenogenese *f*
birthrate Geburtenzahl *f*, Geburtenziffer *f*
birthwort *(Bot.)* Osterluzei *f (Aristolochia)*
bisaccate zweisäckig
bisect *(Ökol.)* 1. Vegetationsprofilaufnahme *f*; 2. Vegetationsprofil *n*
bisectional zweischnittig
biseptate zweiquerfächerig
biserial zweireihig, doppelreihig
biserrate doppeltgesägt
bisexual bisexuell, zwitterig, zweigeschlechtlich, doppelgeschlechtlich
bishop's-cap Bischofskappe *f (Mitella)*
bishop's-weed Gänsestrenzel *n*, Geißfuß *m*, Zaungiersch *(Aegopodium podagraria)*
bishop's-wort → betony
bison Bison *m*, Wisent *m (Bison)*
American ~ (Amerikanischer) Bison *m (Bison bison)*
European ~ Wisent *m (Bison bonasus)*
Indian ~ Gaur *m (Bos gaurus)*
plains [wood] ~ → American bison
bispinose zweidornig, zweistachelig
bissabol Afrikanischer Balsambaum *m (Commiphora africana)*
bistort Blutkraut *n*, Wiesenknöterich *m (Polygonum bi-storta)*
bisulcate(d) zweirinnig, zweifurchig
bitch 1. Weibchen *n*; 2. Hündin *f*
bite 1. Biß *m*; Stich *m (Insekt)*; 2. beißen; stechen; 3. Bißspur *f*; 4. Anbeißen *n*, Beißen *n (Fisch)*; 5. Biß *m*, Okklusion *f*; 6. beizen, zerfressen
biternate doppeltdreiteilig, doppeltgedreit
bitter-cress Gauchblume *f*, Schaumkraut *n (Cardamine)*
hairy ~ Rauhaariges Schaumkraut *n (Cardamine hirsuta)*
meadow ~ Gemeine Wiesenkresse *f*, Wiesenschaumkraut *n (Cardamine pratensis)*
mountain ~ Alpenschaumkraut *n (Cardamine clematitis)*
small-flowered ~ Kleinblütiges Schaumkraut *n*, Tauchschaumkraut *n (Cardamine parviflora)*
bitter-fruited bitterfrüchtig
bitterling Bitterling *m*, Bitterfisch *m (Rhodeus sericeus)*
bittern 1. Rohrdommel *f (Botaurus)*; (Große) Rohrdommel *f (Botaurus stellaris)*
Chinese little ~ → yellow bittern
cinnamon ~ Zimtdommel *f (Ixobrychus cinnamomeus)*
dwarf ~ Afrikanerdommel *f*, Schieferdommel *f*, Graurückendommel *f (Ixobrychus sturmii)*
least ~ Indianerdommel *f (Ixobrychus exilis)*
little ~ Zwergdommel *f (Ixobrychus minutus)*
pinnated ~ Südamerikanische Rohrdommel *f (Botaurus pinnatus)*; 2. Dommel *f (Ixobrychus)*
stripe-backed ~ Streifendommel *f (Ixobrychus involucris)*
sun ~ Sonnenralle *f (Eurypyga helias)*
yellow ~ Chinesedommel *f (Ixobrychus sinensis)*
bitternut Hickory *f (Carya cordiformis)*
water ~ Wasserhickory *f (Carya aquatica)*

bitterroot Auferstehungspflanze *f*, Bitterwurzel *f (Lewisia rediviva)*
bittersweet 1. Bittersüßer Nachtschatten *m*, Bittersüß *n (Solanum dulcamara)*; 2. Baummörder *m*, Baumwürger *m (Celastrus)*
  American ~ Amerikanischer Baumwürger *m (Celastrus scandens)*
  climbing ~ *Celastrus dependes*
  oriental ~ Rundblättriger Baumwürger *m (Celastrus orbiculata)*
  shrubby ~ → American bittersweet
bitterweed 1. Runzelige Goldrute *f (Solidago rugosa)*; 2. Dreilappiges Traubenkraut *n (Ambrosia trifida)*
bitterwood Bitteresche *f*, Bitterholzbaum *m*, Quassie *f (Quassia amara)*
bitterworm Bitterklee *m*, Dreiblättriger Fieberklee *m (Menyanthes trifoliata)*
biumbellate zweidoldig
biunguiculate zweikrallig
bivalent Bivalent *n*; bivalent
bivalve(d) [bivalvular] 1. zweischalig; 2. zweiklappig
biventer 1. zweibäuchiger Muskel *m*; 2. biventer, zweibäuchig
biventricular zweikammerig *(Herz)*
bivittate doppeltgestreift
biwa Japanmispel *f*, Wollmispel *f (Eriobotrya japonica)*
black 1. schwarz; 2. Schwarz *n*
  natural ~ Hämatoxylin *n*
  Sudan ~ Sudanschwarz *n*
blackamoor Breitblättriger Rohrkolben *m (Typha latifolia)*
blackarm Baumwollbakteriose *f*, eckige Blattfleckenkrankheit *f (Erreger von Xanthomonas malvacearum)*
blackback Winterflunder *f*, Amerikanische Scholle *f (Pseudopleuronectes americanus)*
blackberry Brombeere *f (Rubus)*
  Allegany ~ → mountain blackberry
  bristly ~ Schwärzende Brombeere *f (Rubus nigricans)*
  bush ~ Gemeine Brombeere *f (Rubus trivialis)*
  cut-leaf ~ *Rubus laciniatus*
  delicious ~ *Rubus pergratus*
  dwarf red ~ Dreiblumige Brombeere *f (Rubus triflorus)*
  elmleaf ~ Ulmenblättrige Brombeere *f (Rubus ulmifolius)*
  European ~ Aufrechte Brombeere *f*, Fuchsbeere *f (Rubus nessensis)*
  hispid ~ → swamp blackberry
  leafy-flowered ~ Belaubte Brombeere *f (Rubus frondosus)*
  mammoth ~ Riesenbrombeere *f (Rubus titanus)*
  mountain ~ Bergbrombeere *f (Rubus alleghaniensis)*
  running ~ Immergrünbrombeere *f (Rubus* sempervirens)
  sand ~ *Rubus cuneifolius*
  swamp ~ Rauhaarige Brombeere *f*, Borstige Brombeere *f (Rubus hispidus)*
  tall ~ *Rubus argutus*
  thornless ~ Kanadische Brombeere *f (Rubus canadensis)*
blackbird Amsel *f*, Amselmerle *f*, Schwarzdrossel *f (Turdus merula)*
  chestnut-capped ~ Braunkopfstärling *m (Agelaius ruficapillus)*
  mountain ~ Ringdrossel *f*, Schildamsel *f (Turdus torquatus)*
  red-winged ~ Rotschulterstärling *m (Agelaius phoeniceus)*
  rusty ~ Roststärling *m (Euphagus carolinus)*
  savanna ~ Glattschnabel-Ani *m (Crotophaga ani)*
  skunk ~ Boblink *m*, Paperling *m*, Reisstärling *m (Dolichonyx oryzivorus)*
  towny-shouldered ~ Braunschulterstärling *m (Agelaius humeralis)*
  tricolor ~ Dreifarbenstärling *m (Agelaius tricolor)*
  unicoloured ~ Einfarbenstärling *(Agelaius cyanopus)*
  yellow-headed ~ Gelbköpfstärling *m*, Brillenstärling *m (Xanthocephalus xanthocephalus)*
  yellow-hooded ~ Gelbkopfstärling *m (Agelaius icterocephalus)*
  yellow-winged ~ Goldschulterstärling *m (Agelaius thilius)*
blackbuck Hirschziegenantilope *f (Antilope cervicapra)*
blackbutt Eisenfeilchenbaum *m*, Blauer Gummibaum *m (Eucalyptus pitularis)*
blackcap 1. Mönchsgrasmücke *f (Sylvia atricapilla)*; 2. Rohrammer *f (Emberiza schoeniclus)*; 3. Schwarzkehlchen *n (Saxicola torquata)*
blackcock Birkhahn *m*, Laubhahn *m (Lyrurus tetrix) (Hahn)*
blackfin Viperqueise *f*, Kleines Petermännchen *n (Trachinus vipera)*
blackfish 1. Butterfische *mpl (Pholididae)*, Pampelfische *mpl (Stromateus)*; 2. Schwarzfische *mpl (Centrolophidae)*; 3. Blaufische *mpl (Girellidae)*
blackflies Simulien *fpl*, Kriebelmücken *fpl (Simuliidae)*
blackjack Marilandische Eiche *f (Quercus marilandica)*
blackleg Schwarzbeinigkeit *f*, Fußkrankheit *f (Pflanzenkrankheit)*
blackout Ohnmacht *f*, Bewußtlosigkeit *f*
blackseed Gelbklee *m*, Hopfenluzerne *f (Medicago lupulina)*
blackthorn Dorn *m*, Dornschlehe *f*, Schwarzdorn *m (Prunus spinosa)*
blackvein Baumweißling *m (Aporia crataegi)*
blackwood:
  Bombay ~ Jawa-Palisander *m*, Ostindischer Rosenholzbaum *m (Dalbergia latifolia)*
bladder 1. Blase *f*; 2. Hohlraum *m*; 3. Harnblase *f*; 4. Zyste *f*
  air ~ Schwimmblase *f*
  excretory ~ Harnblase *f*
  gall ~ Gallenblase *f*
  germ ~ Keimblase *f*, Blastozyste *f*

swim(ming) ~ Schwimmblase *f*
urinary ~ Harnblase *f*
bladder-fruited blasenfrüchtig
bladdernut (Gefiederte) Blasennuß *f (Staphylea pinnata)*
bladderpod Blasenschötchen *n*, Traubendorn *m (Vesicaria)*
bladderwort Wasserschlauch *m (Utricularia)*
flat-leaved ~ Mittlerer Wasserschlauch *m (Utricularia intermedia)*
hidden-fruited ~ *Utricularia geminicarpa*
humped ~ Bückeliger Wasserschlauch *m (Utricularia gibba)*
large swollen ~ Aufgeblasener Wasserschlauch *m (Utricularia inflata)*
small swollen ~ Kleiner Aufgeblasener Wasserschlauch *m (Utricularia radiata)*
swollen-spurred ~ strahlender Wasserschlauch *m*
two-flowered ~ *Utricularia pumila*
bladdery 1. blasig; 2. leer, hohl
blade 1. Platte *f*; 2. Blattspreite *f*; 3. Halm *m*; 4. Blätter treiben, sprießen
grass ~ Grashalm *m*
leaf ~ Blattspreite *f*
bladebone Schulterblatt *n*
bland mild, reizlos; ruhig [milde] verlaufend
blank 1. Kontrolltest *m*; 2. Blindversuch *m*; 3. Leerwert
blanket Schutzschicht *f*; Decke *f*
blanketing Verschlammung *f*
blanquillos Ziegelbarsche *mpl (Branchiostegidae)*
blast *(Zool.)* Seuche *f*, Tierseuche *f*
blast(a)ea Blastea *f*
blastema 1. Blastem *n*; 2. Flechtenthallus *m*
blastocoele Blastozöle *f*, Segmentationshöhle *f*
blastocolla Knospenkleber *m*
blastocyst Blastozyste *f*
blastocyte Blastozyt *m*
blastoderm Blastoderm *n*, Keimhaut *f*
blastodisk Keimscheibe *f*
blastogenesis 1. Blastogenese *f*, Knospung *f*
blastomere Blastomere *f*, Furchungszelle *f*
blastophyllum *(Bot.)* primäres Keimblatt *n*
blastopore Blastoporus *m*, Urmund *m*
blastosphere 1. Blasenkeim *m*, Blastula *f*; 2. Blastozyste *f*
blastula Blastula *f*, Blasenkeim *m*
blastulation Blastulation *f*, Blasenkeimbildung *f*
blay → bleak
blaze Blesse *f (bei Rind oder Pferd)*
blea *(Bot.)* falscher Splint *m*
bleach 1. Bleichung *f*; 2. bleichen; 3. Bleichmittel *n*; 4. Entfärbung *f*; 5. entfärben
bleached-out äthyoliert
bleak Ukelei *m (Alburnus)*; Laube *m*, Ukelei *m (Alburnus alburnus)*
bleat 1. Blöken *n*, Gemecker *n*; 2. blöken, meckern
bleb kleine Luftblase *f*; Bläschen *n*; Hautbläschen *n*
blebby blasig, vesikulös
bleed bluten, verbluten
bleeding 1. Blutung *f*; 2. Blutung *f* der Pflanzen; 3. Entblutung *f*
blend Mischung *f*, Gemisch *n*; mischen, vermischen
blender Rührgerät *n*; Mischer *m*, Mischgerät *n*
blending Mischung *f*
blendling Rassenbastard *m*
blenny Schleimfisch *m (Blennius)*; *pl* Schleimfische *mpl (Blenniidae)*
combtooth ~ies Schleimfische *mpl (Blenniidae)*
eel ~ies Aalmütter *fpl*, Wolfsfische *mpl (Zoarcidae)*
serpent [snake] ~ Isländischer Bandfisch *m (Lumpenus lampetraeformis)*
viviparous ~ (Gewöhnliche) Aalmutter *f (Zoarces viviparus)*
blepharon Augenlid *n*, Lid *n*
blepharophorous wimpertragend
blepharoplast Blepharoplast *n*
blet überreif werden
blesbok Bleßbock *m (Damaliscus dorcas phillipsi)*
bley → bleak
blight Fäulnis *f*, Fäule *f*, Brand *m*; Mehltau *m (Pflanzenkrankheiten)*
blind blind
blindeyes Saatmohn *m*, Schmalkopfmohn *m (Papaver dubium)*
blindness Blindheit *f*
blindworm 1. Blindschlange *f (Typhlops)*; 2. Bruchschleiche *f (Anguis fragilis)*
blink 1. Blinzeln *n*; Lidschlag *m*; 2. blinzeln; 3. Quellkraut *n (Montia)*
blister 1. Bläschen *n*, Blase *f*; 2. Wasserblase *f*; 3. Brandpilze *mpl (Ustilaginaceae)*; 4. brennenden Schmerz hervorrufen
blistering Blasenbildung *f*
blister-leaved blasenblättrig
blite Beermelde *f*, Ähriger Gänsefuß *m (Chenopodium capitatum)*
sea ~ Salzmelde *f*, Sode *f*, Strandsode *f (Suaeda)*
bloating Anschwellung *f*
block 1. Block *m*; 2. blockieren; hemmen
atrioventricular ~ Atrioventrikularblock *m*, atrioventrikulärer Block *m*, AV-Block *m*
heart ~ Herzblock *m*
partial ~ Teilblock *m*, Partialblock *m*
sinoauricular ~ sinoaurikulärer Block *m*, SA-Block *m*
blood 1. Blut *n*; 2. Abstammung *f*; 3. Vollblut *n (bes. Pferd)*; 4. Pflanzensaft *m*
arterial ~ arterielles Blut *n*, Schlagaderblut *n*
artificial ~ Blutersatz *m*
autologous ~ autologisches Blut *n*
blue [dark] ~ Venenblut *n*, venöses Blut *n*
citrated ~ Zitratblut *n*
defibrinated ~ defibriniertes Blut *n*
heparinized ~ heparinisiertes Blut *n*
oxygenated ~ sauerstoffgesättigtes Blut *n*
Rh-negative ~ rhesusnegatives Blut *n*
Rh-positive ~ rhesuspositives Blut *n*

stored ~ konserviertes Blut *n*
venous ~ Venenblut *n*, venöses Blut *n*
whole ~ Vollblut *n*
blooded:
hot ~ warmblütig; Warmblut...
blood-forming häm(at)opoetisch, blutbildend
bloodless blutlos
blood-making häm(at)opoetisch, blutbildend
bloodroot Blutkraut *n*, Blutwurz *f (Sanguinaria)*
bloodstream Blutstrom *m*, Blutbahn *f*
bloodsucker 1. Blutsauger *m*; 2. Schönechse *f (Calotes)*, Indische Schönechse *f (Calotes versicolor);* Sägerükkenagame *f*, Schönechse *f (Calotes calotes)*
bloodsucking blutsaugend
blood-vascular Blutgefäß...
blood-vein Rötlichgelber Kleinspanner *m (Acidalia imitaria)*
bloodwood Blauholzbaum *m*, Blutholzbaum *m*, Kampeschebaum *m (Haematoxylon campechianum)*
bloodworm 1. Roter Wurm *m*; 2. Rote Zuckmückenlarve *f*; 3. *pl* Schopfwürmer *mpl (Terebellidae)*
bloodwort 1. Blutampfer *m*, Hainampfer *m (Rumex sanguineus)*; 2. Gemeines Tausendgüldenkraut *n (Centaurium vulgare)*
mouse ~ Kleines [Langhaariges] Habichtskraut *n (Hieracium pilosella)*
bloom 1. Blühen *n*; 2. blühen; 3. Blüte *f*, Blume *f*; 4. Flaum *m (auf Pfirsichen etc)*
water ~ Wasserblühen *n*
bloomed:
closely ~ gedrängtblütig
bloomer blühende Pflanze *f*
early ~ Frühblüher *m*
blooming blühend
blossom 1. Blüte *f*; Blütenfülle *f*; 2. blühen; Blüten treiben
after ~ nach dem Blühen
in ~ in (voller) Blüte
to bear ~ blühen
to burst in ~ aufblühen, erblühen
full ~ volle Blüte *f*
blossoming Blühen *n*
to cease ~ abblühen
blot 1. Klecks *m*, Fleck *m*; 2. beflecken
blotch 1. Fleck *m*; 2. Fleckigkeit *f (Pflanzenkrankheit)*
black ~ Schwarzfleckenkrankheit *f* des Klees
leaf ~ Blattfleckenkrankheit *f*
blotched fleckig
blotting Blotting *m*
dot ~ Dot-Blotting *m*
northern ~ Nothern-Blotting *m*
southern ~ Southern-Blotting *m*
western ~ Western-Blotting *m*
blow 1. Blühen *n*; 2. blühen, aufblühen, sich entfalten
blow-downs Windbruch *m*
blowball Pusteblume *f (Taraxacum officinale)*
blowfish Kugelfische *mpl (Tetraodontidae)*
blowfly Aasfliege *f*; *pl* Aasfliegen *fpl (Calliphoridae)*
black ~ Grüne Glanzfliege *f (Phormia regina)*
sheep ~ Goldfliege *f*, Grüne Schmeißfliege *f (Lucilia sericata)*
blowhole Spritzloch *n*
blowing 1. Atmung *f*; 2. Eiablage *f*; 3. Fontanierung *f*; 4. Blühen *n*
blown 1. blühend, aufgeblüht; 2. falscher Splint *m*
blown-in windgebracht
blubber 1. Qualle *f*; 2. Tran *m*
blue 1. Bläuling *m*; *pl* Bläulinge *mpl (Lycaenidae)*; 2. Blaufarbstoff *m*, Blau *n*
anomalous ~ Behaarter Bläuling *m (Lycaena admetus)*
Amanda's ~ → common blue
batom ~ Geröllsteppen-Bläuling *m*, Graublauer Bläuling *m (Pseudophilotes baton)*
brown argus ~ Heidewiesen-Bläuling *m (Aricia agestis)*
chalk-hill ~ Silbergrüner Bläuling *m (Lycaena coridon)*
Clifden ~ Himmelblauer Bläuling *m (Lycaena bellargus)*
common ~ Prächtiger Bläuling *m (Lycaena icarus)*
damon ~ Grünblauer Bläuling *m (Lycaena damon)*
little ~ Kleiner Bläuling *m (Lycaena minima)*
methyl ~ Methylblau *n*
methylene ~ Methylenblau *n*
mordant ~ Chromasurol *n* B
silver-studded ~ Argus-Bläuling *m*, Geiskleebläuling *m (Lycaena argus)*
trypan ~ Trypanblau *n*
turquoise ~ Steinkleebläuling *m (Lysandra doryalas)*
blueash Gemeiner Flieder *m (Syringa vulgaris)*
blueback 1. Pomolobus *m*, Nordamerikanische Flussheringe *mpl (Pomolobus)*; 2. Blaurückenlachs *m (Oncorhynchus nerka)*
bluebait Australische Sardelle *f (Engraulis australis)*
bluebell 1. Blaustern *m (Scilla)*; 2. Glockenblume *f (Campanula)*
~ **of Scotland** Rundblättrige Glockenblume *f (Campanula rotundifolia)*
wild hyacinth ~ Hasenglöckchen *n (Scilla nonscripta)*
blueberry Heidelbeere *f*, Blaubeere *f*, Preiselbeere *f (Vaccinium)*
black [downy swamp] ~ *Vaccinium atrococcum*
dryland ~ Großfrüchtige Blaubeere *f (Vaccinium macrocarpum)*
dwarf ~ Zwergmoorbeere *f (Vaccinium caespitosum)*
early ~ Ovalblattheidelbeere *f (Vaccinium ovalifolium)*
evergreen ~ Immergrünheidelbeere *f (Vaccinium myrsinites)*
highbush ~ *Vaccinium corymbosum*
low black ~ Schwarze Moorbeere *f (Vaccinium nigrum)*
lowbush ~ Schmalblättrige Heidelbeere *f (Vaccinium angustifolium)*

rabbit-eye ~ Rutenförmige Heidelbeere *f (Vaccinium virgatum)*
small black ~ Zarte Blaubeere *f (Vaccinium tenellum)*
sugar ~ → lowbush blueberry
swamp ~ → highbush blueberry
velvet-leaf ~ Kanadische Blaubeere *f (Vaccinium canadense)*

bluebill Bergente *f (Aythya marila)*
little ~ Kleine Bergente *f*, Veilchenente *f (Aythya affinis)*

bluebottle 1. Korn(flocken)blume *f (Centaurea cyanus)*; 2. Blaue Schmeißfliege *f*, Leichenfliege *f (Calliphora erythrocephala)*; *pl* Schmeißfliegen *fpl (Calliphoridae)*; 3. Blasenqualle *f*, Spanische Galeere *f (Physalia)*

bluebuck Blaubock *m*, Nilgauantilope *f (Boselaphus tragocamelus)*

bluefish Blaufisch *m*, Blaubarsch *m (Pomatomus saltatrix)*; *pl* Blaufische *mpl*, Blaubarsche *mpl (Pomatomidae)*
Boston ~ Seelachs *m*, Köhler *m (Pollachius virens)*

blueflag Schwertlilie *f (Iris)*

bluegrass 1. Rispe *f*, Rispengras *n (Poa)*; 2. Bartgerste *f*, Hühnerfuß *m*, Mannsbart *m (Andropogon)*
bulbous ~ Zwiebel-Rispengras *n (Poa bulbosa)*
Canada ~ Platthalmrispe *f (Poa compressa)*
English ~ 1. Englisches Raygras *n*, Deutsches Weidelgras *n (Lolium perenne)*; 2. Platthalmrispe *f (Poa compressa)*
fowl ~ Sumpfrispengras *n (Poa palustris)*
Kentucky ~ Wiesenrispengras *n (Poa pratensis)*
rough-stalked ~ Gemeines Rispengras *n (Poa trivialis)*
wood ~ Hain-Rispengras *n (Poa nemoralis)*

bluejoint Reitgras *n (Calamagrostis)*

bluepipe Gemeiner Flieder *m (Syringa vulgaris)*

blue-sailors Gemeine Wegwarte *f (Cichorium intybus)*

bluestem Bartgerste *f*, Mannsbart *m*, Hühnerfuß *m (Andropogon)*

bluet 1. Kornblume *f (Centaurea cyanus*; 2. Houstonie *f*, Engelsauge *n (Houstonia)*

blue-tangles 1. Belaubte Blaubeere *f (Vaccinium frondosum)*; 2. Gaylussacia *f (Gaylussacia)*

bluethroat Rotsterniges [Schwedisches] Blaukehlchen *n (Luscinia svecica)*

bluets Houstonie *f*, Engelsauge *n (Houstonia)*; Blaue Houstonie *f (Houstonia coerulea)*

blueweed Gemeiner [Blauer] Natterkopf *m (Echium vulgare)*

bluff Kragenechse *f*, Kragenagame *f (Chlamydosaurus)*

blunt 1. stumpf; 2. mildern, schwächen *(z. B.* Gefühle)

bluntnose Sternfisch *m*, Goldtaler *m (Vomer setapinnis)*

boa Boa *f*, Königsboa *f (Boa)*; Königsboa *f*, Königsschlange *f*, Abgottschlange *f (Boa constrictor)*
Bogert's ~ Mexikanische Zwergboa *f (Exiliboa)*
Madagascar (ground) ~ Madagaskar-Boa *f (Acrantophis)*
Madagascar tree ~ Madagaskar-Hundkopfboa *f (Sanzinia)*
Pacific ~ Pazifik-Boa *f*, Südsee-Boa *f (Candoia)*
rosy ~ Rosenboa *f (Lichanura)*
Round Island ~s Bolyer-Schlangen *fpl*, Mauritius-Boas *fpl (Bolyeridae)*
rubber ~ Gummischlange *f (Charina)*
sand ~ Wüstesandschlange *f (Eryx)*
tree ~ Windeschlange *f*, Hundskopfboa *f (Corallus)*
water ~ Große Anakonda *f (Eunectes)*

boar Eber *m*, Keiler *m*
wild ~ Wildschwein *n (Sus scrofa)*

board:
spreading ~ Spannbrett *n*

boarfish Eberfische *mpl (Caproidae)*

boatbill Kahnschnabel *m (Cochlearius cochlearius)*

boatfish Flughahn *m*, Seeschwalbe *f (Dactylopterus volitans)*

boatmen Wasserzikaden *fpl*, Ruderwanzen *fpl (Corixidae)*
water ~ → boatmen

bobac Russisches Murmeltier *n*, Bobak *m*, Baibak *m (Marmota bobac)*

bobcat Rotluchs *m(Felis rufus)*

bobolink Reisvogel *m*, Bobolink *m*, Paperling *m*, Reisstärling *m (Dolichonyx oryzivorus)*

bobuck Kusu *m*, Hundskusu *m (Trichosurus caninus)*

bobwhite Virginia-Wachtel *f*, Baumwachtel *f (Colinus virginianus)*

body 1. Körper *m*, Leib *m*; 2. Körperchen *n*; 3. Organismus *m*; 4. Stamm *m*, Stengel *m*; 5. Rumpf *m*; 6. Masse *f*, Substanz *f*
~ **of thymus gland** Thymuskörperchen *n*, Hassalsches Körperchen *n*
~ **of water** Wassermasse *f*; Wasserbehälter *m*
acetone ~ Azetonkörper *m*
acidophilic ~ Azidophilkörperchen *n*
adipose ~ Fettkörper *m*
adrenal ~ Nebenniere *f*
anti-intermediary ~ Antiambozeptor *m*
Barr's ~ Barrscher Zellkörper *m*, Geschlechtschromatingranule *f*
basal ~ Basalkörper *m*, Kinetosom *n*, Basalkorn *n*
brood ~ *(Bot.)* Brutkörper *m*
carotid ~ Karotiskörper *m*, Karotisknötchen *n*, Karotisdrüse *f*
cavernous ~ Schwellkörper *m*
cell ~ *(Bot.)* Protoplast *m*
central ~ Zentrosom *n*
chromatinic ~ Chromatinkörper *m*
ciliary ~ Ziliarkörper *m*, Strahlenkörper *m*
conoid ~ Zirbeldrüse *f*, Epiphyse *f*
directing ~ Polkörperchen *n*, Richtungskörper *m*
epithelial ~ Epithelkörperchen *n*, Nebenschilddrüse *f*
fat ~ Fettkörper *m*
foreign ~ Fremdkörper *m*
fruit ~ Fruchtkörper *m*
geniculate ~ Kniehöcker *m*

Hassal's ~ Thymuskörperchen *n*, Hassalsches Körperchen *n*
immune ~ Immunkörper *m*
intermediate ~ Ambozeptor *m*
interrenal ~ Interrenalorgan *n*
Jolly's ~ Jollyscher Körper *m*, Kernkugel *f*
Malpighian ~ Malpighisches Körperchen *n*
Meissner's ~ Meissnersches Tastkörperchen *n*
mulberry ~ Morula *f*
mushroom ~ pilzförmiger Körper *m*
paired ~ies Interrenalorgane *n pl*
parabasal ~ Parabasalkörper *m*
pineal ~ Zirbeldrüse *f*, Epiphyse *f*
pituitary ~ Hypophyse *f*
polar ~ Polkörperchen *n*, Richtungskörper *m*
quadrigeminal ~ies Vierhügel *m*
receptive ~ Rezeptivkörperchen *n*
red ~ Wundernetz *n*
restiform ~ Strickkörper *m*, unterer Kleinhirnstiel *m*
sense ~ Sinnesorgan *n*
spongy ~ Schwellkörper *m*
stem ~ Stemmkörper *m*
striate ~ Streifenkörper *m*, Streifenhügel *m*
suprarenal ~ Nebenniere *f*
tactile [touch] ~ Tastkörperchen *n*
uterine ~ Gebärmutterkörper *m*
vitreous ~ Glaskörper *m*
Wolffian ~ Mesonephros *m*, Wolffscher Körper *m*
yellow ~ Gelbkörper *m*

bog Moor *n*, Sumpf *m*
blanket ~ Deckenhochmoor *n*
climatic ~ *(Ökol.)* Deckenmoor *n*
climbing ~ Hangmoor *n*, Gehängemoor *n*
continental raised ~ Waldmoor *n*, Hochmoor *n*
cottongras ~ Wollgrasmoor *n*
domed ~ gewölbtes Hochmoor *n*
dwarf shrub ~ Reisermoor *n*, Zwergstrauchmoor *n*
early ~ Anmoor *n*
flat ~ Flachmoor *n*
floating ~ Schwingmoor *n*, Flottrasen *m*, Schwingrasen *m*
forest ~ Waldmoor *n*
freshwater ~ Süßwassermoor *n*
grass ~ Grasmoor *n*, Grünlandmoor *n*
heath(er) ~ Heidemoor *n*
high ~ Hochmoor *n*
hillock ~ Bültenmoor *n*
hummock-ridge ~ Strangmoor *n*, Hochmoor *n* mit Strängen und Schlenken
hypnum ~ Braun(moos)moor *n*
lichen ~ Flechtenmoor *n*
lowland ~ Flachmoor *n*, Nieder(ungs)moor *n*
meadow ~ Wiesenmoor *n*, Sumpfwiese *f*
moss ~ Moosmoor *n*
oligotrophic ~ oligotroph(isch)es Moor *n*
ombrogenic ~ ombrotrophes Moor *n*
pattern ~ Strangmoor *n*
peat ~ Torfmoor *n*
peat moss ~ Sphagnum-Moor *n*, Topfmoosmoor *n*, Weißmoor *n*
polygonal ~ Polygonmoor *n*
raised ~ Hochmoor *n*
reed ~ Simsenried *n*
scraw ~ Schwingmoor *n*, Flottrasen, Schwingrasen *m*
shrub ~ Reisermoor *n*
slope ~ Hangmoor *n*, Gehängemoor *n*
small sedge ~ Kleinseggenried *n*
sphagnum ~ Sphagnum-Moor *n*, Topfmoosmoor *n*, Weißmoor *n*
spring ~ Quellenmoor *n*
string ~ Strangmoor *n*
subshrub ~ Reisermoor *n*, Zwergstrauchmoor *n*
transitory ~ Übergangsmoor *n*, Zwischenmoor *n*
trembling ~ Schwingmoor *n*, Flottrasen *m*, Schwingrasen *m*
tussock ~ Bültenmoor *n*
upland ~ Hochmoor *n*
valley ~ Talmoor *n*
water ~ Ufersumpf *m*, Sumpfmoor *n*, Seemarsch *f*
wooded ~ Waldmoor *n*, Waldsumpf *m*

bogbean Bitterklee *m*, Fieberklee *m*, Dreiblatt *n* *(Menyanthes trifoliata)*
bogging Versumpfung *f*, Vermoorung *f*
boggy sumpfig, moorig;versumpft
bog-loving moorliebend, sumpfliebend
boil 1. Kochen *n*, Sieden *n*; kochen, sieden; 2. siedende Flüssigkeit *f*; 3. Ausdämpfung *f*; ausdämpfen
to ~ dry trockenausdämpfen
bole Baumstumpf *m*; starker Baumstamm *m*
boletus Edelpilz *m*, Herrenpilz *m*, Steinpilz *m* *(Boletus)*
annulated ~ Butterpilz *m*, Butter-Röhrling *m* *(Suillus luteus)*
bitter ~ Bitterpilz *m*, Gallenpilz *m*, Gallen-Röhrling *m* *(Tylopilus felleus)*
blood-red ~ Blutpilz *m*, Satanspilz *(Boletus satanas)*
lurid ~ Hexenpilz *m*, Hexen-Röhrling *m*, Hexenschwamm *m* *(Boletus luridus)*
orange-cap ~ Orangegelbe Rotkappe *f* *(Leccidium aurantiacum)*
rough [shaggy] ~ Birkenpilz *m*, Birkenröhrling *m* *(Leccidium scabrum)*
yellow ~ → annulated boletus
boll Samenkapsel *f*; Kapsel *f*
bollworm Altweltlicher Baumwollkapselwurm *m* *(Larve der Schuttflur-Sonneneule)* *(Heliothis armigera)*
cotton ~ → bollworm
flax ~ Hauhecheleule *f*, Hauhechel-Borstfuß-Blasenstirneule *f* *(Heliothis ononis)*
pink ~ Roter Baumwollkapselwurm *m*, Roter Kapselwurm *m* *(Larve der Baumwollmotte)* *(Pectinophora gossypiella)*
bolter *(Bot.)* Schößling
bombax Baumwollbaum *m* *(Bombax)*
bombyx Maulbeerseidenraupe *f*, Echter Seidenspinner *m*

(Bombyx mori)
bonavist Helmbohne *f*, Lablabbohne *f (Dolichos lablab)*
bond Bindung *f*; Verbindung *f*; Verknüpfung *f*
antigen-antibody ~ Antigen-Antikörper-Bindung *f*
child-mother ~ Kind-Mutter-Bindung *f*
double ~ Doppelbindung *f*
energy-rich [high-energy] ~ makroergische Verbindung *f*
mother ~ Mutterbindung *f*
peptide ~ Peptidbindung *f*
social ~ Sozialkonnektion *f*
territorial ~ Revierbindung *f*
bone 1. Bein *n*, Knochen *m*; 2. Skelett *n*; 3. Knochengewebe *n*
~ of heel Fersenbein *n*
adlacrimal ~ Vortränenbein *n*
adnasal ~ Vornasenbein *n*
ankle ~ Sprungbein *n*
anvil ~ Amboß *m*
basidigital ~ Mittelhandknochen *m*
basihyal ~ Zungenbeinschaft *m*
basilar ~ Keilbein *n*, Wespenbein *n*
basioccipital ~ Hinterhauptknochen *m*
bregma ~ Scheitelbein *n*
brooch [calf] ~ Wadenbein *n*
cannon ~ Schienbein *n*
capitate ~ Kopfbein *n*
carpal ~ Handwurzelknochen *m*, Karpalknochen *m*
cartilage ~ Knorpelbein *n*
cheek ~ Jochbein *n*, Wangenbein *n*
coffin ~ Hufbein *n*
collar ~ Schlüsselbein *n*
convolute ~ Nasenmuschel *f*
coracoid ~ Rabenschnabelbein *n*
coronary ~ Kronbein *n*
cuneiform ~ Keilbein *n*, Wespenbein *n*
cuttle ~ Schulp *m*
dumb-bell ~ Vorpflugscharbein *n*
ear ~ Gehörbeinchen *n*
epiotic ~ oberes Ohrbein *n*
ethmoid ~ Siebbein *n*
ethmoturbinal ~ Riechmuschel *f*
facial ~ Gesichtsbein *n*
flat ~ flaches Bein *n*
frontal ~ Stirnbein *n*
hamate ~ Hackenbein *n*
hammer ~ Hammer *m*
haunch ~ Darmbein *n*
heel ~ Fersenbein *n*
hip ~ Hüftbein *n*
huckle ~ Scheitelbein *n*
hyoid ~ Zungenbein *n*
iliac ~ Darmbein *n*
Inca ~ Inkabein *n*, Inkaknochen *m*
incisive ~ Intermaxillarknochen *m*, Zwischenkiefer *m*
innominate ~ Hüftbein *n*
investing ~ Deckknochen *m*
lingual ~ Zungenbein *n*
malar ~ Jochbein *n*
maxillary ~ Oberkieferknochen *m*
membrane ~ Deckknochen *m*
multangular ~ Vieleckbein *n*
nasal ~ Nasenbein *n*
navicular ~ Kahnbein *n*, Schiffbein *n*
occipital ~ Hinterhauptbein *n*
palatine ~ Gaumenbein *n*
parietal ~ Scheitelbein *n*
pelvic ~ Beckenbein *n*
peroneal ~ Wadenbein *n*
pisiform ~ Erbsenbein *n*
pterygoid ~ Flügelbein *n*
pubic ~ Schambein *n*
quadrate ~ Quadratbein *n*
sacral ~ Kreuzbein *n*
scroll ~ Nasenmuschel *f*
seat ~ Sitzbein *n*
sesamoid ~ Sesambein *n*, Sehnenknöchelchen *n*
shin ~ Schienbein *n*
shuttle ~ Kahnbein *n*, Schiffbein *n*
sphenoid ~ Keilbein *n*, Wespenbein *n*
sphenolateral ~ Orbitosphenoid *n*
splenial ~ Spleniale *f*, Operculare *f*
spoke ~ Speiche *f*
spongy ~ spongöser Knochen *m*
squamosal ~ Schuppenbein *n*
sutural ~ Nahtbein *n*, Suturalknochen *m*
tail ~ Steißbein *n*
tarsal ~ Fußwurzelbein *n*
temporal ~ Schläfenbein *n*
thigh ~ Oberschenkelbein *n*
tongue ~ Zungenbein *n*
tooth ~ Zahnbein *n*, Dentin *n*
tubular ~ Rohrknochen *m*
turbinal ~ Nasenmuschel *f*
tympanic ~ Paukenbein *n*
bonefish Grätenfisch *m*, Damenfisch *m (Albula vulpes)*
bonelet Knöchelchen *n*
boneset Perforierter Wasserdost *m (Eupatorium perfoliatum)*
bastard ~ *Eupatorium sessilifolium*
resin ~ Harziger Wasserdost *m (Eupatorium resinosum)*
tail ~ Purpuralkraut *n (Eupatorium purpureum)*
bongo Bongo *m (Taurotragus euryceros)*
bonitation Qualitätsbestimmung *f*
bonito Pelamide *f*, Bonito *m (Sarda sarda)*
African [blue] ~ Mittelländischer [Atlantischer] Bonito *m*, Pelamide *m (Sarda sarda)*
ocean ~ Echter [Bauchstreifiger] Bonito *m (Katsuwonus pelamis)*
plain ~ Fregattmakrele *f*, Meerrabe *m (Auxis)*
striped ~ → ocean bonito
bonnet:
quaker ~ 1. Blaue Houstonie *f*, Engelsauge *n (Housto-*

nia coerulea); 2. Perennierende Lupine *f (Lupinus perennis)*
bonnethead Hammerfisch *m*, Hammerhai *m (Sphyrna)*
bontebock Buntbock *m*, Bleßbock *m (Damaliscus dorcas)*
bonxie Große Raubmöwe *f (Stercorarius skua)*
bony 1. knöchern, Knochen...; 2. starkknochig, 3. knochendürr
bonyhead Panzerkopf-Laubfrosch *m (Triprion spatulatus)*
bonytongues Knochenzüngler *mpl (Osteoglossidae)*
booby Tölpel *m (Sula); pl* Tölpel *mpl (Sulidae)*
  Abbott's ~ Graufuss-Tölpel *m*, Abbott-Tölpel *m (Sula abbotti)*
  blue-faced ~ Maskentölpel *m (Sula dactylatra)*
  blue-footed ~ Blaufußtölpel *m (Sula nebouxii)*
  brown ~ Brauntölpel *m*, Weißbauchtölpel *m (Sula leucogaster)*
  common ~ Rotfußtölpel *m (Sula sula)*
  Peruvian ~ → variegated booby
  red-footed ~ → common booby
  variegated ~ Guanotölpel *m (Sula variegata)*
book:
  Red data ~ Rotes Buch *n*
boomer 1. Rothörnchen *n (Tamiasciurus hudsonicus)*; 2. Känguruhmännchen *n*
  mountain ~ Halsbandleguan *m (Crotaphytus collaris)*
boomslang Boomslang *m (Dispholidus typus)*
boortree Roter Holunder *m*, Traubenholunder *m (Sambucus racemosa)*
boost/to verstärken
boosting Reimmunisierung *f*
bootlace Schurwurm *m (Lineus)*
borage Borretsch *m*, Gurkenkraut *n (Borago)*
border 1. Grenze *f*; 2. Rand *m*; 3. Umrandung *f*; 4. Randbeet *n*, Rabatte *f*
bordered umsäumt, umrandet
bordered pit *(Bot.)* Hoftüpfel *m*, behöftes Tüpfel *n*
borderline 1. Randlinie *f*, 2. Grenzzustand *m*
boreal boreal, nördlich, Nord...
bored durchbrochen, durchstochen
borele Spitzmaulnashorn *m (Diceros bicornis)*
borer 1. Bohrkäfer *m*; 2. Bohrer *m*
  apple ~ Apfelbaum-Glasflügler *m (Synanthedon myopaeformis)*
  Asiatic rice ~ Gestreifter Reis(stengel)bohrer *m (Chilo simplex)*
  bark ~s Borkenkäfer *mpl*, Rindenkäfer *mpl (Ipidae)*; Echte Borkenkäfer *mpl*, Splintkäfer *mpl (Scolytinae)*
  beech ~ Buchenprachtkäfer *m (Agrilus viridis)*
  birch sapwood ~ Großer Birkensplintkäfer *m (Scolytus ratzeburgi)*
  California flatheaded ~ Kalifornischer Kiefernprachtkäfer *m (Melanophila californica)*
  clover-root ~ Kleewurzelkäfer *m*, Kleebastkäfer *m (Hylastinus obscurus)*
  corn ~ → European corn borer
  European corn ~ Hirsezünsler *m*, Maiszünsler *m (Ostrinia nubilalis)*
  flatheaded wood ~ → beech borer
  larger shot-hole ~ Großer Obstbaumsplintkäfer *m (Scolytus mali)*
  lesser grain ~ Getreidekapuziner *m*, Getreide-Kapuzenkäfer *m (Rhizopertha dominica)*
  lima-bean pod ~ Leguminosenzünsler *m*, Langpalpen-Zünsler *m (Etiella zinckenella)*
  metallic wood ~s Prachtkäfer *m pl (Buprestidae)*
  oak ~ Schmaler Eichenprachtkäfer *m (Agrilus angustulus)*
  oak sapwood ~ Eichensplintkäfer *m (Scolytus intricatus)*
  old house ~ Hausbock *m*, Balkenbohrbock *m (Hylotrupes bajulus)*
  peach twig ~ Pfirsichmotte *f*, Knospenschabe *f (Anarsia lineatella)*
  pear flatheaded ~ → beech borer
  pin-hole ~s Borkenkäfer *mpl (Platypodidae)*
  poplar ~ Großer Pappelbock *m (Saperda carcharias)*
  poplar-and-willow ~ Bunter Weidenrüßler *m (Cryptorhynchus lapathi)*
  potato stem ~ Kartoffeltriebbohrer *m*, Gemeine Markeule *f (Gortyna flavago)*
  rock ~ Meerdattel *f*; Dattelmuschel *f (Pholas dactylus)*
  root ~ Wuzelbohrer *m*
  roundheaded ~ Walzenbock *m*, Kragenkäfer *m (Saperda)*
  sand ~s Sandweißlinge *mpl*, Weißlinge *mpl (Sillaginidae)*
  shot-hole ~s Borkenkäfer *m (Ipidae)*
  sinuate pear-tree ~ Purpurroter Schmalprachtkäfer *m*, Gebuchteter Birnbaum-Prachtkäfer *m (Agrilus sinuatus)*
  small poplar ~ Kleine Pappelbockkäfer *m (Saperda populnea)*
  tanbark ~ Veränderlicher Scheibenbock *m*, Schönbock *m (Phymatodes testaceus)*
  wharf ~ Brauner Blumenschmalkäfer *m*, Pfahlkäfer *m (Nacerdes melanura)*
boring 1. Bohrung *f*; 2. bohrend
boscage Unterwuchs *m*; Gebüsch *n*
bosky buschig
boss Buckel *m*
bossed buckelig, gebuckelt
bosselated tuberös
bostrychoid[al] *(Bot.)* schraubelartig
bostryx *(Bot.)* Schraubel *m*
bot Biesenlarve *f*, Bremsenlarve *f*
  common horse ~ Afterkriecher *m (Larve der Bremse) (Gastrophilus intestinalis)*
  ox ~ Bieswurm *m (Larve der Großen Hautdasselfliege) (Hypoderma bovis)*
  sheep nose ~ Grübler *m*, Grüblermade *f (Larve der Schafnasenbremse) (Oestrus ovis)*
botanic botanisch

botanist Botaniker *m*, Pflanzenkenner *m*
botanize botanisieren
botanolite versteinerte Pflanze *f*
botany Botanik *f*
applied ~ angewandte Botanik *f*
fossil ~ Paläobotanik *f*
botfly Bremse *f*; *pl* Nasen(rachen)bremsen *fpl (Oestridae)*
common [horse] ~ Große Magenbremse *f*, Pferdemagenbremse *f (Gastrophilus intestinalis)*
nose [red-tailed] ~ Nasenbremse *f*, Mastdarmbremse *f (Gastrophilus haemorrhoidalis)*
sheep ~ Schafnasenbremse *f*, Schafrachenbremse *f (Oestrus ovis)*
stomach ~ → common botfly
throat ~ Kehlgangsbremse *f*, Dünndarmbremse *f (Gastrophilus nasalis)*
botryoid(al) traubenartig
bott → bot
bottle Flasche *f*, Glas *n*
dropping ~ Tropfflasche *f*, Tropffläschchen *n*
killing ~ *(Ent.)* Giftglas *n*, Tötungsglas *n*
reversing water ~ Umkippungsbathometer *n*
roller ~ Rollerglas *n*
water ~ Bathometer *n*
bottlebrush 1. Waldschachtelhalm *m (Equisetum silvaticum)*; 2. Quirliger Tannenwedel *m (Hippurus vulgaris)*
bottlehead 1. Entenwal *m*, Dögling *m (Hyperoodon ampullatus)*; 2. Grindwal *m*, Schwarzwal *m*, Rundkopfwal *m (Globicephala)*
bottlenose 1. → bottlehead; 2. Großtümmler *m (Tursiops truncatus)*
white-sided ~ Nordischer Kurzschnauzen-Delphin *m*, Weißseitendelphin *m (Lagenorhynchus acutus)*
bottle-shaped flaschenförmig
bottom 1. Base *f*, Grundlage *f*; 2. Boden *m*, Grund *m*; 3. Unterteil *m*, Unterseite *f*
breeding ~ Laichplatz *m*
bottom-dwelling ~ benthisch, grundbewohnend
bottomland Flußniederung *f*
bottom-living benthisch, grundbewohnend
bough Ast *m*, Zweig *m*
boughy verzweigt
bouillon → broth
bounce Sprung *m*; springen
boundary Grenze *f*; Grenzschicht *f*
grassland-forest ~ Wald-Wiesen-Grenze *f*
permeative ~ Permeabilitätsgrenze *f*
bouquet spur *(Bot.)* Bukettsproß *m* (Fruchtholz von Steinobst mit Blütenknospen)
bovine Rinder...
bowel 1. Darm *m*; 2. Darmkanal *m*; Darmtrakt *m*
bowerbird Laubenvogel *m*; *pl* Laubenvögel *mpl (Ptilonorhynchidae)*
Archbold's ~ Gelbbandgärtner *m*, Archboldlaubenvogel *m (Archboldia papuensis)*
fawn-breasted ~ Graukopf-Laubenvogel *m*, Braunbauch-Laubenvogel *m (Chlamydera cerviventris)*
gardener ~ Hüttengärtner *m*, Schopflaubenvogel *m (Amblyornis inornatus)*
golden ~ Pfeilergärtner *m*, Goldlaubenvogel *m (Prionodura newtoniana)*
golden-fronted ~ Gelbscheitelgärtner *m (Amblyornis flavifrons)*
great ~ Kragen-Laubenvogel *m*, Graulaubenvogel *m (Chlamydera nuchalis)*
Gregor's ~ Gelbhaubengärtner *m*, Goldhaubengärtner *m (Amblyornis macgregoriae)*
plain ~ → gardener bowerbird
regent ~ Samtgoldvogel *m*, Gelbnacken-Laubenvogel *m (Sericulus chrysocephalus)*
satin ~ Seidenlaubenvogel *m (Ptilonorhynchus violaceus)*
spotted ~ Flecken-Laubenvogel *m (Chlamydera ma-culata)*
striped ~ Rothaubengärtner *m (Amblyornis subalaris)*
tooth-billed ~ Zahnkatzenvogel *m*, Tennenbauer *m (Scenopoeetes dentirostris)*
yellow-breasted ~ Dreigang-Laubenvogel *m (Chlamydera lauterbachi)*
yellow-fronted ~ → golden-fronted bowerbird
bowfin [bowfish] Kahlhecht *m*, Amerikanischer Schlammfisch *m (Amia calva)*; *pl* Kahlhechte *mpl (Amiiformes)*, Schlammfische *mpl (Amiidae)*
bowhead Bogenkopf *m*, Grönlandwal *m*, Nordwal *m (Balaena mysticetus)*
box 1. Kasten *m*; 2. Behälter *m*; 3. Fieberholzbaum *m (Eucalyptus)*; 4. Buchsbaum *m (Buxus)*
bird ~ Nistkasten *m*
blue ~ Bauers Eukalyptus *m*, Blauer Eukalyptus *m (Eucalyptus baueriana)*
European ~ Immergrüner Buchsbaum *m (Buxus sempervirens)*
flowering ~ Preiselbeere *f*, Kronsbeere *f (Vaccinium vitis-idaea)*
honey ~ Honig-Eukalyptus *m (Eucalyptus melliodora)*
humidified ~ feuchte Kammer *f*
Iranian ~ → European box
iron ~ → honey box
nest ~ Nistkasten *m*, Nisthöhle *f*
yellow ~ → honey box
boxberry Gaultherie *f*, Teebeerenstrauch *m*, Scheinbeere *f (Gaultheria procumbens)*
boxfish Kofferfisch *m*; *pl* Kofferfische *mpl*, Kuhfische *mpl (Ostraciontidae)*
spiny ~ Gestreifter Igelfisch *m (Chilomycterus schoepfi)*
boxing *(Ethol.)* Boxen *n*
boxtree Buchs *m*, Buchsbaum *m (Buxus)*
boxwood:
false ~ Floridischer Hartriegel *m (Cornus florida)*
Indian [Siamese] ~ Breitblättrige Gardenie *f (Gardenia latifolia)*
boy's-garden Einjähriges Bingelkraut *n (Mercurialis annua)*

boy's-love Wermutbeifuß *m*, Wiegekraut *n (Artemisia absinthium)*; Eberraute *f*, Stabwurz *f*, Eberreis *n (Artemisia abrotanum)*
brachial brachial, Arm...
brachiferous [brachigerous] verzweigt, verästelt
brachioradialis Oberarm-Speichen-Muskel *m*
brachiplex Arm(nerven)geflecht *n*
brachyblast Brachyblast *m*, Kurztrieb *m*
brachybotryous kurztraubig
brachycephalic brachyzephal, kurzschädelig; kurzköpfig
brachycerous kurzhornig
brachydactyly Kurzfingrigkeit *f*
brachydont kurzzahnig
brachygnathous kurzkieferig
brachymeiosis Brachymeiosis *f*, Einschritt-Meiose *f*
brachyplast Brachyblast *m*, Kurztrieb *m*
brachypodous 1. kurzbeinig; 2. kurzstengelig
brachypterous kurzflügelig
brachysclereid *(Bot.)* Brachysklereide *f*, Steinzelle *f*
brachyskelic kurzbeinig
brachysm Kümmerwüchsigkeit *f*, Nanismus *m*
brachytic verkürzt, kümmerwüchsig
brachyural kurzschwänzig
bracken → brake 2.
bract Deckblatt *n*, Tragblatt *n*, Hochblatt *n*
  conspicuous ~ auffälliges Hochblatt *n*
  floral ~ Deckblatt *n*
bract-bearing deckblatttragend
bract-like hochblattartig
bracteal deckblättrig
bracteate deckblatttragend
bracteole Deckblättchen *n*
bracteose 1. hochblattartig reduziertes Blatt *n*; 2. mit Brakteen besetzter Sproß *m*
bractless deckblätterlos
bractlet Deckblättchen *n*
bractlet-shaped deckblättchenförmig
bradygenesis verkürzte Entwicklung *f*
bradypnoea Bradypnoe *f*, verlangsamte Atmung *f*; Atmungsverlangsamung *f*
brain Gehirn *n*, Hirn *n*; Großhirn *n*
  abdominal ~ Sonnengeflecht *n*, Bauchnervengeflecht
  end ~ Endhirn *n*
  great ~ Großhirn *n*
  little ~ Kleinhirn *n*
  smell ~ Riechhirn *n*
  visceral ~ Viszeralgehirn *n*, Limbisches System *n*
brainpan Gehirnschädel *m*, Hirnschädel *m*, Neurokranium *n*
brainstem Hirnstamm *m*, Stammhirn *n*
brake 1. Dickicht *n*; 2. Adlerfarn *m (Pteridium aquilinum)*
  hog → brake 2.
  rock ~ 1. Rollfarn *m (Cryptogramma)*; 2. Engelsüß *n*, Wildes Süßholz *n*, Tüpfelfarn *m (Polypodium vulgare)*
  stone ~ → rock brake 2.
bramble 1. Dornenzweig m; 2. Aufrechte Brombeere *f (Rubus nessensis)*
  Arctic ~ Nordische Brombeere *f*, Nordische Himbeere *f (Rubus arcticus)*
  five-leaf ~ Fußblättrige Himbeere *f (Rubus pedatus)*
  stone ~ Stein-Brombeere *f*, Felsen-Himbeere *f (Rubus saxatilis)*
brambling Bergfink *m (Fringilla montifringilla)*
branch 1. Zweig *m*, Ast *m*; verzweigen; 2. Linie *f* (der Verwandtschaft); 3. Abzweigung *f*; 4. Zweige treiben
  axillary ~ Achselsproß *m*
  enrichment ~ reichhaltig blühender Zweig *m*
  epicormic ~ Wurzelsproß *m*
  fruiting ~ Fruchtzweig *m*
  lateral ~ Seitenzweig *m*, Seitentrieb *m*, Nebenzweig *m*
  leading ~ Hauptzweig *m*, Mittelast *m*
  palm ~ Palmwedel *m*
  porrect ~ Außenast
  proliferative ~ *(Bot.)* sympodialer Trieb *m*
  side ~ Seitenabzweigung *f*
branched verästelt, verzweigt
branchia Kieme *f*
branchial branchial, Kiemen...
branchiate [branchicolous, branchiferous] kiementragend
branchiform kiemenartig
branching 1. Verästelung *f*; 2. verästelt; 3. Verzweigung ; 4. verzweigt
  axillary ~ Verzweigung *f* durch Achselsproßaustrieb
  chain ~ Kettenverzweigung *f*
branchiomere Kiemensegment *n*
branchiopallial Kiemen-Mantel...
branchlet Ästchen *n*
branchpoint Verzweigungspunkt *m*, Verzweigungsstelle *f*
brand 1. Rostpilz *m*; 2. Brand *m (Pflanzenkrankheit)*
brandling junger Lachs *m*
brandy-bottle Gelbe Nixblume *f*, Gelbe Teichrose *f (Nuphar luteum)*
branny kleiig, mehlig-flockig
brant Ringelgans *f (Branta bernicla)*
  black [common] ~ → brant
brashness *(Bot.)* Brüchigkeit *f*; Sprödigkeit *f*
bray Eselschrei *m*; schreien *(Esel)*
brazilwood Pernambuk *m*, Brazilettoholz *n*, Fernambukholz *n (Caesalpinia echinata)*
bread:
  bee ~ Bienenbrot *n (veraltet)*, Bienenpollen, Cerago *m*
  Kafir ~ Brot(farn)palme *f (Encephalartos)*
  monkey ~ Affenbrotbaum *m (Adansonia)*
bread-and-butter 1. Rundblättrige Sassaparille *f (Smilax rotundifolia)*; 2. Gemeines Leinkraut *n (Linaria vulgaris)*
breadroot Drüsenklee *m (Psoralea esculenta)*
breadstuff Brotgetreide *n*
break 1. Bruch *m*; brechen
  to ~ a bond eine Bindung brechen
  to ~ down zerlegen, auflösen
  chromatid ~ Chromatidenbruch *m*

chromosome ~ Chromosomenbruch *m*
DNA ~ DNS-Bruch *m*
double-strand ~ Zweistrangbruch *m (der DNS)*
half-chromatid ~ Halbchromatidenbruch *m*
isochromatid ~ Isochromatidenbruch *m*
single-strand ~ Einstrangbruch *m (der DNS)*
breakage 1. Bruch *m*; Bruchstelle *f*; 2. Bruchbildung *f*; 3. Windbruch *m*, Bruchschaden *m*
breakdown 1. Zusammenbruch *m*; 2. Zerlegung *f*; 3. Analyse *f*
oxidative ~ oxidativer Zerfall *m*
breaking 1. Bruch *m*, Zerreißen *n*; 2. Knospentreiben *n*
dormancy ~ Ruhestörung *f*
breaking of buds Aufbrechen *n* der Knospen
~ of dormancy *(Bot.)* Brechen *n* der Winterruhe
breakpoint Festigkeitsgrenze *m*, Bruchbruch *m*
bream 1. Brachsen *m*, Brassen *m*, Blei *m (Abramis)*; 2. *pl* Seebrassen *mpl*, Goldköpfe *mpl (Bramidae)*
black sea ~ Brandbrassen *m*, Cantara *f*, Seekarpfen *m (Sparus cantharus)*
common ~ Brachsen *m*, Brassen *m*, Blei *m (Abramis brama)*
common sea ~ Graubarsch *m*, Scharfzähnige Pagel *f (Pagellus centrodontus)*
emperor ~s → pigface breams
government ~ Kaiserschnapper *m (Lutianus sebae)*
pigface ~s Kaiserfische *mpl*, Emperor *mpl (Lethrinidae)*
ray's ~ Seebrassen *m*, Breitfisch *m (Brama)*
red ~ 1. Drachenkopf *m*, Blaumaul *n (Heliocolenus dactylopterus)*; 2. Großer Rotbarsch *m*, Goldbarsch *m (Sebastes marinus)*
sea ~s 1. → bream 2.; 2. Meerbrassen *mpl*, Zahnbrassen *mpl*, Rotbrassen *mpl (Sparidae)*
silver ~ Blicke *f*, Güster *m (Blicca bjoerkna)*
white ~ → silver bream
white-eyed ~ Zobel *m*, Pleinze *f (Abramis sapa)*
breamflat Blikke *f*, Güster *m (Blicca bjoerkna)*
breast Brust *f*; Brustdrüse *f*, Milchdrüse *f*
breastbone Brustbein *n*
breastweed Echsenschwanz *m (Saururus)*
breath 1. Atmen *n*; 2. Atem *m*; Atemzug *m*
baby's ~ Schleiergipskraut *n*, Rispengipskraut *n (Gypsophila paniculata)*
breathe atmen
breathing Atmen *n*, Atmung *f* (→ respiration)
abdominal ~ Abdominalatmung *f*, abdominale Atmung *f*, Bauchatmung *f*
costal ~ Rippenatmung *f*, Brustatmung *f*, thorakale Atmung *f*
quiet ~ ruhiges Atmen *n*
shallow ~ oberflächliches Atmen *n*
breathless atemlos; außer Atem
breech Steiß *m*
breed 1. Rasse *f*, Zucht *f*, Stamm *m*; 2. Nachkommenschaft *f*; 3. Sorte *f*; 4. sich fortpflanzen, sich vermehren; 5. entstehen; 6. züchten *(Tiere, Pflanzen)*
breeder 1. Zuchttier *n*; 2. Viehzüchter *m*
hollow ~ Höhlenbrüter *m*
breeding 1. Fortpflanzung *f*; 2. Züchtung *f*; 3. Erziehung *f*
close ~ Verwandtschaftszüchtung *f*
line ~ Linienzüchtung *f*
pure ~ reine Züchtung *f*, Reinzucht *f*
true ~ Homozygotenzüchtung *f*
varietal plant ~ Sortenzüchtung *f*
breedy 1. fruchtbar; 2. zur Zucht besonders geeignet
bregma Bregma *n (Kreuzungspunkt der Kranz- und Pfeilnaht)*
brephic juvenil
brevicaudate kurzschwänzig
breviflexor kurzer Beugemuskel *m*
brevifoliate kurzblättrig
brevilingual kurzzungig
breviped kurzbeinig
brevipennate kurzflügelig
brevirostrate kurzschnabelig
briar Schlehe *f*, Schlehdorn *m (Prunus spinosa)*
briarroot → brierroot
bridge Brücke *f*
~ of nose Nasenwurzel *f*
chromosome ~ Chromosomenbrücke *f*
disulfide ~ Disulfidbindung *f*
jugal ~ Jochbogen *m*
bridle 1. Frenum *n*, Zügel *m*; 2. *(Ent.)* Frenulum *n*
brier wilde Rose *f*, Dornbusch *m (Rosa)*
Austrian ~ Fuchsrose *f (Rosa foetida)*
bird ~ Hundsrose *f*, Feldrose *f*, Heideröschen *n (Rosa canina)*
sand ~ Sandeierfrucht *f*, Sandnachtschatten *m (Solanum carolinense)*
wild ~ → bird brier
brierroot Baumheide *f (Erica arborea)*
briery stachelig, dornig
brill 1. Glattbutt *m*, Kleiss *m (Scophthalmus rhombus)*; 2. *pl* Buttverwandte *mpl (Bothidae)*, Steinbutte *mpl (Scophtalmidae)*
brindled gestreift; scheckig
brine 1. Meerwasser *n*; 2. Salzlösung *f*, Sole *f*
bring bringen
to ~ forth gebären;
to ~ up aufziehen, erziehen; ernähren
bristle Borste *f*
frontal ~ Frontalborste *f*, Stirnborste *f*
inner dorsocentral ~ Akrostichalborste *f*
ocellar ~ Augenborste *f*
sense ~ Tastborste *f*
trichostichal ~ Metapleuralborste *f*
vertical ~ Scheitelborste *f*
bristle-bird Lackvogel *m (Dasyornis)*
brown [eastern] ~ Braunkopf-Lackvogel *m (Dasyornis brachypterus)*
rufous ~ Rotkopf-Lackvogel *m (Dasyornis broadbenti)*
western ~ Langschnabel-Lackvogel *m (Dasyornis lon-*

girostris)
bristled borstig
prickly ~ stachel-borstig
bristletails Borstenschwänze *mpl (Thysanura)*
jumping ~ Felsenspringer *mpl*, Küstenspringer *mpl (Machilidae)*
bristly borstig
brittle 1. spröde, bröckelig, brüchig, zerbrechlich; 2. reizbar
brittleworts Diatomeen *fpl*, Kiesalgen *fpl (Diatomeae)*
broadbill 1. Löffelente *f (Anas clypeata)*; 2. Rachenvögel *mpl*, Breitrachen *mpl*, Breitmäuler *mpl (Eurylaimidae)*
broad-breasted breitbrüstig
broad-crowned breitkronig
broad-footed breitfüßig
broad-fronted breitstirnig
broad-fruited breitfrüchtig
broad-leaved breitblättrig
broad-leaved forest Laubwald *m*
broad-leaved weed zweikeimblättriges (dikotyles) Unkraut *n*
broad-rimmed breitrandig
brock Dachs *m (Meles meles)*
brocket Mazama *m*, Spießhirsch *m (Mazama)*
brown [gray] ~ Graumazama *m (Mazama gouazoubira)*
large ~ → red brocket
red ~ Großmazama *m (Mazama americana)*
brolga Brolgakranich *m (Grus rubicundus)*
brome Trespe *f (Bromus)*
barren ~ Taube Trespe *f (Bromus sterilis)*
drooping ~ Dachtrespe *f (Bromus tectorum)*
field ~ Ackertrespe *f (Bromus arvensis)*
hairy ~ Rauhe Trespe *f*, Waldtrespe *f (Bromus ramosus)*
meadow ~ Aufrechte Trespe *f*, Wiesentrespe *f (Bromus riparius)*
ripgut ~ Harte Trespe *f (Bromus rigidus)*
ryelike ~ Roggentrespe *f (Bromus secalinus)*
smooth ~ Grannenlose [Unbegrannte] Trespe *f (Bromus inermis)*
soft ~ Weiche Trespe *f (Bromus hordeaceus))*
upright ~ Aufrechte Trespe *f (Bromus erectus)*
bromide:
cyanogen ~ Bromzyan *n*
ethidium ~ Bromethidium *n*
bromoacetoxylation Bromazetoxylierung *f*
bromoacetylation Bromazetylietung *f*
bromoacylation Bromazylierung *f*
bromoalkylation Bromalkylierung *f*
bromocarbonylation Bromkarbonylierung *f*
bromoformylation Carbobromierung *f*
bromomethylation Brommethylierung *f*
bronchial Bronchien...
bronchiole Bronchiole *f*, Bronchiolus *m*
bronchomotor bronchomotorisch
broncho-oesophageal Bronchus-Speiseröhren...
bronchus Bronchus *m*, Luftröhrenast *m*
bronze-back 1. Peitschennattern *f (Ahaetulla)*, Baumschnüffler *m (Ahaetulla mycterizans)*; 2. Bronzenattern *f (Dendrelaphis)*
brood 1. Brut *f*; Wurf *m*; brüten; 2. Horde *f*
brood-bud Soredie *f*, Bruthäufchen *n*
brood-cell Gonidium *n*
brooder Brutapparat *m*, Brutschrank *m*
brood-parasite Nestparasit *m*
brood-patch Brutfleck *m*
brook Bach *m*
brooklet Bächlein *n*
brooklime *(Bot.)* Bachbunge *f*, Bach-Ehrenpreis *m (Veronica beccabunga)*
brook-mint Roßminze *f (Mentha longifolia)*
brookweed Salzbunge *f*, Bunge *f (Samolus)*
broom Geißklee *m (Cytisus)*
base ~ Färbeblume *f*, Färberginster *m (Genista tinctoria)*
Butcher's ~ Stachliger Mäusedorn *m (Ruscus aculeatus)*
green ~ Besenginster *m (Cytisus scoparius)*
Scotch ~ → green broom
Spanish ~ Binsenginster *m*, Spanischer Ginster *m (Spartium junceum)*
sweet ~ Besenheide *f*, (Gemeines) Heidekraut *n (Calluna vulgaris)*
thorn ~ Stechginster *m (Ulex europaeus)*
whin prickly ~ → thorn broom
yellow ~ Gelbe Färberhülse *f (Baptisia tinctoria)*
broomcorn:
millet ~ Echte Hirse *f*, Rispenhirse *f (Panicum miliaceum)*
broomrape Sommerwurz *f (Orobanche)*
branched ~ Hanfwürger *m*, Ästige Sommerwurz *f (Orobanche ramosa)*
clove-scented ~ Nelkensommerwurz *f*, Gemeine Sommerwurz *f (Orobanche caryophyllacea)*
ivy ~ Efeusommerwurz *f (Orobanche hederae)*
lesser ~ Kleeteufel *m*, Kleine Sommerwurz *f (Orobanche minor)*
picris ~ Bitterkraut-Sommerwurz *f (Orobanche picridis)*
species ~ Gelbe Sommerwurz *f (Orobanche lutea)*
tall ~ Große Sommerwurz *f (Orobanche elatior)*
thistle ~ Distelsommerwurz *f*, Netzsommerwurz *f (Orobanche reticulata)*
broth Bouillon *f*, Brühe *f*; Nährbouillon *f*
beef-extract ~ Fleisch-Pepton-Bouillon *f*
beef infusion ~ Fleischbouillon *f*, Fleischbrühe *f*
egg infusion ~ Eierbouillon *f*
fish ~ Fischbouillon *f*
glycerin ~ Glyzerinbouillon *f*
hay ~ Heuaufguß *m*
meat infusion ~ Fleischbrühe *f*, Fleischbouillon *f*
nitrate ~ Nitratbouillon *f*
nutrient ~ Nährbouillon *f*, Nährbrühe *f*

peptone ~ Peptonbouillon *f*
plain ~ Fleisch-Pepton-Bouillon *f*
sugar ~ Zuckerbouillon *f*
brotion [brotium] anthropogene Sukzession *f*
brotochore anthropochorisch
brotulas Schlangenfische *mpl (Brotulidae)*
brow Braue *f*, Augenbraue *f*
brown 1. braun; 2. Braun *n*, brauner Farbstoff *m*
marbled ~ 1. Zickzackspinner *m (Drymonia)*; 2. *pl* Zahnspinner *mpl (Notodontidae)*
meadow ~ 1. Gemeiner Wiesengrasfalter *m*, (Großes) Oxenauge *n (Epinephele jurtina)*; 2. *pl* Augenfalter *m pl (Satyridae)*
browntail Gemeiner [Braunschwänziger] Goldafter *m (Euproctis chrysorrhoea)*
browse 1. Sproß *m*; 2. grasen, weiden
bruchids Samenkäfer*m pl (Bruchidae)*
brush 1. *(Ent.)* Fersenbürste *f*; 2. buschiger Schwanz *m (bsd. Fuchs)*; 3. Ackerfuchsschwanz *m (Alopecurus pratensis)*
bottle ~ 1. Ackerschachtelhalm *m (Equisetum arvense)*; 2. Zylinderputzer *m (Callistemon)*
pollen ~ *(Ent.)* Fersenbürste *f*
brush-like pinselförmig
brushwood 1. Gestrüpp *n*, Busch *m*; 2. Unterholz *n*
bryocole moosbewohnend
bryology Bryologie *f*, Mooskunde *f*
bryony Zaunrübe *f (Bryonia)*
black ~ Gemeine Schmerwurz *f (Tamus communis)*
white ~ Rotbeerige Zaunrübe *f (Bryonia dioica)*
bryophytic moosartig, moosähnlich
bubbybush Gewürzstrauch *m (Calycanthus)*
buccal 1. Backen..., Wangen...; 2. Mund...
buccinator Backenmuskel *m*
buck 1. Bock *m (Hirsch, Reh, Ziege etc.)*; Rammler *m (Hase, Kaninchen)*; Rehbock *m*; 2. bocken
black ~ Hirschziegenantilope *f (Antilope cervicapra)*
blue ~ Blaubock *m*, Nilgauantilope *f (Boselaphus tragocamelus)*
Bohor reed ~ Riedbock *m*, Isabellantilope *f (Redunca redunca)*
bush ~ Waldbock *m*, Drehhornantilope *f (Tragelaphus)*; Buschbock *m*, Schirrantilope *f (Tragelaphus* scriptus)
mountain reed ~ Bergriedbock *m*, Roter Bergbock *m (Redunca fulvorufula)*
reed ~ Großer Riedbock *m*, Großriedbock *m (Redunca arundinum)*
buckbean Bitterklee *m*, Dreiblättriger Fieberklee *m (Menyanthes trifoliata)*
buckbush Korallenbeerstrauch *m (Symphoricarpos orbiculatus)*
buckeye Roßkastanie *f (Aesculus)*
buckthorn 1. Kreuzdorn *m (Rhamnus)*; 2. Faulbaum *m (Frangula)*
alder ~ Faulbaum *m (Frangula alnus)*
alder-leaved ~ Erlenblättriger Faulbaum *m (Rhamnus alnifolia)*
Chinese ~ Nützlicher Kreuzdorn *m (Rhamnus utilis)*
common [European] ~ Echter [Gemeiner] Kreuzdorn *m*, Purgierbeere *f (Rhamnus catharica)*
rock ~ Felsenkreuzdorn *m (Rhamnus saxatilis)*
sea ~ Seedorn *m*, Weidensanddorn *m (Hippophae rhamnoides)*
buckwheat Buchweizen *m (Fagopyrum esculentum)*
climbing false ~ Klimbenknöterich *m (Polygonum scandens)*
common ~ (Echter) Buchweizen *m*, Heidekorn *n (Fagopyrum esculentum)*
copse ~ Heckenknöterich *m (Fallopia dumetorum)*
wild ~ Windenknöterich *m (Fallopia convolvulus)*
bud 1. Knospe *f*; Auge *n*; Blütenknospe *f*; 2. Keim *m*; Anlage *f*; 3. sich entwickeln; sich entfalten; 4. okulieren
to ~ off knospen; sprossen
accessory ~ Achselknospe *f*, Seitenknospe *f*
adventitious ~ Nebenknospe *f*, Adventivknospe *f*
axillary ~ Achselknospe *f*
big ~ Stolburkrankheit *f (der Pflanzen)*
brood ~ Brutknospe *f*
crown ~ Gipfelknospe *f*, Terminalknospe *f*
dormant ~ ruhende Knospe *f*
flower ~ Blütenknospe *f*
fruit ~ Fruchtknospe *f*, Tragknospe *f*
gustatory ~ Geschmacksknospe *f*
leaf ~ Blattknospe *f*, Blattauge *f*
limb ~ Extremitätenanlage *f*
radical ~ Wurzelknospe *f*
resting ~ ruhende Knospe *f*
secondary ~ sekundäre Achselknospe *f*
seed ~ Samenanlage *f*,Samenknospe *f*
tail ~ Schwanzniere *f*
terminal ~ Terminalknospe *f*, Gipfelknospe *f*
tooth ~ Zahnanlage *f*
ureteric ~ Ureteranlage *f*
wing ~ *(Ent.)* Flügelanlage *f*
winter ~ Winterknospe *f*
budding 1. Knospung *f*; 2. Okulierung *f*, Äugeln *n*; 3. Blütenknospenbildung *f*
external ~ äußere Knospung *f*
internal ~ innere Knospung *f*
scion ~ Okulierung *f*, Äugeln *n*
budgerigar Wellensittich *m (Melopsittacus undulatus)*
budlet Knöspchen *n*
budwor Wicklerraupe *f*
buff lederfarben
buffalo 1. (Asiatischer) Büffel *m*, (Asiatischer) Wasserbüffel *m (Bubalus)*; 2. Bison *m (Bison bison)*
African [Cape] ~ Afrikanischer Büffel *m*, Steppenbüffel *m*, Kaffernbüffel *m (Syncerus caffer)*
musk ~ Moschusochs *m*, Schafochs *m (Ovibos moschatus)*
plains [wood] ~ → buffalo 2.
wood ~ Indischer Büffel *m*, (Asiatischer) Wasserbüffel

m (Bubalus)
buffer Puffer *m*
bufflehead Büffelkopfente *f (Bucephala albeola)*
bug 1. Wanze *f*; *pl* Wanzen *mpl (Hemiptera)*; 2. Insekt *n*
acanthostomatid ~s Stachelwanzen *fpl (Acanthosomatidae)*
alfalfa plant ~ Gänsefuß-Schönwanze *f (Adelphocoris lineolatus)*
aquatic sow ~ (Gemeine) Wasserassel *f (Asellus aquaticus)*
ash-gray leaf ~s Rübenwanzen *fpl*, Meldenwanzen *fpl (Piesmidae)*
assassin ~s Raubwanzen *fpl*, Schreitwanzen *fpl (Reduviidae)*
bark ~s Rindenwanzen *fpl (Aradidae)*
bat ~s Fledermauswanzen *fpl (Polyctenidae)*
bed ~s Bettwanze *f (Cimex lectularius); pl* Bettwanzen *fpl (Cimicidae)*
birch (shield) ~ Bunte Blattwanze *f*, Gezähnte Stachelwanze *f (Elasmostethus interstinctus)*
blackberry ~ Heidelbeerwanze *f (Elasmucha ferrugata)*
boat ~s 1. Rückenschwimmer *mpl (Notonectidae)*; 2. Ruderwanzen *fpl (Corixidae)*
broad-headed ~s *s.*boat bugs 2.
bubble ~s Landasseln *fpl (Oniscidae)*
burrower ~s Erdwanzen *fpl (Cydnidae)*
cannibal ~s → assassin bugs
carrot plant ~ Gespaltener Fax *m (Orthops basalis)*
caspid ~s → leaf bugs
cereal ~ Gemeine Getreidewanze *f*, Gräserwanze *f (Eurygaster maura)*
chinch ~s Langwanzen *fpl (Lygaeidae)*
creeping water ~s Schwimmwanzen *fpl (Naucoridae)*
croton ~ Deutsche Schabe *f*, Hausschabe *f (Blattella germanica)*
damsel ~s Sichelwanzen *fpl (Nabidae)*
electric-light ~ Risenschwimmwanze *f (Belostoma)*
elm ~ Ulmenlausjäger *m (Anthocoris gallarumulmi)*
European tortoise ~ → cereal bug
eurygaster ~ Gräserwanze *f*, Getreidewanze *f (Eurygaster)*
false chinch ~ Heidekrautwanze *f (Nysius ericae)*
field damsel ~ Wiesenräuber *m (Nabis ferus)*
flat ~s → bark bugs
flower ~s Blumenwanzen *fpl (Anthocoridae)*
forest ~ Rotbeinige [Gemeine] Baumwanze *f (Pentatoma rufipes)*
fungus ~s → bark bugs
giant water ~s Riesen(wasser)wanzen *fpl (Belostomatidae)*
grass ~s → stink bugs 2.
green ~ Getreidelaus *f*, Grüne Getreideblattlaus *f (Schizaphis gramina)*
heath damsel ~ Heideräuber *m (Nabis ericetorum)*
June ~ Gartenlaubkäfer *m*, Kleiner Rosenkäfer *m (Phyllopertha horticola)*
kissing ~s → assassin bugs
lace ~s Gitterwanzen *fpl*, Netzwanzen *fpl (Tingitidae)*
leaf ~s Weichwanzen *fpl*, Blindwanzen *fpl*, Schmalwanzen *fpl (Miridae)*
lighting ~s Leuchtkäfer *mpl (Lampyridae)*
lucerne plant ~ → alfalfa plant bug
many-combed ~s → bat bugs
martin ~ → swallow bug
masked hunter ~ Große Raubwanze *f*, Maskierter Strolch *m (Reduvius personatus)*
meadow plant ~ Langhaarige Dolchwanze *f (Leptopterna dolabrata)*
miami [miana] ~ Persische Saumzecke *f*, Persische Zecke *f (Argas persicus)*
mistletoe flower ~ Mistellausjäger *m (Anthocoris visci)*
parent ~ Fleckige Brutwanze *f (Elasmucha grisea)*
pear lace ~ Birnen(blatt)wanze *f*, Birnbaumnetzwanze *f (Stephanitis pyri)*
penny ~s Kreiselkäfer *mpl*, Taumelkäfer *mpl (Gyrinidae)*
pill ~s Rollasseln *fpl*, Kugelasseln *fpl (Armadillidae)*
pincate ~s Schwarzkäfer *mpl*, Dunkelkäfer *mpl (Tenebrionidae)*
pinch ~s Hirschkäfer *mpl*, Kammhornkäfer *mpl (Lucanidae)*
pine flat ~ Kiefernrindenwanze *f (Aradus cinnamomeus)*
pirate ~s → assassin bugs
plant ~s → leaf bugs
potato ~ Kartoffelwanze *f*, Gemeine Schmuckwanze *f (Lygus bipunctatus)*
red ~s Feuerwanzen *fpl (Pyrrhocoridae)*
red soldier ~ Flügellose [Ungeflügelte] Feuerwanze *f (Pyrrhocoris apterus)*
rhododendron (lace) ~ (Amerikanische) Rhododendronwanze *f (Stephanitis rhododendri)*
shield-backed ~s Deckwanzen *fpl (Scutelleridae)*
shore ~s Springwanzen *fpl*, Uferwanzen *fpl (Saldidae)*
sloe ~ Beerenwanze *f (Dolycoris baccarum)*
snapping ~s Schnellkäfer *mpl*, Springkäfer *mpl (Elateridae)*
southern green stink ~ Grüne Reiswanze *f*, Grüner Vagrant *m (Nezara viridula)*
sow ~s Landasseln *fpl (Oniscidae)*
sphagnum ~s → velvet water bugs
stilt ~s Stelzenwanzen *fpl (Neididae)*
stink ~s 1. Schildwanzen *fpl (Pentatomidae)*; 2. Buntwanzen *fpl (Corizidae)*
swallow ~ Schalbenwanze *f (Oeciacus hirundinus)*
tarnished plant ~ Grüne Blattwanze *f*, Gemeine Wiesenwanze *f*, Graue Waldwanze *f (Lygus pratensis)*
thread-legged ~ Mückenwanzen *fpl (Emesidae)*
true ~s Wanzen *fpl*, Halbflügler *mpl (Hemiptera)*
turtle ~s Hakenwanzen *fpl (Podopidae)*
velvet water ~s Uferläufer *mpl*, Zwergwasserläufer *mpl (Hebridae)*

bugbane Stinkendes Wanzenkraut *n (Cimicifuga foetida)*
bughead → bugshad
bugle Kriechender Günsel *m (Ajuga reptans)*
bugleweed [buglewort] Virginischer Wolfstrapp *m (Lycopus virginicus)*
bugloss Ochsenzunge *f (Anchusa)*
 common ~ Echte [Gemeine] Ochsenzunge *f (Anchusa officinalis)*
 small ~ Ackerkrummhals *m*, Ackerochsenzunge *f (Anchusa arvensis)*
 viper's ~ Gemeiner [Blauer] Natternkopf *m (Echium vulgare)*
bugseed Ysopblättriger Wanzensame *m (Corispermum hyssopifolium)*
bugshad Menhaden *m (Brevoortia tyrannus)*
build Bau *m*, Körperbau *m*, Figur *f*
building Bau *m*; Bauen *n*
 nest ~ Nestbau *m*
bulala Rambutan *m (Nephelium mutabile)*
bulb 1. Zwiebel *f*; 2. Haarzwiebel *f*; 3. Nachhirn *n*, verlängertes Mark *n*
 ~ of eye Augapfel *m*
 ~ of esophagus Ösophaguszwiebel *f*
 aortic ~ Aortenbulbus *m*
 back ~ *(Bot.)* 1. Rückbulbe *f*; 2. hypokotyler Sproßabschnitt *m* epiphytischer Orchideen
 brood ~ *(Bot.)* Brutzwiebel *f*
 daughter ~ Tochterzwiebel *f*
 dental ~ Zahnpapille *f*
 hair ~ Haarzwiebel *f*
 Krause's terminal ~ Krausescher Endkolben *m*
 offset ~ Brutzwiebel *f*
 optic ~ Augapfel *m*
 taste ~ Geschmackszwiebel *f*
 tunicated ~ feinhäutige Zwiebel *f*
bulbar 1. zwiebelartig; 2. bulbär, Bulbär...
bulbiferous zwiebeltragend
bulbil Brutzwiebel *f*, Tochterzwiebel *f*, Knospenzwiebel *f*
bulblet → bulbil
bulblike zwiebelartig, zwiebelförmig
bulbodium Zwiebelkuchen *n*, Zwiebelscheibe *f*, Zwiebelboden *m*
bulbotuber Zwiebelknolle *f*, Knollenzwiebel *f*
bulbous zwiebelartig, zwiebelförmig
bulbul Bülbül *m*; *pl* Bülbüls *mpl (Pycnonotidae)*
 ashy-fronted bearded ~ Weißohrbülbül *m (Criniger flaveolus)*
 bearded ~ Haarbülbül *m (Criniger barbatus)*
 black-collared ~ Rüttelbülbül *m (Neolestes torquatus)*
 black-fronted ~ Maskenbülbül *m (Phyllastrephus nigricans)*
 black-headed ~ Schwarzkopfbülbül *m (Pycnonotus atriceps)*
 brown-eared ~ Orpheusbülbül *m (Hypsipetes amaurotis)*
 common ~ Graubülbül *m (Pycnonotus barbatus)*
 crestless ~ Schwefelbülbül *m (Criniger phaeocephalus)*
 dappled ~ Bülbültimalie *f (Phyllastrephus orostruthus)*
 dwarf bearded ~ Finschbülbül *m (Criniger finschi)*
 finch-billed ~ Finkenbülbül *m (Spizixos)*
 garden ~ → common bulbul
 golden ~ Goldbülbül *m (Calyptocichla serina)*
 golden-browed ~ Goldbrauenbülbül *m (Hypsipetes indicus)*
 gray-cheeked ~ Grauwangenbülbül *m (Criniger bres)*
 gray-olive ~ Fahlbauchbülbül *m (Phyllastrephus cerviniventris)*
 gray-throated ~ Bergwaldbülbül *m (Andropadus tephrolaemus)*
 honeyguide ~ Weißschwanzbülbül *m (Baeopogon indicator)*
 hook-billed ~ Langschnabelbülbül *m (Setornis criniger)*
 joyful ~ Dotterbülbül *m (Chlorocichla laetissima)*
 little gray ~ Zwergbülbül *m (Andropadus gracilis)*
 long-billed ~ → hook-billed bulbul
 mountain ~ Einfarbbülbül *m (Andropadus montanus)*
 olive ~ 1. Olivrückenbülbül *m (Criniger olivaceus)*; 2. Olivebülbül *m*, Braunbauchbülbül *m (Hypsipetes charlottae)*
 puff-throated ~ Blaßbauchbülbül *m (Criniger pallidus)*
 red-tailed ~ Swainsonbülbül *m (Criniger calurus)*
 rufous-bellied ~ Grünflügelbülbül *m (Hypsipetes maclellandii)*
 simple ~ Hartlaubbülbül *m (Chlorocichla simplex)*
 slaty-crowned ~ Schieferkopfbülbül *m (Hypsipetes siquijorensis)*
 slender-billed ~ Schmalschnabelbülbül *m (Andropadus gracilirostris)*
 spotted ~ Fleckenbülbül *m (Ixonotus guttatus)*
 swamp ~ Raphiabülbül *m (Thescelocichla leucopleura)*
 terrestrial ~ Laubbülbül *m*, Erdbülbül *m (Phyllastrephus terrestris)*
 thick-billed ~ Dickschnabel-Fluchtvogel *m (Hypsipetes crassirostris)*
 white-cheeked ~ Weißohrbülbül *m (Pycnonotus leucogenys)*
 white-eared ~ Kotilangbülbül *m (Pycnonotus aurigaster)*
 white-tailed ~ → swamp bulbul
 yellow-bellied ~ Gelbbauchbülbül *m (Chlorocichla flaviventris)*
 yellow-breasted ~ → yellow-bellied bulbul
 yellow-necked ~ Falkensteinbülbül *m (Chlorocichla falkensteini)*
 yellow-wiskered ~ Gelbbartbülbül *m (Andropadus latirostris)*
bulbus Zwiebel *f*
bulge Wulst *m*; Anschwellung; Buckel *m*; Ausbauchung *f*
bulk 1. Umfang *m*, Größe *f* Masse *f*; 2. Hauptteil *m*,

Hauptmasse *f*, Großteil *m*
bull 1. Bulle *m*, Stier *m*, Ochs(e) *m*; 2. (Elephanten-)Bulle *m*; (Elch-)Bulle *m*
blue ~ Nilgauantilope *f*, Blaubock *m* *(Boselaphus tragocamelus)*
bullace Pflaume *f*, Zwetschge *f* *(Prunus domestica)*
bullate blasig
bullfinch Gimpel *m*, Dompfaff *m* *(Pyrrhula pyrrhula)*
brown ~ Schuppenkopfgimpel *m* *(Pyrrhula nipalensis)*
common ~ Gimpel *m*, Dompfaff *m* *(Pyrrhula pyrrhula)*
desert ~ Weißflügelgimpel *m* *(Rhodospiza obsoleta)*
gray-headed ~ (China-)Maskengimpel *m* *(Pyrrhula erythaca)*
orange ~ Goldrückengimpel *m*, Orangegimpel *m* *(Pyrrhula aurantiaca)*
Philippine ~ Weißwangengimpel *m* *(Pyrrhula leucogenys)*
red-headed ~ Rotkopfgimpel *m* *(Pyrrhula erythro cephala)*
trumpeter ~ Wüstengimpel *m*, Wüstentrompeter *m* *(Bucanetes githagineus)*
bullfrog 1. Ochsenfrosch *m* *(Rana catesbeiana)*; 2. Sandfrosch *m*, Banjo-Frosch *m* *(Limnodynastes dorsalis)*; 3. (Gesprenkelter) Grabfrosch *m* *(Rana adspersa)*
American ~ → bullfrog 1.
burrowing ~ → bullfrog 3.
Malayan ~ Indischer Ochsenfrosch *m* *(Kaloula pul-chra)*
Malayan giant ~ Zahnfrosch *m* *(Rana macrodon)*
South American ~ Südamerikanischer Ochsenfrosch *m* *(Leptodactylus pentadactylus)*
bullhead 1. Nördlicher Bootsmannsfisch *m* *(Porichthys notatus)*; 2. Groppe *f*, Kaulkopf *m* *(Cottus gobio)*; 3. *pl* Katzenwelse *mpl* *(Ictaluridae)*; 4. Schellente *f* *(Bucephala)*
alpine ~ Sibirische Groppe *f* *(Cottus sibiricus)*
armed ~ (Gemeiner) Steinpicker *m* *(Agonus cataphractus)*
black ~ (Amerikanischer) Zwergwels *m* *(Ictalurus melas)*
brown ~ Katzenfisch *m*, Gewöhnlicher Katzenwels *m* *(Ictalurus nebulosus)*
common ~ → brown bullhead
northern black ~ → black bullhead
northern yellow ~ Langschwänziger Katzenwels *m* *(Ictalurus natalis)*
Norway ~ Zwergseeskorpion *m* *(Micrenophrys lilljeborgi)*
river ~ → bullhead
yellow ~ → northern yellow bullhead
bullnose Geldmuschel *f*, Geld-Venusmuschel *f* *(Venus mercenaria)*
bullock Ochs(e) *m*
bullock's-heart *(Bot.)* Netzannone *f*, (Netziges) Ochsenherz *n* *(Annona reticulata)*
bullray Adlerrochen *m*, Meeradler *m* *(Myliobatis aquila)*
bullrout (Gemeiner) Seeskorpion *m*, Seeteufel *m* *(Myoxocephalus scorpius)*
bull's-eye 1. → bullhead 4.; 2. *pl* Großaugenbarsche *mpl* *(Priacanthidae)*
bull's-foot Huflattich *m* *(Tussilago farfara)*
bulltrout 1. Europäische Forelle *f* *(Salmo trutta trutta)*; 2. Seesaibling *m*, Malma-Saibling *m* *(Salvelus namaycush)*
bulrush Seebinse *f*, Teichbinse *f* *(Scirpus lacustris)*
wood ~ Waldbinse *f*, Waldsimse *f* *(Scirpus sylvaticus)*
bumblebee Hummel *f* *(Bombus)*
false [parasitic] ~s Schmarotzerhummeln *fpl*, Afterhummeln *fpl* *(Psythirinae)*
stone ~ Steinhummel *f* *(Bombus lapidarius)*
bumpy holperig, uneben
bunch 1. Bündel *n*, Büschel *m*; 2. Busch *m*; 3. Herde *f*, Rudel *f*
~ of blossoms Blütenbüschel *n*, Blütentraube *f*
bunchberry Kanadischer Hartriegel *m* *(Cornus canadiensis)*
bunchflower Virginischer Honigstrauch *m* *(Melianthum virginicum))*
bundle Bündel *n*; *(Zool.)* Faserstrang *m*, Faszikel *m*; *(Bot.)* Leitbündel *n*, Gefäßbündel *n*, Cribovasalbündel (→vascular)
~ of His Hissches Bündel *n*, Atrioventrikulärbündel *n*
~ of Vicq d'Azyr Vicq d'Azyrsches Bündel *n*
atrioventricular ~ Atrioventrikulärbündel *n*, Hissches Bündel *n*
collateral ~ Kollateralbündel *n*
conducting ~ Leitbündel *n*, Gefäßbündel *n*
Monakow's ~ Monakowsches Bündel *n*, rubrospinale Bahn *f*
muscle ~ Muskelbündel *n*
open ~ offenes Leitungsbündel *n*, offenes Gefäßbündel
scattered ~s *(Bot.)* zerstreut angeordnete Leitbündel
vascular ~ Gefäßbündel *n*
bunias Zackenschötchen *n*, Zackenschote *f* *(Bunias)*
bunk Wegwarte *f* *(Cichorium)*
bunt Steinbrand *m*, Hartbrand *m* *(Pflanzenkrankheit)*
bunting Ammer *f* *(Emberiza)*
black-headed ~ Kappenammer *f* *(Emberiza melanocephala)*
cinereous ~ Graue Ammer *f* *(Emberiza cineracea)*
cirl ~ Zaunammer *f* *(Emberiza cirlus)*
common [corn] ~ Grauammer *f* *(Emberiza calandra)*
Cretzschmar's ~ Grauortolan *m*, Rostbartammer *f* *(Emberiza caesia)*
golden ~ → yellow-breasted bunting
gray ~ Bamboosammer *f* *(Emberiza variabilis)*
gray-hooded ~ Graukopfammer *f* *(Emberiza fucata)*
gray-necked ~ Steinortolan *m* *(Emberiza buchanani)*
Jankowskii's ~ Jankowskiammer *f*, Bartammer *f* *(Emberiza jankowskii)*
Japanese reed ~ Mandschuren-Ammer *f* *(Emberiza*

yessoensis)
Lapland ~ Spornammer *f (Calcarius lapponicus)*
lazuli ~ Lazulifink *m*, Lazurfink *(Passerina amoena)*
little ~ Zwergammer *f (Emberiza pusilla)*
masked ~ Maskenammer *f*, Aschkopfammer *f (Emberiza spodocephala)*
meadow ~ Rotohrammer f, Wiesenammer *f (Emberiza cioides)*
ortolan ~ Gartenammer *f*, Ortolan *m (Emberiza hortulana)*
Pallas' reed ~ Grauschulter-Rohrammer *f*, Pallasammer *f (Emberiza pallasi)*
pine ~ Fichtenammer *f (Emberiza leucocephala)*
red-headed ~ Braunkopfammer *f (Emberiza bruniceps)*
reed ~ Rohrammer *f (Emberiza schoeniclus)*
rock ~ Zippammer *f (Emberiza cia)*
rufous ~ Rötelammer *f (Emberiza rutila)*
rustic ~ Waldammer *f (Emberiza rustica)*
Siberian meadow ~ → meadow bunting
snow ~ Schneeammer *f*, Lerchenammer *f (Plectrophenax nivalis)*
white-capped ~ Silberkopfammer *f (Emberiza stewarti)*
yellow ~ Goldammer *f (Emberiza citrinella)*
yellow-breasted ~ Weidenammer *f (Emberiza aureola)*
yellow-browed ~ Gelbbrauenammer *f*, Prachtammer *f (Emberiza chrysophrys)*
yellow-throated ~ Schmuckammer *f (Emberiza elegans)*

buoyancy Schwimmvermögen *n*, Schwimmfähigkeit *f*; Schwimmkraft *f*

buoyfish Schwarzer Dreischwanzbarsch *m (Lobotes surinamensis)*

buprestids Prachtkäfer *mpl (Buprestidae)*

bur *(Bot.)* 1. Klettfrucht *f*, Klette *f*; 2. stachlige Samenschale *f* (z. B. der Kastanie)
blue ~ Igelsame *f (Lappula)*
buffalo ~ Buffelklette *f*, Schnabelnachtschatten *m (Solanum rostratum)*
common ~ Langblättrige Kratzdistel *f (Cirsium oblongifolium)*
great ~ Große Klette *f (Arctium lappa)*
redwood ~ Eibensequoie *f*, Küstensequoie *f*, Immergrüne Sequoie *f (Sequoia sempervirens)*
sheep ~ Echte [Gewöhnliche] Spitzklette *f (Xanthium strumarium)*
small sheep ~ Aufrechter [Gewöhnlicher] Igelsame *m (Lappula echinata)*

burbot Aalquappe *f*, Gemeine Quappe *f (Lota lota)*

burden Last *f*, Ladung *f*
genetic ~ genetische Last *f*

burdock 1. Klette *f (Arctium)*; 2. Spitzklette *f*, Klopfklette *f (Xanthium)*
common ~ 1. Kleine Klette *f (Arctium minus)*; 2. Große Klette *f (Arctium lappa)*
cotton [woolly] ~ Filzklette *f*, Wollklette *f (Arctium tomentosum)*

burfish Igelfisch *m (Diodontidae)*
striped ~ Gestreifter Igelfisch *m (Chilomycterus schoopfi)*

burgeon Knospe *f*; knospen

burgeoned *(Bot.)* mit Knospen

burgomaster Eismöwe *f*, Bürgermeister *m (Larus hyperboreus)*

burl Schwiele *f*, Kallus *m*

bur-marigold Zweizahn *m (Bidens)*
nodding [smaller] ~ Nickender Zweizahn *m (Bidens cernua)*

burn 1. verbrannte Stelle *f*; 2. Verbrennung *f*, Brandwunde *f*; 3. brennen, verbrennen

burnet Wiesenknopf *m (Sanguisorba)*
garden ~ Kleiner Wiesenknopf *m (Sanguisorba minor)*
greater [salad] ~ Großer Wiesenknopf *m*, Blutkraut *n (Sanguisorba officinalis)*
salad ~ → garden burnet

burning Abbrennung *f*, Verbrennung *f*

burnut Bürzeldorn *m*, Erdstachelnuß *f (Tribulus)*
ground ~ Erdbürzeldorn *m (Tribulus terrestris)*

burr 1. Dorn *m*, Stachel *m*; 2. Dornpflanze *f*

bur-reed Igelkolben *m*, Igelkopf *m (Sparganium)*
branched ~ Ästiger Igelkolben *m (Sparganium erectum)*
broad-fruited ~ Breitfrüchtiger Igelkolben *m (Sparganium eurycarpum)*
green-fruited ~ Grünfrüchtiger Igelkolben *m (Sparganium chlorocarpum)*
simple-stemmed ~ → unbranched bur-reed
stemless ~ Stengelloser Igelkolben *m (Sparganium acaule)*
unbranched ~ Aufrechter [Einfacher] Igelkolben *m (Sparganium emersum)*

burrow 1. Bau *m*, Grabbau *m*; Höhle *f*; 2. *Bau* graben; sich eingraben

bursa 1. *(Anat.)*. Tasche *f*, Beutel *m (Bursa)*; 2. *(Bot.)* Schlauch *m*, Sporenschlauch *m*
~ of Fabricius Fabriciussche Tasche *f*
omental ~ Netzbeutel *m*

bursacyte B-Lymphozyt *m*

burseed Aufrechter [Klettenartiger] Igelsame *m (Lappula echinata)*

bursicle Täschel *n*, Beutelchen *n*

bursiform taschenartig, sackförmig

burst 1. aufplatzen, zerplatzen, explodieren; 2. aufspringen *(Knospe)*; 3. ausschlüpfen
phage ~ Phagenausbeute *f*

burster:
egg ~ *(Ent.)* Eizahn *m*

burweed Dornige [Stachelige] Spitzklette *f (Xanthium spinosum)*

bury eingraben, begraben

bush Strauch *m*, Busch *m*

benjamin ~ Fieberstrauch *m (Lindera benzoin)*
calico ~ Berglorbeer *m (Kalmia latifolia)*
coca ~ Koka *f*, Kokastrauch *m (Erythroxylon coca)*
mountain sweet pepper ~ Zugespitzter Scheineller *m (Clethra acuminata)*
pea ~ Ägyptische Sesbanie *f (Sesbania sesban)*
pepper ~ Scheineller *m (Clethra)*
rosy ~ Gelbfilziger Spierstrauch *m (Spiraea tomentosa)*
spleenwort ~ → sweet bush
stinging ~ Brennhaarige Brechnuß *f (Jatropha stimulosa)*
strawberry ~ 1. Floridischer Gewürzstrauch *m (Calicanthus floridus)*; 2. Dunkelpurpurroter Spindelbaum *m (Euonymus atropurpurea)*
sugar ~ Zuckerbusch *m (Protea mellifera)*
sweet ~ Fremde Farnmyrte *f (Comptonia peregrina)*

bushbaby Galago *m*, Ohrenmaki *m (Galago)*
Allen's ~ Buschwald-Galago *m*, Allens-Galago *m (Galago alleni)*
Demidoff's ~ Zwerg-Galago *m (Galago demidovi)*
greater ~ → thick-tailed bushbaby
Senegal ~ Senegal-Galago *m*, Moholi *m (Galago senegalensis)*
thick-tailed ~ Riesengalago *m (Galago crassicaudatus)*
bushbuck Buschbock *m*, Schirrantilope *f (Tragelaphus scriptus)*

bushchat:
collared ~ Schwarzkehlchen *n (Saxicola torquata)*
(dark-)gray ~ Grauschmätzer *m (Saxicola ferrea)*
pied ~ Mohrenschwarzkehlchen *n (Saxicola caprata)*
white-browed ~ Wüstenbraunkehlchen *n (Saxicola macrorhyncha)*
white-tailed ~ Weißschwanz-Schwarzkehlchen *n (Saxicola leucura)*

bush-clover Buschklee *m (Lespedeza)*
creeping ~ Kriechender Buschklee *m (Lespedeza repens)*
hairy ~ Haariger Buschklee *m (Lespedeza hirta)*
narrow-leaved ~ Schmalblättriger Buschklee *m (Lespedeza angustifolia)*
round-headed ~ Kugelköpfiger Buschklee *m (Lespedeza capitata)*
slender ~ Schwacher Buschklee *m (Lespedeza virginica)*
trailing ~ Niederliegender Buschklee *m (Lespedeza procumbens)*

bushland Buschsteppe *f*, Buschland *n*

bushtit Buschmeise *f (Psaltriparus)*
black-eared ~ Streifenbuschmeise *f (Psaltriparus melanotis)*
common ~ Buschmeise *f*, Kappenbuschmeise *f (Psaltriparus minimus)*

bushwood Gebüschwald *m*

bushy 1. buschig, dichtbuschig; 2. flaumig, wollig, zottig

bustard Trappe *f (Otis)*; *pl* Trappen *fpl (Otididae)*
Australian ~ Auatralische Trappe *f*, Wammentrappe *f (Ardeotis australis)*
great ~ Großtrappe *m (Otis tarda)*
great Indian ~ Indische Trappe *f*, Hindutrappe *f (Ardeotis nigriceps)*
houbara ~ Kragentrappe *f (Chlamydotis undulata)*
kori ~ Riesentrappe *f (Ardeotis kori)*
little ~ Zwergtrappe *m (Tetrax tetrax)*
little black ~ Gackeltrappe *f (Afrotis afra)*

but-but Bridgesscher Fieberbaum *m (Eucalyptus bridgesiana)*

butcher-bird Würgatzel *f (Cracticus)*

butcher's-broom Stachliger Mäusedorn *m (Ruscus aculeatus)*

butt 1. Blattstiel *m*; 2. unteres Ende *n (von Stiel oder Stamm)*; 3. Kopfstoß *m*; 4. mit dem Kopf stoßen
woolly ~ Langblättriger Fieberbaum *m (Eucalyptus longifolia)*

butter-and-eggs Gemeines Leinkraut *n (Linaria vulgaris)*

butterbur Rote Pestwurz *f (Petasites officinalis)*

buttercup Hahnenfuß *m*, Butterblume *f (Ranunculus)*
bulbous ~ Knollenhahnenfuß *(Ranunculus bulbosus)*
corn ~ Ackerhahnenfuß *m (Ranunculus arvensis)*
creeping ~ Kriechender Hahnenfuß *m (Ranunculus repens)*
double ~ Kugelranunkel *f*, Europäische Trollblume *f (Trollius europaeus)*
fan-leaved ~ Fächerblättriger Hahnenfuß *m (Ranunculus flabellatus)*
heart-leaved ~ Herzblättriger Hahnenfuß *m (Ranunculus cardiphyllus)*
hispid ~ Borstiger Hahnenfuß *m (Ranunculus hispidus)*
marsh ~ Nordischer Hahnenfuß *m (Ranunculus septentrionalis)*
meadow ~ → tall buttercup
small-flowered ~ Kleinblumiger Hahnenfuß *m (Ranunculus parviflorous)*
snow ~ Schneehahnenfuß *m (Ranunculus nivalis)*
tall ~ Scharfer Hahnenfuß *m (Ranunculus acris)*

butterfish 1. Butterfische *mpl*, Pampelfische *mpl*, Deckfische *mpl (Stromateidae)*; 2. Argusfische *mpl (Scatophagidae)*

butterfly Schmetterling *m*, Falter *m*
apollo ~ Apollo(falter) *m (Parnassius apollo)*
brown argus ~ Heidewiesen-Bläuling *m (Lycaena astrarche)*
brush-footed ~ies Fleckenfalter *mpl*, Edelfalter *mpl (Nymphalidae)*
cabbage ~ Kleiner Kohlweißling *m*, Rübenweißling *m (Pieris rapae)*
cabbage white ~ Großer Kohlweißling *m (Pieris brassicae)*
comma ~ Lichtfrischwald-Vieleck-Prachtfalter *m*, weißes C *n*, C-Falter *m (Polygonia C-album)*
four-footed ~ies → brush-footed butterflies

gossamer winged ~ies Bläulinge *mpl (Lycaenidae)*
green-veined white ~ → rape butterfly
Hunter's ~ Jagdfalter *m (Vanessa virginiensis)*
large tortoise-shell ~ Ulmenparkland-Prachtfalter *m (Vanessa polychloros)*
leaf ~ Blattschmetterling *m (Kallima)*
milkweed ~ies Monarchfalter *mpl (Danaidae)*
monarch ~ Monarch(falter) *m (Danaus plexippus)*
mourning-clock ~ Trauermantel *m (Vanessa antiopa)*
peacock ~ Tagpfauenauge *n (Vanessa io)*
rape ~ Rapsweißling *m*, Grüngeaderter Kohlweißling *m (Pieris napi)*
sea ~ies Flossenfüßer *mpl*, Flügelschnecken *mpl (Pteropoda)*
small white ~ → cabbage butterfly
southern cabbage ~ → cabbage butterfly
thistle ~ Vanesse *f*, Eckflügler *m (Vanessa)*
white veined ~ → rape butterfly
willow ~ 1. Admiral *m*, Brennesselschuttflur-Prachtfalter *m (Pyrameis atalanta)*; 2. → mourning-clock butterfly

butterfly-bush Schmetterlingsstrauch *m (Buddleia)*
butterfly-dook → butterbur
butternut Butternußbaum *m*, Graunuß *f*, Ölnußbaum *m (Juglans cinerea)*
butter-print Hinesischer Hanf *m*, Hinesische Jute *f*, Samtpappel *f (Abutilon theophrasti)*
butterwort Fettkraut *n (Pinguicula)*
buttock Gesäß *n*, Gesäßbacken *fpl*; Steiß *m*
button Klette *f*, Klettenkraut *n (Arctium)*
beggar's ~ → stick button
cockle ~ → button
soldier's ~s Sumpfdotterblume *f (Caltha palustris)*
stick ~ Große Klette *f (Arctium lappa)*

buttonball → buttonwood
button-snakeroot Prachtscharte *f*, Scharte *f (Liatris)*
dense ~ Ährentragende Prachtscharte *f (Liatris spicata)*
dotted ~ Punktierte Prachtscharte *f (Liatris punctata)*

buttonwood Nordamerikanische [Abendländische] Platane *f (Platanus occidentalis)*
buttress root Brettwurzel *f*
butylation Butylierung *f*
buzz Summen *n*; Brummen *n*; Schwirren *n* ; summen; surren; brummen; schwirren
buzzard Bussard *m (Buteo)*
common ~ Mäusebussard *m (Buteo buteo)*
fishing ~ Schwarzhalsbussard *m*, Fischbussard *m (Busarellus nigricollis)*
gray eagle ~ Aguja *m (Geranoaetus melanoleucus)*
honey ~ Wespenbussard *m (Pernis apivorus)*
jackal ~ Schakalbussard *m (Buteo rufofuscus)*
lizard ~ Sperberbussard *m*, Kehlstreifbussard *m (Kaupifalco monogrammica)*
long-legged ~ Adlerbussard *m (Buteo rufinus)*
long-tailed ~ Papua-Wespenbussard *m (Henicopernis longicauda))*
mountain ~ Bergbussard *m (Buteo oreophilus)*
red-necked ~ Felsenbussard *m*, Salvadoribussard *m (Buteo auguralis)*
rough-legged ~ Rauhfußbussard *m (Buteo lagopus)*
turkey ~ Truthahngeier *m (Cathartes aura)*
white ~ Schneebussard *m (Leucopternis albicollis)*

buzzing Summen *n*; Brummen *n*; Schwirren *n*
by-effect Nebenwirkung *f*, Nebeneffekt *m*
by-product Nebenprodukt *m*
byssus Byssus *m*, Muschelseide *f*

C

cabbage Kohl *m (Brassica)*
Bergaman's ~ Rübenkohl *m (Brassica campestris)*
celery [Chinese] ~ Chinesischer Kohl *m (Brassica chinensis)*
common head ~ → cultivated cabbage
cow ~ Kuhkohl *m (Brassica subspontanea)*
cultivated [headed] ~ Weißkohl *m*, Kopfkohl *m (Brassica oleracea)*
savoy ~ Wirsing *m (Brassica oleracea* convar. *capititata* var. *sabauda)*
turnip ~ Bodenkohlrabi *m*, Erdkohlrabi *m (Brassica napobrassica)*
white ~ Kopfkohl *m*, Rotkohl *m*, Weißkohl *m (Brassica oleracea* convar. *capitata* var. *capitata)*

cabbage-weed Meerlattich *m*, Meersalat *m (Ulva lactuca)*
cabbageworms Insektenwürmer *mpl (Mermithidae)*
cabezon 1. Cabezone *f (Scorpaenichthys marmoratus)*; 2. Schienenschildkröte *(Podocnemis)*
cabrilla Zackenbarsch *m*, Sägerbarsch *m (Epinephelus)*
cacao-tree Kakaobaum *m (Theobroma cacao)*
cachalot Pottwal *m*, Kaschelot *m (Physeter catodon)*
lesser ~ Zwergpottwal *m (Kogia breviceps)*

cachicata Weißer Grunzer *m (Haemulonplumiere)*
caching:
food ~ Vorratspeicherung *f*, Nahrungsspeicherung *f*

cacique Kassike *m*, Stirnvogel *m* i.e. Sinne *(Cacicus)*
cackle 1. Gackern *n*, Gluck(s)en *n*; Schnattern *n*; 2. gackern; gluck(s)en; schnattern
cackler gackernder Vogel *m*; gluck(s)ender Vogel *m*; schnatternder Vogel *m*
cacogenesis Kakogenese *f*; Unfähigkeit *f* zur Hybridisierung
cacomistle Katzenfrett *n (Bassariscus)*; Nordamerikanisches Katzenfrett *n (Bassariscus astutus)*
cactaceous Kaktus...
cactus Kaktus *m*
crab ~ Blattkaktus *m*, Gliederkaktus *m (Epiphyllum)*
giant ~ Riesenkaktus *m (Cereus giganteus)*

hedgehog ~ Igelkaktus *m (Echinocactus)*
prickly-pear ~ Feigenkaktus *m*, Gemeine Fackeldistel *f (Opuntia vulgaris)*
purple ~ Mamillaria *f (Mamillaria vivipara)*
tree ~ Geschindelte Fackeldistel *f (Opuntia imbricata)*
cadaver Leiche *f*, Kadaver *m*
cadaveric Leichen...
cadavericole leichenbewohnend
cadaverous Leichen...
caddisworm Köcherfliegenlarve *f*
cade Wacholder *m (Juniperus)*
cadelle *(Ent.)* Larve *f* des Getreidenagers *(Tenebrioides mauritanicus)*
caducous abfallend
caecal Blinddarm...
caecilian Wurmwühle *f*; *pl* Wurmwühlen *fpl (Caeciliidae)*
aquatic ~ Schwimmwühle *f (Typhlonates)*
nontailed ~**s** Wurmwühlen *fpl (Caeciliidae)*
caecum Blinddarm *m*
caenogenesis Zönogenese *f*, (embryonale) Fehlbildung *f*
caespitose rasig wachsend; in Herden wachsend
caffer Kaffernhirse *f*, Kaffernkorn *n (Sorghum caffrorum)*
cage 1. Käfig *m*; 2. in einen Käfig einsperren
holding ~ Aufzuchtkäfig
rearing ~ Insektarium *n*
terrarium ~ Terrarium *n*
thoracic ~ Brustkorb *m*
cahow Bermuda-Sturmvogel *m (Pterodroma cahow)*
caiman Kaiman *m*, Brillenkaiman *m (Caiman niger)*
black ~ Mohrenkaiman *m (Melanosuchus niger)*
broad-nosed ~ Breitschnauzenkaiman *m (Caiman latirostris)*
dwarf [smooth-fronted] ~ Glattstirnkaiman *m (Paleosuchus)*
Paraguay ~ Südlicher Krokodilkaiman *m*, Jacare *m (Caiman yacari)*
spectacled ~ Krokodilkaiman *m (Caiman crocodilus)*
caked 1. verhärtet, eine Kruste bildend; 2. verdichtet; 3. ausgefällt; 4. Gerinsel bildend
calabash Flaschenkürbis *m (Lagenaria)*
calabazilla Übelriechender Kürbis *m (Pepo foetidissema)*
calamaries Kalmare *mpl (Teuthoidea)*
calamint Borstenquendel *m (Clinopodium)*
calamus Rotang-Palme *f*, Schilf-Palme *f (Calamus rotang)*
calathi(di)um *(Bot.)* Körbchen *n*, Blütenkorb *m*
calcaneal Fersenbein...
calcaneocuboid Fersenbein-Würfelbein...
calcaneus Fersenbein *n*
calcar *(Anat.)* Sporn *m*
~ **avis** Vogelsporn *m*
calcarate gespornt; Sporn...
calcareous kalkhaltig, verkalkt; verkalkend
calcariferous *(Bot.)*, *(Zool.)* gespornt
calcicole [calcicolous] kalkliebend
calciferous kalziumhaltig; kalkhaltig
calcification Verkalkung *f*, Kalkanreicherung *f*
calcifuge Kalkmeider, Kalkflieher *m*, calcifuge Pflanze *f*
calcifugous kalkmeidend, kalkscheu, kalkfliehend
calcigerous Kalziumsalze enthaltend, kalziumhaltig, kalkhaltig
calcipenia Kalziummangel *m*, Kalkmangel *m*
calciphilous kalkliebend
calciphobe kalkmeidende Pflanze *f*, kalkfliehende Pflanze *f*
calciphobous kalkmeidend
calciphyte Kalkpflanzen *fpl*, auf Kalkboden wachsende Pflanze *f*, Kalkholde *f*
calciprivic kalziumlos, kalklos
calcitonin Kalzitonin *n*, Peptidhormon *n der* Schilddrüse
calf 1. Kalb *n*; 2. Wade *f*
in ~ trächtige Kuh *f*
sea ~ Gemeines Meerkalb *n*, Gemeiner Seehund *m (Phoca vitulina)*
calfbird Kapuzinervogel *m (Perissocephalus tricolor)*
calf's-mouth Großes Löwenmaul *n*, Garten-Löwenmaul *n (Antirrhinum majus)*
calico Kaliko(-Krankheit) *f (der Pflanzen)*
call Schrei *m*; Ruf *m*; Lockruf *m*
advertisement ~ Lockruf *m*
alarm ~ Alarmruf *m*
distress ~ Notruf *m*; Ruf *m* des Verlassenseins
let-go ~ Annäherungsruf *m*
mew ~ Miauen *n*
mobbing ~**s** *(Ethol.)* Hassen *n*
warning ~ Warnruf *m*
calla Drachenwurz *f*, Kalla *n*, Schlangenkraut *m (Calla)*
black ~ Palästinischer Aronstab *m (Arum palaestinum)*
wild ~ Sumpfschlangenwurz *f (Calla palustris)*
callicarpous *(Bot.)* schönfrüchtig
callipers Meßgabel *f*
callosal 1. Hirnbalken..., Balken...; 2. schwielig; 3. *(Bot.)* kallös, dickhäutig, dickschalig
callosity Schwiele *f*, Hornhautbildung *f*
callosum Hirnbalken *m*, Balken *m*
callous kallös, dickhäutig, dickschalig
callousing *(Bot.)* Überwallung *f*
callus 1. Schwiele *f*, Kallus *m*; Schwellung *f*; 2. Kallus *m*, Knochenkeimgewebe *n*
root ~ Wurzelkallus *m*
wood ~ Stammkallus *m*
callusing [callusogenesis] Schwielenbildung *f*
caloradiance Wärmestrahlung *f*
caloric kalorisch, wärmebildend
caloricity Kalorienwert *m*
calorification Wärmebildung *f*
calorigenic wärmebildend
calorimeter Kalorimeter *n*
calorimetry Kalorimetrie *f*
calorstat Brutschrank *m*, Thermostat *m*
calory Kalorie *f*
caltrop 1. Wassernuß *f (Trapa)*; 2. Bürzeldorn *m*, Erdstachelnuß *f (Tribulus)*

calvaria (knöchernes) Schädeldach *n*
calvarial Schädeldach...
calve kalben
calycate mit einem Kelch (Calyx)
calyceal Nierenkelch..., Kelch...
calyciflorous Adnation (Verwachsung) von Stame n (Staubblättern) und Calyx (Blütenkelch)
calyciform → calycine 1.
calycine 1. kelchartig, kelchförmig; 2. Kelch...
calycle 1. Außenkelch *m*, Epicalyx *m*; 2. *(Zool.)* Hydrotheka *f*
calyculate(d) außenkelchtragend
calyculus 1. *(Bot.)* Calyculus, Kleiner Kelch; 2. *(Zool.)* Hydrotheka *f (Kelch der Seelilien)*
calypter → calyptra
calyptra 1. Kalyptra *f*, Haube *f*; 2. Wurzelhaube *f*
calyptriform haubenförmig, haubenartig
calyptrogen Kalyptrogen *n*
calyx Kelch *m*
  ~ **with united segments** verwachsenblättriger Kelch
  gamosepalous ~ → calyx with inuted segments
  outer ~ Außenkelch *m*, Epicalyx *m*
  segmented ~ getrenntblättriger Kelch *m*
  toothed ~ gezähnter Kelch *m*
camaripugucus Atlantischer Tarpun *m*, Silberfisch *m (Megalops atlanticus)*
camas(s):
  death ~ Giftiges Jochblümchen *n (Zygadenus venenosus)*
  eastern ~ Blaustern *m (Scilla)*
cambial kambial
cambiogenetic kambiumbildend
cambium Kambium *n*
  cork ~ Phellogen *n*, Korkkambium *n*
cambrian Kambrium *n* (Erdformation)
camel Kamel *n (Camelus); pl* Kamele *npl (Camelidae)*
  Arabian ~ Dromedar *n*, Einhöckeriges Kamel *n (Camelus dromedarius)*
  Bactrian ~ Zweihöckeriges Kamel *n*, Trampeltier *n (Camelus ferus)*
camellia Kamelie *f (Camellia)*
camel's-thorn Kameldorn *m (Alhagi camelorum)*
camnium anthropogen bedingte Sukzession *f*
camomile 1. Hundskamille *f (Anthemis)*; 2. Kamille *f (Matricaria)*; 3. Primel *f*, Schlüsselblume *f (Primula)*
  Arctic ~ Großblumige Kamille *f (Matricaria grandiflora)*
  dog's ~ Stink-Hundskamille *f (Anthemis cotula)*
  dyer's ~ Färber-Hundskamille *f (Anthemis tinctoria)*
  field ~ Acker-Hundskamille *f (Anthemis arvensis)*
  garden ~ → Roman camomile
  golden ~ → dyer's camomile
  rayless ~ Strahllose Kamille *f (Matricaria matricarioides)*
  red ~ Mehlprimel *f (Primula farinosa)*
  Roman [white] ~ Edelkamille *f*, Römische Hundskamille *f (Anthemis nobilis)*
  yellow ~ → dyer's camomile
camouflage Tarnung *f*, Anpassung an den Untergrund
  eye ~ Augentarnung *f*
campaniform glockenförmig
campanulate *(Bot.)*, *(Zool.)* glockenförmig, glockig, birnenförmig
camphor-fume Kampferkraut *n (Camphorosoma)*
camphorwood 1. Schmuck-Zypresse *f (Callitris)*; 2. Kampferbaum *m (Cinnamomum camphora)*
campion 1. Leimkraut *n*, Lichtnelke *f (Silene)*; 2. Hühnerbiß *m*, Taubenkropf *m (Cucubalus)*; 3. Pechnelke *f (Lychnis viscaria)*
  berry-bearing ~ Taubenkropf *m*, Hühnerbiß *m Cucubalus baccifer)*
  bladder ~ Aufgeblasenes Leimkraut *n (Silene venosa)*
  corn ~ Korn-Rade *f (Agrostemma githago)*
  moss ~ Stengelloses Leimkraut *n (Silene acaulis)*
  red ~ 1. Mehlprimel *f (Primula farinosa)*; 2. Rote Lichtnelke *f (Silene dioica)*
  white ~ Weiße Nachtnelke *f (Silene pratensis)*
campo Kampos *n*, Südamerika-Savannenpl
camptocarpous bogig gekrümmte Früchte
camptodrome bogig gekrümmt
camptotropous campylotrop
campylocanthous mit krummen Stacheln
campylodentatum mit krummen Zähnen
campylospermous mit krummen, bogigen Samen
campylotropous campylotrop
canal Kanal *m*; Gang *m*
  ~ **of the cervix of the uterus** Zervixkanal *m*, Gebärmutter(hals)kanal *m*
  ~ **of the epididymis** Nebenhodenkanal *m*
  ~ **of osteon** Haverscher Knochenkanal *m*
  alimentary ~ Gastrointestinaltrakt *m*, Verdauungskanal *m*
  archenteric ~ chordomesodermaler Kanal *m*
  atrioventricular ~ Atrioventrikularkanal *m*
  central ~ Haverscher Knochenkanal *m*
  central ~ **of the spinal cord** Zentralkanal *m* des Rükkenmarks
  chordo-mesodermal ~ chordomesodermaler Kanal *m*
  ciliary ~ Schlemmscher Kanal *m*
  dental ~ Alveolarkanal *m*
  excretory longitudinal ~ longitudinaler Ausscheidungsgang *m*
  gum ~ *(Bot.)* Harzgang *m*
  Haversian ~ Haversscher Knochenkanal *m*
  incisive ~ Nasen-Mundhöhlengang *m*, Schneidezahnkanal *m*
  inguinal ~ Leistenkanal *m*
  Kolliker's ~ Köllikerscher Kanal *m*
  lacrimal ~ Tränennasenkanal *m*
  Laurer's ~ Laurerscher Kanal *m*
  nutrient ~ Ernährungskanal *m*
  parturient ~ Geburtskanal *m*
  radial water vascular ~ Radialkanal *m* des Ambulakralsystems

radiating ~ zuführender Kanal *m (der kontraktilen Vakuole)*
ring ~ Ringkanal *m*
Schlemm's ~ Schlemmscher Kanal *m*
semicircular ~ Bogengang *m*
spinal ~ Wirbel(säulen)kanal *m*
stone ~ Steinkanal *m*
canalicular 1. kanalikulär, kanalförmig; 2. mit Kanälchen versehen
canaliculate rinnig, rinnenförmig, rinnenartig, kanalartig
canaliculization Kanalisierung *f*, Kanalbildung *f*
canaliculus kleiner Kanal *m*
canalifolious rinnenblätterig
canalization 1. Vaskularisierung *f*, Gefäßbildung *f*; 2. Kanalisierung *f*
canary Girlitz *m (Serinus)*; Kanarengirlitz *m*, Wilder Kanarienvogel *m (Serinus canaria)*
black-faced ~ Zügelgirlitz *m (Serinus capistratus)*
black-headed ~ Alario *m (Serinus alario)*
brimstone [bully] ~ Schwefelgelber Girlitz *m (Serinus sulphuratus)*
common ~ Kanarengirlitz *m*, Wilder Kanarienvogel *m (Serinus canaria)*
forest ~ Waldgirlitz *m*, Schwarzkinngirlitz *m (Serinus scorops)*
grosbeak ~ Kernbeißgirlitz *m (Serinus donaldsoni)*
striped ~ → forest canary
white-rumped ~ Weißbürzelgirlitz *m*, Grauedelsänger *m (Serinus leucopygius)*
yellow ~ Gelbbauch-Girlitz *m (Serinus flaviventris)*
yellow-fronted ~ Mozambique-Girlitz *m (Serinus mozambicus)*
canarygrass:
reed ~ Rohrglanzgras *n (Phalaris arundinacea)*
cancellate(d) gitterig, gitterförmig; spongiös
cancellation 1. retikuläre (spongiöse) Struktur *f*; 2. gegenseitige Auslöschung *f*
cancellous retikulär, spongiös, siebartig
cancer Krebs *m*, Karzinom *n*
cancerogenic kanzerogen, krebserregend, krebserzeugend
cancerology Onkologie *f*, Krebskunde *f*
cancerous krebsartig; Krebs...
cancerweed Kugelförmiger Salbei *m (Salvia lyrata)*
cancrology → cancerology
candlebark Rötlicher Fieberbaum *m (Eucalyptus rubidiae)*
candlefish Kerzenfisch *m (Thaleichthys)*
black ~ Kohlenfisch *m (Anoplopoma fimbria)*
candlenut Tungbaum *m (Aleurites moluccana)*
candock Gelbe Teichrose *f*, Mummel *f (Nuphar lutea)*
candytuft Iberis *f*, Schleifenblume *f* (Iberis)
cane 1. Simse *f (Scirpus)*; 2. Rohrschilf *m*, Schilfrohr *n (Phragmites)*; 3. Zuckerrohr *n (Saccharum)*
maiden ~ Aleppobartgras *n (Sorghum halpense)*
myar ~ Zuckerrohr *n (Saccharum officinalis)*
noble ~ → myar cane
sedge ~ Echter Kalmus *m*, Teichkalmus *m (Acorus calamus)*
sugar ~ myar cane
caneja Punktierter Glatthai *m (Mustelus canis)*
canids Hunde(artige) *mpl*, Kaniden *mpl (Canidae)*
canine 1. Eckzahn *m*, Hackenzahn *m*, Spitzzahn *m* ; Eckzahn...; 2. *pl* Hunde(artige) *mpl (Canidae)*; 3. Hunde...
canker 1. Geschwür *n*, Ulkus *n*; 2. Brand *m*; Obstbaumkrebs *m*; 3. anstechen, infizieren; 4. umbringen; fressen
European ~ *Nectria*-Apfelbaumkrebs *m (Erreger von Nectria galligena)*
potato ~ Kartoffelkrebs *m (Erreger von Synchytrium endobioticum)*
cankerroot 1. Karolinischer Widerstoß *m (Statice carolinicus)*; 2. Dreiblättrige Nieswurz *f (Helleborus trifolius)*
cankerworm Spanner *m*; *pl* Spanner *mpl (Geometridae)*
cankerwort Löwenzahn *f (Taraxacum officinale)*
cannon Mittelfuß *m*
cannula Kanüle *f*
canoewood Tulpenbaum *m (Liriodendron tulipifera)*
canopy 1. Decke *f*, Tegment *n*; 2. Laubdach *n*, Kronendach *n*, Blätterdach *n*; 3. Grasdecke *f*
closed ~ 1. geschlossenes Kronendach *n*; 2. geschlossener Bewuchs *m*
crown [dense leaf] ~ geschlossenes Kronendach *n*
forest ~ Wald *m*, geschlossener Bestand
grass ~ Grasdecke *f*
leaf ~ Blätterdach *n*
open ~ ausgelichtetes Kronendach *n*
~ **structure** Vegetationsstruktur *f*
cantharophile Käferblume *f*
cantharophily *(Bot.)* Bestäubung *f* durch Käfer
canthus Lidwinkel *m*, Augenlidwinkel *m*
canvasback Vallisneriaente *f (Aythya valisineria)*
cap 1. Hut *m*; Gipfel *m*; 2. Mütze *f*, Haube *f*; 3. Säckchen *n*, Zahnsäckchen *n*
coral milky ~ Birkenreizker *m*, Brennreizker *m (Lactarius torminosus)*
ink ~ Tintling *m (Coprinus)*
peppery milky ~ Pfeffer-Milchling *m (Lactarius piperatus)*
root ~ Wurzelhaube *f*, Kalyptra *f*
shaggy ~ Schopf-Tintling *m*, Spargelpilz *m (Coprinus comatus)*
capability Vermögen *n*, Fähigkeit *f*
~ **of root penetration** Durchdringungsvermögen der Wurzeln
capacity 1. Vermögen *n*; 2. Kapazität *f*; 3. Leistungswert *f*
absorbing ~ Absorptionsvermögen *n*
body ~ Körperumfang *m*, Körpervolumen *n*
breathing ~ Atemkapazität *f*
breeding ~ Reproduktionsvermögen *n*
buffer ~ Pufferkapazität *f*
calorific ~ Wärmeproduktionsvermögen *n*
carrying ~ Tragfähigkeit *f (eines Gebietes)*; Belastbar-

keit *f*, Fassungsvermögen *n*
cation-exchange ~ Kation(en)austauschkapazität (KAK) *f*
cellulose decomposing ~ Zellulosezersetzungskapazität *f*
coding ~ Codierungskapazität *f*
diffusion ~ Diffusionskapazität *f*
disctimination ~ Wahlvermögen *n*
dissolving ~ Lösungsvermögen *n*
exchange ~ Austauschkapazität *f*
functional ~ Funktionsfähigkeit *f*
germinating ~ Keimfähigkeit *f*, Keimprozentsatz
grazing ~ Weidekapazität *f*
growing ~ Wachstumskapazität *f*
heat ~ Wärmekapazität *f*
lung ~ Lungenvitalkapazität *f*
maximal breathing ~ maximale Lungenkapazität *f*
membrane ~ Membranpotential *n*
mental ~ Geistesvermögen *n*
moisture ~ Wasseraufnahmekapazität *f*
net ~ Netto-Leistungskapazität *f*
oxygen-binding ~ Sauerstoffbindungskapazität *f*
producing ~ Produktivität *f*
productive ~ Fortpflanzungsvermögen *n*
regenerative ~ Regenerationsvermögen *n*
rejuvenation ~ Fähigkeit neu auszutreiben, Fähigkeit wieder auszutreiben
reproductive ~ Reproduktivfähigkeit *f*
semen fertilizing ~ Befruchtungsfähigkeit *f* des Samen
soil water ~ Wasseraufnahmekapazität *f (des Bodens)*
tilling ~ Halmzahl *f*, Bestockungsvermögen *n*
transpiration ~ Transpirationsvermögen *n*
uptaking ~ Aufnahmekapazität *f*
vital ~ Vitalkapazität *f (der Lungen)*
water ~ Wasseraufnahmekapazität *f (des Bodens)*
work(ing) ~ Arbeitsfähigkeit *f*
capelin Kapelan *m*, Lodde *f (Mallotus)*
caper(bush) Kapernstrauch *m (Capparis)*
bean ~ Bohnenkaper *f*, Doppelblatt *n (Zygophyllum)*
capercaillie Auerhuhn *n (Tetrao urogallus)*
capibara → capybara
capillaceous haarartig, haarförmig; Kapillar...
capillarity Kapillarität *f*
capillary Kapillar *f*, Kapillar...; haarfein
capilliform haarartig, haarförmig
capillitium *(Bot.)* Capillitium *n* (Myxomycota)
capillus Kopfhaar *n*
capitate kopfförmig
capitellate kleinköpfig
capitulum Köpfchen *n*
capon Kapaun *m*
capon's-tail Gemeine Akelei *f*, Waldakelei *f (Aquilegia vulgaris)*
capreolate mit Wickeln
caprincho Capybara *f*, Wasserschwein *n (Hydrochoerus hydrochoerus)*
capsicum Paprika *m (Capiscum annuum)*
capsular kapsulär, kapselförmig
capsule *(Anat.)* Kapsel *f*; 2. Kapsel *f*; 3. Hülle *f*; Kokon *m*
~ **of glomerulus** Glomerularkapsel *f*
~ **of the kidney** Nierenkapsel *f*
~ **of the lens** Augenlinsenkapsel *f*
adipose ~ Fettkapsel *f*
Bowman's ~ Bowmansche Kapsel *f*, Nierenglomerulumkapsel *f*
ear ~ Gehörkapsel *f*
egg ~ Eikapsel *f*
end ~ Nervenendigung *f*
explosive ~ Springkapsel *f*
eye ~ Augenkapsel *f*
fatty ~ Fettkapsel *f*
Glisson's ~ Glissonsche Kapsel *f*, Leberbindegewebskapsel *f*
joint ~ Gelenkkapsel *f*
loculicidal ~ lokulizide [fachspaltige] Kapsel *f*
nose ~ Nasenkapsel *f*
perivascular fibrous ~ Glissonsche Kapsel *f*, Leberbindegewebskapsel *f*
renal ~ Nierenkapsel *f*, Bindegewebskapsel *f* der Niere
Shumlyansky's ~ Bowmansche Kapsel *f*, Nierenglomerulumkapsel *f*
suprarenal ~ Nebennierenkapsel *f*
Tenon's ~ Tenonsche Kapsel *f*, Augapfelkapsel *f*
capsuliferous kapselig, kapseltragend; inkapsuliert
captain Seehahn *m*, Knurrhahn *m (Trigla)*
capture 1. Fang *m*; Erbeutung *f*; 2. Beute *f*; 3. fangen
capuchin(e) Kapuziner *m (Cebus)*
black-capped [brown] ~ Apella *m*, Faunaffe *m (Cebus apella)*
brown pale-fronted ~ → white-fronted capuchin(e)
tufted ~ → black-capped capuchin(e)
weeper ~ Brauner Kapuziner *m (Cebus nigrivittalus)*
white-fronted ~ Weißstirn-Kapuziner *m (Cebus albifrons)*
white-throated ~ Kapuziner *m (Cebus capucinus)*
capybara Capybara *f*, Wasserschwein *n (Hydrochoerus hydrochoerus)*
caracal Karakal *m*, Wüstenluchs *m (Caracal caracal)*
caracara Karakara *f (Polyborus)*; Karakara *f (Phalcoboenus)*
Audubon's ~ → common caracara
carunculated ~ Klunkerkarakara *f (Phalcoboenus carunculatus)*
common [crested] ~ Carancho-Karakara *f (Polyborus plancus)*
chimango ~ Cimango *m (Milvago chimango)*
Forster's ~ → striated caracara
mountain ~ Andenkarakara *f*, Bergkarakara *f (Phalcoboenus megalopterus)*
striated ~ Südlicher Karakara *f*, Falkland-Karakara *f (Phalcoboenus australis)*
yellow-headed ~ Gelbkopf-Chimachima *m (Milvago chimachima)*

carageen → carrag(h)een
carambola Sternfrucht *f (Averrhoa carambola)*
carapace Schale *f*; Rückenpanzer *m*
carapos Echte Amerikanische Messeraale *mpl (Gymnotidae)*
caraway Echter Kümmel *m (Carum carvi)*
carbohydrate Kohlenhydrat *n*
reserve ~ Reservekohlenhydrat *n*
carbon Kohlenstoff *m*
total organic ~ Gesamt-C *m*, Gesamtgehalt an Kohlenstoff
carbonaceous kohlenstoffhaltig; kohlenstoffreich
carbonic kohlenstoffhaltig
carbonicole [carbonicolous] abgebrannte Flächen bewohnend
carboniferous kohlenstoffhaltig
carcajou Vielfraß *m*, Järv *m (Gulo gulo)*
carcass Leiche *f*, Kadaver *m*
carcinogen Kanzerogen *n*; krebserregend
carcinogenesis Kanzerogenese *f*, Krebsentstehung *f*
carcinogenic kanzerogen, krebserzeugend
carcinolysis Krebs(zellen)zerstörung *f*
carcinolytic krebszerstörend
carcinous karzinös, kanzerös
cardamom [cardamon] Kardamompflanze *f (Elettaria cardamomum)*
cardiac 1. kardial, Kardial..., Herz...; 2. kardial, Kardia..., Magenmund...
cardinal 1. Kardinal *m (Cardinalis)*; 2. Grau-Kardinal *m (Paroaria)*
common ~ Rotkardinal *m (Cardinalis cardinalis)*
crested ~ Rothaubenkardinal *m*, Graukardinal *m (Paroaria coronata)*
vermilion ~ Purpurkarfinal *m (Cardinalis phoeniceus)*
cardo 1. Schalenschloß *n* (der Muscheln); 2. proximales Grundglied *n* der Insektenmaxille
cardioaccelerator 1. herzbeschleunigend, herzfrequenzsteigernd; 2. herzbeschleunigendes Mittel *n*
cardioaortic Hetz-Aorta...
cardiogenic kardiogen, Herz...
cardioid herzartig, herzförmig
cardiokinetic 1. herzstimulierend; 2. herzstimulierendes Mittel *n*
cardionector Herzreizleitungssystem *n*
cardiotachometer Herzfrequenzzähler *m*
cardiovascular kardiovaskulär, Herz-Gefäß...
cardo *(Ent.)* Cardo *m*, Angelglied *n*; 2. *(Zool.)* Scharnier *n* (Brachiopoda)
cardo(o)n Spanische Artischocke *f*, Kardone *f (Cynara cardunculus)*
care Fürsorge *f*, Pflege *f*
to take ~ sorgen für...
~ of young Brutpflege *f*, Neomelie *f*
biparental ~ Brutpflege *f* beider Eltern
male parental ~ Brutpflege *f* durch den Vater
maternal ~ Brutpflege *f* durch die Mutter
parental ~ elterliche Brutpflege *f*
paternal ~ Brutpflege *f* durch den Vater
caressing *(Ethol.)* Zärtlichkeit *f*
nose ~ Nase-Berührung *f*
caribou Ren *n*, Rentier *n (Ranfiger tarandus)*
carina 1. *(Anat.)* Kiel *m*; 2. Schiffchen *n*
carinal Kiel...
carinate(d) 1. kielig, gekielt; 2. *(Bot.)* schiffchenförmig
carline Eberwurz *f (Carlina)*
smooth ~ Große Eberwurz *f (Carlina acaulis)*
thistle ~ Kleine Eberwurz *f*, Golddistel *f (Carlina vulgaris)*
carmine Carmin *n*, Cochenillerot *n*
carnation Nelke *f (Dianthus)*
carnauba Karnaubapalme *f (Copernicia cerifera)*
carneous fleischig, fleischähnlich
carnivore 1. Räuber *m*; Episit *m*; *pl* Raubtiere *npl (Carnivora)*; 2. insektenfressende Pflanze *f*, fleischfressende Pflanze *f*
fin-footed ~s Flossenfüßer *mpl (Pinnipedia)*
carnivorism Räubertum *n*, Episitismus *m*
carnivorous 1. fleischfressend; räuberisch; 2. *(Bot.)* insektenfressend
carnose fleischig
carotid Karotis *f*, Halsschlagader *f*, Kopfschlagader *f*
carp Flußkarpfen *m*, Karpfen *m (Cyprinus carpio)*
crucian [German, giebel] ~ (Gewöhnliche) Karausche *f*, Moorkarpfen *m (Carassius carassius)*
golden ~ Silberkarausche *f (Carassius auratus)*
grass ~ Graskarpfen *m (Clenopharyngodon idella)*
Johnny ~ → crucian carp
silver ~ Silberkarpfen *m (Hypophthalmichthys molitrix)*
carpal Karpal..., Handwurzel..., karpal
carpbream Blei *m*, Brachsen *m*, Brassen *m (Abramis brama)*
carpel Karpell *f*, Fruchtblatt *n*
carpenter's-leaf Bronzenblatt *n*, Milchblume *f (Galax)*
carpet mit gleichartigen Pflanzen bedeckte Fläche *f*
~ of leaves Waldstreu *f*
mosaic ~ Moosteppich *m*, Moospolster *n*
water ~ Amerikanisches Milzkraut *n (Chrysosplenium americanum)*
carpetweed Quirlförmiges Weichkraut *n (Mollugo verticillata)*
carpodia unterentwickelte Karpelle *f*
carpogenous fruchtbildend *(Rhodophyta)*
carpogonium Karpogon *n (Rhodophyta)*
carpophagous fruchtfressend
carpophore 1. Fruchtträger *m*, Fruchthalter *m*, Karpophor (Apiaceae); 2. Stempelträger *m*, Gynophor *m*
carpophyl(l) → carpel
carposome Fruchtkörper *m*
carpospore Karpospore *f* (Rhodophyta)
carpus Handwurzel *f*, Faustgelenk *n*
carr 1. Bruchmoor *n*; 2. Erlenbruchwald *m*
carrag(h)een Krauser Knorpeltang *m (Chondrus crispus)*
carrier Träger *m*, Überträger *m*

carrion 1. Kadower *m*; Aas *n*; 2. faul, zersetzt
carrot Mohrrübe *f*, Möre *f (Daucus carota)*
cartilage Knorpel *m*; Knorpelgewebe *n*
arthroidal [articular] ~ Gelenkknorpel *m*
costal ~ Rippenknorpel *m*
growth ~ *(Zool.)* Wachstumsfuge *f*, Epiphysenfuge *f*
Jacobson's ~ Jacobsonscher Knorpel *m*, Pflugscharbein-Nasen-Knorpel *m*
Meckel's ~ Meckelscher Knorpel *m*
nasal alar ~ Nasenflügelknorpel *m*
palpebral ~ Lidknorpel *m*
reticular ~ Retikularknorpel *m*
Santorini's ~ Santorinischer Knorpel *m*
tympanic ~ Trommelknorpel *m*
yellow ~ Gelbknorpel *m*
cartilagination [cartilaginification] Verknorpelung *f*, Chondrifikation *f*
cartilaginoid knorpelartig
cartilaginous kartilagenös, knorpelig
caruncle 1. Karunkel *f*, Fleischwärzchen *n*; 2. Kamm *m (Vogel)*; 3. *(Bot.)* Karunkel *f*, Mundwarze *f*, Mikropylewulst *f*
lacrimal ~ Tränenwärzchen *n*
caryocarpous nußfrüchtig
caryogamy Karyogamie *f*, Kernverschmelzung *f*
caryokinesis Karyokinese *f*, Kernteilung *f*
caryology Karyologie *f*, Zellkernlehre *f*
caryopsis Karyopse *f*, Frucht der Poaceen *f*
cascabel Tropische Klapperschlange *f*, Schreckensklapperschlange *f (Crotalus durissus)*
cascade:
classical complement ~ klassische Komplementaktivierungsbahn *f*
case 1. Kasten *m*; 2. Kapsel *f*; Hülle *f*; 3. *(Ent.)* Köcher *m*; 4. → casebearer
brood ~ Brutraum *m*
egg ~ Eihülle *f*
spore ~ Sporangium *n m*, Sporenbehälter *m*
wing ~ Flügeldecke *f*
casebearer Sackmotte *f*, Futteralmotte *f (Coleophora)*; *pl* Sack(träger)motten *fpl*, Futteralmotten *fpl (Coleophoridae)*
cherry ~ Pflaumensackmotte *f (Coleophora pruniella)*
cigar ~ Obstbaum-Sackmotte *f (Coleophora serratella)*
elm ~ Ulmen-Sackminiermotte *f (Coleophora limosipennella)*
larch ~ Lärchenminiermotte *f (Coleopjora laricella)*
nistol ~ Apfelsackmotte *f (Coleophora malivorella)*
caseweed Gemeines Hirtentäschel *n*, Täschelkraut *n (Capsella bursa-pastoris)*
cashew Acajou(baum) *m*, Kajubaum *m (Anacardium occidentale)*
cassava Cassave *f*, Maniok *m (Manihot esculenta)*
alpi ~ Süße Cassave *f (Manihot dulcis)*
bitter ~ Bittere Cassave *f*, Bitterer Maniok *m (Manihot utilissima)*
cassia Gewürzrinde *f*, Kassie *f (Cassia)*
Chinese ~ Chinazimtbaum *m (Cinnamonium cassia)*
cassideous helmartig
cassowary Kasuar *m (Casuarius)*
cast 1. Bestandabfall *m*, Abfall *m*; 2. Auswurf *m (Gewisser Tiere)*; 3. abgestoßene Haut *f (der Schlangen)*; 4. Gewölle *n (von Raubvögeln)*; 5. *(Haut, Geweih)* abwerfen; 6. *(Junge)* vorzeitig werfen
to ~ forth laichen
to ~ out vertreiben
leaf ~ Blattschütte *f*, Frostschütte *f*, Trockenschütte *f*
caste *(Ent.)* Kaste *f*
casting *(Orn.)* Gewölle *n*
castor Biber *m (Castor fiber)*; Kanadischer Biber *m (Castor fiber canadiensis)*
castrate Kastrat *m*; kastrieren
castration Kastration *f*
cat 1. Katze *f*, Kater *m*; 2. Hauskatze *f (Felis domesticus)*
African golden ~ Afrikanische Goldkatze *f (Profelis aurata)*
Asiatic golden ~ Asiatische Goldkatze *f (Profelis temmincki)*
bay ~ Borneo-Goldkatze *f (Profelis badia)*
black ~ Fischermarder *m (Martes pennanti)*
black-footed ~ Schwarzfußkatze *f (Felis nigripes)*
bob ~ Rotluchs *m (Lynx rufus)*
Bornean red ~ → bay cat
cacomistle ~ Nordamerikanisches Katzenfrett *n (Bassariscus astutus)*
Caffre ~ → African wild cat
Chinese desert ~ Graukatze *f (Felis bieti)*
civet [conn] ~ (Afrika)-Zibetkatze *f (Civettictis civetta)*
dune ~ → sand cat
Eastern native ~ Tüpfel-Fleckenbeutelmarder *m (Dasyurus viverrinus)*
European wild ~ Wildkatze *f*, Waldkatze *f (Felis silvestris)*
fishing ~ Fischkatze *f (Prionailurus viverrinus)*
flat-headed ~ Flachkopfkatze *f (Ictailurus planiceps)*
fossa ~ Fossa *f*, Frettkatze *f (Cryptoproctus ferox)*
Geoffroy's Kleinfleckkatze *f (Leopardus geoffroyi)*
golden ~ → Asiatic golden cat
hydrophobic ~ Fleckenskunk *m (Spilogale putorius)*
jungle ~ Rohrkatze *f (Felis chaus)*
leopard ~ Bengalkatze *f (Prionailurus bengalensis)*
manul ~ → Pallas'cat
marbled ~ Marmorkatze *f (Pardofelis marmorata)*
marsupial ~ → native cat
native ~ Fleckenbeutelmarder *m (Dasyurus)*
Pallas' ~ Manul *m (Octolobus manul)*
pampas ~ Pampaskatze *f (Lynchailurus pajeros)*
pounched ~ → tiger cat
ring-tailed ~ → 1. cacomistle cat; 2. nordamerikanisches Katzenfrett *n (Bassariscus astutus)*
sand ~ Sandkatze *f*, Barchankatze *f (Felis margarita)*
sea ~ (Gestreifter) Katfisch *m*, (Gestreifter) Seewolf *m*

(Anarhichas lupus)
Temminck's golden ~ Asiatische Goldkatze *f (Profelis temmincki)*
tiger ~ Ozelot *m*, Pardelkatze *f (Leopardus pardalis)*
toddy ~ Fleckenmusang *m*, Palmenroller *m (Paradoxurus hermaphroditus)*
white ~ Gemeiner Steinwels *m (Noturus flavus)*
wild ~ → European wild cat
catabolic katabolisch, Katabolismus..., Abbaustoffwechsel...
catabolism Katabolismus *m*, Dissimilation *f*
catabolite Katabolit *m*, Stoffwechselprodukt *n*, Abbauprodukt *n*
catadromous katadrom *(Süsswasserfische, die zum Ablaichen ins Meer schwimmen)*
catalina Schweinfisch *m (Anisotremus virginicus)*
catalpa Trompetenbaum *m*, Katalpe *f*, Katalpenbaum *m (Catalpa)*
Chinese ~ Japanischer Trompetenbaum *m (Catalpa ovata)*
common ~ Gemeiner Trompetenbaum *m*, Zigarrenbaum *m (Catalpa bignonioides)*
hardy [northern] ~ Prächtiger Trompetenbaum *m (Catalpa speciosa)*
southern ~ → common catalpa
catalufa Großaugenbarsch *m (Priacanthus arenatus); pl* Großaugenbarsche *mpl (Pricanthidae)*
catalysis Katalyse *f*
catalyst Katalysator *m*
catalyzer → catalyst
catamount(ain) 1. Puma *m (Puma concolor)*; 2. Rotluchs *m (Lynx rufus)*
cataphoresis Kataphorese *f*
cataphyll Niederblatt *n*, Kataphylla *f*
catastrophism Katastrophentheorie *f*
catatonia Katatonie *f*
catawba *(Bot.)* Fuchsrebe *f (Vitis labrusca)*
catawissa Winterzwiebel *f (Allium fistulosum)*
catbird 1. Katzendrossel *f*, Katzenvogel *m (Dumetella carolinensis)*; 2. pl Katzenvögel *mpl (Ailuroedus)*
green ~ Grünkatzenvogel *m (Ailuroedus crassirostrus)*
white-eared [white-throated] ~ Weißkehl-Katzenvogel *m (Ailuroedus buccoides)*
catch Fang *m*, Beute *f*; fangen
allowable ~ zulässige Beute *f*
incidental ~ Zubeute *f*, Zusatzbeute *f*
catcher Austernfischer *m (Haematopus)*
American oyster ~ Braunmantel-Austernfischer *m (Haematopus palliatus)*
European oyster ~ → oyster catcher
gnat ~ Mückenfänger *m (Polioptila)*
oyster [pied oyster] ~ Austernfischer *m (Haematopus ostralegus)*
catchfly
berry ~ Taubenkropf *m*, Hühnerbiß *m (Cucubalus baccifer)*
corn ~ Kegel-Leimkraut *n (Silene conica)*
forked ~ Gabel-Leimkraut *n (Silene dichotoma)*
German ~ Pechnelke *f (Lychnis viscaria)*
nodding ~ Nickendes Leimkraut *n (Silene nutans)*
red German ~ → German catchfly
sweet William ~ Gartenleimkraut *n (Silene armeria)*
catchweed Liegendes Scharfkraut *n (Asperugo procumbens)*
catechu Catechu *m (Acacia catechu)*
catena *(Ökol.)* Catena *f*, Bodenabfolge *f*; Standortreihe *f*
catenoid kettenförmig
caterpillar Raupe *f*
American tent [apple-tree tent] ~ Raupe *f* des Amerikanischen Ringelspinners *m (Malacosoma americana)*
California tent ~ Raupe *f* des Kalifornischen Ringelspinner *m (Malacosoma californica)*
eastern tent ~ → American tent caperpillar
lackey ~ Livreeraupe *f*, Ringelraupe *f (Raupe Malacosome neustrium)*
pine ~ Fichtenwurm *m (Raupe des Kieferspinners, Dendrolimus pini)*
slug ~ schleimausscheidende Raupe *f*
tent ~ → lackey caterpillar
woolly bear ~ behaarte Raupe *f*
catfish 1. Wolfsfisch *m (Anarhichas)*; (Gestreifter) Katfisch *m*, (Gestreifter) Seewolf *m*, Wolfsfisch *m (Anarhichas lupus)*; 2. *pl* (Echte) Welse *mpl (Siluridae)*; 3. Katzenwelse *mpl (Ictaluridae)*
airbreathing [amphibious] ~ → clarid catfish
ariid ~ Kreuzwelse *mpl (Ariidae)*
armo(u)red ~ 1. Dornwelse *mpl (Doradidae)*; 2. Schwielenwelse *mpl*, Panzerwelse *mpl (Callichthyidae)*; 3. Harnischwelse *mpl (Loricariidae)*
bagrid ~ Stachelwelse *mpl (Bagridae)*
banjo ~ Banjowelse *mpl (Aspredinidae)*
big-eyed ~ Falsche Dornwelse *mpl (Auchenipteridae)*
blue ~ 1. Katzenwels *m (Ictalurus)*; 2. Blauer Panzerwels *m (Corydoras nattereri)*
Chaca ~ Großkopfwelse *mpl (Chacidae)*
clarid ~ Raubwelse *mpl (Clarridae)*
common ~ Wolfsfisch *m (Lycodes)*
doradid ~ → armo(u)red catfish
eel ~ Korallenwelse *mpl (Plotosidae)*
electric ~ elektrische Welse *mpl*, Zitterwelse *mpl (Malapteruridae)*
feather-barbelled ~ Rückenschwimmer *m (Synodontis)*
freshwater ~ Echter Wels *m (Silurus)*
glass ~ Afrikanischer Glaswels *m (Physailia pellucida)*
Great Lake channel ~ Katzenwels *m (Ictalurus)*
Indian ~ 1. Indischer Streifenwels *m (Mystus vittatus);* Kobaltwels *m (Mystus tengara)*; 2. → Chaca catfish
lake ~ → Great Lake channel catfish
loricariid [mailed] ~ → armo(u)red catfish
ocean ~ Wolfsfisch *m (Lycodes)*

parasitic ~ Schmerlenwelse *mpl (Trichomycteridae)*
pimelodid ~ Antennenwelse *mpl (Pimelodidae)*
plotosid ~ → eel catfish
silurid ~ (Echte) Welse *mpl (Siluridae)*
South American ~ → pimelodid catfish
spineless ~ Aalquappe *f (Lota lota)*
spotted ~ → ocean catfish
square-headed ~ → Chaca catfish
stinging ~ 1. Sckkiemer *m (Heteropneustes)*; 2. *pl* → eel catfish
syriped ~ Gestreifter Korallenwels *m (Plotosus)*
thorny ~ → armo(u)red catfish
upside-down ~ Federbartwelse *mpl (Monokidae)*
urine ~ Schmerlenwels *m (Trichomycterus)*
walking ~ Raubwels *m (Clarias)*

catgut Virginische Geißraute *f (Galega virginiana)*
catjang Straucherbse *f*, Taubenerbse *f (Cajanus cajan)*
catkin Kätzchen *n*
catnip Echtes Katzenkraut *n*, Echte Katzenminze *f (Nepeta cataria)*
cat-o'-mountain → catamount(ain)
cat's-ear Ferkelkraut *n (Hypochaeris radicata)*
cat's-eye 1. Gamander-Ehrenpreis *m (Veronica chamaedrys)*; 2. Nabelschnecke *f*, Mondschnecke *f (Natica)*
cat's-foot Katzenpfötchen *n (Antennaria)*
field ~ Unansehliches Katzenpfötchen *n (Antennaria neglecta)*
prairie ~ Feld-Katzenpfötchen *n (Antennaria campestris)*
smaller ~ → field cat's-foot
cat's-tail Rohrkolben *m (Typha)*
broad-leaved ~ Breitblättriger Rohrkolben *m (Typha latifolia)*
narrow-leaved ~ Schmalblättriger Rohrkolben *m (Typha angustifolia)*
cattle Rinder *npl*, Vieh *n*
cat-whistles Duwock *m*, Sumpfschachtelhalm *m (Equisetum palustre)*
cauda Schwanz *m*; Schwanzanhang *m*
caudad kaudal; schwanzgerichtet
caudal kaudal, Schwanz...; schwanzwärts
caudate geschwänzt; geschweift
caudex Stamm *m*, Baumstamm *m*
caudicle Schwänzchen *n*, Schweifchen *n*
caudiferous geschwänzt
caul Amnion *n*
caulescent *(Bot.)* kauleszent, stengelig; stengeltreibend
caulicle Sprossanlage *f*
caulidium Kaulidium *n*, Scheinsproß *m*
cauliflorous stengelblütig
cauliflory Stengelblütigkeit *f*, Kauliflorie *f*, Stammbürtigkeit der Blüten
cauliflower Blumenkohl *m*, Karfiol *m (Brassica oleracea var botrytis)*
cauliform stengelförmig
cauline *(Bot.)* stengelständig; Stengel...; Stamm...
caulis Stengel *m*, Halm *m*, Krautstengel *m*, Spross *m*
caulocarpous stammfrüchtig
caulocollesia Stengelzusammenwachsung *f*
caulome Caulom *m*, Sprossachse *f*
caulorrhizous sprossbürtige Wurzel
cava Hohlvene *f*
cavalla 1. Königsmakrele *f (Scomberomorus cavalla)*; 2. *pl* Fadenmakrelen *fpl*, Makrelen-Barsche *mpl (Carangidae)*
cave Höhle *f*
cave-blindfish → cavefish
cave-dwelling Höhlen...; höhlenbewohnend
cavefish Blindfische *mpl*, Nordamerikanische Höhlenfische *mpl (Amblyopsidae)*
cavernicolous → cave-dwelling
cavernous kavernös, Kaverne(n)..., Hohlraum...
cavitary Höhlen...; ausgehöhlt
cavitation Höhlenbildung *f*, Aushöhlung *f*
cavity Höhle *f*; Hohlraum *m*, Höhlung *f*
~ of chest Brusthöhle *f*
~ of skull Schädelhöhle *f*
~ in pith *(Bot.)*, *(Zool.)* Markhöhle *f*
abdominal ~ Bauchhöhle *f*
amniotic ~ Amnionhöhle *f*
articular ~ Gelenkhöhle *f*
body ~ Körperhöhle *f*
branchial ~ Kiemenhöhle *f*
brood ~ Brutraum *m*
buccal ~ Buccalhöhle *f*; Mundhöhle *f*; Mundbucht *f*
cardial ~ Herzhöhle *f*
cerebral ~ Hirnkammer *f*
cotyloid [coxal] ~ Hüftengrube *f*
cranial ~ Schädelhöhle *f*
drum ~ Trommelhöhle *f*
gill ~ Kiemenhöhle *f*
glandular ~ Drüsenhöhle *f*
head ~ Kopfhöhle *f*
heart ~ Herzhöhle *f*
joint ~ Gelenkhöhle *f*
mantle ~ Mantelhöhle *f*
oral ~ Mundhöhle *f*
orbital ~ Augengrube *f*, Orbita *f*
pelvic ~ Beckenhöhle *f*
pericardial ~ Perikardhöhle *f*, Herzbeutelhöhle *f*
peritoneal ~ Bauchfellhöhle *f*
pharyngeal ~ Rachenhöhle *f*
pharyngonasal ~ Nasenrachenraum *m*
pleural ~ Brustfellhöhle *f*
pulmonary ~ Lungenraum *m*
pulp ~ Zahnhöhle *f*
sap ~ Vakuole *f*
stomatal ~ 1. substomatärer Hohlraum *m*; 2. Atemhöhle *f*
subgerminal ~ Subgerminalraum *m*
thoracic ~ Brusthöhle *f*, Thorakalraum *m*
uterine ~ Gebärmutterhöhle *f*
cavy Meerschweinchen *n (Cavia)*; *pl* Meerschweinchen *npl (Caviidae)*

giant water ~ → water cavy
mountain ~ Zwergmeerschweinchen *n (Microcavia)*
Patagonian ~ Mara *m (Dolichotis patagonum)*
restless ~ Hausmeerschweinchen *n (Cavia aperea porcellus)*
rock ~ Bergmeerschweinchen *n (Kerodon)*
southern mountain ~ Südliches Zwergmeerschweinchen *n (Microxavia australis)*
spotted ~ Paka *f*, Paca *f (Cuniculus paca)*
water ~ Wasserschwein *n*, Capybare *f (Hydrochoerus hydrochoerus)*
cay 1. Korallenriff *m*; 2. Sandbank *f*
cayman → caiman
cecal Blinddarm..., zäkal, zökal
cecidium Galle *f*
cecum Blinddarm *m*, Zäkum *n*
gastric ~ *(Ent.)* Blindfortsatz *m* des Mitteldarms
cedar 1. Zeder *f (Cedrus)*; 2. Wacholder *m (Juniperus)*; 3. Surenbaum *m (Cedrela)*; 4. Lebensbaum *m (Thuja)*; 5. Nußeibe *f*, Stinkeibe *f (Torreya)*; 6. Zypresse *f (Cupressus)*
American ~ → red cedar
Atlantic [Atlas] ~ Atlaszeder *f (Cedrus atlantica)*
Brazilian ~ Duftender Surenbaum *m*, Duftende Zedrele *f (Cedrela odorata)*
Carolina ~ → red cedar
deodar [Himalayan] ~ Deodarazeder *f*, Himalajazeder *f (Cedrus deodara)*
incense ~ Kalifornische Flußzeder *f (Calocedrus decurrens)*
Indian ~ Hopfenbuche *f*, Hopfenbaum *m (Ostrya)*
mountain ~ Mexikanischer Sadebaum *m (Juniperus mexicana)*
red ~ Bleistiftholz *n*, Virginische [Rote] Zeder *f (Juniperus virginiana)*
Siberian ~ Sibirische Kiefer *f (Pinus sibirica)*
South American ~ → Brazilian cedar
Spanish ~ Baumwacholder *m*, Spanischer Wacholder *m (Juniperus taxifolia)*
stinking ~ Eibenblättrige Torreye *f (Torreya oxycedrus)*
western red ~ Lebensbaum *m (Thuja)*
white ~ 1. Ingwertanne *f*, Lawsons Scheinzypresse *f (Chamaecyparis lawsoniana)*; 2. Abendländischer Lebensbaum *m (Thuja occidentalis)*
ceiba Baumwollbaum *m*, Wollbaum *m*, Kapokbaum *m (Ceiba pentandra)*
ceiling Höchstmaß *n*, Höchstgrenze *f*
leaf ~ Laubdach *n*
celandine 1. Schöllkraut *n (Chelidonium)*; 2. Polygame Wiesenraute *f (Thalictrum polygamum)*
brook ~ Zweiblumiges Springskraut *n (Impatiens biflora)*
wild ~ Blasses Springskraut *n (Impatiens pallida)*
celeriac [celery] Sellerie *m (Apium)*
cell 1. Zelle *f*; 2. Kammer *f*
~ of Bergmann's fiber Bergmannscher Astrozyt *m*
~ of the pulvinus *(Bot.)* Gelenkzelle *f*
accessory ~ A-Zelle *f* (Immunozyt *m*)
air ~ Lungenalveole *f*
aleurone ~ Aleuronzelle *f*
allogenerated ~ allogene Zelle *f*
allogenerated killer ~ allogene Killerzelle *f*
alpha ~ 1. Alpha-Zelle *f*; azidophile Zelle *f*; 2. A-Zelle *f* der Bauchspeicheldrüse
amoebocytic ~ Amöbozyt *m*
antibody-armed [antibody-coated] ~ passivsensibilisierte Zelle *f*, antikörperbelastete Zelle *f*
antibody-containing ~ antikörperhaltige Zelle *f*
antibody-forming [antibody-generating, antibody-producing] ~ antikörperproduzierende Zelle *f*
antigen-educated [antigen-experienced, antigen-exposed] ~ antigenexponierte Zelle *f*
antigen-presenting ~ antigenpräsentierende Zelle *f*, APC
antigen-responsive ~ antigenreaktive Zelle *f*
antigen-sensitive ~ antigensensitive [antigenempfindliche] Zelle *f*
antigen-specific ~ antigenspezifische Zelle *f*
argyrophil ~ argyrophile Zelle *f*; enterochromaffine Zelle *f*
attacker ~ 1. Killerzelle *f*; 2. Effektorzelle *f*
atypical cardiac muscle ~ atypischer Myozyt *m*
autoimmune helper ~ autoimmune Helferzelle *f*
autologous responding ~ autologe Reaktivzelle *f*
bacterial ~ Bakterienzelle *f*
Baer's ~ Eizelle *f (des Menschen)*
basal ~ Basalzelle *f*
basophil ~ basophile Zelle *f*
bee's ~s Waben *fpl*
beta ~ Betazelle *f*
Betz ~ Betzsche Riesenpyramidenzelle *f*, Betz-Zelle *f*
binucleate ~ Zweikernzelle *f*, zweikernige Zelle *f*
bipolar ~ Bipolarzelle *f*
B-lineage ~ B-Zelle *f*
blood ~ Blutzelle *f*
body ~ Körperzelle *f*
bone ~ Knochenzelle *f*
boosted memory ~ stimulierte Gedächtnißzelle *f*
bottle ~ Becherzelle *f*
broad ~ Gonidium *n*
cancer(ous) ~ Krebszelle *f*
carrier-primed ~ trägerprimierte Zelle *f*
carrier-specific T helper ~ trägerspezifische T-Helferzelle *f*
cartilaginous ~ Knörpelzelle *f*
chlorophyll-containing ~ chlorophyllhaltige Zelle *f*
chromaffin ~ Chromaffinzelle *f*
chromatophore ~ Chromatophor *m*
ciliated ~ bewimperte Zelle *f*
Claudius' ~ Claudiussche Zelle *f*, Außenstützzelle *f*
cleavage ~ Blastomer *m*
clonogenic ~ Klonogenzelle *f*
clumped ~s agglutinierte Zellen *fpl*

collagen-producing ~ kollagenproduzierende Zelle *f*
collar [collared flagellate] ~ Kragengeißelzelle *f*
collenchyma ~ Kollenchymzelle *f*
colossal ~ Riesenzelle *f*
columnar ~ zylindrische Prysmazelle *f*
committed ~ kommittierte Zelle *f*
common lymphoid stem ~ lymphoide Stammzelle *f*
common myeloid stem ~ myeloide Stammzelle *f*
companion ~ Begleiterzelle *f*
ConA-induced suppressor ~ Concanavalin-A-induzierte Supressorzelle *f*
cortex ~ Rindenzelle *f*
Corti's ~ innere Haarzelle *f*, Cortische Zelle *f*
counting ~ Zählkammer *f*
couple ~ Zygote *f*
Craig-type dialysis ~ Craigscher Mikrodyalisator *m*
cuboidal ~ Kuboidalzelle *f*
culture-origin ~ Kulturalzelle *f*
cycling ~ zyklierende (mitoseaktive) Zelle *f*
cytocidal [cytotoxic] ~ zytotoxische Zelle *f*
daughter ~ Tochterzelle *f*
decidual ~ Dezidualzelle *f*
Deiters' ~ Deiterssche Zelle *f*, Stützzelle *f* des Spiralorgans
demilune ~s Halbmondzellen *fpl*
dentinal ~ Dentinzelle *f*, Odontoblast *m*, Zahnbildungszelle *f*
discal ~ Diskoidalzelle *f*
dormant [durative] ~ ruhende Zelle *f*
dust ~s Staubzellen *fpl*
EAC-rosetting ~ EAC-rosettenbildende Zelle *f*
EA-rosetting ~ EA-rosettenbildende Zelle *f*
effector ~ Effektorzelle *f*
egg ~ Eizelle *f*
embryo(nic) ~ Embryonalzelle *f*
enamel ~ Adomantoblast *m*, Schmelzbildner *m*
enterochromaffin ~ argyrophile Zelle *f*; enterochromaffine Zelle *f*
enucleat ~ entkernte Zelle *f*
eosinophil ~ Eosinophil *m*, eosinophile Zelle *f*
epidermal ~ Epidermiszelle *f*
epithelial ~ Epithelzelle *f*, Epitheliozyt *m*
E-rosetting ~ E-Rosettenbildende Zelle *f*
excitatory ~ Effektorzelle *f*
exocrine ~ Exokrinzelle *f*
fat(ty) ~ Fettzelle *f*
flame ~ Flammenzelle *f*
flask ~ Becherzelle *f*
floor ~ Stützzelle *f*
flow(-through) ~ Durchflußküvette *f*, Durchflußmeßzelle *f*
fluorescence-bright ~ fluoreszierende Zelle *f*
fluorescence-dull ~ nichtfluoreszierende Zelle *f*
follicular ~ Follikelzelle *f*, Granulosazelle *f*
foot ~ Fußzelle *f*, Füßchenzelle *f*
formative ~ Bildungszelle *f*
founder ~ Stammzelle *f*
ganglionic nerve ~ Gangliennervenzelle *f*
generative ~ 1. Geschlechtszelle *f*, Gamet *m*; 2. Generativzelle *f*, generative Zelle *f*
germ(inal) ~ Keimzelle *f*
giant ~ Riesenzelle *f*
gland(ular) ~ Drüsenzelle *f*
glia ~ Gliazelle *f*, Neurogliazelle *f*
Golgi ~ Golgi-Zelle *f*, sternförmige Neevenzelle *f*
Gram-negative ~ Gram-negative Zelle *f*
Gram-positive ~ Gram-positive Zelle *f*
granule ~ Körnerzelle *f*
granulobasal ~ argyrophile Zelle *f*; enterochromaffine Zelle *f*
grit ~ Steinzelle *f (Früchte)*
guard ~ schließende Zelle *f*
hair ~ Haarzelle *f*
hapten-binding ~ haptenbindende Zelle *f*
haptenylated ~ haptentragende (haptenbelastete) Zelle *f*
helper ~ Helferzelle *f*
hemic ~ Blutzelle *f*
hemopoietic ~ blutbildende Zelle *f*
hepatic ~ Leberzelle *f*, Hepatozyt *m*
horizontal ~ Horizontalzelle *f (z.B. in der Nervhaut)*
horizontal spindle-shaped nerve ~ horizontale spindelförmige Nervenzelle *f*
horn ~ Hornzelle *f*
Hortega ~ spinale Dendrogliazelle *f*, Hortegasche Zelle *f*
host ~ Wirtszelle *f*
hybrid ~ Bastardzelle *f*, Hybridzelle *f*
hybridoma ~ Hybridomzelle *f*
Ig-secreting ~ Ig-produzierende Zelle *f*
immature ~ unreife Zelle *f*
immobilized ~s immobilisierte Zellen *fpl*; trägerfixierte Zellen *fpl*
immune [immunocompetent] ~ Immunzelle *f*
immunoglobulin-producing ~ immunoglobulinproduzierende Zelle *f*
immunologically committed lymphoid ~ immunokompetenter kommutierter Lymphozyt *m*
immunoregulatory ~ immunoregulierende Zelle *f*
initial ~ Initialzelle *f*
inner hair ~ innere Haarzelle *f*
interstitial ~ Interstitialzelle *f*
interstitial glandular ~ of testis interstitielle Hodendrüsenzelle *f*
intestinal acidophil ~ azidophile Darmzelle *f*
iris ~ Regenbogenzelle *f*
irritation ~ Türcksche Zelle *f*
killer ~ Killer-Zelle *f*
Kupffer ~ Kupffersche Sternzelle *f*
Langhans ~ Langhanssche Zelle *f*, Zytotrophoblastzelle *f*
lasso ~ Nesselzelle *f*
Leydig's ~ Leydigsche Zwischenzelle *f*, Hodenzwischenzelle *f*

liber ~s Bastzelle *f*
light-producing ~ leuchtende Zelle *f*, lumineszierende Zelle *f*
lymph ~ Lymphozyt *m*, Lymphzelle *f*
male ~ männliche Geschlechtszelle *f*, Samenzelle *f*
mantle ~ Mantelzelle *f*
Marchand's ~ Adventitialzelle *f*, Perizyt *m*, Rouget-Zelle *f*
marginal ~ Marginalzelle *f*
marrow ~ Knochenmarkzelle *f*, Markzelle *f*
mast ~ Mastzelle *f*
mature ~ reife Zelle *f*
mechanical ~ Sklerenchymzelle *f*
megaspore mother ~ Embryosackmutterzelle *f*
microdialysis ~ Mikrodialysekammer *f*
migratory ~ wandernde Zelle *f*
mixed-lineage ~s Zellen *fpl* verschiedener Differenzierungslinien
mononuclear ~ Mononukleärzelle *f*
multinucleate ~ vielkernige Zelle *f*
natural cytotoxic ~ natürliche zytotoxische Zelle *f*
natural killer ~ natürliche Killerzelle *f*
natural suppressor ~ natürliche Supressorzelle *f*
NC ~ → natural cytotoxis cell
nerve multipolar ~ multipolare Nervenzelle *f*
nettling ~ Nesselzelle *f*
neurosecretory ~ neurosekretorische Zelle *f*
NK ~ → natural killer cell
NK-sensitive ~ NK-empfindliche Targetzelle *f*
noncycling ~ ruhende Zelle *f*
nonproliferating ~ nichtproliferende Zelle *f*
NS ~ → natural suppressor cell
nutritive ~ → nurse cell
oil ~ ölhaltige Zelle *f*
olfactory ~ Riechzelle *f*, Geruchs(sinn)zelle *f*
open ~ *(Ent.)* offene Zelle *f*
osteogenetic ~ Osteoblast *m*
outer phalangeal ~ externale Phalangealzelle *f*
outer supporting ~ externale Stützzelle *f*
pairing ~ Gamet *m*, Geschlechtszelle *f*
palisade ~ Zelle des Palisadenparenchyms *n*
Paneth ~ azidophile Darmzelle *f*, Panethsche Zelle *f*
parenchymatous ~ Parenchym(atos)zelle *f*
parietal ~ Parietalzelle *f*
pericapillary ~ Perizyt *m*, Kapillaradventitialzelle *f*
photogenic ~ phosphoreszierende Zelle *f*, leuchtende Zelle *f*
photoreceptor ~ photorezeptive [lichtempfindsame] Zelle *f*
pigment ~ Pigmentzelle *f*
pituitary ~ Hypophysenzelle *f*, Pituizyt *m*
plankton counting ~ Planktonzählkammer *f*
plant ~ Pflanzenzelle *f*
plasma ~ Plasmazelle *f*, Plasmazyt *m*
pluripotential ~ pluripotente Zelle *f*
pole ~ Polarzelle *f*
postfusional ~ postfusionale Zelle *f*
postmitotic mature ~ reife postmitotische Zelle *f*
precommitted ~ präkommitierte Zelle *f*
prekiller ~ Vorläufer *m* der Killerzelle
premitotic ~ prämitotische Zelle *f*
presenter ~ antigenpräsentierende Zelle *f*
prickle ~ Stachelzelle *f*
primed lymphoid ~ primierte Lymphoidzelle *f*
primed responder ~ primierte immunreaktive Zelle *f*
primitive blood ~ Blutstammzelle *f*
primordial germ ~ primordiale Keimzelle *f*
promotor ~ Promotorzelle *f*
prop ~ äußere Phalangealzelle *f*
Purkinje's ~ Purkinjesche Zelle *f*, ganglionöser Neurozyt *m*
pus ~ Eiterzelle *f*
pyramidal ~ Pyramidalzelle *f*
queen ~ Bienenköniginzelle *f*
quiescent ~ ruhende Zelle *f*
red blood ~ rote Blutzelle *f*, Erythrozyt *m*
repopulating ~ repopulierende Zelle *f*
reserve ~ Reservezelle *f*
responder ~ Immun(o)reaktivzelle *f*
resting ~ ruhende Zelle *f*
restricted stem ~ eingeschränkte Stammzelle *f*
reticuloendothelial ~ Retikuloendothelialzelle *f*
Rieder ~ Riedersche Zelle, polymorpher Lymphozit *m*
rosette-forming ~ rosettenbildende Zelle *f*
Rouget ~ Perizyt *m*, Rouget-Zelle *f*, Adventitialzelle *f*
royal ~ Zentralkammer *f*, Königskammer *f* (Termiten)
Schultze's ~ Schultze-Zelle *f*, Riechzelle *f*, Geruchs(sinn)zelle *f*
Schwann's ~ Lemmozyt *m*, Schwannsche Zelle *f*
secondary B ~ B-Gedächtniszelle *f*
secretory ~ sekretorische Zelle *f*
self ~ autologe Zelle *f*, autoantigene Zelle *f*
self-reactive ~ autoreaktive Zelle *f*
self-restricted [self-specific] ~ autoantigene Zelle *f*, autologe Zelle *f*
sense ~ Sinneszelle *f*
sensitized ~ sensibilisierte Zelle *f*
sensory ~ Empfindungszelle *f*, Sinneszelle *f*
Sertoli's ~ Hodenfollikelzelle *f*, Sertolische Zelle *f*
sex(ual) ~ Keimzelle *f*, Geschlechtszelle *f*
sheath ~ Lemmozyt *m*, Schwannsche Zelle *f*
sickle ~ Sichelzelle *f* (Sichelzellanämie)
sieve ~ Siebzelle *f*
sister ~s Schwester(n)zellen *fpl*
small ~ of Ramon-y-Cajal kleiner ganglionärer Neurozyt *m*
somatic ~ somatische Zelle *f*, Körperzelle *f*
sperm ~ 1. Spermatozoid *n*; 2. spermatogene Zelle *f*
spermatogenous ~ spermatogen
spider ~ Astrogliozyt *m*, Astrozyt *m*
spinal ganglion ~ Spinalganglionzelle *f*
spindle ~ Spindelzelle *f*
sporogenous ~ sporogene [sporenbildende] Zelle *f*
squamous ~ Schuppenzelle *f*

squamous epithelial ~ Plattenepithelzelle *f*
star(like) [stellate] ~ Sternzelle *f*
stellate endothelial ~ Endothelialsternzelle *f*
stellate nerve ~ Sternneurozyt *m*
stem ~ Stammzelle *f*
stimulator ~ stimulierende Zelle *f*
stinging ~ Nesselzelle *f*
stone ~ Steinzelle *f*
stromal ~ Stromazelle *f*
supporting ~ Stützzelle *f*
supporting glial ~ of the fiber gliale Fieberstützzelle
suppressor ~ Supressorzelle *f*
swarm ~ Zoospore *f*; Schwärmer *m*
sympathicotropic ~ sympathikotrope Zelle *f*
sympathochromaffin ~ sympathochromaffine Zelle *f*
tactile ~ Tastzelle *f*
target ~ Targetzelle *f*
taste ~ Geschmackszelle *f*
terminal ~ Terminalzelle *f*
testicular follicular ~ Sertolizelle *f*, follikuläre Hodenzelle *f*, Hodenfollikulozyt *m*
T-lineage ~ Zelle *f* der T-Linie
totipotent ~ totipotente [omnipotente, universell differenzierbare] Zelle *f*
T-proliferative ~ Promotorzelle *f*
tracheidal ~ tracheide Zelle *f*
triggered ~ stimulierte Zelle *f*
T suppressor-cytotoxic ~ zytotoxische T-Supressor-Zelle *f*
tumor ~ Tumorzelle *f*, Geschwulstzelle *f*
uncommitted ~ unkommittierte Zelle *f*
undifferentiated ~ nicht differenzierte [undifferenzierte] Zelle *f*
vegetative ~ vegetative Zelle *f*
virgin B ~ unprimierte reife B-Zelle *f*
visual ~ Sehzelle *f*
wander ~ Wanderzelle *f*
whip ~ begeißelte Zelle *f*
white (blood) ~ weiße Blutzelle *f*, Leukozyt *m*
yolk ~ Dotterzelle *f*

cell differential area *(Bot.)* Differenzierungszone *f*
cell-free zellenlos
cellifugal von der Zelle weg gerichtet
cellipetal zellenwärts
cellular zellulär, Zell...
cellulate zellulär
cellulation Zellularisation *f*
cellule kleine Zelle *f*
cellulicidal zellulizid, zellzerstörend
cellulose Zellulose *f*
aminoethyl ~ Aminoäthylzellulose *f*
carboxymethyl [CM] ~ Karboxymethylzellulose *f*, CM-Zellulose *f*
diethylaminoethyl ~ Diäthylaminoäthylzellulose *f*, DEAE-Zellulose *f*
P- ~ Phosphozellulose *f*

cembretum Zedernwald *m*
cement Zement *m*; Zahnzement *m*
interfibrillar ~ interfibrillärer Zement *m*

cemented verklebt
cementification Zahnzementbildung *f*
cementoblast Zahnzementbildungszelle *f*, Zementbildungszelle *f*
cenogenesis Zönogenesis *f*
cenology Zönologie *f*
cenosis Zönose *f*, Gemeinschaft *f*
cenospecies Zönoart *f*
censuring Zählung *f*, Anzahlberechnung *f*
census Zählung *f*; Anzahlberechnungsdaten *fpl*
true ~ echte (absolute) Anzahlberechnung *f*

centaury 1. Flockenblume *f*, Kornblume *f (Centaurea)*; 2. Tausendgüldenkraut *n (Centaurium)*; 3. Enzian *m (Gentiana)*
brown scale ~ Wiesenflockenblume *f (Centaurea jacea)*
common ~ Echtes Tausendgüldenkraut *n (Centaurium erythraea))*
European ~ Strandtausendgüldenkraut *n*, Gemeines Tausendgüldenkraut *n (Centaurium vulgare)*
ground ~ Blutrote Kreuzblume *f (Polygala sanguinea)*
scabiose ~ Skabiosen-Flockenblume *f (Centaurea scabiosa)*
spiked ~ Ähriges Tausendgüldenkraut *n (Centaurium spicatum)*
spotted ~ Gefleckte Flockenblume *f (Centaurea maculosa)*
yellow ~ Sonnwend-Flockenblume *f (Centaurea solstitialis)*

center 1. Zentrum *n*, Zentralpunkt *m*; 2. Verknöcherungszentrum *n*
~ of dispersal Ausbreitungszentrum *n*, Verbreitungszentrum *n*
~ of origin Entstehungszentrum *n*
activation ~ Aktivierungszentrum *n*
active ~ aktives Zentrum *n*
cell ~ Zell(en)zentrum *n*
conservation ~ Umweltschutzzentrum *n*
erection ~ Erektionszentrum *n*
mitotic ~ Mitosezentrum *n*
nerve ~ Nervenzentrum *n*
organization ~ Organisationszentrum *n*
reactive ~ Reaktionszentrum *n*
reflex ~ Reflexzentrum *n*
respiratory ~ Atemzentrum *n*
speech ~ Sprachzentrum *n*
spinal vasomotor ~ spinales Vasomotor(en)zentrum *n*
vasomotor ~ Vasomotorzentrum *n*

centipede Hundertfüßler *m*; *pl* Hundertfüßler *mpl (Chilopoda)*
house ~ Spinnenassel *f*, Spinnenläufer *m (Scutigera coleoptrata)*

central zentral (gelegen); Zentral...
centrifugal zentrifugal, mittelpunktfliehend
centrifugation Zentrifugierung *f*, Zentrifugieren *n*

cesium chloride density-gradient ~ Zentrifugieren *n* im Zäsiumchloriddichtegradient
continuous-flow ~ Zentrifugieren *n* mit ununterbrochenem Strom
continuous-flow isopycnic banding ~ isopyknische Zentrifugierung *f* mit ununterbrochenem Strom
density-gradient ~ Dichtegradientzentrifugieren *n*
differential ~ Differentialzentrifugieren *n*
equilibrium ~ Gleichgewichtszentrifugieren *n*
equilibrium density-gradient ~ Gleichgewichtszentrifugieren *n* im Dichtegradient
high-speed ~ Hochgeschwindigkeitszentrifugieren *n*
low-speed ~ Niedergeschwindigkeitszentrifugieren *n*
sucrose density-gradient ~ Zentrifugieren *n* im Saccharosedichtegradient
sucrose gradient ~ Zentrifugieren *n* im Saccharose(konzentrations)gradient
zonal ~ Zonalzentrifugieren *n*
centrifuge Zentrifuge *f*, Schleudergerät *n*
~ **for continuous discharge of dried solids** Zentrifuge *f* mit ununterbrochener Bodensatzausladung
affination ~ Affinationszentrifuge *f*
angle ~ Winkel-Zentrifuge *f*
basket ~ Korbzentrifuge *f*
continuous ~ ununterbrochen arbeitende Zentrifuge *f*
filtering ~ Filtrierungszentrifuge *f*
flow-trough coil ~ Durchfluß-Spiralenzentrifuge *f*
hand-discharge ~ Zentrifuge *f* mit Handausladung
high-speed ~ Zentrifuge *f* von hoher Geschwindigkeit
ionic ~ Ionenzentrifuge *f*
knife-discharge ~ Zentrifuge *f* mit Messerausladung des Bodensatzes
multichamber ~ Vielkammerzentrifuge *f*
oscillating-screen ~ Zentrifuge *f* mit Oszillationsausladung des Bodensatzes
pneumatic discharge ~ Zentrifuge *f* mit pneumatischer Ausladung
centriole Zentriol *n*, Centriol *m*, Zentralkörperchen *n* (des Zentrosoms)
centripetal zentripetal, zum Zentrum hinstrebend
centromere Zentromer *n*, Kinetochor *n*, Spindelansatzstelle *f*
centroplasm Zentroplasma *n*
centroplast Zentroplast *m*
centrosome Zentrosom *n*, Zentralkörper *m*, Zentralkörperchen *n*
centrosphere Zentrosphäre *f*, Attraktionssphäre *f*
centrum 1. Wirbelkörperzentrum *n*; 2. Zentrosom *n*
cep(e) Steinpilz *m (Boletus edulis)*
cepaceous [cepaeform] *(Bot.)* zwiebelförmig
cephalad kranial, zum Kopfende gerichtet
cephalanthium Blütenkopf *m*
cephalaria *(Bot.)* Schnuppenkopf *m*
cephalate(d) kopfförmig
cephalic Kopf..., Zephal..., zephalisch
cephalin 1. Kephalin *n*; 2. septat *(Gregarinen)*
cephalopods Kopffüßer *mpl*, Tintenfische *mpl (Cephalopoda)*
cephalothoracic Kopfbrüst...
cephalothorax Kopfbruststück *n*
ceramicarpous urnenfrüchtig
cerata gefärbte Außenkiemen *fpl*
cercaria Zerkarie *f*
furcocercous ~ gabelschwänzige Zerkarie *f*
cercidium Myzelium *m*, Pilzgeflecht *n*
cercis Judasbaum *m (Cercis)*
cercus Schwanzanhang *m*
cere Cera *f*, Wachshaut *f* (Schnabelbasis bei Vögeln)
cereal 1. Getreide...; 2. *pl* Getreidepflanzen *fpl*
cerebellar Kleinhirn..., zerebellär
cerebellifugal vom Kleinhirn wegführend
cerebellipetal zum Kleinhirn hinführend
cerebellomedullary Kleinhirn-Rückenmarks...
cerebellopontine Kleinhirnbrücken...
cerebellum Kleinhirn *n*, Zerebellum *n*
cerebral zerebral, Hirn..., gehirn..., Großhirn...
cerebration geistige Aktivität *f*, Denken *n*
cerebriform hirnartig
cerebrifugal zerebrifugal, vom Gehirn wegführend
cerebripetal zerebripetal, hirnwärts, zum Gehirn hinführend
cerebroganglion Hirnganglion *n*
cerebroid hirnartig
cerebrospinal zerebrospinal, Gehirn-Rückenmark...
cerebrovascular zerebrovaskular, Gehirngefäß..., Hirngefäß...
cerebrovisceral zerebroviszeral
cerebrum Gehirn *n*
ceremonial *(Ethol.)* Zeremoniell *n*
greeting ~ Begrüßungszeremoniell *n*
submission ~ Unterwerfungszeremoniell *n*
ceremony Zeremonie *f*
relieving ~ Zeremonie *f* des Partnerwechsels; Ablösungszeremonie *f*
cereous Wachs...
cereus Igelkerzenkaktus *m*, Igelsäulenkaktus *m (Echinocereus)*
ceriferous wachsliefernd
ceriman Fensterblatt *n (Monstera deliciosa)*
cerinous wachsgelb
cerise kirschrot
cernuous *(Bot.)* nickend
certified aprobiert, anerkannt, zertifiziert
ceruleous himmelblau
cerumen Zerumen *n*, Ohrenschmalz *n*
cervical 1. zervikal..., Hals...; 2. Gebärmutterhals...
cerviciplex Halsgeflecht *n*, Zervikalplexus *m*
cervicoauricular Hals-Ohr...
cervicobrachial Hals-Arm...
cervicofacial Hals-Gesichts...
cervicolabial Hals-Lippen...
cervico-occipital Nacken-Hinterhaupt...
cervicothoracic Hals-Brust...
cervicovaginal Gebärmutterhals-Scheiden...

cervids Hirsche *mpl (Cervidae)*
cervine 1. Hirsch; 2. hirschfarbig, rötlich-braun
cervix Hals *m*, Collum *n*, Zervix *f*
  ~ of the uterus Gebärmutterhals *m*
cespitose rasig, rasenförmig; rasenbildend
cestodes Zestoden *mpl*, Bandwürmer *mpl (Cestodes)*
  monozootic ~ Eingliederige Bandwürmer *mpl (Cestodaria)*
cetacean 1. Wal *m*; *pl* Wale *mpl (Cetacea)*; 2. Wal...
cetaceous Wal...
ceterach Milzfarn *m*, Schriftfarn *m (Ceterach officinarum)*
Chaco Chaco-Guan *m (Ortalis canicollis)*
  chestnut-winged ~ Rotflügelguan *m (Ortalis garrula)*
  Ecuadorian ~ → rufous-headed chachalaca
  gray-headed ~ Graukopfguan *m (Ortalis cinereiceps)*
  little ~ → variable chachalaca
  plain ~ Braunflügelguan *m (Ortalis vetula)*
  rufous-headed ~ Rotkopfguan *m (Ortalis eruthroptera)*
  rufous-vented ~ Rotschwanzguan *m (Ortalis ruficauda)*
  variable ~ Paraka *m (Ortalis motmot)*
  West-Mexican ~ Graubrustguan *m (Ortalis poliocephala)*
  white-bellied ~ Weißbauchguan *m (Ortalis leucogastra)*
chac(k)ma Bären-Pavian *m (Papio ursinus)*
chadlock → charlock
chaeta Borste *f*
chaetiferous borstentragend
chaetodont mit borstenförmigen Zähnen
chaetognaths Pfeilwürmer *mpl*, Borstenkiefer *mpl*
chaetophyllous borstenblättrig
chaetopods Borstenwürmer *mpl*, Borstenfüßer *mpl (Chaetopoda)*
chafer Laubkäfer *m*; *pl* Laubkäfer *mpl*, Maikäfer *mpl (Melolonthinae)*
  garden ~ Garten(laub)käfer *m (Phyllopertha horticola)*
  gold ~ → rose chafer
  marbled rose ~ marmorierter Goldkäfer *m (Liocola lugubris)*
  margined leaf [margined vine] ~ Julikäfer *m (Anomala dubia)*
  rose ~ Gemeiner Goldkäfer *m*, Goldrosenkäfer *m (Cetonia aurata)*
chaff Hüllspelze *f*; Deckspelze *f*
chaff-flower Spreublume *f (Achyranthes)*
chaffinch Buchfink *m*, Funk *m (Fringilla coelebs)*
chaffweed Kleinling *m (Centunculus)*
chaffy bespelzt
chain Kette *f*
  ~ of attack Angriffsreihe *f*
  ~ of food organisms Nahrungskette *f*
  ~ of transformers Konsumentenreihe *f*
  double ~ Doppelkette *f*
  food ~ Nahrungskette *f*
  J [joining, joint] ~ Vereinigungspeptid *n*
  reflex ~ Reflexkette *f*, Kettenreflex *m (hierarchische Informationsverarbeitung im ZNS)*
  respiratory ~ Atmungskette *f*
chalaza 1. *(Bot.)* Chalaza *f*, Keimfleck *f*; 2. *(Zool.)* Hagelschnur *f (im Ei)*
chalcid Erzwespe *f*; *pl* Erzwespen *fpl (Chalcidoidea)*
  fir seed ~ Fichtensamenwespe *f (Megastigmus strobilobius)*
  seed ~ Samenwespe *f (Megastigmus)*
  spruce seed ~ Tannensamenwespe *f (Megastigmus suspectus)*
chalicophilous kiesbewohnend
chalk Kreide *f*, Kalkstein *m*
chalk-loving kalkliebend
chalkstone Kalkstein *m*
chalky kreidig, kreidenhaltig. kalkig, kalkhaltig
challenge 1. Herausforderungung *f*; 2. Antigenstimulus *m*
  allergen ~ Allergenstimulierung *f*
  antigen ~ Antigen-Stimulierung *f*
chamaephyte Chamaephyt *m*, Oberflächenpflanze *f*
chamber 1. Kammer *f*; 2. Höhle *f*
  ~ of the eye Augenkammer *f*
  anterior ~ Augenvorderkammer *f*
  branchial ~ Kiemenhöhle *f*
  brood ~ Brutraum *m*
  chromatogram ~ Chromatographiekammer *f*
  climatic ~ Klimakammer *f*
  controlled-climate ~ Kunstklimakammer *f*; Phytotronkammer *f*
  counting ~ Zählkammer *f*
  culture ~ Kultivierungsraum *m*
  dampening ~ feuchte Kammer *f*
  diffusion ~ Diffusionskammer *f*
  drying ~ Trockenraum *m*
  freezing ~ Kältekammer *f*, Frostkammer *f*
  gill ~ Kiemenhöhle *f*
  hemacytometer ~ Blutzellzähl(ungs)kammer *f*
  hybridization ~ Hybrydisationskammer *f*
  moist ~ feuchte Kammer *f*
  nuptial ~ Paarungskammer *f*
  posterior ~ Augenhinterkammer *f*
  rectal gill ~ Rektalkiemenhöhle *f*
  refrigerating ~ Tiefkühlkammer *f*
  sealed ~ hermetische Kammer *f*
  settling ~ Bodensatzkammer *f*
  sting ~ *(Ent.)* Stachelkammer *f*
  Türk's ~ Türksche Zählkammer *f*
  vacuum ~ Vakuumkammer *f*
  wet ~ → moist chamber
chameleon Chamäleon *n (Chameleon)*
  African ~ Basilisken-Chamäleon *n (Chamaeleo africanus)*
  American ~ Anolis *m*, Saumfinger *m (Anolis)*
  Angola ~ Angola-Chamäleon *n (Chamaeleo anchietae)*

armo(u)red ~ Panzerchamäleon *n (Brookesia perarmata)*
black-headed dwarf ~ Schwarzkopf-Zwergchamäleon *n (Bradypodion melanocephalum)*
Brasilian ~ Brasilianisacher Leguan *m (Enyalius catenatus)*
common ~ Lappenchamäleon *n (Chamaeleo dilepis)*
crested ~ Kammchamäleon *n (Chamaeleo cristatus)*
dwarf ~ Buntes Zwergchamäleon *n (Bradypodion)*
European ~ Gewöhnliches Chamäleon *n (Chamaeleo chamaeleon)*
false ~ Falsches Chamäleon *n (Chamaeleolis)*
flap-necked ~ → common chameleon
flat-headed ~ Flachkopf-Blattchamäleon *n (Rhampholeonplatyceps)*
four-horned ~ Vierhornchamäleon *n (Chamaeleo quadracornis)*
giant one-horned ~ Elephantenohr-Chamäleon *n*, Mellers Chamäleon *n (Chamaeleo melleri)*
mountains ~ Bergchamäleon *n (Chamaeleo montium)*
North American ~ Rotkehl-Anolis *m (Anolis carolinensis)*
panther ~ Pantherchamäleon *n (Chamaeleo pardalis)*
pygmy ~ Zwergchamäleon *n (Rhampholeon)*
short-horned ~ Kurzhorn-Chamäleon *n (Chamaeleo brevicornis)*
spectral pygmy ~ Blattchamäleon *n (Rhampholeon spectrum)*
stump-tailed ~ Stummelschwanz-Chamäleon *n (Brookesia)*
two-lined ~ Zweistreifen-Chamäleon *n (Chamaeleo bitaeniatus)*
West Indian ~ Brauner Anolis *m (Anolis sagrei)*

chamois Gams *m*, Europäische Gemse *f*, Klippspringer *n (Rupicapra rupicapra)*
Himalayan ~ Goral *m*, Langschwanzige Ziegenantilope *f (Nemorhaedus goral)*

chamomile → camomile

champignon Champignon *m (Agaricus)*
fairy-ring ~ Feldschwindling *m*, Herbstmusseron *m*, Nelkenschwamm *m (Marasmius oreades)*

change Änderung *f*, Wechsel *m*; Wendung *f*, Wandlung *f*; verändern, umändern, verwandeln
~ of dominance Dominanzumkehr *f*, Dominanzwechsel *m*
~ of variable Ersatz *m* der variablen Größe
aspect ~ Aspektwechsel *m*
cyclic ~ zyklischer Wechsel *m*
environmental ~ Umweltänderung *f*
hypochromic ~ hypochromer Effekt *m*
mode ~ Veränderung *f* der Wirkungsart
motivation ~ Motivationswechsel *m*
physical ~ physische Veränderung *f*
postmortem ~ postmortale Veränderung *f*
post-transcriptional ~ Posttranskriptionsveränderung
postural ~ Lageveränderung *f*
seasonal ~ Phänologie *f (z.B. der Pflanzengemeinschaft)*
step ~ stufenartige Veränderungen *fpl*

changeable veränderlich, unbeständig, labil

channel Kanal *m*, Rinne *f*
calcium ~ Kalziumkanal *m*
calcium-dependent potassium ~ kalziumabhängiger Kaliumkanal *m*
cell communication ~ Kanal *m* der Zellkommunikation
dead ~ Altarm *m*, Altwasser *n*
gated ion ~ Ionenschleuse *f*
natrium ~ Natriumkanal *m*
potassium ~ Kaliumkanal *m*
slow calcium ~ langsamer Kalziumkanal *m*
sodium ~ Natriumkanal *m*
voltage-dependent ~ potentialabhängiger Kanal *m*

channeled gelenkt, kanalisiert

chanter Heckenbraunelle *f (Prunella modularis)*

chanterelle Eierpilz *m*, Eierschwamm *m (Cantharellus cibarius)*

chap 1. Kinnbacken *m*; *pl* Maul *n*

chaparral *(Ökol.)* Chaparral *n (Vegetationstyp in Kalifornien)*

char Saibling *m (Salvelinus)*
Alaska western ~ → dolly varden char
Alpine [Arctic] ~ Wandersaibling *m (Salvelinus alpinus)*
brook ~ Bachsaibling *m (Salvelinus fontinalis)*
Dolly varden ~ Malma-Saibling *m (Salvelinus malma)*
East Siberian ~ Fernöstlicher Saibling *m (Salvelinus leucomaenis)*
lake ~ Palija-Saibling *m (Salvelinus lepechini)*

characins Salmler *mpl (Characinidae)*

character 1. Merkmal *n*; Eigenschaft *f*; 2. Charakter *m*; Qualität *f*; Natur *f*, Wesen *n*
acquired ~ erworbenes Merkmal *n*
advanced ~ progressives Merkmal *n*
cenogenetic ~ zönogenetisches Merkmal *n*
constellational ~ genetischer und umweltbedingter Faktor *m*
continuous ~ polygenes Merkmal *n*
developmental ~ Entwicklungscharakter *m*
diagnostic ~ diagnostisches Merkmal *n*
discontinuous ~ oligogenes Merkmal *n*
distinguishing ~ Unterscheidungsmerkmal *n*
dominant ~ Dominanzmerkmal *n*
ecological ~ ökologisches Merkmal *n*
epigamic ~ epigames Merkmal *n*
hereditary [heritable] ~ angeborenes (erbliches) Merkmal *n*
hologynic ~ hologynes Merkmal *n*
incipient ~ entstehendes (beginnendes) Merkmal *n*
independent ~ unabhängiges Merkmal *n*
inherited [innate] ~ Erbmerkmal *n*
killer ~ Killer-Eigenschaft *f*
obsolete ~ ausgleichbares Merkmal *n*

polygenic ~ polygenes Merkmal *n*
production ~ Produktionseigenschaft *f*
recessive ~ rezessives Merkmal *n*
secondary sexual ~ sekundäres Geschlechtsmerkmal
sex-controlled ~ geschlechtskontrolliertes Merkmal *n*
sex-limited ~ geschlechtslimitiertes Merkmal *n*
sex-linked ~ Geschlechtschromosomen gekoppeltes Merkmal *n*
sexual ~ Geschlechtsmerkmal *n*
species ~ Artmerkmal *n*
threshold ~ Schwellenmerkmal *n*
unit ~ Elementärmerkmal *n*
characteristic Charakteristik *f*; Merkmal *n*, Eigenschaft *f*
charcoal:
dextran-coated ~ dextranbeladener Kohlstaub *m*
chard 1. Blattstiel *m*; 2. Beetkohl *m*, Beißkohl *m*, Bete *f*, Mangold *m (Beta vulgaris var. cicla)*
charlock Ackersenf *m (Sinapis arvensis)*
white ~ Ackerrettich *m*, (Echter) Hederich *m (Raphanus raphanistrum)*
charophytes Armleuchteralgen *fpl (Charales)*
charr → char
chart 1. Tabelle *f*, Diagramm *n*, Schema *n*; 2. Karte *f*; kartieren, kartographisch erfassen
chase 1. Verfolgung *f*; verfolgen; 2. Jagd *f*; jagen; 3. Jagdrevier *n*; 4. gejagtes Wild *n*
precopulatory ~ Vorbegattungsverfolgung *f* eines Weibchen
chaser:
black ~ 1. Schwarznatter *f (Coluber constrictor)*; 2. Tigerotter *f (Notechis scutatus)*
chasmogamy Chasmogamie *f*
chasmophyte Chasmophyt, in Spalten lebende Pflanze *f*
chat 1. Steinschmätzer *m (Saxicola)*; 2. Schilfrohrsänger *m (Acrocephalus schoenobaenus)*; 3. Steinbeißer *m*, Steinschmätzer *m (Oenanthe)*
Angola cave ~ → cave chat
ant-eating ~ Termitenschmätzer *m (Myrmecocichla formicivora)*
Archers (robin) ~ Ruwenzori-Rötel *m (Cossypha archeri)*
black-tailed robin ~ Braunrückenrötel *m (Cossypha semirufa)*
blue-shouldered robin ~ Blauschulterrötel *m (Cossypha cyanocampter)*
cave ~ Höhlenrötel *m (Cossypha ansorgei)*
chorister (robin) ~ Spottrötel *m*, Lärmrötel *m (Cossypha dichroa)*
desert ~ Wüstensteinschmätzer *m (Oenanthe deserti)*
forest robin ~ Waldrötel *m (Stiphrornis erythrothorax)*
furse ~ → chat 1.
gray-winged (robin) ~ Grauflügelrötel *m (Cossypha polioptera)*
Herero ~ Namibschnäpper *m (Namibornis herero)*
Heuglin's ~ Weißbrauenrötel *m (Cossypha heuglini)*
Indian ~ Strauchschmätzer *m (Saxicoloides fulicata)*
Isabelline ~ Isabellsteinschmätzer *m (Oenanthe isabellina)*
Mafagascar robin ~ Dünenrötel *m (Pseudocossyphus imerinus)*
mourning ~ Weissachsel-Nonnensteinschmätzer *m (Oenanthe lugens)*
pied ~ Mittelmeer-Steinschmätzer *m (Oenanthe hispanica)*
red-capped robin ~ Natal-Rötel *m (Cossypha natalensis)*
red-tailed ~ Rostbürzel-Steinschmätzer *m (Oenanthe xanthoprymna)*
Rüppel's (robin) ~ → black-tailed robin chat
snowy-headed (robin) ~ Schuppenkopf-Rötel *m*, Weißscheitelrötel *m (Cossypha niveicapilla)*
sooty ~ Hades-Schmätzer *m (Myrmecocichla nigra)*
sooty rock ~ Steinspringer *m (Pinarornis plumosus)*
white-bellied (robin) ~ Weißbauchrötel *m (Cossypha roberti)*
white-crowned robin ~ Schuppenkopfrötel *m (Cossypha albicapilla)*
white-fronted black ~ Weißstirnschmätzer *m (Myr--mecocichla albifrons)*
white-headed ~ Weißkopfrötel *m (Cossypha heinrichi)*
chatter Krachen *n*, Knistern *n*, Klappern *n*
chaus Chaus *m*, Rohrkatze *f (Felis chaus)*
chayote Chayote *f (Sechium edule)*
cheat → chess
chebog Menhaden *m (Brevoortia tyrannus)*
check 1. Kontrolle *f*, Überprüfung *f*, Nachprüfung *f*; prüfen; 2. Hindernis *n*, Hemmnis *n*; hemmen, hindern
~ on inoculation Prüfung *f* der Inokulationseffektivität
to recieve a ~ gehemmt sein *(z.B. im Wachstum)*
diagnostic ~ diagnostische Überprüfung *f*
experimental ~ Experimentaluntersuchung *f*
checkerberry Gestreckte Scheinbeere *f*, Gestreckter Wintergrünstrauch *m (Gaulteria procumbens)*
checkerboarded gitterförmig
cheek Wange *f*,Backe *f*
cheekbone Jochbein *n*, Wangenknochen *m*
cheep Piepsen *n*; piersen
cheeper Jungvogel *m*, Nestling *m*
cheerey Tigerbarsch *m (Therapon jarbua)*
cheese-bowel Klatsch-Mohn *m (Papaver rhoeas)*
cheesecake Wald-Malve *f (Malva silvestris)*
cheeseflower Weg-Malve *f (Malva neglecta)*
cheetah Gepard *m*, Jagdleopard *m (Acinonyx jubatus)*
cheetal Axishirsch *m*, Tüpfelhirsch *m (Axis axis)*
chela Schere *f*
chelate Chelat *n*, Chelatverbindung *f*
chelation Chelatbildung *f*
chelicera Kieferfühler *m*
cheliferous scherentragend
cheliped Scherenfuß *m*
chemiluminescence Chemolumineszenz *f*
chemistry Chemie *f*

biological ~ biologische Chemie *f*, Biochemie *f*
histological ~ histologische Chemie *f*, Histochemie *f*
metabolic ~ Stoffwechselchemie *f*
chemoattractant Chemoattraktant *n*, chemisches Anlokkungsmittel *n*
chemoautotroph chemoautotroph *m*
chemoautotrophy Chemoautotrophie *f*
chemocommunication Chemokommunikation *f*
chemodifferentiation Chemodifferenzierung *f*
chemoimmunity Chemoimmunität *f*
chemokinesis Chemokinesie *f*
chemoreceptor Chemorezeptor *m*
chemoresistance Chemoresistenz *f*
chemosensitivity Chemosensitivität *f*, Chemoempfindsamkeit *f*
chemosynthesis Chemosynthese *f*
chemosynthetic chemosynthetisch
chemotactic chemotaktisch
chemotaxis Chemotaxis *f*, chemische Reizbewegung *f*
chemotaxonomy Chemotaxonomie *f*
chemotrophic chemotroph
chemotrophy Chemotrophie *f*
chemotropic chemotrop
chemotropism Chemotropismus *m*
cheradophilous sandbodenliebend
cherimoya Cherimoya *f (Annona cherimolia)*
chermes Tannengallenlaus *f (Adelges)*
chermesine purpurrot, purpur
chernozem Tschernosem *n*, Tschernosjom *m*, Schwarze Erde *f (Bodentyp)*
cherry 1. Kirsche *f (Prunus)*; 2. Pflaumenbaum *m (Prunus)*; 3. Traubenkirsche *f (Prunus)*
American ~ → black cherry 2.
Barbados ~ Barbadoskirsche *f*, Malpigie *f (Malpighia)*
bay ~ → common laurel cherry
bird ~ Gemeine Traubenkirsche *f (Prunus racemosa)*
black ~ 1. Späte Traubenkirsche *f (Prunus serotina)*; 2. → crab cherry; 3. Belladonna *f*, Gemeine Tollkirsche *f (Atropa belladonna)*
brush ~ Kirschmyrte *f (Eugenia myrtifolia)*
Chinese ~ Japanische Mandelkirsche *f (Prunus japonica)*
cluster ~ → bird cherry
common laurel ~ Kirschlorbeer *m*, Lorbeer-Kirsche *f (Prunus laurocerasus)*
cornelian ~ Kornelkirsche *f*, Gelber Hartriegel *m (Cornus mas)*
crab ~ Süßkirsche *f*, Vogelkirsche *f (Prunus avium)*
dwarf ~ Zwerg-Kirsche *f (Prunus pumila)*
fire ~ → pin cherry
Florida ~ Surinam cherry
frutescent ~ Steppen-Kirsche *f (Prunus fruticosa)*
ground ~ Feinbehaarte Blasenkirsche *f (Physalis pubescens)*; 2. Steppen-Kirsche *f (Prunus fruticosa)*
Indian ~ Kanadische Felsenbirne *f (Amelanchier canadensis)*
Jerusalem ~ Korallenstrauch, Korallenbaum *m (Solanum pseudocapsicum)*
Mahaleb ~ Felsenkirsche *f (Prunus mahaleb)*
may ~ → Indian cherry
plum ~ Kirschpflaume *f*, Türkische Pflaume *f (Prunus divaricata)*
rock ~ → Mahaleb cherry
sand ~ → dwarf cherry
sour ~ Sauerkirsche *f (Prunus cerasus)*
sweet ~ → crab cherry
wild ~ → crab cherry
wild black ~ Rote Traubenkirsche *(Padus virginiana)*
winter ~ Blasenkirsche *f*, Lampionblume *f (Physalis alkekengi)*
chervil 1. Kerbel *m (Anthriscus)*; 2. Kälberkropf *m (Chaerophyllum)*
bulbous-rooted ~ Rüben-Kälberkropf *m (Chaerophyllum bulbosum)*
curled ~ → chervil 1.
hemlock ~ Kerbelartige Haftdolde *f (Caucalis anthriscus)*
stupefying ~ Betäubender Kälberkropf *m*, Taumel-Kälberkropf *m (Chaerophyllum temulum)*
wild ~ Wiesenkerbel *m (Anthriscus silvestris)*
chess Trespe *f (Bromus)*
soft ~ Weiche Trespe *f (Bromus mollis)*
chest Brustkorb *m*
chestnut 1. Kastanie *f*, Kastanienbaum *m (Castanea)*; 2. kastanienbraun
dwarf ~ Zwergkastanie *f (Castanea pumila)*
European ~ Edelkastanie *f*, Eßkastanie *f (Castanea sativa)*
horse ~ Roßkastanie *f*, Gemeine Roßkastanie *f (Aesculus hippocastanium)*
Japanese ~ Japanische Kastanie *f (Castanea crenata)*
red ~ Fleischfarbige [Rote] Roßkastanie *f (Aesculus carnea)*
Spanish ~ → European chestnut
sweet ~ → European chestnut
trailing ~ Erlenblättrige Eichenkastanie *f (Castanopsis alnifolia)*
chestnut-brown kastanienbraun
chevron Bräunlichgelber Haarbuschspanner *m (Lygris testata)*
chevrotain Kantschil *m*; *pl* Hirschferkel *npl*, Zwergböckchen *npl (Tragulidae)*
African water ~ Afrikanisches Hirschferkel *n*, Wassermoschustier *n (Hyemoschus aquaticus)*
Asiatic ~ Kantschiel *m (Tragulus)*
greater Malay ~ Groß-Kautschil *m (Tragulus napu)*
Indian spotted ~ Flecken-Kantschil *m*, Indien-Kantschil *m (Tragulus meminna)*
lesser Malay ~ Klein-Kantschil *m (Tragulus javanicus)*
water ~ → African water chevrotain
chew Kauen *n*; Wiederkäuen *n* ; kauen; wiederkäuen
chiasma Chiasma *n*, Chromatiden-Überkreuzung *f*

(→ chiasmata)
compensating ~ kompensierendes Chiasma *n*
imperfect ~ imperfektes [unvollständiges] Chiasma *n*
interstitial ~ interstitielles Chiasma *n*
lateral ~ Lateralchiasma *n*
multiple ~ multiples Chiasma *n*
optic ~ Sehnervenkreuzung *f*, Chiasma opticum *n*
progressive ~ → diagonal chiasma
quadruple ~ vierfaches Chiasma *n*
reversed ~ umgekehrtes Chiasma *n*
terminal ~ Terminalchiasma *n*
triple ~ dreifaches Chiasma *n*

chiasmata Chiasmen *npl* (→ chiasma)
complementary [digressive] ~ Komplementärchiasmen *npl*
reciprocal [regressive] ~ Regressivchiasmen *npl*

chiasmatypy Chiasmatypie *f*

chick Jungvogel *m*; Küken *n*

chickadee 1. Blechmeise *f*; 2. Meise *f (Parus)*
Acadian ~ → boreal chickadee
Alaskan ~ → Siberian chickadee
black-capped ~ Ckickadee-Meise *f*, Schwarzkopfmeise *f (Parus atricapillus)*
boreal [brown-headed] ~ Braunkappenmeise *f*, Hudson-Meise *f (Parus hudsonicus)*
Carolina ~ Karolina-Meise *f (Parus carolinensis)*
chestnut-backed ~ Braunrückenmeise *f*, Rotrückenmeise *f (Parus rufescens)*
Gambel's ~ → mountain chickadee
gray-headed ~ → Siberian chickadee
Hudsonian ~ → boreal chickadee
Mexican ~ Mexiko-Meise *f*, Grauflankenmeise *f (Parus sclateri)*
mountain ~ Felsengebirgsmeise *f*, Gambelmeise *f (Parus gambeli)*
Siberian ~ Lappland-Meise *f (Parus cinctus)*

chickaree Nordamerikanisches Rothörnchen *n (Tamiasciurus)*
Douglas' ~ Douglas-Rothörnchen *n (Tamiasciurus douglasi)*

chicken 1. Huhn *n (Gallus gallus)*; 2. Kücken *n*; Hühnchen *n*, Hähnchen *n*
greater prairie ~ Präriehuhn *m (Tympanuchus cupido)*
meadow ~**s** Rallen *fpl*, Schilfschlüpfer *mpl (Rallidae)*
mother Carey's ~**s** Sturmschwalben *fpl*, Schwalben-Sturmvögel *mpl (Hydrobatidae)*
Pharaoh's ~ Schmutzgeier *m*, Aasgeier *m (Neophron percnopterus)*
prairie ~ Präriehuhn *n (Tympanuchus cupido)*

chicken's-toes Gemeiner Queller *m (Salicornia europaea)*

chick-pea Kichererbse *f (Cicer arietinum)*

chickweed 1. Sandkraut *n (Arenaria)*; 2. Miere *f (Minuartia)*; 3. Hornkraut *n (Cerastium)*; 4. Sternmiere *f (Stellaria)*
common ~ Vogelmiere *f (Stellaria media)*
field ~ Acker-Hornkraut *n (Cerastium arvense)*
great ~ Feinbehaarte Miere *f (Stellaria pubera)*
jagged ~ Dolden-Spurre *f (Holosteum umbellatum)*
marsh ~ Quell-Sternmiere *f (Stellaria uliginosa)*
meadow ~ → field chickweed
mouse-ear ~ Knäuel-Hornkraut *n (Cerastium glomeratum)*
red ~ Gauchheil *m*, Acker-Gauchheil *m (Anagalis arvensis)*
sandwort ~ Quendel-Sandkraut *n (Arenaria serpyllifolia)*
star ~ → great chickweed
upright ~ Aufrechtes Mastkraut *n (Sagina erecta)*
water ~ Sumpf-Wasserstern *m (Callitriche palustris)*
wintergreen ~ Amerikanischer Siebenstern *m (Trientalis americana)*
wood ~ Hain-Sternmiere *f (Stellaria nemorum)*

chickwit Adlerfisch *m (Cynoscion regalis)*

chicory Wegwarte *f (Cichorium)*
witloof ~ Zichorie *f*, Gemeine Wegwarte *f (Cichorium intybus)*

chiffchaff Weidenlaubsänger *m*, Zilpzalp *m (Phylloscopus collybitus)*

chigger Herbst(gras)milbe *f (Trombicula autumnalis)*

chigger-weed Stinkende Hundskamille *f (Anthemis cotula)*

chigoe Sandfloh *m (Tunga penetrans)*

children's-bane Fleckschierling *m (Conium maculatum)*

chilling Abkühlung *f*

chilopods Hundertfüssler *mpl*, Chilopoden *mpl (Chilopoda)*

chimaera 1. Chimäre *f*; 2. *pl* Seeratten *fpl*, Meerkatzen *fpl (Chimaeridae)*
chromosomal ~ Chromosomenchimäre *f*
dichlamydeous ~ dichlamyde Periklinalchimäre *f*
graft ~ Pfropfchimäre *f*
haplochlamydeous ~ haplochlamyd(isch)e Periklinalchimäre *f*
mericlinal ~ Meriklinalchimäre *f*
periclinal ~ Periklinalchimäre *f*
plastid(e) ~ Plastidenchimäre *f*
plownosed ~**s** Elefantenchimären *fpl (Callorhynchidae)*
polychlamydeous ~ Polychlamydenchimäre *f*
polyclinal ~ Polyklinalchimäre *f*
radiation ~ Radiationschimäre *f*
sectorial ~ Sektorialchimäre *f*

chimera → chimaera

chimonophyt Schneebodenpflanze *f*

chimpanzee Schimpanse *m (Pan)*; Schimpanse *m (Pan troglodytes)*

chin Kinn *n*

chinchilla Wollmaus *f*, Chinchilla *f (Chinchilla)*
mountain ~ Viscacha *f (Lagostomus maximus)*
rat ~ Chinchillaratte *f (Abrocoma cinerea)*

chine Rückgrat *n*

chink klirren, klimpen; Riß, Spalte; Klirren, Klimpern

river ~ Jassana *f*, Gelbstirn-Jassana *f (Jacana spinosa)*
chinky rißig; Riß..., Ritzen...
chinook Quinnat *m*, Kalifornischer Lachs *m*, Königslachs *m (Oncorhynchus tschawytscha)*
chinquapin 1. Edelkastanie *f*, Kastanienbaum *m (Castanea)*; 2. Eichenkastanie *f*, Scheinkastanie *f (Castanopsis)*
golden ~ Goldene Eichenkastanie *f (Castanopsis chrysophylla)*
water ~ Gelbe Lotosblume *f (Nelumbo lutea)*
chionium Schneebodengesellschaft *f*
chionophilous schneebodenliebend
chionophobous schneebodenfliehend
chionophytia Schneebodengesellschaft *f*
chip die Eischale durchbrechen
chipmunk Streifenhörnchen *n*, Backenhörnchen *n*, Chipmunk *m (Tamias)*
Alpine ~ Gebirgs-Chipmunk *m (Tamias alpinus)*
Colorado ~ Colorado-Chipmunk *m (Tamias quadrivittatus)*
Eastern ~ Streifenbackenhörnchen *n (Tamias striatus)*
least ~ Kleiner Chipmunk *m (Tamias minimus)*
Siberian ~ Burunduk *m*, Sibirisches Backenhörnchen *n (Eutamias sibiricus)*
yellow pine ~ Gelber Fichtenchipmunk *m (Tamias amoenus)*
chippy Schwirrammer *f*, Kiefernammer *f*, Gesellschaftsammer *f (Spizella passerina)*
chiro Frauenfisch *m (Elops saurus)*
chironomids Schwarmmücken *fpl*, Zuckmücken *fpl (Chironomidae)*
chiropterophilous wird von Fledermäusen bestäbt, fledermausbestäubt
chirp Zwitschern *n*; Zirplaut *m*, Gezirp *n*; zwitschern; zirpen
chirrup → chirp
chital → cheetal
chitin Chitin *n*
chitinized chitinisiert
chitin-lined chitinausgekleidet
chitinous Chitin...
chittamwood Perückenstrauch *m (Cotinus obovatus)*
chitter zwitschern, schreien
chittimwood Kalifornischer Kreuzdorn *m (Rhamnus californica)*
chive Schnittlauch *m (Allium schoenoprasum)*; Sibirischer Lauch *m (Allium sibiricum)*
chlamydate bedeckt, bekleidet, eingehüllt
chlamydocarpous bedecktfrüchtig, bedecktsamig
chloranthy Vireszenz *f*
chlorenchyma Chlorenchym *n*, Assimilationsgewebe *n*
chlorination Chlorierung *f*
chlorophyll Chlorophyll *n*; Blattgrün *n*
chlorophyll-bearing chlorophyllhaltig
chlorophyllous Chlorophyll...
chloroplast(id) Chloroplast *m*, grüne Plastide *f*
lobed ~ becherförmiger Chloroplast *m*
chlorosis Chlorose *f*, Chlorophyllbildungsdefekt *m*
choana Choane *f*, innere Nasenöffnung *f*) (Wirbeltiere)
choanocyte Choanozyt *m*, Kragengeißelzelle *f*
chokeberry Apfelbeere *f*, Apfelbeerstrauch *m (Aronia)*
black ~ Schwarzfrüchtiger Apfelbeerstrauch *m (Aronia melanocarpa)*
red ~ Zwergvogelbeere *f*, Rotfrüchtiger Apfelbeerstrauch *m (Aronia arbutifolia)*
chokecherry Rote Traubenkirsche *f (Padus virginiana)*
cholagogue 1. gallentreibend, gallenabsondernd; 2. gallentreibendes Mittel *n*
cholecys Gallenblase *f*
cholecyctic Gallenblasen...
cholecystoduodenal Gallenblasen-Zwölffingerdarm...
cholecystogastric Gallenblasen-Magen...
choledochus Lebergallenblasengang *m*
cholepoietic gallebildend, gallenproduzierend
choleretic gallentreibend, gallenabsondernd
cholesterin [cholesterol] Cholesterin *n*
choleverdin Biliverdin *n*
cholinergic [cholinogenic] cholinergisch
cholochrome Gallepigment *n*
chondral chondral, knörpelig; Knorpel..., Chondr(o)...
chondrification Verknorpelung *f*, Chondrofikation *f*
chondrify verknorpeln
chondriokinesis Chondriokinese *f*, Mitochondrienteilung *f*
chondriome Chondriom *n*, Mitochondrion *n (Gesamtheit der Mitochondrien)*
chondriosome Chondriosom *n (veraltete Bezeichnung für Mitochondrion)*
chondroblast Chondroblast *m*, Knorpelbildungszelle *f*
chondroclasis Knorpelzerstörung *f*, Knorpelabbau *m*
chondroclast Chondroklast *m*, Knorpelfreßzelle *f*
chondrocostal Rippenknorpel...
chondrocranial Knorpelschädel...
chondrocranium Chondrokranium *n*, Knorpelschädel *m*
chondrocyte Chondrozyt *m*, Knorpelzelle *f*
chondrogenesis Chondrogenese *f*, Knorpelbildung *f*
chondrogen(et)ic knorpelbildend
chondroid chondroid, knorpelartig
chondroosseous knorpelig-knöchern, Knorpel-Knochen...
chondrophyllous knorpelblättrig
chondroplast → chondroblast
chondroskeleton Knorpelskelett *n*
chondrosternal Rippenknorpel-Brustbein...
chopas Pilotbarsche *mpl (Kyphosidae)*
chorda Chorda *f*, Chorde *f*, Rückensaite *f*
chordal strangförmig, saitenförmig
chordates Chordata *npl*, Chordatier, Rückensaiter *mpl*
chordomesoderm Chordomesoderm *n*
chorial Chorion..., 1. Serosa..., Zottenhaut...; 2. Eischale...
chorioallantois Chorioallantois *f*
choriocarp choriokarpe (apokarpe) Pflanze *f*
chorioidea Choriodea *f*, Aderhaut *f (des Auges)*

choriomammotropin Choriomammotropin, Laktogen *n*
chorion Chorion *n*, 1. Serosa f, Zottenhaut *f*; 2. Dottermembran *(der Eischale)*
chorionic Chorion..., Zottenhaut...
chorioretinal chorioretinal, Netzhaut-Aderhaut...
choripetalous mit freien Petalen, Petalen nicht verwachsen
choriphyllous getrenntblättrig
chorisepalous mit freien Sepalen, Sepalen nicht verwachsen
chorisis Spaltung *f*
chorism *(Bot.)* Chorismus *m*
choroid Aderhaut *f (des Auges)*
choroidal Aderhaut...
chorology Chorologie *f*, Arealkunde *f*
chough Alpenkrähe *f (Pyrrhocorax pyrrhocorax)*
  Alpine ~ Alpendohle *f (Pyrrhocorax graculus)*
  red-billed ~ → chough
  yellow-billed ~ → Alpine chough
chousingha Vierhornantilope *f (Tetracerus quadricornis)*
chow Sumpfeiche *f (Casuarina equisetifolia)*
chowly Kuherbse *f (Vigna sinensis)*
chrisroot Grüne Christwurz *f*, Grüne Nieswurz *f (Helleborus viridis)*
Christ's-thorn Christ(us)dorn *m*, Gemeiner Stechdorn *m (Paliurus spina-christi)*
chromaffinity Färbbarkeit *f*, Chromaffinität *f*
chromatic chromatisch. Farb...
chromatid Chromatide *f*, Halbchromosom *n*
  ring ~ Ringchromatide *f*
  sister ~ Schwesterchromatide *f*
chromatin Chromatin *n*
  basic ~ Basischromatin *n*
  sex ~ Geschlechtschromatin *n*
chromatinic Chromatin...
chromatoblast Chromatoblast *m*
chromatofocusing Chromatofokussierung *f*
chromatofuge Chromatozentrifuge *f*
chromatogram Chromatogramm *n*
  circular paper ~ zirkuläres Papierchromatogramm *n*
  column ~ Säulenchromatogramm *n*
  paper ~ Papierchromatogramm *n*
  thin-layer ~ Dünnschichtchromatogramm *n*
  two-dimensional paper ~ zweidimensionales Papierchromatogramm *n*
chromatography:
  ~ on hydroxyapatite column Hydroxyappatitsäulchen-Chromatographie *f*
  absorption ~ Absorptionschromatographie *f*
  adsorption ~ Adsorptionschromatographie *f*
  affinity ~ Affinitätschromatographie *f*
  anion-exchange ~ Anionenaustauschchromatographie *f*
  ascending ~ aufsteigende Chromatographie *f*
  centrifugal elution ~ Zentrifugalelutionschromatographie *f*
  circular ~ zirkuläre Chromatographie *f*
  circular paper ~ Ringpapierchromatographie *f*
  column ~ Säulenchromatographie *f*
  competition ~ Verdrängungschromatographie *f*
  countercurrent ~ Gegenstromchromatographie *f*
  descending ~ absteigende Chromatographie *f*
  displacement ~ Verdrängungschromatographie *f*
  electromigration ~ Elektromigrationschromatographie *f*
  electrophoretic ~ elektrophoretische Chromatographie *f*
  exclusion ~ Ausschlußchromatographie *f*
  fast protein liquid ~ schnelle Protein-Flüssigkeitschromatographie *f*
  gas ~ Gaschromatographie *f*
  gas-liquid ~ Gas-Flüssigkeitschromatographie *f*
  gas-solid ~ Gasadsorptionschromatographie *f*
  gel ~ Gelchromatographie *f*
  high-pressure liquid ~ Hochdruck-Flüssigkeitschromatographie *f*
  hydrophobic (interaction) ~ hydrophobe Chromatographie *f*
  immunoaffinity ~ Immunoaffinitätschromatographie *f*
  ion-exchange ~ Ionenaustauschchromatographie *f*
  liquid ~ Flüssigkeitschromatographie *f*
  liquid column ~ Säulchenflüssigkeitschromato-Graphie *f*
  normal phase ~ Normalphasenchromatographie *f*
  one-dimensional ~ eindimensionale Chromatographie *f*
  paper ~ Papierchromatographie *f*
  partition ~ Verteilungschromatographie *f*
  preparative ~ präparative Chromatographie *f*
  pyrolysis gas ~ pyrolytische Gaschromatographie *f*
  reversed-phase ~ Umkehrphasenchromatographie *f*
  thin-layer ~ Dünnschichtchromatographie *f*
  two-dimensional ~ zweidimensionale Chromatographie *f*
  two-dimensional paper ~ zweidimensionale Papierchromatographie *f*
  two-dimensional thin-layer ~ zweidimensionale Dünnschichtchromatographie *f*
chromatolysis Chromatolyse *f*
chromatophil(ous) chromatophil, färbbar
chromocyte Chromozyt *m*, Farbstoff tragende Blutzelle *f*, Atmungspigment *n*
chromogenesis Farbstoffbildung *f*, Pigmentbildung *f*
chromogenic chromogen, farbstoffbildend, pigmentbildend
chromolip(oi)id Lipochrom *n*
chromopexic chromopexisch, pigmentfixierend
chromophil(e) chrom(at)ophil, leicht färbbar
chromophobe chrom(at)ophob, schlecht färbbar
chromophore Farbstoffträger *m*, Pigmentträger *m*
chromosome Chromosom *n*
  accessory ~ supernumerisches [überzähliges] Chromosom *n*
  acentric ~ azentrisches Chromosom *n*

acrocentric ~ akrozentrisches Chromosom *n*
atelomitic ~ atelomitisches Chromosom *n*
attached X- ~**s** gekoppelte X-Chromosomen *npl*
circular [closed] ~ Ringchromosom *n*, ringförmiges Chromosom *n*
compound ~ Sammelchromosom *n*
daughter ~ Tochterchromosom *n*
dicentric [dikinetic] ~ dizentrisches Chromosom *n*
folded ~ kondensiertes Chromosom *n*
giant ~ Riesenchromosom *n*
heterocentric ~ heterozentrisches Chromosom *n*
holocentric [holokinetic] ~ holozentrisches Chromosom *n*
homologous ~ homologe Chromosomen *npl*
isodicentric ~ isodizentrisches Chromosom *n*
lamp-brush [lateral-loop] ~ Lampenbürstenchromosom *n*
mediocentric ~ metazentrisches Chromosom *n*
megameric ~ megamerisches Chromosom *n*
metacentric ~ metazentrisches Chromosom *n*
metaphase ~ Metaphasenchromosom *n*
neocentric ~ neozentrisches Chromosom *n*
polycentric ~ polyzentrisches Chromosom *n*
polymeric ~ polymerisches Chromosom *n*
polytene ~ Polytänchromosom *n*
recombinant ~ Rekombinantchromosom *n*
ring ~ Ringchromosom *n*, ringförmiges Chromosom *n*
salivary gland ~ Riesenchromosom *n*, Speicheldrüsenchromosom *n*
sex ~ Geschlechtschromosom *n*
telocentric ~ telozentrisches Chromosom *n*
X-~ X-Chromosom *n*

chromotype Chromosomensatz *m*
chronicity Chronizität *f*
chrysalid [chrysalis] *(Ent.)* Puppe *f*
chrysanthemum Chrysantheme *f*, Wucherblume *f* *(Chrysanthemum)*
corn ~ Saat-Wucherblume *f (Chrysanthemum sege-tum)*
garden ~ Gekrönte Chrysantheme *f (Chrysanthemum coronarium)*
Mediterranean ~ Ebensträußige Margerite *f (Tanacetum corymbosum)*

chryseous goldgelb
chrysocarpous goldfrüchtig
chrysocephalous goldköpfig
chrysochrous goldgelb
chub 1. Döbel *m (Leuciscus cephalus)*; 2. *pl* Karpfenfische *mpl (Cyprinidae)* ; 3. Pilotbarsche *mpl (Kyphosidae)*
Bermuda ~ Pilotbarsch *m (Kyphosus sectatrix)*

chuckar → chukar
chuckle glucken *(Henne)*
chuco Gewöhnlicher Stechrochen *m (Dasyatis pastinaca)*
chufa(-nut) Erdmandel *f (Cyperus esculentus)*
chukar Steinhuhn *n (Alectoris graeca)*
chum Sibirischer Lachs *m*, Ketalachs *m (Oncorhynchus keta)*
chumiza Kolbenhirse *f (Setaria italica)*
church-brooms Wilde Karde *f (Dipsacus silvestris)*
chuta Erdmandel *f (Cyperus esculentus)*
chyle Chylus *m*, Milchsaft *m*
chyloid chylös, milchig
chylopoiesis Chilusbildung *f*
chyme Chymus *m*, Speisebrei *m*
chymous Chymus..., Speisebrei...
cibol Rohrenlauch *m*, Winterzwiebel *f (Allium fistulosum)*
cicada Zikada *f*; *pl* Zikaden *fpl*, Singzikaden *fpl*, Singzirpen *fpl (Cicadidae)*
dog-day ~ Singzikade *f*, Singzipre *f (Tibicen linnei)*
manniferous ~ Mannazikade *f (Cicada orni)*
mountain ~ Bergzikade *f (Cicadetta montana)*
vineyard ~ Blutrote Zikade *f*, Rotadrige Singzikade *f (Tibicen haematodes)*

cicatricle *(Bot.)* Nabel *m*, Keimspalte *f*; *(Zool.)* Cicatricula *f*, Hahnentritt *m*, Keimgrube *f (Vögel)*
cicatriculiform nabelförmig
cicatrize Narbe bilden, vernarben
cicely (Gemeine) Hundspetersilie *f (Aethusa cynapium)*
cichlids Augenfleck-Kammbarsche *mpl*, Buntbarsche *mpl (Cichlidae)*
cicksfoot Gemeines Knäuelgras *n (Dactylis glomerata)*
ciliary Flimmer..., Wimper...; Zilien...
ciliate(d) bewimpert
ciliate-toothed wimperzähnig
ciliature Wimperndecke *f*, Wimpernbesatz *m*
ciliograde Cilienbewegung *f*
cilioretinal Ziliarkörper-Netzhaut...
ciliospore Zoospore *f*, begeißelte Spore *f*, bewimperte Spore *f*
cilium Wimper *f*, Zilie *f*, Cilie *f*, Flimmerhaar *n*
cinchona Chinar(inden)baum *m*, Zinchone *f (Cinchona)*
cincinnus *(Bot.)* Wickel *m*
umbellike ~ Doldenwickel *m*

cineraria Aschenblume *f*, Aschenkraut *n*, Aschenpflanze *f (Cineraria)*
cinereous aschfarben, aschgrau
cingulum 1. Gürtel *m*; 2. Basalband *n*, Basalwulst *m (Säugetierzähne)*
cinnabar-coloured zinnoberrot
cinnabarine zinnoberrot
cinnamon Zimtbaum *m*, Zimtlorbeer *m*, Zinnamon *n (Cinnamomum)*
cinnamonwood Fenchelholzbaum *m*, Sassafraslorbeer *f (Sassafras officinalis)*
cinquefoil Fingerkraut *n (Potentilla)*
silverweed ~ Gänsefingerkraut *n (Potentilla anserina)*
three-toothed ~ Dreizähniges Fingerkraut *n (Potentilla tridentata)*
tormentil ~ Blutwurz *f*, Tormentill *m (Potentilla erecta)*

cion Pfröpfling *m*; Ciona *(Gattung der Seescheiben)*
circadian Zirkad... *(Tagesrhythmus)*, 24-Stunden... *(Rhythmus)*

circinate gedreht, gewunden
circle Kreis *m*
~ **of races** Rassenkreis *m*
~ **of vegetation** Pflanzenreich *m*
circling Kreisbewegung *f*
circuit 1. Kreislauf *m*; Umkreis *m*; 2. Stromkreis *m*; 3. System *n*; Schema *n*
closed ~ geschlossenes System *n*
feedback ~ Rückverbindungsschema *n*
immunological [immunoregulatory] ~ immunologischer Zyklus *m*
open ~ offenes System *n*
semiclosed ~ halbgeschlossenes System *n*
symbolic ~ Funktionalschema *n*
circulation Zirkulation *f*, Kreislauf *m*
arterial ~ Arterialzirkulation *f*
artificial [assisted] ~ künstliche Blutzirkulation *f*
blood ~ Blutkreislauf *m*
cerebral ~ Gehirnkreislauf *m*
collateral ~ Kollateralkreislauf *m*, Umgehungskreislauf *m*
compensatory ~ Kompensationszirkulation *f*
coronary ~ Koronarkreislauf *m*
extracorporeal ~ Extrakorporalkreislauf *m*
hepatic ~ Leberkreislauf *m*
lesser ~ kleiner Kreislauf *m*, Pulmonalkreislauf *m*, Lungenkreislauf *m*
peripheric ~ peripherischer Kreislauf *m*
portal ~ Pfortaderkreislauf *m*
pulmonary ~ Lungenkreislauf *m*, Pulmonalkreislauf *m*, kleiner Kreislauf *m*
systemic ~ großer Kreislauf *m*, Körperkreislauf *m*
circulatory Kreislauf...
circumadjacent umgebend
circumboreal zirkumboreal
circumbuccal perioral, den Mund umgebend
circumduction kreisende Gelenkbewegung *f*
circumesophageal periösophageal, die Speiseröhre umgebend
circumferential peripherisch
circumflex zirkumflex, umfassend; gebogen, gekrümmt
circumgenital die Genitalöffnung umgebend
circumnuclear perinukleär
circumoral um den Mund liegend, perioral
circumvascular zirkumvaskulär, perivaskulär, um ein Gefäß herum
cirrate → cirrous
cirrhus → cirrus
cirriform rankenartig
cirrous 1. rankentragend; 2. antennentragend; 3. pappustragend
cirrus 1. Ranke *f*; 2. Pappus *m*; 3. Zirrus *m*
cisco Renke *f*, Maräne *f (Coregonus)*
Arctic ~ Omul *m (Coregonus autumnalis)*
least [Siberian] ~ Sibirische [Kleine] Maräne *f (Coregonus sardinella)*
cistern 1. Zisterne *f*, Raum *m*; 2. Subarachnoidalraum *m*
cistron Zistron *n*
citron 1. Zitronatzitrone *f (Citrus medica)*; 2. Koloquinte *f (Citrullus colocynthis)*
common ~ Wassermelone *f (Citrullus vulgaris)*
citronella Kanadische Kollinsonie *f (Collinsonia canadensis)*
citrous Zitrus...
civet Zibetkatze *f*; *pl* Zibetkatzen *fpl*, Viverren *fpl (Viverridae)*
African ~ Afrika-Zibetkatze *f (Civettictis civetta)*
African palm ~ Pardelroller *m (Nandinia binotata)*
banded palm ~ Bänderroller *m (Hemigalus derbyanus)*
brown [Celebes] ~ Celebesroller *m (Macrogalidia mussenbrocki)*
common palm ~ Fleckenmusang *m (Paradoxurus hermaphroditus)*
Congo water ~ → water civet
golden palm ~ Goldmusang *m (Paradoxurus zeylonensis)*
Himalayan palm ~ → masked palm civet
large Indian ~ Indien-Zibetkatze *f*, Asiatische Zibetkatze *f (Viverra zibetha)*
large-spotted ~ Großfleck-Zibetkatze *f (Moschothera megaspila)*
Malagasy ~ Fanaloka *f (Fossa fossa)*
Malay ~ Tangalunga *f (Viverra tangalunga)*
masked palm ~ Larvenroller *m (Paguma larvata)*
oriental ~ → true civet
otter ~ Mampalon *m (Cynogale bennetti)*
palm ~ Palmenroller *m*, Rollmarder *m (Paradoxurus)*
small-toothed ~ Palmenroller *m (Paradoxurus)*
small-toothed [three-striped] palm ~ → small-toothed civet
true ~ (Echte) Zibetkatze *f (Viverra)*
water ~ Wasserschleichkatze *f (Osbornictis piscivora)*
cladistics Kladistik *f*
cladocarpous kladokarp; seitenfrüchtig
cladode Kladodium *n*
cladogenous → cladocarpous
cladophyll Kladodium *n*, Blattzweig *m*
cladoptosis Kladoptose *f*, Ästchenfall *m*
cladose ästig
cladotype Relikt *n*
clam Muschel *f*; *pl* Muscheln *fpl (Bivaliva)*
fingernail ~ Kugelmuschel *f (Sphaerium)*
freshwater ~**s** Flußmuscheln *fpl (Unionidae)*
long ~ Gemeine Klaffmuschel *f*, Gemeine Sandmuschel *f (Mya arenaria)*
long-necked ~**s** Klaffmuscheln *fpl (Myidae)*
long-siphon ~**s** Sandmuscheln *fpl (Sanguinolariidae)*
perforated ~**s** Thracia-Muscheln *fpl (Thraciidae)*
razor ~ Messerscheide *f*, Schwertmuschel *f (Ensis)*
slender ~**s** Büchsenmuscheln *fpl*, Pandoramuscheln *(Pandoridae)*
soft-shell ~ → long clam
soft-shelled ~**s** → long-necked clams

clammy 1. feuchtkalt, klamm; 2. klebrig
clamp-connection *(Bot.)* Schnallenverbindung *f*
clarificant klärendes Mittel *n*
clarification Reinigung *f*
biological ~ biologische Reinigung (Klärung) *f*
clary Muskateller-Salbei *f (Salvia sclarea)*
meadow ~ Wiesen-Salbei *f (Salvia pratensis)*
clashing:
mouth ~ *(Ethol.)* Maulklatschen *n*
clasmatocyte Klasmatozyt *m*, Bindegewebsmakrophag
clasp umschlingen, umranken, umklammern
clasper *(Bot.)* Ranke *f*
class Klasse *f*; Gruppe *f*
~ **of events** Ereignisklasse *f*
age ~ Altersklasse *f*
association ~ Assoziationsklasse *f*
codominant crown ~ Klasse *f* der kodominanten Bäume
crown ~ Klasse *f* der dominanten Bäume
frequency ~ Frequenzklasse *f*
open-ended ~ *(Biom.)* offene Klasse *f*
quality ~ Bonitätsklasse *f*
recombination ~ Rekombinationsklasse *f*
classification Klassifikation *f*
automatic ~ programmierte Klassifikation *f*
dichotomic ~ dichotome Klassifikation *f*
hierarchial ~ Hierarchieklassifikation *f*
manifold ~ Mehrfach-Klassifikation *f*
numerical ~ numerische Klassifikation *f*
one-way ~ Klassifikation *f* nach einem Merkmal
serological ~ Serotypklassifikation *f*
classify klassifizieren
clava Keule *f*
clavaria Clavaria *fpl*, Keulen- und Korallenpilze
clavate keulenartig
inversely ~ *(Bot.)* verkehrt-keulenförmig
clavescent verkahlen
clavicle Schlüsselbein *n*
clavicular Schlüsselbein..., klavikular, Kleido...
claw 1. Kralle *f*, Klaue *f*; 2. Schere *f*; 3. Pfote *f*; 4. *(Bot.)* Nagel *m*, Klaue *f*, Kralle *f*
nipping ~ Schere *f*
clawless krallenlos
clay Ton *m*
alluvial ~ Auenton *m*
marl ~ Tonmergel *m*
clay-coloured lehmfarben, lehmgelb
clear 1. rein, geklärt; 2. klar, leuchtend; 3. astfrei, astrein
antenna ~ *(Ent.)* Fersenbürste *f*
clear-cut *(Ökol.)* Kahlschlagfläche *f*
clearance Clearance *f*; Korrektionskoeffizient *m*, Korrekturfaktor *m*
complement-mediated immune ~ komplementvermittelte Immun-Clearance *f*
immune ~ Immun-Clearance *f*
lymphatic ~ lymphatische Clearance *f*
clear-eye Muskat(eller)salbei *f (Salvia sclarea)*
clearing Lichtung *f*, Rodung *f*
land ~ Rodung *f*, Roden *n*
clearweed Zwergkanonierblume *f (Pilea pumila)*
cleavable spaltbar, spaltfähig
cleavage 1. Furchung *f (einer Zelle)*; 2. Spaltung *f*
abortive ~ abortive Furchung *f*
asymmetrical ~ disymmetrische Furchung *f*
bilateral ~ bilaterale (beiderseitige) Furchung *f*
cyanogen bromide ~ bromzyanhervorgerufene Spaltung *f*
dexiotropic [dextral] ~ rechtsseitige Furchung *f*
discoidal ~ diskoidale Furchung *f*
enzymatic ~ enzymatische Hydrolyse *f*, enzymatische Spaltung *f*
equal ~ äquale Furchung *f*
equatorial ~ Äquatorialfurchung *f*
holoblastic ~ holoblastische Furchung *f*
homolytic ~ Homolyse *f*, homolytische Spaltung *f*
horizontal ~ Horizontalfurchung *f*
incomplete ~ inkomplete Furchung *f*, Teilfurchung *f*
latitudinal ~ Horizontalfurchung *f*, Breitenfurchung *f*
meridional ~ Meridionalfurchung *f*
mosaic ~ Mosaikfurchung *f*
oxidative ~ oxydative Spaltung *f*
peptic ~ peptische Hydrolyse *f*
polyembryonic ~ polyembryonale Furchung *f*
protein [proteolytic] ~ proteolytische Spaltung *f*
radial ~ radiale Furchung *f*
regulatory ~ Regulationsfurchung *f*
ring ~ Dezyklierung *f*
spiral ~ Spiralfurchung *f*
superficial ~ superfiziale Furchung *f*
thermal ~ Thermolyse *f*, Thermalspaltung *f*
total ~ totale Furchung *f*
tryptic ~ tryptische Spaltung *f*, Trypsinolyse *f*
unequal ~ inäquale Furchung *f*
vertical ~ vertikale Furchung *f*
cleavers Kletten-Labkraut *n (Galium aparine)*
cleft Spalte *f*, Fissur *f*; Riß *m*
branchial ~ Kiemenspalte *f*
gill ~ Kiemenspalte *f*
cleft-beaked spaltiggeschnäbelt
cleft-footed spaltfüßig, paarhufig
cleft-fruited spaltfrüchtig
claft-leaved spaltblätterig
cleft-toothed spaltzähnig
cleidocostal Schlüsselbein-Rippen...
cleidocranial Schlüsselbein-Schädel...
cleidoic eingekapselt
cleidomastoid Schlüsselbein-Warzenfortsatz...
cleidosternal Schlüsselbein-Brustbein...
cleistogamy Kleistogamie *f*
clematis Clematis *f*, Waldrebe *f (Clematis)*
cleome Pillenbaum *m*, Spinnenpflanze *f (Cleome)*
climate Klima *n*
wet ~ Regenwaldklima *n*
climath Kletternder Giftsumach *m (Rhus radicans)*

climatic klimatisch
climatology Klimatologie *f*, Klimakunde *f*
climatype Klimatyp *m*
climax Klimax *m*; Klimaxgesellschaft *f*
  climatic ~ klimatischer Klimax *m*
  edaphic ~ edaphischer Klimax *m*, Bodenklimax *m*
  fire ~ pyrogener Klimax *m*, Brandklimax *m*
  potential ~ Potentialklimax *m*
climb 1. (hoch)klettern; 2. sich hinaufranken
climber 1. Kletterpflanze *f*, Schlingpflanze *f*; 2. Klettervogel *m*
clinandrium Antherengrube *f*
clinathium Fruchtboden *f*
cline Kline *n*, Charaktergradient *n*
clingfish Hohlhering *m (Lepadogaster chrisea)*; *pl* Ansauger *mpl (Gobiesocidae)*
  Connemara ~ Decandolls Scheibenbauch *m (Lepadogaster candollei)*
  shore ~ Hohlgering *m*, Bandschild *m (Lepadogaster lepadogaster)*
cling-rascal → cleavers
clisere klimatische Serie *f*
clitellar Gürtel...
clitellum Clitellum n, Gürtel *m*, Sattel *m*
clitoris Klitoris *f*, Kitzler *m*
cloaca Kloake *f*
cloacal kloakal
clock:
  biological ~ biologische [innere] Uhr *f*
  evolutionary ~ Evolutionsuhr *f*
  flower ~ Blumenuhr *f*
  molecular ~ Molekularuhr *f*
clonable klonierbar
clonal klonal, Klon...
clone Klon *m*
  aberrant ~ aberranter Klon *m*
  autoreactive ~ autoreaktiver Klon *m*
  recombinant ~ rekombinanter Klon *m*
cloning Klonierung *f*
clonogenicity Klonogenität *f*
clonotheque Klonotheke *f*
clonotype Klonotyp *m*
clonus Schüttelkrampf *m*
close engstehend, gedrängt
close to ground water grundwassernah
close-clustered büschelig, gebüschelt
close-clustered inflorescence arrangement büschelige Blütenanordnung *f*
close-grained feingranuliert, feinkörnig
closed geschlossen
closely bloomed gedrängtblütig
closewings Grasmotten *fpl*, Graszünsler *mpl (Crambie)*
closing of leaf canopy Kronenschluß *m*
closterospore vielkernige Phragmospore *f*
closure 1. Schluß *m*; 2. Verbot *m*
  conditioned ~ Bedingtschluß *m*
  crossed ~ Kreuzschluß *m*
  crown ~ Kronenschluß *m*
  stomatal ~ Spaltöffnungsschluß *m*
  ring ~ Zyklisation *f*
clot Gerinnsel *n*; Koagulum *n*; koagulieren, gerinnen, [ver]klumpen, Klumpen bilden; gerinnenlassen
clotbur Spitzklette *f (Xanthium)*
  beach ~ Stachelige Spitzklette *f (Xanthium echinatum)*
  glandular ~ Drüsige Spitzklette *f (Xanthium glanduliferum)*
  great ~ Schöne Spitzklette *f (Xanthium speciosum)*
  Missouri ~ Gebogene Spitzklette *f*, Große Spitzklette *f (Xanthium inflexum)*
  spiny ~ Dornige [Stachelige] Spitzklette *f (Xanthium spinosum)*
clotting Koagulation *f*, Gerinnung *f*
cloud 1. Wolke *f*; Horde *f*; Rudel *n*; Schwarm *m*; Schar *f*, Haufen *m*; 2. *pl* Eulen *fpl*, Eulenfalter *mpl (Noctuidae)*
cloudberry Molt(e)beere *f*, Nordische Brombeere *f (Rubus chamaemorus)*
cloud cover Wolkendecke *f*
cloudy bewölkt; beschlagen; trüb
clove Brutzwiebel *f*, Bulbille *f*
cloven-hoofed paarzehig, paarhufig
clover Klee *m (Trifolium)*
  Alsatin ~ Schweden-Klee *m (Trifolium hybridum)*
  Arctic ~ Weißer Steinklee *m*, Bokharaklee *m (Melilotus alba)*
  bastard ~ → Alsatin clover
  Brasilian ~ Saat-Luzerne *f (Medicago sativa)*
  bush ~ Japanischer Klee *m (Lespedeza striata)*
  California ~ Arabischer Schneckenklee *m (Medicago arabica)*
  cat's ~ Gemeiner Hornklee *m (Lotus corniculatus)*
  Chinese ~ Chinesischer Tragant *m (Astragalus sinicus)*
  common sweet ~ → Arctic clover
  cow ~ Rot-Klee *m (Trifolium pratense)*
  crimson ~ Inkarnatklee *m (Trifolium incarnatum)*
  Dutch ~ → white clover
  Egyptian ~ Alexandrinerklee *m*, Ägyptischer Klee *m (Trifolium alexandrinum)*
  fine-leaved ~ → narrow-leaved clover
  foxtail ~ Fuchsschwanz-Klee *m (Trifolium rubens)*
  French ~ → crimson clover
  holy ~ Esparsette *f (Onobrychis)*
  hop ~ 1. Hopfen-Luzerne *f (Medicago lupulina)*; 2. Goldklee *m (Trifolium aureum)*
  Hungarian ~ Pannonischer Klee *m (Trifolium pannonicum)*
  Italian ~ → crimson clover
  Japan ~ → bush clover
  knotted ~ Streifen-Klee *m (Trifolium striatum)*
  lady's ~ Waldsauerklee *m (Oxalis acetosella)*
  lesser ~ Kleiner Klee *m*, Faden-Klee *m (Trifolium dubium)*
  mammoth ~ → zigzag clover
  meadow ~ → cow clover

Mexican ~ Mexikanischer Klee *m (Richardia scabra)*
mountain ~ Berg-Klee *m (Trifolium montanum)*
narrow-leaved ~ Schmalblättriger Klee *m (Trifolium angustifolium)*
old-field ~ → rabbit-foot clover
Persian ~ Persischer Klee *m (Trifolium resupinatum)*
pill ~ Behaarter Klee *m (Trifolium pilulare)*
pin ~ Gemeiner Reiherschnabel *m*, Schierlingsblättriger Reiherschnabel *m*, Schierlingsreiherschnabel *m (Erodium cicutarium)*
plaster ~ Echter Steinklee *m (Melilotus officinalis)*
purple ~ → meadow clover
rabbit-foot ~ Hasen-Klee *m (Trifolium arvense)*
red ~ → cow clover
rough ~ Rauher Klee *m (Trifolium scabrum)*
scarlet ~ → crimson clover
snail ~ → Brasilian clover
stone ~ → rabbit-foot clover
strawberry ~ Erdbeer-Klee *m (Trifolium fragiferum)*
subterranean ~ Erd-Klee *m (Trifolium subterraneum)*
suckling ~ → lesser clover
sulfur ~ Gelblichweißer Klee *m (Trifolium ochroleucum)*
Swedish ~ → Alsatin clover
sweet ~ Steinklee *m (Melilotus)*
tick ~ Bündelhülse *f*, Büschelkraut *n*, Wandelklee *m (Desmodium)*
white ~ Weiß-Klee *m (Trifolium repens)*
winter ~ Rebhuhnbeere *f (Mitchella)*
yellow ~ → hop clover 3.
zigzag ~ Mittel-Klee *m (Trifolium medium)*
clover-broom Gelbe Färberhülse *f (Baptisia tinctoria)*
cloverworm Kleeschädling *m*
club *(Ent.)* Fühlerkeule *f*
inarticulate ~ ungegliederte Keule *f*
lamellate ~ gefächerte Keule *f*
club-bearing keulentragend
clubbed keulenförmig
club-flowered keulenblütig
club-footed 1. klumpfüßig; 2. keulenstielig
club-forming knäulchenbildend; keulenbildend
club-fruited keulenfrüchtig
club-leaved keulenblätterig
clublike keulenartig
club-moss Bärlapp *m (Lycopodium)*
bog ~ Sumpf-Bärlapp *m (Lycopodium inundatum)*
Chapman's ~ Angedrückter Bärlapp *m (Lycopodium adpressum)*
common ~ Keulen-Bärlapp *m (Lycopodium clavatum)*
fir ~ Tannen-Bärlapp *m (Lycopodium selago)*
running-pine ~ → common club-moss
stiff ~ Wald-Bärlapp *m (Lycopodium annotinum)*
upright ~ → fir club-moss
club-rush Simse *f (Scirpus)*; Waldsimse *f (Scirpus silvaticus)*
red ~ Rotbraunes Quellried *n (Blysmus rufus)*
sea ~ Gemeine Strandsimse *f (Bolboschoenus maritimus)*
tufted ~ Rasige Haarsimse *f (Baeothryon cespitosum)*
club-stalked 1. klumpfüßig; 2. keulenstielig
clubtop Keulenpilz *m*, Keulenschwamm *m (Clavaria)*
clump 1. Gruppe *f*, Haufen *m*; Trupp *m (soziolog. Begriff)*; 2. Anhäufung *f*
bacterial ~ Bakterienkolonie *f*
blast ~ Blastenherd *m*, Blastenansammlung *f*
cluneal Gesäß...
clunes Gesäßbacken *fpl*
cluster 1. Traube *f*, Bündel *n*; traubenartig wachsen; 2. *(Bot.)* Knäuel *n*; 3. Schwarm *m*; Haufen *m*; 4. *(Biom.)* Cluster *m*, Grappe *f*
berry ~ Beerentraube *f*
blossom ~ Blütenstand *m*
eye ~ *(Bot.)* Beiknospengruppe *f*
flower ~ Blütenstand *m*
gene ~ Genencluster *m*
clusterberry Preiselbeere *f (Vaccinium vitis-idaea)*
cluster-flowered traubig
clutch 1. Eigelege *f*, Gelege *f*; 2. Brut *f*; brüten; 3. Brutnest *n*
in the ~ in den Krallen
clypeate schildförmig
clypeola [clypeole] rundes Sporenblatt *n*
cnida Knidozyste *f*, Nematozyste *f*
coaction Koaktion *f*, Zusammenwirken *n*
coagulability Gerinnbarkeit *f*, Gerinnungsfähigkeit *f*
coagulable koagulierbar, gerinnbar, gerinnungsfähig
coagulant Koagulans *n*, Gerinnungsmittel *n*; koagulierend, Gerinnung bewirkend
coagulate Koagulamin *n*, Koagulat *n*, Gerinnsel *n*; gerinnen; gerinnen lassen
coagulation Koagulation *f*, Gerinnung *f*; Flockenbildung *f*, Ausflockung *f*
thermal ~ Hitzekoagulation *f*
coagulative koagulierend, gerinnend
coagulum Koagulum *n*, Koagulat *n*, Gerinnsel *n*
coakum Kermesbeere *f (Phytolacca americana)*
coalesce sich verbinden, sich vereinigen, verschmelzen
coalescence 1. Verwachsung *f*; Zusammenwachsung *f*, Vereinigung *f*; 2. Verschmelzung *f*
coalescent zusammenfließend; zusammenwachsend, verwachsend
coalfish Kohlenfische *mpl (Anoplopomatidae)*
coalition Vereinigung *f*
coalmouse Tannenmeise *f (Parus ater)*
coarctate zusammengedrückt, zusammengepreßt, zusammengedrängt; verengt
coarctation Koarktation *f*, Einengung *f*, Verengung *f*, Zusammenziehung *f*
coarse 1. grob; 2. rauh
coarse-fibered grobfaserig
coarse-grained grobkörnig
coarse- textured grobkörnig
coarticulation Synovialgelenk *n*, Synarthrosis *f*
coaster Bachsaibling *m (Salvelinus fontinalis)*

coat 1. Decke *f*, Hülle *f*; 2. Haut *f*; 3. Deckschicht *f*
cell ~ Zellaußenschicht *f*, Glykokalyx *m*
choroid ~ Choroidmembran *f*
fruit ~ Fruchtschale *f*, Perikarp *n*
jelly ~ Schleimhaut *f*
muscular ~ Muskelschicht *f*
pigment ~ Pigmenthaut *f*
scleral ~ Lederhaut *f (des Auges)*
seed ~ Samenschale *f*
serous ~ seröse Haut *f*
coati [coatimundi] Nasenbär *m (Nasua)*
little [mountain] ~ Gebirgsnasenbär *m*, Zwergnasenbär *m (Nasuella)*
southern ~ Südamerikanischer Nasenbär *m (Nasua nasua)*
cob 1. Klumpen *m*, Stück *m*; 2. männlicher Schwan *m*; 3. Möwe *f (Larus);* Seemöwe *f*, Mantelmöwe *f (Larus marinus)*; 2. Haselnuß *f*
cobalamin Kobalamin *n*, Vitamin B12 *n*
cobbler 1. Gemeiner Pampano *m (Trachinotus carolinus)*; 2. Fadenmakrele *f (Alectis ciliaris)*
cobia Königsbarsch *m (Rachycentron canadus)*; Königsbarsche *mpl (Rachycentridae)*
cobnut Hasel(nuß) *f (Corylus avellana)*
cobra Hutschlange *f*, Kobra *f (Naja);* (Gemeine) Brillenschlange *f*, Indische Kobra *f (Naja naja)*
Asian ~ → spectacled cobra
banded ~ Uräusschlange *f (Naja haje)*
black-and-white ~ Schwarzweiße Kobra *f*, Schwarzweiße Hutschlange *f (Naja melanoleuca)*
black forest ~ Waldkobra *f (Pseudohaje goldii)*
black-lipped ~ → black-and-white cobra
black-necked ~ Speikobra *f (Naja nigricollis)*
Brasilian false water ~ Brasilianische Glattnatter *f (Cyclagras gigas)*
Cape ~ → yellow cobra
Central Asian ~ Mittelasiatische Kobra *f (Naja naja oxiana)*
common ~ → spectacled cobra
coral ~ Gewöhnliche Korallenschlange *f (Micrurus corallinus)*
Egyptian ~ → banded cobra
forest ~ → black-and-white cobra
Gold's (tree) ~ → black forest cobra
hooded ~ → banded cobra
hoodless ~ Schwarze Waldkobra *f (Pseudohaje nigra)*
Indian ~ → spectacled cobra
Innes' ~ Wüstenkobra *f (Walterinnesia aegyptia)*
king ~ Königskobra *f*, Hamadryad *f (Ophiophagus hannah)*
Oxus ~ Central Asia cobra
pink-or-red spitting ~ → black-necked cobra
snake-eating ~ → king cobra
spitting ~ 1. Ringhalskobra *f (Hemachatus haemachatus)*; 2. → black-necked cobra
tree ~ Waldkobra *f (Pseudohaje)*
true ~ Hutschlange *f*, Kobra *f (Naja)*
water ~ Wasserkobra *f (Boulengerina annulata)*
yellow ~ Kapkobra *f (Naja nivea)*
cobweb Spinn(en)gewebe *f*; Spinnenfaden *m*
coca Kokastrauch *m (Erythroxylum coca)*
cocarcinogen Kokanzerogen *n*, Kokarzinogen *n*
cocarcinogenesis Kokanzerogenese *f*, Kokarzinogenese *f*
cocarcinogenic kokanzerogen, kokarzinogen
cocash Granatrote Sternblume *f (Aster puniceus)*
coccal Kokken...
coccids Napfschildläuse *fpl*, Schildläuse *fpl (Coccidae)*
coccobacillus Kokkobazille *f*, Kokken
coccus 1. Nüßchen *n*; 2. Kugelbakterium *n*
coccygeal Steißbein...
coccyx Steißbein *n*
cochineal 1. Echte Kochenille(schild)laus *f (Coccus cacti)*; 2. Große Schildläuse *f (Margarodidae)*; 3. Karmin *n*
ensign ~s Röhrenschildläuse *fpl (Ortheziidae)*
giant ~s → cochineal 2.
pseudogall ~s Färberschildläuse *fpl (Kermesidae)*
cochito pazifischer Hafenschweinswal *m (Phocoena sinus)*
cochlea Schnecke *f*
cochlearifoliate löffelblätterig, mit löffelförmigen Blättern *npl*
cochleariform schneckenförmig
cochleate spiralförmig, schneckenförmig, schraubenartig
cock 1. Hahn *m*; 2. Vogelmännchen *n*; 3. Männchen *n* einiger Fische und Krebse
~ of the wood Auerhuhn *n (Tetrao urogallus)*
heath ~ Birkhuhn *n (Lyrurus tetris)*
snow ~ Königshuhn *n (Tetraogallus)*
cockatoo Kakadu *m*, Schwarzschnabelkakadu *m (Cacatua)*
bare-eyed ~ Nacktaugenkakadu *m*, Rotzügelkakadu *(Kakatoe sanguinea)*
black ~ Gelbohr-Rabenkakadu *m*, Rußkakadu *m (Calyptorhynchus funereus)*
blood-stained ~ → bare-eyed cockatoo
blue-eyed ~ 1. Brillenkakadu *m (Kakatoe ophthalmica)*; 2. → bare-eyed cockatoo
Dicorp's ~ Salomonen-Kakadu *m (Cacvatua du-corpsi)*
funereal ~ → black cackatoo
glossy (black) ~ Braunköpfiger Rabenkakadu *m*, Braunkopfkakadu *m (Calyptorhynchus lathami)*
great black ~ Arakakadu *m*, Palmkakadu *m (Probosciger aterrimus)*
greater sulphur-crested ~ → sulfur-crested cockatoo
greater white-crested ~ → white cockatoo
greater yellow-crested ~ → sulfur-crested cockatoo
great palm ~ → great black cockatoo
great white ~ → white cockatoo
helmeted ~ Helmkakadu *m*, Rotkopf-Kakadu *m (Callocephalon fimbriatum)*
lesser sulphur-crested ~ Gelbwangenkakadu *m*, Kleiner Gelbhaubenkakadu *m (Kaktoe sulphurea)*

long-billed ~ Nasenkakadu *m (Kaktoe tenuirostris)*
Moluccan ~ → rose-crested cockatoo
pink-desert ~ Inka-Kakadu *m*, Leadbeaters Kakadu *m (Kakatoe leadbeateri)*
red-tailed black ~ Rabenkakadu *m*, Bartkakadu *m (Calytorhynchus magnificus)*
red-vented ~ Rotsteißkakadu *m (Kakatoe haematuropygia)*
tose-crested [salmon-crested] ~ Molukken-Kakadu *m (Kakatoe moluccensis)*
slender-billed white ~ → long-billed cockatoo
sulphur-crested ~ (Großer) Gelbhaubenkakadu *m (Kakatoe galerita)*
white ~ Weißhaubenkakadu *m (Kakatoe alba)*

cockchafer (Gemeiner) Maikäfer *m (Melolontha melolontha)*

cockle 1. Kuhnelke *f (Vaccaria segetalis)*; 2. Lolch *m (Lolium)*; 3. Herzmuschel *f (Cardium)*
clammy ~ Acker-Leimkraut *n (Silene noctiflora)*
corn [purple] ~ Korn-Rade *f (Agrostemma githago)*
sticky ~ → clammy cockle

cocklebur → clotbur

cockroach Schabe *f*; *pl* Schaben *fpl (Blattodea)*
American ~ Amerikanische Schabe *f (Periplaneta americana)*
Australian ~ Australische Schabe *f*, Südliche Großschabe *f (Periplaneta australasiae)*
cinereous ~ → gray cockroach
dusky ~ Lappländische Schabe *f*, Gemeine Waldschabe *f (Ectobius lapponicus)*
German ~ Deutsche Schabe *f*, Kleine Hausschabe *f (Blatella germanica)*
gray ~ Grauschabe *f (Nauphoeta cinerea)*
oriental ~ (Orientalische) Küchenschabe *f (Blatta orientalis)*
Surinam ~ Gewächshausschabe *f*, Surinamische Schabe *f (Pycnoscelus surinamensis)*

cockscomb 1. Hahnenkamm *m*; 2. Hahnenkamm *m (Celosia cristata)*

cock's-head 1. Esparsette *f*, Hahnenkopf *m (Onobrychis caput-galli)*; 2. Dänischer Tragant *m*, Triftentragant *m (Astragalus danicus)*

cockspur Gemeine Hühnerhirse *f (Echinochloa crus-galli)*

coconut Kokosnuß *f*
double ~ Seychellenpalme *f (Lodoicea maldivica)*
water ~ Nipapalme *f (Nypa fruticans)*

cocoon Kokon *m*

cod 1. Scholle *f (Pleuronectes platessa)*; 2. Kabeljau *m*, Dorsch *m (Gadus morhua); pl* Kabeljaue *mpl*, Dorsche *mpl (Gadidae)*
Alaska ~ → Pacific cod
Arctic ~ Polardorsch *m (Boreogadus saida)*
bank ~ (Atlantischer) Kabeljau *m*, Dorsch *m (Gadus morhua)*
barramundi ~ → hump-backed rock cod
black ~ Kohlenfisch *m (Anoplopoma fimbria)*
black rock ~ Blaugefleckter Zackenbarsch *m (Cephalopholis argus)*
blue-and-yellow reef ~ Orange-Zackenbarsch *m (Epinephelus flavocaeruleus)*
butterfly ~ 1. Eigentlicher Rotfeuerfisch *m (Pterois volitans)*; 2. Europäische Meersau *f*, Großer [Roter] Drachenkopf *m (Scorpaena scrofa)*
Cloudy-Bay ~ Kinglip *m*, Rockling *m (Genypterus capensis)*
cultus ~ Terpug *mpl (Pleurogrammus azonus)*
deepsea ~**s** Tiefseedorsche *mpl (Moridae)*
Esmark's ~ Stintdorsch *m*, Esmarks Zwergdorsch *m (Trisopterus esmarki)*
freshwater ~ (Gemeine) Aalquappe *f (Lota lota)*
gray rock ~ Grauer Notothenia *f (Notothenida)*
Greenland ~ Grönland-Dorsch *m*, Fjord-Dorsch *m (Gadus ogac)*
hump-backed rock ~ Pantherfisch *m (Chromileptes altivelis)*
Pacific ~ Pazifik-Kabeljau *m*, Pazifischer Kabeljau *m (Gadus macrocephalus)*
polar ~ → Arctic cod
poor ~ Zwergdorsch *m*, Kapelan *m (Trisopterus minutus)*
rock ~**s** 1. Drachenköpfe *mpl (Scorpaenidae)*; 2. Zackenbarsche *mpl (Epinephelus i.e. s.)*; 3. Sägerbarsche *mpl (Serranidae)*
saffron ~ → wachna cod
toothed ~ Ostsibirischer [Arktischer] Dorsch *m (Arctogadus borisovi)*
wachna ~ Fernöstliche Nawaga *f (Eleginus gracilis)*
widow rock ~ Rotbarsch *m (Sebastes marinus)*

code Code *m*
ambiguous base ~ mehrdeutiger Basencode *f*
commaless ~ kommaloser Code *m*
degenerated (genetic) ~ degenerierter genetischer Code *m*
genetic [hereditary] ~ genetischer Code *m*
nucleotide triplet ~ Nukleotid-Tripletgenencode *m*
timing ~ Zeit-Code *m*

codfish Dorsche *mpl*, Schellfische *mpl (Gadidae)*

coding Kodierung *f*
analog ~ Analogkodierung *f*
digital ~ diskrete (digitale) Kodierung *f*
signal ~ Signalkodierung *f*

codlin(g) Wilder Apfelbaum *m*, Wildapfel *m*, Holzapfel *m (Malus sylvestris)*

codlins-and-cream Rauhhaariges Weidenröschen *n (Epilobium hirsutum)*

codominance Kodominanz *f*

codon Codon *n*
amber ~ Amber-Codon *n*
degenerated ~ degeneriertes Codon *n*
initiation [initiator] ~ Initiator-Codon *n*
missense ~ Fehlsinncodon *n*
nonsense ~ *Nonsense*-Codon *n*, Nichtsinncodon *n*
ochre ~ Abbruchcodon mit der Sequenz UAA

quadruplet ~ Quadruplet-Codon *n*
sense ~ Sinn-Codon *n*
start ~ → initiation codon
stop [termination, terminator] ~ Terminationscodon *n*, Stopp-Codon *n*

coefficient Koeffizient *m*
~ of agreement Übereinstimmungskoeffizient *m*
~ of allometry Allometriequotient *m*
~ of association Assoziationskoeffizient *m*
~ of coincidence Koinzidenzkoeffizient *m*
~ of concordance Konkordanzkoeffizient *m*
~ of condition Konditionsquotient *m*
~ of consistence Konsistenzkoeffizient *m*
~ of contingency Kontingenzkoeffizient *m*
~ of correlation Korrelationskoeffizient *m*
~ of destruction Destruktionskoeffizient *m*
~ of determination Bestimmtheitsmaß
~ of fertility Fruchbarkeitskoeffizient *m*
~ of indetermination Unbestimmtheitsmaß
~ of generation Reproduktionskoeffizient *m*
~ of multiple correlation Koeffizient *m* der Vielfachkorrelation
~ of nondetermination Unbestimmtheitsmaß
~ of parentage Verwandtschaftskoeffizient *m*, Abstammungskoeffizient *m*
~ of partial correlation Teilkorrelationskoeffizient *m*
~ of repeatability Wiederholbarkeitskoeffizient *m*
~ of variation Variationskoeffizient *m*
binomial ~ Binomialkoeffizient *m*
correlation ~ Korrelationskoeffizient *m*
growth ~ Wachstumsquotient *m*
immigration ~ Immigrationskoeffizient *m*, Einwanderungskoeffizient *m*
inbreeding ~ Inzuchttkoeffizient *m*
isotonic ~ Isotoniekoeffizient *m*
mutation ~ Mutationskoeffizient *m*
oxygen-utilization ~ Koeffizient *m* des Sauerstoffverbrauches
permeability ~ Permeabilitätskoeffizient *m*
phagocytic ~ Phagozytoseindex *m*
photosynthetic ~ Photosynthesekoeffizient *m*
rank correlation ~ Rangkorrelationskoeffizient *m*
regression ~ Regressionskoeffizient *m*
respiratory ~ respiratorischer Quotient *m*
saturation ~ Sättigungskoeffizient *m*
scattering ~ Streuungskoeffizient *m*
selection ~ Selektionskoeffizient *m*
serial correlation ~ Reihenkorrelationskoeffizient *m*, Serienkorrelationskoeffizient *m*
similarity ~ Ähnlichkeitskoeffizient *m*
temperature ~ Temperaturkoeffizient *m*

coelenterates Coelenterata *npl*, Hohltiere *npl*, Schlauchtiere *npl*
coelenteron Gastralhöhle *f*, Gastralraum *m*
coeliac abdominal
coeliosis Vakuolenbildung *f*, Vakuolisation *f*
coeloblast Zöloblast *m*
coeloblastula Zöloblastula *f*
coelogastrula Zölogastrula *f*
coelomate zölomatisch
coelom(e) Zölom *n*, sekundäre Leibeshöhle *f*
extraembryonic ~ extraembryonales Zölom *n*
coelomocyte Zölomozyt *m*, Zölomzelle *f*
coelospermous hohler Saum
coelozoic zölombewohnend
coen Zönose *f*, Gemeinschaft *f*
coenanthium gemeinsamer Blütenboden *m*
coenobiology Zönobiologie *f*
coenobium Coenobium *n*, Zellkolonie *f*
coenoblast Zönoblast *m*
coenosis Zönose *f*, Gemeinschaft *f*
coenosome *(Bot.)* Vegetationsscheitel *m*
coenospecies Zönoart *f*
coenzyme Koferment *n*, Koenzym *n*
coenzyme A Koenzym *n* A
acetyl ~ Azetyl-Koenzym *n* A
coexistence Koexistenz *f*
cofactor Kofaktor *m*, Cofaktor *m*
coferment Koferment *n*, Koenzym *n*
coffee Kaffee *m*, Kaffeebaum *m*, Kaffeestrauch *m* *(Coffea)*
Congo ~ Bergkaffee *m*, Arabischer [Echter] Kaffeebaum *m* *(Coffea arabica)*
highland ~ Schmalblättriger Kaffeebaum *m* *(Coffea stenophylla)*
Magdad ~ Westkassie *f*, Westsennenstrauch *m* *(Cassia occidentalis)*
coffeeberry Kalifornischer Faulbaum *m*, Kalifornischer Färbedorn *m* *(Rhamnus californica)*
coffeeweed → chicory
coffeiform kaffeebohnenförmig
cofferfish 1. Kofferfische *mpl* *(Ostraciontidae)*; 2. Kuhfische *mpl* *(Tetraodontiformis)*
cognate 1. (bluts)verwandt; 2. Blutsverwandter *m*
cognation Blutsverwandtschaft *f*
cognition Erkennen *n*; Wahrnehmung *f*, Kenntniss *f*
cogon Alang-Alang-Gras *n* *(Imperata cylindrica)*
cohabitant 1. Zusammenwohnender *m*; 2. Geschlechtspartner *m*
coherence Verbindung *f*; Kopplung *f*
coherent verbunden, gekoppelt
coho Kisutch-Lachs *m*, Silberlachs *m* *(Oncorhynchus kisutch)*
cohort 1. Kohorte *f*; 2. Nachkommenschaft *f*
coil 1. Spirale *f*; 2. Windung *f*; 3. *(Bot.)* Wickel *m*
braided ~ plektonemische Spirale *f*
internal ~ innere Spirale *f*
paranematic ~ paranematische Spirale *f*
stereotypic ~ Standardspirale *f*
coil-like spiralig
coiled gedreht, gewunden
coimmunization Doppeltantigenimmunisation *f*
cointegration Kointegration *f*
coital Koitus...

coition [coitus] Koitus *m*, Begattung *f*, Kohabitation *f*
cola Kolabaum *m (Cola acuminata)*
colal-and-pearl Rotes Christophskraut *n (Actaea rubra)*
colature Filtrat *n*
colchicinization Behandlung mit Colchizin (führt zu Polyploidisierung)
colchicum Herbstzeitlose *f (Colchicum autumnale)*
cold 1. kalt; 2. radioaktivitätslos, radioaktivitätsfrei; 3. Kälte *f*; 4. Kälteempfindung *f*
cold-blooded kaltblütig
cold-killed erfroren
cold-stenothermic kältestenotherm
cole → cabbage
coleophyllous scheidenblättrig
coleoptile Koleoptile *f*
coleorhiza Wurzelscheide *f*
coleseed Rübsen *m*, Stoppelrübe *f (Brassica campestris)*
colibacillus Koli-Bazillus *m*, Kolibakterie *f (Escherichia coli)*
colic Kolon..., Dickdarm...
colicroot 1. Kanadische Haselwurz *f (Asarum canadense)*; 2. Zottige Yamswurzel *f (Dioscorea villosa)*; 3. Gemeiner Ackerfrauenmantel *m (Aphanes arvensis)*
coliform kolibakterienartig, koliförmig
colinearity Kolinearität *f*
collagen Kollagen *n*
collagenic kollagen, Kollagen...
collapse Kollaps *m*, Zusammenbruch *m*; kollabieren
collar 1. Kragen *m*; 2. *(Bot.)* Hals *m*; 3. Halsstreifen *m*; 4. Halsband *n*; 5. Narbe (an der Ansatzstelle mancher Blütenstände der Poaceae)
  root ~ Wurzelhals *m*
collarbone Schlüsselbein *n*
collateral 1. Kollaterale *f*; kollateral, auf derselbenKörperseite befindlich; 2. begleitend, zusätzlich; sekundär
collection 1. Sammlung *f*, Kollektion *f*; 2. Sammeln *n*, Kollektierung *f*
  taxonomic ~ systematische Sammlung *f*
  type culture ~ Sammlung *f* von typischen Kulturen
collector 1. Kollektor *m*; 2. Sammler *m*
  ~ of nitrogen Stickstoffsammler *m*
collembolan Collembole *f*, Springschwanz *m*; *pl* Springschwänze *mpl*, Collembole *fpl (Collembola)*
collenchyme Kollenchym *n*
  angular ~ Eckenkollenchym *n*
  lacunar ~ Lakunarkollenchym *n*
  lamellar ~ Plattenkollenchym *n*
collencyte Kollenzyt *m*
collet *(Bot.)* Hals *m*
colleter *(Bot.)* Leimzotte *f*
colleterium *(Ent.)* Kolleterialdrüse *f*
colley Drossel *f (Turdus)*
  mountain ~ Ringdrossel *f (Turdus torquatus)*
colliquation Verflüssigung *f*, Einschmelzung *f (von Geweben)*
colline *(Ökol.)* kolline, hügelig; bergig; im Hügelland gelegen, collin
collineality Kolinearität *f*
collinous die colline Stufe bewohnend
colloid Kolloid *n*; kolloidal
colloidal kolloidal
collum 1. Hals *m*; 2. Zwiebelboden *m*, Zwiebelkuchen *n*
colobus Stummelaffe *m (Colobus)*
  black ~ Schwarzer Stummelaffe *m (Colobus satanas)*
  black-and-white ~ Südliche Guereza *f (Colobus polykomos)*
  green [olive] ~ Grüner Stummelaffe *m (Colobus verus)*
  pied ~ → black-and-white colobus
  red ~ Roter Stummelaffe *m (Colobus badius)*
colocolos Chiloebeutelratte *f (Dromiciops australis)*
colocynth Bitterzitrulle *f*, Koloquinte *f (Citrullus colocynthis)*
coloduodenal Dickdarm-Zwölffingerdarm...
colon Kolon *n*, Dickdarm *m*
colonial kolonial; Kolonien...
colonic Kolon..., Dickdarm...
colonization Kolonisation *f*, Besiedlung *f*, Ansiedlung *f*
colonizer Einsiedler *m*, Ansiedler *m*, Besiedler *m*
  early ~ Frühbesiedler *m*; Erstbesiedler *m*
colony Kolonie *f*
  breeding ~ Brutgesellschaft *f*, Brutkolonie *f*
  cell ~ Zellkolonie *f*
  daughter ~ Tochterkolonie *f*
  fungus ~ Pilzkolonie *f*
  hemopoietic ~ Kolonie *f* der blutbildenden Zellen
  honey-bee ~ Bienenfamilie *f*; Bienenschwarm *m*
  "kappa-only" ~ Monokappazellen-Kolonie *f*
  kormogene ~ kormogene Kolonie *f*
  "lambda-only" ~ Monolambdazellenkolonie *f*
  mixed ~ Misch-Kolonie *f*
  mucoid ~ mukoide [schleimige] Kolonie *f*
  multilineage ~ Misch-Kolonie *f*, polylineare Kolonie *f*
  oligolineage ~ oligolineare Kolonie *f*
  pinpoint ~ Punktkolonie *f*
  reciprocal ~ Reziprok-Kolonie *f*
  rough [R-type] ~ R-Typ Kolonie *f*
  sectored ~ Sektorialkolonie *f*
  single lineage ~ monolineare Kolonie *f*
  smooth [S-type] ~ (glatte Kolonie *f*), S-Typ-Kolonie *f*
  subsurface ~ Tiefenkolonie *f*
  surface ~ Oberflächenkolonie *f*
colony-forming kolonieforming, koloniebildend
color Farbe *f*; Färbung *f*
  basic ~ Grundfarbe *f*
  breeding ~ Hochzeitsfärbung *f*
  fur ~ Pelzfarbe *f*
  plumage ~ Fiederfarbe *f*, Gefiederfarbe *f*
coloration Färbung *f*; Färben *n*
  allocryptic ~ Schutzfärbung *f*
  allosematic ~ allosematische Färbung *f*
  alluring ~ Anlockungsfärbung *f*
  antiaposematic ~ 1. Färbung *f*, die ein Raubtier maskiert; 2. drohend wirkende Färbung *f*, Drohtracht *f*

anticryptic ~ antikryptische Färbung *f*
apatetic ~ apatetische Färbung *f*
aposematic ~ Warnfärbung *f*, aposematische Färbung *f*
assimilative [concealing] ~ Schutzfärbung *f*, Tarntracht *f*
cryptic ~ Schutzfärbung *f*, Tarntracht *f*, Tarnfärbung *f*
disruptive ~ Zergliederungsfärbung *f*
episematic ~ Erkennungsfärbung *f*
fighting ~ Kampffärbung *f*
procryptic ~ Nachahmungsfärbung *f*
protective ~ Schutzfärbung *f*
pseudoaposematic ~ → allosematic coloration
pseudoepisematic ~ Anlockungsfärbung *f*
sematic [warning] ~ Warnfärbung *f*, Warntracht *f*
submissive ~ Inferioritäysfärbung *f*
warning ~ Warntracht *f*
color-blindness Farb(en)blindheit *f*
colorectal Dickdarm-Mastdarm...
colostrum Vormilch *f*, Kolostrum *n*, Kolostralmilch *f*
colour → color
colovesical Dickdarm-Harnblasen...
colt Hengstfohlen *n*; junger Dachs *m*
coltsfoot 1. (Gemeiner) Huflattich *m* *(Tussilago farfara)*; 2. (Braune) Haselwurz *f* *(Asarum europaeum)*
Alpine ~ Alpenlattich *m*, Brandlattich *m* *(Homogyne)*
Arctic ~ Dreieckigblätterige Pestwurz *f* *(Petasites trigonophylla)*
sweet ~ Pestwurz *f* *(Petasites)*
colt's-tail Kanadisches Berufkraut *n* *(Erigeron canadense)*
columbine Akelei *f*, Aquilegia *f* *(Aquilegia)*, *taubenblau*
European ~ Gemeine Akelei *f*, Waldakelei *f* *(Aquilegia vulgaris)*
small-flowered ~ Kurzgriffelige Akelei *f* *(Aquilegia brevistyla)*
wild ~ Kanadische Akelei *f* *(Aquilegia canadensis)*
columella 1. Säulchen *n*, Griffel *m*; 2. Kapselachse *f*
columellar kolumellar, Säulchen...
column 1. Säule *f*; 2. Wirbelsäule *f*, Rückgrat *n*; 3. Gynosthelium *n*; 4. Nervenbündel *n*; 5. Columella *f*
~ **of Gowers** Gowerssche Bahn *f*, vordere Kleinhirnseitenstrangbahn *f*
anion exchange ~ Anionenaustauschersäule *f*
antibody affinity ~ Säulchen *n* mit immobilisierten Antikörpern
chromatography ~ Chromatographiesäule *f*
Clarke's ~ Clarkesche Säule *f*
Flechsig's ~ Flechsigsche Bahn *f*, Flechsigsches Bündel *n*
slender ~ Gollscher Strang *m*
spinal ~ Rückgrat *n*, Wirbelsäule *f*
columnar Säulen...
columnar-celled zylinderzellig
coly Mausvogel *m* *(Colius)*
blue-naped ~ Blaunacken-Mausvogel *m* *(Colius macrourus)*
colza Raps *m* *(Brassica napus napus)*
coma 1. Samenschopf *m*, Federchen *n*, Pappus *m*; 2. Koma *n*
chill ~ Kälteerstarrung *f*
seed ~ Samenschopf *m*
comb 1. Wabe *f*, Honigwabe *f*; 2. Kamm; Hahnenkamm *m*
pollen ~ Fersenbürste *f* *(bei Honigbienen)*
combination 1. Kombination, Verbindung; 2. Komplex *m*
comb-shaped kammförmig
comfrey Beinwell *m* *(Symphytum)*; Echter Beinwell *m* *(Symphytum officinale)*
prickly [rough] ~ Rauher Beinwell *m*, Kaukasus - Komfrey *m* *(Symphytum asperum)*
tuberous ~ Knolliger Beinwell *m*, Knoten-Beinwell *m* *(Symphytum tuberosum)*
wild ~ Virginische Hundszunge *f* *(Cynoglossum virginianum)*
comico Großaugen-Barsch *n* *(Priacanthus arenatus)*
coming into ear Ährenbildung *f*, Ährenschieben *n*
comma C-Falter *m* *(Polygonia C-album)*
false ~ Weißes L *n* *(Polygonia l-album)*
southern ~ Gelber C-Falter *m* *(Polygonia egea)*
commensal Kommensale *m*
~ **of civilization** Kulturfolger *m*
commensalism Kommensalismus *m*
commensurable [commensurate] 1. angemessen, im richtigen Verhältnis; 2. kommensurabel, vergleichbar
commissure Kommissur *f*, Verbindung *f*
commitment Verpflichtung *f*, Engagement *n*; Kommitierung *f*
common gemein; gewöhnlich
communication Kommunikation *f*
artificial ~ künstliche Kommunikation *f*
community Gemeinschaft *f*, Lebensgemeinschaft *f*
alluvial ~ Alluvialgesellschaft *f*, Anschwemmungsgesellschaft *f*
animal ~ Zoozönose *f*, Tiergesellschaft *f*
aquatic ~ Wasserpflanzengesellschaft *f*
biotic ~ Biozönose *f*
chersic ~ Lebensgemeinschaft des Ödlands
climax ~ Klimaxgesellschaft *f*
closed ~ geschlossene Gemeinschaft *f*
continuously stable ~ → permanent community
culture plant ~ Kulturpflanzengemeinschaft *f*
evergreen ~ Gemeinschaft *f* der immergrünen Pflanzen
free floating hydrophyte plant ~ Gesellschaft frei schwimmender Wasserpflanzen (z.B. Wasserlinse)
freshwater ~ Süßwassergesellschaft *f*
half culture ~ Halbkulturpflanzengesellschaft *f*
initial ~ Initialgesellschaft *f*
lawn ~ Rasengesellschaft, rasenbildende Gesellschaft
more-layered ~ Gesellschaft, welche aus mehreren Schichten aufgebaut
one-layered ~ einschichtige Pflanzengesellschaft *f*
pattern ~ mosaikartig aufgebaute Pflanzengesellschaft *f*
permanent ~ stabile, dauerhafte Pflanzengesell-

schaft *f*, Dauergesellschaft *f*
plant ~ Pflanzengesellschaft *f*
pluristratal ~ vielschichtige Pflanzengesellschaft *f*
primary ~ Initialgesellschaft*f*
regional ~ regionale Gemeinschaft *f*
secondary ~ Sekundärgemeinschaft *f*
seminatural ~ halbnatürliche Gesellschaft *f*
seral ~ instabile Gemeinschaft *f*
stable ~ stabile Gemeinschaft *f*
submerged plant ~ Gesellschaft *f* der submersen Wasserpflanzen
terminal ~ Terminalgemeinschaft *f*, Schlussgesellschaft *f*
transitional ~ Übergangsgemeinschaft *f*, Durchgangsstadium *n*
weed ~ Unkrautgesellschaft *f*
comose schopfig, beschopft
companion Begleiter *m*, Begleitart *f*
compartition:
affinity ~ Affinitätsverteilung *f*
compatibility Kompatibilität *f*, Verträglichkeit *f*
ecological ~ ökologische Verträglichkeit *f*
compensatory kompensatorisch, ausgleichend
competition 1. *(Ethol.)* Kompetition *f*, Konkurrenz *f*, Konkurrenzverhalten *n*, Wettbewerb *m*; 2. *(Mol.)* Verdrängung *f*
antigenic ~ Antigenkonkurrenz *f*
interspecific ~ interspezifische Konkurrenz *f*
intraspecific ~ intraspezifische Konkurrenz *f*
intrinsic ~ direkte interferenzgebundene Konkurrenz *f*
competitor Konkurrent *m*
complement 1. Komplement *n*, Alexin *n*; 2. Chromosomensatz *m*
chromosomal ~ Chromosomensatz *m*
membrane-bound ~ membrangebundenes Komplement *n*
total hemolytic ~ totales hämolytisches Komplement
complementary komplementär
complementation Komplementation *f*
interallelic ~ Interallelkomplementation *f*
intergenic ~ Intergenkomplementation *f*
intragenic ~ Intragenkomplementation *f*
complex Komplex *m*
antigen-antibody ~ Antigen-Antikörper-Komplex *m*
antigenic ~ Antigenkomplex *m*
cell-bound immune ~ zellgebundener Immunkomplex *m*
chromosome ~ Chromosomenkomplex *m*
circulating immune ~ zirkulierender Immunkomplex
enzyme-substrate ~ Enzym-Substrat-Komplex *m*
genetic ~ Genotyp *m*
habit ~ Benehmen *n*
light-harvesting ~ lichtsammelnder Komplex *m*
major histocompatibility ~ Hauptkomplex *m* der Histokompatibilität
multienzyme ~ Polyenzymkomplex *m*, Multienzymkomplex *m*
complexity Komplexität*f*
idiotypic ~ idiotypische Variabilität *f*
complicant überdeckend, geschichtet
component Komponente *f*
~s of factorial effects Komponenten *fpl* faktorieller Wirkungen
integral ~ Integralkomponente *f*
major ~ Hauptkomponente *f*
minor ~ nebensächliche Komponente *f*, Nebenkomponente *f*
sire ~ Vaterkomponente *f*
trace ~ Spurenkomponente *f*
ubiquitous ~ unbedingte Komponente *f*
virus core ~ Zentralkomponente *f* des Virus
composite 1. zusammengesetzt; gemischt; vielfaltig; 2. Korbblütler...*(Asteraceae)*
compositicolous korbblütlerbewohnend
composition Zusammensetzung *f*
age (-class) ~ Alterszusammensetzung *f*
base ~ Basenzusammensetzung *f*
body ~ Körperzusammensetzung *f*
community ~ Zusammensetzung *f* [Struktur *f*] der Gemeinschaft
floristic ~ Artzusammensetzung *f* der Assoziation
subunit ~ Zusammensetzung der Untereinheiten *f*
compositae Korbblütler *mpl (Asteraceae)*
compost Kompost *m*; kompostieren
compound 1. Zusammensetzung *f*, Mischung *f*; zusammensetzen, mischen; zusammengesetzt; 2. Verbindung *f*; verbinden
albuminous ~ Eiweißverbindung *f*, Proteinverbindung
amino ~ Aminoverbindung *f*
intermediate ~ Intermediärprodukt *n*
storage ~ Speicherstoff *m*
compounding Mischung *f*, Mischungszubereitung *f*
compress zusammendrücken, zusammenpressen
compression Zusammendrücken *n*, Zusammenpressen *n*
compressor Kompressor *m*, Kompressionsmuskel *m*
conarium durchsichtige Tiefseelarven gewisser Coelenteraten
concatenate 1. Konkatenat *n*; 2. kettenförmig
concatenation Kettenbildung *f*, Verkettung *f*
concavo-concave bikonkav
conceal tarnen, verbergen
concealed latent, verborgen
concealment 1. Verbergen *n*, Verstecken *n*; 2. Verborgenheit *f*; 3. Versteck *m*
conceive empfangen; trächtig werden
conceiving Empfängnis *f*
concentration Konzentration *f*
conceptacle 1. Konzeptakulum *n*; 2. Behälter *m*; 3. scheidewandlose Schote *f*
conception 1. Konzeption *f*, Vorstellung *f*, Begriff *m*; 2. Befruchtung *f*, Besamung *f*; Empfängnis *f*
conceptive empfängnisfähig
conceptus befruchtete Eizelle *f*
conch 1. Schale *f* der Schnecken; 2. Ohrmuschel *f*;

3. große Schnecke *f*; 4. *pl* Flügelschnecken *fpl (Strombidae)*
pear ~s Birnhörner *npl (Busyconidae)*
conchate muschelförmig
conchology Konchologie *f*
concolorate gleichgefärbt
concomitant 1. begleitend, Begleit...; gleichzeitig; 2. Begleiterscheinung *f*
conconnubium Gruppe *f* der monogamen Tiere in der Fortpflanzungsperiode
concordance Übereinstimmung *f*
concordant konkordant, übereinstimmend
concrescence Zusammenwachsung *f*, Konkretion *f*
concrescent zusammengewachsen
concretion 1. Konkretion *f*; 2. Eindickung *f*; 3. Konkrement *n*
condensate Kondensat *n*
condensation Kondensation *f*
chromosome ~ Verkürzung *f* der Chromosomen, Chromosomenkondensation *f*
condense kondensieren, verdichten
condition 1. Bedingung *f*, Voraussetzung *f*; 2. Zustand *m*; 3. konditioniren, in den *(gewünschten)* Zustand bringen
adverse ~s ungünstige Bedingungen *fpl*
boundary ~s Grenzbedingungen *fpl*
environmental ~s Umweltbedingungen *fpl*
light ~s Beleuchtungsbedingungen *fpl*
living ~s Lebensbedingungen *fpl*
morbid ~ Krankheitszustand *m*
palmella ~ Palmelloidzustand *m*
conditional bedingt
conditioned bedingt *(Reflex)*
conditioning 1. Konditionierung *f*; 2. bedingter Reflex *m*; 3. Ausarbeitung *f* eines bedingten Reflexes
aversive ~ 1. Abneigungsreflex *m*; 2. Ausarbeitung *f* eines bedingten Abneigungsreflexes
classical ~ klassischer bedingter Reflex *m*, bedingter Reflex *m* nach Pawlow
defensive ~ Abwehrreflex *m*
differential ~ bedingter Differenzierungsreflex *m*
operant ~ operante Ausarbeitung *f* bedingten Reflexes
Pavlovian ~ → classical conditioning
condor Kondor *m (Vultur gryphus)*
California ~ Kalifornischer Kondor *m (Gymnogyps californianus)*
conductance Leit(ungs)fähigkeit *f* (→ conductibility)
ionic ~ Ionenleit(ungs)fähigkeit *f*
membrane ~ Membranleit(ungs)vermögen *n*
conductibility Leit(ungs)fähigkeit *f* (→ conductance)
conduction Leitung *f*, Übertragung *f*
conductive leitend, überleitend
conductivity Leitfähigkeit *f*
conductor Konduktor *m*, Überträger *m*
condylar kondylär, Gelenkfortsatz...
condyle Kondylus *m*, Gelenkfortsatz *m*
cone 1. Konus *m*; 2. *(Bot.)* Zapfen *m*; 3. Zapfen *m (der Netzhaut)*; 4. Zahnhöcker *m*
~ of kidney Nierenyramide *f*
acrosomal ~ Akrosomalhügelchen *n*
crystalline ~ *(Ent.)* Krystallinkegel *m (des Auges)*
entrance [entry, exudation, fertilization] ~ Empfängnishügel *m*
genital ~ Geschlechtshöcker *m*
growth ~ Wachstumshöcker *m*
vegetative ~ Vegetationskegel *m*
cone-bearing *(Bot.)* zapfentragend
cone-fruited kegelfrüchtig
cone-shaped zapfenförmig
coney → cony
conferva Fadenalge *f*
confiding zutraulich
configuration Konfiguration *f*, Form *f*, Formgestalt *f*
bridge-fragment ~ Brücke-Fragment-Konfiguration *f (zwischen Chromosomen)*
cis ~ Cis-Konfiguration *f*
trans ~ Trans-Konfiguration *f*
confined beschränkt
confinement Beschränkung *f*
conflict:
approach-avoidance ~ Annährungs-Vermeidung-Konflikt *m*
parent-offspring ~ Eltern-Nachkommen-Konflikt *m*
conformation 1. Konformation *f*; 2. Struktur *f*, Gestalt *f*, Bau *m*; 3. Exterieur *n*
side-chain ~ Seitenkettenkonformation *f*
conformed gleichförmig
confounding:
balanced ~ *(Biom.)* balanciertes Vermengen *n*
congener 1. Vertreter *m* derselben Art; 2. verwandt, stammverwandt
congeneric [congenerous] kongenerisch, zu derselben Art gehörend
congenetic kongenetisch, gleicher Herkunft
congenital angeboren
conger Meeraal *m (Conger conger)*; *pl* Meeraale *mpl*, Seeaale *mpl (Congridae)*
pike ~ Hechtmuräne *f*, Batavia- Putjekranipal *m (Muraenesox)*
silver ~ Hechtmuräne *f (Muraenesox cinereus)*
congested 1. überfüllt, übervölkert; 2. mit Blut überfüllt
conglobate zusammengeballt, geballt, kugelig
conglomerate 1. Anhäufung *f*, Häufung *f*; 2. zusammengeballt
congregate (sich) sammeln, (sich) versammeln
conidial konidial
conidiiferous konidienbildend, konidientragend
conidiocarp Pyknidium *n*
conidiole kleine Konidie *f*
conidiophore Konidienträger *m*, Konidophor n
conidiospore Konidiospore *f*
conidium Konidie *f*, Konidium *n*
conifer Konifere *f*, Nadelholz *n*, Nadelbaum *m*
coniferous Nadel...; zapfentragend

conjoined verbunden, gemeinsam; eineiig *(Zwillinge)*
conjugant Konjugant *m*
conjugate 1. Konjugat *m*; 2. konjugieren, zusammenschmelzen
bead-antibody ~ granulaimmobilisierte Antikörper *m*
conjugation Konjugation *f*, Vereinigung *f*, Verschmelzung *f*
conjunctiva Konjunktive *f*, Augenbindehaut *f*
conjunctival Bindehaut...
conjunctive [miteinander] verbunden
conjusted axis *(Bot.)* gestauchte Achse *f*
conk Fuchtkörper *m* eines holzzerstörenden Pilzes
connatal angeboren
connate 1. angeboren; 2. verwachsen
connatural 1. gleicher Natur, verwandt; 2. angeboren
connect verbinden, verknüpfen
connection 1. Verbindung *f*; 2. Bindeglied *n*; 3. Zusammenhang *m*, Beziehung *f*
central ~s Zentrodesmose *f*
connective 1. Zwischenband *m*; 2. Konnektiv *n*; 3. Verbindungs...; 4. Binde...
connivent konvergent
connubial ehelich, Ehe...
connubium ~ Begattung *f*; Paarung *f*
conodrymium Phytozönose *f* der immergrünen Pflanzen
conophorium Phytozönose *f* des Nadelholzwaldes
conophorous nadelholzwaldbewohnend
conscience [consciousness] Bewußtsein *n*
subliminal ~ Unterbewußtsein *n*
consensual 1. unwillkürlich, reflektorisch; 2. in gleichen Sinne wirkend
conservation 1. Konservierung *f*, Aufbewahrung *f*; 2. Naturschutz *m*, Umweltschutz *m*
conservationist Naturschützer *m*, Umweltschützer *m*
consistence [consistency] 1. Konsistenz *f*; 2. Konsequenz *f*, Folgerichtigkeit *f*; 3. Übereinstimmung *f*, Vereinbarkeit *f*
consocietum Gemeinschaft *f*
consortium 1. Konsortium *n*, Vereinigung *f*, Gruppe *f*; 2. Flechte *f (Lichenes)*
consortship *(Ethol.)* Eheverbindung *f*
consound Beinwell *m (Symphytum officinale)*
conspecific konspezifisch, zu derselben Art gehörend
conspicuous 1. deutlich sichtbar; 2. ansehnlich
constance [constancy] Konstanz *f*, Beständigkeit *f*, Unveränderlichkeit *f*
~ of size Größenkonstanz *f*
form ~ Formkonstanz *f*
constant Konstante *f*; konstant
equilibrium ~ Gleichgewichtskonstante *f*
Michaelis ~ Michaelis-Menten-Konstante *f*
mutation ~ Mutationsrate *f*
sedimentation ~ Sedimentationskonstante *f*
thermal ~s Wärmesumme *f*
velocity ~ Geschwindigkeitskonstante *f*
constituent Komponente *f*, Bestandteil *m*
minor ~ Spurenelement *n*
constitution 1. Struktur *f*; 2. Konstitution *f*, Körperbau *m*; 3. Zusammensetzung *f*
constricted eingeschnürt, verengt; verkleinert
constriction Konstriktion *f*, Einschnürung *f*, Zusammenschnürung *f*
Ranvier's ~ Ranviersche Schnürring *m*
constrictive konstriktiv, zusammenziehend, zusammenschnürend, verengend
constrictor 1. Konstriktor *m*; 2. Boaschlange *f (Boa constrictor)*
consume verbrauchen, konsumieren; verzehren
consumer Konsument *m*, Verbraucher *m*
detritus ~ Detritophag *m*, Detritusfresser *m*
consumption Verbrauch *m*
contabescence Staubgefäßatrophie *f*
contact Kontakt *m*, Berührung *f*
crown ~ Kronenschluß *m*
contagion 1. Infektionserreger *m*; 2. Ansteckung *f (durch Berührung)*; 3. ansteckende Krankheit *f*
contagious kontagiös, ansteckend
contaminant 1. Verunreinigungssubstanz *f*; 2. kontaminierend, verunreinigend
contaminate kontaminieren, anstecken, verschmutzen, verunreinigen
contamination Kontamination *f*, Ansteckung *f*; Verunreinigung *f*, Verschmutzung *f*
aerial ~ 1. Luftverunreinigung *f*; 2. luftübertragene Infektion *f*, Luftinfektion *f*
airborne ~ luftübertragene Infektion
bacterial ~ bakterielle Infektion *f*
heavy metal ~ Schwermetallvergiftung *f*
infection ~ Infektion *f*
yeast ~ Verunreinigung*f* mit Hefen
content 1. Gehalt *m*; 2. Umfang, Volumen *n*; Kapazität *f*
ash ~ Aschengehalt *n*
caloric ~ kalorischer Wert *m*
fat ~ Fettgehalt *m*
minimum oxygen ~ minimaler Sauerstoffgehalt *m*
moisture ~ Feuchtigkeit *f*
oil ~ Ölgehalt *m*
water ~ Wassergehalt *m*
contest Kampf *m*, Wettkampf *m*, Konkurrenz *f*; konkurrieren
contiguous benachbart; angrenzend, berührend
continental climate Kontinentalklima *n*, Landklima *n*
contingency *(Biom.)* Kontingenz *f*
continuity 1. Ununterbrochenheit *f*, Kontinuität *f*; 2. ununterbrochene Folge *f*; 3. Zusammenhang *m*, enge Verbindung *f*
contorted gedreht, gewunden; krumm
contortuplicate verflochten-gewunden
contract zusammenziehen
contractile 1. kontraktil, zusammenziehbar; 2. pulsierend *(Vakuole)*
contraction Kontraktion *f*, Zusammenziehung *f*
cardiac ~ Herzkontraktion *f*, Systole *f*
chromosome ~ Chromosomenkondensation *f*

heart ~ Herzkontraktion *f*, Systole *f*
muscular ~ Muskelkontraktion *f*
myotatic ~ Muskeldehnungsreflex *m*
rigor ~ Kontraktur *f*; Steifheit *f*
contractive zusammenziehend
contractor Kontraktormuskel *m*; Schnürmuskel *m*
contraindication Gegenanzeige *f*
contrainterleukin Antiinterleukin *n*
contranatant gegen die Stromrichtung migrierend
contrast Kontrast *m*
to stand in marked ~ sich scharf unterscheiden
behavioral ~ Verhaltenskontrast *m*
positive behavioral ~ positiver Verhaltenskontrast *m*
control 1. Leitung *f*, Regulation *f*, Kontrolle *f*; leiten, regeln, kontrollieren; 2. Steuerorgan *n*, Leitungsorgan *n*; 3. Bekämpfung *f der Schmarotzer, Schädlinge)*; 4. Kontrolle *f*, Vergleichswert *m*; 5. Kontrollversuch *m*, Gegenversuch *m*
end-product ~ Endproduktregulation *f*
environmental ~ Umweltschutz *m*
feedback ~ Rückkopplungskontrolle *f*
motor ~ Motorikregulierung *f*
nervous ~ Nervenregulierung *f*
pest ~ Schädlingsbekämpfung *f*
sex ~ Geschlechtsregulierung *f*
translational ~ Translationsregulierung *f*
weed ~ Unkrautbekämpfung *f*
converge konvergieren, zusammenlaufen
convergence Konvergenz *f*; Übereinstimmung *f*
convergent konxergent, zusammenlaufend
conversion 1. Konversion *f*; 2. Verwandlung *f*, Umwandlung *f*, Transformation *f*
convex konvex, nach außen gewölbt
conviviality Geselligkeit *f*
convolute zusammengedreht, einwärtsgedreht
convolution 1. Zusammenrollung *f*, Zusammenwicklung *f*; 2. Windung *f*, Hirnwindung; 3. Blätterknospenlage *f*
rolled-up ~ eingerollte Blätterknospenlage *f*
convulsion Konvulsion *f*, Zuckung *f*, Zuckungskrampf *m*, klonischer Krampf *m*
convulsive konvulsiv, krampfhaft, krampfartig
cony Europäisches Kaninchen *n (Oryctolagus coniculus)*
coo Gurren *n*; gurren
cooler Kühler *m*
cooling Kühlung *f*, Abkühlung *f*; kühlend
coolwort Herzblättriges Schaumblüte *f (Tiarella cordiofolia)*
coon Nordamerikanischer Waschbär *m (Procyon lotor)*
coordination Koordination, geordnetes Zusammenspiel *n*
coot Bläßhuhn *n (Fulica atra)*
crested [red-knobled] ~ Kammbläßhuhn *n (Fulica cristata)*
cooter Florida-Schmuckschildkröte *f (Pseudemys floridana)*
river ~ Hieroglyphen-Schmuckschildkröte *f (Pseudemys concinna)*
cootie Menschenlaus *f (Pediculus humanus)*
cop Pappus *m*
copepods Ruderfüßkrebse *mpl (Copepoda)*
copious produktiv, fruchtbar
copiousness Fruchtbarkeit *f*
copolymer Kopolymer *n*
copolymerization Kopolymerisation *f*
copper Feuerfalter *m*; *pl* Feuerfalter *mpl*, Goldfalter *mpl*, Rötlinge *mpl (Lycaeninae)*
purple-edged ~ Kleiner Ampferfeuerfalter *m (Heodes hippothoe)*
purple-shot ~ Violetter Feuerfalter *m*, Lilagoldfalter *m (Loweia alciphron)*
scarce ~ Großer Goldfalter *m*, Dukatenfalter *m (Chrysophanus virgoaureae)*
small ~ Gefleckter [Kleiner] Feuerfalter *m (Chrysophanus phlaeas)*
sooty ~ Brauner Feuerfalter *m*, Bienenfalter *m (Chrysophanus dorilis)*
violet ~ Blauroter [Blauschillernder] Feuerfalter *m (Lycaena helle)*
copperhead 1. Kupferkopf *m (Agkistrodon contortrix)*; 2. Australischer Kupferkopf *m (Austrelaps superbus)*
copperleaf Rundblättriges Wintergrün *n (Pyrola rotundifolia)*
coppice 1. Gehölz *n*, niedriges Wäldchen *n*; 2. Unterholz *n*, Gestrüpp *n*, Gebüsch *n*
coprinus Mistschwamm *m (Coprinus)*
coproantibody koprogener Antikörper *m*
coprogenous koprogen
coprolite Kotstein *m*, Koprolith *m*
coprophagous kotfressend
coprophilous koprophil, kotliebend
coprophyte Koprophyt *m*
coprozoic kotbewohnend
copse → coppice
copula 1. Band *m*; 2. Immunkörper *m*
copulate kopulieren, begatten
copulation 1. Kopulation *f*, Begattung *f*; 2. Kopulation *f*, Gametenverschmelzung *f*; 3. *(Bot.)* Kopulierung *f*
copulative 1. verbindend, Binde...; 2. Kopulations...
copulatory kopulativ
coquelicot Klatschmohn *m (Papaver rhoeas)*
coracoid Rabenschnabelfortsatz *m*; korakoid, rabenschnabelähnlich
coral Koralle *f*; *pl* Blumenpolypen *mpl*, Korallentiere *npl (Anthozoa)*
ahermatypic ~s Korallen *fpl* ohne symbiotische Algen
black ~s Dörnchenkorallen *fpl*, Schmuckkorallen *fpl (Antipatharia)*
blue ~ Blaue Koralle *f (Heliopora)*
fan ~ → horny corals
fungian ~ Pilzkoralle *f (Fungia)*
hermatypic ~s Korallen *fpl* mit symbiotischen Algen
horny ~s Hornkorallen *fpl*, Fächerkorallen *fpl (Gorgonaria)*
madreporarian ~s Riffkorallen *fpl*, Steinkorallen *fpl (Madreporaria)*

organ-pipe ~ Orgelkoralle *f (Tubipora)*
red ~ (Rote) Edelkoralle *f (Corallium rubrum)*
soft ~s Lederkorallen *fpl*, Weichkorallen *fpl (Alcyonaria)*
stony ~s → madreporarian corals
thorny ~s → black corals
true ~s → madreporarian corals
coralberry Korallenbeerstrauch *m (Symphoricarpos orbiculatus)*
coralfish 1. Schmetterlingsfische *mpl (Pantodontidae)*, Wimpelfische *mpl (Heniochnus)*, Borsten-Zähner *mpl (Chaetodontidae)*; 2. Sergeantfische *mpl (Abudefduf)*, Riffbarsche *mpl (Pomacentridae)*, Preußenfische *mpl (Dascyllus)*
coralroot Korallenwurz *f (Corallorhiza)*
coralwort Zwiebeltragende Zahnwurz *f*, Zwiebelzahnwurz *f (Dentaria bulbifera)*
corbicula Körbchen *n (der Honigbiene)*
corbie Kolkrabe *m (Corvus corax)*
corbs Umberfische *mpl(Sciaenidae)*, Trommelfische *mpl (Pogonias)*
cord 1. Strang *m*, Band *m*; 2. Nabelschnur *f*, Nabelstrang *m*; 3. Chorda *f*; 4. Hafer *m*, Saathafer *m (Avena sativa)*
dorsal ~ Rückenmark *n*, Spinalmark *n*
nerve ~ Nervenstrang *m*
primary sex ~ primärer Geschlechtsstrang *m*
spermatic ~ Samenstrang *m*
spinal ~ Rückenmark *n*, Spinalmark *n*
tendinous ~ Papillarmuskelsehne *f*
testicular ~ Samenstrang *m*
umbilical ~ Nabelschnur *f*
vocal ~s Stimmband *n*, Stimmfalte *f*
cordate herzförmig, herzartig
cordiform herzförmig, herzartig
core 1. Kern *m*, Mark, das Innerste; 2. Schaft; 3. Strunk *m*
central ~ Zentralbereich
corecognition Doppelerkennung *f*
coremiform rispenförmig
corer Bohrstock *m (zur Probenentnahme)*
coriaceous lederig
coriander Gartenkoriander *m*, Gewürzkoriander *m (Coriandrum sativum)*
corium Corium *n*, Korium *n*, Lederhaut *f*; Oberhaut *f*
cork 1. Pfropf *m*; Kork *m*; 2. Bast *m*
cork-seeded korksamig
corm Zwiebelknolle *f*, Knollenzwiebel *f*
cormel sekundärer Sproß *m*, Brutknolle *f*
cormophyte Sproßpflanze *f*, Kormophyt *m*
cormorant Kormoran *m*, Scharbe *f (Phalacrocorax)*; *pl* Kormorane *mpl*, Scharben *fpl (Phalacrocoracidae)*
bank ~ Küstenscharbe *f*, Fischbankscharbe *f (Phalacrocorax beglectus)*
bare-faced ~ → red faced cormorant
black ~ → great cormotant
black-faced ~ Tasmanienkormoran *m*, Braunwangenscharbe *f (Phalacrocorax fuscescens)*
Brandt's ~ Pinselkormoran *m (Phalacrocorax penicullatus)*
common ~ → great cormorant
crowned ~ Wahlbergscharbe *f (Phalacrocorax coronatus)*
double-crested ~ Ohrenscharbe *f (Phalacrocorax auritus)*
European ~ → great cormorant
flightless ~ Stummelkormoran *m (Phalacrocorax [Nannopterum] nayrisi)*
great ~ Kormoran *m (Phalacrocorax carbo)*
guanay ~ Guanokormoran *m (Phalacrocorax bougainvilli)*
king ~ Falkland-Kormoran *m*, Königsscharbe *f (Phalacrocorax albiventer)*
large ~ → great cormorant
little ~ 1. Zwergscharbe *f (Phalacrocorax pygmaeus)*; 2. Mohrenscharbe *f (Phalacrocorax niger)*
little black ~ Schwarzscharbe *f (Phalacrocorax sulcirostris)*
little pied ~ Australische Zwergscharbe *f*, Kräuselscharbe *f (Phalacrocorax melanoleucos)*
long-tailed ~ → reed cormorant
Magellan ~ → rock cormorant
neotropic [olivaceous] ~ Bigua-Scharbe *f (Phalacrocorax Olivaceus)*
pelagic ~ Nordpazifischer Kormoran *m*, Meerscharbe *f (Phalacrocorax pelagicus)*
pied ~ Elsterscharbe *f (Phalacrocorax varius)*
pygmy ~ → little cormorant
red-faced ~ Aleuten-Kormoran *m*, Rotgesichtsscharbe *f (Phalacrocorax urile)*
red-legged ~ Rotfußkormoran *m*, Buntscharbe *f (Phalacrocorax gaimardi)*
rock ~ Felsenkormoran *m (Phalacrocorax magellanucis)*
rough-faced ~ Warzenkormoran *m (Phalacrocorax nigrogularis)*
spotted ~ Tüpfelkormoran *m (Phalacrocorax punctatus)*
Temminck's ~ Japanischer Kormoran *m (Phalacrocorax capillatus)*
Wahlberg's ~ → great cormorant
wide-breasted ~ → great cormorant
corn 1. Korn *n*, Getreide *n*; 2. Weizen *m (Triticum)*; 3. Mais *m (Zea mays)*; 4. Roggen *m (Secale)*; 5. (Gemeiner) Hafer *m*, Saathafer *m (Avena sativa)*
flint ~ Mais *m (Zea mays)*
great [Indian] ~ → corn 3.
Saracen's ~ Buchweizen *m (Fagopyrum esculentum)*
cornbind Ackerwinde *f (Convolvulus arvensis)*
corncob Maiskolben *m*
corncrake Wachtelkönig *m (Crex crex)*
cornea Kornea *f*, Hornhaut *(des Auges)*, Augenhornhaut *f*
corneal korneal, Hornhaut...
cornel Hartriegel *m (Cornus)*
dwarf ~ Schwedischer Hartriegel *m (Cornus suecria)*
low ~ Kanadischer Hartriegel *m (Cornus canadensis)*

red-osier ~ Weißer Hartriegel *m (Cornus stolonifera)*
rough-leaved ~ Rauhblättriger Hartriegel *m (Cornus sericea)*
round-leaved ~ Runzeliger Hartriegel *m (Cornus rugosa)*
corneous hornartig; hornig
cornetfish Pfeifenfische *mpl (Fistulariidae)*
cornflag Gladiole *f (Gladiolus)*
cornflower Flockenblume *f*, Kornblume *f (Centaurea)*
cornicle Hörnchen *n*
cornification Verhornung *f*, Hornbildung *f*, Keratinisierung *f*
cornoid hornig, hornartig, Horn...
corn-salad Feldsalat *m (Valerianella)*
cornstalk 1. Maisstengel *m*; 2. Getreidehalm *m*
cornu Horn *m*; Hornbildung *f*
cornuda Großer Hammerhai *m (Sphyrna zygaena)*
cornute(d) gehörnt
corny 1. getreidereich; 2. körnig; 3. Korn...; 4. Mais...
coro-coro Fingerrate *f (Dactylomys)*
corolla Korolle *f*, Corolla *f*, Blütenkrone *f*
corollaceous blütenkronenartig
corollate(d) eine Blütenkrone tragend
corollet separate Blüte *f*
corolliferous die Blütenkrone bildend
corona 1. *(Bot.)* Kranz *m*, Krone *f*; 2. Zahnkrone *f*
coronal kranzförmig
coronary 1. *(Anat.)* koronar, Kranz...; 2. kronenartig, kranzartig
coronate(d) *(Bot.)* gekrönt, bekränzt
coronet *(Bot.)* Krönchen *n*, Kränzchen *n*
coronilla Bunte Kronwicke *f (Coronilla varia)*
coronoid kronenartig
corpora *pl von* corpus
corpus Körper *m*
initial layer of ~ *(Bot.)* Korpus-Initiale *f*
corpuscle 1. Teilchen *n*; Körperchen *n*; 2. Korpuskel *n*
blood ~ Blutzelle *f*
bone ~ Knochenzelle *f*, Osteozyt *m*; Osteoblast *m*
bridge ~ Desmosom *n*
colostrum ~ Kolostrumkörperchen *n*, Vormilch *f*, Kolostralmilchkörperchen *n*
genital ~ Genitalkörperchen *n*
ghost ~ Erythrozytenschatten *n*
lymph ~ Lymphozyt *m*
Malpighian ~ Malpighisches Körperchen *n*
milk ~ Milchkörperchen *n*
red (blood) ~ Rote Blutzelle *f*, Erythrozyt *m*
tactile ~ (Meissnersches) Tastkörperchen *n*
terminal ~ Terminalnervenkörperchen *n*
touch ~ → tactile corpuscle
Vater-Pacini ~ Vater-Pacinisches Tastkörperchen *n*
white (blood) ~ Weiße Blutzelle *f*, Leukozyt *m*
correction:
end ~ *(Biom.)* Korrektur *f* der Extremwerte
correlated korreliert
correlation Korrelation *f*; Wechselbeziehung *f*; gegenseitige Abhängigkeit *f*
correlative korrelativ; entsprechend; in Wechselbeziehung stehend
corrugated runzelig, gefurcht; gerieft
corrugation Furche *f*, Falte *f*
corruption Fäulnis *f*
corsair Großer Rotbarsch *m (Sebastes marinus)*
cortex 1. *(Bot.)* [primäre] Rinde *f*, Rindenparenchym *n*; 2. *(Zool.)* Rinde *f*, Rindenschicht *f*
~ **of kidney** Nierenrinde *f*
~ **of ovary** Eierstockrinde *f*, Ovarialkortex *m*
acoustic ~ Hörrinde *f*
adrenal ~ Nebennierenrinde *f*
association ~ Assoziationszentrum *n*
auditory ~ Hörrinde *f*
brain ~ Gehirnrinde *f*, Hirnrinde *f*, Großhirnrinde *f*
cell ~ Kortikalschicht *f* der Zelle
cerebral ~ Gehirnrinde *f*, Hirnrinde *f*, Großhirnrinde *f*
motor ~ motorische Gehirnrinde *f*, motorisches Rindenfeld *n*
optic ~ Sehrinde *f*
renal ~ Nierenrinde *f*
sensory ~ sensorische Gehirnrinde *f*, Sinnes(rinden)zentrum *n*
somatosensory [somesthetic] ~ somatosensorische Hirnrinde *f*
visual ~ Sehrinde *f*
cortical kortikal, Rinden..., Kortex...
corticate rindenbedeckt
corticifugal kortikofugal, von der Rinde weggerichtet
corticipetal kortikopetal, rindenwärts
corticole [corticolous] rindenbewohnend
corticoid Nebennierenrindenhormon *n*
corvina Westatlantischer Umberfisch *m (Micropogonias undulatus)*
corvine Krähen...; rabenartig, kräheartig
corydalis Lerchensporn *m (Corydalis)*
corymb Dolde *f*, Schirmdolde *f*
corymbiferous doldentragend
corymbiform doldenförmig
corymbose doldig
coryphad Alpenwiesenpflanze *f*
coryphium Phytozönose *f* der Alpenwiesen
cosmopolite 1. Kosmopolit *m*; 2. Distelfalter *m (Pyrameis cardui)*
cost Preis *m*, Kostenpl
reproductive ~ Reproduktivkostenpl
costa 1. Rippe *f*, Rippenknochen *m*; 2. *(Bot.)* Mittelrippe *f*; 3. *(Ent.)* Vorderrandader *f*, Kosralader *f*
key ~ Federrippe *f*
costal 1. Rippen...; 2. kostal; 2. Blattrippen...
costate rippig; gerippt; geadert
costicartilage Rippenknorpel *m*
costiform rippenförmig
costmary 1. Marienblatt *n (Tanacetum balsamita)*; 2. Rainfarn *m (Tanacetum vulgare)*
costocartilage Rippenknorpel *m*

costochondral Rippenknorpel...
cotoneaster Zwergmispel *f (Cotoneaster)*
cotransduction Kotransduktion *f*
co-translational Kotranslation *f*
cotransport Kotransport *m*
cottagers → cowlflap
cotton Baumwolle *f*, Baumwollpflanze *f (Gossypium)*
Arabian ~ krautiger Baumwollstrauch *m (Gossypium herbaceum)*
Levant ~ → Arabian cotton
silk ~ Wollbaum *m*, Kapokbaum *m (Ceiba pentandra)*
wild ~ Echte [Syrische] Seidenpflanze *f (Asclepias syriaca)*
cottonmouth Wassermokassinschlange *f*, Wassermokassinotter *f (Agkistrodon piscivorus)*
cottontail Baumwollschwanz-Kaninchen *n (Sylvilagus)*
eastern [Florida] ~ Florida-Waldkaninchen *n (Sylvilagus floridanus)*
cottonweed Filzkraut *n*, Schimmelkraut *n (Filago)*
cottonwood Pappel *f (Populus)*
big ~ → eastern cottonwood
black ~ Haarfrüchtige Pappel *f (Populus trichocarpa)*
downy ~ → swamp cottonwood
eastern ~ Rosenkranz-Pappel *f (Populus deltoideus)*
great plains ~ Sargents Pappel *f (Populus sargentii)*
swamp ~ Verschiedenblättrige Pappel *f (Populus heterophylla)*
willow ~ Schmalblättrige Pappel *f (Populus angustifolia)*
cottony 1. baumwollartig; 2. weich; feinbehaart, flaumig
cotyledon 1.Keimblatt *n*, Kotyledon *f*; 2. Chorionzottenbüschel *n*, Plazentaläppchen *n*; 3. Nabelkraut *n (Cotyledon)*
coua Coua *m* , Seidenkuckucke *mpl (Coua)*
blue ~ Blauseidenkuckuck *m*, Blaucoua *m (Coua caerulea)*
crested ~ Spitzschopfcoua *f (Coua cristata)*
giant ~ Riesenseidenkuckuck *m*, Riesencoua *f (Coua gigas)*
olive-capped ~ → red-capped coua
red-breasted ~ Fruchtseidenkuckuck *m*, Rotbrustcoua *f (Coua serriana)*
red-capped ~ Weißkehlseidenkuckuck *m*, Weißkehlcoua *f (Coua ruficeps)*
red-fronted ~ Kurzbeinseidenkuckuck *m*, Rotstirncoua *f (Coua reynaudii)*
running ~ Gelbkehlseidenkuckuck *m*, Laufcoua *f (Coua cursor)*
Verreaux's ~ Breitschopfseidenkuckuck *m (Coua verreauxi)*
coucal Spornkuckuck *m (Centropus)*
black ~ Tulu-Spornkuckuck *m (Centropus toulou)*
black-faced ~ Masken-Spornkuckuck *m*, Brillen-Spornkuckuck *m (Centropus melanops)*
black-throated ~ → great coucal 1.
blue-headed ~ Mönchs-Spornkuckuck *m (Centropus monachus)*
Britain ~ Bismarck-Spornkuckuck *m*, Weißkopf-Spornkuckuck *m (Centropus ateralbus)*
buff-headed ~ Blaßkopf-Spornkuckuck *m (Centropus milo)*
common ~ Chinesischer Spornkuckuck *m*, Heckenkuckuck *m (Centropus sinensis)*
great ~ 1. Weißbauchkuckuck *m (Centropus leucogaster)*; 2. Mohrenkuckuck *m (Centropus menbecki)*
lesser ~ Bengalenkuckuck *m (Centropus bengalensis)*
pied ~ → Britain coucal
white-browed ~ Tiputip *m (Centropus superciliosus)*
couch Quecke *f*, Ackerquecke *f (Agropyron repens)*
bearded ~ Hundsquecke *f (Agropyron aninum)*
couch-grass Quecke *f (Agropyron repens)*
cougar Kugar *m*, Puma *m*, Silberlöwe *m (Puma concolor)*
cough Husten *m*; husten
coughwort → coltsfoot
counseling Konsultierung *f*, Konsultation *f*
genetic ~ genetische Konsultation *f*
count 1. Zählen *n*, Rechnung *f*; zählen, rechnen; 2. Zahl *f*, Anzahl *f*, Quantität *f*
plate ~ Zählung *f* der Keime auf der Petri-Platte
surface colony ~ Zählung *f* der Oberflächenkolonien
viable ~ Anzahl *f* der lebensfähigen Organismen
counter Zählgerät *n*
Burker's cell ~ Burkersche Blutzählkammer *f*
colony ~ Kolonienzähler *m*
drop ~ Tropfenzähler *m*
gamma ~ Meßgerät für Gammastrahlung *m*
liquid scintillation ~ Szintillationszähler *m*
particle ~ Teilchenzähler *m*
scintillation ~ Szintillationszähler *m*
counteraction Gegenwirkung *f*
counterclockwise rotation Rotation *f* im Gegenuhrzeigersinn
counterflow Gegenstrom *m*
counterimmunoelectrophoresis Gegenstromelektrophorese *f*
counterinhibition Enthemmung *f*
counter-ion Gegen-Ion *n*
counterpoison Gegengift *n*
counterresponse Gegenreaktion *f*
counterstain Gegenfärbung *f*, Kontrastfärbung *f*; gegenfärben
couple Paar *n*, Ehepaar *n* / paaren, ein Paar bilden
courlan Rallenkranich *m (Aramus guarauna)*
courser Gewöhnlicher Rennvogel *m (Cursorius)*
bronze-winged ~ Amethystenrennvogel *m*, Bronzeflügelrennvogel *m (Cursorius chalcopterus)*
cream-coloured ~ Rennvogel *m (Cursorius cursor)*
double-banded ~ Doppelband-Rennvogel *m (Cursorius africanus)*
Heuglin's ~ three-banded courser
Indian ~ Koromandel-Rennvogel *m (Cursorius coromandelicus)*
Jerdon's ~ Goldavari-Rennvogel *m (Cursorius bitoequatus)*

three-banded ~ Bindenrennvogel *m (Cursorius cinc-tus)*
two-banded ~ → double-banded courser
violet-tippet ~ → bronze-winged courser
courtship *(Ethol.)* Werben *n*
communal ~ gegenseitiges Werben *n*
couta Atun *m*, Snoek *m (Thyrsites atun)*
covariance Kovarianz *f*
covariation Kovariation *f*
cover 1. Decke *f*; Deckel *m*; 2. Pflanzendecke *f*, Bewuchs ; 3. beschälen, decken
grass ~ Grasdecke *f*
ground ~ Bodenbewuchs *m*
plant [vegetation(al)] ~ Pflanzendecke *f*, Bewuchs *m*
covering 1. Bedeckung *f*; 2. Hülle *f*; 3. Paarung *f*, Beschälung *f*
cutaneous ~ Hautbedeckung *f*
horney ~ Hornhülle *f*
soil ~ Bodendecke *f*
covert 1. Versteck *n*; Lager *n*; 2. Deckfeder *fpl*, Deckgefieder *n*
ear ~ Ohrendeckfeder *fpl*
tail ~ Schwanzdeckfeder *fpl*
wing ~ Schwungfeder *fpl*; Schwungdeckfeder *fpl*
covey 1. *(Orn.)*. Brut *f*; Hecke *f*; 2. Schwarm *m*, Schar *f*, Trupp *m*
cow 1. Kuh *f*; 2. Weibchen *n (bsd. Elephant, Wal etc.)*
bush ~ Amerikanischer Tapir *m*, Flachlandtapir *m (Tapirus terrestris)*
sea ~ Dugong *m (Dugong)*; *pl* Gabel-Schwanzseekühe *fpl (Dugongidae)*
Steller's sea ~ Stellersche Seekuh *f (Rhytina gigas)*
cowbane Wasserschierling *m*, Giftwasserschierling *m (Cicuta virosa)*
cowbell 1. Traubenkropf *m*, Hühnerbiß *m (Cucubalus baccifer)*; 2. Aufgeblasenes Leimkraut *n (Silene latifolia)*
cowberry 1. Preiselbeere *f (Vaccinium vitis-ideae)*; 2. Sumpf-Blutauge *n (Potentilla palustris)*
cowbird 1. Kuhstärling *m (Molothrus)*; 2. Schafstelze *f*, Kuhstelze *f (Motacilla flava)*
bay-winged ~ Braun(flügel)kuhstärling *m (Molothrus badius)*
bronze-brown ~ Amazonas-Kuhstärling *m (Molothrus armenti)*
bronzed [brown] ~ Rotaugen-Kuhstärling *m (Molothrus aeneus)*
brown-headed ~ Nordamerikanischer Kuhstärling *m*, Braunkopf-Kuhstärling *m (Molothrus ater)*
common ~ Glanzkuhstärling *m*, Seidenkuhstärling *m (Molothrus bonariensis)*
eastern ~ → brown-headed cowbird
red-eyed ~ → bronzed cowbird
screaming ~ Lärmkuhstärling *m*, Rotachsel-Kuhstärling *m (Molothrus rufoaxillaris)*
cowfish 1. Schwertwal *m (Orcinus orca)*; 2. Kofferfische *mpl*, Kuhfische *mpl (Ostraciontidae)*; 3. Zweizahnwale *mpl (Mesoplodon)*; Schnabelwale *pl (Ziphiidae)*
cowgrass Mittel-Klee *m*, Zickzack-Klee *m (Trifolium medium)*
cowherb Kuhkraut *n (Vaccaria)*
cowled 1. kapuzentragend; 2. kapuzenähnlich
cowlflap Roter Fingerhut *m (Digitalis purpurea)*
cowl-like in form kapuzenförmig
cowpea Kuherbse *f (Vigna sinensis)*
cowslip Primel *f*, Schlüsselblume *f (Primula)*
cow's-lungwort Echte [Kleinblutige] Königskerze *f (Verbascum thapsus)*
cow-wheat Wachtelweizen *m (Melampyrum)*
coxa 1. *(Ent.)*, *(Anat.)* Hüfte *f*; 2. Hüftgelenk *n*
coxal Hüft...
coyote Koyote *m (Canis latrans)*
coypu Biberratte *f*, Nutria *f*, Sumpfbiber *m (Myocastor coypus)*
crab 1. Krabbe *f*; 2. Apfelbaum *m (Malus)*
blue (swimming) ~ Blaue Krabbe *f (Callinectes sapidus)*
calling ~s → fiddler crabs
cancer ~s → rock crabs
coconut ~ (Warzige) Schamkrabbe *f (Calappa granulata)*
common edible ~ → blue (swimming) crab
common pea ~ → pea crab
common shore ~ → shore crab
common sponge ~ Gemeine Wollkrabbe *f (Dromia vulgaris)*
edible (blue) ~ → blue (swimming) crab
fiddler ~ Winterkrabbe *f (Uca)*
freshwater ~s Süßwasserkrabben *fpl (Potamidae)*
furry ~ → common sponge crab
ghost ~ Reiterkrabbe *f*, Rennkrabbe *f (Ocypoda)*
green [harbour] ~ → shore crab
hermit ~s Einsiedlerkrebse *fpl*, Bernardinerkrebse *mpl*, Eremitenkrebsen *mpl (Paguridae)*
horseman ~s → sand crabs
horseshoe ~ s king crab 2.
Japanese ~ Japanische Riesenkrabbe *f (Macrocheira)*
king ~ 1. Königskrabbe *f (Paralithodes camtschatica)*; 2. Schwertschwanz *m*; *pl* Schwertschwänze *mpl (Xiphosura)*
mitten ~ → woolly-handed crab
narrow-leaved ~ Wohlriechender Zierapfel *m (Malus coronaria)*
pea ~ Erbsenkrabbe *f*, Muschelwächter *m (Pinnotheres pisum)*
pearleaf ~ Pflaumenblättriger Apfelbaum *m (Malus prunifolia)*
porcelain ~s Porzellankrabben *fpl (Porcellanidae)*
river ~s → freshwater crabs
robber ~ Palmendieb *m (Birgus latro)*
rock ~s Echte Taschenkrebse *fpl (Cancridae)*
sand ~s Rennkrabben *fpl*, Reiterkrabben *fpl*, Sandkrabben *fpl (Ocypodidae)*
shore ~ Strandkrabbe *f (Carcinus maenas)*

short-tailed ~ → true crabs
soft(-shelled) ~ → blue (swimming) crab
soldier ~**s** → hermit crabs
spider ~ Meerspinner *f (Maja); pl* Seespinnen *fpl*, Meerspinnen *fpl*, Dreieckskrabben *fpl (Majidae)*
sponge ~ Wollkrabben *fpl (Dromiidae)*
swimming ~**s** Schwimmkrabben *fpl (Portunidae)*
true ~**s** 1. Echte Krabben *fpl (Brachyura)*; 2. → rock crabs
wild ~ Holzapfel *m (Malus sylvestris)*
woolly-handed ~ Wollhandkrabbe *f (Eriocheir)*

crabeater 1. Krabbenesser *m*; 2. Offizierfisch *m*, Königsbarsch *m (Rachycentron canadum)*

crabgrass Bluthirse *f (Digitaria sanguinalis)*
hairy ~ → crabgrass

crab's-claw Aloekrebsschere *f*, Krebsschere *f*, Wasseraloe *f (Stratiotes aloides)*

cracker:
clam ~ 1. Gefleckter Adlerrochen *m (Myliobatus)*; 2. Stechrochen *m (Dasyatis)*
mussel ~**s** Meerbrassen *mpl (Sparidae)*

crake 1. Ralle *f*; 2. Wiesenralle *f (Crex)*; 2. Sumpfhuhn n *(Porzana)*
African ~ Steppenralle *f (Crex egregia)*
African black ~ Mohrenralle *f (Limnocorax flavirostris)*
ash-throated ~ Wiesensumpfhuhn *n (Porzana albicollis)*
ashy ~ Blatthühnchenralle *f*, Weißbraunenralle *f (Poliolimnas cinereus)*
Baillon's ~ → marsh crake
band-bellied ~ Mandarinsumpfhuhn *n (Porzana paykullii)*
banded ~ Hinduralle *f (Rallina eurizonoides)*
black ~ 1. African black crake; 2. Jamaika-Zwergralle *f*, Schieferalle *f (Laterallus jamaicensis)*
black-banded ~ Streifenbauchralle *f (Laterallus fasciatus)*
brown ~ Braunbauch-Kleinralle *f (Amaurornis akool)*
chestnut-headed ~ Rotmaskenralle *f (Anurolimnas castaneiceps)*
chestnut-tailed ~ Streifenralle *f (Sarothrura affinis)*
corn ~ Wachtelkönig *m*, Wiesenralle *f (Crex crex)*
dwarf ~ → marsh crake
gray-breasted ~ Amazonas-Ralle *f (Laterallus exilis)*
little ~ Kleines Sumpfhuhn *n (Porzana parva)*
marsh ~ Zwergsumpfhuhn *n (Porzana pusilla)*
paint-billed ~ Goldschnabelralle *f (Neocrex eruthrops)*
red ~ Rubinralle *f (Laterallus ruber)*
red-and-white ~ Brasilianische Zwergralle *f*, Weißbrustralle *f (Laterallus leucopyrrhus)*
red-faced ~ → paint-billed crake
red-legged ~ Malaia-Sumpfhuhn *f*, Malaien-Ralle *f (Rallina fasciata)*
ruddy ~**s** 1. → red crake; 2. → ruddy-breasted crake
ruddy-breasted ~ Zimtsumpfralle *f (Porzana fusca)*
rufous-sided ~ Rothalsralle *f (Laterallus melanophaius)*
rusty-flanked ~ Venezuela-Ralle *f (Laterallus levraudi)*
Siberian ruddy ~ → band-bellied crake
speckler ~ Meridaralle *f (Coturnicops notata)*
spotted ~ Tüpfelsumpfhuhn *n (Porzana porzana)*
spot-winged ~ Fleckenralle *f (Laterallus spilopterus)*
striped ~ Graukehlsumpfhuhn *n (Porzana marginalis)*
uniform ~ Einfarbralle *f (Amaurolimnas concolor)*
white-spotted ~ Weißfleckenralle *f*, Perlenralle *f (Sarothrura pulchra)*
white-throated ~ → ash-throated crake
yellow-breasted ~ Gelbbrustsumpfhuhn *n (Porzana flaviventer)*

crampon Luftwurzel *f*

cranberry Moosbeere *f (Oxycoccus)*
American ~ → marsh cranberry
bog ~ Kleinfrüchtige Moosbeere *f (Oxycoccus microcarpus)*
European ~ Moosbeere *f (Oxycoccus palustris)*
high ~ Gemeiner Schneeball *m (Viburnum opulus)*
lowbush ~ → mountain cranberry
marsh ~ Großfrüchtigee Moosbeere *f (Oxycoccus macrocarpon)*
mountain [rock] ~ Preiselbeere *f (Vaccinium vitis-idaea)*
wild ~ → bog cranberry

crane Kranich *m (Grus); pl* Kraniche *mpl (Gruidae)*
adjutant ~ Adjutant *m (Leptoptilus dubius)*
African crowned ~ → crested crane
Asiatic white ~ → white crane
Australian ~ Australischer Kranich *m*, Brolgakranich *m (Grus rubicunda)*
black-necked ~ Schwarzhalskranich *m (Grus nigricollis)*
common ~ Gemeiner [Grauer] Kranich *m (Grus grus)*
crested [crowned] ~ Kronenkranich *m (Balearica pavonina)*
demoiselle ~ Jungfernkranich *m (Anthropoides virgo)*
gray ~ → common crane
great white ~ → white crane
hooded ~ Mönchskranich *m (Grus monacha)*
Japanese ~ Mandschuren-Kranich *m*, Japanischer Kranich *m (Grus japonensis)*
little brown [sandhill] ~ Kanadischer Kranich *m (Grus canadiensis)*
sarus ~ Saruskranich *m (Grus antigone)*
Siberian white ~ → white crane
wattled ~ Klunkerkranich *m (Brugeranus carunculatus)*
West African ~ → crested crane
white ~ Nonnenkranich *m*, Weißer Kranich *m (Grus leucogeranus)*
white-naped ~ Weißnackenkranich *m (Grus vipio)*
whooping ~ Schneekranich *m*, Schreikranich *m (Grus americana)*

crane's-bill Storchschnabel *m (Geranium)*
cut-leaved ~ Schlitzblättriger Storchschnabel *m (Geranium dissectum)*
dove's-foot ~ Weicher Storchschnabel *m (Geranium molle)*
Italian ~ Großwurzeliger Storchschnabel *m (Geranium macrorrhizum)*
long-stalked ~ Tauben-Storchschnabel *m (Geranium columbinum)*
meadow ~ Wiesen-Storchschnabel *m (Geranium pratense)*
small-flowered ~ Zwerg-Storchschnabel *m (Geranium pusillum)*
wild ~ Gefleckter Storchschnabel *m (Geranium maculatum)*
wood ~ Waldstorchschnabel *m (Geranium sylvaticum)*
cranial 1. kranial..., Schädel...; 2. kopfwärts, schädelwärts
craniocerebral Schädel-Hirn...
craniocervical Schädel-Hals...
craniology Kraniologie *f*, Schädellehre *f*
craniometry Kraniometrie *f*, Schädel(ver)messung *f*
cranium Schädel *m*
membranous ~ membranöser Schädel *m*
crap Echter Buchweizen *m (Fagopyrum esculentum)*
craspedodromous randläufig
craspedon → craspedum
craspedote segeltragend, velumtragend *(Qualle)*
craspedum Segel *n*, Velum *n*
crassimarginate dickrandig
crassitegillate mit dicker Decke
crassula Dickblatt *n (Crassula)*
crassulaceous dickblättrig
crataegifolious dornblättrig
craw *(Orn.)* Kropf *m*
crawfish Flußkrebs *m (Astacus); pl* Flußkrebse *mpl (Astacidae)*
common ~ Gemeiner Flußkrebs *m (Astacus astacus)*
sea ~ Languste *f (Palinurus)*
crawl 1. kriechen; 2. kribbeln, prickeln; 3. Kriechen *n*, Schleichen *n*
diagonal ~ langsamer Diagonalschrift *m*
crawler 1. Kriechpflanze *f*; 2. Kriechter *n*; 3. Großflüglerlarve *f*
crayfish Flußkrebs *m*; *pl* Flußkrebse *mpl (Astacidae)*
crazyweed Lambertsche Fahnenwicke *f (Oxytropis lamberti)*
crease Falte *f*; falten
creep kriechen; sich ranken
creeper 1. Kriechpflanze *f*; Ausläufer *m*, Kriechtrieb *m*; 2. Kriechtier *n (z.B. Wurm)*; 3. Kriechtier *n*, Reptil *n*; 4. Baumläufer *m (Certhia)*
American tree ~ Anden-Baumläufer *m (Certhia americana)*
Australian (tree) ~ Baumrutscher *m (Climacteris)*
black-tailed tree ~ Braunbauch-Baumrutscher *m (Climacteris melanura)*
brown ~ American tree creeper
brown throated ~ Braunkehl-Baumläufer *m (Certhia discolor)*
brown tree ~ 1. American tree creeper; 2. Feldbaumrutscher *m (Climacteris picumnus)*
common tree ~ Waldbaumläufer *m (Certhia familiaris)*
little tree ~ Graubrust-Baumrutscher *m (Climacteris minor)*
Nepal tree ~ Rostbauch-Baumläufer *m (Certhia nipalensis)*
plain-headed ~ Braunkopf-Rhabdornis *n*, Braunkopf-Baumläufer *m (Rhabdornis inornatus)*
red-browed tree ~ Rostbrauen-Baumrutscher *m (Climacteris erythrops)*
rufous tree ~ Rostbauch-Baumrutscher *m (Climacteris rufa)*
short-toed (tree) ~ Gartenbaumläufer *m (Certhia brachydactyla)*
spotted (tree) ~ Stammsteiger *m*, Fleckenbaumläufer *m (Salpornis spilonotus)*
stripe-headed ~ Streifenkopf-Baumläufer *m*, Bartbaumläufer *m (Rhabdornis mystacalis)*
tree ~ → common tree creeper
Virginia ~ Fünfblättriger Efeu *m (Hedera quinquefolia)*
wall ~ Mauerläufer *m (Tichodroma muraria)*
white-browed tree ~ Weißbrauen-Baumrutscher *m (Climacteris affinis)*
white-throated tree ~ Weißkehl-Baumrutscher *m (Climacteris leucophaea)*
creeping kriechend
cremocarpous spaltfrüchtig
cremophyllous hängeblätterig
crenate gekerbt
inversely ~ *(Bot.)* verkehrt-kerbig
crenate-flowered gekerbtblütig
crenation Kerbe *f*, Kerbzahn *m*
crenellate feingekerbt
crenulate(d) feingekerbt, fein gezähnelt
crepuscular 1. Dämmerungs..., dämmerig; 2. im Zwielicht erscheinend
crescent 1. Sichel *f*, Halbmond *m*; sichelförmig, halbmondartig; 2. zunehmend
~ of Gianuzzi Gianuzzischer (seröser) Halbmond *m*
crescentic halbmondförmig, sichelförmig
cress 1. Kresse *f (Lepidium)*; Gartenkresse *f (Lepidium sativum)*; 2. Turmkraut *n*, Kahle Gänsekresse *f (Turritis glabra)*
American ~ → land cress
bastard ~ Feldkresse *f (Lepidium campestre)*
Brazil ~ (Krautartige) Parakresse *f*, Husarenknopf *(Spilanthes oleracea)*
dwarf Indian ~ Kleine Kapuzinerkresse *f (Tropaeolum minus)*
garden ~ → cress 1.
hoary ~ Pfeilkresse *f*, Türkenkresse *f (Cardaria*

draba)
land ~ Frühe Winterkresse *f (Barbarea verna)*
penny ~ Hellerkraut *n (Thalaspi)*
rock ~ 1. Gänsekresse *f (Arabis)*; 2. Sandschaumkresse *f (Cardaminopsis arenosa)*
tower ~ Kahle Gänsekresse *f*, Turmkraut *n (Arabis glabra)*
town ~ → cress 1.
wart ~ Gemeiner [Liegender] Krähenfuß *m (Coronopus squamatus)*
winter ~ Echte Winterkresse *f*, Barbarakraut *n (Barbarea vulgaris)*
yellow ~ Schotendotter *m*, Schöterich *m (Erysimum)*
crest 1. Kamm *m*; Leiste *f*; 2. Samenschopf *m*; 3. Federschopf *m*, Haube *f*; Haarschopf *m*; 4. Mähne *f*
dental ~ Schmelzleiste *f*, Zahnleiste *f* (des Embryos)
iliac ~ Darmbeinkamm *m*
infratemporal ~ Infratemporalleiste *f*
nasal ~ Nasenleiste *f*
neural ~ Neuralleiste *f*, Ganglionärplatte *f (Crista nervalis)*
turbinated ~ Nasenmuschelleiste *f*
Cretaceous Kreide *f*(Erdzeitalter)
crevalle 1. Makrelen-Barsch *m*, Schildmakrele *f (Caranx)*; 2. Königsmakrele *f (Scomberomorus cavalla)*
horse ~ 1. → crevalle; 2. Seriolafisch *m (Seriola)*
cribellate feinsiebig
cribo 1. Indigoschlange *f (Drymarchon)*; 2. Hühnerfresser *m (Spilotes)*
cribrate siebartig durchbrochen (durchlöchert)
cribriform [cribrose] siebartig, siebförmig
cricetids Hamster *mpl (Cricetidae)*
cricket Grille *f*; *pl* Grillen *fpl (Gryllidae)*
African mole ~ Afrikanische Maulwurfsgrille *f (Gryllotalpa africanica)*
ant loving ~s Ameisengrillen *fpl (Myrmecophilinae)*
black-horned tree ~ Schwarzhorniges Weinhähnchen *n (Oceanthus nigricornis)*
Bordeaux ~ Südliche Grille *f (Acheta burdigalensis)*
camel [cave] ~s Buckelschrecken *fpl*, Höhlenheuschrecken *fpl (Rhaphidophoridae)*
desert ~ Steppengrille *f (Acheta deserta)*
European field ~ → field cricket
European tree ~ Italienische Grille *f*, Blumengrille *f (Oecanthus pellucens)*
field ~ Feldgrille *f (Gryllus campestris)*
greenhouse stone ~ (Japanische) Gewächshaus(heu)schrecke *f (Tachycines asynamorus)*
house ~ Hausgrille *f*, Heimchen *n (Acheta domesticus)*
larger field ~ Grille *f (Gryllus)*
mole ~ Maulwurfsgrille *f*, Werre *f*, Maulwurfsgrillen *fpl (Gryllotalpidae)*
plant ~ Blütengrillen *fpl*, Pflanzengrillen *fpl (Oecanthidae)*
pygmy sand ~ Dreizehenschrecken *fpl*, Grabschrecken *fpl (Tridactylidae)*
smaller field ~ Waldgrille *f (Nemobius)*
snowy tree ~ Pflanzengrille *f (Oecanthus niveus)*
tree ~ Weinhähnchen *n (Oecanthus)*; *pl* Blütengrillen *fpl*, Pflanzengrillen *fpl (Oecanthidae)*
water ~ Bachläufer *m (Velia)*; *pl* Bachläufer *mpl (Veliidae)*
wood ~s Waldgrillen *fpl (Nemobiinae)*
cricoid 1. ringförmig, Ring...; 2. Ringknorpel *m*
crimson [red] karminrot, karmesinrot
crinite behaart; zottig; villös
crinkle 1. Runzel *f*; 2. Fältchen *n*
crinkleroot Zweiblättrige Zahnwurz *f (Dentaria diphylla)*
crispate [crisped] gekräuselt
crisp-leaved krausblättrig
crisscrossing Wechselkreuzung *f*
crista Kamm *m*
cristate kammig, bekammt
croak quaken; krächzen; Quaken *n*; Krächzen *n*
croaker Umberfisch *m (Sciena cirrhosa)*; *pl* Umberfische *mpl (Scienidae)*, Trommelfisch *mpl (Pogonias chromis)*
Atlantic ~ Westatlantischer Umberfisch *m (Micropogonias undulatus)*
black ~ Trommelfisch *m*, Trommler *m (Pogonias chromis)*
white ~ Adlerfisch *m*, Seeadler *m (Argyrosomus)*
crochet Haken *m*; hakenförmige Borste *f*
crocodile Krokodil *n*; Krokodil *n (Crocodylus)*
African ~ → Nile crocodile
African dwarf ~ Stumpfkrokodil *n (Osteolaemus tetraspis)*
African slender-snouted ~ → long-snouted crocodile
American ~ Spitzkrokodil *n (Crocodylus acutus)*
Australian ~ Australien-Krokodil *n (Crocodylus johnsoni)*
Congo dwarf ~ Mittelafrikanisches Stumpfkrokodil *n (Osteolaemus osborni)*
Cuban ~ Rautenkrokodil *n (Crocodylus rhombifer)*
dwarf ~ Stumpfkrokodil *n (Osteolaemus tetraspis)*
estuarine ~ Leistenkrokodil *n (Crocodylus porosus)*
long-nosed ~ → Australian crocodile
long-snouted ~ Panzerkrokodil *n (Crocodylus cataphractus)*
marsh ~ Sumpfkrokodil *n (Crocodylus palustris*
Morelet's ~ Beulenkrokodil *n (Crocodylus moreletii)*
Nile ~ Nil-Krokodil *n (Crocodylus niloticus)*
Orinoco ~ Orinoko-Krokodil *n (Crocodylus intermedius)*
salt-water ~ → estuarine crocodile
snub-nosed ~ → marsh crocodile
crocodilian Krokodil...
crocus Krokus *m(Crocus)*
crookbacked buckelig
crooked gebogen, krumm, gekrümmt
crooked-grown *(Bot.)* krumm gewachsen, krüppelwüchsig
crooked-stemmed krummstämmig, krummschaftig

crooner Grauer Knurrhahn *m (Trigla gurnardus)*
crop 1. Ernte *f*, Ertrag *m*; 2. Getreide *n*; 3. Spitze *f*, Wipfel *m*; 4. *(Orn.)* Kropf *m*; 5. pflanzen, sähen; 6. (Ernte) tragen; 7. *(Ohren, Schwanz)* stutzen; 8. abbeißen
advance ~ vorige Kultur *f*
alien ~s introduzierte Kultur *f*
arable ~ Ackerfrucht *f*, Feldkultur *f*
cleaning ~ bodenreinigende Kultur *f*
companion ~ verdichtete Kultur *f*
mixed ~ Mischkultur *f*
mixed grass ~ Grasmischung *f*
moss ~ Virginisches Wollgras *n (Eriophorum virginicum)*
self-seed ~ selbstaussähende Kultur *f*
soilless ~ bodenfreie Kultur *f*
standing ~ Biomasse *f*
vegetable ~ Gemüsepflanze *f*
cross 1. einmalige Kreuzung *f* (→ crossing); 2. Mischling *m*, Hybrid *m*, Bastard *m*
cross-allergenicity Kreuz-Allergenität *f*
crossbill Kreuzschnabel *m (Loxia)*, Fichtenkreuzschnabel *m (Loxia curvirostra)*
common ~ Fichtenkreuzschnabel *m (Loxia curvirostra)*
parrot ~ Kiefernkreuzschnabel *m (Loxia pytyopsittacus)*
red ~ → common crossbill
two-barred [white-winged] ~ Bindenkreuzschnabel *m (Loxia leucoptera)*
crossbridge *(Mol.)*. Querbrücke *f*
cross-fecundation [cross-fertilization] Kreuzbefruchtung *f*
cross-fibred überkreuzte Fasern (Cellulose)
cross-grained drehwüchsig
crossing (einmalige) Kreuzung *f*
artificial ~ künstliche Kreuzung *f*
back ~ Rückkreuzung *f*
bigeneric ~ Gattungskreuzung *f*
breed ~ Interrassenkreuzung *f*
check ~ Testkreuzung *f*
final ~ Endkreuzung *f*
four-way ~ Vierrassenkreuzung *f*
interspecific ~ Artkreuzung *f*, interspezifische Kreuzung *f*
interstrain ~ Inzuchtlinienkreuzung *f*
intervarietal ~ Intersortenkreuzung *f*
reciprocal ~ reziproke Kreuzung *f*
test ~ Testkreuzung *f*
three-factor ~ Dreifaktorkreuzung *f*
three-way ~ Dreiwegkreuzung *f*
two-factor ~ Zweifaktorkreuzung *f*
crossing-over Crossing-over *n (Überkreuzung des Chromosoms)*
double-strand ~ → two-strand crossing-over
four-strand ~ Vierstrangaustausch *m*
cross-linking Quervernetzung *f*
cross-neutralization Kreuzneutralisierung *f*
crossover Crossing-over *n*
cross-pollination Kreuzbestäubung *f*, Kreuzbefruchtung *f*
cross-protection Kreuzimmunität *f*
cross-reaction Kreuzreaktion *f*
cross-responsiveness Kreuzreaktivität *f*
cross-section Querschnitt *m*
cross-testing Kreuztestierung *f*
crossway Nervenkreuzung *f*
crossweed Mauer-Doppelsame *m*, Mauer-Rampe *f*, Mauer-Doppelranke *f (Diplotaxis muralis)*
crosswort 1. Kreuzblatt *n (Crucianella)*; 2. Vierblättriger Felberich *m (Lysimachia quadrifolia)*; 3. Gemeiner Beinwell *m (Symphytum officinale)*
crotch Gabelung *f*, Verzweigung *f*
croton Krebsblume *f (Croton)*
crouch *(Ethol.)* kauernde Stellung *f*, Hochstellung *f*; hokken, sich (nieder)ducken, kauern
croup 1. Kruppe *f (beim Pferd)*
crow Krähe *f (Corvus)* ; *pl* Rabenvögel *mpl*, Raben *mpl*; 2. krähen; 3. Krähen *n*
American ~ → western crow
Australian ~ Salvadorikrähe *f (Corvus orru)*
bald ~ → bare-headed crow
bare-faced ~ → gray crow
bare-headed ~ Felshüpfer *m (Picathartes)*
black ~ Kap-Krähe *f (Corvus capensis)*
brown-headed ~ Riesenkrähe *f*, Braunkopfkrähe *f (Corvus fuscicapillus)*
carrion ~ Aaskrähe *f (Corvus corone)*
collared ~ Halsbandkrähe *f (Corvus torquatus)*
common ~ → American crow
fish ~ Fischkrähe *f (Corvus ossifragus)*
gray ~ Neuginea-Krähe *f*, Greisenkrähe *f (Corvus tristis)*
hooded ~ Nebelkrähe *f (Corvus corone cornix)*
house ~ Glanzkrähe *f*, Hauskrähe *f (Corvus splendens)*
jungle [large-billed] ~ Dickschnabelkrähe *f (Corvus macrorhynchos)*
little ~ 1. → slender-billed crow; 2. → small-billed crow
New Caledonian ~ Geradschnabelkrähe *f (Corvus moneduloides)*
pied ~ Schildrabe *f (Corvus albus)*
piping ~ (Schwarzrücken-)Flötenvogel *m (Gymnorhina)*
slender-billed ~ Sunda-Krähe *f (Corvus enca)*
small-billed ~ Bennett-Krähe *f (Corvus bennetti)*
white-billed ~ Buntschnabelkrähe *f (Corvus woodfordi)*
white-breasted ~ → pied crow
white-necked ~ Antillen-Krähe *f (Corvus leucognaphalus)*
crowberry Krähenbeere *f (Empetrum)*
crowd out verdrängen (z. B. eine Spezies)
crowded dicht; überfüllt; voll; wimmelnd
crowfoot 1. Hahnenfuß *m (Ranunculus)*; 2. Dunkler Bärlapp *m (Lycopodium obscurum)*; 3. Kleingelappte

Zahnwurz *f (Dentaria lancinata)*
celery-leaved ~ Gifthahnenfuß *m (Ranunculus scelератus)*
corn ~ Acker-Hahnenfuß *m (Ranunculus arvensis)*
creeping ~ Kriechender Hahnenfuß *m (Ranunculus repens)*
ivy-leaved ~ Efeu-Wasserhahnenfuß *m (Ranunculus hederaceus)*
prairie ~ Ovaler Hahnenfuß *m (Ranunculus ovalis)*
smooth-leaved ~ Unterentwickelter Hahnenfuß *m (Ranunculus abortivus)*
water ~ Gemeiner Wasserhahnenfuß *m (Ranunculus aquatilis)*
crown 1. Spitze *f*, Gipfel *m*, Wipfel *m*; 2. Krone *f*, Baumkrone *f*; 3. Blütenkrone *f*, Corolla *f*, Korolle *f*; 4. *(Orn.)* Schopf *m*, Kamm *m*, Zahnkrone *f*
~ **of hair** Haarkrone *f*
~ **of stem** Stengelspitze *f*
decumbent ~ ausgebreitete Blattrosette *f*, an der Erdoberfläche liegende Blattrosette *f*
radiating ~ Strahlenkranz *m*
crown-bearing kron(en)tragend
cruciform kreuzförmig; gekreuzt
crumple faltig werden, zusammenschrumpeln
crumpler:
leaf ~ Eichentriebzünsler *m (Acrobasis indigenella)*
crural 1. krural, Schenkel...; 2. Unterschenkel...
crus 1. Schenkel *m*; 2. Unterschenkel *m*
crush zerquetschen; zerbrechen; zerdrücken
crust 1. Borke *f*, Kruste *f*, Schorf *m*; 2. Panzer *m*; Schild *m*; Schala *f*
crustacea Krebstiere *npl*, Krustazeen *fpl*, Krustentiere *npl (Crustacea)*
crustate krustiert
crustose fungus Krustenpilz *f*
crusty 1. krustenbedeckt; 2. hart
cry Schrei *m*; Ruf *m*
~ **of alarm** Alarmruf *m*
staccato ~ies Stakkato-Rufe *mpl*
cryaesthesia 1. Kälteempfindung *f*; Kälteempfindlichkeit *f*; 2. Kältesinn *m*; 3. frostempfindlich; frostgefährdet
crymium Tundrengemeinschaft *f*
crymnion → cryoplankton
cryofixation Kältefixierung *f*
cryoinjury Kälteschädigung *f*, Schaden durch Frost
cryophil kryophil *m*, in Eis und Schnee lebend, Kälte benötigend
cryophyte Kryophyt *m*, Kryobiont *m*
cryoplankton Kryoplankton *n*, arktisches Plankton *n*, Polarplankton *n*, Organismen, die lange Zeit im Zustand der Anabiose in Eis/Schnee leben
cryoprecipitation Kryopräzipitation, Kältepräzipitation *f*
cryoprotection Kälteschutz *m*, Kälteprotektion *f*, Frostschutz *f*
cryoprotector Kryoprotektor *m*, Kälteprotektor *m*
cryoscope Kryoskop *n*, Gefrierpunktbestimmungsgerät *n*
cryoscopy Kryoskopie *f*, Gefrierpunktbestimmung *f*
cryostat Kryostat *m*, Kryo(mikro)tom *n*, Kältemikrotom *n*, Gefrierungsmikrotom *n*
cryotolerant Kälte gegenüber tolerant
cryotom → cryostat
cryotropism Kryotropismus *m*, Kältetropismus *m*
crypsis 1. Sumpfgras *n*, Dornengras *n (Crypsis)*; 2. kryptische Färbung *f*, Schutzfärbung *f*
crypt Krypte *f*, Vertiefung *f*, Einbuchtung *f*
intestinal [Lieberkühn's] ~ Darmkrypte *f*, Lieberkühnsche Krypte *f*
cryptic 1. latent, verborgen; 2. kryptisch, Schutz...
cryptochimaera Kryptochimäre *f*
cryptodeterminant Kryptodeterminante *f*
cryptogam Kryptogamen *mpl*, Cryptogamia mpl , blütenlose Pflanze *f*, Sporenpflanze *f*
cryptogenous kryptogen
cryptomere kryptomeres Gen *n*
cryptostome Kryptostome *f*, verborgene Spaltöffnung *f*
cryptozoic kryptisch lebend, verborgen lebend
ctenidium Kammkieme *f*
ctenoid ktenoid *(Schuppe)*
cub Junge *n (des Fuchses, Bären etc)*; Junge werfen
cubitus 1. Ellenbogen *m*; 2. Unterarm *m*; 3. Elle *f*
cuboid Kuboid *n*, Würfelbein *n*
cuckold Verwachsenblättriger Zweizahn *m (Bidens connata)*
cuckoo 1. Kuckuck *m*; Kuckuck *m (Cuculus)*; 2. Kuckucksruf *m*; 3. "kuckuck" rufen
African emerald ~ Smaragdkuckuck *m (Chrysococcyx cupreus)*
barred (long-tailed) ~ Bergkuckuck *m (Cercoccyx montanus)*
black ~ Schwarzkuckuck *m (Cuculus cafer)*
black-and-white ~ → jacobin cuckoo
black-capped ~ Bartkuckuck *m*, Schwarzkappenkuckuck *m (Microdynamis parva)*
black-eared ~ Schwarzohrkuckuck *m (Chrysococcyx osculans)*
brush ~ Rotbrustkuckuck *m (Cacomantis variolosus)*
channel-billed ~ Fratzenkuckuck *m (Scythrops novaehollandiae)*
chestnut-breasted ~ Rostbauchkuckuck *m (Cacomantis castaneiventris)*
common ~ Kuckuck *m (Cuculus canorus)*
dark-billed ~ Galapagoskuckuck *m (Coccyzus melanocoryphus)*
Didric ~ Goldkuckuck *m (Chrysococcyx caprius)*
dusky-long-tailed ~ Schweifkuckuck *m (Cercoccyx mechowi)*
dwarf ~ Zwergkuckuck *m (Coccyzus pumilus)*
emerald ~ Prachtkuckuck *m (Chrysococcyx maculatus)*
Eurasian little ~ Kleiner Kuckuck *m*, Gackelkuckuck *m (Cuculus poliocephalus)*
great spotted ~ Häherkuckuck *m (Clamator glandarius)*
ground ~ 1. Laufkuckuck *m (Carpococcyx radiceus)*;

2. Grundkuckuck *m (Neomorphus)*
jacobin ~ Jakobinerkuckuck *m*, Elsterkuckuck *m (Clamator jacobinus)*
lesser ground ~ Drosselkuckuck *m (Morococcyx erythropygus)*
little ~ → Eurasian little cuckoo
lizard ~ Eidechsenkuckuck *m (Saurothera)*
long-billed ~ Neuguinea-Unglückskuckuck *m*, Langschnabelkukkuck *m (Rhamphomantis megarhynchus)*
olive (long-tailed) ~ Olivkuckuck *m (Cercoccyx olivinus)*
oriental ~ Wiedehopfkuckuck *m (Cuculus saturatus)*
pallid ~ Blaßkuckuck *m (Cuculus pallidus)*
pavonine ~ Pfauenkuckuck *m (Dromococcyx pavoninus)*
pheasant ~ Fasankuckuck *m*, Rotschopfkuckuck *m (Dromococcyx phasianellus)*
plaintive ~ Klagekuckuck *m (Cacomantis merulinus)*
red-winged crested ~ Koromandel-Kuckuck *m (Clamator coromandus)*
striped ~ Vierflügelkuckuck *m (Tapera naevia)*
thick-billed ~ Fettgauch *m*, Dickschnabelkuckuck *m (Pachycoccyx audeberti)*
violet ~ Amethystkuckuck *m (Chrysococcyx xanthorhynchus)*

cuckooflower 1. Kuckucks-Lichtnelke *f (Lychnis flos-cuculi)*; 2. Wiesen-Schaumkraut *n (Cardamine pratensis)*
cuckoopint Gefleckter Aronstab *m (Arum maculatum)*
cucujids Cucujiden *mpl*, Plattkäfer *mpl*, Schmalkäfer *mpl (Cucujidae)*
cucullate(d) kapuzenartig, kappenförmig
cucullus *(Bot.)* Hülle *f*
cucumber Gurke *f (Cucumis sativus)*
bur ~ 1. Haargurke *f (Sicyos angulatus)*; 2. Arada-Gurke *f (Cucumis anguria)*
sea ~s Seegurken *fpl (Cucumariidae)*, Seewalzen *fpl (Holothurioidea)*
squirting ~ Springgurke *f*, Spritzgurke *f*, Eselsgurke *f (Ecballium elaterium)*
cucurbit Kürbis *m (Cucurbita)*
cud Wiederkäuen *n*; wiederkäuen
cudweed 1. Goldruten-Mönch *m (Cucullia gnaphalli)*; 2. Ruhrkraut *n (Gnaphalium)*; 3. Schimmelkraut *m*, Filzkraut *n (Filago)*
childing ~ Europäisches Ruhrkraut *n (Gnaphalium germanica)*
Swiss ~ Edelweiß *n (Leontopodium alpinum)*
cuirass Panzer *m*; Schild *n*
cul-de-sac Blindsack *m*
cull 1. (als minderwertig) Aussortiertes *n*; 2. auslesen, aussortieren; 3. pflücken
culm Halm *m*, Grashalm *m*
cultivate 1. Boden bebauen, bestellen, kultivieren; 2. *Pflanzen* züchten
cultivated 1. kultiviert, bebaut *(Boden)*; 2. gezüchtet, Kultur...
cultivation 1. Kultivierung *f*, Kultivation *f*, Züchtung *f*; 2. Anbau *m*, Ackerbau *m*
cloche ~ Pflanzenkultur *f* unter Glas, Pflanzenkultur im Gewächshaus
submerged ~ Submerskultivierung *f*
cultrate(d) messerartig, messerförmig
cultural kultural, Kultur...
culture 1. Kultur *f (z.B. Bakterienkultur)*; 2. Kultivierung *f*, Züchtung *f*
agitated ~ Schüttelkultur *f*
axenic ~ Reinkultur *f*, axenische Kultur *f*
broth ~ Kultur im Bouillonmedium
cell ~ Zellkultur *f*
cell-depleted ~ zellenfreie Kultur *f*
civilized cell ~ Normalzell(en)kultur *f*
droplet ~ Tropfenkultur *f*
emerget ~ Oberflächenkultur *f*, Emerskultur *f*
enrichment ~ Anreicherungskultur *f*
hanging-drop ~ Hängetropfenkultur *f*
hoe ~ Hackkultur *f*, Hackbau *m*
impure ~ verunreinigte Kultur *f*
logarithmic phase ~ Kultur *f* in logarithmischer Wachstumsphase
long-term ~ Dauerkultur *f*
maintenance ~ Erhaltungskultur *f*
monolayer ~ Einschichtkultur *f*
multistage ~ Mehrstufenkultur *f*
one-stage ~ Einstufenkultur *f*
pure ~ Reinkultur *f*
replacement ~ Substitutionskultur *f*; Ersatzkultur *f*
seed ~ Impfkultur *f*
single-cell ~ Klon *m*
slant ~ Schrägagarkultur *f*
slide [slope] ~ Objekt(träger)kultur *f*
smear ~ Abstrichkultur *f*
soil ~ Bodenkultur *f*
soil-water ~ Bodenextraktkultur *f*
"spinner" ~ Kultivierung *f* unter permanentem Mischen
steady-state ~ Stationärkultur *f*, Kultur im Gleichgewicht
stock ~ Ausgangskultur *f*, Stammkultur *f*
stroke ~ Oberflächenkultur *f*
submerged ~ Submerskultur *f*
surface ~ Oberflächenkultur *f*
tissue ~ Gewebekultur *f*
two-layer ~ Zweischichtkultur *f*
water ~ Wasserkultur *f*
cultured kultiviert
culverfoot Weicher Storchschnabel *m (Geranium molle)*
culverwort Akelei *f*, Aquilegia *f (Aquilegia)*
cumin *(Bot.)* Kreuzkümmel *m (Cuminum cyminum)*
cumulate kumulieren, ansammeln
cumulation Kumulation *f*, Ansammelung *f*
cumulative kumulativ; sich summierend
cuneate(d) keilförmig
cuneiform 1. Keilbein *n*; 2. Dreiecksbein *n*; 3. keilför-

mig, keilartig
cup 1. Kelch *m*, Becher *m*; 2. Blumenkelch *m*
acorn ~ Fruchtschälchen *n*, Becherhülle *f*
cluster ~ Äzidium *n*
death ~ Grüner Knollenblätterpilz *m (Amanita phalloides)*
fairy ~ Zweiblätterige Bischofskappe *f (Mitella diphylla)*
optic ~ Augenbecher *m*
prickly ~ Stockschwamm *m (Pholiota mutabilis)*
cup-and-saucer Hohe Primel *f*, Hohe Schlüsselblume *f*, Wald-Primel *f (Primula elatior)*
cuphea Weiderich *m (Lythrum)*
cupid's-dart Rasselblume *f (Catananche)*
cupid's-delight Acker-Stiefmütterchen *n*, Wildes Stiefmütterchen *n (Viola tricolor)*
cupseed Lyonsche Mondsame *f (Menispermium lyoni)*
cup-shaped [cupulate] becherförmig, kelchförmig
cupule 1. Saugnapf *m*; 2. Fruchtschälchen *n*, Becher *m*, Cupula *f*
cupuliferous bechertragend
curassow Hokko *m (Crax)*
bare-faced ~ Nacktgesichthokko *m (Crax fasciolata)*
black ~ → crested curassow
blue-billed ~ Blaulappenhokko *m (Crax alberti)*
crested ~ Glattschnabelhokko *m (Crax alector)*
crestless ~ Samthokko *m (Crax tomentosa)*
great ~ Tuberkelhokko *m (Crax rubra)*
helmeted ~ Helmhokko *m (Crax pauxi)*
razor-billed ~ Mitu *m (Crax mitu)*
red-billed ~ Blumenbachhokko *m (Crax blumenbachii)*
wattled ~ Karunkelhokko *m (Crax globulosa)*
curculio Rüsselkäfer *m*; *pl* Rüsselkäfer *mpl*, Rüßler *mpl (Curculionidae)*
apple ~ Apfelblütenstecher *m (Anthonomus pomorum)*
cabbage ~ Kohlschotenrüßler *m*, Rapsrüsselkäfer *m (Ceutorhynchus brassicae)*
cabbage seed-stalk ~ Gefleckter [Kleiner] Kohltriebrüßler *m (Ceutorrhynchus quadridens)*
clover-root ~ Borstiger Schmalrüßler *m*, Feld-Blattrandkäfer *m (Sitona hispidula)*
curiosity Neugier *f*
curl 1. Wickel *m*; 2. Kräuselkrankheit *f*
curl-flowered krausblumig
curled gedreht, gewunden, gerollt, kraus
curlew Brachvogel *m (Numenius)*
Australian ~ Sibirischer Brachvogel *m*, Isabellbrachvogel *m (Numenius madagascariensis)*
Eskimo ~ Eskimo-Brachvogel *m (Numenius borealis)*
Eurasian ~ Großer Brachvogel *m*, Kronschnepfe *f (Numenius arquata)*
Far-Eastern ~ → Australian curlew
little ~ Zwergbrachvogel *m (Numenius minutus)*
long-billed ~ Amerikanischer Brachvogel *m*, Rostbrachvogel *m (Nimenius americanus)*
slender-billed ~ Dünnschnabel-Brachvogel *m (Numenius tenuirostris)*
stone ~ Triel *m*, Dickfuß *m (Burhinus oedicnemus)*
curl-flowered krausblumig
curling Drehung *f*, Wendung *f*
curlyfins Büschelkiemer *m*, Korallenklimmer *mpl (Cirrhitidae)*
currant Johannisbeere *f*, Johannisbeerenstrauch *n (Ribes)*
black ~ Schwarze Johannisbeere *f (Ribes nigrum)*
flowering ~ → red-flowering currant
garden ~ → red currant
golden ~ Gold-Johannisbeere *f*, Echte Goldtraube *f*, Goldgelbe Johannisbeere *f (Ribes aureum)*
Indian ~ Schneebeere *f (Symphoricarpos)*
laurel ~ Laurenblätterige Johannisbeere *f (Ribes laurifolium)*
mountain ~ Alpen-Johannisbeere *f (Ribes alpinum)*
nutmeg ~ Klebrige Johannisbeere *f (Ribes glutinosum)*
prickly ~ Sumpf-Stachelbeere *f (Ribes lacustre)*
red ~ Rote Johannisbeere *f (Ribes rubrum)*
red-flowering ~ Blutrote Johannisbeere *f (Ribes sanguineum)*
rock-red ~ Felsen-Johannisbeere *f (Ribes saxatile)*
skunk ~ Drüsige Johannisbeere *f (Ribes glandulosum)*
wild black ~ Amerikanische Johannisbeere *f (Ribes americanum)*
winter ~ → red-flowering currant
currant-leaf Zweiblättrige Bischofskappe *f (Mitella diphylla)*
currantworm Larve *f* der Stachelbeerblattwespe *(Nematus ribesii)*
current Strom *m*
ion ~ Ionenstrom *m*
membrane ~ Membranenstrom *m*
resting ~ Ruhestrom *m* (Reizphysiologie)
cursorial *(Orn.)*, *(Ent.)* laufend
curvature Krümmung *f*, Kurvatur *f*; Beuge *f*
growth ~ Wachstumskurve *f*
inward ~ *(Bot.)* Einkrümmung
curve Kurve *f*; sich biegen
absorption ~ Absorptionskurve *f*
bimodal ~ zweigipfelige Kurve *f*
dose-effect ~ Dosis-Effekt-Kurve *f*
exponential ~ Exponentialkurve *f*
frequency ~ Frequenzkurve *f*
geometric growth ~ Kurve *f* des geometrischen Wachstums
growth ~ Wachstumskurve *f*
height ~ Höhenkurve *f*
muscle ~ Muskelkontraktionskurve *f*
oxygen-dissociation ~ Kurve *f* der Sauerstoffdissoziation
standard ~ Kalibrierungskurve *f*
unimodal ~ eingipfelige Kurve *f*
curved gekrümmt; gebogen
curvicauline krummstengelig
curvidentate *(Bot.)* krummzähnig
curviflorous krummblütig

curvifoliate krummblätterig; mit zurückgebogenen Blättern
curvinervate krummnervig
curvirameous krummzweigig
curvispinous krummzähnig
cuscus Kuskus *m (Phalanger)*; *pl* Kletterbeutler *mpl (Phalangeridae)*
  grey ~ Woll-Kuskus *m (Phalanger orientalis)*
  spotted ~ Tüpfelkuskus *m*, Flecken-Kuskus *m (Phalanger maculatus)*
cushat (Große) Holztaube *f*, Hohltaube *f*, Waldtaube *f (Columba palumbus)*
cushaw Bisamkürbis *m*, Moschuskürbis *m (Cucurbita moschata)*
cushion 1. Polster *m*; Polsterchen *n*; 2. Blattwulst *f*, Blattkissen *n*
  leaf ~ Blattkissen *n*, Blattpolster *n*
cusk Lumb *m*, Brosme *m (Brosme brosme)*
cusk-eels Eingeweidefische *mpl (Ophidiidae)*
cuspid Hakenzahn *m*, Hauer *m*, Fangzahn *m*, Stoßzahn *m*
cuspidate spitz, zugespitzt
cut 1. Schnitt *m*; Riß *m*; zerschneiden, schneiden; 2. Kanal *m*, Ausbuchtung *f*; 3. Fraktion *f*; fraktionieren; 4. kastrieren
cutaneous Haut...
cutch:
  black ~ Catechu *m (Acacia catechu)*
cuticle Kutikula *f*; Oberhaut *f*
  embryonic ~ *(Ent.)* Embryonalkutikula *f*
  primary ~ Epidermis *f*, Oberhaut *f*
  secondary ~ Derma *n*
  serosal ~ serose Hülle *f*
cuticular kutikulär; Kutikula[r]
cutis Kutis *f*, Haut *f*, Derma *n*
cut-paper Papiermaulbeerbaum *m (Broussonetia papyrifera)*
cutter:
  section ~ Mikrotom *n*
  water-lily leaf ~ Seerosenzünsler *m (Nymphula nymphaeata)*
cutting 1. Schneiden *n*; Abschneiden *n*; Mähen *n*; Holzeinschlag *m*; 2. Ableger *m*, Steckling *m*
  clear ~ Holzschlag *m*
  section ~ Anfertigung *f* von Schnitten
cuttlefish Sepie *f*, (Gemeiner) Tintenfisch *m (Sepia officinalis)*
cutworm Raupe *f* des Eulenfalters *(Noctuidae)*
  black ~ Raupe *f* der Ypsiloneule *(Scotia ypsilon)*
  clover ~ Raupe *f*, Klee-Eule *f*, Bräulicher Meldeneule *f (Scotogramma trifolii)*
  common ~ Erdraupe *f*, Ackermade *f*, Raupe der Feldflur-Bodeneule *f (Scotia segetum)*
  grassy ~ Raupe *f* der Gemeinen Grasland-Bodeneule *(Scotia exclamationis)*
  spotted ~ Raupe *f* der Schwarzen C-Erdeule *(Amathes c-nigrum)*
  variegated ~ Raupe *f* der rotlichtbraunen Erdeule *(Peridroma margaritosa)*
cyanella Zyanelle *f*
cyanobacteriae Zyanobakterien *f (Cyanobacteriae)*
cyanocobalamin Zyanokobalamin *n*, Vitamin B_{12}
cyathiform becherförmig
cyclamen Alpenveilchen *n (Cyclamen)*
cycle Zyklus *m*, Kreislauf *m*
  annual ~ Jahreszyklus *m*
  development ~ Entwicklungszyklus *m*
  flowering ~ Blührhythmus *m*
cyclocarpous rundfrüchtig
cycloid *(Ichth.)* zykloid
cylindrical-stalked mit rundem Stiel
cymbiform kahnförmig
cymbipholious kahnblättrig
cyme Trugdolde *f*, Scheindolde *f*, zymöser Blütenstand *m*
  dichasial ~ Dichasium *n*
  fan-shaped ~ Fächer *m*
cymlin Flaschenkürbis *m*, Lagenarie *f (Lagenaria)*
cymose trugdoldig, trugdoldenartig, zymös
cymule *(Bot.)* Spirrchen *n*
cynopodous mit nichteinziehbaren Krallen *(z. B. Hunde)*
cyperus Zypergras *n (Cyperus)*
  brown ~ Braunes [Schwarzbraunes] Zypergras *n (Cyperus fuscus)*
  coast ~ Kleingezähntes Zypergras *m (Cyperus microdontus)*
  elegant ~ Sandzypergras *m (Cyperus sabulosus)*
  Michaux's ~ Prächtiges Zypergras *m (Cyperus speciosus)*
  Nuttal's ~ Farnartiges Zypergras *n (Cyperus filicinus)*
  panicled ~ Rispiges Zypergras *n (Cyperus paniculatus)*
  short-pointed ~ Zugespitztes Zypergras *n (Cyperus acuminatus)*
  straw-colored ~ Borstiges Zypergras *n (Cyperus strigosus)*
  sweet ~ Langes Zypergras *n (Cyperus longus)*
  toothed ~ Gezähntes Zypergras *n (Cyperus dentatus)*
  yellow ~ Gelbliches Zypergras *n (Cyperus flavescens)*
cypress 1. Zypresse *f (Cypressus)*; 2. Sumpfzypresse *f (Taxodium)*; 3. Scheinzypresse *f (Chamaecyparis)*; 4. Sandarakbaum *m*, Schmuckzypresse *f (Callitris)*; 5. Sommerzypresse *f (Kochia)*
  bald ~ Virginische Sumpfzypresse *f (Taxodium distichum)*
  Bhutan ~ Hohe Zypresse *f (Cupressus torulosa)*
  bog ~ → bald cypress
  broom ~ → cypress 5.
  false ~ → cypress 3.
  gowen ~ Kalifornische Zypresse *f (Cupressus goveniana)*
  Italian ~ echte Zypresse *f*, Mittelmeer-Zypresse *f (Cupressus sempervirens)*
  mock ~ Besenkraut *n*, Besensommerzypresse *f (Kochia scoparia)*
  Monterey ~ Großfrüchtige Zypresse *f (Cupressus*

macrocarpa)
courning ~ Trauer Zypresse *f (Chamaecyparis funebris)*
sawara ~ Erbsenfrüchtige Lebensbaumzypresse *f*, Sawara-Scheinzypresse *f (Chamaecyparis pisifera)*
summer ~ → cypress 5.
white ~ → bald cypress
cyprid Cypris-Larve *f (der Rankenfußkrebse)*
cypsela Achäne *f*
cyst 1. Zyste *f*; 2. Blase *f*
bile ~ Gallenblase *f*
cystic 1. zystisch, Zysten...; 2. Blasen...
cysticercus Zystezerkus *m*
cysticolous zystenbewohnend
cystocarp Hüllfrucht *f*
cystogenous zystenbildend
cystophore Cystophor *m*, zystentragende Hyphe *f*, Zystenträger *m*
cystospore Zystospore *f*
cytaster Zytaster *m*, Zellstern *m*
cytinus *(Bot.)* Blutschuppe *f (Cytinus)*
cytoadherence Zelladhäsion *f*
cytoarchitecture Zellarchitektur *f*
cytobiology Zytobiologie *f*, Zellbiologie *f*
cytoblast Zytoblast *m*, Zellkern *m*
cytocentrum Zellzentrum *n*, Zytozentrum *n*
cytochylema Zellsaft *m*, Zytolymphe *f*
cytocidal zelltoxisch, zelltötend
cytocide Zellgift *n*
cytoclastic zellzerstörend
cytoderm Zellhaut *f*; Zellwand *f*
cytogamy Zytogamie *f*, Zellverschmelzung *f*
cytogenesis Zytogenese *f*, Zellbildung *f*
cytogenetic zytogenetisch, zellbildend
cytogenetics Zytogenetik *f*, Zellgenetik *f*
cytogeny Zytogenese *f*, Zellbildung *f*
cytoimmunotherapy Zytoimmunotherapie *f*
immunoregulatory ~ immunoregulatorisches Zytokin *n*
cytokinesis Zytokinese *f*, Zellteilung *f*
cytolergy Zellaktivität *f*
cytological zytologisch
cytology Zytologie *f*, Zellenlehre *f*
cytolymph Zytolymphe *f*, Zellsaft *m*
cytolysis Zytolyse *f*, Zellauflösung *f*
cytolytic zytolytisch, zellauflösend
cytomegalovirus Zytomegalovirus *n*, Zytomegalievirus *n*
cytometer Zytometer *n*, Zellzählgerät *n*
cytometry Zytometrie *f*, Zellzählung *f*; Zellvermessung *f*
flow ~ Durchflußzytometrie *f*
cytomorphology Zytomorphologie *f*, Zellmorphologue *f*
cytomorphosis Zytomorphose *f*, Zellverwandlung *f*, Zellumbildung *f*
cytonuclear Kern-Plasma...
cytophagous zytophag, zellfressend, Phagozytose...
cytophilous zytophil, zellfreundlich
cytoplasm Zellplasma *n*, Zytoplasma *n*
cytoplasmic zytoplasmatisch, Zytoplasma..., Zellplasma...
cytopoiesis Zytopoese *f*, Zellbildung *f*
cytopoietic zytopoietisch, zellbildend
cytoskeleton Zytoskelett *n*, Zellgerüst *n*
cytosome Zellenleib *m*, Zellkörper *m*
cytostome Zytostome *f*, Zellmund *m*
cytotaxis Zytotaxis *f*, Zelltaxis *f*
cytotaxonomy Zytotaxonomie *f*
cytotoxicity Zytotoxizität *f*
allo(antigen-)specific ~ alloantigenspezifische Zytotoxizität *f*
antibody-dependent ~ antikörper-abhängige Zytotoxizität *f*
cell-mediated [cellular] ~ zellvermittelte Zytotoxizität *f*
eosinophil-mediated ~ eosinophilvermittelte Zytotoxizität *f*
lectin-dependent cellular ~ lektinabhängige zellvermittelte Zytotoxizität *f*
natural cell-mediated ~ natürliche zellvermittelte Zytotoxizität *f*
self-restricted ~ Autozytotoxizität *f*
serum-induced ~ seruminduzierte Zytotoxizität *f*
spontaneous ~ spontane Zytotoxizität *f*
cytotrophoblast Zytotrophoblast *m*
cytotropism Zytotropismus *m*
cytotypes Zytotypen *mpl*
cytozoic in der Zelle wohnend

D

D Asparaginsäure *f*
dab 1. Kliesche *f*, Scharbe *f (Limanda limanda)*; 2. Anbeißen *n*
Alaska ~ Dukatenfisch *m (Limanda aspera)*
American ~ Rauhe Scharbe *f*, Scharbenzunge *f*, Doggerscharbe *f (Hippoglossoides platessoides)*
common ~ → dab 1.
lemon ~ → smear dab
longhead ~ Langschnäuzige Kliesche *f (Limanda punctatissima)*
mud ~ → dab 1.
Pacific sand ~ Sandbutt *m (Citharichthys sordidus)*
rough ~ → American dab
sand ~ → Pacific sand dab
smear ~ Kleinköpfige Scholle *f*, Rotzunge *f*, Limande *f (Mikrostomus kitt)*
dabchick ~ Pelzeln-Taucher *m (Podiceps pelzelni)*
Australian ~ Neuholland-Taucher *m (Podiceps novaehollandiae)*

little ~ Zwergtaucher *m (Podiceps ruficollis)*
daboia Daboia *f*, Kettenotter *f*, Kettenviper *f (Vipera russelli)*
dace 1. Hasel *m (Leuciscus leuciscus)*; 2. Rötling *m (Chrosomus erythrogaster)*
black-nosed ~ Schwarznase *f (Rhinichthys stromasus)*
southern red-belly ~ Rötling *m*, Rotbauchelritze *f (Chrosomus erythrogaster)*
dacnis Pitpit *m (Dacnis coyana)*
dacryocyst Tränensack *m*
dacryoideous tränenartig
dactyl Finger *m*; Zehe *f*
dactylar Finger..., Zehen...
dactylic fingerförmig, fingerartig
dactylognathite Daktylognathit *n (Terminalteil des Kieferfußes)*
dactylogram Daktylogramm *n*, Fingerabdruck *m*, Hauptpapillarmuster *n*
dactyloid fingerartig
daffodil Gelbe Narzisse *f*, Osterglocke *f (Narcissus pseudonarcissus)*
dagger Rindeneule *f (Apatele)*
alder ~ Laubwald-Erlen-Rindeneule *f*, Erleneule *f (Apatele alni)*
dark ~ Waldsteppen-Dreizack-Rindeneule *f*, Dreizackeule *f (Apatele tridens)*
gray ~ Psi-Eule *f*, Pfeileule *f (Apatele psi)*
marsh ~ Kleine Scheheneule *f (Apatele strigosa)*
poplar ~ Auengebüsch-Rindeneule *f (Apatele megacephala)*
scarce ~ Buschheiden-Rindeneule *f*, Mondeule *f (Apatele auricoma)*
sweet-gale ~ Wolfsmilcheule *f (Apatele euphorbiae)*
sycamore ~ Parkland-Ahorn-Rindeneule *f (Apatele aceris)*
dagger-flower Rainfarnblättrige Aster *f (Aster tanacetifolius)*
dagger-pointed langdornig
dagger-shaped dolchförmig
dahlia Georgine *f*, Dahlie *f (Dahlia)*
sea ~ Mädchenauge *n*, Wanzenblume *f (Coreopsis)*
dahoon Karolinische Stechpalme *f (Ilex cassine)*
dairy milchig, Milch...
daisy 1. Gänseblümchen *n (Bellis)*; 2. Zwerg-Berufkraut *n (Erigeron pumilis)*
African ~ Jamesonsche Gerbera *f (Gerbera jamesonii)*
Arctic ~ Arktische Wucherblume *f (Leucanthemium arcticum)*
bastard ~ Zwerg-Maßliebchen *n (Bellium)*
blue ~ Gemeine Wegwarte *f*, Zichorie *f (Cichorium intybus)*
butter ~ Scharfer Hahnenfuß *m (Ranunculus acris)*
dog ~ Stinkende Hundskamille *f (Anthemis cotula)*
European ~ → garden daisy
field ~ → oxeye daisy
garden ~ Ausdauerndes Gänseblümchen *n (Bellis perennis)*
globe ~ Kugelblume *f (Globularia)*
Irish ~ Löwenzahn *m*, Gemeine Kuhblume *f (Taraxacum officinale)*
oxeye ~ Wiesen-Margerite *f (Leucanthemium vulgare)*
red ~ Orangerotes Habichtskraut *n (Hieracium aurantiacum)*
true ~ → garden daisy
turfing ~ Tchihatchev-Kamille *f (Matricaria tchihatchewii)*
western ~ Ganzblättriges Gänseblümchen *n (Bellis integrifolia)*
yellow ~ Rauhhaariger Sonnenhut *m (Rudbeckia hirta)*
daisybush Olearie *f (Olearia)*
dalag Schlangenkopf *m (Ophiocephalus striatus)*
dalgyte Großer Kaninchen-Nasenbeutler *m (Macrotis lagotis)*
dam 1. Muttertier *n*; 2. Damm *m*, Staudamm *n*
beaver ~ Biberdamm *m*
damage 1. Schädigung *f*, Beschädigung *f*; 2. schaden
antibody-mediated ~ antikörpervermittelte Zellyse *f*
feeding-damage ~ Fraßschaden *m*
freezing ~ Kälteschädigung *f*
radiation ~ Strahlenschädigung *f*
damaged beschädigt; defekt
daman Klippschliefer *m (Procavia)*
damask [dame's-rocket] Gemeine Nachtviole *f (Hesperis matronalis)*
dammar 1. Harz *n*; 2. Zweiflügelnußbaum *m (Dipterocarpus)*
damp 1. feucht; 2. Feuchtigkeit *f*
damselfish Sergeantfische *mpl*, Neon-Riffbarsche *mpl*, Preußenfische *mpl (Pomacentridae)*
damselfly Kleinlibellen *fpl*, Gleichflügelige Libellen *fpl (Zygoptera)*
black-winged ~ Prachtlibelle *f (Calopteryx)*
blue ~ies → broad-winged damselflies 1.
broad-winged ~ies 1. Schlankjungfern *fpl*, Schlanklibellen *fpl (Coenagrionidae)*; 2. Prachtlibellen *fpl*, Seejungfern *fpl (Calopterydae)*
stalked-winged ~ies → broad-winged damselflies
damson Haferpflaume *f*, Kriechenpflaume *f (Prunus insititia)*
dance Tanz *m*
round ~ Rundtanz *m (Bienen)*
waggle ~ wedelner Tanz *m (Bienen)*
dandelion Echter Löwenzahn *m*, Gemeine Kuhblume *f (Taraxacum officinale)*
blue ~ Gemeine Wegwarte *f*, Zichorie *f (Cichorium inthybus)*
dwarf ~ Großer Bocksbart *m (Tragopogon majus)*
fall ~ Herbst-Löwenzahn *m (Leontodon autumnalis)*
high ~ Kanadisches Habichtskraut *n (Hieracium canadense)*
leafy-stemmed false ~ Karolinischer Löwenzahn *m (Leontodon carolinianum)*
red-seeded ~ Rotsamiger Löwenzahn *m (Taraxacum erythrospermum)*

Dane's-blood ~ Knäuel-Glockenblume *f (Campanula glomerata)*
danger Gefahr *f*
danger assessment Gefahrenabschätzung *f*
dangleberry Belaubte Buckelbeere *f (Gaylussacia frondosa)*
danio Bärbling *m (Danio)*
giant ~ Malabar-Bärbling *m (Danio malabaricus)*
pearl ~ Schillerbärbling *m (Brachydanio albolineatus)*
spotted ~ Tüpfelbärbling *m (Brachydanio nigrofasciatus)*
zebra ~ Zebrabärbling *m (Brachydanio rerio)*
danthonia Traubenhafer *m (Danthonia)*
poverty ~ Ähriger Traubenhafer *m (Danthonia spicata)*
daphne Seidelbast *m (Daphne)*
february ~ Gemeiner Kellerhals *m*, Gemeiner Seidelbast *m (Daphne mesereum)*
rose ~ Heideröschen *n*, Rosmarin-Seidelbast *m (Daphne cneorum)*
spurge-laurel ~ Lorbeer-Seidelbast *m (Daphne laureola)*
dare Hasel *m (Leuciscus leuciscus)*
dark-repair Dunkelreparatur *f* Reparatur während der Dunkelphase *f*
darling-needle Virginische Waldrebe *f (Clematis virginiana)*
darnel Lolch *m*, Weidelgras *n (Lolium)*
dart 1. Stachel *m*; 2. Liebespfeil *m (bei Mollusken)*; 3. Gaffelmakrele *f*, Gabelmakrele *f*, Lizza-Fisch *m (Trachinotus)*; 4. Wurf *m*; Sprung *m*; 5. *pl* Stachelmakrelen *fpl*, Stöcker *mpl (Carangidae)*; 6. betäuben mit einem Immunisationsgeschoß
darter 1. Barsch *m*; *pl* Echte Barsche *mpl (Percidae)*; 2. Anhinga *m*, Schlangenhalsvogel *m (Anhinga)*; *pl* Schlangenhalsvögel *mpl (Anhingidae)*
Darwinism Darwinismus *m*, Darwinsche Lehre *f*
dasheen Taro *m*, Wasserbrotwurzel *f (Colocasia esculenta)*
dassy Schliefer *m*; *pl* Schliefer *mpl*, Schlieftiere *npl (Hyracoidea)*
bush ~ Baumschliefer *m*, Waldschliefer *m (Dendrohyrax)*
rock ~ Klippschliefer *m*, Wüstenschliefer *m*, Shaphan *m (Procavia)*
tree ~ → bush dassy
dasyphyllous 1. rauhblättrig; 2. dichtblättrig
dasyure Echter Beutelmarder *m*, Fleckenbeutelmarder *m (Dasyurus)*
eastern ~ Tüpfel-Fleckenbeutelmarder *m (Dasyurus viverrinus)*
little northern ~ Zwerg-Fleckenbeutelmarder *m (Dasyurus hallucatus)*
spotted-tailed ~ Fleckschwanz-Beutelmarder *m (Dasyurus maculatus)*
western ~ Schwarzschwanz-Beutelmarder *m (Dasyurus geoffroyi)*
data-processing Datenbearbeitung *f*
date 1. Dattel *f*; 2. Zeit *f*, Zeitraum *m*; Period *n*
Chinese ~ Jujube *f*, Jujubenbaum *m*, Indische Feige *f (Ziziphus jujuba)*
wild ~ Wald-Dattelpalme *f (Phoenix silvestris)*
datura Datura *f*, Stechapfel *m (Datura)*
angeltears ~ Engelstrompete *f*, Duftender Stechapfel *m (Datura suaveolens)*
jimsonweed ~ Weißer Stechapfel *m (Datura stramonium)*
dauber Grabwespe *f*; *pl* Grabwespen *fpl (Sphecidae)*
yellow mud ~ Mauerspinnentöter *m (Sceliphron cementarium)*
dauermodification Dauermodifikation *f*
daughter Tochter *f*
daw Dohle *f (Corvus monedula)*
dayberry Gemeiner Stachelbeerstrauch *m (Grossularia reclinata)*
dayflower Himmelsauge *n*, Kommeline *f (Commelina)*
day-lily Rotgelbe Tageslilie *f (Hemerocallis fulva)*
day-nettle Taubnessel *f (Lamium)*
dead tot, gestorben, leblos; abgefallen *(Blätter)*; verwelkt, dürr, abgestorben; unfruchtbar; stehend, stagnierend
dead-ripe *(Bot.)* totreif, überreif
deadaptation De(s)adaptation *f*, Anpassungsverlust *m*
deadborn totgeboren
dead-men's-bones Gemeines Leinkraut *n (Linaria vulgaris)*
dead-men's-finger 1. Meerhand *f*, Tote Mannshand *f (Alcyonium digitatum)*; 2. Knabenkraut *n (Orchis)*; 3. Gemeiner Hornklee *m (Lotus corniculatus)*; 4. Gefleckter Aronstab *m (Arum maculatum)*; 5. Wiesen-Fuchsschwanz *m (Alopecurus pratensis)*
dead-nettle Bienensaug *m*, Taubnessel *f (Lamium)*
hemp ~ Stechender Hohlzahn *m (Galeopsis tetrahit)*
dead-ripe reif
dead-tree Dürrholz *n*
dead-water stehendes Wasser *n*, Totwasser *n*
deaf taub
deafening 1. Betäubung *f*; 2. schalldicht
deafferentation Deafferentierung *f*
deafness Taubheit *f*
deal Nadelwald *m*
dealation *(Ent.)* Flügelabwerfen *n*
dealbate *(Bot.)* mit weißem Belag bedeckt, mehlig bestäubt
dealfish Seidenfisch *m (Rypticus)*
dealkylation Dealkylierung *f*
reductive ~ reduktive Dealkylierung *f*
deallergization Desensibilisierung *f*
dealpine dealpin *(Alpengewächs)*
deamidation Desamidierung *f*
deaminization Desaminierung *f*
death Tod *m*
heat induced ~ Wärmetod *m*, Hitzetod *m*
deathwatch 1. Bunter [Scheckiger] Klopfkäfer *m (Xestobium rufovillosum)*; 2. Bücherlaus *f (Troctes divinato-*

rius); 3. Klopfende Bücherlaus *f*, Totenuhr *f (Atropos pulsatoria)*
debark entrinden
debilitation Entkräftung *f*, Schwächung *f*
debran *(Bot.)* entspelzen
debris 1. Bruchstück *n*, Schutt *m*, Geröll *n*; 2. nekrotisches Gewebe *n*
cell ~ Zelltrümmer *pl*
epithelial ~ (of Malassez) Epithelialreste *mpl*
debt:
oxygen ~ Sauerstoffschuld *f*
decalcification Dekalzifikation *f*, Entkalkung *f*, Entkalzifizierung *f*
decandrous mit zehn Staubblättern
decant dekantieren
decanter Dekantiergefäß *n*, Abklärgefäß *n*
decapetalous zehn Blütenblätter besitzend
decaphyllous zehnblätterig
decapitation Dekapitierung *f*, Köpfung *f*, Enthauptung *f*
decapsidation Dekapsidation *f*
decarboxylation Dekarboxylierung *f*
oxidative ~ oxydative Dekarboxylierung *f*
decay 1. Zerfall *m*, Zersetzung *f*, Fäulnis *f*, Verwitterung *f*; 2. Erlöschen *n*
decaying zerfallend, faulend
decemfid zehnspaltig
decerebration Dezerebration *f*, Dezerebrierung *f*, Enthirnung *f*
dechromatization Dechromatisation *f*
decidua Dezidua *f*
decidulignosa Fallaubholzpflanzen-Gemeinschaft *f*
deciduous 1. abfallend, ausfallend; 2. Fallaub..., laubabwerfend, sommergrün, wechselgrün
declinate gebogen, gebeugt
declining überständig, rückgängig, Überhalt... *(Bestand)*
decoction Absud *m*, Abkochung *f*, Austrocknung *f*
decolorant Entfärbungsmittel *n*, Bleimittel *n*
decolor(iz)ation Entfärbung *f*, Bleichung *f*
decomplementize dekomplementieren
decompose zersetzen, abbauen; sich zersetzen, zerfallen
decomposed verfault, verdorben
decomposer Destruktor *m*, Bioreduktor *m*, Reduzent *m*
decomposite *(Bot.)* doppelt zusammengesetzt
decomposition Abbau *m*, Zersetzung *f*, Zerfall *m*; Destruktion *f*
bacterial ~ bakterielle Zersetzung *f*
decompound vielteilig, mehrfachzusammengesetzt; wiederholtteilig
pinnately ~ fiederteilig
decompression Dekompression *f*, Druckentlastung *f*
explosive ~ explosive Dekompression *f*
interrupted ~ unterbrochene Dekompression *f*
decondensation Dekondensierung *f*, Auflockerung *f*
deconjugation Dekonjugation *f*
decontamination Entgiftung *f*; Entseuchung *f*
decorative dekorativ, Zier...
decorticate 1. entrinden, schälen, enthülsen; 2. rindenlos; 3. abschilfern
decortication Dekortikation *f*, Rindenentfernung *f*; Entkapselung *f*
decoy 1. Köder *m*, Lockspeise *f*; 2. ködern, locken; 3. Falle *f*; in eine Falle verlocken
decrease Verminderung *f*, Abnahme *f*, Verringerung *f*
decrement Verminderung *f*, Abnahme *f*; Dekrement *n*
response ~ Reaktionserlöschung *f*
decumbent niederliegend; niedergestreckt
decurrent hinablaufend, herablaufend
decursively pinnate *(Bot.)* herablaufend-gefiedert
decurved niedergebogen, abwärtsgebogen, abwärtsgekrümmt
decussate dekussiert, kreuzgegenständig, gekreuzt
decussation *(Anat.)* Kreuzung *f*
decyclization Dezyklisation *f*
dedifffferentiation Dedifferenzierung *f*, Entdifferenzierung *f*
deep 1. Vertiefung *f*; Tiefe *f*, Abgrund *m*; 2. tief, vertieft, versunken; 3. tief, fest *(z.B. Schlaf)*; 4. tief, dunkel *(Farbe, Klang)*
deep-bodied *(Icht.)* hochrückig
deep-dwelling tiefbewohnend
deep-sea Tiefwasser...
deer Hirsch *m*; Hirsche *mpl (Cervidae)*
American ~ Amerikahirsch *m (Odocoileus)*
axis ~ Axishirsch *m*, Tüpfelhirsch *m (Axis axis)*
barashinga ~ Barasingha *f*, Zackenhirsch *m (Cervus duvauceli)*
barking ~ Muntjak *m (Muntiacus muntjak)*
black-tailed ~ Maultierhirsch *m*, Schwarzwedelhirsch *m (Odocoileus hemionus)*
brocket ~ Masama *m*, Spießhirsch *m (Mazama)*
European red ~ → red deer
fallow ~ (Europäischer) Damhirsch *m (Dama dama)*
Father David's ~ Davidhirsch *m*, Milu(hirsch) *m (Elaphurus davidianus)*
hog ~ Schweinshirsch *m (Axis porcinus)*
Indian spotted ~ → axis deer
jumping ~ → black-tailed deer
marsh ~ Sumpfhirsch *m (Odocoileus dichotomus)*
moose ~ Elch *m (Alces alces)*
mouse ~ Kantschil *m (Tragulus)*
mule ~ → black-tailed deer
musk ~ Moschustier *n (Moschus moschiferus)*
pampas ~ Pampashirsch *m (Odocoileus bezoarticus)*
Persian fallow ~ Mesopotamischer Damhirsch *m (Dama mesopotamicus)*
red ~ Edelhirsch *m*, Rothirsch *m (Cervus elaphus)*
rib-faced ~ → barking deer
roe ~ Reh *n (Capreolus)*
sika ~ Sika(hirsch) *m*, Japanesischer Hirsch *m (Cervus nippon)*
spotted ~ → axis deer
swamp ~ → barashinga deer
tufted ~ Schopfhirsch *m (Elaphodus cephalophus)*
Virginia ~ → white-tailed deer

water ~ Wasserreh *n (Hydropotes inermis)*
white-tailed ~ Weißwedelhirsch *m*, Virginiahirsch *m (Odocoileus virginianus)*
deerfern Rippenfarn *m (Blechnum spicant)*
deer-food Schrebersches Schleimkraut *n (Brasenia schreberi)*
deer-hair Rasige Simse *f (Scirpus caespitosus)*
deer's-tongue 1. Amerikanischer Hundszahn *m (Erythronium americanum)*; 2. Echte [Gemeine] Hundszunge *f (Cynoglossum officinale)*; 3. Wohlriechende Prachtscharte *f (Liatris odoratissima)*
deer-vine Amerikanisches Moosglöckchen *n (Linnaea americana)*
defatting Entfettung *f*, Entfetten *n*
defaunation *(Ökol.)* Verarmung *f* der Tierwelt
defecation Defekation *f*, Kotentleerung *f*
defect 1. Defekt *m*, Fehler *m*; 2. Mangel *m*, Unvollkommenheit *f*
defense Abwehr *f*
body ~s Abwehrkräfte *fpl* des Organismus
host ~ Immunabwehr *f* des Wirtes *(z.B. bei Transplantation)*
defensive 1. Abwehr..., Schutz..., Verteidigungs...; 2. defensiv, verteidigend, schützend, abwehrend
defensor Schutzmechanismus *m*
deferent deferent, ableitend, hinausführend, hinabführend
defertilization *(Bot.)* Sterilisation *f*
defibrillation Defibrillation *f*, Entflimmerung *f (Herzkammer)*
defibrination Defibrinierung *f*, Fibrinentfernung *f*
deficiency 1. Defizit *n*, Mangel *m*, Fehlen *n*; 2. Insuffizienz *f*; 3. Defizienz *f*, Verlust *m (endständiger Gen- oder Chromosomenabschnitte)*
cellular immune ~ Zellenimmunitätsmangel *m*
dietary [nutritional] ~ Nahrungsdefizit *n*
vitamin ~ Vitaminmangel *m*
deficit Defizit *n*, Mangel *m*
diffusion pressure ~ Diffusionsdruckmangel *m*, Diffusionsunterdruck *m*
saturation ~ Sättigungsdefizit *n*
turgor ~ Turgormangel *m*
define definieren, bestimmen
definite 1. bestimmt; präzis, eindeutig, genau; 2. *(Bot.)*trugdoldig
definition 1. Definition *f*; 2. Bestimmtheit *f*
definitive endgültig; unbedingt; voll entwickelt, voll ausgebildet
deflection Ablenkung *f*, Abweichung *f*
complement ~ Komplementabweichung *f*
intrinsic ~ innere Abweichung *f*
deflexed zurückgeschlagen, herabgebogen
deflocculation Deflokkulation *f*
deflorated [deflowered] 1. abgeblüht, verblüht; 2. mit entfernten Blüten; 3. defloriert
defoliant Defoliant *n*, Entlaubungsmittel *n*
defoliate entblättern , entlauben
deforestation Abholzung *f*, Entwaldung *f*
deformation Deformation *f*, Verformung *f*
deformity Deformität *f*, Verunstaltung *f*, Mißbildung *f*
defunctionalization Funktionsverlust *m*
degeneracy 1. → degeneration; 2. *(Mol.)* Entartung *f*
~ of (genetic) code Degeneration *f* des genetischen Codes
degenerate degeneriert
degeneration Degeneration, Degenerierung *f*, Entartung *f*
vitreous ~ hyaline Degeneration *f*
degenerative degenerativ, Degenerations...
deglutition Schlucken *n*; Schluckfähigkeit *f*
degradation Degradation *f*, Abbau *m*, Zersetzung *f*
Edman ~ Edmansche Peptidzersetzung *f*
land ~ 1. Verwitterung *f*, Erosion; 2. Versteppung *f*
degrease entfetten
degree 1. Grad *m*, Stufe *f*, Maß *n*; 2. Grad *m*; 3. Verwandtschaftsgrad *m*
cover ~ Bedeckungsgrad *m*
degrowth Massenverminderung *f*
degu Strauchratte *f (Octodon); pl* Trugratten *fpl (Octodontidae)*
mountain ~ Bori *m (Octodontomys gliroides)*
dehardening Frostresistenzverlust *m*, Enthärten *n*
dehelmintization Dehelmintisierung *f*, Entwurmung *f*
dehematize entbluten
dehisce aufplatzen, aufspringen, sich öffnen
dehiscence Dehiszenz *f*, Platzen *n*, Aufspringen *n*
dehiscent dehiszent, aufspringend
dehorning Enthornung *f*
dehumidification Exsikkation *f*, Trocknung *f*
cool ~ Lyophiltrocknung *f*, Gefriertrocknung *f*
dehydratation [dehydration] Dehydratation *f*, Entwässerung *f*
dehydrogenation Dehydrogenation *f*, Wasserstoffabspaltung *f*
deil's-spoons Faden-Laichkraut *n (Potamogeton filiformis)*
deionization Entionisierung *f*, Deionisierung *f*
deionizer Deionisator *m*
deirid Halspapille *f (bei Nematoden)*
delactation Delaktation *f*; Abstillen *n*
delamination 1. Schichtung *f*; 2. Delamination *f*
delay 1. Verzögerung *f*; Verspätung *f*; 2. verzögern; verspäten
~ of reward Verzögerung *f* der Reflexbekräftigung
delayed verspätet, verzögert
deleterious schädlich, verderblich, nachteilig
delicacy Empfindlichkeit *f*, Zartheit *f*; 2. Feinheit *f*, Genauigkeit *f*
delicately crenate feingekerbt
delineation Transdifferenzierung *f*
delipidization Delipidierung *f*, Lipidentzug *m*, Lipidentfernung *f*
deliquesce 1. *(Bot.)* sich verzweigen, sich verästeln (Blattadern); 2. zerfließen, zergehen
deliquescent 1. vielstämmig, verzweigt; 2. zerfallend;

3. zerfließend
deliver gebären
delivery Entbindung *f*, Geburt *f*
dell kleines Tal *n*; enges Tal *n*
deltoid 1. dreieckig, deltaförmig; 2. Deltamuskel...
deltopectoral Delta- und Pektoralmuskel..., Delta- und Brustmuskel
demagnification Genenzahlverminderung *f*
demand Bedarf *m*
biochemical oxygen ~ biochemischer Sauerstoffbedarf *m*
biological oxygen ~ biologischer Sauerstoffbedarf *m*
energy ~ Energiebedarf *m*
demander:
light ~ 1. lichtbedürftige Pflanze *f*; 2. lichtbedürftiges Tier *n*
demarcation:
geographical ~ Rayonierung *f*, Bezirksgrenzziehung *f*
deme Deme *m*, Lokalpopulation *f*
demersal demersal, am Gewässerboden lebend, versenkt
demibranched halbseitig verzweigt
demicircular halbzirkulär
demicolpus Halbrinne *f*
demilune Halbmond *m*
serous ~ seröser [Giannuzzischer] Halbmond *m*
demineralization Mineralverarmung *f*; Entfernen *n* mineralischer Substanzen
demography Demographie *f*
demoiselle 1. Jungfernkranich *m (Anthropoides virgo)*; 2. Tigerhai *m (Galeocerdo cuvieri)*; 3. Gleichflügelige Libellen *fpl*, Kleinlibellen *fpl (Zygoptera)*
demonstration *(Ethol.)* Demonstrationverhalten *n*
rank ~ Rangdemonstration *f*
den Lager *n*, Bau *m*, Höhle *f (wilder Tiere)*
denaturant Denaturierungsmittel *n*, Vergällungsmittel *n*
denaturation Denaturation *f*, Denaturierung *f*, Eiweißgerinnung *f*
acid ~ Säuredenaturierung *f*
thermal ~ Hitzedenaturierung *f*
dendriform baumartig
dendrite Dendrit *m*, Zytoplasmafortsatz *m* der Nervenzelle
dendritic 1. dendritisch; 2. verzweigt, verästelt; 3. baumartig
dendrobiont Bäumebewohner *m*
dendrocolous bäumebewohnend
dendroflora Dendroflora *f*, Baumflora *f*
dendrogliocyte Dendrogliazelle *f*
dendrogram Dendrogramm *n*
dendroid baumartig, baumähnlich
dendrology Dendrologie *f*
dendrometry Dendrometrie *f*
dendron Dendrit *m*, Zytoplasmafortsatz *m* der Nervenzelle
dendrophagous sich von Bäumen ernährend
dendrophilous dendrophil, bäumeliebend; auf Bäumen lebend
denervate denervieren, entnerven
denervation Denervierung *f*, Entnervung *f*
denitration Denitrierung *f*
denitrifier Denitrifikator *m*, Denitrifikant *m*
denitrosation Denitrosierung *f*
denomination 1. Benennung *f*, Bezeichnung *f*; 2. Gruppe *f*, Klasse *f*
dens Zahn *m*; Zacke *f*; zahnartiger Fortsatz *m*
dense dicht, dick
dense-flowering gehäuftblumig
densimetry Densimetrie *f*, Dichtemessung *f*
densitometer Densi(to)meter *n*, Dichtemesser *m*
density Dichte *f*
~ **of canopy** Kronendichtheit *f*, Bestandesschluß *m*
crown ~ Kronendichtheit *f*, Bestandesschluß *m*
head ~ Ährendichte *f*
population ~ Populationsdichte *f*
dental Zahn...
dentate gezähnt
dentate-crenate kerbzähnig
dentation *(Bot.)* Zähnung *f*
dentelation Zackigkeit *f*
denticle Zähnchen *n*
denticular zähnchenartig (→ denticulate)
denticulate(d) 1. feingezähnt, gezähnelt; 2. Zähnchen tragend, mit Zähnchen versehen
dentification Zahnung *f*, Zahndurchbruch *m*
dentiform zahnförmig
dentin(e) Dentin *n*, Zahnbein *n*
dentification [dentinogenesis] Dentinbildung *f*, Zahnbeinbildung *f*
dentiparous zahnbildend
dentition 1. Zahnung *f*, Zahndurchbruch *m*; 2. Gebiß *n*; Zahnformel *f*
dentoalveolar Zahnalveolen..., Zahnfach...
dentoid zahnartig, zahnähnlich
denture Zahnreihe *f*
denucleated denukleiert
denudation Entblößung *f*; Abholzung *f*
denuded nackt, entblößt; schuppenlos
deodar Deodarzeder *f*, Himalajazeder *f (Cedrus deodara)*
deoxygenation Desoxygenation *f*, Desoxygenisierung *f*
deoxysugar Desoxyzucker *m*
depauperated verarmt
depigmentation Depigmentierung *f*
deplete erschöpfen, aufbrauchen; verarmen
depletion Erschöpfung *f*; Substanzverlust *m*
complement ~ Komplementerschöpfung *f*
focal lymphocyte ~ fokale Lymphopenie *f*
generalized lymphocyte ~ generalisierte [totale] Lymphopenie *f*
lymphocyte ~ Lymphopenie *f*
depolarization Depolarisation *f*, Depolarisierung *f*
above-threshold ~ überschwellige Depolarisation *f*
depollination Pollenentfernung *f*
depolymerization Depolymerisation *f*, Entpolymerisierung *f*

deposit 1. Ablagerung *f*, Bodensatz *m*; Niederschlag *m*, Sediment *n*; 2. absetzen, niedersetzen; *(Eier)* (ab)legen; 3. ablagern, absetzen
~ **of moisture** Wasservorrat *m*
deposit-feeding sedimentfressend
deposition Ablagerung *f*, Sedimentation *f*; Speicherung *f*
immune complex ~ Immunkomplexablagerung *f*
silt ~ Aufschwemmungsabsetzung *f*
depot Depot *n*, Ablagerung *f*
fat ~ Fettdepot *n*
depredator Schädling *m*
depress inhibieren; unterdrücken
depressant Depressant *n*, Depressionsmittel *n*
immunologic ~ Immun(o)depressant *n*
depressed 1. unterdrückt; 2. niedergedrückt, vertieft
depression 1. Depression *f*, Schwermütigkeit *f*; 2. Inhibition *f*; 3. Senkung *f*, Vertiefung *f*
facial ~ *(Ent.)* Antennalgrube *f*
inbreeding ~ Inzucht-Depression *f*
infrasternal ~ epigastrische Grube *f*
precordial ~ Epigastralgrube *f*
selective ~ Selektivhemmung *f*, Selektionshemmung *f*
depressive depressiv, unterdrückend
depressor 1. Depressor *m*, drucksenkender Nerv *m*; 2. Herabzieher *m*, Senkungsmuskel *m*
deprivation Entzug *m*; *(Ethol.)* sozialer Erfahrungsentzug *m*
food ~ Nahrungsdeprivation *f*
deproteinize deproteinisieren, enteiweißen
depth Tiefe *f*
~ **of focus** Tiefenschärfe *f*
working ~ Wurzelschichtstiefe *f*
depula invaginierende Blastula *f*
derbio Blauel *m (Trachinotus glaucus)*
derepression Dereprimierung *f*
deric ektodermal
derivation 1. Ursprung *m*, Herkunft *f*, Abstammung *f*; 2. Ablenkung *f*; 3. Ableitung *f*
derivative 1. Derivat *n*, Abkömmling *n*; 2. abgeleitet; 3. sekundär
derm(a) Derma *n*, Integument *n*, Haut *f*, Cutis *f*, Lederhaut *f*
dermafat Unterhautfettgewebe *n*
dermal dermal, Haut...
dermatogen Dermatogen *n*, Embryonalepidermis *f*
dermatome Dermatom; 1. Cutisplatte *f*; 2. Hautsegment
dermatophyte Dermatophyt *m*, Hautpilz *m*
dermatozoon Hautschmarotzer *m*, Hautparasit *m*
dermestids Anthrenen *mpl*, Dermestiden *mpl*, Pelzkäfer *mpl*, Speckkäfer *mpl (Dermestidae)*
dermic dermal, Haut...
dermoossification Hautossifikation *f*, Hautverknöcherung *f*
dermophyte Dermatophyt *m*, Hautpilz *m*
dermoreaction Hautreaktion *f*
dermotrichia Flossenhautstrahlen *mpl*
dermozoon an der Haut schmarotzendes Tier *n*
desafferentation Desafferentierung *f*
desalinization [desalting] Entsalzung *f*
desaturtion Desaturierung *f*, Entsättigung *f*
descend 1. abstammen; 2. absteigen, heruntersteigen
descendant [descendent] Abkömmling *m*; Nachkomme
descendible vererbbar
descending absteigend, niedersteigend
descent 1. Abstammung *f*, Herkunft *f*; 2. Senkung *f*; 3. Abstieg *m*
description Beschreibung *f*
~ **of site** *(Ökol.)* Standortbeschreibung *f*
~ **of stand** *(Ökol.)* Bestandsbeschreibung *f*
first ~ Erstbeschreibung *f*
original ~ Erstbeschreibung *f*
desegmentation Segmentationsverlust *m*; Fusion von Segmenten
desensitization Desensibilisierung *f*
desert 1. Wüste *f*; 2. wüst, leer
absolute ~ Vollwüste *f*, pflanzenleere Wüste *f*
arctic barren ~ arktische Steinwüste *f*
argillaceous [clay] ~ Lehmwüste *f*, Tonwüste *f*
pebble-cobble ~ Schutt-Geschiebewüste *f*, Reg *m*
sagebrush ~ Wermutwüste *f*
desert-candle Steppenkerze *f (Eremurus)*
deserticolous wüstenbewohnend
desertification Verwüstung *f*, Desertifikation *f*
desert-rod Jerusalemkerze *f*, Wüstenziest *m (Eremostachys)*
desexualize kastrieren
desiccant 1. austrocknend; entwässernd; 2. Trockenmittel *n*, Sikkativ *n*
desiccation 1. Austrocknung *f*; 2. Entwässerung *f*
desiccator 1. Exsikkator *m*; 2. Trockenmittel, Sikkativ *n*
design 1. *(Biom.)* Versuchsplan *m*, Versuchsanlage *f*; 2. Muster *n*; Zeichnung *f*; 3. Gestaltung *f*, Formgebung *f*; 4. Anlage *f*, Anordnung *f*
lattice ~ Gitteranlage *f*
randomised ~ randomisierte Versuchsanlage *f*
randomized block ~ randomisierte Blockanlage *f*
rectangular lattice ~ Rechteckgitteranlage *f*
simple lattice ~ Zweisatzgitter *n*
desintegration Desintegration *f*, Zerstörung *f*
ultrasonic cell ~ Ultraschall-Zellenzerstörung *f*
desire:
sexual ~ Geschlechtstrieb *m*
desman Bisamrüßler *m*, Desman *m*, Bisamspitzmaus *f (Desmana moschata)*
Pyrenean ~ Pyrenäenbisamspitzmaus *f (Galemys pyrenaicus)*
Russian ~ Bisamrüßler *m*, Russischer Desman *m (Desmana moschata)*
desmocranium Desmocranium *n*, embryonale bindegewebige Schädelanlage *f*
desmocyte Desmozyt *m*, Bindegewebezelle *f*
desmone Desmon *n*, zytoplasmatischer Wachstumsfaktor
desquamate abblättern, abschuppen, sich schälen; sich häuten

desquamation Desquamation *f*, Abschuppung *f*
destabilization Destabilisation *f*
destain entfärben
destainer:
gel ~ 1. Gelentfärber *m*; 2. Gelentfärbergerät *n*
destruction Destruktion *f*, Zerstörung *f*, Vernichtung *f*
immune ~ Immundestruktion *f*
destructive destruktiv, zerstörend, abbauend
desulfonation Desulfierung *f*
desulfur(iz)ation Desulfurisation *f*, Entschwefelung *f*
detached *(Ökol.)* einzeln stehend
detachment Absonderung *f*, Abtrennung *f*, Loslösung *f*
detection Entdeckung *f*, Aufdeckung *f*, Feststellung *f*, Nachweis *m*
detergent Detergent *n*, Reinigungsmittel; Waschmittel *n*
deterioration Verschlechterung *f*, Verschlimmerung *f*
determinant 1. *(Biom.)* Determinante *f*; 2. Determinante *f*, Epitop *n*
carrier ~ Antigendeterminante *f* der Träger-Moleküle
determination Determination *f*; Bestimmung *f*
phenotypic sex ~ phänotypische Geschlechtsbestimmung *f*
detoxification Entgiftung *f*
detritus Detrit *n*, Schutt *m*, Geröll *n*
detritus-consuming [detrivorous] detritfressend
deuterencephalon Rautenhirnbläschen *n*
deuterium-labeled deuterium markiert
deuterium-loaded mit Deutorium gesättigt
deuterocoel Zölom *n*, sekundäre Leibeshöhle *f*
deuterostoma Deuterostoma *n*, sekundärer Mund *m*
deuterotoky Deuterotokie *f*, Amphitokie *f*
deutonephros Mesonephros *n*, Urniere, sekundäre Niere *f*
deutzia Deutzie *f (Deutzia)*
early ~ Großblumige Deutzie *f (Deutzia grandiflora)*
fuzzy ~ Rauhe Deutzie *f (Deutzia scabra)*
redbud ~ Purpurrote Deutzie *f (Deutzia purpurescens)*
slender ~ Zierliche Deutzie *f (Deutzia gracilis)*
devastate 1. verwüsten; 2. vernichten
devastation 1. Verwüstung *f*; 2. Ausrottung *f*, Vernichtung *f*
development 1. Entwicklung *f*; 2. Evolution *f*
developmental Entwicklungs...
deviant Ablenkungs..., Abweichungs...
deviation Abweichung *f*, Ablenkung *f*, Deviation *f*
~ of complement Komplementabweichung *f*
device Apparatur *f*, Einrichtung *f*, Ausrüstung *f*
devil:
black ~s Schwarze Angler *mpl (Melanocetidae)*
blue ~ Gemeiner Natternkopf *m (Echium vulgare)*
sea ~ Riesenangler *m (Ceratias hollbolli); pl* Riesenangler *pl*, Tiefsee-Anglerfische *pl (Ceratiidae)*
Tasmanian ~ Beutelteufel *m (Sarcophilus harrisi)*
thorny ~ Wüstenteufel *m*, Moloch *m*, Dornteufel *m (Moloch horridus)*
devilfish 1. Riesenmanta *f (Manta birostris)*; 2. Steinfisch *m (Synanceia verrucosa)*; 3. Krake *m*, Pulp *m (Octopus)*; 4. Sepie *f*, Kuttelfisch *m (Sepia)*; 5. Grauwal *m (Eschrichtius gibbosus)*
great ~ → devilfish 1.
devil-in-the-bush Echter Schwarzkümmel *m (Nigella sativa)*
devil-ray → devilfish 1.
devil's-apple 1. Fußblatt *n*, Maiapfel *m (Podophyllum peltatum)*; 2. Weißer Stechapfel *m (Datura stramonium)*
devil's-apron Blattang *m*, Riementang *m (Laminaria)*
devil's-bit 1. Teufelsabbiß *m (Succisa pratensis)*; 2. Ährige Prachtscharte *f (Liatris spicata)*
devil's-bite Grüner Germer *m (Veratrum viride)*
devil's-claw(s) Acker-Hahnenfuß *m (Ranunculus arvensis)*
devil's-finger(s) Gemeiner Hornklee *m (Lotus corniculata)*
devil's-flax(es) Gemeines Leinkraut *n (Linaria vulgaris)*
devil's-flower Wald-Leimkraut *n (Silene silvestris)*
devil's-grass(es) Gemeine Quecke *f (Agropyron repens)*
devil's-gut(s) Gronovius-Seide *f*, Weidenseide *f (Cuscuta gronovii)*
devil's-hair(s) Virginische Waldrebe *f (Clematis virginiana)*
devil's-hop-vine Rundblättrige Stechwinde *f (Smilax rotundifolia)*
devil's-ironweed Kanadischer Lattich *m (Lactuca canadensis)*
devil's-milk Wolfsmilch *f (Euphorbia)*
devil's-paintbrush Orangerotes Habichtskraut *n (Hieracium aurantiacum)*
devil's-pitchfork(s) Schwarzfrüchtiger Zweizahn *m (Bidens frondosa)*
devil's-plague(s) Wilde Möhre *f (Daucus carota)*
devil's-rattlebox(es) Breitblättriges Leimkraut *n (Silene latifolia)*
devil's-root(s) Kleeteufel *m*, Kleine Sommerwurz *f (Orobanche minor)*
devil's-shoestring(s) Virginische Geißraute *f (Galega virginiana)*
devil's-tether Gemeiner Windenknöterich *m (Fallopia convolvulus)*
devil's-tongue(s) Gemeiner Feigenkaktus *m (Opuntia vulgaris)*
devil's-trumpet Weißer Stechapfel *m (Datura stramonium)*
devil's-walking-stick(s) 1. Angelikabaum *m (Aralia spinosa)*; 2. Hoher Götterbaum *m*, Himmelsbaum *m (Ailanthus altissima)*
devil's-weed → devil's-ironweed
devilwood Amerikanische Duftblüte *f (Osmanthus americanus)*
devolution regressive Entwicklung *f*
Devonian [period] Devon *n* (Erdzeitalter)
devour verschlingen; fressen
dew Tau *m*
dewatering Entwässerung *f*
dewberry Brombeere *f (Rubus)*

dewclaw Afterklaue *f*, Afterzehe *f*, Rudimentärzehe *f*
dew-cup Gelbgrüner Frauenmantel *m (Alchemilla xanthochlora)*
dewfish Antarktischer Schattenfisch *m (Sciaena antarctica)*
dewlap Wamme *f*, Halsfalte *f*
dexiotropic dexiotrop rechsdrehend; rechtsgewunden
dexter rechts, rechtsseitig
dexterity Rechtshändigkeit *f*
dexterous rechtshändig
dextral rechtsseitig, rechts gewunden; rechtshändig
dextrality Rechtshändigkeit *f*; rechtsseitige Lage *f*
dextrorotation Rechtsdrehung *f*
dextrorotatory rechtsdrehend
dextrorse → dexiotropic
dhaman Dhaman *m*, Chinesische [Orientalische] Rattennatter *f (Ptyas mucosus)*
dhole Alpenwolf *m*, Rotwolf *m (Cyon alpinus)*
diachene *(Bot.)* Doppelachäne *f*
diachenium Zwillingsachäne *f*, Doldenfrucht *f*
diacmic zweigipfelig, mit zwei Entwicklungsmaxima
diacoel dritter Hirnventrikel *m*
diactinal zweistrahlig
diadromous 1. *(Icht.)* diadromisch; 2. *(Bot.)* fächerförmig
diagnosis 1. Diagnose *f*; 2. Diagnostik *f*
  differential ~ Differentialdiagnose *f*
  foliar ~ Blattanalyse *f*
  genetic ~ Gendiagnose *f*, genetische Diagnose *f*
diagnostic diagnostisch
diagnostics Diagnostik *f*, Diagnosefeststellung *f*
  foliar ~ of nutrition Blattdiagnostik *f* des Nährzustandes
diagram:
  floral ~ Blütendiagramm *n*
  pollen ~ Pollendiagramm *n*
  scatter ~ Streuungsdiagramm *n*
diagynic diagynisch
diaheliotropism → diaphototropism
diakinesis Diakinese *f*
dialect *(Ethol.)* Dialekt *m*
dialycarpellary getrenntfruchtblättrig
dialypetalous getrenntkronblättrig
dialyphyllous getrenntblättrig
dialysate Dialysierlösung *f*
dialysepalous getrenntkelchblättrig, mit freien Kronblättern *npl*
dialyser Dialysegerät *n*, Dialysiergerät *n*
dialysis Dialyse *f*
  equilibrium ~ Gleichgewichtsdialyse *f*
dialystaminous getrenntstaubblättrig
dialyzable dialysierbar
dialyzer Dialysator *m*
diamondbird Panthervogel *m (Pardalotus)*
diamondfish Zwergteufelsrochen *m (Mobula diabolus)*
diandrous zweistaubblättrig
diantheral zweistaubbeutelig
diapause Diapause *f*, Entwicklungsruhe *f*
diaphanous durchsichtig, durchscheinend, lichtdurchlässig
diaphototropism Diaphototropismus *m*, Diaheliotropismus *m*
diaphragm 1. Diaphragma *n*; Zwerchfell *n*; 2. Trennwand *f*, Membran *f*; 3. Blende *f*
diaphysis Knochenschaft *m*, Diaphyse *f*
diarthroidal Gelenk...
diarthrosis Diarthrose *f*, Kugelgelenk *n*
diastema Diastema *n*, Zahnlückenbildung *f*
diaster Diaster *f*, Doppelstern *m*, Amphiaster *f*
diastole Diastole *f*, Herzmuskelerschlaffung(sphase) *f*
  auricular ~ Vorhofdiastole *f*
  ventricular ~ Kammerdiastole *f*
diastolic diastolisch
diathermy Diathermie *f*, Wärmedurchdringung *f*
diatomaceous diatomisch
diatoms Diatomeen *fpl*, Kieselalgen *fpl (Diatomeae)*
diatropic diatropisch
diaxon(e) bipolare Nervenzelle *f*
diaxon(ic) zweiachsig
diazotrophy Diazotrophie *f*
dibames Schlangenschleichen *fpl (Dibamidae)*
dibatag Stelzengazelle *f*, Dibatagantilope *f*, Lama-gazelle *(Ammodorcas clarkei)*
dibranchiate zweikiemig
dice-shaped würfelförmig, kubisch
dicentric 1. dizentrisches Chromosom *n*; 2. dizentrisch
dichasial *(Bot.)* dichasial, zweigabelig
dichasium Dichasium *n*, zweigabelige Trugdolde *f*
dichlamydeous dichlamyd, zweihüllig
dichloracetylation Dichlorazetylierung *f*
dichotomous *(Bot.)*, *(Zool.)* dichotom[isch], gegabelt, gabelig verzweigt
dichotomy Dichotomie *f*, wiederholte gleichmäßige Gabelung *f*
dichroic 1. dichroit(isch), zweifarbig; 2. dichromatisch, zweifarbensichtig
dichroism Dichroismus *m*, Doppelfarbigkeit *f*
  circular ~ Zirkulardichroismus *m*
  magnetic circular ~ Magnetenzirkulardichroismus *m*
  ultraviolet electric ~ ultraviolet-elektrischer Dichroismus *m*
  vibrational circular ~ vibrations-zirkulärer Dichroismus *m*
dichromasy Dichromasie *f*, Zweifarbensichtigkeit *f*
dichromatism Zweifarbigkeit *f*
dichromatopsia Dichromasie *f*, Zweifarbensichtigkeit *f*
dichromophil doppelfärbend, doppelt farbbär
dickie Schellfisch *m (Melanogrammus aeglefinus)*
diclinous *(Bot.)* getrenntgeschlechtig, diklin
dicoccous zweikörnig, zweiknopfig, zweikugelig
dicolpate zweirinnig
dicotyledon zweikeimblättrige Pflanze *f*
dicotyledonous zweikeimblättrig
dicranophorous gabeltragend
dicranotrichous gabelhaarig

dicrotism Dikrotie *f*, Doppelschlägigkeit *f (Puls)*; Doppelgipfligkeit *f (Pulskurve)*
dictyocarpous netzfrüchtig
dictyodromous netzläufig
dicyclic 1. zweijährig; 2. zweiwirtelig
didactyl zweifingerig
didelphic 1. mit paarigem Uterus; 2. mit zwei getrennten Uteri
didric Goldkuckuck *m (Chrysococcyx caprius)*
didymous gepaart, verdoppelt, gezweit
didynamous ~ *(Bot.)* didynamisch, zweimächtig, doppelmächtig
didynamy *(Bot.)* Didynamie *f*
die 1. sterben; eingehen *(Pflanze, Tier)*, verenden *(Tier)*; 2. verwelken
  to ~ out aussterben
dieback Vertrocknen *n*, Eintrocknen *n*
diecious diözisch, zweihäusig
diencephalon Dienzephalon *n*, Zwischenhirn *n*
die-off Aussterben *n*; Absterben *n*
diel *(Ökol.)* innerhalb von 24 Stunden, alle 24 Stunden
diestrus Diöstrus *m*
diet Diät *f*, Futter *n*, Nahrung *f*
dieting Zusatzernährung *f*
difference Unterschied *m*; Differentialmerkmal *n*; Differenz *f*
  arterio-venous ~ arterio-venöse Differenz *f (z.B. Sauerstoffgehalt)*
  critical ~ kritische Differenz *f*
  least significant ~ minimale signifikante Differenz *f*
  mean ~ Durchschnittsdifferenz *f*, mittlere Differenz *f*
  sex ~ Geschlechtsunterschied *m*
  significant ~ *(Biom.)* signifikanter Unterschied *m*
different verschieden; abweichend
differentiation 1. Differenzierung *f*, Unterscheidung *f*; 2. Differenzierung *f*, Spezialisierung *f*; 3. Entwicklung
  axial ~ Differenzierung *f* der Achsenstrukturen
  corporative ~ → functional differentiation
differentiative differenzierend
diffraction Diffraktion *f*
  X-ray ~ Röntgendiffraktion *f*
diffusate Dialysat *n*
diffuse 1. diffus; 2. zerstreut; 3. breitästig
diffusibility Diffusionsfähigkeit *f*
diffusion Diffusion *f*
diffusive Diffusions...
diffusiveness Diffusionsfähigkeit *f*
digametic digametisch, heterogametisch
digastric zweibäuchig, digastrisch
dig-dig → dik-dik
digenesis Generationswechsel *m*
digenic digenisch, durch zwei Gene kontrolliert
digenomatic digenomatisch
digesta Nahrungsbrei *m*, Speisebrei *m*
digester 1. Digestor *m*, Kocher *m*; 2. biologische Reinigungsanlage *f*
digestibility Verdaubarkeit *f*, Verdaulichkeit *f*
digestible verdaubar, verdaulich
digestion 1. Verdauung *f*; 2. biologischer Abbau *m*
  acid ~ Säureverbrennung *f*
  double ~ Doppelverdauung *f*
  salivary ~ Speichelverdauung *f*
digestive 1. Verdauungs...; verdauend; 2. verdauungsfördernd
digger Kolumbia-Ziesel *m (Citellus columbianus)*
  mussel ~ Grauwal *m (Eschrichtius gibbosus)*
digit 1. Finger *m*; 2. Zehe *f*
digital 1. Finger...; Zehen...; digital; 2. *(Bot.)* fingerartig
digitate 1. *(Bot.)* gefingert; 2. fingerförmig
digitifidate *(Bot.)* fingerspaltig
digitiform fingerförmig, fingerartig
digitigrady Zehengang *m*
digitinervate *(Bot.)* fingernervig, fingeriggeadert
digitipartite fingerig geteilt
digitipinnate fingerig gefiedert
digitule kleiner fingerartiger Auswuchs *m*
digynous *(Bot.)* zweinarbig
dihaploid Dihaploid *n*
dihedral zweikantig
diheterozygote Diheterozygote *f*, Dihybrid *m*
diheterozygous diheterozygotisch
dihybrid Dihybrid *m*, Diheterozygote *f*
dike 1. Teich *m*; 2. Damm *m*
dik-dik Dikdik *m*, Windspielantilope *f (Madoqua)*
dikkop Triel *m*, Dickfuß *m (Burhinus oedicnemus)*
dilatable dehnbar
dilatation Dilatation *f*, Erweiterung *f*, Ausdehnung *f*
dilate dilatieren, erweitern, ausdehnen, ausweiten
dilation → dilatation
dilator Dilatator *m*, Erweiterer(muskel) *m*
dill Ackerdill *m;* Gartendill *m (Anethum graveolens)*, Kammerlingskraut *n*
dillisk Purpuralge *f (Rhodymenia palmata)*
dillweed 1. → dill; 2. Stinkhundskamille *f (Anthemis cotula)*
diluent Verdünnungsmittel *n*; verdünnend
diluter Verdünnungsmittel *n*
dilution 1. Verdünnung *f*; Verwässerung *f*; 2. verdünnte Lösung *f*
  antibody ~ Antikörpertiter *m*
  antiserum ~ Antiserumtiter *m*
  end-point ~ endgültige Verdünnung *f*
  serial ~ Serienverdünnung *f*, Verdünnungsreihe *f*
dimension Dimension *f*, Ausmaß *m*, Größe *f*; Umfang *m*
dimeric 1. dimerisch; 2. zweigliederig
dimictic dimiktisch, zwei Kreisläufe im Jahr aufweisend
dimidiate 1. zweigeteilt; 2. zweifach verkleinert
diminution Verringerung *f*, Verkleinerung *f*, Verminderung *f*
  chromatin ~ Chromatindiminution *f*
  chromosome ~ Chromosomendiminution *f*
dimorphic dimorph, zweigestaltig
dimorphism Dimorphismus *m*, Zweigestaltigkeit *f*
  seasonal ~ seasonaler Dimorphismus *m*

sex(ual) ~ Geschlechtsdimorphismus *m*
dimorphous dimorph, doppelförmig
dindle Acker-Gänsedistel *f (Sonchus arvensis)*
dinergate Soldat *m (Ameisen)*
dineuronic dineuronisch, doppelt innerviert
dingo Dingo *m (Canis inpus familiaris dingo)*
dioch:
Sudan ~ Blutschnabelweber *m (Quelea quelea)*
dioecious 1. getrenntgeschlechtlich; 2. zweihäusig, diözisch
dioecy 1. Getrenntgeschlechtigkeit *f*; 2. Zweihäusigkeit *f*, Diözie *f*
dionychous zweikrallig
diorchic zweihodig, mit zwei Hoden
dip tauchen, eintauchen, untertauchen
dipeptide Dipeptid *n*
dipetalous zweikronblättrig
diphyletic diphyletisch, auf zwei verschiedene Vorfahren zurückführbar
diphyllous zweiblättrig
diphyodont mit Zahnwechsel, diphyodont
diplocaulescent *(Bot.)* diplokaulisch, zweiachsig
diplochlamydeous dichlamydeisch, zweiblütenhüllig, zweihüllig, doppelhüllig
diploid diploid, mit doppeltem Chromosomensatz; Diploid *n*
double ~ Autotetraploid *n*, Doppeldiploid *n*
functional ~ funktionelles Diploid *n*
multiple ~ Allopolyploid *n*
partial ~ Teilpolyploid *n*
diploidization Diploidisation *f*, Diploidisierung *f*
diploidy Diploidie *f*
diplokaryotic tetraploid
diplosis Diplosis *f*, Chromosomenzahlverdoppelung *f*
diplosome Diplosom *n*
diplostemonous flower diplostemone Blüte *f*, Blüte *f* mit doppeltem Staubblattkreis
diplostichous zweireihig
diplotene Diplotän *n*
dipnoans Lungenfische *mpl*, Lurchfische *mpl (Dipnoi)*
dipper 1. Wasseramsel *f (Cinclus cinclus)*; 2. Trogmuschel *f (Spisula)*
black-bellied ~ → dipper 1.
dipterans Zweiflügler *mpl (Diptera)*
dipterocecidium von Zweiflügler hervorgerufene Galle *f*
dipterologist Dipterologe *m*
dipterous zweiflügelig, dipterisch
dipyrenous zweisteinig
disaccate zweisackig
disassimilation Dissimilation *f*, Abbaustoffwechsel *m*, Katabolismus *m*
disbud die Knospen entfernen
disc → disk
discal scheibenartig
discern 1. wahrnehmen, erkennen; 2. feststellen
discernible erkennbar; sichtbar
discernment 1. Wahrnehmungsvermögen *n*; 2. Wahrnehmen *n*
discharge 1. Entladung *f*; 2. Entleerung *f*, Ausscheidung *f*; 3. ausscheiden; 4. Absonderung *f*; Ausfluß *m*
disciflorous mit einer Blütenscheibe
discocarp scheibenförmiger Fruchtbehälter *m*
discoid(al) scheibenförmig
discoloration Entfärbung *f*
disconnection Trennung *f*
discontinious diskontinuierlich, unterbrochen; unzusammenhängend
discontinuity Diskontinuität *f*, Zusammenhanglosigkeit *f*
discoplacenta Scheibenplazenta *f*
discoplasm Erythrozytenstroma *n*
discordant uneinig, sich widersprechend
discover entdecken; finden, herausfinden
discovery Entdeckung *f*; Fund *m*; Feststellung *f*
discrepancy 1. Widerspruch *m*; 2. Verschiedenheit *f*
discrete diskret, getrennt, einzeln
discriminandum Diskriminantstimulus *m*
discriminate unterscheiden, diskriminieren
discriminating unterscheidend; charakteristisch
discrimination Unterscheidungsvermögen *n*
discus Pompadourfisch *m*, Discus(fisch) *m (Symphysodon)*; Echter Diskus *m (Symphysodon discus)*
blue ~ Blauer Diskus *m (Symphysodon aequifasciata haraldi)*
brown ~ Brauner Diskus *m*, Gelbbrauner [Gewöhnlicher] Diskus *m (Symphysodon aequifasciata axelrodi)*
disease Krankheit *f*, Erkrankung *f*
barley stripe ~ Streifenkrankheit *f* der Gerste *(Erreger v. Helminthosporum gramineum)*
communicable ~ übertragbare Krankheit *f*; Infektionskrankheit *f*, Ansteckungskrankheit *f*
deficiency ~ Mangelkrankheit *f*
fly-borne ~ fliegenübertragbare Krankheit *f*
fungus ~ Pilzkrankheit *f*, Mykose *f*
genetic ~ Erbkrankheit *f*
graft-versus-host ~ Reaktion *f* "Transplantat gegen Wirt"
hypersensitivity ~ Überempfindlichkeit *f*
immune(-associated) ~ Immunkrankheit *f*
immune deposit ~ Immunkomplexkrankheit *f*
immunodeficient ~ Immun(o)defizitkrankheit *f*
infectious ~ Infektionskrankheit *f*, Ansteckungskrankheit *f*
insect-borne ~ insektenübertragbare Krankheit *f*
leaf spot ~ Blattfleckenkrankheit *f*
mosaic ~ Mosaik *n (Erreger-Virus)*
oat pupation ~ Haferpseudorosettenkrankheit *f*, viröses Steckenbleiben *n*
parasitic ~ Parasitärkrankheit *f*
peach phony ~ progressive Zwergwüchsigkeit *f*, Täuschungsvirose *f (des Pfirsichbaumes)*
potato wart ~ Kartoffelkrebs *m (Erreger v. Synchitrium endobioticum)*
protozoan ~ Protozoenkrankheit *f*
rosette ~ Rosettenkrankheit *f*

shock ~ Schock *m*
stripe ~ Streifenkrankheit *f*
tobacco stripe-and-curl ~ Streifen- und Kräuselkrankheit *f* des Tabaks
transmissible ~ übertragbare Krankheit *f*
virus ~ Viruserkrankung *f*
witches broom ~ Hexenbesenkrankheit *f*
wound tumor ~ Wundtumorkrankheit *f*
yellow ~ Chlorose *f*
yellow-red ~ gelbrote Fleckigkeit *f* des Pfirsichbaumes, östliche X-Krankheit *f*
zoonotic ~ Zoonose *f*
disease-producing krankheitshervorrufend
disfunction Funktionsstörung *f*
dish Wanne *f*; Schale *f*; Planchette *f*
crystallizing ~ Krystallisator *m*
culture ~ Kulturalschale *f*
dissecting ~ Präparationsschale *f*
double ~ Petri-Schale *f*
experimental ~ Experimentalgefäß *n*
Petri ~ Petri-Schale *f*
staining ~ Färbungsschale *f*
dishabituation Abgewöhnung *f*
dishwasher Weißkehlmyiagra *f (Myiagra inquieta)*
disinfectant Desinfektionsmittel *n*
disinfection Desinfektion *f*, Entseuchung *f*
disinfestant Desinsektionsmittel *n*
disinfestation Desinsektion *f*, Ungezieferbekämpfung *f*
disinhibition Desinhibition *f*, Enthemmung *f*
disintegration Desintegration *f*
disjoining Spaltung *f*
disjunction 1. Trennung *f*; 2. Bruch *m*
disjunctive disjunktiv, abtrennend, ausschließend
disk 1. Scheibe *f*; 2. Zwiebelboden *m*, Zwiebelkuchen *m*
A- ~ A-Scheibe *f*, anisotrope Scheibe *f (der Myofibrille)*
floral ~ Blütenboden *m*; Fruchtboden *m*
germinal ~ Embryonalschild *n*, Keimscheibe *f*
H- [Hensen's] ~ Hensenscher Streifen *m (der Myofibrille)*
I- ~ I-Scheibe *f*, isotrope Scheibe *f (der Myofibrille)*
isotropic [isotropous] ~ isotrope Scheibe, I-Scheibe *f*
M- ~ M-Streifen *m*, Mesophragma *n*
optic ~ blinder Fleck *m*
Q- ~ A-Scheibe *f*, Anisotropscheibe *f*
suctorial ~ Saugnapfscheibe *f*
T- ~ T-Streifen *m*, Telophragma *n*
tactile ~ Merkelsche Scheibe *f*
disk-floret *(Bot.)* Scheibenblüte *f* (eine Röhrenblüte der Korbblütler)
dislocation Dislokation *f*; Verlagerung *f*, Versetzung *f*
dismutation Dismutation *f*, Disproportionierung *f*
disorder Störung *f*
autoimmune ~ Autoimmunstörung *f*
hyperkinetic ~ Hyperkinese *f*
immunodeficiency ~ Immunodefizit *n*
metabolic ~ Stoffwechselstörung *f*
disparate 1. unpaarig; 2. ungleichartig, unvereinbar, disparat
disparity Verschiedenheit *f*, Ungleichheit *f*, Unvereinbarkeit *f*, Inkompatibilität *f*
antigenic ~ Antigenunkompatibilität *f*
immunogenetic ~ immunogenetische Inkompatibilität *f*
dispenser ~ Dosatorpipette *f*
Terasaki's ~ Terasakische Pipette *f*
dispermous zweisamig
dispermy Dispermie *f*, disperme Befruchtung *f*
dispersion Dispersion *f*; Varianz *f*; Zerstreuung *f*
optical rotatory ~ Dispersion der optischen Drehung
dispersity Dispersität
displacement 1. Verlagerung *f*, Dislokation *f*; 2. Verdrängung *f*, Substitution *f*
displant 1. überpflanzen, umpflanzen; 2. herausreißen
display 1. Manifestation *f*; 2. Demonstration *f*, Demonstrativverhalten *n*; Demonstrativstellung *f*; 3. Demonstrativfärbung *f*; 4. Balzhandlung *f*
antigenic ~ Antigenmuster *n*
bared-teeth ~ demonstratives Zahneflätschen *n*
courtship ~ Hochzeitszeremonie *f*
distraction ~ Ablenkungsverhalten *n*
genital ~ Genitaliendemonstrierung *f*
inguinal ~ Leistengegenddemonstrierung *f*
intimidation ~ Drohimponieren *n*
lateral ~ Seitendemonstrierung *f*
threat ~ Drohverhalten *n*
disporous zweisporig
disposition 1. Anordnung *f*; 2. Stimmung *f*; 3. Veranlagung *f*
disproportioning Disproportionierung *f*
disroot *(Bot.)* entwurzeln
disruptate zerrissen
disruption 1. Zerreißung *f*, Unterbrechung *f*; 2. Bruch *m*
cell ~ Zellzerstörung *f*
dissect 1. zerschneiden; 2. sezieren; 3. präparieren
dissected *(Bot.)* fein geschlitzt
dissection 1. Zerschneidung *f*; 2. Sezieren *n*; 3. Präparat *n*
disseminate verbreiten, ausstreuen (z. B. Samen); sich ausbreiten
dissemination Ausstreuung; Verbreitung *f*, Ausbreitung *f*
disseminule *(Bot.)* Verbreitungseinheit *f*
dissepimental Scheidewand...
dissilient aufspringend
dissimilation Dissimilation *f*, Abbaustoffwechsel *m*
dissociation 1. Dissoziation *f*; 2. Abtrennung *f*, Trennung *f*, Loslösung *f*
dissolution 1. Auflösung *f*; 2. Zerstörung *f*, Zerfall *m*
cell ~ Zellzerstörung *f*
dissolve (auf)lösen; sich auflösen, in Lösung gehen
dissolvent Lösungsmittel *n*
dissospermous doppelsamig
distad distalwärts, vom Zentrum weg gerichtet
distaff:
Jupiter's ~ Kleb-Salbei *m (Salvia glutinosa)*

distal distal, vom Zentrum entfernt
distance Abstand *m*, Entfernung *f*
~ between two populations *(Biom.)* Abstand *m* zweier Gesamtheiten
~ from end of snout to the inserion of the anal fin *(Icht.)* anteanaler Abstand *m*
~ from end of snout to the insertion of the dorsal fin *(Icht.)* antedorsaler Abstand *m*
covalente ~ kovalenter Abstand *m*
evolutionary ~ evolutionärer Abstand *m*
flight ~ Fluchtdistanz *f*
individual ~ Individualdistanz *f*
distemper Staupe *f*
distensibility Dehnbarkeit *f*
distension Dehnung *f*, Streckung *f*
distichophyllous zweizeilig beblättert, zweireihig-beblättert
distichous zweizeilig, zweireihig
distill destillieren
distillation Destillation *f*
dry ~ Trockendestillation *f*
steam ~ Dampfdestillation *f*
distinct 1. charakteristisch, ausgeprägt; 2. verschieden, unterschieden, unähnlich; 3. eindeutig, bestimmt
distinction 1. Erkennung *f*; 2. Unterschied *m*; 3. Unterscheidung *f*; 4. Unterscheidungsmerkmal *n*
distoceptor Distanzrezeptor *m*
distort verdrehen, verformen; verrenken, sich verziehen
distortion Verdrehung *f*, Verformung *f*, Mißgestalt *f*
ratio ~ Verhältnisstörung *f*
distress Störung *f*
distribution Verteilung *f*; Verbreitung *f*
age ~ Altersverteilung *f*
clumped ~ Pflanzengruppenverteilung *f*
countercurrent ~ Gegenstromverteilung *f*
spatial ~ räumliche Verteilung *f*
disturb 1. stören; 2. beunruhigen
disturbance 1. Störung *f*; 2. Beunruhigung *f*, Aufregung *f*; 3. Unruhe *f*
growth ~ Wachstumsstörung *f*
motor ~ Bewegungsstörung *f*
distylic [distylous] *(Bot.)* distyl, zweigriffelig
disulcate zweirinnig
disunion Zertrennung *f*; Zerteilung *f*
disymmetrical asymmetrisch
ditch-bur Echte [Gemeine] Spitzklette *f* *(Xanthium strumarium)*
dithecal zweikammerig; zweifächerig
ditocia [ditokia] Ditokie *f*
ditokous 1. ditok, zwei Eier legend; zwei Junge werfend; 2. zwei unterschiedliche Junge werfend
dittander Breitblättrige Kresse *f*, Pfefferkraut *n* *(Lepidium latifolium)*
dittany Diptam *m* *(Dictamnus)*
diuresis Diurese *f*, Harnausscheidung *f*
diuretic diuretisch, harntreibend, Harnausscheidungs...
diurnal 1. täglich, Tages...; 2. tagaktiv, bei Tag auftretend
diurnation 1. Tagesschlaf *m*; 2. Tageswanderung *f*, Tagesmigration *f*
divaricate 1. divergent, auseinandergehend; 2. doppeltgeteilt, zweiteilig; 3. gegabelt, zerteilt
divarication Divergenz *f*, Auseinandergehen *n*
dive 1. tauchen; 2. untertauchen; 3. einen Sturzflug machen
diver Taucher *m*
black-throated ~ Polartaucher *m*, Prachttaucher *m* *(Gavia arctica)*
great northern ~ Eistaucher *m* *(Gavia immer)*
magpie ~ Kleiner Säger *m*, Zwergsäger *m* *(Mergus albellus)*
red-throated ~ Sterntaucher *m* *(Gavia stellata)*
white-billed ~ Tundrataucher *m*, Gelbschnabel-Eistaucher *m* *(Gavia adamsii)*
divergence Divergenz *f*, Auseinandergehen *n*
divergent 1. divergent; abweichend; 2. auseinandergehend, auseinanderlaufend
diversicolorous verschiedenfarbig
diversification Vielfaltigkeit *f*, Verschiedenartigkeit *f*
diversiflorous verschiedenblumig
diversifoliate verschiedenbelaubt
diversifolious verschiedenblättrig
diversilobous verschiedenlappig
diversion Ablenkung *f*
diversispinous verschiedendornig
diversity 1. Verschiedenheit *f*, Vielfaltigkeit *f*; 2. Unterscheidungsmerkmal *n*; 3. Abart *f*, Varietät *f*
antibody ~ Antikörpervielfaltigkeit *f*
diverticulum Divertikel *n*, Ausstülpung *f*
divided 1. zerteilt, geteilt; 2. zerschnitten
pinnately ~ fiederteilig
divider sich teilende Zelle *f*; sich teilendes Individuum *n*
divi-divi Divi-divi *n* *(Caesalpinia coriaria)*
divisible teilbar
division 1. Teilung *f*; 2. Abteilung *f*
~ of labor Arbeitsteilung *f*
amitotic ~ Amitose *f*, direkte Kernteilung *f*
cell ~ Zellteilung *f*
equation ~ Äquationsteilung *f*, äquationelle Teilung *f*
first maturation ~ erste Reifungsteilung *f*
maturation ~ Reifungsteilung *f*
second maturation ~ zweite Reifungsteilung *f*
dizygotic dizygotisch, zweieiig *(Zwilling)*
dochium [kleiner] Höcker *m*
docile friedfertig
dock 1. Ampfer *m* *(Rumex)*; 2. beschnittener Schwanz *m*, Schwanzstummel *m*; 3. den Schwanz stutzen
batter ~ Schwimmendes Laichkraut *n* *(Potamogeton natans)*
bitter ~ Stumpfblättriger Ampfer *m* *(Rumex obtusifolius)*
bloody ~ Blutampfer *m*, Hainampfer *m* *(Rumex sanguineus)*
clustered ~ Knäuel-Ampfer *m* *(Rumex conglomeratus)*

cuckold ~ Große Klette *f (Arctium lappa)*
curled ~ Krauser Ampfer *m (Rumex crispus)*
elf ~ Echter [Großer] Alant *m (Inula helenium)*
fiddle-leaved ~ Schöner Ampfer *m (Rumex pulcher)*
great ~ Britannischer Ampfer *m (Rumex britanica)*
mullen ~ Kleinblütige Königskerze *f (Verbascum thapsus)*
pond ~ Wasserampfer *m (Rumex aquaticus)*
round ~ Wilde Malve *f*, Algiermalve *f (Malva silvestris)*
sharp ~ Wiesen-Sauerampfer *m (Rumex acetosa)*
sorrel [sour] ~ Kleiner Ampfer *m (Rumex acetosella)*
spinach ~ Gartenampfer *m*, Gemüseampfer *m (Rumex patientia)*
swamp ~ Quirliger Ampfer *m (Rumex verticillatus)*
veined ~ Aderiger Ampfer *m (Rumex venosus)*
water ~ Hoher Ampfer *m*, Flußampfer *m (Rumex hydrolapathum)*
white ~ Mexikanischer Ampfer *m (Rumex mexicanus)*
yellow ~ → curled dock

dockcress Rainkohl *m (Lapsana)*

dockmackie Ahornblättriger Schneeball *m (Viburnum acerifolium)*

dodder Seide *f*, Teufelszwirn *f (Cuscuta)*
Chile ~ Chilenische Grob-Seide *f (Cuscuta suaveolens)*
cuspidate ~ Zugespitzte Seide *f (Cuscuta cuspidata)*
flax ~ Flachs-Seide *f*, Lein-Seide *f (Cuscuta epilinum)*
great ~ Hopfen-Seide *f*, Klebe *f*, Europäische Seide *f (Cuscuta europaea)*
hazel ~ Hasel-Seide *f (Cuscuta coryli)*
pretty ~ Ungeschmückte Seide *f (Cuscuta indecora)*
thyme ~ Quendel-Seide *f*, Thymian-Seide *f (Cuscuta epithymum)*

doe weibliches Säugetier

dog 1. Hund *m (Canis)*; Hundeartige *pl (Canidae)*; 2. Rüde *m (männlicher Hund, Wolf, Fuchs)*
African hunting ~ Hyänenhund *m*, Afrikanischer Wildhund *m (Lycaon pictus)*
big-eared ~ Löffelhund *m*, Löffelfuchs *m (Otocyon megalotis)*
blue ~ Großer Blauhai *m*, Menschenhai *m (Prionace glauca)*, Atlantischer Heringshai *m*, Atlantischer Menschenhai *m (Lamna nasus)*
bush ~ Waldhund *m (Speothos venaticus)*
maned ~ Mähnenwolf *m (Chrysocyon brachyurus)*
prairie ~ Präriehund *m (Cynomys)*
raccoon ~ Marderhund *m*, Waschbärhund *m (Nyctereutes procyonoides)*
red ~ Rothund *m (Cuon alpinus)*
sea ~ Gemeiner Seehund *m (Phoca vitulina)*
short-tailed ~ → bush dog
water ~ 1. Furchenmolch *m (Necturus)*; 2. Riesensalamander *mpl (Cryptobranchus)*
whistling ~ → bush dog
wild ~ → African hunting dog

dogbane Hundsgift *n*, Hundskohl *m*, Hundswolle *f (Trachomitum)*

dogberry 1. Amerikanische Eberesche *f (Sorbus americana)*; 2. Zwergvogelbeere *f*, Rotfrüchtiger Apfelbeerstrauch *m (Aronia arbutifolia)*

dog-bur *(Bot.)* 1. Virginische Hundszunge *f (Cynoglossum virginianum)*; 2. Wohlriechende Prachtscharte *f (Liatris odoratissima)*

dog-finkle Stink-Hundskamille *f (Anthemis cotula)*

dogfish 1. Kahlhecht *m*, Amerikanischer Schlammfisch *m (Amia calva)*; 2. Schokoladenhai *m (Dalatias licha)*; *pl* Dornhaie *pl*, Schokoladenhaie *pl (Dalatias)*; 3. Katzenhai *m*, Pantherhai *m (Scyliorhinus)*
alligator ~ Nagelhai *m (Echinorhinus brucus)*
chain ~ Klein(gefleckt)er Katzenhai *m (Scyliorhinus canicula)*
greater spotted ~ Groß(gefleckt)er Katzenhai *m (Scyliorhinus stellaris)*
lesser spotted ~ → chain dogfish
Miller's ~ Dornhai *m*, Speerhai *m (Squalus acanthias)*
piked ~ → spiny dogfish
smooth ~ Glatthai *m (Mustelus)*
spineless ~ Kleiner Leuchthai *m (Isistius brasiliensis)*
spiny ~ Dornhai *m (Squalus acanthias)*
striped ~ Katzenhai *m (Scyliotrinus)*

doggess Hündin *f*

doggish hundeartig, Hunde...

dog-mint Borstenquendel *m*, Wirbeldost *m (Clinopodium vulgare)*

dog-poison Hundspetersilie *f (Aethusa cynapium)*

dogs-and-cats Acker-Klee *m*, Hasen-Klee *m*, *(Trifolium arvense)*

dog's-finger Roter Fingerhut *m (Digitalis purpurea)*

dog's-mercury Ausdauerndes Bingelkraut *n*, Wald-Bingelkraut *n (Mercurialis perennis)*

dog's-mouth Großes Löwenmaul *n*, Garten-Löwenmaul *n (Antirrhinum majus)*

dog's-ribs Spitz-Wegerich *m (Plantago lanceolata)*

dog's-tail Kammgras *n (Cynosurus)*

dogstick Eidechsenfisch *m (Synodus)*

dog-thorn Hunds-Rose *f (Rosa canina)*

dog-toes Wegerichblättriges Ruhrkraut *n (Gnaphalium plantagifolium)*

dogwood Hartriegel *m (Cornus)*
black ~ Erlenblättriger Kreuzdorn *m (Rhamnus cartharticaFrangula alnus)*
bunchberry ~ Kanadischer Hartriegel *m (Cornus canadensis)*
European ~ Gemeiner Schneeball *m (Viburnum opulus)*
false ~ Pennsylvanischer Ahorn *m (Acer pennsylvanicum)*
osier ~ Weißer Hartriegel *m (Cornus sericea)*
poison ~ Giftsumach *m (Rhus vernix)*
silky ~ Duftender Hartriegel *m (Cornus amomum)*
western ~ Feinbehaarter Hartriegel *m (Cornus occidentalis)*
white-fruited ~ Weiblicher Hartriegel *m (Cornus*

stricta)
dolabriform beilförmig; hobelförmig
dolichoblast *(Bot.)* Langtrieb *m*, Langsproß *m*
dolichocarpous langfrüchtig
dolichocephalic dolichozephalisch, langköpfig
dolichofacial langgesichtig
dolichos Helmbohne *f (Dolichos)*
hyacinth ~ Helmbohne *f*, Lablabbohne *f (Dolichos lablab)*
dolichostachous langährig
dolichostylous langgriffelig
dolioform *(Bot.)* faßförmig
dollarbird Dollarvogel *m*, Ostroller *m (Eurystomus orientalis)*
dollarfish 1. Pampelfisch *m (Stromateus fiatola)*; 2. Schreibensalmler *m (Metynnis)*
dollar-leaf 1. Amerikanisches Wintergrün *n (Pyrola americanus)*; 2. Rundblättriger Süßklee *m (Hedysarum rotundifolium)*
dolphin Delphin *m*; *pl* Delphine *mpl (Delphinidae)*
Amazon ~ Amazonas-Delphin *m*, Flußdelphin *m (Inia geoffrensis)*
Amazonian white ~ Amazonas-Sotalia *f (Sotalia fluviatilis)*
blind ~ Gangesdelphin *m (Platanista gangetica)*
blue-white ~ Blau-weißer Delphin *m (Stenella coeruleoalbus)*
bottle-nosed ~ Großtrümmler *m*, Großer Tümmler *m (Tursiops truncatus)*
Chinese river ~ Chinesischer Flußdelphin *m (Lipotes vexillifer)*
Commerson's ~ Schwarzweißdelphin *m (Cephalorynchus)*
common ~ Gemeiner Delphin *m (Delphinus delphis)*
fresh-water ~s Flußdelphine *mpl*, Flußdelphinartige *mpl (Platanistidae)*
Gangetic ~ → blind dolphin
Gray's white-sided ~ Weißstreifendelphin *m (Lagenorhynchus obliquidens)*
Guiana white ~ Guayana-Delphin *m (Sotalia guianensis)*
harnessed ~ → blue-white dolphin
humpbacked ~ Brackwasserdelphin *m (Sotalia)*
Irrawaddy ~ Irrawadi-Delphin *m (Orcaella brevirostris)*
La Plata ~ La-Plata-Delphin *m (Pontoporia blainvillei)*
northern right whale ~ Nördlicher Glattdelphin *m (Lissodelphis borealis)*
ocean ~s Delphine *mpl*, Delphinartige *mpl (Delphinidae)*
Pacific white-sided ~ Weißstreifendelphin *m (Lagenorhynchus obliquidens)*
ploughshare-headed ~ Weißschnauzendelphin *m (La-genorhynchus)*
ridge-backed ~ → humpbacked dolphin
right whale ~ → whale dolphin
Risso's ~ Rundkopfdelphin *m*, Risso's Delphin *m (Grampus griseus)*
river ~ 1. → humpbacked dolphin; 2. *pl* → fresh-water dolphins
rough-toothed ~ Langschnauzendelphin *m (Steno)*
short-beaked ~ → ploughshare-headed dolphin
southern ~ → Commerson's dolphin
speckled ~ Chinesischer Weißer Delphin *m (Sotalia chinensis)*
spotted [stenella] ~ Fleckendelphin *m (Stenella)*
striped ~ → Pacific white-sided dolphin
sword-toothed ~ Zweizahnwal *m*, Spitzschnauzen Delphin *m (Mesoplodon)*
West African white ~ Kamerun-Flußdelphin *m (Sotalia teuszii)*
whale ~ Glattdelphin *m (Lissodelphis)*
white ~ → speckled dolphin
white-beaked ~ Weißschnauzendelphin *m (Lagenorhynchus albirostris)*
white flag ~ → Chinese river dolphin
white-sided ~ Weißseitendelphin *m (Lagenorhynchus acutus)*
dolphinfish Goldmakrele *f (Coryphaena)*
domain Domäne *f*, Gebiet *n*, Bereich *m*, Region *f*
domestic häuslich, Haus...
domesticated domestiziert
domestication Domestizierung *f*
dominance Dominanz *f*
alternating ~ alternierende Dominanz *f*
apical ~ Gipfeldominanz *f*
fancier's ~ Vorherrschaft *f*, auffälliger Merkmale *(z.B. Färbung)*
irregular ~ instabile Dominanz *f*
partial ~ Teildominanz *f*
shifting ~ reversible Dominierung *f*
top ~ Stufendominanz *f*
dominant 1. dominant; 2. dominierende [herrschende] Form *f*
double ~ s dominierende Komplementarfaktoren *mpl*
dominate dominieren
domination Dominanz *f*, Vorherrschaft *f*, Herrschaft *f*
dominule Dominante *f* in einer Mikrogemeinschaft
donee Empfänger *m*
donkey Esel *m (Equus asinus)*
donor Donor *m*, Spender *m*; Donator *m*
electron ~ Elektronendonator *m*
immune ~ 1. immunokompetenter Donor *m*; 2. immune Donorzelle *f*
doodlebug Ameisenlöwe *m (Myrmeleon)*
doodskop Totenkopfchimäre *f (Callorhynchus capensis)*
doorweed Vogelknöterich *m (Polygonum aviculare)*
dorab Großer Wolfshering *m (Chirocentrus dorab)*
dorado Goldmakrele *f (Coryphaena); pl* Goldmakrelen *fpl (Coryphaenidae)*
dore → dory
doree → dory 1.
dories Sonnenfische *mpl*, Petersfische *mpl (Zeidae)*

dorhawk Geißmelker *m*, Nachtschwalbe *f*, Ziegenmelker *m (Caprimulgus)*
dormancy 1. Dormanz *f*, Ruhezustand *m*; 2. Schlaf *m*
summer ~ Sommerruhe *f*; Sommerschlaf *m*
true ~ dormanter Zustand *m (der Knospen)*
winter ~ Winterschlaf *m*, Winterruhe *f*
dormant ruhend; schlafend
dormice Bilche *mpl*, Schläfer *mpl*, Schlafmäuse *fpl (Gliridae)*
Betpakdala [desert] ~ Salzkrautbilche *mpl (Selevinidae)*
dormouse Bilch *m*, Schläfer *m*
African ~ Afrikanischer Bilch *m*, Afrikanischer Schläfer *m*, Pinselschwanzbilch *m (Graphiurus)*
Asiatic ~ → mouse-like dormouse
edible [fat] ~ Große Haselmaus *f*, Siebenschläfer *m (Glis glis)*
forest ~ Baumschläfer *m (Dryomys)*
garden [golden] ~ Gartenschläfer *m (Eliomys quercinus)*
hazel ~ Haselschläfer *m*, Kleine Schlafmaus *f (Muscardinus avellanarius)*
mouse-like [mouse-tailed] ~ Asiatische Mausschläfer *m (Myomimus)*
spiny ~ Südindischer Stachelbilch *m (Platacanthomys)*
squirrel-tailed ~ → edible dormouse
tree ~ Baumschläfer *m (Dryomys)*
dorsad rückenwärts
dorsal dorsal, Rücken...; rückseitig gelegen
dorse junger Dorsch *m*
dorsiferous 1. *(Zool.)* die Brut auf dem Rücken tragend; 2. *(Bot.)* Sporen auf der Wedelunterseite tragend (Pteridopsida)
dorsifixed dorsalangeheftet
dorsolumbar lumbodorsal
dorsoventral dorsoventral
dorsum Rücken *m*
dory 1.Petersfisch *m (Zeus)*; 2. gelber Zander *m (Stizostedion vitreum)*
John ~ Sonnenfisch *m*, Petersfisch *m (Zeus)*
rough ~ Eberfisch *m (Antigonia)*
dosage 1. Dosierung *f*; 2. Dosis *f*
gene ~ Gendosis *f*
dose 1. Dosis *f*; 2. dosieren
fatal ~ Letaldosis *f*
integral ~ Gesamtdosis *f*
lethal ~ Letaldosis *f*, letale [tödliche] Dosis *f*, LD
lethal 50 ~ mittlere letale Dosis *f*, letale Dosis *f* für 50% der Individuen, LD 50
permissible ~ zulässige Dosis *f*
single ~ einmalige Dosis *f*
dosing 1. Dosierung *f*; 2. Düngung *f (der Pflanzen)*
dot Punkt *m*; Fleckchen *n*
black ~ Anthraknose *f*, Brennfleckenkrankheit *f (der Kartoffeln und Tomaten)*
fruit ~ Fruchthäufchen *n*
dot-blot Dot-Blot *m*, Punkt-Autoradiogramm *n*, Tropfen-Autoradiogramm *n*
dotted Punkt...
dotterel Morinellregenpfeifer *m (Eudromias morinellus)*
black-fronted ~ Schwarzstirn-Regenpfeifer *m (Charadrius melanops)*
common ~ Morinellregenpfeifer *m (Eudromias morinellus)*
New Zealand ~ Maori-Regenpfeifer *m (Charadrius obscurus)*
oriental ~ 1. Wermutregenpfeifer *m*, Kaspischer Regenpfeifer *m (Charadrius asiaticus)*; 2. Hufeisen-Regenpfeifer *m (Charadrius veredus)*
red-capped ~ Seeregenpfeifer *m (Charadrius alexandrinus)*
rufous-breasted ~ Rotbrust-Regenpfeifer *m (Zonibyx)*
tawny-throated ~ Klippenregenpfeifer *m (Oreopholus)*
double 1. *(Bot.)* vollblütig, gefüllt; 2. gepaart; Doppel...
double-dish Petri-Schale *f*, Doppelschale *f*
double-flowering vollblütig, gefüllt
double-helical doppelspiralisch
double-leaf Kleines Zweiblatt *n (Listera cordata)*
double-stranded Zweistrang..., Doppelstrang..., doppelstrangig
double-tooth *(Bot.)* Nickender Zweizahn *m (Bidens cernua)*
double-twisted doppelgedreht
doubling Verdoppelung *f*
chromosome ~ Chromosomenverdoppelung *f*
somatic ~ somatische Chromosomenverdoppelung *f*
doublom Sonnenkraut *n*, Sonnentau *m (Drosera)*
dough Wachsreife *f*
doum(-palm) Dumpalme *f (Hyphaene thebaica)*
douroucouli Mirikina *m*, Nachtaffe *m (Aotes trivirgatus)*
dove Taube *f*; *pl* Tauben *fpl (Columbidae)*
bare-faced ground ~ Brillentäubchen *n (Metropelia ceciliae)*
beautiful fruit ~ Rotkappen-Fruchttaube *f (Ptilinopus pulchellus)*
black-billed wood ~ Erzflecktaube *f (Turtur abyssinicus)*
blue-headed quail ~ Rebhuhntaube *f (Starnoenas cyanocephala)*
bridled quail ~ Schnurrbarttaube *f (Geotrygon mystacea)*
cinnamon ~ Zimttaube *f*, Weißmaskentaube *f (Aplopelia larvata)*
collared turtle ~ Türkentaube *f (Streptopelia decaocto)*
eastern turtle ~ Meenataube *f*, Orient-Turteltaube *f (Streptopelia orientalis)*
Galapagos (ground) ~ Galapagos-Taube *f (Zenaida galapagoensis)*
green ~ Grüntaube *f (Treron)*
laughing ~ Palmentäubchen *n*, Senegaltäubchen *n (Streptopelia senegalensis)*

long-tailed ground ~ Kamptaube *f*, Campostäubchen *n (Uropelia campestris)*
masked ~ Kap-Täubchen *n (Oena capensis)*
mourning ~ 1. Trauertaube *f (Zenaida macroura)*; 2. Brillentaube *f*, Sudan-Trauertaube *f (Streptopelia decipiens)*
ring ~ 1. Ringeltaube *f*, Waldtaube *f (Columba palumbus)*; 2. → collared turtle dove
rock ~ Felsentaube *f (Columba livia)*
thick-billed ground ~ Erdtaube *f (Trugon terrestris)*
rufous turtle ~ → eastern turtle dove
stock ~ Hohltaube *f*, Kleine Holztaube *f (Columba oenas)*
turtle ~ Orientalische Lachtaube *f*, Turteltaube *f (Streptopelia turtur)*
white-winged ~ Weißflügeltaube *f (Zenaida asiatica)*

dove-coloured taubenblau
dovefoot Weicher Storchschnabel *m (Geranium molle)*
dovekey [dovekie] Krabbentaucher *m (Alle alle)*
dowitcher Schlammläufer *m (Limnodromus)*
down 1. Daune *f*, Flaumfeder *f*; 2. Daunen *fpl*, flaumiges Gefieder *n*; 3. Flaum *m*, feine Härchen *npl*
down-hill-of-life Pfenningkraut *n*, Pfenning-Gilbweiderich *m (Lysimachia nummularia)*
downstream stromabwärts *(z.B. zum 3'-Ende eines Gens gerichtet)*
downward curvature Abwärtskrümmung *f*
downy flaumig; mit Flaum bedeckt; mit Daunen bedeckt
downy-awned flaumgrannig
downy-branched flaumzweigig
downy-flowered flaumblütig
downy-fruited flaumfrüchtig
downy-leaved flaumblättrig
downy-pistiled flaumgriffelig
downy-toothed haariggezähnt
draco → dragon
dragon Flugdrache *m*, Flattereidechse *f (Draco)*
Australian forest ~ Winkelkopfagame *f (Hypsilurus)*
Australian water ~ Australischer Wasserdrache *m (Lophognathus)*
bearded ~ Bartagame *f (Amphibolurus barbatus)*
black-barbed ~ Schwarzbart-Flugdrache *m (Draco melanopogon)*
brown ~ dreiblättrige Zweiwurz *f (Arisaema triphyllum)*
female ~ Sumpfschlangenwurz *f (Calla palustris)*
flying ~ → dragon
forest ~ Winkelkopfagame *f (Gonocephalus)*
green ~ Drachenzweiwurz *f (Arisaema draconitum)*
sea ~ Drachenrößchen *n (Pegasus)*
water ~ (Australische) Wasseragame *f*, Gewöhnlicher Wasserdrache *m (Physignathus lesueurii)*

dragonet → dragonfish 1.
dragonfish 1. Leierfisch *m*, Goldgrundel *f (Callionymus)*; 2. Drachenrößchen *n (Pegasus)*
sculptured ~ Flügelroßfisch *m (Acanthopegasus)*

dragonfly Libelle *f*; *pl* Großlibellen *fpl*, Ungleichflügler *mpl (Anisoptera)*
club-tailed ~**ies** Flußjungfern *fpl (Gomphidae)*
cordulid ~**ies** Falkenlibellen *fpl*, Goldjungfern *fpl (Corduliidae)*
darter ~**ies** Kurzlibellen *fpl*, Segellibellen *fpl (Libellulidae)*
emperor ~ Große Königslibelle *f (Anax imperator)*
golden-ringed ~ Zweigestreifte Quellenjungfer *f (Cordulegaster boltoni)*
great ~ Braune Mosaikjungfer *f (Aeschna grandis)*
hairy ~ Kleine Mosaikjungfer *f (Brachytron hafniense)*
large ~**ies** Edellibellen *fpl (Aeschnidae)*
white-faced ~ Kleine Moosjungfer *f (Leucorrhinia dubia)*

dragonhead Virginischer Drachenkopf *m (Dracocephalum virginianum)*
dragon-root Drachenwurzel *f*, Grüner Drachen *m (Arisaema draconitum)*
dragon's-blood Ruprechtskraut *n*, Stinkender Storchschnabel *m (Geranium robertianum)*
dragon's-claws Gefleckte Korallenwurz *f (Corallorrhiza maculata)*
dragon's-mouth Großes Löwenmaul *n*, Garten-Löwenmaul *n (Antirrhinum majus)*
dragon's-tongue Geflecktes Wintergrün *n (Pyrola maculata)*
drake Enterich *m*
draught 1. Zug *m*; Schluck *m*; 2. Fischzug *m*
draw 1. Sproß *m*; 2. Auszug *m*
drawtube Ausziehtubus *m*
dray Kobel *m*
dreamers Anglerfische *mpl*, Seeteufel *mpl (Oneirodidae)*
dredge Dredge *f*; Bagger *m*; Schleppnetz *n*
drepaniform sichelförmig
drepanium *(Bot.)* Sichel *f*, Drepanium *n* (Blütenstandsform)
drepanocyte Drepanozyt *m*, sichelförmiger Erythrozyt *m*
dress 1. Kleid *n*; 2. beschneiden *(Bäume)*; 3. präparieren; bearbeiten; düngen *(Boden)*
spawning ~ Hochzeitskleid *n*, Prachtkleid, Brutkleid *n*

drey → dray
drier Trocknungsanlage *f*
centrifugal ~ Trocknungszentrifuge *f*

drift 1. Drift *f*, Treiben *n*; 2. driften; 3. Driftströmung *f*, langsame Strömung *f*; 4. Treibeis *n*
antigenic ~ Antigendrift *f*
genetic ~ Genendrift *f*, genetische Drift *f*

driftfish Quallenfisch *m (Ariomma)*
drill 1. Drill *m (Papio leucophaeus)*; 2. bohrendes Weichtier *n*
drimium Pflanzengemeinschaft *f* auf Alkaliboden
drimophilous salzliebend, halophil
drimophilus Salzlieber *m*, Halophil *m*
drink trinken; saufen
drinking Trinken *n*
cell ~ Pinozytose *f*

drive Antrieb *m*, Trieb *m*, Drang *m*
feeding ~ Freßlust *f*
driver Rohrdommel *f (Botaurus)*
stake ~ Nordamerikanische Rohrdommel *f (Botaurus lentiginosus)*
dromedary Dromedar *n*, Einhöckriges Kamel *n (Camelus dromedarius)*
dromotropic dromotrop, die Überleitung beeinflussend
drone 1. Drohne *f*; 2. brummen; summen; dröhnen
drongo Drongo *m (Dicrurus)*; Drongos *m (Dicruridae)*
crow-billed ~ Krähenschnabel-Drongo *m (Dicrurus annectans)*
fork-tailed [glossy-backed] ~ Trauerdrongo *n*
shining ~ Glanzdrongo *m (Dicrurus atripennis)*
white-bellied ~ Graubrustdrongo *m (Dicrurus caerulescens)*
droning Brummen *n*; Summen *n*; Dröhnen *n*
droop welken; nicken, herabhängen, herabsinken
drop 1. Tropfen *m*; 2. tropfen; 3. Niedersinken *n*, Fallen *n*; 4. eine Tätigkeit aufgeben; 5. kalben; lammen; fohlen; 6. Abfallen *n*; Fallobst *f*
dropper Pipette *f*; Tropfpipette *f*; Tropfglas *n*
droppings Mist *m*, tierischer Kot *m*
dropseed Schleudersamengras *n (Sporobolus)*
dropwort Gemeines [Kleines] Mädesüß *n (Filipendula vulgaris)*
fine-leaved ~ Wasserfenchel *m*, Wasser-Pferdesaat *f (Oenanthe aquatica)*
water ~ Röhrige Pferdesaat *f (Oenanthe fistulosa)*
western ~ Dreiblättriger Spierstrauch *m (Spiraea trifoliata)*
drought Dürre *f*
drought-resistant dürreresistent
droughty dürr; trocken; regenlos
drove Herde *f*, Vieherde *f*
drug Arznei *f*, Arzneimittel *n*
drum 1. Trommelfell *n*, Paukenfell *n*; 2. trommeln; 3. Schattenfisch *m (Sciaena)*; *pl* Adlerfische *mpl*, Umberfische *mpl*, Trommelfische *mpl (Sciaenidae)*
black ~ Trommelfisch *m*, Trommler *m (Pogonias chromis)*
red ~ Roter Umberfisch *m (Sciaenops ocellata)*
drumfish → drum 3.
drumhead 1.Kreuzförmige Kreuzblume *f (Polygala cruciata)*; 2. Trommelfell *n*, Paukenfell *n*
drummers 1.Groppen *fpl (Cottidae)*; 2. Pilotbarsche *mpl (Kyphosidae)*
drumming Trommeln *n*
~ with paws Pfotentrommeln *n*
drunkards 1. Sumpf-Dotterblume *f (Caltha palustris)*; 2. Ausgebreitete Scheinbeere *f (Gaultheria procumbens)*
drupaceous steinfrüchtig
drupe Steinfrucht *f*
aggregate ~ Sammelfrucht *f*
drupelet Steinfrüchtchen *n*
dry 1. trocken; 2. trocken, regenarm, niederschlagarm; 3. dürr; 4. ausgetrocknet; 5. trockenstehend
dryad Silberwurz *f (Dryas)*
dryad's-club Keulenpilz *m*, Keulenschwamm *m (Clavaria)*
dryer Trockengerät *n*, Trockner *m*
drying Trocknung *f*
dryness Trockenheit *f*
physiological ~ physiologische Trockenheit *f*
dualism Dualismus *m*
duck Ente *f*
black ~ Dunkelente *f (Anas rubripes)*
black-headed ~ Kuckucksente *f (Heteronetta atricapilla)*
blue ~ Saumschnabelente *f (Hymenolaimus malacorhynchos)*
Bombay ~ Bombay-Ente *f (Harpadon nehereus)*
bronze-winged ~ Kupferspiegelente *f (Anas specularis)*
buffle-headed ~ Buffelkopfente *f (Bucephala albeola)*
crested ~ Schopfente *f (Lophonetta specularioides)*
diving ~ Tauchente *f (Somateria mollissima)*
ferruginous ~ Moorente *f (Aythya nyroca)*
fish ~ Säger *m (Mergus)*
freckled ~ Affenente *f*, Affengans *f (Stictonetta naevosa)*
greater scaup ~ Bergente *f (Aythya marila)*
green ~ Entlein *n*, Entenküken *n*
harlequin ~ Kragenente *f (Histrionicus histrionicus)*
knob-billed ~ Glanzente *f (Sarkidiornis melanotos)*
long-tailed ~ Eisente *f (Clangula hyemalis)*
maccoa ~ Afrikanische Ruderente *f (Oxyura maccoa)*
mallard ~ Stockente *f (Anas platyrhynchos)*
mandarin ~ Mandarin(en)ente *f (Aix galericulata)*
maned ~ Mähnengans *f (Chenonetta jubata)*
marbled ~ Marmelente *f (Anas angustirostris)*
masked ~ Maskenente *f (Oxyura dominica)*
mountain ~ Halsbandkasarka *f (Tadorna tadornoides)*
muscovy ~ Moschusente *f (Cairina moschata)*
musk ~ Lappenente *f (Biziura lobata)*
pink-eared ~ Rosenohrenente *f (Malacorhynchus membranaceus)*
pink-headed ~ Nelkenente *f (Rhodonessa caryophyllacea)*
ring-necked ~ Halsringente *f (Aythya collaris)*
ruddy ~ Schwarzkopf-Ruderente *f (Oxyura jamaicensis)*
sheld ~ Kasarka *f (Tadorna)*
spectacled ~ → bronze-winged duck
steamer ~ Dampfschiffente *f (Tachyeres)*
torrent ~ Sturzbachente *f (Merganetta armata)*
tree ~ Pfeifgans *f*, Baumente *f (Dendrocygna)*
tufted ~ Reiherente *f (Aythya fuligula)*
whistling [white-backed] ~ Weißrücken-Pfeifgans *f*, Weißrückenente *f (Thalassornis leuconotus)*
white-eyed ~ Australische Moorente *f (Aythya australis)*
white-headed ~ Weißkopf-Ruderente *f (Oxyura leuco-*

cephala)
wood ~ 1. Brautente *f (Aix sponsa)*; 2. Baumente *f (Dendrocygna)*
duck-acorn Gelbe [Amerikanische] Lotosblume *f (Nelumbium lutea)*
duckbill 1. Schnabeltier *m (Ornithorhynchus anatinus)*; 2. Loffelstör *m (Polyodon spathula)*; 3. Afrikanischer [Gefleckter] Adlerrochen *m (Meliobatis bovina)*
duck-bush Korallenbeerstrauch *m (Symphoricarpos orbiculatus)*
duckmole → duckbill 1.
duck-retten Grüner Germer *m (Veratrum viride)*
duck's-meat Kleine Wasserlinse *f (Lemna minor)*
duckweed kleine Wasserlinse *f (Lemnaminor)*
gibbous ~ Buckelige Wasserlinse *f (Lemna gibba)*
greater ~ Vielwurzelige Teichlinse *f (Spirodela polyrhiza)*
ivy-leaved ~ → star duckweed
rootless ~ Entenlinse *f*, Zwerglinse *f (Wolffia)*
star ~ Untergetauchte Wasserlinse *f (Lemna trisulca)*
duct Gang *m*; Kanal *m*
aberrant ~ Luschkascher Gallengang *m*
bile [biliary] ~ Gallengang *m*, Gallenweg *m*
efferent ~ Ausführungsgang *m*
gum ~ Harzgang *m*
renal ~ Harnleiter *m*
resin ~ Harzgang *m*
seminal ~ Samenleiter *m*
umbilical ~ Dottergang *m*
ductance Permeabilität *f*, Leitungsfähigkeit *f*
duction Augendrehung *f*
ductless ganglos
ductule Kanälchen *n*
ductwork Kanalsystem *n*, Leitungssystem *n*
dug Euter *n*; Zitze *f*
dugong Dugong *m (Dugong dugong)*; *pl* Gabelschwanzseekühe *fpl (Dugongidae)*
duiker Ducker *m*, Waldducker *m (Cephalophus)*
Abbot's ~ Abbotducker *m (Cephalophus spadix)*
banded ~ → zebra duiker
bay ~ Schwarzrückenducker *m (Cephalophus dorsalis)*
black ~ Schwarzducker *m (Cephalophus niger)*
black-fronted ~ Schwarzstirnducker *m (Cephalophus nigrifrons)*
blue ~ Blauducker *m*, Rotfußducker *m (Cephalophus monticola)*
common ~ Kronenducker *m*, Echter Ducker *m (Sylvicapra grimmia)*
forest ~ Echter Ducker *m (Sylvicapra)*
Gaboon ~ → white-bellied duiker
giant ~ → yellow-backed duiker
gray ~ → common duiker
Jentink's ~ Jentinkducker *m (Cephalophus jentinki)*
light-backed ~ → yellow-backed duiker
red ~ Nataldducker *m*, Rotducker *m (Cephalophus natalensis)*
red-flanked ~ Rotflankenducker *m*, Blaurückenducker *m (Cephalophus rufilatus)*
red forest ~ → red duiker
striped-backed ~ → zebra duiker
white-bellied ~ Weißbauchducker *m*, Gabunducker *m (Cephalophus leucogaster)*
yellow-backed ~ Gelbrückenducker *m*, Riesenducker *m (Cephalophus sylvicultor)*
zebra ~ Zebraducker *m*, Streifenducker *m (Cephalophus zebra)*
dumeticolous gebüschbewohnend
dumetose buschig
dumetosous halbstrauchig
dumetum Buschdickicht *n*
dummy 1. Modell *n*; 2. gefälscht, falsch; 3. Kontrollversuch *m*
dumo(u)se buschig
dun 1. Subimago *f (der Eintagsfliegen)*; 2. graubraun, schwärzlich-braun; dunkel
dung 1. Mist *m*; Dung, Dünger *m*; 2. düngen; 3. Tierkot *m*
dunlin Alpenstrandläufer *m (Calidris alpina)*
dunnart Schmalfußbeutelmaus *f (Sminthopsis)*
dunnock Heckenbraunelle *f (Prunella modularis)*
duodenal duodenal, Zwölffingerdarm...
duodenohepatic Zwölffingerdarm-Leber...
duodenum Zwölffingerdarm *m*, Duodenum *n*
duplex 1. doppelt, Doppel...; 2. diploid; 3. *(Mol.)* Duplex...
duplication Duplikation *f*, Verdoppelung *f*
tandem ~s Tandemduplikation *f*
duplicidentates Hasentiere *npl (Lagomorpha)*
duplicity Duplizität *f*
duplicodentate doppeltgezähnt
dura 1. → durra; 2. Pachymeninx *f*, harte Hirnhaut *f*
dural Hirnhaut..., Dura..., dural
duramen Gottes-Gnadenkraut *n (Gratiola officinalis)*; Kernholz *n*
durian Durianbaum *m*, Zibetbaum *m (Durio zibethinus)*
durra Durra *f (Sorghum durra)*
dust 1. Staub *m*; 2. Dust *m*, Bestäubungsmittel *n*; 3. Blütenstaub *m*, Pollen *m*
blood ~s Hämokonien *fpl*, Blutstäubchen *npl*
blossom ~ Blütenstaub *m*, Pollen *m*
dust-bathing Staubbaden *n*
Dutchman's-breeches Englischer Eisenhut *m (Aconitum anglicum)*
Dutchman's-pipe 1. Großblättrige Osterluzei *f (Aristolochia macrophylla)*; 2. Einblütiger Fichtenspargel *m (Monotropa uniflora)*
Dutch-rush Winter-Schachtelhalm *m (Equisetum hyemale)*
dwarf 1. Zwerg *m*; Zwergpflanze *f*; Zwergtier *n*; 2. zwerghaft, kleinwuchsig, Zwerg...; 3. Kümmerwüchsigkeit *f*, Zwergwüchsigkeit *f*, Verzwergung *f(Erreger - Virus)*; 4. verkümmern lassen; in der Entwicklung hindern
onion yellow ~ Gelbstreifigkeit *f* der Zwiebeln, Rotz-

krankheit *f* der Zwiebeln
dwarfish 1. zwergig; unterwüchsig; 2. unterentwickelt
dwarfism Nanismus *m*, Zwergwuchs *m*
dwell leben, wohnen
dweller Bewohner *m*
bottom ~ Benthosbewohner *m*
dwelling plant *(Ökol.)* Aufenthaltspflanze *f*
diad Dyade *f*
dyal(-thrush) ~ Dajal(drossel) *f (Copsychus saularis)*
dye Farbstoff *m*
dye-leaves Kermesbeere *f*, Weinkermesbeere *f (Phytolacca americana)*
dyer's-broom Färber-Ginster *m (Genista tinctoria)*
dyer's-chamomile Färber-Kamille *f (Anthemis tinctoria)*
dyer's-madder Echte Färberröte *f*, Krapp *m (Rubia tinctorium)*
dyer's-mignonette Färberwau *m*, Färberresede *f (Reseda luteola)*
dyer's-saffron Färbersaflor *m (Carthamus tinctorius)*
dyer's-weed → dyer's-broom
dyer's-wood Färberwaid *m (Isatis tinctoria)*
dye-weed → dyer's-broom
dynamics Dynamik *f*
population ~ Populationsdynamik *f*
trophic ~ Trophodynamik *f*
dysentery-root Morisonsche Hundszunge *f (Cynoglossum morisoni)*
dysfunction Dysfunktion *f*, Funktionsstörung *f*
dysgalactia Milchabsonderungsstörung *f*
dysgenesia [dysgenesis] Dysgenesie *f*
dysgenic dysgenisch
dysphotic dysphotisch
dystrophia Dystrophie *f*
dystrophic dystroph
dystrophication Dystrophizierung *f*
dystrophy Dystrophie *f*
nutritional ~ Ernährungsdystrophie *f*
dzeren Kropfantilope *f*, Nordchinesische Gazelle *f (Procapra gutturosa)*

E

eagle Adler *m*; Adler *m (Aquila)*
African fish ~ Schreiseeadler *m (Haliaeetus vocifer)*
bald ~ Weißkopfseeadler *m (Haliaeetus leucocephalus)*
black ~ 1. Zwergadler *m (Hieraaetus pennatus)*; 2. Malaien-Adler *m (Ichtinaetus malayensis)*; 3. Kaffernadler *m (Aquila verreauxi)*
black-and-chestnut ~ Glanzhaubenadler *m (Oroaetus isidori)*
black-and-white-hawk ~ Elsteradler *m (Spizastur)*
black- solitary ~ Einsiedleradler *m (Harpyhaliaetu solitarius)*
Bonelli's (hawk) ~ Habichtadler *m (Hieraaetus fasciatus)*
booted ~ Zwergadler *m (Hieraaetus pennatus)*
Congo serpent [Congo snake] ~ Schlangenbussard *m (Dryotriorchis)*
crested ~ Würgadler *m (Morphnus guianensis)*
crested hawk ~ Haubenadler *m (Spilornis cirrhatus)*
crowned ~ Kronenadler *m (Stephanoaetus coronatus)*
fishing ~ Weiß-Schwanz-Fischadler *m (Ichthyophaga ichtyaeius)*
golden ~ Steinadler *m*, Goldadler *m(Aquila chrisaetos)*
harpy ~ Harpyie *f (Harpia harpyia)*
hen ~ Adlerin *f*, Adlerweibchen *n*
imperial ~ Kaiseradler *m*, Königsadler *m (Aquila heliaca)*
lesser spotted ~ Schreiadler *m (Aquila pomarina)*
little ~ Kaninchenadler *m*, Kleinadler *m (Hieraaetus morphnoides)*
long-crested ~ Schopfadler *m (Lophaetus occipitalis)*
Madagascar serpent ~ Schlangenhabicht *m (Eutriorchis)*
martial ~ Kampfadler *m (Polemaetus bellicosus)*
monkey-eating ~ Affenadler *m (Pithecophaga jefferyi)*
New Guinea harpy ~ Harpienadler *m*, Papua-Adler *m (Harpyopsis novaeguineae)*
Pallas' sea ~ Bandseeadler *m (Haliaeetus leucoryphus)*
sea ~ Seeadler *m (Haliaeetus)*; Seeadler *m (Haliaeetus albicilla)*
serpent ~ Schlangenadler *m (Circaetus gallius)*
short-toed ~ Schlangenadler *m (Circaetus gallicus)*
small hawk ~ Dschungeladler *m (Spizaetus nanus)*
small spotted ~ → lesser spotted eagle
spotted ~ Schelladler *m (Aquila clanga)*
Steller's sea ~ Riesenseeadler *m (Haliaeetus pelagicus)*
steppe ~ Steppenadler *m (Aquila nipalensis)*
tawny ~ Raubadler *m (Aquila nipalensis rapax)*
Verreaux's ~ → black eagle 3.
wedge-tailed ~ Keilschwanzadler *m (Aquila audax)*
whistling ~ Keilschwanzweihe *f*, Pfeifmilan *m (Haliastur sphenurus)*
white-bellied sea ~ Weißbauch-Seeadler *m (Haliaeetus leucogaster)*
white-tailed (sea) ~ Seeadler *m (Haliaeetus albicilla)*
eagle-hen Adlerweibchen *n*
eaglet Adlernestling *m*; junger Adler *m*
ean lammen
eanling Lamm *n*
ear 1. Ohr *n*; 2. Getreide-Ähre *f*; 3. Mais-Kolben *m*
cereal ~ Getreideähre *f*
panicled ~ Rispenähre *f*

eardrum Trommelfell *n*
eared 1. *(Bot.)* geöhrt; 2. langohrig
earhead Ährenköpfchen *n*
earing Ährenschieben *n*, Herausschieben *n* der Ähre *f*
earlike 1. *(Bot.)* kolbenförmig; 2. ohrenförmig
earlobe Ohrläppchen *n*
early-ripe frühreif, schnellreif
earth 1. Erde *f*, Boden *m*; 2. in den Bau *m* flüchten *(z.B. ein Fuchs)*
earth-ball Trüffel *m (Tuber)*
earthnut Erdnuß *f (Arachis hypogaea)*
earthstar Nesterstern *m (Geastrum)*
earthwolf Erdwolf *m (Proteles cristatus)*
earthworms Regenwürmer *mpl (Lumbricidae)*
earwax Zerumen *n*, Ohrenschmalz *n*
earwig Ohrwurm *m*, Ohrenkriecher *m (Forficula)*; *pl* Ohrwürmer *mpl*, Ohrenkriecher *mpl (Dermaptera)*
common (European) ~ Gemeiner Ohrwurm *m (Forficula auricularia)*
lesser [little] ~ Zwerg-Ohrwurm *m*, Kleiner Ohrwurm *m (Labia minor)*
maritime [seaside] ~ Meerstrand-Ohrwurm *m (Anisolabis maritima)*
easter-bell Große Sternmiere *f (Stellaria holostea)*
eat essen; fressen
to ~ away erodieren, auswaschen
eater:
bee ~s Bienenfresser *mpl (Meropiidae)*
black honey ~ Mohrenhonigfresser *m (Myzomela nigrita)*
blue cheeked bee ~ Blauwangenbienenfresser *m (Merops superciliosus)*
European bee ~ Bienenfresser *m*, Bienenvogel *m (Merops apiaster)*
honey ~s Honigfresser *mpl*, Pinselzügler *mpl (Meliphagidae)*
plantain ~s Bananenfresser *mpl*, Pisangfresser *mpl(Musophagidae)*
spawn ~ Amerikanische Orfe *f (Notropis)*
ebb Ebbe *f*
ebony Kakipflaume *f*, Dattelpflaume *f (Diospyros)*
Bombay [true] ~ Ebenbaum *m (Diospyros ebenum)*
ecalcarate spornlos, ungespornt
ecardinal schloßlos
ecarinate kiellos
ecaudate schwanzlos
ecdemic ekdemisch; zugewandert
ecderon Epidermis *f*, Oberhaut *f*
ecderonic epidermal
ecdysis Ekdysis *f*, Häutung *f*
ecdysone *(Ent.)* Ekdyson *n*, Prothorakalhormon *n*, Häutungshormon *n*
ecesis Ökese *f*,Inbesitznahme *f*, Besiedlungsvermögen *n*, Keimung *f* und Festsetzung *f* der Pflanze
echidna Ameisenigel *m (Tachyglossus)*; *pl* Ameisenigel *mpl (Tachyglossidae)*
echinate(d) stachelig
echinococcus Blasenwurm *m*, Hundebandwurm *m (Echinococcus)*
echinocyte Poikilozyt *m*
echinoderms Stachelhäuter *mpl (Echinodermata)*
echinoid 1. seeigelartig; 2. zu den Seeigeln gehörend; Seeigel...
echinopaedium Dipleurula *n*
echinopluteus Echinopluteus *m*
echinosis Poikilozytose *f*
echinulate feinstachelig
ecize 1. ansiedeln, kolonisieren; 2. sich der neuen Umgebung anpassen
eclosion Ausschlüpfen *n*, Schlüpfen *n*
ecosize sich der neuen Umgebung anpassen
ecostate 1. rippenlos; 2. *(Bot.)* blattadernlos
ecotone Ökoton *n*, Grenzgesellschaft *f*, Übergangsgesellschaft *f*
ecotope Ökotop *m*, Standort *m*
ectadenia *pl (Ent.)* ektodermale Geschlechtsnebendrüsen
ectasia Ektasie *f*, Ausdehnung *f*, Dilatation *f*, Erweiterung
ectoblast Ektoblast *m*, Epiblast *m*, äußeres Keimblatt *n*
ectocondyle Seitengelenkhöcker *m*
ectoderm Ektoderm *n*, Ektoblast *m*, Epiblast *m*, äußeres Keimblatt *n*
ectoparasite Ektoparasit *m*, Außenschmarotzer *m*, Ektosit *m*
ectophyte Ektophyt *m*, ektoparasitisches Gewächs *n*
ectopia Ektopie *f*, Organverlagerung *f*
ectoplacenta Plazentatrophoblast *m*, Trophoderm *n*
ectoplasm Ektoplasma *n*, Außenplasma *n*
ectozoon Ektoparasit *m*, Außenschmarotzer *m*, Ektosit *m*
ecumene Biosphäre *f*
edacious gefräßig
edaphic Boden..., edaphisch
edaphology Bodenkunde *f*, Pedologie *f*
edaphon Edaphon *n (Gesamtheit der Bodenorganismen)*
edentate 1. zahnlos; 2. zähnchenlos
edentulous zahnlos *(Muschelschalen)*
edge 1. Rand *m*, Saum *m*, Grenze *f*; 2. *(Bot.)* Rippe *f*, Riefe *f*
forest ~ Waldrand *m*, Waldsaum *m*
gold ~ Große Flußperlmuschel *f (Margaritana maxima)*
edible eßbar
edificator Edifikator *m*, aufbauende Art *f*
education Erziehung *f*
educe 1. herausholen, entwickeln; 2. ausziehen, extrahieren
eel Aal *m (Anguilla)*; *pl* (Echte) Aale *mpl (Anguillidae)*
American ~ Amerikanischer Aal *m (Anguilla rostrata)*
barbel ~s Korallenwelse *mpl (Plotosidae)*
common ~ Europäischer Flußaal *m (Anguilla anguilla)*
conger ~ 1. Meeraal *m (Conger)*; *pl* Meeraale *mpl (Congridae)*; 2. *pl* Hechtmuränen *fpl (Muraenesocidae)*; 3. Aalmolch *m (Amphiuma)*

Congo ~ → conger eel 3.
cusk ~**s** Röcklinge *mpl (Ophidiidae)*
electric ~ Zitteraal *m (Electrophorus electricus);* Zitteraale *mpl (Electrophoridae)*
false conger ~**s** → conger eel 2.
freshwater ~**s** (Echte) Aale *mpl (Anguillidae)*
Japanese ~ Japanischer Aal *m (Anguilla japonica)*
moray ~**s** Muränen *fpl (Muraenidae)*
mud ~**s** Armmolche *mpl (Sirenidae)*
paste ~**s** Älchen *npl (Anguillulidae)*
rock ~ Gewöhnlicher Butterfisch *m (Pholis gunnolus)*
sand ~ Sandaal *m*, Sandspierling *m (Ammodytes)*
sharp-toothed ~ Hechtmuräne *f (Muraenesox cinereus)*
slime ~**s** Inger *mpl (Myxini)*
snubnosed parasitic ~**s** Stumpfnasenaale *mpl (Simenchelydae)*
stone ~ Neunauge *n (Lampetra)*
true ~**s** → freshwater eels
vinegar ~ Essigälchen *n (Anguilla aceti)*
wead ~ → common eel
worm ~**s** Meerschlangen *fpl (Echelidae)*

eelfare Stromaufwärtswanderung *f* der jungen Aale
eelgrass 1. Echtes Seegras *n (Zostera marina)*; 2. Schraubenstengel *m*, Wasserschraube *f (Vallisneria spiralis)*
eelpout 1. Aalmutter *f (Zoaces viviparus);* Aalmuttern *fpl (Zoarcidae)*; 2. Wolfsfisch *m (Lycodes)*
eelshark Kragenhai *m*, Aalförmiger Krausenhai *m (Chlamydoselachus anguineus)*
eelsucker (Große) Lamprete *f*, Seelamprete *f (Petromyzon)*
eelworm Älchen *n*, Zystenälchen *n (Heterodera)*
beet ~ Rüben(zysten)älchen *n (Heterodera schachtii)*
cabbage-root ~ Kohlzystenälchen *n (Heterodera crusiferae)*
carrot-root ~ Möhrenzystenälchen *n*, Möhrennematode *f (Heterodera carotae)*
hop-root ~ Höpfen(zysten)älchen *n (Heterodera humuli)*
oat-root ~ Hafer(zysten)älchen *n*, Hafernematode *f (Heterodera avenae)*
pea-root ~ Erbsen(zysten)älchen *n (Heterodera goettingiana)*
potato-root ~ Kartoffel(zysten)älchen *n (Heterodera rostochiensis)*

effect 1. Effekt *m*, Wirkung *f*; 2. Ergebnis *n*, Einwirkung *f*, Einfluß *m*; 3. bewirken, erwirken, verursachen
~ **of groups** Gruppenwirkung *f*, Gruppeneffekt *m*
booster ~ anamnestische Reaktion *f*, sekundäre Immunantwort *f*
residual ~ Nachwirkung *f*

efferent efferent, herausführend; zentrifugal
effervescence Aufbrausen *n*, Moussieren *n*, Schäumen *n*
effete erschöpft, entkräftet, kraftlos
efficiency 1. Effizienz *f*, Effektivität *f*, Wirksamkeit *f*; 2. Wirkungsfaktor *m*, Wirkungsgrad *m*
cardiac ~ Herzleistung *f*
cytotoxic ~ zytotoxischer Index *m*
plating ~ Aussaatseffektivität *f*

efficient wirksam, effizient
effloration Blütenöffnungsfolge *f*
efflorescence 1. Aufblühen *n*; 2. Blütezeit *f*
effluent 1. ausfließend; 2. Ausfluß *m*; Abfluß *m*, ablaufendes Medium *n*; 3. Abwasser *n*
effort Leistung *f*, Anstrengung *f*
reproductive ~ Fortpflanzungsleistung *f*, reproduktiver Einsatz *m*

effuse (weit)ausgebreitet; flatterig
effusion Effusion *f*; Erguß *m*; Ausströmung *f*
egest ausscheiden
egesta Egesta *pl*, Ausscheidungen *fpl*, Körperausscheidungen *fpl*
egestion Ausscheidung *f*, Exkretierung *f*
egg Ei *n*
to cover [to sit on] ~**s** Eier *npl* ausbrüten
addle ~ Windei *n*, leeres Ei *n*, Taubei *n*
drifting ~**s** Planktoneier *npl*
eyed ~ befruchtetes Fischei *n*
false ~ parthenogenetisches Ei *n*
mosaic ~ Mosaikei *f*
plastic [regulative] ~ Regulationsei *n*
silkworm ~**s** Seidenspinnereier *npl*
subitan ~ Sommerei *n*, Subitanei *n*

eggar Wollraupenspinner *m*; *pl* Wollraupenspinner *mpl*, Glucken *fpl (Lasiocampidae)*
grass ~ Kleespinner *m*, Trockenrasen-Großspinner *m (Lasiocampa trifolii)*
oak ~ Buschheiden-Großspinner *m*, Großer Eichenspinner *m (Lasiocampa quercus)*
small ~ Buschhalden-Wollspinner *m (Eriogaster lanestris)*

egg-eater Afrikanische Eierschlange *f (Dasypeltis)*
eggfruit → eggplant
egg-laying eierlegend
eggplant Aubergine *f*, Eierfrucht *f (Solanum melongena)*
egg-shaped eiförmig, eiartig
inversely ~ obovoid, verkehrt-eiförmig

eggshell Eierschale *f*, Eischale *f*
eglandular drüsenlos
eglantine Schottische Zaunrose *f*, Mariendorn *m*, Weinrose *f (Rosa eglanteria)*
eglefin Schellfisch *m (Melanogrammus aeglefinus)*
egret 1. Reiher *m (Egretta)*; 2. *(Bot.)* Federkrönchen *n*
American ~ → common egret
cattle ~ Kuhreiher *m (Ardeola ibis)*
Chinese ~ China-Seidenreiher *m (Egretta eulophotes)*
common ~ Silberreiher *m (Casmerodius alba)*
intermediate ~ → lesser egret
large ~ → common egret
lesser ~ Edelreiher *m (Mesophoyx intermedia)*
little ~ Seidenreiher *m (Egretta garzetta)*
reddish ~ Rotreiher *m (Hydranassa rufescens)*
snowy ~ Schmuckreiher *m (Egretta thula)*
Swinhoe's ~ → Chinese egret

white ~ → common egret
egriot Sauerkirschbaum *m (Prunus cerasus)*
eider Eiderente *f*, Eidergans *f (Somateria)*
common ~ Eiderente *f (Somateria mollissima)*
king ~ Prachteiderente *f (Somateria spectabilis)*
spectacled ~ Plüschkopfente *f (Somateria fischeri)*
Steller's ~ Scheckente *f (Polysticta stelleri)*
eiloid schraubenförmig
einkorn Einkorn *n (Tritium monococcum)*
elaeagnus Ölweide *f (Elaeagnus)*
elaeodochon Bürzeldrüse *f*
eland Elenantilope *f (Tragelaphus oryx)*
elaphoglossum Zungenfarn *m (Elaphoglossum)*
elatere 1. *(Bot.)* Elatere *n*; 2. Schnellkäfer *m*; *pl* Schnellkäfer *mpl (Elateridae)*
elbow Ellenbogen *m*
elder Holunder *m (Sambucus)*
American ~ Kanadischer Holunder *m (Sambucus canadensis)*
bishop's ~ Zaungiersch *m*, Giersch *m (Aegopodium-podagraria)*
box ~ Eschenahorn *m (Acer negundo)*
European ~ Schwarzer Holunder *m (Sambucus nigra)*
marsh ~ Schneeball(strauch) *m (Viburnum opulus)*
poison ~ Firnissumach *m*, Leckbaum *m (Rhus vernicifera)*
red [scarlet] ~ Roter Holunder *m*, Traubenholunder *m (Sambucus racemosa)*
sweet ~ → American elder
eldin Gewöhnliche Pestwurz *f (Petasites hybridus)*
elecampane Echter [Großer] Alant *m (Inula helenium)*
electrine bernsteinfarben
elephant 1. Elefant *m*; *pl* Elefanten *mpl (Elephantidae)*; 2. Schwärmer *m*; *pl* Schwärmer *mpl (Sphingidae)*; 3. Mittlerer Weinschwärmer *m (Pergesa elpenor)*
African ~ Afrikanischer Elefant *m (Loxodonta africana)*
Asiatic ~ Asiatischer Elephant *m (Elephas maximus*
California(n) sea ~ Nördlicher Seeelefant *m (Mirounga angustirostris)*
Ceylon ~ Ceylon-Elephant *m(Elephas maximus maximus)*
Indian ~ Indischer Elefant *m (Elephas bengalensis)*
Malaya ~ Malaya-Elephant *m (Elephas maximus hiasutus)*
Northern ~ → California(n) sea elephant
sea ~ Seeelefant *m (Mirounga)*
slotted ~ Labkrautschwärmer *m (Celerio galii)*
small ~ Kleiner Weinschwärmer *m (Pergesia porcellus)*
southern sea ~ Südlicher Seeelefant *m (Mirounga leonina)*
elephantidentate elfenbeinartig
elephantinous elfenbeinartig
elephantopous elephantenfüßig
elephant's-ear Schiefblatt *n (Begonia)*
elephant's-foot Schildkrötenpflanze *f*, Elefantenfuß *m (Testudinaria)*
elettaria Kardamompflanze *f (Elettaria)*
eleutherodactyl freizehig
eleutheropetalous Kronblätter nicht verwachsen
eleutherophyllous mit freien Blättern
eleutherosepalous Kelchblätter frei
elevated erhöht; oberirdisch
elevation Erhebung *f*, Erhöhung *f*
elevator Hebemuskel *m*
elf Blaubarsch *m*, Blaufisch *m (Pomatomus saltatrix)*
elfwort Großer Heinrich *m*, Helenenkraut *n (Inula helenium)*
elicitation Auslösung *f (z.B. einer Reaktion)*
eligulate *(Bot.)* ohne Blatthäubchen n, ohne Ligula *f*
eliminate eliminieren, auslöschen, ausmerzen
elk Europäischer Elch *m (Alces alces)*
American ~ Edelhirsch *m*, Rothirsch *m (Cervus elaphus)*
elleck Knurrhahn *m*, Seekuckuck *m (Aspitrigla cuculus)*
eller Erle *f (Alnus)*; Gemeine Erle *f (Alnus glutinosa)*
ellwhop [ellwife] Maifisch *m (Alosa pseudoharengus)*
elm Ulme *f*, Rüster *m (Ulmus)*
Canadian rock ~ Felsenulme *f (Ulmus thomasi)*
cedar ~ → field elm
Chinese ~ Chinesische Ulme *f (Ulmus parvifolia)*
crows foot ~ Schwarzesche *f (Fraxinus nigra)*
dwarf ~ → Siberian elm
English ~ → cedar elm
false ~ Westlicher Zürgelbaum *m (Celtis occidentalis)*
field ~ Feldulme *f*, Feldrüster *m (Ulmus minor)*
Manchurian ~ Japanische Ulme *f*, Japanische Bergulme *f (Ulmus laciniata)*
moose ~ → slippery elm
mountain ~ Bergulme *f*, Bergrüster *m (Ulmus scabra)*
rock ~ Feldulme *f*, Feldrüster *m (Ulmus minor)*
Scotch ~ → mountain elm
Siberian ~ Zwergulme *f (Ulmus pumila)*
slippery ~ Rotulme *f (Ulmus fulva)*
smooth-leaved ~ → field elm
soft ~ → American elm
spreading ~ → Canadian rock elm
water ~ → American elm
white ~ → American elm
witch ~ → mountain elm
elode sumpfbewohnend
elodea Wasserpest *f (Elodea)*
elsholtzia Kam-Minze *f (Elsholtzia)*
elutriation Abschlämmen *n*, Ausschlämmen *n*, Schlämmen *n*, Abschwemmen *n*
eluviation Auswaschung *f*
elver junger Aal *m*
elymus Haargerste *f (Hordelymus)*
elyna Nacktried *n (Elyna)*
elythropappus Ahne *f (Elythropapus)*
elytriform elytriform, deckflügelförmig
elythriphyllous deckblättrig; hüllblättrig
elytron [elytrum] *(Ent.)* Elytren *n*, Deckflügel *m*

emaciation Erschöpfung *f*, Auszehrung *f*, Abmagerung *f*
emanate hervorquellen
emarginate ausgerandet
emasculate entmannen, kastrieren
emasculation Emaskulation *f*, Kastrierung *f*
embankment künstliche Böschung *f*
embed 1. (ein)betten; 2. eingraben
embedding Einbettung *f*
embracing umfassend
  half-stem ~ halbstengelumfassend
embryo Embryo *m*, Leibesfrucht *f*; Keim *m*, Keimling *m*
embryophytes Embryophyten *mpl*
emerald-green smaragdgrün
emerge 1. auftauchen, an die Wasseroberfläche kommen; 2. ausschlüpfen
emergence 1. Auftauchen *n*; 2. Auftreten *n*, Entstehen *n*; 3. Ausschlüpfen *n*; 4. *(Bot.)* Emergenz *f*
emersed emers, aus der Wasseroberfläche herausragend *(Wasserpflanzen)*; hervorspringend
emiction Harnen *n*
emigration 1. Emigration *f*, Auswanderung *f*; 2. Diapedese *f*, Gefäßwanddurchtritt *m* der Blutzellen
eminence Erhöhung *f*, Vorsprung *m*, Vorwölbung *f*
  genital ~ Genitalhöcker *m*, Geschlechtshöcker *m*
emit 1. ausstrahlen, ausstoßen, emittieren; 2. ausscheiden; 3. *(einen Schrei)* ausstoßen
emmer Zweikorn *n*, Emmer *m (Triticum dicoccum)*
emophyte Emophyt *m*, untergetauchte Pflanze *f*
emotionality Emotionalität *f*, emotionale Verhaltensweise
empennate gefiedert
emperor:
  lesser purple ~ Kleiner Schillerfalter *m (Apatura ilia)*
  purple ~ Großer Schillerfalter *m (Apatura iris)*
  red ~ Kaiserschnapper *m (Lutjanus sebae)*
  spangled ~ Straßenkehrer *m (Lethrinus nebulosus)*
  sweet-lip ~ Rotmaul-Kaiserfisch *m (Lethrinus chrysostomus)*
empetrum Krähenbeere *f (Empetrum)*
empty 1. leer; 2. nicht trächtig; 3. taub *(Samen)*
empty-gutted mit leerem Darm
emu Emu *m (Dromiceius)*; Emu *m*, Tasmanien-Emu *m (Dromiceius novaehollandiae)*
emulsification Emulgation *f*, Emulgieren *n*
emulsifier Emulgator *m*, Emulgierungsmittel *n*
emulsive emulsionsbildend
emunctory 1. Exkretionsorgan *n*; 2. exkretorisch, ausscheidend
enamel Zahnschmelz *m*
enarthrosis Enarthrose *f*
enation *(Bot.)* Enation *f*, seitlicher Auswuchs *m*
enaulium Dünenbiozönose *f*
enaulophil 1. Dünen liebend ; 2. Dünenbewohner *m*
encapsulation Einkapselung *f*, Abkapselung *f*
encephalic Gehirn..., Hirn..., zerebral
enchanter's-plant Echtes Eisenkraut *n (Verbena* officinalis)
enchondral enchondral *(im Knorpel liegend)*
encounter *(Ethol.)* 1. Zusammenstoß *m*; 2. zusammenstoßen
encroachment 1. Eingriff *m*, Übergriff *m*; 2. Übergreifen *n*, Vordringen *n*
  ~ of swamps Versumpfung *f*
encrustation Überkrustung *f*, Krustenbildung *f*
encystation Enzystierung *f*; Einkapselung *f*
end Ende *n*
  blunt ~s "stumpfe" Enden *npl (DNS)*
  cell ~ Zellende *f*
  cohesive ~s "kohäsive" ["klebrige"] Enden *(DNS)*
  overhang ~s → blunt ends
  sticky ~s → cohesive ends
endarterial endarteriell, Gefäßinnenhaut...
endaural Innenohr...
endemial endemisch, einheimisch
endemic 1. Endemit *m*; 2. endemisch, einheimisch
endemicity [endemism] Endemismus *m*
endergonic endergonisch; energieverbrauchend
endermal intrakutan
ending Endigung *f*
  adrenergic nerve ~ adrenergische Nervenendigung *f*
  cholinergic nerve ~ cholinergische Nervenendigung *f*
  nerve ~ Nervenendigung *f*
  plate (nerve) ~ Endknöpfchen *n*, Nervenendplatte *f*
  sensory ~ Sinnesnervenendigung *f*
endive Endivie *f (Cichorium endivia)*
endoabdominal intraabdominal, Bauchhöhlen...
endobiophyte Endobiophyt *m*, endoparasitische Pflanze *f*
endobiose Endobiose *f*, Endoparasitozönose *f*
endoblast Endoblast *m*, Hypoblast *m*
endocardium Endokard *n*
endocarp Endokarp *n*
endocelullar intrazellulär
endocoel Endozöl *n*
endocranial intrakranial
endocranium Endokranium *n*, Schädelperiostauskleidung *f*
endocrine endokrin
endocrinology Endokrinologie *f*, Hormonlehre *f*
endocuticle [endocuticula] Endokutikula *f*
endocytosis Endozytose *f*
endoderm Entoderm *n*, inneres Keimblatt *n*
endodermal 1. entodermal, Entoderm...; 2. intradermal, in der Haut liegend
endodermis *(Bot.)* Endodermis *f*
endoenzyme Endoenzym *n*
endogamy Endogamie *f*, Kastenheirat f; Inzucht *f*
endogastric endogastrisch, im Magen liegend
endogenic [endogenous] endogen, von innen stammend
endolamella Endoexine *f*, innere Exine *f*
endolaryngeal intralaryngeal, im Kehlkopf [Larynx] liegend
endolithic endolithisch, im Stein lebend
endolymph Endolymphe *f*, Innenlymphe *f*, *(Flüssigkeit f des Innenohres)*
endomere Endomere *f*, Hypoblastenzelle *f*

endometrium Endometrium *n*, Gebärmutterschleimhaut *f*
endomitosis Endomitose *f*
endomixis Endomixis *f*
endomysium Endomysium *n*, Muskelbindegewebe *n*
endoneural endoneural, intraneural
endoneurium Endoneurium *n*, Endoneuralscheide *f*
endonome auf inneren Ursachen beruhend
endoparasite Endoparasit *m*, Entoparasit *m*, Innenschmarotzer *m*
endopelon Endopelos *n (Lebensbezirk der im Schlamm lebenden Organismen)*
endophyte Endophyt *m*, Entophyt *m*
endophytic 1. endophytisch, in Pflanzen lebend; 2. [nach] innen wachsend
endoplasm Endoplasma *n*, Innenplasma *n*, Plasmainnenschicht *f*
endoplasmic endoplasmatisch, Endoplasma...
endopleura Endopleura *f*, innere Samenhaut *f*
endopodite Endopodit *m (Extremität bei Crustaceen)*
endopolyploidy Endopolyploidie *f*
endopterygota Holometabolen *npl (Insekten mit vollkommener Verwandlung)*
endoreduplication Endoreplikation *f*
endorrhizous mit endogen *(aus dem Pericambrium)* entstandenen Seitenwurzeln
endosaprophytism Endosaprophytismus *m*
endosexine Endosexine *f*
endoskeleton Endoskelett *n*, Innenskelett *n*
endosome Endosoma *f*, Karyosoma *f*
endosperm Endosperm *n*, Nährgewebe *n* der Samen
endospore Endospore *f*
endospore-forming endosporenbildend
endosteal endosteal; Knocheninnenhaut...
endosteum Endosteum *n*, Knocheninnenhaut *f*
endostom Endostom *n (Teil der Samenanlage einiger Dikotylen)*
endostyle Endostyl *n*, Hypobranchialrinne *f*
endotesta Endotesta *f*, inneres Integument *n*
endothecium Endothezium *n (innere Wand des Pollensackes)*
endotheliocyte Endothelzelle *f*, Endotheliozyt *m*
endothelium Endothel(ium) *n*, Gefäßinnenhaut *f*
endothermic endotherm
endotoxin Enterotoxin *n*, Endotoxin *n*
endotracheal intratracheal, innerhalb der Luftröhre liegend
endovenous intravenös
endrina Indri *m (Indri indri)*
endurance 1. Ausdauer *f*, Widerstandsfähigkeit *f*; 2. Resistenz *f*; 3. Dauerhaftigkeit *f*
enervious ungeadert
enervose blattadernlos, blattnervenlos
eng Zweiflügelnußbaum *m (Dipterocarpus)*
engineering:
biotic ~ Ingenieurbiologie *f*
engorgement 1. Hyperämie *f*, Blutfülle *f*; 2. Schwellung *f*
engrafting Veredeln *n*, Pfropfen *n*
engraver 1. Splintkäfer *m (Scolytus)*; 2. Borkenkäfer *m (Yps)*
pine ~ Borkenkäfer *m (Yps)*
enkephalin(e) Enkephalin *n*
leucine ~ Leuzinenkephalin *n*, Leu-Enkephalin *n*
methionine ~ Metioninenkephalin *n*, Metenkephalin *n*
enlargement 1. Vergrößerung *f*; 2. Entwicklung *f*; Wachstum *n*; 3. Ausdehnung *f*
enology Weinbaukunde *f*, Önologie *f*
enrich bereichern, anreichern; den Nährwert erhöhen
enrichment Bereicherung *f*; Anreicherung *f*
ensifoliate mit lanzettlichen Blättern
ensiform schwertförmig
ensisternum Schwertfortsatz *m (des Brustbeins)*
entad einwärts, zentralwärts
entangled verwebt, verflochten
entanglement Geschlecht *n*
enteral [enteric] enterisch, intestinal, Darm...
enterocoel Enterozöl *n*, Gastralhöhle *f*
enterogenous enterogen, vom Darm ausgehend; im Darm entstanden
enteron Enteron *n*, Darm *m*
enterorenal Darm-Nieren...
enterotoxin Enterotoxin *n*, Endotoxin *n*
enterotrop den Darm bevorzugend
enterozoon Enterozoon *n*, Darmparasit *m*
enthetic von außen übertragen; implantiert
entoblast Entoblast *m*, Embryonalentoderm *n*, inneres Keimblatt *n*
entocondyle innerer Gelenkfortsatz *m*
entomocecidia Entomozezidien *fpl*
entomochory Entomochorie *f*, Ausbreitung *f* durch Insekten
entomofauna Entomofauna *f*, Insektenfauna *f*
entomogamy Entomogamie *f*, Entomophilie *f*, Insektenblütigkeit *f*
entomology Entomologie *f*, Insektenlehre *f*
entomophagous insektenfressend
entomophilous entomophil, insektenblütig
entomophyllous schlitzblättrig
entoparasite Innenschmarotzer *m*
entotic entotisch, im Ohr liegend
entozoan [entozoon] Entozoon *n*, Innenschmarotzer *m*, Binnenschmarotzer *m*
entrails Eingeweide *pl*
entrainment Anpassung *f*
enucleation Entkernung *f (von Zellen)*
enurination *(Ethol.)* Harnspritzen *n*
envelope Hülle *f*
cell ~ Zellhülle *f*
flower ~ Blütenhülle *f*
nuclear ~ Zellkernmembran *f*
envelopment Umhüllung *f*
envenom vergiften; das Gift einspritzen *(bei Schlangenbiß)*
environment Umwelt *f*; Umgebung *f*; Milieu *n*
ambient ~ Außenmilieu *n*, Umwelt *f*

enwrapping umwindend
enzyme Enzym *n*, Ferment *n*
 bottleneck ~ Flaschenhalsenzym *n*, begrenzendes Enzym *n*
 branchpoint ~ verzweigend wirkendes Enzym *n*, Q-Enzym *n*
 cleaving ~ aufspaltendes [abbauendes] Enzym *n*
 clotting ~ Gerinnungsenzym *n*
 constitutive ~ konstitutives Enzym *n*
 digestive ~ Verdauungsenzym *n*
 DNA untwisting [DNA-unwinding] ~ DNA-Entwindungsenzym *n*
 malic ~ Malatdehydrogenase *f*
 old yellow ~ Flavinenzym *n*, Flavinferment *n*, gelbes Enzym *n*
 starch-converting ~ amylolytisches Enzym *n*
eolophilous eolophil, durch den Wind verbreitet
eosinophil eosinophiler Leukozyt *m*
eosinophilic [eosinophilous] eosinophil
epalpate palpenlos
epanthous blütenbewohnend, blumenbewohnend
epapillate papillenlos
ependyma Ependym *n (Gliazellschicht des Rückenmarkkanals und der Hirnventrikeln)*
eperlans Stinte *mpl (Osmeridae)*
ephapse Ephapse *f*, Scheinsynapse *f*
ephedra Meerträubchen *n (Ephedra)*
ephemer Ephemere *f*, kurzlebige Pflanze *f*
ephippium 1. Türkensattel *n*; 2. Ephippium *n*, Ephippie *f*
ephyra Ephyra *f (Larvenform der Lappenquallen)*
epibenthos Epibenthos *m*
epibiont Epibiont *m*
epibioses Bewuchs *m*
epiblast Epiblast *m*, Ektoderm *n*, äußeres Keimblatt *n*
epiblema Epiblem *n*, Rhizodermis *f*
epiboly Epibolie *f*, Umwachsung *f (Gastrulationstyp)*
epicalyx Epikalyx *m*, Aussenkelch *m*
epicardium Epikard *m*, Herzaußenhaut *f*, viszerales Perikardblatt *n*
epicarp Epikarp *n*, Exokarp *n*
epicole Epibiont *m*
epicondyle Epicondylus *m*, Gelenkhöcker *m*
epicormic *(Bot.)* aus einer Ruheknospe hervorgegangen
epicotyl Epikotyl *n*
epicuticle [epicuticula] Epikutikula *f*
epidemiology Epidemiologie *f*, Seuchenlehre *f*
epidemy Epidemie *f*, Seuche *f*
epidermal epidermal, Epidermis..., Oberhaut...
epidermis Epidermis *f*, Oberhaut *f*
epididymis Nebenhoden *m*, Epididymis *f*
epidural epidural, auf der harten Hirnhaut befindlich
epiflora Epiflora *f*, Epiphytenflora *f*
epigastrium Epigastrium *n*, Oberbauch *m*, Magengrube *f*
epigeal epigäisch, epiedaphisch, überirdisch
epigenesis Epigenese *f*, Epigenesistheorie *f*, Postformationstheorie *f*
epigenetics Entwicklungsdynamik *f*
epiglottis Kehldeckel *m*
epigynous epigyn
epi-illumination Auflicht *n*
epilia Epiphytengesellschaft *f*
epilimnion Epilimnium *n*, Oberflächenschicht *f* eines Gewässers
epilithophite Epilith(ophyt) *m*
epimastigote epimastigote Form *f (der Trypanosomen)*
epimorphosis Epimorphose *f*
epimysium Epimysium *n*, Muskelscheide *f*
epinasty Epinastie *f*
epinephros Nebenniere *f*
epineurium Nervenscheide *f*
epiniche Epinische *f (Mikronische eines Ektoparasiten)*
epiontology Epiontologie *f*, Genogeographie *f*
epipactis Stendelwurz *m*, Sumpfwurz *f (Epipactis)*
epiparasite 1. Ektoparasit *m*, Außenparasit *m*; 2. Hyperparasit *m*
epiparasitism 1. Ektoparasitismus *m*, Außenschmarotzertum *n*; 2. Hyperparasitismus *m*
epipetalous epipetal, über der Corolla inserierend
epipharynx Epypharynx *m*, Nasenrachenraum *m*
epiphloem Epiphloem *n*
epiphragm Epiphragma *n (Verschlussdeckel bei Schnekken)*
epiphyseal epiphysär, Epiphysen...
epiphysis 1. Epiphyse *f*, Zirbeldrüse *f*; 2. Röhrenknochenende *n*
epiphyte Epiphyt *m*, Luftpflanze *f*, Aufsitzerpflanze *f*
epiphytic epiphytisch, auf den Pflanzen wachsend
epiphyton Epiphyton *n*, Epiphytengemeinschaft *f*
epiplankton Epiplankton *n*, Oberflächenplankton *n*
epiplasm Epiplasma *n*, Perispor *n*
epiploon Omentum *n*, Netz *n*
epiproct *(Ent.)* Epiprokt *m*, Afterklappe *f*
epiprotein Epiprotein *n*, Regulationsprotein *n*
epipsammion Lebensbezirk *m* der auf Sandboden lebenden Organismen
epipterygoid Epipterygoid *n*, Columella *f*
epipubis Epipubis *f*, Marsupialknochen *m*
epirhyse Epirhyse *f*, Prosochetum *n*
epirhizous über den Wurzeln inserierend
episematic episematisch, Erkennungs...
episeme 1. episematisches Merkmal *n*; 2. episematische Färbung *f*
episepalous episepal
episity Episitismus *m*, räuberische Lebensweise *f*
epispore 1. Episporium *n*; 2. Exospore *f*
epistasis [epistasy] Epistasis *f*, Epistasie *f*, Genunterdrükkung *f*
epistropheus Axis *f (zweiter Halswirbel)*
epithelium Epithel *n*, Epithelgewebe *n*
 germ(inal) ~ Keimepithel *n*, Germinalepithel *n*
 glandular ~ Drüsenepithel *n*, sezernierendes Epithel *n*
 laminated ~ mehrschichtiges Epithel *n*
 pseudostratified ~ mehrreihiges [mehrstufiges] Epithel *n*

scaly ~ Schuppenepithel *n*
simple ~ einschichtiges Epithel *n*
squamous ~ Schuppenepithel *n*
yolk ~ Dotterepithel *n*
epitropic epitrop
epizoan 1. Epibiont *m (Tier)*; 2. Ektoparasit *m*, Außenparasit *m (Tier)*
epizoophyte Epizoophyt *n (Pflanze - Epibiont des Tieres)*
epizooty Epizootie *f*, Seuche in einer Tierpopulation *f*
epoecism Epökie *f*, Aufsiedlung *f*, [nichtparasitäres] Aufsiedlertum *n*
eponychium Eponichium *n*, Nageloberhäutchen *n*
epoophoron Nebeneierstock *m*
eprofundal oberer Teil *m* des Profundals
equicellular isozellulär
equidistant äquidistant, in gleichem Abstand, gleich weit entfernt
equine 1. Pferd *n*; 2. Pferde...
equinoctiality [equinox] Tagundnachtgleiche *f*
equitability *(Ökol.)* Evenness *f*, Gleichmäßigkeit *f*
equitant *(Bot.)* umfassend
eradicate 1. entwurzeln, mit den Wurzeln ausreißen; roden; jäten (Unkraut); 2. ausrotten, vernichten
erectile 1. aufrichtbar, eregierbar; 2. aufgerichtet
eremacausis Humifizierung *f*; Humuserzeugung *f*
eremic Wüsten...
eremial eremial, durch Trockenheit bestimmt
eremium Wüstengesellschaft *f*
eremobic einsiedlerisch
eremocarpous einzelfrüchtig
eremophilous eremophil, wüstenliebend
eremophyte Eremophyt *n*, Wüstengewächs *n*, Wüstenpflanze *f*
eremurus Kleopatranadel *m*, Lilienschweif *m (Eremurus)*
eremus Wüstengesellschaft *f*, Wüstenbiozönose *f*
erg Erg *m*, Areg *m (Sandwüste im Nordafrika)*
ergataner ergatoides Ameisenmännchen *n*
ergate Ameisenarbeiterin *f*
ergatogyne ergatoides Ameisenweibchen *n*
ergatoid ergatoid, ameisenarbeiterinähnlich
ergocalciferol Ergocalciferol *n*, Vitamin *n* D2
ergonomics Ergonomie *f*, Ergonomik *f*
ergot Mutterkorn *n (Erreger - Claviceps purpurea)*
ergotropic ergotropisch, leistungsfördernd, entwicklungsfördernd
eriacanthous wollstachelig
erianthous wollblütig, wollblumig
ericetum Erikaheide *f*
erigeron Berufkraut *n*, Beschreikraut *n (Erigeron)*
erinous [grob]stachelig
erioblastous wolligkeimend
eriocalyx wollkelchig
eriocarpous wollfrüchtig
eriocaulis wollstengelig
eriocephalous wollköpfig
eriocladous wollig behaarter Ast
eriocomous wollschöpfig
eriodictyol Eriodictyol *n* (Flavonoid)
eriolepis wollschuppig
eriophorous filzig
eriophyllous wollig behaarte Bläter
eriopterous wollig behaarte Flügel
eriospermous wollige Samen
eriostachyous wollige Ähren
eriostemonous wollige Staubfäden
eritrichium Himmelsherold *m (Eritrichium)*
ermine Hermelin *n (Mustela erminea)*
erne Seeadler *m (Haliaeetus albicilla)*
erodium Reiherschnabel *m (Erodium)*
erogenic geschlechtslusterregend
erose *(Bot.)* ausgenagt, unregelmäßig gezackt
errantia Wanderer *mpl*; bewegliche Organismen *mpl*
erratic beweglich, wandernd
eruciform erukoid, raupenartig, raupenförmig
eryngo Mannstreu *f*, Edeldistel *f (Eryngium)*
erythroblastic erythroblastisch, erythropoetisch, erythrozytenbildend
erythrocarpous rotfrüchtig
erythrocyte Erythrozyt *m*, rotes Blutkörperchen *n*
erythrolysis Hämolyse *f*
erythron Erythron *n*, erythrozytäre Reifungsreihe *f*
erythroneocytosis Erythrozytenvorstufenvermehrung *f* im Blut
erythrophagous erythrozytemfressend, erythrozytenphagozytierend
erythrophyll rotes Pflanzenblatt *n*
erythropoiesis Erythropoese *f*, Erythrozytenbildung *f*
erythropoietic erythropoetisch, erythroblastisch, erythrozytenbildend
erythropoietin Erythropoetin *n*, Erythropoese-stimulierender Faktor *m*, ESF
erythrorhexis Erythrorhexis *f*, Erythrozytenzerfall *m*
erythrosin Erythrosin *m*, Tetrajodfluoreszein *n*
esa Zürgelbaum *m (Celtis)*
escalop Jakobsmuschel *f*, Kammmuschel *f (Pecten jacobaeus)*
escape 1. entfliehen, entkommen; 2. Flucht *f*; 3. sich retten; 4. Rettung *f*; 5. ausfließen, ausströmen; 6. Ausströmen *n*; 7. verwildern *(Pflanzen)*; 8. verwilderte Gartenpflanze *f*, Kulturflüchtling *m*
escarpment Böschung *f*, steinerner Abhang *m*, Steilabbruch *m*
eschalot Schalotte *f (Allium ascalonicum)*
esculent eßbar, genießbar
eseptate scheidewandlos
eserine Eserin *n*, Physostigmin *n*
esophageal ösophageal, Ösophagus..., Speseröhren...
esophagus Speiseröhre *f*
espada Schwertfisch *m (Xiphias gladius)*
espalier Spalier *m*
esparcet Esparsette *f (Onobrychis)*
esparto Espartogras *n*, Alfa *m*, Halfa *n (Stipa tenacissima)*
espathate blütenscheidenlos

esquamate schuppenlos
essence 1. Essenz *f*, Wesentliche *n*; 2. elementarer Bestandteil *m*; 3. Essenz *f*, Auszug *m*, Extrakt *m*; 4. flüchtiger Stoff *m*; 5. Wohlgeruch *m*
essential essentiell, wesentlich, wesenhaft, selbständig, lebensnotwendig
establishment 1. Einrichtung *f*; 2. Bildung *f*, Etablierung *f*, Begründung *f*; 3. Herstellung *f*
esthacyte Sensorzelle *f*
esthesia Empfindung *f*; Gefühl *n*; Sensibilität *f*
esthesiometer Sensibilitätsprüfer *m*
estipulate nebenblattlos
estivate übersommern
estivation Ästivation *f*, Knospendeckung *f*, Sommerschlaf *m*
estragon Estragon *m*, Beifuß *m (Artemisia dracunculus)*
estriate ungestreift, nicht gestreift
estruation [estrus] Östrus *m*, Brunst *f*
estuary Ästuar *m*, Flussmündung *f*
etaerio Sammelfrucht *f*
ethmoid Siebbein *n*, Ethmoid *n*
ethmopalatine Siebbein-Gaumen...
ethogram Ethogramm *n*, Aktionskatalog *m*
ethology Ethologie *f*, Verhaltenslehre *f*
ethophysiology Verhaltensphysiologie *f*
etiolation Etiolierung *f*; Vergeilung *f*
etioplast Etioplast *m*, chlorophyllfreie Plastide *f*
euanemochore Diaspore *f*, die vom Wind verbreitet wird, Schwebefrucht *f*
eubolism normaler Metabolismus *m*, normaler Stoffwechsel *m*
eucalyptus Fieberbaum *m*, Eukalyptusbaum *m (Eucalyptus)*
  cider ~ Mostgummibaum *m (Eucalyptus gunni)*
  ribbon ~ Weißer Gummibaum *m (Eucalyptus viminalis)*
  Tasmanian blue ~ Eisenveilchenbaum *m*, Blauer Gummibaum *m (Eucalyptus globulosus)*
  willow-leaved ~ Pfefferminzbaum *m (Eucalyptus salicifolia)*
euchilic *(Bot.)* schönlippig
euchlaena Teosinte *f*, Rayanagras *n (Euchlaena)*
euclastous zerbrechlich
euclimax Euklimax *m*, klimatischer Klimax *m*
eudorine Augenkügelchen *n (Eudorina)*
euedaphon Euedaphon *n*
eugonic eugonisch, üppig wachsend *(über Bakterien)*
euhaline euhalin, in salzigen Binnenseen lebend
eulachon Kerzenfisch *m (Thaleichthys pacificus)*
eumorphic [eumorphous] eumorph, normal geformt, wohlgestaltet
euneurous schönnervig
euonymus Spindelbaum *m (Euonymus)*
eupagurus Einsiedler(krebs) *m*, Taschenkrebs *m (Eupagurus berhardus)*
eupelagic eupelagisch
eupeptic gut verdaulich, schnell verdaulich
euphorbia Wolfsmilch *f (Euphorbia)*
  caper ~ Kreuzblättrige Wolfsmilch *f (Euphorbia lathyris)*
  sun ~ Sonnenwolfsmilch *f (Euphorbia helioscopia)*
euphotic euphotisch, durchleuchtet, lichtreich
euphrasia Augentrost *m (Euphrasia)*
euplastic histogen, gewebebildend
eupnoea Eupnoe *f*, normale Atmung *f*
eurotia Hornmelde *f (Eurotia)*
euryacanthous breitstachelig
eurybathic eurybath, eurybathibiontisch
eurychilous mit breiten Lippen
eurychor Eurychor *m*, Eurychorgewächs *n*
eurycladous Zweige/Äste platt gedrückt/eben
eurygnathic eurygnath, breitkiefrig
euryoky Euryökie *f*
eurysiphonal breitröhrig
eurysynusic euryzönotisch
euryvalent eurypotent, euryvalent
eustachyous schönährig
eutherophyte Eutherophyt *n*, annuelle Pflanze *f*, Therophyt *f*
euthycomous glatthaarig
euthyroidism Euthyroidismus *m*, Schilddrüsennormalfunktion *f*
eutrophication Eutrophierung *f*
eutrophy Eutrophie *f*
evaginate ausstülpen
evagination Evagination *f*, Ausstülpung *f*
evalvate klappenlos
evanescent verschwindend
evan's-root Bachnelkenwurz *f (Geum rivale)*
evaporator Verdampfer *m*
  centrifugal forced-film ~ Zentrifugaldünnschichtverdampfer *m*
  continuous flow ~ Durchlaufverdampfer *m*
even-aged gleichaltrig
even-toed artiodaktyl, paarhufig
everbearing remontant, mehrfach fruchtend
everflowering immerblühend
evergreen 1. immergrün; 2. immergrüne Pflanze *f*
everlasting 1. Strohblume *f (Helichrysum)*; 2. Ruhrkraut *n (Gnaphalium)*; 3. Katzenpfötchen *n (Antennaria)*
  Alpine ~ Alpenkatzenpfötchen *n (Antennaria alpina)*
  pea ~ Platterbse *f (Lathyrus)*
  pearly ~ Papierblume *f (Anaphalis margaritacea)*
evertebrate wirbellos
evolute ausgerollt, entwickelt, ausgewickelt
evolve 1. sich entwickeln, sich entfalten; 2. ausströmen, verströmen; 3. entstehen
evolvement Entwicklung *f*; Entwicklungsgang *m*
ewe Mutterschaf *n*
exalate *(Bot.)*. ungeflügelt
exalbid weißlich
exalbuminous ohne Eiweiß
exaltate hochgewachsen, erhöht
exannulate unberingt

exareolate ungefeldert
exarid getrocknet
exaristate unbegrannt
exasperate 1. ärgern, wütend machen; 2. rauhborstig; rauhhaarig
exchange 1. Austausch *m*, Tausch *m*, Umsatz *m*; 2. austauschen, umtauschen
exciple Exzipulum *n*
excision 1. Exzision *f*; Ausschneidung *f*; 2. *(Mol.)* Exzision *f*; 3. *(Bot.)* Ausrandung *f*, Bucht *f*
excitability Erregbarkeit *f*, Reizbarkeit *f*; Irritabilität *f*
  reflex ~ reflektorische Erregbarkeit *f*
excitator Exzitator *m*, Erreger *m*, Reiz *m*
  conditioned ~ bedingter Reiz *m*
  differentiating ~ differenzierender Reiz *m*
excite 1. aufregen; erregen; reizen; 2. hervorrufen
excitement Aufregung *f*, Erregung *f*; Reizung *f*
exciter exzitatorischer Nerv *m*
excitometabolic metabolismusstimulierend
excitomotor(y) Bewegungsaktivität stimulierend
exclusion 1. Exklusion *f*, Ausschluß *m*, Ausschließung *f*; 2. *(Ent.)*. Ausschlüpfen *n*
exclusiveness Gesellschaftstreue *f*
excrescence Auswuchs *m*; Wucherung *f*
excurrent 1. *(Bot.)* auslaufend, durchlaufend; 2. ausführend
excystation Exzystation *f*, Zystenaustritt *m*
exembryonous *(Bot.)* keimlos
exendospermous endospermlos
exergonic exergon(isch)
exflagellation Mikrogametenbildung *f (bei Plasmodium)*
exfoliation Abschuppung *f*, Abschälung *f*, Laubabwurf *m*, Blattfall *m*
exhalant ausführend *(z.B. Sipho bei Muscheln)*
exhalation Ausatmung *f*; Ausdünstung *f*; Exhalierung *f*
exiguous winzig, klein
exindusiate *(Bot.)* ohne Indusium
exinvolucrate hüllenlos, ungehüllt
exoanthropic exoanthrop *(abseits vom Menschenlebend)*
exobiology Exobiologie *f*, Raumbiologie *f*
exocardial extrakardial, außerhalb des Herzens liegend
exocarp Exokarp *n (äußere Schicht der Fruchtwand)*
exochorda Blumenspiere *f (Exochorda)*
exocoelom Exozölom *n*, außerembryonale Höhle *f*
exoderm 1. *(Bot.)* Exodermis *f*, Rhizodermis *f*; 2. *(Zool.)* Ektoderm *n*
exogastrula Exogastrula *f (Gastrula mit ausgestülptem Urdarm)*
exogastrulation Exogastrulation *f*
exogenous exogen, außen entstanden, von außen eingeführt; außen wachsend, sich außen entwickelnd
exoperidium Exoperidie *f (äußere Hyphenschicht einer Peridie)*
exophilic exophil *(vorwiegend im Freien vorkommend)*
exoplasm Exoplasma *n*
exopodite Exopodit *n (Außenast des Spaltbeins bei Krebstieren)*
exopterygote Insekt *n* mit unvollkommender Verwandlung
exoskeleton Exoskelett *n*, Außenskelett *n*
exosomic exosomatisch *(außerhalb des Organismus)*
exospore Exospore *f*, Ektospore *f*, Außenspore *f*
exostosis Exostose *f*, Knochenauswuchs *m*
exotoxin Exotoxin *n*, Ektotoxin *n*
exotrophic exotroph, ektotroph
exotropism Exotropismus *m*, Ektotropismus *m*
expand 1. ausbreiten, ausspannen; 2. *(Bot.)* entfalten; ausblühen
explantation Gewebekultur *f*
exsect ausschneiden
exserted hervorstehend; herausgestreckt
exsiccant 1. Exsikkat *n*; 2. austrocknend
exsiccatae Herbarium *n*
exsiccation Exsikkation *f*, Austrocknung *f*, Trocknung *f*
exsiccative austrocknend
exstipulate nebenblattlos
extensor Extensor *m*, Streckmuskel *m*, Strecker *m*
exterior 1. Exterieur *n*; 2. äußer, Außen...; 3. von außen (ein)wirkend
extermination Ausrottung *f*, Vertilgung *f*
extesticulate kastrieren, emaskulieren
extinct ausgestorben
extinction 1. Extinktion *f*, Auslöschung *f*; 2. Aussterben *n*
extine Exosporium *n*
extirpate 1. ausrotten; vernichten; 2. entwurzeln, mit den Wurzeln ausreißen; 3. exstirpieren, ausschneiden, ausschälen
extirpation Ausrottung *f*
extorsion Erpressung *f*
extinguish 1. löschen, auslöschen; hemmen *(Reflex)*; 2. vernichten
extrafloral extrafloral, außerhalb der Blüte
extrafoliaceous außerblattständig
extraneous marginal; periphorisch
extranuclear extranuklear, außerhalb des Kerns
extrapollination zusätzliche Blütenbestäubung *f*
extremity 1. Extremität *f*, Gliedmaße *f*; 2. äußerstes Ende *n*, Endglied *n*
extremum Extremum *n*, Extremwert *m*
extrinsic 1. von außen wirkend; 2. außen liegend; außerhalb eines Organs liegend
extrorse auswärts gekehrt
extrusion Extrusion *f*, Ausstoßung *f*, Expulsion *f*
exuberance Exuberanz *f*, Überfluß *m*; Üppigkeit *f*
exuberant üppig, stark wuchernd
exudate Exsudat *n (abgesonderte Flüssigkeit)*
exudation Exsudation *f*, Exsudatabsonderung *f*, Flüssigkeitabsonderung *f*
eye 1. Auge *n*; 2. *(Bot.)* Auge *n*, Knospe *f*; 3. Augenfleck
  barrel ~s Kieferfische *mpl (Opisthognathidae)*
  compound ~ Komplexauge *n*, Facettenauge *n*
  day ~ Appositionsauge *n*
  inverse ~ inverses Auge *n*
  night ~ Superpositionsauge *n*

parietal ~ Parietalauge *n*, Pinealauge *n*, Scheitelauge *n*
sharp ~**s** Nabelschnecken *fpl (Naticidae)*
simple ~ Einzelauge *n*, Punktauge *n*
eyeball Augapfel *m*
eyeblink Augenblinzeln *n*
eyebright Augentrost *m (Euphrasia)*
eyebrow Augenbraue *f*, Braue *f*
eyebulb Augapfel *m*
eyecup Augenbecher *m*
eyeglass Okular *n*
eyeglobe Augapfel *m*
eyeground Augenhintergrund *m*, Augenfundus *m*
eyehole Augenhöhle *f*
eyelash Augenwimper *f*, Wimperhaar *n*
eyelens 1. Augenlinse *f* des Okulars; 2. Okular *n*
eyelet *(Bot.)* Auge *n*
eyelid Augenlid *n*
eyepiece Okular *n*
eyepit Augenhöhle *f*
eyeshot Sehfeld *n*
eyesight Sehen *n*, Gesichtssinn *m*
eyesocket Augenhöhle *f*
eyespot Augenfleck *m*, Stigma *n*
eyestalk Augenstiel *m*
eyetooth Augenzahn *m*, oberer Eckzahn *m*
eyrie Horst *m*

F

fabaceous 1. Bohnen...; 2. bohnenartig, bohnenförmig
fabes Gemeiner Stachelbeerstrauch *m (Grossularia reclinata)*
fabiform bohnenartig, bohnenförmig
face 1. Gesicht *n*, Angesicht *n*; 2. Gesichtsausdruck *m*; Miene *f*; 3. das Äußere, Gestalt *f*; 4. Oberfläche *f*, Außenfläche *f*; 5. Vorderseite *f*; 6. Vorderansicht *n*
bared-teeth ~ Fletchen *n* der Zähne
lip-smacking ~ schmatzende [schnalzende] Angesicht *n*
neutral [relaxed] ~ Neutralangesicht *n*, erschlaffendes Gesicht *n*
facet Facette *f*, Punktauge *n*, Einzelauge *n*; Facettenauge
facial fazial, Gesichts...
faciation Faziation *f*
facies Fazies *f*; Oberfläche *f*, Fläche *f*
faciliflorous leichtblütig
facilitation 1. Bahnung *f* der Nervenleitung, Nervenbahnung *f*, Erregungssummation *f*; 2. Facilitation *f*; Erleichterung *f*
biosocial ~ biosoziale Facilitation *f (wechselseitig anstechendes Verhalten)*
heterosynaptic ~ heterosynaptische Facilitation *f*
facing away *(Ethol.)* Wegsehen *n*
factor 1. Faktor *m*; Ursache *f*; mitwirkender Umstand *m*; bewirkende Kraft *f*; 2. Erbfaktor *m*, Gen *n*; 3. Koeffizient *m*
accessory ~ Nebenfaktor *m*, Hilfsfaktor *m*
age ~ Altersfaktor *m*
anaphylactogenic ~ Anaphylaktogen *n*, anaphylaktogenischer Faktor *m*
arresting ~ Hemmungsfaktor *m*
blood-coagulation ~**s** Blutgewinnungsfaktoren *mpl*
chemotactic ~ chemotaxischer Faktor *m*
clotting ~ Blutgerinnungsfaktoren *mpl*
coagulation ~**s** Blutgerinnungsfaktoren *mpl*
cobra venom ~ Kobragiftfaktor *m*
complementary ~ Komplementärfaktor *m*
confounding ~ verzerrender Faktor *m*
control ~ Regelungsfaktor *m*, Regler *m*; Kontrollfaktor *m*
correction ~ Korrekturfaktor *m*
coupling ~ Kopplungsfaktor *m*
cumulative ~ Kumulationsfaktor *m*, anhäufender Faktor *m*
cytocidal [cytopathic] ~ zellpathogener [zelltötender] Faktor *m*
decay-accelerating ~ Abbaufaktor *m*; Abbauförderer
density-dependent ~ dichtheitsabhängiger Faktor *m*
density-independent ~ dichtheitsunabhängiger Faktor *m*
determinal ~ determinierender [bestimmender] Faktor *m*; leitender Faktor *m*
differentiation-inducing ~ differenzierungsinduzierender Faktor *m*
differentiation-promoting ~ differenzierungsfördernder Kofaktor *m*
disease-producing ~ Krankheitserreger *m*
ecological ~ Ökofaktor *m*, Umweltfaktor *m*
edaphic ~ Bodenfaktor *m*, edaphischer Faktor *m*
effective ~ wirksamer Faktor *m*
environmental ~ Umweltfaktor *m*
expansion ~ *(Biom.)* Hochrechnungsfaktor *m*
extension ~ Verstärkerfaktor *m*
external ~ äußerlicher Faktor *m*, Außenfaktor *m*
feedback ~ Rückkopplungfaktor *m*
Fletchers ~ Prokallikrein *n*, Fletcherscher Faktor *m*
food ~ Nahrungsfaktor *m*, Ernährungsfaktor *m*
formative ~ formbildender Faktor *m*
fractionation ~ Fraktionierungsfaktor *m*, Trennungsfaktor *m*
growth ~ Wachstumsfaktor *m*
growth-promoting ~ Wachstumsstimulator *m*, Wachstumsförderer *m*
habitat ~ Standortsfaktor *m*
hereditary ~ Erbfaktor *m*, Gen *n*
hydric ~ Wasserfaktor *m*, Feuchtigkeitsfaktor *m*
I ~ → inducer factor
immunomodulating ~ Immunomodulator *m*

inducer ~ Faktor-Induktor *m*, induzierender Faktor *m*
inflation ~ *(Biom.)* Hochrechnungsfaktor *m*
inhibitive ~ Hemmfaktor *m*, Hemmer *m*
initiating ~ Initiationsfaktor *m*, Initiationssignal *n*
internal [intrinsic] ~ Inner(n)faktor *m*, innerlicher Faktor *m*
key ~ Schlüsselfaktor *m*
light ~ Lichtfaktor *m*; Belichtungsfaktor *m*
linked ~ gekoppeltes Gen *n*
lymphocyte-activating ~ lymphozyten-aktivierender Faktor *m*
macrophage-activating ~ makrophagenaktivierender Faktor *m*, Makrophagenaktivator *m*
macrophage-agglutinating ~ makrophagenagglutinierender Faktor *m*
major ~ Hauptfaktor *m*, leitender Faktor *m*
master ~ determinierender [bestimmender] Faktor *m*
multilineage [multipotential] growth ~ linienunspezifischer [polyvalenter] Wachstumsfaktor *m*
myelopoietic ~ Myelopoietin *n*
neutral ~ Neutralitätsfaktor *m*
oblique ~s *(Biom.)* nichtorthogonale Faktoren *mpl*, Schwiefwinklige Faktoren *mpl*
physiographic ~ physiographischer Faktor *m*; abiotischer Faktor *m*
plasma ~ Plasmafaktor *m*, plasmatischer Faktor *m*
platelet-derived growth ~ thrombozytärer Wachstumsfaktor *m*
primary ~ Primärfaktor *m*
principal ~ Hauptfaktor *m*
procomplementary ~ Prokomplementärfaktor *m*
raising ~ *(Biom.)* Hochrechnungsfaktor *m*
random ~ zufälliger Faktor *m*
reactive ~ Reaktivitätsfaktor *m*
recessive ~ Rezessivfaktor *m*
residual ~ Restfaktor *m*
release ~ Releasing-Faktor *m*
risk ~ Risikofaktor *m*
Rh [rhesus] ~ Rhesus-Faktor *m*
rosette-inhibiting ~ Rosetteninhibitor *m*
selective ~ Auswahlfaktor *m*
skin reactive ~ hautreaktiver Faktor *m*
soil ~ Bodenfaktor *m*, edaphischer Faktor *m*
suppressor ~ Supressorfaktor *m*
termination ~ Terminationsfaktor *m*
thermal ~ Temperaturfaktor *m*, thermischer Faktor *m*
transfer ~ Transfer-Faktor *m*
transforming ~ transformierender Faktor *m*
trophic ~ Ernährungsfaktor *m*, trophischer Faktor *m*
vital ~ Vitalfaktor *m*, lebenswichtiger Umstand *m*
water ~ Feuchtigkeitsfaktor *m*; Wasserfaktor *m*
weighting ~s *(Biom.)* Wägungsfaktoren *mpl*
factorial 1. faktoriell; 2. Gen...
facultative fakultativ, nicht unbedingt
fade 1. verwelken, verblühen; 2. verblassen, ausbleichen
faecal fäkal, Kot...
faeces Fäkalien *pl*, Kot *m*
failure 1. Fehlen *n*; 2. Versagen *n*, Störung *f*
faint 1. schwach, kraftlos; 2. schwach, matt; 3. ohnmächtig, bewußtlos
fairies-horse Jakobskraut *n (Senecio jacobaea)*
fairy-ring Hexenring *m*
falanouc Ameisenschleichkatze *f (Eupleres)*
faller ~ Großfalanuk *m (Eupleres major)*
lender ~ Kleinfalanuk *m (Eupleres goudoti)*
falcate [falciform] sichelförmig, sichelartig
falcon Falke *m*; Falke *m (Falco); pl* (Eigentliche) Falken *mpl (Falconidae)*
Arctic ~ Gerfalke *m (Falco rusticolus)*
barbary ~ Wüstenfalke *m*, Berberfalke *m (Falco pelegrinoides)*
bat ~ Fledermausfalke *m (Falco rufigularis)*
black ~ Australfalke *m*, Rußfalke *m (Falco subniger)*
brown ~ Habichtfalke *m (Ieracidea berigora)*
carrion ~ 1. Wespenfalke *m (Daptirus)*; 2. Karakara *f (Polyborus)*
chanting ~ Singhabicht *m (Melierax musicus)*
cuckoo ~ Kuckucksweihe *f (Aviceda cuculoides)*
forest ~ Waldfalke *m (Micrastur)*
gray ~ Australischer Schieferfalke *m*, Silberfalke *m (Falco hypoleucus)*
hobby ~ Baumfalke *m (Falco subbuteo)*
lanner ~ Lannerfalke *m*, Feldeggsfalke *m (Falco biarmicus)*
laughing ~ Lachhabicht *m (Herpetotheres cachinnans)*
northern ~ → Arctic falcon
orange-breasted ~ Rotbrustfalke *m (Falco deiroleucus)*
peregrin(e) ~ Wanderfalke *m (Falco peregrinus)*
prairie ~ Präriefalke *m (Falco mexicanus)*
pygmy ~ Halsband-Zwergfalke *m (Polihierax semitorquatus)*
red-capped ~ → barbary falcon
red-footed ~ Rotfußfalke *m*, Abendfalke *m (Falco vespertinus)*
red-headed ~ Rotkopfmerlin m, Rothalsfalke *m*, Rotkopffalke *m (Falco chiquera)*
saker ~ Würgfalke *m (Falco cherrug)*
sooty ~ Schieferfalke *m (Falco concolor)*
falconet Fälkchen *n*, Zwergfalke *m(Microhierax)*
falcula 1. Kleinhirnsichel *f*, Falx cerebri; 2. Kralle *f*, Klaue *f*
falculate sichelartig, sichelförmig
fall Fallen *n*; Abfallen *n*; Sinken *n*, Abnehmen *n*
leaf ~ Blatt(ab)fall *m*, Laubfall *m*
rain ~ Regen *m*
snow ~ Schneefall *m*
fall-off Haaren *n*, Haarwechsel *m* der Tiere
fallow Brache *f*, Brachfeld *n*, Brachland *n*; brach, brachliegend
fallow-deer (Europäischer) Damhirsch *(Dama dama)*
false annual ring falscher Jahresring *m* (Holzstruktur)
falx 1. *(Anat.)* Hirnsichel *f*, Falx cerebri; 2. Chelizere *f*,

Kieferfühler *m*
familiarization *(Ethol.)* Bekanntwerden *n*; Bekanntmachen *n*
family 1. Familie *f*; 2. Familie *f*, Sippe *f*; Verwandtschaft *f*
fanaloka Fanaloka *f (Fossa fossa)*
fanfish Silberbrassen *m (Pterycombus)*
fang 1. Fangzahn *m*; Eckzahn *m*; Hauer *m*; Giftzahn *m*; 2. Chelizere *f*, Kieferfühler *m*; 3. Zahnwurzel *f*
fan-leaved fächerblättrig
fan-like fächerartig
fan-nerved fächernervig
fan-shaped fächerförmig
fanning *(Icht.)* Fächeln *n*
fantail 1. Fächerschnäpper *m (Rhipidura)*; 2. fächerförmiger Schwanz *m n*
farewell-summer Seitenblütige Aster *f (Aster lateriflorus)*
farina 1. Blütenstaub *m*; 2. mehliger Belag *m*; 3. Mehl *n*; 4. Stärke *f*
farinose mehlig; mehlhaltig,farinös
farkleberry Heidelbeerstrauch *m (Vaccinium arboreum)*
farnoquinone Farnochinon *n*, Vitamin K2 *n*
fascia Faszie *f*, Bindegewebshülle *f*
fascial faszial, Faszien...
fasciate[d] 1. bandförmig, verbändert, gebändert; 2. *(Zool.)* mit einer Faszie versehen
fasciation Fasziation *f*, Verbänderung *f*
fascicle 1. Muskelbündel *n*; 2. Nerven(faser)bündel *n*; 3. Bündel *n*; Büschel *m*; Fasciculus *m*, Faszikel *m*
  Goll's ~ Gollscher Strang *m*
  wedge-shaped ~ Burdachscher Strang *m*
fascicular faszikulär; büschelig, gebüschelt; wurzelfaserig
fasciculate büschelig, gebüschelt, Buschel...
fasciculation 1. Faszikelbildung *f*, Bündelbildung *f*; 2. Faszikulieren *n*, Muskelzuckung *f*
fascinate faszinieren, bezaubern; hypnotisieren
fast 1. schnell; 2. fest; 3. Fasten *n*; fasten
fast-growing schnellwachsend, schnellwüchsig
fastigiate gegipfelt; gleichhochästig
fastigium 1. Gipfel *m*; Zopf *m*, Spitze *f*; 2. Giebelkante *f* des verlängerten Rückenmarks; 3. Fiebergipfel *m*, Krankheitshöhepunkt *m*
fasting Fasten *n*
fastness Widerstandsfähigkeit *f*
fat 1. Fett *n*; Talg; Öl *n*; fett, fettig; fetthaltig; 2. mästen; gemästet
fatal fatal, tödlich, totbringend; unheilvoll
fatback Blaubarsch *m*, Blaufisch *m (Pomatomus saltatrix)*
fat-extracted [fat-free] entfettet, fettfrei
fatiguability Ermüdbarkeit *f*; Erschöpfbarkeit *f*
fatigue Ermüdung *f*; Erschöpfung *f*; Müdigkeit *f*; ermüden
  retinal ~ Netzhautermüdung *f*
fatness Fettgehalt *m*; Fettigkeit *f*
fat-soluble fettlöslich
fat-splitting fettspaltend, lipolytisch
fatten 1. mästen; sich mästen; 2. (Land) düngen
fatty fettig; fetthaltig; Fett...
fauces 1. *(Anat.), (Bot.)* Schlund *m*; Rachen *n*; 2. Schalenöffnung *f (bei Gastropoden)*
faucial Schlund...; Rachen...
fault Defekt; Fehler *m*; Störung *f*
fauna Fauna *f (Tierwelt eines bestimmten Gebietes)*
  fish ~ Ichthyofauna *f*, Fischfauna *f*
  fossil ~ Fossilfauna *f*
  helminth ~ Helminthofauna *f*
faunal Fauna..., Faunen...
faunistic faunistisch
faunology Faunistik *f*, Faunenkunde *f*
faveolate wabenartig
faveolus Alveole *f*; Wabe *f*
faverel Hungerblümchen *n (Erophila)*
favorable günstig, vorteilhaft
favose wabig, wabenartig
fawn 1. Damkitz *n*, Rehkalb *n*, Hirschkalb *n*; 2. kalben; 3. schwänzeln, wedeln
fawning Kalben *n*
F-duction Sexduktion *f*
feaberry → fabes
fear Furcht *f*, Angst *f*; fürchten, sich fürchten
feather 1. Vogelfeder *f*, Feder *f*; Gefieder *m*; 2. Federblatt *n*
  contour ~ Konturfeder *f*
  covert ~ Deckfeder *f*
  down ~ Flaumfeder *f*, Daunenfeder *f*
  flight ~ Flugfeder *f*
  oar ~ Schwinge *f*, Schwungfeder *f*
  powder down ~ Puderdune *f*
  primary ~ Handschwinge *f*
  quill ~ Steuerfeder *f*, Schwinge *f*, Schwungfeder *f*
  secondary ~ Armschwinge *f*
  tail ~ Schwanzfeder *n*; Steuerfeder *n*
featherback Fähnchenmesserfische *mpl (Notopterus); pl* Messerfische *mpl (Notopteridei)*
feathered gefiedert
featherfoil Wasserfeder *f (Hottonia)*
feathering 1. Befiederung *f*; 2. Gefieder *n*
feather-legged federfüßig
featherless federlos
feather-veined *(Bot.)* fiedernervig
featherweed Ruhrkraut *n (Gnaphalium)*
feature Kennzeichen *n*, Merkmal *n*; Haupteigenschaft *f*, Eigenschaft *f*
  ancestral ~ Erbmerkmal *n*
febrile febril, fiebernd, fieberhaft
  to be ~ Fieber haben, fiebern
fecal → faecal
feces → faeces
fecund fruchtbar; fertil
fecundate befruchten; fruchtbar machen
fecundation Befruchtung *f*
fecundity Fertilität *f*; Fruchtbarkeit *f*

feeble schwach
feed 1. Futter, Nahrung *f*; 2. füttern; 3. fressen; 4. *(Tier)* sich ernähern, 5. Fütterung *f*; Ernährung *f*; Mästung *f*
feedback Rückkopplung *f*
feeder:
benthos ~ Benthophage *f*
filter ~ Filtrierer *m*
plankton ~ Planktophage *f*; Plankterfresser *m*
plant [vegetable] ~ Phytophage *f*, Pflanzenfresser *m*
feeding Fütterung *f*; Ernährung *f*; Mästung *f*
courtship ~ Balzfütterung *f*
sham ~ Scheinfütterung *f*
window ~ Fenestration *f*, Fenestrierung *f*
feel 1. Gefühl *n*, Empfindung *f*; 2. fühlen, empfinden
feeler Fühler *m*; Antenne *f*; Tentakel *m*
feeling Gefühl *n*; Gefühlssinn *m*, Empfindung *f*
fel Galle *f*
feline 1. Katzen...; 2. katzenartig; 3. Katze *f*
fell 1. Balg *m*, Fell *n*; 2. *Baum* fällen
fell-field Steinwüste *f*
felonweed → fairies'-horse
felted filzig; feinfaserig
feltwork fibröses Netz *n*; Nervenfasergeflecht *n*
feltwort Kleinblütige Königskerze *f (Verbascum thapsus)*
female 1. Weibchen *n*; 2. weibliche Pflanze *f*; 3. weiblich
feminine weiblich
feminity Feminität *f*, Weiblichkeit *f*
feminization Feminisierung *f*, Verweiblichung *f*
feminonucleus weiblicher Pronukleus *m*
femoral femoral, Oberschenkel...
femoro-iliac Oberschenkelknochen-Darmbein...
femoro-tibial Oberschenkelknochen-Schienbein...
femur Oberschenkelknochen *m*, Femur *m*
fen Fenn *n*, Moor *n*; Niedermoor *n*
bulrush ~ Simsenried *n*
grass ~ Grasmoor *n*, Wiesenmoor *n*
low sedge ~ Kleinseggenried *n*
moss ~ Moosmoor *n*
rich ~ Niedermoor *n*
sedge ~ Seggenmoor *n*
spring ~ Quell(en)moor *n*
fenberry Moosbeere *f (Oxycoccus)*
fendlera Texanische Felsenbirne *f (Fendlera)*
fenestra Fenestra *f*, Fenster *n*, fensterartige Öffnung *f*
fenestrate(d) fenestriert
fennec Wüsten-Fuchs *m*, Fennek *m (Fennecus zerda)*
fennel Fenchel *m (Foeniculum)*
common ~ Gemeiner Fenchel *m (Foeniculum vulgare)*
dog ~ Stink-Hundskamille *f (Anthemis cotula)*
giant ~ Steckenkraut *n (Ferula)*
hog's ~ Haarstrang *m (Peucedanum)*
horse ~ → wild fennel
sweet ~ Gewürz-Fenchel *m (Foeniculum vulgare var. dulce)*
swine ~ Echter Haarstrang *m (Peucedanum officinale)*
water ~ 1. Wasserfenchel *m (Oenanthe aquatica)*; 2. Sumpfwasserstern *m (Callitriche palustris)*
wild ~ Damaszener Schwarzkümmel *m (Nigella damascena)*
fennelflower Acker-Schwarzkümmel *m (Nigella arvensis)*
fenugreek (Gelblicher) Bockshornklee *m (Trigonella foenum-graecum)*
feral wild, wilblebend; verwildert
ferment Ferment *n*, Enzym *n*, → enzyme; fermentieren; gären
fermentability Fermentierbarkeit *f*, Vergärbarkeit *f*
fermentation Fermentation *f*, Fermentierung *f*; Gärung *f*
acetic acid ~ Essigsäuregärung *f*
acetone-butanol ~ Azeton-Butanol-Gärung *f*
acetone-ethanol ~ Azeton-Äthanol-Gärung *f*
acidogenic ~ Essigsäuregärung *f*
aerobic ~ aerobe Gärung *f*; aerobe Fermentation *f*
alcoholic ~ alkoholische Gärung *f*, Äthanolgärung *f*
anaerobic ~ anaerobe Gärung *f*
batch ~ Batch-Fermentation *f*
bottom ~ Bodengärung *f*
butyric ~ Buttersäuregärung *f*
cell-free ~ zellfreie Gärung *f*
citric-acid ~ Zitronensäuregärung *f*
complete ~ vollständige Gärung
continuous ~ ununterbrochene Gärung
cool ~ kalte Gärung *f*
dialysis ~ Dialysefermentation *f*
emerged ~ Emersfermentation *f*, Oberflächenfermentation *f*
ethyl-alcohol ~ → alkoholic fermentation
fed-batch ~ Fed-batch-Fermentation *f*
glycerol ~ Glyzeringärung *f*
lactic(-acid) ~ Milchsäuregärung *f*
malo-lactic ~ Äpfelsäure-Milchsäure-Gärung *f*
putrefactive ~ Fäulnisgärung *f*
solid ~ Feststofffermentation *f*
spontaneous ~ selbsttätig ablaufende Gärung *f*, ungebundene [spontane] Gärung *f*
submerged [subsurface] ~ Submersfermentation *f*
surface ~ 1. Oberflächenfermentation *f*, Emersfermentation *f*; 2. Obergärung *f*
top ~ Obergärung *f*
tun ~ Bottichgärung *f*
vinegar ~ Essigsäuregärung *f*
fermentative fermentativ, enzymatisch
fermenter Fermentor *m*, Fermenter *m*, Gärgefäß *n*, Reaktor *m*
agitated ~ Rührfermentor *m*
air lift ~ Airlift-Fermentor *m*, Druckluftfermentor *m*, Mammutfermentor *m*
bench-top ~ Fischfermentor *m*
circulating ~ Umwurffermentor *m*
culture ~ Kulturfermentor *m*, Impffermentor *m*
loop-type ~ Schlaufenfermentor *m*
stirred multistage ~ Rührkammerfermentor *m*
stirred tank ~ Rührkesselfermentor *m*
tower ~ Turmfermentor *m*

fern Farn *m*
Adder's ~ 1. Natternzunge *f (ophioglossum vulgatum)*; 2. → sweet fern
Alpine rough ~ Lanzenschildfarn *m (Polytichum lonchitis)*
basket ~ → male (shield) fern
beech ~ Buchenfarn *m (Thelypteris phegopteris)*
bladder ~ Blasenfarn *m (Cystopteris)*
bottle ~ → brittle fern
bracken ~ → brake fern
brake ~ Adlerfarn *m (Pteridium aquilinum)*
bristle ~ Haarfarn *m (Trichomanes)*
brittle ~ Zerbrechlicher Blasenfarn *m (Cystopteris fragilis)*
buckler ~ Wurmfarn *m (Dryopteris)*
bulbet ~ Zwiebeltragender Blasenfarn *m (Cystopteris bulbifera)*
cinnamon ~ Zimtbrauner Königsfarn *m (Osmunda cinnamomea)*
climbing ~ Kletterfarn *m (Lygodium)*
cloak ~ Pelzfarn *m (Notholaena)*
creeping ~ → climbing fern
cut-leaved grape ~ Zerschnittener Rautenfarn *m (Botrychium dissectum)*
ditch ~ → royal fern
eagle ~ → brake fern
female ~ Wald-Frauenfarn *m (Athyrium filix-femina)*
filmy ~ 1. Hautfarn *m (Hymenophyllum)*; 2. → bristle fern
fine-haired ~ → hay-scented fern
flower-cup ~ Gebirgs-Wimperfarn *m (Woodsia alpina)*
flowering ~ → royal fern
grape ~ Rautenfarn *m (Botrychium)*
hart's-tongue ~ Hirschzunge *f (Phyllitis scolopendrium)*
hay-scented ~ Schüsselfarn *m (Dennstaedtia)*
holly ~ → Alpine rough fern
lady ~ → female fern
lip ~ Lippenfarn *m (Cheilanthes)*
lock-hair [maiden hair] ~ Frauenhaarfarn *m (Adiantum)*
male (shield) ~ Wurmfarn *m (Dryopteris filix-mas)*
marsh (shield) ~ Sumpf-Wurmfarn *m (Dryopteris thelypteris)*
meadow ~ Gagelstrauch *m (Myrica gale)*
moss ~ → sweet fern
mountain ~ Gebirgs-Tüpfelfarn *m (Polypodium montanum)*
ostrich ~ Straußfarn *m (Matteucia struthiopteris)*
parsley ~ → female fern
prickly-toothed ~ Kleindorniger Wurmfarn *m (Dryopteris spinulosa)*
quill ~ → marsh (shield) fern
rattlesnake ~ Virginisches Rautenfarn *m (Botrychium virginianum)*
royal ~ Königsfarn *m (Osmunda regalis)*
rusty-back ~ Schriftfarn *m (Ceterach officinarum)*
sago ~ Markiger Becherfarn *m (Cyathea medullaris)*
saw ~ Feingesägter Rippenfarn *m (Blechnum serrulatum)*
seaweed ~ → hart's-tongue fern
seed ~s Samenfarne *mpl*, Farnsamer *mpl (Lyginopteridopsida)*
sensitive ~ Perlfarn *m (Onoclea sensibilis)*
shield ~ → buckler fern
shrubby ~ → meadow fern
silver ~ Silberfarn *m (Pityogramma)*
snake ~ 1. → royal fern; 2. → hart's-tongue fern
staghorn ~ Geweihfarn *m (Platycerium)*
swamp ~ → marsh (shield) fern
sweet ~ Gemeiner Tüpfelfarn *m*, Engelsüß *n (Polypodium vulgare)*
sword ~ Nephrolepis *f (Nephrolepis)*
tree ~ Baumartiger Becherfarn *m (Cyathea arborea)*
upland ~ → brake fern
vessel ~ Bootfarn *m (Angiopteris)*
walking ~ Wanderfarn *m*, Wanderndes Blatt *n (Camptosorus rhizophyllus)*
water ~ → royal fern

fernbird 1. Farnsteiger *m (Bowdleria punctata)*; 2. Farnhuscher *m (Oreoscopus gutturalis)*
fern-leaved farnblättrig
ferocious wild, grausam; reißend *(Tier)*
ferret:
black-footed ~ Schwarzfußiltis *m (Mustela putorius nigripes)*
ferret-badgers Sonnendachse *m (Melogale)*
fertile fertil, fruchtbar; befruchtend
fertility Fertilität *f*, Fruchtbarkeit *f*
fertilizable befruchtungsfähig; bestäubungsfähig
fertilization 1. Befruchtung *f*; Bestäubung *f*; 2. Düngung *f*
artificial ~ künstliche Befruchtung *f*; künstliche Bestäubung *f*
cross ~ Kreuzbefruchtung *f*, Fremdbefruchtung *f*
double ~ doppelte Befruchtung *f*
monospermic ~ Monospermie *f*, monosperme Befruchtung *f*
polyspermic ~ Polyspermie *f*, polysperme Befruchtung *f*
selective ~ Wahlbefruchtung *f*, selektive Befruchtung *f*
fertilize 1. befruchten; bestäuben; 2. düngen
fertilizer Dünger *m*; Nährlösung *f*, Nährflüssigkeit *f*
fescue *(Bot.)* Schwingel *m (Festuca)*
Chewing's ~ → red fescue
giant ~ Riesen-Schwingel *m (Festuca gigantea)*
hard ~ Härtlicher Schwingel *m (Festuca duriuscula)*
meadow ~ Wiesen-Schwingel *m (Festuca pratensis)*
red ~ Rotschwingel *m (Festuca rubra)*
shade ~ Verschiedenblättriger Schwindel *m (Festuca heterophylla)*
fetal fetal, fötal, Fötus...
fetation Fötalentwicklung *f*; Schwangerschaft *f*
fetticus Gemeines Rapünzchen *n*, Gemeiner Feldsalat *m*, Rapunzel *m (Valerianella locusta)*

fetus Fötus *m*, Fetus *m*; Leibesfrucht *f*
fever Fieber *n*
feverfew Mutterkraut *n (Tanacetum parthenium)*
feverroot [feverwort] Fieberwurz *f (Triosteum)*
few-awned wenigährig
few-celled wenigzellig
few-flowered wenigblütig
few-fruited wenigfrüchtig
few-leaved armblätterig
few-seeded wenigsamig
few-spiked wenigährig
fiber Faser *f*; Fibra *f*
  afferent ~ afferente Nervenfaser *f*
  astral ~s Astralfasern *fpl*
  bast ~ Bastfaser *f*
  Bergmann's ~ Bergmannsche Gliafaser *f*
  cardiac muscular ~ Herzmuskelfaser, Myokardfaser *f*
  chromosomal spindle ~ s Chromosomenspindelfasern
  dentin ~ Dentinfaser *f*
  Ebner's ~ Ebnersche Faser *f*, tangentiale Dentinfaser *f*
  efferent ~ efferente Nervenfaser *f*
  extraxylary ~ heterogene Sklerenchymfaser *f*
  gray nerve ~ marklose Nervenfaser *f*
  Korff's ~ Korffsche Faser *f*, radiale Dentinfaser *f*
  medullated ~ markhaltige Nervenfaser *f*
  moss ~ Moosfaser *f*
  motor ~ motorische Nervenfaser *f*
  muscle ~ Muskelfaser *f*
  myelin ~ markhaltiger Nervenfaser *f*
  naked ~ nackte Nervenfaser *f*
  nerve ~ Nervenfaser *f*
  nonmedullated ~ marklose Nervenfaser *f*
  perforating ~ Sharpeysche Faser *f*, perforierende Faser *f*
  plant ~ Pflanzenfaser *f*
  postganglionic ~ postganglionäre Nervenfaser *f*
  preganglionic ~ präganglionäre Nervenfaser *f*
  Purkinje's ~ Purkinjesche Faser *f*, atypische Herzmuskelfaser *f*
  radial ~of dentin Korffsche Faser *f*, radiale Dentinfaser *f*
  Remak's ~ Remaksche Faser, marklose Nervenfaser *f*
  reticular ~ Retikulinfaser *f*
  Sharpey's ~ Sharpeysche Faser, perforierende Faser *f*
  tangential ~ of dentin Ebnersche Faser *f*, tangentielle Dentinfaser *f*
  Tomes' ~ Tomessche Faser *f*, Odontoblastenfortsatz *m*
  vegetable ~ Pflanzenfaser *f*
  xylary [xylem] ~ Holzfaser *f*, Xylemfaser *f*
fibration 1. Faserbildung *f*, Faserentwicklung *f*, Fibrillogenese *f*; 2. Fiberbau *m*, Faserstruktur *f*
fibre → fiber
firbiform faserförmig, faserig
fibril(la) 1. Fibrille *f*, Kleinfaser *f*, Fäserchen *n*; 2. Wurzelfaser *f*; 3. Wurzelhaar *n*
fibrillar fibrillär, Fibrillen..., faserig
fibrillation 1. Faserbildung *f*, Faserentwicklung *f*, Fibrillogenese *f*; 2. Fibrillierung *f*, fibrilläres Zittern *n*; Flimmern *n*
fibrinogen Fibrinogen *n*, Blutgerinnungsfaktor I *m*
fibrinogenolysis Fibrinogenauflösung *f*
fibrinogenous fibrinbildend
fibrinoid fibrinartig; faserartig
fibrinolysis Fibrinolyse *f*, Fibrinauflösung *f*
fibrinolytic fibrinolytisch, fibrin(auf)lösend
fibrinous fibrinhaltig
fibrocartilage Faserknorpel *m*, Bindegewebsknorpel *m*
  elastic ~ elastischer Faserknorpel *m*
fibrocartilaginous faserknörpelig, Faserknorpel..., faserknorpelartig
fibrocyte Bindegewebszelle *f*, Fibrozyt *m*, Desmozyt *m*
fibroid 1. faserartig, faserähnlich; 2. aus Fasern bestehend
fibrolysis Fibrolyse *f*, Fasergewebsauflösung *f*
fibroreticulate fasernetzig
fibrous fibrös, faserig, Faser...
fibula 1. Fibula *f*, Wadenbein *n*; 2. *(Bot.)* Schnalle *f*
fibular fibulär, Wadenbein...
fiddlefish Gemeiner Geigenrochen *m (Rhinobatos rhinobatos)*
fiddler 1. Winkerkrabbe *f (Uca)*; 2. Flußuferläufer *m*, Gemeiner Strandläufer *m (Tringa hypoleuca)*
fiddlewood Geigenholzbaum *m (Citharexylum)*
fidel treu
fidelity Fidelität *f*, Gemeinschaftstreue *f*
fidgets Unruhe *f*, Ruhelosigkeit *f*
field Feld *n*, Bereich *m*
  ~ of myofibrils Myofibrillärfeld *n*, Cohnheimsches Feld *n*
  ~ of vision Sehfeld *n*
  Cohnheim's ~ → field of myofibrills
  embryonic ~ Embryonalfeld *n*
  microscopic ~ mikroskopischer Ausschnitt *m*
  morphogenetic ~ morphogenetisches Feld *n*
  personal ~ Individualraum *m*
  primary pit ~ *(Bot.)* primäres Tüpfelfeld *n*
  receptive ~ Rezeptivfeld *n (der Retina)*
  subliminal ~ Unterschwellengebiet *n*
  visual ~ Sehfeld *n*
fieldfare Wacholderdrossel *f*, Krammetsvogel *m (Turdus pilaris)*
fig Feige *f*; Feigenbaum *m (Ficus)*
  climbing ~ Kletter-Ficus *m (Ficus pumila)*
  Indian ~ 1. Banyanbaum *m (Ficus bengalensis)*; 2. Feigenopuntie *f*, Indische Feige *f (Opuntia ficus-indica)*
  India-rubber ~ Gummibaum *m (Ficus elastica)*
  Moreton-Bey ~ Großblättriger Feigenbaum *m (Ficus macrophylla)*
  sycamore ~ Sykomore *f*, Eselsfeige *f*, Ägyptischer Feigenbaum *m (Ficus sycomorus)*
figbird Feigenpirol *m (Sphecotheres)*
fighting Kampf *m*, Kampfhandlung *f*

competitive ~ Konkurenzkampf *m*
dominance ~ Rangkampf *m*
heat ~ *(Ethol.)* Brunstkampf *m*
mouth ~ Maulkampf *m*
territorial ~ Revierkampf *m*
figure:
achromatic ~ achromatische Figur *f*
figwort Knotige Braunwurz *f (Scrophularia nodosa)*
filament Filament *n*, Faden *m*, Faser *f*
axial ~ 1. Achsenfaden *m*; 2. zentraler Staubfaden *m*
bacterial ~ fadenförmige Bakterie *f*
mesenteric ~ Mesenterialfilament *n*
nerve ~ Nervenfaser *f*
filamentary filamentär, filamentös
filamentation Fadenbildung *f*
filamentous 1. fadenförmig; 2. faserig
filbert Haselnuß *f (Corylus)*
file:
stridulatory ~ *(Ent.)* Schrillkante *f*, Schrillleiste *f*, Schrillkamm *m*
filefish Feilenfisch *m (Monocanthus)*; *pl* Feilenfische *mpl (Monacanthinae)*
filerie Gemeiner Reiherschnabel *m (Erodium cicutarium)*
filial Tochter...; Sohnes...
filiation 1. Filiation *f*, Abstammung *f*; 2. Herkunftsfeststellung *f*; 3. Verzweigung *f*
filical farnartig
filicauline fadenstielig; fadenstengelig
filiciform farnartig
filiferous fadentragend
filiform fadenförmig
filling:
diastolic ~ diastolische Blutfüllung *f (des Herzens)*
film 1. Film *m*, Membran *f*, Häutchen *n*; 2. Ausstrichpräparat *n*, Ausstrich *m*
thick blood ~ dicker Bluttropfen *m*
thin blood ~ Blutausstrich *m*
filming Filmaufnahme *f*
time-lapse ~ Zeitraffer(film)aufnahme *f*
filmy mit einem Häutchen bedeckt
filoplume Haarfeder *f*
filopodium Filopodium *n*, fadenförmiges Pseudopodium *n (Scheinfüßchen)*
filose 1. filös; fadenförmig; 2. mit Filopodien; 3. mit Fadenfortsätzen
filter Filter *n*; filtern, filtrieren
to ~ off abfiltrieren
activated carbon ~ Aktivkohlefilter *m*
bacteria-excluding [bacterial] ~ bakteriendichtes Filter *n*, Bakterienfilter *n*
belt ~ Bandfilter *n*
biological ~ Biofilter *n*
membrane ~ Membranfilter *n*
plaited ~ Faltenfilter *n*
Seitz~ Seitzsches Filter *n*
trickling ~ Klärfilter *n*
filterable filtrierbar
filterer Filtrierer *m*, Filtrator *m*
filter-passer filtrierbares Virus *n*
filtrate Filtrate *n*; filtrieren
filtration Filtration *f*, Filtrierung *f*, Filtern *n*
clarifying ~ Klärfiltration *f*
clay ~ Kieselgurfiltration *f*
gel ~ Gelfiltration *f*, Gelchromatographie *f*
immune gel ~ Immunogel-Chromatographie *f*
radial immune gel ~ radiale Immunogel-Chromatographie *f*
thin-layer gel ~ Dünnschnitt-Gel-Chromatographie *f*
fimbria Gewebsfranse *f*, Franse *f*, Zotte *f*
fimbriate(d) fimbriated; gewimpert; gefranst, schleierartig
filmbrillate kleingefranst
fimicolous dungbewohnend, mistbewohnend
fin Flosse *f*
abdominal ~ Ventrale *f*, Bauchflosse *f*
adipose ~ Fettflosse *f*
anal ~ Afterflosse *f*, Analflosse *f*
back ~ Rückenflosse *f*
caudal ~ Schwanzflosse *f*
dorsal ~ Rückenflosse *f*
fatty [flesh] ~ Fettflosse *f*
pectoral ~ Brustflosse *f*
pelvic ~ Bauchflosse *f*
proctal ~ Afterflosse *f*, Analflosse *f*
tail ~ Schwanzflosse *f*
ventral ~ Bauchflosse *f*
finback (Gemeiner) Finnwal *m (Balaenoptera physalis)*
lesser ~ Zwergwal *m (Balaenoptera acutorostrata)*
finch 1. Fink *m (Fringilla)*; 2. kleiner Vogel *m*
banded ~ Ringelastrild *m (Stizoptera bichenovii)*
black-masked ~ Campos-Ammer *f (Coryphaspiza melanotis)*
bramble ~ Bergfink *m (Fringilla montifringilla)*
Brandt's rosy ~ Mattenschneegimpel *m*, Felsenschneegimpel *m (Leucosticte brandti)*
chestnut-eared ~ → zebra finch
cinereous ~ Grauämmerling *m (Piezorhina cinerea)*
citril ~ Zitronenzeisig *m*, Zitronengirlitz *m (Carduelis citrinella)*
coal-crested ~ Weißohr-Zwergkardinal *m (Charitospiza eucosma)*
crimson ~ Purpurkronfink *m (Rhodospingus)*
crimson-winged ~ Rotflügelgimpel *m*, Wüstengimpel *m (Rhodopechys sanguinea)*
desert ~ Weißflügelgimpel *m*, Schwarzflügelgimpel *m (Rhodospiza obsoleta)*
diamond firetail ~ Diamantamadine *f*, Diamantfink *m (Stagonopleura)*
epauletted ~ Mohrengimpel *m (Pyrrhoplectes epauletta)*
fire ~ Amarant *m (Lagonosticta)*
house ~ Hausgimpel *m*, Hausfink *m (Carpodacus mexicanus)*
large-footed ~ Großfuß-Buschammer *f (Pezopetes*

capitalis)
long-tailed ~ Spitzschwanzamadine *f (Poephila acuticauda)*
painted ~ Gemalter Astrild *m*, Spinifexastrild *m (Emblema picta)*
plum-headed ~ Zeresamadine *f*, Zererastrild *m (Aidemosyne modesta)*
Przewalski's ~ Rosenschwanz *m (Urocynchramus pylzowi)*
rainbow ~ Gouldamadine *f (Chloebia gouldiae)*
red-browed ~ 1. Stieglitzgimpel *m (Callacanthis burtoni)*; 2. Dornastrild *m (Aegintha temporalis)*
red-crowned ~ → crimson finch
rosy ~ Schneegimpel *m (Leucosticte);* Rosenfink *m*, Rosenbauch-Schneegimpel *m (Leucosticte arctoa)*
scarlet ~ 1. Scharlachgimpel *m*, Blutgimpel *m (Haematospiza sipahi)*; 2. Karmingimpel *m (Carpodacus erythrinus)*
short-tailed ~ Kurzschwanzdiuka *n (Idiopsar brachyurus)*
slender-billed ~ Feinschnabelämmerling *m (Xenospingus concolor)*
spectacled ~ → red-browed finch 1.
thistle ~ Zeisig *m*, Erlenzeisig *m (Spinusspinus)*
weaver ~es Webervögel *mpl*, Eigentliche Weber *mpl (Ploceidae)*
whidah ~es Witwenvögel *mpl (Viduinae)*
zebra ~ Zebrafink *m (Taeniopygia guttata)*
finchbill Graustirnfinkenbülbül *m*, Finkenbülbül *m (Spizixos canifrons)*
fine 1. fein, dünn; 2. feinkörnig
fine-filamented feinfaserig, dünnfaserig
fine-grained feinkörnig
fine-meshed engmaschig
finfoots Binsenhühner *mpl*, Binsenrallen *fpl (Helio rynithidae)*
fingered gefingert, fingerförmig; handförmig
fingerfins Büschelbarsche *mpl (Cheilodactylidae)*
fingerfish Silberflossenblättler *mpl (Monodactylidae)*
finned mit Flossen, flossentragend
finner Finnwal *m (Balaenoptera borealis)*
Japan ~ → finner
fin-ray Flossenstrahl *m*
finwhale → finner
fiorin Weißes Straußgras *n (Agrostis stolonifera)*
fir 1. Tanne *f (Abies)*; 2. Fichte *f (Picea)*; 3. Douglasie *f (Pseudotsupa)*
amabilis ~ Purpurtanne *f (Abies amabilis);* Grau-Tanne *f (Abies concolor)*
Archangel ~ Gemeine Kiefer *f*, Föhre *f*, Waldkiefer *m (Pinus sylvestris)*
Arizona ~ → cork-bark fir
balsam ~ Balsam-Tanne *f (Abies balsamea)*
California red ~ Gold-Tanne *f (Abies magnifica)*
cascades ~ Purpur-Tanne *f (Abies amabilis)*
cork-bark ~ Arizona-Tanne *f (Abies arizonica)*
Douglas ~ Douglasie *f (Pseudotsuga menziesii)*
giant ~ Große Tanne *f (Abies grandis)*
gilled ~ → balsam fir
golden ~ → California red fir
mountain ~ → subalpine fir
Nikko ~ Nikkotanne *f (Abies homolepis)*
noble ~ Edel-Tanne *f (Abies nobilis)*
Norway ~ → Archangel fir
silver ~ Weißtanne *f (Abies alba)*
spruce ~ Fichte *f (Picea abies)*
white ~ Grautanne *f (Abies concolor)*
fir forest Tannenwald *m*
fire Feuer *n*; Brand *m*
ground [surface] ~ Bodenfeuer *n*, Lauffeuer *n*
fireballs Feuernelke *f (Lychnis chalcedonica)*
firebrat Ofenfischchen *n (Thermobia domestica)*
firecrest Sommergoldhähnchen *n (Regulus ignicapillus)*
firefinch Amarant *m (Lagonosticta)*
firefish Drachenköpfe *mpl (Scorpaenidae)*
fireflies Johanniskäfer *mpl*, Leuchtkäfer *mpl*; Glühwürmchen *npl (Lampyridae)*
fire-leaves Mittlerer Wegerich *m (Plantago media)*
firetop → freweed
fireweed 1. Schmalblättriges Weidenröschen *n (Epilobium angustifolium)*; 2. Weißer Stechapfel *m (Datura stramonium)*; 3. Kanadisches Berufkraut *n (Erigeron canadensis)*
fireworm Wicklersraupe *f*
black-headed ~ Raupe *f* des Grauen Obstbaumwicklers *(Rhopobota naevana)*
firm fest; stark; hart
firry 1. Fichten...*(Picea)*; 2. Tannen...*(Abies)*
fish Fisch *m*; *pl* Fische *mpl (Pisces)*
alligator ~ Alligatorfisch *m (Lepisosteus tristoechus)*; Panzergroppen *mpl (Agonidae)*
baby ~ Fischbrut
banana ~ 1. Grätenfisch *m*, Damenfisch *m (Albula vulpes)*; 2. Frauenfisch *m (Elops saurus)*
barrel ~ Schwarzfische *fpl (Centrolophidae)*
blanket ~ Riesenmanta *m (Manta birostris)*
blow-gun ~ Schützenfische *mpl (Toxotidae)*
bottom-dwelling ~ Bodenfisch *m*
brood ~ Laicher *pl*, Laicherfische *mpl*
brown ~ Schweinwal *m*, (Kleiner) Tümmler *m (Phocoena phocoena)*
butterfly ~ 1. Schmetterlingsfische *m (Pantodontidae)*; 2. Kaiserfische *mpl (Pomacanthus)*, Wimpelfische *mpl (Heniochus)*, Borstenzähner *mpl (Chaetodontidae)*
cardinal ~ Kardinalfische *mpl*, Kardinalbarsche *mpl (Apogomidae)*
cartilaginous ~ Knorpelfische *mpl (Chondrichthyes)*
climbing ~ Kletterfisch *m (Anabas testudineus)*
coral ~ Kaiserfische *mpl (Pomacanthus)*, Wimpelfische *mpl (Heniochus)*, Borstenzähner *mpl (Chaetodontidae)*
crocodile ~ Panzerknurrhähne *mpl (Peristediidae)*
cutlass ~ Degenfisch *m (Trichiurus lepturus);*

pl Degenfische *mpl (Trichiuridae)*
diadromous ~ diachrome Fische *mpl (Fische, die zwischen Süß- und Salzwasser wandern)*
dollar ~ Pampelfisch *m (Stromateus fiatola);* Butterfisch *m (Paronothus triacanthus)*
egg-laying ~ Rogner *m*, Rognerfisch *m*
elephant ~ Seekatzen *fpl (Chimaeridae)*
elephant-snouted ~ Tapirrüsselfisch *m (Mormyrus kannume); pl* Nil-Hechte *mpl (Mormyriformes)*
emperor butterfly ~ Kaiserfisch *m (Pomacanthus imperator)*
fighting ~ Kampffisch *m (Betta);* Kampffisch *m (Betta splendens)*
flash-light ~ Laternenträger *mpl (Anomalopidae)*
fluvial anadromous ~ anadrome Flußfische *mpl*
four-eyed ~ Vieraugen *(Anablepidae)*
fresh-water ~ Süßwasserfisch *m*
full ~ Laicher *pl*, Laicherfische *mpl*
go-home ~ Meerbrassen *mpl (Sparidae)*
ground ~ Bodenfische *mpl*
halfmoon butterfly ~ Mondsichelgaukler *m (Chaetodon lunula)*
hard-roed ~ Rogner *pl*, Rognerfische *mpl*
Hillstream ~ Plattschmerlen *fpl (Homalopteridae)*, Flossensauger *mpl (Gastromyzonidae)*
jackknife ~ Ritterfisch *m (Equetus lanceolatus)*
knight ~ Tannenzapfenfisch *m (Monocentris)*
lantern ~ Laternenfische *mpl (Myctophidae)*
lantern-eyed ~ Laternenträger *mpl (Anomalopidae)*
leaf ~ Nanderbarsche *mpl (Nandidae)*
least mosquito ~ Zwergkärpfling *m (Heterandria formosa)*
leopard ~ Gefleckter Katfisch *m*, Gefleckter Seewolf *m (Anarrhichas minor)*
live-bearing ~ lebendgebärender Fisch *m*
lizard ~ Eidechsenfische *mpl (Synodontidae)*
loose ~ Ablaicher *pl*, Ablaicherfische *mpl*
luminous ~ → flash-light fish
man-of-war ~ Quallenfisch *m (Nomeus gronovi); pl* Quallenfische *mpl (Nomeidae)*
migratory ~ Wanderfisch *m*
mosquito ~ Gambuse *f (Gambusia affinis affinis)*; Kobold-Kärpfling *m*, Texas-Kärpling *m (Gambusia affinis holbrocki)*
paradise ~ Makropoden *fpl (Macropodus);* Guramis *mpl (Trichogasterinae)*
parrot ~ Papageifische *mpl (Scaridae)*
pediculate ~ Anglerfische *mpl*, Armflosser *pl (Lophiiformes)*
penguin ~ Schrägschwimmer *m (Thayeria)*; Schwanzstreifen-Salmler *m (Thayeria obliqua)*
perch-like ~ Barschartige *pl (Perciformes)*
piked dog ~ Dornhai *m (Squalus acanthias)*
pilot ~ 1. Lotsenfisch *m (Naucrates ductor)*; 2. Pilotbarsche *mpl (Kyphosidae)*
pinecone ~ Tannenzapfenfische *mpl (Monocentridae)*
poison scorpion ~ Steinfisch *m (Synanceia verrucosa)*
porcupine ~ Igelfische *mpl (Diodontidae)*
rainbow ~ Lippfische *mpl (Labridae)*
razor ~ Schnepfenfische *mpl (Macrorhamphosidae)*
royal ~ Mairenke *f*, Schemaja *f (Chalcalburnus chalcoides mentos)*
salmonis ~ Lachse *mpl*, Lachsfische *mpl (Salmonidae)*
salt-water ~ Salzwasserfisch *m*; Meerfisch *m*
Samson ~ Seriolafisch *m (Seriola)*
sandpaper ~ Feilenfische *m (Monacanthinae)*
scabbard ~ Strumpfbandfisch *m (Lepidopus caudatus)*
schooling ~ Schwarmfische *mpl*
scorpion ~ Drachenköpfe *mpl (Scorpaenidae)*
sergeant ~ Königsbarsche *mpl*, Offizierfische *mpl (Rachycentridae)*
shad ~ Adlerfisch *m (Johnius hololepidotus)*
singing ~ Bootsmannsfisch *m (Porichthys)*
soft-finnes ~ Dorschartige *pl (Gadiformes)*
spent ~ Ablaicher *pl*, Ablaicherfische *mpl*
sucking ~ 1. Schiffshalter *mpl*, Schildfische *mpl (Echeneidae/Gobiesociformes)*; 2. Neunaugen *npl (Petromyzonididae)*
surf ~ 1. Kleinmäuliger Kalifornischer Seestint *m (Hypomesus pretiosus)*; 2. Brandungsbarsche *mpl (Embiotocidae)*
sword ~ Schwertwal *m (Orcinus orca)*
tiger ~ Tigerfische *mpl (Hydrocininae)*, Tigerbarsche *mpl (Theraponidae)*
tiny ~ Fischbrut
trumpet ~ 1. Schnepfenfisch *m*, Seeschnepfe *f (Macrorhamphosus scolopax)*; 2. Trompetenfisch *m (Aulostomus);* Gefleckter Trompetenfisch *m (Aulostomus maculatus)*
turkey ~ Eigentlicher Rotfeuerfisch *m (Pterois volitans)*
unicorn ~ Doktorfische *mpl (Acanthuridae)*
walking ~ → climbing fish
weever ~ Drachenfische *mpl*, Petermännchen *npl (Trachinidae)*
young ~ Fischbrut, Jungfische *mpl*
zebra ~ Zebrabärbling *m (Brachydanio rerio)*

fishbone Gräte *f*, Fischgräte *f*
fish-eating fischfressend, piszivor
fisher Fischmarder *m (Martes pennanti)*
fisheye Weißaugendrossel *f (Turdus jamaicensis)*
fishwood Amerikanischer Spindelbaum *m (Euonymus americana)*
fissile spaltbar
fissilingual mit gespaltener Zunge
fission Spaltung *f*; Segmentierung *f*; Teilung *f*; Furchung *f*
cell ~ Zellteilung *f*, Zytokinese *f*
embryonic ~ Furchung *f*
multiple ~ Mehrfachteilung *f*
transverse ~ Querteilung *f*
fissiparity Vermehrung durch Teilung *f*
fissiparous vermehrt durch Teilung
fissiped spaltfüßig

fissure Fissura *f*, Spalte *f*, Spaltbildung *f*; Furche *f*
~ **of the optic cup** Augenbecherspalte *f*
~ **of the optic stalk** Augenbecherstielspalte *f*
calcarine ~ Spornfurche *f*
central ~ → Rolando's fissure
choroid ~ Aderhautspalte *f*
Glaserian ~ Glaser'spalte *f*
palpebral ~ Lidspalte *f*, Lidritze *f*
Rolando's ~ Rolandosche Furche *f*, Zentralfurche *f*, Mittelfurche *f* der Groißhirnkonvexität
fissured gespalten, spaltig; spaltenähnlich
fistula Fistula *f*, Fistel, Röhre *f*
fistular [fistulose] *(Bot.)* röhrig; hohl
fit *(Biom.)* Anpassung *f*
fitchew (Europäischer) Iltis *m (Mustela putorius)*
fitness 1. *(Biom.)* Fitness, Eignung *f*; 2. Tauglichkeit *f*, Fähigkeit *f*; 3. Anpassung *f*
fitting *(Biom.)* Anpassen *n*
five-finger 1. Fingerkraut *n (Potentilla)*; 2. Weiße Stumpfnase *f (Diplodus globiceps)*
fix 1. befestigen, festmachen, anheften; 2. fixieren; 3. erstarren, fest werden
fixation 1. Fixation *f*; 2. Fixierung *f*, Befestigung *f*, Festigung *f*
alexin [complement] ~ Komplementbindung *f*
macrophage ~ Makrophagenmigrationshemmung *f*
nitrogen ~ Stickstoffbindung *f*
fixator 1. komplemenbindender Antikörper *m*; 2. Ambozeptor *m*
fixed fixiert; befestigt
fixer Fixator *m*, Fixierungsmittel *n*
nitrogen ~ Stickstoffixator *m*
fixity 1. Beständigkeit *f*, Stetigkeit *f*; 2. Unbeweglichkeit *f*
~ **of species** Artstetigkeit *f*
flabby welk, verwelkt; schlaff
flabellate fächerartig, fächerförmig
flabellinerved fächeraderig
flabelliform fächerförmig
flabellum Fächerorgan *n*; Fächerstruktur *f*
flag 1. *(Bot.)* Fahne *f*; Fahnenblatt *n*; 2. Schwertlilie *f (Iris)*; 3. Breitblättriger Rohrkolben *m (Typha latifolia)*
blue ~ → poison flag
corn ~ 1. Wasserschwertlilie *f (Iris pseudacornis)*; 2. Gladiole *f (Gladiolus communis)*
poison ~ Verschiedenfarbige Schwertlilie *f (Iris versicolor)*
red-brown ~ Gelbbraune Schwertlilie *f (Iris fulva)*
sweet ~ (Echter, Gemeiner) Kalmus *m (Acorus calamus)*
water ~ → poison flag
yellow (water) ~ Wasser-Schwertlilie *f (Iris pseudacornis)*; Verschiedenfarbige Schwertlilie *f (Iris versicolor)*
flagellate 1. geißeltragend, Geißel...; 2. Geißeltierchen *n*
flagellation Flagellation *f*, Begeißelung *f*
flagelliform geißelförmig
flagellula Geißelspore *f*, Zoospore *f*, geißeltragende Spore *f*
flagellum Geißel *f*; Ausläufer *m*
flagfish 1. Schönflossenkärpfling *m (Garmanella)*; 2. Flaggenfisch *m (Kuhlia)*
flake 1. dünne Schicht *f*; Blättchen *n*; abblättern *(Borke)*; 2. Flocke *f*; 3. in Flocken fallen
flakelike flockenartig
flaking abschuppend
flaky flockig
flame Flamme *f*; flambieren, mit der Flamme sterilisieren
flaming Flambieren *n*, Abflammen *n*, Flammensterilisation *f*
flamingo Flamingo *m (Phoenicopterus); pl* Flamingos *mpl (Phoenicopteridae)*
American [greater] ~ Roter Flamingo *m (Phoenicopterus ruber)*
lesser ~ Zwerg-Flamingo *m (Phoeniconaias minor)*
roseate ~ → American flamingo
flamy Dreifarbiges Veilchen *n*, Steifmütterchen *n (Viola tricolor)*
flank 1. Flanke *f*, Weiche *f*; 2. Seite *f*, Seitenfläche *f*; 3. flankieren, umgeben
flanking flankierend
flannelleaf Kleinblütige Königskerze *f (Verbascum thapsus)*
flap 1. Flügelschlag *m*; mit den Flügeln schlagen; 2. Hautlappen *m*
~ **of the ear** Ohrläppchen *n*
mantle ~ Mantelklappe *f*
flap-eared mit hängenden Ohren, langohrig, schlappohrig
flapper Flosse *f*, Pinna *f*
flask Kolben *m*; Glaskolben *m*; Flasche *f*
flatfish Flundern *fpl*, Heilbutte *mpl (Pleuronectidae);* Plattfischartige *pl*, Flachfische *mpl (Pleuronectiformes)*
flat-fruited flachfrüchtig, plattfrüchtig
flathead Sandflachkopf *m (Platycephalus indicus);* Sandflachköpfe *pl (Platycephalidae)*
flatheaded flachköpfig, plattköpfig
flat-leaved flachblättrig
flat-podded flachschotig, plattschotig
flatsedge Fächerförmiges Zypergras *n (Cyperus flabelliformis)*
flat-stalked flachstengelig, plattstengelig
flattened verflacht; abgeflacht
flat-veined flachnervig; flachaderig
flatworms Plattwürmer *mpl (Plathelminthes)*
flax Lein *m (Linum)*
cathartic ~ → dwarf flax
Dutch ~ → false flax
dwarf [fairy] ~ Wiesen-Lein *m*, Purgierlein *m (Linum catharticum)*
false ~ Saatleindotter *m (Camelina sativa)*
pale ~ Wild-Lein *m (Linum bienne)*
perennial ~ Ausdauernder Vieljähriger Flax *m (Linum anglicum)*
spurge ~ Gemeiner Seidelblast *m (Daphne mezereum)*

wild ~ Gemeines Leinkraut *n (Linaria vulgaris)*
flax-tail Breitblättriger Rohrkolben *m (Typha latifolia)*
flaxweed Gemeines Leinkraut *n (Linaria vulgaris)*
flea Floh *m*; *pl* Flöhe *mpl (Aphaniptera)*
blue ~ Gewöhnlicher Kohlerdfloh *m (Phyllotreta cruciferae)*
cat ~ Katzenfloh *m (Ctenocaphalides felis)*
dog ~ Hundefloh *m (Ctenocephalides canis)*
European chicken ~ Hühnerfloh *m (Ceratophyllus gallinae)*
garden ~ Gurkenspringschwanz *m*, Gartenspringschwanz *m (Sminthurus)*
human ~ Menschenfloh *m (Pulex irritans)*
lucerne ~ Luzernefloh *m (Sminthurus viridis)*
mouse ~ Hausmausfloh *m (Ctenopsyllus musculi)*
northern rat ~ (Europäischer) Rattenfloh *m (Nosopsyllus dasciatus)*
pigeon ~ Taubenfloh *m (Ceratophyllus columbae)*
sticktight ~ Hühnerkammfloh *m (Echidnophaga gallinacea)*
turnip ~s Kugelspringer *mpl (Sminthuridae)*
water ~ Wasserfloh *m (Daphnia)*
fleabane 1. Berufkraut *n (Erigeron)*; 2. Beifuß *m (Artemisia)*; 3. Großes Flohkraut *n (Pulicaria dysenterica)*
fleadock Gemeine Pestwurz *f (Petasites hybrisus)*
fleawort Echtes Labkraut *n (Galium verum)*
fleck 1. Fleck *m*; 2. Sommersprosse *f*
flecked gefleckt, fleckig
fledge flügge werden
fledged flügge
fledg(e)ling flügger Vogel *m*
flehmen *(Ethol.)* Flehmen *n*
flesh 1. Fleisch *m*; 2. Körper *m*, Leib *m*; 3. Fruchtfleisch *m*
flesh-flowered fleischblumig
flesh-headed fleischköpfig
fleshiness Fleischigkeit *f*
flesh-leaved fleischblättrig
flesh-pink fleischfarben
fleshy fleischig
fleur-de-lis Deutsche Schwertlilie *f (Iris germanica)*
flexibility Flexibilität *f*, Biegsamkeit *f*, Elastizität *f*
flexible flexibel, biegsam, elastisch
flexion Flexion *f*, Biegen *n*, Beugung *f*
flexor Flexor(muskel) *m*, Beuger *m*, Beugemuskel *m*
flexure Beuge *f*; Biegung *f*, Krümmung *f*
cervical ~ Nackenbeuge *f*
cranial [mesencephalic] ~ Mittelhirnbeuge *f*
pontine ~ Brückenbeuge *f*
sigmoid ~ Sigma *n*, Sigmoid *n (S-förmiger Dickdarmabschnitt)*
flicker Goldspecht *m*, Flicker *m (Colaptes auratus)*
campo ~ Feldspecht *m (Colaptes auratus)*
common ~ → flicker
flight 1. Flug *m*; Fliegen *n*; 2. Schwarm *m*, Flug *m*, Schar *f*; 3. Flug *m*, Zug *m*; 4. *pl* Schwungfedern *fpl*
courtship ~ Balzflug *m*
display ~ Schauflug *m*, Imponierflug *m*
flapping ~ Flatterflug *m*, Schlagflug *m*
hovering ~ Rüttelflug *m*
mating [nuptial] ~ Paarungsflug *m*
flightless flügellos; nicht flügge; flugunfähig
fling Ausschlagen *n (des Pferdes);* ausschlagen
flipper Pinna *f*, Flosse *f*, Finne *f*, Runderflosse *f*, Schwimmhand *f*
flit umherflattern
flitter Flattern *n*; Schwingen *n*; Zügeln *n*
float 1. Schwimmblase *f*; 2. Luftsack *m*, Luftflasche *f*, Pneumatophor *(bei Siphonophoren)*
floatation → flotation
floatings Strukturveränderungen *fpl*
floc Flocke *f*, Flocken *fpl*
biological ~ Belebtschlamm *m*, belebter Schlamm *m*, Bioschlamm *m*
floccose flockig behaart
flocculant Flockungsmittel *n*
flocculate 1. ausflocken, flocken; 2. Flocke *f*; 3. flockiger Niederschlag *m*
flocculation Flockenbildung *f*, Ausflockung *f*
flocculent flockenartig
flocculus Flocculus *m*, Flöckchen *n*
floccus 1. Flocke *f*; 2. Büschel *n*; 3. *(Orn.)* Flaum *m*
flock Schwarm *m*; Herde *f*; Flug *m*, Schar *f*
flocking 1. Schwarmbildung *f*; 2. Herdenbildung *f*
floor 1. Boden *m*; Meeresboden *m*, Grund *m*; 2. Flußsohle *f*
~ of mouth Mundboden *m*
forest ~ Waldstreu *f*
flora Flora *f*; Pflanzenwelt *f*
bacterial ~ Bakterienflora
cultivated ~ Kulturflora *f*
Gondwana ~ Gondwana-Flora *f*, Glossopteris-Flora *f*, antarktokarbonische Flora *f*
indigenous ~ einheimische Flora *f*
intestinal ~ Darmflora *f*
local [native] ~ einheimische Flora *f*
floral Blumen..., Blüten...
floral-kingdom Florenreich *n*
flora's-paintbrush Orangerotes Habichtskraut *n (Hieracium aurantiacum)*
florescence Blühen *n*, Blüte *f*; Blütezeit *f*; Blühzeit *f*
floret Blümchen *n*, Blütchen *n*; Einzelblüte *f (der Korbblüter)*
basal ~ basale Blüte *f* (bei Poaceen)
disk ~ Scheibenblüte *f*; röhrenförmige Blüte *f*
ligular ~ Zungenblüte *f*
ray ~ Zungenblüte *f*
floricole [floricolous] blütenbewohnend, blumenbewohnend
floriculture Blumenzucht *f*
floriferous blütentragend, blumentragend
floristics Florenkunde *f*, Floristik *f*
floscule dichtgedrängte Blüten *f*
floss 1. Flaum *m*; 2. *(Bot.)* Samenwolle *f*; 3. *(Ent.)* Kokon-

fädchen *n*
flotation Flotation *f*, Flotieren *n*
flounder Butt *m*; Heilbutt *m*, Scholle *f*; Flunder *f*; *pl* Plattfischartige *pl*, Flachfische *mpl (Pleuronectiformes)*
arrow-toothed ~ Pfeilzahnheilbutt *m (Atheresthes)*
flat-headed ~s Rauhe Schollen *fpl (Hipoglossoides)*
Christmas [eel-back] ~ Polarscholle *f (Liopsetta glacialis)*
great ~ Sternflunder *f (Platichthys stellatus)*
lambtongue ~ Lammzunge *f (Arnoglossus laterna)*
largescale ~ Schollen *fpl (Citharidae)*
left-eyed ~s 1. Butte *mpl (Bothidae)*, Steinbutte *mpl (Paralichthinae)*; 2. Steinbuttverwandte *mpl (Scophthalmidae)*
long-tailed ~ → arrow-toothed flounder
pole ~ Rotzunge *f (Glyptocephalus cynoglossus)*
right-eyed ~s Schollen *fpl (Pleuronectidae)*
sand ~ Gelbgestreifte [Langschnauzige] Kliesche *f (Limanda punctatissima)*
small ~ Rundbutt *m (Engyprosopon grandisquama)*
spiny-rayed ~s Heilbutte *mpl (Hippoglossus)*
starry ~ → great flounder
summer ~ Sommerflunder *f (Paralichthys dentatus)*
winter ~ Winterflunder *f (Pseudopleuronectes americanus)*
witch ~ → pole flounder
yellow-belly ~ Vierhöckerige Scholle *f (Pleuronectes quadrituberculatus)*
flow 1. Fluß *m*; Strom *m*; 2. Fließen *n*
blood ~ Blutstrom *m*
gene ~ Gendrift *f*, genetische Drift *f*
flowability Fließvermögen *n*, Fließfähigkeit *f*
flower 1. Blüte *f*, Blütenpflanze *f*; 2. Blume *f*; 3. Blütezeit *f*; 3. blühen
to be in ~ blühen
to come into ~ aufblühen
achlamydeous ~ apochlamydeische Blüte, Blüte ohne Blütenhülle *(veraltete Bezeichnung)*
actinomorphic ~ radiär-symmetrische Blüte *f*
anemophilous ~ windblütige Blüte *f*
apetalous ~ Blüte *f* ohne Kronblätter *(=Petalen)*
apical ~ Gipfelständige Blüte *f*
bilabiate ~ zweilippige Blüte *f*
bisexual ~ zweigeschlechtliche [zwitterige] Blüte *f*, Zwitterblüte *f*, staminokarpellate Blüte *f*
carpellary ~ stempeltragende Blüte *f*
carrion ~ 1. Himmelsleiter *m*, Sperrkraut *n (Polemonium)*; 2. Aasblume *f (Stapelia)*
Christmas ~ Winter-Nieswurz *f (Helleborus hyemalis)*
cleistogamous ~ geschlossene Blüte *f*
coat ~ → tunic flower
complete ~ vollständige Blüte *f*
diclinous ~ eingeschlechtliche Blüte *f*, unvollständige Blüte *f*, dikline Blüte *f*
dimerous ~ zweigliederige Blüte *f*
disk ~s Scheibenblüte *f*, röhrenförmige Blüte *f*
double ~ gefüllte Blüte *f*
epigynous ~ oberständige Blüte *f*
fly ~ fliegenbestäubende Blüte *f*
hermaphrodite ~ zweigeschlechtliche [zwitterige] Blüte *f*, Zwitterblüte *f*
heterostyled ~ verschiedengriffelige Blüte *f*
hypogynous ~ unterständige Blüte *f*
imperfect ~ unvollkommene Blüte *f*
incomplete ~ unvollständige Blüte *f*
instaminate ~ staubblattlose Blüte *f*
irregular ~ dorsiventrale [zweiseitig-symmetrische] Blüte *f*
lace ~ Wilde Möhre *f (Daucus carota)*
leopard ~ Chinesische Leopardenblume *f (Belamcanda chinensis)*
ligulate ~ Zungenblüte *f*, Randblüte *f*, Strahlblüte *f*
male ~ männliche Blüte *f*
marginal ~ Randblüte *f*, Zungenblüte *f*, Strahlblüte *f*
money ~ Einjähriges Silberblatt *n (Lunaria annua)*
monkey ~ Gauklerblume *f (Mimulus)*
monoclinous ~ zweigeschlechtliche [zwitterige] Blüte *f*, Zwitterblüte *f*
moth ~ schmetterlingsbestäubende Blüte *f*
naked ~ nackte Blüte *f*
neutral ~ geschlechtlose Blüte *f*
pentacyclic ~ fünfkreisige Blüte *f*
pentamerous ~ fünffache [fünfteilige] Blüte *f*
perfect ~ vollständige Blüte *f*
pincushion ~ Südliches Grindkraut *n (Scabiosa australis)*
pistillate ~ Stempelblüte *f*, weibliche Blüte *f*
poison ~ Bittersüßer Nachtschatten *m (Solanum dulcamara)*
polypetalous ~ gefüllte Blüte *f*
rabbit ~ Gemeines Leinkraut *n (Linaria vulgaris)*
ray ~ Strahlblüte *f*, Zungenblüte *f*, Randblüte *f*
rogation ~ Fleischrosenblütige Kreuzblume *f (Polygala incarnata)*
rotate ~ radförmige Blüte *f*
rush ~ Gemeine Blumenbinse *f (Butomus umbellatus)*
sapromyiophilic ~ Aasfliegenblume *f (Stapelia)*
staminate ~ Staubblüte *f*, männliche Blüte *f*
sympetalous ~ verwachsenkronenblättrige Blüte *f*
terminal ~ gipfelständige Blüte *f*
tetramerous ~ vierteilige Blüte *f*
trimerous ~ dreigliederige Blüte *f*
trout ~ Amerikanische Zahnlilie *f (Erythronium americanum)*
trumpet ~ Jasmintrompete *f*, Klettertrompete *f (Campsis radicans)*
tunic ~ Felsbrechende Felsennelke *f (Petrorhagia saxifraga)*
unisexual ~ eingeschlechtliche Blüte *f*
urceolate ~ krugförmige Blüte *f*
wasp ~ Wespenblüte *f*, wespenbestäubende Blüte *f*
yellow ~ Ackersenf, Wilder Senf *(Sinapis arvensis)*
zygomorphic ~ dorsiventrale [zweiseitig-sym-

metrische] Blüte *f*
flowerer Blüher *m*, blühende Pflanze *f*
floweret Blütchen *n*, Blümchen *n*
flower-bud Blütenknospe *f*
flower-cluster Blütenknäuel *m*
flower-gentle Hybrider Fuchsschwanz *m (Amaranthus hybridus)*
flowering 1. Blühen *n*, Blüte(zeit) *f*; 2. Blüten..., blühend
flowerless blütenlos; nichtblühend
flower-of-an-hour Stundenblume *f*, Stundeneibisch *m (Hibiscus trionum)*
flower-pecker Mistelfresser *m*, Mistelesser *m (Dicaeum)*
flower-piercer Hakenschnabel *m (Diglossa)*
fluctuation Fluktuation *f*; Schwankung *f*
fluellin Echter Ehrenpreis *m (Veronica officinalis)*
fluff Flaum *m*; Flaumhaar *n*
fluid 1. Flüssigkeit *f*; 2. flüssig; fließend
amniotic ~ Amnionflüssigkeit *f*; Fruchtwasser *n*
cellular ~ Zellsaft *m*
cerebrospinal ~ Zerebrospinalflüssigkeit *f*, Hirnrükkenmarkflüssigkeit *f*
culture ~ flüssiges Kulturmedium *n*, Nährlösung *f*
fixing ~ Fixator *m*, Fixierungsmittel *n*
interstitial ~ Gewebsflüssigkeit *f*
joint ~ Synovialflüssigkeit *f*, Gelenkflüssigkeit *f* , Gelenkschmiere
lymphatic ~ Lymphe *f*
peritoneal ~ Peritonealflüssigkeit *f*, Bauchfellflüssigkeit *f*
perivisceral ~ Periviszeralflüssigkeit *f*
perivitelline ~ Perivitellinflüssigkeit *f*
repugnatorial ~ Repellentflüssigkeit *f*
Scarpa's ~ Endolymphe *f*
seminal ~ Samenflüssigkeit *f*
synovial ~ Synovialflüssigkeit *f*, Gelenkflüssigkeit *f*, Gelenkschmiere *f*
tissue ~ Gewebsflüssigkeit *f*, Gewebslymphe *f*
fluidity 1. Fluidität *f*, flüssiger Zustand *m*; 2. Veränderlichkeit *f*
fluke 1. Flunder *f (Platichthys flesus)*; 2. Rotzunge *f (Glyptocephalus cynoglossus)*; 3. *pl* Saugwürmer *mpl (Trematode)*
common liver ~ Großer [Gemeiner] Leberegel *m (Fasciola hepatica)*
craig ~ → fluke 2.
digenetic ~s → fluke 3.
lancet ~ Lanzettegel *m*, Kleiner Leberegel *m (Dicrocoelium lanceatum)*
liver ~ → common liver fluke
Siberian liver ~ Katzen(leber)egel *m (Opisthorchis felineus)*
fluorescence Fluoreszenz *f*
fluorescent fluoreszierend
fluorochrome Fluoreszenzfarbstoff *m*
fluoroimmunoassay Immunfluoreszenztechnik *f*
fluorophore Fluorophor *m*, fluorogene Gruppe *f*
flush 1. Spülen *n*; Ausspülen *n*; Abspülen *n*; 2. strömen; 3. auffliegen; *Vögel* aufscheuchen
flute Trompetenfisch *m (Aulostomus)*
flutemouthes Trompetenfische *mpl (Aulostomidae)*
hair-tailed ~ Pfeifenfische *mpl*, Tabakspfeifen *fpl (Fistulariidae)*
fluvial fluvial; Fluß...
flux 1. Fließen *n*; Fluß *m*; 2. Ausfluß *m*
ground heat ~ Wärmeableitung *f* in tiefere Schichten
flux-root Knollige Seidenpflanze *f (Asclepias tuberosa)*
fly 1. Fliege *f*; *pl* Echte Fliegen *fpl (Muscidae)*; 2. Zweiflügler *m*
adder ~ies Großlibellen *fpl*, Ungleichflügler *mpl (Anisoptera)*
ant ~ geflügelte Ameise *f*
bat ~ies 1. Fledermausfliegen *fpl (Nycterebiidae)*; 2. Fledermausläuse *fpl (Streblidae)*
bee ~ies Hummelfliegen *fpl*, Wollschweber *mpl (Bombyliidae)*
big-eyed [big-headed] ~ies Kugelkopffliegen *fpl*, Augenfliegen *fpl (Doryliidae, Pipunculidae)*
black scavenger ~ies Dungmücken *fpl (Scatopsidae)*
bomb ~ Große Rinderdasselfliege *f (Hypoderma bovis)*
breeze ~ Biesfliegen *fpl*, Nasendasselfliegen *fpl (Oestrinae)*
brine ~ies → shore flies
bulb ~ies → flower flies 1.
caddis ~ies Köcherfliegen *fpl (Trichoptera)*
carrot (rust) ~ Möhrenfliege *f (Psila rosae)*
chalcid ~ies Erzwespen *fpl*, Zehrwespen *fpl (Chalcididae)*
chameleon ~ Gemeine Waffenfliege *f*, Chamäleonfliege *f (Stratiomys chameleon)*
cheese ~ Käsefliege *f (Piophila casei)*
cherry fruit ~ Kirschfruchtfliege *f (Rhagoletis cerasi)*
chin ~ → throat fly
circular-seamed ~ies Deckelschlüpfer *mpl (Cyclorrhapha)*
cluster ~ Mauerfliege *f*, Gemeine Wurmfliege *f (Pollenia rudis)*
crane ~ies Schnaken *fpl*, Wiesenschnaken *fpl (Tipulidae)*
cuckoo ~ies Goldwespen *fpl (Chrysididae)*
dance ~ies Tanzfliegen *fpl (Empididae)*
day ~ies Eintagsfliegen *fpl (Ephemeridae)*
fragon ~ies → adder flies
drone ~ Schlammfliege *f (Eristalis tenax)*
dung ~ies Dungfliegen *fpl*, Kotfliegen *fpl (Scatophagidae)*
ensigh ~ies Hungerwespen *fpl (Evaniidae)*
face ~ Weideviehfliege *f*, Augenfliege *f (Musca autumnalis)*
fairy ~ies Zwergwespen *fpl (Mymaridae)*
false crane ~ies Pfriemenmücken *fpl*, Fensterpfriemenmücken *fpl (Anisopodidae)*
false stable ~ Falsche Stubenfliege *f (Muscina stabulans)*

flat-footed ~ies Pilzfliegen *f (Platypezidae)*
flesh ~ies Fleischfliegen *fpl*, Aasfliegen *fpl (Sarcophagidae)*
flower ~ies 1. Schwebfliegen *fpl*, Schwirrfliegen *fpl (Syrphidae)*; 2. Blumenfliegen *fpl (Anthomyinae)*
forest ~ Pferde-Lausfliege *f (Hippobosca equina)*
frit ~ Halmfliegen *fpl*, Gelbkopffliegen *fpl (Chloropidae)*
fruit ~ 1. Essigfliege *f*, Fruchtfliege *f (Drosophila); pl* Essigfliegen *fpl*, Taufliegen *fpl*, Fruchtfliegen *fpl (Drosophilidae)*; 2. Bohrfliegen *fpl*, Scheckfliegen *fpl (Trypetidae)*
golden-eyed ~ies Florfliegen *fpl*, Goldaugen *npl (Chrysopidae)*
green-bottle ~ Goldfliege *f (Lucilia)*
hanging scorpion ~ies Mückenhafte *pl (Bittacidae)*
harlequin ~ies Zuckmücken *fpl (Chironomidae)*
heel ~ Kleine Rinderasselfliege *f (Hypoderma lineata)*
horn ~ Kleine Stechfliege *fpl*, Hornfliege *f (Haematobia stimulans)*
house ~ Gemeine Stubenfliege *f (Musca domestica); pl* Echte Fliegen *fpl*, Vollfliegen *fpl (Muscidae)*
hover ~ies → flower flies 1.
humpbacked ~ies Buckelfliegen *fpl (Phoridae)*
ichneumon ~ies Echte Schlupfwespen *fpl (Ichneumonidae)*
lantern ~ies Leuchtzirpen *fpl*, Laternenträger *mpl (Fulgoridae)*
latrine ~ Latrinenfliege *f (Fannia scalaris)*
leaf miner ~ies Minierfliegen *(Agromyzidae)*
lesser bulb ~ Kleine Narzissenfliege *f (Eumerus strigatus)*
long-horned ~ies Mücken *fpl (Nematocera)*
long-legged ~ies Langbeinfliegen *fpl (Dolichopodidae)*
louse ~ies Lausfliegen *fpl (Hippoboscidae)*
March ~ies Märzfliegen *fpl*, Haarmücken *fpl (Bibionidae)*
May ~ies Eintagsfliegen *fpl (Ephemeroptera)*
Mediterranean fruit ~ Mittelmeer-Fruchtfliege *f (Ceratitis capitata)*
moth ~ies Schmetterlingsmücken *fpl (Psychodidae)*
muscid ~ies Echte Fliegen *fpl*, Vollfliegen *fpl (Muscidae)*
mydas ~ies Mydasfliegen *fpl (Mydaidae)*
net-spinning caddis ~ies Wassermotten *fpl (Hydropsychidae)*
nose ~ies Nasenbremsen *fpl*, Nasendasselfliegen *fpl (Oestridae)*
olive ~ Olivenfliege *f (Dacus oleae)*
onion bulb ~ → lesser bulb fly
orl ~ies Wasserflorfliegen *fpl (Sialidae)*
ox warble ~ Große Rinderdasselfliege *f (Hypoderma bovis)*; Kleine Rinderdasselfliege *f (Hypoderma lineatum)*
phantom crane ~ies Faltenmücken *fpl (Liriopidae)*
phorid ~ies → humpbacked flies
picture-winged ~ies Schmuckfliegen *fpl (Otitidae)*
pigeon ~ Taubenlausfliege *f (Pseudolynchia canariensis)*
pomace ~ → fruit fly 1.
robber ~ies Mordfliegen *fpl*, Raubfliegen *fpl (Asilidae)*
rose hip ~ Hagebuttenfliege *f (Rhagoletis alternata)*
rust ~ies Nacktfliegen *fpl*, Spitzfliegen *fpl (Psilidae)*
Russian ~ → Spanish fly
sand ~ Kriebelmücken *fpl (Simuliidae)*
scavenger ~ies Schwingfliegen *fpl (Sepsidae)*
scorpion ~ies Schnabelfliegen *fpl*, Skorpionfliegen *fpl (Mecoptera)*
seaweed ~ies Tangfliegen *fpl (Coelopidae)*
sheep maggot ~ Weidengoldfliege *f (Lucilia sericata)*
shore ~ies Uferfliegen *fpl*, Sumpffliegen *fpl*, Weitmaulfliegen *fpl (Ephydridae)*
skipper ~ies Käsefliegen *fpl (Piophilidae)*
small-headed ~ies Kugelfliegen *fpl (Acroceridae)*
snipe ~ies Schnepfenfliegen *fpl (Rhagionidae)*
snow ~ 1. Schneefliege *f (Chionea)*; 2. Winterhaft *m*, Schneefloh *m (Boreus); pl* Winterhafte *mpl*, Schneeflöhe *f (Boreidae)*
snow scorpion ~ → snow fly 2.
soldier ~ies Waffenfliegen *fpl (Stratiomyiidae)*
Spanish ~ Spanische Fliege *f*, Gemeiner Pflasterkäfer *m (Lytta vesicatoria)*
spear-marked [spear-winged] ~ies Lanzenfliegen *fpl (Lonchopteridae)*
spongilla ~ies Schwammfliegen *fpl (Sisyridae)*
stable ~ Gemeine Stechfliege *f*, Stallfliege *f (Stomoxys calcitrans)*
stalk-eyed ~ies Stielaugenfliegen *fpl (Diopsidae)*
stiletto ~ies Stilettfliegen *fpl*, Luchsfliegen *fpl (Therevidae)*
stilt-legged ~ies Stelz(en)fliegen *fpl (Micropezidae)*
stink ~ies → golden-eyed flies
stone ~ies Steinfliegen *fpl*, Uferfliegen *fpl (Plecoptera)*
straight-seamed ~ies Spaltschlüpfer *mpl (Orthorrhapha)*
tachina ~ies Aasfliegen *fpl*, Raupenfliegen *fpl*, Schmarotzerfliegen *fpl (Tachinidae)*
tangle-veined ~ies Netzfliegen *fpl (Menestrinidae)*
thick-headed ~ies Dickkopffliegen *fpl*, Blasenkopffliegen *fpl (Conopidae)*
throat ~ Kehlgangsbremse *f*, Dünndarmbremse *f (Gasterophilus nasalis)*
toad ~ Krötenfliege *f (Lucilia bufonivora)*
tsetse ~ Tsetsefliege *f (Glossina)*
two-winged ~ies Zweiflügler *mpl*, Dipteren *npl (Diptera)*
typhoid ~ Gemeine Stubenfliege *f (Musca domestica)*
vinegar ~ ies → fruit fly 1.
warble ~ ies Dasselfliegen *fpl*, Hautdasselfliegen *fpl (Hypodermatidae)*
willow ~ Grüner Uferbold *m (Chloroperla viridis)*

window ~ies Fensterfliegen *fpl (Scenopinidae)*
winter crane ~ies Wintermücken *fpl (Petauristidae)*
flycatcher Schnäpper *m (Muscicapa); pl* Fliegenschnäpper *mpl*, Sänger *npl (Muscicapidae)*
Acadian ~ Buchentyrann *m (Empidonax virescens)*
American ~s → tyrant flycatchers
brown ~ Braunschnäpper *m (Muscicapa latirostris)*
collared ~ → white-collared flycatcher
fantail ~s Fächerschwanzschnäpper *mpl (Rhipidura)*
gray ~ Beifußtyrann *m (Empidonax wrightii)*
half-collared ~ → pied flycatcher 1.
least ~ Gartentyrann *m (Empidonax minimus)*
monarch ~s Monarchen *mpl (Monarchinae)*
narcissus ~ Narzissen-Schnäpper *m*, Goldschnäpper *m (Ficedula narcissina)*
paradise ~ Paradiesschnäpper *m (Terpsiphone)*
pied ~ 1. Trauerschnäpper *m (Ficedula hypoleuca)*; 2. Elstermonarch *m (Arses kaulpi)*
red-breasted ~ Zwergschnäpper *m (Ficedula parva)*
scissor-tailed ~ Scherentyrann *m (Tyrannus forficatus)*
spotted ~ Grauschnäpper *m*, Grauer Fliegenschnäpper *m (Muscicapa striata)*
tyrant ~s eigentliche Tyrannen *mpl*, Bronchienschreier *mpl (Tyrannidae)*
white-collared ~ Halsbandschnäpper *m (Ficedula albicollis)*
yellow-bellied ~ 1. Bambuslaubsänger *m (Abroscopus superciliaris)*; 2. Gelbbauch-Wandertyrann *m*, Birkentyrann *m (Empidonax flaviventris)*
flycatcher-shrike Raupenschmätzer *m (Hemipus)*
flycatcher-warbler Laubsänger *m (Abroscopus)*
flyway *(Orn.)* Wanderweg *m*, Zugstraße *f*, Flugweg *m*, Zugweg *m*
foal 1. Füllen *n*, Fohlen *n*; 2. fohlen
foalfoot Huflattich *m (Tussilago farfara)*
foam Schaum *m*; schäumen, Schaum *m* bilden
foamflower Schaumblüte *f (Tiarella)*
foamy schaumig; schäumend
focal fokal; Herd...
focus Herd *m*, Krankheitsherd *m*, Infektionsherd *m*
focusing:
flat bed isoelectric ~ isoelektrische Flachbettfokussierung *f*
isoelectric ~ isoelektrische Fokussierung *f*
fodder [grobes] Futter *n*, Viehfutter *n*
foetation 1. Fötusentwicklung *f*; 2. Schwangerschaft *f*
foetid fötid, stinkend
foetus Fötus, Fetus *m*, Leibesfrucht *f*
fog 1. Nebel *m*, Sprühnebel *m*; 2. Nachmahd *f*; 3. Wintergras *n*
Yorkshire ~ Wolliges Honiggras *n (Holcus lanatus)*
fold 1. Falte *f*; Windung *f*; falten; 2. Schafherde *f*; 3. Hürde *f*; Schafhürde *f*
circular ~ Kerckringsche Falte *f*
genital ~ Genitalfalte *f*, Geschlechtsfalte *f*
inguinal ~ Leistenfalte *f*
Kerckring's ~ Kerckringsche Falte *f*
nail ~ Nagelfalte *f*, Nagelfalz *m*
neural ~ Neuralfalte *f*
folded gefaltet
folding 1. Faltung *f*; 2. Umknicken *n*; Fälteln *n*
chain ~ Kettenfaltung *f*
foliaceous 1. blattartig; 2. beblättert; belaubt, laubig, Laub...
foliage Laub(werk) *n*; Baumlaub *n*; Blätter *npl*
foliar blattständig; Blatt...
foliate 1. → foliaceous; 2. Blätter *npl* treiben
foliation 1. Knospenlage; 2. Blattbildung *f*, Belaubung *f*
foliicolous (pflanzen)blätterbewohnend
foliolate blättchentragend; blättchenartig
foliole Blättchen *n*; Teilblättchen *n (eines zusammengesetzten Blattes)*
foliose 1. blattreich, vielblättrig; 2. belaubt, laubig, beblättert
follicle 1. Follikel *m*, Folliculus *m*; Bläschen *n*; 2. Balgfrucht *f*, Balgkapsel *f*; 3. Kokon *m*
aggregated lymphatic ~s Peyersche Plaques *pl*
compound ~ zusammengesetzte Balgfrucht *f*
feather ~ Federbalg *m*
Graafian ~ Bläschenfollikel *m*, Graafscher Follikel *m*
hair ~ Haarbalg *m*, Haarfollikel *m*
ovarian ~ Eierstockfollikel *m*, Ovarialfollikel *m*, Follikel *m*
primordial ~ Primordialfollikel *m*, Primärfollikel *m*
solitary ~ Solitärfollikel *m*
splenic lymphatic ~ Malpighisches Körperchen *n* der Milz
vesicular ovarian ~ Bläschenfollikel *m*, Graafscher Follikel *m*
vitellin ~ Dotterbläschen *n*
follicular follikulär, Follikel...
folliculogenesis Follikelbildung *f*, Follikelentwicklung *f*
folliculoid follikelartig
fontanel(le) Fontanelle *f*, Fontikulus *m*
fonticulus → fontanel(le)
food 1. Nahrung *f*; 2. Nahrungsmittel *n*; 3. Futter *n*
animal ~ Tiernahrung *f*
vegetable ~ pflanzliche Nahrung *f*, pflanzliche Ernährung *f*
food-begging Futterbetteln *n*
food-chain Nahrungskette *f*
food-getting Nahrungserwerb *m*
foodstuff 1. Nahrung *f*; Nährstoff *m*; 2. Nahrungsmittel *n*
foody eßbar; Nahrungs...
foolfish Polarscholle *f (Liopsetta glacialis)*
foot Fuß *m*; Fußsohle *f*
cleft ~ Spaltfuß *m*
creeping ~ Kriechfuß *m* (z. B. der Schnecken)
false ~ Pseudopodium *n*
fossorial ~ Grabbein *n*, Grabfuß *m*
mouth ~ Kieferfuß *m*
footmen's Flechtenspinner *m (Lithosiidae)*
footprint Fußspur *f*; Fußabdruck *m*
footstalk Stengel *m*; Blattstiel *m*

forage 1. Nahrungssuche *f*; Nahrung suchen; 2. Viehfutter *m*, Futter *m*
forager Nahrungssammler *m*
foram Foraminiferen *npl*, Kammerling *m*; *pl* Kammerlinge *mpl (Foraminifera)*
foramen Foramen *n*, Loch *n*; Öffnung *f*
~ magnum Hinterhauptsloch *n*
optic ~ Sehnervenloch
foraminifers Foraminiferen *npl*, Kammerlinge *pl (Foraminifera)*
foraminous perforiert
forb Krautpflanze *f*; Staude *f*
forbear Vorfahr *m*; Ahne *f*; Urahne *f*
forbs Kräuter *npl*
force Kraft *f*; Stärke *f*
germinating ~ Keimkraft *f*; Triebkraft *f*; Wachstumsenergie *f*
suction ~ Saugkraft *f*
forceps Zange *f*, Pinzette *f*
forcing Treiben *n*; Austreiben *n*; Austrieb *m*
forcipate mit Zangen versehen; zangenförmig
forearm Vorderarm *m*, Unterarm *m*
forebrain Vorderhirn *m*, Prosenzephalon *n*
forecast Prognose *f*, Voraussage *f*, Vorhersage *f*
forefinger Zeigefinger *m*
foregut 1. Vorderdarm *m*; 2. Kopfdarm *m*
forehead Stirn *f*
foreign fremd, ausländisch, fremdländisch; hereingeschleppt
forekidney Pronephros *m*, Vorniere *f*
foreleg Vorderbein *n*
foremilk Biestmilch *f*, Kolostralmilch *f*, Kolostrum *n*
foreplay *(Ethol.)* Vorspiel *n*
mating ~ Paarungsvorspiel *n*
foreshore 1. Vorstrand *m*; 2. Deichvorland *n*
dike ~ Deichvorland *n*
foreskin Präputium *n*, Vorhaut *f*
forest Wald *m*, Forst *m*
alder ~ Erlenwald *m*
alluvial ~ Au[en]wald *m*
alpine ~ Bergwald *m*
bamboo ~ Bambuswald *m*
beech ~ Buchenwald *m*
bilberry pine ~ Blaubeer-Kiefernwald *m*
bilberry spruce ~ Blaubeer-Fichtenwald *m*
birch ~ Birkenwald *m*
bog ~ Hochmoorwald *m*
bog moss pine ~ Torfmoos-Kiefernwald *m*
boreal coniferous ~ Taiga, borealer Nadelholzwald *m*
bottomland ~ Auwald *m*, Auenwald *m*
box ~ Buchsbaumwald *m*
broad-leaved ~ breitblättriger Laubwald *m*
burned-out ~ Brandfläche *f*
carboniferous swamp ~ Steinkohlenwald *m*
cedar ~ Zederwald *m*
cloud ~ Nebelwald *m*; Wolkenwald *m*
conifer(ous) ~ Nadelwald *m*
coppice ~ Niederwald *m*; Ausschlagwald *m*
cowberry spruce ~ Preiselbeer-Fichtenwald *m*
croocked ~ Krummholzformation *f*
dark coniferous ~ dunkler Nadelwald *m*
deciduous ~ laubwerfender Wald *m*
deciduous summer ~ sommergrüner [winterkahler] Wald *m*, Sommerwald *m*
elfin ~ Zwergwald *m*
evergreen ~ immergrüner Wald *m*
fir ~ Tannenwald *m*
flood plain ~ Auwald *m*, Auenwald *m*
fringing [gallery] ~ Galeriewald *m*
gorge ~ Schluchtwald *m*, Kluftwald *m*
grass pine ~ Gräser-Kiefernwald *m*
grass spruce ~ Gräser-Fichtenwald *m*
grazing ~ beweideter Wald *m*
gum-tree ~ Fieberbaumwald *m*
hard-leaved ~ Hartlaubwald *m*
hardwood ~ Laubwald *m*
heath ~ Heidewald *m*
high ~ Hochwald *m*
holly oak ~ Steineichenwald *m*
hornbeam ~ Weißbuchenwald *m*
hornbeam-oak ~ Eichen-Hainbuchenwald *m*
inundated ~ Auwald *m*, Auenwald *m*
Islands ~ Waldinseln *mpl*
larch ~ Lärchenwald *m*
lichen pine ~ Flechten-Kiefernwald *m*
light ~ Lichtwald *m*, gelichteter Wald *m*
light coniferous ~ gelichteter Nadelwald *m*
lime-tree ~ Lindenwald *m*
low ~ Niederwald *m*; Buschwald *m*
maple ~ Ahornwald *m*
marginal ~ Galeriewald *m*
middle ~ Mittelwald *m*
mixed ~ Mischwald *m*, gemischter Wald *m*
mixed tropical rain ~ gemischter tropischer Regenwald *m*
moist mountain ~ tropischer Gebirgsregenwald *m*
moist semideciduous tropical ~ tropischer wechselgrüner Regenwald *m*
moist tropical ~ tropischer Regenwald *m*; Hylaea *f*
monsoon ~ Monsunwald *m*, tropischer wechselgrüner Regenwald *m*
mountain [montane] ~ Gebirgswald *m*
mountain cloud ~ Wolkenwald *m*, Nebelwald *m*
mountain [montane] rain ~ Gebirgs-Hylaea *f*; tropischer Gebirgs-Regenwald *m*
mountain taiga ~ Gebirgs-Taigawald *m*
needle(-leaved) ~ Nadelwald *m*
oak ~ Eichenwald *m*
palm ~ Palmenwald *m*
paludal ~ Sumpfwald *m*, Bruchwald *m*
parvifoliate ~ kleinblättriger Wald *m*
pine ~ Kiefernwald *m*, Föhrenwald *m*
pine grass ~ Gräser-Kieferwald *m*
primeval ~ Urwald *m*, primitiver Wald *m*

protection ~ Schutzwald *m*, Bannwald *m*, Schonungswald *m*
rain ~ Regenwald *m*
rainy-green ~ regengrüner Wald *m*
ravine ~ Schluchtwald *m*, Kluftwald *m*
recreational ~ Parkwald *m*
relict pine ~ Reliktföhrenwald *m (Waldgesellschaft trockener Alpenfelshänge)*
riparian ~ Urema-Wald *m*, Uferwald *m*
savanna ~ Parkwaldsavanna *f*
sclerophyllous ~ Hartlaubwald *m*
scrub ~ Licht-Hartlaubgebüsch *n*
secondary ~ sekundärer Wald *m*
sedge-grass scrub ~ Seggen-Gräserfichtenwald *m*
selection ~ Plenterwald *m*
semidry tropical ~ semiarider tropischer Wald *m*
softwood ~ Nadelwald *m*
spruce ~ Fichtenwald *m*
subtropical evergreen ~ subtropischer immergrüner Wald *m*
swamp ~ Sumpfwald *m*, Bruchwald *m*
thorn ~ Dornwald *m*
timber ~ Hochwald *m*
tropical ~ tropischer Wald *m*, Tropenwald *m*
tropical rain ~ tropischer Regenwald *m*
vine ~ tropischer Lianen-Regenwald *m*
virgin ~ Urwald *m*
winter green ~ wintergrüner Wald *m*

forester 1. Förster *m*; 2. Waldbewohner *m*; 3. Riesenkänguruh *n (Macropus);* graues Riesenkänguruh *n (Macropus giganteus)*
forestomach Vormagen *m*
forestry 1. Forstwirtschaft *f*; 2. Wälder *mpl*
forest-steppe Waldsteppe *f*
forest-tundra Wald-Tundra *f*
forgerons Spatenfische *mpl*, Drepanen *fpl (Ephippididae)*
forget-me-not 1. Vergißmeinnicht *n (Myosotis)*; 2. Gamander-Ehrenpreis *m (Veronica chamaedrys)*
Alpine ~ Alpen-Vergißmeinnicht *n (Myosotis alpestris)*
creeping ~ Frühlings-Gedenkemein *n (Omphalodes verna)*
early ~ Rauhes Vergißmeinnicht *n (Myosotis ramosissima)*
water ~ Sumpf-Vergißmeinnicht *n (Myosotis palustris)*
wild ~ Porzellansternchen *n*, Engelsauge *n (Houstonia coerulea)*
yellow ~ Buntes Vergißmeinnicht *n (Myosotis discolor)*

fork 1. Gabelung *f*; 2. Gabel *f*
forkbeard Ostatlantischer Gabeldorsch *m (Phycis)*
greater ~ Gabeldorsch *m*, Schleimfischartige Meertrüsche *f (Phycis blennoides)*
lesser ~ Frosch-Dorsch *m (Raniceps raninus)*

forking Dichotomie *f*, Gabelverzweigung *f*
forktail Gabeldrossel *f*, Scherenschwanz *m (Enicurus)*
form Form *f*
formaldehyde [formalin] Formalin *n*
formation Formation *f*; Gestaltung *f*; Bildung *f*; 2. Entstehung *f*, Entwicklung *f*
antibody ~ Antikörperbildung *f*
bank ~ Uferausbildung *f*
blood ~ Hämopoese *f*, Blutbildung *f*
bog ~ Versumpfung *f*
cushionplant ~ Polsterformation *f*
ear ~ Ährenschieben *n*
elfin wood ~ Knieholzformation *f*
helix ~ Helix-Bildung *f*; Spiralisation *f*
plant ~ Pflanzenformation *f*
rhizophore ~ Rhizophorenbildung *f*, Wurzelträgerbildung *f*
ring ~ Ringbildung *f*; Zyklisierung *f*
sod ~ Berasung *f*; Verfilzung *f*
spore ~ Sporenbildung *f*, Sporogenese *f*
steppe ~ Versteppen *n*
thorn cushionplant ~ Dornpolsterformation *f*

formative 1. formend, gestaltend, bildend; 2. morphogen
former:
acid ~**s** Säurebildner *m*, azidogener Organismus *m*
film ~ Häutchenbildner *m*
gradient ~ Gradientmischer *m*; Gradientverdünner *m*
spore ~ Sporenbildner *m*

formula Formel *f*
antigenic ~ Antigennomenklatur *f*
constitutional ~ Strukturformel *f*
flower ~ Blütenformel *f*

formylation Formylierung *f*
fornicate(d) gewölbt, wölbig
fornix 1. Gewölbe *n*, Wölbung *f*, Gewölbebogen *m*; 2. *(Bot.)* Deckklappe *f*, Deckschuppe *f*
fortification 1. Verstärkung *f*; 2. Befestigung *f*; 3. Anreicherung *f*
vitamin ~ Vitaminisierung *f*, Vitaminanreicherung *f*

forward 1. nach vorn gerichtet; vorder; 2. frühreif; 3. beschleunigen; 4. fördern, begünstigen
forwardness Frühentwicklung *f*; Frühreife *f*
fossa 1. Fossa *f*; Grube *f*; Vertiefung *f*; 2. Frettkatze *f*, Fossa *f (Cryptoprocta ferox)*
canine ~ Eckzahngrube *f*
coronoid ~ Kronenfortsatzgrube *f*
glenoid ~ Gelenkpfanne *f*
hypophyseal ~ Hirnanhangsgrube *f*
iliac ~ Darmbeingrube *f*
jugular ~ Drosselgrube *f*, Kehlgrube *f*
pituitary ~ → hypophyseal fossa
trochanteric ~ Trochantergrube *f*

fossette Grünchen *n*, Delle *f*
fossil Fossil *n*; Versteinerung *f*; fossil, versteinert
living ~ lebendes Fossil *n*

fossiliferous fossiltragend
fossilization Fossilization *f*, Fossilwerdung *f*
fossores Grabwespen *fpl*, Sandwespen *fpl (Sphecidae)*
fossorial grabend, Grab...

fouling 1. Verunreinigung *f*; Verschmutzung *f*; 2. Bewachsen *n*
foumart Iltis *(Mustela putorius)*
four-chambered Vierkammer...
four-footed vierbeinig
four-handed vierhändig
four-o'clock 1. Wunderblume *f (Mirabilis jalapa)*; 2. Schinkenkraut *n*, Gemeine Nachtkerze *f (Oenothera biennis)*
four-legged vierbeinig
four-toes Wegerichartiges Ruhrkraut *n (Gnaphaliumplantaginifolium)*
fovea 1. → fossa; 2. *(Bot.)* Grube *f*
foveate grubig, vertieft
foveola kleine Grube *f*, Grübchen *n*
foveolate(d) kleingrubig
fowl 1. Geflügel *n*; Haushuhn *n*; Hausente *f*; Truthahn *m*; 2. Vogel *m*; Vögel *mpl*
  guinea ~ Perlhuhn *n*, Helmperlhuhn *n (Numida meleagris)*
  jungle ~ 1. Bankiva-Huhn *n (Gallus gallus)*; 2. Großfußhuhn *n (Megapodius)*
  maleo ~ Hammerhuhn *n (Macrocephalon maleo)*
  mallec ~ Thermometerhuhn *n (Leipoa ocellata)*
  migratory ~ Zugvogel *m*
  spur ~ Spornhuhn *n (Galloperdix)*
fox Fuchs *m (Vulpes)*
  African big-eared ~ Löffelhund *m (Otocyon megalotis)*
  Arctic ~ Eisfuchs *m*, Polarfuchs *m (Alopex lagopus)*
  Azara's ~ Pampasfuchs *m (Dusicyon gamnocercus)*
  bat-eared ~ Afrikanischer Wildhund *m (Lycaon pictus)*
  big-eared ~ → African big-eared fox
  black ~ Fischermarder *m (Martes pennanti)*
  blue ~ Polarfuchs *m* im Sommerkleid
  bush ~ Waldhund *m (Speothos venaticus)*
  common ~ → red fox
  corsac ~ Korsak, Steppenfuchs *m (Vulpes corsac)*
  dark flying ~ rauchgrauer Flughund *m (Pteropus subniger)*
  European ~ → red fox
  fennec ~ Wüstenfuchs *m*, Fennek *m (Fennecus zerda)*
  flying ~ Flederhund *m*, Flughund *m*, Flugfuchs *m (Pteropus); pl* Flughunde *mpl (Pteropodidae)*
  grey ~ Festland-Graufuchs *m (Urocyom cinereoargenteus)*
  king ~ Afghan-Fuchs *m (Vulpes canus)*
  kit ~ Swift-Fuchs *m (Vulpes velox)*
  large flying ~ Kalong *m (Pteropus vampyrus)*
  pale ~ Blaß-Fuchs *m (Vulpes pallidus)*
  polar ~ → Arctic fox
  red ~ (Nordischer) Fuchs *m*, Rotfuchs *m (Vulpes vulpes)*
  rufous flying ~ Roter Flughund *m (Pteropus rufus)*
  sand ~ Rüppell-Fuchs *m (Vulpes rueppeli)*
  Simian ~ Abessinienfuchs *m*, Kaberu *m (Canis simena simensis)*
  swift ~ → kit fox
  white ~ → Arctic fox
foxberry Preiselbeere *f (Vaccinium vitis-idaea)*
foxfeet Tannen-Teufelsklaue *f (Huperzia selago)*
foxglove 1. Fingerhut *m (Digitalis)*; 2. Trompetenblume *f (Campsis radicans)*
  purple ~ Roter Fingerhut *m (Digitalis purpurea)*
foxtail 1. Fuchsschwanz *m (Alopecurus)*; 2. Borstenhirse *f (Setaria)*
  bent ~ Knick-Fuchsschwanz *m (Alopecurus geniculatus)*
  black ~ Acker-Fuchsschwanz *m (Alopecurus myosuroides)*
  green ~ Grüne Borstenhirse *f (Setaria viridis)*
  meadow ~ Wiesenfuchsschwanz *m (Alopecurus pratensis)*
  orange ~ Rotgelber Fuchsschwanz *m (Alopecurus aequalis)*
  tuberosus ~ Zwiebelfuchsschwanz *m (Alopecurus bulbosus)*
fraction Fraktion *f*; Teil *m*
fractionation Fraktionieren *n*, Fraktionierung *f*; Trennung *f*
  salt ~ fraktioniertes Aussalzen *n*
fractoserial getrenntreihig
fracture Fraktur *f*, Bruch *m*
fragile zerbrechlich; brüchig
fragment Fragment *n*; Bruchstück *m*
fragmentation Fragmentation *f*
  nuclear ~ Kernfragmentation *f*
fragrant wohlriechend, duftend
frail 1. zerbrechlich; 2. zart, schwach
frame 1. Rahmen; 2. Gerüst *n*; 3. Körperbau *m*
  bony ~ Skelett *n*, Gerippe *m*
frameshift Rasterverschiebung *f*, Phasenverschiebung *f*
framework 1. Gerüst *n*; Gerippe *n*; 2. Gitter *n*; 3. *(Bot.)* Sieb *n*
francolin Frankolin *m (Francolinus)*
frass Bohrmehl *n*
fraternal 1. geschwisterlich; 2. dizygot, zweieiig
fraxinella Diptam *m (Dictamnus)*
freckle 1. Fleck *m*, Fleckchen *n*; 2. Sommersprosse *f*
free 1. frei, nicht gebunden; 2. frei, los; 3. freilassen
free-living freilebend
free-ranging Freiland...
free-swimming freischwimmend
free-veined *(Bot.)* freiaderig
freeze-dryer Gefriertrockner *m*
freeze-drying Gefriertrocknung *f*, Lyophilisation *f*; Kryodesikkation *f*
freeze-etching Gefrierätzen *n*, Gefrierätzverfahren *n*
freeze-fracture Gefrierbrechen *n*
freeze-substitution Gefriersubstitution *f*, Gefrieraustauschverfahren *n*
freezing 1. Vereisung *f*; 2. Gefrieren *n*; Einfrieren *n*; 3. *(Ethol.)* Erstarrung *f*

frequency Frequenz *f*; Häufigkeit *f*
~ of occurrence Frequenz *f*
absolute ~ *(Biom.)* absolute Häufigkeit *f*
alpha ~ Frequenz *f* des Alpha-Rhythmus
class ~ Klassenhäufigkeit *f*
cumulative ~ *(Biom.)* Summenhäufigkeit *f*
freshwater Süßwasser...
fret 1. zerfressen, anfressen, angreifen; 2. ärgern, reizen; 3. Ärger *m*, Verärgerung *f*
fretter:
vine ~ Reblaus *f*, Wurzellaus *f* des Weinstocks *(Phylloxera vastatrix)*
friarbird Lederkopf *m (Philemon)*
frigatebird Fregattvogel *m (Fregata); pl* Fregattvögel *mpl (Fregatidae)*
greater ~ Bindenfregattvogel *m (Fregata minor)*
lesser ~ Kleiner Fregattvogel *m*, Arielfregattvogel *m (Fregata ariel)*
frigofuge kältehinfällig
frigole Gartenbohne *f (Phaseolus vulgaris)*
frigostable kälteresistent, kältefest, kältebeständig
frill *(Orn.)* Kragen *m*
fringe 1. Franse *f*; 2. Rand *m*; Umrandung *f*; 3. Randbezirk *m*, Randgebiet *n*
hair ~ Haarsaum *m*
littoral ~ Küstensaum *m*, Ufersaum *m*
fringed gefranst
fringeflower 1. Schlitzblume *f*, Spaltblume *f (Schizanthus)*; 2. Virginische Schnee(flocken)blume *f (Chionanthus virginica)*
fringe-flowered gefranstblütig, wimperblütig
fringe-fruited wimperfrüchtig
fringe-leaved gefranstblättrig, wimperblättrig
fringe-petaled gefranste Petalen
fritillary Kaiserkrone *f*, Schachbrettblume *f (Futillaria)*
frog Frosch *m*
banana ~ Stachelfrosch *m*, Bananenfröschchen *n (Afrixalus)*
bone-headed tree ~ Panzerkopf-Laubfrosch *m (Tripion spatulus)*
brown ~ Grasfrosch *m*, Landfrosch *m (Rana temporaria)*
burrowing ~ Nasenfrosch *m (Rhinophrynus)*
burrowing tree ~ Grablaubfrosch *m (Pternohyla fodiens)*
chorus ~ Chorfrosch *m (Pseudacris nigrita)*
clawed ~ Krallenfrosch *m (Xenopus)*
common ~ → brown frog
cricket ~ Grillen(laub)frosch *m (Acris crepitans)*
disk-tongued ~s Scheibenzüngler *mpl (Discoglossidae)*
dwarf clawed ~ Zwergkrallenfrosch *m (Hymenochirus)*
edible ~ Wasserfrosch *m*, Teichfrosch *m (Rana esculenta)*
fishing ~ Froschfisch *m*, Seeteufel *m (Lophius)*
flying ~ Ruderfrosch *m*, Flugfrosch *m (Rhacophorus)*
foam-nest ~ (Grauer) Baumfrosch *m (Chiromantis)*
ghost ~ Gespenstfrosch *m (Heleophryne purcelli)*
glass ~ s Glasfrösche *mpl (Centrolenidae)*
goliath ~ Goliathfrosch *m (Gigantorana goliath)*
grass ~ Zwerglaubfrosch *m (Limnaoedus)*
hairy ~ Haarfrosch *m (Trichobatrachus robustus)*
harlequin ~ Stummelfuß-Frosch *m (Atelopus)*
horned ~ 1. Helmkopffrosch *m (Hemiphractus)*; 2. Hornfrosch *m*, Schildfrosch *m (Ceratophrys)*
kloof ~ Natal-Frosch *m (Natalobatrachus bonebergi)*
leaf ~ Greiffrosch *m*, Makifrosch *m (Phyllomedusa)*
leopard ~ Leopardfrosch *m (Rana pipiens)*
marsupial ~ Beutelfrosch *m*, Taschenfrosch *m (Gastrotheca marsupiata)*
mouth-breeding ~ Nasenfrosch *m (Rhinoderma)*
nest-building ~ (Echter) Pfeiffrosch *m (Leptodactylus)*
painted ~ Echter [Eigentlicher] Scheibenzüngler *m (Discoglossus)*
parsley ~ Schlammtaucher *m (Pelodytes)*
poison-arrow ~ 1. Pfeilgiftfrosch *m*, Baumsteiger(frosch) *m (Dendrobates)*; 2. Blattsteigerfrosch *m*, Pfeilgiftfrosch *m (Phyllobates)*
pouched ~ Beutelfrosch *m (Gastrotheca marsupiata)*
puddle ~ Silberfrosch *m*, Pfützenfrosch *m (Phrynobatrachus)*
rain ~ Kurzkopffrosch *m (Breviceps)*
reed ~ Riedfrosch *m*, Laubkleber *m (Hyperolius)*
robber ~ Antillen-Pfeiffrosch *m (Eleutherodactylus cornutus)*
rubber ~ Afrikanischer Farbfrosch *m*, Wendehalsfrosch *m (Phrynomerus bifasciatus)*
running ~ Kassina *f*, Rennfrosch *m (Kassina)*
sedge ~ → reed frog
short-headed ~ → rain frog
shovel-nosed ~ Ferkelfrosch *m*, Schaufelnasenfrosch *m (Hemisus)*
smith ~ Schmied *m*, Großer Kolbenfuß *m*, Kolbenfinger *m (Hyla faber)*
tailed ~ Schwanzfrosch *m (Ascaphus truei)*
tongueless ~s Wabenkröten *fpl*, Zungenlose *pl (Pipidae)*
tree ~ 1. Waldsteigerfrosch *m (Leptopelis)*; 2. Echter Laubfrosch *m (Hyla)*
true ~ Eigentlicher [Echter] Frosch *m (Rana); pl* [Echte] Frösche *mpl (Ranidae)*
white-lipped ~ → nest-building frog
frogbit → frog's-bit
frogfish 1. Frogfisch *m*, Angler *m*, Seeteufel *m (Lophius piscatorius)*; 2. *pl* Froschfische *mpl*, Krötenfische *mpl*, Bootsmannfische *mpl (Batrachoididae)*; 3. Fühlerfisch *m (Antennarius); pl* Fühlerfische *mpl*, Sargasso-Fische *mpl (Antennariidae)*
froghoppers Schaumzikaden *fpl*, Stirnzirpen *fpl (Cercopidae)*
frogmouths 1. Schwalme *fpl (Podargidae)*; 2. Höhlenschwalme *fpl (Aegothelides)*

frog's-bit Froschbiß *m (Hydrocharis)*
frogwort Knolliger Hahnenfuß *m (Ranunculus bulbosus)*
frond Farnwedel *m*, Wedel *m*, Blatt-Wedel *m*
frondage Farnkraut
frondescence Blattaustrieb m, Laubentwicklung *f*
frondescent frondeszent, laubbildend
frondiferous belaubt
frondiform farnwedelartig
frondose mit Farnwedeln
frons [front] Stirn *f*
frontal 1. frontal, stirnwärts, Stirn...; 2. Vorder...
frontoethmoid Stirnbein-Siebbein...
frontolacrimal Stirnbein-Tränenbein...
frontomaxillary Stirnbein-Oberkiefer...
frontoparietal Stirnbein-Scheitelbein...
frost Frost *m*; Frostschäden verursachen
  radiation ~ Ausstrahlungsfrost *m* (nächtlicher Frost)
frost-bitten frostrissig; erfroren
frostfish Degenfisch *m (Lepidopus); pl* Degenfische *mpl (Trichiuridae)*
frost-killing Ausfrieren *n*; Auswintern *n*
frostproof frostsicher
frost-sensitive frostempfindlich
frost-shattered frostrissig
froth Schaum; schäumen
frother Schaumbildner *m*
fructiferous fruchttragend; tragbar
fructification 1. Fruchttragen *n*; 2. Befruchtung *f*
fructify 1. Früchte tragen; 2. befrüchten
fructose Fruktose *f*, Fruchtzucker *m*
frugivorous frugivor; fruchtfressend, karpophag
fruit Frucht *f* ; Obst *n*
  to bear ~ Früchte tragen
  accessory ~ Zusatzfrucht *f*
  aggregate ~ Sammelfrucht *f*
  barbed ~ Klettfrucht *f*
  berry-like ~ Beerenfrucht *f*
  capsular ~ Kapselfrucht *f*
  collective ~ zusammengesetzte Frucht *f*; Fruchtstand
  compound ~ zusammengesetzte Frucht *f*
  crude ~ unreife Frucht *f*
  dehiscent ~ Springfrucht *f*, Streufrucht *f*
  dried [dry] ~ Trockenfrucht *f*
  drupaceous ~ Steinfrucht *f*
  elaiosome ~ Elaiosomenfrucht *f*
  explosive ~ Springfrucht *f*
  false ~ Scheinfrucht *f*, Halbfrucht *f*
  fleshy ~ Fleischfrucht *f*, markige Frucht *f*
  fleshy ~ Saftfrucht *f*
  follicular ~ Balgfrucht *f*
  hard ~ verhärtete Frucht *f*
  indehiscent ~ Schließfrucht *f*
  key ~ Flügelfrucht *f*, Samara
  multiple ~ zusammengesetzte Frucht *f*; Fruchtstand *m*
  one-seeded ~ einsamige [einkörnige] Frucht *f*
  pip ~ Kernfrucht *f*
  samara ~ Flügelfrucht *f*
  schizocarpic [secedenous] ~ Spaltfrucht *f*
  seed-bearing ~ samentragende Frucht *f*
  separating ~ Spaltfrucht *f*
  shell ~ Schalenfrucht *f*
  simple ~ Einzelfrucht *f*
  soft ~ Saftfrucht *f*
  split ~ Teilfrucht *f*
  spurious ~ Scheinfrucht *f*
  stone ~ Steinfrucht *f*
  winged ~ Flügelfrucht *f*
fruitage Fruchtbehang *m*, Früchtenbehang *m*
fruit-bearing fruchttragend
fruited:
  closely ~ dichtfrüchtig
  prickly ~ stachelfrüchtig, dornfrüchtig
  woolly ~ wollfrüchtig; flaumfrüchtig
fruitful fruchttragend; fruchtbar
fruiticolous fruchtbewohnend; fruchtbeschädigt
fruitification 1. Fruchtentwicklung *f*; Früchtebildung *f*; 2. Fruchttragen *n*
fruitless unfruchtbar; fruchtlos
fruitlet Einzelfrüchtchen *f*
fruit-ripe Preiselbeere *f (Vaccinium vitis-idaea)*
fruitstalk Fruchtstiel *m*
frustration Frustration *f*; Enttäuschung *f*; Behinderung *f*, Hemmung *f*
frustule Frustel *f*
frutescent staudenartig, strauchartig
frutex Strauch *m*, Busch *m*, Staude *n*
fruticose strauchig; buschig
fry 1. Jungfische *mpl*, junge Fische *mpl*; Fischbrut *f*; 2. Fischrogen *m*
fuchsin Fuchsin *n*
  basic ~ basisches Fuchsin *n*, Pararosanilin *n*
fuciphagous [fucivorous] tangfressend
fugacious *(Bot.)* vergänglich; hinfällig; flüchtig
fulcrate gestutzt
full-blown vollblühig, ganz aufgeblüht
full-sib Vollgeschwister *n*
fuller's-herb Echtes [Gemeines] Seifenkraut *n (Saponaria officinalis)*
fuller's-teasel Weberkarde *f (Dipsacus sativus)*
full-fledged vollbefiedert, flügge
full-grown erwachsen, ausgewachsen
fulmar Eissturmvogel *m (Fulmarus glacialis)*
  Antarctic ~ → silver-gray fulmar
  Atlantic ~ → fulmar
  giant ~ Südlicher Riesensturmvogel *m (Macronectes giganteus)*
  silver-gray ~ Antarktischer Eissturmvogel *m*, Silbersturmvogel *m (Fulmarus glacialoides)*
fulvetta Alcippe *f (Alcippe)*
fumitory Erdrauch *m (Fumaria)*
  common ~ Gemeiner Erdrauch *m (Fumaria officinalis)*
  yellow ~ Gelber Lerchensporn *m (Corydalis lutea)*
function 1. Funktion *f*; Tätigkeit *f*; Wirkungsweise *f*;

2. fungieren, tätig sein; funktionieren, arbeiten
characteristic ~ charakteristische Funktion *f*
likelyhood ~ Likelyhoodfunktion *f*
functional funktionell, Funktions...
fundatrix Fundatrix, Stammutter *f (bei Blattläusen)*
fundus 1. Boden *m*; Grund *m*; 2. Zwiebelstock *m*, Zwiebelkuchen *m*
fungaceous pilzartig; mykoid
fungal Pilz...; pilzartig
fungi Pilze *mpl (Fungi)*
algal ~ Algenpilze *mpl (Phycomycetes)*
cellar ~ Porlinge *mpl (Polyporaceae*
coral ~ Keulenpilze *mpl (Clavariaceae)*
cup ~ Schlauchpilze *mpl* mit Apothecien, Discomyceten *(Ascomycetes)*
filamentous ~ Hyphomyzeten *(Hyphomycetes)*
flask ~ Pyrenomyzeten *(Pyrenomycetes)*
gill ~ Blätterpilze *mpl (Agaricaceae)*
palisada ~ → basidium fungi
pore ~ Röhrenpilze *mpl (Boletaceae)*
rust ~ Rostpilze *mpl (Uredinales)*
sac ~ → cup fungi
soil ~ Bodenpilze *mpl*
trembling ~ Zitterpilze *mpl (Tremellaceae)*
true ~ Echte Pilze *mpl (Eumycota)*
fungic Pilz...
fungicide pilztötendes Mittel *n*, Antimykotikum *n*
fungicolous pilzbewohnend; pilzbeschädigt
fungiform pilzförmig
fungivorous pilzfressend, fungivor
fungous 1. Pilz...; pilzartig; 2. schwammig
fungus Pilz *m*, Schwamm *m*
beefsteak ~ Leberpilz *m*, Ochsenzunge *f (Fistulina hepatica)*
birch ~ Birkenporling *m (Piptoporus betulinus)*
black molds ~ 1. Schwarzer Kolbenschimmel *m (Aspergillus niger)*; 2. Pinselschimmel *m (Penicillium)*
bracket ~ Löcherpilz *m*; *pl* Löcherpilze *mpl (Polyporaceae)*
cup ~ Ascus *m*, Schlauch *m*
dry-rot ~ → house fungus
edible ~ eßbarer Pilz *m*
epigenous ~ epiphytischer Pilz *m*
false tinder ~ Falscher Zunderschwamm *m*, Gemeiner Feuerschwamm *m (Phellinus igniarius)*
fructicolous ~ fruchtbewohnender Pilz *m*
geophilous ~ Bodenpilz *m*
honey ~ Hallimasch *m (Armillaria mellea)*
house ~ Echter Hausschwamm *m (Serpula lacrimans)*
Jew's-ear ~ Judasohr *n (Auricularia auricula-judae)*
liver ~ → beefsteak fungus
marine ~ Meerespilz *m*
oyster (cap) ~ Austernseitling *m (Pleurotus ostreatus)*
pine ~ Wurzelschichtporling *m (Fomitopsis annosa)*
quinine ~ Lärchenbaumschwamm *m (Fomitopsis officinalis)*
ray ~ Strahlenpilz *m*; *pl* Strahlenpilze *mpl (Actinomycetales)*
razor-strap ~ → birch fungus
saddle ~ Lorchel *f (Helvella)*
saddleback ~ Schuppenporling *m (Polyporellus squamosus)*
shoestring ~ → honey fungus
tinder ~ Echter Zunderschwamm *m*, Feuerschwamm *m (Fomes fomentarius)*
wood-attacking ~ holzzerstörender Pilz *m*
funic Nabelstrang..., Nabelschnur...
funicle → funiculus
funicular 1. strangartig; 2. Samenstrang...
funiculus 1. Funiculus *m*, Strang *m*; 2. Samenstrang *m*; 3. Nabelstrang *m*, Nabelschnur *f*; 4. *(Bot.)* Knospenträger *m*; Samenstiel *m*
funis Nabelstrang *m*, Nabelschnur *f*
funnel Trichter
ciliated ~ Flimmertrichter *m*
dropping ~ Tropftrichter *m*
swimming ~ Schwimmtrichter *m*, Trichter *m (bei Kopffüßer)*
funnelform trichterförmig
fur 1. Fell *n*, Pelz *m*; 2. *pl* Pelztiere *npl*
fur-bearer Pelztier *n*
fur-bearing Pelz...
furca 1. *(Bot.)* Gabel *f*; 2. *(Ent.)* Schwanzgabel *f*
furcate gabelförmig; gabelteilig
furcation Gabelung *f*
furcellate kleingabelig
furcula Gabelchen *n*, kleine Gabel *f*; Gabelbein *n*
furrow 1. Furche *f*; Rinne *f*; 2. pflügen
apical ~ Scheitelfurche *f*, Scheitelgrube *f*; Raphenfurche *f* (der Diatomeenzellwand)
furrowed furchig; gefurcht, Furchen...
furrow-leaved furchenblättrig
furrow-lobed furchenlappig
furrow-seeded furchensamig
furrow-stalked gefurchtstengelig
furrow-stemmed gefurchter Stengel, geriefter Stengel
furrow-thorned gefurchtstachelig
furry pelzartig, Pelz...
furze Stechginster *m*, Gaspeldorn *m (Ulex europaeus)*
fuser:
hybrid-forming ~s hybridbildende Zellen *fpl*
fusiform spindelförmig
fusiliers Schnapper *mpl (Lutianidae)*
fusion Fusion *f*, Verschmelzung *f*
cell ~ Zellfusionierung *f*, Zellverschmelzung *f*
centric ~ zentrische Fusion *f*
chromosome ~ Chromosomenfusion *f*, Chromosomenfusion *f*
fusocellular spindelzellig, spindelzell(en)förmig
fustic Perückenstrauch *m (Cotinus)*
fuzz *(Bot.)* Bärtchen *n*
fuzzball Fruchtkörper *m* des Stäublings *(Lycoperdon)*

G

gadfly Bremse *f (Tabanus)*
stout-billed ~ Brustband-Sturmvogel *m*, Tauben-Sturmschwalbe *f (Pterodroma leucoptera)*
gadwall Schnatterente *f*, Mittelente *f (Anas strepera)*
gage → greengage
gagea Gelbstern *m*, Goldstern *m (Gagea)*
gaillardia Gaillardie *f*, Kokardenblume *f*, Papageiblume *f (Gaillardia)*
gain 1. Gewinn *m*, Vorteil *m*, Nutzen *m*; 2. Zunahme *f*, Steigerung *f*
gait Gangart *f*, Gang *m*
cross ~ Kreuzgang *m*
gaiter-tree Gemeiner [Roter] Hartriegel *m (Cornus sanguinea)*
galactophagous milchernährend
galactosis Laktation *f*, Milchsekretion *f*
galago Galago *m*, Ohrenmaki *m (Galago)*; *pl* Galagos *mpl (Galagidae)*
Allen's ~ Buschwald-Galago *m*, Allens-Galago *m (Galago alleni)*
dwarf ~ → pygmy galago
greater ~ Riesengalago *m (Otolemur)*
lesser ~ Senegal-Galago *m*, Moholi *m (Galago senegalensis)*
pygmy ~ Zwerg-Galago *m (Galago demidovii)*
galah Rosenkakadu *m (Kakatoe roseicapilla)*
galax Bronzenblatt *n*, Milchblume *f (Galax)*
galaxiids Hechtlingsverwandte *pl (Galaxiidae)*
galax-leaved bronzefarbene Blätter
galba Gummiapfel *m*, Schönblatt *n (Calophyllum)*
galberry Beerenzapfen *m*
galbulus Beerenzapfen *m*, Kugelzapfen *m*
gale → sweet gale
sweet ~ Brabanter Myrte *f*, Sumpfmyrte *f*, Wachsstrauch *m (Myrica gale)*
galea Helm *m*, Haube *f*
galeate(d) behelmt, gehelmt; helmförmig
galeiform [galericulate] helmförmig
galingale großer Galgant *m*, Galgant-Alpinie *f*, Galanga *f (Alpinia galanga)*
galipot Gal(l)ipot *m*, Scharrharz *n*
gall 1. Galle *f*, Gallenflüssigkeit *f*; 2. *(Bot.)* Galle *f*, Zezidie *f*; 3. Gallenbildner *m*
crown ~ Kronengalle *f*; Wurzelkropf *m*, Bakterien(wurzel)krebs *m*
root ~ Wurzelknöllchen *n*
gallbladder Gallenblase *f*
gallfly 1. Gallwespe *f*; *pl* Gallwespen *fpl (Cynipidae)*; 2. *pl* Gallmücken *fpl (Cecidomyidae)*
elm cockscomb ~ Ulmen-Blattlaus *f (Colopha compressa)*
mossy rose ~ Rosenblattgallwespe *f*, Gemeine Rosengallwespe *f (Rhodites rosae)*
true ~ies Echte Gallwespen *fpl (Cynipinae)*
gallinaceous hühnerartig
gallinule 1. Teichhuhn *n (Gallinula)*; (Grünfüßiger) Teichhuhn *n (Gallinula chloropus)*; 2. Sultanshuhn *n (Porphyrio)*
Allen's ~ Bronzesultanshuhn *n (Porphyrula alleni)*
azure ~ Azursultanshuhn *n (Porphyrula flavirostris)*
common ~ (Grünfüßiger) Teichhuhn *n (Gallinula chloropus)*
dusky ~ Papua-Teichhuhn *n (Gallinula tenebrosa)*
lesser ~ → Allen's gallinule
purple ~ 1. Purpurhuhn *n (Porphyrio porphyrio)*; 2. Zwergsultanshuhn *n (Porphyrula martinica)*
spot-flanked ~ Maskenpfuhlhuhn *n (Porphyriops melanops)*
gallipot → galipot
gallito:
crested [gray] ~ Schopfgallito *n*, Strichstelzer *m*, Graues Hähnchen *n (Rhinocrypta lanceolata)*
sandy ~ Braungallito *n*, Pampabürzelstelzer *m (Teledromas)*
gallivorous gallenfressend
galliwasp 1. Gallwespenschleiche *f*, Doppelzungenschleiche *f (Diploglossus)*; 2. Mexikanischer Pilzzungensalamander *m (Bolitoglossa mexicana)*; 3. Blaugrauer Tropensalamander *m (Oedipina elongata)*
gallmidge Gallmücke *f*
gallnut Gallapfel *m*, Knopper *f*
gall-producing *(Bot.)* gallenerzeugend
gall-shaped gallenförmig
gallwort Leinkraut *n (Linaria)*
gam 1. Walherde *f*; 2. sich versammeln *(über Wale)*
gama Gamagras *n (Tripsacum)*
game 1. Wild *n*, jagdbare Tiere *npl*; 2. Jagd..., Wild... ; 3. Spiel *n*
black ~ Birkhahn *m*, Birkhuhn *n (Lyrurus tetrix)*
gametogamy Gametogamie *f*, Gametenverschmelzung *f*
gametogenesis Gametogenese *f*, Gametenbildung *f*, Keimzellenbildung *f*
gamic sexuell, geschlechtlich
gamocarpellarous verwachsenkronblätt(e)rig
gamocarpous verwachsenfrüchtig
gamocyst Gametozyste *f*, Gamontozyste *f*
gamodeme Gamodeme *m*
gamodesmy Gamodesmie *f*, Gefäßbündelverwachsung *f*
gamogemmy Gamogemmie *f*, Knospenverwachsung *f*
gamogenesis Gamogenesis *f*, Gamogenese *f*, geschlechtliche Fortpflanzung *f*
gamone Gamon *n*, Befruchtungsstoff *m*
gamont Gamont *m*, Gametenbildungszelle *f*
gamopetalous gamopetal, sympetal, verwachsene Kronblätter
gamopetaly Gamopetalie *f*
gamophase Gamophase *f*

gamophyllous verwachsenblätt(e)rig
gamophylly Gamophyllie *f*, Verwachsenblättrigkeit *f*
gamosepalous gamosepal, verwachsenkelchblätt(e)rig
gamostaminate mit verwachsenen Staubblättern
gamostylous mit verwachsenen Griffeln
gander Gänserich *m*
ganglion Ganglion *n*, Nervenknoten *m*
  semilunar ~ Gassersches Ganglion *n*
  solar ~ → semilunar ganglion
  stellate ~ Sternganglion *n*
  subesophageal ~ Unterschlundganglion *n*
gannet Tölpel *m (Sula)*
  northern ~ Bass(an)-Tölpel *m (Morus bassanus)*
  South African ~ Kaptölpel *m (Morus capensis)*
gap 1. Lücke *f*; 2. Loch *n*, Riß *m*, Öffnung *f*, Spalt *m*
gape 1. Gähnen *n*; 2. den Schnabel aufsperren
gaper 1. Blutstriemen *m*, Sägebarsch *m (Serranus cabrilla)*; 2. Klaffmuschel *f*, Sand(klaff)muschel *f (Mya arenaria)*
gapeworm (Roter) Luftröhrenwurm *m (Syngamus trachealis)*
gar 1. Knochenhecht *m*; *pl* Knochenhechte *mpl*, Kaimanfische *mpl (Lepisosteidae)*; 2. *pl* Halbhechte *mpl*, Hornhechte *mpl (Belonidae)*
  alligator ~ Knochenschupper *m (Lepisosteus)*
  billy ~ Gemeiner [Langschnauziger] Kaimanfisch *m*, Langschnauziger Knochenhecht *m (Lepisosteus osseus)*
  freshwater ~ → alligator gar
  long-nosed ~ → billy gar
garbanzo Gemeine Kichererbse *f (Cicer arietinum)*
garden 1. Garten *m*; 2. gartenbewohnend, Garten...
  baron's ~ Einjähriges Bingelkraut *n*, Gartenbingelkraut *n (Mercurialis annua)*
gardener:
  Mac Gregor's ~ Gelbhaubengärtner *m*, Goldhaubengärtner *m (Amblyornis macgregoriae)*
  orange-crested ~ Rothaubengärtner *m (Amblyornis subaloris)*
gardenia Gardenie *f*, Jasminglanz *m (Gardenia)*
gardening Gartenbau *m*; Obstbau *m*
gardner's-delight → gardner's-eye
gardner's-eye Kronenlichtnelke *f*, Vexiernelke *f (Coronaria coriacea)*
garefowl Riesenalk *m (Pinguinus impennis)*
garfish Hornhecht *m (Belone)*; Gemeiner Hornhecht *m (Belone belone)*; *pl* Hornhechte *mpl (Belonidae)*
  common [fork-tailed alligator] ~ Krokodilhecht *m (Strongylura crocodilus)*
  green ~ Pazifik-Knochenhecht *m (Strongylura anastomella)*
  long-beahed [long-finned] ~ Großflossen-Halbschnäbler *m (Euleptorhamphus viridis)*
garganey Knäckente *f (Anas querquedula)*
garget Weinkermesbeere *f (Phytolacca americana)*
garide Garide *f (Felsenheide mit laubabwerfenden Sträuchern)*
garigue Garrigue *f*, Garriguegebüsch *n (niedrige immergrüne Strauchformation)*
garland-shaped girlandenförmig
garlic 1. Knoblauch *m (Allium sativum)*; 2. knoblauchartig, Knoblauch...
  broad-leaved ~ Bärenlauch *m (Allium ursinum)*
  crow ~ → field garlic
  false ~ → streaky-leaved garlic
  field ~ Weinbergslauch *m (Allium vineale)*
  giant ~ Bergknoblauch *m*, Lauchknoblauch *m (Allium scorodoprasum)*
  hedge ~ Knoblauchsrauke *f (Alliaria)*
  keeled ~ Berglauch *m*, gekielter Lauch *m (Allium carinatum)*
  mustard ~ Gemeines Lauchkraut *n*, Knoblauchhederich *m*, Knoblauchsrauke *f (Alliaria petiolata)*
  Spanish ~ → giant garlic
  streaky-leaved ~ Steifer Lauch *m (Allium strictum)*
garlic-leaved knoblauchblätt(e)rig
garnetberry Rote Johannisbeere *f (Ribes rubrum)*
garpike Gemeiner [Langschnauziger] Kaimanfisch *m*, Gemeiner [Langschnauziger] Knochenhecht *m (Lepisosteus osseus)*; *pl* Knochenhechte *mpl*, Kaimanfische *mpl (Lepisosteidae)*
garrigue → garigue
garrot Schellente *f (Bucephala clangula)*
garrupa 1. Riesenzackenbarsch *m*, Großer Sägebarsch *m (Epinephelus guaza)*; 2. Sägebarsch *m (Serranus cabrilla)*; 3. *pl* Zackenbarsche *mpl*, Sägebarsche *mpl (Serranidae)*
gasometry Gasometrie *f*
gaspereau Maifisch *m (Alosa pseudoharengus)*
gaster Gaster *m*, Magen *m*, Ventriculus *m*
gasteromycetes Bauchpilze *mpl*, Gasteromyzeten *mpl (Gasteromycetales)*
gastraeum Ventralseite *f* [Bauchseite *f*] des Körpers
gastralia 1. Gastralrippen *fpl*; 2. Gastralfäden *mpl*
gastriole Nahrungsvakuole *f*
gastropods Bauchfüßer *mpl*, Gastropoden *mpl*, Schnekken *fpl (Gastropoda)*
gastrula Gastrula *f*, Becherkeim *m*
gastrulation Gastrulation *f*, Becherkeimbildung *f*
gata Ammenhai *m (Ginglymostoma cirratum)*
gatherer Sammler *m*
  firewood ~ Anumbi-Stechensammler *m (Anumbius anumbi)*
gatten-tree 1. Europäischer Spindelbaum *m*, Kantiger Spindelstrauch *m (Euonymus europaeus)*; 2. Drosselbeere *f*, Kalinkenbeerstrauch *m*, Gemeiner Schneeball(strauch) *m (Viburnum opulus)*
gatteridge → gatten-tree
gaur Dschungelrind *n*, Gaur *m (Bos gaurus)*
gaura Prachtkerze *f (Gaura)*
gavial Schnabelkrokodil *n*, Gavial *m (Gavialis)*
  false ~ Sunda-Gavial *m*, Sunda-Krokodil *n (Tomistoma schlegeli)*
  Indian ~ Ganges-Gavial *m*, Mudela *f*, Schnabelkroko-

dil *n (Gavialis gangeticus)*
gayal Gayal *m*, Stirnrind *n (Bibos frontalis)*
gayfeather Prachtscharte *f*, Scharte *f (Liatris)*
gazelle Gazelle *f (Gazella)*
Addra ~ → dama gazelle
black-tailed ~ Dseren *m*, Mongolische Antilope *f (Procapra)*
Clarke's ~ Stelzengazelle *f*, Dibatagantilope *f (Ammodorcas clarkei)*
common ~ Edmigazelle *f*, Echtgazelle *f (Gazella gazella)*
dama ~ Damagazelle *f (Gazella dama)*
dorcas ~ Dorkasgazelle *f (Gazella dorcas)*
giraffe ~ Gerenuk *m*, Giraffengazelle *f (Lithocranius walleri)*
goitred ~ → Persian gazelle
Grant's ~ Grantgazelle *f (Gazella granti)*
Heuglin's ~ Heuglingazelle *f (Gazella tilonura)*
Indian ~ → common gazella
Korin ~ → red-fronted gazelle
Loder's ~ → sand gazelle
Mongolian ~ Mongoleigazelle *f (Procapra gutturosa)*
mountain ~ → common gazelle
Pelzeln's ~ Pelzelngazelle *f (Gazella pelzelni)*
Persian ~ Kropfgazelle *f*, Persische Gazelle *f (Gazella subgutturosa)*
red-fronted ~ Rotstirngazelle *f (Gazella rufifrons)*
sand ~ → slender-horned gazelle
slender-horned ~ Dünengazelle *f (Gazella leptoceros)*
Thomson's ~ Thomsongazelle *f (Gazella thomsoni)*
Tibetan ~ Tibetgazelle *f (Procapra picticaudata)*
Waller's ~ → giraffe gazelle
gean Süßkirsche *f*, Süßkirschenbaum *m*, Vogelkirsche *f (Prunus avium)*
gecko Gecko *m (Gekko)*
African ~ Hausgecko *m*, Brauner Halbzehengecko *m (Hemidactylus mabouia)*
ashy ~ Aschgrauer Kugelfingergecko *m*, Grauer Kugelfinger *m (Sphaerodactylus cinereus)*
banded ~ Wüstengecko *m*, Krallengecko *m (Coleonyx)*
barking ~ Pfeifgecko *m*, Grabgecko *m*, Sandgecko *m (Ptenopus garrulus)*
brilled house ~ → common house gecko
Cape dwarf ~ Gemeiner Zwerggecko *m (Lygodactylus capensis)*
cat ~ Katzengecko *m (Aeluroscalabotes)*
common house ~ Asiatischer [Gewöhnlicher] Halbzehengecko *m (Hemidactylus frenatus)*
day ~ (Madagassischer) Taggecko *m (Phelsuma)*
dwarf ~ 1. Zwerggecko *m*, Haftschwanzgecko *m (Lygodactylus)*; 2. Kugelfinger(gecko) *m (Sphaerodactylus)*; 3. Microgecko *m (Tropicolotes)*
fat-tailed ~ Fettschwanzgecko *m (Oedura)*
flat-tailed ~ Plattschwanzgecko *m (Uroplatus)*
fringed ~ Faltengecko *m (Ptychozoon)*
green ~ → day gecko
half-toed ~ → house gecko
house ~ Halbzeher *m*, Halbfinger(gecko) *m*, Hausgecko *m (Hemidactylus)*
kidney-tailed ~ Keulenschwanzgecko *m (Nephrurus)*
leaf-tailed ~ Blattschwanzgecko *m (Phyllurus)*
leaf-toed ~ 1. → half-toed gecko; 2. Blattfingergecko *m (Phyllodactylus)*
least ~ → dwarf gecko 2.
naked-toed ~ Nacktfingergecko *m (Cyrtodactylus)*
plate-tailed ~ Wundergecko *m (Teratoscincus)*
sand ~ Sandgecko *m (Chondrodactylus)*
Sind broad-tailed ~ Rübenschwanz-Viperngecko *m (Teratolepis)*
smooth ~ Rübenschwanzgecko *m (Thecadactylus rapicauda)*
spider ~ Spinnengecko *m (Agamura)*
thick-tailed ~ Felsengecko *m (Afroedura)*
thick-toed ~ Dickfingergecko *m (Pachydactylus)*
turnip-tailed ~ → smooth gecko
velvet ~ → fat-tailed gecko
ged(d) Hecht *m (Esox)*
geitonogamy Geitonogamie *f*, Nachbarbefruchtung *f*, Nachbarbestäubung *f*
gel Gel *n*
cross-linked ~ quervernetztes Gel *n*
running ~ Trenngel *n*
separating ~ → running gel
sieving ~ → running gel
stacking ~ Sammelgel *n*
starch ~ Stärkegel *n*
gelada Dschelada *f (Theropithecus gelada)*
geld 1. ein Tier *(bes. einen Hengst)* kastrieren; 2. kastriert
gelding 1. Kastrieren *n*, Verschneiden *n*; 2. kastriertes Tier *n*; Wallach *m*
gelose Gelose *f*, Agar(-Agar) *n*
gelsemium Dufttrichter *m*, Jasminwurzel *f (Gelsemium)*
gem:
chestnut-bellied mountain ~ Rotbauchnymphe *f (Lampornis castaneoventris)*
green-throated mountain ~ Grünkehlnymphe *f (Lampornis viridipallens)*
white-bellied mountain ~ Weißbauchnymphe *f (Lampornis hemileucus)*
white-throated mountain ~ → chestnut-bellied mountain gem
geminate(d) paarig, gepaart, doppelt, Doppel...
geminiflorous paarblumig, paarig blühend
gemma Knospe *f*, Brutkörperchen *n*, Gemme *f*
gemmaceous knospenartig, knospenförmig
gemma-cup Brutbecher *m*, Brutkörbchen *n*
gemmate 1. sich durch Knospung fortpflanzend; 2. knospentragend
gemmation 1. Knospung *f*, Fortpflanzung *f* durch Knospung; 2. Knospenbildung *f*
gemmiferous knospentragend
gemmification Knospenbildung *f*
gemmiform knospenartig, knospenförmig

gemmiparity Vermehrung *f* durch Knospenbildung
gemmiparous knospenbildend
gemmulation Bildung *f* von Brutknospen
gemmule Knöspchen *n*, Keimknöspchen *n*, Gemmula *f*, Samenknospen *n*; Brutknospe *f (der Schwämme)*
gemsbok Oryx *m*, Spißbock *m (Oryx gazella)*
gena Gena *f*, Wange *f*, Backe *f*
generation 1. Generation *f*; 2. Zeugung *f*, Fortpflanzung *f*; 3. Entwicklungsstufe *f*
filial ~ Tochtergeneration *f*
parental ~ Elterngeneration *f*
rising ~ Nachkommenschaft *f*
spontaneous ~ Urzeugung *f*, Abiogenese *f*
genet → genette
genetic(al) 1. genetisch, erblich, Erb..., Vererbungs...; 2. genetisch, entwicklungsgeschichtlich, Entstehungs..., Entwicklungs...
genette Ginsterkatze *f (Genetta)*
Abyssinian ~ Sennar-Ginsterkatze *f (Genetta abyssinica)*
blotched ~ Großfleck-Ginsterkatze *f (Genetta tigrina)*
common [European] ~ (Europäische) Genette *f*, Kleinfleck-Ginsterkatze *f (Genetta genetta)*
giant ~ Riesen-Ginsterkatze *f (Genetta victoriae)*
large-spotted ~ → blotched genette
servaline ~ Wald-Ginsterkatze *f (Genetta servalina)*
small-spotted ~ → common genette
genial 1. Kinn...; 2. Kinnschuppe *f*
genicular Knie...
geniculate gekniet; gelenkig, knieförmig
genioglossal Kinn-Zungen...
geniohyoid Kinn-Zungenbein...
genista Ginster *m (Cytisus)*
genistifolious ginsterblätt(e)rig
genitourinary urogenital
genonymum Gattungsname *m*
genovariation Genovariation *f*
gentian Enzian *m (Gentiana)*
annual ~ Bitterer Enzian *m*, Bitterenzian *m (Gentiana amarella)*
Clusius ~ → stemless gentian
cross ~ Kreuzenzian *m (Gentiana cruciata)*
Danube ~ Ungarischer Enzian *m (Gentiana pannonica)*
German ~ Deutscher Enzian *m (Gentiana germanica)*
hairy ~ Fransenenzian *m*, Gefranster Enzian *m (Gentiana ciliata)*
meadow ~ Felsenzian *m (Gentiana campestris)*
milkweed ~ Schwalbenwurzenzian *m*, Würgerenzian *m (Gentiana asclepiadea))*
northern ~ → annual gentian
purple ~ Purpurenzian *m (Gentiana purpurea)*
Pyrenees ~ Pyrenäischer Enzian *m (Gentiana pyrenaica)*
rose ~ Bitterwurzel *f (Sabatia)*
snow ~ Schnee-Enzian *m (Gentiana nivalis)*
spring ~ Frühlingsenzian *m (Gentiana verna)*
spurred ~ Halenie *f (Halenia)*
stemless ~ Großblütiger Enzian *m (Gentiana clusii)*
white ~ Breitblattlaserkraut *n*, Breit(blättrig)es Laserkraut *n (Laserpitium latifolium)*
yellow ~ Amarellkraut *n*, Gelber Enzian *m*, Großer Enzian *m (Gentiana lutea)*
genual Knie...
genuflexuous knieförmig gebogen
genus Gattung *f*, Genus *n*
geobios Bodenbewohner *mpl*
geocarpy Geocarpie *f*, Erdfrüchtigkeit *f*
geocryptophyte Kryptophyt *m*
geogenous bodenbewohnend
geography:
plant ~ Phytogeographie *f*, Pflanzengeographie *f*
zoological ~ Tiergeographie *f*, Zoogeographie *f*
geohelminthes Geohelminthen *fpl*
geometer [geometrid] Spanner *m*; *pl* Spanner *mpl (Geometridae)*
notched-wing ~ Zackenrandspanner *m (Ennomos)*
geonemy Arealkunde *f*, Chorologie *f*
geophyte Geophyt *m*, Landpflanze *f*, Erdpflanze *f*
georgina Georgine *f*, Dahlie *f (Dahlia)*
geranium 1. Geranie *f*, Storchschnabel *m (Geranium)*; 2. Pelargonie *f (Pelargonium)* (→ crane's bill)
bigroot ~ Großwurzeliger Storchschnabel *m (Geranium macrorrhizum)*
blood-red ~ Blutkraut *n*, Blutroter Storchschnabel *m (Geranium sanguineum)*
bog ~ Sumpfstorchschnabel *m (Geranium palustre)*
clovefoot ~ Weicher Storchschnabel *m (Geranium molle)*
cut-leaf [cut-leaved] ~ Schlitzblättriger Storchschnabel *m (Geranium dissectum)*
feather ~ Klebriger Gänsefuß *m*, Knotenkraut *n*, Krötenkraut *n (Chenopodium botrys)*
fox [herb Robert] ~ Robertskraut *n*, Ruprechts-Storchschnabel *m*, Stinkender Storchschnabel *m (Geranium robertianum)*
longstalk ~ Steinstorchschnabel *m*, Taubenstorchschnabel *m (Geranium columbinum)*
meadow ~ Wiesenstorchschnabel *m (Geranium pratense)*
mountain ~ → fox geranium
purple ~ Purpurner Storchschnabel *m (Geranium purpureum)*
small ~ Klein(blütig)er Storchschnabel *m (Geranium pusillum)*
turnpike ~ → feather geranium
upland ~ Hügelstorchschnabel *m (Geranium collinum)*
wild ~ → fox geranium
wood ~ Waldstorchschnabel *m (Geranium silvaticum)*
geranium-leaved storchschnabelblätt(e)rig
gerbil(le) Rennmaus *f (Gerbillus)*
Baluchistan [dwarf naked-soled] ~ Nordafrikanische Rennmaus *f (Gerbillus nanus garamantis)*

fat-tailed ~ Dickschwanzmaus *f (Pachyuromys duprasi)*
field ~ → Baluchistan gerbil(le)
great ~ Große Rennmaus *f*, Riesenmaus *f (Rhombomys); Große Rennmaus f, Riesenmaus f (Rhombomys opimus)*
Indian ~ Indische Nacktsohlenrennmaus *f (Tatera indica)*
large (naked-soled) ~ → taterine gerbil(le)
midday ~ Mittags-Rennmaus *f*, Wüstenmaus *f*, Sand-Rennmaus *f (Meriones meridianus psammophilus)*
Mongolian ~ Mongolische Rennmaus *f*, Krallenrennmaus *f (Meriones unguiculatus)*
naked-soled ~ → taterilline gerbil(le)
pygmy ~ Rennmaus *f (Gerbillus)*
rat-like ~ → taterine gerbil(le)
smaller ~ → pygmy gerbil(le)
small naked-soled ~ → taterilline gerbil(le)
tamarisk ~ Tamarisken-Rennmaus *f*, Ringel-Rennmaus *f*, Wüstenmaus *f (Meriones tamariscus)*
taterilline ~ Kleine Nacktsohlenrennmaus *f (Taterillus semini)*
taterine ~ Nachsohlenrennmaus *f (Tatera)*
typical ~ → pygmy gerbil(le)
gerenuk Gerenuk *n*, Giraffengazelle *f (Litocranius walleri)*
gerfalcon → gyrfalcon
germ 1. Keim *m*; Embryo *m*; 2. Keimling *m*; 3. Mikroorganismus *m*, Krankheitskeim *m*
bladder [vesicular] ~ Blastula *f*, Blasenkeim *m*, Keimblase *f*
germander Gamander *m (Teucrium)*
chickweed ~ Ackerehrenpreis *m (Veronica agresta)*
cut-leaved ~ Traubengamander *m (Teucrium botrys)*
mountain ~ Berggamander *m (Teucrium montanum)*
oriental ~ Orientalischer Gamander *m (Teucrium orientale)*
speedwell ~ Wilder Gamander *m*, Gamanderehrenpreis *m (Veronica chamaedrys)*
wall ~ Echter [Gemeiner] Gamander *m*, Edelgamander *m (Teucrium chamaedrys)*
water ~ Knoblauchgamander *m*, Lauchgamander *m*; Skordienkraut *n (Teucrium scordium)*
wild ~ Ehrenpreis *m (Veronica)*
wood ~ Salbeigamander *m*, Waldgamander *m (Teucrium scorodonia)*
germarium Germarium *n*, Keimfach *n*, Keimstock *m*
germ-free keimfrei, steril
germicidal keimtötend
germinability Keimfähigkeit *f*
germon Germon *m*, Weißer Thun *m (Thunnus alalunga)*
gestation Trächtigkeit *f*; Schwangerschaft *f*, Gravidität *f*
gesture Gebärde *f*
appeasement ~ Beschwichtigungsgebärde *f*
begging ~ Bettelgebärde *f*
submissive ~ Demutsgebärde *f*
gew Eibe *f*, Eibenbaum *m (Taxus)*
gharial Ganges-Gavial *m*, Mudela *f*, Schnabelkrokodil *n (Gavialis gangeticus)*
gherkin:
sea ~**s** Seegurken *fpl (Cucumariidae)*
West Indian ~ Arada-Gurke *f*, Traubengurke *f (Cucumis anguria)*
ghoral Goral *m*, Waldziegenantilope *f*, Langschwänzige Ziegenantilope *f (Nemorhaedus goral)*
ghostfish Indischer Glaswels *m (Kryptopterus bicirrhis)*
gib Kater *m*; kastrierter Kater *m*
gibbals Meerstrandwegerich *m*, Strandwegerich *m (Plantago maritima)*
gibber-bird Wüstentrugschmätzer *m (Ashbyia)*
gibbon Gibbon *m (Hylobates)*
agile ~ → dark-handed gibbon
black ~ Schopf-Gibbon *m (Hylobates concolor)*
common ~ → white-handed gibbon
crested ~ → black gibbon
dark-handed ~ Ungka *m (Hylobates agilis)*
gray ~ Silber-Gibbon *m (Hylobates moloch)*
hoolock ~ Hulock *m (Hylobates hoolock)*
lar ~ → white-handed gibbon
siamang ~ Siamang *m (Symphalangus syndactylus)*
silvery ~ → gray gibbon
white-handed ~ Lar *m*, Weißhand-Gibbon *m*, Weißhändiger Gibbon *m (Hylobates lar)*
gibbose → gibbous
gibbosity 1. Buckel *m*, Höcker *m*; 2. Wölbung *f*
gibbous 1. buckelig, höckerig; 2. gewölbt
gidgee Veilchenholz *n (Acacia homalophylla)*
gigantocyte Gigantozyt *m*, Riesenzelle *f*
gill 1. *(Bot.)* Plättchen *n*, Lamelle *f*; 2. Kieme *f*, Branchie *f*
gill-bearing → gilled
gill-breathing kiemenatmend
gillcover Kiemendeckel *m*
gilled kiementragend, mit Kiemen (versehen)
gilliflower [gillyflower] 1. (gemeiner) Goldlack *m*, Lackviole *f (Cheiranthus cheiri)*; 2. Gartenlevkoje *f*, Winterlevkoje *f (Mattiola incana)*
marsh ~ Kuckucksnelke *f (Coronaria floscuculi)*
mock ~ Echtes [Gemeines] Seifenkraut *n (Saronaria officinalis)*
gilt 1. junge Sau *f*; 2. goldglänzend; vergoldet
gilthead 1. Kleiner Geißbrassen *m*, Ringelbrassen *m*, Sparbrassen *m (Diplodus annularis)*; 2. (Gemeiner) Goldbrassen *m*, Echte Dorade *f (Sparus auratus)*; 3. Schwarzäugiger Lippfisch *m (Synphodus melops)*
toothed ~ Gewöhnlicher Zahnbrassen *m (Dentex dentex)*
gingelli Sesam *m (Sesamum)*
ginger 1. Ingwer *m (Zingiber)*; 2. rötlichbraun; gelblichbraun
common ~ Gemeiner Ingwer *m (Zingiber officinale)*
green ~ Echter Beifuß *m*, Mutterkraut *n (Artemisia vulgaris)*
gingiva Zahnfleisch *n*
ginglymus Scharniergelenk *n*, Winkelgelenk *n*

ginkgo Ginkgo(baum) *m*, Fächerbaum *m*, Silberbaum *m*, Mädchenhaarbaum *m (Ginkgo biloba)*
ginseng Ginseng *m*, Kraftwurzel *f (Panax)*
Asiatic [Chinese] ~ Ginseng *m (Panax ginseng)*
giraffe Giraffe *f*, Steppengiraffe *f (Giraffa camelopardalis)*
girasol(e) Topinambur m, Erdbirne *f*, Grundbirne *f*, Knollige Sonnenblume *f (Helianthus tuberosus)*
girdle 1. Gürtel *m*; 2. beringen, ringeln
limb ~ 1. Schultergürtel *m*; 2. Beckengürtel *m*
pectoral ~ Schultergürtel *m*
pelvic ~ Beckengürtel *m*
sea ~ 1. Blattang *m*, Riementang *m (Laminaria)*; 2. Venusgürtel *m (Cestus veneris)*
shoulder ~ Schultergürtel *m*
Venus' ~ Venusgürtel *m (Cestus veneris)*
girelles Blaufische *mpl* (Girellidae)
girtie Heringskönig *m (Zeus faber)*
gissu Gisu *m (Pterothrissus gisu)*
gitarvis Gitarrenfisch *m (Rhinobatos cemiculus)*
gizzard Kaumagen *m*, Muskelmagen *m*
glabella 1. Glabella *f*, Stirnglatze *f*, Zwischenbrauenraum *m*; 2. Glabella *f (bei Trilobiten)*
glabrescent verkahlend, kahlwerdend
glabrous kahl, haarlos, unbehaart
glacial eiszeitlich
glaciation Vereisung *f*
glade Waldlichtung *f*
gladiate schwertförmig
gladiolus 1. Gladiole *f*, Netzschwertel *m*, Schwertel *m*, Siegwurz *f (Gladiolus)*; 2. Brustbeinkörper *m*
breeders ~ Genter Gladiole *f*, Genter Siegwurz *f (Gladiolus gandavensis)*
common ~ Gartensiegwurz *f*, Gemeine Siegwurz *f (Gladiolus communis)*
cornflag ~ Saatsiegwurz*f (Gladiolus segetum)*
three-flowered ~ Sumpfsiegwurz *f (Gladiolus paluster)*
glague Giersch *m (Aegopodium)*
glancefish Gotteslachs *m*, Glanzfisch *m*, Opah *m (Lampris guttatus)*
gland Drüse *f*
~ of Lieberkuhn Lieberkühnsche Drüse *f*, Intestinaldrüse *f*
~ of Zeiss Zeissche Drüse *f*, Wimpernbalgdrüse *f*
absorbent ~ Lymphdrüse *f*
accessory lacrimal ~ akzessorische Tränendrüse *f*
acinous ~ azinöse [alveoläre] Drüse *f*, traubige Drüse *f*
adipose ~ Fettdrüse *f*
adrenal ~ Nebennierendrüse *f*
aggregate [agminated] ~s Peyersche Plaques *fpl*, Peyersche Drüsen *fpl*, Peyersche Haufen *mpl*, Lymphfollikelhaufen *mpl*
alveolar ~ alveoläre Drüse *f*, azinöse Drüse *f*, traubige Drüse *f*
anterior pituitary ~ Adenohypophyse *f*
areolar ~ Montgomerysche Drüse *f*
blood (vascular) ~ → endocrine gland
Brunner's ~ → duodenal gland
bulbo-urethral ~ bulbourethrale Drüse *f*, Harnröhrenzwiebeldrüse *f*
calciferous ~ Kalkdrüse *f*
caudal ~ Schwanzdrüse *f*
cervical ~ Halsdrüse *f*
closed ~ → endocrine gland
coccygeal ~ Bürzeldrüse *f*
Cowper's ~ → bulbo-urethral gland
digestive ~ Verdauungsdrüse *f*
ductless ~ → endocrine gland
duodenal ~ Zwölffingerarmdrüse *f*, Brunnersche Drüse *f*
enteric ~ Intestinaldrüse *f*, Lieberkühnsche Drüse *f*
femoral ~ Schenkeldrüse *f*
froth ~ Schaumdrüse *f*
Gley's ~ Nebenschilddrüse *f*
groin ~ Inguinaldrüse *f*
gustatory ~ Geschmacksdrüse *f*
hedonic ~ Hautdrüse *f (bei Reptilien)*
internal secretion ~ → endocrine gland
intestinal ~s Darmdrüsen *fpl*
lacrimal ~ Tränendrüse *f*
lactiferous ~ Milchdrüse *f*
lingual ~ Zungendrüse *f*
lymph(atic) ~ Lymphdrüse *f*
mammary ~ Milchdrüse *f*, Brustdrüse *f*
mandibular ~ Unterkieferdrüse *f*
nectar ~ Honigsaftbehälter *m*, Nektarium *n*
oil ~ 1. Talgdrüse *f*; 2. Bürzeldrüse *f*
olfactory ~ Bowmansche Drüse *f*
palatine ~ Gaumendrüse *f*
pancreatic ~ Bauchspeicheldrüse *f*
parathyroid ~ Beischilddrüse *f*, Epithelkörperchen *n*, Nebenschilddrüse *f*
parotid ~ Parotis *f*, Ohrspeicheldrüse *f*
Peyer's ~ → aggregate gland
pineal ~ Zirbeldrüse *f*, Zirbel *f*, Epiphyse *f*
pituitary ~ Hypophyse *f*, Hirnanhangdrüse *f*
plexiform ~ Achsenorgan *n*, Axialorgan *n (bei Echinodermen)*
posterior pituitary ~ Hypophysenhinterlappen *m*
preen ~ Bürzeldrüse *f*
prepituitary ~ Hypophysenvorderlappen *m*, Adenohypophyse *f*
preputial ~ Präputialdrüse *f*, Vorhautdrüse *f*
prostate ~ Vorsteherdrüse *f*
reproductive ~ Geschlechtsdrüse *f*, Keimdrüse *f*, Gonade *f*
repugnatorial ~ Duftdrüse *f*, Stinkdrüse *f*
salivary ~ Speicheldrüse *f*
salt-secreting ~ Salzdrüse *f*
scent ~ Duftdrüse *f*, Stinkdrüse *f*
sebaceous [sebiferous] ~ Talgdrüse *f*
seminal ~ Samendrüse *f*
silk-spinning ~ Seiden-Spinndrüse *f*

simple ~ 1. einfache Drüse; 2. *(Bot.)* einzellige Drüse *f*
spinning ~ Spinndrüse *f*
stink ~ Duftdrüse *f*, Stinkdrüse *f*
sublingual ~ Unterzungendrüse *f*
sudoriferous ~ Schweißdrüse *f*
suprarenal ~ Nebenniere *f*, Nebennierendrüse *f*
thymus ~ Thymus *m*,Thymusdrüse *f*
thyroid ~ Schilddrüse *f*
tubular ~ tubulöse Drüse *f*, röhrenförmige Drüse *f*, schlauchförmige Drüse *f*
vascular ~ → endocrine gland
venom ~ Giftdrüse *f*
vitelline ~ Dotterstockdrüse *f*
vulvovaginal ~ Bartholinische Drüse *f*
water ~ Wasserdrüse *f*, Hydatode *f*
yolk ~ Dotterstockdrüse *f*

glandaceous eichelförmig
glandular glandulär, drüsig, Drüsen...
glandule Drüschen *n*
glanduliferous drüsentragend
glanduliform drüsenförmig, drüsenartig
glandulocyte Glandulozyt *m*, Drüsenzelle *f*
glandulose drüsig, drüsentragend
glandulose-ciliate drüsig-gewimpert
glandulose-crenate drüsig-gekerbt
glandulose-dentate drüsig-gezähnt
glandulose-setose drüsenborstig
glanes (Echte) Welse *mpl (Siluridae)*
glans Eichel *f*
glareal kiesliebend
glareose kiesig
glass 1. Glas *n*; 2. Linsenglas *n*, Lupe *f*, Vergrößerungsglas *n*
cover ~ Deckglas *n*
magnifying ~ Vergrösserungsglas *f*, Lupe *f*
glasseye Glasauge *n (Heteropriacanthus)*
glassfish Glasbarsch *m (Chanda)*
glass-lizard [glass-snake] Sheltopusik *m*, Panzerschleiche *f (Ophisaurus apodus)*
glasswings Glasflügler *mpl (Algeriidae)*
glasswort 1. Meerkraut *n*, Queller *m (Salicornia)*; 2. Salzkraut *n (Salsola)*
glassy 1. glasartig, glasig; 2. Glasbarsch *m (Chanda); pl* Glasbarsche *mpl (Centropomidae)*
banded ~ Commersons Glasbarsch *m (Chanda commersoni)*
glaucescent graugrünlich, blaugrünlich, meergrünlich; wachsartig schimmernd
glaucous blaugrün, meergrün
glaucous-leaved blaugrünblätt(e)rig
glaze dünne Eisschicht *f*, Glatteis *n*
gleba Gleba *f*
glenoid Gelenk...
glide 1. gleiten; 2. Gleitflug *m*, Segelflug *m*
glider Gleithörnchenbeutler *m*, Flugbeutler *m (Petaurus)*
dusky ~ → greater glider
feather-tail ~ Australischer Zwerggleitbeutler *m*, Australienmausflugbeutler *m (Acrobates pygmaeus)*
greater ~ Großflugbeutler *m*, Riesenglattbeutler *m (Schoinobates volans)*
honey ~**s** Gleithörnchenbeutler *mpl*, Flugbeutler *mpl (Petaurus)*
pygmy ~ → feather-tail glider
squirrel [sugar] ~ → honey glider
globate kugelförmig, kugelrund
globe Augapfel *m*
globeflower Goldranunkel *f*, Trollblume *f (Trollius)*
common ~ Glotzblume *f*, Europäische Trollblume *f (Trollius europaeus)*
Siberian ~ Asiatische Trollblume *f (Trollius asiaticus)*
globe-flowered kugelblumig
globose kugelig, kugelförmig, Kugel...
globular 1. kugelig, kugelförmig, Kugel...; 2. aus Kügelchen bestehend
globulous → globular
glochide Angelhaar *n*, Angelborste *f*, Angelstachel *m*
glochidiate widerhakig
glochidium 1. *(Zool.)* Glochidium *n (Larve der Flußmuschel)*; 2. *(Bot.)* Glochidium *n*, Glochidie *f*, Widerhaken *m (bei Kaktusgewächsen)*
glome Köpfchen *n*, Blütenköpfchen *n*
glomerate geknäuelt, knäuelig, knäuelbildend; knäuelförmig
glomerule Knäuelchen *n*; Blütenknäuel *n*
glomerulus Glomerulus *m*, Nierenknäuel *n*
Malpighian ~ Malpighisches Knäuel *n*
glomerus Knäuel *n*; Gefäßknäuel *n*, Glomus *n*
glomus 1. → glomerus; 2. → glome
carotid ~ Karotiskörper *m*
glorybind Zaunwinde *f*, Winde *f (Convolvulus)*
dwarf ~ Trichterwinde *f*, Dreifarbige Winde *f (Convolvulus tricolor)*
European ~ Ackerwinde *f*, Feldwinde *f (Convolvulus arvensis)*
hedge ~ Uferzaunwinde *f*, Zaunwinde *f (Convolvulus sepium)*
scammony ~ Purgierwinde *f (Convolvulus scammonia)*
seashore ~ Meerstrandwinde *f*, Strandwinde *f (Convolvulus soldanella)*
glory-lily Prachtlilie *f*, Ruhm(es)krone *f (Gloriosa)*
glory-of-the-snow Schneeglanz *f*, Schneestolz *m (Chionodoxa)*
glory-tree Lo(o)sbaum *m*, Priesterbaum *m*, Schicksalbaum *m (Clerodendron)*
glossa Glossa *f*, Zunge *f*
glossal glossal, lingual, Zungen...
glossohyal glossohyal, Zungen-Zungenbein...
glossopharyngeal glossopharyngeal, Zungen-Rachen...
glossy firnisglänzend; glänzend
glottal [glottic] Glottis..., Stimmritzen...
glottis Glottis *f*, Stimmritze *f*
glowworm Glühwürmchen *n*
glue 1. Leim *m*; 2. Klebstoff *m*

vegetable ~ Pflanzenleim *m*
glue-like [gluey] klebrig
gluma → glume
glumaceous spelzenartig, hüllspelzartig
glumate → glumiferous
glume Spelze *f*; Hüllspelze *f*; Kelchspelze *f*
awn pointed ~ scharfspitzige Hüllspelze *f*
carinate ~ gekielte Hüllspelze *f*
emarginate ~ eingekerbte Hüllspelze *f*
floral [flower] ~ Blütenspelze *f*
glumelike spelzförmig
glumellule Schüppchen *n*, Lodicula *f*, Schwellkörper *m* *(Grasblüten)*
glumiferous spelzentragend; spelzig, bespelzt
glumiflorous spelzblütig
gluteal Gesäß.., glutäal..
gluten Gluten *n*, Pflanzenleimstoff *m*, Kleber *m*
gluteus Glutäus *m*, Gesäßmuskel *m*
glutinous klebrig, leimig, glutinös
glutton Europäischer [Gemeiner, Nordischer] Vielfraß *m*, Vielfraßmarder *m* *(Gulo gulo)*
glycemia Glykämie *f*, Blutzuckergehalt *m*
glycin(e) Glyzin *n*, Glykokol *n*
glycogen Glykogen *n*, tierische Stärke *f*
glycogenolytic glykogenolytisch, glykogenspaltend, glykogenabbauend
glyptocarpous furchenfrüchtig
glyptospermous furchensamig
gnarl Knorren *m*, Holzmaser *f*, Maser *f*, Maserknolle *f*
gnarled [gnarly] knorrig
gnat Mücke *f*, Stechmücke *f*; blutsaugendes Insekt *n*
buffalo ~s Kriebelmücken *fpl (Simuliidae)*
dark winged fungus ~s Trauermücken *fpl (Sciaridae)*
eye ~s Halmfliegen *fpl (Chloropidae)*
fungus ~s Pilzmücken *fpl (Fungivoridae)*
gall ~s Gallmücken *fpl (Itonididae)*
water ~ (Gemeiner) Teichläufer *m (Hydrometra stagnorum)*
wood ~s Fenstermücken *fpl (Phryneidae)*
gnatcatcher Mückenfänger *m (Polioptilinae)*
gnateater Mückenfresser *m (Conophaga)*
gnathic Kiefer...
gnathopod Kieferfuß *m*
gnatwren Degenschnäbler *m (Microbates)*
collared ~ Halsband-Degenschnäbler *m (Microbates collaris)*
half-collared ~ Graubauch-Degenschnäbler *m (Microbates cinereiventris)*
long-billed ~ Schwarzschwanz-Schnäbler *m (Ramphocaenus)*
gnaw nagen; abnagen; zernagen
gnawer Nager *m*, Nagetier *n*
gnesiogamy Gnesiogamie *f*, Kreuzbestäubung *f*
gnosis Erkennen *n*
gnu Gnu *n (Connochaetes)*
blue [brindled, white-bearded] ~ Streifen-Gnu *n*, Weißbartgnu *n (Connochaetes taurinus)*
white-tailed ~ Weißschwanzgnu *n (Connochaetes gnou)*
goa Tibetgazelle *f (Procapra picticaudata)*
goanna Waran *m (Varanus)*
goat 1. Ziege *f*; 2. Steinbock *m (Capra)*
bezoar ~ Bezoarbock *m*, (kleinasiatische) Bezoarziege *f*, Paseng *m*, Wildziege *f (Capra aegagrus)*
billy ~ Ziegenbock *m*
mountain [North American] ~ Schneeziege *f (Oreamnos americanus)*
Persian wild ~ → bezoar goat
Rocky mountain ~ → mountain goat
wild ~ → bezoar goat
goatfish Meerbarbe *f*, Seebarbe *f*; *pl* Meerbarben *mpl*, Streitenbarben *mpl (Mullidae)*
goatling Zicklein *n*
goat's-beard 1. Bocksbart *m*, Bockshorn *n (Tragopogon)*; 2. Geißraute *f (Galega)*; 3. Geißbart *f (Aruncus)* ; 4. Keulenpilz *m*, Keulenschwamm *m (Clavaria)*
goat's-leap Echtes Geißblatt *n*, Jelängerjelieber *n (Lonicera caprifolium)*
goat's-rue Geißraute *f (Galega)*
goatsuckers Ziegenmelker *mpl*, Nachtschwalben *fpl (Caprimulgidae)*
goat's-wheat Bocksknöterich *m*, Bocksweizen *m (Atraphaxis)*
goatweed Gänsestrenzel *m*, Geißfuß *m*, Gersch *m*, Giersch *m*, Zaungiersch *m (Aegopodium podagraria)*
go-away-bird Lärmvogel *m (Corythaixoides)*
gobble 1. verschlingen; 2. schlingen, gierig essen; 3. kollern *(Truthahn)*; 4. Kollern *n*
gobbler Truthahn *m*, Puter *m*
goblet:
Neptune's ~ Neptunsbecher *m (Poterion neptuni)*
goblingfish Steinfische *mpl (Synanceiidae)*
goby Meergrundel *f*, Grundel *f*; *pl* Meergrundeln *fpl*, Grundeln *fpl (Gobiidae)*
big ~ → black goby
bighead ~ Golowatsch-Grundel *f (Neogobius kessleri)*
black ~ Schwarze [Blaue] Meergrundel *f (Gobius niger)*
Bucchich's ~ Streifengrundel *f (Gobius bucchichi)*
Caspian round ~ → round goby
common ~ Strandgrundel *f*, Strandkühling *m (Pomatoschistus microps)*
freckled ~ Kleine Meergrundel *f*, Bunte Grundel *f*, Sandgrundel *f*, Sandkühling *m*
frill-fin ~ Goldringelgrundel *f (Bathygobius)*
giant ~ Große Meergrundel *f (Gobius cobitis)*
jumping ~ies Schlammspringer *mpl*, Modderspringer *mpl (Periophthalmidae)*
knout ~ → toad goby
marbled ~ Marmorgrundel *f (Pomatoschistus marmoratus)*
Mediterranean painted ~ → painted goby
monkey ~ Flußgrundel *f (Neogobius fluviatilis)*
painted ~ Fleckengrundel *f*, Bunte Grundel *f (Pomato-*

schistus pictus)
red-mouthed ~ Venezianische Meergrundel *f (Gobius cruentatus)*
rock ~ Paganelgrundel *f (Gobius paganellus)*
round ~ Krugljak-Grundel *f (Neogobius melanostomus)*
sand ~ → freckled goby
spotted ~ Gefleckte Grundel *f*, Rittergrundel *f (Stigmatogobius sadanundio)*
starry [stellate tadpole] ~ Sternige Großkopf-Grundel *f (Benthophiloides stellatus)*
toad ~ Kröten(meer)grundel *f (Mesogobius batrachocephalus)*
transparent ~ Glasgrundel *f (Aphia minuta)*
tube-nosed ~ Marmorierte Meergrundel *f (Proterorhinus marmoratus)*
godetia Atlasblume *f (Godetia)*
godwit Pfuhlschnepfe *f*, Uferschnepfe *f (Limosa)*
bar-tailed ~ Rostrote [Rote] Uferschnepfe *f*, Rostrote Pfuhlschnepfe *f (Limosa lapponica)*
black-tailed ~ Schwarzschwänzige Uferschnepfe *f (Limosa limosa)*
Hudsonian ~ Hudson-Schnepfe *f*, Amerikanische Uferschnepfe *f (Limosa haemastica)*
marbled ~ Marmorschnepfe *f (Limosa fedoa)*
Pacific ~ → bar-tailed godwit
goggle-eye 1. Glasauge *n (Heteropriacanthus cruentatus)*; 2. Makrelen-Barsch *m (Caranx)*; 3. Großaugenbarsch *n (Priacanthus)*
black ~ Steinbarsch *m (Ambloplites)*
goggle-eyed glotzäugig
goldcrest Wintergoldhähnchen *n (Regulus regulus)*
goldenbush [goldendrop] Lotwurz *f (Onosma)*
goldeneye 1. Schellente *f (Bucephala)*; 2. Florfliege *f*, Blattlausfliege *f (Chrysopa)*; *pl* Florfliegen *fpl*, Goldaugen *npl (Chrysopidae)*
American ~ Büffelkopfente *f (Bucephala albeola)*
Barrow's ~ Spatelente *f (Bucephala islandica)*
common ~ Schellente *f*, Hohlente *f*, Klangente *f (Bucephala clangula)*
goldenglow Goldenball *m*, Schlitzblättriger Sonnenhut *m (Rudbekkia laciniata)*
goldenhair Gold(haar)aster *f (Linosyris vulgaris)*
golden-haired goldschopfig
golden-heart Gelbbrusterdtaube *f (Gallicolumba rufigula)*
goldenrod Goldrute *f*, Steingünsel *m (Solidago)*
golden-scaled goldschuppig
goldenseal Kanadische Orangewurzel *f*, Kanadische Gelbwurzel *f (Hydrastis canadensis)*
goldentail:
blue-throated ~ Goldschwanzsaphir *m (Heliothryx eliciae)*
goldenthroat ~ Goldkehlchen *n (Polytmus)*
green-tailed ~ Grünschwanz-Goldkehlchen *n (Polytmus theresiae)*
white-tailed ~ Weißschwanz-Goldkehlchen *n (Polytmus guainumbi)*
goldentop Lamarkie *f*, Silbergras *n (Lamarckia)*
golden-tuft Felsensteinkraut *n*, Gebirgssteinkraut *n*, Goldkörbchen *n*, Echtes Steinkraut *n (Alyssum saxatile)*
goldfinch 1. Stieglitz *m (Carduelis carduelis)*; 2. Zeisig *m*, Erlenzeisig *m (Carduelis spinus)*; 3. Trauerschnäpper *m (Ficedula hypoleuca)*
American ~ Goldzeisig *m (Carduelis tristis)*
continental [Eurasian, Europaen] ~ → goldfinch
green-backed ~ Mexikanerzeisig *m (Carduelis psaltria)*
grey-headed [Himalayan] ~ Graukopfstieglitz *m (Carduelis caniceps)*
Lawrence's ~ Maskenzeisig *m (Carduelis lawrencei)*
lesser ~ → green-backed goldfinch
goldfish 1. Silberkarausche *f*, Chinesische Karausche *f*, Goldfisch *m (Carassius auratus)*; 2. Ringelbrassen *m (Diplodus argenteus)*
goldammer Goldammer *f (Emberiza citrinella)*
goldhamster Mittelhamster *m (Mesocricetus)*; Goldhamster *m*, Gelbhamster *m (Mesocricetus auratus)*
goldilocks 1. Goldhahnenfuß *m (Ranunculus auricomus)*; 2. → goldenhair
gold-of-pleasure Leindotter *m*, Saatleindotter *m*, Butterraps *m (Camelina sativa)*
goldsinny Klippenbarsch *m (Ctenolabrus)*; Kleiner Klippenbarsch *m (Ctenolabrus rupestris)*
gold-thread Goldfaden *m (Coptis)*
gomphosis Gomphose *f*, Einkeilung *f*
gomphostylous nagelförmiger Griffel
gonad Gonade *f*, Keimdrüse *f*, Geschlechtsdrüse *f*, Keimstock *m*
gonadotrophin → gonadotropin
Gondwana Gondwanaland *n* (im Präkambium bestehende Landmasse)
gonecyst Samenblase *f*
gonepoiesis Samenbildung *f*
gongylus Keimkorn *m*, Lagerkeim *m*
gonidiophore Gonidienträger *m*
goniophyllous *(Bot.)* kantenblätt[e]rig; winkelblätterig
goniospermous *(Bot.)* kantensamig
goniotrichous rauhkantig
gonoblast Gonoblast *m*, Keimzelle *f*
gonochorism 1. Gonochorismus *m*, Geschlechtstrennung *f*; 2. Diözie *f*, Zweihäusigkeit *f*
gonochoristic 1. gonochoristisch, getrenntgeschlechtlich; 2. zweihäusig; diözisch
gonocoel Gonozöl *n*, Gonadenhöhle *f*
gonocyte Gonozyte *f*, Keimzelle *f*
gonogenesis Gametogenese *f*, Gametenbildung *f*
gonolek:
black-headed ~ Scharlachwürger *m (Laniarius barbarus)*
Burchell's ~ Rotbauchwürger *m (Laniarius atrococcineus)*
common ~ Goldscheitelwürger *m (Laniarius*

barbatus)
Mifumbiri ~ Papyruswürger *m (Laniarius mifumbiri)*
yellow-breasted ~ Gelbbauchwürger *m (Laniarius atroflavus)*
gonophore Gonophore *f*, Befruchtungsträger *m*
gonopod Kopulationsfuß *m*
Good-King-Henry Guter Heinrich *m (Chenopodium bonus-henricus)*
goody Umberfisch *m (Sciaena)*; Zebra-Umberfisch *m (Sciaena xanthurus)*
gools Sumpfdotterblume *f (Caltha palustris)*
goosander Gänsesäger *m*, Großer Säger *m (Mergus merganser)*
goose Gans *f*; Gans *f (Anser)*
African pygmy ~ Rotbrust-Zwerggans *f (Nettapus auritus)*
Andean ~ Anden-Gans *f (Chloephaga melanoptera)*
ashy-headed ~ Graukopfgans *f (Chloephaga poliocephalus)*
bar-headed ~ Streifengans *f (Anser indicus)*
barnacle ~ Weißwangengans *f (Branta leucopsis)*
bean ~ Saatgans *f (Anser fabalis)*
blue (snow) ~ → snow goose
blue-winged ~ Blauflügelgans *f (Cyanochen cyanopterus)*
brant [brent] ~ Ringelgans *f (Branta bernicla)*
Canada ~ Kanada-Gans *f (Branta canadensis)*
Cape Barren ~ Hühnergans *f (Cereopsis novaehollandiae)*
cotton pygmy ~ Indische Glanzgans *f (Nettapus coromandelianus)*
dwarf ~ → pygmy goose
Egyptian ~ Nil-Gans *f (Alopochen aegyptiaca)*
ember ~ Eistaucher *m*, Imbergans *f*, Riesentaucher *m (Gavia immer)*
emperor ~ Kaisergans *f (Anser canagicus)*
gray(lag) ~ Graugans *f (Anser anser)*
green pygmy ~ Grüne Zwergglanzgans *f (Nettapus pulchellus)*
Hawaiian ~ Nene *f*, Hawai-Gans *f (Branta sandwicensis)*
kelp ~ Kelpgans *f*, Tanggans *f (Chloephaga hybrida)*
knob-billed ~ Höcker-Glanzgans *f*, Glanzente *f (Sarkidiornis melanotus)*
laughing ~ → white-fronted goose
lesser white-fronted ~ Zwergbläßgans *f*, Zwerggans *f (Anser erythropus)*
Magellan ~ Magellan-Gans *f (Chloephaga picta)*
magpie ~ Spaltfußgans *f (Anseranas semipalmata)*
maned ~ Mähnengans *f (Chenonetta jubata)*
marsh ~ 1. → gray(lag) goose; 2. → Canada goose
Mother Carey's ~ Südlicher Riesensturmvogel *m (Macronectes giganteus)*
Orinoko ~ Orinoco-Gans *f (Neochen jubatus)*
pied ~ → white-fronted goose
pygmy ~ Zwerggans *f (Anser erytrophus)*
rat ~ → brant goose
red-breasted ~ Rothalsgans *f (Branta ruficollis)*
rode [rood] ~ → brant goose
Ross' (snow) ~ Zwergschneegans *f (Anser rossii)*
ruddy-headed ~ Rotkopfgans *f (Chloephaga rubidiceps)*
Sandwich Island ~ → Hawaiian goose
snow ~ Schneegans *f (Anser caerulescens)*
solan ~ Tölpel *m (Sula)*
spur-winged ~ Sporengans *f (Plectropterus gambiensis)*
swan ~ Schwanengans *f (Anser cygnoides)*
upland ~ → Magellan goose
white-fronted ~ Bläßgans *f (Anser albifrons)*
gooseberry Stachelbeere *f*, Klosterbeere *f*, Krausbeere *f*, Stachelbeerstrauch *m (Grossularia)*
Barbados ~ Barbados-Stachelbeere *f*, Westindische Stachelbeere *f (Pereskia aculeata)*
cape ~ Ananaskirsche *f*, Kapstachelbeere *f (Physalis peruviana)*
Chinese ~ Chinesische Aktinidie *f*, Chinesischer Strahlengriffel *m (Actinidia sinensis)*
five-finger ~ Karambole *f (Averrhoa carambola)*
garden ~ Gemeiner Stachelbeerstrauch *m (Grossularia reclinata)*
Otaheite ~ Saure Blattblume *f (Phyllanthus acidus)*
goosefish Froschfisch *m*, (Gemeiner) Seeteufel *m (Lophius piscatorius)*; *pl* Seeteufel *mpl*, Froschfische *mpl*, Anglerfische *mpl (Lophiidae)*
goosefoot Gänsefuß *m (Chenopodium)*
blite ~ Ähriger [Kopfiger] Gänsefuß *m (Chenopodium capitatum)*
city ~ Steifer Gänsefuß *m*, Stadtgänsefuß *m (Chenopodium urbicum)*
feather geranium ~ Klebriger Gänsefuß *m*, Knotenkraut *n*, Krötenkraut *n*, Schabenkraut *n*, Traubenkraut *n*, Traubenschmergel *m (Chenopodium botrys)*
Good-King-Henry ~ Guter Heinrich *m (Chenopodium bonus-henricus)*
lamb's quarters ~ Weißer Gänsefuß *m*, Weiße Melde *f (Chenopodium album)*
maple-leaved ~ Bastardgänsefuß *m*, Unechter Gänsefuß *m (Chenopodium hybridum)*
nettle-leaved ~ Mauergänsefuß *m (Chenopodium murale)*
oak-leaf ~ Grauer Gänsefuß *m*, Graugrüner Gänsefuß *m (Chenopodium glaucum)*
stinking ~ Stinkender Gänsefuß *m*, Bocksmelde *f*, Stinkmelde *f (Chenopodium vulvaria)*
upright ~ → city goosefoot
wormseed ~ Wohlriechender Gänsefuß *m*, Jesuitentee *m (Chenopodium ambrosioides)*
gooseberry-leaved stachelbeerblätt(e)rig
goose-tongue Gartenmelisse *f*, Zitronenmelisse *f (Melissa officinalis)*
gopher Taschenratte *f*; *pl* Taschenratten *fpl (Geomyidae)*
eastern pocket ~ Flachlandtaschenratte *f (Geomys)*
giant pocket ~ Hamsterratte *f*, Riesentaschenratte *f*

(Orthogeomys grandis)
pocket ~s Taschenratten *fpl (Geomyidae)*
smooth-toothed pocket [western pocket] ~ Gebirgstaschenratte *f (Thomomys)*
yellow(-faced) pocket ~ Mexikanische Taschenratte *f (Cratogeomys castanops)*

goral Goral *m*, Langschwänzige Ziegenantilope *f*, Langschwanz-Goral *m*, Nordchina-Goral *m (Nemorhaedus goral)*

gore mit den Hörnern stoßen

gorge Schlucht f; Rachen *m*; Schlund *m*

gorgeret (gezackter) Stachel *m*

gorget Halsband *n*; Kehlschild *n*; Brustlatz *m*

gorilla Gorilla *f (Gorilla gorilla)*

gorse Heckensame *m*, Stachelginster *m*, Stechginster *m (Ulex)*; Gaspeldorn *m (Ulex europaeus)*

goshawk Habicht *m*, Sperber *m (Accipiter)*; Habicht *m*, Hühnerhabicht *m (Accipiter gentilis)*; *pl* Greife *mpl*, Habichtartige *pl (Accipitridae)* (→hawk)
African ~ Tachirohabicht *m (Accipiter tachiro)*
Australian ~ Bänderhabicht *m*, Weihnachtsinsel-Habicht *m (Accipiter fasciatus)*
black ~ Mohrenhabicht *m*, Trauerhabicht *m (Accipiter melanoleucus)*
black-mantled ~ Mantelhabicht *m (Accipiter melanochlamys)*
brown ~ → Australian goshawk
Bürger's ~ Prachthabicht *m (Accipiter buergersi)*
Celebes crested ~ Graukopfhabicht *m (Accipiter griseiceps)*
chanting ~ Singhabicht *m (Melierax musicus)*
crested ~ Schopfhabicht *m (Accipiter trivirgatus)*
gray ~ Weißbrauenhabicht m, Neuholland-Habicht *m (Accipiter novaehollandiae)*
gray-bellied ~ Graubauchhabicht *m (Accipiter poliogaster)*
Gray's ~ Halmahera-Habicht *m*, Molukken-Habicht *m (Accipiter henicogrammus)*
imitator ~ Trughabicht *m*, Imitatorhabicht *m (Accipiter eichhorni)*
northern ~ Habicht *m*, Hühnerhabicht *m (Accipiter gentilis)*
pied ~ Elsterhabicht *m (Accipiter albogularis)*
red-chested [vinous-chested] ~ Guinea-Habicht *m (Accipiter toussenelii)*
white ~ → gray goshawk

gosling 1. Gänschen *n*, Gänseküchlein *n*; 2. Ausgebreitete Kuhschelle *f*, Heidekuhschelle *f (Pulsatilla patens)*; 3. Kätzchen *n*, Kätzchenblüte *f*

gosmore Gewöhnliches [Starkwurzeliges] Ferkelkraut *n (Hypochaeris radicata)*

gossypimine Safranin *n* O

gossypine wollig

go-to-bed-at-noon Wisenbocksbart *m (Tragopogon pratensis)*

goujon Grundel *f*, (Gewöhnlicher) Gründling *m (Gobio gobio)*

gourami Gurami *m (Osphronemus gorami)*; *pl* Guramis *mpl*, Fadenfische *mpl (Trichogasterinae, Helostomatidae, Osphromenidae)*
banded ~ Gestreifter Zwergfadenfisch *m (Colisa fasciata)*
blue ~ Blauer Fadenfisch *m (Trichogaster trichopterus sumatranus)*
chocolate ~ Schokoladengurami *m (Sphaerichthys osphromenoides)*
combtail ~ Ceylon-Makropode *f (Belontia signata)*
croaking ~ Knurrender Gurami *m (Trichopsis vittatus)*
dwarf ~ Roter Zwergfadenfisch *m (Colisa lalia)*
dwarf croaking ~ → pygmy gourami
giant ~ 1. Gurami *m*, Risengurami *m*, Fadenfisch *m (Osphronemus gorami)*; 2. → banded gourami
honey (dwarf) ~ Honiggurami *m*, Honigfadenfisch *m (Colisa chuna)*
kissing ~ Küssender Gurami *m (Helostoma temmincki)*; *pl* Küssende Guramis *mpl*, Buschfische *mpl (Helostomidae)*
lace ~ Mosaikfadenfisch *m (Trichogaster leeri)*
licorice ~ Dreißner-Makropode *m (Parosphromenus dreissneri)*
moonbeam [moonlight] ~ Mondscheinfadenfisch *m (Trichogaster microlepis)*
mosaik [pearl] ~ → lace gourami
pygmy ~ Zwerggurami *m (Trichopsis pumilis)*
snakeskin ~ Schaufelfadenfisch *m (Trichogaster pectoralis)*
spotted ~ Punktierter Fadenfisch *m (Trichogaster trichopterus trichopterus)*
striped ~ → banded gourami
thick-lipped ~ Dicklippiger Zwergfadenfisch *m (Colisa labiosa)*
three-spotted ~ → spotted gourami

gourd 1. Flaschenkürbis *m*, Kalebasse *f*, Lagenarie *f (Lagenaria)*; 2. Gartenkürbis *m (Cucurbita pepo)*
dishcloth ~ Luffa-Gurke *f*, Schwammgurke *f (Luffa cylindrica)*
gooseberry ~ Arada-Gurke *f (Cucumis anguria)*
serpent ~ Haarblume *f (Trichosanthes anguina)*
sponge ~ Schwammgurke *f (Luffa cylindrica)*
turban ~ Turban-Kürbis *m (Cucurbita turbaniformis)*

gourd-shaped kürbisförmig

goutweed Gänsestrenzel *n*, Geißfuß *m*, Gersch *m*, Giersch *m*, Zaungiersch *m (Aegopodium podagraria)*

gowan Gänseblümchen *n*, Gänseblume *f*, Margaretenblume *f*, Margerite *f (Bellis)*
horse ~ Echte Kamille *f (Matricaria chamomilla)*
milk-witch [yellow] ~ Echter [Gemeiner] Löwenzahn *m (Taraxacum officinale)*

goy Sachalin-Huchen *m (Hucho perryi)*

grab 1. ergreifen, packen, fassen; 2. Griff *m*

grackle Grackel *m*, Bootsschwänze *mpl m (Quiscalus)*
boat-tailed ~ Bootschwanzgrackel *m (Quiscalus major)*
bronzed [purple] ~ Purpurgrackel *m*, Purpurboot-

schwanz *m (Quiscalus quiscala)*
Carib ~ Trauergrackel *m (Quiscalus lugubris)*
common ~ → bronzed grackle
gold-crested ~ Kronenatzel *f (Mino coronatus)*
golden-tufted ~ Goldachselstärling *m (Macroagelaius imithurni)*
great-tailed ~ Dohlengrackel *m (Quiscalus mexicanus)*
mountain ~ Braunachselstärling *m (Macroagelaius subalaris)*
purple ~ → bronzed grackle
red-bellied ~ Rotbauchstärling *m (Hypopyrrhus)*
rice ~ Riesenkuhstärling *m (Scephidura)*
slender-billed ~ Sumpfgrachel *m (Quiscalus palustris)*
velvet-fronted ~ Samtstirnstärling *m (Lampropsar)*
graft 1. Transplantat *n*; 2. transplantieren; 3. Pfropfreis *n*, Edelreis *n*; 4. pfropfen; 5. veredelte Pflanze *f*
grafting 1. Transplantation *f*; 2. Pfropfen *n*, Pfropfung *f*, Veredelung *f*
approach ~ Ablaktation *f*, Ablaktieren *n*
bridge ~ Überbrückungstransplantation *f*
cleft ~ Pfropfen *n* in den Spalt, Spaltpfropfen *n*, Geißfußpfropfen *n*
root ~ Veredeln *n* auf Wurzeln
splice ~ Kopulation *f*, Kopulieren *n*
tongue ~ Kopulieren *n* mit Gegenzunge
top ~ Umpfropfen *n*
wedge ~ → cleft grafting
whip(-and-tongue) ~ → tongue grafting
grain/to körnen, granulieren; körnig werden
grain 1. Korn *n*, Samenkorn *n*, Getreidekorn *n*; 2. Getreide *n*; 3. Körnchen *n*, Korn *n*; 4. Längsfaser *f*, Faserung *f*, Struktur *f*, Körnung *f (vom Holz)*
black ~ of corn Mutterkorn *n (Erreger - Claviceps purpurea)*
pollen ~ Pollenkorn *n*
grained körnig
coarse ~ grobkörnig
grallatorial *(Orn.)* stelzbeinig, Stelz(vogel)...
gram Kichererbse *f*, Kicherling *m (Cicer)*
Bengal ~ Gemeine Kichererbse *f (Cicer arietinum)*
grama Moskitogras *n (Bouteloua)*
gramineous 1. grasartig, grasig, grasähnlich; 2. Gras...
graminiform grasähnlich, grasartig
graminivorous grasfressend
graminoid grasartig, grasig, grasähnlich
graminology Gräserkunde *f*
graminous grasig
Gram-stained gramgefärbt
grampus Rundkopfdelphin *m*, Gestreifter Delphin *m*, Risso's Delphin *m (Grampus griseus)*
grey [mottled, Risso's]~ → grampus
sword ~ Schwertwal *m (Orcinus orca)*
granadilla Passionsblume *f*, Rangapfel *m (Passiflora)*
granatum Granatapfel *m (Punica granatum)*
grandifolious großblätt(e)rig
grandy-key Atlantischer Tarpun *m (Megalops* atlanticus)
graniferous 1. granulahaltig; 2. körnertragend
graniform kornartig, kornförmig
granivore Körnerfresser *m*
granose halskettenförmig, perlschnurförmig
granule Granulum *n*, Körnchen *n*
~ of sex chromatin Geschlechtschromatingranulum *n*
Palades's ~ Ribosom *n*
granuliform körnchenförmig
granulocytopoiesis Granulo(zyto)poese *f*, Granulozytenbildung *f*
granulose körnig, gekörnt
grape Traube *f*, Rebe *f*, Weinrebe *f*, Weinstock *m (Vitis)*
American ~ Weinkermesbeere *f (Phytolacca americana)*
Amur ~ Amurrebe *f (Vitis amurensis)*
bullace ~ → muscadine grape
chicken ~ → raccoon grape
common [European] ~ → vine grape
fox ~ Catawbarebe *f*, Fuchstraube *f*, Isabellarebe *f (Vitis labrusca)*
mountain ~ → raccoon grape
muscadine ~ Muscadinerebe *f (Vitis rotundifolia)*
raccoon [river] ~ Duftrebe *f*, Uferweinrebe *f (Vitis vulpina)*
riverside ~ → raccoon grape
salt ~ Russisches Salzkraut *n (Salsola ruthenica)*
seaside ~ Beerentang *m (Sargassum bacciferum)*
Spanish ~ → raccoon grape
tail ~ Birnentraube *f*, Brottraube *f*, Klim-Ylang-Ylang *m (Artabotrys)*
wine ~ Echte Weinrebe *f (Vitis vinifera)*
winter ~ Winterrebe *f (Vitis berlanderi)*
woodland ~ Waldweinrebe *f (Vitis silvestris)*
grape-leaved weinblätt(e)rig, rebenblätt(e)rig
graperoot:
Oregon ~ Mahonie *f (Mahonia)*
grapevine Weinrebe *m (Vitis vinifera)*
grass 1. Kraut *n*, Gras *n*; 2. grasig; 3. weiden, grasen; 4. Grasland *n*, Weide *f*, Weideland *m*; 5. Gras *n*, Rasen *n*
alang ~ Rohrartiges Silbergras *n (Imperata cylindrica)*
Aleppo ~ Aleppobartgras *n (Sorghum halepense)*
alfa ~ Alfagras *n*, Esparto *m*, Espartogras *n(Stipa tenacissima)*
alkali ~ Salzschwaden *m (Atropis)*
alpine sweet ~ Alpenmariengras *n (Hierochloealpina)*
American millet ~ flatterige Waldhirse *f (Milium effusum)*
American slough ~ Beckmannsgras *n (Beckmannia syzigachne)*
annual meadow ~ Kleines Angergras *n*, Einjähriges Rispengras *n* Sommerrispengras *n (Poa annua)*
Arctic blue ~ Arktisches Rispengras *n (Poa arctica)*
arrow ~ Dreizack *m*, Salzbinse *f (Triglochin)*
arrow pod ~ Sumpfdreizack *m (Triglochin palustris)*
awnless brome ~ Grannenlose [Unbegrannte, Unbe-

wehrte, Wehrlose] Trespe *f (Bromus inermis)*
Balfour's meadow ~ Balfour's Rispengras *n (Poa balfouri)*
bareet ~ Reisquecke *f*, Wilder Reis *m (Leersia)*
barn ~ → barnyard grass
barnacle ~ Echtes Seegras *n (Zostera marina)*
barnyard ~ Gemeine Hühnerhirse *f*, Stachelhirse *f (Echinochloa crus-galli)*
barren brome ~ Taube Trespe *f (Bromus sterilis)*
beach ~ → sea sand grass
bear ~ Fadentragende [Fädige] Palmlilie *f (Yucca filamentosa)*
beard ~ 1. Bürstengras *n (Polypogon monspeliensis)*; 2. Bartgerste *f*, Bartgras *n (Andropogon)*
bent ~ Straußgras *n*, Windhalm *m (Agrostis)*
Bermuda ~ Bermudagras *n*, Fingerhundszahn *m*, Hundshirse *f*, Hundszahngras *n (Cynodon dactylon)*
big-quacking ~ Großes Zittergras *n (Briza maxima)*
billion-dollar ~ → barnyard grass
black ~ Ackerfuchsschwanz *m (Alopecurus myosuroides)*
blowout ~ 1. Schwingelschilf *m (Scolochloa)*; 2. Muhlenbergia *f (Muehlenbergia)*
blue couch ~ Hundszahn *m (Cynodon)*
blue-eyed ~ Binsenlilie *f*, Grasschwertel *m*, Rüsselschwertel *m*, Schweinrüssel *m*, Schwertlilie *f (Sisyrinchium)*
blue moor ~ 1. Benthalm *m*, Besenried *n*, Blaues Pfeifengras *n (Molinia coerulea)*; 2. Blaues Kopfgras *n*, Blaugras *n (Sesleria coerulea)*
blue scorpion ~ 1. Buntes [Gelbes] Vergißmeinnicht *n (Myosotis versicolor)*; 2. Sandvergißmeinnicht *n (Myosotis micrantha)*
bottlebrush ~ Wilder Reis *m (Asperella)*
bristle ~ Borstenhirse *f*, Fench *m*, Fennich *m*, Filz *m (Setaria)*
brome ~ Trespe *f (Bromus)*
brook ~ Quellgras *n (Catabrosa);* Ansehnliches Mannagras *n*, Riesensüßgras *n*, Wassersüßgras *n*, zartes Quellgras *n (Catabrosa aquatica)*
brown bent ~ Hundsstraußgras *n (Agrostis canina)*
buffalo ~ Buffalogras *n*, Büffelgras *n (Buchloe dactyloides)*
bunch ~es Horstgräser *npl*
bur ~ Klebgras *n*, Stachelgras *n (Cenchrus)*
burdock ~ Traubenblütiges Klettengras *n (Tragus racemosus)*
bush ~ Landreitgras *n*, Landrohrgras *n*, Landschilfgras *n*, Ostseerohr *n*, RohrartigesReitgras *n*, Sandreitgras *n (Calamagrostis epigeios)*
bushy ~es Horstgräser *npl*
Canary ~ Glanzgras *n*, Mariengras *n (Phalaris);* Kanariengras *n*, Kanarienhirse *f (Phalaris canariensis)*
carnation ~ 1. Hirseriedgras *n*, Hirsesegge *f (Carex panicea)*; 2. Behaarte Segge *f*, Behaartes Riedgras *n (Carex hirta)*
cat's-tail [cattail] ~ → timothy grass
cespitous ~es rasenbildende Gräser *npl*
cheat ~ → downy brome grass
chee reed ~ → bush grass
China ~ Ramie *f*, Chinagras *n (Boehmeria nivea)*
cleavers ~ → turkey grass
cock ~ Dort *m*, Gerstentrespe *f*, Korntrespe *f*, Roggentrespe *f (Bromus secalinus)*
cock's-foot ~ Hundsgras *n*, Gemeines [Rauhes] Knäuelgras *n*, Gemeines Knaulgras *n (Dactylus glomerata)*
cockspur ~ → barnyard grass
cogon ~ Rohrartiges Silbergras *n (Imperata cylindrica)*
colonial bent ~ Rotes Strausgras *n (Agrostis tenuis)*
common blue-eyed ~ Schmalblättriger Rüsselschwertel *m (Sisyrinchium angustifolium)*
common reed ~ Reed *n*, Rohr *n*, Gemeines Schilfrohr *n*, Gemeines Teichrohr *n*, Teichschilf *m (Phragmites communis)*
common velvet ~ wolliges Honiggras *n (Holcus lanatus)*
common witch ~ Haarhirse *f (Panicum capillare)*
corn ~ Ackerschmiele *f*, Ackerstraußgras *n*, Ackerhafer *m*, Ackerwindhalm *m*, Schlinggras *n*, Taugras *n*, (Gemeiner) Windhalm *m (Apera spicaventi)*
corn brome ~ Sperrige Trespe *f (Bromus squarrosus)*
cotton ~ Binsenseide *f*, Daunengras *n*, Wollgras *n (Eriophorum)*
couch ~ Hundsgras *n*, Quecke *f (Agropyrum)*
crab ~ 1. Rotes Fingergras *n*, Blutrote Fingerhirse *f (Digitaria sanguinalis)*; 2. Bajree *m*, Kerzenhirse *f*, Negerhirse *f*, Perlhirse *f (Pennisetum glaucum)*
creeping bent ~ 1. Fioringras *n*, Flechtstraußgras *n*, Kleine Quecke *f*, Weißes Straußgras *n*, Weißer Windhalm *m (Agrostis alba)*; 2. Sumpfstraußgras *n (Agrostis palustris)*
creeping soft ~ Ackerhoniggras *n*, Weiches Honiggras *n (Holcus mollis)*
creeping stem ~ Wurzelstockgras *n*
crested wheat ~ Kammquecke *f (Agropyrom cristatum)*
curly ~es Spaltastfarne *mpl (Schizaeaceae)*
cut ~ Reisquecke *f*, Wilder Reis *m (Leersia oryzoides)*
cypress ~ Cypergras *n*, Zypergras *n (Cyperus)*
dallis ~ Brasilianische Futterhirse *f (Paspalum dilatatum)*
darnel rye ~ Schwindelkorn *n*, Taumellolch *m*, Tollgerste *f (Lolium temulentum)*
deer ~ → blowout grass 2.
densely tufted ~es Dichthorstgräser *npl*
devil's ~ Gemeine Quecke *f (Agropyrom repens)*
dew ~ → cock's-foot grass
ditch ~ → sea grass 1.
dog's-tail ~ Kammgras *n (Cynosurus)*
dog's-tooth ~ → Bermuda grass
downy brome ~ Dachtrespe *f (Bromus tectorum)*
downy lyme ~ Dünenhafer *m*, Sandhaargras *n*, Sandroggen *m*, Blauer Helm *m*, Strandweizen *m (Elymus*

arenarius)
dudder ~ Venushaar *n*, Frauenhaar *n*, Jungfernhaar *n* *(Adiantum capillus-veneris)*
dwarf meadow ~ → annual meadow grass
early hair ~ Frühe Haferschmiele *f*, FrüherSchmielenhafer *m (Aira praecox)*
elephant ~ Rotes Federborstengras *n*, Rote Perlhirse *f* *(Pennisetum purpureum)*
English scurvy ~ Englisches Löffelkraut *n (Cochlearia anglica)*
esparto ~ Espartogras *n*, Spartgras *n (Lygeum spartum)*
esparto needle ~ Espartogras *n*, Alfagras *n (Stipa tenacissima)*
European beach ~ → sea sand grass
fairy ~ → quake grass
faitours ~ Eselwolfsmilch *f*, Rutenwolfsmilch *f*, Scharfe Wolfsmilch *f (Euphorbia esula)*
false brome ~ Zwenke *f (Brachypodium)*
feather ~ Federiges Pfriemengras *n*, Steinflachs *m* *(Stipa pennata)*
felon ~ Kaiserwurzel *f*, Magistranzwurzel *f*, Meisterwurzel *f (Peucedanum ostruthium)*
fescue ~ Schwingel *m*, Schwingelgras *n (Festuca)*
fiddle ~ Behaartes [Zottiges] Weidenröschen *n (Epilobium hirsutum)*
field (chess) brome ~ Ackertrespe *f (Bromus arvensis)*
field scorpion ~ Ackervergißmeinnicht *n (Myosotis arvensis)*
fine bent ~ Gemeines Straußgras *n (Agrostis vulgaris)*
finger ~ 1. Fingergras *n (Chloris)*; 2. Fingerhirse *f* *(Digitaria)*
fire ~ Ackerfrauenmantel *m (Aphanes arvensis)*
firm-bunch ~es Dickhorstgräser *npl*
fish ~ Fischgras *n*, Haarnixe *f*, Wasserhaarnixe *f* *(Cabomba)*
flat-stemmed meadow ~ Flaches Rispengras *n*, Zusammengedrücktes Rispengras *n (Poa compressa)*
flattened oat ~ Traubenhafer *m (Danthonia)*
flax ~ Flughafer *m*, Wildhafer *m*, Windhafer *m (Arena fatua)*
floating (manna) ~ Flutendes Mannagras *n*, Flutender Mannaschwaden *m (Glyceria fluitans)*
four-leaved ~ Vierblättrige Einbeere *f*, Fuchstraube *f*, Wolfsbeere *f (Paris quadrifolia)*
fowl blue ~ Fruchtbares Rispengras *n*, Sumpfrispengras *n (Poa palustris)*
foxtail ~ Quirlblütige Borstenhirse *f*, Wirtelborstenhirse *f*, Wirtelfennich *m (Setaria verticillata)*
frog ~ → sea grass 1.
gama ~ Gamagras *n (Tripsacum)*
German velvet ~ → creeping soft grass
glume ~ Brechnußbaum *m*, Krähenaugenbaum *m* *(Strychnos nux-vomica)*
goat ~ Walch *m (Aegilops)*
golden-eyed ~ → blue-eyed grass
golden oat ~ Goldhafer *m (Trisetum flavescens)*
goose ~ 1. Indische Eleusine *f (Eleusine indica)*; 2. Strandsalzschwaden *m (Puccinella maritima)*
grama ~ Haarschotengras *n (Bouteloa)*
gray hair ~ Keulenschmiele *f*, Sandsilbergras *n*, Graues Silbergras *n (Corynephorus canescens)*
great fescue ~ Riesenschwingel *m (Festuca gigantea)*
great goose ~ Liegendes Scharfkraut *n*, Liegendes Schlangenäuglein *n (Asperugo procumbens)*
green bristle [green foxtail] ~ Grüne Borstenhirse *f*, Grüner Fennich *m*, Gemeines Fennichgras *n (Setaria viridis)*
green valley ~ → Aleppo grass
Guinea ~ Guinea-Gras *n (Panicum maximum)*
hair ~ 1. Schleiergras *n (Aira capillaris)*; 2. Haferschmiele *f*, Zwergschmiele *f*, Schmiele *f (Deschampsia)*
hairy crab [hairy finger] ~ → crabgrass 1.
hard ~ Hartgras *n (Sclerochloa)*; Graues Hartgras *n* *(Sclerochloa dura)*
hard meadow ~ Steifgras *n*, Starrgras *n (Scleropoa)*
hardy rye ~ Leinlolch *m (Lolium remotum)*
hare's-tail ~ Hasenschwanzgras *n*, Sam(me)tgras *n* *(Lagurus)*
heath ~ Liegender Dreizahn *m (Sieglingia decumbens)*
herd's ~ 1. → creeping bent grass 1.; 2. → timothy grass
high ~es 1. Hochgräser *npl*; 2. Obergräser *npl*
holy ~ Wohlriechendes Mariengras *n (Hierochloe odorata)*
Hungarian ~ Kolbenhirse *f*, Mohar *m*, Moharhirse *f*, Vogelkolbenhirse *f (Setaria italica)*
Hungarian brome ~ → awnless brome grass
India love ~ Behaartes Liebesgras *n (Eragrostis pilosa)*
intermediate wheat ~ Graugrüne [Blaugrüne, Seegrüne] Quecke *f (Agropyron intermedium)*
Italian rye ~ Italienisches Raygras *n*, Welsches Weidengras *n (Lolium italicum)*
Japanese lawn ~ → Korean lawn grass
Johnsoin's ~ → Aleppo grass
June ~ Kammschmiele *f*, Schillergras *n (Koeberia)*
knob ~ Kanadische Kollinsonie *f (Collinsonia Canadensis)*
knot ~ → devil's grass
Korean lawn ~ Japanische Zoysie *f (Zoysia japonica)*
lady ~ Rohrglanzgras *n (Phalaris arundinacea)*
lady's hair ~ → quake grass
large crab ~ → crab grass 1.
lemon ~ Lemongras *n*, Zitronengras *n (Cymbopogon citratus)*
lime ~ Rasenschmiele *f*, Gemeine Schmiele *f(Deschampsia caespitosa)*
little quacking ~ Kleines Zittergras *n (Briza minor)*
little-seed canary ~ Kleines Glanzgras *n (Phalaris minor)*
loose-bunch [loose-tussock] ~es Lockerhorst-

gräser *npl*
love ~ Liebesgras *n (Eragrostis)*
low ~es niedrige Gräser *npl*, untere Grasschicht *f*
low love ~ Kleines Liebesgras *n (Eragrostis minor)*
lyme ~ Dünenhafer *m*, Sandhaargras *n*, Sandroggen *m*, Strandhafer *m*, Strandweizen *m (Elymus arenarius)*
manna ~ Mannagras *n*, Schwaden *m*, Süßgras *n*, Viehgras *n (Glyceria)*
marl ~ Mittlerer Klee *m (Trifolium medium)*
marram ~ → sea sand grass
marsh ~ Besengras *n (Spartina)*
marsh spike ~ → alkali grass
mat ~ Borstgras *n*, Borstengras *n*, Bockgras *n (Nardus)*
meadow ~ Angergras *n*, Rispe *f*, Rispengras *n*, Viehgras *n (Poa)*
meadow fescue ~ Wiesenschwingel *m (Festuca pratensis)*
meadow oat ~ Rauher Wiesenhafer *m (Avenastrum pratensis)*
meadow rougish ~ → rough-stalked meadow grass
meadow spear ~ → mountain spear grass
melic ~ → onion grass
millet ~ Flatterige Waldhirse *f (Milium effusum)*
moor ~ 1. → blue moor grass; 2. Rundblättriger Sonnentau *m (Drosera rotundifolia)*; 3. Blaugras *n*, Kopfgras *n (Sesleria)*
mountain spear ~ Schlaffes Rispengras *n (Poa laxa)*
mountain timothy ~ Alpenlieschgras *n (Phleum alpinum)*
napier ~ Elefantengras *n (Pennisetum benthami)*
narrow reed ~ Moorreitgras *n*, Übersehenes Reitgras *n (Calamagrostis neglecta)*
nit ~ Nissergras *n (Gastridium)*
nut ~ Nußgras *n (Cyperus rotundus)*
oat ~ 1. → flax grass; 2. → tall oat grass
old-witch ~ → witch panic grass
onion ~ Perlgras *n (Melica)*
orchard ~ → cock's-foot grass
painted ~ Rohrglanzgras *n (Digraphis arundinacea)*
pampas ~ Pampasgras *n (Cortaderia)*
panic ~ → barnyard grass
peavine ~ Ackerplatterbse *f*, Spanische Erbse *f*, Gemüseplatterbse *f*, Saatplatterbse *f (Lathyrus pratensis)*
perennial quaking ~ → quake grass
permanent ~es mehrjährige Gräser *npl*, ausdauernde Gräser *npl*
pigeon ~ → crab grass 1.
pin ~ Gemeiner Reiherschnabel *m*, Schierlingsblättriger Reiherschnabel *m*, Schierlingsreiherschnabel *m (Erodium cicutarum)*
pine ~ Ackerschachtelhalm *m*, Pferdeschwanz *m*, Zinnkraut *n (Equisetum arvense)*
plume ~ → silver grass
Poland manna ~ → floating (manna) grass
poly ~ Violetter Weiderich *m*, Ysopweiderich *m (Lythrum hyssopifolia)*
porcupine ~ → arrow grass 1.
prairie ~ → rush grass
prickly ~ → barnyard grass
pudding ~ Polei *m*, Poleiminze *f (Mentha pulegium)*
purple crab ~ → crab grass 1.
purple moor ~ → blue moor grass 1.
quack ~ → blue couch grass
quail ~ Silberiger Brandschopf *m*, Hahnenkamm *m (Celosia argentea)*
quake [quaking] ~ Gemeines [Mittleres] Zittergras *n (Briza media)*
quitch ~ 1. → blue couch grass; 2. → devil's grass
rabbit-foot ~ → beard grass 1.
rabbit-tail ~ → hare's-tail grass
rancheria [rat's-tail fescue] ~ Mäusefuchsschwingel *n*, Mäuseschwanzfederschwingel *m*, Mäuseschwanzfuchsschwingel *n (Vulpia myuros)*
red fescue ~ Rotschwingel *m*, Roterschwingel *m (Festuca rubra)*
reed ~ 1. Rohrreitgras *n*, Waldreitgras *n (Calamagrostis arundinacea)*; 2. Kanariengras *n*, Kanarienhirse *f (Phalaris canariensis)*
reed canary ~ → lady grass
reed manna ~ Ansehnliches [Prächtiges] Mannagras *n*, Echtes Mielitzgras *n (Glyceria aquatica)*
rhizomatous ~es → rootstock grasses
rib ~ Spitzwegerich *m (Plantago lanceolata)*
ribbon ~ → painted grass
rice ~ Grannenhirse *f (Oryzopsis)*
river ~ Schwingelschilf *n (Fluminea)*
rootstock ~es Gräser mit Rhizom *n*
rosha ~ → rush grass
rot ~ Blaues [Gemeines, Gewöhnliches] Fettkraut *n*, Alpenfettkraut *n*, Schmerkraut *n (Pinguicula vulgaris)*
rough fescue ~ Altaischwingel *m (Festuca altaica)*
rough-stalked meadow ~ Gemeines Rispengras *n*, Gewöhnliches Rispengras *n*, Rauhes Rispengras *n (Poa trivialis)*
rush ~ Fallsame *m*, Schleudersamengras *n (Sporobolus)*
Russia ~ → floating (manna) grass
rye ~ Lolch *m*, Raigras *n*, Raygras *n (Lolium)*
salt ~ → alkali grass
saw ~ Schneide *f*, Schneidegras *n (Cladium)*; Binsenschneide *f (Cladium mariscus)*
scented ~ Goldbartgras *n (Chrysopogon)*
scorbute ~ Skorbutkraut *n (Cochlearia arctica)*
scorpion ~ Sumpfvergißmeinnicht *n (Myosotis palustris)*
scratch ~ → turkey grass
scurvy ~ 1. Löffelkraut *n (Cochlearia)*; Arzneilöffelkraut *n*, Echtes Löffelkraut *n (Cochlearia officinalis)*; 2. → silver grass
sea ~ Meerfaden *m*, Meersalde *f*, Schnabelsalde *f*, Strandsalde *f*, Wasserriemen *m (Ruppia maritima)*
sea sand ~ Sandgras *n*, Sandrohr *n*, Strandhafer *m (Ammophila arenaria)*

seashore aklali ~ Strandsalzschwaden *m (Atropis maritima)*
sedge ~ 1. Ackerschachtelhalm *m (Equisetum arvense)*; 2. Echter [Gemeiner] Kalmus *m (Acorus calamus)*
seneca ~ → holy grass
serpent ~ Blutkrautknöterich *m*, Wiesenknöterich *m (Polygonum bistorta)*
shave ~ Winterschachtelhalm *m (Equisetum hyemale)*
sheep's fescue ~ Schafschwingel *m*, Schafgras *n (Festuca ovina)*
shelly ~ → devil's grass
shilling ~ Wassernabel *m*, Nabelkraut *n (Hydrocotyle vulgaris)*
short ~es 1. Untergräser *npl*; 2. niedrige Gräser *npl*
silk ~ 1. Fädige [Fadentragende] Palmlilie *f (Yucca filamentosa)*; 2. → silver grass
silver ~ Stielblütengras *n (Miscanthus)*
silver hair ~ Gemeine Haferschmiele *f (Aira caryophyllea)*
slough ~ Bechmannsgras *n (Bechmannia)*
small tufted love ~ Behaartes Liebesgras *n (Eragrostis pilosa)*
smooth brome ~ → brome grass
snake ~ → sedge grass 1.
sod ~es Horstgräser *npl*
soft ~ Honiggras *n (Holcus)*
soft-walis ~ → water whorl grass
sour ~ Kleiner Ampfer *m*, Kleiner Sauerampfer *m*, Feldampfer *m (Rumex acetosella)*
spike ~ → sea sand grass
spiked ~ es Halmgewächse *npl*
star ~ 1. Fieberwurzel *f (Aletris)*; 2. Mäsch *m*, Waldmeister *m (Galium odoratum)*
stiff ~ → hard meadow grass
stiff-hair wheat ~ Flaumquecke *f (Agropyron trichophorum)*
strong-scented love ~ Großes Liebesgras *n (Eragrostis megastachya)*
Sudan ~ Sudangras *n (Sorghum sudanense)*
sugar ~ Zuckergras *n (Pollinia)*
sward ~ → silver grass
sweet(-scented) ~ → holy grass
sword ~ → silver grass
tall ~es Hochstaubenwiese *f*
tall-growing ~es Obergräser *npl*
tall manna ~ → reed manna grass
tall oat ~ (Hoher) Glatthafer *m*, Französisches Raygras *n*, Roßgras *n*, Hoher Wiesenhafer *m (Arrhenatherum elatius)*
tape ~ Schraubenstengel *m (Vallisneria spiralis)*
tassel ~ → sea grass
Texas blue ~ → reed manna grass
three-awned ~ Aristida *f*, Borstengras *n (Aristida)*
timothy ~ Timotheegras *n*, Timothygras *n (Phleum pratensis)*
toad ~ Krötenbinse *f (Juncus bufonius)*
toetoe ~ Pfahlrohr *n*, Schilf *n*, Rohr *n (Arundo)*
tuft ~es → brushy grasses
tufted hair ~ Rasenschmiele *f*, Gemeine Schmiele *f (Deschampsia caespitosa)*
turf forming ~es rasenbildende Gräser *npl*
turkey ~ Klettenlabkraut *n*, Klebkraut *n*, Kleblabkraut *n (Galium aparine)*
turtle ~ → barnacle grass
tussock ~es Tussockgräser *npl*
twopenny ~ Wiesengeld *n (Lysimachia nummularia)*
upright brome ~ Aufrechte Trespe *f (Bromus erectus)*
vanilla ~ → holy grass
velvet ~ Wolliges Honiggras *n (Holeus lanatus)*
velvet bent ~ → brown bent grass
viper's ~ Blauer [Gemeiner] Natternkopf *m (Echium vulgare)*
wart ~ Sonnenwolfsmilch *f (Euphorbia helioscopia)*
water ~ Wilder Senf *m*, Wegesenf *m (Sinapis arvensis)*
water whorl ~ Zartes Quellgras *n (Catabrosa aquatica)*
wavy hair ~ Geschlängelte [Schlängelige] Schmiele *f (Deschampsia flexuosa)*
wavy meadow ~ → mountain spear grass
wheat ~ Quecke *f*, Hundsgras *n (Agropyron)*
whitlow ~ Felsenblümchen *n (Draba)*
widgeon ~ → sea grass
wild oat ~ Traubenhafer *m (Danthonia)*
willow ~ Wasserknöterich *m (Polygonum amphibium)*
windmill ~ → finger grass 1.
wire ~ Flaches [Zusammengedrücktes] Rispengras *n (Poa compressa)*
witch ~ → devil's grass
witch panic ~ Haarhirse *f (Panicum capillare)*
woody ~es Baumgräser *npl*
wrack ~ → barnacle grass
yellow ~ Gelbes Zyperngras *n (Pycreus flavescens)*
yellow-foxtail ~ Graugrüne Borstenhirse *f*, Fuchsgelbes Fennichgras *n (Setaria glauca)*
yellow nut ~ Erdmandel *n (Cyperus esculentus)*
yellow scorpion ~ Buntes [Gelbes] Vergißmeinnicht *n (Myosotis versicolor)*

grassbird 1. Schilfsteiger *m (Megalurus)*; 2. Kap-Grassänger *m (Sphenoeacus afer)*
grassed grasig, grasbedeckt
grass-feeding grasfressend
grass-finch Grasfink *m (Poephila)*
black-throated ~ Gürtelamadine *f*, Gürtelgrasfink *m (Poephila cincta)*
lesser ~ Ypiranga-Ammer *f (Emberizoides ypiranganus)*
long-tailed ~ Spitzschwanzamadine *f*, Spitzschwanz-Gürtelgrasfink *m (Poephila acuticauda)*
masked ~ Maskenamadine *f (Poephila personata)*
modest ~ Zeresamadine *f*, Zeresfink *m (Aidemosyne modesta)*
red-faced [rufous-tailed] ~ Binsenastrild *m (Neochima ruficauda)*

wedge-tailed ~ Keilschwanzammer *f (Emberizoides herbicola)*
grassflower Schmalblättriger Rüsselschwertel *m (Sisyrinchium angustifolium)*
grasshopper Schrecke *f*; Heuschrecke *f*; Grashüpfer *m*
blue-winged ~ Blauflüg(e)lige Ödlandschrecke *f (Oedipoda coerulescens)*
common field ~ Brauner Grashüpfer *m (Chorthippus brunneus)*
great green ~ Große (Grüne) Laubheuschrecke *f (Tettigonia viridissima)*
green ~s → long-horned grasshoppers
greenhouse ~ (Japanische) Gewächshausschrecke *f (Tachycines asynamorus)*
heath ~ Eversmanns Grashüpfer *m (Chorthippus vagans)*
Japanese ~ → greenhouse grasshopper
lesser marsh ~ De Geers Grashüpfer *m (Chorthippus albomarginatus)*
long-horned ~s Laubheuschrecken *fpl(Tettigoniidae)*
meadow ~ Gemeiner Grashüpfer *m (Chorthippus longicornis)*
mottled ~ Gefleckte Keulenschrecke *f (Myrmeleotettrix maculatus)*
pygmy ~s Dornschrecken *fpl (Tetrigidae)*
sand ~ → feeble grasshopper
short-horned ~s Feldheuschrecken *fpl*, Grashüpfer *fpl (Acrididae)*
grassland Grasland *n*, Weide *f*, Weideland *n*
grass-of-Parnassus Herzblatt *n (Parnassia)*
grasspoly Violetter Weiderich *m*, Ysopweiderich *m (Lythrum hyssopifolia)*
grasswort Ackerhornkraut *n (Cerastium arvense)*
grassy 1. Gras..., grasig, grasbedeckt; 2. grasartig
graveling junger Lachs *m*
graveolent stark duftend, stark riechend
gravid schwanger, trächtig
gravida schwangeres Weibchen *n*
non ~ nichtschwangeres Weibchen *n*
gravidity Schwangerschaft *f*, Trächtigkeit *f*
graviperception Schwerewahrnehmung *f*
gray:
great ~ Großer Würger *m*, Raubwürger *m (Lanius exubitor)*
poplar ~ Auengebüsch-Rindeneule *f*, Großkopf *m*, Weideneule *f (Apatela megacephala)*
grayback Maifisch *m (Alosa pseudoharengus)*
graybird:
African ~ Waldraupenfänger *m*, Grauer Raupenfänger *m (Coracina caesia)*
black ~ Strahlraupenfänger *m (Corcina melaena)*
black-faced ~ Larvenraupenfänger *m (Coracina larvata)*
lesser ~ Zwergraupenfänger *m (Coracina fimbriata)*
mountain ~ Rotsteiß-Raupenfänger *m (Coracina analis)*
white-breasted ~ Weißbrust-Raupenfänger *m*, Weißbrust-Raupendohle *f (Coracina pectoralis)*
grayfish 1. Dornhai *m (Squalus)*; 2. Glatthai *m (Mustelus)*
smooth ~ Punktierter Glatthai *m (Mustelus canis)*
grayling Äsche *f (Thymallus);pl* Äschen *fpl (Thymallidae)*
American [Arctic] ~ Sibirische Äsche *f (Thymallus arcticus)*
European ~ (Gewöhnliche, Gemeine) Äsche *f (Thymallus thymallus)*
graytail Grauschwanz *f (Xenerpestes)*
graywing Grauflügelfrankolin *m (Francolinus africanus)*
graze 1. weiden, grasen; 2. abweiden, abgrasen
grazing 1. Weiden *n*; 2. Abweiden *n*, Abgrasen *n*; 3. Weide *f*, Weideland *n*; 4. grasfressend
grebe Taucher *m (Podiceps);pl* Lappentaucher *mpl (Podicipedidae)*
Atitlan ~ Atitlan-Taucher *m (Podilymbus gigas)*
Australian little ~ → black-throated little grebe
black-necked ~ Schwarzhalstaucher *m (Podiceps nigricollis)*
black-throated little ~ Neuholland-Taucher *m (Podiceps novaehollandiae)*
Delacour's little ~ Delacour-Zwergtaucher *m (Podiceps rufolavatus)*
eared ~ → black-necked grebe
great ~ Magellan-Taucher *m (Podiceps major)*
great crested ~ Haubentaucher *m (Podiceps cristatus)*
hoary-headed ~ Haarschopftaucher *m (Podiceps poliocephalus)*
Holboell's ~ → red-necked grebe
horned ~ → Slavonian grebe
least ~ Schwarzkopftaucher *m (Podiceps dominicus)*
little ~ Zwergtaucher *m (Podiceps ruficollis)*
Madagascar (little) [Pelzeln's] ~ Pelzelntaucher*m (Podiceps pelzelni)*
pied-billed ~ Bindentaucher *m (Podilymbus podiceps)*
puna ~ Punataucher *m (Podiceps taczanowskii)*
red-necked ~ Rothalstaucher *m (Podiceps griseigena)*
short-winged ~ Titicaca-Taucher *m (Centropelma micropterum)*
silvery ~ Inkataucher *m (Podiceps occipitalis)*
Slavonian ~ Ohrentaucher *m (Podiceps auritus)*
western ~ Renntaucher *m (Aechmophorus occidentalis)*
white-tufted ~ Rollandtaucher *m (Podiceps rolland)*
green 1. grün; 2. Grün *n*, grüne Farbe *f*; 3. unreif; 4. Grünfläche *f*; 5. Grün *n*, grünes Laub *n*; 6. grünes Gemüse *n*, Blattgemüse *n*
greenbone (Gemeiner) Hornhecht *m (Bellone belone)*
greenbrier Stechwinde *f (Smilax)*
greenbug Grüne Getreideblattlaus *f (Schizaphis graminum)*
greenbul:
bearded ~ Haarbülbül *m (Criniger barbatus)*
dappled mountain ~ Bülbültimalie *f (Phyllastrephus orostruthus)*
gray-olive ~ Fahlbauchbülbül *m (Phyllastrephus*

cervi-ventris)
honeyguide ~ Weißschwanzbülbül *m (Baeopogon indicator)*
little ~ Grünbülbül *m (Andropadus virens)*
serine ~ Goldbülbül *m (Calyptocichla serina)*
slender ~ Schlankbülbül *m (Phyllastrephus debilis)*
spotted ~ Fleckenbülbül *m (Ixonotus guttatus)*
swamp ~ Raphiabülbül *m (Thescelocichla)*
greenery Grün *n*, Vegetation *f*
greenfinch Grünfink *m*, Grünling *m (Chloris chloris)*
Japanese ~ Chinesischer Grünfink *m (Chloris sinica)*
greenfish Blaubarsch *m*, Blaufisch *m (Pomatomus saltatrix);pl* Blaubarsche *mpl*, Blaufische *mpl (Pomatomidae)*
greenflies Baumläuse *fpl*, Blattläuse *fpl*, Pflanzenläuse *fpl (Aphidodea)*
greengage Reneklode *f*, Rundpflaume *f (Prunus italica)*
greenhead Felsenbarsch *m (Morone saxatilis)*
greenheads Bremsen *fpl (Tabanidae)*
greenling Terpug *m (Hexagrammos); pl* Terpuge *mpl (Hexagrammidae)*
Alaska [masked] ~ Achtstreifiger Terpug *m (Hexagrammos octogrammus)*
greenshank Grünschenkel *m (Tringa nebularia)*
common ~ → greenshank
spotted ~ Kurzfuß-Wasserläufer *m (Tringa guttifer)*
greentail Atlantischer Menhaden *m (Brevoortia tyrannus)*
greenweed Ginster *m (Genista)*
gregarious 1. gesellig, in Herden/Scharen lebend, Herden...; 2. *(Bot.)* traubenartig wachsend, büschelartig wachsend
gregariousness Geselligkeit *f*; Herdentrieb *m*, Zusammenleben *n* in Herden
grenadier 1. Grenadier *m (Macrourus); pl* Grenadiere *mpl*, Langschwänze *mpl (Macrouridae)*; 2. Granatastrild *m (Uraeginthus granatina)*
purple ~ Veilchenastrild *m (Uraeginthus iantinogaster)*
grevillea Seideneiche *f (Grevillea)*
greylag Graugans *f (Anser anser)*
gribble Limnorie *f (Limnoria)*
grid Gitter *n*
metabolic ~ Stoffwechselschema, Stoffwechselnetz *n*
griffon Gänsegeier *m*, Weißköpfiger Geier *m (Gyps fuvlus)*
Indian ~ Indischer Geier *m*, Dünnschnabelgeier *m (Gyps indicus)*
Rüppel's ~ Sperbergeier *m (Gyps rueppellii)*
grilled gegittert, gitterig
grilled-fruited gitterfrüchtig
grilse junger Lachs *m*
grimace Grimasse *f*
grin 1. die Zähne fletschen, zähnefletschen; 2. Zähnefletschen *n*; 3. grinsen
greeting ~ Begrüßungszähnefletschen *n*
grinder Backenzahn *m*, Mahlzahn *m*
grindle Amerikanischer Schlammfisch *m (Amia calva)*
grinner Eidechsenfisch *m (Synodus)*
grisette Scheidenstreifling *m (Amanitopsis vaginata)*
grison Grison *m (Galictis)*
hurone ~ Großgrison *m (Galictis vittata)*
lesser [little] ~ Kleingrison *m (Galictis cuja)*
South American ~ → hurone grison
gristle Knorpel *m*
gristly knorpelig
grivet Grüne Meerkatze *f*, Grünaffe *m (Cercopithecus aethiops)*
grizzly Grizzly *m*, Grizzlybär *m*, Graubär *m (Ursus horribilis)*
groin Leiste *f*, Leistengegend *f*
gromwell Steinsame *m (Lithospermum)*
grondins Knurrhähne *mpl*, Seehähne *mpl*, Meerschwalben *fpl (Triglidae)*
grooming Putzverhalten *n*; Sichputzen *n*
groove Furche *f*, Rinne *f*
~ of Sylvius Sylvische Furche *f*
nail ~ Nagelgrube *f*
neural ~ Neuralfurche *f*
oral ~ Mundgrube *f*
primitive ~ Primitivrinne *f*
grooved furchig, gerillt, gefurcht, längsgerillt, eingekerbt
groove-nerved gefurchtnervig
groove-toothed furchenzähnig, kerbzähnig, gekerbt gezähnt
grosbeak 1. Kernbeißer *m (Coccothraustes)*; 2. Hakengimpel *m (Pinicola)*; 3. Großschnabel-Kardinal *m (Pheucticus)*
black-backed ~ Goldbauchkardinal *m*, Goldbauch-Kernknacker *m (Pheucticus aureoventris)*
black-headed ~ Schwarzkopf-Kernknacker *m (Pheucticus melanocephalus)*
black-throated ~ Papageischnabelsaltator *m (Pitylus fuliginosus)*
blue ~ Azurbischof *m*, Hellblauer Bischof *m*, Blaukardinal *m (Guiraca caerula)*
evening ~ Abendkernbeißer *m (Hesperiphona vespertina)*
golden-winged ~ Goldflügelgimpel *m (Rhynchostruthus)*
pine ~ Hakengimpel *m*, Fichtengimpel *m (Pinicola enucleator)*
red-and-black ~ Schwarzkopfkardinal *m (Periporphyrus)*
rose-breasted ~ Rosenbrust-Kernknacker *m (Pheucticus ludovicianus)*
scarlet ~ Karmingimpel *m (Carpodacus erythrinus)*
white-fronted ~ Weißstirnweber *m (Amblyospiza albifrons)*
grosbeak-finch Konagimpel *m*, Kona-Papageischnäbler *m (Psittirostra kona)*
grosbeak-weaver Einfarbweber *m (Neospiza concolor)*
gross 1. makroskopisch; 2. dick; beleibt; 3. grob
ground 1. Boden *m*, Erdboden *m*, Grund *m*; 2. Boden *m*,

Gebiet *n*, Gelände *n*; 3. Meeresboden *m*, Meeresgrund *m*; 4. Grundlage *f*, Ursache *f*; 5. begründen
breeding ~ Vermehrungsstelle *f*; Laichplatz *m*, Laichstelle *f*; Nistplatz *m*
feeding ~ Nahrungsplatz *m*; Weideplatz *m*
lekking ~ Balzplatz *m*
nesting ~ Nistplatz *m*
spawning ~ Laichplatz *m*, Laichstelle *f*
wintering ~ Überwinterungsstelle *f*
ground-cherry Blasenkirsche *f*, Judenkirsche *f (Physalis)*; Alkekengi *f*, Gemeine Blasenkirsche *f (Physalis alkekengi)*
grounders Adlerfische *mpl*, Umberfische *mpl*, Trommelfische *mpl (Sciaenidae)*
groundhog Wald-Murmeltier *n (Marmota monax)*
groundling 1. Grundfisch *m*; 2. kriechende Pflanze *f*; 3. Zwergpflanze *f*
ground-nester Bodenbrüter *m*, Bodennister *m*
groundnut Erdnuß *f (Arachis hypogaea)*
groundsel Greiskraut *n*, Kreuzkraut *n (Senecio)*
common ~ Gemeines Greiskraut *n*, Gemeines Kreuzkraut *n*, Goldkraut *n (Senecio vulgaris)*
fetid ~ Klebriges Greiskraut *n*, Klebriges Kreuzkraut *n (Senecio viscosus)*
Fuchs ~ Fuchskreuzkraut *n (Senecio fuchsii)*
march ~ Sumpfgreiskraut *n*, Sumpfkreuzkraut *n (Senecio paludosa)*
narrow-leaved ~ Raukenblättriges Greiskraut *n*, Raukenblättriges Kreuzkraut *n (Senecio erucifolius)*
ragwort ~ Jakob(greis)kraut *n*, Jakobkreuzkraut *n*, Wiesenkreuzkraut *n (Senecio jacobaea)*
silver ~ Strandkreuzkraut *n (Senecio cineraria)*
sticky ~ → fetid groundsel
wood(land) ~ Waldgreiskraut *n*, Waldkreuzkraut *n (Senecio sylvaticus)*
grouper 1. Zackenbarsch *m*, Sägerbarsch *m (Epinephelus)*; 2. *pl* Zackenbarsche *mpl*, Sägerbarsche *mpl (Serranidae)*
dusky ~ Riesenzackenbarsch *m*, Großer Sägerbarsch *m (Epinephelus guaza)*
red ~ Roter Grouper *m (Epinephelus morio)*
salmon ~ Rotbarsch *m (Sebastes)*
grouping Gruppenbestimmung *f*
~ **of blood** Blutgruppenbestimmung *f*
grouse 1. Birkhuhn *n (Lyrurus)*; *pl* Rauhfußhühner *npl (Tetraonidae)*; 2. Flughuhn *n (Pterocles)*; *pl* Flughühner *npl (Pteroclidae)*; 3. Schottisches Schneehuhn *n (Lagopus scoticus)*
black ~ Birkhuhn *n*, Moorhuhn *n (Lyrurus tetrix)*
blue [dusky, gray] ~ Felsengebirgshuhn *n (Dendragapus obscurus)*
great ~ → wood grouse
hazel ~ Haselhuhn *n (Tetrastes bonasia)*
Pallas sand ~ Fausthuhn *n*, Steppenhuhn *n (Syrrhaptes paradoxus)*
pheasant ~ Keilschwanzhuhn *n (Tetraophasis)*
pin-tailed sand ~ Spießflughuhn *n (Pterocles alchata)*
prairie ~ Präriehuhn *n (Tympanuchus)*
red ~ → grouse 3.
Richardson's ~ → blue grouse
ruffed ~ Kragenhuhn *n (Bonasa umbellus)*
sage ~ Beifußhuhn *n (Centrocercus urophasianus)*
sand ~ Flughuhn *n (Pterocles)*
Sewertzow's (hazel) ~ Schwarzbrust-Haselhuhn *n (Tetrastes sewerzowi)*
sharp-tailed ~ Schweifhuhn *n (Tympanuchus phasianellus)*
sickle-winged ~ Sichelhuhn *n (Falcipennis falcipennis)*
sooty ~ → dusky grouse
spruce ~ Tannenhuhn *n (Falcipennis canadensis)*
white [willow] ~ Moorschneehuhn *n (Lagopus lagopus)*
wood ~ Auerhuhn *n*, Auerhahn *n (Tetrao urogallus)*
grove Hain *m*, Wäldchen *n*, Gehölz *n*
grovel am Boden kriechen
grow 1. wachsen; 2. *(Bot.)* wachsen, vorkommen; 3. anpflanzen, züchten
to ~ into the soil sich einwurzeln
to ~ out keimen
to ~ over überwachsen, verwachsen
growl 1. knurren *(Hund)*; brummen *(Bär)*; 2. Knurren *n*; Brummen *n*
growth 1. Wachstum *n*, Wachsen *n*; 2. Wuchs *m*, Größe *f*; 3. Zuwachs *m*, Zunahme *f*; 4. Schößling *m*, Trieb *m*; 5. Gewächs *n*, Wucherung *f*
~ **in breadth** Breitenwachstum *n*
~ **in height** Flächenwachstum *n*
~ **in length** Längenwachstum *n*
~ **in surface** Flächenwachstum *n*
~ **in thickness** Dickenwachstum *n*
appositional ~ Appositionswachstum *n*
new ~ Neubildung *f*, Krebsgeschwulst *f*
grub 1. graben, wühlen; 2. jäten; roden; 3. Made *f*, Larve *f*, Raupe *f*
to ~ out [up] jäten, ausjäten; roden, ausroden; *(mit den Wurzeln)* ausgraben
common cattle ~ Larve der Kleinen Rinderdasselfliege *f (Hypoderma lineatum)*
grugru ~ Larve des Palmenbohrers *m (Rhynchophorus)*
northern cattle ~ Larve der Rinderdasselfliege *f (Hypoderma bovis)*
white ~ Larve des Laubkäfers
grubber Grätenfisch *m*, Damenfisch *m (Albula vulpes)*
gruiformes Kranichvögel *mpl (Gruiformes)*
grumble → growl
grummose körnig (Struktur oder Oberfläche)
grumous klumpig, geronnen *(Blut)*
grunt 1. → grunter 1.; 2. Grunzer *m (Haemulon)*
boar [blue-striped] ~ Blaustreifengrunzer *m (Haemulon sciurus)*
common [flannel mouth] ~ Weißer Grunzer *m (Haemulon plumieri)*

French ~ Franzosengrunzer *m*, Selbststreifengrunzer *m (Haemulon flavolineatum)*
gold-lined ~ Südamerikanischer Grunzfisch *m (Haemulon aurolineatum)*
margate ~ → grunt 2.
open-mouthed ~ → French grunt
redmouth ~ → grunt 2.
white ~ → common grunt
yellow ~ → boar grunt
grunter 1. Grunzer *m*, Grunzfisch *m*; *pl* Grunzer *mpl*, Grunzfische *mpl (Haemulidae)*; 2. *pl* Tigerfische *mpl*, Tigerbarsche *mpl (Theraponidae)*
gruntfish Großkopfgroppe *f*, Grunzgroppe *f (Rhamphocottus richardsoni)*
grysbok Greisbock *m (Raphicerus melanotis)*
guacharo Guacharo *m*, Fettschwalme *f (Steatornis caripensis)*
guaiacum Guajakbaum *m (Guajacum officinalis)*
guajacon Punktkärpfling *m*, Blaue Gambusie *f (Gambusia punctata)*
guajica Bänderkärpfling *m (Poecilia vittata)*
guan Hokko *m*; *pl* Hokkos *mpl*, Hokkohühner *npl (Cracidae)*
crested ~ Rostbauchguan *m*, Bronzeschaku *n (Penelope purpurascens)*
highland ~ Schluchtenguan *m (Penelopina)*
horned ~ Bergguan *m* (Oreophasis)
Texas ~ Braunflügelguan *m (Ortalis vetula)*
guanaco Kleinkamel *n (Lama)*; Kleinkamel *n*, Guanako *n (Lama guanicoë)*
guanay Guanoscharbe *f (Phalacrocorax bougainvilli)*
guano Guano *m*, Vogeldünger *m*
guatacre Krukenbaum *m*, Topfbaum *m (Lecythis)*
guava Guajavenbaum *m*, Guayava *f*, Guavenbaum *m (Psidium guajava)*
guayamero Kuh(milch)baum *m*, Milchbaum *m (Brosimum)*
guayule Guayule *m (Parthenium argentatum)*
gubernaculum Gubernakulum *n*, Leitband *n*
gudgeon 1. Gründling *m*, Grundel *f (Gobio)*; (Gewöhnlicher) Gründling *m*, Grundel *f (Gobio gobio)*; 2. *pl* Meergrundeln *fpl*, Grundeln *fpl (Gobiidae)*
carp ~ Schläfergrundel *f (Carassiops)*; Australische Schläfergrundel *f* (Carassiops compressus)
Dnestr long-whiskered ~ Kesslers Gründling *m*, Sandgreßling *m (Gobio kessleri)*
flat-headed ~ Spitzkopfgrundel *f (Butis butis)*
long-whiskered ~ Steingreßling *m*, Wapper *m (Gobio uranoscopus)*
North Caucasus ~ Nordkaukasischer Langbärtiger Gründling *m (Gobio ciscaucasicus)*
white-finned ~ Weißflossiger Gründling *m (Gobio albipinnatus)*
guemal Andenhirsch *m (Hippocamelus)*
Chilean ~ Huemul *m*, Süd-Andenhirsch *m (Hippocamelus bisulcus)*
Peruvian ~ Guemal *m*, Nord-Andenhirsch *m (Hippocamelus antisiensis)*
guenon Meerkatze *f (Cercopithecus)*
blackish-green ~ Schwarzgrüne Meerkatze *f (Allenpithecus nigroviridis)*
crowned ~ Kronen-Meerkatze *f (Cercopithecus pogonias)*
diademed ~ Diadem-Meerkatze *f*, Weißkehl-Meerkatze *f (Cercopithecus mitis)*
dwarf ~ Zwerg-Meerkatze *f (Cercopithecus talapoin)*
greater white-nosed ~ Große Weißnasen-Meerkatze *f (Cercopithecus nictitans)*
Hamlyn's ~ → owl-faced guenon
lesser white-nosed ~ Kleine Weißnasen-Meerkatze *f (Cercopithecus petaurista)*
owl-faced ~ Hamlyn-Meerkatze *f*, Eulenkopf-Meerkatze *f (Cercopithecus hamlyni)*
red-bellied ~ Rotbauch-Meerkatze *f (Cercopithecus erythrogaster)*
Schlegel's ~ Brazza-Meerkatze *f (Cercopithecus neglectus)*
swamp ~ → blackish-green guenon
guereza Stummelaffe *m (Colobus)*
guib Buschbock *m*, Schirrantilope *f (Tragelaphus scriptus)*
guild *(Bot.)* Lebensgemeinschaft *f*
guillemot 1. Teiste *f (Cepphus)*; 2. Lumme *f (Uria)*
black ~ → short-billed guillemot
Brunnich's ~ → thick-billed guillemot
common (black) ~ Trottellumme *f (Uria aalge)*
pigeon ~ Taubenteiste *f (Cepphus grylle columba)*
short-billed ~ Gryllteiste *f (Cepphus grylle)*
sooty [spectacled] ~ Brillenteiste *f (Cepphus carbo)*
thick-billed ~ Dickschnabellumme *f (Uria lomvia)*
guineafowl Perlhuhn *n (Numida)*; *pl* Perlhühner *npl (Numididae)*
black ~ Schwarzperlhuhn *n (Phasidus niger)*
helmeted ~ Helmperlhuhn *n (Numida meleagris)*
plumed ~ Schlichthauben-Perlhuhn *n (Guttera plumifera)*
vulturine ~ Geierperlhuhn *n (Acryllium vulturinum)*
white-breasted ~ Weißbrust-Perlhuhn *n (Agelastes meleagrides)*
guineapig Meerschweinchen *n (Cavia aperea parcellus)*
guira Guira *f (Euryzygomatomys spinosus)*
guitar-fish 1. Gitarrenfisch *m*; Gitarrenfisch *m*, Glattrochen *m (Rhinobatos)*; *pl* Gitarrenfische *mpl (Rhinobatidae)*; 2. *pl* Riesen-Geigenrochen *mpl (Rhynchobatidae)*
black-chinned ~ Atlantischer Gitarrenfisch *m (Rhinobatos cemiculus)*
giant ~ Riesen-Geigenrochen *m (Rhynchobatos djiddensis)*
lesser ~ Fiedler *m*, Fiedlerfisch *m (Rhinobatos annulatus)*
Mediterranean long-nosed ~ Glattrochen *m*, Gemeiner Geigenrochen *m (Rhinobatos rhinobatos)*
point-nosed ~ Pazifischer Geigenrochen *m (Rhinoba-*

tos productus)
spotted ~ → giant guitar-fish
gular *(Zool.)* Kehl...; Schlund...
gulfweed Beerentang *m (Sargassum bacciferum)*
gularis:
blue ~ Blauer Prachtkärpfling *m (Aphyosemion coeruleum)*
yellow ~ Gelber Prachtkärpfling *m (Aphyosemion gulare)*
gull Möwe *f (Larus)*
band-tailed ~ Simeonmöwe *f (Larus belcheri)*
black-billed ~ Maorimöwe *f (Larus bulleri)*
black-headed ~ Lachmöwe *f (Larus ridibundus)*
black-tailed ~ Japan-Möwe *f (Larus crassirostris)*
brown-headed ~ Tibet-Lachmöwe *f (Larus brunnicephalus)*
common ~ Sturmmöwe *f (Larus canus)*
dolphin ~ Blutschnabelmöwe *f (Larus scoresbii)*
dusky ~ Lavamöwe *f (Larus fuliginosus)*
glaucous ~ Eismöwe *f (Larus hyperboreus)*
gray ~ Graumöwe *f (Larus modestus)*
gray-headed ~ Graukopfmöwe *f (Larus cirrocephalus)*
great black-backed ~ Mantelmöwe *f (Larus marinus)*
great black-headed ~ Fischmöwe *f (Larus ichthyaetus)*
Hartlaub's ~ Weißkopflachmöwe *f (Larus novaehollandiae)*
herring ~ Silbermöwe *f (Larus argentatus)*
Iceland ~ Polarmöwe *f (Larus glaucoides)*
ivory ~ Elfenbeinmöwe *f (Phagophila eburnea)*
kelp ~ Dominikanermöwe *f (Larus dominicanus)*
laughing ~ Aztekenmöwe *f (Larus atricilla)*
lava ~ → dusky gull
lesser black-backed ~ Heringsmöwe *f (Larus fuscus)*
little ~ Zwergmöwe *f (Larus minutus)*
new ~ → common gull
Pacific ~ Dickschnabelmöwe *f (Larus pacificus)*
red-billed ~ → Hartlaub's gull
relict ~ Lönnbergmöwe *f (Larus relictus)*
ring-billed ~ Delawaren-Möwe *f (Larus delawarensis)*
Ross' ~ Rosenmöwe *f (Rhodostethia rosea)*
Sabine's ~ Schwalbenmöwe *f (Xema sabini)*
short-billed ~ → common gull
silver ~ → Hartlaub's gull
slender-billed ~ Dünnschnabelmöwe *f (Larus genei)*
swallow-tailed ~ Gabelschwanzmöwe *f (Creagrus furcatus)*
shite-lyed ~ Weißaugenmöwe *f (Larus leucophthalmus)*
gullet 1. Ösophagus *m*, Speiseröhre *f*; 2. Schlund *m*
gulp 1. (großer) Schluck *n*; 2. schlucken
gum 1. Gummi *m*, Gummiharz *n*; 2. Gummi absondern; 3. Gummifluß *m*, Gummose *f*; 4. Zahnfleisch *m*, Gingiva *f*; 5. Eukalyptus *m*, Fieberheilbaum *m*, Schönmütze *f (Eucalyptus)*
blue ~ Blauer Gummibaum *m*, Eisenveilchenbaum *m* *(Eucalyptus globulus)*
cotton ~ Tupelobaum *m (Nyssa)*
sweet ~ Amerikanischer Amberbaum *m*, Amerikanischer Storaxbaum *m (Liquidambar styraciflua)*
gumbo Rosenpappel *m (Hibiscus esculentus)*
gumming [gummosis] Gummosis *f*, Gummifluß *m*, Gummose *f*, Harzfluß *m*
gummy 1. gummiartig; klebrig; Gummi...; 2. gummihaltig; gummiabsondernd
gundi Kammfinger *m*, Gundi *m (Ctenodactylus gundi)*
East African ~ Spekekammfinger *m (Pectinator spekei)*
gunnels Butterfische *mpl (Pholididae)*
gunner Nordischer Meerbrassen *m*, Blei *m (Pagellus bogaraveo)*
guppy Guppy *m (Poecilia reticulata)*
gurnard Seehahn *m*, Knurrhahn *m (Trigla)*; *pl* Knurrhähne *mpl*, Seehähne *mpl*, Meerschwalben *fpl (Triglidae)*
armed ~ Panzerknurrhahn *m (Peristedion)*
cuckoo ~ Seekuckuck *m (Aspitrigla cuculus)*
eastern flying ~ Purpur-Flughahn *m (Dactyloptena orientalis)*
flying ~s Flughähne *mpl (Dactylopteridae)*
French ~ Gestreifter Seehahn *m*, Gestreifter Knurrhahn *m (Trigloporus lastoviza)*
gray ~ Grauer Knurrhahn *m*, Grauer Seehahn *m (Eutrigla gurnardus)*
horned ~ Langstacheliger Knurrhahn *m*, Meerleier *f*, Pfeifenfisch *m*, Seeleier *f*, Leierknurrhahn *m (Trigla lyra)*
lantern ~ 1. Meerleuchte *f*, Grauer Seehahn *m (Aspitrigla obscura)*; 2. → yellow gurnard
large-scaled ~ Rauher Knurrhahn *m*, Rauher Seehahn *m*, Rauhschuppige Trigla *f (Lepidotriglacavillone)*
long-finned ~ → lantern gurnard
mailed ~ → armed gurnard
oriental [purple] flying ~ → eastern flying gurnard
red ~ → cuckoo gurnard
river ~ Sandflachkopf *m (Platycephalus indicus)*
rock-lineated ~ → French gurnard
shining ~ → lantern gurnard
streaked ~ → French gurnard
yellow ~ Roter Knurrhahn *m (Trigla lucerna)*
gustation Schmecken *n*
gustatory Geschmacks..., gustatorisch
gut Darm *m*, Darmkanal *m*
gutezpalia Baumschleiche *f*, Bromelienschleiche *f (Abronia)*
guttate(d) betropft, getüpfelt, getropft
guttation Guttation *f*, Tropfen *n*
guttiform tropfenförmig
gwuniad [gwyniad] Große Maräne *f*, Wandermaräne *f (Coregonus lavaretus)*
gymnanthous nacktblumig, nacktblütig
gymnoblastous nacktkeimig
gymnocarpous gymnokarp, nacktfrüchtig

gymnocladous nacktzweigig, mit unbehaarten Zweigen
gymnopterous nacktflügelig
gymnospermous nacktsamig
gymnosperms Nacktsamer *mpl*, Nacktsamige Pflanzen *fpl*, Gymnospermen *mpl (Gymnospermae)*
gymnure Haarigel *m (Echinosorex)*
Chinese ~ Spitzmausigel *m (Neotetracus sinensis)*
lesser ~ Kleiner Rattenigel *m (Hylomys suillus)*
Malayan ~ Großer Haarigel *m*, Großer Rattenigel *m (Echinosorex gymnurus)*
Mindanao [Philippine] ~ Philippinen-Rattenigel *m (Podogymnura truci)*
Raffles ~ → Malayan gymnure
gynaecaner weibchenähnliches Männchen *n (bei Ameisen)*
gynaeceum Gynäzeum *n*, Fruchtknoten *m*
gynaecoid eierlegende Arbeiterin *f (bei Ameisen)*
gynandrism Hermaphroditismus *m*, Gynanderie *f*, Zwittrigkeit *f*, Zwittertum *n*
gynandroid gynandroid, zwitterig
gynandry → gynandrism
gynantherous gynantherisch
gyne fortpflanzungsfähiges Weibchen *n*
gynobase Stempelpolster *n*, Stempelboden *m*, Stempelfuß *m*
gynodioecia weibliche Zweihäusigkeit *f*, Gynodiözie*f*
gynoecium Gynäzeum *n*, weiblicher Blütenstand *m*
gynophore Gynophor *m*, Fruchtknotenträger *m*
gynopodium Stempelfuß *m*
gynospore Gynospore *f*, Makrospore *f*, Megaspore *f*
gynostegium Gynostegium *n*, Stempelhaube *f*
gypsicolous gipsbewohnend
gypsophila Gipskraut *n*, Schleierkraut *n (Gypsophila)*
gypsophilous gipsliebend
gypsy-cembs Wilde Karde *f (Dipsacus silvestris)*
gypsy-flower Echte [Gemeine] Hundszunge *f (Cynoglossum officinale)*
gypsywort Gemeiner Wolfstrapp *m*, Uferwolfstrapp *m (Lycopus europaeus)*
gyral Gyrus..., Hirnwindungs..., Windungs...
gyrate schneckenartig, eingerollt; gewunden, gekrümmt
gyrfalcon Geierfalk *m (Falco gyrfalco)*
gyrinids Taumelkäfer *mpl*, Drehkäfer *mpl*, Kreiselkäfer *mpl (Gyrinidae)*
gyroma *(Bot.)* 1. Ring *m*, Annulus *m* (bei Farnen); 2. nabelförmiger Thallus *m (bei einigen Flechten)*
gyrose gewunden, gewellt
gyrus 1. Windung *f*, Spiralwindung *f*; 2. Hirnwindung *f*, Gehirnwindung *f*, Gyrus *m*
gyttja [gyttia] Grauschlamm *m*, Halbfaulschlamm *m*

H

habit 1. Habitus *m*, Gestalt *f*, Tracht *f*, Haltung *f*; 2. Habitus *m*, Wuchstyp *m*,Wachstumsart *f*; 3. *(Zool.)* Lebensweise *f*
~ of life Lebensweise *f*
feeding ~ Nahrungsweise *f*
habitat Habitat *n*, Standort *m*, Fundort *m*; Wuchsort *m*
habitus Habitus *m*, äußere Gestalt *f*, Konstitution *f*
habu Habu-Schlange *f (Trimeresurus flavovirodis)*
ao ~ Chinesische Baumviper *f (Trimeresurus stejnegeri)*
Chinese [Taiwan] ~ Glattschuppige Lanzenotter *f (Trimeresurus mucrosquamatus)*
hackberry Zürgelbaum *m (Celtis)*; amerikanischer Zürgelbaum *m (Celtis occidentalis)*
Caucasian ~ Kaukasischer Zürgelbaum *m (Celtis caucasica)*
common ~ Amerikanischer Zürgelbaum *m (Celtis occidentalis)*
European ~ Europäischer Zürgelbaum *m*, Südlicher Zürgelbaum *m (Celtis australis)*
Korean ~ Koreanischer Zürgelbaum *m (Celtis koraiensis)*
Oriental ~ Tourneforts Zürgelbaum *m (Celtis tourneforti)*
hackee Streifenbackenhörnchen *n (Tamias striatus)*
hackles 1. (lange) Nackenfedern *npl*; 2. (aufstellbare) Rücken- und Halshaare *npl (beim Hund)*
hackmatack Amerikanische Lärche *f (Larix laricina)*; Ostamerikanische Lärche *f (Larix americana)*
hadada Hagedasch *m (Hagedashia hagedash)*
haddock Schellfisch *m (Melanogrammus aeglefinus)*
Jerusalem ~ Gotteslachs *m*, Opah *m (Lampris guttatus)*
Norway ~ Großer Rotbarsch *m*, Goldbarsch *m (Sebastes marinus)*
hadedah → hadada
haemanthous *(Bot.)* blutrotblühend
haematose blutgefüllt; blutig
hagdon:
black ~ Dunkelalbatros *m*, Dunkler Rußalbatros *m (Phoebetria fusca)*
hagfish Inger *mpl*, Blindinger *mpl*, Blindfische *mpl (Myxinidae)*
hail/to hageln
hail Hagel *m*
hail-ledge Haarleiste *f*
hail-like stalk innere saftige Emergenz *f*
hair 1. Haar *n*; Härchen *n*; 2. Haar *n*, Haare *npl*
with prickly ~s behaartstachelig
absorbing ~ Trichom *n*
barbed ~ Hakenhaar *n*
barbed ~ s widerhakige Haare *npl*, Glochid[i]en *fpl*

(z. B. bei Kakteen)
bristle ~ Borste *f*
glandular ~ Drüsenhaar *n*
guard ~ Granne *f*, Grannenhaar *n*
mane ~ Mähne *f*
root ~ Wurzelhaar *n*
sense ~ Sinneshaar *n*
stinging ~ Brennhaar *n*, Nesselhaar *n*
tactile ~ Sinneshaar *n*
urticating ~ → stinging hair

haircap Frauenhaarmoos *n*, Widertonmoos *n (Polytrichum)*

haired behaart
sparsely ~ feinhaarig

hair-covering Behaarung *f*; Haarkleid *n*

hair-grass 1. Zwergschmiele *f (Aira)*; 2. Drahtschmiele *f (Deschampsia)*

hairpin Haarnadelstruktur *f*, Haarnadel-Loop *m*, Haarnadelschleife *f (z. B. in der DNA)*

hairstreak Zipfelfalter *m*, Kleinschwanz *m*, Buntling *m*; *pl* Zipfelfalter *mpl*, Kleinschwänze *mpl (Theclinae)*
black ~ Hain-Zipfelfalter *m*, Pflaumen(zipfel)falter *m*, Brombeerfalter *m*, Randfleckiger Schlehen-Zipfelfalter *m (Strymon pruni)*
blue-spot ~ Kreuzdorn-Zipfelfalter *m*, Dunkler Schlehenzipfelfalter *m (Strymon spini)*
brown ~ Buschheiden-Zipfelfalter *m*, Birkenzipfelfalter *m*, Birkenfalter *m*, Nierenfleck(falter) *m*, Nierenfleckbläuling *m (Thecla betulae)*
ilex ~ (Brauner) Steineichenfalter *m*, Eichenzipfelfalter *m (Strymon ilicis)*

hairtail Degenfisch *m (Trichiurus)*; Degenfisch *m (Trichiurus lepturus)*
largehead ~ Degenfisch *m*, Haarschwanz *m*

hairworm Wasserkalb *n (Gordius)*; *pl* Saitenwürmer *mpl (Nematomorpha)*

hairy-rooted *(Bot.)* behaartwurzelig

hairy-seeded *(Bot.)* behaartsamig

hairy-stalked haariggestielt

hake 1. Seehecht *m (Merluccius)*; 2. Gabeldorsch *m (Urophycis)*
black ~ Roter Gabeldorsch *m (Urophycis chuss)*
cape ~ Kaphecht *m (Merluccius capensis)*
Boston ~ Weißer Gabeldorsch *m (Urophycis musicki)*
long-finned → hake 2.
mud ~ → white hake
New England ~ Nordamerikanischer Seehecht *m*, Silberhecht *m (Merluccius bilinearis)*
Old English ~ → hake 2.
Pacific ~ 1. Nordpazifischer Seehecht *m*, Pazifikhecht *m (Merluccius productus)*; 2. Chilenischer Seehecht *m (Merluccius gay)*
red ~ → black hake
silver ~ → New England hake
squirrel ~ → black hake
white ~ Weißer Gabeldorsch *m (Urophycis musicki)*

hakelings Blauhechte *mpl (Moridae)*

hakura (Cuvier-)Schnabelwal *m (Ziphius cavirostris)*

halberd-shaped spießförmig, speerartig

halcyon Eisvogel *m (Alcedo)*

half-adherent halbangewachsen, halbanhängend, halbanhaftend

half-arrow-shaped halbpfeilförmig

half-attached halbfrei, halb angedrückt

halfbeak Halbschnabelhecht *m*; *pl* Halbschnabelhechte *mpl*, Halbschnäbler *mpl*
common ~ Hochsee-Halbschnäbler *m (Hyporhamphus limbatus)*
fighting ~ Hechtköpfiger Halbschnäbler *m (Dermogenys pusillus)*
flying ~ Flughalbschnäbler *m (Oxyporhamphus)*
Japanese ~ Japanischer Halbschnäbler *m (Hyporhamphus sajori)*
ribbon ~ Großflossen-Halbschnäbler *m (Euleptorhamphus)*
Sumatra ~ Sumatra-Halbschnäbler *m (Dermogenys sumatranus)*

half-bog Anmoor *n*

half-bordered halb aus gerandet

half-bordered pit *(Bot.)* einseitiger Hoftüpfel *m*

half-embracing halb stengelumfassend

half-incised halbgespalten

half-life Halbwertzeit *f*
biological ~ biologische Halbwertzeit *f*

half-reflexed halbzurückgebogen

half-shrub Halbstrauch *m*

half-sibs Halbgeschwister *npl*

half-spiked halbährig

half-stem-embracing halbstengelumfassend

half-superior halboberständig

halibios → halobios

halibut 1. Heilbutt *m (Hippoglossus)*; 2. *pl* Heilbutte *mpl*, Flundern *fpl*, Schollen *fpl (Pleuronectidae)*
arrow-toothed ~ Pfeilzahnhecht *m (Atherestes)*
Atlantic ~ Atlantischer Heilbutt *m (Hippoglossus atlanticus)*
bastard ~ Glattbutt *m*, Schwarzmeer-Steinbutt *m (Scophtalmus maeoticus)*
black [blue, Greenland, lesser, little] ~ Schwarzer Heilbutt *m (Reinhardtius hippoglossoides)*
Pacific ~ Pazifischer Heilbutt *m (Hippoglossus stenolepis)*
true ~ → halibut 1.

halic(ole) salzbodenbewohnend

haliplankton Salzwasserplankton *n*; Meeresplankton *n*

hallux große Zehe *f*, Großzehe *f*

halophyte Halophyt *m*, Salzpflanze *f*

haloplankton Salzwasserplankton *n*

halopsammophilous vegetation *(Ökol.)* halophile Sandflora *f*

halosere Haloserie *f (Pflanzensukzession auf Salzböden)*

halter Haltere *f*, Schwingkölbchen *n*

hamadryad Königskobra *f*, Hamadryad *f*, Riesenhutschlange *f (Ophiophagus hannah)*

hamate hakenförmig, hakig gebogen
hamiform hakenförmig
hamlet Zackenbarsch *m (Epinephelus)*
hammer Ammer *f*, Buschammer *f (Emberiza)*
yellow ~ Goldammer *f (Emberiza citrinella)*
hammerhead Hammerhai *m (Sphyrna); pl* Hammerhaie *mpl (Sphyrnidae)*
common ~ Gemeiner Hammerfisch, Meerschlägel *m*, Glatter Hammerhai *m*, Schlägelfisch *m (Sphyrna zygaena)*
great ~ Großer Hammerhai *m (Sphyrna mokarran)*
scalloped ~ Gebuchteter Hammerhai *m (Sphyrna lewini)*
smooth ~ → common hammerhead
hammer-shaped hammerförmig
hamster Hamster *m*; *pl* Wühler *mpl*, Hamster(artige) *pl (Cricetidae)*
black-bellied [common] ~ Feldhamster *m*, gemeiner Hamster *m (Cricetus cricetus)*
crested ~ Mähnenratte *f (Lophiemys imhausi)*
dwarf ~ 1. graue Zwerghamster *m (Cricetulus)*; 2. Kurzschwänziger Zwerghamster *m (Phodopus);* Dshungarischer Zwerghamster *m (Phodopus sungorus)*
golden ~ Mittelhamster *m (Mesocricetus)*; (Syrischer) Goldhamster *m*, Gelbhamster *m (Mesocricetus auratus)*
hairy-footed ~ Kurzschwänziger Zwerghamster *m (Phodopus)*
maned ~ → crested hamster
migratory ~ Grauer Zwerghamster *m*, Jaik-Hamster *m (Cricetulus migratorius)*
striped ~ Daurischer Zwerghamster *m (Cricetulus barabensis)*
hamulate kleinhakig, häkchentragend
hamu(lu)s Haken *m*, Häkchen *n*
hand 1. Hand *f*; 2. Pfote *f*
handfish 1. Büschelkiemer *pl*, Korallenkiemmer *mpl (Cirrhitidae)*; 2. Fledermausfische *mpl*, Seefledermäuse *fpl (Ogcocephalidae)*
handle 1. Manubrium *n*, Handgriff *m*; 2. behandeln
hanging bog Hangmoor *n*
hannahill Sägerbarsch *m*, Zackenbarsch *m (Centropristes)*
hapaxanthic [hapaxanthous] hapaxanthisch, einmalblühend
hard 1. hart; 2. fest; 3. hart, streng *(z. B. Winter)*; rauh *(Klima)*; 4. hart *(Strahlung)*
hard-bristled hartborstig
hard-coated hartschalig
hardened verhärtet
hard-flowered hartblumig, steifblumig
hard-fruit Kernobst *n*
hard-grass Hartgras *n (Sclerochloa)*
hardhack Gelbfilziger Spierstrauch *m (Spiraea tomentosa)*
hardhead 1. (Kalifornischer) Grauwal *m (Eschrichtius gibbosus)*; 2. Grindflockenblume *f*, Skabiosenflockenblume *f (Centaurea scabiosa)*
hardiness 1. Härte *f*, Festigkeit *f*, Widerstandskraft *f*; 2. Resistenz *f*, Toleranz *f*
cold ~ Kältebeständigkeit *f*
frost ~ Frosthärte *f*, Frostresistenz *f*, Frosttoleranz *f*
winter ~ 1. winterhart; 2. Winterfestigkeit *f*
hard-iron Ackerhahnenfuß *m (Ranunculus arvensis)*
hard-leaved hartblätt(e)rig, sklerophyll, steifblätt(e)rig
hard-scaled stumpfschuppig
hard-seeded hartsamig
hard-set angebrütet *(Ei)*
hard-shelled hartschalig
hardtail Stöcker *m (Caranx)*; *pl* Bastardmakrelen *fpl*, Stachelmakrelen *fpl (Carangidae)*
hard-toothed hartzähnig
hardun Schleuderschwanz *m*, Hardun *m (Stellio stellio)*
hard-winged hartflügelig
hard-wooded hartholzig
hardy resistent, widerstandsfähig, tolerant
hardyheads Ährenfische *mpl (Atherinidae)*
hare 1. Hase *m*; Kaninchen *n*; *pl* (echte) Hasen *mpl*, Hasenartige *pl (Leporidae)*; 2. Amerikanisches Kaninchen *n (Sylvilagus)*
African jumping [African spring] ~ Springhase *m (Pedetes)*
Alpine [Arctic] ~ → polar hare
black-naped ~ Schwarznacken-Hase *m (Lepus nigricollis)*
blue ~ → polar hare
brown ~ → European hare
Cape ~ Kap-Hase *m (Lepus capensis)*
Cape jumping ~ → African jumping hare
east Chinese ~ Chinesischer Hase *m (Lepus sinensis)*
European ~ Europäischer [Gemeiner, Westlicher] Feldhase *m*, Gemeiner Hase *m (Lepus europaeus)*
harsh-furred [hispid] ~ Rauhkaninchen *n*, Borstenkaninchen *n (Caprolagus hispidus)*
Indian ~ → black-naped hare
Japanese ~ Japanischer Hase *m (Lepus brachyurus)*
jumping ~ (Südafrikanischer) Springhase *m (Pedetes cafer)*
little earth ~ Erdhase *m (Alactagulus pygmaeus)*
mountain ~ 1. → polar hare; 2. → snowshoe hare
mouse ~ → piping hare
Patagonian ~ Mara *m (Dolichotis patagonum)*
Peruvian ~ Hasenmaus *f*, Viscacha *f (Lagidium)*
piping ~ Pfeifhase *m (Ochotona)*; *pl* Pfeifhasen *mpl*, Baumläufer *mpl (Ochotonidae)*
polar ~ (Eurasischer, Nordischer) Schneehase *m (Lepus timidus)*
rat ~ → piping hare
red [rock] ~ Natalwollschwanzhase *m (Pronolagus crassicaudatus)*
scrub ~ 1. Afrikanischer Berghase *m (Lepus saxatilis)*; 2. Zentralafrikanisches Buschkaninchen *n (Poelagus majorita)*

sea ~ Seehase *m (Aplysia)*
Siamese ~ Siam-Hase *m (Lepus siamensis)*
snowshoe ~ Schneeschuh-Hase *m (Lepus americanus)*
Sumatran ~ Sumatra-Kaninchen *n*, Kurzohrkaninchen *n (Nesolagus netscheri)*
tolai ~ Tolai *m*, Tolai-Hase *m (Lepus tolai)*
Uganda ~ → scrub hare 2.
Varying ~ → polar hare
whistling ~ → piping hare
woolly ~ Tibetanischer Wollhase *m (Lepus oiostolus)*

harebell Glockenblume *f (Campanula);* Rundblättrige Glokkenblume *f (Campanula rotundifolia)*
Arctic ~ Einblütige Glockenblume *f*, Scheuchzers Glockenblume *f (Campanula uniflora)*
spreading ~ Wiesenglockenblume *f (Campanula patula)*

hare's-colewort → hare's-lettuce

hare's-ear 1. Ackerkohl *m*, Conringie *f (Conringia)*; 2. Hasenohr *n (Bupleurum)*; Rund(blättrig)es Hasenohr *n (Bupleurum rotundifolium)*
mustard ~ Morgenländischer [Weißer] Ackerkohl *m*, Orientalische Conringie *f*, Weißer Schöterich *m (Conringia orientalis)*

hare's-lettuce Gemeine Gänsedistel *f*, Gartengänsedistel *f*, Kohlgänsedistel *f (Sonchus oleraceus)*

harle Säger *m (Mergus)*

harrier Weihe *f (Circus)*
black ~ Mohrenweihe *f (Circus maurus)*
cinereous ~ Grauweihe *f (Circus cinereus)*
hen ~ Kornweihe *f (Circus cyaneus)*
long-winged ~ Weißbrauenweihe *f (Circus buffoni)*
marsh ~ Rohrweihe *f (Circus aeruginosus)*
Montagu's ~ Wiesenweihe *f (Circus pygargus)*
pale [pallid] ~ Steppenweihe *f (Circus macrourus)*
pied ~ Elsterweihe *f*, Schwarzweiß-Weihe *f (Circus melanoleucus)*
spotted ~ Fleckenweihe *f (Circus assimilis)*

Harry:
Black ~ Schwarzer Sägerbarsch *m*, Schwarzer Zakkenbarsch *m (Centropristes striata)*

harsh rauh, scharf

hart Hirsch *m (besonders nach dem 5. Jahr)*

hartebeest Kuhantilope *f*, Kaama *f (Alcelaphus buselaphus)*

hart's-thorn Amselbeere *f*, Hirschdorn *m*, Kreuzbeere *f*, Echter [Gemeiner] Kreuzdorn *m*, Purgierbeere *f*, Rainbeere *f (Rhamnus cathartica)*

hart's-tongue Hirschzunge *f*, Zungenfarn *m (Phyllitis scolopendrium)*

hartwort Zirmet *m (Tordylium)*

harvestmen Weberknechte *pl (Phalangida)*

hastate spiessförmig, speerartig

hatch 1. ausschlüpfen, schlüpfen; 2. Bienenbrut *f*

hatcher 1. Inkubator *m*, Brutschrank *m*, Brutapparat *m*; 2. Bruthenne *f*

hatchet-vetch Beilwicke *f (Securigera coronilla)*

hatchling gerade [aus dem Ei] geschlüpftes Tier *n*

hat-tree Stinkbaum *m (Sterculia)*

haul Fang *m*, Fischzug *m*

haulm Halm *m*, Strohhalm *m*; Stengel *m*

haunch 1. Hüfte *f*; 2. *pl* Hinterbacken *fpl*; 3. *(Zool.)* Keule *f*; 4. *(Ent.)* Hüfte *f*, Hüftglied *n*

haustellum Saugrüssel *m*

haustorium Haustorium *n*, Saugfortsatz *m*, Haustorie *f*

haw 1. Weißdorn *m (Crataegus)* (→ hawthorn); 2. Blinzhaut *f*, Nickhaut *f*
black ~ Pflaumenblättriger Schneeball *m (Viburnum prunifolium)*
summer [yellow] ~ Gelber Weißdorn *m (Crataegus flava)*

hawfinch Kernbeißer *m*, Kirschkernbeißer *m (Coccothraustes coccothraustes)*
black-tailed ~ Schwarzschwanz-Kernbeißer *m (Euphona migratoria)*
Eurasian ~ → hawfinch
masked ~ Maskenkernbeißer *m (Euphona personata)*

hawk Falke *m (Falco)*; Habicht *m*, Sperber *m (Accipiter)* (→ goshawk)
Afrikan red-tailed ~ Felsenbussard *m*, Salvadoribussard *m*, Augurbussard *m (Buteo auguralis)*
American sparrow ~ Buntfalke *m (Falco sparverius)*
bat ~ Fledermausaar *m (Machaerhamphus alcinus)*
bicolored ~ Zweifarbensperber *m (Accipiter bicolor)*
bird ~ s Habichte *mpl (Accipitrinae)*
black ~ Krabbenbussard *m (Buteogallus anthracinus)*
black-crested lizard ~ Dreifarbenweihe *f (Aviceda leuphotes)*
blue ~ → marsh hawk
broad-winged ~ Breitflügelbussard *m (Buteo platypterus)*
brown-crested lizard ~ Hindu-Weihe *f (Aviceda jerdoni)*
bush ~ Maori-Falke *m (Falco novaezealandiae)*
Cooper's ~ Rundschwanzsperber *m (Accipiter cooperii)*
crab ~ → black hawk
crane ~ Sperberweihe *f (Geranospiza)*
double-toothed ~ Rostbäuchiger Zahnweih *m (Harpagus diodon)*
duck ~ 1. Rohrweihe *f (Circus aeruginosus)*; 2. Wanderfalke *m (Falco peregrinus)*
ferruginous ~ Königsbussard *m (Buteo regalis)*
fish ~ Fischadler *m (Pandion haliaetus)*
gabar ~ Singhabicht *m (Melierax musicus)*
Galapagos ~ Galapagosbussard *m (Buteo galapagoensis)*
gray ~ Graubussard *m*, Zweibindenbussard *m (Buteo nitidus)*
gray-bellied ~ Graubauchhabicht *m (Accipiter poliogaster)*
great black ~ Urubitinga *m (Buteo urubitinga)*
Harris' ~ Wüstenbussard *m (Parabuteo unicinctus)*
insect [large-billed] ~ Rotschwanz-Bussard m, Wegebussard *m (Buteo magnirostris)*

Levant sparrow ~ Zwerghabicht *m*, Kurzfanghabicht *m*, Kurzfangsperber *m (Accipiter brevipes)*
long-tailed ~ Langschwanzhabicht *m (Urotriorchis macrourus)*
marsh ~ Kornweihe *f (Circus cyaneus)*
mosquito ~ 1. → night hawk; 2. *pl* Libellen*fpl*, Odonaten *fpl*, Seejungfern *fpl (Odonata)*
night ~ Falkennachtschwalbe *f (Chordeiles minor)*
pigeon ~ Blaufalke *m*, Merlin *m*, Merlinfalke*m*, Steinfalke *m (Falco columbarius)*
red-backed ~ Rotrückenbussard *m (Buteo polyosoma)*
red-shouldered ~ Rotschulterbussard *m (Buteo lineatus)*
red-tailed ~ Rotschwanzbussard *m (Buteo jamaicensis)*
roadside ~ → insect hawk
rough-legged ~ Rauchfußbussard *m*, Schneeaar *m (Buteo lagopus)*
sea ~ Große Raubmöwe *f*, Riesenraubmöwe *f (Stercorarius skua)*
sharp-shinned ~ Eckschwanzsperber *m (Accipiter striatus)*
short-tailed ~ Kurzschwanzbussard *m (Buteo brachyurus)*
snail ~ Schneckenmilan *m (Rostrahamus sociabilis)*
sparrow ~ 1. Sperber *m (Accipiter nisus)*; 2. Buntfalke *m (Falco sparverius)*
tiny ~ Däumlingssperber *m (Accipiter superciliosus)*
white-bellied ~ Weißbauchhabicht *m (Accipiter haplochrous)*
white ~ Kornweihe *f (Circus cyaneus)*
white-rumped ~ Weißflügelbussard *m (Buteo leucorrhous)*
white-tailed ~ Weißschwanzbussard *m (Buteo albicaudatus)*
zone-tailed ~ Mohrenbussard *m*, Bandschwanzbussard *m (Buteo albonotatus)*

hawkbit Rauher Löwenzahn *m*, Schaft-Löwenzahn *m (Leontodon hispidus)*

hawkfish Büschelkiemer *mpl (Cirrhitidae)*

hawk-nut Erdkastanie *f (Bunium)*

hawk's-beard Feste *f*, Grundfeste *f*, Pippau *m (Crepis)*
marsh ~ Sumpfpippau *m (Crepis paludosa)*
rough ~ Wiesenfeste *f*, Wiesenpippau *m*, Zweijähriger Pippau *m (Crepis biennis)*
small-flowered ~ Dachpippau *m*, Grundfeste *f*, Mauerpippau *m*, Grundfester Pippau *m (Crepis tectorum)*
smooth ~ Grüne Feste *f*, Grüner [Dünnästiger, Kleinköpfiger] Pippau *m (Crepis capillaris)*

hawksbill Bissa *f*, Echte Karette *f*, Karett(en)schildkröte *f (Eretmochelys imbricata)*

hawkweed 1. Habichtskrautbitterich *m*, Habichtskrautbitterkraut *n (Picris hieracioides)*; 2. Habichtskraut *n (Hieracium)*
Alpine ~ Alpenhabichtskraut *n (Hieracium* alpinum)
field ~ Wiesenhabichtskraut *n (Hieracium pratense)*
king-devil ~ Hohes Habichtskraut *n (Hieracium praealatum)*
mouse-ear ~ Kleines Habichtskraut *n*, Langhaarige Habichtskraut *n (Hieracium pilosella)*
narrow-leaved ~ Doldiges Habichtskraut *n (Hieracium umbellatum)*
orange ~ Orangerotes Habichtskraut *n (Hieracium aurantiacum)*
Savoy ~ Savoyer Habichtskraut *n (Hieracium sabaudum)*
shaggy ~ Zottiges Habichtskraut *n (Hieracium villosum)*
smoothish ~ Reichblütiges Habichtskraut *n (Hieracium floribundum)*
wall ~ Mauerhabichtskraut *n*, Waldhabichtskraut *n (Hieracium murorum)*
yellow-devil ~ Reichblütiges Habichtskraut *n (Hieracium floribundum)*

hawthorn Weißdorn *m* (→ haw)
Altai ~ Altaiweißdorn *m (Crataegus altaica)*
Arnold ~ Arnolds Weißdorn *m (Crataegus arnoldiana)*
azarole ~ Azarol-Hagedorn *m*, Italienische Mispel *f*, Welsche Mispel *f*, Pontischer Weißdorn *m (Crataegus azarolus)*
cockspur ~ Hahnendorn *m (Crataegus crusgalli)*
English [European] ~ Baselbeere *f*, Heckdorn *m*, Zweigriffeliger Weißdorn *m (Crataegus laevigata)*
European black ~ Schwarzer Weißdorn *m (Crataegus nigra)*
Niagara ~ Brainders Weißdorn *m (Crataegus brainderi)*
scarlet ~ Scharlachdorn *m (Crataegus coccineus)*
silver ~ Orientalischer Weißdorn *m (Crataegus orientalis)*
single-seed ~ Eingriffeliger Weißdorn *m (Crataegus monogyna)*
thicket ~ Scharlachdorn *m (Crataegus coccineus)*
water ~ Wasserähre *f (Aponogeton)*
yellow ~ Gelber Weißdorn *m (Crataegus flava)*

hay Heu *n*
fool ~ Haarhirse *f (Panicum capillare)*

haymakers Pfeifhasen *mpl*, Pikas *mpl (Ochotonidae)*

haze 1. Dunst *m*, [feiner] Nebel *m*; 2. Trübung *f*
biological ~ biologische Trübung *f (z. B. beim Gärvorgang)*

hazel 1. Hasel(nuß) *f*, Haselnußstrauch *m (Corylus)*; 2. (hasel)nußbraun
beaker ~ Stinkender Nieswurz *m (Helleborus foetidus)*
Chile ~ Tungbaum *m (Aleurites moluccana)*
European ~ Gemeine Hasel *f*, Gemeine Haselnuß *f*, Waldhasel(nuß)strauch *m (Corylus avellana)*
Japanese ~ Siebolds Hasel *f (Corylussieboldiana)*
snapping ~ Zauberhasel *f*, Zaubernuss *f (Hamamelis virginiana)*
Turkish ~ Baumhasel *f*, Türkische Hasel *f*, Türkische Baumhasel *f (Corylus colurna)*

winter ~ Scheinhasel *f (Corylopsis)*
hazelhen Haselhuhn *n*, Haselhahn *m (Tetrastes bonasia)*
hazelnut Hasel *f*, Haselnuß *f*, Haselnußstrauch *m (Corylus)*
hazelwort Haselwurz *f (Asarum)*
head 1. Kopf *m*; 2. Spitze *f*, Gipfel *m*; 3. Baumkrone *f*, Krone *f*; 4. Ähre *f*, Rispe *f*; 5. Körbchen *n (Blütenstand)*; 6. Kopf *m*, Staude *f*; 7. Köpfchen *n (Blütenstand)*
articular ~ Gelenkkopf *m*
discoid ~ scheibenförmig, scheibchenförmig
headfish (Gewöhnlicher) Mondfisch *m*, Sonnenfisch *m (Mola mola)*; *pl* Mondfische *mpl* Klumpffische *mpl (Molidae)*
heading 1. Ährenschieben *n*, Ährenbildung *f*; 2. Köpfen *n (Kohlkopf)*
headwark Ackermohn *m*, Feldmohn *m*, Feuermohn *m*, Klatsch(rosen)mohn *m*, Kornmohn *m*, Kornrose *f*, Wilder Mohn *m (Papaver rhoeas)*
headwater Oberlauf *m*; Quellgebiet *n*
headwaters Quellgewässer *npl*
heal-all Kleine Br(a)unelle *f*, Halskraut *n (Prunella vulgaris)*
heart 1. Herz *n*; 2. Kern *m*, Mark *n (des Holzes)*, Kernholz *n*; 3. Fruchtbarkeit *f (des Bodens)*
bleeding ~ Frauenherz *n*, Tränendes Herz *n (Dicentra spectabilis)*
floating ~ Seekanne *f (Nymphoides lacunosum)*
left ~ linke Herzhälfte *f*
lymph ~ Lymphherz *n*
respiratory [right] ~ rechte Herzhälfte *f*
hearthut Herzförmiger Walnußbaum *m*, Herzförmige Walnuß *f (Juglans cordiformis)*
heartsease Stiefmütterchen *n (Viola tricolor)*
heart-seed Herzsame *m (Cardiospermum)*
heart-shaped herzförmig
inversely ~ verkehrt-lanzettlich
heartwood Kernholz *n*, Hartholz *n*, Herzholz *n*
heat 1. Wärme *f*, Hitze *f*; 2. wärmen; erhitzen; 3. Brunst *f*, Brunft *f*; Hitze *f*, Läufigkeit *f (einer Hündin oder Katze)*; Rossen *n (einer Stute)*; Stieren *n (einer Kuh)*
on ~ brünstig
to come in ~ brünstig werden
~ of conbustion Verbrennungswärme *f*
blood ~ Körperwärme *f*
heath 1. Heide *f*, Heideland *n*; 2. Glockenheide *f*, Heide *f*, Heidekraut *n (Erica)*
dwarf shrub ~ Zwergstrauchheide *f*
fine-leaved ~ Graue Heide *f (Erica cinerea)*
sand ~ Hornbusch *m*
sea ~ Seeheide *f (Frankenia)*
spike ~ Ährenheide *f (Bruckenthalia)*
spring ~ Alpenheiderich *m*, Frühlingsheide *f (Erica carnea)*
heathberry Schwarze Krähenbeere *f*, Trunkelbeere *f (Empetrum nigrum)*
heather ~ Heidekraut *n (Calluna)*
common [Scotch] ~ Besenheide *f*, Gemeines Heidekraut *n*, Immerschönkraut *n*, Sandheide *f (Calluna vulgaris)*
tree ~ Baumheide *f (Erica arborea)*
heath-grass Dreizahn *m (Triodia)*
heathland Heide *f*, Heideland *n*
grass ~ Grasheide *f*
stone ~ Felsenheide *f*
hebetate stumpf endend, mit stumpfem Ende
hebetic Pubertäts...
hectocotylus Hektokotyl(us) *m*, Begattungsarm *m*, Geschlechtstentakel *m*
hederaceous efeuartig
hederifolious efeublätt(e)rig
hedge (lebende) Hecke *f*
hedgehod Igel *m*; (Europäischer) Igel *m*, Kleinohrigel *m (Erinaceus)*; *pl* Igelartige *pl*, (Echte) Igel *mpl*, Stacheligel *mpl (Erinaceidae)*
common ~ (Europäischer) Igel *m*, Kleinohrigel *m (Erinaceus)*
eared ~ Ohrenigel *m*, Großohrigel *m (Hemiechinus)*
large Madagascar ~ Großer Igeltanrek *m (Setifer setosurus)*
long-eared (desert) ~ → eared hedgehod
sea ~ 1. Gemeiner Igelfisch *m*, Seeigel *m (Diodon hystrix)*; 2. *pl* Seeigel *mpl*, Echinoideen *mpl (Echinoidea)*
small Madagascar ~ Kleiner Igeltanrek *m (Echinops telfairi)*
hedgehog-tenrec Großer Igeltanrek *m (Setifer)*
hedgehopper dicht über den Boden fliegen
hedycarpous süßfrüchtig
heel 1. Ferse *f*; 2. Sporn *m*
height 1. Höhe *f*; 2. Größe *f*, Körpergröße *f*
helad Sumpfpflanze *f*, Moorpflanze *f*
heleoplankton Teichplankton *n*
helianthus Sonnenblume *f (Helianthus annuus L.)*
helical spiralförmig, schraubenförmig, schneckenförmig
helicine schneckenförmig, spiralig; gebogen
helicoid schraubig, schraubenförmig
helicotrema Helikotrema *n*, Schneckenloch *n*
heliophyll Sonnenblatt *n*, Lichtblatt *n*
heliophyte Sonnenpflanze *f*, Lichtpflanze *f*, Heliophyt *m*, Starklichtpflanze *f*
heliopsis Sonnenauge *n (Heliopsis)*
heliotrope Sonnenwende *f*, Heliotrop *n (Heliotropium)*
common ~ Peruvianische Sonnenwende *f*, Duftheliotrop *n*, Vanillenheliotrop *n*, Vanillenstrauch *m (Heliotropium peruvianum)*
garden ~ Echter Baldrian *m*, Gebräuchlicher Baldrian *m*, Großer Baldrian *m (Valeriana officinalis)*
heliotropism Heliotropismus *m*, Sonnenwendigkeit *f*
helix 1. Helix *f*, Spirale *f*; 2. Helix *f*, Ohrleiste *f*, Ohrkrempe *f*
amphipathis ~ amphipathische [halbverborgene] Helix *f (in Proteinstrukturen)*
DNA ~ DNA-Helix *f*, DNS-Helix *f*
double (stranded) ~ Doppelhelix *f*, doppelsträngige

Helix *f*
hellbender Amerikanischer Riesensalamander *m (Cryptobranchus)*; Schlammteufel *m (Cryptobranchus alleganiensis)*
hellebore 1. Nieswurz *m*, Christrose *f*, Schneerose *f (Helleborus)*; 2. Germer *m*, Nieswurz *m (Veratrum)*
American ~ Grüner Germer *m (Veratrum viride)*
European white ~ Weißer Germer *m*, Hammerwurz *f*, Weißer Nieswurz *m (Veratrum album)*
false ~ → hellebore 2.
green ~ → American hellebore
stinking ~ Stinkender Nieswurz *m (Helleborus foetidus)*
helleborine 1. Waldvöglein *n (Cephalanthera)*; 2. Sitter *f*, Sumpfwurz *f (Epipactis)*; 3. Herzorchis *f*, Stendelwurz *f (Serapias)*
helmetbird Helmvanga *f (Euryceros prevostii)*
helmetcrest:
bearded ~ Helmkolibri *m (Oxypogon)*
helmetflower Giftheil *m*, Fahler Sturmhut *m (Aconitum anthora)*
helminth Helminth *n*, Helminthe *f*, Eingeweidewurm *m*, Darmwurm *m*
helminthiasis Helminthiasis *f*, Wurmkrankheit *f*
helminthoid wurmähnlich
helobiont Sumpfbewohner *m*
helobious sumpfbewohnend
helophilous sumpfliebend, helophil
helophyte Sumpfpflanze *f*, Moorpflanze *f*, Helophyt *m*
heloplankton Sumpfplankton *n*
help-cell Hilfszelle *f*; Synergide *f*
hemacyte Hämozyt *m*, Blutzelle *f*
hemacytozoon Blutzellenparasit *m*
hemaden endokrine Drüse *f*
hemadenology Endokrinologie *f*
hemagglutination Erythrozytenverklumpung *f*
hemal Häm..., Blut...
hemanthous blutrotblühend
hemapoiesis Hämatopoese *f*, Blutbildung *f* (→ hemopoiesis)
hemapoietic hämatopoetisch, blutbildend
hematal Blut..., Blutgefäß...
hematic 1. blutig; 2. bluthaltig, blutgefüllt; 3. blutbildend
hematid Erythrozyt *f*, rotes Blutkörperchen *n*
hematobic im Blut lebend
hematochrome Häm(at)ochrom *n*, Blutfarbstoff *m*
hematocryal kaltblütig
hematocytolysis Hämolyse *f* (→ hemolysis)
hematogene → hematoblast
hematogenesis Hämatopoese *f*, Blutbildung *f*
hematogenic [hematogenous] 1. hämatogen, blutbildend; 2. hämatogen, aus dem Blut stammend
hematophagous blutsaugend
hematopoiesis Hämatopoese *f*, Blutbildung *f*
hematosis Hämatopoese *f*, Blutbildung *f*
hematothermal warmblütig
hematozoon Blutparasit *m*, Hämatozoon *n*
hemdurgan (Großer) Rotbarsch *m (Sebastes marinus)*
heme Häm *n*
hemeranthic [hemeranthous] tagblühend
hemerophilous kulturfähig
hemerophobous hemerophob, kulturmeidend
hemianatropous *(Bot.)* hemi[ana]trop, halb umgewende (Samenanlage)
hemiazygous hemiatygos, teilweise paarig
hemibranch Halbkieme *f*, Halbkiemenbogen *m*
hemic → hematic
hemicarp Halbfrucht *f*, Hemikarp *n*
hemicryptophyte Hemikryptophyt *m*, Erdschürfpflanze *f*
hemicyclic hemizyklisch, halbkreisförmig, halbwirtelig
hemicylindric[al] *(Bot.)* halbstielrund
hemielytron *(Ent.)* Halbdecke *f (Vorderflügel der Wanzen)*
hemifacial hemifazial, Halbgesichts...
hemimetabolic *(Ent.)* hemimetabolisch, mit unvollkommener Metamorphose *f*
hemipode Laufhuhn *n (Turnix)*
Andalusian ~ (Afrikanisches) Laufhühnchen *n*, Rotkehl-Kampfwachtel *f (Turnix sylvatica)*
hemisaprophyte Hemosaprophyt *m*, Halbsaprophyt *m*
hemitrichous halbbehaart
hemitropous hemitrop(isch), halbgewendet
hemlock 1. Schierling *m (Conium)*; 2. Hemlockfichte *f*, Hemlocktanne *f*, Schierlingstanne *f*, Schirmtanne *f (Tsuga)*
British Columbia ~ Kalifornische Hemlock(s)tanne *f (Tsuga heterophylla)*
common [eastern] ~ Kanadische Hemlocktanne *f*, Sprossentanne *f (Tsuga canadensis)*
ground ~ Kanadische Eibe *f (Taxus canadensis)*
Japanese ~ Verschiedenblättrige Hemlocktanne *f (Tsuga diversifolia)*
Pacific ~ → British Columbia hemlock
poison ~ Fleckschierling *m*, Gefleckter Schierling *m (Conium maculatum)*
spruce ~ → common hemlock
western ~ → British Columbia hemlock
hemocytogenesis Hämozytogenese *f*, Blutzellenbildung *f*
hemocytometer Hämozytometer *n*, Blutkörperchenzählkammer *f*
hemocytozoon Blutkörperchenparasit *m*
hemoglobiniferous hämoglobinhaltig
hemogram Blutbild *n*, Hämogramm *n*
hemohistioblast Hämohistioblast *m*, Ferrata-Zelle *f*
hemolysis Hämolyse *f*, Erythrozytenzerfall *m*
hemolytic hämolytisch
hemoplastic hämoplastisch, blutbildend
hemopoiesis Hämatopoese *f*, Blutbildung *f*
hemopoietin Hämatopoetin *n*
pan-specific ~ multivalenter koloniestimulierender Faktor *m*, Hämatopoetin *n* II, Interleukin *n*
hemostatic hämostatisch, blutstillend
hemotoxic hämotoxisch, bluttoxisch, blutgiftig
hemotropic hämotrop, Blut bevorzugend, blutliebend

hemp Hanf *m (Cannabis);* Gemeiner Hanf *m*, Gebauter Hanf *m (Cannabis sativa)*
African ~ 1. Guinea-Bogenhanf *m (Sansevieria guineensis)*; 2. Afrikanische Zimmerlinde *f (Sparmannia africana)*
bastard ~ Scheinhanf *m*, Streichkraut *n*, Strichkraut *n (Datisca)*
Deccan ~ Bombayhanf *m*, Gambohanf *m*, Ostindische Hanfrose *f*, Kenaf *n (Hibiscus cannabinus)*
false ~ Bengalischer Hanf *m*, Mandrashanf *m (Crotalaria juncea)*
gambo ~ → Deccan hemp
Indian ~ Hundsgift *n*, Hundskohl *m*, Hundswolle *f (Trachomitum)*
mallow ~ → Deccan hemp
sisal ~ Sisalagave *f (Agave sisalana)*
sunn ~ → false hemp
hempweed Mikanie *f (Mikania)*
climbing ~ Schnellefeu *m*, Stubenefeu *m*, Sommerefeu *m (Mikania scandens)*
hen 1. Huhn *n*, Henne *f*; 2. Henne *f*; 3. Weibchen *n (von Vögeln)*; 4. Weibchen *n (von Hummern, Krebsen etc.)*
clocking ~ Glucke *f*, Gluckhenne *f*
clucking ~ 1. Rallenkranich *n (Aramus guarauna)*; 2. Glucke *f*, Gluckhenne *f*
commonscrub ~ Großfußhuhn *n (Megapodius freycinet)*
fat ~ Weißer Gänsefuß *m (Chenopodium album)*
fool ~ Tannenhuhn *n (Falcipennis canadensis)*
gray ~ Henne *f* des Birkhuhnes *(Lyrurus tetrix)*
hazel ~ Hazelhuhn *n*, Rothuhn *n (Tetrastes bonasia)*
heath ~ → gray hen
Marianas scrub ~ Marianen-Großfußhuhn *n (Megapodius laperouse)*
moor ~ Moorhuhn *n*, Rotbläschen *n*, Grünfüßiges Teichhuhn *n (Gallinula chloropus)*
mud ~ s Rallen *fpl (Rallidae)*
prairie ~ Prairiehuhn *n (Tympanuchus)*
sage ~ Wermuthahn *m (Centrocercus urophasianus)*
sea ~ 1. Langstacheliger Knurrhahn *m*, Meerleier *f*, Pfeifenfisch *m (Trigla lyra)*; 2. Seehase *m*, Lump *m (Cyclopterus lumpus)*
turkey ~ Indisches Huhn *n*, Kalikutischer Huhn *n*, Puter *m*, Truthuhn *n (Melleagris gallopavo)*
water ~ 1. → moor hen; 2. Bläßhuhn *n*, Bleßhuhn *n*, Wasserhuhn *n (Fulica)*
henbane Bilsenkraut *n (Hyoscyamus)*
black ~ Ackerbilsenkraut *n*, Gemeines [Schwarzes] Bilsenkraut *n (Hyoscyamus niger)*
roundleaf ~ Weißes [Helles] Bilsenkraut *n (Hyoscyamus albus)*
henbit Bienensaug *m*, Taubnessel *f (Lamium)*
henequen Henequen *m*, Weißer Sisal *m (Agave fourcroydes)*
henna Hennastrauch *m (Lawsonia alba)*
han's-foot Mohrenhaftdolde *f (Caucalis daucoides)*
hepatic hepatisch, Leber...
hepatica Leberblümchen *n*, Märzblümchen *n* (Hepatica nobilis)
hepatocyte Leberzelle *f*, Hepatozyt *m*
hepatopetal hepatopetal, von der Leber wegführend
heptagynous *(Bot.)* heptagyn, mit sieben Griffeln
heptamerous siebenteilig
heptaphyllous siebenblätt(e)rig
heptastichous siebenreihig
herb 1. Kraut *n*; 2. Heilkraut *n*
carpenter's ~ Kriechender Günsel *m*, Heidegünsel *m*, Kriechgünsel *m (Ajuga reptans)*
Christopher ~ Königsfarn *m (Osmunda regalis)*
eve ~ 1. Krähenfußwegerich *m*, Schlitzblattwegerich *m*, Schlitzblättriger Wegerich *m (Plantago coronopus)*; 2. Ackergünsel *m*, Gelber Günsel *m (Ajuga chamaepitys)*
felon ~ 1. Echter Beifuß *m*, Mutterkraut *n (Artemisia vulgaris)*; 2. Kleines [Langhaariges] Habichtskraut *n (Hieracium pilosella)*
margaret ~ Wiesenwucherblume *f*, Weiße Wucherblume *f (Leucanthemum vulgare)*
mercury ~ Einjähriges Bingelkraut *n*, Gartenbingelkraut *n*, Merkurialkraut *n*, Schuttbingelkraut *n*, Speckmelde *f (Mercurialis annua)*
monsoon perennial ~ Hochstaude *f*
mountain willow ~ Bergweidenröschen *n (Epilobium montanum)*
Paris ~ Brechnuß *f*, Einbeere *f*, Fuchsbeere *f (Paris)*
soldier's ~ Soldatenkraut *n (Piper angustifolium)*
torus ~ Dorstenie *f (Dorstenia)*
twining ~ Windenknöterich *m (Polygonum convolvulus)*
willow ~ Antoniuskraut *n*, Feuerkraut *n*, Staudenkraut *n*, Waldweidenröschen *n (Epilobium angustifolium)*
herbaceous krautig, kräutig, krautartig, rasartig
herbage Kräuter *npl*; Gräser *npl*; Grasnarbe *f*
tall ~ Hochstaudenflur *f*, Hochstaudenwiese *f*
herbarium Herbarium *n*, Pflanzensammlung *f*
herbicide Unkrautvernichtungsmittel *n*, Herbizid *n*, Unkrautbekämpfungsmittel *n*
herbivore Krautfresser *m*, Pflanzenfresser *m*, Herbivor *m*
herbless ohne Grasdecke
herborize botanisieren, Pflanzen sammeln
herbosa Kräuter-Phytozönosen *fpl*
herby 1. krautreich; 2. krautartig, krautig
Hercules'-club 1. Angelikabaum *m (Aralia spinosa)*; 2. Zahnwehholz *n (Zanthoxylum americanum)*
herding Bilden *n* einer Herde
hereditability Erblichkeit *f*, Vererbbarkeit *f*, Heritabilität *f*
hereditable erblich, Erb..., vererbbar, vererblich
hereditary erblich, erbbedingt, vererblich, vererbt, hereditär
heredity Vererbung *f*, Erblichkeit *f*, Heredität *f*,
heritable vererbbar, vererblich, erblich, Erb...
heritage Erbe *n*, Erbgut *n*, vererbte Anlagen *f pl*
hermaphrodite 1. hermaphrodit, zwitt(e)rig; 2. Zwitter

m, Hermaphrodit *m*
hermaphroditism Hermaphroditismus *m*, Zwittrigkeit *f*, Zwittertum *n*, Zweigeschlechtlichkeit *f*
false ~ Pseudohermaphroditismus *m*
proterandrous ~ protandrischer Hermaphroditismus
protogynous ~ protogyner Hermaphroditismus *m*
true ~ echter Hermaphroditismus *m*
herniary Bruchkraut *n (Herniaria)*
heron Reiher *m*; Reiher *m (Ardea);pl* Reiher *mpl (Ardeidae)*
African green ~ → green(-backed) night heron
agami ~ Speerreiher *m (Agamia agami)*
black ~ Glockenreiher *m (Melanophoyx ardesiaca)*
black-crowned night ~ Fochte *f*, Nachtrabe *m*, Nachtreiher *m (Nycticorax nycticorax)*
black-headed [black-necked] ~ Schwarzhalsreiher *m (Ardea melanocephala)*
boat-billed ~ Kahnschnabel *m (Cochlearius cochlearius)*
buff-backe ~ Kuhreiher *m*, Viehreiher *m (Ardeola ibis)*
capped ~ Kappenreiher *m (Pilherodius pileatus)*
common ~ Fischreiher *m*, Grauer Reiher *m*, Graureiher *m (Ardea cinerea)*
eastern reef ~ Riffreiher *m (Egretta sacra)*
forest ~ Bindenreiher *m (Zonerodius heliosylus)*
goliath ~ Goliathreiher *m (Ardea goliath)*
gray ~ → common heron
great blue ~ Amerikanischer Graureiher *m (Ardea herodias)*
great white ~ Silberreiher *m (Casmerodius albus)*
great white-bellied ~ Kaiserreiher m, Weißbauchreiher *m (Ardea imperialis)*
green-backed ~ Mangrovenreiher *m (Butorides striatus)*
green(-backed) night ~ Mangrovenreiher *m (Butorides striatus)*
little blue ~ Blaureiher *m (Florida caerulea)*
little green ~ → green(-backed) night heron
Louisiana ~ Dreifarbenreiher *m (Hydranassa tricolor)*
Madagascar ~ Königsreiher *m*, Madagaskar-Reiher *m (Ardea humbloti)*
Madagascar squacco ~ Dickschnabelreiher *m (Ardeola idae)*
Nankeen night ~ Südsee-Nachtreiher *m*, Rotrücken-Nachtreiher *m (Nycticorax caledonicus)*
night ~ Nachtreiher *m (Nycticorax)*
pied ~ Elsterreiher *m (Notophoyx picata)*
pond ~ Rallenreiher *m*, Schopfreiher *m (Ardeola ralloides)*
purple ~ Purpurreiher *m (Ardea purpurea)*
rufous-bellied ~ Rotbauchreiher *m (Erythrochus rufiventris)*
squacco ~ → pond heron
striated ~ → green-backed heron
western reef ~ Küstenreiher *m (Egretta gularis)*
whistling ~ Pfeifreiher *m (Syrigma sibilatrix)*
white ~ → great white heron
white-backed night ~ Weißrückenreiher *m (Gorsachinus leuconotus)*
white-faced ~ Weißwangenreiher *m (Ardea novaehollandiae)*
white-necked ~ Weißhalsreiher *m (Ardea pacifica)*
zigzag ~ Zebrareiher *m (Zebrilus ungulatus)*
heronry Reiherstand *m*
heron's-bill Gemeiner [Schierlingsblättriger] Reiherschnabel *m (Erodium cicutarium)*
herpetology Kriechtierkunde *f*, Herpetologie *f*
herring Hering *m*; *pl* Heringe *mpl (Clupeidae)*
Atlantic ~ Atlantischer Hering *m*, Gemeiner Hering *m (Clupea harengus harengus)*
Atlantic round ~ Rundhering *m (Etrumeus teres)*
Baltic ~ Strömling *m*, Ostsee-Hering *m (Clupea harengus membras)*
big-eyed ~ Frauenfisch *m (Elops saurus)*
branch ~ Maifisch *m (Alosa pseudoharengus)*
California ~ → Pacific herring
common ~ → Atlantic herring
dorab wolf ~ Großer Wolfshering *m (Chirocentrus dorab)*
eastern ~ → Pacific herring
English ~ → Atlantic herring
Falkland ~ Falkland-Sprotte *f (Sprattus fuengensis)*
gray ~ Maifisch *m (Alosa pseudoharengus)*
Japanese ~ → Atlantic round herring
Labrador ~ → Atlantic herring
lake ~ Sibirische Kleine Maräne *f (Coregonus sardinella)*
Pacific ~ Pazifischer Hering *m (Clupea pallasi pallasi)*
Picton ~ Pazifik-Sardine *f*, Südamerikanische Sardine *f (Sardinops sagax)*
round ~s Rundheringe *mpl (Etrumeus)*
salmon ~ Milchfisch *m (Chanos chanos)*
sea ~ → Atlantic herring
toothed ~ Mondfisch *m (Hiodon)*
wolf ~ Wolfshering *m (Chirocentrus)*
hesperidium Hesperidium *n*, Hesperidienfrucht *f*, Orangenfrucht *f*
heteracanthous ungleichmäßig bedornt
heterandrous mit ungleichen Staubblättern *npl*
heteranth(er)y Heterantherie *f (Vorhandensein ungleicher Staubblätter)*
heterobathmy *(Evol.)* Heterobathmie *f (Auftreten von ursprünglichen und abgeleiteten Merkmalen bei ein und derselben Gruppe)*
heterocarpous verschiedenfrüchtig, heterokarp
heterocarpy Verschiedenfrüchtigkeit *f*, Heterokarpie *f*
heterochaetous verschiedenborstig
heterochlamydeous heterochlamyd(eisch), mit ungleichen Kelch- und Kronblättern
heterochromous heterochromatisch, verschiedenfarbig
heterochronous zu verschieden Zeiten
heterocont heterokont, verschiedengeißelig

heterocotylous verschiedenkeimblätt(e)rig
heterocrania Asymmetrie *f* des Schädels
heterocyclic heterozyklisch
heterodichogamy Heterodichogamie *f*
heterodont verschiedenzähnig, heterodont, ungleichgezähnt
heterodromous richtungswechselnd, heterodrom
heteroecious 1. heterözisch, getrenntgeschlechtlich; 2. wirtswechselnd
heteroecism [heteroecy] Getrenntgeschlechtlichkeit *f*, Heterözie *f*, Heteroezismus *m*
heteroepitope heteroantigene Determinante *f*
heterogamy Heterogamie *f*, Anisogamie *f*
heterogenesis Heterogenese *f*, Generationswechsel *m*
heterogenous heterogen(isch), verschiedenartig [ungleich] zusammengesetzt
heterograft Fremdplantat *n*, Hetero(trans)plantat *n*, heterologes Transplantat *n*
heterogynous heterogyn, mit verschiedenartigen Weibchen *(z.B. Insekten)*
heterogyny Heterogynie *f*
heteromallous verschiedenwendig, allseitswendig
heteromerous heteromer, verschiedenteilig, verschiedengliederig
heteromorphic heteromorph, verschiedengestaltig, ungleichförmig
heteronomous heteronom, ungleichartig, ungleichwertig
heteropetalous verschiedenkronenblätt(e)rig
heterophyllous verschiedenblätt(e)rig, ungleichblätt(e)rig
heterophylly Verschiedenblättrigkeit *f*, Blattpolymorphismus *m*, Heterophyllie *f*
heteropterous ungleichflügelig, verschiedenflügelig
heterosis Bastardwüchsigkeit *f*, Heterosis *f*
heterospermous verschiedensamig
heterospory Heterosporie *f*, Verschiedensporigkeit *f*
heterostemonous verschiedenstaubblätt(e)rig, heterostemon
heterostemony Verschiedenstaubblätt(e)rigkeit *f*
heterostyled verschiedengriff(e)lig, heterostyl
heterostylous *(Bot.)* heterostyl, verschiedengriffelig
heterostyly Verschiedengriff(e)ligkeit *f*, Heterostylie *f*
heterosynapsis Heterosynapsis *f*
heterosyndesis Heterosyndese *f*
heterothallic heterothallisch
heterotomous 1. verschiedengestellt; 2. *(Bot.)* ungleichgeschnitten
heterotrichous heterotrich, verschiedenhaarig
heterotrop heterotrop
heterotrophic heterotroph
heteroxenous wirtswechselnd, heterözisch, heteroxen
heterozygosis [heterozygosity] Heterozygotie *f*, Mischerbigkeit *f*, Ungleicherbigkeit *f*
  enforced ~ permanente Heterozygotie *f*
heterozygotic [heterozygous] heterozygot, mischerbig
heuristic heuristisch
hevea Parakautschukbaum *m*, Hevea *m (Hevea brasiliensis)*
hewer:
  wood ~ → 1. Baumsteiger *mpl (Dendrocolaptidae)*; 2. Spechte *mpl (Picidae)*
hexactinal sechsstrahlig
hexacyclic hexazyklisch
hexamerous hexamer, sechsteilig
hexapod 1. sechsfüßig, hexapod; 2. Insekt *n*
hexapyrenous sechskernig
hexastichous sechsreihig, sechszeilig
hexicology Bionomie *f*; Ökologie *f*
hiant klaffend, aufgesperrt, weit offen
hiatus Hiatus *m*, Lücke *f*, Zwischenraum *m*
hiba Hibalebensbaum *m*, Beilblättriger Lebensbaum *m*, Japanische Zypresse *f (Thujopsis dolabrata)*
hibernacle [hibernaculum] 1. Hibernakel *n*, Winterknospe *f*, Überdauerungsknospe *f*; 2. Überwinterungsplatz *m*
hibernal winterlich, im Winter; den Winter überdauernd; Winter...
hibernate überwintern; Winterschlaf halten
hibernating gland Speicherungsgewebe *n* von Winterschläfern
hibernation Winterschlaf *m*, Hibernation *f*, Überwinterung *f*
hibernator Winterschläfer *m*
hibiscus Eibisch *m (Hibiscus)*
  Chinese ~ Chinesische Rose *f*, Roseneibisch *m*, Chinesischer Eibisch *m (Hibiscus rosasinensis)*
  kenaf ~ Ambarihanf *m*, Bombayhanf *m*, Ostindische Hanfrose *f (Hibiscus cannabinus)*
  linden ~ Lindenblättriger Eibisch *m (Hibiscus tiliaceus)*
hickory Hickory *m*, Hickorybaum *m*, Hickorynußbaum *m (Carya)*
  big-bud ~ Weißer Hickory *m (Carya alba)*
  bitternut ~ Bitternuß *f (Carya cordiformis)*
  Carolina ~ Nordkarolinischer Hickory *m (Carya carolinae-septentrionalis)*
  Chinese ~ Chinesische Hickorynuß *f (Carya sinensis)*
  mockernut ~ → big-bud hickory
  pecan ~ Pekanbaum *m*, Hickorynußbaum *m*, Pekannußbaum *m (Carya pecan)*
  pig(nut) ~ Ferkelnuß *f (Carya glabra);* Bitternuß *f (Carya cordifornis)*
  shagbark ~ Schuppenrindenhickory *m (Carya ovata)*
  swamp ~ → hickory
  water ~ Wasserhickory *m (Carya aquatica)*
  white-heart ~ → big-bud hickory
hidden versteckt, verborgen, latent, kryptisch
hide 1. Haut *f*, Fell *n*; 2. verbergen, verstecken
hiemal hiemal, Winter...
hierarchy Hierarchie *f*, Rangordnung *f*
high-altitude Hochgebirgs...
high-caloric kalorienreich, energiereich
high-holder Goldspecht *m (Colaptes auratus)*
high-molecular hochmolekular

hihi Honigfresser *m (Meliphagidae)*
hilar bulge *(Bot.)* Hilarwulst *m*
hiliferous *(Bot.)* nabeltragend
hill 1. Hügel *m*; 2. Vegetationskegel *m*, Vegetationspunkt *m*
ant ~ Ameisenhaufen *m*
axon ~ Axonhügel *m*
hill-torrent Wildbach *m*
hill country Hügelland *n*
hillock Hügelchen *n*, kleiner Hügel *m*
axon ~ Axonhügel *m*
hillside Hang *m*, Abhang *m*
hillstar:
Adela's ~ Adelakolibri *m (Oreotrochilus adela)*
Andean ~ Estella-Kolibri *m*, Andenkolibri *m (Oreotrochilus estella)*
black-breasted ~ Samtkolibri *m* (*Oreotrochilus melanogaster)*
Estella's → Andean hillstar
wedge-tailed ~ → Adela's hillstar
white-sided ~ Weißflankenkolibri *m (Oreotrochilus leucopleurus)*
white-tailed ~ Glanzfleckenkolibri *m (Urochroa)*
hilum 1. Nabel *m*, Keimgrube *f*, Nabelfleck *m*, Samennabel *m*; 2. Pforte *f*; 3. Ausschnitt *m*, Ausbuchtung *f*
hilus Pforte *f*
hind 1. Zackenbarsch *m*, Sägerbarsch *m (Epinephelus)*; 2. Zackenbarsch *m*, Felsenbarsch *m (Cephalopholis)*; 3. Hindin *f*, Hirschkuh *f*
spotted ~ → hind 1.
tomato ~ Roter Felsenbarsch *m (Cephalopholis sonnerati)*
hindbrain 1. Hinterhirn *n*, Metenzephalon *n*; 2. Nachhirn *n*, Myelenzephalon *n*
hindgut Enddarm *m*
hindhead Hinterhaupt *n*, Hinterkopf *m*, Genick *n*, Nacken *m*
hindquarter Kruppe *f (eines Pferdes)*
hindwing Hinterflügel *m*; Unterflügel *m*
copper ~ *(Ent.)* Braune Laubholz-Hochglanzeule *f*, Pyramideneule *f (Amphipyra pyramidea)*
hinge 1. Schalenschloß *m*, Schloß *m*; 2. *(Ent.)* Angel *f*, Angelstück *n* , Scharnier *n*
hinny Maulesel *m*
hinoki Feuerzypresse *f*, Hinoki *m* der Japaner, Sonnenzypresse *f (Chamaecyparis obtusa)*
hip 1. Hüfte *f*; 2. Hagebutte *f*, Rosenfrucht *f*
rose ~ Hagebutte *f*
hipbone Hüftbein *n*
hip-girdle Beckengürtel *m*
hip-joint Hüftgelenk *n*
hippo → hippopotamus
hippocampus 1. Ammonshorn *n*, Hippokampus *m*; 2. Seepferdchen *n (Hippocampus)*
hippopotamus Großflußpferd *n*, Nilpferd *n (Hippopotamus amphibius)*; *pl* Flußpferdchen *npl (Hippopotamidae)*
pygmy ~ Zwergflußpferd *n (Choeropsis liberiensis)*
hirsute rauhhaarig, borstig
hirtellous *(Bot.)* feinbehaart; kurzborstig
hirtiflorous zottenblütig
hispid steifhaarig, borstig
hispidulous kurzborstig
hiss 1. zischen; fauchen; 2. Zischen *n*
histic Gewebs...
histiocyte Histiozyt *m*, ruhende Wanderzelle *f*
histoblast 1. Histoblast *m*, Gewebsschicht *f*; 2. Imaginalscheibe *f*
histochemistry Histochemie *f*, Gewebschemie *f*, Gewebechemie *f*
histocompatibility Gewebeverträglichkeit *f*
histocompatible gewebeverträglich
histodifferentiation Gewebedifferenzierung *f*
histogenesis Histogenese *f*, Histogenie *f*, Gewebebildung
histogenetic histogenetisch, gewebebildend
histogeny → histogenesis
histoid gewebeartig, netzartig
histolysis Histolyse *f*
histolytic histolytisch
histomorphology Histomorphologie *f*, Gewebemorphologie *f*
histomorphometry Histomorphometrie *f*, Gewebevermessung *f*
history:
life ~ Lebenszyklus *m*, Entwicklungszyklus *m*
natural ~ Naturgeschichte *f*; Evolution *f*
history of vegetation Vegetationsgeschichte *f*, Synchronologie *f*
histotome Mikrotom *n*, Histotom *n*, Gewebsschnittmesser *n*
histozoic histozoisch
hive Bienenstock *m*, Bienenwohnung *f*
hoarding Nahrung speichern *n*, Futterverstecken *n*; Hamstern *n*
hoarhound 1. Andorn *m (Marrubium)*; 2. Schwarzer Andorn *m*, Ballote *f*, Schwarznessel *f (Ballota)*
bastard ~ → hoarhound 2.
black ~ Schwarzer Andorn *m*, Schwarze Ballote *f*, Schwarznessel *f (Ballota nigra)*
common ~ Gewöhnlicher Andorn *m*, Mariennessel *f*, Mauerandorn *m (Marrubium vulgare)*
fetid ~ → black hoarhound
marsh ~ Ufer-Wolfstrapp *m*, Gemeiner Wolfstrapp *m* *(Lycopus europaeus)*
water ~ → marsh hoarhound
white ~ → common hoarhound
hoary weißgräulich
hoatzin Hoatzin *m*, Schopfhuhn *n*, Zigeunerhuhn *n* *(Opisthocomus hoazin)*
hobby Baumfalke *m (Falco subbuteo)*
African ~ Afrikanischer Baumfalke *m (Falco* cuvieri*)*
Australian ~ Australischer Baumfalke *m (Falco longipennis)*
European ~ → hobby

oriental ~ Malaien-Baumfalke *m (Falco* severus)
hock Sprunggelenk *n*
hoffmansaggia Brasilienholz *n*, Caesalpinie *f (Caesalpinia)*
hog 1. Schwein *n*, Wildschwein *n (Sus)*; *pl* Schweine *npl (Suidae)*; 2. Keiler *m*, Eber *m*
African water ~ → river hog
earth ~ Erdferkel *n (Orycteropus afer)*
giant forest ~ Riesen-Waldschwein *n (Hylochoerus meinertzhageni)*
ground ~ 1. Wald-Murmeltier *n (Marmota monax)*; 2. Rohrratte *f (Thryonomys)*; 3. Erdferkel *m (Orycteropus afer)*
herring ~ Schweineswal *m (Phocoena phocoena)*
horned ~ Hirscheber *m*, Babirussa *f (Babyrousa babyrussa)*
musk ~ Halsband-Pekari *m (Tayassu tajacu)*
pygmy ~ Zwergwildschwein *n (Sus salvanius)*
river ~ Buschschwein *n*, Pinsel(ohr)schwein *n (Potamochoerus porcus)*
wart ~ Warzenschwein *n (Phacochoerus aethiopicus)*
hogfish Pferdekopf *m (Selene vomer)*
hognut Hickorynuß *f*
hog's-bean Ackerbilsenkraut *n*, Gemeines [Schwarzes] Bilsenkraut *n (Hyoscyamus niger)*
hog's-fennel Haarstrang *m (Peucedanum)*
hogweed Deutscher [Gemeiner, Unechter] Bärenklau *m*, Wiesenbärenklau *m (Heracleum sphondylium)*
holandric holandrisch
holarctic holarktisch
holdfast Haftorgan *n*; Blattranke *f*
hold-up Inhalt *m*
biomass ~ Biomasseinhalt *m*, Biomasseeinsatz *m*
hole Hohle *f*
blow ~ Spitzloch *n*
shot ~ Schrotschußkrankheit *f*; Lochblätterkrankheit *f*
worm ~ Wurmfraß *m*
hole-breeder [hole-nester] Höhlenbrüter *m*
holibut → halibut
hollow 1. Höhle *f*, Höhlung *f*, Hohlraum *m*; 2. Bucht *f*, Ausbuchtung *f*; Ausrandung *f*; 3. hohl, leer, Hohl...
hollow-leaved gewölbtblätt(e)rig
hollow-organ Hohlorgan *n*
hollow-ribbed *(Bot.)* hohlrippig
hollow-seeded hohlsamig
hollow-stalked hohlstengelig
hollow-stemmed hohlstämmig
hollowed ausgehöhlt
holly Stechhülse *f*, Stechpalme *f (Ilex)*
English ~ Gemeine Stechhülse *f*, Gemeine Stechpalme *f (Ilex aquifolium)*
sea ~ Meerbrachdistel *f*, Stranddistel *f (Eryngium maritimum)*
hollyhock Roter Eibisch *m*, Stockmalve *f*, Stockrose *f (Althaea rosea)*
trailing ~ Stundenblume *f*, Stundeneibisch *m*, Wetterrösel *f (Hibiscus trionum)*
holly oak forest Steineichenwald *m*
holoblastic holoblastisch, sich vollständig furchend
holocarpous ganzfrüchtig
Holocene Holozän *n*, Alluvium *n*
hologamete Hologamet *m*
hologamous hologam
hologynic hologyn
holometabola Holometabolen *mpl*, Endoptygota *mpl*
holometabolism Holometabolie *f*, vollkommene [vollständige] Metamorphose *f*
holometaboly → holometabolism
holomorphosis Holomorphose *f*, vollkommene Metamorphose *f*
holoparasite Vollschmarotzer *m*, Vollparasit *m*, Holoparasit *m*, Ganzschmarotzer *m*
holopetalous ganzkron(en)blätt(e)rig
holosericeous ganzseidenhaarig
holotrichous holotrich; ganzbehaart
holotype Holotypus *m*, Holotyp *m*, Holostandard *m*
holt Otterbau *m*
holy-grass Mariengras *n (Hierochloe odorata)*
homalocarpous flachfrüchtig
homalophyllous flachblätt(e)rig
home 1. Wohnort *m*, Heimatort *m*; 2. Heimat *f*; 3. einheimisch, inländisch; 4. zurückkehren
homebred [homegrown] einheimisch
home-bred variety einheimische Sorte *f*
homeosis Homöosis *f*
homeostasis Homöostasis *f*, Homöostase *f*,
homeotherm Warmblüter *m*
homeothermal → homoiothermal
homer 1. Riesenhai *m*, Mandelhai *m (Cetorhinus maximus)*
homing Heimfinden *n*, Rückkehr *f* zum Nest *n*; Heimfinden *n*
hominid 1. menschenartig; 2. Hominide *m*, menschenartiges Wesen *n*; *pl* Menschen *mpl (Hominidae)*
hominization Menschwerdung *f*, Hominisation *f*
hominoid 1. menschenähnlich
homochromous einfarbig, gleichfarbig
homochronous homochron, gleichzeitig
homocyclic homozyklisch; gleichquirlig
homodont gleichzähnig, homodont
homodromous gleichläufig
homoeandry Homoandrie *f*
homoecious homöozisch, einhäusig
homogamous homogam, gleichgeschlechtlich
homogenate Homogenat *n*, Homogenisat *n*
homogonous gleichkantig
homograft Allotransplantat *n*, Homotransplantat *n*, homologes Transplantat *n*
homoiohydrique homoiohydr
homoiothermal homöotherm, homoiotherm, dauerwarm, gleichwarm, warmblütig
homoiothermy Homoiothermie *f*, Warmblütigkeit *f*
homologous homolog

homomallous sich gleichmäßig nach einer Seite biegend
homomerous homomer
homomorphic homomorph, gleichgestaltig
homonomous homonom
homopetalous mit gleichen Blütenblättern *npl*
homophylic homophylitisch
homophyllous gleichblätt(e)rig
homopodal *(Bot.)* gleichgestielt, mit gleichen Stielen
homopterans Gleichflügler *mpl*, Homopteren *mpl* *(Homoptera)*
homopterous gleichflügelig
homosomal homosomal
homosporic [homosporous] isospor, homospor, gleichsporig
homospory Isosporie *f*
homostemony Homostemonie *f*, gleiche Staubblätter
homostyled [homostylic] homostyl, gleichgriff(e)lig
homostyly Gleichgriff(e)ligkeit *f*, Homostylie *f*
homotomous gleichgeschnitten
homotypic homotyp(isch), gleichartig
homozygosis [homozygosity] Gleicherbigkeit *f*, Erbgleichheit *f*, Reinerbigkeit *f*,Homozygotie *f*
homozygote Homozygote *f*, Homozygot *m*
homozygous homozygot, gleicherbig, reinerbig
honesty Mondviole *f*, Silberblatt *n* *(Lunaria)*
honewort Herrnkümmel *m*, Würzsilge *f* *(Sison)*
honey Honig *m*
  agaric ~ Honigpilz *m*, Hallimasch *m* *(Armillaria mellea)*
honeybag Honigmagen *m*, Honigblase *f*
honeyballs Kopfblume *f* *(Cephalanthus)*
honeybee (Gemeine) Honigbiene *f*, Europäische Honigbiene *f*, Imme *f* *(Apis mellifera)*
honeycomb Honigwabe *f*
honeycombed kleinwabig, kleingrubig, bienenzellenförmig
honeycreeper 1. Naschvogel *m* *(Cyanerpes)*; 2. Hakenschnabel *m* *(Diglossa)*
  crested ~ Schopfkleidervogel *m* *(Palmeria)*
  green ~ Kappenaschvogel *m* *(Chlorophanes)*
honeycreepers 1. Tangaren *mpl* *(Thraupidae)*; 2. Kleidervögel *mpl* *(Drepanididae)*
honeycup Nektarium *n*, Honigsaftbehälter *m*, Nektardrüse *f*, Honigdrüse *f*, Honiggefäß *n*
honeydew Honigtau *m*, Blatthonig *m*
honeyeater Honig(fr)esser *m*; *pl* Honig(fr)esser *mpl* *(Meliphagidae)*
  banded ~ Brustband-Honigfresser *m* *(Cissomela)*
  Bonin Islands ~ Bonin-Honigfresser *m* *(Apalopteron)*
  golden ~ Goldhonigfresser *m* *(Cleptornis)*
  green-backed ~ Grünmantel-Honigfresser *m* *(Glycichaera)*
  regent ~ Warzenhonig(fr)esser *m* *(Xanthomyza)*
  San Crystobal ~ Rostschwanz-Honigfresser *m* *(Meliarchus)*
  white-eyed ~ 1. → Bonin Islands honeyeater; 2. → green-bached honeyeater
honeyflower Honigstrauch *m* *(Melianthus)*
honeyguide Honiganzeiger *m*; Honiganzeiger *m* *(Indicator)*; *pl* Honiganzeiger *mpl* *(Indicatoridae)*
  lyre-tailed ~ Leierschwanz-Honiganzeiger *m* *(Melichneutes)*
  Zenker's ~ Weißschwanz-Honiganzeiger *m* *(Melignomon)*
honeysuckle Heckenkirsche f, Geißblatt *n*, Lonizere *(Lonicera)*
  black-berried ~ Schwarzes Geißblatt *n*, Schwarze Hekkenkirsche *f* *(Lonicera nigra)*
  blue-berried ~ Blaues Geißblatt *n*, Blaue Heckenkirsche *f* *(Lonicera caerulea)*
  common ~ Wald-Geißblatt *n*, Deutsches [Nördliches] Geißblatt *n* *(Lonicera periclymenum)*
  coral ~ → trumpet honeysuckle
  European fly ~ Ahlkirsche *f*, Beinholz *n*, Frauenholz *n*, Hundsbeere *f*, Hundskirsche *f*, Knochenholz *n*, Rote Heckenkirsche *f*, Seelenholz *n*, Zaunkirsche *f* *(Lonicera xylosteum)*
  Japanese ~ Japanisches Geißblatt *n* *(Lonicera japonica)*
  perfoliate ~ Jelängerjelieber n, Echtes [Italienisches, Südliches] Geißblatt *n* *(Lonicera caprifolium)*
  sweet ~ → perfoliate honeysuckle
  sweet-berry ~ → blue-berried honeysuckle
  Tatarian ~ Tatarengeißblatt *n*, Tatarische Heckenkirsche *f* *(Lonicera tatarica)*
  trumpet ~ Immergrünes Geißblatt *n* *(Lonicera sempervirens)*
  woodbine ~ → common honeysuckle
honey-sweet honigsüß
honeysweet Echtes Mädesüß *n*, Sumpfmädesüß *n* *(Filipendula ulmaria)*
honeywort Wachsblume *f* *(Cerinthe)*
honk 1. Grunzen *n*; 2. Schrei *m* *(der Wildgans)*
hood 1. Kappe *f*, Kapuze *f*; 2. *(Bot.)* Helm *m*; 3. *(Orn.)* Haube *f*, Schopf *m*; 4. Brillenzeichnung *f* *(der Kobra)*
hood-like *(Zool.)* haubenartig; *(Bot.)* helmartig
hooded 1. *(Bot.)* kapuzenförmig, helmförmig; 2. *(Orn.)* mit einer Haube; 3. mit ausdehnbarem Hals *(Kobra)*
hoodie Aaskrähe *f*, Graue Krähe *f*, Nebelkrähe *f* *(Corvus cornix)*
hoody → hoodie
hoof 1. Huf *m*; 2. Fuß *m* *(von Huftier)*; 3. Huftier *n*
hoofed 1. Huf..., gehuft; 2. hufförmig
hook Haken *m*
  hypocotyl ~ Hypokotyl *n*
hook-fruited hakenfrüchtig
hook-leaved hakenblätterig
hooked 1. hakenförmig, krumm, Haken...; 2. mit einem Haken versehen
hooklet kleiner Haken *m*
hooknose Gemeiner Steinpicker *m* *(Agonus cataphractus)*
hook-shaped hakenförmig
hookworm Grubenwurm *m*, Kratzer *m*, Kratzwurm *m*

(Ancylostoma duodenale)
hoolakin Kerzenfisch *m (Thaleichthys pacificus)*
hoolock Hulock *m (Hylobates hoolock)*
hoopoe (Gemeines) Wiedehopf *m*, Kuckucksknecht *m (Upupa epops)*
cape red-billed ~ Grünbaumhopf *m (Phoeniculus purpureus)*
hoot 1. schreien *(über Eule)*; 2. Schrei *m (der Eule)*
hop 1. Hopfen *m (Humulus)*; Gemeiner Hopfen *m*, Zaunhopfen *m (Humulus lupulus)*; 2. Sprung *m*; 3. springen
Japanese ~ Japanischer Hopfen *m*, Japanhopfen *m (Humulus japonicus)*
medic ~ Gelbklee *m*, Hopfenklee *m*, Hopfenluzerne *f*, Gelber Klee *m*, Steinklee *m*, Wolfsklee *m (Medicago lupulina)*
wild ~ → hop 1.
hopbush Dodonäe *f (Dodonaea)*
hopper Hüpfer *m*; hüpfendes Tier *n*; hüpfendes Insekt *n*
plant ~ **s** Stirnhöckerzirpen *fpl*, Spornzikaden *fpl (Delphacidae)*
rock ~ 1. Schopfpinguin *m (Eudyptes)*; 2. *pl* Schleimfische *mpl (Blennidae)*
horde Horde *f*; Schwarm *m (Insekten)*
horehound → hoarhound
horge-knops Schwarze Flockenblume *f (Centaurea nigra)*
horiodimorphism Saisondimorphismus *m*
hormone Hormon *n*
adenohypophyseal ~ Hypophysenvorderlappenhormon *n*
adrenal ~ Lebennierenhormon *n*
adrenal cortical ~ Nebennierenmarkhormon *n*
adrenal medullary ~ Nebennierenrindenhormon *n*
adrenocorticotrophic ~ adrenokortikotropes Hormon *n*, Adrenokortikotropin *n*, Kortikotropin *n*
androgenic ~ androgenes Hormon *n*
anterior pituitary ~ Hypophysenvorderlappen-Hormon *n*
corpus luteum ~ → luteal hormon
estrogenic ~ östrogenes Hormon *n*
interstitial cell-stimulating ~ Interstitialzellen stimulierendes Hormon *n*
local ~ Gewebshormon *n*
luteal ~ Progesteron *n*, Corpus-luteum-Hormon *n*, Gelbkörperhormon *n*
moulting ~ Häutungshormon *n*
neurohypophyseal ~ Hinterlappenhormon *n*, Hypophysenhinterlappenhormon *n*
pituitary ~ Hypophysenhormon *n*
plant ~ Phytohormon *n*, Pflanzenhormon *n*
thyroid ~ Schilddrüsenhormon *n*, Thyreoidhormon *n*
tissue ~ Gewebshormon *n*
wound ~ Wundhormon *n*
horn 1. Horn *n*; Geweih *n*; 2. Horn *n*, Hornsubstanz *f*; 3. hornähnliches Organ *n*; 4. *(Orn.)*. Ohrbüschel *n*; 5. mit den Hörnern stoßen
~ **of Ammon** Ammonshorn *n*
dorsal ~ Hinterhorn *n*, Dorsalhorn *n*
uterine ~ Uterushorn *n*
ventral ~ Vorderhorn *n*, Ventralhorn *n*
horn-seeded *(Bot.)* hornsamig
horn-stalked hornstengelig
hornbeam Hainbuche *f*, Weißbuche *f (Carpinus)*
American ~ Karolinische Hainbuche *f (Carpinus caroliniana)*
European ~ Gemeine Hainbuche *f (Carpinus betulus)*
heartleaf ~ Herzblättrige Hainbuche *f (Carpinus cordata)*
hop ~ Hopfenbaum *m*, Hopfenbuche *f*, Schwarzbuche *f (Ostrya carpinifolia)*
oriental ~ Orientalische Hainbuche *f*, Orientalischer Hornbaum *m (Carpinus orientalis)*
swamp ~ Tupelobaum *m (Nyssa)*
hornbill Hornvogel *m*, Nashornvogel *m*; *pl* Hornvögel *mpl*, Nashornvögel *mpl (Bucerotidae)*
bushy-crested ~ Kurzschopf-Hornvogel *m (Anorrhinus galeritus)*
common gray ~ Keilschwanztoko *m (Tockus birostris)*
gray-cheeked ~ Grauwangen-Hornvogel *m (Bycanistes subcylindricus)*
great ~ Doppelhornvogel *m (Buceros bicornis)*
ground ~ Hornrabe *m (Bucorvus abyssinicus)*
helmeted ~ Helmvogel *m (Rhinoplax vigil)*
pale-billed ~ Blaßschnabeltoko *m (Tockus pallidirostris)*
pied ~ 1. Elstertoko *m (Tockus fasciatus)*; 2. → great hornbill
rhinoceros ~ Rhinozerosvogel *m*, Kalao *m (Buceros rhinoceros)*
white-crested ~ Weißschopf-Hornvogel *m* (Berenicornis)
yellow-billed ~ Gelbschnabeltoko *m (Tockus flavirostris)*
horned gehörnt, Horn...
hornet 1. Hornisse *f (Vespa crabro)*; 2. Wespe *f*
giant ~ → hornet 1.
hornfish Dreistachler *mpl (Triacanthidae)*
hornification Verhornung f, Hornbildung *f*
horn-fruited hornförmige Frucht
horning Stoßen *n*
horntail Holzwespe *f*, Fichtenholzwespe *f (Sirex)*
blue ~ Blaue Fichtenholzwespe *f*, Gemeine Holzwespe *f*, Kiefernholzwespe *f (Sirex cyaneus)*
hornweed → hornwort
hornworm gehörnte Raupe *f*
hornwort Hornkraut *n*, Hornblatt *n*, Igellock *n (Ceratophyllum)*
horodimorhism → horiodimorphism
horotely Horotelie *f*
horripilation Haaraufrichtung *f*, Piloerektion *f*
horse Pferd *n (Equus)*; *pl* Pferde *npl (Equidae)*
horned ~ Gnu *n (Connochaetes)*
Prjewalski's ~ Wildpferd *n*, Tarpan *m (Equus*

caballus)

river ~ Großflußpferd *n*, Nilpferd *n (Hippopotamus amphibius)*

sea ~ 1. Seepferdchen *n (Hippocampus); pl* Seenadeln *npl*, Seepferdchen *npl(Syngnathidae)*; 2. (gemeines) Walroß *n*, Polarmeer-Walroß *n (Odobenus rosmarus)*

wild ~ → Prjewalski's horse

horsefish 1. Sternfisch *m*, Goldtaler *m (Vomer)*; 2. Seepferdchen *n (Hippocampus)*

horsefly Bremse *f (Tabanus)*

black [mourning] ~ Schwarzbremse *f (Tabanus atratus)*

horsehead Pferdekopf *m (Selene vomer)*

horseheal Echter [Großer] Alant *m*, Glockenwurz *f (Inula helenium)*

horse-knops Flockenblume *f*, Kornblume *f (Centaurea)*

horsemint 1. Bienenbalsam *m*, Monarde *f*, Pferdeminze *f (Monarda)*; 2. Roßminze *f (Mentha longifolia)*

sweet ~ Bergminze *f*, Bohnenkraut *n (Satureja)*

horseradish Meerrettich *m*, Fleischkraut *n (Armoracia lapathifolia)*

horseshoe-shaped hufeisenförmig

horsetail 1. Schachtelhalm *m*, Schafthalm *m (Equisetum)*; 2. Mistschwamm *m*, Tinten(blätter)pilz *m*, Tintenschwamm *m*, Tintling *m (Coprinus)*; 3. Pferdeschweif *m*

common [field] ~ Acker-Schachtelhalm *m (Equisetum arvense)*

marsh ~ Sumpf-Schachtelhalm *m (Equisetum palustre)*

meadow ~ Wiesen-Schachtelhalm *m (Equisetum pratense)*

shade ~ → marsh horsetail

swamp ~ Schlamm-Schachtelhalm *m*, Teich-Schachtelhalm *m (Equisetum heleocharis)*

sylvan ~ Wald-Schachtelhalm *m (Equisetum silvaticum)*

thicket ~ → meadow horsetail

variegated ~ Bunter Schachtelhalm *m (Equisetum variegatum)*

wood ~ → sylvan horsetail

horseweed Feldflohkraut *n*, Kanadisches Berufkraut *n (Erigeron canadensis)*

horticolate gartenbewohnend

hose Balgfrucht *f*, Balgkapsel *f*, Follikel *n*

hospitators Wirtpflanzen *fpl*

host Wirt *m*, Wirtsorganismus *m*

bridging ~ Zwischenwirt *m*

definitive [final] ~ Endwirt *m*

intermediate ~ Zwischenwirt *m*

obligate ~ obligater Wirt *m*

optional ~ fakultativer Wirt *m*

primary ~ Endwirt *m*

reserve ~ Reservewirt *m*

secondary ~ Zwischenwirt *m*

supplementary ~ Nebenwirt *m*

host-mediated wirtsvermittelt

host-specific wirtsspezifisch

host-specificity Wirtsspezifität *f*

hot 1. heiß, warm; 2. "heiß", brünstig; 3. aufgeregt; 4. stark radioaktiv

hot-blooded warmblütig

houbara Kragentrappe *f (Chlamydotis undulata)*

hound Jagdhund *m*

rough ~ Kleingefleckter [Kleinfleckiger, Kleiner] Katzenhai *m (Scyliorhinus canicula)*

smooth ~ Glatthai *m (Mustelus)*

houndfish 1. Pazifik-Knochenhecht *m (Strongylura anastomella)*; 2. Krokodilhecht *m(Strongylura crocodilus)*

gray ~ (Südlicher) Glatthai *m (Mustelus mustelus)*

houndsberry Schwarzer Nachtschatten *m*, Hühnertod *m*, Saukraut *n (Solanum nigrum)*

hound's-tongue Hundszunge *f (Cynoglossum)*; Echte Hundszunge *f*, Venusfinger *m (Cynoglossum officinale)*

housefly Hausfliege *f*, Gemeine Stubenfliege *f (Musca domestica)*

little ~ Kleine Stubenfliege *f*, Spielfliege *f*, Hundstagsfliege *f (Fannia canicularis)*

houseleek Hauswurz *m*, Hauslaub *n (Sempervivum)*

houstonia Engelsauge *n*, Houstonie *f (Houstonia)*

hover 1. schweben; 2. Schweben *n*

howl 1. heulen; 2. Geheul *n*, Heulen *n*

howler Brüllaffe *m (Alouatta)*; *pl* Brüllaffen *mpl (Alouattinae)*

black ~ Schwarzer Brüllaffe *m (Alouatta caraya)*

black and red ~ Rothand-Brüllaffe *m (Alouatta belzebul)*

Guatemalan ~ Guatemala-Brüllaffe *m (Alouatta villosa)*

mantled ~ Mantel-Brüllaffe *m (Alouatta palliata)*

red ~ Roter Brüllaffe *m (Alouatta seniculus)*

rufous-handed ~ → black and red howler

hsd-test HSD-Test *m*, Tukey-Testverfahren *n*

huckleberry 1. Buckelbeere *f (Gaylussacia)*; 2. Heidelbeere *f (Vaccinium myrtillus)*

garden ~ → houndsberry

hucklebone 1. Hüftknochen *m*; 2. Knöchel *m*, Fußknöchel *m*

huddle sich zusammendrängen

huia Lappenkopf *m*, Huia *m (Heteralocha acutirostris)*

hull 1. *(Bot.)* Schale *f*, Hülle *f*; Hülse *f*; 2. Außenkelch *m*; 3. schälen, enthülsen

hull-less ungehüllt; *(Bot.)* unbespelzt

hulled bespelzt; spellzenhüllig

hum 1. summen, surren; 2. Summen *n*, Surren *n*

humanoid menschenähnlich

humble *(Bot.)* kleinwüchsig; niedrig

humbug Preußenfisch *m (Dascyllus)*

humeral Oberarm..., Oberarmknochen..., Humerus...

humeroradial humero-radial, Oberarmknochen-, Speichen...

humero-ulnar humero-ulnar, Oberarmknochen-Ellen...

humerus Oberarmbein *n*, Oberarmknochen *m*

humic Humus...
humicular saprophytisch
humid feucht
humidify befeuchten
humidity Feuchtigkeit *f*
humification Humifizierung *f*, Humusbildung *f*
humify → humidify
hummingbrid Fliegenvogel *m*, Honigvogel *m*, Kolibri *m*; *pl* Fliegenvögel *mpl*, Honigvögel *mpl*, Kolibris *mpl* *(Trochilidae)*
blue-headed ~ Zweifarbenkolibri *m (Cyanophaia bicolor)*
broad-billed ~ Breitschnabelkolibri *m (Cynanthus latirostris)*
broad-tailed ~ Dreifarbenkolibri *m (Selasphorus platycercus)*
Calliope ~ Sternelfe *f (Stellula calliope)*
Cuvier's ~ Schuppenbrustkolibri *m (Phaeochroa)*
emerald-throated ~ Doktorvogel *m (Sericotes)*
evening ~ Atakama-Kolibri *m (Rhodopis)*
fiery-throated ~ Feuerkehlkolibri *m (Panterpe)*
garnet-throated ~ 1. Granatkolibri *m (Eulampis)*; 2. Granatkehlnymphe *f (Lamprolaima)*
magnificent ~ Dickschnabelkolibri *m (Eugenes)*
many-spotted ~ Tropfenkolibri *m (Taphrospilus)*
ruby-throated ~ Rubinkehlkolibri *m (Archilochus colubris)*
ruby-topaz ~ Moskitokolibri *m (Chrysolampis)*
rufous-cheeked ~ Rotwangenkolibri *m (Goethalsia)*
scissor-tailed ~ Waldnymphe *f (Hylonympha)*
white-eared ~ Weißohrsaphir *m (Hylocharis leucotis)*
hummock Hügel *m*; Bult *m*, Buckel *m*, Bülte *f*
hummocky Bülten...
humor Körpersaft *m*, Körperflüssigkeit *f*
aqueous ~ Augenkammerwasser *n*, Kammerwasser *n*
vitreous ~ of the ear Endolymphe *f*
hump Buckel *m*; Höcker *m*
humpback 1. Buckelwal *m*, Langflossenwal *m (Megaptera novaeangliae)*; 2. Buckellachs *m (Oncorhynchus gorbuscha)*
hungerweed Acker-Hahnenfuß *m (Ranunculus arvensis)*
hunt 1. Jagd *f*, Jagen *n*; 2. Jagdgebiet *n*, Jagdrevier *n*; 3. jagen
hunter Jäger *m*
caterpillar ~ s Laufkäfer *mpl (Carabidae)*
fiery ~ Puppenräuber *m (Calosoma)*
masked ~ Maskierter Strolch *m*, (Gemeine) Schnabelwanze *f*, Große Raubwanze *f (Reduvius personatus)*
hunting Jagd *f*, Jagen *n*
hurst Gehölz *n*, Hain *m*; Horst *m*
husk 1. Hülse *f*, Schale *f*; 2. enthülsen, schälen; 3. Balg *m*; Hüllspelze *f*, Spelze *f*
bract ~ Hüllspelze *f*; Kelchspelze *f*
hutchinsia Felskresse *f*, Gemskresse *f (Hutchinsia)*
hutia 1. Baumratte *f (Capromys)*; 2. Ferkelratte *f (Geocapromys)*
hwamei Augenbrauenhäherling *m (Garrulax canorus)*
hyacinth Hyazinthe *f (Hyacinthus)*
common ~ Gartenhyazinthe *f*, Gemeine Hyazinthe *f (Hyacinthus orientalis)*
grape ~ Traubenhyazinthe f, Großes [Kleines] Träubel *n*, Straußhyazinthe*f (Muscari racemosum)*
star ~ Schöner Blaustern *m*, Liebliche Sternhyazinthe *f (Scilla amoena)*
starch ~ → grape hyacinth
summer ~ Riesenhyazinthe *f*, Galtonie *f (Galtonia)*
water ~ Wasserhyazinthe *f*, Eichhornie *f (Eichhornia)*
wild ~ Sternhyazinthe f, Meerzwiebel *f*, Blaustern *m (Scilla)*
hyaena → hyena
hyaline [hyaloid] hyaloid, glasartig, klar, durchsichtig
hyaloplasm Hyaloplasma *n*, Grundzytoplasma *n*
hybrid 1. Hybride *f/m*, Bastard *m*, Mischling *m*; 2. hybrid, durch Kreuzung erzeugt
~ between lines Linienbastard *m*
asexual ~ ungeschlechtliche Hybride *f*
derivative ~ Kreuzungsprodukt *n* zweier Bastarde
false ~ Scheinbastard *m*
generic ~ Gattungsbastard *m*
graft ~ Pfropfbastard *m*, Burdo *m*, *n*
intergeneric ~ Gattungsbastard *m*
interspecies ~ Artbastard *m*
inversion ~ Inversionsheterozygote *f*
myeloma ~ Hybridom *n*
hybridoma Hybridom *n*, Hybridzelle *f*
hybridous Hybrid...
hydathode Hydathode *f*, Wasserdrüse *f*
hydatophytia Gesellschaft *f* der Wasserpflanzen
hydatophyte Hydatophyt *m*, Hydrophyt *m*, Wasserpflanze *f*
hydnum Stachelschwamm *m*, Stoppelpilz *m (Hydnum)*
hydra Süßwasserpolyp *m*, Hydra *f (Hydra)*
hydrangea Hortensie *f (Hydrangea)*
big-leaved ~ Echte Hortensie *f (Hydrangea macrophylla)*
climbing ~ Kletterhortensie *f (Hydrangea petiolaris)*
panicle ~ Japanische Hortensie *f (Hydrangea paniculata)*
smooth [wild] ~ Nordamerikanische Hortensie *f (Hydrangea arborescens)*
hydrarch Hydroserie *f*
hydratophytia Gesellschaft *f* der Wasserpflanzen
hydrochory Hydrochorie *f*, Wasserverbreitung *f* (des Samens)
hydrocircus Ringkanal *m (des Ambulakralsystems)*
hydrocole Hydrobiont *m*, Wasserbewohner *m*
hydrocondensation Hydrokondensation *f*, reduktive [reduzierende] Kondensation *f*
hydroculture Wasserkultur *f*
hydrogamy Hydrogamie *f*, Wasserblütigkeit *f*
hydrophily Hydrophilie *f*, Hydrogamie *f*, Wasserblütigkeit *f*, Wasserbestäubung *f*
hydrophoric wasserhaltend, wasserführend
hydrophyte Hydrophyt *m*, Wasserpflanze *f*

hydrophyton Gesellschaft *f* der Wasserpflanzen
hydropodium Ambulakralfüßchen *n*
hydroponics Hydroponik *f*, Hydrokultur *f*, Wasserkultur *f*
hydrosere Hydroserie *f*
hydrostome Mundöffnung *f* des Hydroidpolypes
hydrotropism Hydrotropismus *m*
hydrous wasserhaltig
hyena Hyäne *f*; *pl* Hyänen *fpl (Hyaenidae)*
brown ~ Schabrackenhyäne *f*, Strandwolf *m (Hyaena brunnea)*
laughing ~ Tüpfelhyäne *f (Crocuta crocuta)*
spotted ~ Tüpfelhyäne *f (Crocuta crocuta)*
striped ~ Streifen Hyäne *f (Hyaena hyaena)*
hygrophilous hygrophil, feuchtigkeitsliebend, nässeliebend
hygrophyte Hygrophyt *m*, feuchtigkeitsliebende Pflanze *f*
hygroscopic hygroskopisch, wasser(an)ziehend
hyla Echter Laubfrosch *m (Hyla)*
common ~ Gemeiner Laubfrosch *m*, Europäischer Laubfrosch *m*, (Europäischer) Baumfrosch *m (Hyla arborea)*
rain ~ Grauer [Farbenwechselnder] Laubfrosch *m (Hyla versicolor)*
hylad Waldpflanze *f*
hylea tropischer Regenwald *m*, Hylaea *n*
hylic aus dem Embryonalgewebe bestehend
hylile Wald..., Forst...
hylion [hylium] Waldklimax *f*
hylocolous waldbewohnend
hylodad Lichtholz *n*
hylophagous holzfressend
hylophilous waldliebend, waldbewohnend
hylophyte 1. Waldpflanze *f*, Hylophyt *m*; 2. Mesophyt *m*
hymenium Hymenium *n*, Sporenlager *n*, Sporenschicht *f*, Fruchtlager *n*, Fruchtschicht *f (Pilze)*
hymenoid hautartig, häutig
hymenophore Sporenlagerträger *m*; Hymenophor *m*
hymenophyllous mit hauchdünnen Blättern
hymenoptera [hymenopterans] Hautflügler *mpl*, Aderflügler *mpl*, Hymenopteren *mpl (Hymenoptera)*
larger parasitic ~ Schlupfwespen *fpl*, Ichneumoniden *fpl (Ichneumonidae)*
hymenopterous zu den Hautflüglern gehörig
hymenosepalous hautkelchblätterig
hyoglossal hyoglossal, Zungenbein-Zungen...
hyoid Hyoid *n*, Zungenbein *n*
hyoidean Hyoid...
hyomental Kinnzungenbein...
hyothyroid Zungenbein-Schildknorpel...
hypaesthesia Hypästhesie *f*, Unempfindlichkeit *f*
hypalmiroplankton Brackwasserplankton *n*
hypanthium Hypanthium *n*, Blütenbecher *m*; Unterkelch *m*, Kelchbecher *m*
hypanthodium Blütenfeige *f*, Hypanthodium *n*
hyperacidity Hyperazidität *f*, Übersäuerung *f*
hyperaemia → hyperemia
hyperaesthesia Hyperästhesie *f*, Überempfindlichkeit *f*
hyperborean nördlich, nordisch
hypercrinia [hypercrinism] Hyperkrinie *f*, Überfunktion *f* der endokrinen Drüsen
hyperemia Hyperämie *f*, Blutfülle *f*
reactive ~ reaktive Hyperämie *f*
hyperexcitability Überreizbarkeit *f*, übermäßige Reizbarkeit *f*, übermäßigeErregbarkeit *f*
hyperfunction Überfunktion *f*, Hyperfunktion *f*
hyperimmunization Hyperimmunisierung *f*, Überimmunisierung *f*
hypermetabolism Hypermetabolismus *m*, Stoffwechselüberfunktion *f*
hypermotility Hypermotilität *f*, verstärkte Bewegung *f*
hyperparasite Hyperparasit *m*, Überparasit *m*, Sekundärparasit *m*
hyperpituitarism Hyperpituitarismus *m*, Hypophysenüberfunktion *f*
hyperplasia Hyperplasie *f*, Überentwicklung *f*
hyperthermia Hyperthermie *f*; Überhitzung *f*
hypertonia → hypertonicity
hypertonicity 1. Hypertonie *f*, Hypertonizität *f*, Druckerhöhung *f*; 2. Hypertonie *f*, gesteigerte Muskelspannung *f*, Tonussteigerung *f*
hypervasculatiry Hypervaskularität *f*, Blutgefäßreichtum
hyperventilation Hyperventilation *f*, verstärkte Atmung *f*, Atmungsverstärkung *f*
hypervitaminosis Hypervitaminose *f*, Vitaminüberschuß *m*
hypesthesia Hypoästhesie *f*, Unterempfindlichkeit *f*
hypha Hyphe *f*, Pilzfaden *m*
air ~ *(Bot.)* Lufthyphe *f*
ascogenous ~ sporenschlaucherzeugende Hyphe *f (eines Ascomyceten)*
fruiting ~ sporentragende Hyphe *f*
penetrating ~ durchdringende Hyphe *f*
receptive ~ rezeptive Hyphe *f*
hyphomycetes Fadenpilze *mpl*, Hyphomyzeten *mpl (Hyphomycetales)*
hyphydrogamicae Pflanzen *fpl* mit Unterwasserbestäubung
hypnocyst 1. Ruhezyste *f*; 2. → hypnospore
hypnosporangium Hypnosporangium *n*
hypnospore Dauerspore f, ruhende Spore *f*, Hypnospore *f*
hypoascidiate leaf Urnenblatt *n*
hypocarpogenous unterirdisch-reifend
hypochondrium Unterrippengegend *f*
hypocotyl Hypokotyl *n*, Keimachse *f*, Keimsproßachse *f*, Keimstengel *m*
hypocrateriform untertassenförmig, tellerförmig, trompetenförmig, stieltellerförmig
hypocytose Hypozytose *f*, Zellverminderung *f*
hypoderma Hypoderma *n*, Unterhautgewebe *n*, Hypodermis *f*
hypodermal [hypodermic] hypodermal, subkutan
hypodermis Hypodermis *f*, Hypoderm *n*, Unterhaut *f*, Unterhautgewebe *n*
hypodiaphragmatic subdiaphragmatisch, unter dem

Zwerchfell
hypodispersion Unterdispersion *f*, regelmäßige Dispersion *f*
hypoergia Hypoergie *f*, Unterempfindlichkeit *f* gegenüber Antigenen
hypofunction Hypofunktion *f*, Unterfunktion *f*
hypogaeic hypogäisch, unterirdisch
hypogastric hypogastrisch, Unterbauch...
hypogastrium Hypogastrium *n*, Unterbauchregion *f*, Unterbauch *m*
hypogeal hypogäisch, unterirdisch
hypogenous *(Bot.)* hypogen, an der Unterseite wachsend
hypoglossal Unterzungen...
hypoglossus Unterzungennerv *m*, Zungenfleischnerv *m*
hypoglottis 1. Hypoglottis *f*, Zungenunterseite *f*; 2. *(Ent.)* Hypoglottis *f*
hypognathous 1. hypognath, mit nach rückwärts sich öffnendem Mund *(Insekten)*; 2. mit extrem verlängertem Unterkiefer
hypogonadism Hypogonadismus *m*, Keimdrüsenunterfunktion *f*
hypogynous hypogyn, unterständig
hypoimmunity Hypoimmunität *f*, Immunitätsverringerung *f*
hypoirritability Hypoirritabilität *f*, verminderte Reizbarkeit *f*, verminderte Erregbarkeit *f*
hypolimnile hypolimnionbewohnend
hypolimnion Hypolimnion *n*
hypometabolism Hypometabolismus *m*, Stoffwechselunterfunktion *f*
hyponome Trichter *m (bei Kopffüßer)*
hyponutrition Hyponutrition *f*, Unterernährung *f*
hyponychium Hyponychium *n*, Nagelbett *n*
hypopharyngeal Hypopharynx...
hypopharynx 1. Hypopharynx *m*, Kehlkopfrachen *m*, Laryngopharynx *m*; 2. *(Ent.)* Hypopharynx *m*
hypophrenic subdiaphragmatisch, subphrenisch, unter dem Zwerchfell
hypophyllous hypophyll, unterblattständig
hypophysis 1. Hypophyse *f*, Hirnanhangdrüse *f*; 2. *(Bot.)* Hypophyse *f*, Anschlußzelle *f*
hypoplasia Hypoplasie *f*, Unterentwicklung *f*
hypoplastic hypoplastisch, unterentwickelt
hypopodium Hypopodium *n*, Unterblatt *n*
hyporeflexia Hyporeflexie *f*, Reflexverminderung *f*
hyporeflexic hyporeflektorisch, reflexvermindert
hyposecretion Hyposekretion, Sekretionsverminderung *f*
hyposensitivity 1. Hyposensibilität *f*, Unterempfindlichkeit *f*; 2. Immunotoleranz *f*, immunologische Unempfindlichkeit *f*
hyposensitization Hyposensibilisierung *f*, Desensibilisierung *f*, Erzeugung *f* einer Immunotoleranz
hyposensitize desensibilisieren, unempfindlich [immunotolerant] machen
hypothecium Hypothezium *n*, Fruchtboden *m (bei Flechten, Lichenes)*
hypotonicity 1. Hypotonie *f*, Hypotonus *m*, Druckverminderung *f*; 2. Hypotonie *f*, verminderte Muskelschwäche *f*
hypotrichosis Hypotrichose *f*, verminderter Haarwuchs *m*
hypotrophy Hypotrophie *f*, Unterernährung *f*
hypoxia Hypoxie *f*, Gewebssauerstoffmangel *m*
hypoxic hypoxisch, Sauerstoffmangel...
hypsophyll Hochblatt *n*
hyrax Wüstenschliefer *m (Procavia)*; *pl* Kletterschliefer *mpl (Procaviidae)*
  Beecroft's (tree) ~ Regenwald-Baumschliefer *m (Dendrohyrax dorsalis)*
  bush ~ 1. → tree hyrax 1.; 2. Bergwald-Baumschliefer *m (Dendrohyrax validus)*
  gray ~ Buschschliefer *m*, Steppenschliefer *m (Heterohyrax)*
  large-toothed [rock] ~ Kap-Klippschliefer *m (Procavia capensis)*
  tree ~ 1. Baumschliefer *m (Dendrohyrax)*; 2. Steppenwald-Baumschliefer *m (Dendrohyrax arboreus)*
hyssop Ysop *m*, Isop *m (Hyssopus)*; Echter [Gemeiner] Ysop *m (Hyssopus officinalis)*
  drug hedge ~ Echtes Gnadenkraut *n*, Gichtkraut *n (Gratiola officinalis)*
  giant ~ Büschelblume *f*, Kammblume *f (Lophanthus)*
  hedge ~ 1. Gnadenkraut *n*, Gottesgnadenkraut *n (Gratiola)*
  water ~ Bakope *f*, Fettblatt *n (Bacopa)*
hystogram Hystogramm *n*, Säulendiagramm *n*

I

ianthinous violett, veilchenblau
ibex Alpensteinbock *m*, Europäischer Steinbock *m (Capra ibex ibex)*
  Alpine ~ → ibex
  Asiatic [Siberian] ~ Sibirischer Steinbock *m (Capra sibirica)*
  Nubian ~ Nubischer Steinbock *m (Capra ibex nubiana*
  Spanish ~ Pyrenäen-Steinbock *m (Capra pyrenaica)*
ibis Ibis *m*; *pl* Ibisse *mpl*, Ibisvögel *mpl (Threskiornithidae)*
  bald ~ Glattnackenrappe *m (Geronticus calvus)*
  bare-faced ~ Schwarzer Ibis *m (Phimosus infuscatus)*
  buff-necked ~ Weißhalsibis *m (Theristicus caudatus)*
  Cayenne ~ → green ibis 2.
  crested ~ Japanischer Ibis *m (Nipponia nippon)*
  crested wood ~ Schopfibis *m (Lophotibis cristata)*
  giant ~ Riesenibis *m (Thaumatibis gigantea)*
  glossy ~ Brauner Sichler *m (Plegadis falcinellus)*
  green ~ 1. → olive ibis; 2. Cayenne-Ibis *m (Mesem-*

brinibis cayennensis)
hadada ~ Hagedasch *m (Hagedashia hagedash)*
hermit ~ Waldrapp *m (Geronticus eremita)*
Japanese (crested) ~ → crested ibis
Japanese white ~ Schwarzkopfibis *m (Threskiornis melanocephala)*
Madagascar ~ → crested wood ibis
olive ~ Olivgrüner Ibis *m (Lampribis olivacea)*
plumbeous ~ Stirnbandibis *m (Harpiprion caerulescens)*
puna ~ Schmalschnabelsichler *m (Plegadis ridgwayi)*
sacred ~ Heiliger Ibis *m (Threskiornis aethiopica)*
scarlet ~ Scharlachsichler *m*, Rotibis *m (Eudocimus ruber)*
sharp-tailed ~ Langschwanzibis *m (Cercibis oxycera)*
spotted-breasted ~ Fleckenibis *m (Bostrychia rara)*
wattled ~ Karunkelibis *m (Bostrychia carunculata)*
whispering ~ → bare-faced ibis
white ~ Schneesichler *m (Eudocimus albus)*
white-faced ~ Brillensichler *m (Plegadis chihi)*
white-throated ~ → buff-necked ibis
white-winged ~ → crested wood ibis
wood ~ 1. Waldstorch *m (Mycteria americana)*; 2. Afrika-Nimmersatt *m (Ibis ibis)*

ibis-bill Ibisschnabel *m (Ibidorhynca struthersii)*
ice 1. Eis *n*; 2. gefrieren lassen; gefrieren
icefish 1. Nudelfisch *m (Salangichtys)*; 2. Eisfisch *m (Chaenocephalus)*
common ~ Nudelfisch *m (Salangichtys microdon)*
ice-leaf Kleinblütige Königskerze *f*, Wollblume *f (Verbascum thapsus)*
icescape *(Ökol.)* Eislandschaft *f*
ichneumon 1. Ichneumon *n, m*, Mungo *m (Herpestes ichneumon)*; 2. *pl* Schlupfwespen *fpl (Ichneumonidae)*
ichn(ol)ite fossile Fußspur *f*
ichthyic 1. Fisch...; 2. fischartig, fischähnlich
ichthyofauna Ichthyofauna *f*, Fischfauna *f*
ichthyolite Ichthyolit *m*, fossiler Fisch *m*
ichthyology Ichthyologie *f*, Fischkunde *f*
icosandrous *(Bot.)* mit zwanzig Staubblättern
icterids Stärlinge *mpl* , Trupiale *mpl (Icteridae)*
id Id *n (Erbeinheit)*
ide Orfe *f*, Nerfling *m (Leuciscus idus)*
identification Identifizierung *f*, Bestimmung *f*
~ of species Artbestimmung *f*
idioecology Autökologie *f*
idiogamy Idiogamie *f*, Selbstbestäubung *f*, Autogamie *f*
idiogram Idiogramm *n*, Karyogramm *n*
idiosphaerosome Akrosom *n*
idiosphaerotheca Akroblast *m*
idiothermous warmblütig
idiotype Idiotyp(us) *m*; 1. *(Gen.)* Erbbild *n (Gesamtheit der Erbanlagen)*; 2. *(Immunbiol.)* antigene Determinante eines Immunglobulins
idol:
Moorish ~ Halfterfisch *m (Zanclus)*; Masken-Halfterfisch *m (Zanclus cornutus)*

igapo Igapo *n (tropischer Bruchwald in Amazonien)*
iguana Leguan *m (Iguana)*
banded ~ Kurzkammleguan *m (Brachylophus fasciatus)*
black ~ Schwarzer Leguan *m (Ctenosaura pectinata)*
common ~ Grüner Leguan *m (Iguana Iguana)*
desert ~ Wüstenleguan *m (Dipsosaurus dorsalis)*
Fijian ~ → banded iguana
Galapagos marine ~ (Galapagos-)Meerechse *f (Amblyrhynchus cristatus)*
land ~ Drusenkopf *m (Conolophus subcristatus)*
marine ~ → Galapagos marine iguana
spiny-tailed ~ → black iguana
ilang-ilang Ilang-Ilang *n*, Ylang-Ylang *n (Cunanga odorata)*
ileum Ileum *n*, Krummdarm *m*
ilex Stechpalme *f (Ilex)*
ilisha Afrikanischer Hering *m (Ilisha)*
ilium Darmbein *n*
illicium 1. *(Icht.)* Illicium *n*, Angel *f (Köderorgan)*; 2. Sternanis *(Illicium)*
illuminance Beleuchtungsgrad *m*
illumination Beleuchtung *f*, Belichtung *f*
dark-ground ~ Dunkelfeldbeleuchtung *f*
illuminator Beleuchtungsgerät *n*
illuviation Einwaschung *f*
image:
Purkinje-Sanson's ~s Purkinje-Sansonsches Spiegelbilder *npl*
retinal ~ Netzhautbild *n*
search ~ Suchbild *n*
imagines *pl von* imago
imaging Tomographie *f*
imago Imago *f*, Vollkerf *m*, Vollinsekt *n*
imbe Livingstones Garcinia *f (Garcinia livingstonei)*
imbed → embed
imbedding → embedding
imbibe aufsaugen *(Feuchtigkeit etc.)*; *fig.* in sich aufnehmen
imbibition Quellung *f*
imbricate(d) *(Bot.)* dachziegelförmig
imbue 1. durchtränken; 2. tief färben
immaculate ungefleckt
immarginate ungerändet, ungesäumt
immature unreif, nicht reif
immersed eingetaucht, untergetaucht, Unterwasser...
immigration Immigration *f*, Einwanderung *f*
immiscible un(ver)mischbar
immobile unbeweglich, bewegungslos
immortelle 1. Strohblume *f*, Spreublume *f*, Papierblume *f (Xeranthemum)*; 2. Strohblume *f*, Immerschön *n*, Immortelle *f (Helichrysum)*
immunogenicity Immunogenität *f*, Immunisierungsstärke *f*, Immunisationskraft *f*
impact 1. Stoß *m*, Schlag *m*; 2. Wirkung *f*, Einfluß *m*
impact of groundwater *(Ökol.)* Grundwasserbelastung *f*
impair unpaarig, unpaar

impairment Beeinträchtigung *f*, Verminderung *f*, Schädigung *f*
impala Impala *f*, Swala *n*, Schwarzfersenantilope *f* *(Aepyceros melampus)*
impalement 1. Kelch *m*; 2. Durchbohrung *f*
impalpable unfühlbar, ungreifbar, sehr fein
imparidigitate unpaarzehig
imparipinnate *(Bot.)* unpaarig gefiedert, ungleich paariggefiedert
imparipinnately compound leaf unpaarig gefiedertes Blatt *n*
impedicellate *(Bot.)* ungestielt
imperfect 1. unvollkommen; 2. mangelhaft, fehlerhaft
imperfectly drained vernäßt
imperforate 1. ohne Öffnung; 2. nicht durchbohrt, nicht perforiert
imperial-crown Kaiserkrone *f* *(Fritillaria imperialis)*
impermeability Impermeabilität *f*, Undurchlässigkeit *f*
impervious 1. imermeabel, undurchlässig; 2. unempfindlich
imporous porenlos
impotence [impotency] 1. Impotenz *f*, Unvermögen *n*, Unfähigkeit *f*; 2. Impotenz *f*, Zeugungsunfähigkeit *f*
impound einpferchen *(Tiere)*
impoverished verarmt
impoverishment Verarmung *f*
impregnate 1. impregnieren; 2. befruchten
impress Abdruck *m*
impressed *(Bot.)* vertieft, eingedrückt
impression 1. Abdruck *m*; 2. Impression *f*, Hineindrücken *n*, Eindellung *f*
imprinting Prägung *f*, Imprinting *m*
  inappropriate ~ Fehlprägung *f*
improvement Verbesserung *f*
impuberal nicht geschlechtsreif
impulse Impuls *m*, Antrieb *m*
impure 1. unrein, unsauber; 2. mit Beimischungen
impurity 1. Unreinheit *f*, Unsauberheit *f*; 2. Verunreinigung *f*, Schmutz *m*, Fremdkörper *m*
imputrescible fäulnisbeständig, unverwesbar
inability Unfähigkeit *f*
inactive inaktiv, unwirksam
inactive inaktiv, unwirksam
inadaptable nicht anpassungsfähig
inadhering *(Bot.)* unanhängend, unverwachsen
inagglutinable inagglutinabel, nicht agglutinierbar
inalbuminate proteinlos
inane *(Bot.)* leer, taub, lockermarkig
inanimate leblos, unbelebt; tot
inanimation Leblosigkeit *f*
inanition Inanition *f*, Erschöpfung *f*, Entkräftung *f*
inantherate staubbeutellos, ohne Anthere
inarticulate ungegliedert
inassimilable nicht assimilierbar
inborn angeboren, kongenital
inbred 1. angeboren, ererbt; 2. durch Inzucht erzeugt
inbreeding Inzucht *f*
incapsulate einkapseln
incarnate fleischfarbig, fleischrot
incense-cedar Schuppenzeder *f*, Flußzeder *f* *(Libocedrus)*
incentive 1. Antrieb *m*, Anreiz *m*; 2. antreibend, anreizend
inception:
  fruit ~ Fruchtansatz *m*
incest Inzest *m*, Inzucht *f*
incidental zufällig
incipiency Anfangsstadium *n*
incipient beginnend, anfangend, einleitend
incised eingeschnitten, geschlitzt
incisiform schneidezahnförmig
incision Inzision *f*, Einschnitt *m*
incisor Inzisiv *m*, Schneidezahn *m*
incisure Inzisur *f*; Einbuchtung *f*; Einschnitt *m*
incitant 1. Reizmittel *n*, Anregungsmittel *n*; 2. anreizend
incitation 1. Anregung *f*; 2. Anreiz *m*, Antrieb *m*
incitement [inciting] 1. Anregung *f*; 2. *(Ethol.)* Aufhetzen *n*
inclination Neigung *f*; Neigungswinkel *m*
incline Hang *m*, Abhang *m*, Schräglage *f*, Neigung *f*
inclined geneigt
included einschließend, einhüllend, eingeschlossen
inclusion 1. Inklusion *f*, Einschließen *n*, Einbettung *f*; 2. Einschluß *m*, Einlagerung *f*
incoagulable ungerinnbar, nicht gerinnbar
incoercible unbändig, un(be)zähmbar
incombustible nicht brennbar, unbrennbar
incomer Einwanderer *m*, Immigrant *m*
incompatible inkompatibel, unvereinbar, nicht zusammenpassend
incomplete inkomplett, unvollständig; nicht vollzählig
inconceivable unbegreiflich, unfaßbar
inconnu Weißlachs *m* *(Stenodus leucichthys)*
inconspicuous 1. unansehlich, unmerklich, nicht auffallend
inconstant inkonstant, veränderlich; unstet, unbeständig, fluchtig
incorporation 1. Inkorporation *f*, Einverleibung *f*; 2. Resorption *f* radioaktiver Stoffe
incrassate(d) verdickt
increase 1. Zunahme *f*; 2. zunehmen; 3. Anwachsen *n*, Wachsen *n*; 4. anwachsen, wachsen; 5. Vermehrung *f*
  ~ in weight Gewichtszunahme *f*
increment Zuwachs *m*, Zunahme *f*
incretion 1. Inkretion *f*, innere Sekretion *f*; 2. Inkret *n*, Hormon *n*
incretology Endokrinologie *f*
incretory inkretorisch, endokrin
incrustation Inkrustation *f*, Einkrustung *f*
incrusted inkrustiert, verkrustet
incubate 1. bebrüten; im Brutschrank halten
incubation 1. Bebrütung *f*, Ausbrütung *f*; 2. Inkubation *f*, Latenzstadium *n*
incubator Inkubator *m*, Brutapparat *m*, Brutkasten *m*, Brutschrank *m*

incubatory → incubative
incubous dachziegelförmig
incudal Amboß...
incudomalleal inkudomalleal, Hammer-Amboß...
incudostapedial inkudostapedial, Amboß-Steigbügel...
inculcating Einwurzelung *f*
incult unberührt
incumbent aufliegend, übereinandergestellt
incurable inkurabel, unheilbar
incurvate eingekrümmt, eingebogen
incurvation Inkurvation *f*, Beugung *f*, Biegung *f*, Krümmung *f*
incurved eingestülpt, eingekrümmt, eingebogen
incus Amboß *m (Gehörknöchelchen)*
indeciduate ohne Dezidua
indeciduous 1. immergrün *(bei Bäumen)*; 2. nicht abfallend *(bei Blättern)*
indecomposable unzersetzlich, nicht zersetzbar
indefinite 1. unbestimmt; 2. undeutlich
indehiscent nichtaufspringend, geschlossenbleibend
indentation Einschnitt *m*, Einkerbung *f*
indented (aus)gezackt; gezähnt
index Index *m*; Koeffizient *m*
  ~ **of agreement** Übereinstimmungskoeffizient *m*
  ~ **of alienation** Alienationskoeffizient *m*
  biotic ~ Bioindikator *m*, Zeigerart *f*
  leaf area ~ Blattflächenindex *m*
  metaphase pairing ~ Metaphasenpaarungsindex *m*
  mitotic ~ Mitoseindex *m*
  mutation ~ Mutationsindex *m*
  productivity ~ Produktivitätsindex *m*
  recombination ~ Rekombinationsindex *m*
  sacral ~ Kreuzbeinindex *m*, Sakralindex *m*
  selection ~ Selektionsindex *m*
  stroke volume ~ Schlagvolumenindex *m*
  survival ~ Überlebensindex *m*
  thoracic ~ Thoraxindex *m*, Brust(korb)index *m*
indicator 1. Anzeiger *m*; 2. Indikator *m*; 3. Indikatororganismus *m*, Leitorganismus *m*; Zeigepflanze *f*
indifferent 1. indifferent; 2. nicht differenziert, nicht spezialisiert
indigenous eingeboren, einheimisch
indigested unverdaut
indigestibility Unverdaulichkeit *f*
indigestible indigestibel, unverdaulich, nicht verdaubar
indigo 1. Indigo *n*, Indigoblau *n*, Indigotin *n*;2. Schnurbaum *m*, Sophore *f (Sophora)*; 3. Färberhülse *f*, Wildindigo *m (Baptisia)*; 4. Bastardindigo *m (Amorpha)*; 5. Indigostrauch *m*, Indigopflanze *f (Indigofera)*
  bastard ~ → false indigo
  blue false [blue wild] ~ → false indigo 2.
  common ~ → true indigo
  false ~ 1. Falscher [Gemeiner] Bastardindigo *m (Amorpha fruticosa)*; 2. Australischer Schnurbaum *m*, Australische Sophore *f (Sophora australis)*
  true ~ Indigostrauch *m (Indigofera tinctoria)*
  wild [yellow] ~ gelbe Färberhülse *f (Baptisia tinctoria)*
indigobush → false indigo 1.
indigotin Indigotin *n*, Indigoblau *n*
indirubin Indigorot *n*
indissoluble unlöslich
individual 1. Individuum *n*; 2. individuell
indolent 1. indolent, gleichgültig, träge; 2. unempfindlich gegen Schmerzen, schmerzunempfindlich
indri Indri *m (Indri)*; *pl* Indris *mpl (Indridae)*
  slender ~ Schlank-Lori *m (Loris ardigradus)*
  slow ~ Plumplori *m (Nycticebus coucang)*
induced induziert
inducer Induktor *m*
indumentum 1. Behaarung *f*; Überzug *m*; 2. Federkleid *n* Gefieder *n*
induplicate eingefaltet, einwärtsgefaltet
indurated verhärtet, abgehärtet, erhärtet
indusiate verschleiert
indusium 1. *(Bot.)* Indusium *n*, Schleierchen *n*; 2. *(Ent.)* Köcher *m*
induvia Fruchtdecke *f*
inedible ungenießbar, nicht eßbar
ineffective [inefficient] wirkungslos
inequality 1. Ungleichheit *f*; 2. Veränderlichkeit *f*
inequifoliolate mit verschiedenförmigen Blättchen
inequilateral ungleiche Seiten, Seiten nicht gleich lang
inequilobate ungleichlappig
inequiserrate *(Bot.)* ungleichgesägt
inequivalve ungleichklappig
inerm(ous) wehrlos, unbewaffnet; stachellos
inert inert, untätig, träge; inaktiv, reaktionsträge
inextensible unausdehnbar, nicht dehnbar
infancy frühe Kindheit *f*; Säuglingsalter *n*
infanticide *(Ethol.)* Kindestötung *f*
infavourable ungünstig
infect infizieren, anstechen, eine Infektion bewirken
infection 1. Infektion *f*, Ansteckung *f*; Krankheitserregerübertragung *f*; 2. Infektionskrankheit *f*
infectious [infective] infektiös, ansteckend
infecund unfruchtbar, steril, fortpflanzungsunfähig
infecundity Unfruchtbarkeit *f*, Sterilität *f*, Fortpflanzungsunfähigkeit *f*
inferior 1. unter, tiefer gelegen; 2. untergeordnet
  palea ~ Rückenspelze *f*, Deckspelze *f*
infero-anterior inferoanterior, unten und vorn gelegen
inferolateral inferolateral, unten und seitlich gelegen
inferomedian inferomedial, unten und in der Mitte gelegen
inferoposterior inferoposterior, unten und hinten gelegen
infertile infertil, unfruchtbar
infertility Infertilität *f*, Unfruchtbarkeit *f*, Sterilität *f*, Fortpflanzungsunfähigkeit *f*
infest befallen, verseuchen *(Ungeziefer)*
infestant 1. Ungeziefer *m*; 2. Krankheitserreger *m*
infestation Infestation *f*, Befall *m (durch Ungeziefer)*
  insect ~ Insektenbefall *m*
infiltrate infiltrieren, eindringen; durchsetzen

infiltration Infiltration *f*, Eindringen *n*; Durchsetzung *f*, Durchsikkerung *f*
inflammation Entzündung *f*
inflammatory inflammatorisch, entzündlich
inflate inflatieren, aufblähen, auftreiben
inflation Inflation *f*, Aufblähung *f*, Auftreibung *f*
inflected [inflexed] eingebogen, einwärtsgebogen, einwärtsgebeugt
inflexion Inflexion *f*, Einwärtsbeugung *f*
inflorescence 1. Infloreszenz *f*, Blütenstand *m*; 2. Aufblühen *n*
 apical ~ terminaler Blütenstand *m*
 compound ~ zusammengesetzter Blütenstand *m*
 corymbose ~ doldenförmiger Blütenstand *m*
 cymose [definite, determinate] ~ begrenzter Blütenstand *m*
 definite ~ begrenzter Blütenstand *m*; sympodialer Blütenstand *m*
 dichasial ~ dichasiale Infloreszenz *f*, dichasialer Blütenstand *m*
 indefinite [indeterminate, racemose] ~ unbegrenzter Blütenstand *m*
 lateral ~ seitenständiger Blütenstand *m*
 mixed ~ gemischter Blütenstand *m*
 racemose ~ traubenartiger Blütenstand *m*
 simple ~ einfacher Blütenstand *m*
 tassel ~ Schweif *m*
 umbellate ~ doldenartiger Blütenstand *m*
influence 1. Einfluß *m*, Wirkung *f*, Einwirkung *f*; 2. beeinflussen, einwirken
infolding einhüllend, umhüllend, einwickelnd
infra-auricular infra-aurikulär, unter dem Ohr gelegen
infra-axillary 1. infra-axillar, unter der Achselhöhle gelegen; 2. *(Bot.)* unterwinkelständig
infrabranchial unter dem Kiemen gelegen
infracardiac infrakardial, unter dem Herzen gelegen
infracentral unter dem Wirbelkörper gelegen
infraclavicular infraklavikular, unter dem Schlüsselbein gelegen
infraconscious unbewußt
infracortical infrakortikal, unter der Rinde gelegen
infracostal infrakostal, unter der Rippe gelegen
infracted geknickt, eingeknickt, knieförmig gebogen
infradentary unter dem Zahnbein gelegen
infradiaphragmatic infradiaphragmatisch, unter dem Zwerchfell gelegen
infraesophageal unter der Speiseröhre gelegen
infraglottic infraglottisch, unter der Stimmritze gelegen
infrahyoid infrahyoid, unter dem Zungenbein gelegen
inframandibular inframandibular, unter dem Unterkiefer gelegen
inframaxillary inframaxillar, unter dem Oberkiefer gelegen
infraorbital infraorbital, unter der Augenhöhle gelegen
infrapatellar infrapatellar, unter der Kniescheibe gelegen
infrarostral infrarostral, unter dem Rostrum gelegen
infrascapular infraskapulär, unter dem Schulterblatt gelegen
infraspinous unter der Schulterblattgräte gelegen
infrastapedial infrastapedial, unter dem Steigbügel gelegen
infrasternal infrasternal, unter dem Brustbein gelegen
infratemporal infratemporal, unter der Schläfe gelegen
infratrochlear infratrochleär, unter der Rolle gelegen
infructescence Infrukteszenz *f*, zusammengesetzte Frucht *f*
infundibular infundibular, trichterförmig, Trichter...
infundibuliform infundibuliform, trichterförmig
infuriate wütend machen, erbosen
infuse 1. eingießen, aufgießen; 2. einweichen, aufgießen
infusion Aufguß *m*
 hay ~ Heuaufguß *m*
infusoria Infusorien *npl*, Wimpertiere *npl*, Wimpertierchen *npl*, Ziliaten *npl (Ciliophora)*
infusorian Wimpertierchen *n*, Infusorium *n*
ingest Nahrung aufnehmen
ingesta Ingesta *npl*, aufgenommene Nahrung *f*
ingestion Nahrungsaufnahme *f*
ingestive die Nahrungsaufnahme betreffend
ingluvies *(Orn.)* Kropf *m*
ingrained eingewurzelt, festsitzend
ingredient Bestandteil *m*, Ingrediens *n*
ingrowth 1. Einwachsen *n*
inguen Inguinalregion *f*, Leiste *f*, Leistengegend *f*
inguinal inguinal, Inguinal..., Leisten...
inguino-abdominal inguinoabdominal, Leisten-Bauch...
inguino-crural inguinocrural, Leisten-Oberschenkel...
ingurgitate verschlingen
inhabit bewohnen, besiedeln; sich aufhalten
inhalant 1. einatmend, einsaugend, aufsaugend; 2. zum Einsaugen dienend
inherent inhärent, angeboren, eingeboren, kongenital
inherit 1. ererben; 2. herstammen
inheritable vererbbar, erblich, Erb...
inheritance Vererbung *f*; Erbgut *n*
 criss-cross ~ Überkreuzungsvererbung *f*
 delayed ~ verzögerte Vererbung *f*
 sex-linked ~ geschlechtsgekoppelte Vererbung *f*
inhibit inhibieren, hemmen, verhindern, hindern
inhibition Inhibition *f*, Hemmung *f*
 fractional ~ partielle Hemmung *f*
 motor ~ Bewegungshemmung *f*
inhibitor Inhibitor *m*, Hemmstoff *m*
inhibitory inhibitorisch, hemmend
inhomogeneous heterogen, ungleichartig
inimical 1. nachteilig, schädlich; 2. feindselig
initial anfänglich, Anfangs..., Ausgangs...
initiate 1. initiieren *(z.B. Reaktion)*; 2. beginnen, anfangen
initiation 1. Einleitung *f*, Beginn *m*; 2. Einführung *f*
initiator 1. *(Gen.)* Initiator *m*; 2. reaktionsauslösende Substanz *f*
inject injizieren, in den Körper einspritzen
injection Injektion *f*, Einspritzung *f*

injured verletzt; geschädigt
injurious schädlich, nachteilig
injury Verletzung *f*; Schädigung *f*
  heat ~ Hitzeschaden *m*
  leaf-edge ~ Randfraß *m*
  retinal ~ Netzhautschädigung *f*
injuries to plants Fraßbilder *npl*
ink:
  sepia ~ Sepia *f*
ink-bag Tintendrüse *f*
inkberry Kermesbeere *f (Phytolacca americana)*
inknut Tintennuß *f*
in-lamb trächtig *(Schafe)*
inland 1. Binnenland *n*; 2. binnenländisch, Binnen...
inlet Eingang *m*
innascent angeboren, erblich
innate angeboren; innerlich
innateness Angeborensein *n*
innervate innervieren
innervation Innervation *f*, Innervierung *f*
innovation Verjüngung *f*, Erneuerung *f*
inocarpous faserfrüchtig
inoculate 1. impfen, einimpfen; 2. *(Bot.)* okulieren
inoculation Impfung *f*, Einimpfung *f*; Überimpfung *f*
inoculator Inokulator *m*, Impfgerät *n*, Impfinstrument *n*
inoculum Inokulum *n*, Impfkultur *f*; Impfmaterial *n*
inocyte Fibrozyt *m*
inodorous geruchlos
inoffensive harmlos, unschädlich
inoperculate deckellos
inophyllous faserblättrig
inordinate ungeordnet, regellos
inorganic anorganisch
inosculation Inoskulation *f*, Anastomosierung *f*, Zusammenmünden *n*
inotropic inotrop, die Muskelkontraktion beeinflussend
inotropism Inotropie *f*, Muskelkraftbeeinflussung *f*
inoxidable nicht oxydierbar
in-pig trächtig *(Schweine)*
inpouring Einströmen *n*
input Einstrom *m*; Eingangsgröße *f*
inquiline 1. Inquilin *m*, Einmieter *m*, Raumparasit *m*; 2. mitbewohnend
inquilinism Entökie *f*, Einmietung *f*, Raumparasitismus *m*
inquirer Forscher *m*
insalvation Einspeicherlung *f*, Insalvation *f*
insalubrious gesundheitsschädlich
insatiable unersättlich
inscissus unterbrochen *(Areal)*
insect Insekt *n*, Kerbtier *n*, Kerf *m*; *pl* Insekten *npl*, Kerbtiere *npl*, Kerfe *npl (Insecta)*
  armored scale ~s Deckelschildläuse *fpl (Diaspididae)*
  blood-sucking ~s blutsaugende Insekten *npl*
  cochineal ~ Cochenilleschildlaus *f (Dactylopius coccus)*
  destructive ~ Schädling *m*
  gall ~s Gallwespen *fpl (Cynipidae)*
  Indian lac ~ Lackschildlaus *f (Laccifer lacca)*
  scale ~s Napfschildläuse *fpl (Coccidae)*
  water stick ~ Stabwanze *f*, Schweifwanze *f (Ranatra linearis)*
insectary Insektarium *n*
insekt-eaters Insektenfresser *mpl (Insectivora)*
insect-eating insektenfressend, insektivor, entomophag
insecticide Insektizid *n*, insektentötendes Mittel *n*, Insektenvernichtungsmittel *n*
insectifuge Insektenabschreckungsmittel *n*
insection Einschnitt *m*
insectivore Insektenfresser *m*, Insektivore *m (Insectivora)*
insectivorous insektenfressend, insektivor, entomophag
insectology Entomologie *f*, Insektenkunde *f*
inseminate inseminieren, besamen
insemination Insemination *f*, Besamung *f*
  artificial ~ künstliche Insemination *f*
insensibility Insensibilität *f*, Unempfindlichkeit *f*, Empfindungslosigkeit *f*
insensible [insensitive] insensibel, unempfindlich, empfindungslos
insensitivity Unempfindlichkeit *f*
inshore nahe der Küste
insiccation 1. Vertrocknen *n*; Verwelken *n*; 2. Austrocknen *n*, Trocknen *n*
inside 1. Innenseite *f*, Innenfläche *f*; 2. *pl* Eingeweide *npl*
insident aufgesetzt
insight *(Ethol.)* Einsicht *f*
insipid geschmacklos
insolation Insolation *f*, Sonnenbestrahlung *f*, Sonneneinwirkung *f*
insolubility Unlöslichkeit *f*
insoluble insolubel, unlöslich, nicht löslich
inspication Ährenbildung *f*
inspiration Inspiration *f*, Einatmung *f*
inspiratory inspiratorisch, Einatmungs...
inspissation Eindampfen *n*, Eindickung *f*
instability Instabilität *f*, Unbeständigkeit *f*, Veränderlichkeit *f*
installation Installation *f*, Anlage *f*, Einrichtung *f*
instaminate staubgefäßlos
instar Erscheinungsform *f* eines Insekts zwischen den Häutungen, Larvenstadium *n*
instep Spann *m*, Rist *m*
instinct Instinkt *m*, Trieb *m*
  flocking [herd] ~ Herdeninstinkt *m*, Herdentrieb *m*
  spawning ~ Laichinstinkt *m*
instratified schichtlos, schichtenlos
insufficiency Insuffizienz *f*, funktionelle Leistungsschwäche *f*
insufficient insuffizient; mangelhaft, unzureichend
insufflation Insufflation *f*, Einblasen *n*
insula Insel *f*, Stammlappen *m (Teil der Großhirnrinde)*
insular insular, Insel...
insulation Isolierung *f*, Isolation *f*
insusceptibility Unempfindlichkeit *f*
intact 1. intakt, unversehrt, unverletzt; 2. unberührt,

unangetastet
intake Aufnahme *f (z.B. von Nahrung)*; Zustrom *m*, Zufluß *m*, aufgenommene Menge *f*
integral 1. wesentlich, integrierend; 2. ganz, vollständig
integrated 1. einheitlich, geschlossen, integriert; 2. zusammenhängend
integration 1. Integration *f*, Vereinigung *f*, Vereinheitlichung *f*; 2. Vervollständigung *f*
integrifolious mit ganzrandigen Blättern
integument Integument *n*; Deckhaut *f*; Decke *f*, Hülle *f*
integumentary Deckhaut..., Haut...
intellect Intellekt *m*, Verstand *m*, Denkvermögen *n*
intellection Denken *n*
intelligence Intelligenz *f*, Verstand *m*, geistige Auffassungsgabe *f*
intensity Intensität *f*
light ~ Lichtstärke *f*, Lichtintensität *f*
intensive crop landwirtschaftliche Intensivkultur *f*
intention Intention *f*, Absicht *f*, Bestrebung *f*
interact aufeinander wirken, sich gegenseitig beeinflussen
interaction Interaktion *f*, Wechselwirkung *f*
interatrial interatrial, zwischen den Herzvorhöfen liegend
interband *(Gen.)* Zwischenbande *f*
interbody Ambozeptor *m*, Zwischenkörper *m (Immunkörper)*
interbrain Zwischenhirn *n*, Dienzephalon *n*
interbranchial zwischen Kiemen liegend
intercalary interkalar, eingeschalten, eingeschoben, Schalt...
intercalation Interkalation *f*, Einschiebung *f*
intercapillary interkapillar, zwischen Kapillaren liegend
intercarpal intercarpal, zwischen den Handwurzelknochen liegend
intercartilaginous interkartilaginös, zwischen Knorpeln liegend
intercellular interzellulär, zwischen Zellen liegend
intercept 1. abfangen; 2. unterbrechen, abschneiden; 3. Abschnitt *m*
interception 1. Abfangen *n*, Auffangen *n*; 2. Unterbrechung *f*, Abschneiden *n*; 3. Aufhalten *n*, Hinderung *f*
intercerebral interzerebral, zwischen den Hirnhemisphären liegend
interchange Austausch *m*, Auswechslung *f*; Umsatz *m*
chromatid ~ Chromatidenaustausch *m*
chromosome ~ Chromosomenaustausch *m*
segmental ~ Segmentaustausch *m*
interchangeable austauschbar, auswechselbar
interchondral interchondral, zwischen Knorpeln liegend
intercilium Glabella *f*, Stirnglatze *f*, Zwischenbrauenraum *m*
interclavicle Zwischenschlüsselbein *n*
interclavicular interklavikular, zwischen den Schlüsselbeinen liegend
intercommunicate miteinander in Verbindung stehen
intercommunication gegenseitige Verbindung *f*
intercondylar [intercondyloid] interkondylär, zwischen den Gelenkfortsätzen liegend
interconnection (gegenseitige) Verbindung *f*, Zusammenhang *m*
intercostal interkostal, zwischen den Rippen liegend
intercostobrachial interkostobrachial, Zwischenrippenraum-Arm...
intercourse 1. Umgang *m*, Verkehr *m*; 2. Geschlechtsverkehr *m*
sexual ~ Geschlechtsverkehr *m*
intercross 1. Kreuzung *f*; 2. Kreuzungsprodukt *n* (miteinander); 3. kreuzen; 4. sich kreuzen
interdentium Zahnzwischenraum *m*
interdependence gegenseitige Abhängigkeit *f*
interdigitation Verzahnung *f (z. B. Muskelfasern)*
interface Grenzfläche *f*
interfacing Grenzflächen...
interfascicular interfaszikulär, zwischen Faszikeln liegend
interference Interferenz *f*
interfertile kreuzungsfähig
interfilar interfilär, zwischen Fäden liegend
interfloral zwischen den Blüten [stehend]
interfluve *(Ökol.)* Wasserscheide *f*
interflow 1. Ineinanderfließen *n*; 2. ineinanderfließen
interfoliaceous zwischenblattständig
interfruitful *(Bot.)* zur Kreuzbestäubung fähig
interganglionic interganglionär, zwischen Ganglien liegend
interglacial Interglazial *n*, Warmzeit *f*
intergrowth Ineinanderwachsen *n*; Zusammenwachsen *n*
interhemispheric interhemisphärisch, zwischen den Hirnhemisphären liegend
interior 1. inner; 2. Innere *n*, Inneres *n*
interjacent dazwischenliegend
interkinesis Interkinese *f*, Unterphase *f*, Ruhephase *f*
interlabial interlabial, zwischen den Lippen liegend
interlaced verwickelt, geflochten, verflochten
interlaced roots Wurzelgeflecht *n*
interlacement Verflechtung *f*, Vermischung *f*
interlamellar interlamellar, zwischen Lamellen liegend
interlayer Trennschicht *f*, Zwischenlage *f*
interlobular interlobulär, zwischen Läppchen liegend
intermaxillary intermaxillar, zwischen den Oberkieferknochen liegend
intermediary intermediär, dazwischenliegend
intermediate 1. mittelständig; 2. Intermediär...; 3. Intermediat *n*, Zwischenprodukt *n*
intermedin Intermedin *n*, Melanotropin *n*
intermediolateral intermediolateral, seitlich und dazwischen liegend
intermedius in der Mitte liegend
intermingling gemischt, vermischt
intermitotic intermitotisch, zwischen der Zellteilung *(Mitose)*
intermittent intermittierend, mit Unterbrechungen auftretend

intermixture 1. Mischung *f*, Gemisch *n*; 2. Beimischung *f*, Zusatz *m*
intermuscular intermuskulär, zwischen den Muskeln liegend
internal inner, innerhalbliegend
internals Eingeweide *n*
internasal internasal, zwischen den Nasenknochen liegend
interneurone Interneuron *n*, Zwischenneuron *n*, Schaltneuron *n*
internodal internodal, zwischenknotig
internode Internodium *n*, Zwischenknoten *m*, Stengelglied *n*
internuclear zwischen Zellkernen gelegen
interoceptive interozeptiv, zu einer Rezeptorzelle gehörend
interoceptor Intero(re)zeptor *m*, Innenrezeptor *m*
interocular zwischen den Augen gelegen
interorbital interorbital, zwischen den Augenhöhlen liegend
interoreceptor → interoceptor
interosseous interossär, zwischen den Knochen liegend
interparietal 1. interparietal, zwischen Wänden liegend; 2. zwischen den Scheitellappen *(des Gehirns)* liegend
interpenetration gegenseitige Durchdringung *f*
interpetiolar zwischen den Petalen
interphase Interphase *f*, Interkinese *f*, Ruhepause *f*
interplay Wechselwirkung *f*, gegenseitige Einwirkung *f*
interposed zwischengestellt, zwischenliegend
interposition Interposition *f*, Dazwischenstellen *n*
interpubic interpubisch, zwischen den Schambeinen liegend
interreaction Wechselwirkung *f*
interrelation Wechselbeziehung *f*
interrelationship Wechselbeziehung *f*
interrupt 1. unterbrechen; 2. stören, hindern
interscapular interskapulär, zwischen den Schulterblättern liegend
intersected durchgeschnitten
intersegmental intersegmental, zwischen Segmenten liegend
interseptum Zwerchfell *n*
intersexual zwischengeschlechtlich
intersexuality Intersexualität *f*, Zwischengeschlechtlichkeit *f*
interspecific zwischenartlich, interspezifisch
interspersed dazwischengestreut
interspinal [interspinous] interspinal, zwischen Dornfortsätzen liegend
interstage → interphase
interstice Interstitium *n*; Zwischenraum *m*
interstitial interstitiell; zwischenräumig
interstratific Zwischenschichten...
intersystole Intersystole *f*, Zwischensystole *f (Herzkontraktion)*
intertentacular zwischen Tentakeln liegend
intertidal Gezeiten...
intertropic 1. intertropisch , äquatorial liegend
interval Intervall *n*
  class ~ Klassenbreite *f*
intervalvular intervalvulär, zwischen Klappen liegend
intervascular intervaskulär, zwischen Gefäßen liegend
interveinal 1. *(Bot.)* interkostal; zwischen den Blattadern; Zwischenadern; 2. *(Zool.)* zwischen den Venen liegend
intervenous intervenös, zwischen Venen liegend
interventricular interventrikulär, zwischen den Kammern liegend
intervertebral intervertebral, zwischen den Wirbeln liegend
intervillous intervillös, zwischen Zotten liegend
intestinal intestinal, enteral, Darm...
intestine 1. Darm *m*, Enteron *n*; 2. Eingeweide *n*, Gedärm *n*
  hind ~ Enddarm *m*
  large ~ Dickdarm *m*
  small ~ Dünndarm *m*
intima Gefäßinnenhaut *f*
intimidate einschüchtern
intorsion Drehung *f*, Windung *f*
intoxication Intoxikation *f*, Vergiftung *f*
intra-abdominal intraabdominal, intraabdominell, innerhalb des Bauchraumes liegend
intra-arterial intraarteriell, in einer Arterie liegend
intra-atrial intraatrial, in einem Herzvorhof liegend
intra-aural intraaural, in einem Ohr liegend
intra-auricular → intra-atrial
intracapsular intrakapsulär, in einer Kapsel liegend
intracardiac intrakardial, innerhalb des Herzens liegend
intracartilaginous intrakartilaginär, enchondral, im Knorpel liegend
intracavitary intrakavitär, in einem Hohlraum liegend
intracellular intrazellulär, in einer Zelle liegend
intracranial intrakranial, im Schädel liegend
intradermal intradermal, in der Haut liegend
intraductal intraduktal, in einem Gang liegend
intraepithelial intraepithelial, im Epithel liegend
intra-erythrocytic intraerythrozytär, in den roten Blutkörperchen liegend
intrafloral innerhalb der Blüte
intraluminal intraluminal, in einem Lumen liegend
intramural intramural, in einer Wand liegend
intramuscular intramuskulär, innerhalb eines Muskels liegend
intranasal intranasal, in der Nase [in der Nasenhöhle] liegend
intranuclear intranuklear, im Zellkern liegend
intraocular intraokular, innerhalb des Auges liegend
intraparietal 1. intraparietal, intramural, in der Wand liegend; 2. in den Scheitelbeinen liegend; 3. in den Scheitellappen des Gehirns liegend
intraperitoneal intraperitoneal, innerhalb des Herzbeutels liegend
intrapetiolar *(Bot.)* 1. zwischen Blattstiel und Sproß angeordnet; 2. vom Blattstielunterende umschlossen

intrapulmonic intrapulmonär, innerhalb der Lunge liegend
intrarenal intrarenal, innerhalb der Nieren liegend
intraspecific innerartlich, intraspezifisch
intraspinal intraspinal, im Wirbelsäulekanal liegend; in einem Wirbelkörperfortsatz liegend
intrasplenic intrasplenisch, innerhalb der Milz liegend
intrathoracic intrathorakal, innerhalb der Brusthöhle liegend
intratubal intratubal, innerhalb eines Eileiters liegend
intrauterine intrauterin, innerhalb der Gebärmutter liegend
intravaginal 1. intravaginal, innerhalb der weiblichen Scheide liegend; 2. intravaginal, innerhalb der Sehnenscheide liegend
intravascular intravaskulär, innerhalb der Blutgefäße liegend
intravenous intravenös, innerhalb der Vene; in die Vene hinein
intraventricular intraventrikulär, in einer Herzkammer liegend
intravesical intravesikal, innerhalb der Harnblase liegend
intravital intravital, während des Lebens
intrinsic 1. eingeboren, angeboren, kongenital; 2. innen(liegend), innerhalb eines Organs gelegen; 3. intrinsisch *(dem Molekül eigen)*
introcurved eingebogen (nach unten), eingekrümmt
introduce einbürgen, einführen, einschleppen *(Tiere und Pflanzen)*
introduction Einbürgerung *f*, Einführung *f* , Einschleppung *f (von Tieren und Pflanzen)*
introflexed einwärtsgebogen, eingebogen
introgression *(Gen.)* Introgression *f*
introgressive 1. *(Gen.)* introgressiv; 2. *(Bot.)* durchdringend
intromission Intromission *f*, Einführung *f*
introrse introrss, innenwendig
intrude eindringen
intruder Eindringling *m*
intrusion Eindringen *n*, Einwanderung *f*
intussusception Intussuszeption *f*, Einlagerung *f*
inula Alant *m (Inula)*
  cinnamon-root ~ Dürrwurz *f (Inula conyza)*
  sword-leaf ~ Schmalblättriger Alant *m (Inula ensifolia)*
  willow-leaved ~ Weiden-Aalant *m*, Weidenblättriger Alant *m (Inula salicana)*
inundated überschwemmt
inundation Überschwemmung *f*
invade eindringen, einwandern
invader Eindringling *m*, Angreifer *m*
invaginate invaginieren, einstülpen
invagination Invagination *f*, Einstülpung *f*
invariable unveränderlich
invasibility Invasionsfähigkeit *f*
invasion Invasion *f*
  ~ of weeds Verunkrautung *f*
inversely clavate *(Bot.)* verkehrt-keulenförmig
invert invertieren, umkehren; umstülpen
invertebrate 1. wirbellos; 2. *pl* Wirbellose *mpl*, Invertebraten *mpl*
inverted inverted, umgekehrt
investigate untersuchen
investigation Untersuchung *f*
investment 1. Außenhaut *f*, Schutzhaut *f*; 2. *(Ethol.)* Einlage *f*, Beteiligung *f*
inviability Lebensunfähigkeit *f*
inviscation Einspeichelung *f*, Einspeicheln *n (der Nahrung)*
inviscid dünnflüssig
invisible unsichtbar
involucel *(Bot.)* Hüllchen *n*
involucrate eingehüllt
involucre *(Bot.)* Hüllkelch *m*, Hülle *f*, Involucrum *n*, Hüllblattkreis *m*
involucret → involucel
involucriform *(Bot.)* außenkelchförmig, außenkelchähnlich
involucrum 1. *(Zool.)* Hülle *f*, Hüllgewebe *n* um einen nekrotischen Knochen; 2. *(Zool.)* Metanotum *n* der Orthopteroidea
involuntary involuntär, unfreiwillig, unwillkürlich
involute involutiv, eingerollt
involution 1. Involution *f*, Rückbildung *f*, Einschrumpfung *f*; 2. *(Bot.)* Einrollung *f*
inward aggression *(Ethol.)* Selbstzerstörung *f*
iodination Jodierung *f*, Jodieren *n*
iora Aegithina *f (Aegithina)*; *pl* Feenvögel *mpl*, Blattvögel *mpl (Irenidae)*
ipecac 1. Spierstrauch *m*, Spiraea *f (Spiraea)*; 2. → ipecacuanha
ipecacuanha Brechveilchen *n*, Echte Brechwurz *f*, Ipekakuancha *f (Psychotria ipecacuanha)*
irascible reizbar, jähzornig
iridescent irisierend, schillernd
iridic Iris..., Regenbogenhaut...
iris 1. Iris *f*, Schwertlilie *f (Iris)*; 2. Iris *f*, Regenbogenhaut *f*
  Caucasian ~ Kaukasische Schwertlilie *f (Iris caucasica)*
  dwarf ~ 1. Krimschwertlilie *f (Iris taurica)*; 2. Zwergschwertlilie *f (Iris pumila)*
  German ~ Deutsche Schwertlilie *f*, Himmelslilie *f (Iris germanica)*
  grass ~ Grasschwertlilie *f*, Grasblättrige Schwertlilie *f (Iris graminea)*
  Hungarian ~ Bunte Schwertlilie *f (Iris variegata)*
  rabbit-ear ~ Kämpfers Schwertlilie *f (Iris laevigata)*
  Spanish ~ Spanische Iris *f*, Spanische Schwertlilie *f (Iris hispanica)*
  spring ~ Russische Schwertlilie *f (Iris ruthenica)*
  stool ~ nacktstengelige Schwertlilie *f (Iris aphylla)*
  sweet ~ Blaße Schwertlilie *f (Iris pallida)*
ironweed *(Bot.)* Vernonie *f (Vernonia)*

ironwood 1. Eisenholz *n*; 2. Eisenholz *n*, Parrotie *f* *(Parrotia)*
simple-beaked ~ Europäisches Gliedkraut *n* *(Siderites romana)*
ironwort Gemeiner Hohlzahn *m* *(Galeopsis tetrahit)*; Ackerhohlzahn *m* *(Galeopsis ladonum)*
irradiant strahlend
irradiate bestrahlen
irradiance Bestrahlungsintensität *f*
irradiation Irradiation *f*, Bestrahlung *f*
irresponsive unempfänglich
irrigate bewässern, berieseln; ausspülen, eine Spülung durchführen
irrigation Bewässerung *f*, Berieselung *f*; Ausspülung *f*, Spülung *f*
irrigation-ditch Bewässerungskanal *m*
irritability Irritabilität *f*, Reizbarkeit *f*, Erregbarkeit *f*
irritable reizbar, irritabel, erregbar
irrul Jambea *f* *(Xylia xylocarpa)*
irruption Eindringen *n*, plötzliches Hereinbrechen *n*
isauxesis → isogony
ischiadic ischiatisch, Sitzbein...
ischium Sitzbein *n*, Ischium *n*
isidium Isidie *f*
islet *(Anat.)* Insel *f*
isobilateral gleichseitig
isocarpous gleichfrüchtig
isocellular gleichzellig
isocercal homozerk
isochronic [isochronous] synchron, gleichzeitig, auftretend
isocies *(Ökol.)* Isözien *fpl*
isocoenosis Isozönose *f*
isocortex Isokortex *m*
isocytic gleichzellig
isodactylous isodaktyl, gleichfingrig, gleichzehig
isodicentric isodizentrisch
isodont isodont, homodont, gleichartig bezahnt
isoelectrofocusing Isoelektrofokussierung *f*
isogamic [isogamous] isogam
isogamy Isogamie *f*
isogenetic isogenetisch
isogenic isogen, isogenisch
isogenomatic isogenomatisch
isogeny Isogenie *f*
isognathous isognath
isogony Isogonie *f*
isograft Isotransplantat *n*
isogynous idogyn, gleichstempelig; isogyn
isolysin Isohämolysin *n*
isomerous gleiche Anzahl; *(Bot.)* gleichzählig
isophenic [isophenous] isophän, vom gleichen Phänotyp
isophyllous gleichblättrig
isophylly Gleichblättrigkeit *f*
isopyrum Muschelblümchen *n* *(Isopyrum)*
isosporous gleichsporig
isostylous gleichgriffelig
isothermal isotherm, von gleicher Temperatur
isotomy Isotomie *f*
isotonic isotonisch
isotonicity Isotonie *f*
issue Ausgang *m*, Ergebnis *n*, Resultat *n*
isthmus Isthmus *m*, Einschnürung *f*, enge Verbindung *f*, Enge *f*
annular ~ Ranvierscher Schnürring *m*
itchweed Grüner Germer *m*, Grüne Nieswurz *f* *(Veratrum viride)*
item:
food ~ Nahrungskomponente *f*
ivasi Pazifik-Sardine *f* *(Sardinops sagax)*
ivory 1. Zahnbein *n*, Dentin *n*; 2. Stoßzahn *m* *(besonders der Elefanten)*; 3. Elfenbein *n*
elephant ~ Elfenbein *n*
vegetable ~ pflanzliches Elfenbein *n*, Steinnuss *f* *(Phytelephas microcarpa)*
ivorybill Elfenbeinspecht *m* *(Campephilus principalis)*
ivy Efeu *m* *(Hedera)*; Echter [Gemeiner] Efeu *m* *(Hedera helix)*
American ~ Fünfblättriger Efeu *m* *(Hedera quinquefolia)*
big-leaved ~ Breitblättrige Lorbeerrose *f* *(Kalmia latifolia)*
Boston ~ Dreispitzige Jungfernrebe *f* *(Parthenocissus tricuspidata)*
five-leaf ~ → American ivy
ground ~ Efeublättrige Gunderrebe *f* *(Glechoma hederacea)*
Japanese ~ Japanische Doldenrebe *f* *(Ampelopsis japonica)*
spoonwood ~ Schmalblättrige Lorbeerrose *f* *(Kalmia angustifolia)*
ivy-chickweed Efeublättriger Ehrenpreis *m* *(Veronica hederifolia)*
ixodids Zecken *fpl* *(Ixodidae)*

J

jabalina Pekari *m*, Nabelschwein *n* *(Tayassu)*
jabiru Jabiru *m* *(Jabiru mycertia)*
saddle-billed ~ Sattelstorch *m* *(Ephippiorhynchus senegalensis)*
jacamar Glanzvogel *m* *(Galbula)*; *pl* Glanzvögel *mpl* *(Galbulidae)*
chestnut ~ Kurzschwanz-Glanzvogel *m* *(Galbalcyrhynchus leucotis)*
great ~ Breitmaul-Glanzvogel *m* *(Jacamerops aurea)*
three-toed ~ Dreizehen-Glanzvogel *m* *(Jacamaralcyon tridactyla)*

jacana Blatthühnchen *n*; *pl* Blatthühnchen *npl (Jacanidae)*
African ~ Blaustirn-Blatthühnchen *n*, Afrikanisches Blatthühnchen *n (Actophilornis africana)*
American ~ Jassana *f (Jacana)*; Gelbstirn-Jassana *f (Jacana spinosa)*
bronze-winged ~ Hindublatthühnchen *n (Metopidius)*
comb-crested ~ Kammblatthühnchen *n*, Australisches Blatthühnchen *n (Irediparra gallinacea)*
lesser ~ Zwergblatthühnchen *(Microparra capensis)*
northern ~ → American jacana
pheasant-tailed ~ Wasserfasan *m (Hydrophasianus chirurgus)*
smaller ~ → lesser jacana
jack 1. Männchen *n* einiger Tiere; 2. Esel *m*; 3. Makrelen-Barsch *m (Caranx)*
amber ~ Seriolafisch *m (Seriola)*
cavally ~ Königsmakrele *f (Scomberomorus cavalla)*
mangrove ~ Roter Schnapper *m (Lutjanus argentimaculatus)*
river ~ Nashornviper *f (Bitis nasicornis)*
spiky ~ Dornhai *m*, Speerhai *m (Squalus acanthias)*
jackal Goldschakal *m*, Goldwolf *m*, (Gemeiner, Turkestanischer) Schakal *m (Canis aureus)*
American ~ Koyote *m*, Heuwolf *m (Canis latrans)*
Asiatic ~ → jackal
basin-eared ~ Löffelhund *m*, Löffelfuchs *m (Otocyon megalotis)*
black-backed ~ Schabrackenschakal *m (Canis mesomelas)*
common [golden, Indian, northern, oriental] ~ → jackal
side-striped ~ Streifenschakal *m (Canis adustus)*
Simian ~ Abessinienfuchs *m*, Abessinischer fuchs *m*, Kaberu *m (Canis simensis)*
jackass männlicher Esel *m*
laughing ~ Lachender Hans *m*, Jägerliest *m (Dacelo gigas)*
jack-by-the-hedge Knoblauchsrauke *f*, Gemeines Lauchkraut *n (Alliaria officinalis)*
jackdaw Dohle *f*, Turmkrähe *f (Corvus monedula)*
jacket 1. Haut *f*; 2. Pelz *m*, Fell *n*; 3. *(Bot.)* Schale *f*
rough ~ Flunder *f*, Butt *m (Platichthys flesus)*
jackfruit Jackbaum *m*, Jackbrotfruchtbaum *m (Artocarpus integrifolia)*
jack-go-to-bed-at-noon Wiesenbocksbart *m (Tragopogon pratensis)*
jack-in-the-pulpit 1. Feuerkolben *m*, Zeichenwurz *f (Arisaema)*; 2. Gefleckter Aronstab *m (Arum maculatum)*
jackrabbit Hase *m (Lepus)*
antelope ~ Antilopen-Hase *m (Lepus alleni)*
black-tailed [California] ~ Kalifornischer Eselhase *m (Lepus californicus)*
white-tailed ~ Präriehase *m (Lepus townsendi)*
jack-sail-by-the-wind Segelqualle *f (Velella)*
jacksnipe 1. Kleine Bekassine *f*, Moosschnepfe *f*, Kleine Sumpfschnepfe *f*, Zwergschnepfe *f (Lymmocryptes minimus)*; 2. Sumpfschnepfe *f*, (Mittlere) Bekassine *f (Gallinago gallinago)*; 3. Graubrust-Strandläufer *m (Calidris melanotos)*
jackwood Jackbaum *m*, Jackbrotfruchtbaum *m (Artocarpus integrifolia)*
Jacob's-ladder Gemeines [Gewöhnliches] Leinkraut *n (Linaria vulgaris)*
Jacob's-rod Affodil *m*, Junkerlilie *f (Asphodeline)*
jaculifolious *(Bot.)*wurfspießblättrig
jadar Jadar *n*, subpolare Wiese *f*
jaeger Raubmöwe *f (Stercorarius)*
long-tailed ~ Kleine [Langschwänzige] Raubmöwe *f (Stercorarius longicaudus)*
parasitic ~ Schmarotzer-Raubmöwe *f (Stercorarius parasiticus)*
pomarine ~ Mittlere [Breitschwänzige] Raubmöwe *f (Stercorarius pomarinus)*
jagged gezackt; ausgezackt; zackig
jaguar Jaguar *m (Panthera onca)*
jaguarundi Wieselkatze *f (Felis yagouarundi)*
jalap Jalapenwinde *f (Ipomoea jalapa)*
jambola Grapefruit *f*, Pomelie *f (Citrus paradisi)*
jambolan Jambolanabaum *m (Eugenia cumini)*
Jamestown-weed Weißer Stechapfel *m*, Tollkraut *n (Datura stramonium)*
japalure Bergagame *f (Japalura)*
jaqueta (Südlicher) Glatthai *m (Mustelus mustelus)*
jar Gefäß *n*, Glas *n*
killing ~ *(Ent.)* Giftglas *n*, Tötungsglas *n*
jararaca Jararaca *f (Bothrops jararaca)*
green ~ Grüne Jararaca *f (Bothrops bilineatus)*
island ~ Insel-Lanzenotter *f (Bothrops insularis)*
jararacucu [jararacussu] Jararacussu *f (Bothrops jararacussu)*
jar mill Kugelmühle *f*
jarovization Jarowisation *f*, Vernalisation *f*
jasmin(e) Jasmin *m (Jasminum)*
~ of poetry Echter Jasmin *m (Jasminum officinale)*
Arabian ~ Arabischer Jasmin *m*, Sambuc *m (Jasminum sambuc)*
bastard ~ Gemeiner Bocksdorn *m*, Teufelszwirn *m (Lycium barbatum)*
Catalonian ~ → Spanish jasmin(e)
common ~ → jasmin(e) of poetry
night ~ Trauerbaum *m (Nyctanthes)*
Spanish ~ Malabarjasmin *m (Jasminum grandiflorum)*
javelina Pekari *m*, Nabelschwein *n (Tayassu)*
javelinfish Grunzer *mpl*, Grunzfische *mpl (Pomadasyidae)*
jaw 1. Kiefer *m*; 2. Maul *n*
lower ~ 1. Unterkiefer *m*; 2. *(Ent.)* Maxille *f*, Maxilla *f*
upper ~ 1. Oberkiefer *m*; 2. *(Ent.)* Mandibel *f*
jawbone Kieferknochen *m*; Unterkiefer *m*
jawfish 1. Kieferfische *mpl (Opisthognathidae)*; 2. Bandfische *mpl (Cepolidae)*
jawfoot Kieferfuß *m*
jay Häher *m (Garrulus)*; Eichelhäher *m*, Waldhäher *m*

(*Garrulus glandarius*)
black-headed gray ~ Szetschwan-Häher *m (Perisoreus internigrans)*
blue ~ Blauhäher *m (Cyanocitta cristata)*
Canada ~ Meisenhäher *m*, Kanadischer Unglückshäher *m (Perisoreus canadensis)*
European ~ Eichelhäher *m*, Waldhäher *m (Garrulus glandarius)*
Florida ~ → scrub jay
gray ~ → Canada jay
green ~ Peru-Grünhäher *m (Cyanocorax yncas)*
Henderson's ground ~ Mongolischer Saxaulhäher *m*, Hendersons Wüstenhäher *m (Podoces hendersoni)*
Pander's ground ~ Saxaulhäher *m (Podoces panderi)*
scrub ~ Buschblauhäher *m (Aphelocoma coerulescens)*
Siberian ~ → Canada jay
jejunal jejunal, Jejunum..., Leerdarm...
jejunogastric jejunogastral, Magen-Leerdarm...
jejunum Jejunum *n*, Leerdarm *m*
jelly Gallert *n*, Gallerte *f*; gallertartige Masse *f*, Gelee *m*
royal ~ *(Ent.)* Königinenfuttersaft *m*
Wharton's ~ Whartonsche Sulze *f*
jelly-cat Blauer Katfisch *m*, Breitkopf-Seewolf *m (Anarhichas denticulatus)*
jelly-fish 1. Qualle *f*; 2. *pl* Kammquallen *fpl*, Rippenquallen *fpl (Ctenophora)*
jengibire Haselwurz *f (Asarum)*
jenny Weibchen *n*
jerboa Springmaus *f*; *pl* Springmäuse *fpl*, Springnager *fpl*, Wüstenspringmäuse *fpl (Dipodidae)*
comb-toed ~ Kammzehen-Springmaus *f (Paradipus ctenodactylus)*
desert ~ Wüstenspringmaus *f (Jaculus jaculus)*
fat-tailed ~s Fettschwanz-Springmäuse *fpl (Pygerethmus)*
feather-footed ~ → rough-legged jerboa
feather-tailed three-toed ~s Dickschwanz-Springmäuse *fpl (Stylodipus)*
five-toed ~ Pferdespringer *m (Allactaga jaculus)*
five-toed dwarf [five-toed pygmy] ~ Fünfzehen-Zwergspringmaus *f (Cardiocranius pradoxus)*
great ~ Großer Pferdespringer *m*, Jerboa *m*, Erdhase *m (Allactaga major)*
hairy-footed ~ 1. → desert jerboa; 2. → rough-legged jerboa
lesser five-toed ~ Zwergspringer *m*, Zwergpferdespringer *m (Alactagulus)*
long-eared ~ Riesenohr-Springmaus *f (Euchoreutes naso)*
marsupial ~s Springbeutelmäuse *fpl (Antechinomys)*
northern three-toed ~ → rough-legged jerboa
pygmy ~ Dreizehige Zwergspringmaus *f (Salpingotus)*
rough-legged ~ Dreizehige Springmaus *f*, Rauhfüßige Wüstenspringmaus *f*, Rauhfuß-Springmaus *f (Dipus sagitta)*
small five-toed ~ Zwerg-Pferdespringer *m*, Kleiner Pferdespringer *m*, Kleiner Erdhase *m (Allactaga elater)*
thick-tailed three-toed ~ → feather-tailed tree-toed jerboa
three-toed dwarf [fhree-toed pygmy] ~ → pygmy jerboa
jerk 1. Ruck *m*, plötzlicher Stoß *m*; Sprung *m*; 2. Reflex *m*; Reflexbewegung *f*
elbow ~ Ellenbogenreflex *m*, Olekranonreflex *m*
jaw ~ Mandibularreflex *m*
knee ~ Kniereflex *m*, Patellarreflex *m*
tendon ~ Sehnenreflex *m*
Jerusalem:
golden ~ Rauhhaariger Sonnenhut *m (Rudbeckia hirta)*
jessamine 1. → jasmin(e); 2. Hammerstrauch *m (Cestrum)*; 3. Klematis *f*, Waldrebe *f (Clematis)*; 4. Bocksdorn *m (Lycium)*
water ~ Virginisches Gnadenkraut *n (Gratiola virginiana)*
yellow ~ Immergrüne Jasminwurzel *f (Gelsemium sempervirens)*
jew:
silver ~ Antarktischer Schattenfisch *m (Sciaena antarctica)*
jewelfish Buntbarsch *m (Hemichromis)*; Roter Buntbarsch *m (Hemichromis bimaculatus)*
banded ~ Fünffleckenbarsch *m (Hemichromis fasciatus)*
jewelvine Scheinkerrie *f*, Keimanstrauch *m (Derris)*
jewfish Adlerfisch *m*, Seeadler *m (Johnius hololepidotum)*;*pl* Adlerfische *mpl (Sciaenidae)*
black Pacific ~ Kalifornischer Judenfisch m, Riesenjudenfisch *m (Stereolepis gigas)*
two-spined ~ Tamback *m (Pseudosciaena diacanthus)*
jews'-ear Tomate *f (Lycopersicon esculentum)*
jigger Sandfloh *m (Tunga penetrans)*
Jimhill-weed Ackerhellerkraut *n*, Ackertäschelkraut *n (Thlaspi arvense)*
Jimson(weed) → Jamestown-weed
jird Rennmaus *f*; Rennmaus *f*, Sandmaus *f (Meriones)*
clawed ~ Mongolische Rennmaus *f (Meriones unguiculatus)*
giant day ~ Große Rennmaus *f (Rhombomys opimus)*
Libyan ~ Rotschwänzige Rennmaus *f (Meriones libycus)*
little Chinese ~ → southern jird
Persian ~ Persische Wüstenmaus *f (Meriones persicus)*
southern ~ Mittags-Rennmaus *f (Meriones meridianus)*
Job's-tears Christus-Tränengras *n*, Marien-Tränengras *n*, Moses-Tränengras *n (Coix lacrymo-jobi)*
jocko Schimpanse *m (Pan troglodytes)*
John's-wood [John's-wort] Hartheu *n*, Johanniskraut *n (Hypericum)*
common ~ Durchlöchertes Hartheu *n*, Tüpfelhartheu

n, Gemeines [Echtes] Johanniskraut *n (Hypericum perforatum)*
creeping ~ Liegendes Hartheu *n*, Niederliegendes Johanniskraut *n (Hypericum humifusum)*
hairy ~ Rauhes [Rauhhaariges] Hartheu *n (Hypericum hirsutum)*
marsh ~ Sumpfhartheu *n (Hypericum elodes)*
mountain ~ Berghartheu *n*, Bergjohanniskraut *n (Hypericum montanum)*
Siberian [slender] ~ Zierliches Hartheu *n (Hypericum elegans)*
spreading ~ → creeping John's-wort
square-stemmed ~ Flügelhartheu *n (Hypericum acutum)*
trailing ~ → creeping John's-wood
virgate ~ → copper-colored John's-wood

joint Gelenk *n*, Artikulatio *f*, gelenkige Verbindung *f*
atlantoaxial ~ Atlantoaxialgelenk *n*
atlantooccipital ~ Atlantookzipitalgelenk *n*
atloidoaxoid ~ → atlantoaxial joint
coffin ~ Krongelenk *n*, Zehenmittelgelenk *n*
costo-sternal ~ Kostosternalgelenk *n*
coxofemoral ~ Hüftgelenk *n*
cup-and-ball [enarthrodial] ~ Enarthrose *f*, Nußgelenk *n*
hinge ~ Scharniergelenk *n*, Winkelgelenk *n*, Ginglymus *m*
hip ~ Hüftgelenk *n*
interphalangeal ~ Fingergliederzwischengelenk *n*
knee ~ Kniegelenk *n*
pivot ~ Radgelenk *n*, Drehgelenk *n*
rhachilla ~ Rhachillaglied *n*
sacroiliac ~ Sakroiliakgelenk *n*, Kreuzbein-Darmbein-Gelenk *n*
shoulder ~ Schultergelenk *n*
wrist ~ Speichen-Handwurzel-Gelenk *n*

jointing Schossen *n*

jointweed Tannenwedel *m (Hippuris)*; Quirliger Tannenwedel *m (Hippuris vulgaris)*
aquatic ~ Wasserknöterich *m (Polygonum amphibium)*

jointworm Samenwespe *f (Tetramesa)*

jonquil Jonquille *f (Narzissus jonquilla)*

jordanon Jordanon *n*, Kleinart *f*

josea Meeräsche *f (Mugil)*

journey Wanderung *f*, Migration *f*

jowl 1. Unterkiefer *m*; Kiefer *m*; 2. Wange *f*, Backe *f*; 3. Wamme *f*; 4. *(Orn.)*. Kehllappen *m*; 5. *(Ichth.)* Kopf *m*

joy-weed *(Bot.)* Wechselkölbchen *n*, Alternanthere *f (Alternanthera)*

juba 1. Mähne *f*; 2. *(Bot.)* *(lockere)* Grasrispe *f*

jubate bemähnt, mähnerförmig

jugal 1. Wangen..., Backen...; 2. Jochbein...

jugate 1. jochpaarig, gepaart; 2. Urmotten *fpl (Jugatae)*
haustellate ~ Trugmotten *fpl (Eriocraniidae)*
mandibulate ~ Urmotten *fpl (Micropterygidae)*

jug-builder Pillenwespe *f (Eumenes)*

jugomaxillary Jochbein-Oberkiefer...

jugular jugular, Drossel(gruben)..., Kehl...

jugum 1. Joch *n*; 2. *(Ent.)*. Jugum *n*

juice Saft *m*; Körperflüssigkeit *f*, Körpersaft *m*, Gewebesaft *m*
gastric ~ Magensaft *m*
digestive ~ Verdauungssaft *m*

juicy saftig

jujube:
common [Indian] ~ Echter Jujubenbaum *m (Zizyphus jujuba)*

jump Sprung *m*

jumper Weiß-Seitendelphin *m (Lagenorhynchus acutus)*
gray ~ Gimpelhäher *m*, Grauling *m (Struthidea)*
rock ~ Kap Felsenschmätzer *m (Chaetops frenatus)*

jumpingsbean Zwerg-Engelfisch *m (Centropyge argi)*

juncaceous binsenartig

junco Junko *m (Junco)*
dark-eyed ~ → slate-coloured junco
Mexican ~ Rotrückenjunko *m (Junco phaeonotus)*
slate-coloured ~ Winter-Junko *m*, Winterammer *f (Junco hyemalis)*
volcano ~ Streifen-Junko *m (Junco vulcani)*
yellow-eyed ~ → Mexican junco

junction 1. Verbindung *f*; Verbindungspunkt *m*; 2. Gelenk *n*
neuromuscular ~ motorische Endplatte *f*

juncture 1. Verbindung *f*, Verbindungsstelle *f*; 2. Verbindungsstück *n*, Gelenk *n*; 3. Naht *f*

Juneberry Felsenbirne *f (Amelanchier)*; Kanadische Felsenbirne *f (Amelanchier canadensis)*

jungle Dschungel *m*, *f*

junglefowl:
Ceylon ~ Ceylon-Huhn *n*, Lafayette-Huhn *n (Gallus lafayettei)*
gray ~ Sonnerat-Huhn *n (Gallus sonneratii)*
green ~ Gabelschwanz-Huhn *n (Gallus varius)*
red ~ Bankivahuhn *n (Gallus gallus)*

jungly dschungelartig

juniper Wacholder(baum) *m (Juniperus communis)*
California ~ Kalifornischer Wacholder *m (Juniperus californica)*
cedar red ~ Virginischer Wacholder *m*, Rote [Virginische] Zeder *f (Juniperus virginiana)*
common ~ (Gemeiner) Wacholder *m (Juniperus communis)*
creeping ~ 1. Sade-Wacholder *m*, (Gemeiner) Sadebaum *m (Juniperus sabina)*; 2. Kriech-Wacholder *m (Juniperus horizontalis)*
Greek ~ Hoher Wacholder *m (Juniperus excelsa)*
incense ~ Spanische Zeder *f*, Weihrauchbaum *m (Juniperus thurifera)*
low ~ Sibirischer Wacholder *m (Huniperus sibirica)*
Mexican ~ Mexikanischer Sadebaum *m (Juniperus mexicana)*
mountain common ~ Sibirischer Wacholder *m (Juniperus sibirica)*

phoenician ~ Rotfrüchtiger Wacholder *m (Juniperus phoenicea)*
plum ~ Großfrüchtiger Wacholder *m (Juniperus macrocarpa)*
prickly ~ Spanischer Wacholder *m*, Griechische [Spanische] Zeder *f (Juniperus oxycedrus)*
pyramid Chinese ~ Chinesischer Sadebaum *m*, Chinesischer Wacholder *m (Juniperus chinensis)*
redberry ~ Pinchots Wacholder *m (Juniperus pinchoti)*
savin(e) ~ Gemeiner Sadebaum *m*, Sabinischer Wacholder *m (Juniperus sabina)*
single-seed ~ Blauzeder-Wacholder *m (Juniperus squamata)*
Syrian ~ Pflaumenfrüchtiger Wacholder *m (Juniperus drupacea)*
juniper-bush Virginischer Wacholder *m*, Rote [Virginische] Zeder *f (Juniperus virginiana)*
Jupiter's-beard(s) Dachlauch *m*, Dachwurzel *f*, Dachhauswurz *f (Sempervivum tectorum)*
Jupiter's-staff Echte [Kleinblütige] Königskerze *f (Verbascum thapsus)*
Jurassic Jura *m*, Jurazeit *f*
jurinea Filzscharte *f*, Silberscharte *f (Jurinea)*
jute Jute *f (Corchorus)*; Indischer Flachs *m*, Jutepflanze *f (Corchorus capsularis)*
Bimlipatam ~ Kenaf *n*, Bombayhanf *m (Hibiscus cannabinus)*
China ~ Gelbe Schönmalve *f*, Bastardeibisch *m (Abutilon theophrasti)*
long-fruited ~ Gemüsepappel *f (Corchorus olitorius)*
roundpod ~ Indischer Flachs *m*, Jutepflanze *f (Corchorus capsularis)*
juvenile jugendlich, jung, Jugend..., juvenil
juvenility Jugendlichkeit *f*
juxta-articular gelenknah, neben dem Gelenk
juxtaglomerular juxtaglomerular, neben dem Glomerulum liegend
juxtanuclear neben dem Zellkern liegend
juxtaposition Juxtaposition *f*, Nebeneinanderstellung *f*, Danebenstellung *f*

K

kaf(f)ir Kafir *(Sorghum caffrorum)*
corn ~ Besen-Mohrenhirse *f (Sorghum bicolor)*
dwarf ~ Zwerg-Mohrenhirse *f (Sorghum sub-glabrescens)*
kagu Kagu *m (Rhynochetos jubatus)*
kahawai Australischer Lachs *m (Arripis trutta)*
kaka Kaka(nestor) *m (Nestor meridionalis)*
mountain ~ Kea *m (Nestor notabilis)*
kakapo Kakapo *n*, Eulenpapagei *m (Strigops habroptilus)*
kakariki Springsittich *m (Cyanorhamphus auriceps)*
kakelaar Baumhopf *m (Phoeniculus)*
white-headed ~ Weißmaskenkopf *m (Phoeniculus bolleri)*
kaki Kakipflaume *f*, Kakibaum *m (Diospyros kaki)*
kakogenesis 1. Kakogenese *f*; 2. Ausartung *f*, Entartung *f*
kalan Seeotter *f*, Kalan *m (Enhydra lutris)*
kaldi Australischer Lachs *m (Arripis georgianus)*
kale Kohl *m (Brassica)*
corn [field] ~ Ackersenf *m (Sinapis arvensis)*
Russian sea ~ Tatarischer Meerkohl *m (Crambe tatarica)*
sea ~ Meerkohl *m (Crambe)*; Echter Meerkohl *m (Crambe maritima)*
kalij Kalij *m*, Schwarzfasan *m (Lophura leucomelana)*
kaluga Kalugahausen *m*, Sibirischer Hausen *m (Huso dauricus)*
kanaf(f) → kenaf
kanchil Kantschil *m (Tragulus)*
kangaroo Känguruh *n*; Riesenkänguruh *n (Macropus)*
desert rat ~ Nacktbrustkänguruh *n (Caloprymnus campestris)*
giant red ~ → red kangaroo
gray ~ Graues Riesenkänguruh *n (Macropus giganteus)*
jerboa ~s Bürstenkänguruhs *npl (Bettongia)*
large rat ~ Großrattenkänguruh *n (Aepyprymnus)*
long-nosed rat ~ Kaninchenkänguruh *n (Potorous)*
musky (rat) ~ Moschusrattenkänguruh *n (Hypsiprymnodon moschatus)*
plain rat ~ → desert rat kangaroo
red ~ Rotes Riesenkänguruh *n (Macropus rufus)*
rufous rat ~ → large rat kangaroo
short-nosed rat ~ → jerboa kangaroo
tree ~s Baumkänguruhs *npl (Dendrolagus)*
kaoliang Japanische Sorghumhirse *f (Sorghum japonicum)*
kapur Kampferölbaum *m*, Kapur *m (Dryobalanops aromatica)*
karaka Karakabaum *m (Corynocarpus)*
kare-wa-rewa Maori-Falke *m (Falco novaeseelandiae)*
karri Karri *m*, Karriwald *m (aus Eucalyptus diversicolor)*
karstic verkarstet; Karst...
karyenchyma Karyolymphe *f*, Zellkernsaft *m*
karyodesma Karyodesma *n*, Nukleodesma *n*
karyogamy Karyogamie *f*, Zellkernverschmelzung *f*
karyogene Karyogen *n*, Zellkerngen *n*
karyogram Karyogramma *n*; Karyotyp *m*
karyokinesis Karyokinese *f*, Mitose *f*
karyology Karyologie *f*, Zellkernkunde *f*
karyolymph Karyolymphe *f*, Zellkernsaft *m*
karyolysis Karyolyse *f*, Zellkernauflösung *f*
karyometry Zellkernmessung *f*
karyomitosis Karyokinese *f*, Mitose *f*
karyon Zellkern *n*

karyoplasm Karyoplasma *n*, Nukleoplasma *n*
karyorhexis Karyorrhexis *f*, Zellkernfragmentation *f*
karyotheca Zellkernhülle *f*, Zellkernmembran *f*
karyotin Chromatin *n*
karyotype Karyotyp *m*, Kerntyp *m*
kassina Kassina *f*, Streifenfrosch *m (Kassina)*
kat Kathstrauch *m (Catha edulis)*
katabolism Katabolismus *m*, Dissimilation *f*
katelectrotonus Katelelektrotonus *m*
katharobic katharob(iontisch), reinwasserbewohnend
katonkel Spanische Makrele *f (Scomberomorus)*
katydids:
  false ~ Sichelschrecken *fpl (Phaneropterinae)*
kauri Kaurifichte *f*, Kopalfichte *f (Agathis)*
  East Indian ~ Dammartanne *f (Agathis australis)*
kawau Kormoran *m (Phalacrocorax carbo)*
kaya Nußeibe *f*, Nußtragende Stinkeibe *f (Torreya nucifera)*
kea Kea *m (Nestor notabilis)*
ked Schaflausfliege *f (Melophagus ovinus)*
kedar Sibirische Zeder *f*, Zirbelkiefer *f (Pinus cembra sibirica)*
kedlock Ackersenf *m*, Feldsenf *m (Sinapis arvensis)*
keel 1. Carina *n*, Kiel *m*; 2. *(Bot.)* Schiffchen *n*
  raphe ~ Raphenkiel *m*, Raphenkanal *m* (in der Diatomeenzellwand)
keelback Fischernatter *f (Xenochrophis)*
keeled 1. gekielt, kielig; 2. *(Bot.)*. kahnförmig
keelless kiellos
keep erhalten, pflegen
kelp Tang *m (Laminaria)*
  giant ~ Birnentang *m (Macrocystis pyrifera)*
  wing ~ Flügeltang *m (Alaria)*
kelpwort Kalisalzkraut *n*, Gemeines Salzkraut *n (Salsola ruthenica)*
kelt ablaichender Salm *m*
kemp Granne *f*
  sea ~ Strand-Wegerich *m (Plantago maritima)*
kempseed Spitz-Wegerich *m (Plantago lanceolata)*
  sea ~ → sea kemps
kenaf Kenaf *n*, Hanfblättriger Eibisch *m*, Bombayhanf *m (Hibiscus cannabinus)*
kendyr Kendyr *m*, Hundsgift *n (Apocynum)*
kennel 1. Hundehütte *f*; 2. Fuchsbau *m*, Fuchshöhle *f*, Fuchsloch *n*; 3. Meute *f*, Pack *n*
Kentucky-moss Gartenportulak *m (Portulaca grandiflora)*
keppierog Gefleckter Adlerrochen *m (Aetobatus narinari)*
keratinization Keratinisierung *f*, Verhornung *f*
keratogenous keratogen, hornbildend
kerlock → charlock
kermes 1. Kermes *m*, Kermes-Schildlaus *f*, Eichenkugellaus *f (Kermes)*; 2. Karmin *n*, Karmesinrot *n*
kernel 1. Korn *n*; 2. Kern *m*, Nußkern *m*
kestrel Falke *m (Falco)*
  common ~ Turmfalke *m (Falco tinnunculus)*
  fox ~ Fuchsfalke *m (Falco alopex)*
  gray ~ Graufalke *m (Falco ardosiaceus)*
  greater ~ Afrikanischer Turmfalke *m*, Steppenfalke *m (Falco rupicoloides)*
  lesser ~ Rötelfalke *m (Falco naumanni)*
  Mauritius ~ Mauritius-Turmfalke *m (Falco punctatus)*
  Naumann's ~ → lesser kestrel
  red-footed ~ Rotfußfalke *m (Falco vespertinus)*
  rock ~ → common kestrel
keta Ketalachs *m*, Sibirischer Lachs *m (Oncorhynchus keta)*
kettle-dock Jakobs-Greiskraut *n (Senecio jacobaea)*
key 1. Bestimmungsschlüssel *m*; 2. Flügelfrucht *f*
  dichotomous ~ dichotomer Bestimmungsschlüssel *m*
key-stimulus Schlüsselreiz *m*
khramulya Afrikanische Quermundbarben *mpl (Varicorhinus)*
kiang Kiang *m (Equus asinus kiang)*
kick mit dem Fuß stoßen; ausschlagen *(Pferd)*
kicking Ausschlagen *n*
kicking-colt [kicking-horse] Zweiblütiges Springkraut *n (Impatiens biflora)*
kid 1. Zicklein *n*, Kitz *n*, Kitze *f*; 2. zickeln *n*
kidney Niere *f*
  head ~ Kopfniere *f*, Vorniere *f*, primäre Niere *f*
  hind ~ Metanephros *m*, Nachniere *f*, Dauerniere *f*
  mesonephric [primordial] ~ Urniere *f*, Mittelniere *f*, sekundäre Niere *f*
kidney-leaved nierenförmige Blätter
kidneyroot Purpurn-Wasserdost *m (Eupatorium purpureum)*
kihi-kihi Halfterfisch *m (Zanclus cornutus)*
kilka Kilka *f (Clupeonella)*
  common ~ Gewöhnliche Kilka *f (Clupeonella deliculata)*
kill 1. Tötung *f*; töten; 2. erlegtes Wild *n*; 3. vernichten, zerstören; 4. *Schmerzen* stillen
  fish ~ Ersticken *n* der Fische unter dem Eise
  summer ~ sommerliches Massensterben *n* von Fischen
killdeer Keilschwanzregenpfeifer *m (Charadrius vociferus)*
killer 1. Killer *m*; 2. Räuber *m*; 3. Killerzelle *f*
  allospecific ~ allogene Killerzelle *f*
  false ~ Kleiner Schwertwal *m (Pseudorca crassidens)*
  horse ~ Zitteraal *m (Electrophorus electricus)*
  pygmy ~ Zwerggrindwal *m (Feresa attenuata)*
  self ~ autologische Killerzelle *f*
  weed ~ Herbizid *n*, Unkrautvernichtungsmittel *m*
killifish 1. Goldauge *m*, Killifisch *m (*Fundulus chrysotus); 2. Eierlegende Zahnkärpflinge *mpl*, Killifische *mpl (Cyprinadontidae)*
  annual ~s Prachtgrundkärpflinge *mpl (Notobranchius)*
  banded ~ Gebänderter Fundulus *m (Fundulus diaphanus)*
  gulf ~ Golfkillifisch *m (Fundulus grandis)*

pike ~ Hechtkärpfling *m (Belonesox belizanus)*
pygmy ~ Wichtelkärpfling *m (Leptolucania ommata)*
western banded ~ → banded killifish
killigrew Alpen-Krähe *f (Pyrrhocorax pyrrhocorax)*
killing Tötung *f*, Ertötung *f*; Schlachten *n (des Viehs)*
bystander ~ nichtspezifische Zytolyse *f*
cell ~ Zytolyse *f*, Zellauflösung *f*
kill-kid Schmalblättrige Lorbeerrose *f (Kalmia angustifolia)*
killweed Gemeiner Blutweiderich *m (Lythrum salicaria)*
killwort Großes Schöllkraut *n (Chelidonium majus)*
killy-kadick Nachtfalke *f*, Falken-Nacht-Schwalbe *f (Chordeiles minor)*
kin 1. Familie *f*, Sippe *f*; 2. *pl* Verwandte *pl*; 3. verwandt
kind 1. Sorte *f*; Art *f*, Typ *m*; 2. gutartig, fromm
kindred 1. Verwandtschaft *f*, Blutsverwandtschaft *f*; 2. verwandt, blutsverwandt
kinesthesis Kinästhesie *f*, Muskelsinn *f*
kinesthetic kinästhetisch, bewegungsempfindlich
kinetid Kinetide *f*
kinetochore Kinetochor *n*, Zentromer *n*
kinetoplast Kinetoplast *m*, Blepharoplast *m*
kinetosome Kinetosom *m*, Basalkörperchen *n*
king 1. König *m*, Termitenkönig *m*; 2. Hauptstengel *m*; 3. Königslachs *m (Oncorhynchus tshawytscha)*
~ **of the breams** Rotbrasse *m (Pagellus erythrinus)*, Goldbrasse *m (Sparus auratus)*
devil ~ Florentiner Habichtskraut *n (Hieracium piloselloides)*
sea ~ Mähnenrobbe *f*, Stellerscher Seelöwe *f (Eumetopias jubatus)*
silver ~ 1. Tarpun *m (Megalops atlanticus)*; 2. Hahnenfisch *m*, Dianafisch *m (Luvarus imperialis)*
kingbird Tyrann *m (Tyrannus)*; Königstyrann *m*, Königssatrap *m (Tyrannus tyrannus)*
giant ~ Kuba-Tyrann *m (Tyrannus cubensis)*
loggerhead ~ Bahama-Tyrann *m*, Mönchstyrann *m (Tyrannus caudifasciatus)*
tropical ~ Trauertyrann *m (Tyrannus melancholicus)*
kingcroaker Königsfisch *m*, Umberfisch *m (Menticirrhus)*
kingcup 1. Sumpf-Dotterblume *f (Caltha palustris)*; 2. Knolliger Hahnenfuß *m (Ranunculus bulbosus)*
kingdom Reich *n*
animal ~ Tierreich *n*
plant ~ Pflanzenreich *n*
kingf ish 1. Glanzfisch *m*, Opah *m*, Gotteslachs *m (Lampris regius)*; 2. Makrelen-Barsch *m (Caranx)*; 3. Königsfisch *m*, Umberfisch *m (Menticirrhus)*
black ~ Königsbarsche *mpl*, Offizierfische *mpl (Rachycentridae)*
great ~ Königsmakrele *f (Scomberomorus cavalla)*
northern ~ Königsfisch *m*, Königsumber *m (Menticirrhus saxatilis)*
river ~ Umberfische *mpl (Sciaenidae)*
sea ~ Seriolafisch *m (Seriola)*
West-Indian ~ Königsbarsch *m*, Offizierfisch *m (Rachycentron canadus)*
kingfisher Eisvogel *m*, Fischer *m (Alcedo); pl* Eisvögel *mpl (Alcedinidae)*
banded ~ Wellenliest *m*, Schönliest *m (Lacedo pulchella)*
belted ~ Gürtelfischer *m (Ceryle alcyon)*
black-capped ~ Kappenliest *m (Halcyon pileata)*
blue-eared ~ Blauohrliest *m (Cittura cyanotis)*
brown-hooded ~ Braunkopfliest *m (Halcyon albiventris)*
common European ~ Eisvogel *m (Alcedo atthis)*
giant ~ Riesenfischer *m (Ceryle maxima)*
green ~ Grünfischer *m (Chloroceryle americana)*
pied ~ Graufischer *m (Ceryle rudis)*
sacred ~ Götzenliest *m (Halcyon sancta)*
striped ~ Streifenliest *m (Halcyon chelicuti)*
white-throated ~ Braunliest *m (Halcyon smyrnensis)*
kinglet Goldhähnchen *n (Regulus)*
gold-crested ~ Wintergoldhähnchen *n (Regulus regulus)*
golden-crowned ~ Satrap *m (Regulus satrapa)*
ruby-crowned ~ Rubingoldhähnchen *n (Regulus calendula)*
kinglip Rockling *m*, Kinglip *m (Genypterus)*
kingmeadow → kidneyroot
king-of-the-herrings 1. Bandfisch *m (Regalecus glesne)*; 2. Weißer Bandfisch *m (Trachipterus iris)*
king's-clover [king's-crown] Echter Steinklee *m (Melilotus officinalis)*
king's-cure Doldiges Winterlieb *n (Chimaphila umbellata)*
king's-fern Königs-Rispenfarn *m (Osmunda regalis)*
kinkajou Wickelbär *m (Potos flavus)*
kinnikinnick Echte Bärentraube *f (Arctostaphylos uvaursi)*
kin-selection *(Ethol.)* Verwandtenselektion *f*, Kin-Selektion *f*
kinship Verwandtschaft *f*
kioriki Zwergdommel *f (Ixobrychus minutus)*
kipper Lachsmilcher *m*, Lachs *m* während der Laichzeit
kiskies Wiesen-Bärenklau *m (Heracleum sphondylium)*
kiss *(Ethol.)* Kuß *m*
sniffing ~ Riechkuß *m*
kiss-me Wildes Stiefmütterchen *n (Viola tricolor)*
kiss-me-Dick Zypressen-Wolfsmilch *f (Euphorbia cyparissias)*
kite Milan *m*; Weihe *f (Milvus)*
black ~ Schwarzer Milan *m*, Schwarzmilan *m (Milvus migrans)*
black-shouldered [black-winged] ~ Gleitaar *m (Elanus caeruleus)*
brahminy ~ Brahminen-Weihe *f*, Brahminen-Milan *m (Haliastur indus)*
double-toothed ~ Doppelzahnweihe *f*, Zwischenweih *m (Harpagus bidentatus)*
Everglade ~ → snail kite
hook-billed ~ Langschnabelweih *f (Chandrohierax*

uncinatus)
letter-winged ~ Schwarzachsel-Gleitaar *m (Elanus scriptus)*
pariah ~ → black kite
red ~ Roter Milan *m*, Rotmilan *m (Milvus milvus)*
sea ~ Silberflossenblatt *n (Monodactylus argenteus)*
snail ~ Schneckenweih *m*, Schneckenmilan *m (Rostrhamus sociabilis)*
swallow-tailed ~ Schwalbenweih *m (Elanoides forficatus)*
whistling ~ Keilschwanzweihe *f*, Pfeifmilan *m (Haliastur sphenurus)*
white-tailed ~ Amerikanischer Gleitaar *m*, Weißschwanzaar *m (Elanus leucurus)*
kitefish Silberflossenblätter *mpl (Monodactylidae)*
kitten 1. Kätzchen *n*, junge Katze *f*; 2. Junge werfen *(Katze)*
kittiwake:
black-legged ~ Dreizehenmöwe *f (Rissa tridactyla)*
red-legged ~ Klippenmöwe *f (Rissa brevirostres)*
kiwi 1. Kiwi *m (Apteryx)*; 2. Kiwipflanze *f (Actinidia chinensis)*
brown [common] ~ Streifenkiwi *m (Apteryx australis)*
great spotted ~ Haaskiwi *m (Apteryx haasti)*
little spotted ~ Kleiner Fleckenkiwi *m*, Zwergkiwi *m (Apteryx oweni)*
kleistogamous kleistogam, selbstbestäubend; selbstbefruchtend
kleptobiosis [kleptoparasitism] Kleptoparasitismus *m*, Kleptobiose *f*, Lestobiose *f*
klinogeotropism Klinogeotropismus *m*, Plagiogeotropismus *m*
klinotropism Klinotropismus *m*, Plagiotropismus *m*
klipbok [klipspringer] Klippspringer *m*, Springbock *m (Oreotragus oreotragus)*
klon Klon *m*
knag Holzast *m*, Knorren *m*
knap Rotklee *m (Trifolium pratense)*
knap-bottle Breitblättriges Leimkraut *n (Silene latifolia)*
knapweed Flockenblume *f (Centaurea)*
black ~ → lesser knapweed
brown ~ Wiesen-Flockenblume *f (Centaurea jacea)*
greater ~ Skabiosen-Flockenblume *f (Centaurea scabiosa)*
lesser ~ Schwarze Flockenblume *f (Centaurea nigra)*
spotted ~ Gefleckte Flockenblume *f (Centaurea maculosa)*
knarl → gnarl
knawel Knäuel *m (Scleranthus)*
knee 1. Knie *f*; 2. *(Orn.)* Tarsalgelenk *n*
kneecap [kneepan] Kniescheibe *f*
knife:
cold ~ Gefriermikrotommesser *m*
budding ~ Okuliermesser *n*
section ~ Mikrotommesser *m*
knifefish 1. Fähnchenmesserfisch *m (Notopterus)*; *pl* Messerfische *mpl*; 2. *pl* Echte Messeraale *mpl (Gymnotidae)*; 3. *pl* Schwanzflossen Messeraale *mpl (Apteronotidae)*
knife-handle Messerscheide *f*, Scheidenmuschel *f (Ensis)*
knight-cross Feuernelke *f*, Jerusalemblume *f*, Brennende Liebe *f (Lychnis chalcedonica)*
knightfish Messerfische *mpl (Notopteridae)*
knight's-star Ritterstern *m (Hippeastrum)*
knitback Gemeiner Beinwell *m (Symphytum officinale)*
knob 1. Beule *f*; Buckel *m*; Höcker *m*; 2. *(Bot.)* Knollen *n*; Anschwellung *f*; Knötchen *n*; 3. Ast *m*, Knorren *m*
knobby knotig, höckerig
knobthorn(e) Erblassender Schotendorn *m (Acacia pallens)*
knoll Hügelchen *n*; Höckerchen *n*; Tuberkel *m*
knot 1. Knoten *m*; 2. Knorren *m*, Ast *m*; 3. Knoten *m*, Knospe *f*, Auge *n*; 4. Knutt *m (Calidris canutus)*; 5. Isländischer Strandläufer *m*, Terek-Wasserläufer *m (Xenus cinereus)*
American ~ → knot 4.
dead ~ Trockenast *m*
eastern ~ Anadyr-Knutt *m (Calidris tenuirostris)*
embryonal ~ Embryonalknoten *m*
great ~ → eastern knot
nerve ~ Ganglion *n*, Nervenknoten *m*
primitive ~ Primitivknoten *m*, Hensen'Knoten *m*
red ~ → knot 2.
root ~ Wurzelknolle *f*
knotberry Moltebeere *f (Rubus chamaemorus)*
knotgrass 1. Knöterich *m (Polygonum)*; 2. Tannenwedel *m (Hippuris)*
bird's ~ → knotgrass 1.
common ~ Gemeiner Tannenwedel *m (Hippuris vulgaris)*
eastern ~ Morgenländischer Knöterich *m (Polygonum orientale)*
German ~ Einjähriger Knäuel *m (Scleranthus annuus)*
seaside ~ Meerstrand-Knöterich *m (Polygonum maritimum)*
snake-root ~ Wiesen-Knöterich *m (Polygonum bistorta)*
knotroot Knollenziest *m*, Japanische Kartoffel *f (Stachys affinis)*
knotted [knotty] knotig; knorrig
knotweed Knöterich *m (Polygonum)*
biting ~ Wasserpfeffer *m*, Pfeffer-Knöterich *m (Polygonum hydropiper)*
bushy ~ Buschiger Knöterich *m (Polygonum ramosissimum)*
hedge ~ Heckenwinden-Knöterich *m (Fallopia dumetorum)*
proliferous ~ Sprossender Knöterich *m (Polygonum prolificum)*
shore ~ Buchsblättriger Knöterich *m (Polygonum buxifolium)*
spotted ~ Pfirsichkraut *n*, Flohknöterich *m (Polygonum persicaria)*

koala Koala *m*, Beutelbär *m (Phascolarctos cinereus)*
kob Moorantilope *f (Kobus kob)*
Buffon's ~ → kob
Gray's ~ Weißnacken-Moorantilope *f (Onototragus megaceros)*
kodkod Chilenische Waldkatze *f (Leopardus guigna)*
koekoea Neuseeland-Koel *m*, Langschwanz-Koel *m (Urodynamis taitensis)*
kokako Lappenkrähe *f*, Graulappenvogel *m (Callaeas cinerea)*
kokanee Blaurücken(lachs) *m (Oncorhynchus nerka)*
kola Kolabaum *m*, Kolanuß *f (Cola)*
kolomikta-vine Kolomikta-Aktinidie *f (Actinidia kolomikta)*
kolstert Bindenbrassen *m*, Geißbrassen *m (Diplodus sargus)*
kongoni Kuhantilope *f*, Kongoni *m (Alcelaphus boselaphus cokii)*
konigia Steinkraut *n*, Steinkresse *f (Alyssum)*
koodoo → kudu
kookaburra Kookaburra *m*, Lachender Hans *m*, Jägerliest *m (Dacelo gigas)*
blue-winfed ~ Haubenliest *m (Dacelo leachii)*
laughing ~ → kookaburra
kop:
hammer ~ Hammerkopf *m*, Schattenvogel *m (Scopus umbretta)*
kora Wasserhuhn *n (Callicrex cinerea)*
korhaan
black ~ Gackeltrappe *f (Eupodotis afra)*
black-bellied ~ Schwarzbauchtrappe *f (Eupodotis melanogaster)*
blue ~ Blautrappe *f (Eupodotis caerulescens)*
red-crested ~ Rotschopftrappe *f (Eupodotis ruficrista)*
korora kleiner Schopfpinguin *m (Eudyptula minor)*
kosteletzkya Eibisch *m (Hibiscus)*
kotare Götzenliest *m (Halcyon sancta)*
kouprey [kouproh] Kouprey *m*, Graurind *n (Bos sauveli)*
kowari Doppelkammbeutelmaus *f (Dasyuroides byrnei)*
krait Krait *m*, Bungar *m (Bungarus)*
banded ~ 1. Gewöhnlicher Bungar *m*, Indischer Krait *m (Bungarus caeruleus)*; 2. Gelber Bungar *m*, Bänder-Krait *m (Bungarus fasciatus)*
banded sea ~ Nattern-Plattschwanz *m (Laticauda colubrina)*
black ~ Schwarzer Bunger *m (Bungarus niger)*
black-banded sea ~ Gewöhnlicher Plattschwanz *m*, Zeilen-Seeschlange *f (Laticauda laticaudata)*
blue [Indian] ~ → banded krait 1.
greater black ~ → black krait
lesser black ~ Javanischer Bungar *m (Bungarus javanicus)*
many-banded ~ Südchinesischer Vielbandenbungar *m (Bungarus multicinctus)*
red-headed ~ → yellow-headed krait
sea ~ Plattschwanz *m*, Plattschwanz-Seeschlange *f (Laticauda)*
yellow-headed ~ Rotkopf-Krait *m (Bungarus flaviceps)*
krone Baumkrone *f*
kuaka (Rostrote) Pfuhlschnepfe *f (Limosa lapponica)*
kudu Drehhornantilope *f*, Waldböcke *mpl (Tragelaphus)*
greater ~ Großer Kudu *m (Tragelaphus strepsiceros)*
lesser ~ Kleiner Kudu *m (Tragelaphus imberbis)*
kudzu Kudzu *m*, Rauhhaarige Kopoubohne *f (Pueraria hirsuta)*
kukri Kukri-Natter *f (Oligodon)*
kukui Molukken-Lackbaum *m (Aleurites moluccana)*
kundscha Fernöstlicher Saibling *m (Salvelinus leucomaenis)*
kurper Buschfisch *m (Sandelia)*
Cape ~ Kap-Buschfisch *m (Sandelia capensis)*
kwagga Quagga *m (Equus quagga)*
kwanya Blaubarsch *m*, Blaufisch *m (Pomatomus saltatrix)*
kyenkyen Upasbaum *m*, Pfeilgiftbaum *m (Antiaris africana)*

L

labellate *(Bot.)* kleinlippig
labelloid labelloid, kleinlippenartig
labial labial, Lippen...
labiate 1. lippig, lippenblütig; 2. Lippenblütler *m*
labiatiflorous lippenblütig
labidophorous scherentragend
labiosous *(Bot.)* großlippig; starklippig
labium Labium *n*, Lippe *f*
lablab Lablabbohne *f (Dolichos lablab)*
labor 1. Arbeit *f*; 2. Geburt *f*, Geburtsvorgang *m*
multiple ~ Mehrfachgeburt *f*
twin ~ Zwillingsgeburt *f*
laboratory Laboratorium *n*; Versuchsraum *m*
labral labral; oberlippig; lippig, letzig
labrocyte Labrozyt *n*, Fettzelle *f*
labrum Labrum *n*; Oberlippe *f (der Insekten)*
labyrinth *(Anat.)* Labyrinth *n*, inneres Ohr *n*
membranous ~ häutiges Labyrinth *n*
labyrinthodont labyrinthodont, labyrinthzähnig
lace-buttons Einjähriger Feinstrahl *m*, Einjähriges Berufkraut *n (Erigeron annuus)*
lacefish Doktorfische *mpl (Acanthuridae)*
lacertid Eidechse *f*; *pl* Echte Eidechsen *fpl (Lacertidae)*
blunt-headed ~ Nucras-Eidechse *f (Nucras)*
plated ~ Sandläufer *m (Psammodromus)*
snake-eyed ~ Schlangenaugen-Eidechse *f (Ophisops elegans)*
lacewing 1. Florfliege *f*; *pl* Goldaugen *npl*, Florfliegen *fpl*

(*Chrysopidae*); 2. *pl* Netzflügler *mpl (Neuroptera)*
brown ~s Blattlauslöwen *mpl (Hemerobiidae)*
common ~s Florfliegen *fpl*, Goldaugen *npl (Chrysopidae)*
lacewood Australische Seideneiche *f (Grevillea robusta)*
lacinia Lacinia *f*; Zipfel *m*
laciniate zipfelig, zerfetzt, geschlitzt, ausgefranst, lacinat (bei Flechten)
laciniform zipfelförmig
lacinula Lacinula *f*, Zipfelchen *n*, Fetzchen *n*
lacinulate kleinzipfelig, feinschlitzig
lacrimal lakrimal, Tränen..., Lakrimal...
lacrimale Lakrimale *n*, Tränenbein *n*
lacrimonasal Tränennasen...
lactalbumin Laktalbumin *n*, Milchalbumin *n*, Milcheiweiß *n*
lactation Lactation *f*, Laktation *f*, Milchbildung *f*, Milchsekretion *f*
lactescence Lakteszenz *f*, milchartige Beschaffenheit *f*
lacticifer Milchröhre f, Milchschlauch m, Milchsaftgefäß *n*
lactiferous milchgebend; milchsaftführend
lactiflorous milchweißblühend
lactigenic [lactigenous] milchbildend, laktogen
lactobacillus Laktobakterie *f*, Milchbakterie *f (Lactobacillus)*
lactogenese Laktogenese *f*, Milchbildung *f*
lacuna Lakune *f*, Lücke *f*
lacunar lakunär, grubig, vertieft; lückenhaft; hohlraumartig; Gewebelücken bildend
lacune → lacuna
lacustric lakustrisch, See..., seebewohnend; limnisch
ladder:
social ~ Dominanzwert *m (Platz innerhalb einer Rangordnung)*
ladder-shaped stufig; treppenartig
ladies-cushion 1. Gemeine Grasnelke *f (Armeria vulgaris)*; 2. Schwarze Flockenblume *f (Centaurea nigra)*
ladies'-slipper Frauenschuh *m (Cypripedium calceolus L.)*
ladies'-tobacco Wegerichblättriges Ruhrkraut *n (Gnaphalium plantagifolium)*
ladies'-tresses Wendelähre *f*, Drehähre *f*, Drehwurz *f (Spiranthes)*
lady:
old ~ Uferbuschflur-Schwarzbandeule *f*, Schwarzes Ordensband *n (Mania maura)*
painted ~ 1. Distelfalter *m (Pyrameis cardui)*; 2. Feuerbohne *f (Phaseolus coccineus)*
white ~ Weißer Edelfalter *m (Papilio pylades)*
ladybell Becherglocke *f (Adenophora)*
ladybird Marienkäfer *m*; *pl* Marienkäfer *mpl (Coccinellidae)*
seven-spotted ~ Siebenpunkt-Marienkäfer *m (Coccinella septempunctata)*
two spotted ~ Zweipunkt-Marienkäfer *m (Adalia bipunctata)*
lady-bracken Gemeiner Adlerfarn *m (Pteridium aquilinum)*
ladybugs Marienkäfer *mpl* (Coccinellidae)
ladyfinger 1. → lady's-finger; 2. Roter Fingerhut *m (Digitalis purpuraea)*
ladyfish 1. Frauenfische *mpl (Elopidae)*; 2. Grätenfische *mpl*, Damenfische *mpl (Albulidae)*
lady-never-fade Perlenartiges Perlkörbchen *n (Anaphalis margaritaceae)*
lady's-belt Rüstenartige Spierstaude *f*, Echtes Mädesüß *n (Filipendula ulmaria)*
lady's-comb Venuskammartiger Nadelkerbel *m*, Venuskamm *m (Scandix pecten-veneris)*
lady's-delight Stiefmütterchen *n (Viola tricolor)*
lady's-finger 1. Gelber Honigklee *m*, Gemeiner Hornklee *m (Lotus corniculatus)*; 2. Ackerplatterbse *f (Lathyrus pratensis)*
lady's-hair Mittleres Zittergras *n (Briza media)*
lady's-laces Rohr-Glanzgras *n (Phalaris arundinacea)*
lady's-lint Große Sternmiere *f (Stellaria holostea)*
lady's-mantle Frauenmantel *m (Alchemilla)*
lady's-milk Mariendistel *f (Silybum marianum)*
lady's-nightcap Gemeine Zaunwinde *f (Calystegia sepium)*
lady's-purse Gemeines Hirtentäschel *n (Capsella bursa-pastoris)*
lady's-shoes Gemeine Akelei *f*, Falsche Glockenblume *f (Aquilegia vulgaris)*
lady's-smock Gemeine Wiesenschaumkraut *f*, Wiesenkresse *f (Cardamine pratensis)*
lady's-thimble Rundblättrige Glockenblume *f (Campanula rotundifolia)*
laevorotatory linksdrehend
lag 1. Verzögerung *f*; Rückstand *m*; 2. Zeitabstand *m*, Zeitunterschied *m*; 3. Phasenverschiebung *f*
lagenaria Flaschenkürbis *f*, Kalebasse *f (Lagenaria)*
lageniform flaschenförmig
lagg Lagg *n*, Sumpfgürtel *m*, Randsumpf *m*
lagoon Lagune *f*
lagotis Hasenohr *n (Lagotis)*
laid ablaichend; laichend
laim Limette *f*, Limettenbaum *m (Citrus limetta)*
lair Lager *m*; Höhle *f*; Bau *m*
lake See *m*, Landsee *m*, Binnensee *m*
artificial ~ Stausee *m*
atoll ~ Lagune *f*, Atoll-Lagune *f*
lake-shore Seeufer *n*
"laking" of cells Zytolyse *f*, Zellyse *f*; Hämolyse *f*
lama Lama *n*, Kleinkamel *n (Lama guanicoë glama)*
lamarcki(ani)sm Lamarckismus *m*
lamb Lamm *n*
in ~ trächtig *(Schafe)*
lambing Lammen *n*
lambkill Schmalblättriger Berglorbeer *m (Kalmia angustifolia)*
lamb's-cress Rauhhaariges Schaumkraut *n (Cardamine hirsuta)*

lamb's-foot Großer Wegerich *m*, Breit-Wegerich *m* *(Plantago major)*
lamb's-lettuce 1. → lamb's-tongue; 2. Gemeiner Feldsalat *m (Valerianella locusta)*
lamb's-quarters Weißer Gänsefuß *m (Chenopodium album)*
lamb's-tails Käulen-Bärlapp *m (Lycopodium clavatum)*
lamb's-tongue 1. Schafzunge *f*, Mittlerer Wegerich *m* *(Plantago media)*; 2. Ackerminze *f (Mentha arvensis)*; 3. Amerikanische Zahnlilie *f (Erythronium americanum)*
lamella Lamelle *f*, Plättchen *n*
 Haversian ~ Haverssche Knochenlamelle *f*
lamellar [lamellate] lamellär, Lamellen...; lamellenartig, plättchenartig
lamellicorn *(Ent.)* Blatthorn...
lamellifer lamellentragend, plättchentragend
lamelliform lamelliform, lamellenförmig, plättchenförmig
lamelliger lamellentragend, plättchentragend
lamellose lamellär, Lamellen...; lamellenartig, plättchenartig
lamina 1. *(Zool.)* Lamina *f*, Schicht *f*; 2. *(Bot.)* Blattspreite *f*
 basal ~ 1. Basallamina *f*, Basalplatte *f*; 2. *(Anat.)* Bruchsche Membran *f*
 fibrous [nuclear] ~ Kernplatte *f*
laminal flächenständig
laminar laminar, blätterig, (blättchenartig) geschichtet
laminaria Laminarie *f*, Riementang *m (Laminaria)*
laminate plattenförmig
laminated 1. blättrig, geschichtet; 2. lamellenartig, Lamellen...
Lammas shoot Johannistrieb *m*
lammergeier [lammergeyer] Bartgeier *m (Gypaetus barbatus)*
lampern → lamprey
lamprey 1. (Europäisches) Flußneunauge *npl*, Flußpricke *f (Lampetra fluviatilis)*; 2. *pl* Neunaugen *npl (Petromyzontidae)*
 Arctic brook ~ Fernöstliches Wander-Neunauge *n* (Lethentheron japonica)
 brook ~ Bachneunayge *n (Lampetra planeri)*
 river ~ → lampern
 sea ~ Meerneunauge *n*, Seeneunauge *n (Petromyzon marinus)*
 western brook ~ Bachneunauge *n*, Kleines Neunauge *n (Lampetra planeri)*
lanate wollig, wollhaarig, Woll...
lance-leaved lanzettliche Blätter
lancelet Lanzettfischchen *n (Amphioxus)*
lance-linear lineal-lanzettlich, strich-lanzettlich
lanceolate lanzettenlich; lanzettenförmig
 inversely ~ verkehrt-lanzettlich
lancet 1. Lanzette *f*; 2. *(Ent.)* Stilett *n*
land Land *n*; Boden *m*; festes Land *n*; fester Boden *m*
 arable ~ 1. Ackerland *n*; 2. ackerfähiger Standort *m*
 marginal ~ *(Ökol.)* Grenzstandort *m*
landscape 1. Landschaft *f*; 2. landschaftlich
 natural ~ Naturlandschaft *f*, natürliche Landschaft *f*
langouste Gemeine Languste *f (Palinurus vulgaris)*
langsat Echter Lanzenbaum *m (Lansium domesticum)*
langur Langur *m (Presbytis)*
 capped ~ Schopflangur *m (Presbytis pileatus)*
 douc ~ Kleideraffe *m (Phygatrix nemaeus)*
 entellus ~ Hulman *m (Presbytis entellus)*
 John's ~ Nilgiri-Langur *m(Presbytis johni)*
 pig-tailed ~ Pageh-Stumpfnasenaffe *m (Simias concolor)*
 purple-faced ~ Weißbartlangur *m(Presbytis senex)*
 variegated ~ → douc langur
lanner Lannerfalke *m (Falco biarmicus)*
lanose wollig; wollhaarig, Woll...
lant Amerikanischer Sandspierling *m*, Amerikanischer Sandaal *m (Ammodytes americanus)*
lantana Wandelröschen *n (Lantana camara)*
 lantern:
 Aristotle's ~ Laterne *f* des Aristoteles *(Kieferapparat der Seeigel)*
 Chinese ~ Blasenkirsche *f*, Lampionblume *f (Physalis alkekengi)*
lanuginous wollhaarig; flaumhaarig, wollflaumig, wollig
lanugo Lanugo *f*, Lanugohaare *npl*
lap 1. lecken, schlecken; 2. Schoss *m*
lapidicolous lapidikol *(unter Steinen lebend)*
lap-love Acker-Winde *f*, Feld-Winde *f (Convolvulus arvensis)*
lappaceous hakenborstig, klettenborstig, hakig
lappet 1. Lobus *m*, Lappen *m*; 2. Kupferglucke *f (Gastropacha quercifolia)*; 3. Glucken *fpl*, Pelzspinner *mpl* *(Lasiocampidae)*
lappula Igelsame *m (Lappula)*
lapwing Kiebitz *m (Vanellus vanellus)*
lar Lar *m*, Weißhändiger Gibbon *m (Hylobates lar)*
 larch
 Alaska ~ Amerikanische Lärche *f (Larix americana)*
 American ~ → Alaska larch
 common [European] ~ Gemeine [Europäische] Lärche *f (Larix decidua)*
 golden ~ Goldlärche *f (Pseudolarix caempferi)*
 Japanese ~ Japanische Lärche *f (Larix leptolepis)*
 Oregon ~ Edeltanne *f (Abies nobilis)*
 Siberian ~ Sibirische Lärche *f (Larix sibirica)*
larea-bell Sonnenblume *f (Helianthus annuus)*
large-berried großbeerig
large-flowered großblütig
large-fruited großfrüchtig
large-leaved großblättrig
largemouth Großmäuliger Schwarzbarsch *m (Micropterus salmoides)*
large-seeded großsamig
lark Lerche *f*; *pl* Lerchen *fpl (Alaudidae)*
 bar-tailed desert ~ Schwarzschwanz-Sandlerche *f* *(Ammomanes cincturus)*

bifasciated ~ Wüstenläuferlerche *f (Alaemon alaudipes)*
black ~ Mohrenlerche *f (Melanocorypha yeltoniensis)*
calandra ~ Kalanderlerche *f (Melanocorypha calandra)*
crested ~ Haubenlerche *f (Galerida cristata)*
desert ~ Steinlerche *f*, Wüstenlerche *f (Ammomanes deserti)*
eastern calandra ~ Bergkalanderlerche *f (Melanocorypha bimaculata)*
horned ~ Ohrenlerche *f (Eremophila alpestris)*
lesser short-toed ~ Stummellerche *f (Calandrella rufescens)*
magpie ~ Drosselstelze *f (Grallina cyanoleuca)*; Drosselstelzen *fpl (Grallinidae)*
meadow ~ Lerchenstärling *m (Sturnella magna)*
red-capped ~ short-toed lark
rufous ~ → lesser short-toed lark
shore ~ → horned lark
short-toed ~ Kurzzehenlerche *f*, Rotscheitellerche *f (Calandrella cinerea)*
small-billed crested ~ Malabar-Lerche *f (Galerida malabarica)*
Thekla ~ Theklalerche *f (Galerida theklae)*
thick-billed ~ 1. Dickschnabellerche *f (Calendula magnirostris)*; 2. Knackerlerche *f (Ramphocoris clotbey)*
western meadow ~ Wiesenstärling *m*, Westlicher Lerchenstärling *m (Sturnella neglecta)*
white-winged ~ Weißflügellerche *f (Melanocorypha leucoptera)*
wood ~ Heidelerche *f (Lullula arborea)*

larkspur Rittersporn *m (Delphinium)*
bouquet ~ Großblütiger Rittersporn *m (Delphinium grandiflorum)*
branching ~ Feldrittersporn *m*, Ackerrittersporn *m (Delphinium consolida)*
candle ~ Hoher Rittersporn *m (Delphinium elatum)*
dwarf ~ Zwerg-Rittersporn *m (Delphinium tricorne)*
musk ~ Brunon-Rittersporn *m (Delphinium brunonianum)*
prairie ~ Prairie-Rittersporn *m (Delphinium virescens)*
rock ~ → dwarf larkspur

larva Larve*f*
ammocoete ~ Querder *m (Larve der Neunaugen)*
campodeiform ~ kampodeoidähnliche Larve *f*
caraboid ~ Caraboislarve *f*
cercaria ~ Zerkarie *f*
coarctate ~ Tönnchenpuppe *f*
cypris ~ Cyprislarve *f (Larvenform der Muschelkrebse)*
Desor's ~ Desorche Larve *f (bei Schnurwürmer)*
frog ~ Kaulquappe *f*
lepidopterous ~ Raupe *f*
Loren's ~ → trochophore larva
Muller's ~ Müllersche Larve *f (der Strudelwürmer)*
nauplius ~ Nauplius *(planktische Larve niederer Krebse)*
pilidium ~ Pilidium *n*, Pilidiumlarve *f*, Fechterhutlarve *f*
planula ~ Planula *f (bewimperte Larve der Hohltiere)*
scarabaeoid ~ Scarabeoidlarve *f (engerlingförmige Larve der Blatthornkäfer)*
scolytoid ~ Scolytoidlarve *f (Larve der Borkenkäfer)*
trochophore ~ Trochophora *f*, Trochophoralarve *f (erste Larvalstufe mariner Pelecypoden)*
veliger ~ Veligerlarve *f (zweite Larvalstufe mariner Pelecypoden)*

larva-eating larvenfressend, larvivor
larval larval, Larven...
larvate larviert, maskiert; versteckt; verkappt
larvicide Larvenvertilgungsmittel *n*, larventötendes Mittel *n*
larvina Made *f*
larviparous larvipar, larvengebärend
larvipary Larviparie *f*
larvivorous larvenfressend, larvivor
laryngeal laryngeal, Larynx..., Kehlkopf...
laryngopharynx Kehlkopfrachen *m*
larynx Larynx *m*, Kehlkopf *m*
laserwort Laserkraut *n (Laserpitium)*
latchet Gelber Knurrhahn *m (Trigla lucerna)*
latebrosus versteckt, verborgen
late-flowering spätblühend
latent latent; verborgen
laterad laterad, zur Seite hin *(Richtung)*
lateral lateral, seitlich, seitenständig
lateritious ziegelrot
latex Latex *m*, Milchsaft *m*; Kautschukmilch *f*
lath-tube Milchröhre *f*, Milchsaftröhre *f*
laticifer *(Bot.)* Milchröhre *f*, Milchsaftröhre *f*
articulated ~ *(Bot.)* gegliederte Milchröhre *f*
laticiferous laticifer, latexhaltig
latidentate breitzähnig
latifoliate breitblättrig
latilobate breitlappig
latipetalous breitkronblättrig, mit breiten Petalen
latirostral breitschnäbelig
latiseptate mit breiter Scheidewand; breitwandig
latisquamous breitgeschuppt
latitude Breitengrad *m*
launce Sandspierling *m*, Sandaal *m (Ammodytes)*

laurel Lorbeer(baum) *m (Laurus nobilis)*
Alexandria ~ Gummiapfel *m*, Schönblatt *n (Calophyllum)*
American ~ Breitblättriger Berglorbeer *m (Kalmia latifolia)*
bee [big-leaf] ~ → great laurel
black ~ Zottelblütige Gardenie *f (Gardenia lasianthus)*
California ~ California-Berglorbeer *m (Umbellularia californica)*
cherry ~ Lorbeerkirsche *f*, Kirschlorbeer(baum) *m (Laurocerasus officinalis)*
deer ~ → great laurel

dwarf ~ → sheep laurel
English ~ → cherry laurel
Florida ~ Färber-Rechenblume *f (Symplocos tinctoria)*
great ~ Großer Rhododendron *m (Rhododendron maximum)*
Grecian ~ Edellorbeer *m*, Edler Lorbeer *m (Laurus nobilis)*
ground ~ Bodenlorbeer *m (Epigaea)*
horse ~ → great laurel
Indian ~ Almond *m (Terminalia)*
Japan ~ Japanische Aukube *f*, Japanische Schusterpalme *f (Aucuba japonica)*
lady ~ Gemeiner Seidelbast *m*, (Gemeiner) Kollerhals *m (Daphne mezereum)*
mountain ~ 1. → great laurel; 2. → American laurel
oak ~ Lorbeerblättrige Eiche *f*, Lorbeereiche *f (Quercus laurifolia)*
pale ~ Vielblättriger Berglorbeer *m (Kalmia polyfolia)*
Portugal ~ Portugal-Lorbeerkirsche *f (Laurocerasus lusitanica)*
sheep ~ Schmalblättriger Berglorbeer *m (Kalmia angustifolia)*
small ~ → American laurel
spurge ~ → cherry laurel
swamp ~ 1. → black laurel; 2. → pale laurel
true [white] ~ Sumpfsassafras *m*, Weißlorbeer *m (Magnolia virginica)*
wild [wood] ~ → American laurel

lavender Lavendel *m (Lavandula)*
Brazil ~ Brasilien-Widerstoß *m (Limonium brasiliense)*
cotton ~ Zwergzypressenartiges Heiligenkraut *n*, Gartenzypresse *f (Santolina chamaecyparissus)*
French ~ Breitblättriger Lavendel *m (Lavandula latifolia)*
sea(-side) ~ Gemeiner Widerstoß *m (Limonium vulgare)*

lawn Rasen *m*
dry ~ *(Ökol.)* Trockenrasen

lawyer Aalquappe *f (Lota)*
sea ~ Schoolmaster *m (Lutjanus apodus)*

laxyflorous lockerblütig

laxyfoliose lockerblättrig

lay *(Eier)* legen; laichen

layer/to *(Bot.)* durch Ableger vermehren; durch Absenker vermehren

layer 1. Schicht *f*, Lage *f*; 2. Legehenne *f*; 3. Ableger *m*, Absenker *m*; 4. durch Ableger vermehren
absciss(ion) ~ Trenngewebe *n*, Ablösungsschicht *f*
air ~ Ableger *m*, Luftableger *m*
aleurone ~ Aleuronschicht *f*
algal ~ Gonidialschicht *f*
basal-cell ~ Basalzellenschicht *f*
bast ~ Rindenschicht *f*
boundary ~ Grenzschicht *f*
corneous ~ Hornschicht *f*
covering ~ Deckschicht *f*
crown ~ Kronendach *n*, Kronenschicht *f*
embryonic ~ *(Zool.)* Keimblatt *n*
enveloping ~ Außenschicht *f*
field ~ Strauchschicht *f*
germ(inal) ~ Keimblatt *n*
gonidial ~ Gonidialschicht *f*
herb ~ Krautschicht *f*
hyaline ~ Hyalinschicht *f*
marginal ~ Randschicht *f*
parietal ~ Parietalblatt *n*
prickle cell ~ Stachelzellenschicht *f* (der Epidermis)
root ~ durchwurzelte Bodenschicht *f*
separation ~ Trenngewebe *n*
serpentine ~ kriechender Ableger *m*
shrub ~ Strauchschicht *f*
slime ~ Schleimschicht *f*
sporiferous ~ Hymenium *n*, Sporenlager *n*
visceral ~ Viszeralblatt *n*

layerage [layering] Vermehrung *f* durch Ableger

laying 1. Eiablage *f*; 2. Gelege *n (Eier)*

leach 1. auslaugen; 2. durchsickern

leachate Lauge *f*; Sickerwasser *n*

leaching Auslaugung *f*, Ausbleichen

lead Ableitung *f*

leader 1. Hauptast *m*, Haupttrieb *m*; 2. *(Mol.)* Vorsequenz *f*, Leader-Sequenz *f*; 3. Leiter *m*

leadplant Bastard-Indigo *m (Amorpha fructiosa)*

leadwort Bleiwurz *f (Plumbago)*

leaf 1. Blatt *n*; Laub *n*; 2. beblättern
in ~ belaubt; beblättert
to be in ~ [to come into ~, to ~ out] beblättern
abruptly pinnate ~ abgebrochen-gefiedertes Blatt *n*
acerose ~ nadelförmiges Blatt *n*
acropetal ~ Spitzkronblatt *n*
acutely triangular-pointed ~ scharf dreikantig-zugespitztes Blatt *n*
air ~ *(Bot.)* Luftblatt *n*
amplexicaule ~ stengelumfassendes Blatt *n*
apical ~ Gipfelblatt *n*, gipfelständiges Blatt *n*, oberstes Blatt *n*, apikales Blatt *n*
basal ~ Grundblatt *n*, grundständiges Blatt *n*, Niederblatt *n*
bifacial ~ bifaziales Blatt *n*, Bifazialblatt *n*
binary ~ zweiteiliges Blatt *n*
bipinnate ~ doppeltgefiedertes Blatt *n*
bipinnately compound ~ doppelt-gefiedertes Blatt *n*
bottom ~ Niederblatt *n*, grundständiges Blatt *n*
cataphyllary ~ Kataphyll *n*, Knospendeckblatt *n*
cauline ~ Stengelblatt *n*
clasping ~ stengelumfassendes Blatt *n*
cleft ~ geteiltes Blatt *n*
complete ~ vollständiges Blatt *n*
compound ~ zusammengesetztes Blatt *n*
connate ~ verwachsenes Blatt *n*
deciduous ~ hinfälliges Blatt *n*
decurrent ~ herablaufendes Blatt *n*

dedalous ~ buchtiges [ausgebuchtetes] Blatt *n*
digitate ~ gefingertes Blatt *n*
dissected [divided] ~ zerschnittenes [zerschlitztes] Blatt *n*
~ **dressing** Blattdüngung *f*
emarginate ~ ausgerandetes Blatt *n*
emersed ~ Luftblatt *n*
ensiform ~ schwertförmiges Blatt *n*
entire-kind ~ ungeteiltes Blatt *n*
evergreen ~ immergrünes Blatt *n*; Nadel *f*
feather-nerved ~ fiedernerviges Blatt *n*
fleshy ~ fleischiges Blatt *n*
floating ~ schwimmendes Blatt *n*
golden ~ Goldblatt *n*, Sternapfel *m (Chrysophyllum)*
hastate ~ spießförmiges Blatt *n*
husk ~ Lieschblatt *n*
initial ~ Primär-Blatt *n*, Initialblatt *n*
interrupedly-nerved ~ unterbrochen nerviges Blatt *n*
interruptedly pinnate ~ abgebrochen gefiedertes Pflanzenblatt *n*
lacerated ~ zerrissenes Blatt *n*
laminal ~ gelapptes Blatt *n*
lanceolate ~ eiförmiges Blatt *n*, ovales Blatt *n*
linear ~ linealisches Blatt *n*
lobed ~ gelapptes Blatt *n*
nest ~ Nischenblatt *n*
odd-pinnate ~ unpaarig gefiedertes Blatt *n*, unpaariges Fiederblatt *n*
opposite ~ gegenständiges Blatt *n*
orbiculate ~ rundliches Blatt *n*, Rundblatt *n*
palmately compound ~ handförmig-zusammengesetztes Blatt *n*
palmately lobed ~ handförmig-gelapptes Blatt *n*
palmately parted [palmatisected] ~ handförmiges Blatt *n*
paripinnate ~ paarig-gefiedertes Blatt *n*
perfoliate ~ durchwachsenes Blatt *n*
perforate ~ durchlöchertes Blatt *n*
persistent ~ bleibendes Blatt *n*
petioled ~ gestieltes Blatt *n*
pinnate ~ gefiedertes Blatt *n*, einfach gefiedertes Blatt *n*
pinnately decompound ~ doppelgefiedert zusammengesetztes Blatt *n*
pinnately veined ~ netznerviges Blatt *n*
pinnatifid ~ federspaltiges Blatt *n*
pinnatilobate ~ fedrig-gelapptes Blatt *n*
pinnatipartire ~ fiederteiliges Blatt *n*
pinnatisected ~ fiederschnittiges Blatt *n*
primordial ~ primordiales Blatt *n*, Primordialblatt *n*
scale ~ Schuppenblatt *n*; Knospenschuppe *f*
seed [seminal] ~ Keimblatt *n*
sessile ~ sitzendes Blatt *n*
shade ~ Schattenblatt *n*
simple ~ einfaches Blatt *n*
simply pinnate ~ einfach gefiedertes Blatt *n*
sinuate ~ buchtiges [ausgebuchtetes] Blatt *n*
sleek ~ glänzendes Blatt *n*
submerged ~ untergetauchtes Blatt *n*
subulate ~ pfriemliches [pfriemenförmiges] Blatt *n*, Pfriemblatt *n*
summer ~ einjähriges, sommergrünes Blatt *n*
sun ~ Lichtblatt *n*; Sonnenblatt *n*
tarnished ~ mattes [glanzloses] Blatt *n*
three-nerved ~ dreifach-genervtes [dreifach-aderiges] Blatt *n*
transitional ~ übergehendes Blatt *n*, Übergangsform *f*
umbrella ~ Schirmblatt *n (Diphylleia)*
unifoliolate ~ einlappiges Blatt *n*
upper ~ oberes Blatt *n*
vanilla ~ Achlys *f (Achlys)*
variegated ~ buntes Blatt *n*
water ~ Wasserblatt *n*

leafage Laub *n*; Laubwerk *n*; Blattwerk *n*
leafbeetles Blattkäfer *mpl (Chrysomelidae)*
leafbud Blattknospe *f*
leafed belaubt; beblättert, laubig
leafhopper Kleinzikade *f*, Zwergzikade *f*; *pl* Kleinzikaden *fpl*, Zwergzikaden *fpl (Cicadellidae)*
beech ~ Buchenzirpe *f (Typhlocyba cruenta)*
glasshouse ~ Gewächshauszikade *f (Empoasca pallidifrons)*
green ~ Europäische Kartoffelzikade *f (Empoasca decipiens)*
rose ~ Rosenzikade *f (Typhlocyba rosae)*
southern garden ~ Hellgrüne Zwergzikade *f (Empoasca flavescens)*

leafing Belaubung *f*
leafless blattlos, blätterlos
leaflet 1. Blättchen *n*; 2. Teilblatt *n*
leaf-litter Laubstreu *n*
leaf-mine Blattmine *f*
leaf-miner *(Ent.)* Blattminierer *m*
leaf-mould Auflagehumus *m*
leaf-shaped blattförmig
leafstalk Blattstiel *m*
leafy belaubt; blätterig
learning Lernen *n*; Lernverhalten *n*
contingency ~ stochastisches Lernen *n*
discrimination ~ Unterscheidungsanforderungen *fpl* bei Lernen durch Erfolgserlebnisse
latent ~ Latentlernen *n*, latente Informationsübertragung *f*
maze ~ Labyrinthversuch *m*

leatherbush Lederholz *n (Dirca)*
leatherflower Waldrebe *f*, Clematis *f (Clematis)*
dwarf [erect silky] ~ Gelblichweiße Waldrebe *f (Clematis ochroleuca)*
glaucous ~ Graugrüne Waldrebe *f (Clematis glauca)*
marsh ~ Kraus-Waldrebe *f (Clematis crispa)*
pale ~ Verschiedenfarbige Waldrebe *f (Clematis versicolor)*

leatherjacket 1. Larve *f* der Schnaken *(Tipulidae)*; 2. *pl* Feilenfische *mpl (Monakanthidae)*

leatherleaf Lederblatt *n (Chamaedaphne)*
leatherlike lederartig
leatherwood Lederholz *n (Dirca)*
leathery ledern, lederig, lederartig
leaved beblättert; blättrig
closely ~ dicht beblättert
leathery ~ ledrig beblättert
sparsely ~ licht beblättert
woolly ~ wollig beblättert
leaverwood → leatherwood
leaves Laub *n*; Blätter *npl*
opposite ~ gegenständige (dekussierte) Blätter *npl*
leban Keuschbaum *m*, Mönchspfeffer *m (Vitex)*
lechwe Litschi *m*, Litschi-Moorantilope *f (Hydrotragus leche)*
Nile ~ Weißnacken-Moorenantilope *f (Onototragus megaceros)*
lecythiform flaschenförmig
lecythis Krukenbaum *m*, Topfbaum *m (Lecythis)*
ledge Leiste *f*
raphe ~ Raphenleiste *f (Modifikation des Raphenschlitzes)*
ledum Porst *m (Ledum)*
leea Wasserrebe *f (Leea)*
leech Egel *m*; *pl* Egel *mpl (Hirudinae)*
gnathobdellid ~es Kieferegel *mpl (Gnathobdellae)*
medicinal ~ Medizinischer Blutegel *m (Hirudo medicinalis medicinalis)*
pharyngobdellid ~es Schlundegel *mpl (Pharyngobdellae)*
rhynchobdellid ~es Rüsselegel *mpl (Pharyngobdellae)*
salmon ~ Borstenegel *m (Acanthobdella peledina); pl* Borstenegel *mpl (Acanthobdellae)*
leek Lauch *m*; Breitlauch *m*, Porree *m (Allium porrum)*
Japanese ~ Hohllauch *m*, Winterlauch *m*, Röhrenlauch *m (Allium fistulosum)*
native ~ Gipfige Bulbine *f (Bulbina bulbosa)*
sand ~ Schnittlauch *m*, Bergknoblauch *m (Allium schoenoprasum)*
sour ~ Kleiner Ampfer *m (Rumex acetosella)*
left-handed 1. linkshändig; 2. link, linksseitig; 3. linksläufig, Links ...
leg 1. Bein *n*; 2. Unterschenkel *m*; 3. rennen
~ of brain 1. Hirnlappen *m*; 2. *(Ent.)* Schlundkonnektiv *n*
abdominal ~ Bauchbein *n*
ambulatory ~ Gehbein *n*, Gangbein *n*
burrowing ~ Grabbein *n*
daddy long ~s Weberknechte *mpl (Phalangida)*
hopping [leaping] ~ Sprungbein *n*
seizing ~ Fangbein *n*
vestigal ~ Griffelchen *n*
legume 1. Hülsenfrucht *f*, Hülse *f*; 2. Hülsengewächs *m*
leguminous Hülsen...; hülsentragend
leimocolous Feuchtwiesen *fpl* bewohnend
leiobulbous glattzwiebelig
leios glatt, flach, eben
leiosperm glattsamig, glatter Same, flacher Same
leiosporous glattsporig, glatte Spore
leiotrichous glatthaarig
lek Balzstand *m*
lemma *(Bot.)* Plasmalemma *n*
lemming 1. (Echter) Lemming *m (Lemmus)*; 2. Halsbandlemming *m (Dicrostonyx torquatus)*; 3. Lemmingsmaus *f (Synaptomys)*
bog ~ → lemming 3.
brown ~ → lemming 1.
collared ~ → lemming 2.
gray ~ Waldlemming *m (Myopus schisticolor)*
mole ~ Mull-Lemming *m*, Wurfmoll *m (Ellobius talpinus)*
northern bog ~ Nördliche Lemmingsmaus *f (Synaptomys borealis)*
pied ~ → lemming 2.
red-backed ~ → gray lemming
southern bog ~ Südliche Lemmingsmaus *f (Synaptomys cooperi)*
steppe ~ Steppenlemming *m (Lagurus lagurus)*
true ~ → lemming
wood ~ → gray lemming
lemon Limonenbaum *m*, Zitrone *f (Citrus limon)*
balm ~ Zitronen-Melisse *f (Melissa officinalis)*
Chinese ~ Zedratbaum *m*, Zitronatbaum *m (Citrus medica)*
garden ~ → balm lemon
ground ~ Zitronelle *f*, Zitronellgras *n (Cymbopogon citratus)*
sea ~ Sternschnecke *f (Doris)*
water ~ Lorbeerblättrige Passionblume *f (Passiflora laurifolia)*
lemur Lemur(e) *m*, Maki *m*; *pl* Lemuren *mpl*, Makis *mpl (Lemuridae)*
avahis ~s Indriartige *mpl*, Indris *mpl (Indridae)*
black ~ Akumba *m*, Mohren-Maki *m (Lemur macaco)*
broad-nosed ~ Halbmaki *m (Hapalemur)*
dwarf ~ Zwergmaki *m (Microcebus)*
fat-tailed dwarf ~ Katzenmaki *m (Cheirogales)*
flying ~s Riesengleiter *mpl (Dermoptera)*
fork-marked ~ Gabelkatzenmaki *m (Phaner)*
fork-marked mouse ~ Gabelstreifiger Katzenmaki *m (Phaner furcifer)*
gentle ~ → broad-nosed lemur
gliding ~s → flying lemurs
hairy-eared dwarf ~ Büschelohriger Katzenmaki *m (Cheirogaleus trichotis)*
indri ~ Indri *m*, Bakaboto *m (Indri)*
leaping ~s → avahis lemurs
mongoose ~ Mongozmaki *m*, (Echter) Mongoz *m (Lemur mongoz)*
mouse ~ → dwarf lemur
red-bellied ~ Rotbauch-Maki *m (Lemur rubriventer)*
ring-tailed ~ Katta *m*, Katzenmaki *m (Lemur catta)*
ruffed ~ Vari *m (Lemur variegata)*

slow ~ Plumplori *m (Nycticebus coucang)*
sportive ~ Wieselmaki *m (Lepilemur)*
squirrel ~ → fork-marked lemur
weasel ~ Wieselmaki *m (Lepilemur);* Großer Wieselmaki *m (Lepilemur mustelinus)*
length Länge *f*
~ of the body Körperlänge *f*
lens 1. *(Anat.)* Linse *f*, Kristallinse *f*; 2. Lupe *f*, Linse *f*, Vergrößerungsglas *n*
crystalline ~ *(Anat.)* Linse *f*, Kristallinse *f*
cuticular ~ Kutikulärlinse *f*
magnifying ~ Lupe *f*, Vergrösserungsglas *n*
lenscale Linsenförmige Melde *f (Atriplex lentiformis)*
lentic 1. lentisch, stehend *(Wasser)*; 2. stehendes Wasser bewohnend
lenticel *(Bot.)* Lentizelle *f*, Korkwarze *f*, Korkpore *f*
lenticulate 1. lentizellentragend, korkwarzentragend; 2. linsenförmig
lentiform linsenförmig
lentiginose [lentiginous] sommersprossig
lentil Linse *f*, Erve *f*, Linsenerve *f (Lens)*
common ~ Eßbare [Gemeine] Linse *f*, Saatlinse *f (Lens culinaris)*
water ~ Wasserlinse *f*, Teichlinse *f (Lemna)*
lentillare Viersamige Wicke *f (Vicia tetrasperma)*
lentisk Mastix-Strauch *m*, Lentisco *m (Pistacia lentiscus)*
lentiviruses Lentiviren *npl*
leonine Löwen...
leontopodium Edelweiß *n (Leontopodium)*
leonurus Herzgespann *n (Leonurus)*
leopard Leopard *m*, Panther *m (Panthera pardus)*
American ~ Jaguar *m (Panthera onca)*
clouded ~ Nebelparder *m (Felis nebulosa)*
hunting ~ Gepard *m*, Jagdleopard *m (Acinonyx jubatus)*
painted ~ Ozelot *m*, Pardelkatze *f (Felis pardalis)*
sea ~ Seeleopard *m (Hydrurga leptonyx)*
snow ~ Schneeleopard *m*, Irbis *m (Uncia uncia)*
leopardinous leopardartig gefleckt
leopard's-bane Leopardenwürger *m*, Gemswurzel *f (Doronicum pardalianches)*
lepal Nektarium *n*, Honigdrüse *f*, Honigsaftbehälter *m*
lepidodendron Lepidodendron *m*, Schuppenbaum *m (Lepidodendron)*
lepidoid 1. schuppenartig; 2. kresseähnlich, *Lepidium*-ähnlich
lepidophyllous *(Bot.)* beschupptblätterig
lepidopterous Schmetterlings...
lepidospermous mit schuppigen Samen, schuppenförmige Diaspore
lepidostachyous *(Bot.)* schuppenährig
lepidote feinschuppig, kleinschuppig, mit Schuppen bedeckt
lepidotrichous schuppenhaarig
lepidous zierlich, niedlich
lepigonium Schuppenmiere *f (Lepigonium)*
lepodinous Rinden zerstörend
leporine leporin, Hasen...
leprose schorfig, schuppig; *(Bot.)* rauh *(Oberfläche)*
leptocarpous feinfrüchtig, dünnfrüchtig
leptocaulous schlankstämmig
leptocentric leptozentrisch, dünnschwänzig
leptocephalid Leptozephalide *f (Aallarve)*
leptocyte Leptozyt *n*, Kokardenzelle *f*
leptodactylous dünnfingerig
leptodermatous dünnhäutig
leptome Leptom *n*, Siebteil *m (ohne mechanische Elemente)*
leptomeninges Leptomeninx *m*; weiche Hirnhaut *f*
leptophyllous schuppenblättrig, schuppenförmiger Blätter
leptosome schmalwüchsig, schlankwüchsig; schmächtig; hochschlankwüchsig
leptospermum Südseemyrte *f (Leptospermum)*
leptotene Leptotän *n (Phase der Meiose)*
leptotes Zartblattorchidee *f (Leptotes)*
lepturus Dünnschwanz *m (Lepturus)*
lesion 1. Verletzung *f*, Wunde *f*; 2. krankhafte Veränderung *f (eines Organs)*
focal [local] ~ Fokalverletzung *f*, Lokalläsion *f*
system ~ Systemstörung *f*
lesser circulation Lungenkreislauf *m*, kleiner Kreislauf *m*
lestobiosis Lestobiose *f*, Kleptobiose *f*
lethal 1. letales Gen *n*, Letalgen *n*, Letalfaktor *m*, Sterblichkeitsfaktor *m*; 2. letal, tödlich, todbringend
lettuce Grüner Salat *m*, Kopfsalat *m (Lactuca sativa)*
arrow-leaved ~ Pfeilblättriger Lattich *m (Lactuca sagittifolia)*
blue large-flowered ~ Niedliche Sanddistel *f (Sonchus pulchellus)*
cancer ~ Amerikanisches Wintergrün *n (Pyrola americana)*
cut-leaved ~ Pflücksalat *m (Lactuca intybacea)*
cutting ~ Kopfsalat *m*, Gartensalat *m (Lactuca sativa)*
false ~ Florida-Lattich *m (Lactuca floridana)*
hemlock ~ Gift-Lattich *m (Lactuca virosa)*
liverwort ~ → cancer lettuce
loose-leaved ~ → cutting lettuce
prickly ~ 1. Kompaß-Lattich *m*, Wilder Lattich *m (Lactuca serriola)*; 2. → cutting lettuce
sea ~ Meersalat *m (Ulva)*
tall ~ Kanada-Lattich *m (Lactuca canadensis)*
water ~ Muschelblume *f (Pistia)*
white ~ Weißer Hasenlattich *m (Prenanthes alba)*
willow ~ Weidenartiger Lattich *m (Lactuca saligna)*
wood hairy ~ Rauhhaariger Lattich *m (Lactuca hirsuta)*
leucite Leukoplast *m*, farblose Plastide *f*
leucocarpous weißfrüchtig
leucocostatous weißrippig, mit weißen Rippen
leucocytal leukozytisch, Leukozyten...
leucopoiesis Leukopoese *f*, Leukozytenbildung *f*
leucotoxic leukotoxisch, leukozytenzerstörend, leukozytenschädigend

leucodontous weißzähnig
leucophyllous weißblättrig
leukocyte Leukozyt *m*, weiße Blutzelle *f*
  pigment ~ Melanozyt *m*, pigmentierter Leukozyt *m*
  resident ~ Gewebs-Leukozyt *m*
levator Levator *m*, Heber *m*, Hebemuskel *m*
level Niveau *n*
  ~ of significance *Biom.* Signifikanzniveau *n*
  confidence ~ *(Biom.)* Konfidenzniveau *n*
  critical ~ *(Biom.)* kritische Wahrscheinlichkeiten *fpl*
  hormone ~ Hormonspiegel *m*
  significance ~ Signifikanzniveau *n*
  tolerance ~ *(Biom.)* Toleranzschwelle *f*
levotropic linksdrehend
lewisia Bitterwurzel *f (Lewisia)*
liana [liane] Liane *f*
liatris Prachtscharte *f (Liatris)*
libanotis Heilwurz *f (Libanotis)*
liber Phloem *n*, Bast *m*, Siebteil *m*
libocedrus Flußzeder *m*, Schuppenzeder *m (Libocedrus)*
library *(Mol.)* Bank *f*
  DNA ~ DNA-Bank *f*
  epitope ~ Epitopbank *f*
  gene ~ Genbank *f*
libriform Libriform *n*, Bastfaserstoff *m*, Holzfasern *fpl*
lice 1. Echte Läuse *fpl (Anoplura)*; 2. Kieferläuse *fpl (Mallophaga)*
  bark ~ Napfschildläuse *fpl (Coccidae)*
  bee ~ Bienenläuse *fpl (Braulidae)*
  biting ~ Kieferläuse *fpl (Mallophaga)*
  jumping plant ~ Springläuse *fpl*, Echte Blattflöhe *f (Psyllidae)*
  plant ~ Blattläuse *fpl*, Röhrenläuse *fpl (Aphididae)*
  true ~ Echte Läuse *fpl (Anoplura)*
  whale ~ Walfischläuse *fpl (Cyamidae)*
  wood ~ Landasseln *fpl (Oniscidae)*
lichen Flechte *f*
  crustose ~ Krustenflechte *f*
  foliose ~ Laubflechte *f*
  fruticose ~ Strauchflechte *f*
  reindeer ~ Rentierflechte *f*, Rentiermoos *n (Cladonia)*
lichen-desert Flechtenwüste *f*
lichenicole [lichenicolous] flechtenbewohnend
lichenoid lichenoid, flechtenartig
lichenology Lichenologie *f*, Flechtenlehre *f*
lichenophagous lichenophag, flechtenfressend
lick 1. lecken; 2. Lecken *n*
licorice Süßholz *n (Glycyrrhiza)*
lid 1. Augenlid *n*, Lid *n*, Palpebra *f*; 2. Samendeckel *m*, Operkulum *n*
lien Milz *f*
lienal Milz..., lienal
life Leben *n*
  antenatal ~ Pränatal-Leben *n*
  average ~ durchschnittliche Lebenserwartung *f*
  extrauterine [postnatal] ~ Postnatal-Leben *n*
life-cycle Lebenszyklus *m*, Generationszyklus *m*
life-community Lebensgemeinschaft *f*
life-expectancy Lebenserwartung *f*
life-form Lebensform *f*, Gestaltform *f*, Wuchsform *f*
lifeless lebenslos
life-of-man Ruhrkraut *n*, Katzenpfoten *n (Gnaphalium)*
life-span Lebensdauer *f*, Lebensspanne *f*
life-strategy Lebensstrategie *f*, Überlebensstrategie *f*
life-table Lebenstafel *f*
lifetime 1. Lebensdauer *f*; 2. lebenslänglich, Lebens...
life-zone Lebenszone *f*, Biotop *n*
ligament Ligament *n*, Band *n*
  alar ~ Flügelband *n*
  annular ringförmiges Band *n*
  cricotracheal ~ Kehlkopfband *n*
  crucial ~ Kreuzband *n*
  denticulate ~ gezähntes Band *n*
  gastrolineale ~ Magen-Milz-Band *n*, Magen-Milz-Ligament *n*
  inguinal [Poupart's] ~ Leistenband *n*, Poupartsches Band *n*
  terminal ~ Terminal-Ligamentum *n*
  vocale ~ Stimmband *n*
ligamentary Ligamentum..., Band...
ligation 1. Ligatur *f*, Unterbindung *f*, Abbinden *n (z.B. eines Blutgefäßes)*; 2. *(Mol.)* Ligation *f*
ligature → ligation 1.
light Licht *n*
  day ~ Tageslicht *n*
  diffused ~ diffuses [zerstreutes] Licht *n*
  far-red ~ infrarotes Licht
  flash(ing) ~ diskontinuierliches [intermittierendes] Licht *n*
  infrared ~ infrarotes Licht *n*
  intermittent ~ intermittierendes [diskontinuierliches] Licht *n*
  monochromatic ~ einfarbiges, monochromatisches Licht *n*
  plane-polarized ~ linear-polarisiertes Licht *n*
  polarized ~ polarisiertes Licht *n*
  reflected ~ reflektiertes Licht *n*
  refracted ~ gebrochenes Licht *n*
  scattered ~ diffuses [zerstreutes] Licht *n*
  short-wave ~ kurzwelliges Licht *n*
  stray ~ diffuses [zerstreutes] Licht *n*
  transmitted ~ durchfallendes Licht *n*
  ultraviolet ~ ultraviolettes Licht *n*
  visible ~ sichtbares Licht *n*
light-absorbing lichtabsorbierend
light-avoiding lichtscheu, lichtmeidend
light-compass Lichtkompaß *m*
light-enduring lichttolerant, lichtverträglich
light-forest Lichtwald *m*, gelichteter Wald *m* lichter Wald *m*
light-period Lichtperiode *f*, Hellperiode *f*
light-requirement Lichtbedürfnis *f*
light-requiring lichtliebend
light-saturation Lichtsättigung *f*

light-sensitive lichtempfindlich
light-source Lichtquelle *f*
light-stimulus Lichtreiz *m*
light-status Lichtklima *n*
light-trap Lichtfalle *f*
ligneous holzig, holzartig
lignescent verholzend, holzig werdend
lignicole [lignicolous] lignikol, holzbewohnend
lignification Verholzung *f*, Lignifizierung *f*
lignify verholzen, lignifizieren
lignivorous lignivor, holzfressend, holzzerstörend
lignosa Baumvegetation *f*
lignotuber ebenerdige Maserknolle *f*, Wurzelhalsknolle *f*
ligula *(Bot.)* Ligula *n*, Blatthäutchen *n*
ligular zungenförmig
ligularia Goldkolben *m*, Greiskraut *n (Ligularia)*
ligulate(d) zungenartig; zungentragend
ligule → ligula
liguliflorous zungenblütig
ligulifolious zungenblättrig
ligusticum Mutterwurz *f (Ligusticum)*
likelihood *(Biom.)* Plausibilität *f*, Wahrscheinlichkeit *f*
lilac Flieder *m*, Syringe *f (Syringa)*; Gemeiner Flieder *m (Syringa vulgaris)*
  double-flowering ~ vollblütiger Flieder *m*
  Himalayan ~ Himalaya-Flieder *m (Syringa emodii)*
  nodding ~ Zurückgebogener Flieder *m (Syringa reglexa)*
  Persian ~ Persischer Flieder *m (Syringa persica)*
  pinnate ~ Buntblättriger Flieder *m (Syringa pinnatifolia)*
  summer ~ Gemeine Nachtviole *f (Hesperis matronalis)*
lily Lilie *f (Lilium)*
  Afgan ~ Vielblättrige Lilie *f (Lilium polyphyllum)*
  belladonna ~ Belladonnen-Lilie *f (Amaryllis belladonna)*
  blood ~ Blutblume *f (Haemanthus)*
  bulbil ~ Feuer-Lilie *f*, Rote Lilie *f (Lilium bulbiferum)*
  butterfly ~ Gras-Tulpe *f*, Mormonen-Tulpe *f (Calochortus)*
  candlestick ~ Dahurische Lilie *f (Lilium dahuricum)*
  Caucasian ~ Kaukasische Lilie *f (Lilium monadelphum)*
  chaparral ~ Chapparal-Lilie *f (Lilium rubescens)*
  checkered ~ Schachblume *f (Fritillaria meleagris)*
  climbing ~ Pracht-Lilie *f*, Ruhmeskrone *f (Gloriosa)*
  Clinton's ~ Clintonia *f (Clintonia)*
  coast ~ Meerstrand-Lilie *f (Lilium maritimum)*
  coral ~ Schmalblättrige Lilie *f (Lilium pumilum)*
  corn ~ Feldwinde *f*, Ackerwinde *f (Convolvulus arvensis)*
  cow ~ 1. Sumpfdotterblume *f (Caltha palustris)*; 2. Nixblume *f*, Teichrose *f (Nuphar)*
  crinum ~ Hakenlilie *f (Crinum)*
  day ~ Taglilie *f (Hemerocallis)*
  easter ~ Langblütige Lilie *f (Lilium longiflorum)*
  eureka ~ Abendländische Lilie *f (Lilium occidentale)*
  field ~ Kanada-Lilie *f (Lilium canadense)*
  flag ~ Verschiedenfarbige Schwertlilie *f (Iris versicolor)*
  flax ~ Neuseeländischer Lein *m (Phormium tenax)*
  giant ~ 1. Riesen-Lilie *f (Lilium giganteum)*; 2. Mauritius-Hanf *m (Furcraea gigantea)*
  glory ~ Prachtlilie *f*, Ruhmeskrone *f (Gloriosa)*
  goldband ~ Goldbändige Lilie *f*, Goldband-Lilie *f (Lilium auratum)*
  great water ~ → yellow water lily 2.
  ground ~ Wachslilie *f (Trillium cernuum)*
  harvest ~ → hedge lily
  heart-leaved ~ Herzblättrige Lilie *f (Lilium cordatum)*
  hedge ~ Gemeine Zaunwinde *f (Calystegia sepium)*
  Jamestown ~ Weißer Stechapfel *m (Datura stramonium)*
  lamb ~ Kleine Simsenlilie f, Sumpfsimsenlilie *f*, Sumpfliliensimse *f (Tofieldia pusilla)*
  leafy ~ Tausendblättrige Lilie *f (Lilium myriophyllum)*
  lemon ~ [Gelbe] Taglilie *f (Hemerocallis flava)*
  lent ~ Gelbe Narzisse *f*, Osterglocke *f (Narcissus pseudonarcissus)*
  liver ~ → flag lily
  Madonna ~ Weiße Lilie *f*, Madonnen-Lilie *f (Lilium candidum)*
  mariposa ~ → butterfly lily
  martagon ~ Türkenbund *m*, Rote Berglilie *f (Lilium martagon)*
  may ~ 1. Zweiblättrige Schattenblume *f (Maianthemum bifolium)*; 2. Maiglöckchen *n (Convallaria majalis)*
  meadow ~ → field lily
  noble ~ Edel-Lilie *f (Lilium nobilissimum)*
  nodding ~ → field lily
  Nuttal's mariposa ~ Weiße Kaiserkrone *f (Fritillaria alba)*
  plantain ~ Funkie *f (Funkia)*
  pond ~ Duftende Seerose *f (Nymphaea odorata)*
  rock ~ 1. Kanadische Akelei *f (Aquilegia canadensis)*; 2. Finger-Kuhschelle f, Finger-Küchenschelle *f (Pulsatilla patens)*
  rubellum ~ Rötliche Lilie *f (Lilium rubellum)*
  sand ~ Kolorado-Sandlilie *f (Leucocrinum montanum)*
  sea ~ Seelilie *f*; *pl* Seelilien *fpl (Crinoidea)*
  sego ~ → butterfly lily
  small yellow pond ~ Kleinblättrige Seerose *f (Nymphaea microphylla)*
  snake ~ → flag lily
  spear ~ Speerblume *f (Doryanthes)*
  spider ~ 1. Schönhäutchen *n (Hymenocallis)*; 2. Virginische Dreimasterblume *f (Tradescantia virginica)*
  spring ~ Weißliche Zahnlilie *f (Erythronium albidum)*
  star ~ Kolorado-Danslilie *f (Leucocrinum montanum)*
  swamp ~ Molchschwanz *f*, Echsenschwanz *m (Saururus)*
  sword(-grass) ~ Gladiole *f*, Siegwurz *m (Gladiolus)*

Thunberg ~ Zier-Lilie *f (Lilium elegans)*
tiger ~ Tiger-Lilie *f (Lilium tigrinum)*
toad ~ → pond lily
trout ~ 1. → day lily; 2. Amerikanische Zahnlilie *f (Erythronium americanum)*
tuberous water ~ Knollige Seerose *f (Nymphaea tuberosa)*
Turk's-cap ~ → martagon lily
Turk's tiger ~ → wild tiger lily
water ~ Seerose *f*, Wasserrose *f (Nymphaea)*
western red ~ Doldenlilie *f (Lilium umbellatum)*
white ~ Großblütige Wachslilie *f (Trillium grandiflorum)*
white trumpet ~ Langblütige Lilie *f (Lilium longiflorum)*
white water ~ 1. Weiße Seerose *f (Nymphaea alba)*; 2. Kleine Seerose *f (Nymphaea candida)*
wild ~ Clinton's lily
wild tiger ~ Stolzlilie *f (Lilium superbum)*
yellow ~ → trout lily
yellow day ~ → lemon lily
yellow water ~ 1. Mexikanische Seerose *f (Nymphaea mexicana)*; 2. Gelbe Lotosblume *f (Nelumbium luteum)*; 3. Gelbe Nixblume *f*, Gelbe Seerose *f (Nuphar luteum)*
zephyr ~ Zephyrblume *f (Zephyranthes)*

lily-of-the-valley Maiglöckchen *n*, Maiblume *f (Convallaria majalis)*
lily-trotter Jassana *f (Jacana)*
lilyturf Liriope *f (Liriope)*
limb 1. Extremität *f*; *pl* Gliedmaßenpl; 2. Glied *n*, Körperglied *n*; 3. Zweig *m*, Ast *m*; 4. Blattspreite *f*, Blattfläche *f*; 5. Chromosomenarm *m*, Chromosomenschenkel *m*; 6. Saum *m*
chelate ~ Scherenfuß *m*, Scherenextremität *f*
feeding ~ Kierferfuß *n*, Kieferextremität *f*
lower ~ Niederextremität *f*, Hinterextremität *f*
parapodial ~ 1. Parapodium *n*, Stummelfuß *m*; 2. Parapodiallappen *m (bei Gastropoden)*
pelvic ~ → lower limb
seizing ~ Fangglied *n*, Fangbein *n*, Greifextremität *f*
thoracic ~ Brustfuß *m*; Thorakalbein *n*
trunk ~ Bauchfuß *m*; Abdominalfuß *m*; Hinterleibsextremität *f*

limbate umgesäumt, gesäumt; gerändert
limbic Rand..., Saum...; gesäumt; gerändert
limbless gliedmaßenlos
lime 1. Kalk *m*; 2. Limette *f (Citrus aurantifolia)*; 3. Linde *f*, Lindenbaum *m (Tilia)*
common ~ Holländische Linde *f*, Parklinde *f (Tilia vulgaris)*
large-leaved ~ Sommerlinde *f (Tilia platyphyllos)*
native ~ → lime 2.
small-leaved ~ Großblättrige [Herzblättrige] Linde *f (Tilia platyphyllos ssp. cordifolia)*
sweet ~ Limettenbaum *m*, Limettenzitrone *f (Citrus limetta)*

limebody Kalkkörperchen *n*
limen Schwelle *f*
limewort Gartenleimkraut *n (Silene armeria)*
limicolous limikol, schlammbewohnend
liminal Schwellen...; schwellig
limit 1. Grenze *f*, Schranke *f*; 2. *(Biom.)* Grenzwert *m*
altitudinal ~ Höhengrenze *f*
class ~ *(Biom.)* Klassengrenze *f*
confidence ~s *(Biom.)* Konfidenzgrenzen *fpl*
pain ~ Schmerzschwelle *f*
rejection ~ *(Biom.)* Ablehnungsgrenze *f*, Ablehnungsschwelle *f*

limivorous limivor, schlammfressend
limnanthes Sumpfblume *f (Limnanthes)*
limnetic limnisch, Süßwasser...; See...; im Süsswasser lebend
limnicolous limnikol, seebewohnend
limnion Limnion *n (Bereich des freien Wassers)*
limnium limnische Gesellschaft *f*, Seengesellschaft *f*
limnodium Moorgesellschaft *f*; Sumpfgemeinschaft *f*
limnodophilous moorbewohnend; sumpfbewohnend
limnophyte Limnophyt *n*, Süßwasserpflanze *f*
limnoplankton Limnoplankton *n*, Süßwasserplankton *n*
limodorum Dingel *m (Limodorum)*
limp schlaff, welk
limpet 1. Napfschnecke *f*, Schüsselschnecke *f (Patella)*; 2. Schildkrötenschnecke *f (Acmaea)*
limpkin Rallenkranich *m (Aramus guarauna); pl* Eigentliche Rallenkraniche *mpl (Aramidae)*
limp-leaved schlaffblättrig
linden Linde *f*, Lindenbaum *m (Tilia)*
cut-leaf [large-leaved] ~ Sommerlinde *f (Tilia platyphyllos)*
little-leaf ~ → small-leaved linden
silver ~ Silberlinde *f (Tilia tomentosa)*
small-leaved ~ Kleinblättrige Linde *f*, Winterlinde *f (Tilia cordata)*
white ~ → silver linden

line 1. Linie *f*, Strich *m*; 2. Falte *f*, Runzel *f*; 3. Abstammungslinie *f*
~ of breeding Zuchtlinie *f*
blood ~ Blutlinie *f*
cell ~ Zell-Linie *f*
closed ~ Inzuchtlinie *f*
Hensen's ~s Hensensche Streifen *mpl*
Hunter-Schreger ~s Hunter-Schregersche Faserstreifen *mpl*
I- [inbred] ~ Inbredlinie *f*; Inzuchtlinie *f*
incremental ~s → Hunter-Schreger lines
lateral ~ 1. *(Icht.)* Seitenlinie *f*; 2. *Helm.* Seitenleiste *f*
mamary [nipple] ~ Milchleiste *f (Keimanlage der Brustmilchdrüse)*
stem ~ Stammlinie *f*
successful ~ produktive Linie *f*

lineage 1. (geradlinige) Abstammung *f*; 2. Stammbaum *m*; 3. Geschlecht *n*, Familie *f*
lineal geradlinig, in direkter Linie, direkt *(über Abstam-*

mung)

lineament Zug *m*; Gesichtszug *m*

linear-ensate linear-schwertförmig, linealisch-schwertförmig

linear-fusiform linear-spindelförmig, linealisch-spindelförmig

linear-lanceolate linear-lanzettlich, strichlanzettlich

linear-oblong linear-verlängert

linebreeding Linienzüchtung *f*; Linienzucht *f*

linecrossing Linienkreuzung *f*

lineolate feingestrichelt

linesides Felsenbarsch *m (Roccus saxatilis)*

ling 1. Kinglip *m (Genypterus); pl* Kinglipe *mpl*, Rocklinge *mpl (Ophidiidae)*; 2. Schwimmende Wassernuß *f (Trapa natans)*; 3. Gemeines Heidekraut *n (Calluna vulgaris)*; 4. Segge *f (Carex)*; 5. Heckensame *m*, Stachelginster *m (Ulex)*

blue ~ Blauer Leng *m*, Blauleng *m (Molva dipterygia)*

rock ~s Dreibärtelige Seequappen *fpl (Gaidropsarus)*

lingaro Lingaro *n*, Philippineninseln-Ölweide *f (Eleagnus philippensis)*

lingberry Preiselbeere *f (Vaccinum vitisidaea)*

lingcod Grünlinge *mpl (Ophidion)*

ling-gowans Behaartes [Kleines] Habichtskraut *n (Hieracium pilosella)*

lingua 1. Zunge *f*; 2. *(Ent.)* Hypopharynx *m*

lingual Zungen..., lingual

linguifoliar zungenenförmiges Blatt

lingula Lingula *f*, Züngelchen *n*; kleine Zunge *f*, Zünglein *n*

lining Auskleidung *f*

epithelial ~ Epithelauskleidung *f*

glandular ~ drüsenhaltige Schleimhaut *f*

mucous ~ Schleimauskleidung *f*

link 1. Kettenglied *n*; Bindeglied *n*; 2. Bindung *f*; Verbindung *f*

linkage Koppelung *f*; Verbindung *f*; Verknüpfung *f*; Bindung *f*

linked gekoppelt

linker *(Mol.)* Linker *m*

linn 1. Magnolie *f (Magnolia)*; 2. Linde *f*, Lindenbaum *m (Tilia)*

black ~ Zugespitzte Magnolie *f*, Gurkenbaum *m (Magnolia acuminata)*

southern ~ Amerikanische Linde *f (Tilia americana)*

white ~ Verschiedenblättrige Linde *f (Tilia heterophylla)*

yellow ~ → black linn

linnet Hänfling *m (Acanthis);* Bluthänfling *m*, Hänfling *m (Acanthis cannabina)*

common ~ Bluthänfling *m (Aranthis cannabina)*

green ~ Grünfink *m*, Grünling *m (Carduelis chloris)*

mountain ~ Berghänfling *m (Acanthis flavirostris)*

linsang Linsang *m (Prionodon)*

African ~ Pojana *f (Poiana richardsoni)*

Asiatic ~ → linsang

banded ~ Bänderlinsang *m (Prionodon linsang)*

spotted ~ Fleckenlinsang *m (Prionodon pardicolor)*

linseed Leinsamen *m*

lint Lein *m*, Flachs *m (Linum)*

common ~ Faserlein *m*, Echter Lein *m (Linum usitatissimum)*

fairy ~ Purgierflachs *m*, Wiesenlein *m (Linum catharticum)*

lady's ~ Große Sternmiere *f (Stellaria holostea)*

lintvis Fadenmakrele *f (Alectis ciliaris)*

lion Löwe *m (Panthera leo)*

American ~ → Mexican lion

ant ~ Ameisenlöwe *m (Myrmeleon formicarius)*

aphid ~s Blattlauslöwen *mpl (Hemerobiidae)*

Aukland sea ~ → New Zealand sea lion

Australian sea ~ Australischer Seelöwe *m (Neophoca cinerea)*

California sea ~ Kalifornischer Seelöwe *m (Zalophus californianus)*

Hooker's sea ~ → New Zealand sea lion

Mexican [mountain] ~ Puma *m*, Kugar *m*, Silberlöwe *m (Felis concolor)*

New Zealand sea ~ Aucklandseelöwe *m (Phocarctos hookeri)*

Patagonian sea ~ → sea lion 1.

sea ~ 1. Stellers Seelöwe *m (Eumetopias jubata)*; 2. Kalifornischer Seelöwe *m (Zalophus)*

South American sea [southern sea] ~ Mähnenrobbe *f (Otaria byronia)*

Steller's sea ~ Steller's [Nordischer] Seelöwe *m (Eumetopias jubatus)*

lioness Löwin *f*

lion-fish Rotfeuerfisch *m (Pterois)*

lion's-ear Löwenschwanz *m*, Herzgespann *n (Leonurus)*

lion's-foot Weißer Hasenlattich *m (Prenanthos alba)*

lion's-heart Drachenkopf *m (Dracocephalum)*

lion's-leaf Trapp *m (Leontice)*

lion's-mouth 1. Löwenmaul *n (Antirrhinum)*; 2. Roter Fingerhut *m (Digitalis purpurea)*

lion's-snap → lions-mouth 1.

lion's-tamarin Löwenäffchen *n (Leonthopithecus)*

lion's-tooth 1. Löwenzahn *m (Leontodon)*; 2. Löwenzahn *m*, Kuhblume *f (Taraxacum)*

lip 1. Lippe *f*; 2. Rand *m*

blastoporal ~ Urmundlippe *f*

under ~ Unterlippe *f*

upper ~ Oberlippe *f*

vulvar ~s Schamlippen *fpl*

liparis Glanzkraut *n (Liparis)*

lip-fern Keuladerfarn *m*, Lippenfarn *m (Cheilanthes)*

lip-flowered lippenblütig

lipoclastic fettspaltend

lipocyte Lipozyt *m*, Fettzelle *f*

lipogenesis Lipogenesis *f*, Fettbildung *f*

lipogenetic [lipogenous] fettbildend, fettproduzierend

lipoid 1. Lipoid *n*; 2. lipoid, fettähnlich, fettartig

lipolysis Lipolyse *f*, Fettspaltung *f*

lipometabolism Fettmetabolismus *m*, Fettstoffwechsel *m*

lipopexia Fettanhäufung *f*, Lipopexia *f*
lipophagy Lipophagie *f*, Fettaufnahme *f*
lipophil lipophil, fettliebend, in Fett löslich
lipophily Lipophilie *f*, Fettaffinität *f*
lipoplastic lipoplastisch, fett(gewebs)bildend
liposoluble fettlöslich
lipote Kirschmyrte *f*, Eugenie *f (Eugenia)*
lippia Zitronenkraut *n (Lippia)*
lip-shaped lippenartig
liquefaction Verflüssigung *f*
liquefy verflüssigen
liquescent sich verflüssigend
liquid 1. Flüssigkeit *f*; 2. flüssig; Flüssigkeits...
  culture ~ Kulturflüssigkeit *f*
liquidamber Amberbaum *m (Liquidambar)*
liquor Liquor *f*, Flüssigkeit *f*; Körperflüssigkeit *f*
lissencephalous lissenzephal(isch), mit windungslosem Gehirn
lissencephaly Lissenzephalie *f (Fehlen der Gehirnwindungen)*
litchi Litschibaum *m*, Zwillingspflaume *f (Nephelium)*
lition Lithion *n (Tierwelt im Hartboden von Gewässern)*
lithocyst 1. *(Bot.)* Lithozyste *f*, Kalkkörper enthaltende Epidermiszelle *f*; 2. *(Zool.)* Statozyste *f* (z.B. bei Hydroidmedusen)
lithodomous steinbohrend
lithophagous lithophag, Steine zu sich nehmend *(z.B. Mollusken)*
lithophilous lithophil, auf Stein wachsend
lithophyte Lithophyt *m*, Steinpflanze *f*
lithosere Lithoserie *f (auf Stein beginnende Sukzession)*
litmus Färberflechte *f (Rocella)*
litter 1. Streu *f*; Unterlage *f*; Einstreumaterial *m*; 2. Wurf *m*; 3. *(Junge)* werfen
  forest ~ Waldstreu *f*
  ground ~ Bodenstreu *f*
litter-bags Netzbeutel *m*
litter-layer organische Auflage *f*, Streuschicht *f*
litter-meadow Streuobstwiese *f*
little-good Sonnen-Wolfsmilch *f (Euphorbia helioscopia)*
littlepod Schötchen *n*
littlewale Echter Steinsame *m (Lithospermum officinale)*
littling Junge *m* im Wurf
littoral 1. Litoral *n*; 2. litoral(isch), uferbewohnend, Küsten bewohnend
littorina Strandschnecke *f (Littorina); pl* Strandschnecken *fpl*, Uferschnecken *fpl (Littorinidae)*
litus Sandstrand-Biozönose *f*
live-bearer 1. lebendgebärendes Tier *n*; 2. *pl* lebendgebärende Zahnkarpfen *mpl (Poeciliidae)*
live-bearing lebendgebärend
live-birth Lebendgeburt *f*, Viviparie *f*
live-born lebendgeboren
live-forever Fetthenne *f*, Donnerbart *m*, Dickblatt *n (Sedum telephium)*
liver Leber *m*, Hepar *m*
liverleaf Leberblümchen *n (Hepatica nobilis)*
liver-moss Lebermoos *n (Marchantiopsida)*
liver-pancreas Hepatopankreas *n*
liverwort Lebermoos *n*; *pl* Lebermoose *npl (Marchantiopsida)*
livery Kleid *n*, Bekleidung *f*
  spawning ~ Brutkleid *n*, Laichkleid *n*
lizard Eidechse *f*; Echte Eidechse *f (Lacerta); pl* Eidechsen *fpl (Lacertilia)*
  alligator ~s Krokodilschleichen *fpl*, Alligatorschleichen *fpl (Gerrhonotus)*
  angle-headed ~ 1. Winkelkopfagame *f*, Nackenstachler *m (Acanthosaura lepidogaster)*; 2. Winkelkopfagame *f (Gonocephalus)*
  anguines ~ Eigentliche Schleiche *f*, Blindschleiche *f (Anguis fragilis)*
  armor glass ~s Panzerschleichen *fpl (Gerrhontus)*
  Asian bark ~s Taubagamen *fpl (Cophotis)*
  Asiatic flying ~s Flugdrachen *mpl*, Flattereidechsen *fpl (Draco)*
  Australian dragon ~s Australische Bodenagamen *fpl (Amphibolurus)*
  beaded ~s Krustenechsen *fpl (Heloderma); pl* Krustenechsen *fpl (Helodermatidae)*
  bearded ~ Bartagame *f*, Barteidechse *f (Amphibolus barbatus)*
  Brazilian ~ Brasilianischer Leguan *m (Enyalius catenatus)*
  butterfly ~ Schmetterlingsagame *f (Leiolepis belliana)*
  casque-headed ~s Kronenbasilisken *mpl (Laemanc-tus)*
  club-tailed ~s Gürtelschweife *mpl (Cordylus)*
  collared ~ Halsbandleguan *m (Crotaphytus collaris)*
  common ~ Bergeidechse *f*, Gebäreidechse *f (Lacerta vivipara)*
  crested ~s Wüstenleguane *mpl (Dipsosaurus)*
  crested keeled ~ Maskenleguan *m (Leiocephalus personatus)*
  crocodile ~ Krokodilschwanz-Höckerechse *f (Shinisaurus crocodilurus)*
  Cuban night ~ Kuba-Nachtechse *f (Cricosaura typica)*
  curly-tailed ~ → crested keeled lizard
  deaf ~ → Asian bark lizard
  dragon ~s Agamen *fpl (Agamidae)*
  dune ~ Sandechse *f (Aporosaura anchietae)*
  earless ~ 1. Taubleguan *m (Holbrookia texana)*; 2. Taubwaran *m (Lanthanotus); pl* Taubwarane *pl (Lanthanotidae)*
  emerald ~ → green lizard
  eyebrowed ~s Borneo-Bergagamen *fpl (Phoxophrys)*
  flap-footed ~s Flossenfüße *mpl (Pygopodidae)*
  flat ~s Plattgürtelechsen *fpl (Platysaurus)*
  Florida worm ~ Florida-Sandskink *m (Neoseps reynoldsii)*
  flying ~ Gewöhnlicher Flugdrache *m (Draco volans)*
  frilled ~ Kragenechse *f (Chlamydosaurus kingii)*

fringe-toed ~s 1. Fransenzehenleguane *mpl (Uma)*; 2. Fransenfinger-Eidechsen *fpl (Acanthodactylus)*
giant ~ of Komodo Komodo-Waran *m*, Riesenwaran *m (Varanus komodoensis)*
girdle-tailed ~s Gürtelschwänze *mpl*, Gürtelechsen *fpl (Cordylidae)*
glass ~s Panzerschleichen *f (Ophisaurus)*
granular-scaled ~ → butterfly lizard
greater earless ~ Taubleguan *m (Hoolbrokia texana)*
green ~ Smaragdeidechse *f (Lacerta viridis)*
gridiron-tailed ~ Gitterschwanzleguan *m (Callisaurus draconoides)*
guest ~s Höckerechsen *fpl (Xenosauridae)*
helmeted ~ Helmleguan *m (Corytophanes cristatus)*
horned ~s Krötenechsen *fpl(Phrynosoma)*
keeled ~s Kiel(eid)echsen *fpl(Algyroides)*
keel-tailed ~s Kielschwänze *mpl*, Kielechsen *fpl*, Kielschwanzleguane *mpl(Tropidurus)*
lateral fold ~s Schleichen *fpl (Anguidae)*
lava ~ → keep-tailed lizard
legless ~s Ringelschleichen *fpl (Anniella)*
leopard ~ Leopardleguan *m (Gambelia wislizenii)*
long-legged ~s Langbeinleguane *mpl*, Buntleguane *mpl (Polychrus)*
lyre-headed ~ Lierkopfagame *f*, Lyrakopfagame *f (Lyriocephalus scutatus)*
Mexican blind [Mexican snake] ~ Mexikanische Schlangenechse *f (Anelytropsis papillosus)*
monitor ~ Waran *m (Varanus)*
narrow-tailed ~s Kurzschwanzleguane *mpl (Stenocercus)*
night ~ Granitechse-Nachtechse *f (Xantusia henshawi)*
Old-World ~s → true lizards
oriental grass ~s Langschwanzeidechsen *fpl (Tachydromus)*
plate-bellied night ~s Nachtechsen *fpl (Xantusiidae)*
plated ~s 1. Eigentliche Schildechsen *fpl (Gerrhosaurus)*; 2. Sandläufer *mpl (Psammodromus)*
ringed ~s → worm lizard 2.
rock ~s 1. Felsenleguane *mpl (Petrosaurus)*; 2. → plated lizard 1.
rough-scaled ~s Stachelleguane *mpl (Sceloporus)*
sailing [sail-tailed] ~s Segelechsen *fpl (Hydrosaurus)*
sand ~ 1. → dune lizard; 2. Gewöhnliche [Gemeine] Eidechse *f (Lacerta agilis)*
sand spined-foot ~ → fringe-toed lizard 2.
shovel-snouted legless ~s Ringelschleichen *fpl (Anniellidae)*
sleepy ~ Stutzechse *f*, Tannenzapfenechse *f (Tiliqua rugosa)*
slender glass ~s Glasschleichen *fpl*, Panzerschleichen *fpl(Ophisaurus)*
smooth-throated ~s Erdleguane *mpl(Liolaemus)*
snake ~s 1. Schlangengürtelechse *fpl (Chamaesaura)*; 2. *pl* Flossenfüße *mpl (Pygopodidae)*
snake-eyed ~s Schlangenaugen-Eidechse *f (Ophisops)*
spiny ~ → rough-scaled lizard
spiny-tailed ~s 1. → club-tailed lizard; 2. Dornschwänze *mpl*, Dornschwanzagamen *fpl (Uromastix)*
starred ~ Hardun *m (Agama stellio)*
strange ~ → guest lizard
stump-tailed ~ → sleepy lizard
tegu ~s Großtejus *mpl*, Echte Tejus *mpl (Tupinambis)*
thorny-tailed ~s →spiny-tailed lizard 2.
true ~s Echte Eidechsen *fpl (Lacertidae)*
two-legged worm ~s Handwühlen *fpl (Bipes)*; *pl* Zweifuß-Doppelschleichen *fpl (Bipedidae)*
two-pored ~s Australische Bodenagamen *fpl (Diporiphora)*
variable ~s Schönechsen *fpl (Calotes)*
variegated ~ Buntwaran *m (Varanus varius)*
venomous ~ → beaded lizard
viviparous ~ → common lizard
wall ~ Mauereidechse *f (Lacerta muralis)*
water ~ 1. → sailing lizard; 2. Teichmolch *m (Triturus vulgaris)*; 3. Wasserdrache *m*, Wasseragame *f (Physignathus)*; 4. Furchenmolch *m (Necturus)*
whip ~s Geißel-Schildechsen *fpl (Tetradactylus)*
whiptail ~s Rennechsen *fpl (Chemidophorus)*
worm ~s 1. Schlangenschleichen *fpl (Ophiodes)*; 2. Doppelschleichen *fpl (Amphisbaenidae)*
worm-like ~s 1. Amerikanische Schlangenechsen *fpl (Anelytropsidae)*; 2. Schlangenschleichen *fpl (Dibamidae)*
zebra-tailed ~ → gridiron-tailed lizard
lizard's-tail Nickender Molchschwanz *m (Saururus cernuus)*
llama Lama *n*, Kleinkamel *n (Lama guanicoë Glama)*
llanos Llanos *npl (Hochgrassformation in Südamerika)*
loach 1. Bartgrundel *f (Nemacheilus)*; 2. Schlammpeitzger *m*, Schlammbeißer *m (Misgurnus)*; 3. *pl* Schmerlen *fpl*, Grundeln *fpl (Cobitididae)*
mud ~ Schlammpeitzger *m*, Schlammbeißer *m (Misgurnus fossilis)*
spined ~ Dorngrundel *m*, Steinbeißer *m (Cobitis taenia)*
stone ~ Gemeine Schmerle *f*, Bartgrundel *f (Nemacheilus barbatulus)*
load Last *f*; Belastung *f*
anthropogenic ~ anthropogene Umweltbelastung *f*
environmental ~ Umweltbelastung *f*
mutational ~ Mutationsdruck *m*
weight ~ Gewichtsbelastungs *f*
loading capacity Belastbarkeit *f*
loam Lehm; Lehmboden *m*, lehmige Erde *f*
alluvial ~ Auenlehm *m*
clay ~ Tonlehm *m*, toniger Lehm *m*
lobar lobär, Lappen...
lobate gelappt; lappig
lobe Lappen *m*
antennal ~ *(Ent.)* Riechlappen *m*
anterior ~ of hypophysis Adenohypophyse *f*, Drüsenhypophyse *f*, Hypophysenvorderlappen *m*
anther ~ Theke *f (Teil der Anthere)*

calyx ~ Kelchblatt *n*
frontal ~ Stirnlappen *m (des Gehirns)*
glandular ~ of hypophysis Adenohypophyse *f*, Drüsenhypophyse *f*, Hypophysenvorderlappen *m*
hepatic ~ Leberlappen *m*
inferior ~ Unterlappen *m*
intermediate ~ of hypophysis Hypophysenzwischenlappen *m*
lung ~ Lungenlappen *m*
neural ~ of hypophysis Hypophysenhinterlappen *m*
ocular ~ *(Ent.)* Augenlappen *m*
occipital ~ Hinterhauptlappen *m*, Okzipitallappen *m (des Gehirns)*
optic ~ Sehzentrum *n*
parietal ~ Scheitellappen *m*, Parientallappen *m (des Gehirns)*
posterior ~ Hinterlappen *m*
posterior ~ of hypophysis Hypophysenhinterlappen *m*
posterior ~ of the wing Flügelhinterlappen *m*, Afterflügel *m*
superior ~ Oberlappen *m*

lobed gelappt, lappig
closely ~ dichtlappig
pinnately ~ fiederlappig, fiedrig gelappt

lobelia Lobelie *f*, Spaltglöckchen *n (Lobelia)*
downy ~ Flaumhaarige Lobelie *f (Lobelia puberula)*
Dortmann ~ Wasserspleiße *f*, Wasser-Lobelie *f (Lobelia dortmanna)*
great ~ Blau-Lobelie *f (Lobelia erinus)*

lobocarpous gelapptfrüchtig
lobophyllous *(Bot.)* gelapptblätterig
lobopodium Lobopodium *n (lappenförmiges Pseudopodium)*
lobostemon Schuppenfaden *m (Lobostemon)*
lobster Hummer *m (Homarus)*
common ~ Gemeiner Hummer *m (Homarus vulgaris)*
rock [spiny, thorny] ~ Gemeine Languste *f (Palinurus vulgaris)*

lobular lobulär, Läppchen...
lobularia Lappenblume *f (Lobularia)*
lobulate(d) kleingelappt, kleinlappig
lobule Lobulus *m*, Läppchen *n*
~ of the ear Ohrläppchen *n*
hepatic ~ Leberläppchen *n*
portal ~ Portalläppchen *n*

local lokal, örtlich, Orts..., Lokal...; heimisch, einheimisch, endemisch
locality Lokalität *f*, Standort *m*
type ~ Typenlokalität *f*

localization Lokalisierung *f*, örtliche Bestimmung *f*
locate lokalisieren, den Ort bestimmen
location 1. Lage *f*, Platz *m*, Stelle *f*; 2. Standort *m*, Ort *m*, Örtlichkeit *f*; 3. Lokalisierung *f*
locellate *(Bot.)* gekammert
lochmium Gestrüpp-Gesellschaft *f*, Buschwerk-Biozönose *f*
lochmodium Trockengestrüpp-Gesellschaft *f*
lochmodophilous gestrüppliebend, gestrüppbevorzugend
lociation lokale Variante einer Assoziation
lock 1. Wollflocke *f*, Flocke *f*; 2. Büschel *n*
lockhartia Trassenorchidee *f (Lockhartia)*
locomotion Lokomotion *f*; Fortbewegung *f*; Ortsveränderung *f*
ameboid ~ amöboide Bewegung *f*
ciliary ~ Zilienbewegung *f*; Zilienlokomotion *f*

locomotor(y) lokomotorisch, Bewegungs...
locoweed Tragant *m*, Astragal *m (Astragalus)*
locular [loculate] lokulär, fächerig, gefächert
locule Fach *n*; Fruchtknotenfach *n*
loculicidal lokulizid, fachspaltig, fachteilig; rückenspaltig *(bei Früchten)*
loculus → locule
locus Lokus *m*; Lokalisationspunkt *m*; Ort *m*
gene ~ Genlokus *m*, Genort *m*
origin ~ Initiationspunkt *m*
type ~ typischer Fundort *m*, Typusfundort *m*; Typusstandort *m*

locust 1. Robinie *f (Robinia)*; 2. Heuschrecke *f*; *pl* Feldheuschrecken *fpl (Acrididae)*
African ~ Afrikanischer Dourabaum *m (Parkia africana)*
African migratory ~ Afrikanische Wanderheuschrecke *f (Locusta migratoris)*
Asiatic ~ Europäische Wanderheuschrecke *f*, Europäische Zugheuschrecke *f (Locusta migratoria)*
band-winged ~s Schnappheuschrecken *fpl (Oedipodinae)*
black ~ 1. Unechte Akazie *f*, Gemeine Robinie *f (Robinia pseudoacacia)*; 2. Dreidornige Gleditschie *f (Gleditschia triacanthos)*
desert ~ Wüstenschrecke *f (Schistocerca gregaria)*
green ~ → black locust 1.
grouse ~s → pygmy locusts
honey ~ 1. → black locust; 2. Schotendorn *m*, Dornkronenbaum *m*, Gleditschie *f (Gleditschia)*
post ~ → black locust 1.
pygmy ~s Dorn(heu)schrecken *fpl*, Erdschrecken *fpl (Tetrigidae)*
red ~ Rote Wanderheuschrecke *f (Nomadacris septenfaciata)*
red-flowering ~ → black locust 1.
river ~ Bastardindigo *m (Amorpha)*
slant-faced ~s Echte Feldheuschrecken *fpl (Acridinae)*
sweet [thorn] ~ → black locust 2.
water ~ Wassergleditschie *f (Gleditschia aquatica)*
white [yellow] ~ → black locust 1.

lodge Biberburg *f*
lodicule Lodicula *f*, Schüppchen *n*, Schwellkörper *m (Poaceae)*
lodoicea Seychellennuß *f*, Seychellenpalme *f (Lodoicea)*
loesel Rauke *f (Sisymbrium)*
loess Löss *m*
log gefällter Baustamm *m*, gefällter Holzstamm *m*

loggerhead 1. Unechte Karettenschildkröten *fpl (Caretta)*; 2. *(Orn.)* Louisiana-Würger *m*, Amerikanischer Raubwürger *m (Lanius ludovicianus)*; 3. Schwarze Flockenblume *f (Centaurea nigra)*
olive ~ Bastardschildkröte *f (Lepidochelus olivacea)*
red-brown ~ Unechte Karettenschildkröte *f (Caretta caretta)*
logging Holzeinschlag *m*, Fällen *n*
logwood Kampeschebaum *m (Haematoxylon campechianum)*
loin Lende *f*; Lendengegend *n*
loir Siebenschläfer *m*, Große Haselmaus *f (Glis glis)*
lolachs Südamerikanische Lungenfische *mpl (Lepidosirenidae)*
loma-vegetation Nebelvegetation *f* an der Küste *f (Peru)*
lomarioidous rippenfarnähnlich, *Blechnum*-ähnlich
lomatium Flügelsamen *m (Lomatium)*
lomatocarpous *(Bot.)* saumfrüchtig
lomatogonium Saumnarbe *f (Lomatogonium)*
lomatophyllous gesäumtes Blatt *n*, gesäumtblättrig
lomatorhizous saumwurzelnd
loment Lomentum *n*, Gliederhülse *f*
lomentaceous gliederhülsig
lomentiform gliederhülsenförmig
longbeaks Schnauzenfalter *mpl (Libytheidae)*
longberry Alleghan-Brombeere *f (Rubus alleghaniensis)*
long-billed langschnabelig
long-boled hochstämmig
long-day *(Bot.)* Langtag...
long-eared 1. langährig; 2. langohrig
longevity Langlebigkeit *f*
long-flowered lange blühend
longhorn Bockkäfer *m*; *pl* Bockkäfer *mpl (Cerambycidae)*
longiaristatus langgrannig, mit langen Grannen
longifolious langblättrig
longipennate langflügelig
longiracemosous langtraubig
longirostral langschnabelig
longiscapous langschäftig
longisetous langborstig
longleaf Sichelmöhre *f (Falcaria)*
long-leaved langblättrig
long-lived langlebend, langlebig
long-lobed langlappig
long-petaled langkronblättrig
long-pistillate langgriffelig
longshucks Amerikanische Terpentinkiefer *f*, Weihrauchkiefer *f (Pinus teada)*
long-sightedness Weitsichtigkeit *f*
long-sleeved (lang)manschettenartig
long-spiked langährig
longspur
Alaskan ~ → Lapland longspur
chestnut-collared ~ Schmuckammer *f*, Schwarzbrust-Spornammer *f (Calcarius ornatus)*
Lapland ~ Spornammer *f (Calcarius lapponicus)*
long-stalked langstielig, langstengelig
long-stemmed langstämmig, langschäftig
long-styled langgriffelig
long-term langdauernd; langfristig, Langzeit...
long-thorned langstachelig; langdornig
loofah Schwammgurke *f (Luffa cylindrica)*
lookdown Pferdekopf *m (Selene vomer)*
look-up-and-kiss-me Dreifarbiges Veilchen *n*, Ackerstiefmütterchen *n (Viola tricolor)*
loon Taucher *m*, Seetaucher *m (Gavia)*
Arctic ~ Prachttaucher *m*, Polartaucher *m (Gavia arctica)*
common ~ Eistaucher *m*, Riesentaucher *m (Gavia immer)*
Pacific ~ → Arctic loon
red-throated ~ Sterntaucher *m*, Rotkehltaucher *m (Gavia stellata)*
white-billed [yellow-billed] ~ Gelbschnabel-Eistaucher *m*, Tundrataucher *m (Gavia adamsii)*
loop 1. Schleife *f*; Schlaufe *f*; Schlinge *f*; 2. Biegung *f*; 3. eine Schleife bilden; sich winden; umschlingen, umwinden
Henle's [nephronic] ~ Henlesche Schleife *f*
platinum ~ Platinöse *f*
reverse ~ *(Mol.)* Inversionsschleife *f (Bildungsmöglichkeit während der Anaphase)*
transfer ~ Impföse *f*
looper Spanner *m*; *pl* Spanner *mpl (Geometridae)*
cabbage ~ 1. (Bräunlichaschgraue) Höckereule *f (Trichoplusia ni)*; 2. Kohleule *f (Mamestra brassicae)*
pine ~ Gemeiner Kiefernspanner *m (Bupalus piniarius)*
saddle-backed ~ Kleiner Baumspanner *m (Ectropis crepuscularia)*
loose-hanging herabhängend
loosestrife 1. Felberich *m*, Gelbweiderich *m (Lysimachia)*; 2. Weiderich *m (Lythrum)*
bastard ~ → false loosestrife
bulb-bearing ~ Kriechfelberich *m (Lysimachia terrestris)*
creeping ~ Münzfelberich *m*, Pfennigkraut *n (Lysimachia nummularia)*
false ~ Sumpf-Heusenkraut *n (Ludwigia palustris)*
golden ~ Goldfelberich *m*, Gemeiner Gelbweiderich *m (Lysimachia vulgaris)*
hyssop ~ Ysopweiderich *m*, Violetter Weiderich *m (Lythrum hyssopifolia)*
linear-leaved ~ → whorled loosestrife
purple' spiked ~ Blutweiderich *m*, Blutkraut *n (Lythrum salicaria)*
spotted ~ Punktfelberich *m*, Punktierter Gelbweiderich *m (Lysimachia punctata)*
swamp ~ Quirlweiderich *m (Lythrum verticullatum)*
whorled ~ Vierblättriger Weiderich *m (Lythrum quadrifolia)*
lootsman 1. (Gemeiner) Lotsenfisch *m (Naucrates ductor)*; 2. Kleiner Schiffshalter *m*, Schildfisch *m*, Küsten-

sauger *m (Remora remora)*
lophanthus Helmbusch *m (Lophanthus)*
lophobranchia Büschelkiemer *mpl*, Seenadelförmige *mpl (Syngnathiformes)*
lophobranchiate kammkiemig; büschelkiemig
lophodont jochzähnig, zygodont
lophophore Lophophor *m*, Tentakelträger *m*
lophosteon Brustbeinkamm *m*
lophotrichous lophotrich, büschelförmig begeißelt *(Bakterien)*
loquat Wollmispel *f*, Japanische Mispel *f (Eriobotrya japonica)*
loranth Eichen-Mispel *f*, Riemenblume *f (Loranthus)*
lorate riemenartig, riemenförmig
lorchel Braune Faltenmorchel *f*, Speisemorchel *f (Gyromitra esculenta)*
lords-and-ladies Gefleckter [Gemeiner] Aronstab *m (Arum maculatum)*
lore *(Orn.)* Zügel *m*
lori → loris
lorica Panzer *m*
loricate gepanzert
lorication Panzerbildung *f*
lorifolious riemenblättrig
loriform riemenförmig
loris Lori *m (Loris); pl* Loris *mpl (Lorisidae)*
  lesser slow ~ Kleiner Plumplori *m (Nycticebus pygmaeus)*
  slender ~ Schlanklori *m (Loris tardigradus)*
  slow ~ Plumplori *m (Nycticebus coucang)*
loss Verlust *m*, Schaden *m*; Ausfall *m*; Abgang *m*
  ~ **on ignition** Glühverlust *m*
lotic durchfließend, durchströmend
lotofa Stinkbaum *m (Sterculia rhinopetala)*
lotus Lotos *m*, Lotosblume *f (Nelumbium)*
  American ~ Gelbe Lotosblume *f (Nelumbium lutea)*
  white ~ of Egypt Ägyptische Lotosblume *f (Nymphaea lotus)*
lourie Turako *m*, Bananenfresser *m (Musophaga)*
louse 1. Laus *f*; 2. Kopflaus *f (Pediculus capitis)*
  apple plant ~ Grüne Apfelblattlaus *f (Aphis pomi)*
  bee ~ Bienenlaus *f (Braula coeca)*
  blood sucking ~ Tierlaus *f (Haematopinus)*
  blood-sucking horse ~ → horse louse
  boar ~ Wildschweinlaus *f (Haematopinus apri)*
  book ~ 1. Bücherlaus *f (Troctes divinatorius)*; 2. Staublaus *f (Atropos pulsatoria)*
  brown chicken ~ Braune Hühnerlaus *f (Goniodes dissimilis)*
  carp ~ Karpfenlaus *f*, Gemeine Fischlaus *f (Argulus foliaceus)*
  cat ~ Katzenhaarling *m*, Katzenlaus *f (Felicola subrostrata)*
  cattle biting [cattle red] ~ Rinderhaarling *m (Bovicola bovis)*
  chamois biting ~ Gemsenhaarling *m (Bovicola alpinus)*
  chicken body ~ Körperlaus *f* der Hühner *(Menopon stramineum)*
  chicken head ~ Kopflaus *f* der Hühner *(Cuclotogaster heterographa)*
  clothes ~ Kleiderlaus *f (Pediculus vestimenti)*
  crab ~ Filzlaus *f*, Schamlaus *f (Phthirus pubis)*
  dog ~ Hundelaus *f (Linognathus setosus)*
  dog biting ~ Hundehaarling *m*, (Unechte) Hundelaus *f (Trichodectes canis)*
  elephant ~ Elephantenlaus *f (Haematomyzus elephanthis)*
  fish ~ → carp louse
  fluff ~ Flaumlaus *f (Goniocotes gallinae)*
  goat biting ~ Ziegenhaarling *m (Damalinia caprae)*
  goose body ~ Große Gänselaus *f*, Gänsefederling *m (Trinoton anserinum)*
  hog ~ Schweinelaus *f (Haematopinus suis)*
  horse ~ Pferdelaus *f*, Esellaus *f* (Haematopinus asini)
  horse biting ~ Pferdehaarling *m (Bovicola equi)*
  horse sucking ~ → horse louse
  human body ~ Kleiderlaus *f*, Körperlaus *f (Pediculus humanus)*
  human head ~ Kopflaus *f (Pediculus capitis)*
  large chicken ~ Große Hühnerlaus *f (Goniodes gigas)*
  large duck ~ Entenfederling *m*, Entenlaus *f (Trinoton querquedulae)*
  large turkey ~ Truthühnerlaus *f (Chelopistes meleagridii)*
  long-nosed cattle ~ Langköpfige Rinderlaus *f (Linognathus vituli)*
  pear ~ Gelber Birnenblattsauger *m (Psylla pyricola)*
  pig ~ → hog louse
  pubic ~ → crab louse
  rabbit ~ Kaninchenlaus *f (Haemodipsus ventricosus)*
  root ~ Wurzellaus *f*, Reblaus *f (Phylloxera vastatrix)*
  seal ~ Seehundlaus *f*, Robbenlaus *f (Echinophthirius horridus)*
  shaft ~ Schlaflaus *f* der Hühner *(Menopon gallinae)*
  sheep biting ~ Schafhaarling *m (Bovicola ovis)*
  short-nosed cattle ~ Kurzköpfige Rinderlaus *f (Haematopinus eurysternus)*
  shrew ~ Spitzmauslaus *f (Polyplax reclinata)*
  slender duck ~ Entenzangenlaus *f (Anaticola crassicornis)*
  slender goose ~ Gänsezangenlaus *f (Anaticola anseris)*
  slender guinea-pig ~ Meerschweinchenhaarling *m (Gliricola porcelli)*
  slender pigeon ~ Taubenfederling *m (Columbicola columbae)*
  slender turkey ~ 1. Truthühnerlaus *f (Reticulipeurus polytrapezius)*; 2. Putereckkopf *m (Goniodes stylifer)*
  turkey ~ → large turkey louse
  water ~ (Gemeine) Wasserassel *f (Asellus aquaticus)*
  wing ~ Flügellaus *f*, Entfedernde Laus *f (Lipeurus caponis)*
louseberry Europäischer Spindelbaum *m (Euonymus*

europaeus)
lousewort Läusekraut *n (Pedicularis)*
lousewort-foxglove Kanadische Läusekraut *n (Pedicularis canadensis)*
lovage Liebstöckel *m (Levisticum officinale)*
garden ~ → lovage
lovebirds Unzertrennliche *mpl (Agapornis)*
love-entangled Gemeiner [Scharfer] Mauerpfeffer *m (Sedum acre)*
love-in-a-chain Felsen-Fetthenne *f*, Tripmadam *m (Sedum reflexum)*
love-in-a-mist Türkischer Schwarzkümmel *m*, Jungfer *f* im Grünen, Gretel in der Hecke *(Nigella damascena)*
love-in-winter Winterlieb *n (Chimaphila)*
love-lies-bleeding Echter [Roter] Fuchsschwanz *m (Amaranthus caudatus)*
loveman Klebkraut *n*, Klettenlabkraut *n (Galium aparine)*
love-me-not Vergißmeinnicht *n (Myosotis)*
love-roses Gewöhnlicher Schneeball *m (Viburnum opulus)*
lover's-pride Flohknöterich *m (Polygonum persicaria)*
low 1. niedrig; 2. tief; 3. schwach; 4. primitiv; 5. brüllen, muhen
low-moor Niedermoor *n*
low-nitrogen stickstoffarm
low-nutrient nährstoffarm
lowan Thermometerhuhn *n (Leipoa ocellata)*
low-growing kleinwüchsig
low-set kurzbeinig
lowland Niederung *f*, Tieffland *n*
loxocarpous schieffrüchtig
lucern(e) Luzerne *f (Medicago)*
lucifugous lichtfliehend, lichtscheu
luciphile lichtliebend
ludwigia Heusenkraut *n (Ludwigia)*
luffa Schwammgurke *f (Luffa)*
lugworm Köderwurm *m*, Sandwurm *m (Arenicola marina)*
lumbal [lumbar] lumbal, Lumbal..., Lenden...
lumbocostal lumbokostal, Lenden-Rippen...
lumbodorsal lumbodorsal, Lenden-Rücken...
lumbosacral lumbosakral, Lenden(wirbel)-Kreuzbein...
lumbriciform wurmartig, wurmförmig
lumen Lumen *n*, Höhlung *f*, Raum *m*
luminal luminal, Höhlung..., Raum...
lump Klumpen *m*, Scholle *f*
lumpfish Lump *m*, Seehase *m (Cyclopterus lumpus); pl* Lumpen *mpl*, Lumpfische *mpl*, Seehasen *mpl (Cyclopteridae)*
lumpy klumpig
lumpsucker → lumpfish
lunar [lunate] mondsichelförmig; halbmondförmig; mondförmig
lung Lunge *f*
book ~ Fächertrachee *f (Spinnen)*
lungfish 1. Lungenfisch *m*; 2. Australischer Lungenfische *m (Neoceratodus forsteri)*; 3. Südamerikanischer Lungenfisch *m (Lepidosiren pradoxa)*; 4. Afrikanischer Lungenfisch *m (Protopteridus)*
Australian [Queensland] ~ Australischer Lungenfisch *m (Neoceratodus forsteri)*
lungwort 1. Lungenkraut *n (Pulmonaria)*; 2. Lungenwurz *f (Mertensia)*
bullock's [cow's] ~ Echte [Kleinblütige] Königskerze *f (Verbascum thapsus)*
French [golden] ~ Mauerhabichtskraut *n (Hieracium murorum)*
sea ~ Meerstrand-Lungenwurz *f (Mertensia maritima)*
tall ~ Rispen-Lungenwurz *f (Mertensia paniculata)*
tree ~ Virginische Lungenwurz *f (Mertensia virginica)*
lunular [lunulate] halbmondförmig
lunulet kleine Lunula *f*
lupine 1. Wolfsbohne *f*, Lupine *f*, Feigbohne *f (Lupinus)*; 2. Wolfs..., wölfisch
bastard ~ Lupinenklee *m (Trifolium lupinaster)*
blue ~ Blaue [Schmalblättrige] Wolfsbohne *f (Lupinus angustifolius)*
false ~ Rautenblättrige Fuchsbohne *f (Thermopsis rhombofolia)*
low ~ Winzige Wolfsbohne *f (Lupinus pusillus)*
perennial ~ → sundial lupine
silvery ~ Silberwolfsbohne *f (Lupinus decumbens)*
sundial ~ Vieljährige Wolfsbohne *f*, Perennierende Lupine *f (Lupinus perennis)*
tree ~ Baumartige Wolfsbohne *f (Lupinus arboreus)*
wild ~ → sundial lupine
lure 1. Köder *m*; Lockmittel *n*; 2. (an)locken, ködern
lurid 1. bleich, fahl; 2. rötlichbraun, rotbraun
lush 1. üppig; stark wuchernd; 2. saftig
lustrous glänzend; schimmernd
lustwort Rundblättriger Sonnentau *m (Drosera rotundifolia)*
luteinization Luteinisierung *f*, Gelbkörperbildung *f*
luteosterone Progesteron *n*, Luteohormon *n*
luteotropin Luteotropin *n*, Prolaktin *n*
luxuriance üppiges Wuchstum *n*, Üppigkeit *f*
luxuriant üppig (wachsend), luxurierend
lychee Litchi *m (Litchi)*
lychnidiate leuchtend
lychnis 1. Lichtnelke *f*, Lichtrose *f (Lychnis)*; 2. Nachtnelke *f (Melandrium)*
Arctic ~ Verwandte Nachtnelke *f (Melandrium affine)*
clammy ~ Klebrige Pechnelke *f (Viscaria viscosa)*
evening ~ Weiße Nachtnelke *f (Melandrium album)*
nodding ~ Kurzkronige Nachtnelke *f (Melandrium apetalum)*
lycium Bocksdorn *m*, Teufelszwirn *m (Lycium)*
lycopus Wolfstrapp *m (Lycopus)*
lygeum Espartogras *n (Lygeum)*
lygodium Schlingfarn *m (Lygodium)*
lying-in Entbindung *f*
lymphatic 1. lymphatisch, Lymphe...; 2. Lymphgefäß *n*
lymphization Lymphbildung *f*, Lymphopoese *f*

lymphocyte Lymphozyt *m*, Lymphzelle *f*
bursa-derived [bursal] ~ B-Lymphozyt *m*
end-stage ~ reifer Lymphozyt *m*
granular ~ granulärer Lymphozyt *m*
helper T ~ Helfer-T-Lymphozyt *m*
killer ~ Lymphozyt-Killer *m*
lymph node ~ Lymphknoten-Lymphozyt *m*
plasmacytoid ~ Plasmazyt *m*
self-reactive ~ autoaggressiver Lymphozyt *m*
thymus-derived [thymus-processed] ~ 1. T-Lymphozyt *m*; 2. Thymozyt *m*, Thymuszelle *f*
lymphocytopoiesis Lymphozytopoese *f*, Lymphozytenbildung *f*
lymphocytosis Lymphozytose *f (Lymphozytevermehrung)*
lymphogenic [lymphogenous] 1. lymphogen, aus der Lymphe stammend; 2. lymphebildend
lymphoid lymphoid, lymphartig
lymphotoxin Lymphotoxin *n*, Lymphzellgift *n*
lynx (Gemeiner)Luchs *m (Felis lynx)*
bay ~ Rotluchs *m (Felis rufus)*
Canada ~ Kanadaluchs *m (Felis lynx canadensis)*
lyophilization Lyophilisierung *f*, Gefriertrocknung *f*, lyophile Trocknung *f*
lyrate *(Bot.)* leierförmig
lyrebird Leierschwanz *m (Menura suporba)*
lyse auflösen; aufgelöst werden
lysimachoid *Lysimachia*-ähnlich
lysis Lyse *f*, Lysis *f*, Auflösung *f*
bystander ~ nichtspezifische Zell-Lyse *f*
erythrocyte ~ Hämolyse *f*
premature ~ vorzeitige Lyse *f*
snap [spontaneous] ~ spontane Lyse *f*
lysisepalous mit freien Kelchblättern
lythrum Weiderich *m (Lythrum)*
lytic lythisch, auflösend

M

maar Maar *m (vulkanischer See)*
maasbanker Bastardmakrele *f*, Pferdemakrele *f (Trachurus trachurus)*
mabouya Mabuja *f (Mabuya)*
macabi Grätenfisch *m*, Damenfisch *m (Albula vulpes)*
skipjack ~ Frauenfisch *m (Elops saurus)*
macaco 1. → macaque; 2. Mohren-Maki *m*, Akumba *m (Lemur macaco)*
macaque Makak *m (Macaca)*
Assam ~ Bergrhesus *m (Macaca assamensis)*
Celebes (crested) ~ Schopf-Makak *m (Macaca nigra)*
Formosa ~ Formosa-Makak *m (Macaca cyclopis)*
Japanese ~ Rotgesichts-Makak *m (Macaca fuscata)*
lion-tailed ~ Wanderu *m (Macaca silenus)*
moor ~ Mooren-Makak *m (Macaca maura)*
pig-tailed ~ Schweinsaffe *m (Macaca nemestrina)*
rhesus ~ Rhesusaffe *m (Macaca mulatta)*
Taiwan ~ → Formosa macaque
toque ~ Ceylon-Hutaffe *m (Macaca sinica)*
macaroni Goldschopfpinguin *m (Eudyptes chrysolophus)*
macaw:
blue-and-yellow ~ Ararauna *m (Ara ararauna)*
scarlet ~ Makao *m*, Hellroter Ara *m (Ara macao)*
macchia Macchie *f*, Macchia *f*, Maquis *f*
mace Muskatnußbaum *m (Myristica fragrans)*
macerate mazerieren, Zellwände auflösen
maceration Mazeration *f*; Auflösung *f* eines Gewebeverbands
macerative mazeriert, erweicht
macereed Rohrkolben *m (Typha)*
mackerel Makrele *f (Scomber); pl* Makrelen *fpl*, Thunfische *fpl (Scombridae)*
Atka ~ Einflossiger Terpug *m (Pleurogrammus monopterygius)*
Atlantic ~ Gemeine Makrele *f (Scomber scombrus)*
big-eyed ~ Japanische Makrele *f (Scomber japonicum)*
Boston ~ Atlantischer Bonito *m*, Pelamide *f (Sarda sarda)*
bull ~ → big-eyed mackerel
bullet ~ Unechter Bonito *m (Auxis thazard)*
bull's-eye ~ → Atlantic mackerel
California ~ → big-eyed mackerel
common ~ → Atlantic mackerel
frigate ~ → bullet mackerel
giant ~ Spanische Makrele *f (Scomberomorus scombersoni)*
horse ~ 1. Bastardmakrele *f*, Pferdemakrele *f (Trachurus trachurus)*; 2. *pl* Stachelmakrelen *fpl (Carangidae)*
king ~ Königsmakrele *f (Scomberomorus cavalla)*
little [Pacific] ~ → big-eyed mackerel
school ~ → giant mackerel
short ~ Zwergmakrele *f (Rastrelliger)*
skip ~ Junger Blaufisch *m (Pomatomus saltatrix)*
snake ~s Schlangenmakrelen *fpl (Gempylidae)*
snapping ~ → skip mackerel
Spanish [spotted Spanish] ~ → giant mackerel
thimble-eyed [tinker] ~ → big-eyed mackerel
macleaya ~ Federmohn *m (Macleya)*
maclura Osagedorn *m*, Gelbholz *n (Maclura)*
macodes Goldblatt *n (Macodes)*
macracanthous großstachelig
macrander große männliche Pflanze *f*
macrandrous mit großen Staubblättern *npl*
macranthous großblütig
macraner Großes Ameisenmännchen *n*
macrergate Makroergate *m*, Große Ameisenarbeiterin
macroanalysis Makroanalyse *f*
macroautoradiography Makroautoradiographie *f*
macrobenthos Makrobenthos *m (Benthos von über 2 mm Körpergröße)*

macrobiosis Makrobiose *f*, Langlebigkeit *f*
macrobiotic makrobiotisch, langlebend, langlebig
macroblast Makroblast *m*, Langtrieb *m*, Dehnsproß *m*
macrobulbous großzwiebelig; großknollig
macrocalyced großkelchig
macrocarpous großfrüchtig
macrocephalous makrozephal, großköpfig
macrochaeta große Borste *f*
macrocheiry Makrocheirie *f*, Langhändigkeit *f*
macrocladous mit langen Zweigen
macroclonous mit langen Trieben, mit langen Knospen
macrodactylous großfingrig
macrodont großzähnig
macroelement Makroelement *m*, Makronährelement *m*
macroevolution Makroevolution *f*, Entstehung *f* der höheren systematischen Kategorien
macrofibril Makrofibrille *f*
macrogamete Makrogamet *n*, weiblicher Gamet *n*, weibliche Keimzelle *f*
macrogametocyte Makrogametozyt *n*; Makrogamont *m*
macrogametophyt Makrogametophyt *n*
macrogliozyte Makrogliazelle *f*, Makrogliozyt *n*, Astrozyt *n*
macroglossate mit großer, langer Zunge *f*
macrognathic makrognathisch, großkieferig
macrogyne große Ameisenarbeiterin *f*
macroklima Makroklima *n*, Großklima *n*
macrolophous großbuschig
macromely Makromelie *f*, Megalomelie; Riesenwuchs *m*
macromere Makromer *n*, großes Blastomer *n*
macromerous langgliederig; großgliederig
macromesentery Makromesenterie *f*
macromolecule Makromolekül *n*, Riesenmolekül *n*
macromutation Makromutation *f*, Systemmutation *f*; Großmutation *f*
macromyelon Nachhirn *n*, verlängertes Mark *n*
macronucleus Makronukleus *n*, Großkern *n*
macronutrients Hauptnährelemente *mpl*
macroparasites Makroparasiten *mpl*, mehrzellige Parasiten *mpl*
macropetalous großkronblättrig
macrophagous makrophag
macrophanerophyte Megaphanerophyt *m*, Makrophanerophyt *m*; baumartiges Gewächs *n*
macrophlebious großaderig
macrophylle Makrophyll *n*, langes Blatt *n*, i.d.R. Megaphyll *n*
macrophyllous großblättrig, langblätterig
macrophyte Makrophyt *n*, makroskopisch sichtbare Pflanze *f*
macrophytophagous makrophytophag, makrophytenfressend
macroplankton Makroplankton *m*, Megaplankton *m*
macropodous großstengelig; langstengelig
macropolycyte Makropolyzyt *m*, polysegmentierter neutrophiler Leukozyt *m*
macroprothallium Megaprothallium *n*, Makroprothallium *n* *(Vorkeim mit den weiblichen Geschlechtsorganen)*
macropterous großflügelig
macroscopic(al) makroskopisch
macroscopy Makroskopie *f*, makroskopische Untersuchung *f*
macrosepalous großkelchblättrig
macroseptum Makroseptum *n*
macrosiphon innerer Siphon *m* *(Cephalopoden)*
macrosome Makrosoma *n*, Megasoma *n*
macrosomia Makrosomie *f*, Großwuchs *m*, Riesenwuchs *m*, Gigantismus *m*
macrospecies Makrospezies *f*
macrosporangium Makrosporangium *n*, Megasporangium *n*
macrospore Makrospore *f*, Megaspore *f*
macrosporogenesis Makrosporogenesis *f*, Megasporogenese *f*
macrosporophyll Makrosporophyll *n*; Fruchtblatt *n*, Karpell *n*
macrostomatous mit großem Mund
macrostylous langgriffelig
macrotherm Makrotherm *m*; tropische Pflanze *f*
macrothermophilus Tropenbewohner *m*
macrothermophyte Makrotherm *n*, tropische Pflanze *f*
macrothermophytia Tropen-Phytozönosen *fpl*
macrotomia Prophetenblume *f (Macrotomia)*
macrotous großohrig
macrotrophic makrotroph; phagotroph
macrovegetation Makrophytenvegetation *f*
macruric [macrurous] langschwänzig
macula Macula *n*, Fleck *m*
  germinal ~ Keimfleck *m*
  saccular [utricular] ~ Hörfleck *m*
maculate(d) fleckig; gefleckt
maculation Fleckigkeit *f*
maculiferous fleckig; gefleckt
madder Färberröte *f (Rubia tinctorum)*
  European ~ Europäische Färberröte *f (Rubia tinctoria)*
  field ~ Ackerröte *f (Sherardia arvensis)*
  Indian ~ Herzblättrige Färberröte *f (Rubia cordifolia)*
  wild ~ Färber-Klebkraut *n (Galium tinctorum);* Gemeines Labkraut *n (Galium mollugo)*
madderwort Vermut *m*, Wiegekraut *n (Artemisia absinthium)*
mad-dog Breitblättriges Helmkraut *n (Scutellaria laterifolia)*
madnep Gebauter [Echter] Pastinak *m (Pastinaca sativa)*
madrepore 1. Steinkoralle *f*; *pl* Riffkorallen *fpl*, Steinkorallen *fpl (Madreporaria)*; 2. Madreporenplatte *f*
madrona:
  strawberry ~ Erdbeerbaum *m (Arbutus unedo)*
madtom Steinwels *m (Noturus)*
madweed Breitblättriges Helmkraut *n (Scutellaria laterifolia)*
madwoman's-milk Sonnenwolfsmilch *f (Euphorbia*

helioscopia)

madwort 1. Meerstrand-Steinkraut *n (Alyssum maritimum)*; 2. Saatdotter *m*, Flachsdotter *m (Camelina sativa)*

magenta Fuchsin *n (Farbstoff)*

maggot Made *f*

apple ~ Larve *f* der Apfelfruchtfliege *(Rhagoletis pomonella)*

Bermuda peach ~ Larve *f* der Mittelmeer-Fruchtfliege *(Ceratitis capitata)*

cabbage (root) ~ Kohlmade *f (Larve der Kohlfliege) (Hylemyia brassicae)*

cheese ~ Käsemade *f (Larve der Käsefliege) (Piophila casei)*

cherry ~ Kirschenmade *f (Larve der Kirschfruchtfliege) (Rhagoletis cerasi)*

meadow ~ Wiesenwurm *m (Larve der Riesenschnaken) (Tipulidae)*

onion ~ Larve *f* der Zwiebelfliege *(Hylemyia antiqua)*

raspberry ~ Larve *f* der Himbeerrutenfliege *(Pegomyia rubivora)*

rat-tailed ~ Rattenschwanzlarve *f*, Mäuseschwanzlarve *f (Larve der Scheinbiene) (Eristalis)*

seed-corn ~ Larve *f* der Kammschienen-Wurzelfliege *(Hylemyia platura)*

turnip ~ Larve *f* der Großen Kohlfliege *(Hylemyia floralis)*

magnification Vergrößerung *f*

magnificent prächtig, prachtvoll; üppig

magnifier Lupe *f*, Vergrößerungsglas *n*

magniflorous großblütig

magnimammous großwarzig, mit großen Warzen

magnisulcat großfurchig; starkfurchig, mit stark ausgeprägter Furche *f*

magnolia Magnolie *f (Magnolia)*

anise ~ Weidenblättrige Magnolie *f (Magnolia salicifolia)*

cucumber ~ Zugespitzte Magnolie *f*, Gurkenbaum *m (Magnolia acuminata)*

evergreen ~ Großblütige Magnolie *f (Magnolia grandiflora)*

laurel ~ → swamp magnolia

lily ~ Lilien-Magnolie *f (Magnolia liliflora)*

mountain ~ → cucumber magnolia

silver ~ Rote Magnolie *f (Magnolia obovata)*

star ~ Stern-Magnolie *f (Magnolia stellata)*

swamp [sweetbay] ~ Virginische Magnolie *f*, Biberbaum *m*, Sumpfsassafras *m (Magnolia virginiana)*

umbrella ~ Schirmbaum *m (Magnolia tripetala)*

magnolia-vine Beerentraube *f*, Spaltkölbchen *n (Schizandra)*

magoty-boy-bean Gewürzrinde *f (Cassia)*

magpie 1. Elster *f (Pica)*; 2. Stachelbeerspanner *m (Abraxas grossulariata)*

azure-winged ~ Blauelster *f (Cyanopica cyana)*

black-billed ~ → common magpie

ceylonblue ~ Blau-Schweifkitta *f (Urocissa cornata)*

common ~ (Gemeine) Elster *f (Pica pica)*

red-billed blue ~ Rotschnabel-Schweifkitta *f (Urocissa erythrorhyncha)*

white-rumped ~ → common magpie

yellow-billed ~ Gelbschnabelelster *f (Pica pica nuttalli)*

mahaleb Mahalebkirsche *f (Padus mahaleb)*

mahogany (Westindischer) Mahagonibaum *m (Swietenia mahagoni)*

Irish ~ Erle *f*, Schwarzerle *f (Alnus glutinosa)*

Kentucky ~ Schusserbaum *m (Gymnocladus dioicus)*

mountain ~ 1. Schweiffrucht *f (Cercocarpus)*; 2. Hainbirke *f*, Zukkerbirke *f (Betula lenta)*

swamp ~ Reichblütiger Fieberheilbaum *m (Eucalyptus multiflora)*

white ~ Dreiblütiger Fieberheilbaum *m (Eucalyptus triantha)*

mahonia Mahonie *f (Mahonia)*

trailing ~ Stachelige Mahonie *f (Mahonia aquifolia)*

mahseer Zierbarben *fpl (Puntius)*

mai Fußblatt *n*, Fußfrucht *f*, Steineibe *f (Podocarpus)*

maid:

fair ~ Skap *m (Stenotomus chrysops)*

maiden 1. jungfräulich; 2. → fair maid

maidenhair 1. Haarfarn *m*, Frauenhaarfarn *m (Adianthum)*; 2. Bachnelkenwurz *f (Geum rivale)*

true ~ Venushaar *n (Adianthum capillus-veneris)*

white ~ Mauerrauten-Streifenfarn *m (Asplenium rutamuraria)*

maidenhairtree Ginkgobaum *m (Ginkgo biloba)*

maidenhead 1. Jungfräulichkeit *f*, Jungfernschaft *f*; 2. *(Anat.)* Jungfernhäutchen *n*

maiden's-tears Breitblättriges Leimkraut *n (Silene latifolia)*

maidenwort Moschusduftende Gauklerblume *f (Mimulus moschatus)*

maid's-hair Echtes Labkraut *n (Galium verum)*

mail Panzer *m*

mainland Festland *n*

mainroot Hauptwurzel *f*

maintenance Erhaltung *f*

maise Stinkende Hundskamille *f (Anthemis cotula)*

maize Mais *m (Zea)*

major:

sergeant ~ Sergeant-Major *m (Abudefduf saxatilis)*

maker:

blood-red slave ~ Blutrote Raubameise *f (Formica sanguinea)*

larder ~ Nahrungsspeicherer *m*; Futtersammler *m*

pace ~ Pacemaker *m*, Schrittmacher *m*

make-up:

enzyme ~ Enzymaustattung *f*, Enzymbesteck *m (z.B. von Mikrobenzellen)*

genetic ~ 1. Genom-Anordnung *f*; 2. rekombinante DNS *f*

mako Mako *m*, Makohai *m*, Makrelenhai *m (Isurus oxyrinchus)*

sharp-nosed ~ → mako
malabsorption Malabsorption, mangelhafte Absorption *f*
malacia Malazie *f*, Erweichung *f*, Erweichen *n*
malacodermous weichhäutig
malacodontous weichzähnig
malacoid malakoid, weichtierartig; weich
malacology Malakologie *f*, Weichtierkunde *f*
malacophilous [malacophyllous] weichblättrig
malacospermous weichsamig
malanga Goldnarbe *f (Xanthosoma)*
malar 1. Jochbein *n*; 2. Jochbein...
malaxation Durchkneten *n*, Malaxieren *n*
maldevelopment Mißentwicklung *f*, Fehlentwicklung *f*
male 1. Männchen *n*; 2. männlich; 3. männliche Pflanze *f*
dwarf ~ 1. Zwergmännchen *n*; 2. kleine männliche Pflanze *f*
idle ~ zeugungsunfähiges Männchen *n*
male-bee Bienendrohne *f*, Drohne *f*
maleberry Ligusterartige Lyonie *f (Lyonia ligustrina)*
malformation Mißbildung *f*, Fehlbildung *f*
malfunction Fehlfunktion *f*; Funktionsstörung *f*
malice Rundblättrige Malve *f (Malva rotundifolia)*
maliform apfelförmig
malignant maligne, bösartig
malkoha Malkoha *m (Phaenicopaecus pyrrhocephalus)*
black-bellied ~ Diardkuckuck *m (Phaenicophaeus diardi)*
red-billed ~ Kastanienbauchkuckuck *m (Phaenico phaeus javanicus)*
red-faced ~ Nacktstirnkuckuck *m (Phaenicophaeus pyrrhocephalus)*
mallard Stockente *f (Anas platyrhyrhynchos)*
African ~ Gelbschnabelente *f (Anas undulata)*
mallee Fieberheilbaum *m (Eucalyptus)*
blue ~ Gardner's Fieberheilbaum *m (Eucalyptus gardneri)*
dumosa ~ Buschiger Fieberheilbaum *m (Eucalyptus dumosa)*
gray ~ Ölreicher Fieberheilbaum *m (Eucalyptus oleosa)*
mallee-scrub Fieberheilbaum-Gebüschformation *f*
malleto Abendländischer Fieberheilbaum *m (Eucalyptus occidentalis)*
malleus Hammer *m (Gehörknöchelchen)*
mallie [mallimauk] Eissturmvogel *m*, Mallemuk *m (Fulmarus glacialis)*
mallow Malve *f (Malva); pl* Malvengewächse *pl (Malvaceae)*
bristly fruited ~ Karolinische Malve *f (Malva caroliniana)*
common ~ Wilde Malve *f (Malva silvestris)*
country ~ → low mallow
curled ~ Kohlmalve *f*, Krausmalve *f*, Krause Malve *f (Malva verticillata)*
dwarf ~ Wegmalve *f*, Kleine Käsepappel *f (Malva neglecta)*
European ~ Rosenmalve *f*, Rosenpappel *f (Malva alcea)*
false ~ Scheinmalve *f*, Sternmalve *f (Malvastrum)*
high ~ → common mallow
hispid ~ Stockmalve *f*, Rauher Eibisch *m (Althaea hirsuta)*
Indian ~ Samtpappel *f*, Gelbe Schönmalve *f (Abutilon theophrasti)*
Jew's ~ Jute *f (Corchorus)*
low ~ Rundblättrige Malve *f (Malva rotundifolia)*
marsh ~ Echter [Gemeiner] Eibisch *m (Althaea officinalis)*
musk ~ Moschusmalve *f (Malva moschata)*
rose ~ 1. Rosenmalve *f*, Rosenpappel *f (Malva alcea)*; 2. Stundenblume *f*, Stundeneibisch *m (Hibiscus trionum)*
running ~ → low mallow
tree ~ Baumartige Strauchpappel *f (Lavatera arborea)*
Venice ~ → rose mallow 2.
vervain ~ → European mallow
malodorous übelriechend
malt 1. Malz *n*; 2. mälzen
black ~ Farbmalz *n*
malting Mälzen *n*
mamba Mamba *f (Dendroaspis)*
black ~ Schwarze Mamba *f*, Schwarzmamba *f (Dendroaspis polylepis)*
common [eastern green] ~ Blattgrüne Mamba *f (Dendroaspis angusticeps)*
green ~ Grüne Mamba *f (Dendroaspis viridis)*
South African ~ → common mamba
mamelon Wärzchen *n*, Wärzlein *n*
mamilla 1. Brustwarze *f*; 2. Zitze *f*
mamillary 1. mamillär, Brustwarzen...; 2. brustwarzenförmig
mamma Milchdrüse *f*; weibliche Brustdrüse *f*
mammal Säugetier *n*; *pl* Säugetiere *npl (Mammalia)*
carnivorous ~**s** Raubtiere *npl (Carnivora)*
cloven-hoofed [even-hoofed, even-toed] ~**s** Paarhufer *mpl*, Paarhuftiere *npl (Artiodactyla)*
flesh-eating ~**s** → carnivorous mammals
gnawing ~**s** Nagetiere *npl (Rodentia)*
insect-eating ~**s** Insektenfresser *mpl (Insectivora)*
odd-toed (hoofed) ~**s** Unpaarhufer *m (Perissodactyla)*
paridigitate ~**s** Paarhufer *m*, Paarhuftiere *npl (Artiodactyla)*
pouched ~**s** Beuteltiere *mpl (Marsupialia)*
small ~ kleines Säugetier *n*, Kleinsäuger *m*
web-footed ~**s** Flossenfüßer *mpl*, Wasserraubtiere *npl*, Robben *fpl (Pinnipedia)*
wing-handed ~ Fledertiere *npl*, Armflügler *mpl (Chiroptera)*
mammalian 1. Säugetier *n*; 2. Säugetier...
mammalogy Mammalogie *f*, Theriologie *f*, Säugetierkunde *f*
mammary 1. Mamma..., mammär; Brust(warzen)...; 2. Euter...
mammea Mammeibaum *m*, Aprikose *f* von St. Domingo

(Mammea americana)

mammiferous 1. milchdrüsentragend; 2. milchabsondernd

mammiform warzenförmig; zitzenförmig

mammilla → mamilla

mammillary → mamillary

mammilaria Warzenkaktus *m (Mammillaria)*

mammillate(d) warzentragend

mammilosous wärzchentragend

mammoth Mammut *n (Elephas primigenius)*

mammotrop mammotrop, brustdrüsenstimulierend, milchdrüsenstimulierend; laktogen

mammotrophin Mammotropin *n*, Prolaktin *n*

man Mensch *m (Homo sapiens)*

old ~ Graues Riesenkänguruh *n (Macropus gigantea)*

old ~ of the sea Pferdekopf *m (Selene vomer)*

sheriff's ~ Stieglitz *m (Carduelis carduelis)*

management 1. Leitung *f*, Management *n*; 2. Bewirtschaftung *f*; 3. Haltung *f (der Tiere)*

cage ~ Käfighaltung *f*

forest ~ Forstwirtschaft *f*; Forstpflege; Forstordnung *f*

pasture [range] ~ Naturweidennutzung *f*; Naturweidenwirtschaft *f*

wildlife ~ Wildpflege *f*; Wildschutz *f*

manaki Pipra *f*; *pl* Schnurrvögel *pl*, Manakins *mpl*, Pipras *mpl (Pipridae)*

helmeted ~ Rothelmipra *f (Antilophia galeata)*

military [pin-tailed] ~ Graukehlpipra *f (Ilicura)*

yellow-thighed ~ Gelbhosenpipra *f (Pipra mentalis)*

manatee Flußmanati *m*, Manati *m (Trichechus); pl* Manatis *mpl*, Rundschwanzsirenen *fpl (Trichechidae)*

African ~ → West African manatee

Amazon ~ Flußmanati *m (Trichechus inunguis)*

American [Caribean, North American) ~ Nagelmanati *m (Trichechus manatus)*

South American ~ → Amazon manatee

West African ~ Afrikanischer Manati *m*

mandarin(e) Mandarine *f (Citrus reticulata)*

mandible 1. *Anat.* Mandibula *f*; Unterkiefer *m*; 2. *(Ent.)* Oberkiefer *m*, Mandibel *f*; 3. Unterschnabel *m*

mandibular 1. mandibular, Unterkiefer...; 2. *(Ent.)* Mandibel...

mandrake Alraunpflanze *f (Mandragora)*

wild ~ Fußblatt *n*, Entenfuß *m*, Wilde Zitrone *f (Podophyllum peltatum)*

mandrill Mandrill *m*, Sphinx-Pavian *m (Papio sphinx)*

manducation Mastikation *f*, Kauen *n*

manducatory kauend; Kau...

mane Mähne *f*

man-eater 1. Menschenhai *m*, Weißhai *m (Carcharodon)*; 2. *pl* Heringshaie *mpl (Lamnidae)*

manelike mähnenartig

mangab(e)y Mangabe *m (Cercocebus)*

mangel(-wurzel) Futterrübe *f*, Futterrunkel *m (Beta vulgaris ssp. vulgaris* var. *rapacea)*

manger Futterkasten *m*; Futtertraufe *f*; Futtertrog *m*

mango Mangobaum *m (Mangifera)*

African ~ → wild mango

bachang ~ Stinkender Mangobaum *m (Mangifera foetida)*

common ~mango Indischer Mangobaum *m (Mangifera indica)*

gray [horse] ~ → bachang mango

kuwini ~ Wohlriechender Mangobaum *m (Mangifera odorata)*

monjet ~ Lorbeerartiger Mangobaum *m (Mangifera laurina)*

wild ~ Dika *f (Irvingia gabonensis)*

mangold (Römischer) Mangold *m*, Beißkohl *m (Beta vulgaris ssp. vulgaris)*

mangosteen Mangostanbaum *m (Garcinia mangostana)*

mango-tree Mangobaum *m (Mangifera)*

mangrove Mangrovenbaum *m*, Licht(er)baum *m (Rhizophora mangle)*

manicoba → manioc

manifold 1. Psalter *m*, Blättermagen *m*; 2. vielfach, vielfaltig

manihot → manioc

man-induced anthropogen

manio Chile-Steineibe *f (Podocarpus chilensis)*

manioc Cassave *f*, Maniok *m (Manihot esculenta)*

bitter ~ Bittere Cassave *f*, Bitterer Maniok *m (Manihot utilissima)*

manna 1. Honigtau *m*; 2. Mannagras *n*, Schwaden *m*, Süßgras *n (Glyceria)*; 3. Manna *n (Lecanora esculenta)*

man-of-the-earth → manroot

man-of-war:

Portuguese ~ Blasenqualle *f*, Seeblase *f*, Portugiesische [Spanische] Galeere *f (Physalia physalis)*

man-o'-war-birds Fregattvögel *mpl (Fregatidae)*

manroot Geigenförmige Winde *f (Convolvulus panduratus)*

manta Teufelsrochen *m*, Riesenmanta *m (Manta); pl* Teufelsrochen *mpl (Mobulidae)*

mantle Mantel *m*

brain ~ Hirnmantel *m*

chordo-mesodermal ~ Chordomesoderm *n*

manubrium 1. Manubrium *n*, Griff *m*, grifförmiger Fortsatz *m*; 2. Brustbein(hand)griff *m*

manuka Südseemyrte *f (Leptospermum)*

manul Manul *m (Felis manul)*

manure 1. Mist *m*, Dung *m*, Dünger *m*; 2. düngen

green ~ Gründünger *m*

many-awned vielgrannig, mit vielen Grannen

many-bracted vieldeckblättrig, mit vielen Deckblättern/Brakteen

many-celled vielzellig

manyfold → manifold

manyplies Blättermagen *m*, Psalter *m*

many-seeded vielsamig

many-segmented polysegmentär; vielgliederig

many-stage vielstufig

manzanita Bärentraube *f (Arctostaphylos)*

maple Ahorn *m (Acer)*
ash-leaved ~ Eschenblättriger Ahorn *m*, Eschenahorn *m (Acer negundo)*
bird's-eye ~ → silver(-leaf) maple
black (sugar) ~ Schwarz-Ahorn *m (Acer nigrum)*
broad-leaved ~ Großblättriger Ahorn *m (Acer macrophyllum)*
Canadian ~ → sugar maple
Carolina ~ → red maple
common ~ Feld-Ahorn *m*, Maßholder *m (Acer campestre)*
curled ~ → silver(-leaf) maple
cut-leaved ~ → ash-leaved maple
English field ~ → common maple
flowering ~ Samtpappel f, Schönmalve *f*, Zimmerahorn *m (Abutilon)*
fullmoon ~ → Japanese maple
goose-foot ~ → northern maple
hedge ~ → common maple
hornbeam ~ Hainbuchen-Ahorn *m (Acer caprinifolium)*
Japanese ~ Japanischer Ahorn *m (Acer japonicum)*
Manchurian ~ Mandschurischer Ahorn *m (Acer mandschuricum)*
Montpelier ~ Französischer Ahorn *m*, Dreilappiger Ahorn *m*, Felsenahorn *m (Acer monspessulanum)*
northern ~ Pennsylvanischer Ahorn *m (Acer pennsylvanicum)*
Norway ~ Spitzblättriger Ahorn *m*, Spitz-Ahorn *m (Acer platanoides)*
Oregon ~ → vine maple
Pacific ~ → broad-leaved maple
paperbark ~ Grauer Ahorn *m (Acer griseum)*
plane-tree ~ → sycamore maple
red ~ Roter Ahorn *m (Acer rubrum)*
river ~ → silver(-leaf) maple
rock ~ → sugar maple
scarlet ~ → red maple
silver(-leaf) ~ Silber-Ahorn *m (Acer saccharinum)*
soft ~ → red maple
striped ~ → northern maple
sugar ~ 1. Echter Silber-Ahorn *m*, Zuckermaßholder *m (Acer saccharum)*; 2. → ash-leaved maple
swamp ~ 1. Silber-Ahorn *m (Acer saccharinum)*; 2. → red maple
sweet ~ → sugar maple 1.
sycamore ~ Weißer Ahorn *m*, Traubenahorn *m (Acer pseudoplatanus)*
Tatarian ~ Tatarischer Ahorn *m (Acer tataricum)*
vine ~ Rundblättriger Ahorn *m (Acer circinatum)*
white ~ → silver(-leaf) maple

maquis Maquis *f*, Macchia *f*, Macchie *f (immergrünes Hartlaubgebüsch im Mittelmeergebiet)*
mara Mara *f*, Patagonischer Hase *m (Dolichotis patagonium)*
marabou Marabu *m (Leptoptilus)*
maral Altai-Maral *m (Cervus elaphus sibiricus)*
marang Marang *m*, Brot(frucht)baum *m (Artocarpus)*
marbled marmoriert
marble-flower Schlaf-Mohn *m (Papaver somniferum)*
marcescent welkend; abwelkend; vergilbend; verdorrend; verblühend
march Echter [Gemeiner] Sellerie *m*, Gemeiner Eppich *m (Apium graveolens)*
marding Kleine Wasserlinse *f (Lemna minor)*
mare Stute *f*
mare's-tail 1. Tannenwedel *m (Hippuris)*; 2. Winter-Schachtelhalm *m (Equisetum hyemale)*; 3. Kanadisches Berufkraut *n (Erigeron canadensis)*
margaritiferous perlentragend
margin 1. Rand *m*; 2. Waldsaum *m*
ciliate leaf ~ gewimperter Blattrand *m*
crenate leaf ~ gekerbter Blattrand *m*
dental leaf ~ gezähnter Blattrand *m*
limitating ~ of peritoneum Peritonealrand *m*, Bauchfellrand *m*
serrulate leaf ~ feingesägter Blattrand *m*
undulate leaf ~ gewellter Blattrand *m*

marginal marginal, randständig, Rand...
marginate gerändert, gerandet, gesäumt
marginidentate gezähnt
marginiform saumförmig
margosa Paternosterbaum *m (Melia azedarach)*
marguerite Gänseblümchen *n*, Maßliebchen *n (Bellis)*
mari Mari *m (Lärchenhochmoorwald mit Spagnen)*
maria (Gemeine) Quappe *f (Lota lota)*
mariculture Meereskultur *f*
marigold 1. Ringelblume *f (Calendula)*; 2. Stundenblume *f*, Samtblume *f (Tagetes)*
Arican ~ Aufrechte Studentenblume *f (Tagetes erecta)*
annual ~ → marigold 2.
common ~ → pot marigold
corn ~ Goldblume *f (Chrysanthemum)*
fetid ~ Heideähnliche Aster *f (Aster ericoides)*
fig ~ Mittagsblume *f (Mesembryanthemum)*
French ~ → African marigold
marsh ~ Sumpfdotterblume *f (Caltha palustris)*
pot ~ Garten-Ringelblume *f (Calendula officinalis)*
rayless ~ Belaubter Zweizahn *m (Bidens frondosa)*
smaller ~ Nickender Zweizahn *m (Bidens cernua)*
spreading ~ Ausgebreitete Studentenblume *f (Tagetes patula)*
wild ~ Strahllose Kamille *f (Matricaria matricarioides)*

marine Meeres..., meeresbewohnend
marita Marita *f (geschlechtsreife Generation der Trematoden)*
marjoram Majoran *m*, Majorana *m (Majorana)*
pot ~ Gewöhnlicher Dost *m*, Wilder Dost *m (Origanum vulgare)*
sweet ~ Gartenmajoran *m (Majorana hortensis)*
wild ~ → pot marjoram

mark 1. Marke *f*, Mal *n*; Fleck *m*; 2. Zeichen *n*, Kennzeichen *n*, Merkmal *n*; Kennung *f*; 3. Spur *f*; 4. markieren

color ~ Farbmal *n*; Farbzeichen *n*; Farbmerkmal *n*
deflective ~ deflektives [ablenkendes] Merkmal *n*
directive ~ direktives [anweisendes, richtendes] Merkmal *n*
distinctive ~ Kennzeichen *n*
marker Marker *m*; Markierungsgen *n*
allotypic ~ allotypischer Immunoglobulinmarker *m*
clonal ~ klonaler Marker *m*, Markierungsklon *n*
contra-selective ~ antiselektiver Marker *m*
"eclipsed" ~ terminaler differenzierender Marker *m*
flanking ~ flankierende Markierungsfolge *f*
genetic ~ Markierungsgen *n*, genetischer Marker *m*
idiotypic ~ Markierungsidiotyp *m*
immunophenotypic ~ zellphenotypischer Antigenmarker *m*, immunophenotypischer Marker *m*
isotopic ~ Isotopenlabel *n*
isotypic ~ Markierungsisotyp *m*
lymphoid ~ Lymphoidgewebemarker *m*
surface ~ Zelloberflächemarker *m*
T-cell ~ T-Zelle-Marker *m*
markho(o)r Markhor *m*, Markhur *m*, Schraubenziege *f* *(Capra falconeri)*
marking 1. Markierung *f*; Bezeichnung *f*; Kennzeichnung *f*; 2. Hautmusterung *f*, Federmusterung *f*, Zeichnung *f*; Merkzeichen *n*
olfactory ~ Duftmarkierung *f*, olfaktorische Markierung *f*
scent ~ → olfactory marking
sound ~ Territoriales Lautsignal *n*, Revierlautmarkierung *f*, Reviergesang *m*
territorial ~ Reviermarkierung *f*
visual ~ territoriale Sichtmarkierung *f*
markweed Kriechender Sumach *m* *(Rhus radicans)*
marl Mergel m
clay ~ Tonmergel *m*
marlin Marlin *m* *(Makaira); pl* Fächerfische *mpl*, Marlins *mpl* *(Istiophoridae)*
black ~ Schwarzer Marlin *m* *(Istiompax marlin)*
blue ~ Blauer Marlin *m* *(Makaira ampla)*
red ~ Gestreifter Marlin *m* *(Tetrapturus audax)*
white ~ Weißer Marlin *m* *(Tetrapturus albida)*
marmorate marmoriert
marmoset Marmosette *f*; *pl* Krallenäffchen *npl*, Marmosetten *mpl* *(Callithricidae)*
bare-eared ~ → silvery marmoset
bare-faced ~ Tamarin *m* *(Saguinus)*
black-tailed ~ → silvery marmoset
common ~ Weißbüscheläffchen *n* *(Callithrix jacchus)*
Goeldi's ~ Goeldi-Tamarin *m*, Springtamarin *m* *(Callimico goeldii)*
golden (lion) ~ Goldgelbes [Großes] Löwenäffchen *n* *(Leontopithecus rosalia)*
lion(-headed) ~ → maned marmoset
long-tusked ~ → bare-faced marmoset
maned ~ Löwenäffchen *n* *(Leontopithecus)*
pygmy ~ Zwergseidenäffchen *n* *(Callithrix pygmaea)*
silvery ~ Silberäffchen *n* *(Callithrix argentata)*
true ~ Marmosette *f* *(Callithrix)*
marmot Murmeltier *n* *(Marmota)*
Alaska ~ Alaska-Murmeltier *n* *(Marmota broweri)*
Alpine ~ (Alpen-)Murmeltier *n* *(Marmota marmota)*
black-capped ~ Kamtschatka-Murmeltier *n* *(Marmota camtschatica)*
bobak ~ Bobak *m*, Baibak *m*, Russisches Murmeltier *n* *(Marmota bobac)*
hoary ~ Eisgraues Murmeltier *n* *(Marmota caligata)*
long-tailed ~ Langschwänziges Murmeltier *n* *(Marmota caudata)*
prairie ~ Präriehund *m* *(Cynomus)*
Quebeck ~ Wald-Murmeltier *n* *(Marmota monax)*
Siberian ~ → bobak marmot
yellow-belly ~ Gelbbäuchiges Murmeltier *n* *(Marmota flaviventris)*
marri Schwielenblättriger Fieberheilbaum *m* *(Eucalyptus calophylla)*
marrow Mark *n*; Markstoff *m*, Marksubstanz *f*
bone ~ Knochenmark *n*
hair ~ Haarmark *n*
red bone ~ rotes Knochenmark *n*
yellow bone ~ gelbes Knochenmark *n*
marsh Marsch *f*; Marschland *n*
alpine ~ Hochgebirgsmoor *n*
estuarine ~ Flussmarsch *f*
salt ~ Salzmarsch *f*
sedge ~ Seggenmarsch *f*; Seggenmoor *n*
young ~ Koog *m*
marsh-beet Strandnelke *f*, Widerstoß *m* *(Limonium)*
marsh-beetle Breitblättriger Rohrkolben *m* *(Typha latifolia)*
marsh-plant Moorpflanze *f*, Sumpfpflanze *f*
marshberry Moosbeere *f* *(Oxycoccus)*
marshbuck Sitatunga *f*, Wasserkudu *m*, Sumpfantilope *f* *(Tragelaphus spekei)*
marshland Marsch *f*, Marschland *m*
marshlocks Sumpf-Fingerkraut *n* *(Potentilla palustris)*
marshotter (Europäischer) Nerz *m*, Kleiner Fischotter *m*, Sumpfotter *m* *(Mustela lutreola)*
marsh-pestyle → marsh-beetle
marsh-root Karolinischer Widerstoß *m* *(Limonium carolinianum)*
marsh-weed Sumpf-Schachtelhalm *m* *(Equisetum palustre)*
marshwort → marshberry
marshy moorig; sumpfig, Sumpf...
marsoon Weißwal *m* *(Delphinapterus leucas)*
marsupial Beuteltier *n*; *pl* Beuteltiere *npl* *(Marsupialia)*
flat-skulled ~ Flachkopfbeutelmaus *f* *(Planigale)*
flesh-eating ~s Raubbeutler *mpl* *(Dasyuridae)*
jerboa [long-legged] ~ Springbeutelmaus *f*, Beutelspringmaus *f* *(Antechinomys)*
marsupium Brutbeutel *m*, Marsupium *n*
martagon Türkenbund *m* *(Lilium martagon)*
marten Marder *m* *(Martes)*
beech ~ → stone marten

common ~ Baummarder *m*, Edelmarder *m* *(Martes martes)*
Guiana ~ Grison *m*, Großgrison *m* *(Galictis vittata)*
Indian ~ Charsa-Marder *m*, Buntmarder *m* *(Martes flavigula)*
Japanese ~ Japan-Zobel *m* *(Martes melampus)*
pine ~ → common marten
rock ~ → Indian marten
spotted ~ Fleckenbeutelmarder *m* *(Dasyurus maculatus)*
stone ~ (Europäischer) Steinmarder *m*, Hausmarder *m* *(Martes foina)*
sweet ~ → common marten
yellow-throated ~ → Indian marten
martin(et) Schwalbe *f*; *pl* Schwalben *fpl* *(Hirundinidae)*
African river ~ Stachelschwanz-Schwalbe *f* *(Pseudochelidon eurystomina)*
asiatic house ~ Asiatische Mehlschwalbe *f* *(Delichon dasypus)*
banded (sand) ~ Weißbrauenschwalbe *f* *(Riparia cincta)*
brown-chested ~ Braunbrustschwalbe *f* *(Progne tapera)*
brown-throated sand ~ Braunkehl-Uferschwalbe *f* *(Riparia paludicola)*
common house ~ Mehlschwalbe *f* *(Delichon urbica)*
crag ~ (Gewöhnliche) Felsenschwalbe *f* *(Ptyonoprogne rupestris)*
European house ~ → common house martin(et)
fairy ~ Arielschwalbe *f* *(Petrochelidon ariel)*
purple ~ Purpurschwalbe *f* *(Progne subis)*
red-throated rock ~ Angola-Klippen-Schwalbe *f* *(Petrochelidon rufigula)*
rock ~ Steinschwalbe *f* *(Ptyonoprogne fuligula)*
sand ~ Uferschwalbe *f* *(Riparia riparia)*
southern ~ Schwarzschwalbe *f* *(Progne modesta)*
tree ~ (Austral-)Baumschwalbe *f* *(Petrochelidon nigricans)*
white-bellied ~ Dominikaner-Schwalbe *f* *(Progne dominicensis)*
marvel Mauer-Andorn *m*, Gemeiner Andorn *m* *(Marrubium vulgare)*
mash Maische *f*
masculine männlich
masculinization Maskulin(is)ierung *f*, Vermännlichung *f*
mask 1. Fangmaske *f* *(der Libellen)*; 2. maskieren
masked 1. maskenartig, Masken...; 2. maskiert
masking Maskierung *f*; Tarnung *f*
mass Masse *f*
egg ~ Eigelege *n*, Gelege *n*
fecal ~**es** Fäkalien *npl*, Exkremente *npl*
pollen ~ Pollen *m*
massasauga Zwergklappenschlange *f*, Massasauga *f* *(Sistrurus)*
masseter Kaumuskel *m*
massula schwimmfähige Ballen aus zusammengeklumpten Sporen
mast Mast *f*, Mastfutter *n*
mastax Kaumagen *m* *(der Rädertiere)*
master:
bush ~ Buschmeister *m* *(Lachesis mutus)*
masterwort Sterndolde *f* *(Astrantia)*
mastic Mastixpistazie *f* *(Pistacia lentiscus)*
masticate kauen; zerkauen
mastication Mastikation *f*, Kauen *n*
masticatory mastikatorisch, Kau...
mastigoneme peripheres Geißelfilament *n*
mastigophorous geißeltragend
mastigospore Mastigospore *f*, geißeltragende Spore *f*
mastocyte Mastozyt *m*, Mastzelle *f*
mastoid 1. mastoid, brustwarzenförmig; 2. mastoid, Warzenfortsatz...; 3. Mastoid *n*, Warzenfortsatz *m*
mat 1. verfilzte Masse *f*; 2. Pflanzenteppich *m*
moss ~ Moosdecke *f*
sea ~**s** meeresbewohnende Moostierchen *npl* *(Bryozoa)*
vegetation ~ Pflanzenteppich *m*, Polstervegetation *f*
matai Ährentragende Steineibe *f* *(Podocarpus spicatus)*
match 1. (zusammenpassendes) Paar *n*; 2. Vereinbarkeit *f*; Verträglichkeit *f*; 3. zusammenpassen, übereinstimmen
complete ~ völlige [unbedingte] Verträglichkeit *f*
partial ~ bedingte Verträglichkeit *f*; Teilverträglichkeit
mate 1. Paarungspartner *m*, Geschlechtspartner *m*; 2. paaren; 3. Matebaum *m* *(Ilex paraguajensis)*
mate-negra Dreizähniges Eisenkraut *n* *(Verbena tridens)*
material 1. Material *n*, Stoff *m*; Substanz *f*; 2. materiell, physisch, körperlich
inoculative ~ Inokulationsmaterial *n*, Impfstoff *m*
in-process ~ Zwischenprodukt *n*
maternal 1. maternal, mütterlich, Mutter...; 2. mütterlichseits
maternity Maternität *f*, Mutterschaft *f*
matfelon Schwarze Flockenblume *f* *(Centaurea nigra)*
matgrass (Steifes) Borstgras *n* *(Nardus stricta)*
mating Paarung *f*; Begattung *f*; Kreuzung *f*
matrices *pl von* matrix
matrix 1. Matrix *f*, Grundsubstanz *f*; 2. interzelluläre Substanz *f*; 3. *(Biom.)* Matrix *f*; 4. Gebärmutter *f*
allocation ~ *(Biom.)* Zuordnungsmatrix *f*, Allokationsmatrix *f*
dispersion ~ Streuungsmatrix *f*, Dispersionsmatrix *f*
intercellular ~ interzelluläre Substanz *f*, interzelluläre Matrix *f*
matter Materie *f*; Material *n*, Stoff *m*; Substanz *f*
activ ~ Wirkstoff *m*, aktive Substanz *f*
detrital ~ Detritus *m*
dry ~ Trockensubstanz *f*, Trockenmasse *f*
gray ~ Graue Substanz *f* *(des Gehirns)*
inanimate ~ unbelebte Materie *f*
living ~ lebende Materie *f*
white ~ weiße Substanz *f* *(des Gehirns)*
maturation Maturation *f*, Reifen; Reifung *f*; Ausreifen *n*
immune ~ Immunokompetenzentwicklung *f*

intrathymic ~ intrathymische Lymphozytenreifung *f*
mature 1. reifen, reif werden, ausreifen; 2. reif; fallreif; voll entwickelt
maturity Reife *f*
early sexual ~ frühere Geschlechtsreife *f*
sexual ~ Geschlechtsreife *f*, sexuelle Reife *f*
matutinal morgendlich, Morgen...
matweed → matgrass
mavis Singdrossel *m (Turdus philomelos)*
mawseed → marble-flower
maxilla 1. *(Anat.)* Maxille *f*, Oberkiefer *m*; 2. *(Zool.)* Maxille *f*, Unterkiefer *m*
prime ~ erste Maxille *f*
second ~ zweite Maxille *f*
maxillare Oberkiefer(knochen) *m*
maxillary 1. maxillar, Oberkiefer...; 2. *(Zool.)* Unterkiefer...
maxilliped(e) Kieferfuß *m (Crustaceen; Chilopoda)*
maxillomandibular maxillomandibular, Oberkiefer-Unterkiefer...
maxilloturbinale untere Nasenmuschel *f*
may(bush) Zweigriffeliger Weißdorn *m (Crataegus laevigata)*
mayfish Maifisch *m (Alosa alosa)*
mayflies Eintagsfliegen *fpl*, Hafte *mpl (Ephemeroptera)*
palingeniid ~ Wasserblüten *f (Palingeniidae)*
mayflower 1. Ausgebreitete Kuhschelle *f (Pulsatilla patens)*; 2. Leberblümchen *n (Hepatica nobilis)*; 3. Primelstrauch *m (Epigaea)*
maygaw Sommerblühender Weißdorn *m (Crataegus aestivalis)*
mayweed Stinkende Hundskamille *f (Anthemis cotula)*
may-wings Wenigblättrige Kreuzblume *f (Polygala paucifolia)*
maze Labyrinth *n*
elevated ~ Kaskadenlabyrinth *m*
mazzard Vogelkirsche *f*, Süßkirsche *f (Prunus avium)*
meadow Wiese *f*; Matte *f*
alkaligras-salt ~ Salzwiese *f*
alpine ~ Almwiese *f*, Alpenwiese *f*
arctic ~ arktische Wiese *f*, arktische Matte *f*
bottomland ~ Auenwiese, Überschwemmungswiese *f*
brackish-water ~ Brackwasser-Sumpfwiese *f*
bromegras ~ Trespenwiese *f*, Wiese *f* mit Bromus, Halbtrockenrasen *m*
calcareous swamp ~ Kalkboden-Sumpfwiese *f*
cultivated ~ Kulturwiese *f*; Kunstwiese *f*
dry ~ Trockenrasen *m*
false-oat ~ Goldhaferwiese *f*
floodplain ~ → bottomland meadow
forb ~ Kräuterwiese *f*
getting hillock ~ Bult-Wiese *f*
hay ~ Heuwiese *f*, Mähwiese *f*
herb ~ Kräuterwiese *f*
hillock ~ Bult-Wiese *f*
inundation ~ Auenwiese *f*, Überschwemmungswiese *f*
lea ~ Wechselwiese *f*
lowland ~ Niederungswiese *f*, Tieflandwiese *f*, Tiefebenenwiese *f*
mannagras ~ Schwadenwiese *f*
moiety ~ Feuchtwiese *f*
molinia ~ Pfeifengraswiese *f*
native ~ Naturwiese *f*
pasture ~ Weidewiese *f*, Weide *f*
peat-land ~ Moorwiese *f*
permanent ~ Dauerwiese *f*, Dauergrünland *n*
quackgrass ~ Queckenwiese *f*
reed-canarygras ~ Rohrglanzgras-Wiese *f*, Rohrglanzgras-Bestand *m*
reedgrass ~ Reitgraswiese *f*
rough ~ 1. Ödlandrasen *m*, Ödlandwiese *f*; 2. Hungerwiese *f*; Magerwiese *f*
salt ~ Salzwiese *f*
short grass ~ Matte *f*, Kurzgraswiese *f*
steppe ~ Steppenrasen *m*, steppenartige Wiese *f*; Wiesensteppe *f*
swamp ~ Sumpfwiese *f*; Moorwiese *f*
tall-oatgrass ~ Glatthaferwiese *f*
tussock ~ Bülten-Wiese *f*
tussock swamp ~ Bülten-Sumpfwiese *f*
upland ~ Hochlandwiese *f*
water ~ Überschwemmungswiese *f*
wet ~ Feuchtwiese *f*; Staunaßwiese *f*, nasse Wiese *f*
meadow-cup Mannschildartiges Hundsgift *n (Apocynum androsacefolium)*
meadow-nuts → marshlocks
meadowsweet 1. Dreiblättriger Spierstrauch *m (Spiraea trifoliata)*; Gelbfilziger Spierstrauch *m (Spiraea tomentosa)*; 2. Echtes Mädesüß *n (Filipendula ulmaria)*
meadow-wort → meadowsweet 2.
meadowy 1. wiesenartig; 2. wiesenreich
meagre 1. Schattenfisch *m*, Umberfisch *m (Sciaena cirrhosa)*; 2. Adlerfisch *m (Johnius holoepidotus)*
meakin Ähr(enblüt)iges Tausendblatt *n (Myriophyllum spicatum)*
mealberry Echte Bärentraube *f (Arctostaphylos uva-ursi)*
mealworm Mehlwurm *m (Larve des Mehlkäfers, Tenebrio)*
mealy mehlig; mehlig bestäubt
mealybug Schmierlaus *f*; *pl* Schmierläuse *pl (Pseudococcidae)*
apple ~ → Canadian apple mealybug
Baker's ~ Südliche Schmierlaus *f (Pseudococcus bakeri)*
Canadian apple ~ Gemeine Schmierlaus *f*, Ahornschmierlaus *f (Phenacoccus aceris)*
citrus ~ Citrus-Schmierlaus *f*, Gewächshausschmierlaus *f (Planococcus citri)*
common ~ → citrus mealybug
grape ~ → Baker's mealybug
long-tailed ~ Langdornige Schmierlaus *f (Pseudococcus adonidum)*
pear ~ → Baker's mealybug

pineapple ~ Ananasschmierlaus *f (Pseudococcus brevipes)*
pink sugarcane ~ Zuckerrohrschmierlaus *f (Saccharicoccus sacchari)*
root ~ Wurzelschmierlaus *f (Rhizoecus)*
striped ~ Weiße Lamtorolaus *f (Ferrisia virgata)*
mean Mittel *n*, Mittelwert *m*
adjusted ~ bereinigter [korrigierter] Mittelwert *m*
arithmetic ~ arithmetisches Mittel *n*
assumed ~ angenommenes Mittel *n*
corrected ~ bereinigter [korrigierter] Mittelwert *m*
geometrical ~ geometrisches Mittel *n*
harmonic ~ harmonisches Mittel *n*
overall ~ Gesamtmittel *n*
quadratic ~ quadratisches Mittel *n*
true ~ wahrer Mittelwert *m*
unweighted ~ ungewichteter Mittelwert *m*
weighted ~ gewogenes Mittel *n*
measure 1. Maß *n*, Maßeinheit *f*; 2. Ausmaß *n*; 3. Meßgerät *n*; 4. Maßstab *m*; 5. Anteil *n*, Portion *f*, gewisse Menge *f*; 6. Maßnahme *f*
control ~ Kontrollmaßnahme *f*; Bekämpfungsmaßnahme *f*
measurement Messung *f*, Vermessung *f*
measurer:
water ~ Teichläufer *m (Hydrometra)*; *pl* Teichläufer *mpl (Hydrometridae)*
meat 1. Fleisch *m*; 2. Fruchtfleisch *m*, Fruchtmark *n*
adder's ~ Große Sternmiere *f (Stellaria holostea)*
mechanics:
developmental ~ Entwicklungsmechanik *f*
mechanism Mechanismus *m*
~ of action Wirkungsmechanismus *m*
acquired releasing ~ erworbener Auslösemechanismus *m*
appraisal ~ Auswertungsmechanismus *m*
innate Gestalt-producing ~ angeborener gestaltbildender Mechanismus *m*
innate releasing ~ angeborener Auslösemechanismus
mechanoreceptor Mechanorezeptor *m*
medaddy-bush Kanadisches Geißblatt *n (Lonicera canadensis)*
medang Zimtlorbeer *m (Cinnamomum)*
media *pl von* medium
mediad mediad, zur Mitte gerichtet
medial medial, in der Mitte befindlich, Mittel...
median 1. median, die Mitte bildend; 2. *(Biom.)* Medianwert *m*
mediastinal mediastinal, Mittelfell...
mediastinum Mediatinum *n*, Mittelfell *n*, Mittelfellraum
mediate 1. intermediär; mittelbar; indirekt; 2. dazwischen liegend; ein Bindeglied bilden
mediation Mediation *f*, Vermittlung *f*
mediator Mediator *m*, Überträger(stoff) *m*; Neurotransmitter *m*
medic Luzerne *f*, Schneckenklee *m (Medicago)*
black ~ Hopfenklee *m (Medicago lupulina)*
hop ~ → black medic
purple ~ Schneckenklee *m*, Luzerneklee *m*, Gewöhnliche [Echte] Luzerne *f (Medicago sativa)*
sichle ~ Sichelklee *m*, Gelbe Luzerne *f*, Sichelluzerne *f(Medicago falcata)*
spotted ~ Arabische Luzerne *f*, Fleckenluzerne *f (Medicago arabica)*
medicos Nördlicher Doktorfisch *m (Acanthurus chirurgus)*
medithorax *(Ent.)* Mittelbrust *f*, Mesothorax *m*
medium 1. Medium *n*, Nährboden *m*; 2. Mittel *n*; Mittelglied *n*; 3. Umgebung *f*, Milieu *n*; 4. Mitte *f*, Mittel *n*; 5. mittler, Mittel...
agar ~ Agarnährboden *m*
agar overlay ~ Agarüberzug *m*; Agardecke *f*
artificial ~ synthetischer Nährboden *m*
basal ~ Minimalnährboden *m*
bile ~ Gallenmilieu *n*
complete ~ Vollnährboden *m*, Vollmedium *n*
culture ~ Kulturmedium *n*, Kulturnährboden *m*, Nährsubstrat *n*
fluid ~ Nährflüssigkeit *f*, Nährlösung *f*, flüssiger Nährboden *m*, flüssiges Medium *n*
main growth ~ Hauptkulturmedium, Grundsubstrat *n*
maintenance ~ Erhaltungsmedium *n*
minimal nutritional ~ Minimalnährboden *m*
nutrient [nutritional] ~ Nährmedium *n*, Nährboden *m*, Nährsubstrat *m*
replacement ~ Substitutionsmedium *n*
soil-water ~ Bodenauszugsmedium *n*
stock ~ Ausgangskulturmedium *n*
supporting ~ stabilisierendes Medium *n*
surrounding ~ Außenmedium *n*, äußeres Milieu *n*
medlar Echte Mispel *f (Mespilus germanica)*
medulla 1. Mark *n*; Knochenmark *n*; 2. verlängertes Mark *n*; 3. *(Bot.)* Mark *n*
adrenal ~ Nebennierenmark *n*
medullary 1. medullär, markartig; markhaltig; 2. Mark...
medullated 1. mit Markscheiden versehen *(Nervenfaser)*; 2. *(Bot.)* markhaltig
medullispinal medullospinal, Spinalmark...
medusa Meduse *f*, Qualle *f*
medusoid 1. Medusoid *n*; 2. medusoid, medusenförmig
meerkat Erdmännchen *n*, Surikate *f (Suricata)*
bushy-tailed ~ (Buschschwanzige) Fuchsmanguste *f* (Cynictis penicillata)
gray ~ 1. Trugmanguste *f (Paracynictis selousi)*; 2. → slender-tailed meerkat
red ~ → bushy-tailed meerkat
Selous' ~ → gray meerkat 1.
slender-tailed ~ Erdmännchen *n*, Surikate *f (Suricata suricata)*
meetinghouses Kanadische Akelei *f (Aquilegia canadensis)*
megagamete Megagamet *n*, weibliche Keimzelle *f*
megagametocyte Megagametozyt *m*, weiblicher Gametozyt *m*

megakaryocyte Megakaryozyt *m*, Knochenmarkriesenzelle *f*
megalanthous großblütig, großblumig
megalocarpous großfrüchtig
megalospermous großsamig
meganucleus Makronukleus *m*, Großkern *n*
megaphanerophyte Makrophanerophyt *m*
megaphyllous megaphyll; großblättrig
megaplankton Makroplankton *n*
megapode Großfußhuhn *n (Megapodius); pl* Großfußhühner *npl (Megapodidae)*
megarhynchous langschnäblig; langrüßlig
megasea Bergenie *f (Bergenia crassifolia)*
megaspore *(Bot.)* Megaspore *f*, Makrospore *f*, Gynospore *f (die bei Heterosporie gebildete größere Spore)*
megastachyous großährig
megatherm wärmebedürftige Pflanze, tropische Pflanze *f*
megistocarpous riesenfrüchtig
meg-many-feet Kriechender Hahnenfuß *m (Ranunculus repens)*
megrim Flügelbutt *m (Lepidorhombus)*
meiacanthous schwach stachelig
meiocyte Meiozyt *m*, Auxozyt *m*
meiosis Meiose *f*, Reduktionsteilung *f*
  one-step ~ Einschrittmeiose *f*
  two-step ~ Zweischrittmeiose *f*
meiotic meiotisch
melampyrum Wachtelweizen *m (Melampyrum)*
melanocarpous schwarzfrüchtig
melanocaulous schwarzstengelig
melanococcous schwarzbeerig; schwarzkörnig
melanophloeus schwarzrindig
melanospermous schwarzsamig
melanotrichous schwarzhaarig
melianthous honigblütig, mit Honig absondernden Blüten
melianthus Honigblume *f (Melianthus)*
melic Perlgras *n (Melica)*
melilobous süßfrüchtig
melilot Steinklee *m*, Honigklee *m (Melilotus)*
  annual [bitter] ~ Indischer Steinklee *m (Melilotus indicus)*
  blue ~ Blauer Bockshornklee *m (Trigonella coerulea)*
  dentated ~ Gezähnter Steinklee *m (Melilotus dentatus)*
  yellow ~ Echter [Gebräuchlicher] Steinklee *m (Melilotus officinalis)*
melittis Immenblatt *n (Melittis)*
melleous 1. honigfarben; honigähnlich; 2. honighaltig
melliferous 1. honigerzeugend; 2. honigtragend
melligo Honigtau *m*
melline honigfarben
mellinoid honigartig
melliodorous nach Honig duftend
melliphagous honigfressend
mellisugent honigsaugend
mellivorous honigfressend
mellow 1. reif, saftig; 2. reifen; ausreifen; 3. locke *(Boden)*; 4. reich *(Boden)*, humuseich, nährstoffreich
melluza Nordpazifischer Seehecht *m (Merluccius pro ductus)*
melmot-berries Gemeiner Wacholder *m (Juniperus com munis)*
melon 1. Melone *f (Cucumis)*; 2. Wassermelone *f (Citrul lus)*
  citron ~ Koloquinte *f*, Futterwassermelone *f (Citrullu colocynthoides)*
  water ~ Wassermelone *f (Citrullus vulgaris)*
melting Schmelzen *n*
melt-water Schmelzwasser *n*
member 1. Glied *n*, Gliedmaße *f*, Extremität *f*; 2. Orga *n*; 3. (männliches) Glied *n*, Penis *m*
membrana → membrane
membranaceous → membranous
membrane 1. Membran *f*, Membrane *f*; Hülle *f*; 2. Häutchen *n*
  arachnoid ~ Spinnwebenhaut *f*
  articular ~ Gelenkhaut *f*
  basal ~ 1. Basalmembran *f*; 2. Glashaut *f*, Bruchsche Membran *f*
  Bruch's ~ Glashaut *f*, Bruchsche Membran *f*
  cloacal ~ Kloakenmembran *f*, Analplatte *f*
  Descemet's ~ Descemetsche Membran *f*, hintere Hornhautgrenzschicht *f*
  egg ~ Eihaut *f*
  embryonic ~ Keimhaut *f*
  germinal ~ Blastoderm *n*
  hyaloid ~ Glaskörpermembran *f*
  immobilizing ~ Blotting-Membran *f*
  ion-exchanger ~ Ionen-Austauscher-Membran *f*
  Krause's ~ Krausesche Membran *f*, Telophragma *n*
  mucous ~ Schleimhaut *f*
  peritrophic ~ peritrophische Membran *f*, Funtionsform des Glykokalyx
  semipermeable ~ semipermeable Membran f, halbdurchlässige Membran *f*
  serous ~ Serosahaut *f*
  skeleton-free ~ deproteinisierte Zellmembran *f*
  tectorial ~ Deckmembran *f (im Innenohr)*
  tympanic ~ Trommelfell *n*
  unit ~ Elementarmembran *f*
membraniferous membrantragend; membranbildend
membranoid membranartig; häutig
membranous Membran...; häutig
memory Gedächtnis *n*
  cellular ~ anamnestische Zellreaktion *f*
  short-term~ Kurzzeitgedächtnis *n*
memory-cells Gedächtniszellen *fpl*
Mendelism Mendelismus *m*, Mendel-Genetik *f*
meninges *pl von* meninx
meninx Meninx *f*, Hirnhaut *f*, Hirnhülle *f*
meniscoideus halbmondförmig
meniscus Meniskus *m*, Gelenkzwischenknorpel *m*, Gelenkscheibe *f*

~ of touch Merkelscher Meniskus *m*
menispermum Mondsame *m (Menispermum)*
mensa Kau(zahn)fläche *f*
menses → menstruation
menstruation Menstruation *f*, Monatblutung *f*
mental 1. mental, geistig, Geistes...; 2. Mental..., Kinn...
mentality Mentalität *f*, Denkweise *f*, Denkungsart *f*
mentha Minze *f (Mentha)*
menthoid minzeähnlich
mentum Mentum *n*, Kinn *m*
meoides bärwurzähnlich
menyanthes Fieberklee *m (Menyanthes)*
mercury 1. → mercury-goosefoot; 2. Bingelkraut *n (Mercurialis)*; 3. Quecksilber *n*
mercury-goosefoot Guter Heinrich *m (Chenopodium bonus-henricus)*
merganser Säger *m (Mergus)*; Großer Säger *m*, Gänsesäger *m (Mergus merganser)*
American [buff-breasted] ~ → red-breasted merganser
Chinese ~ Schuppensäger *m (Mergus squamatus)*
common ~ Großer Säger *m*, Gänsesäger *m (Mergus merganser)*
hooded ~ Kappensäger *m (Lophodytes cucullatus)*
red-breasted ~ Mittelsäger *m (Mergus serrator)*
scaly-sided ~ → Chinese merganser
mericarp Merikarp *n*, Teilfrucht *f*
merism Metamerie *f*
merismaticus aufgeteilt
meristem Meristem *n*; Bildungsgewebe *n*
meristogenous meristogen
merle Merle *f*, Amsel *m*, Schwarzdrossel *f (Turdus merula)*
merlin Marlin *m*, Zwergfalke *m (Falco columbarius)*
merma Thun *m*, Thunfisch *m (Thunnus)*
mermaid:
false ~ Falsche Becherglocke *f (Adenophora proserpinacoides)*
merocoenosis Merozönose *f (Kleinstbiotope besiedelnde Lebensgemeinschaften)*
merome Metamer *n*, Somit *n*, Körpersegment *n*
merry Vogelkirsche *f*, Süßkirsche *f (Prunus avium)*
merrythought Gabelbein *n*
mescal Schnapskopf *m*, Pellote *m (Lophophora williamsii)*
mesembryanthemoid mittagsblumenähnlich, *Mesembryanthemum*-ähnlich
mesembryanthemum:
iceplant ~ Eisblume *f*, Eiskraut *n*, Mittagsblume *f (Mesembryanthemum crystallinum)*
mesembryo Blastula *f*, Keimblase *f*, Blasenkeim *m*
mesencephalon Mesenzephalon *n*, Mesenkephalon *n*, Mittelhirn *m*
mesenchymal [mesenchymatous] mesenchymal, Mesenchym...
mesenchyme Mesenchym *f*, Mesoderm *n*
mesendoderm Mesentoderm *n*, Mesentoblast *m*
mesenterial [mesenteric] mesenterial, Gekröse...
mesenteron 1. Mitteldarm *m*; 2. Gastralhöhle *f*
mesentery Mesenterium *n*, Gekröse *n*
mesentoblast Mesentoderm *n*, Mesentoblast *m*
mesepididymis Nebenhodengekröse *f*
mesh Masche *f*
mesial mesial *(zur Mitte gerichtet)*
mesic mittelfeucht
mesoappendix Wurmfortsatzgekröse *f*
mesoblast Mesoblast *m*, Mittleres Keimblatt *n*, Mesoblastem *n*
somatic ~ Somatomesoblast *m*
mesoblastic mesoblastisch, mesodermal
mesobrochate mittelmaschig
mesocaecum Mesozöcum *n*, Zökumgekröse *n*
mesocardium Mesokard *n*, Herzgekröse *n*
mesocarp Mesokarp *n*, mittlere Fruchtblattschicht *f (Fruchtfleisch bei Beeren)*
mesocephalic mesokephal, mesozephal, mittelköpfig
mesocolon Mesokolon *n*, Dickdarmgekröse *n*
mesoderm Mesoderm *n*, Mittleres Keimblatt *n*
somatic ~ Somatomesoderm *n*
splanchnic ~ Splanchomesoderm *n*
mesodermal mesodermal, Mesoderm...
mesogaster [mesogastrium] 1. Mesogastrium *n*, Magengekröse *n*; 2. Mittelbauchgegend *f*
mesohepaticum Mesohepaticum *n*, Lebergekröse *n*
mesohylile Feuchtwälder *mpl*
mesoileum Mesoileum *n*, Krummdarmgekröse *n*
mesolecithal mesolezithal
mesolimnion Mesolimnion *f*, Metalimnion *f*
mesonephros Mesonephros *n*, Urniere *f*, Wolffscher Körper *m*
mesonotum *(Ent.)* Mittelrücken *m*
mesopetalum Lippe *f*, Lippchen *n*, Honiglippe *f (bei Orchidaceae)*
mesophorbium Alpenwiesengesellschaft *f*
mesophyll Mesophyll *n*, Blattparenchym *n*, Blattmittelschicht *f*
mesoscapula Schulterblattgräte *f*
mesosternum *(Ent.)* Mesosternum *n*, Mittelbruststernit *n*
mesotarsus Mesotarsus *m*, Mittelfuß *m*
mesothelium Mesothel *n*, mesodermales Epithel *n*
mesothermophilous mesothermophil, mesotherm
mesothoracic *(Ent.)* Mittelbrust...
mesothorax *(Ent.)* Mesothorax *m*, Mittelbrust *f*
mesovarium Mesovarium *n*, Eierstockgekröse *n*
mesquite Mesquitebaum *m*, Schraubenbohne *f (Prosopis)*
messenger 1. Messenger *m*; 2. Messenger-RNS *f*, Boten-RNS *f*
messmate Fieberbaum *m (Eucalyptus)*
mestome Mestom *n*, Gefäßbündel, Kribrovasalbündel *m*
metabolism 1. Metabolismus *m*, Stoffwechsel *m*; 2. Formveränderung *f*
acid-base ~ Säure-Basen-Haushalt *m*
adipose ~ Fettstoffwechsel *m*, Fettumsatz *m*
analytic ~ Katabolismus *m*, Dissimilation *f*

basal ~ Grundumsatz *m*, Grundstoffwechsel *m*
constructive ~ Anabolismus *m*, Assimilation *f*, anabolischer Stoffwechsel *m*
dark ~ Dunkelatmung *f*
destructive ~ Katabolismus *m*, Dissimilation *f*
energy ~ Energieumsatz *m*, Energiehaushalt *m*
fasting ~ Grundumsatz *m*
fat ~ Fettstoffwechsel *m*, Fettumsatz *m*
light ~ Lichtatmung *f*
mineral ~ Mineralumsatz *m*, Mineralstoffwechsel *m*
N- ~ → nitrogen(ous) metabolism
nitrogen(ous) ~ Stickstoffwechsel *m*, Stickstoffhaushalt *m*
protein ~ Eiweißstoffwechsel *m*, Eiweißumsatz *m*, Eiweißhaushalt *m*
respiratory ~ Gasaustausch *m*, Gasstoffwechsel *m*
resting ~ Grundumsatz *m*
retrograde ~ Katabolismus *m*, Dissimilation *f*
salt ~ Mineralumsatz *m*, Mineralstoffwechsel *m*
standard ~ Grundumsatz *m*
water ~ Wasserhaushalt *m*

metabolite Metabolit *m*, Stoffwechselprodukt *m*
metaboly 1. Metabolie *f*, Formveränderung *f*; 2. Metamorphose *f*, Verwandlung *f*
metachrous die Farbe wechselnd
metacoracoid Metacoracoid, Hinterrabenschnabelbein *n*
metakinesis Metakinese *f*, Metaphase *f*
metala *(Ent.)* Vorderflügel *m*; Mittelbrustflügel *m*
metalimnion Metalimnion *f*, Mesolimnion *n*
metamere Metamer *n*, Segment *m*, Körperglied *n*
metamerism Metamerie *f*, Segmentation *f*, Segmentierung *f*
metamerized segmentiert, metamerisiert
metamorphosis Metamorphose *f*, Verwandlung *f*
complete ~ vollkommende Metamorphose *f*
gradual ~ graduale Metamorphose *f*
incomplete ~ unvollkommene Metamorphose *f*
metamyelocyte Metamyelozyt *m* *(Leukozytenentwicklungsstufe)*
metanephros Metanephros *n*, Dauerniere *f*, Nachniere *f*
metaneutrophil neutrophiler Metamyelozyt *m*
metanotum *(Ent.)* Metanotum *n*, Hinterrücken *m*
metaphyse Metaphyse *f*, Knochenwachstumzone *f*
metapleuron *(Ent.)* Metapleuron *n*, Hinterbrustpleurit *m*
metapodium 1. Mittelhand *f*; Vordermittelfuß *m*; 2. Mittelfuß *m*, Hintermittelfuß *m*
metapophysis Metapophyse *f*, Warzenfortsatz *m*
metascutum Metaskutum *n*
metasite Metasit *m*, Kannibal *m*
metasitism Metasitismus *m*, Kannibalismus *m*
metasoma Metasoma *n*; Postabdomen *m*
metastasis Metastase *f*, Geschwulstableger *m*
metastatic metastasierend; metastatisch
metasternum 1. *(Ent.)* Metasternum *n*, Hinterbruststernit *n*; 2. Schwertfortsatz *m*; 3. Hinterteil *m* des Brustbeins
metastructure Ultrastruktur *f*
metatarsal 1. metatarsal, Mittelfluß...; 2. → metatarsus
metatarsus Metatarsus *m*, Mittelfuß *m*
metathorax *(Ent.)* Metathorax *m*, Hinterbrust *f*
metaxyphyll *(Bot.)* Zwischenblatt *n*
metazoan Metazoon *n*, vielzelliges Tier *n*, Vielzeller *m*
metembryo Gastrula *f*, Becherkeim *m*, Becherlarve *f*
metencephalon Metencephalon *n*, Hinterhirn *m*
metepimeron *(Ent.)* Hinterbrust-Epimer *n*
metepisternum *(Ent.)* Hinterbrust-Episternum *n*
metestrus Metöstrus *m*, Nachbrunst *f*
methanogenesis Methanogenese *f*, Methanbildung *f*
methanogens methanogene [methanbildende] Bakterien *npl*
methanotrophic methanotroph, methanassimilierend
method Methode *f*, Verfahren *n*
~ of application Anwendungsverfahren *n*; Applikat onsmethode *f*
~ of controlling Bekämpfungsmethode *f*
~ of fitting constants *(Biom.)* Methode *f* der Konstantenanpassung
~ of least squares *(Biom.)* Methode *f* der kleinsten Quadrate
~ of negative staining Methode *f* der negativen Färbung
~ of positive staining Methode *f* der positiven Färbung
ag(e)ing ~ Methode *f* der Altersbestimmung
average linkage ~ Mittlere Distanz-Methode *f*
baiting ~ Adsorptionstechnik *f*, Immobilisierungsmethode *f*
best fit ~ Methode *f* der optimalen Anpassung
dilution ~ Verdünnungsverfahren *n*
enrichment ~ Anreicherungsverfahren *n*
freeze-etch ~ Gefrierätzenmethode *f*
freeze-thaw ~ Gefriertauenmethode *f*
freezing-drying ~ Gefriertrocknungsmethode *f*
Gram's ~ Gramfärbemethode *f*
least squares ~ *(Biom.)* Methode *f* der kleinsten Quadrate
nearest-neighbor ~ *(Biom.)* Methode *f* der nächster Nachbarn
one-sample ~ Ein-Stichproben-Verfahren *n*
paired comparison ~ Methode *f* des paarweisen Vergleichs
single factor ~ *(Biom.)* Ein-Faktor-Methode *f*
methodization Methodisierung *f*; methodische Anordnung *f*; methodische Behandlung *f*
methy (Gemeine) Quappe *f (Lota lota)*
metopion 1. Metopion *n*, Stirn *f*; 2. Metapion *n (anthropologischer Meßpunkt)*
mew 1. Möwe *f (Larus)*; 2. Mauser *f*; 3. miauen
mexico-seed Rizinus *m*, Wunderbaum *m (Ricinus communis)*
mezereon Seidelbast *m (Daphne mezereum)*
mice Mäuse *fpl (Muridae)*
jumping ~ Hüpfmäuse *fpl (Zapodidae)*
pocket ~ 1. Beutelbilche *mpl (Phascogalinae)*; 2. Taschenmäuse *fpl (Heteromyidae)*

micracanthous kleinstachelig
micraner Zwergameisenmännchen *n*
micranthous kleinblumig, kleinblütig
micrergate Zwergameisenarbeiter *m*
microbal mikrobisch, Mikroben...
microbalance Mikrowaage *f*
microbe Mikrobe *f*, Mikroorganismus *m*
microbial mikrobisch, mikrobiell, Mikroben...
microbicidal mikrobentötend
microbicide mikrobizides Mittel *n*
microbivorous mikrobenfressend
microbotryous kleintraubig
microcalycular kleinkelchig
microcarpous kleinfrüchtig
microcephalic mikrozephal(isch), kleinköpfig
microcerate kleinhörnig
microchitonous kleinhüllig
microcirculation Mikrozikulation *f*, Kapillarkreislauf *m*
microclimate Mikroklima *n*, Standortklima *n*
microcolon Mikrokolon *m*, kleiner Grimmdarm *m*
microculture Mikrokultur *f*; Objektträgerkultur *f*
microdispenser Mikrodosierer *m*
microdontous kleinzähnig
microelectrode Mikroelektrode *f*
microelement Mikroelement *n*, Mikronährstoff *m*
microenvironment Mikroumwelt *f*, Mikroumgebung *f*, Mikromilieu *n*
microevolution Mikroevolution *f*, infraspezifische Evolution *f*
microfauna Mikrofauna *f*, Kleintierwelt *f*
microfibril Mikrofibrille *f*
microforge Mikroschmiede *f*
microfuge Mikrozentrifuge *f*
microgamete Mikrogamet *n*, männliche Geschlechtszelle *f*
microgametocyte Mikrogametozyt *m*, männlicher Gametozyt *m*
microglia Mikroglia *f (Nervenstützgewebe)*
microhabitat Mikrohabitat *m*, Kleinbiotop *m*, Kleinstandort *m*
microincineration Mikroveraschung *f*
microirradiation Mikrobestrahlung *f*
microlamella Mikrolamelle *f*, Kleinplättchen *n*
micromutation Mikromutation *f*, Kleinmutation *f*, Lokus-Mutation *f*
micronutrient Mikronährstoff *m*
microparasite Mikroparasit *m*, Kleinstschmarotzer *m*
micropetalous kleinkronblättrig
microphyllous kleinblättrig
microphyte Mikrophyt *m*, mikroskopisch kleine Pflanze *f*
microplania Poikilozytose *f*
micropterous kleinflügelig; kleinflossig
microscope Mikroskop *n*
 dissection ~ Präparierlupe *f*
microsection Anfertigung *f* der histologischen Schnitten
microsepalous kleinkelchblättrig
microsere Mikroserie *f*, Mikrosukzession *f*
microsite Mikrohabitat *n*, Mikrobiotop *m*, Kleinlebensraum *m*
microslide Mikropräparat *n*
microsomia Mikrosomie *f*, Zwergwuchs *m*, Nanismus *m*
microspecies Mikrospezies *f*, Kleinart *n*
microspermous kleinsamig
microspermy Mikrospermie *f*, Kleinsamigkeit *f*
microstachyous kleinährig
microstand Mikrohabitat *n*
microstigmate *(Bot.)* kleinnarbig
microstomous mit kleinem Mund
microstructure Mikrostruktur *f*, Feinstruktur *f*
microstylous kurzgriffelig
microsuccession Mikroserie *f*, Mikrosukzession *f*
microthelic kleinwarzig
microtomy Anfertigung *f* histologischer Schnitte
microtubule Mikrotubulus *m*; Feinröhrchen *n*
microvillus Mikrovillus *m*, Mikrozotte *f*
mictium heterogene Pflanzengesellschaft *f*
micton Hybridogenart *f*
midabdomen Mittelabdomen *n*
midbrain Mittelhirn *n*
midge 1. kleiner Zweiflügler *m*; 2. Gallmücke *f*; *pl* Gallmükkenpl *(Cecidomyiidae)*; 3. Zuckmücke *f*; *pl* Zuckmükken *fpl (Chironomidae)*
 alfalfa gall ~ Luzernesamen-Gallmücke *f (Asphondylia miki)*
 biting ~s Gnitzen *fpl (Ceratopogonidae)*
 cabbage gall ~ Kohlschoten(gall)mücke *f (Dasyneura brassicae)*
 carrot gall ~ Möhrengallmücke *f (Asphondylia umbellatarum)*
 chironomid ~ Zuckmücke *f*; *pl* Zuckmücken *fpl (Chironomidae)*
 chrysanthemum gall ~ Chrysanthemengallmücke *f (Diarthronomya chrysanthemi)*
 clover-flower ~ Kleesamengallmücke *f (Dasyneura leguminicola)*
 clover-leaf ~ Kleeblatt-Gallmücke *f (Dasyneura trifolii)*
 clover-seed ~ → clover flower midge
 foxtail ~ Fuchsschwanzgallmücke *f (Dasyneura alopecuri)*
 fungus ~s Pilzmücken *fpl (Mycetophilidae)*
 gall ~s Gallmücken *fpl (Cecidomyiidae)*
 net-winged ~s Netzflügelmücken *fpl (Blepharoceridae)*
 pear ~ Birnengallmücke *f (Contarinia pyrivora)*
 rose(bud) ~ Amerikanische Rosenknospen-Gallmücke *f (Dasyneura rhodophaga)*
 solitary ~s Dunkelmücken *fpl (Thaumaleidae)*
 splay-footed ~ Streckfußmücke *f (Tanypus)*
 stream ~s → solitary midges
 true ~s → gall midges
 wheat ~ Orangerote Weizengallmücke *f (Sitodiplosis mosellana)*
midget Halmeulchen *n (Oligia)*

midgut [mid-intestine] Mitteldarm *m*
mid-kidney Mesonephros *n*, Urniere *f*
midrange *(Biom.)* Mitte *f* der Variationsintervalls, Spannweitenmitte *f*
midrib mittlere Blattrippe *f*, mittlerer Blattnerv *m*, Mittelnerv *m*
midriff 1. Zwerchfell *n*, Diaphragma *n*; 2. Oberbauch *m*, Epigastrium *n*
midshipman Bootsmannfisch *m (Porichthys)*
midvein *(Bot.)* Mittelnerv *m*, mittleres Blattnerv *m*, mittlere Blattrippe *f*
midwood Dickicht *n*
mien 1. Habitus *m*; 2. Gebaren *n*, Gesichtsausdruck *m*
mignonette Wau *m*, Reseda *f (Reseda)*
  common ~ Wohlriechender Wau *m (Reseda odorata)*
  giant ~ Großblütiger Wau *m (Reseda grandiflora)*
  upright ~ Weißer Wau *m (Reseda alba)*
  wild ~ Gelber Wau *m (Reseda lutea)*
migrant 1. Wandertier *n*; Zugvogel *m*; 2. Wander..., Zug...
migrarc Migrationszone *f*, Wanderzone *f*
migrate migrieren, wandern; ziehen; fortziehen
migration 1. Migration *f*, Wanderung *f*; 2. Zug *m*, Vogelzug *m*
  downstream ~ katadrome Wanderung *f*
  molt ~ Mauserzug *m*
  nocturnal ~ nächtliche Migration *f*, nächtliche Wanderung *f*
  spawning ~ Laichwanderung *f*
migratory migratorisch, wandernd; Zug..., Wander...
mild mild; leicht; schwach
mildew Mehltau *m*
  downy [false] ~ falscher Mehltau *m (Erreger - Peronosporales)*
  powdery [true] ~ Echter Mehltau *m (Erreger - Erysiphales)*
mile Echter [Gemeiner] Sellerie *m (Apium graveolens)*
milfoil Schafgarbe *f (Achillea millefolium)*
miliaceous [miliary] hirseartig
millieu Milieu *n*, Umwelt *f*
milk Milch *f*
  breast ~ Muttermilch *f*
  first ~ Biestmilch *f*, Vormilch *f*, Kolostrum *n*
  litmus ~ Lackmusmilch *f*
milkbush Milchbaum *m (Synadenium)*
milkfish Milchfisch *m (Chanos); pl* Milchfische *mpl (Chanidae)*
milk-govan Löwenzahn *m (Taraxacum officinale)*
milkgrass Gemeiner Feldsalat *m*, Rapunzel *m (Valerianella locusta)*
milkmaid Wiesenschaumkraut n, Gemeine Wiesenkresse *f*, Gauchblume *f (Cardamine pratensis)*
milk-producing laktogen, milcherzeugend
milkweed 1. Seidenpflanze *f (Asclepias)*; 2. Lattich *m (Lactuca)*; 3. Wolfsmilch *f (Euphorbia)*
  wandering ~ Mannsschildblättriger Hundskohl *m (Trachomintum androsaemifolium)*
  yellow ~ → butterfly milkweed
milkwood Spitzenblume *f (Mimusops)*
milkwort Kreuzblume *f (Polygala)*
  cross-leaved ~ → marsh milkwort
  dwarf ~ → fringed milkwort
  sea ~ Meermilchkraut *n*, Salzmilchkraut *n (Glaux maritima)*
mileped(e)s → milliped(e)s
milleflorous vielblumig; tausendblumig, reichblütig
millefoliate vielblättrig
millegranous vielkörnig; tausendkörnig
millerbird Rohrsänger *m*, Schilfsänger *m (Acrocephalus)*
  Laysan ~ Laysan-Rohrsänger *m (Acrocephalus familiaris)*
miller's-thumb Groppe *f (Cottus gobio)*
millet Hirse *f (Panicum)*
  African ~ Rohrkolbenhirse *f*, Negerhirse *f (Pennisetum typhoides)*
  Arabian ~ Durra *f*, Durrahirse *f*, Mohrenhirse *f (Sorghum vulgare)*
  barnyard ~ Hühnerhirse *f (Echinochloa crus-galli)*
  brown(-corn) ~ → hog millet
  cat-tail ~ 1. → Italian millet; 2. → African millet
  Chinese ~ → Arabian millet
  dith ~ Pfannengras *n (Paspalum)*
  Egyptian [evergreen] ~ Aleppobartgras *n (Sorghum halepensis)*
  finger ~ Kreuzgras *n*, Eleusine *f (Eleusine)*
  foxtail ~ → Italian millet
  hog ~ Gemeine Hirse *f*, Saathirse *f (Panicum miliaceum)*
  Hungarian ~ → Italian millet
  Italian ~ (Italienische) Kolbenhirse *f*, Mohar *m*, Moharhirse *f (Setaria italica)*
  Polish ~ Blutrote Fingerhirse *f*, Blut(finger)hirse *f (Digitaria sanguinalis)*
  seaside ~ Knotgras *n (Paspalum distichum)*
  tall ~ → wood millet
  wood ~ Flattrige Waldhirse *f*, Flattergars *n (Milium effusum)*
milliped(e)s Doppelfüßer *mpl (Diplopoda)*
mill-mountain Wiesenlein *m*, Purgierlein *m (Linum catharticam)*
milt 1. Milz *f*; 2. Milch *n (der männlichen Fische)*; 3. den Rogen mit Milch befruchten
milter *(Icht.)* Milchner *m*, Milcher *m*
mimesis Mimese *f (Tarntracht)*
mimetic mimetisch
mimetism Mimese *f (Tarntracht)*
mimic 1. Nachahmer *m*, Imitator *n (Tier)*; 2. nachahmen; sich angleichen *(z.B. in der Farbe)*
mimicry Mimikry *f*, Tarnung *f*
mimosa Mimose *f*, Sinnpflanze *f (Mimosa)*
mimosaeflious mimosenblättrig
mince zerkleinern; zerhacken
mind 1. Psyche *f*, Seele *f*; 2. Geist *m*; 3. Verstand *m*; 4. Erinnerung *f*, Gedächtnis *n*
mine *(Ent.)* Mine *f*; Fraßgang *m*

leaf ~ Blattmine *f*
miner Minierer *m*, minierendes Insekt *n*
apple fruit ~ Apfelmotte *f (Argyresthia conjugella)*
asparagus ~ Spargelminierfliege *f (Melanagromyza simplex)*
azalea leaf ~ Azaleenmotte *f (Caloptilia azaleela)*
beet leaf ~ Nachtschattenfliege *f (Pegomyia hyosciami)*
birch leaf ~ Kleine Birken-Minierwespe *f (Fenusa pusilla)*
blotch leaf ~s Blattütenmotten *fpl (Lithocolletidae)*
boxwood leaf ~ Buchsbaumgallmücke *f (Monarthropalpus buxi)*
cherry fruit ~ Kirschblütenmotte *f (Argyresthia pruniella)*
chrysanthemum leaf ~ Erbsenminierfliege *f (Phytomyza atricornis)*
elm leaf ~ Ulmensägewespe *f (Fenusa ulmi)*
European alder leaf ~ Dohrns Minierende Erlenblattwespe *f (Fenusa dohrni)*
henbane ~ → beet leaf miner
holly leaf ~ Ilexminierfliege *f*, Stechpalmen-Fliege *f (Phytomyza ilicis)*
leaf ~s Schlangengeminiermotten *fpl (Lyonetiidae)*
lilac leaf ~ Flieder(minier)motte *f (Gracillaria syringella)*
privet leaf ~ Ligustermotte *f (Caloptila ligustrinella)*
rose leaf ~ Gemeine Rosenblattminiermotte *f (Mepticula anomalella)*
spinach leaf ~ → beet leaf miner
spruce needle ~ (Amerikanische) Fichtennadelminiermotte *f (Pulicalvaria piceaella)*
sweet-potato leaf ~ Windenminiermotte *f (Bedellia somnulentella)*
trumpet-leaf ~ Eichenminiermotte *f (Tischeria complanella)*
mingle sich vermischen; sich verbinden
minimus kleiner Finger *m*; kleine Zehe *f*
minivet Mennigvogel *m (Pericrocotus)*
mink Amerikanischer [Nordamerikanischer] Nerz *m*, Mink *m (Mustela vison)*
American ~ → mink
European ~ Europäischer Nerz *m*, Krebsotter *m (Mustela lutreola)*
sea ~ Königsfisch *m*, Königsumber *m (Menticirrus saxatilis)*
minkfish → sea mink
minnow 1. Elritze *f (Phoxinus phoxinus)*; 2. Kärpfling *m (Cyprinodon)*
carp ~ Indische Glasbarbe *f (Chela)*
coastal ~ Amerikanische Orfe *f (Notropis)*
eastern mud ~ Zwerghundsfisch *m (Umbra pygmaea)*
lake ~ Sumpfelritze *f (Phoxinus percnurus)*
mud ~ Hundsfisch *m (Umbra)*
riffle ~ Schneider(fisch) *m (Alburnoides bipunctatus)*
sheepshead ~ → minnow 2.
spottail ~ → coastal minnow
western mud ~ Amerikanischer Hundsfisch *m (Umbra limi)*
minor 1. klein, unbedeutend; untergeordnet; 2. minderjährig
mint Minze *f (Mentha)*
apple ~ → round-leaved mint
bergamot ~ Bergamottminze *f (Mentha citrata)*
brandy ~ Pfefferminze *f (Mentha piperita)*
common ~ Grüne Minze *f*, Römische Minze *f (Mentha spicata)*
corn ~ Acker-Minze *f (Mentha arvensis)*
creeping ~ Edel-Minze *f (Mentha gentilis)*
crisped-leaved ~ Krause Minze *f (Mentha crispa)*
downy whorled ~ → creeping mint
field ~ → corn mint
garden ~ → common mint
horse ~ Roß-Minze *f (Mentha longifolia)*
lamb [mackerel] ~ → common mint
round-leaved ~ Rundblättrige Minze *f (Mentha rotundifolia)*
small-leaved ~ Kleinblättrige Minze *f (Mentha cardiaca)*
squaw ~ Blei-Minze *f (Mentha pulegium)*
water ~ 1. Wasser-Minze *f (Mentha aquatica)*; 2. → horse mint
wild ~ → round-leaved mint
woolly ~ Fuchsschwanzähnliche Minze *f (Mentha alopecuroides)*
Miocene Miozän *n*
miombo Miombo *n (aufgelichteter xerophiler Wald in Ostafrika)*
mirandu Mirandu *n (Elaeodendron glaucum)*
mire 1. Morast *m*; Sumpf *m*; Moor *n*; Bruch *m*; Fenn *n*; 2. Schlamm *m*
quag ~ Sumpf *m*, Moor *n*
valley ~ Talmoor *n*
mire-blobs Sumpfdotterblume *f*; Butterblume *f*, Schmalzblume *f (Caltha palustris)*
miro Rostfarbige Steineibe *f (Podocarpus ferrugineus)*
mirror:
test-reading ~ Spiegel-Agglutinometer *n*
misbirth [miscarriage] Mißgeburt *f*, Fehlgeburt *f*; Frühgeburt *f*
miscellaneous 1. vermischt; 2. mannigfaltig, verschiedenartig
miscibility Mischbarkeit *f*
misgenation Rassenkreuzung *f*; Sortenkreuzung *f*
misimprinting inadäquate [unpassende] Einprägung *f*
mismatch Fehlpaarung *f*; Fehlende Übereinstimmung *f (z.B. bei Sequenzvergleichen)*
mispairing Fehlpaarung *f*
missel Misteldrossel *f (Turdus viscivorus)*
missey-moosey Amerikanische Eberesche *f (Sorbus americana)*
misshapen mißgestaltet, ungestaltet, unförmig
mist 1. leichter Nebel *m*; 2. Rispen-Gipskraut *n*, Schleier(gips)kraut *n (Gypsophila paniculata)*

mistflower Himmelblauer Wasserdost *m (Eupatorium coelestinum)*
mistletoe Weißmistel *f*, Weiße Mistel *f (Viscum album)*
mite Milbe *f*
apple rust ~ Schlechtendal-Birnenblattmilbe *f (Vasates schlechtendali)*
aquatic ~s → water mites
ash gall ~ Eschengallmilbe *f (Eriophyes fravinivorus)*
bird ~s Vogelmilben *fpl (Dermanyssidae)*
blackberry leaf ~ Himbeerblattmilbe *f (Phyllocoptes gracilis)*
brown ~ → clover mite
bulb ~ Kartoffelmilbe *f*, Wurzelmilbe *f*, Blumenzwiebelmilbe *f (Rhizoglyphus echinopus)*
cat follicle [cat mange] ~ Katzenbalgmilbe *f (Demodex cati)*
cattle follicle [cattle mange] ~ Rinderbalgmilbe *f (Demodex bovis)*
cheese ~ Käsemilbe *f (Tyroglyphus siro)*
chicken ~ (Rote) Vogelmilbe *f*, Hühnermilbe *f (Dermanyssus gallinae)*
chigger ~ Herbstmilbe *f (Trombicula); pl* Samtmilben *fpl*, Laufmilben *fpl (Trombidiidae)*
citrus bud ~ Citrusknospenmilbe *f (Aceria sheldoni)*
citrus red ~ Rote Citrusspinnmilbe *f (Paratetranychus citri)*
clover ~ Rote Spinne *f (Bryobia praetiosa)*
cotton blister ~ Baumwoll-Gallmilbe *f (Eriophyes gossypii)*
currant bud ~ Johannisbeergallmilbe *f (Cecidophyes ribi)*
cyclamen ~ Erdbeermilbe *f*, Zyklamenmilbe *f (Tarsonemus pallidus)*
dog follicle ~ Hundebalgmilbe *f (Demodex canis)*
dried-fruit ~ Backobstmilbe *f (Carpoglyphus lactis)*
dust ~ Staubmilben *fpl (Tydeidae)*
European red ~ Obstbaumspinnmilbe *f (Paratetranychus pilosus)*
follicle ~ Haarbalgmilbe *f (Demodex folliculorum)*
fruit-tree red spider ~ → European red mite
gall ~s Gallmilben *fpl (Eriophyidae)*
goat follicle ~ Ziegenbalgmilbe *f (Demodex caprae)*
grape erineum ~ Weinblattfilzmilbe *f (Eriophyes vitis)*
harvest ~s Laufmilben *fpl*, Samtmilben *fpl (Trombidiidae)*
hog follicle ~ Schweinbalgmilbe *f (Demodex phylloides)*
horse follicle ~ Pferdebalgmilbe *f (Demodex equi)*
itch ~ Krätzmilbe *f (Sarcoptes scabiei)*
olive gall ~ Olivengallmilbe *f (Aceria oleae)*
pear leaf blister ~ Birnenpockenmilbe *f (Eriophyes pyri)*
pigeon feather ~ Taubenmilbe *f (Falculifer rostratus)*
pimple ~ → follicle mite
pine bud ~ Kieferngallmilbe *f (Eriophyes pini)*
privet ~ Rote Gewächshausspinnmilbe *f (Tenuipalpus obovatus)*
red ~ → chicken mite
saltwater ~s Meeresmilben *fpl (Halacaridae)*
scab ~ Pferdesaugmilbe *f (Psoroptes equi)*
scaly-leg ~ Kalkbeinmilbe *f (Cnemidocoptes mutans)*
sheep follicle ~ Schafbalgmilbe *f (Demodex ovis)*
sheep scab ~ Schafsaugmilbe *f (Psoroptes ovis)*
sitting ~ → spider mite
snout ~s Schnabelmilben *fpl*, Rüsselmilben *fpl (Bdellidae)*
spider ~ Spinnmilbe *f (Tetranychus); pl* Spinnmilben *fpl (Tetranychidae)*
spruce spider ~ Fichtenspinnmilbe *f (Paratetranychus ununguis)*
straw itch ~ Kugelbauchmilbe *f (Pyemotes ventricosus)*
tomato (russet) ~ Tomatenmilbe *f (Vasates lycopersici)*
tropical fowl ~ Federmilbe *f (Liponyssus bursa)*
tropical rat ~ Afrikanische Rattenmilbe *f (Liponyssus bacoti)*
two-spotted spider ~ Gemeine Bohnenspinnmilbe *f (Tetranychus bimaculatus)*
water ~s Wassermilben *fpl*, Süßwassermilben *fpl (Hydracarina)*
wheat curl ~ Tulpengallmilbe *f (Aceria tulipae)*
yellow poplar ~ Gelbe Pappelspinnmilbe *f (Eotetranychus populi)*
miterwort Zweiblättrige Bischofskappe *f (Mitella diphylla)*
mithan Gaur *m (Bos gaurus)*
mitochondrion Mitochondrium *n*, Chondriosom *n*
mitoschisis → mitosis
mitosis Mitose *f*, Karyokinese *f*
C- ~ Kolchizinmitose *f*
multipolar ~ multipolare Mitose, polyzentrische Mitose *f*
restitutional ~ Restitutionsmitose *f*, restitutionelle Mitose *f*
unipolar ~ Unipolarmitose *f*, monozentrische Mitose *f*
mitotic mitotisch
mitra 1. Mitra *f*, Gattung der Cactaceae *(Astrophytum)*; 2. Mitridae *pl*, Meeresschnecken *fpl*; Bischofsmütze i.e.S. *(Mitra eposc opalis)*; 3. Mütze *f*, Haube *f*
mitral valve Mitralklappe *f*, Segelklappe *f*
mitrate [mitriform] mützenartig
mitriform mützenförmig, haubenförmig
mixed-nerved *(Bot.)* mit verschiedener Nervatur *f*
mixer-separator Mischer-Abscheider *m*
mixing Mischen *n*, Vermischung *f*
mixote Mixochimäre *f*
mixotrophic mixotroph
mixotrophy Mixotrophie *f*
mixture 1. Mischung *f*, Gemisch *n*; 2. Beimengung *f*; 3. Kreuzung *f*
mnemonic mnemonisch, Gedächtnis...
mnemonics Mnemonik *f*, Gedächtnisstütze *f*, Gedächtnishilfe *f*

moan 1. Stöhnen *n*; Ächzen *n*; 2. stöhnen, ächzen
moat Wassergraben *m*
mobbing 1. Zusammenangriff *m*; Zusammenansprung *m*; 2. Zurufen *n*
mobil 1. beweglich; 2. leichtflüssig
mobility Mobilität *f*, Beweglichkeit *f*
mocassin Mokassinschlange *f*, Dreieckskopf *m*, Dreieckskopfotter *f (Agkistrodon)*
cottonmouth ~ → water mocassin
highland ~ Kupferkopf *m (Agkistrodon contortrix)*
Malaysian ~ Malayen-Mokassinschlange *f (Agkistrodon rhodostoma)*
tropical ~ Mexikanische Mokassinschlange *f (Agkistrodon bilineatus)*
water ~ Wassermokassinschlange *f*, Wassermokassinotter *f (Agkistrodon piscivorus)*
mocker → mockingbird
mockernut Filzige Hickorynuß *f (Carya tomentosa)*
mockingbird Spottdrossel *f (Mimus)*
mock-privet Steinlinde *f (Phillyrea)*
modality Modalität *f*; Ausführungsart *f*; Möglichkeit *f*; Bedingung *f*
mode 1. Modus *m*, Art und Weise *f*, Methode *f*; 2. Erscheinungsform *f*, Form *f*, Art *f*; 3. *(Biom.)* Dichtemittel *n*, Modalwert *m*
~ of existence [of life] Lebensweise *f*
fixed ~ of life sessile Lebensweise *f*
model Modell *n*; Muster *n*; Vorbild *n*
moder Moder *m*
modesty Himmelsbären-Eibisch *m*, Stundenblume *f (Hibiscus trionum)*
modicum kleine Menge *f*
modification 1. Modifikation *f*, Veränderung *f*; Abänderung *f*; 2. Abart *f*, modifizierte Form *f*; 3. nichterbliche Abänderung *f*
persistent ~ Dauermodifikation *f*
modificator → modifier
modifier 1. Modifikator *m*; 2. Modifikator-Gen *n*
modulation 1. Modulation, Regulierung *f*; 2. Anpassung *f*
moharras Seebarsche *mpl (Embiotocidae)*
moiety Anteil *m*
hem ~ Hämkomponente *f*
moist feucht; naß
moisture Humidität *f*, Feuchtigkeit *f*
capillary ~ Kapillarwasser *n*
moisture-loving hydrophil; hygrophil, feuchtigkeitsliebend
moistureproof wasserundurchlässig, wasserdicht
mojarras Mojarra *fpl (Gerridae)*
molar Backenzahn *m*, Mahlzahn *m*
molas Mondfische *mpl*, Klumpfische *mpl (Molidae)*
molasses Melasse *f*
mold 1. Schimmel *m*, Schimmelpilz *m*; 2. lockere Erde *f*, Gartenerde *f*; 3. Humus(boden) *m*
moldy schimmelig; Schimmel..., schimmelartig
mole 1. Maulwurf *m (Talpa); pl* Maulwürfe *mpl (Talpidae)*
American and Asian ~s Amerikanisch-Asiatische Maulwürfe *mpl (Scalopinae)*
blind ~ Blindmaulwurf *m (Talpa caeca)*
California ~s Westamerikanische Maulwürfe *mpl (Scapanus)*
common ~ Europäischer [Gemeiner] Maulwurf *m (Talpa europaea)*
eastern ~ → American and Asian mole
golden ~ Goldmull *m (Chrysochloris)*
hairy-tailed ~ Haarschwanzmaulwurf *m (Parascalops brewerii)*
long-tailed ~ Langschwanzmaulwurf *m (Scaptonyx fusicaudus)*
marsupial [pouched] ~s Beutelmulle *mpl (Notoryctes)*
shrew ~ Amerikanischer Spitzmausmaulwurf *m (Neurotrichus gibbsi)*
star-nosed ~ Sternmull *m (Condylura cristata)*
water ~ Desman *m*, Südrussischer Bisamrüßler *m (Desmana moschata)*
western ~ → California mole
molebut (Gewöhnlicher) Mondfisch *m*, Sonnenfisch *m (Mola mola)*
molecule Molekül *n*
catenated ~ Kettenmolekül *n*
DNA catenated ~ DNS-Kettenmolekül *n*
initiating ~ Startmolekül *n*
shuttle ~s Überträgermoleküle *npl*
molestous unangenehm; schädlich
mole-vole Mull-Lemming *m (Ellobius)*
long-clawed ~ Prometheusmaus *f (Prometheomys schaposchnikowi)*
mollie Kärpfling *m (Mollienesia)*
Amazon ~ Amazonen-Kärpfling *m (Poecilia formosa)*
black ~ Spitzmaulkärpfling *m (Poecilia sphenops)*
sailfin ~ Breitflossenkärpfling *m (Poecilia latipinna)*
molligut Amerikanischer Seeteufel *m (Lophius americanus)*
molluscivorous molluskenfressend
mollusks Mollusken *fpl*, Weichtiere *npl (Mollusca)*
molly → mollie
moloch Moloch *m*, Dornteufel *m*, Wüstenteufel *m (Moloch horridus)*
molslang Maulwurfsnatter *f (Pseudaspis cana)*
molt Häutung *f*; Mauser *f*, Mauserung *f*
molva Leng *m*, Lengfisch *m (Molva molva)*
mombin Mombinbaum *m (Spondias)*
monarch 1. Monarchfalter *m (Danaus plexippus)*; 2. Monarch *m (Monarcha)*
monaster Monaster *m (sternförmige Chromosomenanordnung)*
monaxial [monaxonic] einachsig; monaxon
monecious monözisch, einhäusig
monembryonic monoembryonisch; einkeimig
moneywort Pfennigkraut *n*, Münzfelberich *m (Lysimachia nummularia)*
mongoose Manguste *f*; Manguste *f*, Echter Mungo *m*

(Herpestes)
banded ~ Zebramanguste *f (Mungos mungos)*
black-footed [black-legged] ~ Dickschwänzige Hundemanguste *f (Bdeogale crassicauda)*
broad-striped ~ Breitstreifenmungo *m (Galidictis stricta)*
brown-tailed ~ Schlichtmungo *m (Salonoia unicolor)*
bushy-tailed ~ → black-footed mongoose
collared ~ Halsband-Manguste *f (Herpestes semitorquatus)*
common ~ Echter Mungo *m*, Manguste *f (Herpestes)*
crab-eating ~ Krabbenmanguste *f (Herpestes urva)*
dwarf ~s Zwergmangusten *mpl (Helogale)*
Egyptian ~ Ichneumon *n*, (Europäische) Manguste *f*, Pharaonenratte *f (Herpestes ichneumon)*
gray ~ 1. → common mongoose; 2. Indischer Mungo *m (Herpestes edwardsi)*
Indian common [Indian gray] ~ → gray mongoose 2.
Javan ~ Kleiner Mungo *m (Herpestes javanicus)*
Madagascar broad-striped ~ → broad-striped mongoose
Madagascar brown-tailed ~ → brown-tailed mongoose
Madagascar ring-tailed ~ → ring-tailed mongoose
ring-tailed ~ Ringelmungo *m (Galidia elegans)*
small Indian ~ Goldstaub-Manguste *f (Herpestes auropunctatus)*
small-toothed ~s Ameisenschleichkatzen *fpl (Eupleres)*
striped ~ → banded mongoose
typical ~ → common mongoose
white-tailed ~ Weißschwanzichneumon *n (Ichneumia albi cauda)*
yellow ~ Fuchsmanguste *f (Cynictis penicillata)*
zebra ~ Zebramanguste *f (Mungos mungo)*

mongrel 1. Bastard *m*; Mischling *m*; Halbblut *n*; 2. Bastard...

monilicorn *(Ent.)* mit perlschnurförmigen Antennen

moniliform rosenkranzförmig, perlschnurförmig

monitor 1. Monitor *m*, Kontrollgerät *n*; 2. Waran *m (Varanus)*

monitoring Überwachung *f*, Kontrolle *f*

monk Angler *m*, (Gemeiner) Seeteufel *m (Lophius piscatorius)*

monkey Affe *m*; Meerkatze *f*
Allen's swamp ~ Schwarzgrüne Meerkatze *f (Allenpithecus nigroviridis)*
black and red howler ~ Rothand-Brüllaffe *m (Alouatta belzebul)*
black-handed spider ~ Geoffroy-Klammeraffe *m (Ateles geoffroyi)*
black howler ~ Schwarzer Brüllaffe *m (Alouatta caraya)*
black spider ~ Schwarzer Klammeraffe *m (Ateles paniscus)*
blue ~ Diadem-Meerkatze *f*, Weißkehl-Meerkatze *f (Cercopithecus mitis)*
bonnet ~ Indischer Hutaffe *m (Macaca radiata)*
brown-headed spider ~ Braunkopf-Klammeraffe *m (Ateles fusciceps)*
capuchin ~s Kapuzineraffen *mpl*, Kapuziner *mpl (Cebus)*
colobus ~ 1. Stummelaffe *m (Colobus)*; 2. Südlich Guereza *f (Colobus polykomos)*
common squirrel ~ Totenkopfäffchen *n (Saimiri sciureus)*
diadem ~ → blue monkey
Diana ~ Diana-Meerkatze *f (Cercopithecus diana)*
Formosan rhesus ~ Formosa-Makak *m (Macaca cyclopis)*
Goeldi's ~ Goelditamarin *m*, Springtamarin *m (Callimico goeldii)*
grass ~ → green monkey
greater white-nosed ~ Große Weißnasen-Meerkatze *(Cercopithecus nictitans)*
green [grivet] ~ Grüne Meerkatze *f*, Grünaffe *m (Cercopithecus aethiops)*
howler ~s Brüllaffen *mpl (Alouatta)*
hussar ~ Husarenaffe *m (Erythrocebus patas)*
leaf(-eating) ~ Kleideraffe *m (Pygathrix nemaeus)*
lion ~ Großes Löwenäffchen *n*, Röteläffchen *n (Leontopithecus rosalia)*
long-nosed ~s Nasenaffen *mpl (Nasalis)*
mantled howler ~ Mantel-Brüllaffe *m (Alouatta palliata)*
military ~ → hussar monkey
mitis ~ → blue monkey
mona ~ Mona-Meerkatze *f (Cercopithecus mona)*
mountain ~ Vollbart-Meerkatze *f (Cercopithecus l'hoesti)*
moustached ~ Blaumaul-Meerkatze *f (Cercopithecus cephus)*
New World ~s Kapuzinartige *mpl*, Greifschwanzaffen *mpl*, Kapuziner *mpl (Cebidae)*
night ~ Nachtaffe *m*, Mirikina *m (Aotes trivirgatus)*
Old World ~s Meerkatzenartige *mpl (Cercopithecidae)*
ouakari ~s Kurzschwanzaffen *mpl*, Uakaris *mpl (Cacajao)*
owl-faced ~ Hamlyn-Meerkatze *f (Cercapithecus hamlini)*
patas ~ → hussar monkey
pig-tailed ~ Schweinsaffe *m (Macaca nemestrina)*
platyrrhine ~s → New World monkeys
proboscis ~ → long-nosed monkey
putty-nosed ~ → mona monkey
red-bellied ~ Rotbauch-Meerkatze *f (Cercopithecus erythrogaster)*
rhesus ~ Rhesusaffe *m (Macaca mulatta)*
ring-tailed ~ → capuchin monkey
spider ~s Klammeraffen *mpl (Ateles)*
squirrel ~s Totenkopfäffchen *npl (Saimiri)*
titi ~s Springaffen *mpl (Callicebus)*

toque ~ Ceylon-Hutaffe *m (Macaca sinica)*
vervet ~ → green monkey
white-eyelid ~s Mangaben *fpl (Cercocebus)*
widow ~ Witwenaffe *m (Callicebus torquatus)*
woolly ~s Wollaffen *mpl (Lagothrix)*
woolly spider ~ Spinnenaffe *m (Brachyteles arachnoides)*
monkeyfish Totenkopfchimäre *f (Callorhynchus capensis)*
monkey-mouth Pazifischer Zebrahai *m (Stegostoma fasciatum)*
monkey-pot Krukenbaum *m*, Topfbaum *m (Lecythis)*
monkey-puzzle Chilenische Araukarie *f*, Chilifichte *f (Araucaria araucana)*
monkfish Angler *m*, (Gemeiner) Seeteufel *m (Lophius piscatorius)*
monkshood Echter Eisenhut *m (Aconitum napellus)*
monocarpellary einfruchtblättrig
monocarpic [monocarpous] monokarpisch, einfrüchtig
monocaulous einstielig
monocelled einzellig
monocephalous *(Bot.)* einköpfig
monocerous einhörnig
monochasium Monochasium *n*, eingabelige Trugdolde *f*
monochlamydeous *(Bot.)* mit einer Hülle *f*
monochrom(at)ic monochromatisch, einfarbig
monocistronic monozistronisch
monoclinous monoklin, stamino-karpellate Blüte *f*, zwitterig
monoclone monoklonaler Antikörper *m*
monococcous einbeerig; einkernig
monocotyledon einkeimblättrige Pflanze *f*
monocotyledonous einkeimblättrig
monocular 1. monokular, einäugig; 2. monokular, für ein Auge
monodactylous einfingerig
monodactyly Monodaktylie *f*, Einfingrigkeit *f*
monodelphic einen Uterus besitzend
monodont monodont, einen Zahn besitzend
monodontous einzähnig
monoecious *(Bot.)* monözisch, einhäusig
monoecy Monözie *f*, Einhäusigkeit *f*
monogamous monogamisch, einehig
monogenesis Monogenese *f*, Monogonie *f*, ungeschlechtliche Fortpflanzung *f*
monogeny → monogony
monogony Monogenese *f*, Monogonie *f*, ungeschlechtliche Fortpflanzung *f*
monogynous monogyn, eingriffelig, einweibig
monogyny Monogynie *f*, Eingriffeligkeit *f*
monolayer Monolayer *m*, einlagige Schicht *f (von Zellen auf einer Oberfläche)*
monolocular einkammerig
monomeniscous einlinsig
monomeric [monomerous] monomer, aus einem Stück bestehend; eingliederig
monomorphic [monomorphous] monomorph, einförmig
mononeural *(Bot.)* einnervig
mononuclear mononukleär, einkernig
monooestrous monöstrisch *(jährlich nur eine Brunst zeigend)*
monoovular eineiig
monopetalous monopetal, mit einem Kronblatt
monophyletic monophyletisch
monophyletism Monophyletismus *m*, Monogenismus *m*
monophyllous einblättrig
monophyodont monophyodont *(ohne Zahnwechsel)*
monopolar unipolar, einpolig
monopterous *(Bot.)* einflügelig
monopyrenous monopyren, einkernig, einsteinig
monorefringent einfachbrechend
monosexual monosexuell, eingeschlechtlich
monospermic [monospermous] einsamig, einkörnig
monostachyous einährig
monostichous einreihig, einzeilig
monostigmatous einnarbig
monothalamous monothalamisch, einkammerig
monounsaturated einfach ungesättigt
monoverticillate einzelquirlständig
monovoltine monovoltin, univoltin
monoxenic [monoxenous] 1. monoxenisch, nur einen Wirt benötigend; 2. monoxenisch, von nur einem Keim befallen
monozygotic monozygotisch
monoxeny Monoxenie *f (Einwirtigkeit f eines Parasiten)*
monsoon forest Monsunwald *m*
monster Monstrum *n*; Mißbildung *f*
Gila ~ Krustenechse *f (Heloderma)*
monstrosity Monstrosität *f*; Unförmigkeit *f*, Mißbildung *f*
mood *(Ethol.)* Stimmung *f*
mooneye Mondauge *n (Hiodon tergisus)*; Mondaugen *npl (Hiodontidae)*
moon-fern → moonwort
moonfish 1. Sternfisch *m (Vomer setapinnus)*; 2. Pferdekopf *m (Selene vomer)*; 3. *pl* Mondfische *mpl (Molidae)*; 4. *pl* Glanzfische *mpl*, Opahs *mpl (Lampridae)*
moonflower Bitterklee *m*, Dreiblättriger Fieberklee *m (Menyanthes trifoliata)*
moonpenny Wiesenwucherblume *f*, Gemeine Wucherblume *f(Leucanthemum vulgare)*
moonrat Haarigel *m*, Rattenigel *m (Echinosorex)*
Mindanao ~ Philippinen-Rattenigel *m (Podogymnura)*
moonseed Mondsame *m (Menispermum)*
moonshine Stumpfblättriges Ruhrkraut *n (Gnaphalium obtusifolium)*
moonwort Mondraute *f*, Mondrautenfarn *m (Botrychium lunaria)*
moony Atlantischer Flugfisch *m (Exocoetus volitans)*
moor 1. Moor *n*; Hochmoor *m*; 2. Ödland *n*, Heideland *n*; 3. Gemeines Heidekraut *n*, Immerschönkraut *n (Callune vulgaris)*
flat ~ Flachmoor *n*

grass ~ Grasmoor *n*, Wiesenmoor *n*, Grünlandmoor *n*
heater ~ Heidemoor *n*
high ~ Hochmoor *n*
low ~ Niedermoor *n*
moss ~ Sphagnum-Moor *n*
raised ~ Hochmoor *n*
salt ~ Salz(wasser)marsch *f*
sedge ~ Seggenmoor *n*
small sedge ~ Kleinseggenried *n*
superaquatic ~ ombrotrophes Moor *n*

moorberry Moosbeere *f (Oxycoccus palustris)*

moorfowl 1. Moor-Federwild *n*; 2. Schottisches Moorschneehuhn *n*, Schottisches Schneehuhn *n (Lagopus scoticus)*

moorhen (Grünfüßiges)Teichhuhn *f (Gallinula chloropus)*

moorland Moorland *n*; Heidemoor *n*, Sumpflandschaft *f*

moorwort Vielblättrige Gränke *f (Andromeda poliifolia)*

moory moorig

moose Elch *m*, Elk *m (Alces alces)*

mooseberry Armblütiger Schneeball *m (Viburnum pauciflorum)*

moose-missy Amerikanische Eberesche *f (Sorbus americana)*

moosewood 1. Pennsylvanischer Ahorn *m (Acer pennsylvanicum)*; 2. Lederholz *n (Dirca palustris)*

mor Rohhumus *m*

moraine Moräne *f*, Gletscherschutt *m*, Gletschergeröll *m*
ground ~ Grundmoräne *f*

morass Morast *m*; Sumpf *m*

morass-weed Gemeines [Rauhes] Hornblatt *n (Ceratophyllum demersum)*

moray Muräne *f (Muraena)*

morchel:
stink ~ Stinkmorchel *f*, Gichtschwamm *m (Phallus impudicus)*

morel 1. Speisemorchel *f*, Rundmorchel *f (Morchella)*; 2. Schwarzer Nachtschatten *m (Solanum nigrum)*
great ~ Gemeine [Schwarze] Tollkirsche *f (Atropa belladonna)*
petty ~ → morel 2.

morello Sauerwechselkirsche *f (Cerasus austera)*

mores Sitten *fpl*

morgan Hundskamille *f (Anthemis)*
Dutch ~ Gemeine [Große] Wucherblume *f (Leucanthemum vulgare)*

morgay Kleinfleckiger Katzenhai *m (Scyliorhinus canicula)*

morgeline Efeublättriger Ehrenpreis *m (Veronica hederifolia)*

moribund moribund, sterbend, ablebend

mormonweed Samtpappel *f*, Gelbe Schönmalve *f (Abutilon theophrasti)*

morning-glory Trichterwinde *f (Ipomoea)*
bush ~ Dünnblättrige Trichterwinde *f (Ipomoea leptophylla)*
dwarf ~ Dreifarbige Winde *f (Convolvulus tricolor)*
small-flowered pink ~ Behaartfrüchtige Trichterwinde *f (Ipomoea trichocarpa)*

moroco:
stone ~ Tschebatschak *m (Pseudorasbora parva)*

morphoclimax Morphoklimax *f*, reliefbedingte Klimax

morphogenesis Morphogenese *f*, Morphogenie *f*, Formentwicklung *f*, Gestaltentwicklung *f*, Formbildung *f*

morphogenetic morphogenetisch, formbildend, gestalbildend

morphogeny → morphogenesis

morphography Morphographie *f*, Formenbeschreibung

morphokinesis Morphokinese *f*

morphological morphologisch, Form...

morphology Morphologie *f*, Formenlehre *f*, Gestaltlehre
developmental ~ Entwicklungsmorphologie *f*
functional ~ funktionelle Morphologie *f*

morphometry Morphometrie *f*, Ausmessung *f* der Gesta

morphoplasm Morphoplasma *n*, Kinoplasma *n*

morphosis Morphose *f*, morphogenetische Reaktion *f*

morphospecies Morphospezies *f*, Formart *f*, morphologische Art *f*

morrel Ölreicher Fieberheilbaum *m (Eucalyptus oleasa)*

mors Tod *m*

morse (Gemeines) Walroß *n (Odobenus rosmarus)*

morsus Biß *m*

mort dreijähriger Lachs *m*

mortal 1. sterblich; 2. tödlich; Tod(es)...

mortality 1. Mortalität *f*, Sterblichkeit *f*; 2. Mortalitätsrat *f*, Sterblichkeitsrate *f*

mortification Nekrose *f*, Absterben *n*

morula Morula *f*, Maulbeerkeim *n*

morulation Morulation *f*, Maulbeerkeimentwicklung *f*

morwennol Seeschwalbe *f (Chlidonias)*; Seeschwalbe *(Sterna)*

mosaic 1. Mosaik *n*; Mosaikform *f*, Chimäre *f*; 2. Mosaik...; 3. Mosaik *n*, Mosaikkrankheit *f (de Pflanzen)*
aucuba ~ Grünscheckungsmosaik, Aucuba-Mosaik *n*

moschatel Moschuskraut *n (Adoxa)*

mosquito Stechmücke *f*; *pl* Stechmücken *fpl (Culicidae)*
anopheline ~ → malaria mosquito
brown salt-marsh ~ Küstenstechmücke *f (Aedes dorsalis)*
common malaria ~ Gefleckte Fiebermücke *f (Anopheles maculipennis)*
field ~ Wiesenmücke *f (Aedes)*
malaria ~ Malariamücke *f*, Fiebermücke *f (Anopheles*
northern house ~ Gemeine Hausmücke *f (Culex pipiens)*
spotted-wing ~ → common malaria mosquito
tiger [yellow-fever] ~ Gelbfiebermücke *f (Aedes aegypti)*

mosquito-trap Schwalbenwurz *f*, Hundswürger *m (Cynanchum)*

moss 1. Moos *n*; *pl* Moose *npl (Bryophyta)*; 2. Sphagnum-Moor *n*
black ~ → Spanish moss

bog ~ Torfmoos *n*, Weißmoos *n (Sphagnum)*
common hair ~ Frauenhaarmoos *n (Polytrichum)*
cup ~ Rentiermoos *n*, Rentierflechte *f (Cladonia rangiferina)*
ditch ~ Kanadische Wasserpest *f (Elodea canadensis)*
fir ~ Tannenbärlapp *m (Lycopodium selago)*
floating ~ Gemeiner Schwimmfarn *m (Salvinia natans)*
Florida ~ → Spanish moss
golden ~ Gemeiner [Scharfer] Mauerpfeffer *m (Sedum acre)*
hair(cap) ~ → common hair moss
Iceland ~ Isländisches Moos *n (Cetraria islandica)*
long ~ → Spanish moss
mountain ~ 1. → golden moss; 2. Gezähnter Moosfarn *m (Selaginella selaginoides)*
peat ~ → bog moss
raised ~ Hochmoor *n*
reindeer ~ → cup moss
rose ~ Portulakröschen *n (Portulaca grandiflora)*
side-fruiting ~ Seitenfrüchtiges Moos *n*
snake ~ → staghorn moss
Spanish ~ Greifenbart *m*, Greifenhaar *n (Tillandsia usneoides)*
staghorn ~ Keulen-Bärlapp *m (Lycopodium clavatum)*
top-fruiting ~ Spitzfrüchtiges Moos *n*
tree ~ 1. → fir moss; 2. Zypressen-Wolfsmilch *f (Euphorbia cyparissias)*
true ~es Laubmoose *npl (Bryidae)*
water ~ Brunnenmoos *n*, Quell(en)moos *n (Fontinalis)*

mossberry Moosbeere *f*, Sumpfbeere *f (Oxycoccus)*
moss-cap Mooshaube *f*, Kalyptra des Sporogons
moss-capsule Moosbüchse *f*
moss-covered bemoost, mit Moos bewachsen, moosig
mossery Moosmoor *n*
moss-millions → mossberry
mossy 1. moosig, bemoost, moosbewachsen; 2. moosartig; 3. Moos...
moth 1. Motte *f*; 2. Nachtfalter *m*
almond ~ Tropische Speichermotte *f*, Dattelmotte *f (Ephestia cautella)*
Angoumois grain ~ Getreidemotte *f (Sitotroga cerealella)*
antler ~ Graseule *f (Ceraptery graminis)*
apple fruit ~ Apfelmotte *f (Argyresthia conjugella)*
autumnal ~ Weiden-Blattspanner *m (Oporinia autumnata)*
bag-worm ~s Sackträgermotten *fpl (Psychidae)*
bedstraw hawk ~ Labkrautschwärmer *m (Deilephila galii)*
bee ~ Große Wachsmotte *f (Galleria mellonella)*
bee-hawk ~ Hummelschwärmer *m (Haemorrhagia fuciformis)*
bella ~ Grassteppen-Schönbär *m*, Buntbär *m (Utethesia pulchella)*
broom ~ Erbseneule *f*, Hülsenfresser *m (Mamestra pisi)*
brown-tail ~ Braunschwänziger Goldafter *m (Nygmia chrysorrhoea)*
bud ~ Roter Knospenwickler *m (Tmetocera occellana)*
buffalo ~ Gemeiner Blütenkäfer *m (Anthrenus scrophulariae)*
buff tiger ~ Frischrasen-Zinnoberbär *m*, Rostbär *m (Phragmatobia fuliginosa)*
buff tip ~ Lindenspinner *m*, Ochsenkopf *m (Phalera bucephala)*
burnet ~s → smoky moths
cabbage ~ Kohleule *f*, Kohlnachtfalter *m (Mamestra brassicae)*
carpenter ~s Holzbohrer *mpl (Cossidae)*
carpet ~ → tapestry (clothes) moth
case-bearing clothes ~ → wool(l)en moth
cat-tail ~ Rohrmotte *f (Limnaecia phragmitella)*
clearwing [clear-winged] ~s Glasflügler *mpl*, Glasflügelbohrer *mpl (Aegeriidae)*
closewing ~ → grass moth 1.
clothes ~ Kleidermotte *f (Tineola bisselliella); pl* Echte Motten *fpl (Tineidae)*
codling ~ Apfelwickler *m*, Obstwickler *m (Laspeyresia pomonella)*
convolvulus hawk ~ Windenschwärmer *m (Herse convolvuli)*
cream-spot tiger ~ Heckenlehnen-Schwarzbär *m*, Schwarzer Bär *m (Arctia villica)*
crescent ~ Schwertlilieneule *f (Helotropha leucostigma)*
currant ~ Stachelbeerspanner *m (Abraxas grossulariata)*
cynthia ~ Ailanthusspinner *m i(Samia cynthia)*
dagger ~ Rindeneule *f (Acronycta)*
death's head hawk ~ Totenkopf *m (Acherontia atropos)*
december ~ Pappelspinner *m*, (Kleine) Pappelglucke *f (Poecilocampa populi)*
dew ~ Trockenrasen-Flechtenbärchen *n (Philea irrorella)*
diamondback ~ Kohlmotte *f (Plutella maculipennis)*
emperor ~ Kleines Nachtpfauenauge *n (Saturnia pavonia)*
ermine ~ Gespinstmotte *f (Hyponomeuta); pl* Gespinstmotten *fpl (Hyponomeutidae)*
European grain ~ (Weiße) Kornmotte *f (Tinea granella)*
European pine shoot ~ Kiefern(knospen)triebwickler *m (Evetria buoliana)*
fairy ~s Langhornmotten *fpl*, Miniersackmotten *fpl (Adelidae)*
false clothes ~ Samenmotte *f (Hofmannophila pseudospretella)*
fern ~ Graubrauner Waldrebenspanner *m (Phibalapteryx tersata)*
figure-of-eight ~ Blaukopf *m*, Brilleneule *f (Diloba caeruleocephala)*

fish ~ Silberfischchen *n (Lepisma saccharina)*
flour ~ Speichermotte *f (Ephesta elutella);* Mehlmotte *f (Ephestia kuchniella)*
footman ~s Flechtenspinner *mpl (Lithosiinae)*
four-spotted ~ Schwarzweiße Schopfrückeneule *f (Acontia luctuosa)*
fox ~ Brombeerspennier *m (Macrothylacia rubi)*
fur ~ → wool(l)en moth
gall ~s gallbildende Motten *fpl*
garden-tiger ~ Brauner [Gemeiner] Bär *m*, Bärenraupenspinner *n (Arctia caja)*
geometrid ~s Spanner *mpl (Geometridae)*
ghost ~s Wurzelbohrer *mpl (Hepialidae)*
giant silkworm ~s → silk moths
goat ~ Weiden(holz)bohrer *m (Cossus cossus)*
gooseberry ~ → currant moth
grass ~ 1. Grasmotte *f (Crambus)*; 2. *pl* Echte Zünsler *mpl (Pyralididae)*
greater wax ~ → bee moth
gypsy ~ (Gemeiner) Schwammspinner *m (Ocneria dispar)*
hawk ~s Schwärmer *mpl (Sphingidae)*
hooded owlet ~ Möncheule *f (Cucullia); pl* Möncheulen *fpl (Cucullinae)*
hook-tip ~s Sichelflügler *mpl (Drepanidae)*
hornet ~ Sternkrautschwärmer *m*, Taubenschwanz *m (Macroglossum stellatarum)*
humming bird hawk ~ Bienenglasflügler *m*, Bremsenschwärmer *m (Aegeria apiformis)*
Indian meal ~ Kupferrote Dörrobstmotte *f (Plodia interpunctella)*
lappet ~s Glucken *fpl (Lasiocampidae)*
leopard ~ Laubholzhain-Holzbohrer *m (Zeuzera pyrina)*
lesser bud ~ Grauköpfige Obstbaummotte *f (Recurvaria nanella)*
lesser wax ~ Kleine Wachsmotte *f (Achroia grisella)*
lobster ~ Buchenspinner *m (Stauropus fagi)*
luna ~ → silk moths
lunar hornet ~ Weiden-Grasflügler *m (Trochilium crabroniformis)*
magpie ~ → currant moth
many-plume ~s Geistchen *npl*, Federmotten *fpl*, Fächerflügler *mpl (Orneodidae)*
marsh ~ Moorwiesen-Mulmeule *f*, Graue Blaßeule *f (Athetis palustris)*
meal (snout) ~ Mehlzünsler *m (Pyralis farinalis)*
mountain ~ 1. Weißbestäubter Flachstirnspanner *m (Psodos coracinus)*; 2. *pl* → geometrid moths
mullein ~ Wollkraut-Möncheule *f (Cucullia verbasci)*
naked clothes ~ Kleidermotte *f (Tineola bisselliella)*
nun ~ Nonne *f*, Nadelwald-Schadspinner *m (Lymantria monacha)*
old tussock ~ → vaporer moth
orache ~ (Grüne) Meldeneule *f (Trachea atriplicis)*
Oriental fruit ~ Pfirsichwickler *m (Laspeyresia molesta)*
owlet ~s Eulen *fpl*, Eulenfalter *mpl (Noctuidae)*
pale brindled beauty ~ Laubwald-Wintergrausspanner *m (Phigalia pedaria)*
pea ~ Erbsenwickler *m (Laspeyresia nigricana)*
peacock ~ Gelbbrauner Eckflügelspanner *m (Semiothisa notata)*
pepper-and-salt [peppered] ~ (Großer) Birkenspanner *m (Biston betularius)*
pine ~ Kiefernspinner *m*, Fichtenspinner *m (Dendrolimus pini)*
pine hawk ~ Fichtenschwärmer *m*, Kieferschwärmer *m (Sphinx pinastri)*
pine looper ~ (Gemeiner) Kiefernspanner *m (Bupalus piniarius)*
pine resin-gall ~ Kieferngallenwickler *m (Petrova resinella)*
pine sphinx ~ → pine hawk moth
pink hawk ~ Mittlerer Weinschwärmer *m (Pergesa elpenor)*
plum ~ 1. Pflaumenspanner *m (Lygris prunata)*; 2. Pflaumenwickler *m (Laspeyresia funebrana)*
plumed ~s → many-plumed moth
popular hawk ~ Pappelschwärmer *m (Amorpha populi)*
Portland ~ Grüne Düneneule *f*, Grüne Beifußeule *f (Agrotis praecox)*
potato ~ Kartoffelmotte *f (Phthorimaea operculella)*
privet hawk ~ Ligusterschwärmer *m (Sphinx ligustri)*
processionary ~ Prozessionsspinner *m (Thaumetopoea processionea)*
puss ~ Weidenhalden-Rindenspinner *m (Dicranura vinuli)*
raisin ~ Feigenmotte *f (Ephestia figuliella)*
raspberry bud ~ Himbeermotte *f (Lampronia rubiella)*
rusty tussock ~ → vaporer moth
satin ~ (Weißer) Weidenspinner *m (Leucoma salicis)*
scalloped oak ~ Hellhelber Wollbeinspanner *m (Crocallis elinguaria)*
scalloped owlet ~ Dotterweideneule *f*, Zackeneule *f (Scoliopteryx libatrix)*
scallop-shell ~ Wellenspanner *m (Calocalpe undulata)*
scarlet tiger ~ Weißgefleckter Schönbär *m (Callimotpha dominula)*
sea ~s Drachenrößchen *npl*, Flügelroßfische *mpl (Pegasidae)*
short-cloaked ~ Kapuzenbärchen *n (Nola cucullatella)*
silk ~s Augenspinner *mpl*, Nachtpfauenaugen *npl (Saturniidae)*
silkworm ~ 1. Echter Seidenspinner *m (Bombyx mori)*; *pl* Seidenspinner *mpl (Bombycidae)*; 2. → silk moths
smoky ~s Widderchen *npl (Zygaenidae)*
spurge hawk ~ Wolfsmilchschwärmer *m (Celerio euphorbiae)*
sunflower ~ Sonnenblumenmotte *f (Homoesoma*

electellum)
swift ~s Wurzelbohrer *mpl*, Wurzelspinner *mpl (Hepialidae)*
sycamore ~ Ahorneule *f (Acronycta aceris)*
tapestry (clothes) ~ Gemeines Tapetenmotte *f (Trichophaga tapetiella)*
tiger ~s → tussock moths 2.
turnip ~ Feldflur-Bodeneule *f*, Wintersaateule *f (Agrotis segetum)*
tussock ~s 1. Bärenspinner *mpl (Arctiidae)*; 2. Wollspinner *mpl (Liparidae)*
underwing ~ Orfensband *n (Catocala)*
v- ~ Johannisbeerspanner *m*, Lateinisches V *n (Itame wauaria)*
vaporer ~ (Hecken-)Bürstenbinder *m (Orgyia antiqua)*
water betony ~ Gemeiner Wollkraut-Mönch *m (Cucullia scrophulariae)*
wax ~ → bee moth
white-marked ~ Graubraune Wegericheule *f (Pachnobia leucographa)*
white-shouldered house ~ Kleistermotte *f (Endrosis sarcitrella)*
window-winged ~s Fensterflügler *mpl (Thyrididae)*
winter ~ Kleiner [Gemeiner] Frostspanner *m*, Winterspanner *m (Operophtera brumata)*
wool(l)en ~ Pelzmotte *f*, Kleidermotte *f (Tinea pellionella)*

mother:
false stem ~ falsche Fundatrix *f*, unechte Stammutter *f (der Blattläuse)*
stem ~ Fundatrix *f*, Stammutter *f (der Blattläuse)*
true stem ~ echte Fundatrix *f*, echte Stammutter *f (der Blattläuse)*

mother-of-eels Aalmutter *f (Zoarces viviparus)*
mother-of-pearl 1. Perlmutter *f*; 2. perlmuttern, Perlmutt...
mother-of-thousands Kriechensteinbrech *m (Saxifraga sarmentosa)*
mother-of-thyme (Schmalblättriger) Quendel *m*, Feldthymian *n (Thymus serpyllum)*
mother-of-wheat Efeublättriger Ehrenpreis *m (Veronica hederifolia)*
mother's-heart Gemeines Hirtentäschelkraut *n*, Täschelkraut *n (Capsella bursa-pastoris)*
motherwort 1. Echtes Herzgespann *n (Leonurus cardiaca)*; 2. Echter Beifuß *m*, Mutterkraut *n (Artemisia vulgaris)*
motile beweglich; freibeweglich
motility Motilität *f*; Beweglichkeit *f*; Bewegungsfähigkeit *f*
ameboid ~ Amöboidbeweglichkeit *f*
basal [spontaneous] ~ Spontanmotilität *f*, uninduzierte Beweglichkeit *f*

motion Motion *f*; Bewegung *f*
ameboid ~ amöboide Bewegung *f*
ciliary ~ Wimpernbewegung *f*
creeping ~ Kriechbewegung *f* (einer Pflanze)
gliding ~ Gleitbewegung *f*

motional Bewegungs...
motionless unbeweglich; bewegungslos
motivation 1. Motivation *f*; Motivierung *f*; Begründung *f*; 2. Anlassreiz *m*, bedingter Reiz *m*
motive 1. Motiv *m*; Antrieb *m*; Beweggrund *m*; 2. bewegend, treibend
motivity Bewegungskraft *f*; Bewegungfähigkeit *f*
motmot Motmot *m (Momotas); pl* Motmots *mpl*, Sägeracken *mpl (Momotidae)*
rufous(-capped) ~ Rotkopfmotmot *m (Baryphthengus)*
tody ~ Zwergmotmot *m (Hylomanes)*
turquoise-browed ~ Braunmotmot *m (Eumomota)*

motoneuron Motoneuron *n*, motorisches Neuron *m*, motorische Nervenzelle *f*
motor 1. Muskel *m*; 2. motorischer Nerv *m*, Bewegungsnerv *m*; 3. bewegend
motorial motorisch, bewegend; Bewegungs..., Motorik...
motoricity Motorik *f*
mottle 1. Tüpfel *m*; Fleckchen *n*; 2. Scheckung *f (Pflanzenkrankheit)*, Fleckenkrankheit *f*
potato-stem ~ Stengelbuntkrankheit *f* der Kartoffeln

mottled gesprenkelt, getüpfelt
mottling 1. → mottle 2.; 2. Mosaikbildung *f*
moufflon Mufflon *m*, Archar *m*, Wildschaf *n (Ovis ammon)*
mould → mold
moult → molt
mound Erdhügel *m*, Erdwall *m*, Erddamm *m*; Erhebung *f*, kleiner Hügel *m*
mount 1. (mikroskopisches) Präparat *n*, Einschlußpräparat *n*; 2. Präparat *n* einschließen; 3. Objektträger *m*
histological ~ Gewebepräparat *n*, histologisches Präparat *n*; histologische Präpariermontage *f*
slide ~ mikroskopisches Präparat *n*
wet ~ Frischpräparat *n*
whole ~ Ganzpräparat *n*

mountain forest Bergwald *m*
mountain-sweet Amerikanische Säckelblume *f*, Rotwurzel *f (Ceanotus americana)*
mountant (histologisches) Einschlußmedium *n*, Einbettungsmedium *n*
mounting Montierung *f*, Präparatenherstellung *f*, Präparateneinbettung *f*
~ in toto Ganzpräparatenherstellung *f*

mouse 1. Maus *f*; 2. mausen, Mäuse fangen
African climbing ~ Aalstrich-Klettermaus *f (Dendromys)*
African spiny ~ Stachelmaus *f (Acomys)*
American harvest ~ Amerikanische Erntemaus *f (Reithrodontomys)*
American jumping ~ Feldhüpfmaus *f (Zapus)*
Australian hopping [Australian kangaroo] ~ Australische Hüpfmaus *f (Notomys)*
birch ~ Birkenmaus *f*, Buschmaus *f*, Streifenhüpfmaus

f (Sicista); *pl* Hüpfmäuse *fpl (Zapodidae)*
bog ~ Lemmingmaus *f (Synaptomys)*
bush ~ 1. Birkenmaus *f (Sicista betulina)*; 2. Streifenhüpfmaus *f (Sicista subtilis)*
common field ~ 1. Erdmaus *f*, Ackermaus *f (Microtus agrestis)*; 2. Gartenwaldmaus *f*, Feld-Waldmaus *f (Apodemus sylvaticus)*
dawn meadow ~ Père-David's Wühlmaus *f (Eothenomys)*
deer ~ Weißfußmaus *f (Peromyscus)*; Hirschmaus *f (Peromyscus maniculatus)*
fat ~ Fettmaus *f (Steatomys)*
fat-tailed ~ Dickschwanzmaus *f (Pachyuromys duprasi)*
field ~ Gartenwaldmaus *f*, Feld-Waldmaus *f (Apodemus sylvaticus)*
four-striped grass ~ Afrikanische Striemengrasmaus *f (Rhabdomys pumilio)*
grasshopper ~ Grashüpfermaus *f (Onychomys)*
harvest ~ 1. Eurasiatische Zwergmaus *f*, Hafermaus *f (Micromys minutus)*; 2. → American harvest mouse
hazel ~ Haselmaus *f*, Bilch *m (Muscardinus)*
hopping ~ Australische Hüpfmaus *f (Notomys)*
house ~ Maus *f (Mus)*; (Nördliche) Hausmaus *f*, Gelbbauchmaus *f*, Gartenmaus *f (Mus musculus)*
jerboa ~ → hopping mouse
jumping ~ 1. → birch mouse; 2. Hüpfmaus *f*, Feldhüpfmaus *f (Zapus)*
kangaroo ~ → hopping mouse
lemming ~ → bog mouse
long-legged pouched ~ Springbeutelmaus *f*, Beutelspringmaus *f (Antechinomys)*
long-tailed climbing ~ → palm mouse
long-tailed spiny ~ Südindischer Stachelbilch *m (Platacanthomys lasiurus)*
marsupial ~ Beutelmaus *f*, Breitfußbeutelmaus *f (Antechinus)*
meadow ~ Feldmaus *f*, Wühlmaus *f (Microtus)*
meadow jumping ~ → jumping mouse 2.
mole ~ Blindmull *m (Myospalax myospalax)*
narrow-footed marsupial ~ → pouched mouse 1.
nude ~ Nackte Maus *f (Maus-Mutant)*
Old World harvest ~ Zwergmaus *f (Micromys)*
opossum ~ Schlafbeutler *m (Cercaërtus)*
palm ~ Langschwänzige Indische Baummaus *f (Vandeleuria)*
pencil-tailed tree ~ Malaiische Pinselschwanz-Baummaus *f (Chiropodomys gliroides)*
pocket ~ Eigentliche Taschenmaus *f (Perognathus)*
porcupine ~ → African spiny mouse
pouched ~ 1. Schmalfußbeutelmaus *f (Sminthopsis)*; 2. Streifenbeutelmarder *m (Myoictis)*
Prometheus' ~ Prometheusmaus *f (Prometheomys schaposchnikowi)*
red-backed ~ Rötelmaus *f (Clethrionomys)*, Waldwühlmaus *f (Clethrionomys glareolus)*
rock ~ Felsenratte *f (Petromus typicus)*
scorpion ~ → grasshopper mouse
sea ~ Seemaus *f*, Seeraupe *f (Aphrodite)*
Selevin's ~ Salzkrautbilch *m (Selevinia)*
snow ~ Alpenschneemaus *f (Microtus nivalis)*
spiny ~ → African spiny mouse
spiny pocket ~ Stacheltaschenmaus *f (Liomys)*
striped field ~ → four-striped grass mouse
tree ~ → African climbing mouse
white-footed ~ Weißfußmaus *f (Peromyscus)*
wood ~ Feldmaus *f*, Waldmaus *f*, Brandmaus *f (Apodemus sylvaticus)*
woodland jumping ~ Waldhüpfmaus *f (Napaeozapus)*
yellow-necked ~ Gelbhalsmaus *f*, Halsbandmaus *f (Apodemus flavicollis)*

mousebirds Mausvögel *mpl (Coliidae)*
mouse-ear 1. Streifenfarn *n (Asplenium)*; 2. Sumpfruhrkraut *n (Gnaphalium uliginosum)*
mouse-hare Pfeifhase *m (Ochotona)*; *pl* Pfeifhasen *mpl (Ochotonidae)*
mouse-lemurs Zwergmakis *mpl (Microcetus)*
mouse-milk Sonnen-Wolfsmilch *f (Euphorbia helioscopia)*
mousetail Mäuseschwanz *f (Myosurus)*
mouse-thorn Sternglockenblume *f (Centaurea calcitrapa)*
mousetrap Mausefalle *f*
moustache 1. Schnurrbart *m*; 2. Blaumaul-Meerkatze *f (Cercopithecus cephus)*
mouth 1. Mund *m*; 2. Maul *n*; Schnauze *f*; Rachen *m*; 3. Mündung *f*; Eingang *m*, Ausgang *m*
mouth-breeder Maulbrüter *m*
mouth-breeding Maulbrüten *n*
mouthparts Mundwerkzeuge *npl*, Mundgliedmaßen *fpl*
mouthroot Goldfaden *m (Coptis)*
movable beweglich
movement 1. Bewegung *f*; Ortsveränderung *f*, Migration *f*, Wanderung *f*
anaphase ~ Anaphase-Chromosomenbewegung *f*
kinetic ~s Kinetismus *m*
nastic ~s Nastien *fpl*, nastische Bewegungen *fpl*
nyctinastic ~ Nyktinastie, nyktinastische Bewegung *f*
orienting ~ Ortungsbewegung *f*
rolling ~ Drehbewegung *f*
skilled ~s genaue [exakte] Bewegungen *fpl*
stomatal ~s Spaltsöffnungsbewegungen *fpl*
swallowing ~ Schluckbewegung *f*
torsion ~ Torsionsbewegung *f*
voluntary ~ willenmäßige Bewegungen *fpl*

mow 1. (ab)mähen; 2. Heuhaufen *m*
mshara Mschara *f*, Bruchwald *m*
much-branched vielzweigig, starkverzweigt
much-good Hirschhaarstrang *m*, Hirschwurz *f*, Schwefelwurzel *f (Peucedanum cervaria)*
muchweed Weißer Gänsefuß *m (Chenopodium album)*
mucidous schimmelig; kahmig
muciferous 1. schleimabsondernd, schleimausscheidend; 2. schleimbildend; 3. schleimgefüllt, schleimhaltig

mucific schleimabsondernd, schleimausscheidend
mucify Schleim absondern
mucilage Schleim *m*
mucilaginous 1. schleimig; 2. klebrig
muciparous schleimbildend
muck 1. Mist *m*, Dung *m*; 2. Sapropel *m*, Faulschlamm *m*
mucoid 1. Mukoid *n*; 2. mukoid, schleimartig
mucolytic mukolytisch; schleimlösend
mucopurulent schleimig-eitrig
mucoriferous schimmeltragend
mucosa Mukosa *f*; Schleimhaut *f*
mucosal Mukosa..., Schleimhaut...
mucous 1. mukös, schleimig; schleimartig; 2. schleimbedeckt; verschleimt; 3. schleimbildend; schleimabsondernd, schleimproduzierend; 4. schleimhaltig
mucronate(d) zugespitzt
mucronifoliate spitzblättrig
mucronule kleine Spitze *f*, Kleinspitze *f*
mucronulate kleinspitzig
muculent mukulent; schleimhaltig, schleimreich
mucus Schleim *m*
mud Mudd *m*, Schlamm *m*; Faulschlamm *m*
muddler Großkopf *m*, Groppe *f (Cottus)*
mud-dwelling limikol, schlammbewohnend
mudfish 1. Kahlhecht *m*, Amerikanischer Schlammfisch *m (Amia calva)*; 2. Steinbeisser *m (Cobitis)*; 3. Schlammhechtlinge *mpl (Neochanna)*
mudhoppers Schlammspringer *mpl (Periophthalmidae)*
mudminnow Hundfisch *m (Umbra); pl* Hundsfische *pl (Umbridae)*
  central ~ Östlicher Hundsfisch *m (Umbra limi)*
  eastern ~ Zwerghundfisch *m (Umbra pygmaea)*
  European ~ Europäischer Hundsfisch *m (Umbra krameri)*
  western ~ → central mudminnow
mudpuppy Furchenmolch *m (Necturus)*
mudskippers [mudspringers] → mudhoppers
mudweed [mudwort] Schlammkraut *n (Limosella)*
muflon → moufflon
mugga Eisenholz-Fieberbaum *m (Eucalyptus sideroxylon)*
mugger Sumpfkrokodil *n (Crocodylus palustris)*
mugget [mug-wet] Waldmeister *m (Asperula odorata)*
mugwort Echter [Gemeiner] Beifuß *m*, Mutterkraut *n (Artemisia vulgaris)*
mulberry 1. Maulbeerbaum *m (Morus)*; 2. Wohlriechende Himbeere *f*, Zimt-Brombeere *f (Rubus odoratus)*
  American ~ Roter [Amerikanischer] Maulbeerbaum *m (Morus rubra)*
  Bermuda ~ Bermuda-Schönfrucht *f (Callicarpa americana)*
  black ~ Schwarzer Maulbeerbaum *m (Morus nigra)*
  East African ~ Milchweißer Maulbeerbaum *m (Morus lactaea)*
  fragrant ~ Wohlriechende Himbeere *f*, Zimt-Brombeere *f (Rubus odoratus)*
  paper ~ Papier-Maulbeerbaum *m (Broussonetia papyrifera)*
  Texas ~ Kleinblättriger Maulbeerbaum *m (Morus microphylla)*
  white ~ Weißer Maulbeerbaum *m (Morus alba)*
mulch 1. Mulch *m*; 2. mulchen; 3. Streu *f (Grünland)*
mule Maultier *n*
mulga Mulga *f (Acacia aneura)*
mulgara Südliche Kammschwanzbeutelmaus *f (Dasycercus cristicauda)*
mulga-scrub Mulga-Scrub *n (Gebüschformation mit Acacia-Arten, Australien)*
mullein Königskerze *f (Verbascum)*
  clasping-leaved ~ Filzige Königskerze *f (Verbascum phlomoides)*
  corn ~ Kornrade *f (Agrostemma githago)*
  dock [great] ~ Kleinblütige [Echte] Königskerze *f (Verbascum thapsus)*
  moth ~ Dunkle [Schwarze] Königskerze *f (Verbascum blattaria)*
  pink ~ → corn mullein
  sage-leaf ~ Knollen-Brandkraut *n (Phlomis tuberosa)*
  velvet ~ → dock mullein
  white ~ Mehlige Königskerze *f* (Verbascum lychnites)
  wool ~ Großblütige [Große] Königskerze *f (Verbascum thapsiforme)*
mullet 1. Meeräsche *f (Mugil)*; Meeräschen *fpl (Mugilidae)*; 2. Meerbarbe *f*, Seebarbe *f (Mullus)*
  bastard ~s Fadenfische *mpl (Polynemidae)*
  black ~ → common mullet
  Black Sea ~ → thin-lipped gray mullet
  blueback ~ → white mullet
  common ~ Gestreifte Meeräsche *f (Mugil cephalus)*
  flathead ~ → common mullet
  golden ~ Gold(meer)äsche *f (Mugil auratus)*
  gray ~ → bashet mullet
  jumping ~ → common mullet
  leaping gray ~ Kleine Meeräsche *f (Mugil saliens)*
  long-finned ~ → golden mullet
  striped ~ → common mullet
  thick-lipped gray ~ Dicklippige Meeräsche *f (Mugil chelo)*
  thin-lipped gray ~ Dünnlippige Meeräsche *f (Mugil capito)*
  white ~ Weiße Merräsche *f (Mugil curema)*
mulloway Adlerfisch *m (Johnius hololepidotum)*
mulsette Seehecht *m (Merluccius)*
multarticulate vielgliederig
multicamerate vielkammerig; vielfächerig
multicapsular multikapsulär, vielkapselig
multicarinate vielkielig; vielrippig
multicarpous vielfrüchtig
multicaulis vielstengelig
multicellular multizellulär, vielzellig, mehrzellig
multicellularity Vielzelligkeit *f*
multicentral multizentral
multiciliate multiziliär, vielwimprig

multicipital mit zahlreichen Wirteln
multicolored vielfarbig, mehrfarbig, polychrom
multi-copy *(Mol.)* mit hoher Kopienzahl
multicostate vielrippig
multidentate vielzähnig
multidigitate multidigital, vielfingerig; mehrzehig
multidish Agglutinationsplanchette *f*
multienzym-system Multifermentsystem *n*
multifasciculate multifaszikulär
multifetation Multifötation *f*
multifid multifid, vielspaltig, vielschnittig
multiflagellate vielgeißelig
multiflowered vielblütig, reichblütig
multifocal multifokal, vielherdig
multifoliate vielblättrig, reichblättrig
multifoliolate blättchenreich
multiform vielgestaltig, polymorph
multiformity Vielgestaltigkeit *f*, Polymorphismus *m*
multifurcatous vielgabelig
multigenic multigen, polyfaktoriell
multijugate vieljochig, vielpaarig
multilateral multilateral, vielseitig
multilayer vielschichtig
multilayered vielschichtig, mehrschichtig
multilineate vielstreifig; reich gestrichelt
multilobate viellappig
multilocular vielfächerig, vielkammerig
multimammate vielzitzig
multinervate *(Bot.)* vielnervig
multinodal multinodal, vielknotig
multinuclear [multinucleate] multinukleär, vielkernig
multinucleolate multinukleotär
multiocular vieläugig
multiovulate multiovulär
multipara Multipara *f*, Mehrgebärende *f*, Vielgebärende *f*
multiparity Mehrlingsgeburt *f*
multipartite vielteilig, vielfach geteilt
multipennatous vielgefiedert
multiphase Mehrphasen...
multiple multipel; vielfältig, vielfach; vielteilig
multiplication Vermehrung *f*, Fortpflanzung *f*
multiply sich vermehren
multipolar multipolar, vielpolig
multipunctate reichpunktiert
multiradiate vielstrahlig, multiradiär
multiramose vielzweigig, reichverzweigt
multiserial vielreihig, mehrreihig
multiserratous mit vielen Sägezähnen
multisetous mit vielen Borsten
multisiliquous mit vielen Schoten, mit vielen Hülsen
multispinous stark bedornt, stark bestachelt
multispiral aus vielen Windungen bestehend
multistaminate mit vielen Staubblättern
multisulcate reichgefurcht
multitongued *(Bot.)* stark gezackt
multivalency Multivalenz *f*, Polyvalenz *f*
multivoltine multivoltin, plurivoltin, polyvoltin
multivorous multivor, polyphag
mumia *(Ent.)* Mumie *f*, Mumienpuppe *f*
mummichog Zebrafundulus *m (Fundulus heteroclitis)*
  freshwater ~ Gebänderter Fundulus *m (Fundulus diaphanus)*
mummy → mummichog
mundarda Dünnschwanz-Schlafbeutler *m (Cercaërtus concinnus)*
mung Mungobohne *f (Phaseolus aureus)*
mungoose → mongoose
muntjac Muntjak *m (Muntiacus muntjak)*
murali-divided septiert
murarious an Mauern wachsend, mauerbewohnend
muricate(d) stachelig, dornig
muricellous mit kleinen weichen Spitzen
murinaceous mausgrau
murine mausartig; Maus...
murmur 1. Geräusch *n*; 2. Brummen *n*
murrayana Murrayakiefer *f (Pinus murrayana)*
murre Lumme *f (Uria)*
  Atlantic [common, foolish] ~ Trottellumme *f (Uria aagle)*
  thick-billed ~ Dickschnabellumme *f (Uria lomvia)*
murrels Schlangenaugen *npl (Ophiocephalus)*
murrelet:
  ancient ~ Silberalk *m (Synthliboramphus antiquus)*
  Japanese ~ Japan-Alk *m (Synthliboramphus wumizusume)*
  Kittlitz ~ Kurzschnabelalk *m (Brachyrhamphus brevirostris)*
  marbled ~ Marmelalk *m (Brachyrhamphus marmoratus)*
  Xantus' ~ Lummenalk *m (Endomychura hypoleuca)*
musang Palmenroller *m*, Rollmarder *m (Paradoxurus)*
musaefolious bananenblättrig
muscicoline moosbewohnend
muscivorous fliegenfressend
muscle Muskel *m*
  acromiohumeral ~ Deltamuskel *m*
  adductor ~ 1. Adduktor *m*, Heranzieher *m*, Anziehmuskel *m*; 2. Schließmuskel *m (bei Weichtieren)*
  anconeus ~ Ellbogenhöckermuskel *m*, Knorren(muskel) *m*
  antagonistic ~ Muskel-Antagonist *m*, Gegenspieler(muskel) *m*
  biceps ~ zweiköpfiger Muskel *m*, Bizipitalmuskel *m*
  bipennatous ~ doppeltgefiederter Muskel *m*
  biventer ~ zweibäuchiger Muskel *m*
  brachialis ~ Armbeuger *m*, Armbeugemuskel *m*
  brachiocephalic ~ Arm-Kopf-Muskel *m*
  buccinator ~ Trompetenmuskel *m*, Backenmuskel *m*
  cardiac ~ Herzmuskel *m*
  ciliary ~ Ziliarmuskel *m*
  closing ~ Schließmuskel *m*
  cowl ~ Trapezmuskel *m*, Kapuzenmuskel *m*, Kappenmuskel *m*
  cross-striated [cross-striped] ~ (quer)gestreifter

Muskel *m*
deltoid ~ Deltamuskel *m*
depressor ~ Depressor *m*, Herabzieher *m*, Senkungsmuskel *m*
dilatator ~ Erweiterer(muskel) *m*
fibrillar flight ~ fibrillärer Flugmuskel *m*
fixation ~ Fixationsmuskel *m*, Muskel-Fixator *m*
flight ~ Flugmuskel *m*
flexor ~ Beugemuskel *m*, Beuger *m*, Flexor(muskel) *m*
Ivanov's ~ Radialer Muskelbündel *m*
longitudinal ~ Längsmuskel *m*
mastication ~ Kaumuskel *m*
mental ~ Kinnmuskel *m*
multifidous ~ vielgespaltener Rücken(muskel) *m*
nonstriated ~ glatter [unwillkürlicher] Muskel *m*, Glattmuskel *m*
obliquous ~ Schrägmuskel *m*
orbicular ~ Ringmuskel *m*, Orbikulärmuskel *m*
organic ~ Glattmuskel *m*, glatter [unwillkürlicher] Muskel *m*
palpebral ~ Augenlidmuskel *m*
papillary ~ Papillarmuskel *m*
pectineus ~ Kammuskel *m*
pectoral ~ Brustmuskel *m*
phasic ~s phasische Muskeln *mpl*, Schnellmuskeln *mpl*
piriform ~ birnenförmiger Muskel *m*
plain ~ glatter [unwillkürlicher] Muskel *m*, Glattmuskel *m*
popliteus ~ Kniekehl(en)muskel *m*
postural ~s tonische [langsame] Muskeln *mpl*
semimembranous ~ Plattsehnenmuskel *m*
semitendinous ~ Halbsehniger Muskel *m*, Halbsehnenmuskel *m*
skeletal ~ Skelettmuskel *m*
skew ~ Schiefmuskel *m*
smooth ~ Glattmuskel *m*, glatter [unwillkürlicher] Muskel *m*
somatic ~ Körpermuskel *m*
striated [striped] ~ (quer)gestreifter Muskel *m*
supinator ~ Auswärtsdreher *m*
synergistic ~ Synergist *m*, synergetischer Muskel *m*
tailor's ~ Schneidermuskel *m*
temporale ~ Schläfenmuskel *m*
uterine ~ Myometrium *n*
vestibulare ~ Kehlkopfmuskel *m*
voluntary ~ (quer)gestreifter Muskel *m*
zygomatic ~ Jochbeinmuskel *m*
muscoid muskoid, moosähnlich
muscology Bryologie *f*, Mooskunde *f*
muscovy Moschusente *f (Cairina moschata)*
muscular(y) muskulär, Muskel...
musculature Muskulatur *f*
musculocutaneous muskulokutan, Muskel-Haut...
mushroom Pilz *m*
aspen ~ Donnerpilz *m*, Hexenschwamm *m (Boletus luridus)*
edible ~ eßbarer Pilz *m*
fairy-ring ~ Dörrblätterling *m*, Feldschwindling *m*, Nelkenschwamm *m (Marasmius oreades)*
field ~ Feldedelpilz *m (Agaricus arvensis)*
honey ~ Hallimasch *m*, Honigschwamm *m*, Honigpilz *m (Armiellaria mellea)*
horse ~ Angerling *m*, Ederling *m*, Edelpilz *m (Agaricus campestris)*
ink ~ Tintenblätterpilz *m*, Mistschwamm *m*, Tintenschwamm *m*, Tintling *m (Coprinus)*
meadow ~ → field mushroom
milk ~ Milchling *m*, Pfefferling *m (Lactarius piperatus)*
oyster ~ Drehling *m*, Austernblätterling *m (Pleurotus ostreatus)*
parasol ~ Großer Schirmpilz *m (Lepiota procera)*
pepper ~ → milk mushroom
palisade ~ → honey mushroom
plum ~ Pflaumenpilz *m*, Mehlpilz *m (Clitopilus prunulus)*
Satan's ~ Satanpilz *m (Boletus satanus)*
sulphurous ~ Schwefelporling *m (Polyporus sulphureus)*
shaggy-mane ~ Schopftintling *m*, Spargelpilz *m (Coprinus comatus)*
sulfur-shelf ~ Schwefelporling *m (Laetiporus sulphurens)*
true ~ → field mushroom
winter ~ Samtfuß-Winterpilz *m (Falmmulina velutipes)*
mushroomlike pilzförmig
mushrooms *(Bot.)* Ständerpilze *mpl*
mushroom-shaped pilzförmig
musine Kroton *m*, Krebsblume *f (Croton)*
musk 1. Moschus *m*; 2. Moschusmalve *f (Malva moschata)*; 3. → muskwood
musk-crowfoot Gemeines Moschuskraut *n*, Moschusblümchen *n (Adoxa moschatellina)*
muskeg Sphagnum-Moor *n*, Torfmoosmoor *n*; Muskeg *m*, Tundramoor *n (Bruchmoor mit niedrigem Wald)*
muskflower 1. → musk; 2. Moschusgauklerblume *f (Mimulus moschatus)*
muskmelon Netzmelone *f (Cucumis melo)*
musk-ox Moschusochs(e) *m*, Schafochs(e) *m*, Bisamochs(e) *m (Ovibos moschatus)*
muskrat Bisamratte *f (Ondatra zibethica)*
round-tailed ~ Florida-Wasserratte *f (Neofiber)*
Russian ~ Russischer Desman *m*, Südrussischer Bisamrüßler *m (Desmana moschata)*
muskroot → musk-crowfoot
muskwood Baumaster *f*, Olearie *f (Olearia)*
musquash → muskrat
musquash-poison Schierling *m (Conium)*; Gefleckter Schierling *m (Conium maculatum)*
musquashweed Wiesenraute *f (Thalictrum polygamum)*
mussel 1. Muschel *f*; 2. Miesmuschel *f (Mytilus)*; *pl* Miesmuscheln *fpl (Mytilidae)*

common ~ Miesmuschel *f*, Eßbare Miesmuschel *f* *(Mytilis edulis)*
compressed river ~ Abgeplattete Teichmuschel *f* *(Anodonta complanata)*
discord ~ Grüne Bohnenmuschel *f (Musculus discors)*
duck ~ Enten-Teichmuschel *f (Anodonta anatina)*
edible ~ → common mussel
freshwater pearl ~ Flußperlmuschel *f (Margaritana)*
horny orb ~ Gemeine Kugelmuschel *f (Sphaerium corneum)*
lake orb ~ Teich-Kugelmuschel *f (Musculium lacustre)*
little black ~ Schwarze Bohnenmuschel *f (Modiola nigra)*
nut orb ~ Große Kugelmuschel *f (Sphaerium rivicola)*
orb ~s Kugelmuscheln *fpl (Sphaeriidae)*
painter's ~ Malermuschel *f (Unio pictorum)*
pea ~ Erbsenmuschel *f (Pisidium)*
river ~s Flußmuscheln *fpl (Unionidae)*
small horse [swan] ~ Gemeine Teichmuschel *f* *(Anodonta cygnea)*
swollen river ~ Aufgeschwollene Flußmuschel *f* *(Unio tumidus)*

mussurana Mussurana *f (Clelia clelia)*
must Moder *m*, Schimmel *m*
mustang Mustang *m (halbwildes Präriepferd)*
mustard:
ball ~ Finkensame *m*, Ackernüßchen *n (Neslia paniculata)*
black ~ Schwarzkohl *m*, Schwarzer Senf *m (Brassica nigra)*
brown ~ 1. Sarepta-Senf *m (Brassica juncea)*; 2. → black mustard
California ~ Heilschöterich *m (Erysimum officinale)*
Chinese ~ → brown mustard 1.
Clown's ~ Bittere Schleifenblume *f (Iberis amara)*
corn ~ → field mustard
dish ~ Ackerhellerkraut *n*, Ackertäschelkraut *n* *(Thlaspi arvense)*
false ~ Zwölfmännige Spinnenpflanze *f (Cleome dodecandra)*
field ~ Ackersenf *m*, Wilder Senf *m (Sinapis arvensis)*
garlic ~ Knoblauchranke *f*, Lauchkraut *n (Alliaria)*
giant ~ Rapsdotter *m*, Windsbock *m (Rapistrum)*
hedge ~ Wegerauke *f (Sisymbrium officinale)*
hill ~ Morgenländisches [Orientalisches] Zackenschötchen *n (Bunias orientalis)*
hoary ~ Graukohl *m*, Grausenf *m (Hirschfeldia incana)*
leaf ~ → brown mustard 1.
muthridate ~ 1. → dish mustard; 2. Feldkresse *f* *(Lepidium campestre)*
red ~ → black mustard
tansy ~ Raukensenf *m (Descurainia)*
tower ~ Turmkraut *n (Turritis)*
treacle ~ 1. Weißer Ackerkohl *m (Conringia orientalis)*; 2. Ackerschöterich *m (Erysimum cheiranthoides)*
tumble ~ Ungarische Rauke *f (Sisymbrium altissimum)*
wall ~ Mauerdoppelsame *m (Diplotaxis muralis)*
wild ~ → field mustard

musty moderig
mutability Mutabilität *f*, Mutationsfähigkeit *f*; Veränderlichkeit *f*
mutable mutationsfähig; veränderlich
mutagen(e) Mutagen *n*; mutationsauslösender Wirkfaktor
mutagenesis Mutagenese *f*, Mutationsauslösung *f*, Mutationserzeugung *f*
cassete ~ Kassetenmutagenese *f (Methode der Gentechnik)*
directed ~ → site-directed mutagenesis
site-directed [site-specific] ~ ortsspezifische [ortsgerichtete] Mutagenese *f*
transposon ~ Mutagenese *f* mit Hilfe eines Transposons

mutagenic mutagen, mutationserzeugend
mutagenicity Mutagenität *f*, Mutationsauslösungsfähigkeit *f*
mutagenous mutagen, mutationserzeugend
mutant 1. Mutant *m*; 2. mutierend; 3. mutationsbedingt
mutate mutieren; verändern; sich ändern
mutation 1. Mutation *f*; 2. Veränderung *f*
back(ward) ~ Rückmutation *f*, wiederkehrende Mutation *f*
bud ~ Knospenmutation *f*
chance ~ zufällige Mutation *f*; spontane Mutation *f*
complementing ~ Komplementärmutation *f*
defectivity ~ Defektivitätsmutation *f*
detrimental ~ Subvitalmutation *f*
frame-shift ~ Rasterverschiebungsmutation *f*
gametic ~ Gametenmutation *f*
gene ~ Genmutation *f*, Intragenmutation *f*
genomic ~ Genommutation *f*
host-induced ~ wirts(zellen)induzierte Mutation *f*
large-scale ~ Makromutation *f*, Großmutation *f*
lethal ~ Letalmutation *f*
loss ~ Verlustmutation *f*
major ~s Makromutationen *fpl*, Großmutationen *fpl*
mass ~s Massenmutationen *fpl*
minor ~s Mikromutationen *fpl*, Kleinmutationen *fpl*
missense ~ Fehlsinnmutation *f*
neutral ~ Neutralmutation *f*
nonsense ~ Nichtsinnmutation *f*
numerical ~ numerische Mutation *f*
phase-shift ~ Phase-Shift-Mutation *f*
plastid ~ Plastidmutation *f*
point ~ Punktmutation *f*, Intragenmutation *f*
polar ~ Polarmutation *f*
recessive ~ rezessive Mutation *f*
recurrent ~ rekurrierende Mutation *f*
regulatory ~ Regulationsmutation, Kontrollmutation *f*
replacement ~ Transversion *f*
reverse ~ Rückmutation *f*
silent ~ rezessive Mutation, versteckte Mutation

"Stille" Mutation *f*
spontaneous ~ Spontanmutation *f*
subliminale ~ Subliminalmutation *f*
transversion ~ Transversion *f*
vegetative ~ somatische Mutation *f*
mutator Mutator *m*, Mutatorgen *n*
mutellinoide mutterähnlich
muticous unbewehrt; grannenlos
mutilation Mutilation *f*, Verstümmelung *f*
mutines Mutine *npl (Bakterienveränderte Stoffe)*
muttonbird Millionensturmtaucher *m (Puffinus tenuirostris)*
muttonfish Aalmutter *f (Zoarces viviparus)*
mutual mutuell; wechselseitig, gegenseitig
mutualism Mutualismus *m*; einräumende Gegenseitigkeit *f*; Hilfsbereitschaft *f*, gegenseitige Anerkennung *f*
mutuality Mutualität *f*, Wechselseitigkeit *f*, Gegenseitigkeit *f*
muvarica Ukelei *f (Alburnus alburnus)*
muzzle Maul *n*; Schnauze *f*
mya Klaffmuschel *f (Mya)*
myacanthous rinenstachelig
myagrum Hohldotter *m (Myagrum)*
myalgia Myalgie *f*, Myodinie *f (Schmerzhaftigkeit eines Muskels)*
myall Ebenblättrige [Hochblättrige] Akazie *f (Acacia homalophylla)*
myatonia Myatonie *f*, Muskelerschlaffung *f*
mycelioid myzelioid, myzelähnlich
mycelis Mauerlattich *m (Mycelis)*
mycelium Myzel *n*, Pilzlager *m*, Pilzgefleckt *n*
aerial ~ Luftmyzel *n*, oberirdisches Myzel *n*
asteroid ~ sternförmiges Myzel *n*
dicaryon ~ dikaryotisches Myzel *n*
floccosous ~ Flockenmyzel *n*
perennial ~ perennierendes, langlebiges Myzel *n*
primary ~ Primärmyzel *n*
ramosous ~ ästiges [verzweigtes] Myzel *n*
reticulate ~ Retikulärmyzel *n*
secondary ~ Sekundärmyzel *n*
septate ~ septiertes Myzel *n*
mycetismus Myzetismus *m*, Pilzvergiftung *f*
mycetocyte Myzetozyt *n*, Myzelzelle *f*
mycetodomatia Myzetodomatien *fpl*, Pilzdomatien *fpl*
mycetogen(et)ic myzetogen
mycetogeophyta Myzetogeophyta *pl*, mehrjährige Bodenpilze *mpl*
mycetoid myzetoid, pilzähnlich
mycetology Mykologie *f*, Pilzlehre *f*
mycetoma [mycetome] Myzetoma *n*
mycetophage Mykophage *m*, Pilzfresser *m*
mycetophagous pilzfressend, mykophag
mycetotherophyta Myzetotherophyta *pl*, kurzlebige Pilze *mpl*
mycobacterin Mykobakterin *n*
mycobacterium Mykobakterie *f (Actinomycetales)*
mycobactin Mykobactin *n*, Mykobakterin *n*
mycobiont Mykobiont *n (Pilzpartner einer Flechte)*
mycochrom Mycochrom *n (Pigmentsystem vieler Pilze)*
mycocecidium Mykozezidie *f*, Mykogall *m*
mycocoenosis Mykozönose *f*, Pilzgesellschaft *f*, Zönose *f* von Pilzen
mycocide Mykozid *n*, Fungizid *n*
mycoderm Mykoderma *n*
mycoflora Mykoflora *f*, Pilzflora *f*
mycogenous mykogen
mycogeographia Mykogeographie *f*, Pilzgeographie *f*
mycoin Mykoin *n (Antibioticum)*
mycology Mykologie *f*, Pilzlehre *f (wissenschaftliche Pilzkunde)*
mycophagy Mykophagie *f*, Myzetophagie *f*
mycophily Mykophilie *f*
mycoplasm(a) Mykoplasma *n (Mycoplasmatales)*
mycoprotein Mykoprotein *n*, Pilzeiweiß *n*
myco(r)rhiza Mykorrhiza *f*, Wurzelsymbiose *f* zwischen höherer Pflanze und Pilz
ectendotrophic ~ ekto-endotrophe Mykorrhiza *f*
ectotrophic ~ ektotrophe Mykorrhiza *f*
endotrophic ~ endotrophe Mykorrhiza *f*
mycorrhizal mykorrhiziert
mycose Mykosa *f*, Trehalose *f (ein Disaccharid)*
mycosis Mykose *f*
mycostasis Mykostase *f*, Fungistasis *f*
mycosterol Mykosterin *n*
mycotherophyton Mykotherophyt *n*
mycotoxins Mykotoxine *npl*; Pilzgifte *mpl*
mycotrophismus Mykotrophie *f*, Pilzernährung *f*
mydriasis Mydriasis *f*, Pupillenerweiterung *f*
myelencephalon Myelenzephalon *n*, Epenzephalon *n*, Nachhirn *n*
myelination Myelinisation *f*, Myelinisierung *f*
myeline Myelin *n*, Myelinscheide *f*, Markscheide *f*
myeloblast Myeloblast *m (Stammzelle der Granulozyten)*
myelocele Myelozele *n*
myelocyst Myelozyste *f (Hohlraum im Rückenmark)*
myelocyte Myelozyt *n*, Knochenmarkszelle *f*
myelogenesis Myelogenese *f*, Markreifung *f*
myelogenous myelogen *(vom Knochenmark ausgehend)*
myeloic myeloisch *(das Knochenmark betreffend)*
myeloid myeloid, markartig
myelosis Myelolyse *f*, Markauslösung *f*
myelomere Myelomer *n*, Neuromer *n*
myelon Myelon *n*, Rückenmark *n*
myenteron Myenteron *n*, Darmesmuskulatur *f*
myesthesia Muskelempfindlichkeit *f*
myiasis Myiasis *f (Befall durch Fliegenlarven)*
myioid myioid, fliegenähnlich
myiophilous myiophil, fliegenbestäubend
muiophily Myiophilie *f*, Fliegenbestäubung *f*
myna:
crested ~ Haubenmaina *m (Acridotheres cristatellus)*
myoalbumin Myoalbumin *n*, Muskelalbumin *n*
myoblast Myoblast *m*, Sarkoblast *m*; Muskelbildner *m*
myocard Myokard *m (Muskelschicht des Herzens)*

myochrom myoglobin
myoclonia Myoklonie *f (blitzartiges Muskelnzucken)*
myoclonic myoklonisch
myocoel(e) Myozöl *n*
myocyte Myozyt *n*
myodegeneration Myodegeneration *f*, Muskeldegeneration *f*
myodystrophy Myodistrophie *f*, Muskeldystrophie *f*
myoepithelial Myoepithel *n*
myofibril(la) Myofibrille *f*
myofibrillin Myofibrillin *n*
myofibrillomere Myofibrillomer *m*
myogaster Muskelmagen *m*
myogelose Myogelose *f*, Muskelverhärtung *f*
myogen miogen; in Muskeln entstehend; durch Muskeln bedingt
myogenesis Myogenese *f*
myoglobin Myoglobin *n*, Myohämatin *n*, Myochrom *n*
myography Myographie *f*
myohaematin myoglobin
myokinesis Myokinese *f*, Muskelkinetik *f*
myokinine Myokinin *n*
myolemma Myolemma *n*
myology Myologie *f (Lehre von den Muskeln)*
myomere 1. Myomer *n*; 2. Myotom *n*, Muskelplatte *f*
myometrium Myometrium *n (Muskelschicht der Gebärmutterwand)*
myoneme Myonema *n*
myoneural myoneural
myoneurocyte Myoneurozyt *n*
myop myop, kurzsichtig
myoplasm Myoplasma *n*
myopy Myopie *f*, Kurzsichtigkeit *f*
myorenal myorenal
myoseptum Myoseptum *n*
myosin Myosin *n (Fasereiweiß der Muskelzelle)*
myosinogen Myosinogen *n*
myosotis Vergißmeinnicht *n (Myosotis)*
myospasm Myospasmus *m*, Muskelkrampf *m*
myostosis Myostosis *f (Knochenbildung im Muskel)*
myostatic Myostatik *f*, Körperhaltung *f*
myosymplast Myosymplast *m*
myotactic myotaktisch
myotis Mausohr *n (Myotis)*
myotome 1. Myotom *n*, Muskelplatte *f*; 2. Ursegment *m*
myotomy Myotomie *f*, Muskeldurchschneidung *f*
myotonia Myotonie *f (vermehrte Muskelspannung)*
myotonograph Myotonograph *m*
myotonus Myotonus *m*, Muskeltonus *m*
myotrop myotrop *(auf den Muskel gerichtet)*
myriacanthous reichstachelig
myriad-leaf Tausendblatt *n (Myriophyllum)*
myrica Gagelstrauch *m (Myrica)*
myricaria Birzstrauch *m (Myricaria)*
myriobotric vieltraubig
myriocarpous tausendfrüchtig; vielfrüchtig
myriophyllous tausendblättrig; vielblättrig
myriostachyous vielährig
myriostigmatous vielnarbig
myrmecochory Myrmekochorie *f*, Ameisenverbreitung *f*
myrmecodomatia Myrmekodomatienpl
myrmecology Myrmekologie *f*, Ameisenlehre *f*
myrmecolous myrmekol
myrmecophagous myrmekophag, ameisenfressend
myrmecophil Myrmekophile *m*, Ameisengast *m*
myrmecophily Myrmekophilie *f*
myrmecophyte Myrmekophyt *n*, Ameisenpflanze *f*
myrmecotrophic myrmektroph
myrmoctonous ameisentötend
myrosin Myrosin *n (Ferment der Brassicaceae)*
myrrhis Myrrhe *f*, Süßdolde *f (Myrrhis)*
myrtilloide heidelbeerähnlich
myrtle Myrte *f (Myrtus communis)*
  barren ~ Arznei-Bärentraube *f (Arctostaphylos uva-ursi)*
  Chinese ~ Orangenraute *f (Murraya)*
  creeping ~ Immergrün *n (Vinca)*
  Dutch [moor] ~ Echter Gagel *m (Myrica gale)*
  running ~ Kleines Immergrün *n (Vinca minor)*
  sand ~ Sandmyrte *f (Leiophyllum)*
  wax ~ Wachsmyrte *f (Myrica cerifera)*
  wood ~ Gemeine Myrte *f*, Waldmyrte *f (Myrtus communis)*
myrtleflag Echter Kalmus *m (Acorus calamus)*
myxobacterium Myxobakterie *f*, Schleimbakterie *f (Myxobakterium)*
myxomycetes Schleimpilze *mpl (Myxomycota)*
myzomela Honigschmecker *m (Myzomela)*
myzorhynchus Myzorhynchus *m*, Apikaler Saugnapf *m*

N

naaldvis Halbschnäbler *mpl (Hemirhamphus)*
nacre Perlmutter *f*; Perlmuttschicht *f*
nacreshell Perlmutterschale *f*
nag kleines Reitpferd *n*, Pony *m*
nagoon-berry Nordische Himbeere *f (Rubus arcticus)*
nahur Blauschaf *n*, Nahur *m (Pseudois nayaur)*
naiad *(Ent.)* Najade *f*
naias Nixkraut *n (Najas)*
  slender ~ Biegsames Nixenkraut *n (Najas flexilis)*
nail Nagel *m*; Kralle *f*; Klaue *f*
nail-bed Nagelbett *n*
nail-rod Rauhhaarige Staudenaster *f (Aster hirsuticaulis)*
nailwort 1. Hungerblümchen *n (Erophila)*; 2. Nagelkraut *n (Polycarpon)*
naive naif, nativ; intakt, unbeschädigt
naked nackt, hüllenlos, blütenhüllenlos

naked-rooted freiwurzelig
nalta Jutehanf *m*, Kalkuttahanf *m*, Naltajute *f*, Langkapseljute *f (Corchorus olitorius)*
namatium Bach-Lebensgemeinschaft *f*
name Name *m*; wissenschaftlicher Name *m*; nennen, benennen; Bezeichnung *f*
common ~ gewöhnlicher Name *m*, Trivialname *m*
generic ~ Gattungsname *m*
popular ~ Volksname *m*
specific ~ Artname *m*, Art-Epitheton *m*
trivial ~ → common name
valid ~ Validname *m*, gültiger Name *m*
vernacular ~ regionale Bezeichnung *f*
nanism Nanismus *m*; Zwergwuchs *m*
nannander Zwergmännchen *n*
nannoplankton Nanoplankton *m*
nannoplanktont Nanoplankter *m*, Nanoplanktont *m*
nannyberry [nannybush] Canada-Schneeball *m (Viburnum lentago)*
nanocephalous kleinköpfig, zwergköpfig
nanocarpous zwergfrüchtig; kleinfrüchtig
nanophanerophyte Nanophanerophyt *m*; Zwergpflanze *f*
nanosomia → nanism
nanous niedrig; klein
napaetus Waldtäler bewohnend
nap-at-noon Doldiger Milchstern *m (Ornithogalum umbellatum)*
nape Nacken *m*, Genick *n*
napellous kleinrübig
napex Hinterhaupt *n*, Hinterkopf *m*
napier-grass Perlhirse *f*, Negerhirse *f*, Federborstengras *n (Pennisetum)*
napiform rübenförmig, rübenartig
napless glatt, haarlos
napoleon Inkarnat-Klee *m (Trifolium incarnatum)*
nappy flaumig; weichhaarig
napu Kantschil *m (Tragulus)*
narcissus Narzisse *f (Narcissus)*
narcosis Narkose *f*
narcotic Narkotikum *n*, Betäubungsmittel *n*; nartkotisch; betäubend wirkend
nard Alant *m (Inula)*
nardiform borstengrasförmig
nargusta Nargusta *f*, Almend *m (Terminalia)*
narial Nasenloch..., Nasenöffnung...
naricorn *(Herp.)* Nasenschildchen *n*
naris Nasenloch *n*, Nasenöffnung *f*
narrowed verdünnt; verengt, verschmälert
narrow-flowered schmalblütig, schmalblumig
narrow-fruited schmalfrüchtig
narrowing Verschmälerung *f*
narrow-leaved schmalblättrig
narrow-margined schmalgesäumt, mit schmalem Rand
narrow-mouthed mit engem Maul
narrow-petaled schmalkronblättrig
narrow-ringed engringig, feinringig
narrow-seeded schmalsamig
narrow-winged schmalflügelig
narrow-zoned schmaler Gürtel
narthecium Ährenlilie *f*, Beinbrech *m (Narthecium ossifragum)*
narwhal Narval *m (Monodon monoceros)*
nasal nasal; Nasen...
nascency Einstehen *n*; Genese *f*; Geburt *f*
nasofrontal Nasen-Stirnbein...
nasomaxillary nasomaxillär, Nasen-Oberkiefer...
nasopalatine Nasen-Gaumen...
nasopharynx Nasopharynx *m*, Nasenrachen *m*
nasoturbinal Nasenmuschel *f*
nasturtium 1. Brunnenkresse *f (Nasturtium officinale)*; 2. Kapuzinerkresse *f (Tropaeolum)*
nasty Nastie *f (ungerichtete Wachstumsbewegung)*
nasus *(Ent.)* Clypeus *m*
nasute 1. großnasig ; 2. *(Ent.)* Nasuti *m*, Nasensoldat *m*
natal 1. natal, Geburts...; 2. gluteal, Gefäßbacken..., Hinterbacken...
natality 1. Natalität *f*, Geburtenrate *f*; 2. Geburt *f*
natatores Schwimmvögel *mpl*
natatorial Schwimm...
nates Nates *fpl*, Gesäßbacken *fpl*, Hinterbacken *fpl*
native 1. nativ; 2. Natur...; 3. angeboren
nativistic nativistisch; kongenital; angeboren
nattaran Saure Zitrone *f (Citrus limon)*
natterjack Kreuzkröte *f*, Rohrkröte *f*, Hausunke *f (Bufo calamita)*
natural natürlich; Natur...
natural law Naturgesetz *n*
natural monument Naturdenkmal *n*
naturalist Naturwissenschaftler *m*, Naturforscher *m*
naturalization Einbürgerung *f*
nature 1. Natur *f*; 2. Wesensart *f*; Charakter *m*
nature's-mistake Florida-Hartriegel *m (Cornus florida)*
naucoris Schwimmwanze *f (Naucoris)*
nauplial nauplial, Nauplius...
nauplius Nauplius *m (Larve von niederen Krebstieren)*
nautilus Schiffsboot *n (Nautilus)*
navaga Nawaga *f (Eleginus)*
Atlantic ~ Europäische Nawaga *f (Eleginus navaga)*
Far Eastern [Pacific] ~ Fernöstliche Nawaga *f (Eleginus gracilis)*
navel 1. *(Anat.)*. Nabel *m*; 2. *(Bot.)* Keimspalte *f*, Keimpore *f*
navel-string Nabelschnur *f*
navicellatous *(Bot.)* schiffchenartig
navicular kahnförmig
naviculare Kahnbein *n*
naviculoid navikuloid, kahnförmig
neale Taumel-Lolch *m (Lolium temulentum)*
neanic 1. neanisch, spätjugendlich; 2. Larven...
nearctis Nearktis *f*, nearktische Subregion *f*
nearshore Strandbereich *m*, Uferzone f *(des Meeres)*
nearsighted kurzsichtig
neat 1. Ochse *m (Bos taurus)*; 2. Rindvieh *n*, Hornvieh *n*, Rinder *npl*; 3. Rind(er)...; 4. rein, unvermischt

nebular nebelartig
neck 1. Hals *m*; 2. Hals *m (eines Organs)*; 3. Nacken *m*, Genick *n*
neck-fighting [necking] Halsenkampf *m*
necklace-shaped moniliform, halsbandartig
necklaceweed Weißes Christophskraut *n (Actaea alba)*
neckweed Fremder Ehrenpreis *m (Veronica peregrina)*
neck-wrestling → neckfighting
necrophage Nakrophage *m*, Aasfresser *m*
necrophagous aasfressend
necrophagy Nekrophagie *f*
necrophilous nekrophil, in toten Geweben lebend
necropsy Nekropsie *f*, Leichenöffnung *f*, Sektion *f*
necrose absterben
necrosis Nekrose *f*; lokaler Gewebstod *m*
necrotic nekrotisch, abgestorben
necrotization Nekrotisierung *f*
nectar Nektar *m*, Honigsaft *m*
nectarberry Nordische Himbeere *f (Rubus arcticus)*
nectar-feeding nectarivor, nektarfressend
nectariferous nektartragend, honigsafttragend; nektarbildend
nectarifluous nektarausscheidend, honigsaftausscheidend
nectariform nektarienförmig, honiggrubenförmig
nectarivorous → nectar-feeding
nectarogenesis Nektarogenese *f*, Honigsaftbildung *f*
nectarostigma Nektarostigma *n*, Honiggrube *f*
nectarotheca Honigsaftbehälter *m*
nectarous nektarisch, Nektar..., Honigsaft...
nectary Honigdrüse *f*, Honiggefäß *n*, Nektarium *n*
nectocalyx Nektophor *m*, Schwimmglocke *f*
nectocyst Nektozyste *f*, Schwimmglockenhöhle *f*
nectophore Nektophor *m*, Schwimmglocke *f*
nectosome Nektosom *n*, Siphonophoren-Schwimmkörper *m*
nectozooid Nektophor *m*, Schwimmglocke *f*
needle Nadel *f*
  darning ~s Libellen *fpl*, Wasserjungfern *fpl (Odonata)*
  dissecting ~ Präpariernadel *f*
  glass ~ Glasnadel *f*
  hypodermic ~ subkutane Kanüle *f*
  inoculating ~ Impfnadel *f*
  teasing ~ Präpariernadel *f*
needle-bearing nadeltragend; nadelbildend
needle-chervil Gemeiner Nadelkerbel *m*, Venuskamm *m (Scandix pecten-veneris)*
needlefish Hornhechte *mpl (Belonidae)*
needle-leaved blattstachelig
needle-pointed [needle-shaped] nadelförmig
needletail
  brown ~ Eilsegler *m (Chaetura gigantea)*
  northern ~ → white-throated needletail
  white-rumped ~ Hindu-Segler *m (Chaetura sylvatica)*
  white-throated ~ Stachelschwanzsegler *m (Chaetura caudacutus)*
neelgai → nilg(h)ai
negrofinch Schwärzling *m (Nigrita)*
negundo Eschen-Ahorn *m (Acer negundo)*
neidioplankton Schwimmplankton *m*
neigh Wiehern *n*, Gewieher *n*; wiehern
neighborhood Nachbarschaft *f*
  ecological ~ Umwelt *f*
neighboring Nachbar...; benachbahrt; abgrenzend
nekton Nekton *n*, Schwimmwelt *f*
nektont Nektont *n*, Schwimmtier *n*
nelma Sibirischer Lachs *m (Salmo nelma)*
nelumbo Lotosblume *f (Nelumbo)*
nematocalyx Nematocalyx *n*, Nematophor *n*, Nematozystenträger *m*
nematocaulous fadenstielig
nematocyst Nematozyste *f*, Nesselkapsel *f*
nematode Fadenwurm *m*; *pl* Fadenwürmer *mpl (Nematodes)*
  golden ~ Kartoffelälchen *n*, Kartoffelnematode *f (Heterodera rostochiensis)*
nematoide fadenähnlich
nematology Nematodenlehre *f*
nematozooid Nematozooid *n*, Schutzzooid *n*
neoantigen 1. Neoantigen *n*; 2. neue Antigendeterminate *f*
neocortex Neokortex *m*, Neopallium *n*
neoencephalon Neoenzephalon *n*, Neuhirn *n*
neogenesis Neogenese *f*, Gewebsregeneration *f*, Gewebsneubildung *f*
Neolithic Neolithikum *n*, Jungsteinzeit *f*
neomorph Neomorph *n*, neomorphes Gen *n (Allel mit phänotypisch neuartigem Effekt)*
neon Neon *m*, Neonfisch *m*, Neonsalmler *m (Cheirodon)*
  green ~ Grüner Neon *m*, Costello-Salmler *m (Hemigrammus hyanuary)*
  red ~ Roter Neon(salmler) *m (Cheirodon axelrodi)*
neonatal neonatal, neugeboren
neophyte *(Bot.)* Neophyt *n*, Adventivpflanze *f*
neoplasia 1. Neoplasie *f*, unkontrollierte Zellvermehrung *f*; 2. Geschwulstbildung *f*
neoplasm Neoplasma *n*; Neubildung *f*; Geschwulst *f*, Tumor *m*
neoplastic neoplastisch, neugebildet, geschwulstbildend, tumorbildend
neoptile [neossoptile] Embryonaldune *f*
neotenia Neotenie *f (Geschlechtsreife im Jugendalter)*
neote(i)nic neotenisch
neoteny → neotenia
neottia Nestwurz *f (Neottia)*
nep Katzenminze *f (Nepeta cataria)*
nepetifolious katzenminzenblättrig
nepetoid katzenminzenähnlich
nephric Nieren...
nephridial Nephridien...
nephridiopore Nephridiopore *f*, Nephropore *f*
nephridium Nephridium *n*; Metanephridium *n (Exkretionsorgan)*; Segmentalorgan *n*
nephrocarpous nierenförmige Frucht

nephrogenic nephrogen, von der Niere ausgehend; Nierengewebe bildend
nephroideus nierenförmig
nephromere → nephrotome
nephron Nephron *n*, Nierenkörperchen *n*
nephropore Nephroporus *m*, Uroporus *m*
nephros Niere *f*
nephrostome Nephrostom *n*, Nierentrichter *m*
nephrotome Nephrotom *n (embryonale Anlage der Harnorgane)*
nepionic neopionisch; frühjugendlich; postembryonal; larval
nepotism *(Ethol.)* Nepotismus *m*, Vetternwirtschaft *f*
nerfling Aland *m*, Orfe *m*, Nerfling *m (Leuciscus idus idus)*
neritic neritisch, küstennah
nerval nerval, Nerven...
nervate innerviert, mit Nerven versehen
nervation [nervature] 1. *(Bot.)* Nervatur *f*, Aderung *f*; 2. *(Zool.)* Innervation *f*
nerve Nerv *m*, Ader *f*, Blattader *f*
  abducent ~ Abduzens *m*,Nervus abducens *m*, VI. Hirnnerv *m (Wirbeltiere)*
  acoustic ~ Hörnerv *m*, VIII. Hirnnerv *m (Wirbeltiere)*
  afferent ~ afferenter Nerv *m*, heranführender [zentripetaler] Nerv *m*, Sinnesnerv *m*
  auditory ~ → acoustic nerve
  autonomic ~ autonomer [vegetativer] Nerv *m*, Eingeweidenerv *m*
  depressor ~ Depressor(nerv) *m*; tonussenkender Nerv *m*
  efferent ~ efferenter Nerv *m*, wegführender Nerv *m*
  esodic ~ → afferent nerve
  exodic ~ → efferent nerve
  facial ~ Fazialisnerv *m*, Nervus facialis *m*, Gesichtsnerv *m*, VII. Gehirnnerv *m (Wirbeltiere)*
  glossopharyngeal ~ Zungen-Schlund-Nerv *m*, Nervus glossopharyngeus *m*, IX. Gehirnnerv *m*
  gustatory ~ Geschmacksnerv *m*
  hypoglossal ~ Nervus hypoglossus *m*, Unterzungennerv *m*, XII. Hirnnerv *m (Amniota)*
  intercostal ~ Interkostalnerv *m*, Zwischenzippennerv
  lumbar ~ Lendennerv *m (insgesamt 5 Nervenpaare)*
  oculomotor ~ Augenmuskelnerv *m*,Nervus oculomotorius *m*, III. Hirnnerv *m (Wirbeltiere)*
  olfactory ~ Riechnerv *m*, Nervus olfactorius *m*, I. Hirnnerv *m (Wirbeltiere)*
  optic ~ Sehnerv *m*, Nervus opticus *m*, II. Hirnnerv *m (Wirbeltiere)*
  pneumogastric ~ Vagus(nerv) *m*, X. Hirnnerv *m*
  spinal ~ Spinalnerv *m*, Rückenmarkennerv *m*
  thoracic ~ Thorakalnerv *m*
  trigeminal ~ Trigemunis *m*, Drillingsnerv *m*, V. Hirnnerv *m*
  trisplanchnic ~ s sympathisches Nervensystem *n*
  trochlear ~ Trochlearnerv *m*, IV. Hirnnerv *m*
  vagus ~ Vagus(nerv) *m*, Nervus vagus *m*, X. Hirnnerv
  vasomotor ~ vasomotorischer Nerv *m*, Gefäßnerv *m*
  vestibular ~ Vestibularnerv *n*, Nervus vestibularis *m*, Teil des VII. Hirnnervs
  visceral afferent ~ Viszeralnerv *m*, Eigeweidenerv *m*
nerved 1. *(Bot.)* beripptt, geadert (Blatt); 2. *(Zool.)* geädert (Insektenflügel)
nerve-knot Nervenknoten *m*, Ganglion *n*
nerveless 1. nervenlos; 2. *(Bot.)* aderlos, nervenlos
nerveroot 1. Nervenwurzel *f*; 2. Frauenschuh *m (Cypripedium)*
nervigerous nervenführend
nervimuscular neuromuskulär, Nerven-Muskel..., myoneural
nervous nervös, nerval, Nerven...
nervuration → nervation
nest 1. Nest *n*; ein Nest bauen; nisten; 2. Brut *f (junger Tiere)*; 3. Schwarm *m*
nest-building Nesten *n*, Nisten *n*, Nestbau *m*
nester nistender Vogel *m*
nesting → nest-building
nestling Nestling *m*, Nesthocker *m*, noch nicht flügger Jungvogel *m*
net 1. Netz *n*; Netzstruktur *f*; Netzwerk *n*; 2. Spinnennetz
  closing ~ Schließnetz *n*
  gill ~ Kiemennetz *n*
  plankton ~ Planktonnetz *n*
  pound ~ Wurfnetz *n*
  trap ~ Wurfnetz *n*
netted netzförmig; Netz...
nettle Brennessel *f (Urtica dioica)*
  annual ~ → small nettle
  bee ~ Bunter Hohlzahn *m (Galeopsis)*
  blind ~ → flowering nettle
  burning ~ → small nettle
  common ~ → great nettle
  dog ~ → flowering nettle
  dwarf ~ → small nettle
  flowering ~ Stechender Hohlzahn *m (Galeopsis tetrahit)*
  French ~ Purpurrote Taubnessel *f (Lamium purpureum)*
  great ~ Große Brennessel *f (Urtica dioica)*
  hedge ~ Waldziest *m (Stachys sylvatica)*; Sumpfziest *m (Stachys palustris)*
  hemp ~ → bee nettle
  horse ~ Karolinischer Nachtschatten *m (Solanum carolinense)*
  small ~ Kleine Brennessel *f (Urtica urens)*
  stinging ~ 1. → great nettle; 2. → small nettle
nettle-leaved brennesselblättrig
nettletree [nettlewood] Zürgelbaum *m (Celtis)*
net-veined netzaderig, netznervig
network 1. Netz *n*; Netzwerk *n*; 2. Netzblatt *n (Goodyera pubescens)*; 3. Retikulum *n*
  capillary ~ Kapillargefäßnetz *n*
neural neural, Nerven...
neuralization Neuralisation *f*, Nervenstrukturenentwick-

lung *f*
neuration → nervation
neuraxis Rückenmark *n*
neuraxon Neurit-Axon *n*, Achsenzylinder *m*
neurenteric neuroenterisch, Nerven-Darm...
neurilemma Neurilemm *n*, Markscheide *f*, Schwannsche Scheide *f*
neurite → neuraxon
neurobiology Neurobiologie *f*
neurocanal Rückenmarkkanal *m*
neurocentrum Wirbelkörper *m (Embryologie)*
neuroceptor Neurorezeptor *m*
neurocoel Neurozöl *n*, Neuralröhrkanal *m*
neurocranium Neurocranium *n*, Hirnschädel *m*, Gehirnschädel *m*
neurocrine Neurokrinie *f*, Neurosekretion *f*
neurocyte Neuron *n*, Nervenzelle *f*, Neurozyt *n*
  giant pyramidal ~ (Betzsche) Riesenpyramidenzelle *f*
neurocyton Neuronkörper *m*, Nervenzellenkörper *m*
neurodendron Neurodendrit *m*
neuroepithelium Neuroepithel *n*; Sinnesepithel *n*
neuroganglion Nervenknoten *m*, Ganglion *n*
neurogenesis Neurogenese *f*, Nervenentwicklung *f*, Nervenbildung *f*
neurogenic [neurogenous] neurogen, vom Nerven ausgehend
neurogeny Neurogenie *f*, Nervenzellenentwicklung *f*
neuroglia Neuroglia *f*, Glia *f*, Nervenstützgewebe *n*
neurohypophysis Neurohypophyse *f*, Hypophysenhinterlappen *m*
neuroid nervenartig, nervenförmig, nervenähnlich
neuroirritativ neuroirritativ, nervenreizend
neurolemma → neurilemma
neurology Neurologie *f*, Nervenlehre *f*
neurolymph Liquor *m*, Neurolymphe *f*, Rückenmarkflüssigkeit *f*
neurolysis 1. Neurolyse *f*, Nervenauflösung *f*, Nerven(gewebe)zerfall *m*; 2. Nervenpräparation *f*
neuromere Neuromer *n*, Nervensegment *n*
neuromery Neuromerie *f*, Neuralrohrsegmentierung *f*
neuromuscular neuromuskulär, Nerven-Muskel..., myoneural
neuron Neuron *n*, Nervenzelle *f*, Neurozyt *m*, Ganglienzelle *f*
  adjustor ~ Regulationsneuron *n*, Regelungsneuron *n*
  bipolar ~ bipolares Neuron *n*, Afferent-Efferent-Neuron *n*
  efferent ~ efferentes [zentrifugales] Neuron *n*
  effector ~ Effektor-Neuron *n*, Motor-Neuron *n*
  inhibitory ~ Hemmneuron *n*, Inhibitionsneuron *n*
  internuncial ~ Schaltneuron *n*, Zwischenneuron *n*, Interneuron *n*
  long ~ Axon *n*, Neuraxon, Neurit *n*, Achsenzylinder *m*
  motor ~ Motoneuron *n*
  postganglionic ~ postganglionäres Neuron *n*
  receptor ~ → sensory neuron
  reticular ~ Retikulärneuron *n*
  sensory ~ Sensorneuron *n*, Rezeptorneuron *n*
  unipolar ~ unipolares Neuron *n*
neurophysiology Neurophysiologie *f*
neuropil(e) [neuropilem] Neuropil *n (Nervenfasergeflecht)*
neuroplasm Neuroplasma *n*, Nervenzellzytoplasma *n*
neuroplex Nervengeflecht *n*, Nervenplexus *m*
neuropore Neuroporus *m*, Neuralrohröffnung *f*
neuropterous netzflügelig
neuroscience Neurobiologie *f*
neurose viele Adern besitzend, vieladrig
neurosecretion → neurocriny
neurosecretory neurosekretorisch, neurokrinisch
neurotony Neurotonie *f*, Tonuslage *f* des vegetativen Nervensystems
neurotoxin Neurotoxin *n*, Nervengift *n*
neurotrop → neurotropic
neurotrophic 1. neurotroph(isch); 2. neurotrop(isch), das Nervensystem beeinflussend
neurotropic → neurotrophic 2.
neurotropism Neurotropismus *m*, Nervenaffinität *f*
neurotubule Neuralrohr *n*, Nervenrohr *n*
neurovascular neurovaskulär, Nerven-Gefäß...
neurulation Neurulation *f*, Neuralrohrentwicklung *f*
neuston *(Ökol.)* Neuston *n (Organismen, die im Bereich des Oberflächenhäutchens des Wassers leben)*
neustont Neustont *m*, Neuster *m*, Neustonorganismus *m*
neuter 1. steril, geschlechtslos, nicht fortpflanzungsfähig; 2. geschlechtloses Tier *n*; 3. kastriertes Tier *n*; 4. kastrieren
neutral 1. neutral, wirkungslos; 2. geschlechtslos
neutralize neutralisieren
neutrophil Neutrophiler *m*, neutrophiler Granulozyt *m*
  banded ~ Stabkerniger *m*, stabkerniger Granulozyt *m*
  polymorphonuclear ~ Granulozyt *m* mit polymorphem Kern
neutrophilia Neutrophilie *f*, Neutrozytose *f*
neutrophilic [neutrophilous] neutrophil, neutralfärbend
new-blown aufgeblüht
newborn Neugeborenes *n*; neugeboren
newgrowth Neoplasma *n*, Neubildung *f*, Geschwulst *f*, Tumor *m*
newt Molch *m*; (Echter) Wassermolch *m (Triturus)*
  alligator ~**s** Krokodilmolche *mpl (Tylotriton)*
  banded ~ Bandmolch *m (Triturus vulgaris)*
  black-spotted ~ Schwarzgefleckter Wassermolch *m (Notophthalmus meridionalis)*
  common ~ Teichmolch *m (Triturus cristatus)*
  crested ~ Großer Teichmolch *m*, Kammolch *m (Triturus cristatus)*
  eastern ~**s** Ostamerikanische Wassermolche *mpl (Notophthalmus)*
  marbled ~ Marmormolch *m (Triturus marmoratus)*
  Pacific ~**s** Westamerikanische Wassermolch *mpl (Taricha)*
  palmate ~ Fadenmolch *m*, Leistenmolch *m (Triturus helveticus)*

red-bellied ~ Feuerbauchmolch *m (Cynops pyrrhogaster)*
redbelly ~ Rotbauchmolch *m (Taricha rivularis)*
red-spotted ~ Rotfleckenmolch *m (Notophthalmus viridescens viridescens)*
ribbed ~ Rippenmolch *m (Pleurodeles waltl)*
roughskin ~ Rauhäutiger Molch *m (Taricha granulosa)*
smooth ~ → common newt
southern ~ → black-spotted newt
spotted ~ → common newt
striped ~ Gestreifter Wassermolch *m (Notophthalmus perstriatus)*
sword-tailed ~ Schwertschwanzmolch *m (Cynops ensicauda)*
warty ~ → crested newt
yellow-bellied ~ → sword-tailed newt

nibble nagen, knabbern
nibblers Blaufische *mpl (Girellidae)*
niche Nische *f*
ecological [environmental] ~ ökologische Nische *f*
empty ~ *(Ökol.)* unbesetzte Nische *f*
food ~ Nahrungsnische *f*, trophische Nische *f*
habitat [spatial] ~ Lebensraum *m*
vacant ~ unbesetzte Nische *f*

niche-overlap Nischenüberlappung *f*
nicking [nick-translation] Nick-Translation *f*
nictant [nictitant] blinkend, winkend
nidament Laich *m*; Gelege *n*
nidation Nidation *f*, Implantation *f*, Einbettung *f*
nidicolous nidikol
nidificate nisten
nidification Nestbauverhalten *n*; Nestbau *m*
nidificous nestbildend
nidiflorous Blüten in Körbchen
nidiform nestförmig
nidular nestartig
niggerhead Rundblättrige Stechwinde *f (Smilax rotundifolia)*
niggerweed Purpur-Wasserdost *m (Eupatorium purpureum)*
nightfish Kleinmäuliger Kalifornischer Seestint *m (Hypomesus pretiosus)*
nighthawk Nachtschwalbe *f (Caprimulgus)*
band-tailed ~ Bindenschwanz-Nachtschwalbe *f (Nyctiprogne leucopyga)*
common ~ Falkennachtschwalbe *f*, Nachtfalke *f (Chordeiles minor)*
least ~ Zwergnachtschwalbe *f (Chordeiles pusillus)*
semicollared ~ Bändernachtschwalbe *f (Lurocalis semitorquatus)*

night-heron Nachtreiher *m (Nycticorax)*
nightingale Nachtigall *m (Luscinia)*
common ~ Nachtigall *f (Luscinia megarhynchos)*
Peking ~ Chinesische Nachtigall *f*, Chinesischer Sonnenvogel *m (Leiothrix lutea)*
thrush ~ Sprosser *m (Luscinia luscinia)*

nightjar Nachtschwalbe *f*; Ziegenmelker *m (Caprimulgus europalus); pl* Nachtschwalben *fpl (Caprimulgidae)*
Egyptian ~ Pharaonennachtschwalbe *f*, Ägyptischer Ziegenmelker *m (Caprimulgus aegyptius)*
Eirasian ~ Ziegenmelker *m (Caprimulgus europaeus)*
pennant-winged ~ Ruderflügel *m (Semeiophorus vexillarius)*
red-necked ~ Rothals-Ziegenmelker *m (Caprimulgus ruficollis)*
spot-tailed ~ Fleckschwanz-Nachtschwalbe *f (Caprimulgus maculosus)*

nightshade Nachtschatten *m (Solanum)*
American ~ Kermesbeere *f (Phytolacca)*
bitter ~ Bittersüßer Nachtschatten *m (Solanum dulcamara)*
black ~ Schwarzer Nachtschatten *m (Solanum nigrum)*
cut-leaved ~ Dreiblütiger Nachtschatten *m (Solanum triflorum)*
deadly ~ 1. Tollkirsche *f (Atropa belladonna)*; 2. → black nightshade
enchanter's ~ Großes Hexenkraut *n (Circaea lutetiana)*
viscid ~ Raukenblättriger Nachtschatten *m (Solanum sisymbrifolium)*
woody ~ → bitter nightshade

nigripilous schwarzhaarig
nilg(h)ai Blaubock *m*, Nilgau-Antilope *f (Boselaphus tragocamelus)*
nimbleweed Fünfblättriges Windröschen *n (Anemone quinquefolia)*
ninebark Blasenspiere *f (Physocarpus)*
nine-killers Würger *mpl (Laniidae)*
ninety-knot Vogelknöterich *m (Polygunum aviculare)*
nipper 1. Schere *f*; Krebsschere *f*; 2. Schneidezahn *m*
nipper-prawn Knallkrebs *m*, Pistolenkrebs *m (Alpheus)*
nipple 1. Brustwarze *f*; 2. *(Bot.)* Warze *f*
nipple-cactus Warzenkaktus *m (Mamillaria)*
nipple-shaped warzenförmig; wärzchenähnlich
nipplewort Rainkohl *m (Lapsana)*
nit Nisse *f*
nitid(ous) glänzend; schimmernd
nitrification Nitrifizierung *f*
nitrifier Nitrifizierer *m*
nitrogen Stickstoff *m*
nitrogen-bearing stickstoffhaltig
nitrogen-fixing stickfixierend, stickstoffbindend
nitrogenous stickstoffhaltig
nitrophilous nitrophil, stickstoffliebend
nitweed Enzianähnliches Hartheu *n (Hypericum gentianoides)*
noble-bush Erlenblättriger Schneeball *m (Viburnum alnifolium)*
nociceptive nozizeptiv, schmerzauslösend
nociceptor Nozizeptor *m*, Schmerz(empfindungs)rezeptor *m*
nociperception Nozirezeption *f*, Schmerzempfindung *f*
noctiflorous in der Nacht blühend

noctilucent im Dunkeln leuchtend; phosphoreszierend
noctuid Eulenfalter *m*; *pl* Eulenfalter *mpl (Noctuidae)*
noctule Abendfledermaus *f*, Abendsegler *m (Nyctalus)*
common ~ (Großer) Abendsegler *m (Nyctalus noctula)*
giant ~ Riesen-Abendsegler *m (Nyctalus lasiopterus)*
lesser ~ Rauharm Fledermaus *f*, Kleiner Abendsegler *m (Nyctalus leisleri)*
nocturnal nächtlich, Nacht...
nocturnalism Nachtleben *n*; Nachtzustand *m*
nocuous schädlich
nodal nodal, Knoten...
noddy Noddi *m (Anous)*
black ~ Kleine Noddiseeschwalbe *f*, Schlankschnabelnoddi *m (Anous tenuirostris)*
blue-gray ~ Grauseeschwalbe *f*, Blaunoddi *m (Procelsterna caerulea)*
brown [common] ~ Noddiseeschwalbe *f (Anous stolidus)*
lesser ~ → black noddy
node 1. *(Bot.)* Nodium *n*, Blattknoten *m*; 2. *(Zool.)* Nodus *m*, knotenförmiges Gebilde
Aschoff-Tawara [atrioventricular] ~ Atrioventrikularknoten *m*, Aschoff-Tawarscher Knoten *m*
Hensen's ~ Hensenscher Knoten *m*, Primitivknoten *m*
Keith-Flack ~ Keith-Flackscher Knoten *m*, Sinusknoten *m*
lymph(atic) ~ Lymphknoten *m*
mesenteric lymph(atic) ~ Mesenteriallymphknoten *m*
primitive ~ → Hensen's node
sinoatrial [sinoauricular] ~ → Keith-Flack node
nodiferous knotentragend; knötchentragend
nodiflorous knotenblütig
nodose knotig; knotenartig, knotenförmig; knorrig
nodular knotenartig, knotig
nodulation Knötchenbildung *f*; Knöllchenbildung *f (N_2-fixierende Bakterien)*
nodule Nodulus *m*; Knötchen *n*; Knöllchen *n*
root ~ Wurzelknöllchen *n*
noduliferous knötchentragend; knöllchentragend
noise Geräusch *n*; Lärm *m*
noli-me-tangere Echtes Springkraut *n (Impatiens noli-tangere)*
nomad(e) Nomade *m*
nomadic nomadisch, Wander...
homadism Nomadismus *m*, Nomadenleben *n*
nomenclature Nomenklatur *f*
binary ~ binäre Nomenklatur *f*
nomination Nomination *f*, Benennung *f*
nomophilous weidenbewohnend
nondecidous immergrün
nondirectional ungerichtet
nondo Kanadische Mutterwurz *f (Ligusticum canadense)*
none-so-pretty 1. Perlkörbchen *n*, Silberimmortelle *f (Anaphalis margaritacea)*; 2. Wildes Stiefmütterchen *n (Viola tricolor)*; 3. Nelken-Leimkraut *n (Silene armeria)*
nonesuch Hopfen-Klee *m*, Hopfen-Luzerne *f (Medicago lupulina)*
white ~ Englisches Raygras *n (Lolium perenne)*
nonflagellate unbegeißelt
nonhairy unbehaart, haarlos
nonhardy nicht winterhart, nicht ausdauernd
nonheritable nicht vererbbar
nonlipid fettfrei
nonliving lebenslos
nonloricate panzerlos
nonpolar unpolar
nonrooted unbewurzelt
nonsexual geschlechtslos
nonvascular gefäßlos
nonviable lebensunfähig
noonflower Wiesenbocksbart *m (Tragopogon pratensis)*
norm Norm *f*
~ of reaction Reaktionsnorm *f*
normal-allel Wildallel *n*
normergic normerg, normal ablaufend
normochromasy Normalfärbung *f*
normochromy normale Pigmentierung *f*
normocyte Normozyt *m*, reifer Erythrozyt *m*
normogenesis Normogenese *f*; normaler Entwicklungsablauf *m*
normotensive mit normalem Blutdruck
normosom normalwüchsig
normotonic mit normalem Muskeltonus
nose 1. Nase *f*; 2. riechen, spüren, wittern
nosebleed 1. Wachslilie *f*, Waldlilie *f (Trillium)*; 2. Gemeine Schafgarbe *f (Achillea millefolium)*
nosebrain Riechhirn *n*, Rhinenzephalon *n*
no-see-ums Gnitzen *fpl (Heleidae)*
nosefish Doktorfische *mpl (Acanthuridae)*
nose-fly Nasenbremse *f (Gasterophilus haemorrhoidalis)*
nosoareal Nosoareal *n*, Krankheitsverbreitungsgebiet *n*
nosogeny Nosogenese *f*; Krankheitsentstehung *f*; Krankheitsentwicklung *f*
nostoc Gallertalge *f (Nostoc)*
nostril Nasenöffnung *f*, Nasenloch *n*
posterior ~ Choana *f*, Nasenausgang *m*, hintere Nasenöffnung *f*
notal 1. dorsal, am Rücken; Rücken...; 2. Notum...
notch Kerbe *f*; Einschnitt *m*, Inzisur *f*, Einbuchtung *f*
notched gekerbt
notochord Chorda dorsalis *f*, Notochord *n*, Rückensaite *m*
Notogaea Notogäa *f (australische Faunenregion)*
notum *(Ent.)* Notum *n*, Rücken *m* des Brustsegments
nourish ernähren
nourishing nährhaft, Nähr...
nourishment 1. Ernährung *f*; 2. Nahrung *f*
noxa Noxe *f*, Schadfaktor *m*, Schädigungsursache *f*
noxious schädlich
nubilous geschlechtsreif
nucellus Nucellus *m*, Gewebekern *m* der Samenanlage
nucha Nacken *m*, Genick *n*

nuchal nuchal, Nacken..., Genick...
nuciferous nußtragend
nuclear nuklear, Zellkern..., Kern...
nucleate kernbildend
nucleated [zell]kernhaltig
nucleation Nukleation *f*, Kernbildung *f*
nuclei *pl von* nucleus
nucleic Nuklein...
nucleolus Nukleolus *m*, Kernkörperchen *n*
nucleoplasm Nukleoplasma *n*, Nukleochyleum *n* Karyoplasma *nm* Kernplasma *n*
nucleospindle Kernspindel *f*
nucleus 1. Kern *m*, Zellkern *m*; 2. *(Bot.)* Stein *m*, Steinkern *m*, Kerngebiet im Zentralernervensystem
  ambiguous ~ Doppelkern *m (ZNS)*
  bony ~ Ossifikationskern *m*, Verknöcherungskern *m*
  caudate ~ Schwanzkern *m*, Schweifkern *m*
  cell ~ Zellkern *m*
  cleavage ~ Furchungskern *m*
  daughter ~ Tochterkern *m*
  energic ~ Arbeitskern *m*
  fusion ~ Fusionskern *m*, Verschmelzungskern *m*, Zygotenkern *m*
  generative ~ generativer Kern *m*
  germ ~ Pronukleus *m*, Keimzellenkern *m*
  interphase ~ Interphasenkern *m*, Ruhekern *m*
  metabolic ~ → energic nucleus
  ossific ~ Ossifikationskern *m*, Verknöcherungskern *m*
  resting ~ Interphasenkern *m*, Ruhekern *m*
  restitution ~ Restitutionskern *m* (durch Spindelmechanismusausfall entstanden)
  secondary ~ Sekundärkern *m*
nudicaudate mit unbehaartem Schwanz *m*
nudicaulous mit nacktem Stengel *m*
nudiflorous nacktblumig, nacktblütig
nullipara Nullipara *n (Weibchen, das noch nicht geboren hat)*
nullinervious nervenlos, aderlos
nullipennate ohne Flugfedern
numbat Ameisenbeutler *m (Myrmecobius fasciatus)*
number Zahl *f*, Anzahl *f*
  acceptance ~ *(Biom.)* Annahmezahl *f*
  acid ~ pH-Wert *m*
  assimilation ~ Assimilationsquotient *m*
  average sample ~ durchschnittlicher Stichprobenumfang *m*, mittlerer Stichprobenumfang *m*
  basic ~ Grundzahl *f*, Grundchromosomenzahl *f*
  binomial ~ Binomialkoeffizient *m*
  chromosome ~ Chromosomenzahl *f*
  class ~s *(Biom.)* Klassennummern *fpl*
  diploid ~ diploider Chromosomensatz *m*
  effective ~ of progenies effektive Zahl *f* der Nachkommen
  effective ~ of replications *(Biom.)* effektive Replikationszahl *f*
  haploid ~ haploider Chromosomensatz *m*
  rejection ~ *(Biom.)* Ablehnungszahl *f*
numbfish Zitterrochen *mpl (Torpedinidae)*
nun Blaumeise *f (Parus caeruleus)*
nunbird Trappist *m (Monasa)*
  black ~ Schwarztrappist *m (Monasa atra)*
  white-faced ~ Braunbach-Faulvogel *m*, Diadem-Faulvogel *m (Hapaloptila castanea)*
nuns Engelsauge *n (Houstonia)*
nuptial dress *(Ethol.)* Hochzeitskleid *n*, Balzkleid *n*
nurse aufziehen, anziehen; säugen, stillen
  gray ~ Sandhai *m*, Schnauzenhai *m*, Stierhai *m (Eugomphodus taurus)*
nursehound Katzenhai *m (Scyliorhinus)*
nursery Baumschule *f*
nurse-wood Altholz *n*
nurture Nahrung *f*; Ernährung *f*; nähren, ernähren; aufziehen, erziehen
nut Nuß *f*
  areca ~ Betelnußpalme *f*, Arekapalme *f (Areca catechu)*
  bladder ~ 1. Blasenstrauch *m (Colutea)*; 2. Pimpernuß *f (Staphylea)*
  Brazil ~ Brasilbaum *m*, Paranußbaum *m (Bertholletia excelsa)*
  butter ~ Echte Butternuß *f*, Sawarie *f (Caryocar glabrum)*
  candle [Chile] ~ Lichtnußbaum *m (Aleurites moluccana)*
  cream ~ → Brazil nut
  earth ~ Knollenkümmel *m (Bunium bulbocastanum)*
  ground ~ 1. Erdnuß *f (Arachis hypogaea)*; 2. Erdbirne *f (Apios americana)*
  Lambert ~ Lambertsnuß *f (Corylus maxima)*
  oil ~ Aschgrauer Waldnußbaum *m*, Ölnußbaum *m (Juglans cinerea)*
  poison ~ Brechnußbaum *m (Strychnos nux-vomica)*
  rush ~ Erdmandel-Zypergras *n (Cyperus esculentus)*
  Saint-Antony's ~ Echte Pimpernuß *f (Staphylea pinnata)*
  sapucaia ~ Krukenbaum *m (Lecythis)*
  Sawara ~ Sawara-Nuß *f (Caryocar nuciferum)*
  water ~ Knollen-Sumpfried *n (Eleocharis tuberosa)*
  wing ~ Flügelnuß *f (Pterocarya)*
nutation Nutation *f*, Nutationsbewegung *f*, Wachstumsbewegung *f (bei Pflanzen)*
nutcracker Nußknacker *m (Nucifraga)*
  Clark's ~ Kiefernhäher *m (Nucifraga columbiana)*
  Eurasian ~ Tannennäher *m*, Nußknacker *m (Nucifraga caryocatactes)*
nutgall Gallapfel *m*
nuthatch Kleiber *m (Sitta)*; *pl* Kleiber *mpl*, Spechtmeisen *fpl (Sittidae)*
  European ~ Kleiber *m*, Spechtmeise *f (Sitta europaea)*
  red-breasted ~ Kappenkleiber *m (Sitta canadensis)*
  rock ~ Felsenkleiber *m (Sitta neumayer)*
  white-breasted ~
nutlet Nüßchen *n*, Klause *f*
nutmeg 1. Muskatnußbaum *m (Myristica)*; 2. Nußeibe *f*

(Torreya); 3. Blättereule *f (Mamestra)*
nutria Biberratte *f*, Sumpfbiber *m*, Schweifbiber *m (Myocastor coypus)*
nutrient 1. Nährstoff *m*; nährend; nährhaft; 2. Ernährungs..., Nähr...
nutrient-balance Nährstoffhaushalt *m*
nutriment Nahrung *f*; Nahrungsmittel *m*, Nährstoff *m*
nutrition Ernährung *f*, Nahrung *f*
nutritional Ernährungs...
nutritious nutritiv, nährend, nahrhaft
nutsedge:
yellow ~ Erdmandel *f (Cyperus esculentus)*
nuttal's-weed Zweifärbige Mädchenauge *n*, Färber-Wanzenblume *f (Coreopsis tinctoria)*
nutwood Haselnuß *f (Corylus avellana)*
nyala Nyala *f*, Tieflandnyala *f (Tragelaphus angasi)*
mountain ~ Bergnyala *f (Tragelaphus buxtoni)*
nyctagineus nächtlich
nyctaginiflorous [nyctanthous] nachts blühend
nyctanthous nachtblühend
nymph Nymphe *f (präadultes Entwicklungsstadium der Arachnida)*
water ~ Wohlriechende Seerose *f (Nymphaea odorata)*
wood ~s Augenfalter *mpl (Satyridae)*
nymphal nymphal, nymphenartig
nymphiparous nymphgebärend
nystagmus Nystagmus *m*, Augenzittern *n*

O

oak Eiche *f (Quercus)*
Adriatic ~ Zerr-Eiche *f (Quercus cerris)*
African ~ Teakbaum *m (Tectona)*
basket ~ Kastanien-Eiche *f (Quercus prinus)*
bear ~ → holly oak
bitter ~ Zugespitzte Eiche *f (Quercus acuminata)*
black ~ → dyer's oak
blue ~ Großfrüchtige Eiche *f (Quercus macrocarpus)*
bull ~ Kleinwulstiger Keulenbaum *m (Casuarina torulosa)*
bur ~ → blue oak
canyon (live) ~ → golden-cup oak
champion ~ → northern oak
chestnut ~ 1. Bergeiche *f (Quercus montana)*; 2. → basket oak; 3. → bitter oak
cork ~ Kork-Eiche *f (Quercus suber)*
diamond-leaved ~ Stumpfblättrige Eiche *f (Quercus obtusa)*
duck ~ → water oak
durmast ~ Trauben-Eiche *f (Quercus petraea)*
dwarf ~ → holly oak
dyer's ~ Färbereiche *f (Quercus velutina)*
English ~ Stiel-Eiche *f (Quercua robur)*
evergreen ~ → holly oak
forest ~ → bull oak
forked-leaf ~ → white oak
golden-cup ~ Goldschuppige Eiche *f (Quercus chrysolepis)*
gray ~ → northern oak
Greek ~ Cunninghams Keulenbaum *m (Casuarina cunninghamiana)*
hill's ~ Ovalblättrige Eiche *f (Quercus ellipsoidalis)*
holly [holm] ~ Stechpalmenblättrige Eiche *f (Quercus ilicifolia)*
Japanese ~ Japan-Eiche *f*, Blaugrüne Eiche *f (Quercus glauca)*
Jerusalem ~ Klebriger Gänsefuß *m (Chenopodium botrys)*
laurel ~ 1. Lorbeereiche *f (Quercus laurifolia)*; 2. Schindeleiche *f (Quercus imbricaria)*
Lebanon ~ Libanon-Eiche *f (Quercus libani)*
live ~ Virginia-Eiche *f*, Virginische Eiche *f (Quercus virginiana)*
mossy-cup ~ → blue oak
mountain ~ → basket oak
Northern ~ Rot-Eiche *f (Quercus rubra)*
peach ~ → willow oak
pin ~ 1. Bergeiche *f (Quercus montana)*; 2. Sumpf-Eiche *f (Quercus palustris)*
poison ~ Kriechender Sumach *m (Rhus radicans)*
pubescent ~ Flaum-Eiche *f (Quercus pubescens)*
punk ~ → water oak
red ~ 1. Rot-Eiche *f (Quercus rubra)*; 2. Kermes-Eiche *f (Quercus coccinea)*
rock ~ 1. Bergeiche *f (Quercus montana)*; 2. → basket oak
sand-jack ~ → willow oak
scarlet ~ → red oak 2.
scrub ~ 1. → holly oak; 2. → blue oak; 3. → bitter oak
sea ~ Fukus *m (Fucus)*
sessile ~ → durmast oak
shingle ~ Schindel-Eiche *f (Quercus imbricatus)*
silky ~ 1. Australische Seideneiche *f (Grevillea robusta)*; 2. Weidenschmalfrucht *f (Stenocarpus salignus)*
silver ~ → silky oak 1.
Spanish ~ → red oak 1.
spotted ~ → water oak
stalkless flowered ~ → durmast oak
stave ~ → white oak
swamp ~ 1. → laurel oak; 2. → pin oak 2.
sweet ~ Wachsmyrte *f*, Kerzenbeerstrauch *m (Myrica cerifera)*
tanbark ~ 1. → basket oak; 2. Südeiche *f (Pasania densiflora)*
valonia ~ Großschuppige Eiche *f (Quercus macrolepis)*
water ~ Schwarz-Eiche *f*, Wasser-Eiche *f (Quercus*

niger)
white ~ Weiß-Eiche *f (Quercus alba)*
willow ~ Weiden-Eiche *f (Quercus phellos)*
yellow ~ 1. → hill's oak; 2. Berg-Eiche *f (Quercus montana)*
oakery Eichenwald *m*
oak-leaved eichenblättrig
oaklet [oakling] kleine Eiche *f*, junge Eiche *f*
oak-wood 1. → oakery; 2. Eichenholz *n*
oarfish Bandfisch *m*, Riemenfisch *m (Regalecus glesne)*
oaric → ovarian
oarium → ovary
oat Hafer *m (Avena)*
bristle-pointed ~ Sand-Hafer *m*, Rauhhafer *m (Avena nuda)*
cultivated ~ Saat-Hafer *m (Avena sativa)*
false ~ Glatthafer *m*, Französisches Raygras *n (Arrhenatherum elatius)*
golden ~ Gold-Grannenhafer *m*, Goldhafer *m (Trisetum flavescens)*
hairy ~ Flaumhafer *m*, Flaumiger Wiesenhafer *m (Avenula pubescens)*
lopsided ~ → bristle-pointed oat
marsh false ~ Pennsylvanischer Gold-Grannenhafer *m (Trisetum pennsylvanicum)*
naked ~ Rauh-Hafer *m (Avena nuda)*
narrow false ~ Ähren-Grannenhafer *m (Trisetum spicatum)*
poor ~ Flug-Hafer *m (Avena fatua)*
purple ~ Streifen-Hafer *m (Avena striata)*
sea ~ Plattährengras *n (Uniola paniculata)*
slender ~ Bart-Hafer *m (Avena barbata)*
wheat [wild] ~ → poor oat
oat-grass Glatthafer *m (Arrhenatherum)*
tall ~ Glatthafer *m*, Französisches Raygras *n (Arrhenatherum elatius)*
obclavate verkehrt-keulenförmig
obconical verkehrt-kegelförmig
obcordate verkehrt-herzförmig
obcuneatous verkehrt-keilförmig
obdeltate verkehrt-dreieckig
obdiplostemous *(Bot.)* mit zwei Staubblattkreisen
obduction Obduktion *f*, Sektion *f*, Autopsie *f*
obductous überzogen, verhüllt
obduration Verhärtung *f*
obeche Abachi *m*, Obeche *m (Triplochiton scleroxylon)*
obese bauchig, beleibt, adipös, fett
obex *(Anat.)* Riegel *m*
obimbricate verkehrt-dachziegelförmig
obispo Gefleckter Adlerrochen *m (Aetobatus narinari)*
objective Objektiv *n*, Objektivlinse *f*
oblanceolate verkehrt-lanzettlich
oblate an den Polen abgeflacht
oblique schief; schräg
obliteration Obliteration *f*; Auslöschung *f*, Tilgung *f*, Verstopfung *f*
oblong verlängert; länglich, langgestreckt
oblongata verlängertes Rückenmark *n*
obovate [obovoid] verkehrt eiförmig
obpyramidal verkehrt pyramidenförmig
obscured obskur; dunkel; undeutlich; verdächtig
observation Observation *f*; wissenschaftliche Beobachtung *f*; Wahrnehmung *f*, Erfahrung *f*
observe beobachten
obsolence allmähliches Verschwinden einer Struktur *f*
obsolescent schwindend, verkümmernd; rudimentär
obsolete 1. rudimentär, verkümmert, zurückgeblieben; 2. unscheinbar, undeutlich
obstipous schief, seitwärts geneigt
obstruction Obstruktion *f*, Verstopfung *f*
obtected bedeckt; überdeckt, verdeckt
~ **pupa** Pupa obtecta *f*, Mumienpuppe *f*
obturation Obturation *f*; Hohlorganverschließung *f*, Verschluß *m*, Verlegung *f*
obturator 1. Schließmuskel *m*; 2. Gaumenverschlußplatte *f*
obtusangular stumpfwinklig
obtuse 1. abgestumpft, stumpf, dumpf *(Schmerz)*
obtusifolious stumpfblättrig
obtusion Abstumpfung *f*
obtusilobate stumpflappig
obtusisquamous stumpfschuppig, mit stumpfen Schuppen
obvallate umwallt, verhüllt, von einem Wall umgeben
obverse umgewandt, umgekehrt, verkehrt
obvolent nach unten und innen biegend
obvolute zusammengerollt, eingewickelt; verhüllt, verdreht
occipital 1. Hinterhaupt..., Hinterkopf...; 2. okzipital, Hinterhaupts..., Hinterkopf...
occiput Occiput *m*, Hinterhaupt *n*, Hinterkopf *m*
occlude 1. (ab)schließen, versperren, verstopfen; 2. okkludieren, adsorbieren
occlusal 1. Verschluß...; 2. Gebißschluß... *(Zahn)*
occlusion 1. Okklusion *f*; Verschluß *m*, Verschließung *f*; 2. normale Schlußbißstellung *f (der Zähne)*
occlusive okklusiv; verschließend, Verschluß...
occlusor Okklusor *m*, Schließmuskel *m*
occult verborgen
occurrence Vorkommen *n*, Auftreten *n*
mass ~ Massenauftreten *n*
oceanarium Ozeanarium *n*, riesiges Seewasseraquarium *n*
oceanic ozeanisch; ozeanbewohnend; Ozean...
oceanium ozeanische Lebensgemeinschaft *f*
oceanodromous ozeanodrom, im Meer wandernd
oceanology Ozeanologie *f*,Meereskunde *f*
ocellate(d) 1. augenfleckig; 2. augenähnlich
ocellus 1. Ocellus *m*, einfaches Auge *n*, Einzelauge *n*, Punktauge *n*; 2. Augenfleck *m*
ocelot Ozelot *m*, Pardelkatze *f (Leopardus pardalis)*
ocherous [ochraceous] ockerfarben
ochranthous ockergelbblütig, blaßgelbblütig
ochrea → ocrea

ochroleucous gelblichweiß, fahlgelb
ochthium Ufer-Lebensgemeinschaft *f*, Ufer-Biozönose *f*
ochthophilous uferbewohnend; das Ufer bevorzugend
ocrea Ochrea *f*
ocreate tütenartig, tütenförmig
octactinal achtstrahlig
octandrous *(Bot.)* mit acht Staubblättern
octocorallia Octocorallia *fpl*, achtstrahlige Korallen *fpl*
octodonts Trugratten *fpl (Octodontidae)*
octogynous mit acht Fruchtblätter, mit acht Griffeln
octonervous mit acht Adern, mit acht Nerven
octopetalous mit acht Petalen
octophyllous achtblätterig
octoploid Oktoploid *n*; mit achtfachem Chromosomensatz *m*; oktoploider Organismus *m*
octopod Octopoda *mpl*, Oktopoden *mpl*, Octobrachia *mpl*, Achtarmige Tintenfisch *mpl*, Kraken *mpl*; achtfüssig, achtarmig
octopus Krake *m*
  common ~ Gemeiner [Gewöhnlicher] Krake *m (Octopus vulgaris)*
  lesser ~ Moschuskrake *m (Eledone)*
  musky ~ Gemeiner Moschuskrake *m (Eledone moschata)*
octoradiate achtstrahlig
octosepalous oktosepal, mit acht Sepalen
octosporous achtsporig, mit acht Sporen
octostichous achtreihig; achtzeilig
ocular 1. okular; Augen...; 2. Okular *n*
oculi *pl von* oculus
oculofrontal Augen-Stirn...
oculogyration Augendrehbewegung *f*, Augendrehung *f*
oculogyric augendrehend
oculomotor augenbewegend
oculonasal okulonasal, Augen-Nasen...
oculus Auge *n*
odd-numbered ungerade, ungeradzahlig
odd-pinnate unpaarig-gefiedert
odd-toed unpaarhufig
odonata Odonata *mpl*, Libellen *fpl*
odontic Zahn...
odontoblast Odontoblast *m*, Dentinbildner *m*, Zahnbeinbildner *m*
odontoceti Odontoceti *mpl*, Zahnwale *mpl*
odontoclast Odontoklast *m*, Dentinzerstörer *m*
odontogeny 1. Odontogenie *f*, Zahnbildung *f*, Zahnentwicklung *f*; 2. Dentinogenese *f*, Dentinbildung *f*, Zahnbeinbildung *f*
odontoid zahnartig, zahnförmig, gezähnt
odontoperiosteum Zahnwurzelhaut *f*
odontophyllous mit gezähntem Blattrand
odontoplast → odontoblast
odontostephanous zahnkranzartig
odor Duft *m*, Geruch *m*
odorant duftend, wohlriechend; Duft...
odoriferous duftend, Duft...; riechend; wohlriechend
odorless duftlos
odorous wohlriechend, duftend, riechend
odour → odor
oecium Äzidium *n*, Aecidium *n*, Aecium *n*
oecoethology Öko-Ethologie *f*, Etho-Ökologie *f*
oecology Ökologie *f*
oecophene Ökophän *n*, ökologisches Phän *n*
oecosystem Ökosystem *n*
oecotrophobiosis Ökotrophobiose *f*
oesophageal ösophageal; Ösophagus..., Speiseröhre...
oesophagus Ösophagus *m*, Speiseröhre *f*
oestrous östrisch, brünstig
oestrus Östrus *m*, Brunst *f*
  to be in ~ brünstig sein, brunsten; brunften
offensive 1. offensiv; angrifflustig; 2. → offense
offset 1. Ableger *m*, Absenker *m*; Nebenschößling *m*; Jahrestrieb *m*
offshoot Nebentrieb *m*, Wurzeltrieb *m*
offspring 1. Nachkommenschaft *f*; Deszendenz *f*; 2. Nachkomme *n*
offtype untypisch; nichteigentümlich
ohia Zürgelbaum *m (Celtis)*
oike Habitat *m;* Standort *m*
oikoplast Oikoplast *m*, große Drüsenzelle *f*
oil Öl *n*
  cedarwood ~ Zedernöl *n*
  clove ~ Nelkenöl *n*, Gewürznelkenöl *n*
  coconut ~ Kokosöl *n*
  essential ~ ätherisches Öl *n*
  fish ~ Fischöl *n*, Fischtran *n*, Fischfett *n*
  immersion ~ Immersionsöl *n*
  joint ~ Gelenkflüssigkeit *f*, Gelenkschmiere *f*
oilbird Fettschwalm *m (Steatornis)*
oilfish Ölfisch *m (Ruvettus)*
oilseed:
  Siberian ~ Saat(lein)otter *m (Camelina sativa)*
oily ölhaltig; ölartig; ölig, Öl...
oka Knolliger Sauerklee *m (Oxalis tuberosa)*
okapi Okapi *n (Okapia johnstoni)*
okra Okra *n*, Genießeibisch *m*, Rosenpappel *f (Abelmoschus esculentus)*
olcott-root Blut-Sauerampfer *m (Rumex sanguineus)*
old-goose Ungestielter Frauenschuh *m (Cypripedium acaule)*
old-ladie's-clothespins Schwarzfrüchtiger Zweizahn *m (Bidens frondosa)*
old-maid's-bonnets Ausdauernde Lupine *f (Lupinus perennis)*
old-maid's-pink Echtes Seifenkraut *n (Saponaria officinalis)*
old-maid's-root Traubige Aralie *f (Aralia racemosa)*
old-man Eberraute *f (Artemisia abrotanum)*
old-man-of-the-sea Pferdekopf *m (Selene vomer)*
old-man's-beard Gemeines Greiskraut *n (Senecio vulgaris)*
old-man's-flannel Kleinblütige [Echte] Königskerze *f (Verbascum thapsus)*
old-man's-pepper Gemeine Schafgarbe *f (Achillea mille*

folium)
old-squam Eisente *f (Clangula hyemalis)*
old-virginia Seitenblütige Aster *f (Aster lateriflorus)*
oleander Oleander *m (Nerium oleander)*
oleaster Ölweide *f (Elaeagnus)*
olecranon Olecranum *n*, Ellenbogenhöcker *m*
oleiferous ölhaltig, ölig
olfaction 1. Geruchssinn *n*; 2. Riechen *n*, Geruchswahrnehmung *f*
olfactive Geruchssinn...; Geruch...
olfactory Geruchssinn...; Geruchs..., Riech...; olfaktorisch
oligacanthous wenig-stachelig
oligandrous mit wenigen Staubblättern; wenig-männig
oliganthous wenig-blütig
oligocarpous wenig-früchtig
oligocephalous wenig-köpfig
oligodendrocyte Oligodendrozyt *m*, Oligodendrogliazelle *f*
oligodendroglia Oligodendroglia *n (Nervengewebestützsubstanz)*
oligodontous wenig-zähnig, wenig-gezähnt
oligogene Oligogen *n*
oligogonous wenig-eckig, wenig-kantig
oligolecithal oligolezithal, dotterarm
oligophyllous wenig-blättrig
oligorhizous wenig-wurzelig
oligosorous mit wenigen Sori
oligospermous *(Bot.)* wenig-samig
oligostachyous wenig-ährig
oligostemonous mit wenigen Stamen
oligotrophy Oligotrophie *f*, Nahrungsarmut *f*
olingo Makibär *m (Bassaricyon)*
bushy-tailed ~ Schlankbär *m (Bassaricyon gabbii)*
oligoxeny Oligoxenie *f (Parasit mit nur wenigen Wirten)*
oligozoidity Oligoidität *f (Beschränkung des Parasiten auf nur wenige Wirtsarten)*
olive 1. *(Anat.)* Oliva *f*; 2. Ölbaum *m (Olea)*
European ~ Echter Ölbaum *m (Olea europaea)*
Russian ~ Schmalblättrige Ölweide *f (Elaeagnus angustifolia)*
spurge ~ 1. Zwergölbaum *m (Cneorum)*; 2. Gemeiner Seidelbast *m (Daphne mezereum)*
wild ~ Wilder [Falscher] Ölbaum *m (Olea oleaster)*
olive-back [olive-weaver] Meisenastrild *m (Nesocharis)*
olivocerebellar Olivenkern-Kleinhirn...
olm Grottenolm *m (Proteus anguineus); pl* Olme *mpl (Proteidae)*
omasus Omasus *m*, Psalter *m*, Blättermagen *m (Wiederkäuer)*
omatsu 1. Japanische Rotkiefer *m (Pinus densiflora)*; 2. Japanische Schwarzkiefer *m*
ombre Rabenfisch *m*, Schwarzer Schattenfisch *m (Sciaena umbra)*
ombrophil Ombrophil *n*, Regenpflanze *f*, regenfreundliche Pflanze *f*
ombrophilous 1. ombriophil, regenliebend; 2. Nährstoffe aus Regenwasser aufnehmend
omental omental, Omentum..., Epiploon..., Netz...
omentum *(Anat.)* Netz *n*, Darmnetz *n*, Epiploon *n*
gastrocolic ~ großes Netz *n*
gastrohepatic ~ kleines Netz *n*
greater ~ → gastrocolic omentum
lesser ~ → gastrohepatic omentum
ommateum Komplexauge n, zusammengesetztes Auge *n*
ommatidium Ommatidium *n*, Sehkeil *m*, Augenkeil *m (eines Komplexauges)*
omnipotency Omnipotenz *f*, Totipotenz *f*
omniserum polyspezifisches Antiserum *n*
omnivor(e) Allesfresser *m*, Panthophage *m*, Omnivore *m*
omnivorous allesfressend, panthophag, omnivor
omohyoid omohyoid, Schulterblatt-Zungenbein...
omphalic umbilikal, Nabel...
omophaloplacenta Dottersackplazenta *f*
onager Onager *m (Equus hemionus onager)*
oncogenesis Onkogenese *f*, Geschwulstentstehung *f*, Geschwulstbildung *f*
oncolysis Onkolyse *f*, Geschwulstauflösung *f*, Tumorzerfall *m*
oncornavirus Oncorna-Virus *n*, onkogenes RNA-Virus *n*
oncosphere Onkosphäre *f*, Sechshakenlarve *f*, Hexacanthus *m* (1. *Larvenstadium der Cestoda)*
oncotic 1. onkotisch; 2. Geschwulst...
one-berry 1. (Vierblättrige) Einbeere *f (Parus quadrifolia)*; 2. Amerikanischer Zürgelbaum *m (Celtis occidentalis)*
one-celled einzellig
one-egg eineiig, monozygotisch
one-layered einschichtig
one-leaf Canada-Schattenblume *f (Majanthemum canadense)*
one-seeded einsamig
one-segmented eingliederig
onion Lauch *m*, Zwiebel *f (Allium cepa cepa)*
angle ~ Kantiger Lauch *m (Allium tuberosum)*
bear's ~ Bären *m (Allium ursinum)*
bulb ~ Küchenzwiebel *f*, Knoblauch *m (Allium cepa)*
common ~ → bulb onion
Egyptian ~ Catawissazwiebel *f (Allium proliferum)*
long-rooted ~ Siegwurz *f*, Allermannsharnisch *m (Allium victorialis)*
rock ~ → welsh onion
sea ~ Meereszwiebel *f (Urginea)*
spring ~ → welsh onion
tree ~ → Egyptian onion
welsh ~ Röhrenzwiebel *f*, Winterzwiebel *f (Allium fistulifosum)*
onion-eye Grenadier *m (Macrourus berglax)*
oniongrass Glatthafer *f (Arrhenatherum elatior)*
onshore küstennah
ontogenesis → ontogeny
ontogenetic ontogenetisch, entwicklungsgeschichtlich
ontogeny Ontogenie *f*, Ontogenese *f*, Entwicklungsgeschichte *f*

ontomutation Ontomutation *f*, ontogenetische Mutation *f*
onychogenic onychogen; nagelbildend; krallenbildend
onychoid nagelartig; krallenartig
onychophores Stummelfüßer *mpl (Onychophora)*
onyx Nagel *m*; Kralle *f*
ooapogamy Ooapogamie *f*, Diploidparthenogenese *f*, somatische Parthenogenese *f*
oocapt Ovikapt *m*
oocarpous eifrüchtig
oocephalous oozephal, mit eiförmigem Kopf
oocyst Oozyste *f*
oocyte Oozyt *m*, Ovozyt *m*
  primary ~ primärer Oozyt *m*
  secondary ~ sekundärer Oozyt *m*
oocytogenesis → oogenesis
ooecium Oözium *n*, Ovizelle *f*
oogamy Oogamie *f*
oogenesis Oo(zyto)genese *f*, Eientwicklung *f*, Eizellenbildung *f*
oogenous oogen, ovogen, eibildend
oogonium 1. *(Zool.)* Oogonium *n*, Ureizelle *f*; 2. *(Bot.)* Oogonium *n*, Gametangium *n*
ooid oval, eiförmig
ookinete Ookinete *f*, Wanderzygote *f*
oolemma Oolemm *n*, Ovolemm *n*, Eimembran *f*; Eihülle *f*
ooler Schwarz-Erle *f (Alnus glutinosa)*
oology Oologie *f*; Eierkunde *f*; Eierschalenkunde *f*
oophore → oophyte
oophoridium Oophoridium *n*, Megasporangium *n*
oophorous eitragend
oophyte Oophyt *m*, Oophor *n*
ooplasm Ooplasma *n*, Eiplasma *n*
oosperm befruchtete Eizelle *f*, befruchtetes Ei *n*, Zygote *f*
oospore 1. Oospore *f (veraltete Bezeichnung für Zygote von Algen und Pilzen)*
ootheca 1. Oothek *f*; Eipaket *m*, Eikapsel *f*; 2. Sporangium *n*
ootocous ootok, eierlegend
oovivipary Oviviparie *f*, Ovoviviparie *f*
ooze 1. Schlamm *m*; Modererde *f*; 2. Moorgrund *m*; Morast *m*; Bruch *m*; 3. durchsickern, aussickern; eindringen, durchdringen
  radiolarian ~ Radiolarienschlamm *m*
opacity Lichtundurchlässigkeit *f*, Trübung *f*
opah Glanzfisch *m*, Opah *m*, Gotteslachs *m (Lampris regius)*
opaque undurchsichtig; lichtundurchlässig; trüb, glanzlos, milchig
open 1. offen, geöffnet, unverschlossen; 2. frei
opening Öffnung *f*; Loch *n*, Spalt *m*, Mündung *f*
  breathing ~ Atemöffnung *f*
  gill ~ Kiemenöffnung *f*; Kiemenspalte *f*
  mouth ~ Mundöffnung *f*
  shell ~ Schalenöffnung *f*
operator Operator *m*, Operatorgen *n*
opercle Operculare *n (grösster Kiemendeckelknochen)*
opercular operkular, mit einem Deckel versehen; Deckel..., Kiemendeckel...
operculate(d) bedeckt, mit einem Deckel versehen
operculum Operkulum *n*; Deckel *m*; Deckelchen *n*
ophiology Ophiologie *f*, Schlangenkunde *f*
ophionome *(Ent.)* Gangmine *f*
ophiopluteus Ophiopluteus *m*, Ophiopluteus-Larve *f (bei Schlangensternen)*
ophthalmic ophthalmisch, Augen...; zum Auge gehörend
ophthalmogyric augendrehend
opisthe hintere Tochterzelle *f (bei Infusorienteilung)*
opisthoclinal opisthoklin, nach hinten geneigt
opisthocoelous opisthozöl, hinten ausgehöhlt *(Wirbel)*
opisthogyrous opisthogyr, nach hinten gekrümmt
opisthosoma Opisthosoma *n* 1. Hinterleib der Spinnentiere; 2. hinterster Körperabschnitt der Pogonophora
opium 1. Opium *n*; 2. Phytoparasiten-Lebensgemeinschaft *f*
opophilous opophil, sich von Pflanzensaft ernährend
opossum Opossum *n*; Beutelratte *f*; *pl* Beutelratten *fpl (Didelphidae)*
  American ~ Opossum *m (Didelphis)*; *pl* Beutelratten *fpl (Didelphidae)*
  brown four-eyed [brown masked] ~ Nacktschwanzbeutelratte *f (Metachirus nudicaudatus)*
  brush-tailed [bushy-tailed] ~ 1. Buschschwanzbeutelratte *f (Glironia)*; 2. Hundskusu *m*, Kusu *m (Trichosurus caninus)*
  Chilean rat ~ Chile-Opossummaus *f (Rhyncholestes raphanurus)*
  common ~ Opossum *m (Didelphis)*
  dusky gliding ~ Riesengleitbeutler *m (Schoinobates volans)*
  fat-tailed rat ~ → Chilean rat opossum
  four-eyed ~ Vieraugenbeutelratte *f (Metachirops opossum)*
  greater gliding ~ → dusky gliding opossum
  honey ~ Honigbeutler *m (Tarsipes spenserae)*
  large American ~ → American opossum
  Leadbeater's ~ Hörnchen-Kletterbeutler *m (Gymnobelideus leadbeateri)*
  little water ~ Dickschwanzbeutelratte *f (Luteolina crassicaudata)*
  long bare-tailed ~ → brown four-eyed opossum
  mouse ~s Zwergbeutelratten *fpl (Marmosa)*
  Patagonian ~ Patagonienbeutelratte *f (Lestodelphys)*
  Peruvian rat ~ Peru-Opossummaus *f (Lestoros inca)*
  quica ~ → four-eyed opossum
  rat ~s Opossummäuse *fpl (Caenolestidae)*
  rat-tailed ~ → brown four-eyed opossum
  ringtail ~s Ringelschwanzkletterbeutler *mpl*, Ringelschwanzbeutler *mpl (Pseudocheirus)*
  short bare-tailed [short-tailed, shrew] ~s Spitzmausbeutelratten *fpl (Monodelphis)*
  striped ~s Streifenkletterbeutler *mpl (Dactylopsila)*
  thick-tailed ~ → little water opossum
  vulpine ~ Fuchskusu *m (Trichosurus vulpecula)*
  water ~ Schwimmbeutelratte *f (Chironectes minimus)*

woolly ~s Wollbeutelratten *fpl (Caluromys)*
opposite *(Bot.)* gegenständig, gegenüberliegend
oppositiflorous mit gegenständigen Blüten
oppositifolious mit gegenständigen Blättern
opposition 1. Gegenüberstellung *f*; 2. Widerstand *m*
oppression Unterdrückung *f*
oppressiv unterdrückend, bedrückend
opsonization Opsonisierung *f*
opsonometry Opsonometrie *f*, Opsonin-Index-Bestimmung *f*
optic 1. Augen..., Seh..., Gesichts...; 2. optisch
opticociliary Sehnerv-Ziliarnerv...
opticopupillary optikopupillär, Sehnerven-Pupillen...
optimization Optimierung *f*
optimum Optimum *n*
~ of yield Ertragsoptimum *n*
ecological ~ ökologisches Optimum *n*
evolutionary ~ Entwicklungsoptimum *n*
optometry Optometrie *f*, Sehkraftbestimmung *f*
opulence 1. Opulenz *f*; Reichtum *n*; Überfluß *m*; Üppigkeit *f*; 2. üppig
opuntia Opuntie *f*, Fackeldistel *m*, Feigenkaktus *m* *(Opuntia)*
ora 1. Band *f*; Saum *m*; 2. Komodo-Waran *m* *(Varanus komodoensis)*
orach(e) Melde *f (Atriplex)*
common ~ Ausgebreitete [Spreizende] Melde *f (Atriplex patulum)*
frosted ~ Tatarenmelde *f (Atriplex tatarica)*
garden ~ Gartenmelde *f*, Weiße Melde *f (Atriplex hortensis)*
hastate ~ Spießblättrige Melde *f (Atriplex hastata)*
shore ~ Strand-Melde *f (Atriplex litoralis)*
tumbling ~ Rosen-Melde *f (Atriplex rosea)*
orad mundwärts, zum Mund gerichtet
oral oral; Mund...; Mundhöhlen...
orang → orang-Utang
orange 1. Orange *f*, Zitrone *f (Citrus)*; 2. oranger Farbstoff *m*
acridine ~ Akridinorange *n*
bergamot Bergamotte *f*, Bergamottbaum *m (Citrus bergamia)*
Chinese ~ Apfelsine *f*, Apfelsinenbaum *m (Citrus sinensis)*
king [mandarin] ~ Echte Mandarine *f*, Mandarinenbaum *m (Citrus nobilis)*
marmelade ~ Pomeranze *f*, Bitterorange *f*, Bigardie *f* *(Citrus aurantium)*
methyl ~ Methylorange *n*
mock ~ Pfeifenstrauch *m*, Sommerjasmin *m (Philadalphus)*
osage ~ Osagedorn *m*, Osageorange *f (Maclura)*
Seville ~ → marmelade orange
spring ~ Styraxbaum *m (Styrax americana)*
sweet ~ → Chinese orange
wild ~ 1. Zahnwehholz *n (Zanthoxylum fraxineum)*; 2. Angelikabaum *m (Aralia spinosa)*
orangequit Braunlätzchen *n*, Jamaica-Zuckervogel *m* *(Euneornis campestris)*
orangeroot Gelbwurzel *f*, Orangewurzel *f (Hydrastis)*
orang-Utan(g) Orang-Utan *m (Pongo pygmaeus)*
orbicular kreisförmig; kreisrund, gerundet
orbicularifolious mit kreisrunden Blättern
orbit 1. Orbita *f*, Augenhöhle *f (Wirbeltiere)*; 2. unbeweglicher Augenlidteil bei Vögeln; 3. Augenrand bei Insekten; 4. Orbit *m*, Umlaufbahn *m*
orbital Augenhöhlen...; Umlaufbahn...
orca Schwertwal *m (Orcinus orca)*
orchic Hoden...
orchid Knabenkraut *n*; *pl* Knabenkrautgewächse *npl*, Orchideen *fpl*, Orchideengewächse *npl (Orchidaceae)*
bird's-nest ~ Gemeine Nestwurz *f (Neottia nidus-avis)*
bourbontea ~ Tropensporn *m (Angraecum)*
butterfly ~ Weiße Waldhyazinthe *f (Platanthera bifolia)*
orchil Färberflechte *f (Rocella)*
orchis 1. Knabenkraut *n (Orchis)*; 2. → testis
bee ~ Bienenragwurz *f*, Bienenorchis *f (Ophrys apifera)*
bog ~ Sumpf-Weichorchis *f (Malaxis paludosa)*
dark-winged ~ Brandknabenkraut *n*, Brandfarbiges Knabenkraut *n (Orchis ustulata)*
feather-leaved ~ Ganzkronblättrige Stendelwurz *f* *(Platanthera holopetala)*
fen ~ Sumpfglanzkraut *n (Liparis loeseli)*
gay ~ → showy orchis
green-fringed ~ → ragged orchis
greenish ~ → tubercled orchis
green-winged ~ Gemeines [Kleines] Knabenkraut *n* *(Orchis morio)*
jersey ~ Sumpf-Knabenkraut *n (Orchis palustris)*
lady ~ Purpurrotes Knabenkraut *n (Orchispurpurea)*
large ~ Gefranster Knabenkraut *n (Orchis fimbriata)*
lizard ~ Riemenzunge *f (Himanthoglossum)*
monkey ~ Affen-Knabenkraut *n (Orchis simia)*
morio ~ → green-winged orchis
purple ~ 1. Stattliches Knabenkraut *n (Orchis mascula)*;; 2. Ansehnliches Knabenkraut *n (Orchis spectabilis)*
ragged ~ Zerrissenes Knabenkraut *n (Orchis lacera)*
showy ~ Ansehnliches Knabenkraut *n (Orchis spectabilis)*
spotted ~ Geflecktes Knabenkraut *n (Dactylorhiza maculata)*
spring ~ → showy orchis
tattered-fringed ~ → large orchis
tubercled ~ Gelbes Knabenkraut *n (Orchis flava)*
white-fringed ~ → feather-leaved orchis
wood ~ Riemenlippe *f (Habenaria)*
yellow ~ → tubercled ocrhis
order 1. Ordnung *f (taxanomische Einheit)*; 2. Order *f*; 3. Rang *m*
peck ~ *(Ethol.)* Hackordnung *f*; Rangordnung *f*
orderliness Ordnung *f*, Regelmäßigkeit *f*

ordinary root Bodenwurzel *f*
ordination Ordination *f (Anordnung von Artengruppierungen nach ihrer Ähnlichkeit)*
oread Heliophyt *n*, heliophile [sonnenliebende] Pflanze *f*
orfe Aland *m*, Alant *m*, Nerfling *m (Leucisus idus)*
orgadophilus lichtwaldbevorzugt, lichtwaldliebend
organ Organ *n*
~ **of Bojanus** Bojanussches Organ *n*
~ **of equilibrium** Gleichgewichtsorgan *n*
~ **of generation** Geschlechtsorgan *n*
~ **of hearing** Gehörorgan *n*, Hörorgan *n*
~ **of sight** Sehorgan *n*, Gesichtsorgan *n*
~ **of smell** olfaktorisches Organ *n*, Riechorgan *n*
~ **of taste** Geschmacksorgan *n*
~ **of touch** Tastorgan *n*
~ **of vision** ~ → organ of sight
acoustic ~ Gehörorgan *n*
adhesive [anchoring] ~ Haftorgan *n*
appendicular ~ Gliedmaß *f*, Extremität *f*
attachment ~ Haftorgan *n*
auditory ~ Gehörorgan *n*, Hörorgan *n*
blood-forming [blood-making] ~ Blutbildungsorgan
cell ~ Organelle *f*
chemical sense ~ Chemorezeptor *m*, Organ *n* des chemischen Sinnes
chordotonal ~ Chordotonalorgan *n*, Scolopidialorgan *n (Arthropoden)*
cibarial ~ Mundwerkzeug *n (Insekten)*
copulatory ~ Kopulationsorgan *n*, Begattungsorgan *n*
Corti's ~ Cortisches Organ *n*, Organum spirale *n (Säugetiere)*
eliminative ~ Exkretionsorgan, Ausscheidungsorgan *n*
end ~ Endorgan *n*; sensorischer Rezeptor *m*, motorische Endplatte *f*
endocrine ~ innensekretorisches Organ *n*
fiddle-stringlike ~ → chordotonal organ
flasklike sense ~ Ampullarsensille *f*, Sinnesflasche *f*, Sensillus ampullaceum *m*
floral ~ Blütenorgan *n*
generative [genital] ~ Geschlechtsorgan *n*, Genitalorgan *n*
Giraldes' ~ Giraldessches Organ *n*, Paradidymis *m*, Beihoden *m*
gravitational ~ Gravittionsorgan *n*
gustatory ~ Geschmacksorgan *n*
hibernating ~ Überwinterungsorgan *n*
hollow ~ Hohlorgan *n*
Jacobson's ~ Jacobsches Organ, Vomeronasalorgan *n*
Keber's~ Kebersches Organ *n*, Perikardialdrüse *f*
labyrinthine ~ Labyrinth *n*
light-perceptive ~ Lichtsinnesorgan *n*, Organum visus
light [luminous] ~ Leuchtorgan *n*
motor end ~ Motorendorgan *n*, Bewegungsendorgan *n*
musical ~ Lautäußerungsorgan *n*
Nassanoff's ~ *(Ent.)* Duftdrüse *f*
odoriferous ~ Duftorgan *n*
olfactory ~ → organ of smell
parietal ~ Parietalorgan *n*, Parietalauge *n*, Scheitelauge *n*
peripheral lymphoid ~ peripherisches Lymphoidorgan *n*
pit ~ Grubenorgan *n (Grubenottern)*
pineal ~ Zirbeldrüse *f*, Epiphyse *f*
pituitary ~ Hypophyse *f*, Hirnanhang *m*, Hirnanhangdrüse *f*
postantennal ~ Postantennalorgan *n*, Hygrorezeptor *m*, Feuchterezeptor *m (terrestrische Wirbellose)*
prehensible ~ Greiforgan *n*
protective ~ Schutzorgan *n*
rasping ~ → stridulating organ
reproductive ~ Fortpflanzungsorgan *n*
respiratory ~ Atmungsorgan, respiratorisches Organ

Rosenmuller's ~ Epoophoron *n*, Parovarium *n*, Nebeneierstock *m*
sense ~ **s** Sinnesorgane *npl*
sex ~ → genital organ
sound-producing ~ Laut(äußerungs)organ *n*, Stimmorgan *n*, lauterzeugendes Organ *n*
spiral ~ → Corti's organ
storage ~ Speicher(ungs)organ *n*
stridulating ~ Stridulationsorgan *n*, Zirporgan *n*, Schrillorgan *n*
tactile ~ Tastorgan *n*
target ~ Zielorgan *n*
thermoscopic ~ thermoskopisches Organ *n (Cephalopoda)*
timbal ~ Timbalorgan *n*, Trommelorgan *n (Zikaden)*
tubular preanal ~ schlauchförmiges Präanalorgan *n*
vestigial ~ Restorgan *n*
wheel ~ Räderorgan *n (Rädertiere)*
organelle Organelle *f*
organic organisch, belebt; Organ...
organism Organismus *m*
causative ~ Krankheitserreger *m*
cool ~ kryophiler [eisliebender, schneeliebender] Organismus *m*
filter-feeding ~ Filtrierer *m*
food ~ Nährorganismus *m*
fouling ~ Bewuchslebewesen *n*
organizer Organisator *m*, Induktor *m (Embryonalentwicklung)*
head ~ Kopforganisator *m*
nucleolar ~ Nukleolarorganisator *m*
trunk ~ Rumpforganisator *m*
organogenesis [organogeny] Organogenese *f*, Organbildung *f*, Organdifferenzierung *f*
organography Organographie *f*; Organbaubeschreibung *f*; Organlagebeschreibung *f*
organoid 1. Organoid *n*, Organelle *f*; 2. organähnlich, organartig
organoleptic organoleptisch, sensorisch
organology Organologie *f*, Organlehre *f*
organonymy Organonymie *f*, Organnomenklatur *f*

organotrop organotrop, auf Organe wirkend
organule Organule *f*; Organelement *n*; Organismuselement *n*
orhamwood Weißulme *f*, Amerikanische Ulme *f (Ulmus americana)*
oribi Oribi *m*, Bleichböckchen *n (Ourebia ourebi)*
orientation Orientierung *f*; Ortung *f*
light ~ Lichtorientierung *f*
lunar ~ Orientierung nach dem/mit Hilfe des Mondes
space ~ Raumorientierung *f*, Orientierung *f* im Raum
star ~ Sternenorientierung *f*, Orientierung nach den / mit Hilfe der Sterne
orifice Öffnung *f*; Mündung *f*; Eingang *m*; Mund *m*
buccal ~ Mundöffnung *f*
cardiac ~ Mageneingang *m*, Magenmund *m*
rectal ~ Analöffnung *f*
urethral ~ äußere Harnröhrenöffnung *f*
vaginal ~ Scheideneingang *m*
origanum Dost *m (Origanum)*

origin 1. Ursprung *m*; Herkunft *f*, Abstammung *f*; 2. Koordinatenursprung *m*, Koordinatennullpunkt *m*
~ of life Lebensentstehung *f*, Lebensdeszenz *f*
~ of species Artenentstehung *f*, Artenabstammung *f*
replicon ~ Replikoninitiationspunkt *m*
original 1. original; ursprünglich; echt; Ur...; 2. Stammform *f*
originality Ursprünglichkeit *f*
origination Ursprung *m*
originative schöpferisch
oriole 1. Pirol *m (Oriolus)*; *pl* Pirols *mpl (Oriolidae)*; 2. Trupial *m (Icterus)*
Baltimore ~ Baltimore-Trupial *m (Icterus galbula)*
forest [golden] ~ Pirol *m (Oriolus oriolus)*; *pl* Pirole *mpl (Oriolidae)*
orchard ~ Gartentrupial *m (Icterus spurius)*
oriole-finch Pirolgimpel *m (Linurgus olivaceus)*
orissa Röhrenkassie *f (Cassia fistula)*
ormer Seeohr *n (Haliotis)*
ornamental ornamental, schmückend, zierend, verzierend
ornamentation Ornamentierung *f*, Verzierung *f*
ornate *(Bot.)* geschmückt
ornis Avifauna *f*, Vogelwelt *f*
ornithic Vogel..., Vögel...; zu Vögeln gehörend
ornithochory Ornithochorie *f*, Diasporenverbreitung *f* durch Vögel
ornithologixal ornithologisch
ornithogamy → ornithophily
ornithology Ornithologie *f*, Vogelkunde *f*
ornithophilous vogelblütig, ornithophil
ornithophily Ornithophilie *f*, Vogelblütigkeit *f*
oro Antiar *m*, Upasbaum *m (Antiaris toxicaria)*
orobus Frühlings-Platterbse *f (Lathyrus vernus)*
orofacial Mund-Gesicht...
oroimmunity passive Immunität *f*
orolingual Mund-Zungen...
orongo Orongo *m*, Chiru *m*, Tibetantilope *f (Pantholops hodgsoni)*
oropendola Stirnvogel *m (Psarocolius)*
oropharynx Mundrachen(raum) *m*
orophyte Orophyt *n*, Gebirgspflanze *f*
orpine Dreiblättrige Fetthenne *f (Sedum triphyllum)*
orrhodiagnosis Serumdiagnostik *f*
orrhoimmunity passive Immunität *f*
orrhology Serologie *f*
orrhoreaction Seroreaktion *f*, Serumreaktion *f*
orrhos Serum *n*
orris Schwert-Lilie *f (Iris)*
orthacanthous gerad-stachelig
orthal auf- und abwärts
orthanthous gerad-blütig
orthobotryous gerad-traubig
orthocarpous gerad-früchtig
orthocephalous gerad-köpfig
orthocerous gerad-hörnig
orthochilous gerad-lippig
orthodontous gerad-zähnig
orthodromic orthodrom, gerade verlaufend
orthoevolution Orthoevolution *f (Beibehaltung einer Entwicklungsrichtung während längerer Zeit)*
orthoheliotropic orthoheliotrop, orthophototrop
orthophototropic → orthoheliotropic
orthoploceous gerad-faltig
orthopterans Orthoptera *mpl*, Geradflügler *mpl (veraltete Klassifikation)*
orthopterous gerad-flügelig
orthoselection Orthoselektion *f*, gerichtete Auslese *f*
orthostatic gerad-statisch; aufrecht stehend
orthotropic [orthotropous] orthotrop, gerad-läufig
ortolan 1. Ortolan *m*, Gartenammer *f (Emberiza hortulana)*; 2. Reisstärling *m*, Bobolink *m (Dolichonyx oryzivorus)*
oryx Spießbock *m*, Oryx *m*, Säbelantilope *f (Oryx gazella)*
oscar Pfauenaugenbuntbarsch *m (Astronotus ocellatus)*
oscillation Oszillation *f*; Schwingung *f*; Pendelbewegung *f*; geringe Schwankung *f*
oscule 1. Pore *f*; 2. Oskulum *n*, Ausströmöffnung bei Schwämme; 3. mediane Klypeuseinbuchtung *(bei Mallophagen)*
osculiferous porentragend; porig
osier Weide *f (Salix)*; Korb-Weide *f (Salix viminalis)*
common ~ Korb-Weide *f (Salix viminalis)*
golden ~ 1. Gold-Weide *f (Salix vitellina)*; Silber-Weide *f (Salix alba)*; 2. Gagelstrauch *m (Myrica gale)*
green ~ Wechselblättriger Hartriegel *m (Cornus alternifolia)*
purple ~ Purpur-Weide *f (Salix purpurea)*
velvet ~ → common osier
osier-bed Weidengehölz *n*
osmatic Geruchs..., Riech...
osmerus Stint *m (Osmerus)*
osmesis Geruchssinn *n*, Riechen *n*

osmolality Osmolarität *f*
osmoreceptor Osmorezeptor *n*
osmoregulation Osmoregulation *f*
osmoresistance Osmoresistenz *f*, Osmotoleranz *f*
osmose [osmosis] Osmose *f*
  reverse ~ Umkehrosmose *f*, Reversosmose *f*
osmotic osmotisch
osmotolerance → osmoresistence
osmotrophic osmotroph
osmotrophy Osmotrophie *f*
osmunda Königsfarn *m (Osmunda regalis)*
osphradium Osphradium *n*, Sprengelssches Organ *n (Sinnesorgan der Weichtiere)*
osphresis Geruchssinn *m*
osprey Fischadler *m (Pandion haliaetus)*
ossa Knochen *mpl*, Gebeine *npl*
ossal Knochen...
osseous Knöchern..., Knochen...; knochenartig
ossicle Knöchelchen *n*
  auditory ~ Gehörknöchelchen *n*
  zygocardiac ~ Magenkauplatte *f (der Krebstiere)*
ossific osteogen, knochenbildend
ossification Ossifikation *f*, Knochenbildung *f*; Verknöcherung *f*
ossify ossifzieren, verknöchern
osteal Knochen...
osteoblast Osteoblast *m*, Knochenbildungszelle *f*
osteochondral osteokartilaginös, aus Knochen und Knorpel bestehend, Knochen-Knorpel...
osteoclast Osteoklast *m*, Knochenabbauzelle *f*
osteocranium Osteocranium *n*, knöcherner Schädel *m*
osteocyte Osteozyt *n*, Knochenzelle *f*
osteogenesis Osteogenese *f*, Knochenbildung *f*
osteogenetic osteogen, knochenbildend
osteogeny Osteogenese *f*, Knochenbildung *f*
osteoid 1. osteoid, knochenähnlich, knochenartig
osteology Osteologie *f*, Knochenlehre *f*, Knochenkunde *f*
osteon Osteon *n*, Haverssches System *n*
osteoplastic knochenbildend
ostiole Ostiole *f*, kleines Ostium *n*, Eingangspore *f*
ostium 1. Ostium *n (seitliche Öffnung der Rückengefässe der Arthropoden)*; 2. Ostium m, Mündung *f (Einströmöffnung bei Schwämmen)*; 3. Infundubulum *n*, Eileitertrichter *m (Säugetiere)*
ostrich Afrikanischer Strauß *m (Struthio camelus)*
  two-toed ~ → ostrich
otic Ohr...; im Ohr liegend
otocyst Gehörbläschen *n*
otogenic [otogenous] otogen, vom Ohr ausgehend
otolith Otolith *m*, Hörstein *m*,Gehörstein *m (Wirbeltiere)*
otosalpinx Ohrtrompete *f*, Eustachische Röhre *f*
otostapes Steigbügel *m*
otosteal Hörknochen..., Gehörknochen...
otosteon Gehörknöchelchen *n*
otter Otter *m*; Fischotter *m*, Otter *m (Lutra)*
  Canadian ~ → North American otter
  Eurasian ~ Fischotter *m*, Flußotter *m (Lutra lutra)*
  flat-tailed [giant] ~ Riesenotter *m (Pteronura brasiliensis)*
  margin-tailed ~ → flat-tailed otter
  North American ~ Nordamerikanischer Fischotter *m (Lutra canadensis)*
  river ~ → Eurasian otter
  sea ~ Seeotter *m*, Kalan *m*, Kamtschatkabiber *m (Enhydra lutris)*
  typical ~ → Eurasian otter
  winged-tailed ~ → flat-tailed otter
otter-shrew Große Otterspitzmaus *f (Potamogale velox)*
ouistiti Marmosette *f (Callithrix)*
ounce Schneeleopard *m*, Irbis *m (Uncia uncia)*
ousel → ouzel
outbreak 1. Ausbruch *m*, Krankheitsausbruch *m*; 2. Massenvermehrung *f*, Massenauftreten *n*
outbreeding Herauszüchten *n*, Auszüchten n, Fremdzucht *f*
outdoor Außen.., draußen
outer calyx *(Bot.)* Außenkelch *m*
outflux Ausfluß *m*; Abfluß *m*; Ausscheidung *f*
outgrowth Auswuchs *m*, Abgliederung *f*; Herauswachsen *n*; Keimung *f*
outlier *(Biom.)* Ausreißer *m*
outline Umriß *m*, Umrißlinie *f*, Kontur *f*
outnumber an Zahl übertreffen
outpost Vorposten *m (der Vegetation)*
output Leistung *f*, Ausstoß *m*; Ertrag *m*
outwandering Auswanderung *f*, Emigrieren *n*
outwardness äußere Form *f*
ouzel Wasseramsel *f (Cinclus cinclus)*
  mountain [ring] ~ Ringdrossel *f*, Ringamsel *f (Turdus torquatus)*
  water ~ Wasseramsel *f (Cinclus cinclus)*
ova *pl von* ovum
oval 1. oval, eiförmig, eirund; 2. Ei...
oval-leaved ovalblätterig
ovalocyte Ovalozyt *m*, Elliptozyt *m*
ovarian ovarial, Ovar..., Eierstock..., Fruchtknoten...
ovariole Ovariole *f*, Eiröhre *f (Insekten)*
ovariotestis Ovariotestis *f*, Ovotestis *f*, Zwitterdrüse *f*
ovariotubal Eierstock-Eileiter...
ovary 1. *(Zool.)* Ovar m, Eierstock *m*; Oophoron *n*; 2. *(Bot.)* Ovarium n, Fruchtknoten *m*
  inferior ~ unterständiger Fruchtknoten *m*
  multilocular ~ vielfächeriger Fruchtknoten *m*
  superior ~ oberständiger Fruchtknoten *m*
  three-celled ~ dreifächeriger Fruchtknoten *m*
  unilocular ~ einfächeriger Fruchtknoten *m*
ovate → oval 1.
ovate-accuminate oval-zugespitzt
ovate-lanceolate oval-lanzettlich
ovate-oblong oval-länglich
ovate-orbicular oval-kreisförmig
oven:
  drying ~ Trockenschrank *m*
  sterilizing ~ Trockensterilisator *m*

ovenbird 1. Töpfer *m (Furnarius rufus)*; *pl* Töpfervögel *mpl (Furnariidae)*; 2. Pieperwaldsänger *m*, Ofenvogel *m (Seiurus aurocapillus)*
overadaptation Überanpassung *f*
overall gesamt, Gesamt...
overburden Deckgebirge *n*, Deckschichten *fpl*
overchill Unterkühlung *f*
overcrowding Übervölkerung *f*
overcrusted überkrustiert
overdispersion Überdispersion *f*, Gruppenstreuung *f*
overdominance Superdominanz *f*
overfatigue Übermüdigung *f*
overfeed überfüttern
overfeeding Überfütterung *f*, Überernährung *f*
overfishing Überfischung *f*, Übernutzung *f* von Fischbeständen
overgrazing Über(be)weidung *f*
overground oberirdisch
overgrow 1. überwachsen, überwuchern; 2. hinauswachsen
overgrowth 1. Hypertrophie *f*; 2. Überwucherung *f*; 3. übermäßiges Wachstum *n*
overheating Überhitzung *f*
overlapping überlappend
overmature überreif
overmaturity Überreife *f*
overpopulation Überbevölkerung *f*, Übervölkerung *f*
overproduction Überproduktion *f*
overripe überreif
oversaturation Übersättigung *f*
overshot Booster-Injektion *f*
overstocking → overgrazing
overstory oberste Schicht *f*; Oberstand *m*, Oberholz *n*
overstrain 1. Überbelastung *f*, Überspannung *f*, Überanstrengung *f*; 2. überanstrengen
overtop/to überragen; *(Bot.)* übergipfeln
overturn Sturz *m*, Umkippen *n*
fall ~ Herbstvollzirkulation *f*
overventilation Hyperventilation *f*, Lungenüberbelüftung *f*
overweight Übergewicht *n*
overwintering Überwinterung *f*, Überwinterungsschlaf *m*, Hibernation *f*
overwood obere Baumschicht *f*
ovicell 1. Ovizelle *f (Brutkammer der Moostierchen)*; 2. Eizelle *f*
oviduct Eileiter *m*, Ovidukt *m*
oviferous → ovigerous
ovification Eientwicklung *f*, Eibildung *f*
ovigerm Eizelle *f*
ovigerous oviger, eitragend, eiführend; eibildend
ovine Schaf(s)...
oviparity Oviparie *f*, Eiablage *f*
oviparous ovipar, eierlegend
oviposit Eier legen *(Insekten)*
oviposition Oviposition *f*, Eiablage *f* mit einem Legeapparat
ovipositope Ovipositop *m (Eiablagebezirk eines Ektoparasiten)*
ovipositor Ovipositor *m*, Legeapparat *m*, Legestachel *m (Insekten)*
ovisac Bruttasche *f*
ovoglobulin Ovoglobulin *n*, Eiglobulin *n*
ovoid eiförmig
ovotestis 1. Zwitterdrüse *f (bei vielen Wirbellosen)*; 2. Hoden mit eingestreutem Eibildungsgewebe
ovoviviparity Ovoviviparie *f (Eiablage und Schlüpfen der Jungen erfolgt gleichzeitig)*
ovulation Ovulation *f*, Follikelsprung *m*, Eisprung *m*
ovulatory ovulatorisch, Ovulations..., Eisprung...
ovule 1. *(Bot.)* Ovarium *n*, Samenanlage *f*; 2. *(Zool.)* kleines Ei *n*
basal ~ grundständige (basale) Samenanlage *f*, grundständiges Ovulum *n*
cervical [Naboth's] ~ Nabothsche Drüse *f*, Gebärmutterhalsdrüse *f*
ovuliferous samenknospenbildend; samenknospentragend
ovum Ei *n*, Eizelle *f*
owl Eule *f*; *pl* Eulen *fpl (Strigidae)*; *pl* Eulen *fpl (Strigiformes)*
barn ~ Schleiereule *f (Tyto alba)*
barred ~ Streifenkauz *m (Strix varia)*
burrowing ~ Kanincheneule *f*, Kaninchenkauz *m (Speotyto cunicularia)*
church ~ → barn owl
eagle ~ Uhu *m (Bubo bubo)*
gnome ~ → pygmy owl
grass ~ Kap-Schleiereule *f*, Graseule *f (Tyto capensis)*
great gray ~ Bartkauz *m (Strix nebulosa)*
great horned ~ Amerikanischer Uhu *m*, Virginia-Uhu *m (Bubo virginianus)*
hawk ~ Sperbereule *f (Surnia ulula)*
horned ~ → great horned owl
laughing ~ Weißwangenkauz *m*, Lachkauz *m (Sceloglaux albifacies)*
little ~ Steinkauz *m (Athene noctua)*
long-eared ~ Waldohreule *f (Asio otus)*
marsh ~ Sumpfohreule *f*, Sumpfeule *f (Asio flammeus)*
morepork ~ Kuckuckskauz *m (Ninox novaeseelandiae bookook)*
pygmy ~ Sperlingskauz *m (Glaucidium passerinum)*
scops ~ Zwergohreule *f (Otus scops)*
screech ~ Kreischeule *f (Otus asio)*
short-eared ~ → march owl
Siberian gray ~ → great gray owl
snowy ~ Schnee-Eule *f (Nyctea scandiaca)*
South African marsh ~ Kap-Ohreule *f (Asio capensis)*
spotted ~ 1. Brahmanen-Kauz *m (Athene brahma)*; 2. Fleckenkauz *m (Strix occidentalis)*
spotted eagle ~ Fleckenuhu *m*, Berguhu *m (Bubo africanus)*

tawny ~ Waldkauz *m (Strix aluco)*
Tengmalm's ~ Rauhfußkauz *m (Aegolius funereus)*
Ural ~ Habichtskauz *m (Strix uralensis)*
owlet 1. → little owl; 2. junge Eule *f*
owlet-nightjar Höhlenschwalm *m (Aegotheles)*
owl's-crown Waldruhrkraut *n (Gnaphalium sylvaticum)*
owre Arni *m (Bubalus arnae)*
owsianka Moderlieschen *n (Leucaspius delineatus)*
ox 1. Ochs(e) *m*; 2. Hausrind *n*, Rind *n*
Amazon ~ Flußmanati *m (Trichechus ininguis)*
Cambodian forest ~ Kouprey *m (Bos sauveli)*
humped ~ Zebu *m*, Buckelrind *n (Hausrind der Tropen Asiens und Afrikas, Wildform = bos primigenius nomadicus)*
Javanese wild ~ Banteng *m*, Balirind *n (Bos javanicus)*
musk ~ Moschusochse *m*, Schafochse *m (Ovibos moschatus)*
wild ~ Auerochse *m*, Ur *m (Bos primigenius)*
oxadaddy Virginianischer Ehrenpreis *m (Veronica virginica)*
oxbow lake *(Ökol.)* Altwasser *n*
oxen *pl von* ox
oxeye 1. Gelbstriemen *m*, Rotbrassen *m (Boops boops)*; 2. Ochsenauge *n*, Pazifischer Tarpun *m (Megalops cyprinoides)*
great ~ Wiesen-Margerite *f (Leucanthemum vulgare)*
oxidant Oxidant *m*, Oxidationsmittel *n*
oxidate oxidieren
oxidation Oxidierung *f*; Oxidation *f*
enzymic ~ fermentative [enzymatische] Oxidation *f*
oxidative oxidativ, oxidierend
oxidization → oxidation
oxidize oxidieren
oxidizer → oxidant
oxidoreduction Oxidoreduktion *f*, Redox *n*
oxinitration Oxinitrierung *f*
oxpecker Madenhacker *m (Buphagus)*
oxtongue Bitterkraut *n (Picris)*
oxwort Gemeine Pestwurz *f (Petasites hybridus)*
oxyacanthous spitzdornig
oxybiose Oxybiose *f*, Aerobiose *f*
oxydactyl spitzfingerig, mit schlanken Fingern/Zehen
oxygen Sauerstoff *m*
oxygenate oxygenieren, mit Sauerstoff anreichern
oxygenation Oxygenation *f*, Oxygenierung *f*, Sauerstoffsättigung *f*
oxygenous Sauerstoff...
oxygeophilus Humusorganismus *m*
oxygnathous spitz-kieferig
oxygonous spitz-kantig
oxylobous spitz-lappig
oxylophyte Oxylophyt *m*, Sauerbodenpflanze *f*
oxyntic säurenausscheidend
oxypetalous spitzkronblättrig
oxyphilous säureliebend
oxyphily Oxyphilie *f*, Azidophilie *f*
oxyphobous azidophob
oxyphyllous spitz-blättrig
oxyphyte Sauerbodenpflanze *f*, azidophile Pflanze *f*
oxytrope Fahnenwicke *f (Oxytropis)*
oxytomous spitz-geschnitten, scharf-geschnitten
oxyurous spitz-schwänzig
oyster Auster *f (Ostrea)*
edible ~ Eßbare [Europäische] Auster *f (Ostrea edulis)*
false ~s Zwiebelmuscheln *fpl (Anomiidae)*
pearl ~s Perlmuscheln *fpl*, Vogelmuscheln *fpl (Pteriidae)*
Portuguese ~ Portugiesische Auster *f*, Flußauster *f (Crassostrea angulata)*
saddle ~ Zwiebelmuschel *f (Anomia ephippium)*
tree ~ gekerbte Auster *f (Lopha frons)*
vegetable ~ Haferwurzel *f (Tragopogon porrifolium)*
oystercatcher Austernfischer *m (Haematopus)*
American ~ Braunmantel-Austernfischer *m (Haematopus pallatus)*
blackish ~ Rußausternfischer *m (Haematopus ater)*
common pied ~ Austernfischer *m (Haematopus ostralegus)*
sooty ~ Klippen-Austernfischer *m (Haematopus fuliginosus)*
oysterfish Gestreifter Igelfisch *m (Chilomycterus schoepfi)*
ozone Ozon *m*, *n*
ozonization Ozonisierung *f*
ozonize ozonisieren, in Ozon verwandeln; mit Ozon behandeln

P

paca Paka *f (Cuniculus paca)*
false ~ Falsche Paka *f (Dinonys branickii)*
pacarana → false paca
pace 1. Paßgang *m*, Zeltergang *m*; 2. Schritt *m*, Gangart *f*
pacemaker 1. Schrittmacher *m*; 2. Sinusknoten *m (des Herzens)*; 3. Herzschrittmacher *m*
pachyacanthous dickstachelig, dichtstachelig
pachyandrous mit dicken Staubblättern
pachycarpous *(Bot.)* dickfrüchtig
pachycaul *(Bot.)* dickzweigig
pachycentrous dickspornig
pachycephalic [pachycephalous] dickköpfig
pachycladous dickzweigig
pachyderm Dickhäuter *m*, dickthäutiges Tier *n*
pachydermate [pachydermatous] dickhäutig; dickrindig; dickwandig
pachymeninx Dura mater *f*, harte Hirnhaut *f*
pachymorph *(Bot.)* kurz und dick

pachynosis Dickenwachstum *n*
pachypleurous *(Bot.)* dickwandig
pachyostose Pachyostose *f (allgemeine Dickenzunahne der Knochen)*
pachyphyllous dickblättrig
pack 1. Meute *f*, Koppel *f (Hunde)*; Rudel *n (Wölfe)*; 2. pakken, verpacken
packaging Packung *f*, Verpackung *f*
pad 1. Pfote *f*; 2. Fußballen *m*, Ballen *m*; 3. Schwimmblatt *n*
  dental ~ Gaumenplatte *f*, (der Widerkäuer)
  nuptial ~ Daumenschwiele *f*
  wing ~ Flügelanlage *f (bei Puppen)*
padang Pafang *m*; tropischer Heide-Lichtwald *(Malaya)*; Kerangas *n (Sarawak)*
paddle flossenartige Vorderpfote *f*; Flosse *f*, Schwimmplatte *f*
paddlefish Amerikanischer Löffelstör *m (Polyodon spathula)*; *pl* Löffelstöre *mpl (Polyodontidae)*
paddock-pipes 1. Sumpf-Schachtelhalm *m (Equisetum palustre)*; 2. Tannenwedel *m (Hippuris vulgaris)*
paddybird Paddyreiher *m (Ardea grayii)*
padelion Wiesen-Frauenmantel *m (Alchemilla pratensis)*
pademelon Filander *m (Thylogale)*; Rothals-Filander *m (Thylogale thetis)*
  dama ~ Eugenefilander *m (Macropus eugenii)*
  northern red-legged ~ Rotbein-Filander *m (Thylogale stigmatica)*
  red-bellied ~ Rotbauch-Filander *m (Thylogale billardieri)*
  red-legged ~ → northern red-legged pademelon
  red-necked ~ Rothals-Filander *m (Thylogale thetis)*
  scrub [short-tailed] ~ Kurzschwanzkänguruh *n (Setonyx brachyurus)*
paedogamy Pädogamie *f*, Autogamie *f (Kopulation von aus einer Mutterzelle hervorgegangenen Gameten)*
paedogenesis Pädogenesis *f*, Pädogenese *f (Fortpflanzung im Jugendstadium)*
pagina Seite *f*, Fläche *f*; Blattfläche *f*; Flügelfläche *f*
paigle Primel *f*, Schlüsselblume *f (Primula)*
  cowslip ~ Wiesen-Schlüsselblume *f (Primula veris)*
  oxlip ~ Hohe Primel *f*, Hohe Schlüsselblume *f*, Wald-Primel *f (Primula elatior)*
pain Schmerz *m*
painless schmerzlos, schmerzfrei
paint Farbe *f*, Haarfarbe *f*
paintbrush Orangerotes Habichtskraut *n (Hieracium aurantium)*
painter Puma *m (Felis concolor)*
  blue ~ Mako *m*, Makohai *m*, Blauhai *m (Isurus)*
pair 1. Paar *n*; 2. Paaren *n*; 3. sich paaren
  base ~ Basenpaar *n*
  factor ~ Allelenpaar *n*
  royal ~ König *m* und Königin *f (bei Termiten)*
paired paarig
pairing 1. Paarung *f*, Begattung *f*, Balz *f*; 2. Konjugation *f (der Chromosomen)*
  base ~ Basenpaarung *f*
  Hoogsteen ~ Hoogsteensche Basenpaarung *f*
  illegitimate ~ illegitime [unechte] Konjugation *f*
  initial ~ Initialkonjugation *f*
  primary ~ Primärkonjugation *f*
  secondary ~ Sekundärkonjugation *f*
  selective ~ Selektivkonjugation *f*
  somatic ~ somatische Konjugation *f*
pakchoi Chinesischer Kohl *m (Brassica chinensis)*
pal Papageitaucher *m (Fratercula arctica)*
pala Spaltfuß *m*
palaceous *(Bot.)*. normalgestielt
palaearctic paläarktisch
palaearctis Paläarktis *f*, paläarktische Subregion *f*
palama *(Orn.)* Schwimmhaut *f*
palatal → palatine
palate Gaumen *m*, Mundhöhlendach *n*
  hard ~ harter Gaumen *m*
  soft ~ weicher Gaumen *m*, Gaumensegel *n*
palatine 1. palatal, Gaumen...; 2. Gaumenbein *n*
palatognathous Gaumenspalte(n)...
pale 1. bleich, fahl; 2. *(Bot.)* Vorspelze *f* der Poacea-Blüte
palea Spreu *f*; Spreublatt *n (der Korbblütler und Farne)*
  exterior ~ Vorspelze *f*
  inferior ~ Deckspelze *f*
  inner ~ *(Bot.)* Deckspelze *f*
  upper [superior] ~ Vorspelze *f*
paleaceous [paleate] spreuig; spreublättrig; spreuschuppig
paleiform spelzenförmig, spreuförmig
paleobotany Paläobotanik *f*, Paläophytologie *f*, Phytopaläontologie *f*, Pflanzenpaläontologie *f*
paleocerebellum Paläozerebellum *n*, Urkleinhirn *n*, Altkleinhirn *n*
paleoencephalon Paläoenzephalon *m*, Urhirn *n*, Althirn *n*
paleola Spreublättchen *n*, Spelzchen *n*
paleolate [paleaceous] spelzenartig; spelzentragend
paleolimnology Paläolimnologie *f*
paleontology Paläontologie *f*
paleophytology → paleobotany
paleophyton Urpflanze *f*, Paläophyton *n*
palet → palea
palette *(Ent.)* Palette *f*
pali Guttaperchabaum *m (Palaquium gutta)*
palila Safranpapageischnäbler *m (Loxoides cantans)*
palindrome Palindrom *n (in sich spiegelbildliche Sequenz)*
palingenesis Palingenese *f (Rekapitulation von Embryonalstadien phylogenetischer Verfahren in der Ontogenese)*
palingenetic palingenetisch
palisade Palisaden..., palisadisch
palisander Palisanderbaum *m (Dalbergia)*
pallah Schwarzfersenantilope *f*, Impala *f (Aepyceros melampus)*
pallet Palette *f (Schutzplättchen oberhalb der Siphonöffnung bei gewissen Mollusken)*

palliate mit einem Mantel versehen
pallid blaß, farblos
pallidiflorous blaßblütig
pallidifolious bleichblättrig
pallium 1. Pallium *n*, Mantel *m (Mollusken und Brachiopoden)*; 2. Pallium *n*, Pallium cerebri *n*, Vorderhirnrinde *f*, hinterer Teil der Vorderhirnhemisphäre *f*, Gehirnmantel *m (Wirbeltiere)*
palm 1. *(Bot.)*. Palme *f*; 2. *(Zool.)* Handfläche *f*, Handteller *m*, Vorderfußsohle *f*
 African oil ~ Afrikanische Ölpalme *f (Elaeis guineensis)*
 American oil ~ Amerikanische Ölpalme *f (Elaeis oleifera)*
 bamboo ~ Weinpalme *f (Raphia vinifera)*
 betel(-nut) ~ Betelpalme *f*, Betelnußlapme *f (Areca catechu)*
 cabbage ~ Kohlpalme *f (Euterpe oleracea)*
 carnauba ~ Karnaubawachspalme *f (Copernicia prunifera)*
 coconut ~ Kokospalme *f (Cocos nucifera)*
 coquito ~ Honigpalme *f (Jubaea chilensis)*
 corozo(-nut) ~ → ivory-nut palm
 date ~ Dattelpalme *f (Phoenix dactylifera)*
 doum ~ Dumpalme *f (Hyphaene thebaica)*
 dracaena ~ Keulenbaum *m*, Kordyline *f (Cordylina)*
 dwarf [European fan] ~ Zwergpalme *f*, Schirmpalme *f (Chamaerops humilis)*
 false sago ~ Falsche Sagopalme *f (Cycas circinalis)*
 fan ~ Livistone *f (Livistona)*
 fern ~ Palmenfarn *m*, Farnpalme *f*, Japanische Sagopalme *f (Cycas revoluta)*
 fishtail ~ Brennpalme *f (Caryota urens)*
 hesper ~ Erythea *f (Erythea)*
 ivory-nut ~ Steinnußpalme *f*, Elfenbeinpalme *f (Phytelephas macrocarpa)*
 Madagaskar ~ Goldfruchtpalme *f (Chrysalidocarpus lutescens)*
 Mediterranean ~ Zwergpalme *f (Chamaerops)*
 oil ~ → African oil palm
 palmyra ~ Palmirapalme *f*, Lontaropalme *f (Borassus flabellifer)*
 Panama-hat ~ Panamapalme *f (Carludovica palmata)*
 peach ~ Pfirsichpalme *f (Bactris gasipaes)*
 rattan-cane ~ Rotangpalme *f*, Rotang *m (Calamus rotang)*
 sago ~ Sagopalme *f (Metroxylon sagu)*
 solitair ~ Faltensamenpalme *f (Ptychosperma)*
 spindle ~ Hyophorbe *f (Hyophorbe)*
 sugar ~ Molukkische Zuckerpalme *f (Arenga saccharifera)*
 talipot ~ Talipotpalme *f (Corypha umbraculifera)*
 toquilla ~ → Panama-hat palm
 totai ~ Totaipalme *f (Acrocomia totai)*
 wax ~ Carnaubapalme *f*, Brasilianische Wachspalme *f (Copernica cerifera)*
 windmill ~ Hanfpalme *f (Trachycarpus)*
 wine ~ → bamboo palm
palmar handbreit; Handflächen...
palmate 1. *(Bot.)* handförmig geteilt; 2. *(Zool.)*. mi Schwimmhäuten versehen; 3. *(Zool.)* ein Schaufelge weih besitzend *(Elch)*
palmately-compound handförmigzusammengesetzt
palmatifid handförmig gespalten
palmatiform handförmig, gefingert
palmatilobate handförmig gelappt
palmatinerved handnervig, fingernervig
palmatipartite handteilig, handspaltiggeteilt
palmatisected handförmiggeschnitten, handschnittig
palmchat Palmenschwätzer *m*, Palmenschmätzer *m (Dulus dominicus)*
palmchrist Wunderbaum *m (Ricinus communis)*
palmcreeper Palmsteiger *m (Berlepschia rikeri)*
palmelloid palmellaartig, palmelloid
palmer Barramundi *m (Lates calcarifer)*
palmetto Dachpalme *f*, Sabal(palme) *f (Sabal)*
 bush ~ Kleine Sabal *f (Sabal minor)*
 cabbage ~ Palmettopalme *f (Sabal palmetto)*
palm-grass Borstenhirse *f (Setaria)*
palm-grove Palmenwald *m*; Palmenbestand *m*
palmicolous palmenbewohnend
palmigrade Sohlengänger *m*
palmilla Palmlilie *f (Yucca)*
palmiped Schwimmvogel *m*; mit Schwimmhäuten
palmula *(Ent.)* Empodium *n*
palp → palpus
palpable fühlbar, tastbar
palpate 1. palpentragend, tentakeltragend; 2. palpieren betasten
palpation Palpation *f*, Abtasten *n*, Abfühlen *n*, Betasten *n*
palpebra Augenlid *n*, Blepharon *n*
palpebral Augenlid...; palpebral
palpebrate zwinkern, blinzeln
palpebration Zwinkern *n*, Blinzeln *n*
palpiform palpiform, fühlerförmig, tentakelförmig
palpiger Palpiger *m*
palpitation Zuckung *f*; Herzschlag *m*; Pulsschlag *m*
palpulus Palpulus *m*, Tentakelchen *n*
palpus Palpe *f*, Fühler *m*, Tentakel *m*, Taster *m*
 labial ~ Labialpalpe *f*, Lippentaster *m*
 maxillary ~ Maxillarpalpe *f*, Maxillartaster *m*, Kiefertaster *m*
palpus-bearer Palpifer *m*, Palpiger *m*
palsy Paralyse *f*, Lähmung *f*
palsa-bog Palsenmoor *n*, Topfhügelmoor *n*
palsy-wort Moosblume *f*, Sumpfdotterblume *f (Caltha palustris)*
palu Ölfisch *m (Ruvettus pretiosus)*
paludal sumpfig; Sumpf...
paludicolous sumpfbewohnend, im Sumpf lebend
paludification Versumpfung *f*, Sumpfbildung *f*
paludous 1. sumpfig; Sumpf...; 2. sumpfbewohnend
palumbine taubenblau

palustrine 1. sumpfig, Sumpf...; 2. im Sumpf wachsend
palynogram Palynogramm *f*
palynology Palynologie *f*, Pollenkunde *f*
pampas Pampa *f (Steppenformation im südlichen Südamerika)*
pampelmoes Pampelfisch *m*, Gemeine Pampel *f (Stromateus fiatola)*
pampelmuse → pomelo
pampiniform *(Bot.)* rankenförmig
pan 1. Küvette *f*; 2. Schale *f*
  clay ~ verdichtete Tonschicht *f*
pancreas Pankreas *f*, Bauchspeicheldrüse *f*
pancreatic pankreatisch, Pankreas..., Bauchspeicheldrüsen...
panda Panda *m*; Großer Panda *m, Bambusbär m (Ailuropoda)*
  giant ~ Großer Panda *m*, Bambusbär *m (Ailuropoda melanoleuca)*
  lesser [red] ~ Kleiner Panda *m*, Katzenbär *m (Ailurus fulgens)*
pandemic pandemisch
pandanus Pandang *m*, Schraubenbaum *m (Pandanus)*
pandora 1. (Kleiner) Rotbrassen *m*, Goldbrassen *m (Pagellus erythrinus)*; 2. Büchsenmuschel *f (Pandora)*
pandurate(d) [panduriform] geigenförmig
pane:
  window ~ Sandbutt *m (Scophthalmus aquosus)*
pangamy Panmixie *f*, Zufallspaarung *f*
pangen Pangen *n*
pangenesis Pangenesis *f*
pangolin Pangolin *m*, Schuppentier *n (Manis)*; *pl* Schuppentiere *npl (Manidae)*
  African tree ~ → tree pangolin
  giant ~ Riesen-Schuppentier *n (Manis gigantea)*
  ground ~ Steppen-Schuppentier *n (Manis temmincki)*
  large African ~ → giant pangolin
  tree ~ Weißbauch-Schuppentier *n*, Dreizack-Schuppentier *n (Manis tricuspis)*
panicle Rispe *f*
  contracted ~ zusammengedrückte Rispe *f*
  crowded ~ aneinander gedrängte Rispe *f*
  drooping ~ nickende Rispe *f*
  lax ~ lockerblütige Rispe *f*
  one-sided ~ einseitige Rispe *f*
  spreading ~ ausgespreizte Rispe *f*
  umbel-like ~ Schirmrispe *f*
panicled rispentragend
panicle-shaped rispenförmig
paniculate rispenartig, doldenrispig; rispentragend
paniculation Rispenschieben *n*
paniculiflorous rispenblütig
panicum Hirse *f (Panicum)*
  brown-top ~ Büschelige Hirse *f (Panicum fasciculatum)*
  cocksfoot ~ Hühnerhirse *f (Echinochloa)*
  red-top ~ Straußgrasähnliche Hirse *f (Panicum agrostideus)*

panmixia [panmixis] → pangamy
pannifolious wollblättrig
panniculus Panniculus *m*, Gewebeschicht *f*, Unterhaut *f*; Unterhautfettgewebe *n*
pannose dichtfilzig
panopleate stark bewaffnet
pansy Dreifarbiges Veilchen *n (Viola tricolor)*
  field ~ Ackerstiefmütterchen *n*, Ackerveilchen *n (Viola arvensis)*
  garden ~ → pansy
  mountain ~ Gelbes Veilchen *n (Viola lutea)*
  tufted ~ Horn-Veilchen *n (Viola cornuta)*
  wild ~ → pansy
pant keuchen, hecheln, japsen; schnaufen
panther Panther *m*, Leopard *m (Panthera pardus)*
pantherinous pantherfleckig
pantophagous pantophag, omnivor, allesfressend
pantotrichous ganz behaart
pantropical pantropisch, in den Tropen verbreitet
pap 1. Parenchym *n*; 2. Fruchtfleisch *n*
papaw Papau *m (Asimina)*
papaya Papaya *f (Carica papaya)*
paper Papier *n*
  absorbent ~ Fließpapier *n*
  bibulous ~ → filter paper
  exploration ~ Reagenzpapier *n*
  filter ~ Filterpapier *n*, Filtrierpapier *n*
paper-tree Reispapierbaum *m (Tetrapanax)*
papery papierartig
papilionaceous 1. schmetterlingsartig; 2. *(Bot.)* zu den Schmetterlingsblütlern gehörend; 3. gefleckt, scheckig
papilla Papilla *f*; Warze *f*, Buckel *m*, Höcker *m*
  anal ~ *(Ent.)* Analpapille *f*
  circumvallate ~ umwallte Geschmackspapille *f*, umwallte Zungenpapille *f*
  filiform ~ fadenförmige Zungenpapille *f*
  foliate ~ blättchenförmige Geschmackspapille *f*
  fungiform ~ pilzförmige Geschmackspapille *f*
  hair ~ Haarpapille *f*
  lenticulare ~ linsenförmige Zungenpapille *f*
  nerve ~ Meissnersches Tastkörperchen *n*
  optic ~ Sehnervenpapille *f*, Sehnervenscheibe *f*, blinder Fleck *m*
  renal ~ Nierenpapille *f*
  sense [sensory] ~ Sinnespapille *f*
  tactile ~ Tastkörperchen *n*, Tastwarze *f*
papillary papillär; warzig
papillate 1. warzentragend, papillentragend; 2. papillär, warzig
papilliferous warzentragend, papillentragend
papilliform papillenförmig, warzenförmig. warzenartig
papita Glocken-Stinkbaum *m (Sterculia campanulata)*
pappiferous [pappose] haarkranztragend, haarkronentragend, federkronig, federkronentragend
pappiform haarkranzförmig, haarkronenförmig, pappusförmig
pappus Pappus *m*, Haarkelch *m*, Samenhaarkrone *m*,

Federkrone *f*, Haarkrone *f*
pappy breiig, pappig
paprica Paprika *m (Capsicum annuum)*
papula Papula *f*, Papel *f*, Knötchen *n*
papuliferous papeltragend
papyracanthous mit papierartigen Stacheln
papyraceous papierartig
papyrifer papierliefernd
papyrus Papyrusstaude *f*, Papierstaude *f (Cyperus papyrus)*
parabasale Parabasale *n*, Parasphenoid *n*
parabiosis Parabiose *f*, parabiotischer Zustand *m (zwei Organismen leben miteinander verwachsen)*
parachute *(Bot.)* Schirmflieger *m*
paracolic neben dem Kolon befindlich
paracoel Hirnseitenventrikel *m*
paracorolla Paracorolla *f*, Nebenkrone *f*
para-cress Parakresse *f (Spilanthes)*
paractic Strand..., Küsten...
paracyte parallelzellig; Parazyte *m*
paradental paradental *(neben den Zähnen befindlich)*
paradidymis Paradidymis *f*, Giraldessches Organ *n*, Beihoden *m (Reste der Urnieren)*
paradoxical paradox; auffallend; sonderbar; seltsam; ungewöhnlich
paragaster Gastralhöhle *f*, Atrium *n (Schwämme)*
paraglossa *(Ent.)* Paraglossa *n*, Nebenzunge *f*
paraheliotropism Paraheliotropismus *m*, Tagesschlaf *m*
parakeet → parrakeet
parallelinervate [parallelodrome] parallelnervig, parallelaaderig, streifennervig, streifenaderig
parallelotropism Parallelotropismus *m*, Orthotropismus *m*
parallel-veined → parallelinervate
paralysis Paralyse *f*, Lähmung *f*
paralyzant Paralysator *m*, Paralysant *m*, paralysierende [lähmende] Substanz *f*
paralyze paralysieren, lähmen
parameter Parameter *m*; Kennwert *m*
stimulus ~ Reizparameter *m*
paramo Paramo *m (Steppenhochebene in den Anden)*
paramutualism Paramutualismus *m*, fakultative Symbiose *f*
paranasal paranasal *(neben der Nasenhöhle liegend)*
paranephric pararenal *(neben der Niere liegend)*
paranephros Nebenniere *f*
pataneural paraneural *(neben dem Nerven befindlich)*
paranucleus Nebenkern *m*
paranucleus Paranukleus *m*, Akzessorisches Kern *n*
paraperigon Nebenperigon *n*
paraperigomium Nebenperigon *n*
paraphyll Paraphyllym *n*, Blattansatz *m*
paraplasm Paraplasma *n*, Deutoplasma *n*
paraplectenchyma Pseudoparenchym *n*
parapodium Parapodium *f*; Stummelfuß *m* der Borstenwürmer
parapolar parapolar, Nebenpol...; neben dem Pol liegend
paraproct Analplatte *f*, Paraprokt *m (Insekten)*
paraquadrate Squamosum *n*, Os squamosum *m*, Schuppenbein *n (paariger Deckknochen des Schädeldaches bei Wirbeltieren)*
pararenal pararenal, neben den Nieren befindlich
parasecretion Parasekretion *f*, Sekretionsstörung *f*
parasite Parasit *m*, Schmarotzer *m*
animal ~ Zooparasit *m*
beaver ~s Biberkäfer *mpl*, Pelzflohkäfer *mpl (Platypsyllidae)*
brood ~ Brutparasit *m*, Brutschmarotzer *m*
cell ~ Zellparasit *m*, Zellschmarotzer *m*
epizoic [external] ~ Außenparasit *m*, Ektoparasit *m*
facultative ~ fakultativer Parasit *m*
internal ~ Innenparasit *m*, Innenschmarotzer *m*
obligate ~ obligater Parasit *m*
permanent ~ permanenter Parasit *m*, Dauerparasit *m*
plant ~ Phytoparasit *m*, Pflanzenschmarotzer *m*, Pflanzenparasit *m*
prey ~ Beuteschmarotzer *m*
root ~ Wurzelparasit *m*, Wurzelschmarotzer *m*
temporary ~ temporärer [zeitweiliger] Parasit *m*
tissue ~ Gewebeparasit *m*
parasitic parasitisch; parasitär, Parasiten..., Schmarotzer...; durch Schmarotzer hervorgebracht; Schmarotzer betreffend
parasiticidal parasitentötend, schmarotzerzerstörend
parasiticide parasitentötendes [schmarotzertötendes] Mittel *n*
parasitism Parasitismus *m*, Schmarotzertum *n*, Parasitentum *n*
permanent ~ Dauerparasitismus *m*
sexual ~ *(Ethol.)* Geschlechtsparasitismus *m*
social ~ Sozialparasitismus *m*
parasitization Parasitenbefall *m*, Parasiteninfektion *f*, Schmarotzerbefall *m*
parasitize parasitieren, schmarotzen
parasitized befallen ,von Parasiten befallen
parasitologist Parasitologe *m*
parasitology Parasitologie *f*, Schmarotzerkunde *f*, Parasitenlehre *f*
parasitosis Parasitose *f*, Parasitenkrankheit *f*
parasphenoid Parasphenoid *n*, Keilbein *n*, Wespenbein *n*, Os spheoideale *m*
parasplenic parasplenisch, paralienal, neben der Milz befindlich
parastemon Staminodie *f*, Staubgefäßrudiment *n*, Nebenstaubgefäß *n*
parasternal parasternal, neben den Brustbein befindlich
parasternum *(Herp.)* Bauchrippe *f*, Gastralrippe *f*
parastichy *(Bot.)* Parastiche *f*
parastyle *(Bot.)* Griffelrudiment *n*
parasympathetic parasympathisch, Parasympathikus...
parasympathicotonia Parasympathikotonie *f*, Vagotonie
parasynapsis [parasyndesis] Parasynapsis *f*, Parasyndese *f*
parasystoly Parasystolie *f*

paratenon Sehnenhüllgewebe *n*
parathormone Parathormon *n*, Nebenschilddrüsenhormon *n*
parathyroid Nebenschilddrüse *f*, Beischilddrüse *f*, Epithelkörperchen *n*
paratope Paratop *m (Antigenbindungsstelle des Antikörpers)*
paratype Paratypus *m*, Paratypoid *m*
paraumbilical paraumbilikal, neben dem Nabel befindlich
paraurethral paraurethral, neben der Harnröhre befindlich
paravaginal paravaginal, neben der Scheide befindlich
paravariation Paravariation *f*, Modifikation *f*
paravesical paravesikal, neben der Harnblase befindlich
paravenous paravenös, neben der Vene liegend
pard → panther
pardalote Panthervogel *m (Pardalotus)*
parencephalon Zerebellum *n*, Kleinhirn *n*
parenchyma Parenchym *n*, Grundgewebe *n*, Füllgewebe
  border ~ Randparenchym *n*, Abschlußgewebe *n*
  columnar ~ Säulenparenchym *n*
  lacunose ~ Schwammparenchym *n*
  medullar ~ Medullärparenchym *n*
  palisade ~ Palisadenparenchym *n*, Palisadengewebe *n*
  reserve ~ Speicherparenchym *n*
  spongy ~ → lacunose parenchyma
  wood ~ Holzparenchym *n*
parenchymal Parenchym...
parenchymatous parenchymatös, parenchymatisch, Parenchym...
parenchymula Parenchymula(larve) *n (Schwämme)*
parent 1. Elter *m*; 2. Vorfahr *m*; 3. Stamm..., Mutter...; 4. ursprünglich, Ur...
parentage 1. Abstammung *f*, Abkunft *f*; 2. Elternschaft *f*
parental parental, elterlich
parenteral parenteral, den Verdauungskanal umgehend, durch die Haut in den Körper gelangend
parepididymis Beihoden *m*, Giraldessches Organ *n*
paridigitates Paarhufer *mpl*, Paarzeher *mpl (Artiodactyla)*
parietal 1. parietal; wandständig; seitlich; 2. parietal, zur Wand gehörend; 3. Scheitelbein...
parietofrontal Scheitelbein-Stirn(bein)...
parieto-occipital Scheitelbein-Hinterhaupt(bein)...
parietotemporal Scheitelbein-Schläfen(bein)...
paripinnate paariggefiedert
park 1. Park *m*; 2. Park *m*, Naturschutzgebiet *n*
  national ~ Nationalpark *m*
  nature ~ Natur(schutz)park *m*
park-leaves Mannschildsähnlicher Hartheu n *(Hypericum androsaemum)*
parlatoria Löffelschildlaus *f (Parlatoria)*
  black [citrus] ~ Schwarztäfelchen *n (Parlatoria zizyphi)*
  olive ~ (Grauer) Obstbaum-Löffelschildlaus *f (Parlatoria oleae)*
paroecia Parökie *f*, Nachbarschaftsverhältnis *n (z.B. Kuhreiher und Kaffernbüffel)*
paroophoron 1. Paroophoron *n*, Beieierstock *m*; 2. Paradidymis *m*, Beihoden *m*
parotic parotisch, neben dem Ohr liegend
parotid(e)an 1. → parotic; 2. Parotis *f*, Ohrspeicheldrüse *f*; 3. parotid, Ohrspeicheldrüsen...
parotis Parotis *f*, Ohrspeicheldrüse *f*
parovarian parovarial, neben dem Eierstock liegend
parovarium Parovarium *n*, Epoophoron *n*, Nebeneierstock *m*
parr junger Lachs *m*, Junglachs *m*; Jungfisch *m*
parrakeet 1. Kleinpapagei *m*; 2. Wellensittich *(Melopsittacus undulatus)*
  barred ~ Katharinasittich *m (Bolborhynchus lineola)*
  beautiful ~ Paradiessittich *m*, Prachtsittich *m (Psephotus pulcherrimus)*
  black-headed ~ Schwarzkopfsittich *m (Nandayus nenday)*
  clink ~ Schwalbensittich *m*, Schwalbenlori *m (Lathamus discolor)*
  cobalt-winged ~ Blauflügelsittich *m (Brotogeris cyanoptera)*
  cockatoo ~ Nymphensittich *m (Nymphicus hollandicus)*
  elegant ~ Schmucksittich *m*, Ziersittich *m (Neophema elegans)*
  grass ~**s** Grassittiche *mpl (Neophema)*
  green ~ 1. Grünsittich *m (Aratinga holochlora)*; 2. Zwergmoschuslori *m*, Maskenlori *m (Glosopsitta pusilla)*; 3. Schildsittich *m*, Barrabandsittich *m (Polytelis swainsoni)*
  ground ~ Erdsittich *m (Pezoporus wallicus)*
  horned ~ Hornsittich *m (Eunymphicus cornutus)*
  modest ~ Olivpapagei *m*, Kleiner Bindensittich *m (Psitacella modesta)*
  night ~ Nachtsittich *m (Geopsittacus occidentalis)*
  paradise ~ → beautiful parrakeet
  pearly ~ Blausteißsittich *m (Pyrrhura perlata)*
  red-breasted ~ Rosenbrustsittich *m (Psittacula alexandri)*
  red-capped ~ Rotkappensittich *m (Purpureicephalus spurius)*
  rock ~ Klippensittich *m (Neophema petrophila)*
  rose-ringed ~ Kleiner Alexandersittich *m (Psittacula krameri)*
  splendid grass ~ Glanzsittich *m (Neophema splendida)*
  zebra ~ Wellensittich *m (Melopsittacus undulatus)*
parrot Papagei *m*; *pl* Eigentliche Papageien *mpl (Psittacidae)*
  Amazona ~ Kurzflügelsittich *m*, Amazona *m (Amazona)*
  banded ~ Kragensittich *m*, Ringsittich *m (Platycercus semitorquatus)*
  Cuban ~ Kuba-Amazone *f (Amazona leucocephala)*
  dusky ~ Veilchenpapagei *m (Pionus fuscus)*

gray ~ Graupapagei *m*, Jako *m (Psittacus erithacus)*
green banded ~ Purpurschwanzpapagei *m (Touit purpurata)*
ground ~ Erdsittich *m (Pezoporus wallicus)*
hanging ~ Fledermauspapagei *m (Loriculus)*
king ~ Rotkappensittich *m (Purpureicephalus spurius)*
monk ~ Mönchssittich *m (Myiopsitta monachus)*
night ~ → night parrakeet
owl ~ Eulenpapagei *m*, Kakapo *m (Strigops habroptilus)*
sea ~ Papageitaucher *m (Fratercula arctica)*

parrot-finch Papageiamadine *f (Erythrura)*
parrot's-feather Tausendblatt *n (Myriophyllum)*
parrotbill Papageischnabel *m (Paradoxornis); pl* Papageischnäbel *mpl (Paradoxornithidae)*
parrotting *(Ethol.)* Spotten *n*
parsley Petersilie *f (Petroselinum crispum)*
bastard ~ Möhren-Haftdolde *f (Caucalis daucoides)*
beaked ~ Kerbel *m (Anthriscus)*
bur ~ → bastard parsley
cow ~ Hecken-Kälberkropf *m (Chaerophyllum temulum)*
dog's ~ 1. Bergfenchel *m (Seseli)*; 2. → hedge parsley
false [fool's] ~ → hedge parsley
garden ~ Gartenpetersilie *f*, Gemeine Petersilie *f (Petroselinum crispum)*
great ~ Turgenie *f (Turgenia latifolia)*
hairy ~ Fenchelartiges Steckenkraut *n (Ferula foeniculacea)*
hedge ~ Hundspetersilie *f (Aethusa cynapium)*
hedgehog ~ Knäuel-Klettenkerbel *m (Torilis nodosa)*
knotted ~ → hedgehog parsley
marsch ~ 1. Echter [Gemeiner] Sellerie *m (Apium graveolens)*; 2. Sumpf-Haarstrang *m (Peucedanum palustre)*
mountain ~ Berg-Haarstrang *m (Peucedanum oreoselinum)*
poison ~ Gefleckter Schierling *m (Conium maculatum)*
sea ~ Liebstöckel *m (Levisticum)*
spotted ~ → poison parsley
wild ~ Gelbdolde *f (Smyrnium)*

parsley-breakstone → parsley-piert 2.
parsley-fern Rollfarn *n (Cryptogramma)*
parsley-piert 1. Einjähriges Knäuelkraut *n (Scleranthus annus)*; 2. Gemeiner Ackerfrauenmantel *m (Aphanes arvensis)*
parsley-vlix → parsley-piert 2.
parsnip 1. Pastinak *m (Pastinaca)*; Echter Pastinak *m (Pastinaca sativa)*; 2. Wilde Möhre *f (Daucus carota)*
cow ~ Bärenklau *m (Heracleum)*
creeping ~ Aufrechter Merk *m (Sium erectum)*
garden ~ Echter Pastinak *m (Pastinaca sativa)*
water ~ Breitblättriger Merk *m (Sium latifolium)*
wild ~ → parsnip 2.

parson-finch Gürtelamadine *f*, Gürtelgrasfink *m (Poephila cincta)*
part:
mouth ~ Mundwerkzeug *n*, Mundgliedmaße *f*

parted *(Bot.)* teilig, geteilt
parthenapogamy Parthenoapogamie *f*, somatische Parthenogenese *f*
parthenocarpy Parthenokarpie *f*
parthenogamy Parthenogamie *f*
parthenogenesis Parthenogenese *f*, Jungfernzeugung *f*
parthenogenetic parthenogenetisch
parthenomyxis Parthenomixis *f*
parthenospore Parthenospore *f*, Azygospore *f*
partial partiär, partiell, teilweise; Partial..., Teil...
partible trennbar
particle Partikel *f*; Teilchen *n*
attraction ~ Zentriol *n*
food ~ Nahrungsteilchen *n*
phage ~ Phagenpartikel *f*, Phagenteilchen *n*
sedimentary ~ Sinkstoff *m*

particolored bunt, vielfarbig, mehrfarbig
particular einzeln; Sonder..., speziell; 2. individuell; 3. eigentümlich, sonderbar
partite *(Bot.)* geteilt *(bis fast zum Grund)*
partition Partition *f*, Teilung *f*, Einteilung *f*
transverse ~ Querteilung *f*

partitioned aufgeteilt, fächerig, gefächert
partitioning Aufteilung *f*
resource ~ Ressourcenaufteilung *f*, Allokation *f*

partner Partner *m*
partridge Rebhuhn *n (Perdix perdix)*
bamboo ~s Bambushühner *npl (Bambusicola)*
Barbary ~ Felsenhuhn *n*, Klippenhuhn *n (Alectoris barbara)*
bearded ~ Bartwachtel *f (Dendrortyx barbatus)*
Daurian ~ Bartrebhuhn *n (Perdix dauricae)*
European [gray, Hungarian] ~ Rebhuhn *n*, Feldhuhn *n (Perdix perdix)*
long-billed ~ Langschnabelwachtel *f (Rhizothera longirostris)*
Massena ~ Montezuma-Wachtel *f (Cyrtonyx montezumae)*
monal ~ Tibet-Keilschwanzhuhn *n (Tetraophasis obscuris)*
painted ~ Tropfenfrankolin *m (Francolinus pictus)*
red-billed hill [red-billed tree] ~ Rotschnabel-Buschwachtel *f (Arborophila rubirostris)*
red-legged ~ Rothuhn *n (Alectoris rufa)*
rock ~ Steinhuhn *n (Alectoris graeca)*
scaly-breasted hill ~ Grünfuß-Buschwachtel *f (Arborophila charltoni)*
see-see ~ Persisches Wüstenhuhn *n (Ammoperdix griseogularis)*
snow ~ 1. Haldenhuhn *n (Lerwa lerwa)*; 2. Himalaya-Königshuhn *n (Tetraogallus himalayensis)*
stone ~ → Barbary partridge

partridgeberry Preiselbeere *f (Vaccinium vitis-idaea)*
parturiate gebären; zeugen; jungen *(von Tieren)*
parturient 1. Gebärende *f*; 2. gebärend, entbindend

parturition Geburt *f*, Geburtsvorgang *m*, Gebären *n*
parurethral paraurethral, neben dem Harnleiter liegend
parvicellular kleinzellig
parviflorous kleinblütig
parvifolious kleinblättrig
parvimammous kleinwarzig
parvovirus Parvovirus *n*
pascual 1. Viehweide..., Weide...; 2. weidebewohnend
pasqueflower Wiesen-Kuhschelle *f*, Wiesen-Küchenschelle *f* *(Pulsatilla pratensis)*
passage 1. Passage *f*; Durchgang *m*; 2. Darmentleerung *f*; 3. Zug *m* *(der Vögel)*
  respiratory ~ Atemwege *mpl*, Luftwege *mpl*
passerines Sperlingsvögel *mpl* *(Passerformes)*
passionflower Passionsblume *f* *(Passiflora)*
pastern Fessel *f* *(vom Pferd)*
pasteurization Pasteurisation *f*, Pasteurisierung *f*
pasteurize pasteurisieren
pasteurizer Pasteurisiergerät *n*, Pasteurisator *m*
pastor:
  rosy ~ Rosenstar *m* *(Pastor roseus)*
pasturage 1. Weiden *n* *(Vieh)*; 2. Weidegras *n*; Viehfutter *n*; 3. Weide *f*, Weideland *n*
pasture 1. Weidegras *n*, Viehfutter *n*; 2. Weide *f*, Weideland *n*; 3. grazen, weiden
  alpine ~ Alm *f*, Hoch[gebirgs]weide *f*, Alp[e] *f*
  permanent ~ Dauerweide *f*
patabiont Patabiont *m*, Waldstreubewohner *m*
patagium Flughaut *f*
patana Patana *n* *(Bergsavanne, Ceylon)*
patch:
  "active" ~ Antigendeterminante *f*, Epitop *m*
  incubation ~ Brutfleck *m*
  Payer's ~s Peyersche Plaques *pl*
patchouli Patschulipflanze *f* *(Pogostemon cablin)*
patella 1. Patella *f*; Kniescheibe *f*; 2. *Bot.* Patella *f*, Napf *m*; 3. Napfschnecke *f* *(Patella)*
patellar 1. patellar, Kniescheiben...; 2. tellerförmig, napfförmig, schüsselförmig
patellaroid scheibenförmig
patellate schüsselförmig
patelliform → patellar 2.
patellula *(Bot.)* Näpfchen *n*
patent 1. offen, durchgängig; 2. weit spreizend; klaffend
paternal Vater..., väterlich
paternity Paternität *f*, Vaterschaft *f*
path 1. Weg *m*; 2. Nervenbahn *f*
  conduction ~ Leitungsbahn *f*, Nerven(leitungs)bahn *f*
  reflex ~ Reflexbahn *f*
pathobiont Pathobiont *m*, pathogener Organismus *m*
pathogen(e) Krankheitserreger *m*
pathogenesis Pathogenese *f*, Krankheitsentwicklung *f*; Krankheitsverlauf *m*
pathogenetic pathogenetisch, Pathogenese...
pathogenic pathogen; krankmachend; krankheitserregend
pathogenicity Pathogenität *f*, Fähigkeit *f* zur Krankheitserzeugung
  potential ~ Pathopotenz *f*, potentielle Pathogenität *f*
pathologic(al) 1. pathologisch; krankhaft; 2. Pathologie...
pathology Pathologie *f*, Krankheitslehre *f*
  plant ~ Phytopathologie *f*, Pflanzenpathologie *f*
pathomorphism pathologische Morphologie *f*
pathophoresis Krankheitsübertragung *f*
pathophoric krankheitsübertragend
pathophyt Pathophyt *m*, pflanzlicher Pathobiont *m*
pathozoon Pathozoon *n*, tierischer Pathobiont *m*
pathway 1. Weg *m*, Bahn *f*; 2. Leitbahn *f*, Nerven(leitungs)bahn *f*; 3. Stoffwechselweg *m*
  afferent ~s afferente Nervenbahne *fpl*
  brainstem ~s Hirnstammbahn *fpl*
  branched ~ verzweigter Stoffwechselweg *m*
  descending motor ~ absteigende Motornervenbahn *f*
  efferent ~s efferente Nervenbahne *fpl*
  Embden-Meyerhof-Parnes' ~ Glykolyse *f*
  lytic ~ lytischer Weg *m* *(der Phagenentwicklung)*
  metabolic ~ Stoffwechselweg *m*
  monosynaptic ~ monosynaptische Nervenbahn *f*
  nerve ~ Nerven(leit)bahn *f*, Leitbahn *f*
  projection ~ Projektionsbahn *f*
  reflex ~ Reflexbahn *f*
  "salvage" ~ Reutilisationsbahn *f*, Reutilisationsweg *m*
  synaptic ~ synaptische Leitungsbahn *f*
  visual ~ Sehbahn *f*
patriclinous [patroclinous] patroklin
patrinia Goldbaldrian *m* *(Patrinia)*
patrocliny Patroklinie *f*
patrogenesis Patrogenese *f*, Androgenese *f*, männliche Parthenogenese *f*
patrolling *(Ethol.)* Territoriumpatroullieren *n*, Territoriumssicherung *f*
pattern Muster *n*
  ~ of activity Aktivitätmuster *n*, Aktivitätcharakter *m*
  banding ~ Bandingmuster *n*, Bandenmuster *n*, Streifungsmuster *n*
  behavior ~ Verhaltenscharakter *m*
  cleavage ~ Furchungstypus *m*, Furchungscharakter *m*
  convolutional ~ Hirnwindungsmuster *n*
  distributional ~ Verteilungsmuster *n*, Verteilungscharakter *m*
  excitation ~ Erregungsmuster *n*
  hooded ~ Kapuzenzeichnung *f*
  immune ~ immunologisches Antigenmuster *n*
  immunoelectrophoretic ~ immunoelektrophoretisches Profil *n*
  inherited behavior ~s Erbformen *fpl* des Verhaltens
  motor [movement] ~ Bewegungsmuster *n*
  peptide ~ Peptidkarte *f*
  restriction fragment ~ Restriktionskarte *f*
  spatio-temporal ~ Raum-Zeit-Muster *n*
  vegetation ~ Vegetationsmosaik *n*
  wing ~ Flügelzeichnung *f*, Flügelmuster *n*
patulent [patulous] ausgebreitet; abstehend
paua Seeohr *n*, Seeohrschnecke *f* *(Haliotis)*
paulownia Kaiserbaum *m*, Blauglockenbaum *m* *(Paulow-*

nia)

Paul's-betony 1. Echter Ehrenpreis *m (Veronica officinalis)*; 2. Amerikanischer Wolfstrapp *m (Lycopus americanus)*

paunch Pansen *m*

pause Pause *f*

compensatory ~ Kompensationspause *f*

rest ~ Ruhepause *f*, Erholungspause *f*

paw 1. Pfote *f*, Tatze *f*; 2. scharren

pawing Scharren *n*

pawpaw → papaw

paxil Pfahlpilz *m*, Pflockpilz *m*, Krämpling *m (Paxillus involutus)*

pea 1. Erbse *f (Pisum)*; 2. Erbsekorn *n*

Austrian winter ~ Ackererbse *f*, Felderbse *f (Pisum arvense)*

beach ~ → sea pea

bird-egg ~ Längblättriger Tragant *m (Astragalus longifolius)*

black-eyed ~ Bohnenwinde *f*, Vignabohne *f*, Kuherbse *f (Vigna sinensis)*

buffalo ~ Dickfrüchtiger Tragant *m (Astragalus crassicarpus)*

bush ~ Fuchsbohne *f (Thermopsis)*

Canada [cat] ~ Vogel-Wicke *f (Vicia cracca)*

chick ~ Kichererbse *f (Cicer arietinum)*

corn-field ~ → black-eyed pea

cow ~ Kuhbohne *f (Vigna)*

craw ~ → meadow pea

crow ~ Zaunwicke *f (Vicia sepium)*

downy ~ → Canada pea

Dutch ~ Knollige Platterbse *f*, Erdnuß-Platterbse *f (Lathyrus tuberosus)*

earth-nut ~ Berg-Platterbse *f (Lathyrus montanus)*

field ~ → garden pea

flat ~ → narrow-leaved pea

flat-podder ~ Rote Platterbse *f (Lathyrus cicera)*

garden ~ Garten-Erbse *f*, Saaterbse *f (Pisum sativum)*

glory ~ Ruhmesblume *f (Clianthus)*

green ~ → garden pea

heath ~ → earth-nut pea

hoary ~ Virginische Geißraute *f (Galega virginiana)*

marsh ~ Sumpf-Platterbse *f (Lathyrus palustris)*

meadow ~ Wiesen-Platterbse *f (Lathyrus pratensis)*

mice ~ → Dutch pea

mouse ~ → meadow pea

narrow-leaved ~ → wood pea

pigeon ~ Tauben-Erbse *f (Cajanus)*

rosary ~ Paternoster-Erbse *f (Abrus)*

scurfy [scurvy] ~ Harzklee *m*, Drüsenklee *m (Psoralea)*

sea ~ Strand-Platterbse *f (Lathyrus japonicus)*

shamrock ~ Blauklee *m (Parochetus)*

swamp sugar ~ Mittlere Felsenbirne *f (Amelanchier intermedia)*

sweet ~ Wohlriechende [Duftende] Platterbse *f*, Gartenwicke *f*, Duftwicke *f (Lathyrus odoratus)*

Tangier (scarlet) ~ Tangerische Platterbse *f (Lathyrus tingitanus)*

Turkey ~ Kanadischer Lerchensporn *m (Corydalis canadensis)*

winged ~ Purpurrote Spargelerbse *f*, Roter Spargelklee *m (Tetragonolobus purpureus)*

wood ~ Wald-Platterbse *f (Lathyrus sylvestris)*

peach Pfirsich *m*; Pfirsichbaum *m (Prunus persica)*

Guinea ~ Gambir *m (Uncaria gambir)*

peachick junger Pfau *m*

peachwort → pinkweed

peacock 1. → peafowl; 2. Pfauhahn *m*

peacock-pheasant Pfaufasan *m (Polyplectron)*

peafowl Pfau *m (Pavo)*

blue ~ (Gemeiner) Pfau *m (Pavo cristatus)*

green ~ Ährenträgerpfau *m (Pavo muticis)*

Indian ~ → blue peafowl

peahen Pfauhenne *f*

peak 1. Gipfel *m*; Spitze *f*; 2. Höchstwert *m*, Scheitelwert *m*

peakedness *(Biom.)* positiver Exzeß *m*

peanut Erdnuß *f (Arachis hypogaea)*

pear 1. Birne *f*; 2.Birnbaum *m (Pyrus)*

alligator ~ Avocadobirne *f (Persea americana)*

balsam ~ Balsambirne *f (Momordica charantia)*

Chinese ~ Sandbirne *f*, Chinesische Birne *f (Pyrus pyrifolia)*

choke [common] ~ Gemeiner Birnbaum *m (Pyrus communis)*

eastern prickly ~ Gemeine Opuntie *f*, Gemeiner Feigenkaktus *m (Opuntia vulgaris)*

Indian ~ → juice pear

Japanese ~ → Chinese pear

juice [may] ~ Kanadische Felsenbirne *f (Amelanchier canadensis)*

orange-red prickly ~ Orangeroter Feigenkaktus *m (Opuntia aurantiaca)*

prickly ~ Feigenkaktus *m*, Opuntie *f (Opuntia)*

sand ~ → Chinese pear

snow ~ Schneebirne *f*, Lederbirne *f (Pyrus nivalis)*

swamp sugar ~ Mittlere Felsenbirne *f (Amelanchier intermedia)*

vegetable ~ Chayote *m*, Stachelgurke *f (Sechium edule)*

water ~ Kirschmyrte *f (Eugenia)*

pear-shaped birnenförmig

inversely ~ verkehrt birnenförmig

pearl 1. Perle *f*; 2. Perlmutt *n*, Perlmutter *f*; 3. Perlmutt(er)...

earth [ground] ~ Erdperlen *fpl*, Große Schildläuse *fpl (Margarodidae)*

pearlbush Blumenspiere *f*, Perlbusch *m (Exochorda)*

pearlfish 1. Eingeweidefisch *m (Carapus)*; *pl* Eingeweidefische *mpl (Carapidae)*; 2. Fächerfisch *m (Cynolebias)*; 3. Leuchtsardine *f (Maurolicus muelleri)*

Argentine ~ Blauer Fächerfisch *m (Cynolebias bellotti)*

pearl-grass Mittleres Zittergras *n (Briza media)*
pearlsides → pearlfish 3.
pearls-of-Spain Große Traubenhyazinthe *f*, Weinbergs-Träubel *n (Muscari racemosum)*
pearlweed [pearlwort] Mastkraut *n*, Knebel *m (Sagina)*
Alpin [Arctic] ~ Alpen-Mastkraut *n*, Felsenmastkraut *n (Sagina saginoides)*
awl-leaved ~ Pfriemen-Mastkraut *n*, Sternmoos *n (Sagina subulata)*
ciliate ~ Wimper-Mastkraut *n (Sagina ciliata)*
common ~ Kronloses Mastkraut *n (Sagina apetala)*
decumbent ~ Liegendes [Niedergebogenes] Mastkraut *n (Sagina decumbens)*
knotted ~ Knotenknebel *m*, Knotiges Mastkraut *n (Sagina nodosa)*
procumbent ~ Niederliegendes Mastkraut *n (Sagina procumbens)*
pear-vine Zaunwinde *f (Calystegia)*; Echte Zaunwinde *f (Calystegia sepium)*
peat Torf *m*
fen ~ Flachmoortorf *m*, Niederungsmoortorf *m*
granulated ~ Torfmull *m*
peatbog Torf(moos)moor *n*, Weißmoor *n*
peat-forming torfbildend
peatmoss Torfmoos *n (Sphagnum)*
peatweed Quirlständiger Weiderich *m (Lythrum verticillatum)*
peaty Torf...; Torfmoos...
peavine 1. Platterbse *f (Lathyrus)*; 2. → peannut
bitter ~ Frühlings-Platterbse *f (Lathyrus vernus)*
bristle-leaved ~ Borstenblättrige Platterbse *f (Lathyrus setifolius)*
groundnut ~ Knollen-Platterbse *f (Lathyrus tuberosus)*
maritime ~ Strand-Platterbse *f (Lathyrus japonicus)*
perennial ~ Breitblättrige Platterbse *f (Lathyrus latifolius)*
rough ~ Rauhhaarige Platterbse *f (Lathyrus hirsutus)*
round-leaved ~ Rundblättrige Platterbse *f (Lathyrus rotundifolius)*
peba 1. Neunbindengürteltier *n*, Neungürteliges [Langschwänziges] Weichgürteltier *n (Dasypus novemcinctus)*; 2. Kugelgürteltier *n (Tolypeutes matacus)*
pebble-vetch Ackerwicke *f*, Saatwicke *f (Vicia sativa)*
pecan Hikorynußbaum *m*, Pekanbaum *m (Carya pecan)*
peccary Pekari *m*, Nabelschwein *n (Tayassu); pl* Pekaris *mpl*, Nabelschweine *mpl (Tayassuidae)*
collared ~ Halsband-Pekari *m (Tayassu tajacu)*
white-lipped ~ Weißbartpekari *m*, Bisamschwein *n (Tayassu albirostris)*
peck 1. Pickschlag *m*, Schnabelhieb *m*; 2. picken, aufpikken
night ~ Waldschnepfe *f (Scolopax rusticola)*
pecker 1. pickender Vogel *m*; 2.Schnabel *m*
pecking Picken *n*
peck-order [peck-right] Hackordnung *f*, Pickordnung *f*
pecten 1. Kamm *m*; 2. Kammuschel *f (Pecten)*
pectic Pektin...
pectinate kammförmig, kammartig; mit Kamm versehen
pectineal 1. kammförmig, kammartig; 2.Schambein...
pectineus Kammuskel *m*
pectiniform kammförmig, kammartig
pectization Koagulation *f*, Gerinnung *f*
pectoral pektoral; Brust...
pectoralis Brustmuskel *m*
pectus Brust *f*
pedal pedal; Pedal..., Fuß...
pedate 1. fußförmig; 2. gestielt
pedatifid fußspaltig
pedatiform fußförmig
pedatilobate fußlappig
pedatipartite fußteilig
pedicel Stielchen *n*; Blütenstielchen *n*; Fruchtstielchen *n*
pedicellate gestielt; mit Blütenstiel versehen
pedicle 1. → pedicel; 2. *(Anat.)* Pedunkulus *m*, Stiel *m*, Schenkel *m*; 3. *(Ent.)* Petiolus *m*, Stielchen *n*; 4. *(Ent.)* Pedizellus *m*, Wendeglied *n (zweites Glied des Fühlers)*
pedicularis Läusekraut *n (Pedicularis)*
capitate ~ Kopfiges Läusekraut *n (Pedicularis rostrato-capitata)*
long-beaked ~ Grönländisches Läusekraut *n (Pedicularis groenlandica)*
purple ~ Sumpf-Läusekraut *n (Pedicularis palustris)*
pediform fußförmig
pedigree Ahnentafel *f*; Stammbaum *m*
pedigreed mit Stammbaum, reinrassig
pediophytium Bergpflanzenassoziation *f*
pedipalp(us) Beintaster *m*
pedobiology Pedobiologie *f*, Bodenbiologie *f*
pedogamy Pedogamie *f*
pedogenesis 1. → paedogenesis; 2. Pedogenese *f*, Bodenentwicklung *f*, Bodenbildung *f*
pedogenic bodenbildend
pedology Pedologie *f*, Bodenkunde *f*
pedon Seebodengemeinschaft *f*
pedotope Pedotop *m*, Bodenbiotop *m*
peduncle Stiel *m*, Stielchen *n*, Füßchen *n*
caudal ~ Schwanzstiel *m*
cerebellar ~ Kleinhirnstiel *m*, Strickkörper *m*
cerebral ~ Hirnstiel *m*
peduncular stielförmig; Stiel...
pedunculate(d) gestielt
pedunculiflorous stielblütig
pedunculus 1. → peduncle; 2. Blütenstiel *m*
peel 1. Hülse *f*, Schale *f*, Haut *f (z.B. der Früchte)*
peep 1. Piep(s)er *m*; 2. piep(s)en, schälen
peeper Laubfrosch *m (Hyla arborea)*
southern spring ~ Wasserpfeifer *m (Hyla crucifer)*
spring ~ → southern spring peeper
peepul Götzenbaum *m*, Heiliger Feigenbaum *m*, Pepulbaum *m (Ficus religiosa)*
peewee → pewee
peewit → pewit

peg *(Bot.)* Pfropfen *m*, Stöpsel *m*
cuticular ~ Kutikularzapfen *m*
pegan → pecan
peganum Steppenraute *f (Peganum)*
pegwood Europäischer Spindelstrauch *m*, Europäisches Pfaffenhütchen *n (Euonymus europaea)*
pekan Fischermarder *m (Martes pennanti)*
pelage Pelz *m*, Pelzdecke *f*; Fell *n*, Haarkleid *n*
pelagial Pelagial *n (Region des freien Wassers)*
pelagic pelagisch, Pelagial...
pelagium pelagische Lebensgemeinschaft *f*
pelamyd Pelamide *f*, Atlantischer Bonito *m (Sarda sarda)*
pelican Pelikan *m (Pelecanus)*; *pl* Pelikane *mpl (Pelecanidae)*
American white ~ Nashornpelikan *m (Pelecanus erythrorhynchus)*
Australian ~ Brillenpelikan *m (Pelecanus conspicillatus)*
brown ~ Brauner Pelikan *m (Pelecanus occidentalis)*
Dalmatian ~ Krauskopfpelikan *m (Pelecanus crispus)*
European white ~ Rosapelikan *m*, Gemeiner Pelikan *m (Pelecanus onocrotalus)*
pink-backed ~ Rötelpelikan *m (Pelecanus rufescens)*
white ~ → European white pelican
pelious blauschwarz
pellas Weg-Malve *f*, Kleine Käsepappel *f (Malva neglecta)*
pellet 1. Zentrifugierungssediment *m*; 2. Gewölle *n*
faecal ~ Fäkalien *pl*, Exkremente *pl*
pellicle Pellikula *f*; Häutchen *n*; Membran *f*
pellicular häutchenförmig; Häutchen...
pelliculate häutchentragend, pellikeltragend
pellitory Glaskraut *n*, Wandnessel *f (Parietaria)*
bastard [European] ~ Sumpf-Schafgarbe *f (Achillea ptarmica)*
German ~ Bertram *m*, Kreisblume *f*, Schneckenblume *f (Anacyclus)*
pellitory-of-Spain Deutscher [Echter] Bertram *m (Anacyclus officinarum)*
pellucid durchscheinend, durchsichtig, transparent
pelma Fußsohle *f*
pelon Pelos *n*, Pelon *n (Lebensgemeinschaft des schlammigen Grundes)*
pelophilous pelophil, sumpfliebend, schlammliebend
pelophyte Pelophyt *n*, Sumpfpflanze *f*, schlammliebende Pflanze *f*
pelos → pelon
pelt 1. Fell *n*; Pelz *m*; 2. rohe Haut *f*
pelta Schild *n*
peltate schildartig
peltatilobate mit schildförmigen Lappen
peltatipartite schildförmig geteilt
peltatisected schildförmig geschnitten
peltigerous schildtragend
pelvic pelvin,Becken...
pelviform pelviform, beckenförmig, schlüsselförmig
pelvis 1. Becken *n*; 2.Nierenbecken *n*
kidney [renal] ~ Nierenbecken *n*
small ~ Kleinbecken *n*
pelvisacral Becken-Kreuzbein...
pen 1. Hürde *f*, Pferch *m*; Hühnerstall *m*; 2. Feder *f*; 3. Schwanenweibchen *n*; 4. *(Bot.)* Mittelrippe *f*, Mittelnerv *m*
bleeding ~ Lanzette *f*
sea ~ Seefeder *f*; *pl* Seefedern *fpl*, Federkorallen *fpl (Pennatularia)*
pencilfish 1. Bleistiftfische *mpl (Poecilobrycon)*; 2. Kleinmünder *mpl (Nannostomus)*; 3. Spritzsalmerverwandte *mpl (Lebiasinidae)*
dwarf ~ Zwergziersalmler *m*, Kleiner Ziersalmler *m (Nannostomus marginatus)*
golden ~ Längsband(zier)salmler *m (Nannostomus beckfordi anomalus)*
one-lined ~ Einbinden(zier)salmler *m (Nannostomus* unifasciatus)
three-banded ~ Dreibinden(zier)salmler *m (Nannostomus trifasciatus)*
tube-mouthed ~ Spitzkopf-Ziersalmler *m (Poecilobrycon eques)*
pencilwood Virgina-Wacholder *m*, Virginischer Wacholder *m (Juniperus virginiana)*
pendent hängend, herabhängend
pendular Pendel... *(z.B. Bewegung)*
penduliflorous mit hängenden Blüten
pendulous hängend, herabhängend
penetrant 1. Penetrante *f (Nesselzelle)*; 2. penetrant
penetrate penetrieren, durchdringen, eindringen
penetration Penetration *f*, Durchdringung *f*, Durchdringen *n*
stomatal ~ Stomatalpenetration *f*
penguin Pinguin *m*; *pl* Pinguine *mpl (Spheniscidae)*
Adelie ~ Adelie-Pinguin *m (Pygoscelis adeliae)*
Arctic ~ Riesenalk *m (Pinguinus impennis)*
black-footed ~ → jackass penguin
chinstrap ~ Zügelpinguin *m*, Kehlstreifenpinguin *m (Pygoscelis antarctica)*
crested ~ Schopfpinguin *m (Eudyptes crestatus)*
emperor ~ Kaiserpinguin *m*, Riesenpinguin *m (Aptenodytes forsteri)*
erest-crested ~ Dickschnabelpinguin *m (Eudyptes sclateri)*
fairy ~ Zwergpinguin *m (Eudyptula minor)*
Galapagos ~ Galapagos-Pinguin *m (Spheniscus mendiculus)*
Gentoo ~ Eselspinguin *m (Pygosceles papua)*
jackass ~ Brillenpinguin *m (Spheniscus demersus)*
king ~ Königspinguin *m (Aptenodytes patagonicus)*
little (blue) ~ → fairy penguin
macaroni ~ Goldschopfpinguin *m (Eudyptes chrysolophus)*
Magellan ~ Magellan-Pinguin *m (Spheniscus magellanicus)*
rock hopper ~ → crested penguin
royal ~ → king penguin

spectacled ~ → jackass penguin
white-flippered ~ Weißflügelpinguin *m (Eudyptula albosignata)*
yellow-eyed ~ Gelbaugenpinguin *m (Megadyptes antipodus)*
penicillate [penicilliform] pinselartig, pinselförmig; pinselig
penicillus 1. Pinsel *m*; Pinselchen *n*; Haarbüschel *n*; 2. Pinselarterie *f*
penile Penis..., Glied...
penis Penis *m*, männliches Glied *n*, männliches Begattungsorgan *n*
penna Penna *f*; Feder *n*; Konturfeder *f*
pennant → pekan
pennate geflügelt; gefiedert, befiedert
penniform federförmig, federartig
penniger fiedertragend
penninerved fiedernervig
pennula Federchen *n*
pennycress Pfennigkraut *n*, Hellerkraut *n (Thlaspi)*
pennyflower Silberblatt *n*, Mondviole *f (Lunaria)*
penny-hedge Gemeines Lauchkraut *n (Alliaria vulgaris)*
penny-john Durchlöchertes Hartheu *n (Hypericum perforatum)*
penny-mountain Sand-Thymian *m (Thymus serpyllum)*
pennyroyal Polei-Minze *f (Mentha pulegium)*
pennywort Wassernabel *m (Hydrocotyle)*
pensile hängend, Hänge...
pentacarpous fünffrüchtig
pentachenium fünfkarpelige Achäne *f*
pentactinal fünfstrahlig
pentacyclic fünfkreisig
pentadactyl fünffingerig
pentadesma Butterbaum *m (Pentadesma)*
pentaglottical fünfzüngig
pentagonal fünfkantig; fünfseitig
pentagynous fünfgriffelig
pentamerous fünfzählig, fünfteilig
pentandrous mit fünf Staubblättern
pentapetalous mit fünf Kronblättern
pentaphyllous fünfblättrig
pentaploid 1. Pentaploid *n*; 2. pentaploid
pentapterous fünfflügelig
pentapyrenous *(Bot.)* fünfkernig
pentaradiate *(Zool.)* fünfstrahlig [gebaut]
pentarch *(Bot.)* fünfstrahlig
pentasepalous *(Bot.)* mit fünf Kelchblättern
pentaspermous fünfsamig
pentaspilous fünffleckig
pentastomids Zungenwürmer *mpl (Pentastomida)*
pentastylous fünfgriffelig
penultimate vorletzt *(z.B. Glied)*
peony Pfingstrose *f (Paeonia)*
Chinese ~ Strauch-Pfingstrose *f (Paeonia suffruticosa)*
common ~ Garten-Pfingstrose *f*, Stauden-Pfingstrose *f (Paeonia officinalis)*
pepino Pepino *n*, Andenbeere *f (Solanum muricatum)*
pepo Kürbis *m*
pepper 1. Pfeffer *m (Piper)*; 2. Spanischer Pfeffer *m*, Paprika *n (Capsicum)*
Ashanti ~ → West African black pepper
bell ~ Gemüsepaprika *m (Capsicum annuum* var. *annuum)*
betel ~ Betelpfeffer *m (Piper betle)*
black ~ Schwarzer Pfeffer *m (Piper nigrum)*
Cayenne [hot] ~ Cayennepfeffer *m (Capsicum frutescens)*
Kava ~ Kava-Pfeffer *m*, Rauschpfeffer *m (Piper methysticum)*
poor man's ~ Feldkresse *f (Lepidium campestre)*
red ~ → Cayenne pepper
sweet ~ Gemüsepaprika *m (Capsicum annuum* var. *annuum)*
wall ~ 1. Gemeiner [Scharfer] Mauerpfeffer *m (Sedum acre)*; 2.Echte Hauswurz *f*, Dach-Hauswurz *f (Sempervivum tectorum)*
water ~ Wasserpfeffer *m*, Pfeffer-Knöterich *m (Polygonum hydropiper)*
West African black ~ Aschantipfeffer *m (Piper guineense)*
wild ~ 1. Säckelblume *f (Ceanothus)*; 2. Gemeiner Seidelbast *m (Daphne mezereum)*
pepper-elder Pfefferkraut *n*, Zwergpfeffer *m (Peperonia)*
peppergrass Kresse *f (Lepidium)*
English ~ Feldkresse *f (Lepidium campestre)*
garden [golden] ~ Gartenkresse *f (Lepidium sativum)*
narrow-leaved [roadside] ~ Weg-Kresse *f (Lepidium ruderale)*
town ~ → garden peppergrass
wild ~ Virginische Kresse *f (Lepidium virginicum)*
pepperidge Tupelobaum *m (Nyssa sylvatica)*
peppermint 1. Pfefferminzbaum *m (Eucalyptus amygfalina)*; 2. Pfefferminze *f (Mentha piperita)*
pepperroot Zahnwurz *f (Dentaria)*
pepperweed → peppergrass
pepperwood Zahnwehholz *n (Zantoxylum fraxineum)*
pepperwort 1. Kleefarn *m (Marsilea)*; 2. → English peppergrass
broad-leaved ~ Breitblättrige Kresse *f (Lepidium latifolium)*
European ~ Vierblättriger Kleefarn *m n (Marsilea quadrifolia)*
hoary ~ Pfeilkresse *f (Cardaria draba)*
narrow-leaved [rubbish] ~ Schuttkresse *f*, Stinkkresse *f (Lepidium ruderale)*
peppery Pfeffer...; pfefferig
pepsinate Pepsinieren *n*
pepsiniferous [pepsinogenous] pepsinbildend; pepsintragend
peptide Peptid *n*
adjuvant ~ Adjuvantpeptid *n*
autologous ~ Autopeptid *n*
identification ~ Sygnalpeptid *n*

tail ~ Terminalpeptid *n*, Endpeptid *n*
peptidylation Peptidilieren *n*
peptonization Peptonisieren *n*
peracute 1. sehr spitz; 2. perakut, hochakut
peraeopod Pereiopode *m*, Brustfuß *m (bei Krebstieren)*
perarmate stark bewaffnet, gut bewaffnet
perceivable wahrnehmbar
perceive 1. wahrnehmen, empfinden; spüren; 2. verstehen, erkennen, begreifen
perceptibility Wahrnehmbarkeit *f*
perceptible perzeptibel, (sinnlich) wahrnehmbar
perception Perzeption *f*; (sinnliche) Wahrnehmung *f*; Empfindung *f*
gestalt ~ Gestaltwahrnehmung *f*
stimulus ~ Reizperzeption *f*, Reizwahrnehmung *f*
perceptive perzeptiv, wahrnehmend, erfassend
perceptiveness Wahrnehmungsfähigkeit *f*
perceptivity Reizaufnahmefähigkeit *f*
perch 1. Barsch *m (Perca)*; Flußbarsch *m (Perca fluviatilis)*; *pl* Echte Barsche *mpl (Percidae)*; 2. Sitzstange *f (für Vogel)*; 3. sich setzen; sitzen *(Vögel)*
Agassiz's chanda ~ Australischer Glasbarsch *m (Chanda agassizi)*
American ~ Gelbbarsch *m*, Gelber [Amerikanischer] Barsch *m (Perca flavescens)*
banded sea ~ Buchstabenbarsch *m*, Schriftbarsch *m (Serranathellus scriba)*
climbing ~ Kletterfisch *m (Anabas testudineus)*; *pl* Kletterfische *mpl*, Buschfische *mpl (Anabantidae)*
dusky ~ Großer Sägerbarsch *m (Epinephelus guaza)*
dwarf climbing ~ Zwergbuschfisch *m (Ctenopoma nanum)*
filamentous glass ~ Strahlennacktbarsch *m (Gymnochanda filamentosa)*
giant (sea) ~ Barramundi *m (Lates calcarifer)*
glass ~ Eigentlicher Glasbarsch *m (Chanda)*
green ~ Grüner Sonnenbarsch *m*, Grasbarsch *m (Lepomis cyanellus)*
Indian ~ Vielstreifen-Kardinalbarsch *m (Apogon multitaeniatus)*
Indian glass ~ Indischer Glasbarsch *m (Chanda ranga)*
Japanese sea ~ Doppelloch *n (Ditrema temminckii)*
lake ~ → American perch
lettered ~ → banded sea perch
marbled climbing ~ Pfauenaugen-Buschfisch *m (Ctenopoma oxyrhynchus)*
mud ~ → pirate perch
ocean ~ Rotbarsch *m*, Goldauge *m (Sebastes marinus)*
pike ~ Zander *m (Stizostedion lucioperca)*
pirate ~ Piratenbarsch *m (Aphredoderus sayanus)*
red ~ → ocean perch
riffle ~ Groppenbarsch *m (Romanichthys valsanicola)*
river ~ Flußbarsch *m (Perca fluviatilis)*
sea ~ 1. Seebarsch *m*, Gemeiner Wolfsbarsch *m (Rocus labrax)*; 2. *pl* → viviparous perches; 3. *pl* Schnapper *mpl (Lutianidae)*
sea rock ~ (Atlantischer) Wrackbarsch *m (Polyprion americanus)*
sharp-nosed climbing ~ → marbled climbing perch
shiner ~ → viviparous perches
silver sea ~ Barramundi *m (Lates calcarifer)*
striped sea ~ Gestreifter Seebarsch *m (Embiotica lateralis)*
swallow ~ Rotrand-Fledermausfisch *m (Platax pinnatus)*
viviparous ~es Seebarsche *mpl (Embiotocidae)*
white ~ Wrackbarsch *m (Polyprion)*
yellow ~ → American perch
perchlets Glasbarsche *mpl* (Centropomidae)
Commerson's glassy ~ Commersons Glasbarsch *m (Chanda commersoni)*
percolation Filtration *f*, Durchseihung *f*
percolator Filtriertrichter *m*, Filtrierapparat *m*
percurrent von unten bis zur Spitze laufend
perdominant in vielen Pflanzengesellschaften verbreitet
peregrin(e) Wanderfalke *m (Falco peregrinus)*
pereion Pereion *n*, Brust *f*
pereiopod Pereiopode *f*, Brustfuß *m*
perennate ausdauern, perennierend
perennation Mehrjährigkeit *f*
perennial 1. *(Bot.)* mehrjährig; ausdauernd; perennierend; 2. mehrjährige Pflanze *f*; ausdauernde Pflanze *f*; perennierende Pflanze *f*, Perenne *f*, Staude *f*
hardy ~ Staude *f*
perfoliate paarig durchwachsenblättrig
perforate perforieren; durchlöchern; durchbohren
perforated perforiert; durchlöchert; durchbohrt
perforation Perforation *f*, Perforieren *n*, Durchbohrung *f*, Durchlöcherung *f*
perforatorium Perforatorium *n (Perforationsapparat der Samenzelle)*
performance 1. Arbeit *f*; Arbeitstätigkeit *f*; Tätigkeit *f*; 2. Leistung *f*
cardiac ~ Herztätigkeit *f*, Herzarbeit *f*
muscle ~ Muskelarbeit *f*; Muskeltätigkeit *f*; Muskelleistung *f*
perfossous durchbohrt
perfusion Perfusion *f*; Perfundieren *n*, künstliche Durchströmung *f*
pergamaceous pergamentartig
periacanthous ringsumstachelig
perianal perianal *(um den Anus liegend)*
perianth Perianth *m*, Blütenhülle *f*
calyciform ~ kelchförmige Blütenhülle *f*
double ~ doppeltes Perianth *n*
simple ~ einfache Blütenhülle *f*
periarterial periarteriell, um eine Schlagader liegend
periarthric [periarticular] periartikulär, um ein Gelenk liegend
periatrial periatrial, um den Herzvorhof liegend
periauricular periaurikulär, um das äußere Ohr liegend; um das Herzohr liegend
periblast Periblast *m*, Epiblast *m*, äußere Schicht *f*

periblastic periblastisch, Periblast..., außer
periblem Periblem *n*; Rindenbildner *m*; Hüllgewebe *n*
pericardiac [pericardial] 1. Perikard..., Herzbeutel...; 2. perikardial, um das Herz liegend
pericardium Perikard *n*, Herzbeutel *m*
pericarp Pericarp *n*, Fruchtwand *f*, Fruchthülle *f*, Samengehäuse *n*
perichaetine ringförmig mit Borsten umgeben
perichaetium Perihätium *n*, Mooskelch *m*
perichondral perichondral, den Knorpel umgebend
perichondrium Perichondrium *n*, Knorpelhaut *f*
periclinium Periklinium *n*, Hüllkelch *m*
periclisous gefährlich
pericranium Perikranium *n*, äußeres Schädeldachperiost *n*, äußere Schädeldachknochenhaut *f*
pericycle Perizykel *m*, Rhizogenschicht *f (der Wurzel)*
pericystic perizystisch, um die Harnblase liegend; um die Gallenblase liegend
pericyte Perizyt *n*, Adventitialzelle *f*, Rougetsche Zelle *f*
pericytial 1. perizellulär, um eine Zelle liegend; 2. Perizyten...
peridental peridental, Periodontium..., Zahnwurzelhaut...
periderm Periderm *n*; Lederkork *m*, Außenrinde *f*
peridesm Peridesm *n*; Bündelgefäßhülle *f*
perididymis Perididymis *f*, Hodenhaut *f*
peridium Peridie *f;* Sporenhülle *f*
peridural peridural, epidural, extradural
perienteric perienterisch; darmumgebend
perienteron Viszeralhöhle *f*
periesophageal periösophagisch, speiseröhreumgebend
perifocal perifokal, um einen Infektionsherd liegend
perigastric perigastral, um den Magen liegend
perigastrium Leibeshöhle *f*, Zölom *n*
perigonial perigonial *(zur Blütenhülle gehörig)*
perigonium Blütenhülle *f*, Perigon *n*
perigynium Perigynium *n*, Fruchtbeutel *m*
perigynous perigyn
perihepatic perihepatisch, um die Leber liegend
perilymph Perilymphe *f*, Labyrinthflüssigkeit *f*
perimetrium Perimetrium *n*, Gebärmutterbauchfellüberzug, Pelveoperitoneum *n*
perimysium Perimysium *n*, bindegewebige Muskelhülle
perinaeum Perineum *n*, Damm *m*, Mittelfleisch *m*
perineal Perineum..., Damm...
perineum → perinaeum
perineural perineural; um einen Nerv liegend
perineurium Perineurium *n*, Nervenbündelscheide *f*, Faszikelhülle *f*
perineuronal perineuronal, um ein Neuron liegend
perinuclear perinuklear, un einen Kern liegend
period Periode *f*; Zeitraum *m*
  absolute refractory ~ absolute Refraktärzeit *f*, absolutes Refraktärstadium *n*
  blooming ~ Blütezeit *f*
  dark ~ Dunkelperiode *f*
  dormant ~ Ruheperiode *f*, Ruhezeit *f*, Ruhestadium *n*
  generation ~ Generationsdauer *f*
  growth ~ Wachstumsperiode *f*
  half-life ~ Halbwertzeit *f*
  heat ~ Brunstzeit *f*
  incubation ~ Inkubationszeit *f*, Inkubationszeitraum *m*
  lag ~ Lag-Periode *f*
  latent ~ Latenzperiode *f*, Latenzzeit *f*, Latenzstadium *n*
  laying ~ Eiablageperiode *f*; Laichzeit *f*
  light ~ Lichtperiode *f*
  mating ~ Paarungszeit *f*
  quiescent ~ Ruhezeit *f*, Ruheperiode *f*, Ruhestadium *n*
  reaction ~ Reaktionszeit *f*
  refractory ~ Refraktärperiode *f*
  reproduction ~ Fortpflanzungsperiode *f*
  rest ~ Ruhezeit *f*, Ruheperiode *f*, Ruhestadium *n*
  sensitive ~ sensible Periode *f*
  tillering ~ Bestockungszeit *f*
  vegetation ~ Vegetationsperiode *f*, Vegetationszeit *f*
periodicity Periodizität *f*
  annual ~ Jahresperiodik *f*, Jahresrhythmik *f*
  daily ~ Tagesperiodik *f*
  lunar ~ Mondperiodizität *f*
  sexual ~ Geschlechtszyklus *m*
periodontium Periodontium *n*, Alveolardentalmembran *f*, Wurzelhautfasern *fpl* des Zahnes
periople Kronsegment *n*
perioral perioral, um den Mund liegend
periorbita Periorbita *f*, Augenhöhlenperiost *n*
periost(eum) Periost *m*, Beinhaut *f*, Knochenhaut *f*
periostracum Periostrakum *n*, Schalenhaut *f*
peripapillary peripapillär, um eine Papille liegend
peripetalous die Blumenkrone umgebend
peripharyngeal peripharyngeal, um den Rachen liegend
peripheral peripher; am Rande befindend; sich außerhalb des Zentrums befindend
peripheralization Austritt *m* der Blutzellen in den Blutstrom
peripherical → peripheral
periphoranthium Hüllkelch *m*
periphytic periphytonisch
periphyton Periphyton *n*, Aufwuchs *m*, Bewuchs *m*
periplast Periplast *m*, Zellenperipherie *f*
periproct Periprokt *m*, Analsegment *n*, Afterfeld *n*
peripterous ringsumgeflügelt
perirenal perirenal, um die Niere liegend
perisarc Periderm *n (best. Hydrozoa)*
perish absterben; eingehen; zugrunde gehen
perisome Körperwand *f* der Wirbellosen
perispondylic perispondylär, um die Wirbelsäule liegend
perissodactyl perissodaktyl, Unpaarhufer...; unpaarhufig
peristalsis Peristaltik *f*, peristaltische Bewegung *f*
peristaltic peristaltisch, wurmähnlich *(z.B. Darmbewegung)*; Peristaltik *f*
peristatic peristatisch *(zur Umwelt gehörend, durch die Umwelt bedingt)*
peristethium *(Ent.)* Mittelbrust *f*
peristole → peristalsis
peristome Peristom *n*, Mundfeld *n*

peritoneal peritoneal, Bauchfell..., Peritoneum...
peritoneum Peritoneum *n*, Bauchfell *n*
peritrichous peritrich, rundumbewimpert
peritrophic peritrophisch
periurethral periurethral, um die Harnröhre liegend, die Harnröhre umschließend
perivascular perivasal, perivaskulär, ein Blutgefäß umschließend
perivisceral periviszeral, die Eingeweide umgebend
periwinkle(r) 1. Immergrün *n* *(Vinca)*; 2.Gemeine Uferschnecke *(Littorina littorea)*
  big-leaf ~ Großes Immergrün *n* *(Vinca major)*
  common ~ Kleines Immergrün *n* *(Vinca minor)*
  greater ~ → big-leaf periwinkle(r)
  herbaceous ~ Immergrün *n* *(Vinca herbacea)*
perlin Kleinmäuliger Kalifornischer Seestint *m* *(Hypomesus pretiosus)*
perlon Spitzkopfsechskiemer *m* *(Heptranchias perlo)*
permafrost Dauerfrostboden *m*
permanent Dauer...
permeability Permeabilität *f*, Durchlässigkeit *f*
  ~ for water Wasserdurchläßigkeit *f*
permeabilization Permeabilisierung *f*
permeable permeabel, durchlässig
permeate 1. durchdringen, durchsickern; 2. Permeat *n*, Durchlauf *m*
Permian Perm *n* (Erdzeitalter, Epoche des Paläozoikums)
permit Permit *m* *(Trachinotus falcatus)*
pern Wespenbussard *m* *(Pernis apivorus)*
perniciasm parasitenverursachter Zelltod *m*
pernicious perniziös; bösartig, unheilvoll; tödlich
peroneal Wadenbein..., Fibula...
peroral peroral, durch den Mund...
peroxidation Peroxydation *f*, Peroxydieren *n*
perpusill winzig klein
persea Avocadobirne *f*. Isabellenholz *n* *(Persea)*
  Madeira bay ~ Madeiralorbeer *m* *(Persea indica)*
perseverance Perseveranz *f*; Ausdauer *f*, Beharrlichkeit *f*; Beharrungsvermögen *n*; Standhaftigkeit *f*, Widerstandsvermögen *n*
perseveration Perseveration *f*, Wiederholungszwang *m*
persicaria Knöterich *m* *(Polygonum)*
  common ~ Flohknöterich *m* *(Polygonum persicaria)*
  dock-leaved [pale] ~ Ampferknöterich *m* *(Polygonum scabrum)*
  water ~ Wasserknöterich *m* *(Polygonum amphibia)*
persicarious pfirsichartig
persimmon Persimone *f*, Dattelpflaume *f* *(Diospyros)*
  Indian ebony ~ Schwarze Persimone *f*, Dattelpflaumen-Ebenholz *n* *(Diospyros digyna)*
  Japanese [kaki] ~ Kakibaum *m*, Kakipflaume *f* *(Diospyros kaki)*
  Oriental ~ Lotuspflaume *f* *(Diospyros lotus)*
persist ausdauern, fortdauern; verharren, beharren; ertragen
persistence [persistency] 1. Persistenz *f*; 2.Ausdauer *f*
  virus ~ Viruspersistenz *f*
persister persistierendes Wesen *n*
person Person *f*, Individuum *n*, Einzelwesen *n*
personate maskenähnlich, verdeckt
perspicuous augenfällig, deutlich, durchsichtig
perspiration Perspiration *f*; Hautatmung *f*; Ausdünstung *f*; Schwitzen *n*, Schweißabsonderung *f*
persubtile sehr fein
perturbation Störung *f*; Störeffekt *m*
pertusate durchbohrt; durchlöchert; perforiert
perula Knospenschuppe *f*
perulate knospenschuppig
pervious durchlässig; durchdringbar
pes Fuß *m*
pessimum Pessimum *n* *(ungünstigste Wirkung eines Faktors)*
pessulus Pessulus *m*, Steg *m*
pest 1. Seuche *f*, Plage *f*; 2. Schädling *m*
  ~ of St. Lucia Dreistreifen-Tigerfisch *m* *(Therapon jarbua)*
  museum ~ Kabinettkäfer *m*, Museumkäfer *m* *(Anthrenus museorum)*
pesticide Pestizid *n*, Schädlingsbekämpfungsmittel *n*
pestilence Pestilenz *f*, Seuche *f*, Pest *f*
pestilence-wort Pestwurz *f* *(Petasites)*
pestle-shaped pistillähnlich
petal Blumenblatt *n*, Kronblatt *n*, Blütenkronblatt, Petal *n*
  carina ~ Schiffchen *n* *(Leguminosen)*
  keel ~ Schiffchen *n* *(Fabaceen-Blüte)*
  nectariferous ~ Honigblatt *n* *(z. B. bei Berberidaceae)*
  wing ~ Flügel *m* *(bei Leguminosen)*
petaled [petaliferous] kronenblatttragend; blumenblatttragend
petaliform kronblattförmig; blumenblattförmig
petaline 1. kronblättrig; blumenblättrig, korollinisch; 2. kronblattförmig, blumenblattförmig
petalless kronblattlos; blumenblattlos, kronenlos
petalody Petalodie *f*, abnorme Kronblattbildung *f*
petaloid(eous) kronblättrig; blumenblättrig; korollinisch
petalous kronblättrig; blumenblättrig
petal-shaped → petaliform
peter (out) zu Ende gehen
Peter's-staff Kleinblutige Königskerze *f* *(Verbascum thapsus)*
petiolar blattstielständig, mit Blattstielchen
petiolate gestielt, mit Blattstielchen
petiole Blattstiel *m*
petiolode Blattstiel *m* *(best. Gesneriaceae)*, an dem Blätter und Wurzeln entstehen
petiolule Fiederblattstiel *m*
petrel Sturmvogel *m*; *pl* Sturmvögel *mpl* *(Procellariidae)*
  Antarctic ~ Weißflügel-Sturmvogel *m* *(Thalassoica antarctica)*
  black ~ Parkinsonsturmvogel *m* *(Procellaria parkinsoni)*
  black-bellied ~ Schwarzkappen-Sturmtaucher *m*, Schwarzbauch-Meerläufer *m* *(Fregetta tropica)*
  black-capped ~ Teufelsturmvogel *m*, Teufelsturm-

schwalbe *f (Pterodroma hasitata)*
blue ~ Blausturmvogel *m (Halobaena caerulea)*
Bulwer's ~ Weichnasen-Sturmvogel *m (Bulweria bulwerii)*
Cape ~ → pintado petrel
collared ~ → white-winged petrel
dark-rumped ~ Hawaii-Sturmvogel *m (Pterodroma phaeopygia)*
diving ~s Lummensturmvogel *m (Pelecanoididae)*
fork-tailed ~ Gabelschwanz-Wellenläufer *m (Oceanodroma furcata)*
frigate ~ Fregattensturmschwalbe *f*, Weißgesicht-Sturmschwalbe *f (Pelagodroma marina)*
giant ~ Südlicher Riesensturmvogel *m (Macronectes giganteus)*
Gould's ~ → white-winged petrel
gray ~ Grausturmvogel *m (Adamastor cinereus)*
great-winged ~ Langflügel-Sturmtaucher *m (Pterodroma macroptera)*
hooded ~ Schlegelsturmvogel *m (Pterodroma incerta)*
Kerguelen diving ~ Pinguin-Sturmtaucher *m (Pelecanoides urinatrix)*
Kermadec ~ Kermadek-Sturmvogel *m (Pterodroma neglecta)*
Leach's (fork-tailed) ~ Wellenläufer *m (Oceanodroma leucorhoa)*
least ~ Zwergsturmschwalbe *f (Halocyptena microsoma)*
Madeira (fork-tailed) ~ Madeira-Wellenläufer *m (Oceanodroma castro)*
mottled ~ Regensturmvogel *m (Pterodroma inexpectata)*
pintado ~ Kap-Sturmvogel *m (Daption capensis)*
silver ~ Antarktischer Eissturmvogel *m*, Silbersturmvogel *m (Fulmarus glacialoides)*
sooty ~ Rußsturmtaucher *m*, Dunkelsturmtaucher *m (Puffinus griseus)*
Stejneger's ~ Stejnegersturmvogel *m (Pterodroma longirostris)*
storm(y) ~ Sturmschwalbe *f (Hydrobates pelagicus)*
white-winged ~ Brustband-Sturmtaucher *m*, Tauben-Sturmschwalbe *f (Pterodroma leucoptera)*
Wilson's ~ Buntfüßige Sturmschwalbe *f (Oceanites oceanicus)*
petricolous petricol, felsenbewohnend
petrification Versteinerung *f*
petrium Felsen-Lebensgemeinschaft *f*
petrochthium Haldenhang-Lebensgemeinschaft *f*
petrodium Gerölls-Lebensgemeinschaft *f*; Geschiebe-Lebensgemeinschaft *f*
petrodophilous geröllbewohnend
petrophilous felsenbewohnend; gesteinbewohnend
petrophyte Petrophyt *n*, Gesteinpflanze *f*, Felsenpflanze *f*
petrosa Felsenbein *n*; Felsenbeinpyramide *f*, Pyramide *f*
petrosal Felsenbein..., Felsenbeinpyramiden..., Pyramiden...
petrous 1. felsig; felsenreich; 2. versteinert
pe-tsai Pekingkohl *m (Brassica pekinensis)*
pewee Piwih *m (Contopus cinereus)*
pewit Kiebitz *m (Vanellus vanellus)*
pewter-wort Winter-Schachtelhalm *m (Equisetum hyemale)*
phacella Gastralfaden *m (bei Hohltieren)*
phacoid linsenartig, phakoid
phaeic dunkel; braunlich; schwärzlich
phaeocarpous braunfrüchtig
phaeochrous → phaeic
phage Phage *m*, Bakteriophage *m*
carried ~ lysogener Phage *m*
cryptic ~ kryptischer Phage *m*
DNA ~ DNS-Phage *m*
free ~ reifer Phage *m*
intemperate ~ nichttemperierter [lytischer, virulenter] Phage *m*
latent ~ latenter [symbiotischer] Phage *m*
lysogenic ~ lysogener Phage *m*
lytic ~ lytischer [virulenter] Phage *m*
mature ~ reifer Phage *m*
parent ~ Elternphage *m*
RNA-~ RNS-Phage *m*
strong ~ virulenter [lytischer] Phage *m*
superinfecting ~ superinfizierender Phage *m*
symbiotic ~ → latent phage
temperate ~ temperierter [gemäßigter] Phage *m*
transducing ~ transduzierender Phage *m*
typing ~ typisierender Phage *m*
vegetative ~ vegetativer Phage *m*
virulent ~ virulenter [lytischer] Phage *m*
phage-typing Phagotypisierung *f*
phagocytal phagozytär, phagozytisch
phagocyte 1. Phagozyt *m*, Phagozyte *f*, Freßzelle *f*; 2. phagozytieren
phagocytic → phagozytal
phagocytize phagozytieren
phagocytosis Phagozytose *f*
phagolysis Phago(zyto)lyse *f*, Phagozytenauflösung *f*, Phagozytenzerfall *m*
phagolysosome Phagolysosom *n*, sekundäres Lysosom *n*
phagoplankton Phagoplankton *m*, Freßplankton *m*
phagosome Phagosom *n (Verdauungsvakuole)*
phagotroph Phagotroph *m*, phagotropher Organismus *m*
phagotrophic phagotroph
phagotrophy Phagotrophie *f*
phalange 1. Fingerknochen *m*; Zehenknochen *m*; 2. Tarsalglied *n*
phalangeal phalangeal, Phalanx..., Fingerglied...; Zehenglied...
phalanger Kuskus *m*; *pl* Kletterbeutler *mpl (Phalangeridae)*
bear ~ Bären-Kuskus *m (Phalanger ursinus)*
brush-tailed ~ → common phalanger
brush-tipped ~ Lemuren-Ringelschwanzbeutler *m (Pseudocheirus lemuroides)*
common ~ Hundskusu *m*, Kusu *m (Trichosurus)*

feather-tailed ~ Federschwanzbeutler *m (Distoechurus pennatus)*
gliding ~s Gleitbeutler *mpl (Petauridae)*
greater flying ~ Großflügelbeutler *m (Schoinobates volans)*
honey [long-snouted] ~ Honigbeutler *m (Tarsipes spenserae)*
pen-tailed ~ → feather-tailed phalanger
pygmy flying ~ Zwerggleitbeutler *m (Acrobates)*
ring-tailed ~ Ringelschwanzkletterbeutler *m (Pseudocheirus)*
short-headed flying ~ Kurzkopf-Gleitbeutler *m (Petaurus breviceps)*
spotted ~ Tüpfel-Kuskus *m*, Flecken-Kuskus *m (Phalanger maculatus)*
striped ~ Großer Streifenbeutler *m (Dactylopsila trivirgata)*
vulpine ~ → common phalanger

phalanx 1. → phalange; 2. Staubfadenbündel *n*, Staubgefäßbündel *n*

phalarope Wassertreter *mpl (Phalaropodidae)*
gray ~ Thorshühnchen *n*, Rostroter Wassertreter *m (Phalaropus fulicarius)*
northern ~ → red-necked phalarope
red ~ → gray phalarope
red-necked ~ Odinshühnchen *n*, Halsbandwassertreter *m (Phalaropis lobatus)*

phallus 1. Phallus *m*; Penis *m*, Rute *m*, männliches Begattungsorgan *n*; 2. Stinkmorchel *m (Phallus)*

phanerogam Phanerogam *n*, Blütenpflanze *f*, Samenpflanze *f*

phanerogamous phanerogamisch

phaneromerous phaneromer, deutlich sichtbar

phanerophyte Phanerophyt *m*, Luftpflanze *f*

phanerophytion Phanerophyten-Gemeinschaft *f*, Luftpflanzengemeinschaft *f*

pharyngeal pharyngeal, Pharynx..., Rachen..., Schlund...

pharyngobranchial Schlund-Kiemenbogen...

pharyngopalatine Rachen-Gaumen...

pharynx 1. Pharynx *m*, Schlund *m*, Rachen *m*; 2. Kiemendarm *m*
sucking ~ Saugmagen *m*

phascogale Pinselschwanzbeutelmaus *f (Phascogale)*
black-tailed [brush-tailed] ~ Großer Pinselschwanzbeutelmaus *f (Phascogale tapoatafa)*
red-tailed ~ Kleiner Pinselschwanzbeutelmaus *f (Phascogale calura)*
Swainson's ~ Swainson-Breitfußbeutelmaus *f (Antechinus swainsonii)*

phase Phase *f*; Entwicklungsstufe *f*; Stadium *n*
coupling ~ 1. Konjugationsphase *f*; 2. Koppelungsphase *f*
critical ~ kritische Phase *f*
declining ~ Absterbephase *f*
ejection ~ Ausstoßungsphase *f (im Herzzyklus)*
exponential ~ exponentielle Phase *f*, logarithmische Phase *f*, Log-Phase *f*
growth ~ Wachstumsphase *f*
inhibitory ~ Hemmungsphase *f*, Hemmungsstadium *n*
lag ~ Lag-Phase *f*, latente Phase *f*
log(arithmic) ~ Log-Phase *f*, logarithmische Phase *f*, exponentielle Phase *f*
maturation ~ Reitungsphase *f*
paradoxical ~ paradoxe Phase *f*
prodromal ~ Prodromalstadium *n*
relaxation ~ Relaxationsphase *f*, Erschaffungsphase *f (im Herzzyklus)*
respiratory ~ Atmungsphase *f*
resting ~ Ruhephase *f*, Ruhestadium *n*
sensitization ~ Sensibilisierungsphase *f*
sphygmic ~ Ejektionsphase *f*, Ausstoßungsphase *f (im Herzzyklus)*
stationary growth ~ stationäre Wachstumsphase *f*
vegetative ~ vegetative Phase *f*

pheasant 1. Fasan *m*; Fasan *m*, Jagdfasan *m (Phasianus colchicus)*; 2. Prachtkärpfling *m (Aphyosemion)*
Argus ~ Argusfasan *m (Argusianus argus)*
blood ~ Blutfasan *m (Ithaginis cruentus)*
cheer ~ Schopffasan *m (Catreus)*
common ~ → English pheasant
eared ~ Ohrfasan *m (Crossoptilon)*
English ~ Fasan *m*, Jagdfasan *m (Phasianus colchinus)*
golden ~ Goldfasan *m (Chrysolophus pictus)*
horned ~ Satyrhuhn *n (Tragopan)*
imperial ~ Kaiserfasan *m (Lophura imperialis)*
Mikado ~ Mikado-Fasan *m (Syrmaticus mikado)*
monal ~ Glanzfasan *m (Lophophorus)*
Reeves ~ Königsfasan *m (Sytmaticus reevesi)*
ring-necked ~ → English pheasant
silver ~ Silberfasan *m (Lophura nycthemera)*
water ~ Wasserfasan *m (Hydrophasianus chirurgus)*
white-eared ~ Schmalschwanz-Ohrfasan *m (Crossoptilon crossoptilon)*

pheasant's-eye 1. Herbstfeuerröschen *n*, Sommeradonisröschen *n (Adonis annua)*; 2. Weiße Narzisse *f (Narcissus poeticus)*

phellium Felsen-Lebensgemenischaft *f*

phelloderm Phelloderm *n*, Korkrinde(nschicht) *f*, Korkhaut *f*

phellogen Phellogen *n*, Korkkambium *n*, Korkstoff *m*, Korkbildungsgewebe *n*

phelloid 1. Phelloid *n*, unechter Kork *m*; 2. korkartig, korkähnlich

phellophilus phellophil, felsenbewohnend

phellos Kork *m*

phene Phän *n*

phengophil sonnenliebend, lichtliebend

phengophobe heliophob, sonnenscheu, sonnenmeidend, schattenliebend

phengotrichous glanzhaarig

phenoareal Phänoareal *n*

phenocline Phänokline *f*

phenocontour Phänokontur *f*

phenocopy Phänokopie *f*
phenodeme Phänodeme *m*
phenodeviant Phänodeviant *m*
phenogam Phanerogam *n*, Blütenpflanze *f*, Samenpflanze
phenogenesis Phänogenese *f*
phenogenetics Phenogenetik *f*
phenological phänologisch
phenology Phänologie *f*
phenomena *pl von* phenomenon
phenomenon Phänomen *n*, Erscheinung *f*
phenopase Phänophase *f*
phenotype Phänotyp *m*
  antigenic ~ Immunphänotyp *m*, Antigenphänotyp *m*
  B ~ B-Zellen-Phänotyp *m*
  cell surface ~ Zelloberflächen-Antigenphänotyp *m*
  fluctuating ~ instabiler Phänotyp *m*
  immature ~ unreifer Phänotyp *m*
  mature ~ reifer [definitiver] Phänotyp *m*
  membrane ~ Oberflächen-Antigenphänotyp *m*
  T ~ T-Zellen-Phänotyp *m*
phenotypic phänotypisch
pheromone Pheromon *n*, Ektohormon *n (artspezifisches Soziohormon)*
  maternal ~ Mutterpheromon *n*
  priming ~ Priming-Pheromon *n*
  releasing [signalling] ~ Signalpheromon *n*
phialide Phialide *f (Konidienbildende Zelle bei Schlauchpilzen)*
phialiform *(Bot.)* flaschenförmig
philomel Sprosser *m (Luscinia luscinia)*
philopatry Ortstreue *f*, Heimatstreue *f*
philtrum Philtrum *n*, Mediale Oberlippenrinne *f*
phlebogenous phlebogen, von Venen ausgehend
phlebogram 1. Phlebogramm *n*, Venenpulsbild *n*; 2. Röntgendarstellung der Venen
phlebography 1. Phlebographie *f*, Venographie *f*; 2. Venenpulsschreibung *f*
phleboid 1. venös; Venen...; 2. venenähnlich, venenartig
phlebophorous venentragend
phlebotome Sandmücke *f*, Sandfliege *f (Phlebotomus)*
phloem Phloem *n*; Bast *m*
  early season ~ Frühbast *m*, Frühjahrsrinde *f*
phloeoderma *(Bot.)*. Endoderm *n*
phobotaxis Phobotaxis *f*, phobische Reaktion *f*
phoebe Phoebe *f (Sayornis)*
  black ~ Schwarzkopfphoebe *f (Sayornis nigricans)*
  eastern ~ Phoebe *f*, Haustyrann *m (Sayornis phoebe)*
phonation Phonation *f*, Lautäußerung *f*, Lauterzeugung *f*, Lautbildung *f*
phonatory stimmbildend, lautbildend
phonic phonisch, Stimm(en)..., Laut...
phonography Phonographie *f*, Lautschreibung *f*
phonoreceptor Phonorezeptor *m*
phonotaxis Phonotaxis *f (taxische Körpereinstellung nach der Schallrichtung)*
phorent Phorent *m*, Transportwirt *m*
phoresia [phoresis, phoresy] Phoresie *f*, Transportparasitismus *m*
phoret Phoret *n (Passagier bei Phoresie)*
phoronids Hufeisenwürmer *mpl (Phoronida)*
phosphoenzyme Phosphoferment *n*, Phosphoenzym *n*
phosphorescence Phosphoreszenz *f*
phosphorescent phosphoreszierend
phosphorolysis Phosphorolyse *f*
phosphorylate phosphorylieren
phosphorylation Phosphorylierung *f*
  cyclic photosynthetic ~ zyklische Photophosphorylierung *f*
  noncyclic photosynthetic ~ nichtzyklische Photophosphorylierung *f*
  oxidative ~ oxydative Phosphorylierung *f*
  photosynthetic ~ Photophosphorylierung *f*, photosynthetische Phosphorylierung *f*
  substrate-linked ~ Substratphosphorylierung *f*
phosphotide Phospholipid *n*
photic photisch, Licht...
photoassimilation Photoassimilation *f*
photoautotrophic photoautotroph
photoautotrophy Photoautotrophie *f*, photoautotrophe Assimilation *f*
photobiology Photobiologie *f*
photocell Photozelle *f*, lichtelektrische Zelle *f*
photoceptor Photorezeptor *m*, Lichtrezeptor *m*
photocontrol Photoregulation *f*, Lichtwirkung *f*
photodegradation Photodegradation *f*
photodinesis Photodinese *f (lichtinduzierte Zytoplasmaströmung)*
photo-eclector Photo-Eklektor *m*
photofixation Photofixation *f*
photogene 1. Netzhautnachbild *n*; 2. Leuchtorgan *n*; 3. Leuchtsubstanz *f* eines Leuchtorgans
photogenic 1. lichterzeugend, leuchtend; 2. photogen, lichterzeugt, durch Licht entstanden
photolithotroph photolithotropher Organismus *m*, Photolithotroph *m*
photoluminescence Photolumineszenz *f*
photolysis Photolyse *f*
photoperceptive lichtempfindend, lichtwahrnehmend
photoperiod Photoperiode *f*
  skeleton ~ Konturphotoperiode *f*
photoperiodicity Photoperiodizität *f*, Photoperiodik *f*
photoperiodism Photoperiodismus *m*, photoperiodische Reaktion *f*
photophase Photophase *f*, Lichtphase *f*, Photostadium *n*
photophilic [photophilous] photophil, lichtliebend
photophobic photophob, lichtscheu
photophobism Photophobie *f*, Heliophobie, Lichtscheu *f*
photophore Photophor *n*, Lichtorgan *n*
photophygous schattenliebend
photopia Photopie *f*, Tages(licht)adaptation *f*, Tagessichtigkeit *f*
photopic lichtadaptierend, lichtanpassend, Lichtanpassungs...
photoreceptiv lichtwahrnehmend

photoregulation → photocontrol
photorespiration Photorespiration *f*, Lichtatmung *f*
photosensitive lichtempfindlich
photosensitization Photosensibilisierung *f*, Lichtempfindlichkeitssteigerung *f*
photostable lichtbeständig
photostage Lichtphase *f*
photosynthesis Photosynthese *f*
  apparent ~ apparente Photosynthese *f*, Nettophotosynthese *f*
  brutto [gross] ~ reelle Photosynthese *f*, Bruttophotosynthese *f*, Echte Photosynthese *f*
  net ~ → apparent photosynthesis
  real [total, true] ~ → brutto photosynthesis
phragma Querwand *f*, Septum *n*
phreatic phreatisch; Grundwasser...
phrenic Zwerchfell...
phycophagous algenfressend
phyletic phyletisch, stammesgeschichtlich
phyllade Reduziertes Schuppenblatt *n*
phyllamphorous becherblättrig, amphorblättrig
phyllanthe Blattblume *f (Phyllanthus)*
phyllary Involukralblatt *n*, einzelnes Hüllblatt *n*
  inner ~ inneres Hüllblatt *n*
phylloclade Phyllokladium *n*, Blattartiger Sproß *m*, Blattzweig *m*, Flachsprosse *f*
phyllode Phyllodium *n*, Blattstielblatt *m*, blattartiger Blattstiel *m*
phyllody 1. → phyllode; 2. Blattveränderung *f*
phyllogenous blatterzeugend
phyllogony Blattbildungstheorie *f*
phylloid 1. Phylloid *n*, Phyllidie *f (blattartiges Gebilde)*; 2. blattförmig
phyllomania Phyllomanie *f*, Blütenvergrünung *f*, Blattsucht *f*
phyllome Phyllom *n*, Blattgebilde *n*
phyllomorphosis Blattveränderung *f*
phyllonecrose Blattnekrose *f*
phyllonomium Phyllonomium *n*, Blattmine *f*
phyllophagous phyllophag, blattfressend
phyllophorous beblättert, belaubt
phyllopod Blattfüßler *m*, Blattfußkrebs *m*; *pl* Blattfüßler *mpl (Phyllopoda)*
phyllopode Blattfluß *m*, Blattstielbasis *f*; Nadelpolster *n*
phyllopodous Blattfuß...
phylloptosis Laubfall *m*; Entlaubung *f*; frühzeitiger Blätterabfall *m*
phyllosporia Phyllosporie *f (Ausbildung der Sporangien an Blättern)*
phyllotactical die Blattstellung betreffend
phyllotaxis [phyllotaxy] Phyllotaxis *f*, Blattstellung *f*, Blattanordnung *f*
  decussate ~ dekussierte (kreuzgegenständige) Blattstellung *f*
phylloxera Zwerglaus *f*, Wurzellaus *f (Phylloxera)*
  grape ~ Reblaus *f*, Wurzellaus *f* des Weinstocks *(Phylloxera vastatrix)*
  oak ~ Eichenzwerglaus *f*
phylocoenogenesis Phylozönogenese *f*
phylogenesis Phylogenese *f*, Phylogenie *f*, Stammesgeschichte *f*, stammesgeschichtliche Entwicklung *f*
phylogenetic phylogenetisch, stammesgeschichtlich
phylogeny → phylogenesis
phylum Phylum *n*, Stamm *m*
physical 1. physikalisch, naturwissenschaftlich; 2. physisch, körperlich
physiognomics Physiognomik *f (Lehre von den Ausdrucksformen und Ausdrucksbewegungen)*
physiognomy Physiognomie *f*, Gesichtsausdruck *m*
physiography 1. Physiographie *f*, Naturbeschreibung *f*; 2. Physio(geo)graphie *f*
physiological physiologisch
physiology Physiologie *f*
  ~ of nutrition Ernährungsphysiologie *f*
  bodily ~ Somatophysiologie *f*
  cell ~ Zellphysiologie *f*
  comparative ~ vergleichende Physiologie *f*
  developmental ~ Entwicklungsphysiologie *f*
  general ~ allgemeine Physiologie *f*
  plant ~ Pflanzenphysiologie *f*
  sensory ~ Sinnesphysiologie *f*
physiopathology Physopathologie *f*, pathologische Physiologie *f*
physiotope Physiotop *m*; Ökotop *m*
physocarpous blasenfrüchtig
physoclistous *(Icht.)* ohne Schwimmblasengang
physophorous *(Bot.)* blasentragend
physostomous *(Icht.)* mit Schwimmblasengang
phytal Phytal *n (Pflanzengebildeter Lebensbereich)*
phytium Pflanzenformation *f*, pflanzliche Formation *f*
phytivorous pflanzenfressend, phytophag, phytovor
phytoagglutinin Phytoagglutinin *n*, pflanzliches Agglutinin *n*
phytobiotic phytobiotisch, in den Pflanzen lebend
phytocecidia Phytozezidien *fpl (pflanzenverursachte Gallen)*
phytocenology Phytozönologie *f*, Pflanzensoziologie *f*, Geobotanik *f*
phytocenosis Phytozönose *f*, Pflanzengesellschaft *f*, Pflanzengemeinschaft *f*
phytodetritus Phytodetritus *m*, Pflanzendetritus *m*
phytoedaphon Phytoedaphon *n*, Bodenmikroflora *f*
phytogamy Kreuzbestäubung *f*
phytogenesis Phytogenese *f*, Pflanzenentstehung *f*
phytogenetics Phytogenetik *f*, Pflanzengenetik *f*
phytogenous phytogen; pflanzlich; pflanzlichen Ursprungs, durch Pflanzen hervorgerufen
phytogeny Phytogenie *f*, Pflanzenentstehung *f*
phytogeography Phytogeographie *f*, Pflanzengeographie
phytography Phytographie *f*, Pflanzenbeschreibing *f*
phytohormone Phytohormon *n*, Pflanzenhormon *n*
phytoid pflanzenähnlich
phytologic botanisch
phytology Phytologie *f*, Pflanzenkunde *f*, Botanik *f*

phytomass Phytomasse *f*, Pflanzenbiomasse *f*
phytome Vegetation *f*
phytometer Indikatorpflanze *f*; Indikatorpflanzengemeinschaft *f*
phytopalaeontology Paläobotanik *f*
phytoparasite Phytoparasit *m*, parasitische Pflanze *f*
phytopathology Phytopathologie *f*, Pflanzenpathologie *f*
phytophage Phytophage *m*, Pflanzenfresser *m*
phytophagous phytophag, pflanzenfressend
phytophenology Phytophänologie *f*
phytophilous phytophil; pflanzenbewohnend; pflanzenliebend
phytophysiology Pflanzenphysiologie *f*
phytoplankter Phytoplankter *m*; Algenplankter *m*
phytoplankton Phytoplankton *m*; Algenplankton *m*
phytoplanktont → phytoplankter
phytosociology Phytozönologie *f*, Pflanzensoziologie *f*
phytosterol Phytosterin *n*
phytosuccivorous pflanzensafternährend
phytotaxonomy Phytotaxonomie *f*, Pflanzentaxonomie *f*
phytoteratology Phytoteratologie *f*, Pflanzenteratologie *f*
phytotomy Phytotomie *f*, Pflanzenanatomie *f*
phytotoxic pflanzenschädlich, phytotoxisch
phytotoxin Phytotoxin *n*; Pflanzengift *m*; pflanzlicher Gift *m*
phytotrophic autotroph
pia weiche Hirnhaut *f*
pichiciego Gürtelmull *m (Chlamyphorus)*
  greater ~ Burmeister-Gürtelmull *m (Chlamyphorus retusus)*
  lesser ~ Gürtelmull *m*, Gürtelmaus *f (Chlamyphorus truncatus)*
pick 1. aufhacken, aufpicken; 2. pflücken *(z.B. Blumen)*
pickerel Hecht *m*; *pl* Hecht(fisch)e *mpl (Esocidae)*
  northern [white-spotted] ~ Gemeiner Hecht *m (Esox lucius)*
pickerelweed Haarblättriger Hahnenfuß *m (Ranunculus trichophyllus)*
pickle-plant Gemeiner Queller *m (Salicornia europaea)*
pickpocket [pickpurse] 1. Hirtentäschelkraut *n (Capsella bursa-pastoris)*; 2. Knöterich *m (Polygonum)*
picry Kletternder Giftsumach *m (Rhus radicans)*
picuda Amerikanischer Pfeilhecht *m*, Atlantischer Barrakuda *m (Sphyraena barracuda)*
piculets Zwergspechte *mpl*, Weichschwanzspechte *mpl (Picumninae)*
piddocks Bohrmuscheln *fpl (Pholadidae)*
pie Elster *f (Pica pica)*
  Chinese blue ~ Rotschnabelkitta *f*, Rotschnabel-Schweifkitta *f (Urocissa erythrorhyncha)*
  short-tailed green ~ Buschelster *f*, Kurzschwanzkitta *f (Cissa thalassina)*
piece Bruchstück *m*, Fragment *m*
piemarker → pieprint
pieplant Rhabarber *m (Rheum)*
pieprint Sammetpappel *f*, Chinesischer Hanf *m (Abutilon theophrasti)*
pierce durchdringen
pierids Weißlinge *mpl (Pieridae)*
piesesthesia Barästhesie *f*
piesimeter Barästhesiemeter *m*
pig Schwein *n*; Ferkel *n*; *pl* (Echte) Schweine *npl (Suidae)*
  bearded ~ Bartschwein *n*, Krausbartschwein *n (Sus barbatus)*
  bush ~ Buschschwein *n*, Flußschwein *n*, Pinselohrschwein *n (Potamochoerus porcus)*
  Eurasian ~ → wild pig
  giant forest ~ Waldschwein *n*, Riesenwaldschwein *n (Hylochoerus meinertzhageni)*
  Guinea ~ Meerschweinchen *n*, Hausmeerschweinchen *n (Cavia)*
  snuffing ~ Braunwal *m*, Meerschwein *n*, Tümmler *m (Phocaena)*
  true ~**s** Echte Schweine *npl (Suidae)*
  water ~ Wasserschwein *n*, Capybara *n (Hydrochoerus hydrochoerus)*
  wild ~ Wildschwein *n*, Wildes Schwein *n (Sus scrofa)*
pigeon Taube *f (Columba)*; *pl* Tauben *fpl (Columbidae)*
  band-tailed ~ Bandtaube *f*, Bindentaube *f*, Schuppenhalstaube *f (Columba fasciata)*
  blue rock ~ Felsentaube *f (Columba livia)*
  Cape ~ Taubensturmvogel *m*, Kap-Sturmvogel *m (Daption capensis)*
  fruit ~ Fruchttaube *f (Ducula)*
  green ~ Grüntaube *f (Treron)*; Sieboldtaube *f (Treron sieboldii)*
  kelp ~ Heringsmöwe *f (Larus fuscus)*
  red-billed ~ Rotschnabeltaube *f (Columba flavirostris)*
  sea ~ Cryllteiste *f (Cepphus grylle)*
  snow ~ Weißrückentaube *f*, Schneetaube *f (Columba leuconota)*
  speckled ~ Strichelhalstaube *f*, Guinea-Taube *f (Columba guinea)*
  white-crowned ~ Weißscheiteltaube *f*, Diademtaube *f (Columba leucocephala)*
  wild ~ → blue rock pigeon
  wood ~ Ringeltaube *f*, Holztaube *f*, Waldtaube *f (Columba palumbus)*
pigeonberry Kermesbeere *f (Phytolacca americana)*
pigeonfoot Weicher Storchschnabel *m (Geranium mollis)*
pigeontail Spießente *f (Anas acuta)*
pigment 1. Pigment *n*, Farbstoff *m*, Körperfarbstoff *m*; 2. pigmentieren, färben, sich färben
pigmental [pigmentary] Pigment..., pigmentär
pigmentation Pigmentierung *f*
pignut Ferkelnuß *f (Carya glabra)*
pig-root Schmalblättrige Binsenlilie *f (Sisyrinchium angustifolium)*
pigtail Klettenlabkraut *n (Galium aparine)*
pigweed 1. Weidenröschen *n (Epilobium angustifolium)*; 2. Gänsefuß *m (Chenopodium)*; 3. Fuchsschwanz *m*, Amarant *m (Amaranthus)*
  rough ~ Rauhhaariger Fuchsschwanz *m*, Krummer

Amarant *m (Amaranthus retroflexus)*
spreading ~ Weißrandiger Fuchsschwanz *m (Amaranthus blitoides)*
sweet ~ Wohlriechender Gänsefuß *m*, Mexikanisches Teekraut *n (Chenopodium ambrosiodes)*
tumble ~ Weißrandiger Fuschsschwanz *m (Amaranthus albus)*

pika Pfeifhase *m (Ochotona)*
Afghan [collared] ~ Rötlicher Pfeifhase *m (Ochotona rufescens)*
Indian ~ Großohriger Pfeifhase *m (Ochotona roylei)*
steppe ~ Steppen-Pfeifhase *m*, Zwergpika *m (Ochotona pusilla)*

pike Hecht *m (Esox)*; (Gemeiner) Hecht *m (Esox lucius)*; *pl* Hechte *mpl*, Hechtfische *mpl (Esocidae)*
adder ~ Viperqueise *f*, Zwergpetermännchen *n (Trachinus vipera)*
African ~ Hechtsalmler *m*, Wasserhund *m (Hepsetus odoe)*
Commerson's sea ~ Amerikanischer Pfeilhecht *m*, Atlantischer Barrakuda *m (Sphyraena barracuda)*
giant sea ~ Indomalayischer Barrakuda *m (Sphyraena jello)*
jack ~ Hecht *m (Esox)*
northern ~ (Gemeiner) Hecht *m (Esox lucius)*
sea ~ Picuda *m*, Kalifornischer Barrakuda *m*, Amerikanischer Pfeilhecht *m (Sphyraena picuda)*
skipjack ~ Echter Bonito *m (Katsuwonus pelamis)*
striped ~ Pfeilhecht *m*, Barrakuda *f (Sphyraena)*

pike-characoid Hechtsalmler *m (Boulengerella)*
African ~s Hechtsalmler *mpl*, Wasserhunde *mpl (Hepsetidae)*
South American ~s Hechtsalmler *mpl (Ctenoluciidae)*

pilchard 1. Pilchard *m*, (Atlantische) Sardine *f (Sardina pichardus)*; 2. Pazifik-Sardine *f*, Südamerikanische Sardine *f (Sardinops sagax)*
European ~ → pilchard 1.
gilt ~ Ohrensardine *f (Sardinella aurita)*
Japanese ~ Japanische Sardine *f*, Pazifik-Sardine *f (Sardinops melanosticta)*

pileate 1. hutförmig; kappenförmig; 2. mit Pilzhut, mit einem Hut bedeckt

pileorhiza Wurzelhaube *f*, Kalyptra *f*

pileous haarig, behaart

pileum Scheitel *m*

pileus 1. Pilzhut *m*; 2. Schirm *m (der Meduse)*

pili Fimbrien *fpl*
common ~ gewöhnliche Fimbrien *fpl*
F-[sex] ~ F-Fimbrien *fpl*, Geschlechtsfimbrien *fpl*

pilidium Pilidium *n*, Pilidiumlarve *f (Larve bestimmter Schnurwürmer, Nemertini)*

piliferous haartragend, haarig, behaart

piliform haarförmig; haarartig

piliwort Pillenfarn *m*, Pillenkraut *n (Pilularia)*

pilocarpous mit behaarten Früchten, behaartfrüchtig

pilose haarig, behaart

pilosity Behaarung *f*

pilolobate behaartlappig

pilomotor reflex Haaraufrichterkomplex *m*

pilophorous haartragend, haarig, behaart

pilot:
black [cockeye] ~ Sergeant-Major *m (Abudefduf saxatilis)*
rock ~s Sergeantfische *mpl*, Riffbarsche *mpl (Pomacenthridae)*
shark ~ Lotsenfisch *m*, Pilotfisch *m (Naucrates ductor)*

pilotweed Kompaßpflanze *f (Silphium)*

pilus Fimbrie *f*

pimentary Zitronenmelisse *f (Melissa officinalis)*

pimento Pimentbaum *m*, Nelkenpfeffer *m (Pimenta dioica)*

pimpernel 1. Gauchheil *m (Anagallis)*; 2. Bibernelle *f (Pimpinella)*
bastard ~ Ackerkleinling *m (Centunculus minimus)*
blue ~ Breitblättriges Helmkraut *n (Scutellaria laterifolia)*
bog ~ Zarter Gauchheil *m (Anagallis tenella)*
red ~ Ackergauchheil *n (Anagallis arvensis)*
scarlet ~ Ackergauchheil *m (Anagallis arvensis)*
water ~ Bunge *f (Samolus)*
wood ~ Hainfelberich *m*, Hain-Gilbweiderich *m (Lysimachia nemorum)*

pimpernelle Pimpernelle *m (Sanguisorba minor)*

pimple *(Bot.)* Blatter *f*, Blase *f*

pin:
entomological [insect] ~ Insektennadel *f*

pin-ball Kopfblume *f (Cephalanthus)*

pinbone Sitzbein *n*

pincer Kieferfühler *m*; Schere *f*, Zange *f*

pincers Pinzette *f*

pincushion Ackerwitwenblume *f*, Ackerknautie *f (Knautia arvensis)*

pine Kiefer *f*, Föhre *f (Pinus)*
Aleppo ~ Aleppofichte *f*, Aleppokiefer *f (Pinus halepensis)*
Alpine stone ~ → cembra pine
Arizona ~ Arizona-Kiefer *f (Pinus arizonica)*
Australian ~ Sumpf-Eiche *f (Casuarina equisetifolia)*
Austrian ~ Österreichische Schwarzkiefer *f (Pinus nigra)*
Balkan ~ Rumelische Weymoutskiefer *f (Pinus peuce)*
bastard ~ → loblolly pine
big-cone ~ Coulters Kiefer *f (Pinus coulteri)*
black Norway ~ Pech-Kiefer *f (Pinus rigida)*
Brazilian ~ Brazilianische Araukarie *f*, Schuppentanne *f (Araucaria brasiliana)*
bristle-cone ~ Grannen-Kiefer *f (Pinus aristata)*
British Columbia ~ 1. → Oregon pine; 2. → pond(er)osa pine
bull [Californian white] ~ → pond(er)osa pine
Canadian ~ → red pine
Canary Island ~ Kanarische Kiefer *f (Pinus canarien-*

sis)
Caribbean ~ Karaibische Kiefer *f (Pinus caribaea)*
Carolina ~ → river pine
cedar ~ Sibirische Kiefer *f (Pinus sibirica)*
celery-topped ~ Rauten-Farneibe *f (Phyllocladus rhomboidalis)*
Chilian ~ Chilenische Araukarie *f*, Chilifichte *f (Araucaria araucana)*
cluster ~ Meerstrand-Kiefer *f (Pinus pinaster)*
common ~ → Scotch pine
cork ~ → Weymouth pine
Corsican ~ Kalabrische Kiefer *f (Pinus laricio)*
Cuban ~ → Caribbean pine
cypress ~ Sandarakzypresse *f*, Sandarakbaum *m (Callitris)*
dammar ~ Dammarafichte *f (Agathi)*
deal ~ → Weymouth pine
digger ~ → gray-leaf pine
European ~ Weißtanne *f (Abies alba)*
foxtail ~ Balfours-Kiefer *f (Pinus balfouriana)*
gray ~ → Labrador pine
gray-leaf ~ Nuß-Kiefer *f (Pinus sabiniana)*
ground ~ Gelber Günsel *m*, Ackergünsel *m (Ajuga chamaepitys)*
hickory ~ → table-mountain pine
Himalayan ~ Tränenkiefer *f (Pinus wallichiana)*
hoop ~ Cunninghams Araukarie *f (Araucaria cunninghamii)*
Hudson Bay ~ → Labrador pine
Indian ~ → loblolly pine
Japanese black ~ Japanische Schwarzkiefer *f (Pinus thunbergii)*
Japanese red ~ Japanische Rotkiefer *f (Pinus densiflora)*
Japanese stone ~ → mountain pine 2.
kauri ~ Kaurifichte *f (Agathis australis)*
knotty parana ~ → Brazilian pine
Korean ~ Koreanische Kiefer *f (Pinus koraiensis)*
Labrador ~ Bankskiefer *f (Pinus banksiana)*
limber ~ Kalifornische Kiefer *f (Pinus flexilis)*
loblolly ~ Amerikanische Terpentinkiefer *f*, Weihrauchkiefer *f (Pinus taeda)*
lodgepole ~ Drehkiefer *f (Pinus contorta)*
long-shucks [long-straw] ~ → loblolly pine
Macedonian ~ → Balkan pine
Manchurian ~ → Korean pine
maritime ~ → cluster pine
meadow ~ 1. → loblolly pine; 2. Ackerschachtelhalm *m (Equisetum arvense)*
mountain ~ 1. Bergkiefer *f*, Krummholzkiefer *f (Pinus mugo)*; 2. Zwergkiefer *f (Pinus pumila)*
nigger ~ → river pine
northern ~ → Weymouth pine
Norway ~ → red pine
old-field ~ → loblolly pine
Oregon ~ Douglasfichte *f*, Douglastanne *f (Pseudotsuga menziesii)*
Oyster Bay ~ Sandarakbaum *m*, Schmuckzypresse *f (Callitris)*
Parana ~ → Brazilian pine
pinyon ~ → single-leaf pine
pond(er)osa ~ Gelbkiefer *m (Pinus ponderosa)*
poverty [prickly] ~ → table-mountain pine
prince's ~ → Labrador pine
pumpkin [Quebec yellow] ~ 1. → Weymouth pine; 2. Doldenwinterlieb *n*, Doldiges Winterlieb *n (Chimaptila umbellata)*
red ~ Harzkiefer *f*, Harzföhre *f (Pinus resinosa)*
river ~ Virginische Kiefer *f (Pinus virginiana)*
rock ~ → Labrador pine
rocky-mountain ~ → limber pine
rosemary ~ → loblolly pine
running ~ Keulen-Bärlapp *m (Lycopodium clavatum)*
sap ~ 1. → loblolly pine; 2. Pechkiefer *f (Pinus rigida)*
Scotch ~ Wald-Kiefer *f (Pinus silvestris)*
screw ~ Schraubenbaum *m*, Schraubenpalme *f (Pandanus utilis)*
scrub ~ → river pine
shore ~ → lodgepole pine
shortleaf [short-shucks] ~ → river pine
Siberian ~ → Korean pine
Siberian stone ~ → cedar pine
single-leaf ~ Nuß-Kiefer *f (Pinus monophylla)*
soft ~ → sugar pine
southern mountain ~ → table-mountain pine
stone ~ Pinie *f (Pinus pinea)*
sugar ~ Zucker-Kiefer *f*, Lambertskiefer *f (Pinus lambertiana)*
swamp ~ → loblolly pine
Swiss ~ → cembra pine
table-mountain ~ Stechende Kiefer *f (Punis pungens)*
torch ~ 1. → loblolly pine; 2. → sap pine
turpentine ~ Sumpf-Kiefer *f (Pinus palustris)*
umbrella ~ Schirmtanne *f (Sciadopitys verticillata)*
Virginia ~ → river pine
western yellow ~ → pond(er)osa pine
Weymouth ~ Weymo(u)thskiefer *f (Pinus strobus)*
whistling ~ Känguruhbaum *m*, Keulenbaum *m (Casuarina)*
white ~ → Weymouth pine
white-bark ~ Weißstengelige Kiefer *f (Pinus albi)*
yew ~ Schwarzfichte *f (Picea mariana)*

pineal 1. zapfenähnlich; 2. Zirbeldrüsen...
pineal-body 1. Pinealorgane *npl* der Wirbeltiere;; 2. Epiphyse *f*, Epiphysis *f* cerebri, Zirbeldrüse *f*, hinteres Pinealorgan *n* der Säugetiere
pineapple Ananas *m (Ananas comosus)*
pinecone Kieferzapfen *m*
pinedrops Fichtenspargel *m (Monotropa)*
pineweed Enzianähnliches Hartheu *n (Hypericum gentianoides)*
pinhei ro Pinheiro *n (Subtropischer Araucaria-Wald, Brasilien)*
pink 1. Nelke *f (Dianthus)*; 2. Buckellachs *m (Oncorhyn-*

chus gorbuscha)
Boston ~ → old-maid's pink 1.
bunch ~ → French pink
button ~ Breitblättrige Nelke *f (Dianthus latifolius)*
clove ~ Gartennelke *f (Dianthus caryophyllus)*
corn ~ Kornrade *f*, Ackerkümmel *m (Agrostemma githago)*
cottage ~ → common pink
cushion ~ Stengelloses Leimkraut *n (Silene acaulis)*
Deptford ~ Rauhe Nelke *f (Dianthus armeria)*
Dutch ~ Färberwau *m (Reseda luteola)*
fire ~ Virginisches Leimkraut *n (Silene virginica)*
flower-bunds ~ Rebhuhnbeere *f (Mitchella undulata)*
French ~ Bartnelke *f (Dianthus barbatus)*
grass ~ → Deptford pink
ground ~ → moss pink 1.
hedge ~ → old-maid's pink 1.
maiden [meadow] ~ Heidenelke *f (Dianthus deltoides)*
moss ~ 1. Moosphlox *m (Phlox subulata)*; 2. *(Portulaca grandiflora)*
mountain ~ → moss pink 1.
mullein ~ → corn pink
needle ~ Gemeiner [Schierlingsblättriger] Reiherschnabel *m (Erodium cicutarium)*
old-maid's ~ 1. Gemeines Seifenkraut *n (Saponaria officinalis)*; 2. → corn pink
proliferous ~ → childing pink
rainbow ~ Chinesische Gartennelke *f (Dianthus chinensis)*
sea ~ Gemeine Grasnelke *f (Armeria vulgaris)*
sheriff ~ Wiesenmargerite *f*, Wiesen-Wucherblume *f (Tanacetum vulgare)*
superb ~ Prachtnelke *f*, Pfauennelke *f (Dianthus superbus)*
wild ~ 1. → moss pink; 2. Blutnelke *f*, Kartäusernelke *f (Dianthus carthusianorum)*

pink-purse Ackerspergel *m (Spergula urvensis)*
pinkweed Vogelknöterich *m (Polygonum aviculare)*
pinna 1. Feder *n*; Flügel *m*; 2. Flosse *f*, Finne *f*; 3. Ohrmuschel *f*; 4. Federblatt *m*, Fiederblatt *n*
pinnate gefiedert, fiederig, federartig geteilt
abruptly ~ abgebrochen-gefiedert
interruptedly ~ unterbrochen-gefiedert
pinnately-cleft fiederspaltig
pinnately-compound gefiedert-zusammengesetzt, gefiedert
pinnately-conjugated fiederig gepaart
pinnately-cut fiederschlitzig
pinnately-leaved fiederblättrig
pinnately-lobed fiederlappig
pinnately-parted fiederteilig
pinnately-sected fiederschnittig
pinnatifid fiederspaltig
pinnatilobate fiederlappig
pinnatipartite fiederteilig
pinnatodentate fiederig gezähnt
pinnigrade → pinniped
pinniform federförmig, fiederförmig
pinninervate fiedernervig
pinniped 1. Flossenfüßer *m*; *pl* Flossenfüßer *mpl*, Robben *fpl (Pinnipedia)*; 2. flossenfüßig
pinnosous reich gefiedert
pinnular Fiederblättchen...
pinnulate kleinfiedrig
pinnulated *(Bot.)* doppelt gefiedert
pinnule 1. Pinnule *f (bei den Seesternen)*; 2. Federchen *n* 3. Flössel *n*, 4. Fiederchen *n*, Fiederblattchen *n*
pintado 1. Kap-Sturmvogel *m (Daption capensis)*; 2. Helmperlhuhn *n (Numida meleagris)*
pintail 1. Spießente *f (Anas acuta)*; 2. Spieß-Flughuhn *n (Pterocles alchata)*
African ~ Rotschnabelente *f (Anas erythrorhynchos)*
Bahama ~ Bahama-Ente *f (Anas bahamensis)*
brown ~ → yellow-billed pintail
common ~ → pintail 1.
yellow-billed ~ Spitzschwanzente *f (Anas georgica)*

pinweed Gemeiner Reiherschnabel *m (Erodium cicutarium)*
piny Kiefern..., Föhren...
pioneer Pionier *m*; Pioniergewächs *n*; Erstbesiedler *m*
piopio Piopio *n (Turnagra capensis)*
pip 1. Same *m*; Obstkern *m*; 2. Wurzelknolle *f*; 3. Pfeifen
pipe 1. Rohr *n*, Röhre *f*; 2. Luftröhre *f*; 3. Pfeifen *n*; Piepsen *n*; 4. pfeifen; quiecken, piepsen; flöten
pipefish Seenadel *f (Syngnathus); pl* Seenadeln *fpl (Syngnathidae)*
Atlantic ~ Kantige Seenadel *f (Syngnathus phlegon)*
black-striped ~ Schwarzmeer-Seenadel *f (Syngnathus nigrolineatus)*
broad-nosed [deep-nosed, deep-snouted] ~ Breitschnäuzige Seenadel *f (Syngnathus typhle)*
greater ~ Große [Gemeine] Seenadel *f (Syngnathus acus)*
lesser ~ Kleine Seenadel *f (Syngnathus rostellatus)*
narrow-snouted ~ Dünnrüßelige Seenadel *f*, Schmalschnäuzige Seenadel *f (Syngnathus tenuirostris)*
snike ~ Große Schlangennadel *f (Entelurus aequoreus)*
straight-nosed ~ Kleine Schlangennadel *f (Nerophis ophidion)*
worm ~ Wurmfisch *m*, Krummschnäuzige Schlangennadel *f (Nerophis lumbriciformis)*

piper 1. Pfeffer *m (Piper)*; 2. Pfeifenfisch *m*, Leierknurrhahn *n (Trigla lyra)*
piperate gepfeffert; nach Pfeffer schmeckend
piperidge Berberitze *f*, Sauerdorn *m (Berberis)*
pipet(te) Pipette *f*
pipettor Pipettor *m*, Pipettiergerät *n*
pipewort Kugelbinse *f (Eriocaulon)*
flattened ~ Zusammengedrückte Kugelbinse *f (Eriocaulon compressum)*
hairy ~ Zweischneidige Kugelbinse *f (Eriocaulon anceps)*

pipit Pieper *m (Anthus)*

American ~ → rock pipit 1.
Indian tree ~ Waldpieper *m*, Indischer Baumpieper *m* *(Anthus hodgsoni)*
little ~ Buschpieper *m (Anthus caffer)*
meadow ~ Wiesenpieper *m (Anthus pratensis)*
New Zealand ~ Spornpieper *m (Anthus novaeseelandiae)*
plain-backed ~ Braunrückenpieper *m (Anthus leucophrys)*
red-throated ~ Rotkehlpieper *m (Anthus cervinus)*
Richard's ~ → New Zealan pipit
rock ~ 1. Wasserpieper *m*, Bergpieper *m*, Strandpieper *m (Anthus spinoletta)*; 2. Klippenpieper *m (Anthus crenatus)*
short-tailed ~ Kurzschwanzpieper *m (Anthus brachyurus)*
tawny ~ Brachpieper *m (Anthus campestris)*
tree ~ Baumpieper *m (Anthus trivialis)*
water ~ → rock pipit 1.
yellow-breasted ~ Gelb(brust)pieper *m (Anthus chloris)*

pipping Durchpicken *n*
piquero Guanotölpel *m (Sula variegata)*
piranha Sägesalmler *m (Serrasalmus); pl* Sägesalmler *mpl (Serrasalnidae)*
big ~ Piraya *m*, Piranha *m (Serrasalmus piraya)*
common ~ Natterers Sägesalmler *m (Serrasalmus nattereri)*
white ~ Gefleckter Sägesalmler *m (Serrasalmus rhombeus)*

piscicide Piscizid *n*, fischtötendes Mittel *n*
piscicolous piscikol, fischbewohnend
pisciculture Piscikultur *f*, Fischzucht *f*
piscifauna Fischfauna *f*, Ichthyofauna *f*
piscine Fisch..., Ichthyo...
piscivorous piszivor, fischfressend
piskies Große Sternmiere *f (Stellaria holostea)*
pistache [pistachio] Echte Pistazie *f (Pistacia vera)*
pistil *(Bot.)* Stempel *m*, Pistillum *n*
pistillary stempelartig; Stempel...
pistillate stempeltragend
pistillid(ium) Archegonium *n*
pit 1. Grübchen *n*; Grube *f*; 2. Pore *f*; 3. Falle *f*, Fallgrube *f*
nasal [olfactory] ~ Riechgrube *f*
nectariferous ~ Nektargrube *f*, Nektarspalte *f*
rutting ~ Brunftgrube *f*
sieve ~ Siebpore *f*

pitanga Kirschmyrte *f (Eugenia uniflora)*
pitch 1. Pech *n*, Harz *n*; 2. Neigung *f*, Gefälle *n*; 3. Grad *m*, Stufe *f*, Höhe *f*
pitcher(-leaf) Blattschlauch *m*
pitch-forks Nickender Zweizahn *m (Bidens cernua)*
pitchi-pitchi Inneraustralische Springbeutelmaus *f (Antechinomys spencer)*
pitfall Fanggrube *f*, Fallgrube *f*, Falle *f*
pith Mark *n*
pithekoid pithekoid, affenähnlich
pithless marklos
pithwood Markholz *n*
pithy markig, Mark...
pitted Tüpfel..., getüpfelt; kleingrubig; grubig
pituicyte Pituizyt *n (Gliazelle der Neurohypophyse)*
pituitary 1. pituitär; schleimig; schleimabsondernd, schleimsezernierend; 2. Hypophysen..., Hirnanhangs...; 3. Hypophyse *f*, Hirnanhangsdrüse *f*
pitvessel Tüpfelgefäß *n*
pixie 1. Große Sternmiere *f (Stellaria holostea)*; 2. Blühendes Moos *n (Pyxidanthera)*
place Platz *m*
breeding ~ Brutplatz *m*
drinking ~ Tränke *f*, Wildtränke *f*
heading ~ Futterplatz *m*, Futterstelle *f*
nesting ~ Nistplatz *m*, Niststelle *f*
rutting ~ Brunftplatz *m*
watering ~ → drinking place

placenta 1. Plazenta *f*; Mutterkuchen *m*; 2. *(Bot.)* Samenleiste *f*; Samenträger *m*
placental plazentar, Plazenta...
placentate mit ausgebildeter Plazenta
placentation Plazentation *f*, Plazentogenese f, Plazentabildung *f*
placode Plakode *f*
auditory ~ Labyrinthbläschen *n*, Ohrplatte *f*
cephalic ~ Kopfplakode *f*
lens ~ Linsenplatte *f*

placoid plakoid, plattenförmig
plagiopatagium Plagiopatagium *n*, Flughaut *f (Wirbeltiere ohne Vögel)*
plagiogeotropism Plagiogeotropismus *m*, plagiogeotropische Reaktion *f*
plagiophyllous schiefblättrig
plagiostomous schiefmundig
plagiotropism Plagiotropismus *m*, Klinotropismus *m*, plagiotropische Reaktion *f*
plague Seuche *f*, Plage *f*, Pest *f*
plaice Scholle *f*; Butt *m*; Flunder *f*; Scholle *f (Pleuronectes)*; *pl* Schollen *fpl*, Flundern *fpl (Pleuronectidae)*
Alaska ~ Vierhöckerige Scholle *f (Pleuronectes quadrituberculatus)*
Canadian ~ Rauhe Scholle *f*, Rauhe Scholle *f (Hippoglossoides platessoides)*
scaly-eyed ~ Stachelscholle *f (Acanthopsetta)*
true ~ Gemeine Scholle *f*, Goldbutt *m (Pleuronectes platessa)*

plain 1. glatt, einfach; 2. Ebene *f*, Flachland *n*
flood ~ 1. Aue *f*, Flußaue *f*; 2. Überschwemmungsgebiet *f*, Überschwemmungsfläche *f*

plane 1. Fläche *f*; Ebene *f*; 2. Platane *f (Platanus)*
American ~ → westernplane
cleavage ~ Furchungsfläche *f*
division ~ Teilungsebene *f*
eastern [European] ~ Morgenländische [Orientalische]Platane *f (Platanus orientalis)*
equatorial ~ Äquatorialebene *f*

frontal ~ Frontalebene *f*; Vorderfläche *f*
London ~ Ahornblättrige Platane *f*, Strauchplatane *f* *(Platanus acerifolia)*
median ~ Medianebene *f*
nasal ~ Nasenspiegel *m*
oriental ~ → eastern plane
rostral ~ Rüsselscheibe *f*
sagittal ~ Sagittalebene *f*
western ~ Abendländische [Amerikanische] Platane *f* *(Platanus occidentalis)*
planea Blastea *f*
planeton Migrierende Art *f*, Wanderart *f*; Migrant *m*
planetous migrierend, wandern, ziehend
planicaulous flachstengelig; plattstielig
planiculmous flachhalmig, platthalmig
planiflorous flachblütig
planifolious flachblättrig
planinervous flachnervig, flachadrig
planisiliquous flachschotig; flachhülsig
planigale Flachkopfbeutelmaus *f* *(Planigale)*
plankter Plankter *m*, Planktont *m*
planktivorous planktivor, planktonfressend
planktology Plankto(no)logie *f*, Planktonlehre *f*
plankton Plankton *n*
false ~ unechtes Plankton *n*, Pseudoplankton *n*
plankton-bloom Planktonblüte *f*, Planktonmassenentwicklung *f*
plankton-eater Planktonfresser *m*, planktivores [planktonfressendes] Tier *n*
plankton-eating [plankton-feeding] planktivor, planktonfressend
planktonic planktonisch; Plankton...
plankton-net Planktonnetz *n*
planktonophage Planktonfresser *m*
planktont Plankter *m*, Planktont *m*, Planktonorganismus
planocellular flachzellig
planktophyte Planktophyt *n*, Planktonalge *f*
planocyte Planozyt *m*, Wanderzelle *f*
planogamete Planogamet *m*, Zoogamet *m*, begeißelter Gamet *m*
planospore Planospore *f*, Zoospore *f*, begeißelte Spore *f*
planozygote Planozygote *f*, begeißelte Zygote *f*
plant 1. Pflanze *f*, Gewächs *n*; 2. pflanzen, einpflanzen, anpflanzen; 3. Gerät *n*; Apparatur *f*; Anlage *f*
abased alpine ~s hinabsteigende Alpenpflanzen *fpl*
accompanying ~ Begleitpflanze *f*, Begleiter *m*; *pl* Begleitflora *f*
acidophilous ~ Azidophyt *m*, azidophile Pflanze *f*
adornment ~ Zierpflanze *f*
adventitious ~ Adventivpflanze *f*
aerial ~ Aerophyt *m*; Luftpflanze *f*
air ~ Epiphyt *m*
alpigenous ~ Alpenpflanze *f*
amphibious ~ Amphiphyt *m*, amphibische [semiterrestrische] Pflanze *f*
annual ~ Annuelle *f*, einjährige Pflanze *f*
aquatic ~ Wasserpflanze *f*, Hydrophyt *m*
aromatic ~ wohlriechende Pflanze *f*, Duftpflanze *f*
artillery ~ Kanonierpflanze *f* *(Pilea)*
autochorous ~ Autochore *f*
bastard sensitive ~ Virginischer Süßklee *m* *(Hedysarum virginicum)*
bee ~ Bienenblume *f*, Honigblume *f*
beef-steak ~ Halbstrauchige Schwarznessel *f* *(Perilla frutescens)*
berry ~ Beerenfruchtpflanze *f*
biennial ~ zweijährige Pflanze *f*
binding ~ flugsandbindende Pflanze *f*; bodenbefestigende Pflanze *f*
blue ~ Sesam *m* *(Sesamum)*
bulbotuberiferous ~ Knollenzwiebelpflanze *f*
burr ~ Wurzelsproßpflanze *f*
candle ~ Gliederkreuzkraut *n* *(Senecio articulatus)*
carpet ~ Teppichbeetpflanze *f*; *pl* Kräuterdecke *f*, Grasdecke *f*
carpostrate ~ fruchtverbreitende Pflanze *f*, Fruchtverbreiter *m*
castor-oil ~ Rizinusstaude *f*, Wunderbaum *m* *(Ricinus*
century ~ Mexikanische Agave *f* *(Agave americana)*
chalicad ~ Kiesgeröllpflanze *f*, Schottenpflanze *f*
chalk ~ Gipskraut *n* *(Gypsophila)*
character ~ Charakterartpflanze *f*, Charaktergewächs
chimochlorous ~ Wintergrünpflanze *f*
Chinese silk ~ Ramiepflanze *f* *(Boehmeria nivea)*
chiropterophilous ~ Chiropterophil *n*, fledermausbestäubende Pflanze *f*, Fledermauspflanze *f*
climbing ~ Kletterpflanze *f*
clinging ~ anhaftende [anklammernde] Pflanze *f*
corkscrew ~ Wendelähre *f*, Drehwurz *f* *(Spiranthes)*
cotton ~ Baumwolle *f* *(Gossypium)*
cover ~ Bodendecker *m*
creeping ~ Kriechpflanze *f*, kriechendes Gewächs *n*
crop ~ Nutzpflanze *f*
culm ~ Halmgewächs *n*
cultivated ~ Kulturpflanze *f*
cushion ~ Polsterpflanze *f*
dew ~ Sonnenkraut *n*, Sonnentau *m* *(Drosera)*
diageic ~ stolonenbildende Pflanze *f*
dicotyledonous ~ zweikeimblättrige Pflanze *f*
drought-enduring ~ dürreresistente Pflanze *f*
drought-escaping [drought-evading] ~ dürremeidende Pflanze *f*
drug ~ Arzneipflanze *f*, Heilpflanze *f*
dwarf ~ Zwergpflanze *f*
dye ~ Farbpflanze *f*, Färberpflanze *f*
earth ~ Geophyt *n*
edible ~ eßbare Pflanze *f*, genießbare Pflanze *f*
entomophilous ~ insektenblütige Pflanze *f*, Insektenblüter *m*
erratic ~ Errante *f*, frei bewegliche Pflanze *f*
eurytopic ~ eurytopische Pflanze *f*, Euryvalent *n*
fibre ~ Faserpflanze *f*
fitroot ~ Fichtenspargel *m* *(Monotropa)*
floating ~ Schwimmpflanze *f*, Schwebepflanze *f*

flowering ~ Blütenpflanze *f*, blühende Pflanze *f*
food ~ Nahrungspflanze *f*, Speisepflanze *f*, Nährpflanze *f*
forage ~ Futterpflanze *f*
fragrant ~ Duftpflanze *f*, wohlriechende Pflanze *f*
freshwater ~ Süßwasserpflanze *f*
frog ~ Dreiblättrige Fetthenne *f (Sedum triphyllum)*
gas ~ Diptam *m (Dictamnus)*
ginger ~ Zingiber *m (Zingiber)*
gopher ~ → mole plant
graminifolious ~ grasartige Pflanze *f*, Halmgewächs *n*
grass-cloth ~ → Chinese silk plant
gypsophilous ~ Gipspflanze *f*, gipsliebende Pflanze *f*
halophilic ~ halophile [salzliebende] Pflanze *f*
hay ~ Steckenkraut *n (Prangos)*
herbaceous ~ Kraut *n*, Krautgewächs *n*
higher ~ höhere Pflanze *f (Bryophyta, Pteridophyta, Spermatophyta)*
honey ~ → bee plant
hopkoop ~ Buschklee *m (Lespedeza)*
host ~ Wirtspflanze *f*
house ~ Zimmerpflanze *f*
humble ~ → sensitive plant
humus ~ Humusbildner *m*
hydrophytic ~ Hydrophyt *m*, Wasserpflanze *f*
ice ~ Eisblume *f*, Eiskraut *n (Mesembryanthemum)*
indicator ~ Indikatorpflanze *f*, Leitpflanze *f*, Zeigerpflanze *f*
industrial ~ Rohstoffpflanze *f*
inedible ~ ungenießbare Pflanze *f*
inferior ~ niedrige Pflanze *f*
insectivorous ~ insektenfressende Pflanze *f*
land ~ Landpflanze *f*
lead ~ Grauer Bastardingigo *m (Amorpha canescens)*
ligneous ~ Holzpflanze *f*
long-day ~ Langtagpflanze *f*
lower ~ niedere Pflanze *f*
macrophytic ~s Makroflora *f*
maternal ~ Mutterpflanze *f*
matrimony ~ → money plant
medicinal ~ Arzneipflanze *f*, Heilpflanze *f*
meliferous ~ → bee plant
milkweed ~ milchsaftproduzierende Pflanze
mole ~ Spingwolfsmilch *f (Euphorbia lathyris)*
money ~ Einjähriges Silberblatt *n (Lunaria annua)*
monocotyledonous ~ einkeimblättrige Pflanze *f*
monoecious ~ einhäusige [monözische] Pflanze *f*
musk ~ 1. Moschusmalve *f (Malva moschata)*; 2. Moschuskraut *n*, Moschusgauklerblume *f (Mimulus moschatus)*
myrmecochorous ~ Ameisenpflanze *f*, Mirmekochor *n*
myrmecotrophic ~ Myrmekotroph *m*, Ameisenernährende Pflanze *f*
mysterious ~ → paradise plant
night-flowering ~ Nachtblüher *m*
nitrogen-loving [nitrophilous] ~ Nitrophyt *m*, stickstoffliebende Pflanze *f*
nut ~ nußfrüchtige Pflanze *f*
obedient ~ Drachenkopf *m (Dracocephalum)*
oil ~ 1. Öl(samen)pflanze *f*; 2. Gemeiner Wunderbaum *m*, Kastorbohne *f (Ricinus communis)*
ombrophilous ~ ombrophile Pflanze *f*, Regenpflanze *f*
omum ~ Kümmel *m (Carum)*
ornamental ~ Zierpflanze *f*; Ornamentalpflanze *f*
oyster ~ 1. Golddistel *f (Scolymus)*; 2. Pferdezunge *f (Mertensia maritima)*
papilionaceous ~s Hülsenfrüchtler *mpl*, Hülsengewächse *npl (Fabaceae)*
paradise ~ Gemeiner Seidelbast *m (Daphne mezereum)*
parent ~ Elternpflanze *f (P-Generation)*
pearl ~ Steinsame *m (Lithospermum)*
pepper ~ Knöterich *m (Polygonum)*
perennial ~ ausdauernde, mehrjährige, perennierende Pflanze *f*
phanerogamic ~ Blütenpflanze *f*, *pl* Phanerogamen *mpl*
pilot ~ Experimentalgerät *n*, Experimentalapparatur *f*
pioneer ~ Pioniergewächs *n*, Pionierpflanze *f*
pipe ~ Fichtenspargel *m (Monotropa)*
pistillate ~ weibliche Pflanze *f*
pitcher ~ Kannenpflanze *f*, Schlauchpflanze *f (Sarracenia)*
podded ~ Hülsenpflanze *f*, Hülsengewächs *n*
poisonous ~ Giftpflanze *f*
polar ~ Kompaßpflanze *f (Silphium)*
polster ~ Polsterpflanze *f*, Polsterstaude *f*
prometatropic ~ Prometatroppflanze *f*, obligater Fremdbefruchter *m*
prostrate ~ Kriechpflanze *f*, niederliegende Pflanze *f*, Kriechende Pflanze *f*
pulse ~ → podded plant
purification ~ Kläranlage *f*, Abwasserreinigungsanlage *f*
red-ink ~ Amerikanische Kermesbeere *f (Phytolacca americana)*
resurrection ~ Felsen-Bärlapp *m (Lycopodium rupestris)*
rhizome ~ Wurzelstockpflanze *f*, Rhizompflanze *f*
rice-paper ~ Reispapierbaum *m (Tetrapanax papyriferus)*
roadside growing ~ Trittpflanze *f*
rock ~ Scharfer Mauerpfeffer *m (Sedum acre)*
Roman ~ 1. Duftmyrre *f (Myrrhis odorata)*; 2. Guter Heinrich *m (Chenopodium bonus-henricus)*
rosette ~ Rosettenpflanze *f*
rosin ~ Terpentin-Kompaßpflanze *f (Silphium terebinthinaceum)*
rubber ~ Kautschukträger *m*, kautschukhaltige Pflanze *f*
rupicolous ~ Fels(en)pflanze *f*, Lithophyt *m*, Petrophyt *m*, Epilith *m*
salt marsh ~ Salzwiesenpflanze *f*, Strandwiesen-

pflanze *f*
saxicolous ~ Felsenpflanze *f*, Lithophyt *m*
scandent ~ Rankenpflanze *f*
sclerophyllous ~ Hartlaubpflanze *f*, sklerophylle Pflanze *f*
scrofula ~ Skrofelkraut *n*, Braunwurz *f (Scrophularia)*
seed(-bearing) ~ Samenpflanze *f*
semi-rosette ~ Halbrosettenpflanze *f*
sensitive ~ Sinnpflanze *f (Mimosa pudica)*
shade-enduring ~ schattenbeständige Pflanze *f*
shade-requiring ~ Schattenpflanze *f*
shallow-rooted ~ Flachwurzler *m*, flachwurzelnde Pflanze *f*
short-day ~ Kurztagpflanze *f*
siliciphilous ~ Kieselpflanze *f*; Kieselbodenpflanze *f*
skeet ~ Gemeiner Bärenklau *m*, Wiesen-Bärenklau *m (Heracleum sphondylium)*
slipper ~ Pantoffelblume *f (Calceolaria)*
snow-favored ~ Chionophyt *m*, chionophile Pflanze *f*
solute ~ nichtwurzelnde Pflanze *f*
spice ~ Würzpflanze *f*, Gewürzpflanze *f*
spider ~ Spinnenpflanze *f (Cleome)*
spore-bearing ~ Sporenpflanze *f*
staminate ~ männliche Pflanze *f*
steppe ~ Steppengewächs *n*, Steppenpflanze *f*
stiff-leaved ~ Hartlaubpflanze *f*
stove ~ Treibhauspflanze *f*
submersed ~ Unterwasserpflanze *f*
succulent ~ sukkulente Pflanze *f*
succulent-leaved ~ Blattsukkulente *f*
sugar ~ Zuckerpflanze *f*
sun ~ 1. Heliophyt *m*; Sonnenpflanze *f*, Lichtpflanze *f*; 2. Großblütiger Portulak *m (Portulaca grandiflora)*
surface ~ Chamaephyt *m*
sylvestral ~ Waldpflanze *f*
tall aerial ~ Phanerophyt *m*, Luftpflanze *f*, Landpflanze *f*
tanniferous ~ Gerbstoffpflanze *f*
tea ~ Teestrauch *m (Thea)*
telegraph ~ Wandelklee *m (Desmodium)*
tendril-climbing ~ Rankenkletterer *m*
terrestrial ~ Landpflanze *f*
textile ~ Faserpflanze *f*
thorn cushion ~ Igelpolsterpflanze *f*, Dornpolsterpflanze *f*
thunder ~ Dachhauswurz *f (Sempervivum tectorum)*
tortoise ~ Elefantenfuß *m*, Schildkrötenpflanze *f (Testudinaria)*
trailer ~ niederliegende Pflanze *f*, Kriechpflanze *f*
tuberous ~ Knollenpflanze *f*
turf-forming ~ rasenbildende Pflanze *f*
twining ~ Schlingpflanze *f*
umbrella ~ Cyperngras *n (Cyperus)*
undesirable ~ Unkraut *n*, Wildkraut *n*
unicorn ~ Gemsenhorn *n (Martynia)*
useful ~ Nutzpflanze *f*
vanilla ~ Wohlriechende Prachtscharte *f (Liatris odoratissima)*
vascular ~ Gefäßpflanze *f*, Leitbündelpflanze *f*, Tracheophyt *m*
velvet ~ Kleinblütige Königskerze *f (Verbasum thapsus)*
warmhouse ~ Treibhauspflanze *f*
water ~ Wasserpflanze *f*, Hydrophyt *m*
wax ~ Wachsblume *f*, Porzellanblume *f (Hoya carnosa)*
wild ~ Wildpflanze *f*, wildwachsende Pflanze *f*
wishbone ~ Rückwärtsgekehrte Wunderblume *f (Mirabilis retrorsa)*
woody ~ Baumpflanze *f*, Holzgewächs *n*
zoidogamic ~ Tierblütler *m*

planta 1. Fußsohle *f*; 2. Rückseite *f* des Tibiotarsus *n (Vögel)*; 3. Prätarsus *m (Insektenbein)*; 4. Planta *f*, sohlenartige Endplatte der Afterfüsse von Schmetterlingsraupen

plantain 1. Wegerich *m (Plantago)*; 2. Pisang *m*, Banane *(Musa)*; 3. Banane *f (Frucht)*
broad-leaved ~ → common plantain
buck's horn ~ Krähenfuß-Wegerich *m (Plantago coronopus)*
buckthorn ~ Lanzettblättriger Wegerich *m*, Spitzwegerich *m (Plantago lanceolata)*
common [dooryard] ~ Breitwegerich *m (Plantago major)*
dwarf ~ Virginischer Wegerich *m (Plantago virginica)*
English ~ → buckthorn plantain
greater ~ → common plantain
heart-leaved ~ Herzblättriger Wegerich *m (Plantago cordata)*
hoary ~ Mittelwegerich *m*, Weidewegerich *m (Plantago media)*
long ~ → buckthorn plantain
netleaf ~ Flaumblättrige Nestwurz *f (Neottia pubescens)*
rattlesnake ~ Flaumblättriges Netzblatt *n (Goodyera pubescens)*
ribwort [ripple] ~ → buckthorn plantain
round-leaf ~ → common plantain
sand ~ → whorled plantain
sea(side) ~ Strandwegerich *m (Planrago maritima)*
shoreweed ~ Einblütiger Wegerich *m (Plantago uniflora)*
spotted ~ 1. → rattlesnake plantain; 2. → net leaf plantain
water ~ 1. Gemeiner Froschlöffel *m (Alisma plantago-aquatica)*; 2. → heart-leaved plantain
waywide ~ → common plantain
white ~ → dwarf plantain
whorled ~ Indischer Wegerich *m (Plantago indica)*

plantar plantar, Fußsohlen...; fußsohlenwärts
plantation 1. Plantage *f*, Pflanzung *f*; 2. Waldschonung *f*
plant-feeder Phytophag *m*, Pflanzenfresser *m*
plant-filled bewachsen; pflanzenbedeckt
plantigrade 1. plantigrad, auf den Fußsohlen gehend;

2. Sohlengänger *m*
planting Einpflanzung *f*, Anpflanzung *f*
~ out Auspflanzung *f*; Vorpflanzung *f*; Setzen *n*
plantlet [plantling, plantule] Schößling *m*; Keimling *m*
planula Planula *f (freischwimmende Flimmerlarve der Cnidaria)*
plaque 1. Plaque *m*, Fleck *m*; 2. Lysezone *f*; Loch *n (z.B. im Bakterienrasen)*
plasm(a) Plasma *n*
plasmacyte Plasmazyt *n*, Plasmazelle *f*
plasmalemma Plasmalemm *n*, Plasmamembran *f*, äußere Zellmembran *f*
plasmatic plasmatisch; zytoplasmatisch, Plasma...
plasmid Plasmid *n*
bifunctional ~ bifunktionelles Plasmid *n*, binärer Vektor *m*, Schuttle-Vektor *m*
relaxed ~ schwach kontrolliertes Plasmid *n*
plasmode [plasmodium] Plasmodium *n*, Syncytium *n*
plasmogamy Plasmogamie *f*, Plasmaverschmelzung *f*
plasmolysis Plasmolyse *f*
plasmolytic plasmolytisch
plasson undifferenziertes Zytoplasma *n*
plastic 1. plastisch; 2. formbildend, gestaltend
plasticity Plastizität *f*; Formbarkeit *f*
plastid Plastide *f*
plastidome Plastidom *n*, Plastidotyp *m*
plastocont Plastokont *m*, Chondriokont *m*
plastron Plastron *m*; knöcherner Bauchschild *m (Schildkröten)*
platanna Krallenfrosch *m*, Spornfrosch *m (Xenopus)*
Cape ~ Gills Krallenfrosch *m*, Zwergkrallenfrosch *m (Xenopus gilli)*
common ~ Glatter [Großer] Krallenfrosch *m (Xenopus laevis)*
northern [tropical] ~ Müllers Krallenfrosch *m (Xenopus muelleri)*
platanner Engelhai *m*, Meerenengel *m (Squatina)*
plate 1. Platte *f*; 2. Platte *f*, Schuppe *f*; 3. Platte *f*, Plaque *n*, 4. plattieren, ausstreichen
alar ~ Flügelplatte *f*
cribriform ~ Siebplatte *f (des Siebbeins)*
equatorial ~ Äquatorialplatte *f*, Metaphaseplatte *f*
gill ~ Kiemenlamelle *f*
horny ~ Hornplatte *f*
interambulacral ~ → ambital plate
medullary ~ Medullarplatte *f*, Neuralplatte *f*
metaphase ~ → equatorial plate
nuclear ~ → equatorial plate
paddle ~ → swimming plate
slide ~ Objektträger *m*, Tragglas *n*
yolk ~ Dottermembran *f*
platelet 1. Plättchen *n*; 2. → blood plate
platiculture Plattenkultur *f*
plating Plattieren *n*, Ausstreichen *n*, Ausplattierung *f (Mikrobiologie)*
replica ~ Replika-Technik *f*, Stempeltechnik *f*
platy → platyfish
platyacanthous breitstachelig
platybasic platybasal
platycarpous breitfrüchtig
platycentrous breitspornig
platycephalic plattköpfig
platycerous breithornig
platydactyl(e) breitfingerig
platyfish Schwertträger *m (Xiphophorus)*
platyglossous breitzungig
platyneurous breitnervig, breitadrig
platynotous breitrückig
platyodontous breitzähnig
platyphyllous breitblättrig
platypus Schnabeltier *n (Ornithorhynchus anatinus)*
duck-billed ~ → platypus
platyrhynchous breitschnabelig
platysma Platysma *f*, Hautmuskel *m* des Halses
platyspermous breitsamig
platystachyous breitährig
play 1. Spiel *n*, Spielen *n*; 2. spielen
play-biting Scheinbeißen *n*
play-fighting Kampfspiel *n*, Scheinkampf *m*
platystigmous breitnarbig
platytaenious breit gebändert
pleated gefaltet
plectenchyma Plektenchym *n*, Flechtgewebe *n*
plectrocarpous spornfrüchtig
pleiocephalous dichtfrüchtig
pleiochasium Pleiochasium *n*, Trugdolde *f*
pleiocotyl Pleiokotyl(gewächs) *n*
pleiogonous dichtkantig; dichtseitig
pleiopetalous pleiopetal *(mit vermehrter Kronblattzahl)*
pleiophage Pleiophag *m*, Wirt steter Schmarotzer *m*
pleiophyllous dichtblättrig
pleiosorous mit Sporenhäufchen dicht besetzt
pleiotaxis [plelotaxy] Pleiotaxie *f (abnorme Vermehrung der Blattquirle)*
pleiomous vielschnittig; vielteilig
pleiotropic pleiotrop, polyphänisch
pleiotropy Pleiotropie *f*, Polyphänie *f*
pleomorphic pleomorph, vielgestaltig, polymorph
pleomorphism [pleomorphy] Pleomorphie *f*, Vielgestaltigkeit *f*
pleon Pleon *n*, Abdomen *m*, Hinterleib *m (Malacostraca)*
posterior ~ Postabdomen *m*
pleophagous pleophag, polyphag
pleopod Pleopode *f*, Abdominalfuß *m*, Bauchfuß *m (der Krebstiere)*
pleotrophic pleophag, polyphag
plesiobiosis Plesiobiose *f (Nachbarschaft von Insektenstaaten verschiedener Arten)*
pleura Pleura *f*, Brustfell *n*
mediastinal ~ Mittelfell *n*
pulmonary ~ Lungenfell *n*
pleuracanthous seitenstachelig
pleural pleural, zum Brustfell gehörig
pleurapophysis Pleurapophyse *f*

pleurenchyma Pleurenchym *n*, Holzparenchym *n*
pleurite *(Ent.)* Pleurit *m (Seitenplatte des Thorakalsegmentes bei Arthropoden)*
pleurocarpic [pleurocarpous] seitenfrüchtig
pleurocarpous *(Bot.)* seitenfrüchtig, rippenfrüchtig
pleurocarpy Seitenfrüchtigkeit *f*
pleurogenous seitlich entspringend
pleurogynous pleurogyn, seitengriffelig
pleuron Pleuron *n*, sklerotisierte Seitenwand *f* eines Thoraxsegmentes *n*, Pleurotergit *m*, Epimeralplatte *f*
pleurorrhizous seitenwurzelig
pleurotropous seitenläufig, pleurotrop
pleurotus Seitling *m (Pleurotus)*; Austernpilz *m*, Austerseitling *m (Pleurotus ostreatus)*
pleurovisceral pleuroviszeral
pleuston Pleuston *n*
plexiform plexiform, plexusartig, nervengeflechtartig
plexus Plexus *n*, Geflecht *n*
Auerbach's ~ → intermuscular plexus
brachial ~ Armnervengeflecht *n*
cardiac ~ Herznervengeflecht *n*
choroid ~ Adergeflecht *n*
intermuscular ~ Intermuskulargeflecht *n*
ciliar ~ Ziliargeflecht *n*
lumbar ~ Lendengeflecht *n*
myenteric ~ → intermuskular plexus
nerve ~ Nervengeflecht *n*
pulmonary ~ Lungengeflecht *n*
pelvinous ~ Beckengeflecht *n*
Remak's ~ Remaksches Geflecht *n*
solar ~ Sonnengeflecht *n*
plica Plica *f*, Falte *f*
plicate gefaltet, plikativ
plicatile faltbar, fächerig zu falten
plication Faltenbildung *f*
plicative plikativ, mehrfach gefaltet
Pliocene Pliozän *n*
ploidy Ploidie *f*
plot 1. Feldstück *m*; Parzelle *f*, Teilstück *n*; 2. Diagramm *n*, graphische Darstellung *f*; 3. Versuchseinheit *f*; 4. auftragen, graphisch darstellen
calibration ~ Kalibrationskurve *f*
check ~ → control plot
control ~ Kontrollparzelle *f*
experimental [trial] ~ Versuchsparzelle *f*
trial ~ → experimental plot
plotter Schreiber *m*, graphisches Registriergerät *n*
plough land Ackerland *n*
ploughed layer Bodenkrume *f*, Ackerkrume *f*
plover 1. Regenpfeifer *m*; *pl* Regenpfeifer *mpl (Charadriidae)*; 2. Kiebitz *m (Vanellus)*
banded ~ Schwarzbauchkiebitz *m (Vanellus tricolor)*
bastard ~ → greenplover
black-bellied ~ → gray plover
black-headed ~ Schwarzschopfkiebitz *m (Vanellus tectus)*
blacksmith ~ Schmiedekiebitz *m*, Waffenkiebitz *m (Vanellus armatus)*
Caspian ~ Kaspischer Regenpfeifer *m*, Wermutregenpfeifer *m (Charadrius asiaticus)*
collared ~ Azara-Regenpfeifer *m (Charadrius collaris)*
common ringed ~ Sandregenpfeifer *m (Charadrius hiaticula)*
crocodile [Egyptian] ~ Krokodilwächter *m (Pluvianus aegyptius)*
crowned ~ Langspornkiebitz *m (Vanellus albiceps)*
diademed ~ Bänderregenpfeifer *m (Phegornis mitchelli)*
golden ~ Goldregenpfeifer *m (Pluvialis apricaria)*
gray ~ Kiebitzregenpfeifer *m (Pluvialis squatarola)*
greater sand ~ Wüstenregenpfeifer *m (Charadrius leschenaultii)*
green ~ Kiebitz *m (Vanellus vanellus)*
Kentish ~ → snowy plover
killdeer ~ Keilschwanzregenpfeifer *m*, Schreiregenpfeifer *m (Charadrius vociferus)*
little ringed ~ Flußregenpfeifer *m (Charadrius dubius)*
long-billed ringed ~ Langschnabel-Regenpfeifer *m (Charafrius placidus)*
mountain ~ Bergregenpfeifer *m*, Prärieregenpfeifer *m (Charadrius montanus)*
New Zealand shore ~ Kappenregenpfeifer *m (Charadrius novaeseelandiae)*
Norfolk ~ Tiel *m*, Dickfuß *m (Burhinus oedicnemus)*
oriental ~ Hufeisen-Regenpfeifer *m (Charadrius veredus)*
pigeon ~ → gray plover
red-legged ~ Steinwälzer *m (Arenaria interpres)*
ringed ~ Sandregenpfeifer *m (Charadrius hiaticula)*
shore ~ → New Zealand shore plover
snowy ~ Schneeregenpfeifer *m (Charadrius alexandrinus)*
sociable ~ Steppenkiebitz *m (Vanellus gregarius)*
spur-winded ~ Spornkiebitz *m (Vanellus spinosus)*
stone ~ → gray plover
upland ~ Prärieläufer *m (Bartramia longicauda)*
wattled ~ Rotbrustkiebitz *m (Vanellus superciliosus)*
white-tailed ~ Weißschwanzkiebitz *m (Vanellus leucurus)*
pluck 1. pflücken; abreißen; 2. ausreißen
plug Pfropf(en) *m*
yolk ~ Dotterpfropf *m*
plum Pflaume *f*, Pflaumenbaum *m (Prunus)*
beach ~ Strandpflaume *f (Prunus maritima)*
big-tree ~ Mexikanische Pflaume *f (Prunus mexicana)*
bunch ~ Kanadischer Hartriegel *m (Cornus canadensis)*
Canada ~ Kanadische Pflaume *f (Prunus nigra)*
cherry ~ Kirschpflaume *f*, Myrobalane *f (Prunus cerasifera)*
chickasaw ~ Chicasapflaume *f (Prunus angustifolia)*
coco ~ Icacopflaume *f*, Goldpflaume *f*, Kokospflanze

(Chrysobalanus)
common ~ → gardenplum
date ~ Dattelpflaume *f*, Lotuspflaume *f (Diospyros)*
fox ~ Echte [Gemeine] Bärentraube *f (Arctostaphylos uva-ursi)*
garden ~ Pflaumenbaum *m*, Zwetschge *f (Prunus domestica)*
goose ~ Amerikanischer Pflaumenbaum *m (Prunus americana)*
governor's ~ Batokopflaume *f (Flacourtia indica)*
hog ~ → chickasaw plum
horse ~ 1. → goose plum; 2. → Canada plum
Indian ~ Oregonpflaume *f (Oemleria cerasiformis)*
Jambolan ~ Jambolanapflaume *f (Syzygium cumini)*
jungle ~ Eisenbaum *m (Sideroxylon)*
meal ~ → fox plum
myrobalan ~ → cherry plum
Natal ~ Großblütiger Wachsbaum *m (Carissa grandiflora)*
sand ~ → beach plum
sea-side ~ → chickasaw plum
seeded ~ → winter plum
Spanish ~ 1. Gelbe Mombinpflaume *f*, Gelbpflaume *f (Spondias mombin)*; 2. Rote Mombinpflaume *f (Spondias purpurea)*
thorn ~ Hahnendorn *m (Crataegus crus-galli)*
Victoria ~ Zwetschge *f (Prunus domestica)*
wild garden ~ Gärtnerpflaume *f (Prunus hortulana)*
winter ~ Virginische Dattelpflaume *f (Diospyros virginiana)*

pluma Konturfeder *n*
plumage Befiederung *f*, Gefieder *n*, Federkleid *n*
adult ~ Altersgefieder *n*, Alterskleid *n*, Federkleid *n* des adulten Vogels
eclipse ~ Ruhekleid *n*, Ruhegefieder *n*
juvenile ~ Jugendkleid *n*, Jugendgefieder *n*
summer ~ Sommerkleid *n*, Sommergefieder *n*
winter ~ Winterkleid *n*, Wintergefieder *n*

plumaria Federtang *m (Plumaria)*
plumate federartig; gefiedert
plumbog Dreiblütige Himbeere *f (Rubus triflorus)*
plumbous bleigrau
plume Dunenfeder *f*, Feder *f*
plume-grass Seidengras *n (Eryanthus)*
plumiferous federtragend
plumose federig
plump ausgefüllt
plumulate flaumfederig; flaumfederartig
plumule 1. Federblättchen *n*, Federchen *n*; 2. Keimknospe *f*, Sproßknospe *f*, Keimfederchen *n*, Samenkeimfederchen *n*; 3. Flaumfeder *f*, Dune *f*, Dauenfeder
plum-yew Kopfeibe *f*, Scheineibe *f (Cephalotaxus)*
plunge 1. eintauchen; untertauchen; 2. ausschlagen, sich nach vorne werfen *(Pferd)*
plurannual → perennial
pluriangulatous vieleckig
pluricarpellary mehrfruchtblättrig
pluricaulous vielstengelig, mehrstengelig
pluricellular vielzellig, mehrzellig
plurilocular vielkammerig, multilokulär, mehrkammerig
plurinuclear polynukleär, vielkernig
pluripartite vielteilig
pluripolar vielpolig
pluripotent pluripotent, zur Bildung mehrerer Strukturen des Organismus befähigt
pluriseptate vielquerfächerig, viele Septen besitzend
pluriramosous vielzweigig
pluriserial vielreihig, mehrreihig, vielzeilig
plurivalent plurivalent, polyvalent, vielwertig
plurivoltin Plurivoltin, mehrere Generationen im Jahr hervorbringend
plurivorous multivor, polyphag; auf verschiedenen Wirten lebend
pluteus Pluteus *m (Stachelhäuterlarve)*
pluviosous Regen...; regenanzeigend
pluviisilvae Tropenregenwälder *mpl*
pneumatized mit Lufthöhlen / Luftkammern versehen
pneumatocyst 1. Schwimmblase *f*; 2. Luftsack *m*; 3. Pneumatophor *n*
pneumatophore 1. Pneumatophor *m*, Gasbehälter *m* best. Staatsquallen; 2. *(Bot.)* Atemwurzel *f*
pneumatopyle Pneumatopyle *n*, Pneumatophorenpore *f (bei Staatsquallen)*
pneumogaster Kiemendarm *m*
pneumogastric Kiemendarm..., Magen-Lungen...
pneumogram Pneumogramm *n*, Pneumatogramm *n*, Spirogramm *n*
pneumography Pneum(at)ographie *f*, Spirographie *f*
pneumoperitoneum Pneumoperitoneum *n*, Pneumoabdomen *m*
pneumostome Pneumostom *n*, Atemöffnung *f*
poach 1. wildern, unerlaubt jagen; 2. räubern
poacher Wilderer *m*, Wilddieb *m*
sea ~s Steinpicker *mpl*, Panzerwangen *fpl (Agonidae)*

pocan → pigeonberry
pochard Tafelente *f (Aythya ferina)*
Australian ~ Australische Moorente *f (Aythya australis)*
Baer's ~ Schwarzkopf-Moorente *f (Aythya baeri)*
common ~ 1. Tafelente *f (Aythya ferina)*; 2. Moorente *f (Aythya nyroca)*
red-crested ~ Kolbenente *f (Netta rufina)*
rosy-billed ~ Peposaka-Ente *f (Netta peposaca)*
white-eyed ~ 1. Moorente *f (Aythya nyroca)*; 2. → Australian pochard

pocket 1. Tasche *f*; 2. Divertikel *n*; Blindsack *m*
air ~ Luftraum *m*
Rathke's ~ Rathkesche Tasche *f*, Hypophysentasche *f*
wax ~ *Ent.* Wachsdrüse *f*

pocket-shaped taschenförmig
pockwood Guajakbaum *m (Guajacum officinale)*
pocosin Bruch(moor)wald *m*; Waldsumpf *m*
poculiform becherförmig
pod 1. *(Bot.)* Schote *f*; Hülse *f*; 2. *(Zool.)* Kapsel *f*, Hülle *f*,

Schutzhülle *f*, Kokon *m*; 3. *(Zool.)* Beutel *m (des Moschustier)*; 4.Herde *f*, Schule *f*; 5. Schwarm *m*
bean ~ Bohnenhülse *f*
cassia ~s Röhrenkassie *f (Cassia fistula)*
egg ~ Eikapsel *f*
podal(ic) pedal, Fuß...
podanthous mit bodenständigen Blüten
pod-bearing schotenbildend; hülsenbildend
podetium *(Bot.)* Podetium *n*, Fußgestell *n*
podex 1. Pygidium *n*; 2. Analgebiet *n*
podicellus Flechtenfruchtstiel *m*
podocarp Fruchtfuß *m*
podocarpous stielfrüchtig
podocephalous mit gestielten Köpfchen
podogynium Gynopodium *n*
podomere Podomer *n*, Gliedmaßsegment *n*
podophyllous stielblättrig
podopterous mit geflügeltem Stiel
podosphaerous gestieltkugelig
poecilology Poezilologie *f (Lehre von der Variabilität der Pflanzensippen)*
poecilophyllous buntblättrig
poecilophylly *(Bot.)* Panaschierung *f*
pogge (Gemeiner) Steinpicker *m (Agonus cataphractus)*
pogy Menhaden *m (Brevoortia tyrannus)*
poic Wiesen...
poikilocyte Poikilozyt *n (abnorm geformter Erythrozyt)*
poikilohaline poikilohalin, mit wechselndem Salzgehalt
poikilohydric poikilohydrisch, wechselfeucht
poikiloploid Poikiloploid *n*, Mixoploid *n*
poikilosmotic poikilosmotisch, sich an den Salzgehalt der Umgebung anpassend
poikilotherm wechselwarmes Tier *n*, Wechselwarmblüter
poikilothermal poikilotherm, wechselwarm
point 1. Punkt *m*; 2. Spitze *f*; 3. Geweihende *n*; 4.Stehen *n (des Jagdhundes)*
apical ~ Vegetationspunkt *m*, Vegetationskegel *m*
dew ~ Taupunkt *m*
freezing ~ Gefrierpunkt *m*
fusion ~ → melting point
growing ~ → apical point
initiation ~ Initiationssite *f*
lacrimal ~ Tränenpunkt *m*
melting ~ Schmelzpunkt *m*, Schmelztemperatur *f*, Fusionspunkt *m*
metopic ~ Metopion *n*
nasal ~ Nasion *n*
saturation ~ Sättigungspunkt *m*
wilting ~ Welkpunkt *m*
zero ~ Nullpunkt *m*, Ruhepunkt *m*
pointed zugespitzt
pointer Weißhai *m (Carcharodon carcharia)*
blue ~ Mako(hai) *m*, Blauhai *m (Isurus oxyrhynchus)*
white ~ → pointer
pointless stumpf, ohne Spitze
poiser *(Ent.)* Haltere *f*, Schwingkölbchen *n*
poison Gift *m*; vergiften
contact ~ Kontaktgift *m*
poison-bearing giftig, toxisch
poisonberry Bittersüßer Nachtschatten *m (Solanum dulcamara)*
poisonous giftig, Gift...
poisonwood Giftsumach *m (Rhus vernix)*
poium Wiesen-Lebensgemeinschaft *f*
pokeroot 1. Grüner Germer *m (Veratrum viride)*; 2. pokeweed
pokeweed Kermesbeere *f (Phytolacca americana)*
polarity Polarität *f*
polecat Europäischer [Gemeiner] Iltis *m*, Stinkmarder *m (Mustela putorius)*
African ~ Zorilla *f (Ictonyx striatus)*
European ~ → polecat
marbled [mottled] ~ Tigeriltis *m*, Tigermarder *m (Vormela peregusna)*
steppe ~ Steppeniltis *m (Mustela eversmanni)*
striped ~ → African polecat
poliophyllous graublättrig
polioplasm Polioplasma *n*, Körnerplasma *n*
poll 1. ungehörnt, hornlos; 2. hornloses Rind *n*; 3. Hinterkopf *m*; 4. die Hörner stutzen; 5. köpfen *(Pflanze)*
pollack Pollack *m*, Seelachs *m (Pollachius)*; Pollack *m*, Heller Seelachs *m (Pollachius pollachius)*
Alaska ~ Alaska-Pollack *m*, Mintai *m*, Pazifischer Pollack *m (Theragra chalcogramma)*
American ~ Köhler *m*, Seelachs *m*, Blaufisch *m (Pollachius virens)*
wall-eyed ~ Pazifischer Pollack *m*, Mintai *m (Theragra)*
polled ungehörnt
pollen Pollen *m*, Blütenstaub *m*
pollenizer Bestäuber *m*, Pollinator *m*
pollen-mass → pollinium
pollex Daumen *m*
pollical Pollex..., Daumen...
pollinate pollinisieren, bestäuben
pollination Pollination *f*, Bestäubung *f*
artificial ~ künstliche Bestäubung *f*
close ~ Inzucht *f*, Selbstbestäubung *f*
cross- ~ Fremdbestäubung *f*, Kreuzbestäubung *f*
insect ~ Insektenbestäubung *f*, Entomophilie *f*
open ~ Fremdbestäubung *f*, Kreuzbestäubung *f*
random ~ zufällige Bestäubung *f*
spontaneous ~ Selbstbestäubung *f*
wind ~ Windbestäubung *f*
pollinator Bestäuber *m*, Pollinator *m*
polliniferous pollentragend, pollinifer
pollinium Pollinium *n*, Pollenmasse *f (Polleninhalt eines Pollenfaches)*
pollinizer → pollinator
pollinoid *(Bot.)* Pollinoid *n*, Spermazyt *m*
pollock → pollack
pollutant Pollutant *m*, Verunreiniger *m*, Schmutzstoff *m*; Umweltverschmutzer *m (Anlage)*
polluter Verschmutzer *m*, Verursacher von Verunreini-

gung

pollution Verunreinigung *f*; Verschmutzung *f*
environmental ~ Umweltverschmutzung *f*, Umweltverunreinigung *f*
soil ~ Bodenverschmutzung *f*

polocyte Polozyt *m*, Polkörperchen *n*, Richtungskörper *m*

poloecious mit fertilen und sterilen Blüten

polster Polsterpflanze *f*

polyadelphous *(Bot.)* Verwachsung von zahlreichen Staubgefäßen zu Gruppen *(zwei oder drei)*

polyadenous vieldrüsig, drüsenreich

polyalkylation Polyalkylierung *f*

polyancistrous vielhackig

polyandrous *(Bot.)* polyandrisch, vielmännig

polyandry *(Bot.)* Polyandrie *f*, Vielmännerei *f*

polyanthous vielblumig, vielblütig, reichblütig

polyanthus 1. Bukettnarzisse *f*, Fazette *f* *(Narzissus fazetta)*; 2. Hohe Primel *f*, Hohe Schlüsselblume *f* *(Primula elatior)*

polyarch(al) polyarch, vielstrahlig, mehrstrahlig

poly-C Polyzytidylsäure *f*

polycarpellary polykarpellär, vielfruchtblättrig

polycarpic [polycarpous] polykarpisch; vielfrüchtig; mehrfach fruchtbildend, vielmalfrüchtig

polycaryotic mehrkernig

polycephalous *(Bot.)* vielköpfig

polychaete Polychäte *f*, vielborstiger Wurm *m*, Vielborster *m*; *pl* Vielborster *mpl* *(Polychaeta)*

polychromasy Polychromasie *f*, Polychromatophilie *f*

polychromatic polychrom; vielfarbig; mehrfarbig, Mehrfarben...; buntfarbig

polychromatism Polychronie *f*, Verschiedenfarbigkeit *f*

polychromatocyte Polychromatozyt *m*, polychromatophiler Erythrozyt *m*

polychromatophil(e) Polychromatophil *m*, polychromatophiler Erythroblast *m*

polychromous vielfarbig

polychromy Polychromie *f*, Verschiedenfarbigkeit *f*

polychronic verschiedenzeitig

polycistronic polyzistronisch, Polyzistron...

polyclady Vielästigkeit *f*

polycladous vielästig, vielzweigig, reichverzweigt

polyclimax Polyklimax *m* *(mehrere Klimatypen in einer Klimazone)*

polyclonal polyklonal

polyclonals Polyklonalimmunoglobuline *npl*

polycoccous vielbeerig

polycondensation Polykondensation *f*

polycotyledon vielkeimblättrige Pflanze *f*

polycotyledonous vielkeimblättrig, mehrkeimblättrig

polycystic gekammert, vielkammerig

polydactyly Polydaktylie *f*, Hyperdaktylie *f*, Vielfingerigkeit *f*

polydelphous polydelph

polydrupe zusammengesetzte Steinfrucht *f*

polyembryony Polyembryonie *f*

polyfollicle zusammengesetzte Balgfrucht *f*

polygamous polygam, vielehig

polygamy Polygamie *f*; Vielehigkeit *f*

polygenetic polygenetisch, polyphyletisch

polygenomatic polygenomatisch

polygeny Polygenie *f*

polyglandular polyglandulär, pluriglandulär, vieldrüsig

polygonal vieleckig, polygonal

polygynous vielgriffelig; vielweibig

polygyny Polygynie *f*; Vielgriffeligkeit *f*; Vielweibigkeit *f*

polykaric polykariotisch, mehrkernig

polykaryocyte Polykariozyt *m*, mehrkernige Zelle *f*

polykaryon Polykaryon *n*, Polyenergidkern *n*

polykinetid Polykinetide *f*

polylepidous *(Bot.)* vielschuppig

polylinker Polylinker *m* *(Oligonukleotid mit Schnittstellen für mehrere Restriktasen)*

polylobear mehrlappig, viellappig

polylophodontous polylophodont, vielschlingenzähnig

polylophous vielkämmig

polymerization Polymerisation *f*, Polymerisierung *f*
chain ~ Kettenpolymerisation *f*
condensation ~ Polykondensation *f*
interfacial ~ Phasengrenzpolymerisation *f*

polymerous polymer; vielgliederig; vielzählig

polymery Polymerie *f*, Homomerie *f* *(Form der Polygenie)*

polymicrobial mehrere Mikrobenarten enthaltend

polymorphic → polymorphous

polymorphism Polymorphismus *m*, Vielgestaltigkeit *f*

polymorphous polymorph, vielgestaltig, heteromorph

polyneural mehrnervig, mehrere Nerven betreffend

polynuclear polynukleär; vielkernig; mehrkernig

polynucleate mehrkernige Zelle *f*

polynucleotide Polynukleotid *n*

polyodont Asiatische Vielzahnnatter *f* *(Sibynophis)*

polyodontous polyodont; vielzähnig; mehrzähnig

polyovulate *(Bot.)* vielsamenknospig

polyovulation Polyovulation *f*, Mehrfachovulation *f*

polyp Polyp *m*

polypar Polypar *n*, Corallit *n*, Polypengehäuse *n*

polyparasitism Polyparasitismus *m*, Befall *m* durch mehrere Parasiten

polypetalous polypetal, vielkronblättrig

polyphage Polyphage *m*, polyphages Tier *n*, Vielfresser *m*

polyphagous 1. vielfressend; 2. mit vielen Wirten *(Parasit)*

polypheny Polyphenie *f*, Pleiotropie *f*

polyphlebious vieladerig, vielnervig

polyphylesis Polyphylie *f*, Polyphyletismus *m*

polyphylly Polyphyllie *f*, Vielblättrigkeit *f*

polyphyly Polyphylie *f*, Vielstämmigkeit *f*

polyphyllous vielblättrig; mehrblättrig

polyphyodontismus Polyphyodontismus *m* *(mehrmalig stattfindender Zahnwechsel)*

polyplacophora Käferschnecken *fpl* *(Polyplacophora)*

polyplicate mehrfach gefaltet

polyploid 1. Polyploid *n*; 2. polyploid

duplicational ~ Autopolyploid *n*
endonuclear ~ endonukleäres Polyploid *n*
partial ~ partielles Polyploid *n*
polybasic ~ polybasisches Polyploid *n*
secondary ~ sekundäres Polyploid *n*
polyploidation Polyploidisierung *f*
polyploidy Polyploidie *f*
polyplostemony Polyplostemonie *f (Vorhandensein zahlreicher Staubblattkreise)*
polypod polypod, vielfüßig, mit vielen Beinen
polypody Tüpfelfarn *m (Polypodium)*
polypogon Bürstengras *n (Polypogon)*
polypoid polypoid, polypenähnlich, polypenartig
polypore Porling *m (Polyporus)*
polyporous vielporig
polypotent polypotent, pluripotent
polyprotodont polyprotodont *(mit vielen Vorderzähnen versehen)*
polypterous vielflügelig
polyptychial mehrschichtig
polyptychous vielfaltig
polypyrenous polypyren, viel(stein)kernig
polyrhizal [polyrhizous] vielwurzelig; reichbewurzelt
polyribosome Polyribosom *n*, Polysom *n*
polyrugate mit vielen Runzeln
polysaprobic polysaprob, in stark faulendem Medium lebend
polysepalous polysepal, vielkelchblättrig, mehrkelchblättrig
polysetous vielborstig
polysome → polyribosome
polysperm(at)ous polysperm; vielsamig
polyspermy Polyspermie *f*; Vielsamigkeit *f*
polysporous vielsporig
polystachyous vielährig; mehrährig
polystely Polystelie *f*
polystemonous *(Bot.)* polystemon
polystenothermic polystenotherm, warmstenotherm
polystichous vielzeilig, vielreihig
polystichium Schildfarn *n (Polystichium)*
polystigmatic [polystigmatous] vielnarbig, mehrnarbig
polystomatous 1. vielporig; 2. mit vielen Mundöffnungen
polystom(at)ous vielmündig
polystylous vielgriffelig
polysymmetric polysymmetrisch, radiärsymmetrisch
polysynaptic polysynaptisch, mehrere Synapsen betreffend
polythalamic [polythalamous] polythalamisch, vielkammerig
polythelic polythelisch, vielwarzig
polytocous 1. polytok, mehrere Junge gebärend; mehrere Eier gleichzeitig produzierend
polytomous 1. polytom, vielteilig, vielmalgeteilt; 2. vielfach verzweigt
polytrichous vielhaarig; vielwimperig, stark behaart
polytrophic polytroph, vielfressend
polytropic polytrop; stark anpassungsfähig
polytypic polytypisch *(aus mehreren Arten bestehend)*
polyunsaturated mehrfach ungesättigt, mehrfach ungesättigt
polyvoltine *(Bot.)* polyvoltin, plurivoltin; in einer Saison mehrmals brütend, mehrere Bruten pro Jahr hervorbringend
polyxeny Polyxenie *f (Vielwirtigkeit eines Parasites)*
pomaceous apfelartig; apfelgrün
pome Kernfrucht *f*
pomegranate 1. Granat(apfel)baum *m (Punica granatum)*; 2. Kanadische Pflaume *f (Prunus nigra)*
pomelo Pomelie *f*, Grapefruit *f (Citrus paradisi)*
pomeridian nachmittags blühend, nachmittägig
pomfret Seebrassen *m*, Breitfisch *m (Brama)*; *pl* Seebrassen *mpl*, Breitfische *mpl*, Goldköpfe *mpl (Bramidae)*
Atlantic ~ Gelbstriemen *m*, Seebrassen *m*, Brachsenmakrele *f (Brama brama)*
big-scaled ~ Langflossen-Seebrassen *m (Taractichthys longipinnis)*
common ~ → Atlantic pomfret
flathead ~ Langflossen-Seebrassen *m (Taractichthys)*
Pacific big-scaled ~ → big-scaled pomfret
silver ~ Pampel *f (Pampus)*; Silberne Pampel *f (Pampus argenteus)*
white ~ Chinesische Pampel *f (Pampus chinensis)*
pomiferous apfeltragend
pomiform apfelförmig
pomology Pomologie *f*; Obstkunde *f*; Obstbaumkunde *f*
pompano 1. Gaffelmakrele *f*, Gabbelmakrele *f (Trachinotus)*; 2. Butterfisch *m*, Pampelfisch *m*, Pompano *m (Peprilus)*; 3. Deckfisch *m (Stromateus)*
African ~ Fadenmakrele *f (Alectis ciliaris)*
banner ~ Blauel *m (Trachinotus glaucus)*
California ~ Kalifornischer Pompano *m*, Pampelfisch *m (Peprilus simillimus)*
great ~ → banner pompano
Pacific ~ → California pompano
round ~ Permit *m (Trachinotus falcatus)*
pompe:
cation ~ Kationenpumpe *f*
sodium ~ Natriumpumpe *f*
pompon Schweinfisch *m (Anisotremus)*
pond Teich *m*, Wasserbecken *n*
oxidation ~ Oxydationsteich *m*
permanent ~ Weiher *m*
pondfish Teichfisch *m*
pondgrass → pondweed
pondweed Laichkraut *n (Potamogeton)*
blunt-leaved ~ Stumpfblättriges Laichkraut *n (Potamogeton obtusifolius)*
Canadian [choke] ~ Kanadische Wasserpest *f (Elodea canadensis)*
clasping-leaved ~ Durchwachsenes Laichkraut *n (Potamogeton perfoliatus)*
common floating ~ Schwimmendes Laichkraut *n (Potamogeton natans)*

curly-leaved ~ Krauses Laichkraut *n (Potamogeton crispus)*
eel-grass ~ Seegrasblättriges Laichkraut *n (Potamogeton zosterifolius)*
fennel-leaved ~ Fadenblättriges Laichkraut *n (Potamogeton pectinatus)*
filiform ~ Fadenartiges Laichkraut *n (Potamogeton filiformis)*
long-leaved ~ Amerikanisches Laichkraut *n (Potamogeton americanus)*
northern ~ Alpen-Laichkraut *n (Potamogeton alpinus)*
shining ~ Spiegelndes Laichkraut *n (Potamogeton lucens)*
slender ~ Rötliches Laichkraut *n (Potamogeton rutilus)*
small ~ Zwerg-Laichkraut *n (Potamogeton pusillus)*
white-stemmed ~ Gestrecktes Laichkraut *n (Potamogeton praelongus)*
ponticulus kleine Brücke *f*
pontinous pontin, Brücken...
pony 1. Pony *n*, kleines Pferd *n*; 2. Mustang *m*
pool 1. Teich *m*, Tümpel *m*; 2. Schwimmbecken *n*; 3. Pool *m*, Fonds *m*
amino acid ~ Aminosäuren-Pool *n*
bog ~ Kolk *m*, Blänke *f (natürliche Wasseransammlung inmitten eines Hochmoors)*
common ~ Gesamt-Pool *n*
gene ~ Genbestand *m*, Genpool *m*
pooling of data *Biom.* Zusammenfassung *f* von Daten
poolroot [poolwort] Duftender Wasserdost *m (Eupatorium aromaticum)*
poon Gummiapfel *m*, Schönblatt *n (Calophyllum)*
poophilous wiesenliebend; wiesenbewohnend
poophyte Wiesenpflanze *f*; Wiesengras *n*
poor grassland Magerwiese *f*
poor-man's-soap Gelbfilziger Spierstrauch *m (Spiraea tomentosa)*
popdock Roter Fingerhut *m (Digitalis purpurea)*
pope Kaulbarsch *m (Gymnocephalus cernua)*
pop-glove → popdock
popinac 1. Antillenkassie *f (Acacia farnesiana)*; 2. Weißfaden *m (Leucaena)*
poplar Pappel *f (Populus)*
American ~ Amerikanische Zitterpappel *f (Populus tremula)*
angel-twig ~ Karoline-Pappel *f (Populus angulata)*
balsam ~ Balsampappel *f (Populus balsamifera)*
bay ~ Tupelobaum *m (Nyssa aquatica)*
berry-bearing ~ Rosenkranzpappel *f*, Kanadische Pappel *f (Populus deltoides)*
black ~ Saarbaum *m*, Saarbuche *m*, Schwarzpappel *f (Populus nigra)*
blue ~ → tulip poplar
Bolle's ~ Pyramidenförmige Pappel *f (Populus pyramidalis)*
brown-twig ~ Dunkelblättrige Pappel *f (Populus tristis)*
Californian ~ Haarfrüchtige Pappel *f (Populus trichocarpa)*
Chinese ~ Chinesische Pappel *f (Populus simonii)*
downy ~ Verschiedenblättrige Pappel *f (Populus heterophylla)*
gray ~ Graupappel *f (Populus canescens)*
home-grown ~ → black poplar
Italian ~ → berry-bearing poplar
Japan ~ Maximowiczs Pappel *f (Populus maximowiczii)*
Lombardy ~Bolle's poplar
necklace [river] ~ → berry-bearing poplar
rough-bark ~ → balsam poplar
silver(-leaf) ~ → American poplar
swamp ~ → downy poplar
trembling ~ → American poplar
tulip ~ Gemeiner Tulpenbaum *m (Liriodendron tulipifera)*
water ~ → berry-bearing poplar
white ~ 1. Silberpappel *f (Populus alba)*; 2. → American poplar; 3. → tulip poplar
willow ~ → black poplar
poppy Mohn *m (Papaver)*
Alpine ~ Alpen-Mohn *m (Papaver alpinum)*
Arctic ~ Island-Mohn *m (Papaver nudicaule)*
blue ~ Kornblume *f (Centaurea cyanus)*
California ~ Schlafmützchen *n (Eschscholzia californica)*
celandine ~ Zweiblatt-Schöllkraut *n (Chelidonium diphyllum)*
corn ~ → field poppy
field ~ Klatsch-Mohn *m (Papaver rhoeas)*
frothy ~ Aufgeblasenes Leimkraut *n*, Taubenkropf *m (Silene latifolia)*
garden ~ → opium poppy
horned ~ Hornmohn *m (Glaucium)*
Iceland ~ → Arctic poppy
long-head ~ Saat-Mohn *m (Papaver dubium)*
opium ~ Schlaf-Mohn *m (Papaver somniferum)*
plume ~ → celandine poppy
prickly ~ Stachelmohn *m (Argemone)*
red ~ → field poppy
rock ~ Großes Schöllkraut *n (Chelidonium majus)*
sea ~ Gelber Hornmohn *m (Glaucium luteum)*
snow ~ Schneemohn *m (Eomecon)*
spatting ~ → frothy poppy
water ~ Wassermohn *m (Hydrocleis)*
yellow ~ → celandine poppy
populate bevölkern, besiedeln
population 1. Population *f*, Bevölkerung *f*; 2. Population *f*, Grundgesamtheit *f*
effector ~ Effektorzellenpopulation *f*
equilibrium ~ Gleichgewichtspopulation *f*
finite ~ *(Biom.)* endliche Grundgesamtheit *f*
game ~ Wildbestand *m*
inbreeding ~ Inzuchtpopulation *f*

infinite ~ *(Biom.)* unendliche Grundgesamtheit *f*
nonnormal ~ nicht normalverteilte Grundgesamtheit *f*
normal ~ normale Grundgesamtheit *f*
random mating ~ Zufallspaarungspopulation *f*
poral Poren...
porbeagle Gemeiner Heringshai *m (Lamna nasus)*
porcine schweinartig
porcupine Stachelschwein *n (Hystrix)*; *pl* Stachelschweine *npl*, Erdstachelschweine *npl (Hystricidae)*
American ~s Amerikanische Baumstachler *mpl (Erethizon)*
brush-tailed ~ Quastenstachler *m (Atherurus)*
Canadian ~ → American porcupine
crested ~ Stachelschwein *n (Hystrix)*; Gewöhnliches Stachelschwein *n (Hystrix cristata)*
Indonesian ~s Inselstachelschweine *npl (Thecurus)*
large ~ Stachelschwein *n (Hystrix)*
New World ~s Baumstachler *mpl*, Baumstachelschweine *npl (Erethizontidae)*
North American ~ → American porcupine
Old World ~s Stachelschweine *npl*, Erdstachelschweine *npl (Hystricidae)*
prehensile-tailed ~ Greifstachler *m (Coendou)*
sea ~s Zweizähner *mpl (Diodontidae)*
thin-spined ~ Borsten-Baumstachler *m (Chaetomy)*
tree ~ → prehensile-tailed porcupine
pore Pore *f*, Öffnung *f*
air ~ *(Bot.)* Spaltöffnung *f*
excretory ~ Exkretionspore *f*
genital ~ Geschlechtsöffnung *f*
germ ~ *(Bot.)* Keimspalte *f*
sieve ~ Siebpore *f*
porgy 1. Rotbrasse *m (Pagelus erythrinus)*; *pl* Meerbrassen *mpl (Sparidae)*; 2. *pl* Eberfische *mpl (Caproidae)*
genuine ~ Roter Tai *m (Chrysophus major)*
poriferous porentragend, mit Poren versehen
poriform porenartig
porkfish Schweinfisch *m (Anisotremus virginicus)*
porkworm Trichinelle *f (Trichinella)*
porosity Porosität *f*, Durchlässigkeit
porpoise Meerschwein *n (Phocaena)*
Amazon ~ Amazonas-Delphin *m*, Flußdelphin *m (Inia geoffrensis)*
bicolored ~ Brillen-Schweinswal *m (Phocaena dioptrica)*
black ~ Burmeister-Schweinswal *m (Phocaena spinipinnus)*
black finless ~ Inischer Schweinswal *m (Neophocaena phocaenoides)*
bottle-nosed ~ Großer Tümmler *m (Tursiops truncutus)*
Burmeister's ~ → black porpoise
common ~ Schweinswal *m*, Kleiner Tümmler *m*, Meerschwein *n (Phocaena phocaena)*
Dall's ~ Dall-Hafenschweinswal *m (Phocaeneides dalli)*
finless ~ → black finless porpoise
harbor ~ → common porpoise
Indian finless ~ → black finless porpoise
Pacific harbor ~ Pazifischer Hafenschweinswal *m (Phocaena sinus)*
Pacific right whale ~ Nördlicher Glattdelphin *m (Lissodelphis borealis)*
Southeast Asiatic ~ → black finless porpoise
striped ~ Weißstreifendelphin *m (Lagenorhynchus obliquidens)*
subantarctic ~ Schwarz-Weißdelphin *m (Cephalorhynchus)*
porta 1. Porta *f*; Pforte *f*; 2. Leberpforte *f*; 3. Pfortader *f*
portal 1. portal, Leberpforten...; 2. portal, Pfortader...
porto-caval Pfortader-Hohlvenen...
portulaca Portulak *m (Portulaca)*
pose Stellung *f*
position Position *f*; Stellung *f*; Lage *f*
alternating leaf ~ wechselständige Blattstellung *f*
leaf ~ Blattstellung *f*
night ~ Nachtstellung *f*
nursing ~ Nährstellung *f*
positioning Positionierung *f*
possentree (Gemeiner) Sandbüchsenbaum *m (Hura crepitans)*
possum Kuskus *m*; *pl* Kletterbeutler *mpl (Phalangeridae)*
Bass River ~ Hörnchen-Kletterbeutler *m (Gymnobelideus)*
brush-tailed ~ Hundskusu *m*, Kusu *m (Trichosurus caninus)*
dormouse ~ Schlafbeutler *m (Cercaërtus)*
dusky gliding ~ → greater gliding possum
feather-tailed ~ Federschwanzbeutler *m (Distoechurus pennatus)*
flying [gliding] ~ Flugbeutler *m*
greater gliding ~ Großflugbeutler *m (Schoinobates)*
honey ~ Honigbeutler *m (Tarsipes spenserae)*
Leadbeater's ~ → Bass River possum
lesser gliding ~ → flying possum
pen-tailed ~ → feather-tailed possum
pygmy flying [pygmy gliding] ~ Zwerggleitbeutler *m (Acrobates)*
ring-tailed ~ Ringelschwanzkletterbeutler *m (Pseudocheirus)*
scaly-tailed ~ Schuppenschwanzkusu *m (Wyulda squamicaudata)*
striped ~ Streifen(kletter)beutler *m (Dactylopsila)*
possumwood → persimmon
postbulbar postbulbar, retrobulbar, hinter dem verlängerten Rükkenmark liegend
postcava untere Hohlvene *f*
postcroaker Umberfisch *m (Sciena cirrhosa)*
postembryonic postembryonal, nach der Embryonalperiode auftretend
posteriad rückwärts
posterior 1. hinter, Hinter...; 2. Hinterteil *n*
posterity Nachkommenschaft *f*
posticous hinten befindlich, hinten gelegen

postjunctional postsynaptisch
postmortal postmortal, nach dem Tode auftretend
postnatal postnatal, nach der Geburt auftretend
postocular postokular, hinter dem Auge liegend
postorbital postorbital, hinter der Augenhöhle liegend
postparapterum *(Ent.)* Postalarplatte *f*
postpartum → postnatal
postpharyngeal retropharyngeal, hinter dem Pharynx liegend
postpuberal postpuberal, nach der Pubertät auftretend
postsynaptic postsynaptisch
posttreatment Nachbehandlung *f*
posture Körperhaltung *f*, Haltung *f*; Pose *f*, Stellung *f*
 phobing ~ Schreckstellung *f*
 resting ~ Ruhestellung *f*
 sleeping ~ Schlafstellung *f*
 threat ~ Drohstellung *f*, Drohhaltung *f*
 upright ~ Aufrechthaltung *f*
pot 1. Topf *m*; 2. Tiegel *m*; Gefäß *n*; 3. eintopfen *(Pflanze)*
 melting ~ Tiegel *m*
potamium Flußlebensgemeinschaft *f*
potamobiont Flußbewohner *m*
potamobenthos Potamobenthos *n*, Flußbenthos *n*
potamophilous potamophil; flußliebend; flußbewohnend; am Fluß wachsend
potamoplankton Potamoplankton *m*, Flußplankton *m*
potato Kartoffel *f (Solanum tuberosum)*
 air ~ Knollenyams *n (Dioscorea bulbifera)*
 Canada ~ → Jerusalem potato
 Chinese ~ Chinesisches Yams *n (Dioscorea divaricata)*
 duck ~ Breitblättriges Pfeilkraut *n (Sagittaria platyphylla)*
 Hausa ~ Madagaskarische Kartoffel *f*, Numboknollen *m (Coleus parviflorus)*
 Jerusalem ~ Erdbirne *f*, Topinambur *m (Helianthus tuberosus)*
 Kafir ~ Kafferkartoffel *m (Coleus esculentus)*
 nettle ~ Wald-Talgbaum *m (Stillingia silvatica)*
 prickly ~ Geschnäbelter Nachtschatten *m (Solanum rostratum)*
 sweet ~ Süßkartoffel *f*, Batate *f*, Knollenwinde *f (Ipomoea batatus)*
 wild ~ → duck potato
potency 1. Potenz *f*; 2. Kraft *f*, Wirksamkeit *f*; 3. Zeugungsfähigkeit *f*; 4.Leistungsfähigkeit *f*
potent 1. potent; zeugungsfähig; 2. leistungsfähig; 3. einflußreich
potential 1. Potential *n*; Leistungsfähigkeit *f*; 2. potentiell
 action ~ Aktionspotential *n*
 bioelectric ~ bioelektrisches Potential *n*
 biotic ~ biotisches Potential *n*, Vermehrungsfähigkeit *f*
 breeding ~ Reproduktionspotential *n*
 demercation ~ Verletzungspotential *n*
 equilibrium ~ Gleichgewichtspotential *n*
 evoked ~ Reaktionspotential *n*, ausgelöstes Potential *n*
 excitatory postsynaptic ~ exzitatorisches postsynaptisches Potential *n*
 growth ~ Wachstumsfähigkeit *f*
 inhibitory ~ Hemmpotential *n*
 interface ~ Grenzflächenpotential *n*
 leaf water ~ Blattwasserpotential *n*
 lesion ~ Verletzungspotential *n*
 pacemaker ~ Schrittmacherpotential *n*
 propagated ~ fortgeleitetes Potential *n*
 reproductive ~ Fortpflanzungspotential *n*. Vermehrungspotential *n*
 resting ~ Ruhepotential *n*
 standing ~ stabiles Potential *n*
 transient ~ vorübergehendes Potential *n*
 water ~ Wasserpotential *n*
potentiality 1. Potentialität *f*; Entwicklungsmöglichkeit *f*; 2. Wirkungsvermögen *n*
potentiation Potenzierung *f*; Steigerung *f*
potherb Küchenkraut *n*
 wild ~ Gemeines Rapünzchen *n (Valerianella locusta)*
potoo Schwalk *m (Nyctibius)*; *pl* Tagschläfer *mpl*, Schwalke *mpl (Nyctibiidae)*
 common ~ Urutáu *m (Nyctibius griseus)*
 great ~ Riesen-Urutáu *m (Nyctibius grandis)*
 rufous ~ Tropfenschwalk *m (Nyctibius bracteatus)*
potto Potto *m (Perodictius potto)*
 American ~ Wickelbär *m (Potos flavus)*
 Calabar [golden] ~ Bärenmaki *m*, Angwantibo *m (Arctocebus calabarensis)*
pouch Beutel *m*; Tasche *f*, Sack *m*
 ~ of Douglas Douglas-Raum *m*
 branchial ~ Kiementasche *f*
 brood ~ Bruttasche *f*
 cheek ~ Backentasche *f*
 cirrus ~ Cirrusbeutel *m*
 copulatory ~ *(Ent.)* Begattungstasche *f*
 genital ~ Begattungstasche *f*
 gill ~ → branchial pouch
 hair ~ Haarbalg *m*
 pharyngeal ~ Schlundtasche *f*
 Rathke's ~ Rathkesche Tasche *f*, Hypophysentasche *f*
 visceral ~ → branchial pouch
pouch-bearing taschentragend; schlauchtragend
pouched Beutel...; ausgebuchtet
pouch-shaped taschenförmig; schlauchförmig
poultry Geflügel *n*, Hausgeflügel *n*, Federvieh *n*
pounce 1. Kralle *f*; 2. Herabstoßen *n (eines Raubvogels)*; 3. Sprung *m*; 4. herabstoßen, sich stürzen
pout Spärling *m*, Dorsch *m (Trisopterus)*
 European ocean ~ (Gewöhnliche) Aalmutter *f (Zoarces viviparus)*
 Norway ~ Stintdorsch *m*, Esmarks Zwergdorsch *m (Trisopterus esmarki)*
 whiting ~ Französischer Dorsch *m (Trisopterus luscus)*
poutassou Poutassou *m*, Blauer Wittling *m*, Stockfisch *m (Micromesistius poutassou)*
poverty Liegendes Mastkraut *n (Sagina procumbens)*

povertyweed Ruhrkraut *n (Gnaphalium)*
powder:
acetone ~ Azetonpulver *m*, Azetontrockenpulver *m*
powdered pulverisiert, pulverig; bepudert, bestäubt, mit Staub bedeckt
power 1. Kraft *f*; Macht *f*; Stärke *f*; Vermögen *n*; 2. Kraft *f*, Energie *f*, Leistung *f*; 3. Leistungsfähigkeit *f*
absorbing ~ Absorptionsvermögen *n*, Aufnahmefähigkeit *f*
actual ~ effektive Leistung *f*
adaptation ~ Anpassungsfähigkeit *f*
breeding ~ reproduktive Fähigkeit *f*; Fruchtbarkeit *f*; Fertilität *f*
caloric ~ Heizwert *m*
crop-producing ~ Ertragsfähigkeit *f*; Fruchtbarkeit *f*; Ergiebigkeit *f*
defining ~ Auflösungsvermögen *n*
elevating ~ Hubkraft *f*
evaporative ~ Evaporationsvermögen *f*
magnification ~ Vergrößerung *f (des Mikroskops)*
release ~ Auslösung *f*
reproductive ~ Reproduktionsfähigkeit *f*
resolving ~ Auflösung *f*
retention ~ Retentionsvermögen *n*
suction [water absorbing] ~ Saugkraft *f*, Saugvermögen *n*
poyou Sechsbinden-Gürteltier *n (Euphractus sexcinctus)*
practicality praktische Anwendbarkeit *f*
prae... → pre 1.
prairie 1. Prärie *f*; 2. Steppe *f*
bunchgrass ~ Buschgrasprärie *f*
coastal ~ Küstenprärie *f (Texas, Florida)*
meadow ~ Wiesenprärie *f*
mixed ~ Mischgrasprärie *f*
schortgrass ~ Kurzgrasprärie *f*
tallgrass ~ Hochgrasprärie *f*
prairie-smoke Finger Kuhschelle *f (Pulsatilla patens)*
prairiefication Verwiesung *f*
prairieweed Strauchfingerkraut *n (Potentilla fruticosa)*
prance 1. sich bäumen; 2. tänzeln *(Pferd)*
prasine [prasinous] lauchgrün
pratal Wiesen...; auf Wiesen wachsend
pratincole Brachschwalbe *f (Glareola)*; Brachschwalbe *f*, Wiesenbrachschwalbe *f (Glareola pratincola)*
Australian ~ Stelzenbrachschwalbe *f (Glareola isabella)*
black-winged ~ Schwarzflügel-Brachschwalbe *f (Glareola nordmanni)*
collared ~ Brachschwalbe *f*, Wiesenbrachschwalbe *f (Glareola pratincola)*
white-collared ~ Halsband-Brachschwalbe *f (Glareola nuchalbis)*
pratum Wiese *f*; Wiesenfläche *f*
prawn Garnele *f*
Chameleon ~ Seegrasgarnele *f (Hippolyte pricheauxiana)*
common ~ 1. Felsengarnele *f*, Sägegarnele *f (Leander serratus)*; 2. Gemeine Garnele *f*, Sandgarnele *f (Crangon crangon)*
deep water ~ Tiefseegarnele *f*, Norwegische Krabbe *f (Pandalus borealis)*
Dublin ~ Kaiserhummer *m*, Schlanker Hummer *m (Nephrops norvegicus)*
preacher-in-the-pulpit Dreiblättriger Aronstab *m (Arum triphyllum)*
preadaptation Präadaptation *f*, Voranpassung *f*
preanal präanal, vor dem After liegend
preauricular präaurikulär, präaural, vor dem Ohr liegend
precartilage embryonales Knorpelgewebe *n*, Knorpelanlage *f*
precasted präformiert
precautionary 1. Vorsichts...; 2. Warn...
precava obere Hohlvene *f*
preceding vorgehend
prechallenged präsensibilisierend
prechordal prächordal
precinctive endemisch, einheimisch
precipitant → precipitator
precipitate 1. Präzipitat *n*, Niederschlag *m*; 2. präzipitieren, ausfallen, niederschlagen
precipitation 1. Präzipitation *f*, Ausfällung *f*, Fällung *f*; 2. Niederschlag *m*
precipitator Präzipitanz *n*; Fällungsmittel *n*, Präzipitiermittel *n*
preclimax Präklimax *m*
precoat Anschwemmschicht *f (bei Filtration)*
precociflorous frühblühend
precocious frühzeitig; frühreif; vorzeitig auftretend
precocity Präkozität *f*, Frühreife *f*; Frühzeitigkeit *f*
sexual ~ frühzeitige Geschlechtsreife *f*
precolumn Vorsäule *f*, vorgeschaltete Säule *f (in der Chromatographie)*
precomissure vordere Komissur *f*
preconnubia Herdenbildung *f* vor der Brunft
precultivate vorkultivieren
preculture Vorkultur *f*
precuneus Vorkeil *m*, Vorzwickel *m*
precursor Präkursor *m*, Vorläufer *m*; Vorstufe *f*
~ of life Lebensvorstufe *f*
cold ~ nichtmarkierter Präkursor *m*
labelled ~ markierter Präkursor *m*
vitamin ~ Provitamin *n*
precursory vorausgehend, vorläufig
predaceous räuberisch; Raub...
predation [predatism] Räubertum *n*, Episitismus *m*
predator Prädator *m*, Räuber *m*, Episit *m*
spawn ~ Laichräuber *m*
predatory räuberisch; Raub...
predecessor Vorläufer *m*; Vorgänger *m*
predetermination Prädetermination *f*, Vorherbestimmung *f*
predetermine prädeterminieren; vorherbestimmen
predisposititon Prädisposition *f*, Neigung *f*, Empfänglichkeit *f*, Anlage *f*

predominance Prädominanz *f*, Vorherrschaft *f*
predominant prädominierend; vorherrschend, überwiegend
predominate prädominieren; vorherrschen; überwiegen
predormition Vorschlaf *m*
predorsal antedorsal, prädorsal
preen putzen *(Gefieder)*
preening Preening *f*; Gefiederputzen *n*
sham ~ Scheinputzen *n*
preference Präferenz *f*; Vorzug *m*; Bevorzugung *f*
preferendum Präferendum *n (Vorzugsbereich)*
preferential bevorzugt; Präferenz...
prefloration Präfloration *f*, Blütenknospenanlage *f*
prefoliation Präfoliation *f*, Blattknospenlage *f*
prefolium Vorblatt *n*
preformate vorgebildet
preformation Präformation *f*; Vorbestimmung *f*; Vorbildung *f*
preformism Präformismus *m*
preganglionic präganglionär, vor einem Ganglion liegend
pregastrula Prägastrula *f*, Vorgastrula *f*
pregenital prägenital
preglacial voreiszeitlich
pregnancy Gravidität *f*, Trächtigkeit *f*, Schwangerschaft *f*
pregnant gravid, schwanger, trächtig
pregnenedioldional Aldosteron *n*
pregnenedioldione Kortikosteron *n*
pregnenedioltrione Kortison *n*
pregnenedione Progesteron *n*
pregnenetrioldione Kortisol *n*
prehencile anfassend; Greif...
prehensile zum Greifen und Festhalten adaptiert, zum Greifen geeignet
prehistory Vorgeschichte *f*, Urgeschichte *f*
prehyoid prähyoid
preimaginal präimaginal, Vorimago..., Vorkerf...
preimmunization Präimmunisation *f*, Präimmunisierung
preincubation Vorinkubation *f*
preirradiation Vorbestrahlung *f*
prejunctional präsynaptisch
prelarva Prolarve *f*, Vorlarve *f (der Libellen)*
preliminar präliminär, vorläufig
premature prämatur, vorzeitig, verfrüht
deliver ~ly eine Frühgeburt haben, vor dem Termin gebären
premaxilla Intermaxillarknochen *m*, Zwischenkieferknochen *m*
premaxillary 1. prämaxillar, Zwischenkieferknochen...; 2. vor dem Oberkieferknochen liegend
prementum *(Ent.)* Prämentum *n*, Vorkinn *n*
premolar 1. Prämolarer *m*, Vorderer Backenzahn *m*, Vormahlzahn *m*; 2. prämolar, vor den Backenzähnen liegend
premonitory prämonitorisch; warnend, mahnend, drohend
premontane vorbergig, prämontan
premorse *(Bot.)* abgebissen
pre-mRNA RNS-Vorläufer *m*
premortal prämortal, vor dem Tode
premoult Vorhäutungstadium *n*, Vormauserstadium *n*
premunition [premunity] Prä(im)munität *f*, Infektionsgebundene Immunität *f*
prenatal pränatal, vorgeburtlich
preoccipital präokzipital, vor dem Hinterhaupt liegend
preoccupated früher besetzt
preoral präoral, vor dem Mund liegend
preparation 1. Präparat *n*; 2. Präparation *f*, Herstellung *f*, Darstellung *f*, Präparatherstellung *f*; 3. Präparieren *n*, Haltbarmachen *n*; 4. Vorbehandlung *f*, Aufbereitung *f*
cell-free ~ zellenloses Präparat *n*
contact ~ Abklatschpräparat *n*, Klatschpräparat *n*, Tupfpräparat *n*
cover-glass ~ Deckglas-Präparat *n*
dry ~ Trockenpräparat *n*
film ~ Abstrichpräparat *n*, Ausstrichpräparat *n*
fresh ~ Frischpräparat *n*
heart-lung ~ Herz-Lungen-Präparat *n*
humid ~ Naßpräparat *n*
impression ~ → contact preparation
permanent ~ Dauerpräparat *n*
smear ~ → film preparation
streak ~ → film preparation
tissue ~ Gewebepräparat *n*
preparatory präparatorisch, vorbereitend
prepare präparieren, vorbehandeln; haltbar machen
prepartal vor der Geburt auftretend
prepatellar prepatellar, vor der Kniescheibe liegend
prepenna Flaumfeder *n*
prepilate vorn speißig, mit Spieß versehen
prepotence [prepotency] Präpotenz *f*
prepuce Präputium *n*, Vorhaut *f*
prepupa *(Ent.)* Vorpuppe *f*; Vorpuppenstadium *n*
preputial präputial, Vorhaut...
prepyloric präpylorisch, vor dem Magenpförtner liegend
prerectal prärektal, vor dem Mastdarm liegend
prereproductive vor der Geschlechtsreifeperiode befindlich
pre-RNA RNS-Vorläufer *m*
presensitization Präsensitisation *f*, Präsensibilisierung *f*
presentation 1. Präsentation *f*, Präsentieren *n*; 2. Präsentaton *f*, Fötuslage bei der Geburt
presequence Präsequenz *f (Signalsequenz für sezernierte und Membranproteine)*
preservation 1. Bewahrung *f*; Schutz *m*; 2. Konservierung *f*; Aufrechterhaltung *f*
species ~ Arterhaltung *f*
preservative Fixierungsmittel *n*; Konservierungsmittel *n*
preserve 1. präservieren, erhalten; aufbewahren; 2. schützen; 3. Tierschutzgebiet *n*, Gehege *n*
prespawning Vorlaich...
prespermatid Präspermatide *f*, sekundärer Spermatozyt *m*
press-juice Preßsaft *m*
pressoreceptor Pressorrezeptor *m*, Druckrezeptor *m*

pressory pressorisch, blutdruckerhöhend
pressure Pression *f*, Druck *m*
~ **of selection** Selektionsdruck *m*
arterial ~ arterieller Druck *m*
back ~ Gegendruck *m*
competition ~ Konkurrenzdruck *m*
diastolic ~ diastolischer Blutdruck *m*
filling ~ Blutfüllungsdruck *m*
imbibition ~ *(Bot.)* Quellungsdruck *m*
immigration ~ Wanderungsdruck *m*
intracranial ~ Schädel(b)innendruck *m*, Gehirndruck *m*
root ~ Wurzeldruck *m*
systolic ~ systolischer Blutdruck *m*
vapour ~ Dampfdruck *m*
presternal 1. Prästernum...; 2. prästernal, vor dem Brustbein liegend
presternum Prästernum *n*, Acrosternit *m*
presumptive präsumptiv, vermutlich, angenommen
presynaptic präsynaptisch
pretreatment Vorbearbeitung *f*, Vorbehandlung *f*
pretrematic vor den Kiemen liegend
prevalent vorherrschend; überwiegend; häufig; weit verbreitet
prevention Verhütung *f*, Verhinderung *f*
preventive vorbeugend, prophylaktisch
prevertebral prävertebral, vor dem Wirbel liegend
prey 1. Beute *f*, Beutetier *n*, Opfer *n*; 2. Jagd machen; erbeuten
prey-catching Beutefang *m*, Beuteerwerb *m*
prick 1. Stich *m*, Insektenstich *m*; 2. Stachel *m*
~ **up one's ears** die Ohren spitzen
pricket 1. einjähriger Edelhirsch *m*; 2. Scharfer Mauerpfeffer *m (Sedum acre)*
prickle Stachel *m*, Dorn *m*
pricklebacks Stachelrücken *mpl (Stichaeidae)*
prickly bedornt, dornig, bestachelt, stachelig
prickly-bristled stachelborstig
prickly-eared stachelährig
prickly-fruited stachelfrüchig
prickly-leaved stachelblättrig
pricklyback Wilde Karde *f (Dipsacus sylvestris)*
pricklyparsnip Stacheldolde *f (Echinophora)*
prickly-seeded *(Bot.)* stachelsamig
prick-tree [prickwood] Spindelstrauch *m*, Pfaffenhütchen *n (Euonymus europaea)*
pride Löwenrudel *n*
Barbados ~ Brasilienholz *n (Caesalpinia)*
London ~ 1. Bartnelke *f (Dianthus barbatus)*; 2. Echtes Seifenkraut *n (Saponaria officinalis)*
pride-of-India Paternosterbaum *m*, Indischer Zedrachbaum *m (Melia azedarach)*
pride-of-Ohio Götterblume *f (Dodecatheon)*
prideweed Canadisches Berufkraut *n (Erigeron canadense)*
priest Streifenfisch *m*, Priesterfisch *m (Atherina presbyter)*
priest's-pintle Echter Eisenhut *f (Aconitum napellus)*
primary 1. primär, hauptsächlich, Haupt...; 2. ursprünglich, Anfangs..., Ur...
primates Primaten *mpl*, Herrentiere *npl (Primates)*
primeval ursprünglich; urzeitlich; Ur...
primiparous primipar, erstgebärend
primitive 1. primitiv, einfach, wenig entwickelt, undifferenziert; 2. → primordial
primordial primordial, ursprünglich, Ur...
primordium Primordium *n*, Anlage *f*; Organanlage *n*
floral ~ Blütenanlage *f*
leaf ~ Blattanlage *f*, Blattprimordium *n*
primrose Primel *f*, Schlüsselblume *f (Primula)*
bird's-eye ~ Mehlige Primel *f (Primula farinosa)*
Cape ~ Drehfrucht *f (Streptocarpus)*
Chinese ~ Chinesische Primel *f (Primula sinensis)*
cowslip ~ Duftende Schlüsselblume *f*, Wohlriechende Primel *f (Primula veris)*
evening~ Nachtkerze *f (Oenothera biennis)*
mealy ~ → bird's-eye primrose
tree ~ Gemeine Nachtkerze *f (Oenothera biennis)*
prince's-feather Grünähriger Fuchsschwanz *m (Amaranthus hybridus)*
prink sich (auf)putzen; aufputzen
prionid Bockkäfer *m (Prionus)*; *pl* Breitböcke *mpl (Prionidae)*
prionidic fein gezähnt
priority Priorität *f*
pristine 1. ursprünglich, urtümlich; unverdorben; 2. vormalig, alt
privet Liguster *m (Ligustrum)*
barren ~ Immergrüner Faulbaum *m (Rhamnus alaternus)*
California ~ Japanischer Liguster *m (Ligustrum ovalifolium)*
common ~ Liguster *m (Ligustrum vulgare)*
European ~ Gemeiner Liguster *m (Ligustrum vulgare)*
evergreen ~ Immergrüner Liguster *m (Ligustrum sempervirens)*
glossy ~ Glänzender Liguster *m (Ligustrum lucidum)*
proanthesis Proanthesis *f*, vorzeitige Entfaltung *f*; herbstliches Aufblühen *n*
probability Wahrscheinlichkeit *f*
acceptance ~ *(Biom.)* Sicherheitswahrscheinlichkeit *f*, Annahmewahrscheinlichkeit *f*
conditional ~ *(Biom.)* bedingte [konditionelle] Wahrscheinlichkeit *f*
confidence ~ *(Biom.)* Konfidenzwahrscheinlichkeit *f*
posterior ~ *(Biom.)* Rückschlußwahrscheinlichkeit *f*
prior ~ *(Biom.) A priori*-Wahrscheinlichkeit *f*
rejection ~ *(Biom.)* Ablehnungswahrscheinlichkeit *f*
reproduction ~ Fortpflanzungswahrscheinlichkeit *f*
probacteriophage → prophage
proband Proband *m*, Propositus *m*
probe 1. Probe *f*; 2. Sonde *f*; 3. sondieren
DNA ~ DNS-Sonde *f*
proboscidiform rüsselförmig, rüsselartig

proboscis Proboscis *f*; Rüssel *m*, Saugrüssel *m*
procambium Prokambium *n*
procarp Prokarpium *n*, Fruchtanlage *f*
procaryotic prokaryotisch
procedure Prozedur *f*; Verfahren *n*; Behandlungsweise *f*
procephalic prozephal, Vorderkopf...
proceptivity *(Ethol.)* Prozeptivität *f*
sexual ~ Geschlechtsprozeptivität *f*
process 1. Prozeß *m*, Vorgang *m*, Ablauf *m*, Verlauf *m*; 2. *(Anat.)* Processus *m*, Fortsatz *m*, stielartiger Auswuchs *m*; 3. *(Bot.)* Auswuchs *m*; 4. bearbeiten, verarbeiten
angular ~ Winkelfortsatz *m*
articular ~ Gelenkfortsatz *m*
autocatalytic ~ Autokatalyse *f*
batch ~ Batch-Verfahren *n*
bony ~ Knochenfortsatz *m*
cascade ~ Stufenprozeß *m*
catabolic ~ Katabolismus *m*
ciliary ~ Ziliarfortsatz *m*
cognitive ~ Kognition *f*; Erkenntnis *f*, Untersuchung *f*
coracoid ~ Rabenschnabelfortsatz *m*
coronoid ~ Kronenfortsatz *m (der Unterkiefers)*
dorsal ~ Rückenfortsatz *m*
excitative ~ Erregungsvorgang *m*
frontal ~ Stirnfortsatz *m*
inhibitory ~ Hemmungsprozeß *m*
mammillary ~ Mamillarfortsatz *m*
mandibular ~ Mandibularfortsatz *m*
mastoid ~ Walzenfortsatz *m*
mating ~ Paarungsvorgang *m*; Paarung *f*
maxillary ~ Maxillarfortsatz *m*
metabolic ~ Metabolismus *m*, Stoffwechselprozeß *m*
nasal ~ Nasenfortsatz *m*
odontoid ~ Drehwirbelzahn *m*
repair ~ Reparatur *f*
ripening ~ Reifungsprozeß *m*, Reifen *n*
styloid ~ griffelförmiger Fortsatz *m*
spinous ~ Dornfortsatz *m (der Wirbel)*
stochastic ~ stochastischer Prozeß *m*, Zufallprozeß *m*
xiphoid ~ Schwertfortsatz *m*, Xiphoid *n*
processing 1. Processing *n*, Verarbeitung *f*, Bearbeitung *f*; 2. Processing *n*, Reifung *f (z.B. von Transkripten)*
data [information] ~ Informationsverarbeitung *f*
processor Prozessor *m*
sample ~ Probenprozessor *m*
tissue ~ histologischer Prozessor *m*, Gewebeprozessor
procreate erzeugen, hervorbringen
procreation Erzeugung *f*, Hervorbringen *n*
procreative 1. zeugungsfähig, Zeugungs...; 2. fruchtbar
procrypsis Schutzfarbe *f*, Tarnfärbung *f*
proctal Anal..., After...
proctiger *(Ent.)* Analbereich *m*, Afterbereich *m*
procumbent *(Bot.)* niederliegend, gestreckt,
procure erwerben
procurvation Vorwärtsbeugung *f (des Körpers)*
prodromic prodromal, vorausgehend
produce 1. erzeugen, produzieren; 2. hervorbringen *(z.B. Früchte)*
producer Produzent *m*, Erzeuger *m*, Produktbildner *m*
primary ~ Primärproduzent *m*
producing 1. Produzieren *n*; 2. produzierend, erzeugend
product Produkt *n*; Erzeugnis *n*
decomposition ~ Zerfallsprodukt *n*, Zersetzungsprodukt *n*
fission ~ Teilungsprodukt *n*
key [major] ~ Hauptprodukt *n*
metabolic ~ Stoffwechselprodukt *n*
secretory ~ Sekret *n*
storage ~ Speichersubstanz *f*
transititon ~ Zwischenprodukt *n*, Intermediärprodukt *n*
waste ~ Abfallprodukt *n*
production 1. Produktion *f*, Erzeugung *f*, Herstellung *f*; 2. Erzeugnis *n*, Produkt *n*
gross ~ Bruttoproduktion*f*
net ~ Netto-Produktion *f*
seed ~ Samenproduktion *f*, Samenerzeugung *f*, Samenbildung *f*
productional Produktions...
productive produktiv; ergiebig, fruchtbar; schaffend; hervorbringend
productivity Produktivität *f*; Ergiebigkeit *f*, Fruchtbarkeit *f*
gross ~ Brutto-Produktivität *f*
net ~ Netto-Produktivität *f*, Netto-Produktion *f*
primary ~ Primärproduktivität *f*, Primärproduktion *f*
secondary ~ Sekundärproduktivität *f*, Sekundärproduktion *f*
proenzyme Proenzym *n*, Proferment *n*, Zymogen *n*
proestrus Proöstrus *m*, Vorbrunst *f*
proferment → proenzyme
profile Profil *n*
pollen ~ Pollendiagramm *f*
soil ~ Bodenprofil *n*
profund profund; tief
profundal Profundalzone *f*, Profundal *n*, Tiefenregion *f* *(Süßgewässer)*
profuse üppig, überreich
progamic progam, vor der Befruchtung
progaster Progaster *m*, Urdarm *m*
progenesis Progenese *f*, verfrühte Geschlechtsentwicklung *f*, Neotenie *f*
progenetic progenetisch
progenitor Progenitor *m*, Vorfahr *m*, Ahn *m*; Vorläuferzelle *f*
progeny 1. Nachkommenschaft *f*; 2. Jungen *mpl*, Brut *f*
clonal ~ Klon *m*
progeotropism Progeotropismus *m*, positiver Geotropismus *m*
proglottid [proglottis] Proglottid *m*, Proglottis *f*, Bandwurmglied *n*
prognathism Prognathie *f*, Vorkieferigkeit *f*
prognathous prognath, vorkieferig

prognosis Prognose *f*, Vorhersage *f*, Voraussage *f*
progress Progreß *m*, Fortschritt *m*
progression 1. Vorwärtsbewegung *f*, Fortbewegung *f*; 2. Weiterentwicklung *f*, Verlauf *m*; 3. Aufeinanderfolge *f*
prohydrotropism Prohydrotropismus *m*, positiver Hydrotropismus *m*
prolate verlängert
proleg *(Ent.)* Bauchfuß *m*, Abdominalfuß *m*
proliferation Proliferation *f*, Wucherung *f*, starke Vermehrung *f*
proliferative 1. *(Bot.)* sich durch Knospung vermehrend; 2. proliferativ, wuchernd
proliferous 1. prolifer, wuchernd; 2. sprossend; brutbildend
prolific 1. vermehrungsfähig; 2. fruchtbar, tragbar
prolification → proliferation
proligerous → proliferous
promeristem Promeristem *n*, Primärmeristem *n*
prominent 1. prominent, hervorragend, hervorspringend; 2. Zahnspinner *m*; *pl* Zahnspinner *mpl (Notodontidae)*
iron ~ Erlenbirkenanen-Zahnspinner *m (Notodonta dromedarius)*
large dark ~ Gelbbrauner Zickzackspinner *m (Notodonta torva)*
pebble ~ Uferweiden-Zahnspinner *m (Notodonta ziczac)*
three-humped ~ Pappelbirkengehölz-Zahnspinner *m (Notodonta phoebe)*
promiscuity Promiskuität *f*, wahllose Partnerwahl *f*
promiscuous 1. wahllos, unterschiedslos; 2. gemeinsam *(beider Geschlechter)*; 3. in einem breiten Wirtsbereich übertragbar *(z.B. DNS)*
promitosis Promitose *f*
promontory 1. *(Anat.)* Promontorium *n*, Vorgebirge *n*
promote fördern; befördern; stimulieren
promoter Promotor *m*, Transkriptionsstartpunkt *m*
promoting Stimulierung *f*; Aktivierung *f*
promunity Promunität *f*, depressive Immunität *f*
pronator Pronator *m*, Neiger *m*, Einwärtsdreher *m*
prone auf dem Bauch liegend, niederliegend
pronephros Pronephros *n*, Vorniere *f*
pronghorn Gabelhornantilope *f*, Gabelbock *m (Antilocapra americana)*
proniflorous schrägblütig, geneigtblütig
pronotum *(Ent.)* Pronotum *n*, Vorderrücken *m*
pronounced ausgeprägt, deutlich
pronucleus Pronukleus *m*, Vorkern *n*
proodophytia Anfangsstufen*fpl* der Phytozönosen
propagate 1. fortpflanzen, vermehren; 2. sich fortpflanzen, sich vermehren; 3. verbreiten; sich ausbreiten
propagation 1. Propagation *f*, Fortpflanzung *f*, Vermehrung *f*; 2. Verbreitung *f*, Ausbreitung *f*
~ of errors *Biom.* Fehlerfortpflanzung *f*
propagative fortpflanzend, sich vermehrend
propagatorium Propagatorium *n*, Fortpflanzungsapparat *m*
propagule Propagula *n*, Fortpflanzungseinheit *f*
propatagium Propatagium *n*, vordere Flughaut *f (Fledertiere und Vögel)*
propensous geneigt; herabhängend
property Eigenschaft *f*
acquered ~ erworbene Eigenschaft *f*
prophage Prophage *m*, latenter [inaktiver] Phage *m*
prophyll(um) Prophyll *n*, Vorblatt *n*
propinquity nahe Verwandtschaft *f*
propodeum Propodeum *n*, Mittelsegment *n (bei allen Hautflüglern mit Wespentaille)*
propodite Propodus *m (vorletztes Glied eines Beins der Crustaceen)*
propolis Propolis *f*, Kittharz *f*, Vorwachs *m*
propositus Proband *m*, Propositus *m*
proprioception Propriorezeption *f*
proprioceptor Propriorezeptor *m*
prop-root Stützwurzel *f*
propulsion Propulsion *f*; Vortrieb *m*
propupa → prepupa
propylation Propylierung *f*
proscapula Schlüsselbein *n*
proscissous zerrissen, zerschnitten
prosencephalization Vorderhirnentwicklung *f*
prosencephalon 1. Prosenzephalon *m*, Vorderhirn *n*; 2. Vorderhirnbläschen *n*
proserosyme Prothrombin *n*, Thrombinogen *n*
proso → panicum
prosoplasy Prosoplasie *f*, höhere Differenzierung *f (z.B. von Geweben)*
prosoplastic höher differenziert
prosperous gedeihend, blühend, erfolgreich
prostate Prostata *f*, Vorsteherdrüse *f*
prostatic prostatisch, Vorsteherdrüsen...
prosternum Prosternum *n*, Vorderbrust *f*
prosthomere Prosthomer *n*, präoraler Somit *m*
prostoma Prostoma *n*, Urmund *m*
prostomium Prostomium *n*, Kopflappen *m (der Ringelwürmer)*
prostrate niedergestreckt, flach ausgebreitet, niederliegend
prostration 1. Prostration *f*; Entkräftung *f*; 2. Fußfall *m*
protandrism → protandry
protandrous prot(er)andrisch, vormännlich, vormännig
protandry Prot(er)andrie *f*
proteantigen Eiweißantigen *n*, Proteinantigen *n*
protect schützen, beschützen
protection 1. Protektion *f*; Schutz *m*; 2. Immunität *f*
~ of waters Gewässerschutz *m*
cross ~ Kreuzimmunität *f*
environmental ~ Umweltschutz *m*
forest ~ Waldschutz *m*, Forstschutz *m*
plant ~ Pflanzenschutz *m*
protective Schutz...
protein 1. Protein *n*, Eiweiß *n*, Eiweißstoff *m*; 2. Protein..., Eiweiß...
anchor(age) ~ Ankerprotein *n*, Ankereiweiß *n*
antifreeze ~ Gefrierschutzprotein *n*

blood ~ Bluteiweiß *n*
carrier ~ Trägereiweiß *n*; Transportprotein *n*
chimeric ~ rekombinantes Protein *n*, rekombinantes Eiweiß *n*
coat ~ Hüllprotein *n*
complete ~ natives Protein *n*, natives Eiweiß *n*
core ~ Kapsidprotein *n*, Kapsideiweiß *n*
crude ~ Rohprotein *n*, Roheiweiß *n*
defensive ~ Antikörper *m*
desalted ~ entsalztes [salzfreies] Protein *n*
dietary ~ Nahrungseiweiß *n*
factitious ~ künstliches Eiweiß *n*; rekombinantes Eiweiß *n*
fibrous ~ fibrilläres Protein *n*, Fasereiweiß *n*, Faserprotein *n*
food ~ Nahrungsprotein *n*, Nahrungseiweiß *n*
full-length ~ nichtprozessiertes Eiweiß *n*
fused [fusion] ~ Fusionprotein *n*
globular ~ globuläres Protein *n*, Globuläreiweiß *n*
immunologically relevant ~ immunogenes Eiweiß *n*
native ~ natives Eiweiß *n*
recombinant ~ → chimeric protein
reserve ~ Reserveprotein *n*, Speicherprotein *n*, Reserveeiweiß *n*
signal recognition ~ Signalerkennungsprotein *n*
simple ~ einfaches Eiweiß *n*
storage ~ Speicherprotein *n*
structural ~ Struktureiweiß *n*, Strukturprotein *n*
tolerated ~ nichtimmunogenes Eiweiß *n*
transacting ~ Protein-Transaktivator *m*, transaktivierendes Protein *n*
truncated ~ prozessiertes Protein *n*
vegetable ~ Pflanzenprotein *n*, pflanzliches Eiweiß *n*

proteinaceous Protein..., Eiweiß...
protein-binding Proteinbindung *f*, Eiweißbindung *f*
proteolytic proteolytisch, eiweißspaltend
proteometabolism Eiweißmetabolismus *m*, Eiweißstoffwechsel *m*
proter vordere Tochterzelle *f (bei Infusorien)*
proterandrous → protandrous
proterandry → protandry
proteranthous proterantheisch, erstblühend
proterogynous *(Bot.)* proterogyn
proterogyny *(Bot.)* Prot(er)ogynie *f*
proterophyllous proterophyll *(sich vor den Blättern entwickelnd)*
proterosoma Proterosoma *f (vorderer Körperabschnitt der Chelicerata)*
prothallium [prothallus] Prothallium *n*, Vorkeim *n*
prothorax Prothorax *m*, Vorderbrust *f*
protist Protist *m*; Einzeller *m*
protobasidium Protobasidie *f*, Phragmobasidie *f*
protobiont Protobiont *m*; Urorganismus *m*
protoblast 1. Protoblast *m*; 2. Blastomere *f*, Furchungszelle *f*
protochordal protochordal, prächordal
protocoel Protozöl *n*, primäre Leibeshöhle *f*
protocooperation Protokooperation *f*, fakultative Symbiose *f*
protoerythrocyte Erythroblast *m*
protofibril Protofibrille *f*
protogala Kolostrum *n*, Vormilch *f*, Kolostralmilch *f*
protogenesis 1. Protogenese *f*, Abiogenese *f*; 2. *(Bot.)* Knospung *f*
protogynous → proterogynous
protogyny → proterogyny
protoheme Protohäm *n*
protomorphic primitiv
protonema Protonema *n*, fadenförmiger Vorkeim *m*
protonephros Protonephros *m*, Vorniere *f*
protoneuron peripheres Neuron *n*
protophyte Protophyt *m*, einzellige Pflanze *f*
protoplasm Protoplasma *n*, Plasma *n*
protoplasm(at)ic Protoplasma..., Plasma..., protoplasmatisch
protoplast Protoplast *m*, Zelleib *m*
protorhabdion Mundkapsel *f (bei Nematoden)*
protosporophyte Protosporophyt *n*, Karposporophyt *n*
protostoma Blastoporus *m*, Urmund *m*
protostomia Protostomier *mpl*, Erstmünder *mpl*, Urmundtiere *npl*
prototrophic prototroph
protozoan → protozoon
protozoology Protozoologie *f*, Protozoenkunde *f*
protozoon Urtierchen *n*; einzelliges Tier *n*, Einzeller *m*
protract in die Länge ziehen; hinausziehen
protrichozyste Protrichozyste *f*, Mukozyste *f*
protrudent herausragend, heraustretend
protrusion Protrusion *f*, Ausstülpung *f*, Vorwölbung *f*
protuberance Hervorragung *f*, Vorsprung *m*, Auswuchs *m*, Höcker *m*
frontal ~ Stirnhöcker *m*
parietal ~ Parietaleminenz *f*, Scheitelbeineminenz *f*, Scheitelhökker *m*

provenance 1. Provenienz *f*; Herkunft *f*; Ursprung *m*; 2. Ursprungsstelle *f*
proventriculus 1. *(Orn.)*. Proventrikulus *m*, Vormagen *m*, Drüsenmagen *m*; 2. Muskelmagen *m (bei Ringelwürmer)*
province Provinz *f*
biotic ~ biogeographische Provinz *f*
faunal ~ Faunenprovinz *f*
floral ~ Florenprovinz *f*

provisional provisorisch; vorläufig; einstweilig
provocative 1. Reiz *m*; 2. Reizmittel *n*; 3. aufreizend, provozierend
provoke provozieren; herausfordern; aufreizen; reizen; erregen
proximal proximal; körpernah; rumpfwärts liegend; genähert
proximate 1. nächst, folgend; 2. naheliegend
proximity Proximität *f*, Raumnähe *f*, nächste Umgebung *f*
pruinose pruinös, feinbestäubt
prune 1. Zwetsch(g)e *f (Prunus domestica)*; 2. beschnei-

den *(Bäume)*
psalterium Psalterium *n*, Psalter *m*, Blättermagen *m*
psammathium Sandküsten-Lebensgemeinschaft *f*
psammathophilus Sandküstenbewohner *m*
psammon Psammon *n*, Psammion *n*
psammophile psammophiler [sandliebender] Organismus
psammophilous psammophil, sandliebend
psammophyte Psammophyt *m*, Sandpflanze *f*
psammosere Psammoserie *f*
pseudannulus *(Bot.)* Scheinring *m*
pseudanthium Pseudanthium *n*, Scheinblüte *f*
pseudanthous scheinblütig
pseudaposematic Scheinwarntracht...
pseudannual pseudannuelle Pflanze *f*
pseudaxis Pseudaxis *f*, Scheinachse *f*
pseudimago Pseudoimaginalstadium *n*
pseudoaril *(Bot.)* Scheinarillus *m*
pseudobenthos Pseudobenthos *n*, Scheinbenthos *n*, Planktobenthos *n*
pseudobranch Pseudobranchie *f*, Tracheenkieme *f*
pseudobrowsing Scheinäsen *n*
pseudobulb Scheinzwiebel *f*
pseudobulbil Scheinzwiebelchen *n*
pseudocarp Pseudokarp *m*, Scheinfrucht *f*
pseudocarpy Pseudokarpie *f (Fruchtbildung ohne Samenbildung)*
pseudochrysalis → pseudopupa
pseudocilium Pseudozilie *f (bei Algen)*
pseudocone 1. *(Ent.)* pseudokonisches Auge *n*; 2. pseudokonisch
pseudocopulation Amplexus *m*, Scheinkopulation *f*
pseudocortex Scheinrinde *f*
pseudodichotomy Pseudodichotomie *f*, Scheindichotomie *f*
pseudoephemer Pseudoephemerpflanze *f*, Pseudoephemerophyt *m*
pseudoepiphyte Pseudoepiphyt *m*, unechter Epiphyt *m*
pseudofoliaceous scheinblätterig
pseudogall Pseudogall *m*, Scheinzezidie *f*
pseudogamy Pseudogamie *f*, Somatogamie *f*, Pseudomixis *f*
pseudogyrate falschberingt
pseudoheart 1. Lateralherz *n (bei Ringelwürmer)*; 2. Axialorgan *n (bei Stachelhäuter)*
pseudohermaphroditism Pseudohermaphroditismus *m*, Scheinzwittrigkeit *f*
pseudohybrid unechter Hybrid *m*, Scheinbastard *m*; Pfropfbastard *m*
pseudoindusium *(Bot.)* unechtes Schleierchen *n*
pseudolaticifer *(Bot.)* Pseudomilchröhre *f*
pseudolamina *(Bot.)* falsche Spreite *f*
pseudomacchia [pseudomaquis] Pseudomaquis *f*
pseudomarginate scheinbar gerändert
pseudomixis → pseudogamy
pseudonectary *(Bot.)*. Scheinnektarium *n*
pseudonychium *(Ent.)* Arolium *n*, Embolium *n*
pseudonymph *(Ent.)* Pseudonymphe *f*, Scheinnymphe *f*
pseudoparasite Pseudoparasit *m*, Scheinschmarotzer *m*
pseudoparenchym Pseudoparenchym *n*; Paraplektenchym *n*; Scheingewebe *n*
pseudoperidium Pseudoperidie *f*, Trugperidie *f*, Trugsporidienbehälter *m*
pseudoperigone falsche Blütenhülle, unechtes Perigon *n*
pseudopetiole Scheinblattstiel *m*
pseudophyll Scheinblatt *n*
pseudopod Scheinfüßchen *n*
pseudopodium Scheinfüßchen *n*
pseudopupa *(Ent.)*Scheinpuppe *f*
pseudoramulus Scheinast *m*
pseudorepent *(Bot.)* scheinbar kriechend
pseudorhiza Pseudorhiza *f*, Scheinwurzel *f*
pseudorosette *(Bot.)* Scheinrosette *f*
pseudoseptate scheinbar septiert, unecht septiert, scheinbar septiert
pseudoseptum *(Bot.)* falsche Scheidewand *f*
pseudosessile *(Bot.)* scheinbar sitzend
pseudosleeping Scheinschlaf *m*
pseudospermous scheinsamig
pseudospike Scheinähre *f*, Wickelähre *f*
pseudospiklet *(Bot.)*Scheinähre *f*
pseudostem Scheinstamm *m*
pseudostipula Pseudostipel *n*, Scheinnebenblatt *n*
pseudosucker Scheinsaugnapf *m*
pseudothallus Scheinlager *m*
pseudotheca Pseudotheka *f*, Stereotheka *f*, Pseudothek *f*
pseudovitellus Scheindotter *m*
pseudovum parthenogenetisches Ei *n*
psilad Prärienpflanze *f*
psilicolous prärienbewohnend
psilium Psilium *n*, Prärien-Lebensgemeinschaft *f*
psilocarpous kahlfrüchtig
psilolophate kahlkammig
psilophyllous kahlblättrig
psilopterous kahlflügelig
psilostachyous kahlährig
psychics psychisch; seelisch, Seelen...
psychologic(al) psychologisch
psychophilae Tagfalterblumen *fpl*, tagfalterbestäubende Pflanzen *fpl*
psychric Kaltboden...
psychrophile kälteliebender Organismus *m*
psychrophilic psychrophil; kälteliebend
psychrophyte Psychrophyt *m*, Kaltbodenpflanze *f*; kälteliebende Pflanze *f*
psylla Blattfloh *m*; *pl* Blattflöhe *mpl (Psyllidae)*
  apple ~ Apfelblattfloh *m (Psylla mali)*
  bay ~ Lorbeerblattfloh *m (Trioza alacris)*
  boxwood ~ Buchsbaumblattfloh *m (Psylla buxi)*
  pear ~ Gelber Birnblattfloh *m (Psylla pyricola)*
  pear-tree ~ Birnenblattfloh *m (Psylla pyri)*
  plum ~ Pflaumenblattsauger *m (Psylla pruni)*
  potato ~ Kartoffelblattfloh *m (Trioza nigricornis)*
ptarmigan Schneehuhn *n (Lagopus)*
  rock ~ Alpenschneehuhn *n (Lagopus mutus)*

white-tailed ~ Weißschwanz-Schneehuhn *n (Lagopus leucurus)*
willow ~ Moorschneehuhn *n (Lagopus lagopus)*
ptenophyllium Ptenophyllium *n*, Laubwald-Lebensgemeinschaft *f*
ptenophyllophilus Laubwaldbewohner *m*
ptenothalium Laubgebüsch-Lebensgemeinschaft *f*
ptenothalophilus Laubgebüsch-Bewohner *m*
pteridography [pteridology] Pteridologie *f*, Farnkunde *f*
pteridophyte Pteridophyt *m*, Farnpflanze *f*
pterocarpous flügelfrüchtig
pterocaul mit geflügeltem Sproß
pterodium Flügelfrucht *f*
pterogonous flügelkantig
pteroid 1. pteroid, flügelähnlich; 2. farnartig
pterophagy Pterophagie *f*, Federfressen *n*
pterophorous flügeltragend
pterospermous flügelsamig
pterostigma *(Ent.)* Pterostigma *n*, Flügelmal *n*
pterygoid Pterygoid *n*, Flügelbein *n*
pterygoideus flügelförmig
pterygopodium Pterygopodium *n*, Mixopterygium *n*
pteryla *(Orn.)* Pterylie *f*, Federflur *f*
ptilinum *(Ent.)* Stirnblase *f*, Ptilinum *n*, Kopfblase *f*
ptiloerection Gefiedersträuben *n*
ptilophyllous flaumblättrig
ptychophyllous faltenblättrig
ptychorrhizous faltenwurzelig
ptyxis Blattknospenlage *f*
puber(t)al puber, geschlechtsreif
puberty Pubertät *f*, Geschlechtsreife *f*
puberulent schwach flaumhaarig, schwach weichhaarig
pubes Pubes *f*; Schamgegend *f*
pubescence Eintritt *m* der Geschlechtsreife
pubescent 1. geschlechtsreif werdend; 2. flaumhaarig
pubic zur Schamgegend gehörend, Scham...
pubis Schambein *n*
pubiflorous flaumblütig
pubigerous flaumtragend
puccoon Steinsame *m (Lithospermum)*
yellow ~ Kanadisches Wasserkraut *n (Hydrastis canadensis)*
puccoon-root Kanadisches Blutkraut *n*, Kanadische Blutwurz *f (Sanguinaria canadensis)*
puck's-foot (Schildartiger) Maiapfel *m*, Fußblatt *n (Podophyllum peltatum)*
puddle Pfütze *f*, Lache *f*
puddler Pfützenbewohner *m*
pudendum Pudendum *n*, Schamgegend *f*
pudu Pudu *m (Pudu)*
northern ~ Nordpudu *m (Pudu mephistopheles)*
southern ~ Südpudu *m (Pudu pudu)*
pueraria Kopoubohne *f (Pueraria)*
pufaro Wrackbarsch *m*, Wrackfisch *m (Polyprion americanus)*
puffball 1. Stäubling *m*, Staubpilz *m (Lycoperdon)*; 2. Gemeiner Löwenzahn *m (Taraxacum officinale)*; 3. Ballonpflanze *f (Cardiospermum)*
puffback Schneeballwürger *m (Dryoscopus)*
puffbirds Faulvögel *mpl (Bucconidae)*
barred ~ Grünschnabel-Faulvogel *m (Nystalus radiatus)*
black-breasted ~ Schwarzbrust-Faulvogel *m (Notharchus pectoralis)*
russet-throated ~ Rotkehlfaulvogel *m (Hypnelus ruficollis)*
puffer Vierzähner *mpl (Tetraodontidae)*
puffin Papageitaucher *m (Fratercula arctica)*
Atlantic ~ → puffin
horn-billed ~ Nashornlund *m*, Nashornalk *m (Cerorhinca monocerata)*
horned ~ Hornlund *m (Fratercula corniculata)*
tufted ~ Schopflund *m (Lunda cirrhata)*
pukeweed Lobelie *f (Lobelia inflata)*
pulasan Pulassan *n (Nephelum mutabile)*
pull Sog *m*
pullers Riffbarsche *mpl*, Sergeantfische *mpl (Pomacentridae)*
pullulate 1. sprossen, knospen; 2. keimen *(Samen)*; 3. durch Knospung vermehren; 4. wimmeln; 5. wuchern
pullus Nestling *m*
pulmocardiac Lungen-Herz...
pulmogastric Lungen-Magen...
pulmo Lunge *f*
pulmonary pulmonal, Lungen...
pulp 1. Fruchtfleisch *n*, Fruchtmark *n*; 2. Stengelmark; 3. Zahnpulpa *f*; 4. Pulpa *f*, Fleisch *n*, Organparenchym *n*
fruit ~ Fruchtfleisch *n*, Fruchtmark *n*
red ~ of spleen rote Pulpa *f*, rote Milzpulpa *f*
tooth ~ Zahnpulpa *f*
white ~ of spleen weiße Milzpulpa *f*
pulpy 1. pulpartig; markartig; 2. fleischig; 3. weich und saftig; 4. schwammig
pulsation Pulsation *f*, Schlagen *n*, Klopfen *n*; Pulsschlag *m*
pulsative [pulsatory] pulsatorisch; pulsförmig; pulsierend; klopfend
pulse 1. Puls *m*; Pulsschlag *m*; 2. pulsieren, schlagen, klopfen
pulse-label(ing) Pulsmarkierung *f*, Pulse-Markierung *f*
pulverulent pulverig, gepulvert; brüchig, bröckelig
pulvillus *(Ent.)* Pulville *f*, Haftlappen *m*
pulvinary [pulvinate] gepolstert, polsterig; kissenförmig
pulviniform pulviniform, polsterförmig; kissenförmig
pulvinus Blattkissen *n*, Blattwulst *f*, Blattpolster *m*
puma Puma *m*, Silberlöwe *m*, Kuguar *m (Puma concolor)*
pum(m)elo → pomelo
pump Pumpe *f*
cation ~ Kationenpumpe *f*
ionic ~ Ionenpumpe *f*
potassium ~ Kaliumpumpe *f*
sodium ~ Natriumpumpe *f*
pumpkin Kürbis *m (Cucurbita)*
common ~ Gartenkürbis *m (Cucurbita pepo)*

guinea ~ Eierfrucht *f (Solanum melongena)*
pumpkinseed Gemeiner Sonnenbarsch *m (Lepomis gibbosus)*
puna Puna *m (Hochgebirgs-Grasvegetation, Anden)*
punctate(d) punktiert, getüpft
punctilobate lappigpunktiert
punctulate(d) feinpunktiert; kleinpunktiert
puncture 1. Punktion *f*, Durchstechung *f*; 2. Stich *m*, Einstich *m*; 3. punktieren; 4. durchstechen, durchbohren
pungency Schärfe *f (im Geschmack)*
pungent scharf *(im Geschmack)*; stechend; pricklend
punkies Gnitzen *fpl*, Stechgnitzen *fpl (Heleidae)*
pup 1. Welpe *f*; Welf *m*; 2. Junge werfen
in ~ trächtig *(Hündin)*
pupa *(Ent.)* Puppe *f*, Chrysalis *f*, Chrysalide *f*
barrel-shaped [coarctate] ~ Tönnchenpuppe *f*
exarate [free] ~ freie Puppe *f*
obtected ~ Mumienpuppe *f*, Bedeckte Puppe *f*
pupal Puppen..., Chrysalid...
puparium 1. Puparium *n*, Tönnchen *n*; 2. Puppenhülle *f*
pupate sich verpuppen
pupation 1. Verpuppung *f*; 2. Pseudorosettenkrankheit *f (der Pflanzen)*
pupigenous → pupiparous
pupigerous verpuppend
pupil Pupilla *f*, Pupille *f*, Sehloch *n*
pupillary pupillär, Sehloch...
pupiparous pupipar, puppengebärend
puppy Welpe *f*
mud ~ 1. Furchenmolch *m (Necturus)*; 2. Amerikanischer Riesensalamander *m (Cryptobranchus)*; 3. Querzahnmolch *m (Ambystoma)*
pure 1. rein, unvermischt; 2. reinrassig, reinerbig
pure-blooded vollblütig, reinblütig
purebred 1. reinrassig, rasserein; 2. reinrassiges Tier *n*
pure-breeding Reinzucht *f*
purification Reinigung *f*, Klärung *f*
natural ~ Selbstreinigung *f*
purple 1. Purpur *m*; 2. purpurn, purpurrot
purpleheart Almend *m (Terminalia)*
purplewort Sumpfblutauge *n (Comarum palustre)*
purposiveness Zweckmäßigkeit *f*
purr 1. schnurren; 2. Schnurren *n*
purret Porree *m*, Winterlauch *m*, Breitlauch *m (Allium porrum)*
purse:
shepherd's ~ Gemeines Hirtentäschel *n (Capsella bursa-pastoris)*
purslane Portulak *m (Portulaca oleracea)*
common ~ Gelber [Gemeiner] Portulak *m (Portulaca oleracea)*
garden ~ Portulakröschen *n (Portulaca grandiflora)*
kitchen-garden ~ → common purslane
marsh ~ Sumpfheusenkraut *n (Ludwigia palustris)*
mud ~ Amerikanisches Tännel *n (Elatine americana)*
water ~ 1. Sumpfquendel *m (Peplis portula)*; 2. → common purslane; 3. → marsh purslane
wild ~ Wolfsmilch *f (Euphorbia)*
winter ~ Kubanisches Burzelkraut *n (Claytonia perfoliata)*
pursue verfolgen, jagen
pursuer Verfolger *m*
puskies Große Sternmiere *f (Stellaria holostea)*
pussley → purslane
pussycat Hasenklee *m (Trifolium arvense)*
pussytoe Katzenpfötchen *n (Antennaria)*
pustulate bepustelt, pustelartig
pustule Pustel *f*, Blase *f*; Bläschen *n*
rust ~ Teleutopustel *f*
putamen 1. *(Bot.)* Steinkern *m* der Steinfrüchte; 2. *(Zool.)* Putamen *n*; Schalenhaut *f*
putaminate steinschalig
putchok Kostwurz *f (Costus)*
putrefaction Putrefaktion *f*, Fäulnis *f*; Faulen *n*; Putreszenz *f*, faulige Nekrose *f*
putrefactive 1. fäulniserregend; 2. Fäulnis..., faulig
putrefy faulen, verfaulen, verwesen
putrescent 1. faulend, verfaulend, verwesend; 2. Fäulnis..., faulig
putrid putrid; verfault, verwest
puttyroot Winterliche Kahnorche *f (Cymbidium hyemale)*
pycnocephalous *(Bot.)* dichtköpfig, gedrängtköpfig
pycn(id)ium Pyknide *f*
pycnostachous gedrängtährig
pycnotic pyknotisch
pygidium Pygidium *n*, Analsegment *m*
pygm(a)ean zwergenhaft, winzig, Zwerg...
pygmy 1. Zwerg *m*; 2. winzig, Zwerg...
pygmy conifer woodland Zwergstrauchzone *f*
pygmyweed Wasserdickblatt *n (Crassula aquatica)*
pylorus Pylorus *m*, Magenausgang *m*, Magenpförtner *m*
pyralid Zünsler *m (Pyralis)*; *pl* Zünsler *mpl*, Lichtmotten *fpl (Pyralididae)*
pyrenarium Steinfrucht *f*
pyrene Steinkern *n*
pyrenocarp Pyrenokarp *m*, Perithezium *n*
pyrenoid Pyrenoid *n*
pyrethrum Phyretrum *n*
Dalmatian ~ Dalmatinische Insektenpulverpflanze *f*, Dalmatinische Insektenblume *f (Tanacetum cinerariifolium)*
pyricarpous birnfrüchtig
pyriform birnförmig
pyrola Wintergrün *n (Pyrola)*
European ~ Großes [Rundblättriges] Wintergrün *n (Pyrola ritundifolia)*
green ~ Grünblütiges Wintergrün *n (Pyrola virens)*
pyrus Birnbaum *m (Pyrus)*
python Python *m*; Python *m (Python)*
Australian diamond ~ Rautenpython *m (Morelia)*
Australian water ~ Australischer Felsenpython *m (Liasis)*
black-headed ~ Schwarzkopfpython *m (Aspidites)*
burrowing [Calabar ground] ~ Erdpython *m (Cala-*

baria reinhardtii)*
carpet ~ → Australian diamond python
green (tree) ~ Grüner Baumpython *m (Chondropython viridis)*
Malay ~ → reticulated python
Mexican ~ Spitzkopfpython *m (Loxocemus)*
New Ireland ringed ~ Zwergpython *m (Bothrochilus boa)*
reticulated ~ Netzphyton *m*, Netzschlange *f*, Gitterschlange *f (Python reticulatus)*
royal ~ Königspython *m*, Ballschlange *f (Python regius)*
water ~ → Australian water python
pyxidate becherig
pyxidium [pyxis] *(Bot.)* Pyxidium *n*, Deckkapsel *f*

Q

quab Gründling *m (Gobio)*
quack 1.quacken; 2. Quacken *n*
quadrate Quadratum *n*
quadrangular viereckig, vierseitig
quadrialate vierflügelig
quadriangulate viereckig, vierkantig
quadricapsular *(Bot.)* mit vier Kapseln
quadricorn vierhörnig
quadricostate vierrippig
quadridigitate vierfingerig
quadrifarious vierreihig, vierzeilig
quadrifid vierspaltig
quadriflorous vierblütig
quadrifoliate vierblättrig
quadrifurcate viergabelig
quadrijugate vierpaarig
quadrilobate vierlappig
quadrilocular vierfächerig
quadripartite vierteilig
quadriphyllous vierblättrig
quadripinnate vierfach gefiedert
quadriradiare vierstrahlig
quadrisetaceous vierborstig
quadrisporous viersporig
quadrivalent Quadrivalent *n*, Tetravalent *n*
quadrivalve [quadrivalvular] quadrivalvulär; vierklappig
quadritubercular vierhügelig
quadrumanous vierhändig
quadruped 1.Vierfüßler *m*; 2. Vierfuß..., vierfüßig
quadrupedal Vierfuß...,vierfüßig
quag[mire] Schwingmoor *m*; Schwingrasen *m*
quagga Quagga *n (Equus quagga quagga)*
quahaug [quahog] Venusmuschel *f (Venus)*
quail Wachtel *f (Coturnix)*; Wachtel *f (Coturnix coturnix)*
banded ~ 1.Bindenwachtel *f (Philortyx fasciatus)*; 2. Langbeinwachtel *f (Rhynchortyx cinctus)*
brown ~ Ypsilonwachtel *f (Synoicus ypsilophorus)*
button ~ Laufhühnchen *n (Turnix)*
California ~ Schopfwachtel *f (Lophortyx californicus)*
harlequin ~ Harlekinwachtel *f (Coturnix delegorguei)*
Indian mountain ~ Hangwachtel *f (Ophrysia)*
mountain ~ Bergwachtel *f (Oreortyx pictus)*
painted ~ Zwergwachtel *f (Coturnix chinensis)*
scaled ~ Schuppenwachtel *f (Callipepla squamata)*
quaker-ladies *(Bot.)* Engelsauge *n (Houstonia caerulea)*
qualele Zederzypresse *f*, Weiße Zeder *f (Chamaecyparis thujoides)*
qualitative qualitativ
quality Qualität *f*, Eigenschaft *f*
~ of locality Bonität *f*
quamoclit Sternwinde *f*, Punktwinde *f (Quamoclit)*
quantitative quantitativ
quantity Quantität *f*; Menge *f*; Größe *f*
quantosome Quantosom *n (hypothetische Funktions-Struktur-Einheit der Thylakoide)*
quarantine 1.Quarantäne *f*; 2. unter Quarantäne stellen
quarry Steinbruch *m*
quarter:
lamb's ~ Weißer Gänsefuß *m (Chenopodium album)*
winter ~ s Winterquartier *n*, Winterlager *m*
quartervine Gabelrankige Trompetenblume *f (Bignonia capreolata)*
quartet Quartett *n*, Tetrade *f*
quassia Quassiabaum *m*, Quassie *f*, Bitterholzbaum *m (Quassia)*
Quaternary Quartär *n* (Erdzeitalter)
quaternate quaternär, vierfach
quebracho Quebracho *n*, Quebrachobaum *m (Schinopsis)*
queen *(Ent.)* Königin *f*, Weisel *f*
queenfish Stachelmakrelen *f pl (Carangidae)*
queen-of-meadow 1. Spierstaude *f*, Echtes Mädesüß *n (Filipendula ulmaria)*; 2. Breitblättriger Spierstrauch *m (Spiraea patifolia)*
queen-of-the-prairie Rote Spierstaude *f (Filipendula rubra)*
queenroot [queen's-delight] Talgbaum *m (Stillingia silvatica)*
queen's-qulliflower Nachtviole *f (Hesperis matronalis)*
queen-weed Gemeiner Pastinak *m (Pastinaca sativa)*
quelea :
cardinal ~ Kardinalweber *m (Quelea cardinalis)*
common [red-billed]~ Blutschnabelweber *m (Quelea quelea)*
red-headed ~ Rotkopfweber *m (Quelea erythrops)*
quench auslöschen, erlöschen; abschrecken, abkühlen
quenching:
fluorescence ~ Fluoreszenlöschung *f*
quest 1.Suche *f*; 2. suchen; 3. Wild suchen
quick Eingriffeliger Weißdorn *m (Crataegus monogyna)*

quick-acting schnellwirkend
quickbeam Echte Vogelbeere *f*, Eberesche *f (Sorbus aucuparia)*
quicken bewegen *(Fötus)*
quick-in-the-hand Springkraut *n*, Balsamine *f (Impatiens)*
quicksand Treibsand *m*
quickset 1. Heckenpflanze *f*; 2. Heckenpflanzensteckling *m*; 3. [lebende] Hecke *f*
quiescence Quieszenz *f*; Ruhe *f*
quiescent ruhig; bewegungslos; Ruhe...
quill 1. Schwanzfeder *n*; Schwungfeder *n*; 2. Federkiel *m*; 3. hohler Stachel *m (z.B. Stachelschwein)*
quillwort Brachsenkraut *n (Isoëtes)*
quinate [quinary] fünfzählig, gefünft, je fünf, fünffach
quince Quitte *f*, Quittenbaum *m (Cydonia oblongata)*
  Chinese ~ Chinesische Scheinquitte *f (Chaenomeles sinensis)*
  Japanese ~ Japanische Scheinquitte *f (Chaenomeles japonica)*
quinine 1. China(rinden)baum *m (Cinchona)*; 2. Chinin *n*
quinnat Quinnat *m (Oncorhynchus tschawytscha)*
quinoa Quinoa *f*, Getreidekraut *n*, Reismelde *f (Chenopodium quinoa)*
quinquecostate fünfrippig
quinquecuspidate fünfrippig
quinquedentate fünfzähnig
quinquefarious fünfreihig, fünfzeilig
quinquefid fünfspaltig
quinqueflorous fünfblütig
quinquefoil Fingerkraut *n (Potentilla)*
quinquefoliate fünfblättrig
quinquejugate fünfpaarig
quinquelateral fünfseitig
quinquelocular fünffächerig
quinquepartite fünfteilig
quinquepetalous fünfkronblättrig
quinquesuleate fünffurchig
quinqueserial fünfreihig, fünfzeilig
quinquevalve [quinquevalvular] fünfklappig
quinsyberry Amerikanische Johannisbeere *f (Ribes americanum)*
quintuple fünffach
quisquilar schuttbewohnend
quitch Hundszahngras *n (Cynodon)*
quitches Rhizomgräser *n pl*, Wurzelstockgräser *mpl*
quiver 1. Zittern *n*; 2. zittern
quiverleaf Amerikanische Zitterpappel *f (Populus tremuloides)*
quokka Kurzschwanzkänguruh *n (Setonyx brachyurus)*
quoll Tüpfelbeutelmarder *m (Dasyurus quoll)*
quotient Quotient *m*, Koeffizient *m*
  ~ of similarity Ähnlichkeitskoeffizient *m*
  assimilation ~ Assimilationskoeffizient *m*
  respiratory ~ Atmungskoeffizient *m*

R

rabbit Kaninchen *n*; Waldkaninchen *n (Oryctolagus cuniculus)*
  antelope jack ~ Antilopen-Hase *m (Lepus alleni)*
  black-tailed jack ~ Kalifornischer Eselhase *m (Lepus californicus)*
  bristly ~ Borstenkaninchen *n*, Rauhkaninchen *n (Caprolagus hispidus)*
  common ~ → European rabbit
  cottontail ~ Baumwollschwanz-Kaninchen *n (Sylvilagus)*
  eastern cotton-tail ~ → Florida cotton-tail rabbit
  European ~ (Europäisches) Wildkaninchen *n*, Karnikkel *m (Oryctolagus cuniculus)*
  Florida cotton-tail ~ Florida-Waldkaninchen *n (Sylvilagus floridanus)*
  forest ~ Brasilien-Waldkaninchen *n (Sylvilagus brasiliensis)*
  marsh ~ Sumpfkaninchen *n (Sylvilagus palustris)*
  rock ~ 1. Kapp-Klippschliefer *m (Procavia capensis)* 2. *pl* Pfeifhasen *mpl (Ochotonidae)*
  short-eared ~ Sumatra-Kaninchen *n*, Kurzohrkaninchen *n (Nesolagus netscheri)*
  snowshoe ~ Schneeschuh-Hase *m (Lepus americanus)*
  volcano ~ Mexikanisches Vulkankaninchen *n (Romerolagus diazi)*
  white-tailed jack ~ Präriehase *m (Lepus townsendi)*
rabbitberry Breitblättrige Ölweide *f*, Amerikanischer Silberbaum *m (Elaeagnus argentea)*
rabbitfish Kaninchenfische *mpl (Siganidae)*
rabbit-meat Rote Taubnessel *f (Lamium purpureum)*
rabbit-root Nacktstengelige Bergangelika *f (Aralia nudicaulis)*
rabbit's-mouth Großes Löwenmaul *n (Antirrhinum majus)*
rabbity Kaninchen...
rabid tollwütig, Rabies *n*
rabies Tollwut *f*
rabirubia Gelb(schwanz)schnapper *m (Ocyurus chrysurus)*
raccon → racoon
raccoonberry Maiapfel *m*, Fußblatt *n (Podophyllum peltatum)***race** 1. Rasse *f*; 2. rennen
racemate Razemat *n*
racemation [raceme] Traube *f*, Blütentraube *f*
  umbellike ~ Schirmtraube *f*
racemiferous traubentragend, blütentraubig
racemiflorous traubenblütig
racemiform traubenförmig
racemization Razemisierung *f*
racemose [racemous] traubenartig, traubenförmig, trau

big
acemule Kleintraube *f*, Träubchen *n*
acemulose kleintraubig
acer Zornnattern *fpl (Coluber)*
black [blue] ~ Schwarznatter *f (Coluber constrictor)*
dark green ~ Gelbgrüne Zornnatter *f (Coluber viridiflavus)*
green tree ~ Grüne Baumnatter *f (Elaphe prasina)*
horseshoe ~ Hufeisen-Natter *f (Coluber hippocrepis)*
mountain ~ Bunte Zornnatter *f (Coluber ravergieri)*
rat-tailed ~ Spitzkopfnatter *f (Elaphe oxycephalum)*
sand ~s Sandrennattern *fpl (Psammophis)*
speckled ~s Rennattern *fpl (Drymobius)*
spotted ~ Kornnatter *f (Elaphe guttata)*
striped ~ Streifen-Zornnatter *f (Masticophis lateralis)*
achi(di)al 1. Spindel...; 2. spinal, Wirbelsäulen...
achilla 1. *(Bot.)* Rachilla *f*, Spindelchen *n*, Blattspindel *f*; 2. *(Zool.)* Federschaft *m*; 3. Achse *f*; 4. Kiel *m*
achis 1. Rachis *f*, Spindel *f*, Achse *f*; 2. Wirbelsäule *f*; 3. Federschaft *m*
achislike spindelartig
ack 1. Gestell *n*; Halter *m*; 2. Paßgang *m*
acoon Waschbär *m (Procyon);* Kleinbären *mpl (Procyonidae)*
common ~ Nordamerikanischer Wäschbär *m (Procyon lotor)*
crab-eating ~ Krabbenwaschbär *m (Procyon cancrivorus)*
Himalayan ~ Kleiner Panda *m*, Katzenbär *m (Ailurus)*
North American ~ → common racoon
adiability Strahlendurchlässigkeit *f*
adial radial; strahlenförmig
adiance Strahlen *n*
adiate 1. strahlig; 2. radiärsymmetrisch; 3. ausstrahlen
adiate-veined strahlennervig, strahlenaderig
adiatiform strahlenförmig
adiating radiär; ausstrahlend
adiation Radiation *f*, Strahlung *f*, Ausstrahlung *f*
~ of the sky Himmelsstrahlung *f*
back ~ reflektierte Strahlung *f*
background ~ Hintergrundstrahlung *f*
corporis callosi ~ *(Anat.)* Balkenstrahlung *f*
incident ~ einfallende Radiation *f*
photosynthetic active ~ photosynthetisch aktive Strahlung *f*
reflected ~ → back radiation
thermal ~ Wärmestrahlung *f*
adiation-induced [radiation-initiated] radiationsinduziert
adical 1. Radikal *n*; 2. radikal; 3. wurzelständig
free ~ freies Radikal *n*
adical-weed Karolinischer Nachtschatten *m (Solanum carolinense)*
adicant wurzelnd
adicantium festsitzendes Tier *n*
adication Einwurzelung *f*
adication 1. Radikation *f*, Bewurzelung *f*; 2. Wurzelanordnung *f*, Wurzelmuster *n*
radicel → radicle
radicicolous wurzelbewohnend
radiciferous wurzeltragend
radiciform wurzelförmig, wurzelartig
radiciflorous wurzelblütig
radicivorous wurzelfressend
radicle 1. Keimwurzel *f*; Würzelchen *n*, Keimwürzelchen *n*; 2. *(Anat.)* (kleine) Wurzel *f*
radicose reich bewurzelt, reichwurzelig, wurzelreich
radicular radikulär, Wurzel...
radicule → radicle
radiculodium Wurzelknöllchen *n*
radiculose → radicular
radiiflorous strahlblütig
radioassay Isotopenanalyse *f*, Isotopenverfahren *n*
radioautography Autoradiographie *f*
radiobiology Strahlenbiologie *f*
radiocarbon radioaktiver Kohlenstoff *m*
radiocarpal radiokarpal, Speichen-Handwurzel...
radiodense strahlenundurchlässig, strahlendicht
radiodensity Strahlenundurchlässigkeit *f*
radioecology Radioökologie *f*, Strahlungsökologie *f*
radiogenetics Strahlengenetik *f*, Radiogenetik *f*
radiography Radiographie *f*, Röntgenographie *f*
radioimmunity Strahlenresistenz *f*
radioimmunoassay Radioimmunoassay *m*, Radioimmunyest *m*
radioisotope Radioisotop *n*, radioaktives Isotop *n*
radiolabel(l)ed isotopenmarkiert, radioaktiv markiert
radiolabelling radioaktive Markierung *f*
radiolarians Radiolarien *fpl*, Strahlentierchen *npl*
radiolesion Strahlungsschaden *m*
radiology Radiologie *f*, Strahlenkunde *f*
radiometer Radiometer *m*, Strahlungsmesser *m*, Strahlenmesser *m*
radiomimetic 1. radiomimetisch; 2. radiomimetisches Mittel *n*
radio(o)pacity Strahlenundurchlässigkeit, Strahlendichtheit *f*
radiopaque strahlendicht, strahlenundurchlässig
radioparent strahlentransparent, strahlendurchlässig
radiopolymerization Radiopolymerisierung *f*, Strahlenpolymerisation *f*
radioreceptor Radiorezeptor *m*, Strahlenrezeptor *m*
radioresistance Strahlenresistenz *f*, Strahlenwiderstandskraft *f*
radioscopy Radioskopie *f*, Röntgen *n*
radioselection Radioselektion *f*, Strahlungsselektion *f*
radiosensibility Radiosensitivität *f*, Strahlensensibilität *f*, Strahlenempfindlichkeit *f*
radiosensitive strahlensensibel, strahlenempfindlich
radiosensitivity → radiosensibility
radiosymmetrical radiärsymmetrisch
radiotelemetry Radiotelemetrie *f*, Biotelemetrie *f*
radiotransparent strahlendurchlässig
radioulnar radioulnar, Speichen-Ellen...

radish Rettich *m (Raphanus)*
garden ~ 1. Gartenrettich *m (Raphanus sativus)*; 2. → small radish
horse ~ Meerstrand-Löffelkraut *n (Cochlearia maritima)*
Oriental ~ → wild radish
small ~ Radieschen *n (Raphanus sativus* var. *radiculata)*
wild ~ Acker-Rettich *m (Raphanus raphanistrum)*
radius 1. Radius *m*, Speiche *f*; 2. *(Ent.)* Radialader *f*
radix Wurzel *f*
radula Radula *f*, Reibzunge *f*, Reibplatte *f (bei Weichtieren)*
rafflesia Riesenblume *f (Rafflesia)*
rage 1. Rage *f*, Wut *f*; Zorn *m*; 2. Begeisterung *f*
ragfish Quallenfisch *m (Nomeus gronovii); pl* Quallenstrahlenfische *mpl (Nomeidae)*
raggee Korakan *n*, Dagussa *f*, Fingerhirse *f (Eleusine coracana)*
ragweed 1. Traubenkraut *n (Ambrosia)*; 2. Jakobs(kreuz)kraut *n (Senecio jacobaea)*
great ~ 1. Gelbblättriger Sumpfholunder *m (Iva xanthifolia)*; 2. Dreilappiges Traubenkraut *n (Ambrosia trifida)*
lance-leaved ~ Zweizähniges Traubenkraut *n (Ambrosia bidentata)*
ragwort Greiskraut *n (Senecio)*
field ~ Steppengreiskraut *n (Senecio integrifolius)*
pale ~ Sumpf-Greiskraut *n (Senecio paludosus)*
prairie ~ Wiesen-Kreuzkraut *n (Senecio pratensis)*
rail Ralle *f (Rallus); pl* Rallen *fpl (Rallidae)*
barred ~ Zebraralle *f (Rallus torquatus)*
Bensch's ~ Naka *f*, Moniasralle *f (Rallus benschi)*
black ~ Schieferralle *f (Laterallus jamaicensis)*
chestnut ~ Kastanieralle *f (Rallicula rubra)*
clapper ~ Klapperralle *f (Rallus longirostris)*
dotted ~ Schomburgks Ralle *f (Micropygia schomburgkii)*
gray-throated ~ Augenralle *f (Canirallus oculeus)*
inept ~ Baumralle *f (Megacrex inepta)*
king ~ Königsralle *f (Rallus elegans)*
marsh ~ Zwergsumpfhuhn *n (Porzana pusilla)*
New Britain ~ Bartralle *f (Habropteryx)*
ocellated ~ → dotted rail
plumbeous ~ Grauralle *f (Rallus sanguinolentus)*
red ~ Rubinralle *f (Laterallus ruber)*
sooty ~ Südsee-Sumpfhuhn *n (Porzana tabuensis)*
speckler ~ Meridaralle *f (Coturnicops notata)*
uniform ~ Einfarbralle *f (Amaurolimnas concolor)*
weka ~ Wekaralle *f (Gallirallus australis)*
white-browed ~ Weißbrauenralle *f (Poliolimnas)*
yellow ~ Gelbralle *f (Coturnicops noveboracensis)*
rain 1. Regen *m*; 2. *(Bot.)* Goldregen *m (Laburnum)*
the ~s Regenzeit *f*
rainbowweed Blutweiderich *m (Lythrum salicaria)*
raise 1. ziehen *(Pflanzen)*; 2. züchten *(Tiere)*
raisin Schneeball *m (Viburnum)*

raker *(Icht.)*. Kiemendorn *m*
gill ~ → raker
ram Widder *m*
ramal astständig, Zweig...
ramate zweigtragend, ästig, verästelt
rambler Vielblütige Rose *f (Rosa multiflora)*
rambutan Litschibaum *m*, Zwillingspflaume *f (Nephelium)*
ramellose kleinzweigig
ramentaceous trockenschuppig, knospenschuppig
ramentum Knospenschuppe *f*; Spreuschuppe *f*
rameous → ramal
ramet 1. *(Bot.)* Ramet *m*; 2. *(Zool.)* Polyp *m*
ramicolous zweigbewohnend
ramie Ramie *f (Boehmeria nivea)*
ramiferous → ramate
ramification Verzweigung *f*, Verästelung *f*; Gabelung *f*
dichotomous ~ dichotome (gabelige) Verzweigung *f*
ramified verzweigt
ramiflorous zweigblütig, astblütig
ramiform zweigförmig
ramify (sich) verzweigen
ramiparous Zweige bildend
rampart Wall *m*, Schutzwall *m*
cuticular ~ Kutikularwall *m*
rampion Ackerglockenblume *f (Campanula rapunculus)*
ram's-claws Kriechender Hahnenfuß *m (Ranunculus repens)*
ramson Bärlauch *m (Allium ursinum)*
ramtil Gingellikraut *n (Guizotia abyssinica)*
ramule Ramulus *m*; Kleiner Zweig *m*; Kleine Ast *f*
ramulose [ramulous] kleinästig
ramulus → ramule
ramus Ramus *m*; Zweig *m*; Ast *f*
randall Wiesenschwingel *m (Festuca pratensis)*
random wahllos, zufällig, Zufalls...
randomization Randomisation *f*, Randomisierung *f*
range 1. Reihe *f*; 2. Areal *n*, Wohngebiet *n*; Verbreitungsgebiet *n*; 3. vorkommen; verbreitet sein; 4. Aktionsradius *m*
~ of distribution Verbreitungsgebiet *n*, Areal *n*
~ of population Populationsareal *n*
~ of variation Variationsbreite *f*, Variationsbereich *m*
~ of vision Sehweite *f*
continuous ~ disjunktes Areal, geschlossenes Areal *n*
discontinuous ~ unterbrochenes Areal *n*
geographic ~ Areal *n*; Verbreitungsgebiet *n*
home ~ Individualterritorium *n*; Revier *n*
host ~ Wirtskreis *m*
present ~ gegenwärtiges Areal *n*
tolerance ~ ökologische Amplitude *f*
rank 1. Rang *m*; Rangstufe *f*; 2. einreihen, einordnen, klassifizieren
rantipole Möhre *f (Daucus carota)*
rapacious 1. Raub..., räuberisch; 2. gefräßig
rape Raps *m (Brassica napus napus)*
summer ~ Futterkohl *m (Brassica campestris)*

raphe *(Anat.)* Raphe *f*; Naht *f*
raphide Raphide *f*, Kristallnadelbündel *m*, Kristallnadeln
raphidiferous raphidenhaltig, raphidentragend
raphiodontous nadelzähnig; spitzzähnig
rapper-dandies Echte Bärentraube *f (Arctostaphylos uva-ursi)*
raptorial räuberisch
rapunculoid rapunzelähnlich
rariflorous einzelblütig; wenigblütig; armblütig
raspberry Brombeere *f*, Himbeere *f (Rubus)*
Arctic ~ Nordische Brombeere *f*, Nordische Himbeere *f (Rubus arcticus)*
black(cap) ~ Schwarze Himbeere *f (Rubus occidentalis)*
flowering ~ Wohlriechende Himbeere *f (Rubus odoratus)*
ground ~ Gelbwurzel *f (Hydrastis)*
mountain ~ Torfbeere *f*, Moltebeere *f (Rubus chamaemorus)*
purple ~ → black(cap) raspberry
red ~ Echte Himbeere *f*, Himbeerstrauch *m (Rubus idaeus)*
rose-flowering ~ → flowering raspberry
rasp-pod Kopalbaum *m (Trachylobium)*
rat Ratte *f (Rattus)*
African cane ~s Rohrratten *fpl (Thryonomys)*
African giant pouched ~s Riesenhamsterratten *fpl (Cricetomys)*
African mole ~s 1. Afrikanische Maulwurfsratten *fpl (Tachyoryctes);* Wurzelratten *fpl (Rhizomyidae)*; 2. Sandgräber *mpl (Bathyergidae)*
African pouched ~s Kurzschwanzhamsterratten *fpl (Saccostomus)*
albino ~ Weiße Ratte *f*
arboreal ~ Fingerratte *f (Dactylomys)*
arboreal spiny ~ Kammstachelratte *f (Echimys)*
bamboo ~ Bambusratte *f (Rhizomys); pl* Wurzelratten *fpl (Rhizomyidae)*
beaver ~ Schwimmratte *f (Hydromys)*
black ~ Hausratte *f*, Schwarze Ratte *f (Rattus rattus)*
blind mole ~s Blindmäuse *fpl*, Blindmolle *mpl (Spalacidae)*
bushy-tailed ~ 1. Spekekammfinger *m (Pectinator spekei)*; 2. Gescheckte Riesenborkenratte *f (Phloemys cumingi)*
cane ~ → African spring rat
cave ~s Buschratten *fpl (Neotoma)*
chinchilla ~ Chinchillaratte *f (Abrocoma cincera)*
cotton ~s Baumwollratten *fpl (Sigmodon)*
crested ~ Mähnenratte *f (Lophiomys imhausi)*
dassie ~ Felsenratte *f (Petromus typicus)*
diurnal sand ~ → fat sand rat
false swamp [false water] ~s Schwimmratten *fpl (Hydromyninae)*
fat sand ~ Sandrennmaus *f (Psammomys)*
four-striped ~ Afrikanische Striemen-Grasmaus *f*, Streifenmaus *f (Rhabdomys pumilio)*
fruit ~s Kubabaumratten *fpl (Capromys)*
giant (pouched) ~s Riesenhamsterratten *fpl (Cricetomys)*
hedge ~s Trugratten *fpl (Octodontidae)*
house ~ → black rat
house-boilding ~ → stick-nest rat
kangaroo ~ Känguruhratte *f*, Taschenspringer *m (Dipodomys)*
long-tailed pouched ~ Kleine Hamsterratte *f (Beamys)*
Luzon ~ → fruit rat
maned ~ → crested rat
marsupial ~ Pinselschwanzbeutelmaus *f (Phascogale)*
mole ~s 1. Blindmäuse *fpl*, Stumpfschnauzenmulle *mpl (Spalacidae)*; 2. Sandgräber *mpl (Bathyergidae)*
mosaik-tailed ~ Mosaikschwanzriesenratte *f (Uromys)*
mountain ~ → cave rat
naked mole [naked sand] ~ Nacktmull *m (Heterocephalus glaber)*
Norway ~ (Graue) Wanderratte *f (Rattus norvegicus)*
opossum ~ s Opossummäuse *fpl (Caenolestidae)*
pack ~ → cave rat
pepper ~ Südindische Stachelbilch *n (Platacanthomys)*
pest ~ Kurzschwanz-Maulwurfsratte *f (Nesokia indica)*
pygmy kangaroo ~ Känguruhmaus *f (Microdipodops)*
rice ~s Reisratten *fpl (Oryzomys)*
rock ~ → dassie rat
shrew ~ Nasenratte *f (Rhynchomys soricoides)*
spiny ~s Stachelratten *fpl (Echimyidae)*
stick-nest ~ Australische Häschenratte *f (Leporillus)*
trade ~ → cave rat
tree ~ Bamleusfingerratte *f (Kannabateomys amblyonyx)*
typical ~s Eigentliche Ratten *fpl (Rattus)*
viscacha ~ Viscacharatte *f (Octomys mimax)*
white ~ → albino rat
white-tailed ~ Weißschwänziger Hamster *m (Mystromys)*
ratany Ratanhia *f (Krameria)*
rata-tree Eisenholzbaum *m (Metrosideros)*
rate 1. Quote *f*, Rate *f*; 2. (relative) Geschwindigkeit *f*; 3. Grad *m*, Rang *m*, Klasse *f*; 4. abschätzen, taxieren; beurteilen
~ of evolution Evolutionsgeschwindigkeit *f*
~ of gain [of increase] Zuwachsrate *f*
~ of mortality Mortalität *f*
~ of production [of yield] Produktionsrate *f*
basal metabolic ~ Grundumsatz *m*
birth ~ Geburtenrate *f*, Natalität *f*
breathing ~ Atemfrequenz *f*
conception ~ Befruchtungsrate *f*
death ~ Mortalität *f*, Letalität *f*
dilution ~ Verdünnungsstufe *f*
emergence ~ Keimungsrate *f*
evapotranspiration ~ Evapotranspiration *f*, Evapo-

transpirationsrate *f*
evolutionary ~ Evolutionsgeschwindigkeit *f*
metabolic ~ Stoffwechselintensität *f*
mutation ~ Mutationsrate *f*
photosynthetic ~ Photosyntheseintensität *f*, Photosyntheserate *f*
reproductive ~ Reproduktivität *f*
saturation ~ Sättigungsgrad *m*
transpiration ~ Transpirationsrate *f*
ratel Honigsdachs *m (Mellivora capensis)*
ratfish Seeratte *f (Chimaera monstrosa)*
rathe frühblühend; frühreifend
rating 1. Abschätzung *f*, Bewertung *f*; 2. Stand *m*, Niveau *n*; *pl* Seeratten *fpl*, Meerratten *fpl (Chimaeridae)*
ratio 1. Verhältnis *n*, Relation *f*; 2. Quotient *n*
age ~ Altersklassenverhältnis *n*
base ~ Basenverhältnis *n*
nucleocytoplasmic [nucleoplasmic] ~ → karyoplasmatic rato
saturation ~ Sätigungskoeffizient *m*
ration 1. Ration *f*; 2. *pl* Lebensmittel *pl*; Verpflegung *f*
ratite *(Orn.)* brustbeinkammlos
ratoon Wurzelsproß *m*
ratsbane 1. → rattlesnake-leaf; 2. Geflecktes Wintergrün *n (Pyrola maculata)*
rattail Grenadier *m (Macrourus); pl* Grenadiere *mpl*, Rattschwänze *mpl (Macrouridae)*
deep-sea ~s Goldmakrelen *fpl (Coryphaenidae)*
rattan Rotangpalme *f*, Spanisches Rohr *n (Calamus)*
rattle 1. Wirbeln *n*; Trillern *n (der Nachtigall)*; 2. Klappern *n*, Rattern *n*; 3. klappern, rattern, rasseln
bull ~ Weiße Lichtnelke *f (Lychnis alba)*
red ~ Sumpf-Läusekraut *n (Pedicularis palustris)*
rattlebags Breitblättriges Leimkraut *n (Silene latifolia)*
rattlebox Wechselblättriges Heusenkraut *n (Ludwigia alternifolia)*
rattlebush Australischer Schnurbaum *m (Sophora australis)*
rattlefish Fledermausfische *mpl (Platacinae)*
rattle-nut Gelbe Lotosblume *f (Nelumbo lutea)*
rattlepot Großer Klappertopf *m (Rhinanthus serotinus)*
rattler → rattlesnake
rattleroot → rattle-top
rattlertree Weißpappel *f*, Silberpappel *f (Populus alba)*
rattlesnake Echte Klapperschlange *f (Crotalus)*; *pl* Grubenottern *fpl*, Lochottern *fpl*, Klapperschlangen *fpl (Crotalidae)*
banded ~ Gebänderte Klapperschlange *f*, Waldklapperschlange *f (Crotalus horridus)*
diamond-back ~ Texas-Klapperschlange *f*, Westliche Diamantklapperschlange *f (Crotalus atrox)*
ground ~ Zwergklapperschlange *f (Sistrurus)*
horned ~ Gehörnte Klapperschlange *f (Crotalus cerastes)*
pygmy ~ → ground rattlesnake
timber ~ → banded rattlesnake
rattlesnake-foot Hasenlattich *m (Prenanthes)*
rattlesnake-leaf Pflaum-Netzblatt *n (Goodyera pubescens)*
rattle-top [rattleweed] Wanzenkraut *n*, Silberkerze *f (Cimicifuga)*
raven Rabe *m (Corvus)*, Kolkrabe *m (Corvus corax)*; *pl* Rabenvögel *mpl (Corvidae)*
African white-necked ~ Geierrabe *m (Corvus albicollis)*
brown-necked ~ Braunnackenrabe *m*, Wüstenrabe *m (Corvus ruficollis)*
little ~ Kleine Neuhollandkrähe *f*, Gesellschaftskrähe *f (Corvus mellori)*
thick-billed ~ Erzrabe *m (Corvus crassirostris)*
white-necked ~ Weißhalsrabe *m (Corvus cryptoleucus)*
ravenous 1. beutegierig, raubgierig; 2. gefräßig
ray 1. Strahl *m*; 2. ausstrahlen; 3. bestrahlen; 4. sich strahlenförmig ausbreiten; 5. Strahlenblume *f*, Zungenblume *f*; 6. Dornrochen *m*, Sternrochen *m (Raja)*; *pl* Dornrochen *mpl*, Sternrochen *mpl (Rajidae)*
bat ~s Adlerrochen *mpl (Myliobatididae)*
branchiostegal ~ Kiemenstrahl *m*
bull ~ Gemeiner Adlerrochen *m (Myliobatis aquila)*
cow-nosed ~ → bat rays
cuckoo ~s Kuckucksrochen *m (Raja naevus)*
devil ~ Teufelsrochen *m*, Manta *f (Manta)*; *pl* Teufelsrochen *mpl*, Riesenmantas *mpl (Mobulidae)*
eagle ~s → bull ray
electric ~s Zitterrochen *mpl (Torpedinidei)*
fantail ~ Flecken-Stechrochen *m (Taeniura)*
fin ~ Flossenstrahl *m*
hard ~s Hartstrahlen *mpl*, Hartstrahlung *f*
heat ~s Wärmestrahlen *mpl*
homelyn ~ 1. Spiegelrochen *m*, Zweifleckiger Rochen *m (Raja miraletus)*; 2. Fleckrochen *m*, Gefleckter Rochen *m (Raja montagui)*
horned ~ Meeresteufel *m*, Kleiner Teufelsrochen *m (Mobula mobular)*
infrared ~s Infrarotstrahlen *mpl*
M ~s → mitogenetic rays
medullar(y) ~ *(Bot.)* Markstrahl *m*
phloem ~ Phloemstrahl *m*, Baststrahl *m*
pith ~ → medullar(y) ray
polar ~s Polstrahlung *f*
primary ~ → medullar(y) ray
soft ~s Weichstrahlen *mpl*, weiche Röntgenstrahlen
thornback ~ Nagelrochen *m*, Keulenrochen *m*, Keulenrochen *m (Raja clavata)*
ultraviolet ~s Ultraviolettstrahlen *mpl*
X- ~s Röntgenstrahlen *mpl*
rayproof strahlensicher, strahlengeschützt
razorback Finnwal *m (Balaenoptera physalus)*
razorbill Tordalk *m (Alca torda)*
reabsorption Rückresorption *f*, Reabsorption *f*, Wiederaufsaugung *f*
react 1. reagieren; 2. einwirken
reactant Reaktant *m*, Reaktionspartner *m*

reaction 1. Reaktion *f*; 2. Rückschritt *m*, Einwirkung *f*
all-or-none ~ Alles-oder-Nichts-Reaktion *f*
back ~ Rückreaktion *f*
bottleneck ~ begrenzende Reaktion *f*
chain ~ Kettenreaktion *f*
color ~ Farbreaktion *f*
coupling ~ Kopplungsreaktion, gekoppelte Reaktion *f*
dark ~ Dunkelreaktion *f*
decomposition ~ Zerfallsreaktion *f*
defense ~ Schutzreaktion *f*, Abwehrreaktion *f*
delayed ~ verzögerte [retardierende] Reaktion *f*
mating ~ Paarungsreaktion *f*
motor ~ Bewegungsreaktion *f*
oxidation [oxidizing] ~ Oxidationsvorgang *m*
paraserum ~ Paragglutination *f*
precipitation ~ Fällungsreaktion *f*, Fällung *f*, Präzipitation *f*
side ~ Nebenreaktion *f*
single-step ~ Einschrittreaktion *f*
skin ~ Hautreaktion *f*
soil ~ Bodenreaktion *f*, Boden-pH
staining ~ Farbreaktion *f*
reactivate reaktivieren
reactivation Reaktivierung *f*
cross ~ Kreuzreaktivierung *f*
reactivity Reaktivität *f*; Rückwirkung *f*, Reaktionsfähigkeit *f*
reactor 1. Reaktor *m*, Reaktionsapparat *m*; 2. Testtier *n*
read Lab *m*, Labmagen *m*, Abomasum *m*
reafference Reafferentation *f*
reafforestation Wiederaufforsten *n*, Wiederaufforstung *f*
reagent Reagens *n*
rear 1. züchten *(Tiere)*; 2. ziehen *(Pflanzen)*
rearing Anzucht *f*, Aufzucht *f*
rearrangement Rearrangement *n*, Umbau *m*; Umstrukturierung *f*, Umordnung *f*
reassortment Neusortierung *f*, Neuordnung *f* (z. B. von Virusgenen)
reassurance gesture Beruhigungsgeste *f*
rebound Rebound *m*, Rückschlag *m*; Rückwirkung *f*
recalcitrance Widerstandsfähigkeit *f* (einer Chemikalie in der Umwelt)
recalcitrant dem Abbau widerstehend, schwer abbaubar, beständig (z. B. Gifte)
recapture [recatch] wiederfangen; rekapitulieren
recede 1. zurückweichen; 2. verschwinden
recent rezent; gegewärtig; heute vorkommend
receptacle 1. Rezeptakel *m*, Behälter *m*; 2. Blütenboden *m*; 3. Fruchtboden *m*
floral ~ Blütenboden *m*
proboscis ~ Rüsselscheide *f*
seminal ~ Spermatheke *f*; Samenbehälter *m*, Samentasche *f*
receptive rezeptiv, aufnahmefähig
receptivity Rezeptivität *f*; Aufnahmefähigkeit *f*
sexual ~ Geschlechtsrezeptivität *f*
receptor Rezeptor *m*
antigen ~ Antigenrezeptor *m*, Antigenbindungsstelle *f*
stretch ~ Ausdehnungsrezeptor *m*
touch ~ Berührungsrezeptor *m*
rezess Recessus *m*; Aushöhlung *f*, Vertiefung *f*, Ausbuchtung *f*, Grube *f*
hypophyseal ~ Hypophysentasche *f*, Rathkesche Tasche *f*
optic ~ Sehgrube *f*
recession Rezessivität *f*
recessive rezessiv, nicht in Erscheinung tretend
recipient Rezipient *m*, Empfänger *m*
immune ~ immunokompetenter Rezipient *m*
reciprocal reziprok
reclinate(d) zurückgebogen; zurückgeneigt
reclusous aufgeschlossen, geöffnet
recognition Rekognition *f*; Anerkennung *f*
codon ~ Kodon-Rekognition *f*, Kodon-Anerkennung *f*
cognate [self-non-self] ~ "Selbst"-Rekognition *f*
recolonization Rekolonisation *f*, Wiederansiedlung *f*
recombine rekombinieren, neu kombinieren; wiedervereinigen
recombination Rekombination *f*, Neukombination *f*
recompensation Rekompensation *f*; Rekompensierung *f*
recon Rekon *n (Gen als Rekombinationseinheit)*
reconstitution Rekonstitution *f*; Wiederaufbau *m*
reconstruction Rekonstruktion *f*, Rekonstruierung *f* ; Wiederherstellung *f*
waxed ~ plastische Rekonstruktion *f*
record 1. registrieren; (auf)schreiben; 2. Registrierung *f*; 3. gespeicherte Information *f*
recorder Rekorder *m*, Registriergerät *n*; Schreiber *m*
recording 1. Registrieren *n*; 2. Ableitung *f*
recover 1. wiedereinbringen, ersetzen; 2. befreien; 3. genesen, wieder gesund werden; 4. wieder zu sich kommen
recovery 1. Rückgewinnung *f*, Wiedergewinnung *f*; 2. Gewinn *m*, Ausbeute *f*; 3. Genesung *f*, Gesundung *f*; 4. Zurückgehen *n* in die Ausgangsstellung
recreation Rekreation *f*; Erholung *f*
recruitment 1. Rekrutierung *f*; 2. Verstärkung *f*
recrystallize umkristallisieren
rectal rektal; Mastdarm...
rectangulate rechtwinklig
rectidental geradzähnig
rectiflorous geradblütig
rectigradation Rektigradation *f*, adaptive Evolution *f*
rectinerved geradnervig parallelnervig
rectirostral geradschnäbelig
rectiserial geradreihig, geradzeilig
rectivenous geradnervig; parallelnervig
rectispinous geraddornig
rectricial Steuerfeder...
rectrix Steuerfeder *n*; Schwanzfeder *n*
rectum Rektum *n*, Enddarm *m*; Mastdarm *m*
rectus Rektus *m*, gerader Muskel *m*
recultivated rekultiviert
recuperation Rekonvaleszenz, Genesung *f*, Gesundung *f*

recurrence Rezidiv *n*, Rückfall *m*, Wiedererkrankung *f*
recurrent 1. rezidivierend, rekurrent; 2. rückläufig
recurved zurückgekrümmt, zurückgeschlagen
recycle (zu)rückführen, recyclen
recycling 1. Recycling *n*; 2. Kreislauffahrweise *f*, Kreislaufführung *f*
red 1. rot; 2. Blaurückenlachs *m*, Rotlachs *m (Oncorhychus nerka)*
Alaska ~ → red 2.
direct ~ Kongorot *n*
medium ~ Kisutch *m*, Silberlachs *m (Oncorhynchus kisutsch)*
redberry Ginseng *m (Panax ginseng)*
swamp ~ Gemeine Moosbeere *f (Oxycoccus palustris)*
redbreast Rotkehlchen *n (Erithacus rubecula)*
redbuck Impala *f*, Schwarzfersenantilope *f (Aepyceros melampus)*
redbud Judasbaum *m (Cercis)*
redescription Redeskription *f*, Wiederbeschreibung *f*
redeye 1. Rotfeder *f (Scardinius erythrophthalmus)*; 2. Gemeiner Sonnenbarsch *m*, Steinbarsch *m (Ambloplites rupestris)*
redfin 1. → redeye 1.; 2. Amerikanische Orfe *f (Notropis)*
redfish 1. Blaurückenlachs *m*, Rotlachs *m (Oncorhynchus nerka)*; 2. Rotbarsch *m (Sebastes marinus)*; 2. Degenfisch *m (Hoplostethus); pl* Degenfische *mpl (Trachichthyidae)*
redhead Rotkopfente *f (Aythya americana)*
redia Redie *f*
redifferentiation Redifferentiation *f*, Redifferenzierung *f*
redistilled doppelt destilliert
redistribution Redistribution *f*, Wiederverteilung *f*, Wiederausteilung *f*
redivivous ausdauernd; wieder(auf)lebend
red-knees Pfeffer-Knöterich *m*, Wasserpfeffer *m (Polygonum hydropiper)*
red-leaved rotblättrig
red-morocco Herbst-Adonisröschen *n (Adonis autumnalis)*
redmullets Meerbarben *fpl (Mullidae)*
redolence Wohlgeruch *m*
redolent duftend, wohlriechend
redox Redoxpotential *n*
redoxreaction Oxydoreduktionsreaktion *f*
redpoll Hänfling *m (Acanthis)*; Birkenzeisig *m (Acanthis flammea)*
Arctic ~ → Hornemann's redpoll
common ~ → mealy redpoll
hoary ~ → Hornemann's redpoll
Holboll's ~ Heller Birkenzeisig *m (Carduelis flammea holboelli)*
Hornemann's ~ Polarbirkenzeisig *m*, Schneezeisig *m (Acanthis hornemanni)*
mealy ~ Birkenzeisig *m (Acanthis flammea)*
redroot 1. Gemeiner Hanf *m (Cannabis sativa)*; 2. Amarant *m*, Fuchsschwanz *m (Amaranthus)*; 3. Grasnelke *f (Armeria)*; 4. Blutkraut *n*, Blutwurz *f (Sanguinaria)*; 5. Säkkelblume *f (Ceanothus)*
redrump Singsittich *m*, Blutrumpfsittich *m (Psephotus haematonotus)*
redshank Rotschenkel *m (Tringa totanus)*
dusky [spotted] ~ Dunkler Wasserläufer *m (Trynga erythropus)*
redshift Rotverschiebung *f*
red-snaks Flohknöterich *m (Polygonum persicaria)*
redstart Rotschwanz *m (Phoenicurus);* Gartenrotschwanz *m (Phoenicurus phoenicurus)*
American ~ Schnäpperwaldsänger *m (Setophaga ruticilla)*
Asian ~ Rostkehl-Rotschwanz *m (Phoenicurus alaschanicus)*
black ~ Hausrotschwanz *m (Phoenicurus ochruros)*
blue-capped ~ Blaukopfrötel *m (Phoenicurus caeruleocephalus)*
blue-fronted ~ Alpenrotschwanz *m (Phoenicurus frontalis)*
blue-headed ~ → blue-capped redstart
brown-capped ~ Braunkappen-Waldsänger *m (Myioborus brunniceps)*
collared ~ Halsband-Waldsänger *m (Myioborus torquatus)*
common ~ Gartenrotschwanz *m (Phoenicurus phoenicurus)*
golden-fronted ~ Schwarzohr-Waldsänger *m (Myioborus ornatus)*
painted ~ Rotbrust-Waldsänger *m (Myioborus pictus)*
plumbeous (water) ~ Wasserrötel *m (Rhyacornis fuliginosus)*
rufous-backed ~ Sprosserrotschwanz *m (Phoenicurus erythronotus)*
saffron-breasted ~ Cardonwaldsänger *m (Myioborus cardonai)*
spectacled ~ Brillenwaldsänger *m (Myioborus melanocephalus)*
water ~ Wasserrötel *m (Rhyacornis)*
whiskered ~ Schnäpperrötel *m (Sheppardia cyornithopsis)*
white-bellied ~ Rotschwanz-Kurzflügel *m (Hodgsonius)*
white-capped water ~ Weißkopfschmätzer *m (Chaimarrornis)*
yellow-faced ~ Goldaugen-Waldsänger *m (Myioborus pariae)*
redthroat Dornhuscher *m (Pyrrholaemus brunneus)*
redtop Weißes Straußgras *n (Agrostis stolonifera)*
false ~ Dreiblütiges Rispengras *n (Poa triflora)*
reduce reduzieren
reducer Reduktionsmittel *n*, Reduktant *m*
reduction 1. Reduzierung *f*, Verminderung *f*; 2. Reduktion *f*
redundancy 1. Überfluß *m*; 2. Redundanz *f*, Wiederholung *f*
redundant repetitiv *(DNS)*, redundant, wiederholend
reduplication Reduplikation *f*, Replikation *f*

redweed 1. Amerikanische Kermesbeere *f* *(Phytolacca americana)*; 2. Klatsch-Mohn *m* *(Papaver rhoeas)*; 3. Feldampfer *m*, Kleiner Sauerampfer *m* *(Rumex acetosella)*; 4. → red-snaks
redwing Rotdrossel *m*, Weindrossel *m* *(Turdus iliacus)*
redwood Küstensequoie *f*, Immergrüne Sequoie *f* *(Sequoia sempervirens)*
ree Weibchen *n* des Kampfläufers *(Philomachus pugnax)*
reed Schilf *n* *(Phragmites)*
bur ~ Gemeines Schilfrohr *n* *(Phragmites australis)*
giant ~ Pfahlrohr *n*, Italienisches Rohr *n* *(Arundo donax)*
glyceria ~ Großes Süßgras *n* *(Glyceria arundinacea)*
mace ~ Breitblättriger Rohrkolben *m* *(Typha latifolia)*
sea (sand) ~ (Gemeiner) Strandhafer *m*, Sandrohr *n* *(Ammophila arenaria)*
small ~ Reitgras *n* *(Calamagrostis)*
wood small ~ Landreitgras *n*, Landrohr *n*, Sandrohr *n* *(Calamagrostis epigeios)*
reedbed Rohricht *n*, Rohrgebüsch *n*
reedbird Bobolink *m*, Paperling *m*, Reisstärling *m* *(Dolichonyx oryzivorus)*
reedbuck Riedbock *m* *(Redunca)*; Großer Riedbock *m* *(Redunca arundinum)*
Bohor ~ Riedbock *m*, Isabellantilope *f* *(Redunca redunca)*
mountain ~ Berg-Riedbock *m* *(Redunca fulvorufula)*
reedstand → reedbed
reedy schilfreich
reeve Kampfläufer *m* *(Philomachus pugnax)*
refining Raffinierung *f*, Raffination *f*, Reinigung *f*
reflectance Wiederspiegelung *f*; Auswirkung *f*; Spiegelung *f*
reflected zurückgebogen, herabgebogen
reflection Reflexion *f*; Zurückstrahlung *f*
reflectory reflektorisch; Reflex...
reflex 1. Reflex *m*; 2. Widerschein *n*, Rückstrahlung *f*, Lichtreflex *m*
~ of movement Reflexbewegung *f*
acquired ~ → conditioned reflex
bending ~ Beugungsreflex *m*
body-righting ~ Körperaufrichtungsreflex *m*, Körperstellreflex *m*
ciliary ~ Ziliarreflex *m*
coeliac-plexus ~ Sonnengeflechtreflex *m*
conditioned ~ bedingter Reflex *m*
congenital ~ angeborener Reflex *m*
conjunctival ~ Bindenhautreflex *m*, Konjunktivalreflex *m*
defensive ~ Abwehrreflex *m*
delayed ~ verzögerter Reflex *m*
extension ~ Streckreflex *m*
eyelid closure ~ Lidreflex *m*, Lidschlußreflex *m*
flexion ~ Beugungsreflex *m*
gag ~ Brechreflex *m*, Würgreflex *m*
grasp ~ Greifreflex *m*, Schnappreflex *m*
imitating ~ Nachahmungsreflex *m*
inhibitory ~ Hemmungsreflex *m*
iris-contraction ~ Pupillenreflex *m*, Iriskontraktionsreflex *m*
jump ~ Sprungreflex *m*
motor ~ Bewegungsreflex *m*
muscular ~ Muskelreflex *m*
neck ~ Halsreflex *m*
neck-righting ~ Nackenaufrichtungsreflex *m*
oculo-cardiac ~ Bulbus(druck)reflex *m*, okulokardialer Reflex *m*
orientative ~ Orientierungsreflex *m*
pain ~ Schmerzreflex *m*
patellar ~ Patellar(sehnen)reflex *m*, Kniescheibenreflex *m*
postural ~ Haltungsreflex *m*, Stellreflex *m*
pupillar(y) ~ Pupillenreflex *m*
righting ~ → body-righting reflex
sole ~ Sohlenreflex *m*, Plantarreflex *m*
static ~ Stehreflex *m*, Haltungsreflex *m*
stretch ~ Dehnungsreflex *m*
sucking ~ Saugreflex *m*
tendon ~ Sehnenreflex *m*
unconditioned ~ unbedingter Reflex *m*
vasomotor ~ Vasomotorreflex, Gefäßnervenreflex *m*
reflexed zurückgebogen, herabgebogen, zurückgebeugt, rückwärtsgebogen
reflexion → reflection
reflorent wiederblühend
reflorescence Refloreszenz *f*, Wiederaufblühen *n*
reflux 1. Rückfluß *m*, Rücklauf *m*; 2. Rückflußkühler *m*
refluxing Rückfließen *n*
refolding Rückfaltung *f* *(z.B. der Proteinstrukturen)*, Zurückfalten *n*
refoliation Refoliation *f*, Wiederbeblätterung *f*
reforestation Wiederaufforstung *f*, Walderneuerung *f*
refracted zurückgeknickt, herabgeknickt
refraction Refraktion *f*, Brechung *f*; Lichtbrechung *f*; Strahlbrechung *f*
refractive lichtbrechend
refractory refraktär, unempfindlich *(z.B. gegen Reize)*
refrigerate (ab)kühlen; sich abkühlen
refrigeration Kühlung *f*
refuge 1. Refugium *n*, Refugialgebiet *n*, Residualgebiet *n*, Rückzugsbegiet *n*, Zufluchtsraum *m*; 2. Schutz suchen
refugium → refuge 1.
refuse Abfall *m*; Abfälle *mpl*
reg Kieswüste *f*, Serir *m*, Reg *n*
regenerate regenerieren; sich regenerieren
regeneration Regeneration *f*, Regenerierung *f*, Erneuerung *f*
regimen Regime *n*; Lebensweise *f*; Diät *f*
food ~ Nahrungsregime *n*
region Region *f*; Gegend *f*; Bereich *m*; Gebiet *n*
~ of growth Wachstumszone *f*
acceptance ~ *(Biom.)* Annahmebereich *m*
arid ~ *(Ökol.)* Trockengebiet *n*
confidence ~ *(Biom.)* Konfidenzbereich *m*

faunal ~ Faunenregion *f*, Tiergebiet *n*
floral ~ Florenregion *f*, Pflanzengebiet *n*
indifference ~ *(Biom.)* Indifferenzbereich *m*
hinge ~ Gelenkregion *f*, Scharnierregion *f*
preference ~ *(Biom.)* Entscheidungsbereich *m*
rejection ~ *(Biom.)* Ablehnungsbereich *m*
regional regional, örtlich, lokal
regma *(Bot.)* Regma *m*, Spaltkapsel *f*, mehrsamige Schließfrucht *f*
regressive regressiv; sich zurückbildend, zurückschreitend
regrowth 1. Nachwuchs *m*; 2. Nachwachsen *n*, Nachtreiben *n*
regular 1. regulär; regelmäßig; symmetrisch; 2. geregelt, geordnet; 3. normal
regularity Regularität *f*; Regelmäßigkeit *f*; Gleichmäßigkeit *f*; Stetigkeit *f*
regulate regulieren, regeln; steuern
regulation Regulation *f*; Regelung *f*; Regulierung *f*
regulator Regulator *m*, Regler *m*, Reglersubstanz *f*
growth ~ Wachstumsregulator *m*, Regler *m* des Wachstums
regulatory regulativ, regelnd, regulierend
regurgitate 1. zurückfließen, zurückströmen; 2. wieder hervorwürgen
reimmunization Reimmunisierung *f*
reimplantation Reimplantation *f*, Replantation *f*
reindeer Ren *n*, Rentier *n* *(Rangifer tarandus)*
reinfestation Reinvasion *f*, Wiedereinfall *m*
reinforcement Verstärkung *f*; Bekräftigung *f*
reinforcer Verstärker
reinoculation Reinokulation *f*, Wiedereinimpfung *f*
reins Streifen *m* toter Blattrandzellen *(Palmenblatt)*
reintegration Reintegration *f*, Wiedervereinigung *f*
reinvasion → reinfestation
reiterated oft wiederholt
rejection Rejektion *f*, Abstoßen *n*
graft [transplant] ~ Transplantatabstoßung *f*
rejuvenescence Verjüngung *f*
relapse Relaps *m*, Rezidiv *n*, Rückfall *m*, Wiederkehr *f* *(Krankheit)*
related verwandt
relation 1. Relation *f*; Zusammenhang *m*; Beziehung *f*; 2. Verwandtschaft *f*
consanguineous ~ Blutverwandtschaft *f*; Konsanguinität *f*
consort ~ Ehebeziehung *f*
lock-key ~ Schlüssel-Schloß Prinzip *n*
relationship 1. Beziehung *f*, Verhältnis *n*; 2. Verwandtschaft *f*
relatives Verwandten *f/mpl*
relax erschlaffen, entspannen; sich entspannen
relaxation Relaxation *f*, Erschlaffung *f*, Entspannung *f*
release 1. Freisetzung *f*; Sekretion *f*; 2. auslösen *(z.B. Reflex)*
releaser Auslöser *m*
relegation Relegation *f*, Verbannung *f*
reliable zuverlässig, sicher
relic(t) 1. Relikt *n*, Überbleibsel *n*; 2. Reliktart *f*
relocate umsiedeln; umsetzen
relocation Übertragung *f*; Umsetzung *f*; Versetzung *f*; Translokation *f*
remains Reste *mpl*
remastication of cud Wiederkäuen *n*
remembrance Gedächtnis *n*; Gedenken *n*, Erinnerung *f*
remex Schwungfeder *f*, Flugfeder *f*
remontant remontant; wiederblühend; ausdauernd
remora Schiffshalter *m* *(Echeneis naucrates)*; 2. Schiffshalter *m* *(Remora)*
brown [common] ~ Küstensauger *m*, Kleiner Schiffshalter *m*, Schildfisch *m* *(Remora remora)*
large ~ Großer Schiffshalter *m*, Kopfsauger *m* *(Echeneis naucrates)*
short-finned [spearfish, swardfish] ~ Schwertfischsauger *m* *(Remora brachyptera)*
remote 1. entfernt; 2. abgelegen, entlegen
removal Entfernung *f*, Entfernen *n*, Beseitigung *f*
remove 1. entfernen; 2. Stufe *f*, Grad *m*
ren → reindeer
renal renal; Nieren...
renest Wiedereinnisten *n*; Wiederhorsten *n*
renette exkretorische Zelle *f* *(Nematoden)*
renew 1. erneuern; wiederaufnehmen; 2. regenerieren
renewal Erneuerung *f*
reniform nierenförmig
rennet 1. Labkraut *n* *(Galium)*; 2. → rennin; 3. Labferment *n*
rentier → reindeer
reorganization Reorganisation *f*; Umbildung *f*, Umgestaltung *f*
repair 1. Reparatur *f*, Reparieren *n*; 2. reparieren
repand(ous) *(Bot.)* ausgeschweift, wellig verbogen, flatterig
repeat 1. Repetition *f*, Wiederholung *f*; 2. Duplikation *f*, Verdoppelung *f*; 3. *(Mol.)* Repeat *n*
repell abschrecken, zurückschrecken; abstoßen
repellent 1. Repellent *m*; Abschreckmittel *n*; 2. Reiz, der die Wirkung eines vorangehenden Reizes blockiert
repent kriechend, niederliegend; dem Substrat aufliegend
repetitive repetitiv, sich wiederholend *(DNS)*
replace ersetzen; austauschen
replant 1. umpflanzen; 2. neu pflanzen
replanting Reimplantation *f*, Rückpflanzung *f*, Wiedereinpflanzung *f*; 2. Überimpfen *n*
replenishment Auffüllung *f*
replica Replica *f*; Kopie *f*, Abdruck *m*
replicate zurückgefaltet, umgeschlagen, zurückgeschlagen
replication Replikation *f*, Verdopplung *f*, Reduplikation *f*
replum *(Bot.)* Replum *n*, Rahmen *m* *(der Scheidewand von Früchten)*
repolarization Repolarisation *f*
repolymerization Repolymerisation *f*, Repolymerisierung *f*

repopulate wiederbesiedeln
repopulation 1. Repopulation *f*; 2. Wiederbesiedelung *f*; 3. Wiederbevölkerung *f*
representation Repräsentation *f*; Vertretung *f*; Darstellung *f*
  arrow-head ~ Pfeilkopfdarstellung *f (von Beta-Strukturen in Proteinen)*
representative 1. (typischer) Vertreter *m*; 2. repräsentativ; typisch, kennzeichnend; 3. entsprechend
repress unterdrücken, reprimieren
repressible reprimierbar, unterdrückbar, hemmbar
repression Repression *f*; Unterdrückung *f*
  to bring about ~ unterdrücken
reproduce 1. erzeugen, fortpflanzen; sich fortpflanzen, reproduzieren; 2. regenerieren
reproduction Reproduktion *f*; Fortpflanzung *f*; Vermehrung *f*
  bud ~ Knospung *f*
  net ~ Reproduktionskoeffizient *m*, Vermehrungskoeffizient *m*
  sexual ~ sexuelle [geschlechtliche] Fortpflanzung *f*
  vegetative ~ vegetative Reproduktion *f*, vegetative Vermehrung *f*
  virginal ~ Parthenogenese *f*, Jungfernzeugung *f*
reproducible fortpflanzungsfähig, vermehrungsfähig
reproductive reproduktiv; geschlechtlich
reptant 1. zu den Reptantia gehörend; 2. → repent
reptile Reptil *n*, Kriechtier *n*; *pl* Kriechtiere *npl (Reptilia)*
reptiloid 1. kriechtierähnlich; 2. Kriechtier...
reptoid *(Bot.)* kriechend
repulsion Repulsion *f*; Abstoßung *f*
require brauchen; verlangen, fordern
requirement Bedürfnis *f*, Bedarf *m*; Forderung *f*
  food [nutritional] ~ Futterbedarf *m*, Futterbedürfnis *n*, Nahrungsbedürfnis *n*
  water ~ Wasserbedarf *m*, Wasserbedürfnis *f*
rescue Rettung *f*
research 1. Forschung *f*, Untersuchung *f*; 2. forschen; erforschen, untersuchen
resemblance Ähnlichkeit *f*
resemble ähneln, gleichen, ähnlich sein
reservation Reservation *f*; Naturschutzgebiet, Reservat *n*
reserve 1. Reserve *f*, Vorrat *m*; 2. reservieren, aufbewahren, behalten; aufsparen; 3. Naturschutzgebiet *n*, Reservat *n*
  food ~ Nahrungsvorrat *m*, Nahrungsreserve *f*
  nature ~ Naturschutzgebiet *n*
  state ~ Staatsreservat *m*
reservoir Reservoir *n*; Sammelbecken *m*; Wasserbehälter
residium Residium *n (Diatomeen)*
residual residual, zurückbleibend, übrig
residue 1. Residuum *n*; 2. Rest *m*; 3. Rückstand *m*; 4. Überrest *m*
resilient 1. elastisch; 2. *(Bot.)* aufspringend
resin Harz *n*; Kunstharz *n*
resiniferous harztragend, harzsaftführend; harzabsondernd
resin-like harzartig
resinous harzig; harzreich
resistance Resistenz *f*, Widerstand *m*; Widerstandsfähigkeit *f*, Widerstandskraft *f*
  cold ~ Kälteresistenz *f*; Frostresistenz *f*
  drought ~ Dürreresistenz *f*, Dürrefestigkeit *f*
  frost ~ Frostresistenz *f*, Frostfestigkeit *f*
  immune ~ Immunität *f*
  requisite ~ Requisitionsresistenz *f*, Anforderungsresistenz *f*
  salinity [salt] ~ Salzresistenz *f*
  stomatal ~ Stomatawiderstand *m*
  thermal ~ Wärmeresistenz *f*, Thermostabilität *f*, Wärmebeständigkeit *f*, Hitzebeständigkeit *f*
  winter ~ Winterhärte *f*, Winterfestigkeit *f*
resistant resistent, widerstandsfähig
resolution 1. Auflösung *f*; 2. Lösung *f (z. B. der Entzündung)*; 3. Auflösungsvermögen *n (des Mikroskops)*
resolve 1. auflösen; 2. analysieren
resolving power Auflösungsvermögen *n (z. B. eines optischen Systems, eines Spektrometers)*
resonance Resonanz *f*
resorb resorbieren, aufnehmen, aufsaugen *(Stoffe)*, einsaugen
resorbent 1. Resorbens *n*; 2. resorbierend, aufnehmend, aufsaugend
resorption Resorption *f*, Aufnahme *f*, Einsaugen *n*, Aufsaugen *n*
resource Ressource *f*; Hilfsquelle *f*
  nonrenewable ~s nichterneuerbare Ressourcen *fpl*
  renewable ~s erneuerbare Ressourcen *fpl*
respiration Respiration *f*, Atmen *n*, Atmung *f*
  aerobic ~ aerobe Atmung *f*
  anaerobic ~ anaerobe Atmung *f*
  basal ~ Grundatmung *f*
  branchial ~ Kiemenatmung *f*
  dark ~ *(Bot.)* Dunkelatmung *f*
  dermal ~ Hautatmung *f*
  diaphragmal ~ Zwerchfellatmung *f*
  external ~ Außenatmung *f*
  extra ~ Substratrespiration *f*, exogene Atmung *f*
  internal ~ Innenatmung *f*
  light ~ *(Bot.)* Lichtatmung *f*
  lung [pulmonary] ~ Lungenatmung *f*
  reflex ~ reflektorische Atmung *f*
  residual ~ Restatmung *f*, Residualrespiration *f*
  tissue ~ Gewebeatmung *f*
  tracheal ~ Trachealatmung *f*
respiratory respiratorisch, Atmungs..., Atem...
respire respirieren, atmen
respond respondieren; antworten; reagieren
response Reaktion *f*, Antwort *f*
  allospecific ~ alloimmune Reaktion *f*
  anamnestic ~ anamnestische Reaktion *f*, sekundäre Immunantwort *f*
  antibody ~ Antikörperbildung *f*
  antiself [autoimmune, autospecific] ~ autoimmune

Reaktion *f*
avoidance ~ Vermeidungsreaktion *f*
B-cell ~ → antibody response
blastogenic ~ Blasttransformation *f*
boosted ~ → anamnestic response
conditioned ~ bedingte Reaktion *f*, bedingte Antwort *f*; bedingter Reflex *m*
delayed ~ verzögerte [retardierende] Reaktion *f*
escape ~ Fluchtreaktion *f*
evasive ~ Ausweichreaktion *f*
eyeblink ~ Blinzreflex *m*, Lidschlagreflex *m*
feeding ~ Nahrungsreflex *m*
fleeing ~ Fluchtreaktion *f*
following ~ Folgereaktion *f*
immune [immunological] ~ Immunantwort *f*
lysogenic ~ Lysogenisierung *f*
lytic ~ lytische Reaktion *f*, Lyse *f*
mating ~ Paarungsreaktion *f*; Geschlechtsreaktion *f*
memory ~ → anamnestic response
motor ~ Bewegungsreaktion *f*
nonboosted ~ primäre Immunantwort *f*
primary immune ~ → nonboosted response
secondary immune ~ sekundäre Immunantwort *f*

responsiveness Reaktivität *f*
cross ~ Kreuzreaktivität *f*

rest 1. Ruhe *f*; 2. Rest *m*, Überrest *m*,
~ of buds Knospen(winter)ruhe *f*

restaining wiederholte Färbung *f*

restharrow Hauhechel *f* *(Ononis)*

resting 1. Ruhe *f*, Ruheperiode *f*; 2. ruhend

restiform strangförmig, strickförmig

restinga Restinga *f*, Restinga-Wald *m* *(Brasilien)*

restitution Restitution *f*, Regeneration *f*, Reparation *f* *(Reparaturvorgang bei Organismen)*; Reparation *f* *(bei ökologischen Systemen)*

restlessness Unruhe *f*; Unrast *m*; Ruhelosigkeit *f*

restocking Waldverjüngung *f*; Wiederaufforstung *f*

restoration Restaurierung *f*, Restauration *f*; Wiederherstellung *f*

restore sich erholen; restaurieren

restriction Restriktion *f*; Beschränkung, Einschränkung *f*
lineage ~ linienspezifische Restriktion *f*

result 1. Resultat *n*; Ergebnis *n*; Erfolg *m*; 2. Folge *f*, Nachwirkung *f*

resupinate umgekehrt, verkehrt, zurückgedreht, umgewendet; um 180° gedreht

resurgence Wiederaufleben *n*

resuscitate wiederbeleben

resuscitation Wiederbelebung *f*

resuspend resuspendieren, wiederaufschwemmen

retainer 1. Vivarium *n*; 2. Käfig *m*

retardation Retardation *f*, Verzögerung *f*, Verlangsamung *f*, Verspätung *f*

rete *(Anat.)* Rete *n*, Netz *n*
~ of testicle Hodennetz *n*

retention Retention *f*; Zurückhaltung *f*, Zurückhalten *n*; 2. Restaktivität *f*

retest wiederholter Test *m*

reticle Retikulum *n*, Netz(werk) *n*

reticular retikulär, netzförmig, netzartig

reticulate-rugose netzrunzelig

reticulocyte 1. Retikulozyt *m*; 2. Retikulumzelle *f*

reticuloendothelium Retikuloendothelium *n*, Retikul endotheliales System *n*

reticulum 1. Retikulum *n*, Netz(werk) *n*; 2. Netzmagen
endoplasmic ~ endoplasmatisches Retikulum *n*
rough endoplasmic ~ granuläres [rauhes] endopla matisches Retikulum *n*
smooth endoplasmic ~ agranuläres endoplasmatisches Retikulum *n*

retiform netzförmig, netzartig

retina Retina *f*, Netzhaut *f*, Augennetzhaut *f*

retinaculum 1. *(Anat.)* Retinaculum *n*, Anheftband *n*; Halteband *n*; 2. *(Bot.)* Pollenhalter *m*, Klebkörper *m*, Klebdrüse *f*

retinal retinal, Netzhaut...

retinerved netzaderig

retinol Retinol *n*, Vitamin *n* A

retirugosous netzfaltig; furchig

retractile root *(Bot.)* Zugwurzel *f*

retraction Retraktion *f*, Zusammenziehen *n*; Zurückzi hung *f*, Einziehung *f*; Schrumpfung *f*

retractor Retraktor *m*, Rückziehmuskel *m*, Rückzieher

retrap(ping) Wiederfang *m*; Zweitfang *m*

retreat 1. Refugium *n*, Zufluchtsort *m*, Schlupfwinkel 2. Refugialgebiet *n*; Residualgebiet *n*; Erhaltungsze trum *n*; 3. wiederbearbeiten

retroaction Rückwirkung *f*

retroauricular retroaurikulär *(hinter der Ohrmusch gelegen)*

retroflexion Retroflexion *f*, Rückwärtsbeugung *f*, Rück wärtsdrehung *f*

retrograd retrograd, rückläufig, rückgängig

retrogression 1. Regression *f*, Rückbildung *f*; Rücken wicklung *f*; 2. Rückbewegung *f*, Zurückgehen *n*

retrorse rückwärts gekehrt, zurückgewendet, zurückg richtet

retroserrate rückwärts sägezähnig

retrotransposon Retrotransposon *n*

retroversion Retroversion *f*, Rückbeugung *f*, Zurückwer dung *f*

return wiederkehren
venous ~ venöser Rückfluß *m*, venöser Rückstrom *m*

retuse stumpf; abgestumpft

reunion Reunion *f*, Wiedervereinigung *f*

re-use Wiederverwendung *f*

revegetation Wiederbegrünung *f*, Erneuerung *f* der Vege tation *f*

reverberation Reverberation *f*, Zurückstrahlung *f*

reversal:
sex ~ Geschlechtsumkehr *f*

reversibility Reversibilität *f*, Umkehrbarkeit *f*

reversible umkehrbar, reversibel

reversion 1. Reversion *f*; Rückartung *f*; Atavismus *m*;

2. Rückmutation *f*
versionary atavistisch
vert zurückschlagen
vertant Revertant *m (Mutante mit Wildtypenphänotyp)*
vision Revision *f*, Nachprüfung *f*; Überprüfung *f*
vival Wiederbelebung *f*
vive wiederbeleben
voluble zurückrollbar; umrollbar
volute zurückgerollt; umgerollt
volutions Umdrehungen *fpl*
~ **per minute** Umdrehungen *fpl* je Minute
ward Bekräftigung *f*; Belohnung *f*
abdolepidote stiftschuppig, rutenschuppig
abdom Rhabdom *n*, Sehstab *m*, Sehstäbchen *n*
abdovirus Rhabdovirus *n*
achilla *(Bot.)* 1. Ährenachse *f*; 2. Spindelchen *n*
achis → rachis
amphoid ramphoid, schnabelförmig
aphide *(Bot.)* Rhaphide *f*, nadelförmiges Kristallbündel
aphidoid rhaphidoid, nadelartig
aptoid rhaptoid, nahtförmig
eobiotic rheobiont, in starker Strömung lebend
eocoenosis Rheozönose *f (Lebensgemeinschaft der Fließgewässer)*
ebock Rehbock *m*, Rehantilope *f (Pelea capreolus)*
eophil Rheophil *n*, Fließgewässerbewohner *m*
eophobic rheophob *(die Fließgewässer meidend)*
eophyte Rheophyt *m*, Fließgewässerpflanze *f*
eoplankton Rheoplankton *n*, Fließgewässerplankton *n*
esus Rhesusfaktor *m*
inal nasal..., Nasen..., Rhin(o)...
ineberry Echter [Gemeiner] Kreuzdorn *m*, Faulbaum *m (Rhamnus cathartica)*
inencephalon Rhinenzephalon *n*, Riechhirn *n*
inoceros Nashorn *n*; *pl* Nashörner *npl (Rhinoceratidae)*
African black ~ → black rhinoceros
Asiatic two-horned ~ → Sumatran rhinoceros
black ~ Schwarznashorn *n*, Spitzmaulnashorn *n (Diceros bicornis)*
(great) Indian ~ Panzernashorn *n (Rhineceros unicornis)*
Javan ~ Java-Nashorn *n (Rhinoceros sondaicus)*
Malayan ~ → Javan rhinoceros
smaller one-horned ~ → Javan rhinoceros
square-lipped ~ → white rhinoceros
Sumatran ~ Sumatra-Nashorn *n (Dicerorhinus sumatrensis)*
white [wide-mouthed] ~ Breitmaulnashorn *n (Ceratotherium simum)*
wooly ~ → Sumatran rhinoceros
inocoel Rhinozöl *n*, Riechlappenhöhle *f*
inopharynx Rhinopharynx *m*, Nasenrachen(raum) *m*
ipidate *(Bot.)* fächerförmig
ipidium Rhipidium *n*; Fächer *m*; Fächel *m*
ipidostichous fächerflossig
izanthous wurzelblütig
izine *(Bot.)* 1. Rhizine *f*, Flechtenthallus-Anhangsorgan *n*; 2. Haftfasern *fpl*
rhiziophysis Wurzelanhang *m*
rhizobia Mykorrhiza *f*
rhizoblastus Wurzelkeimer *m*
rhizocarpous wurzelfrüchtig
rhizocephalous wurzelköpfig
rhizocollesy Wurzelverwachsung *f*
rhizodeposition *(Bot.)* Rhizodeposition *f*, Wurzelausscheidung *f* im Boden
rhizogenesis Wurzelbildung *f*
rhizogenic [rhizogenous] rhizogen, wurzelbildend
rhizoid 1. Rhizoid *n*; 2. wurzelartig
rhizoidal rhizoidartig, rhizoidähnlich
rhizolithe Rhizolith *m*, Felswurzler *m*
rhizolithon Rhizolith *m*, Wurzelversteinerung *f*
rhizolithophyte Felswurzler *m*, Rhizolith *m*
rhizomatous rhizomartig, Rhizom...
rhizome Rhizom *n*, Wurzelstock *m*, Erdsproß *m*, Erdstock *m*
creeping ~ unterirdischer Kriechsproß *m*
storage ~ Speicherwurzelstock *m*
rhizomorph Rhizomorph *n*, Myzelstrang *m*
rhizophagous rhyzophag, wurzelfressend, radizivor
rhizophore Rhizophor *n*, Wurzelträger *m*
rhizophorous wurzeltragend
rhizophyll Wurzelblatt *n*
rhizophyllous wurzelblätterig
rhizophyte Rhizophyt *m*, Wurzelpflanze *f*
rhizopods Rhizopoden *mpl*, Wurzelfüßer *mpl (Rhizopoda)*
rhizospermous wurzelsamig
rhizosphere Rhizosphäre *f*
rhizotaxis Rhizotaxis *f*, Wurzelanordnung *f*
rhizothamnion Wurzelbüschel *n*
rhizula Würzelchen *n*
rhodacanthous mit roten Stacheln
rhodanthous mit roten Blüten, rosenblütig
rhodocarpous mit roten Früchten
rhodochroous rosenfarbig
rhododendron Alpenrose *f (Rhododendron)*
great ~ Große Alpenrose *f (Rhododendron maximum)*
rhodophyllous rosenblättrig
rhodora Kanadische Alpenrose *f (Rhododendron canadense)*
rhodopogon mit rosenroten Bart
rhodopterous mit roten Flügeln
rhodostomous mit roten Schlund
rhoium Bachlebensgemeinschaft *f*
rhombencephalon Rhombenzephalon *m*, Rautenhirn *n*
rhombifolious rautenblättrig
rhopalium Rhopalium *n*, Sinneskolben *m (bei Medusen)*, Randkörper *m*
rhopalophorous keulentragend
rhopalophyllous keulenblättrig
rhubarb Rhabarber *m (Rheum)*
bog ~ Gemeine Pestwurz *f (Petasites hybridus)*
medicinal ~ Echter Rhabarber *m (Rheum officinale)*

pontic ~ Stumpfer Rhabarber *m*, Rhapontik *m* *(Rheum rhaponticum)*
rhyacad Strompflanze *f*
rhyacium Strom-Lebensgemeinschaft *f*
rhynchanthous mit geschnäbelten Blüten
rhynchocarpous mit geschnäbelten Früchten
rhynchocoel Rhynchozöl *n*, Rüsselscheide *f*
rhynchodont schnabelzähnig
rhynchophorous schnabeltragend, rüsseltragend
rhynchophyllous mit spitzen Blätter
rhynchocpermous mit geschnäbelten Früchten
rhythm Rhythmus *m*
circadian ~ zirkadianer Rhythmus, Tagesrhythmus *m*
rhythmicity Rhythmik *f*
rib 1. Rippe *f*; 2. Blattnerv *m*, Blattrippe *f*
asternal ~ falsche Rippe *f*
cervical ~ Halsrippe *f*
cuticular ~ Kutikularleiste *f*
floating ~ freie Rippe *f*
primary ~ Primär-Blattrippe *f*
short ~ → asternal rib
sternal [true] ~ echte [wahre] Rippe *f*
ribbon 1. Band *n*; 2. schmaler Streifen *m*
lingual ~ Radula *f*, Reibplatte *f (bei Weichtieren)*
ribbonfish 1. Degenfisch *m (Trichiurus lepturus)*; 2. Bandfisch *m*, Seidenfisch *m (Lumpenus lampraetiformis)*; *pl* Bandfische *mpl*, Seidenfische *mpl (Lumpenus)*; 3. Riemenfisch *m (Regalecus glesne)*; *pl* Riemenfische *mpl (Regalicidae)*
ribbonlike leaf *(Bot.)* Bandblatt *n*
ribgrass Spitzwegerich *m*, Lanzettblättriger Wegerich *m* *(Plantago lanceolata)*
ribwort → ribgrass
rice Reis *m (Oryza)*
Canada ~ Wasserreis *m*, Kanadischer [Nordamerikanischer] Reis *m (Zizania aquatica)*
hungry ~ Dünne Fingerhirse *f (Digitaria exilis)*
Indian ~ → Canada rice
mountain ~ Grannenhirse *f (Oryzopsis)*
water [wild] ~ → Canada rice
ricebird Reisfink *m*, Reisvogel *m (Padda oryzivora)*
rich 1. reich; 2. reichlich, ergiebig *(z.B. Ernte)*; 3. fruchtbar *(Boden)*
richleaf → richweed 1.
richweed 1. Dreilappiges Traubenkraut *n (Ambrosia trifida)*; 2. Traubiges Wanzenkraut *n (Cimicifuga racemosa)*
ride 1. Schneise *f*; 2. Ritt *m*; 3. reiten
ridge Kamm *m*
basal ~ Basalrinne *f* (bei Zähnen)
occipital ~ Genickkamm *m*
urinogenital [urogenital] ~ Urogenitalspalte *f*
ridley Bastardschildkröte *f (Lepidochelys)*
riflebird Reifelvogel *m (Ptilornis)*
magnificent ~ Prachtreifelvogel *m*, Prachtparadiesvogel *m (Ptilornis magnificus)*
paradise ~ Paradiesreifelvogel *m*, Schildparadiesvogel *m (Ptilornis paradiseus)*
riflefish Schützenfisch *m (Toxotes jaculator)*
right Recht *n*
peck ~ Hackrecht *n*
rigidiflorous steifblütig
rigidity Rigidität *f*, Starre *f*, Starrheit *f*
rigidous starr, steif, unbiegsam
rignum Bienenbalsam *m*, Monarde *f (Monarda)*
rigor Rigor *m*; Steifheit *f*, Starre *f*; *(Ethol.)* Sichtotstelle[n]
cold ~ Kältestarre *f*
heat ~ *(Zool.)* Hitzestarre *f*, Wärmestarre *f*
rill Rülle *f*, breite Einsenkung *f* (in Hochmooren)
rim Rand *m*
rima Rima *f*; Spalte *f*; Riß *f*
rim-ash Amerikanischer Zürgelbaum *m (Celtis occidentalis)*
rimate [rimo(u)se] spaltig; rissig; rißartig
rimose rissig, radial-rissig
rimulose [rimulous] feinrissig
rind 1. Baumrinde *f*; Rinde *f*, Borke *f*; 2. Obstschale *f*
ring 1. Ring *m*; 2. Jahresring *m*; 3. beringen
anal ~ Analring *m*
annual ~ Jahresring *m*, Wachstumsring *m*
annual ~ **-formation** Jahresringbildung *f*
basophilic ~ → Cabot'Ring
chromosome ~ Ringchromosom *n*
fairy ~**s** Hexenringe *mpl*
growth ~ → annual ring
inguinal ~ Inguinalring *m*, Leistenring *m*
lymphoepithelial ~ **of pharynx** Waldeyerscher [lymphatischer] Rachenring *m*
navel ~ Nabelring *m*
Pirogoff tonsillar ~ → lymphoepithelial ring of pharynx
polar ~ Polring *m (bei Sporentierchen)*
Waldeyer's tonsillar ~ → lymphoepithelial ring of pharynx
water vascular ~ Ringkanal *m (bei Stachel*häutern)
ringdove Ringeltaube *f*, (Große) Holztaube *f (Columba palumbus)*
ringed 1. ringförmig; 2. beringelt
ringent *(Bot.)* klaffend, rachenförmig, weit geöffnet
ringing Bering(el)ung *f*
ringless ringlos
ring-porous ringporig
ringspot Ringfleckigkeit *f (Pflanzenkrankheit)*
ringtail 1. Weibchen *n* der Weihe *(Circus)*; 2. Jung-Weihe *f*; 3. Katzenfrett *n (Bassariscus)*
rinse spülen; ausspülen, auswaschen
rinsing Spülen *n*, Auswaschen *n*
riparian uferliebend, uferbewohnend
ripe 1. reif; fallreif; 2. reif, voll entwickelt
early ~ frühreif
ripen 1. reifen, reif werden; 2. sich (voll)entwickeln
ripeness Reife *f*
ripsack Grauwal *m (Eschrichtius gibbosus)*
rise 1. aufsteigen, emporsteigen, hochsteigen; 2. steigen

sich bäumen *(Pferd)*; 3. Aufsteigen *n*, Aufstieg *m*; 4. Steigen *n (Fisch)*, Schnappen *n* nach dem Köder; 5. Erhöhung *f (z.B. Temperatur)*; 6. Zuwachs *m*, Zunahme *f*; 7. Ursprung *m*
~ in population Bevölkerungszuwachs *m*
ritual 1. Ritual *n*; 2. ritual, Ritual...
cleaning ~ Putzritual *n*
greeting ~ Begrüßungsritual *n*
ritualization Ritualisierung *f*
rival 1. Rivale *m*, Konkurrent *m*; 2. rivalisieren
rival fighting *(Ethol.)* Rivalenkampf *m*
rivalry Rivalität *f*; Konkurrenz *f*
riverbush Abendländische Knopfblume *f (Cephalanthus occidentalis)*
riverine 1. Uferbewohner *m*; 2. uferbewohnend; uferliebend
riverwood Ungleichblättrige Pappel *f (Populus heterophylla)*
ri vose *(Bot.)* mit buchtigeng Rinnen
roach 1. Plötze *f (Rutilus rutilus)*; 2. Schabe *f* (→ *cockroach)*
roadrunner Wegkuckuck *m*, Erdkuckuck *m (Geococcyx californianus)*
roam 1. (umher)streifen, (umher)wandern; 2. Wandern *n*, Umherstreifen *n*
roan 1. Pferdeantilope *f (Hippotragus equinus)*; 2. rötlichgrau
roar 1. Gebrüll *n*; Brüllen; 2. brüllen
robalo Snook *m (Centropomus); pl* Barramundi *mpl (Centropomidae)*
robin 1. Rotkehlchen *n (Erithacus rubecula)*; 2. Drossel *f (Turdus)*
American ~ Wanderdrossel *f (Turdus migratorius)*
armored sea ~ Panzerknurrhahn *n (Peristedion)*
black ~ Weißachseldrossel *f (Turdus nigriceps)*
blue-throated ~ Blaukehlchen *n (Luscinia svecica)*
brown scrub ~ Natal-Heckensänger *m (Cercotrichas signata)*
Cape ~ Kap-Rötel *m (Cossypha caffra)*
eastern ~ → American robin
Eurasian [European] ~ → robin 1.
flying ~ (Europäisches) Flughahn *n (Dactylopterus volitans)*
magpie ~ Schama *f (Copsychus)*
poor ~ 1. Waldnachtnelke *f (Melandrium silvestre)*; 2. Klettenlabkraut *n*, Klebkraut *n (Galium aparine)*
ragged ~ Kuckuckblume *f (Lychnis flos-cuculi)*
red ~ 1. → poor robin 1.; 2. Stinkender Storchschnabel *m*, Ruprechtskraut *n (Geranium robertianum)*
red-backed ~ Blutrückenschnäpper *m (Eugerygone)*
redbreast ~ → robin 1.
scrub ~ Heckensänger *m (Cercotrichas)*
sea ~s Knurrhähne *mpl (Triglidae)*
sooty ~ Rußdrossel *f (Turdus nigrescens)*
swamp ~ Schlangenwurz *f*, Drachenwurz *f (Calla palustris)*
wake ~ Wachslilie *f (Trillium)*
white ~ Weißnachtnelke *f (Melandrium album)*
robinia Robinie *f (Robinia pseudoacacia)*
rocambole Wilder Lauch *m (Allium scorodoprasum)*
roccella Färberflechte *f*, Lackmusflechte *f (Rocella)*
rock Fels *m*
hard ~ Felsgestein *n*
rockbell Wahlenbergie *f (Wahlenbergia)*
rock-cress Gänsekresse *f (Arabis)*
garden ~ Garten-Gänsekresse *f (Arabis caucasica)*
hairy ~ Rauhhaarige Gänsekresse *f (Arabis hirsuta)*
low ~ Felsen-Schaumkresse *f (Cardaminopsis petraea)*
rock-dweller felsenbewohnendes Tier *n*
rocket 1. Nachtviole *f (Hesperis)*; 2. Öl-Rauke *f*, Saatrauke *f (Eruca sativa)*
bastard ~ Ackersenf *m (Sinapis arvensis)*
crambling ~ Gelber Wau *m*, Gelbe Reseda *f (Reseda lutea)*
dame's ~ Gemeine Nachtviole *f (Hesperis matronalis)*
eastern ~ Orientalische Rauke *f (Sisybrium orientale)*
garden ~ 1. → rocket; 2. Saat-Leindotter *m (Camelina sativa)*
Italian ~ Färber-Reseda *f (Reseda luteola)*
sand ~ Mauerdoppelsame *m (Diplotaxis muralis)*
sea ~ Zackenschote *f (Bunias)*
sweet ~ → dame's rocket
tall ~ Hohe [Ungarische] Rauke *f (Sisymbrium altissimum)*
wall ~ → sand rocket
wild ~ Wegerauke *f (Sisymbrium officinale)*
yellow ~ 1. Echtes Barbarakraut *n (Barbarea vulgaris)*; 2. → Italian rocket
rocketweed Französische Hundsrauke *f (Erucastrum gallicum)*
rockfall Felssturz *m*; Bergrutsch *m*
rockfish 1. Rotbarsch *m (Sebastes marinus); pl* Rotbarsche *mpl*, Meerköpfe *mpl*, Drachenköpfe *mpl (Scorpaenidae)*; 2. Maikärpfling *m (Fundulus majalis)*
learned ~ Buchstabenbarsch *m*, Schriftbarsch *m (Serranus scriba)*
rockfoil Steinbrech *m (Saxifraga)*
rockfowl Felshüpfer *m (Picathartes)*
gray-necked ~ Kamerun-Felshüpfer *m*, Buntkopf-Felshüpfer *m*, Bergstelzenkrähe *f (Picathartes oreas)*
white-necked ~ Gelbkopf-Felshüpfer *m*, Gelbkopf-Stelzenkrähe *f (Picathartes gymnocephalus)*
rock-lily 1. Kuhschelle *f*, Küchenschelle *f (Pulsatilla)*
rockling 1. Kinglip *m*, Rockling *m (Genypterus)*; *pl* Kinglipe *mpl*, Rocklinge *mpl (Ophidiidae)*; 2. Seequappe *f (Ciliata)*; 3. Seequappe *f (Gaidropsarus)*; 4. Seequappe *f (Enchelyopus)*
five-bearded ~ Fünfbärtelige Seequappe *f (Ciliata mustela)*
four-bearded ~ Vierbärtelige Seequappe *f (Enchelyopus cimbrius)*
Mediterranean [shore] ~ Dreibärtelige Mittelmeerquappe *f (Gaidropsarus mediterraneus)*
rockrose 1. Zistrose *f*, Ziströschen *n (Cistus)*; 2. Sonnen-

röschen *n (Helianthemum)*
common ~ Gemeines Sonnenröschen *n (Helianthemum nummularium)*
hoary ~ Graues Sonnenröschen *n (Helianthemum canum)*
white ~ 1. Apenninen-Sonnenröschen *n (Helianthemum apenninum)*; 2. Kanadische Akelei *f (Aquilegia canadensis)*
rockweed 1. Blasentang *m*, Sägetang *m (Fucus)*; 2. Waldmeister *m*, Maier *m (Asperula odorata)*
rod 1. Stäbchenbakterie *f*; 2. Stäbchen *n*, Stäbchenzelle *f*
Meckel's ~ Meckelscher Knorpel *m*
retinal ~ Netzhautstäbchen *n*, Stäbchen *n* [der Retina]
spreading [streaking] ~ Spatel *m*, Spachtel *m*
rodent Nager *m*, Nagetier *n*; *pl* Nagetiere *npl*, Nager *mpl (Rodentia)*
cricetid ~s Hamster *mpl*, Wühler *mpl (Cricetidae)*
double-toothed ~s Hasentiere *npl (Lagomorpha)*
octodont ~s Trugratten *fpl (Octodontidae)*
simple-toothed ~s Nagetiere *npl (Rodentia)*
roding Zug *m*
roe 1. Reh *n (Capreolus capreolus)*; 2. Ricke *f (weibliches Reh)*; 3. Hirschkuh *f*; 4. Rogen *m*, Fischlaich *m*; 5. Eier *npl (von Krebstieren)*
corn ~ Fischei *n*
fish ~ Rogen *m*, Fischlaich *m*
full ~ reifer Rogen *m*
hard ~ Rogen *m*
milt [soft] ~ Milch *f*
roebuck Rehbock *m*
rog Dornrochen *m*, Sternrochen *m*, Fleckrochen *m (Raja)*
rogue abweichende Form *f*
roll-call Abrufung *f*
roller 1. Blau-Racke *f (Coracias)*; 2. Wickler *m*; *pl* Wickler *mpl*, Blattwickler *mpl (Tortricidae)*
blue ~ → common roller
blue-bellied ~ Opalracke *f*, Blaubauchracke *f (Coracias cyanogaster)*
blue-throated ~ Blaukehlroller *m (Eyrystomus gularis)*
common ~ Blauracke *f (Coracias garrulus)*
European ~ Brauner Rosenwickler *m (Cacoecia rosana)*
European honeysuckle leaf ~ Raupe *f* der Geißblattmotte *(Harpipteryx xylostella)*
ground ~s Erdracken *fpl (Atelornis)*
leaf ~s Wickler *mpl*, Blattwickler *mpl (Tortricidae)*
purple ~ Weißnackenracke *f*, Strichelracke *f (Coracias naevia)*
strawberry leaf ~ Erdbeerwickler *mpl (Ancylis comptata)*
Roman:
river ~ Roter Schnapper *m (Lutjanus argentimaculatus)*
romeria Wollige Hornmelde *f (Eurotia lanata)*
romero Lotsenfisch *m*, Pilotfisch *m (Naucrates ductor)*
roof *Anat.* Dach *n*
~ of the mouth Mund(höhlen)dach *n*
~ of the skull Schädeldach *n*
~ of the tympanic cavity (knöchernes) Paukenhöhle dach *n*
rook Saatkrähe *f (Corvus frugilegus)*
Cape ~ Kap-Krähe *f (Corvus capensis)*
rookery 1. Krähenhorst *m*; 2. Krähenkolonie *f*; 3. Br platz *m*
roost 1. Schlafplatz *m*, Schlafsitz *m (der Vögel)*; 2. Si stange *f*; 3. auf der Stange sitzen; 4. sich niederhock *(zum Schlafen)*
rooster Hahn *m*
root *(Bot.)/(Anat.)* 1. Wurzel *f*; 2. einwurzeln; Wurzel schlagen
~s in clusters Faserwurzel *f*
to take ~ einwurzeln
additional ~ Adventivwurzel *f*
adhesive ~ anklebende Wurzel *f*, Klebwurzel *f*
adventitious ~ → additional root
aerating [aerial] ~ Atemwurzel *f*, Pneumatophor *n*
anchor(ing) ~ Ankerwurzel *f*
brace ~ Stelzwurzel *f*; Stützwurzel *f*
branch ~ Seitenwurzel *f*, Nebenwurzel *f*
breathing ~ Atemwurzel *f*, Pneumatophor *m*
buttress ~ Brettwurzel *f*
contractile ~ Zugwurzel *f*
convulsion ~ Einblütiger Fichtenspargel *m (Mon tropa uniflora)*
coronal ~ Faserwurzel *f*
creeping ~ Streichwurzel *f*
dorsal ~ Hinterwurzel *f (des Rückenmarks)*
embryo ~ Primärwurzel *f*, Wurzelanlage *f*
feeding ~ Nährwurzel *f*
fibrous ~ Faserwurzel *f*
fleshy ~ fleischige Wurzel *f*
fungus ~ Mykorrhyza *f*
garlic ~ Gemeines Lauchkraut *n (Alliaria vulgaris)*
hair ~ Haarwurzel *f*
holdfast ~ Haftwurzel *f*
Indian ~ Traubige Bergangelika *f (Aralia racemosa)*
lateral ~ Nebenwurzel *f*, Seitenwurzel *f*
main ~ Hauptwurzel *f*; Pfahlwurzel *f*
mortification ~ Echter Eibisch *m (Althaea officinalis*
napiform ~ rübenförmige Wurzel *f*
nerve ~ Nervenwurzel *f*
nodose ~ knotige Wurzel *f*
plank-buttress ~ Brettwurzel *f*
pneumatophore ~ Atemwurzel *f*, Pneumatophor *n*
primordial ~ Primärwurzel *f*, Wurzelanlage *f*
prop ~ Stelzwurzel *f*
pull ~ Zugwurzel *f*
racemose ~ Faserwurzel *f*
rattlesnake ~ Weißer Hasenlattich *m (Prenanthes alba)*
rheumatism ~ Geflecktes Wintergrün *n (Pyrola mac lata)*
secondary ~ Adventivwurzel *f*

sedge ~ Echter [Gemeiner] Kalmus *m* *(Acorus calamus)*
seminal ~ Primärwurzel *f*, Wurzelanlage *f*
sensory ~ Sinnesnervenwurzel *f*
serpent ~ Schwarzwurzel *f* *(Scorzonera)*
shallow ~ oberflächliche Wurzel *f*
stilt ~ Stelzwurzel *f*
storage ~ Speicherwurzel *f*; Wurzelknolle *f*
straight ~ einfache Wurzel *f*
strut ~ Stützwurzel *f*
sulfur ~ Gartendill *m* *(Anethum graveolens)*
supporting ~ Stützwurzel *f*, Stelzwurzel *f*
tabular ~ Brettwurzel *f*
tap ~ Pfahlwurzel *f*; Hauptwurzel *f*
tracing ~ Streichwurzel *f*
tuberous ~ knollenartige Wurzel *f*
turmeric ~ Kanadische Orangewurz *f* *(Hydrastis canadensis)*
unicorn ~ Gelber Germer *m* *(Veratrum luteum)*
ventral ~ Vorderwurzel *f* *(des Rückenmarks)*

rootage 1. Wurzelwerk *n*, Wurzelsystem *n*, Wurzelnetz *n*; 2. Bewurzelung *f*
rootlet Würzelchen *n*, kleine Wurzel *f*
rootstock 1. Wurzelstock *m*; 2. Wurzelsproß, Würzling *m*
creeping ~ Wurzelstock *m*
ropebark Sumpflederholz *n* *(Dirca palustris)*
ropewing Trichterwinde *f*, Prunkwinde *f* *(Ipomoea)*
ropy viskös, zäh, fadenziehend
roquette Saatrauke *f* *(Eruca sativa)*
rorqual Finnwal *m* *(Balaenoptera)*
blue ~ Blauwal *m*, Riesenwal *m* *(Balaenoptera musculus)*
common ~ (Gemeiner) Finnwal *m* *(Balaenoptera physalis)*
great northern ~ → blue rorqual
least ~ Zwergwal *m* *(Balaenoptera acutirostrada)*
northern [Rudolphi's] ~ Seiwal *m* *(Balaenoptera borealis)*
Sibbald's ~ → blue rorqual
rose Rose *f* *(Rosa)*
Alpine ~ Alpenrose *f* *(Rhododendron)*
anemone ~ Windröschenähnliche Rose *f* *(Rosa anemonoides)*
Arkansas ~ Wiesenrose *f* *(Rosa pratensis)*
Bengal ~ → China rose
brier ~ Rosenblättrige Himbeere *f* *(Rubus rosaefolius)*
burnet ~ Acker-Gauchheil *m* *(Anagallis arvensis)*
cabbage ~ Zentifolie(nrose) *f* *(Rosa centifolia)*
canker ~ 1. → dog rose; 2. → copper rose
China ~ Edelrose *f*, Chinarose *f* *(Rosa chinensis)*
Christmas ~ Schwarze Nieswurz *f*, Christrose *f* *(Helleborus niger)*
cinnamon ~ Zimtrose *f*, Mairose *f* *(Rosa majalis)*
copper ~ Klatschmohn *m* *(Papaver rhoeas)*
corn ~ Kornrade *f* *(Agrostemma githago)*
corymb ~ Heckenrose *f* *(Rosa corymbifera)*
cotton ~ Schimmelkraut *n*, Deutsches Filzkraut *n* *(Filago germanica)*
dog ~ Hundsrose *f*, Wilde Rose *f*, Hagebutte *f* *(Rosa canina)*
eglantine ~ Weinrose *f*, Schottische Zaunrose *f* *(Rosa rubiginosa)*
Egyptian ~ → gypsy rose
field ~ Kriechrose *f*, Feldrose *f* *(Rosa arvensis)*
French ~ Essigrose *f*, Französische Rose *f* *(Rosa gallica)*
guelder ~ → May rose
gypsy ~ Ackerwitwenblume *f* *(Knautia arvensis)*
hedge ~ → dog rose
low ~ Virginische Rose *f* *(Rosa virginiana)*
marsh holy ~ Rosmarinheide *f* *(Andromeda polifolia)*
May ~ Gemeiner Schneeball *m* *(Viburnum opulus)*
meadow ~ Schöne Rose *f* *(Rosa blanda)*
Mexican ~ Großblütiges Burzelkraut *n* *(Portulaca grandiflora)*
moss ~ → cabbage rose
musk ~ Moschus-Rose *f* *(Rosa moschata)*
noble ~ Echte Hundszunge *f* *(Cynoglossum officinale)*
pale ~ → meadow rose
pasture ~ → low rose
polyantha ~ Büschel-Rose *f* *(Rosa multiflora)*
ramanas ~ Kartoffel-Rose *f* *(Rosa rugosa)*
rosin ~ Tüpfel-Johanniskraut *n* *(Hypericum perforatum)*
Sharon ~ Roseneibische Festblume *f* *(Hibiscus syriacus)*
smooth ~ → meadow rose
snowdon ~ Rosenwurz *f* *(Rodiola rosea)*
swamp ~ Sumpf-Rose *f* *(Rosa palustris)*
tea ~ Teerose *f* *(Rosa odorata)*
wild ~ → dog rose
wind ~ Sand-Mohn *m* *(Papaver argemone)*
rosebay 1. Weidenröschen *n* *(Epilobium)*; 2. Alpenrose *f*, Rhododendron *m* *(Rhododendron)*
rosefinch Karmingimpel *m* *(Carpodacus erythrinus)*
rosefish Großer Rotbarsch *m*, Goldbarsch *m* *(Sebastes marinus)*
rosella Rosella *f* *(Platycercus)*
eastern ~ Buntsittich *m*, Rosella-Sittich *m* *(Rosella eximius)*
green ~ Gelbbauchsittich *m* *(Rosella caledonicus)*
rosellate rosettenständig
roselle Rosella-Hanf *m* *(Hibiscus sabdariffa)*
rosemary Rosmarin *m* *(Rosmarinus)*
dwarf ~ Gemeiner Rosmarin *m* *(Rosmarinus officinalis)*
maryland ~ Seitenblütige Sternblume *f* *(Aster lateriflorus)*
rose-of-heaven Lichtrose *f* *(Lychnis coeli-rosa)*
roseroot → rosewort
rosette 1. Rosette *f*; Blattrosette *f*; 2. Rosettenkrankheit *f* *(der Pflanzen)*
rosette-like rosettenähnlich
roseweed Fleischrosa-Seidenpflanze *f* *(Asclepias incar-*

nata)

rosewood Dalbergie *f (Dalbergia)*
Indian ~ Java-Palisander *m*, Ostindischer Rosenholzbaum *m (Dalbergia latifolia)*
rosewort Rosenwurz *f (Rodiola rosea)*
rosinweed Kompaßpflanze *f (Silphium laciniatum)*
ross schuppige Borke *f*
rostel Rostellum *n*; Schnäbelchen *n*; Rüsselchen *n*
rostellate kleingeschnäbelt
rostelliform schnäbelchenförmig; rüsselchenförmig
rostral [rostrate] geschnäbelt, schnabelförmig; mundwärts
rostrulate kleingeschnäbelt
rostrulum Schnäbelchen *n*; Rüsselchen *n*
rostrum Rostrum *n*; Schnabel *m*
rosular [rosulate] rosettenständig
rot 1. Fäulnis *f*; Modern *n*; 2. Fäule *f*; 3. (ver)faulen
rotate 1. rotieren, kreisen, sich drehen; 2. radförmig
rotate-fruited radfrüchtig
rotate-funneled radtrichterförmig
rotation Rotation *f*; Drehung *f*; Umdrehung *f*
rotator Dreher *m*, Drehmuskel *m*, Rotationsmuskel *m*
rotifers Rädertierchen *npl (Rotifera, Rotatoria)*
rotten verwesend, verfault; faul; ranzig; verdorben
rotting Fäule *f*, Fäulnis *f*, Verwesung *f*, Faulen *n*
rotula Kniescheibe *f*
rotundate abgerundet, rundlich
rotundifolious rundblättrig
rotundilobate rundlappig
rough 1. rauh; 2. roh, grob, unbearbeitet
rough-haired rauhhaarig
roughleafed rauhblättrig
roughleg Rauhfußbussard *m (Buteo lagopus)*
rough-root Prachtscharte *f (Liatris spicata)*
rough-scaled rauhschuppig
roughside Orientalische Wurmnatter *f (Trachischium)*
rough-tongued rauh-züngig
rough-weed Sumpfziest *m (Stachys palustris)*
roughy Degenfisch *m (Trichiurus lepturus)*
round 1. Zyklus *m*; 2. rund
~ of replication Replikationszyklus *m*
rounding *(Biom.)* Rundung *f*
round-leaved rundblättrig
round-spiked kugelährig, rundährig
roundtree Amerikanische Eberesche *f (Sorbus americanus)*
roundworms Rundwürmer *mpl (Nematodes)*
rousette Kleingefleckter [Kleiner] Katzenhai *m (Scylliorhinus caniculus)*
route Route *f*; Weg *m*; Marschroute *f*
dispersal ~ Verbreitungsweg, Ausbreitungsrichtung *f*
migration ~ Wanderungsweg *m*
row Reihe *f*
comb ~ Reihe *f* der Wimperplättchen *(bei Rippenquallen)*
rubber Gummi *m*
Assam ~ (Assam-)Gummibaum *m (Ficus elastica)*
hevea ~ Para-Kautschukbaum *m (Hevea brasiliensis)*
Panama ~ Panama-Kautschukbaum *m (Castilloa elastica)*
Para ~ → hevea rubber
rubbing Reiben *n*
nose ~ *(Ethol.)* Nasenreiben *n*
rubescent rötend, rot werdend
rubicolous brombeerbewohnend
rubifish Rotaugen *npl (Emmelichthyidae)*
rubiduous rötlich
rubifolious brombeerblättrig
rubiginose [rubiginous] rostbraun, rostfarben
rubigo Rost *m (Pflanzenkrankheit)*
rubospinous mit rötlichen Dornen
rubythroat Rubin-Nachtigall *f*, Taigarubinkehlchen *n (Luscinia calliope)*
David's ~ Davidnachtigall *f (Luscinia pectardens)*
Himalayan [white-tailed] ~ Bergrubinkehlchen *n (Luscinia pectoralis)*
rudd Rotkarpfen *m*, Rotflosser *m*, Rotfeder *n (Scardinius erythrophthalmus)*
rudderfish 1. Wrackfisch *m (Leiurus)*; 2. (Gemeiner) Lotsenfisch *m*, Pilotfisch *m (Naucrates ductor)*; 3. *pl* Quallenfische *mpl (Nomeidae)*; 4. *pl* Pilotbarsche *mpl (Kyphosidae)*; 5. *pl* Kaiserfische *mpl (Panacanthus)*
rudiment Rudiment *m*, rudimentäres Organ *n*; Anlage *f*
rudimentary rudimentär; rückgebildet; verkümmert; als Anlage vorhanden
rue Raute *f (Ruta)*
common ~ Wein-Raute *f (Ruta graveolens)*
goat's ~ Echte Geißraute *f (Galega officinalis)*
Syrian ~ Steppenraute *f (Peganum harmala)*
rufangulous rotkantig
ruff 1. Kampfläufer *m (Philomachus pugnax)*; 2. Kaulbarsch *m (Gymnocephala cernua)*; 3. *pl* Schwarzfische *mpl (Centrolophidae)*
black ~ Schwarzfisch *m (Centrolophus)*
ruffed struppig
ruffle sträuben *(Federn, Haare)*
ruffling Unfulation *f*; Gefiedersträuben *n*
rufinism Rufinismus *m*, Erythrismus *m*, rote Pigmentierung *f*
rufinervous fuchsrot genervt
ruga Ruga *f*; Runzel *f*, Runzelfalte *f*
rugate → rugose
rugged rauh, uneben
rugolobate [rugilobed] runzellappig
rugose runzelig; gefaltet; gerunzelt
rugous → rugose
rugulose schwach gerunzelt
rumble poltern; knurren
rumen Pansen *m*
ruminant 1. Wiederkäuer *m*; *pl* Wiederkäuer *mpl (Ruminantia)*; 2. wiederkäuend
antlered ~ s Hirsche *mpl (Cervidae)*
hollow-horned ~ s Rinderartige *mpl (Bovidae)*
ruminate wiederkäuen

umination Rumination *f*, Wiederkäuen *n*
ump 1. Steiß *m*, Bürzel *m*
un 1. Schwarm *m (der Fische)*; 2. Herde *f*; 3. Viehtritt *m*, Tritt *m*, Weide *f*; 4. Laufen *n*, Rennen *n*; 5. wandern *(Fische)*; 6. fließen, strömen *(z.B. Blut)*; 7. laufen
  to ~ wild verwildern; frei herumlaufen
unchweed 1. Ackersenf *m (Sinapis arvensis)*; 2. Englischer [Weißer] Senf *m (Sinapis alba)*
uncinate schrotsägeförmig
unner 1. Ranke *f*, Wurzelranke *f*; 2. Ausläufer *m*; Sproß *m*; Trieb *m*; 3. Peitschentrieb *m*, Peitschensprosse *f*, Schößling *m*; 4. kriechender Stengel *m*
  blue ~ Makrelenbarsch *m*, Schildmakrele *f (Caranx)*
  race ~ Rennechse *f (Cnemidophorus)*
  scarlet ~ 1. Feuerbohne *f (Phaseolus multiflorus)*; 2. Türkische Bohne *f (Phaseolus coccineus)*
  tree ~ Stelzenläufer *m (Plica)*
unning Rennen *n*, Laufen *n*
  display ~ *(Ethol.)* Imponierlaufen *n*
  tandem ~ *(Ethol.)* Tandemlaufen *n*
unt 1. Zwerg *m*; Zwergtier *n*; 2. Zwerggewächs *n*
unway Wechsel *m*, Wildpfad *m*
upestrine [rupicolous] felsenliebend; felsenbewohnend
upifragous felsenbrechend, felsenspaltend
uptile berstend, zerbrechlich
uptinerved gebrochennervig
upture Ruptur *f*, Zerreißung *f*
upturewort Bruchkraut *n (Herniaria)*
ural [ruricolous] feldwachsend, feldlich; dörflich
usa Mähnenhirsch *m (Cervus timorensis)*
ush Binse *f (Juncus)*
  beak ~ Schnabelried *n (Rhynchospora)*
  blunt-flowered ~ Stumpfblütige Binse *f (Juncus subnodulosus)*
  bog ~ Kopfried *n*; Schmerle *f (Schoenus)*
  club ~ Simse *f (Scirpus)*
  flowering ~ Schwanenblume *f*, Blumenbinse *f (Butomus umbellatus)*
  scouring ~ Acker-Schachtelhalm *m (Equisetum arvense)*
  shore ~ AmerikanischeSimse *f (Scirpus americanus)*
  smooth ~ Glatter Schachtelhalm *m (Equisetum laevigatum)*
  spike ~ Sumpfried *n*, Sumpfsimse *f (Eleocharis)*
  twig ~ Schneide *f*, Schneideried *n*, Sumpfgras *n (Cladium)*
  wood ~ Hainsimse *f*, Hainbinse *f (Luzula)*
ussule Täubling *m*, Heiderling *m (Russula)*
ust 1. Rost *m (Pflanzenkrankheit)*; 2. Rostpilz *m*
  autoecious ~ einwirtiger Rostpilz *m*
  black ~ Schwarzrost *m*
  blister ~ Filzrost *m*, Säulenrost *m*, Weymouthskiefernblasenrost *m*
  stripe [yellow (stripe)] ~ Gelbrost *m*
ustical ländlich
ustproof [rust-resistant] rostresistent *(Pilze)*
ut 1. Brunft *f*; Brunst *f*; 2. Brunftzeit *f*; Brunstzeit *f*; 3. brunften; brunsten
rutabaga Kohlrübe *f*, Steckrübe *f*, Wruke *f (Brassica napus rapifera)*
rye Roggen *m*, Saatroggen *m (Secale cereale)*
  Russian wild ~ Binsenartiges Haargras *n (Elymus junceus)*
  spurred ~ Mutterkorn *n (Erreger von Claviceps)*
  wild ~ Strandroggen *m (Elymus)*
ryegrass Lolch *m*, Weidelgras *n (Lolium)*
  common ~ → English ryegrass
  Darnel ~ Schwindel-Lolch *m*, Taumel-Lolch *m (Lolium temulentum)*
  English ~ Deutsches Weidelgras *n*, Englischer Raigras *n (Lolium perenne)*
  French ~ (Hoher) Glatthafer *m*, Französisches Raygras *n (Arrhenantherum elatius)*
  hardy ~ Lein-Lolch *m (Lolium remotum)*
  Italian ~ Italienisches Raygras *n*, Welsches Weidelgras *n (Lolium multiflorum)*
  perennial ~ → English ryegrass
rype Moorschneehuhn *f (Lagopus lagopus)*

S

sabalo Atlantischer Tarpun *m*, Silberfisch *m (Megalops atlanticus)*
saber-toothed mit säbelförmigen Zähnen
sabino(-tree) Virginische Sumpfzypresse *f (Taxodium distichum)*
sable 1. Zobel *m*, Zobelwiesel *n (Martes zibellina)*; 2. Fichtenmarder *m (Martes americana)*; 3. Rappenantilope *f (Hippotragus niger)*; 4. Degenfisch *m*, Haarschwanz *m (Trichiurus lepturus)*
  Hudson Bay ~ → sable 2.
  Russian [Siberian] ~ → sable 1.
sablefish Kohlenfisch *m (Anoplopoma fimbria)*
sabrefish Sichling *m (Pelecus cultratus)*
sabrewing Säbelflügler *mpl(Campylopterus)*
sabulicole [sabulicolous] sandbewohnend
sabulous sandig
sac Tasche *f*, Sack *m*
  air ~ Luftsack *m*
  allantoic ~ Allantoissack *m*, Allantois *f*
  amniotic ~ Amnionsack *m*, Fruchtwassersack *m*
  brood ~ Brutraum *m*, Bruttasche *f*
  cirrus ~ Zirrusbeutel *m*
  dart ~ Pfeilsack *m*
  dialysis ~ Dialyseschlauch *m*
  egg ~ Eikammer *f*
  embryo ~ Embryosack *m*
  embryonic yolk ~ embryonaler Dottersack *m*

gular ~ Kehlsack *m*
hair ~ Haarbalg *m*
ink ~ Tintensack *m*, Tintenbeutel *m*
lacrimal ~ Tränensack *m*
lymph ~ Lymphsack *m*
pollen ~ Pollensack *m*
shell ~ Schalendrüse *f*
skin-muscular ~ Hautmuskelschlauch *f*
spore ~ Sporangium *m*, Sporenbehälter *m*
tear ~ Tränensack *m*
tooth ~ Zahnsäckchen *n*
vitelline [yolk] ~ Dottersack *m*
vocal ~ Schallblase *f*
yolk ~ Dottersack *m*
sacaline Sachalinknöterich *m*, Riesenknöterich *n (Polygonum sachalinense)*
sacaton Wrights Schleudersamengras *n (Sporobolus wrighti)*
saccate sackförmig, sackartig
sacchariferous zuckerproduzierend
saccharobiose Sa(c)charobiose *f*
saccharometabolism Zuckermetabolismus *m*, Zuckerstoffwechsel *m*
saccharometer Sa(c)charometer *n*, Gärröhrchen *n*
sacciform sackförmig
sacculation 1. Sack *m*, Tasche *f*; Aussackung *f*; 2. Sackbildung *f*, Taschenbildung *f*
saccule → sacculus
sacculus Säckchen *n*, Täschchen *n*
sacelliform säckchenförmig
sacellus Sazellus *m*, Schlauchkapsel *f*
sack → sac
sacral sakral, Kreuzbein...
sacralization Sakralisation *f (Verwachsung des fünften Lendenwirbels mit dem Kreuzbein)*
sacriplex *(Anat.)* Kreuzgeflecht *n*
sacrococcygeal sakrokokzygeal, Kreuzbein-Steißbein...
sacrococcyx Kreuz-Steißbein *n*
sacroiliac sakroiliakal, Kreuzbein-Darmbein...
sacrolumbar sakrolumbal, lumbosakral, Kreuzbein-Lenden...
sacrosciatic ischiosakral, Kreuzbein-Schambein...
sacrum Sakrum *n*, Kreuzbein *n*
saddle Sattel *m*
dryad's club ~ Schuppiger Porling *m (Polyporus squamosus)*
saddleback 1. Lappenstar *m (Creadion carunculatus)*; 2. Sattelrobbe *f*, Grönlandrobbe *f (Pagophilus groenlandicus)*
saddle-shaped sattelförmig
safety Sicherheit *f*
environmental ~ ökologische Sicherheit *f*
safflower Saflor *m (Carthamus);* Färbersaflor *m (Carthamus tinctorius)*
saffron Safran *m*, Krokus *m (Crocus)*
bastard ~ Echter Safran *m (Crocus sativus)*
meadow ~ Herbstzeitlose *f (Colchicum autumnale)*
saffroncod Fernöstliche Nawaga *f (Eleginus gracilis)*
safranophil(e) safranophil, mit Safranin färbend
sage Salbei *f (Salvia)*
~ of Bethlehem Grüne Minze *f (Mentha spicata)*
absinth ~ Wermut *m (Arthemisia absinthium)*
big-flower ~ Großblättriger Salbei *f (Salvia grandiflora)*
clary ~ Muskat-Salbei *f (Salvia sclarea)*
garden ~ Echte Salbei *f*, Garten-Salbei *f (Salvia officinalis)*
Jerusalem ~ Brandkraut *n*, Filzkraut *m (Phlomis)*
lilac ~ Quirliger Salbei *f (Salvia verticillata)*
meadow ~ Wiesen-Salbei *f (Salvia pratensis)*
scarlet ~ Scharlachroter Salbei *f (Salvia splendens)*
stickly ~ Klebriger Salbei *f (Salvia glutinosa)*
violet ~ Steppen-Salbei *f (Salvia nemorosa)*
sagebrush Beifuß *m (Artemisia)*
sagisti [sagitta] Erhabene Wechselscheide *f (Heterospathe elata)*
sagittaria Pfeilkraut *n (Sagittaria)*
giant ~ Pfeilkraut *n (Sagittaria sinensis)*
sagittate pfeilförmig, Pfeil...
sagittifolious mit pfeilförmigen Blättern
saguaro Riesenkaktus *m (Cereus giganteus)*
sagwan Großer Tiekbaum *m (Tectona grandis)*
saiga Saiga-Antilope *f*, Schafsantilope *f*, Steppenantilope *(Saiga tatarica)*
sailfish 1. Eigentliche Fächerfische *mpl (Istiophorus); pl* Fächerfische *m (Istiophoridae)*; 2. Sonnenstrahlfisch *m (Telmatherina ladigesi)*
sailor:
by-the-wind ~ Segelqualle *f (Velella spirans)*
climbing ~ Acker-Leinkraut *n (Linaria vulgaris)*
creeping ~ Scharfer Mauerpfeffer *m (Sedum acre)*
ragged ~ Morgenländischer Knöterich *m (Persicaria orientalis)*
sailor-fish Segelgroppe *f (Nautichthys oculofasciatus)*
sailor's-tobacco(s) Echter Beifuß *m (Artemisia vulgaris)*
sailray Weißrochen *m (Raja lintea)*
sainfoin 1. Saat-Esparsette *f (Onobrychis vicifolia)*; 2. Echte [Gewöhnliche] Luzerne *f (Medicago sativa)*; 3. Hopfen-Luzerne *f (Medicago lupulina)*
Saint-Andrew's-cross Andreaskraut *n (Ascyrum hypericoides)*
Saint-Bernard's-lily Astlose Graslilie *f (Anthericum* lilia got)
Saint-John's-bread Johannisbrotbaum *m*, Karobenbaum *m (Ceratonia siliqua)*
Saint-John's-wort Hartheu *n*, Johanniskraut *n (Hypericum)*
common ~ Hartheu *n*, Tüpfel-Hartheu *n*, Tüpfel-Johanniskraut *n (Hypericum perforatum)*
creeping ~ Liegendes Hartheu *n (Hypericum humifusum)*
mountain ~ Berg-Hartheu *n (Hypericum montanum)*
Siberian ~ Zierliches Hartheu *n (Hypericum elegans)*
spreading ~ → creeping Saint-John's-wort

square-stalled ~ Kantiges Hartheu *n (Hypericum quadrangulum)*
square-stemmed ~ Flügel-Hartheu *n (Hypericum acutum)*
trailing ~ → creeping Saint-John's-wort

Saint-Joseph's-wand Bartfaden *m*, Fünffaden *m (Pentastemon)*

Saint-Lucie-cherry Felsen-Kirsche *f*, Mahaleb-Kirsche *f (Prunus mahaleb)*

Saint-Mary-thistle Mariendistel *f (Silybum marianum)*

saithe Köhler *m*, Seelachs *m*, Blaufisch *m (Pollachius virens)*

saki 1. Schweifaffe *m (Pithecia)*; 2. Bartsaki *n (Chiropotes)*
bearded ~ → saki 2.
black(-bearded) ~ → red-backed saki
hairy [monk] ~ Zottel-Schweifaffe *m (Pithecia monachus)*
pale-faced [pale-headed] ~ Blaßkopfsaki *m (Pithecia pithecia)*
red-backed ~s Bartsakis *mpl (Chiropotes)*
white-nosed ~ Weißnasensaki *m (Chiropotes albinasa)*

sal Salbaum *m*, Saulbaum *m (Shorea robusta)*

salad:
burnet ~ Becherblume *f*, Blutkraut *n (Poterium sanguisorba)*
corn ~ Feldsalat *m (Valerianella olitoria)*
Cos ~ Bindesalat *m*, Glatte Endivie *f*, Römischer Salat *m (Lactuca sativa* var. *romana)*
rocket ~ Saatrauke *f*, Raukenkohl *m (Eruca sativa)*

salai Salai *f (Boswellia serrata)*

salamander Salamander *m*; (Echte) Salamander *m (Salamandra); pl* Schwanzlurche *pl (Caudata)*
Asiatic ~s Winkelzahnmolche *mpl (Hynobiidae)*
black ~ 1. Alpensalamander *m (Salamandra atra)*; 2. Schwarzer Baumsalamander *m (Aneides flavipunctatus)*
black-bellied ~ Schwarzbäuchiger Bachsalamander *m (Desmognathus quadramaculatus)*
blind ~ 1. Brunnenmolch *m (Typhlomolge)*; 2. Grottensalamander *m (Typhlotriton)*; 3. Blindsalamander *m (Haideotriton wallacei)*
blind white ~ Grottenolm *m (Proteus anguinus)*
brook ~ Gelbsalamander *m (Eurycea)*
cave ~ Höhlensalamander *m (Hydromantes)*
climbing ~ Baumsalamander *m (Aneides)*
common ~ → fire salamander
dusky ~ Brauner Bachsalamander *m (Desmognathus fuscus)*
Eschscholtz's ~ Eschscholz-Salamander *m (Ensatina)*
fire ~ Feuersalamander *m (Salamandra salamandra)*
four-toed ~ Vierzehensalamander *m (Hemidactylium)*
giant ~ 1. Asiatische Riesensalamander *m (Andrias)*; 2. Riesen-Querzahnmolch *m (Dicamptodon)*; 3. *pl* Riesensalamander *mpl (Cryptobranchidae)*
golden-striped ~ Goldstreifen-Salamander *m (Chioglossa lusitanica)*
lungless ~s Lungenlose Molche *mpl*, Lungenlose Salamander *mpl (Plethodontidae)*
many-lined ~ Streifensalamander *m (Stereochilus)*
marbled ~ Marmorquerzahnmolch *m (Ambystoma opacum)*
mole ~ Echter Querzahnmolch *m (Ambystoma)*, Maulwurf-Querzahnmolch *m*, Maulwurfsalamander *m (Ambystoma talpoideum); pl* Querzahnmolche *pl (Ambystomatidae)*
Monterey ~ Eschscholtz-Salamander *m*, (Brauner) Oregon-Salamander *m (Ensatina eschscholtzii)*
mud ~ Schlammsalamander *m (Pseudotriton montanus)*
olympic ~ Olymp-Querzahnmolch *m (Rhyacotriton olymicus)*
oriental ~s Winkelzahnmolche *mpl (Hynobiidae)*
Pacific giant ~ Pazifischer Riesen-Querzahnmolch *m (Dicamptodon ensatus)*
pigmy ~ Zwergbachsalamander *m (Desmognathus wrighti)*
purple ~ → spring salamander
red ~ Rotsalamander *m*, Schlammsalamander *m (Pseudotriton)*
shovelnose ~ Marmorierter Bachsalamander *m (Leurognathus marmortus)*
Siberian ~ Sibirischer Winkelzahnmolch *m (Hynobius keyserlingii)*
slender ~ Wurmsalamander *m (Batrachoseps)*
spectacled ~ Brillensalamander *m (Salamandrina)*
spring ~ Quellensalamander *m (Gyrinophilus)*
tree ~ Alligatorsalamander *m*, Kalifornischer Baumsalamander *m (Aneides lugubris)*
western-redback ~ Oregon-Waldsalamander *m (Plethodon vehiculum)*
woodland ~ Waldsalamander *m (Plethodon)*

salfern Ackersteinsame *m (Lithospermum arvense)*

salient ausspringend

saliferous 1. salzhaltig; 2. salzbildend

salification Versalzung *f*

salina 1. Salz(wasser)marsch *f*, Salzmoor *n*; 2. Salzwüste

saline 1. salzig; salzhaltig; 2. Salzlösung *f*; 3. physiologische Kochsalzlösung *f*; 4. → salina 1.
physiological ~ physiologische Kochsalzlösung *f*

salinification Versalzung *f*

salinity Salzgehalt *m*

salinization Versalzung *f*

salitral Halophyten-Halbwüste *f*

saliva Speichel *m*

salivant speicheltreibend, speichelanregend, speichelstimulierend

salivary Speichel...

salivate 1. Speichel *m* absondern; 2. (ein)speicheln *(die Nahrung)*

salivation Speichelabsonderung *f*, Speichelsekretion *f*

salivatory speicheltreibend, speichelanregend, speichelstimulierend

salivous speichelartig; Speichel...
sallow Sal-Weide *f (Salix caprea)*
sally:
creeping ~ Pfennigkraut *n (Lysimachia nummularia)*
red ~ Blutweiderich *m (Lythrum salicaria)*
wattle ~ Schwarzholzakazie *f (Acacia melanoxylon)*
sally-bloom Wald-Weidenröschen *n (Epilobium angustifolium)*
salmon Lachs *m (Salmo); pl* Lachse *mpl*, Lachsfische *mpl (Salmonidae)*
Arctic ~ Wandersaibling *m*, Seesaibling *m (Salvelinus alpinus)*
Atlantic ~ (Atlantischer) Lachs *m*, Salm *m (Salmo salar)*
black ~ → Chinook salmon
blueback ~ Blaurücken *m*, Blaurückenlachs *m*, Rotlachs *m (Oncorhynchus nerka)*
bony ~ Milchfisch *m (Chanos chanos)*
calico ~ Ketalachs *m*, Sibirischer Lachs *m (Oncorhynchus keta)*
cherry ~ → masu salmon
Chinook ~ Quinnat *m*, Kalifornischer Lachs *m*, Königslachs *m (Oncorhynchus tshawytscha)*
chub ~ → Chinook salmon
chum ~ → calico salmon
coho ~ → silver salmon
colonial ~ Australischer Lachs *m (Arripis trutta)*
Columbia (River) ~ → Chinook salmon
Cooktown ~ Indischer Fädler *m (Polydactylus tetradactylus)*
cornish ~ Europäischer Seehecht *m*, Hechtdorsch *m (Merluccius merluccius)*
Danube ~ Huchen *m*, Donau-Lachs *m (Hucho hucho)*
dog ~ → calico salmon
humpback ~ Buckellachs *m (Oncorhynchus gorbuscha)*
king ~ → Chinook salmon
landlocked ~ → Atlantic salmon
lost ~ → humpback salmon
Mary-River ~ Australischer Lungenfisch *m (Neoceratodus forsteri)*
masu ~ Masu-Lachs *m (Oncorhynchus mason)*
native ~ → colonial salmon
Oriental [Pacific] ~ Lachs *m (Oncorhynchus)*
pink ~ → humpback salmon
quinnat ~ → Chinook salmon
red ~ → blueback salmon
Sacramento river ~ → Chinook salmon
sea ~ Seelachs *m*, Köhler *m*, Blaufisch *m (Pollachius virens)*
Sebago ~ → Atlantic salmon
Siberian white ~ Weißlachs *m (Stenodus leucichthys)*
silver ~ Kisusch-Lachs *m*, Silberlachs *m (Oncorhynchus kisutch)*
sockeye ~ → blueback salmon
spring ~ → Chinook salmon
summer ~ → Atlantic salmon
Sydney ~ → colonial salmon
white ~ 1. → silver salmon; 2. Seebarsch *m (Rocc... labrax)*
winter ~ → Chinook salmon
salmonberry Prächtige Himbeere *f (Rubus spectabilis)*
salpingeal 1. Salpinx..., Tuben..., Eileiter...; 2. Salpinx... Ohrtrompeten...
salpingopalatine Ohrtrompeten-Gaumen...
salpingopharyngeal Ohrtrompeten-Rachen...
salsify 1. Schwarzwurzel *f (Scorzonera)*; 2. Bocksbart *m*, Bockshorn *n (Tragopogon)*
black ~ Garten-Schwarzwurzel *f (Scorzonera hispanica)*
meadow ~ Wiesen-Bocksbart *m (Tragopogon pratensis)*
salsuginous salzbodenbewohnend
salt Salz *n*
to ~ in Salz zugeben, einsalzen
to ~ out aussalzen *(Proteine)*
bile ~ Gallensalz *n*
common ~ Kochsalz *n*
saltation Saltation *f*, Evolutionssprung *m*
saltatory saltatorisch, sprunghaft
saltbush Melde *f*, Graumelde *f (Atriplex)*
fat-hen ~ 1. Spießmelde *f (Atriplex hastata)*; 2. Ausgebreitete [Gemeine] Melde *f (Atriplex patula)*
garden ~ Garten-Melde *f (Atriplex hortensis)*
spear-leaved ~ → fat-hen saltbush 1.
Tatarian ~ Tatarische Melde *f (Atriplex tatarica)*
saltigrade springend, hoppelnd
salt-loving salzliebend
salt-tolerant salzertragend
saltweed Kröten-Binse *f (Juncus bufonius)*
saltwort 1. Salzkraut *n (Salsola)*; 2. Queller *m (Salicornia)*
salverform tellerförmig
samara Flügelfrucht *f*, geflügelte Schließfrucht *f*
samoriferous flügelfruchttragend
samariform flügelfruchtförmig
samaroid flügelfrüchtig
sambar Indischer Sambar *m*, Pferdehirsch *m (Cervus unicolor)*
Philippine ~ Philippinen-Sambar *m (Cervus marianus)*
Sunda ~ Mähnenhirsch *m (Cervus timorensis)*
sameness Identität *f*; Ähnlichkeit *f*
samphire Meerfenchel *m (Crithmum)*
marsh ~ Queller *m (Salicornia)*
sample 1. Probe *f*; 2. eine Probe nehmen; 3. *(Biom.)* Stichprobe *f*
sampler Probe(n)nehmer *m*
bottom ~ Bodengreifer *m*
sampling 1. Probenentnahme *f*, Probennahme *f*; 2. *(Biom.)* Stichprobennahme *f*; 3. *(Biom.)* Stichprobenverfahren *n*
~ on successive occasions wiederholte Stichprobennahme *f*

sanctuary Schongebiet *n*, Naturschutzgebiet *n*, Schonung *f*, Gehege *f*
sandal Indischer Sandoribaum *m (Sandoricum indicum)*
sandal-shaped pantoffelartig
sandalwood Sandelbaum *m (Santalum)*
red ~ Roter Sandelholzbaum *m (Pterocarpus santalinus)*
West Indian ~ Balsambaum *m*, Salbenbaum *m (Anyris)*
sandarac Sandarakzypresse *f (Tetrachinis articulata)*
sand-bathing *(Ethol.)* Sandbaden *n*
sandbur(r) Schnabelnachtschatten *m (Solanum rostratum)*
sand-dwelling sandbewohnend, arenikol
sandeels Sandaale *mpl*, Sandspierlinge *mpl (Ammodytidae)*
sand-elymus Sandhaargras *n*, Sandroggen *m (Elymus orenarius)*
sander Zander *m*, Sander *m*, Schiel *m (Stizostedion lucioperca)*
sanderling Sanderling *m (Calidris alba)*
sandfish Sandfisch *m (Trichodon); Sandfische mpl (Trichodontidae)*
sandgrouse Flughuhn *n (Pterocles); pl* Eigentliche Flughühner *mpl*, Steppenläufer *mpl (Pteroclidae)*
black-bellied ~ Sandflughuhn *n (Pterocles orientalis)*
black-faced ~ Maskenflughuhn *n (Pterocles decoratus)*
crowned ~ Kronenflughuhn *n (Pterocles coronatus)*
double-banded ~ Doppelband-Flughuhn *n (Pterocles bicinctus)*
painted ~ Indisches Flughuhn *n*, Bindenflughuhn *n (Pterocles indicus)*
pin-tailed ~ Spießflughuhn *n (Pterocles alchata)*
sandkruiper Geigenrochen *m*, Gitarrenfisch *m*, Glattrochen *m (Rhinobatos)*
sand-loving sandliebend
sandpiper Strandläufer *m*; Uferläufer *m*; Wasserläufer; *pl* Schnepfen *fpl*, Schnepfenvögel *mpl (Scolopacidae)*
American Pectoral ~ → pectoral sandpiper
Bartram's ~ Batramuferläufer *m (Bartramia longicauda)*
black-bellied ~ Alpen-Strandläufer *m (Calidris alpina)*
Bonaparte's ~ Weißbürzel-Strandläufer *m (Calidris fuscicollis)*
broad-billed ~ Sumpfläufer *m (Limicola falcinellus)*
buff-breasted ~ Grasläufer *m (Tryngites subruficollis)*
common ~ Flußuferläufer *m (Tringa hypoleucos)*
curlew ~ Sichelstrandläufer *m (Calidris ferruginea)*
gray-rumped ~ Ostsibirischer Wanderwasserläufer *m (Tringa breviceps)*
green ~ Waldwasserläufer *m (Tringa ochropus)*
least ~ Wiesenstrandläufer *m (Calidris minutilla)*
marsh ~ Teichwasserläufer *m (Tringa stagnatilis)*
pectoral ~ Graubrust-Strandläufer *m (Calidris melanotos)*
purple ~ Meerstrandläufer *m (Calidris maritima)*
red-backed ~ → black-bellied sandpiper
robin ~ Knutt *m*, Islandischer Strandläufer *m (Calidris canutus)*
shart-tailed [Sibirian pectoral] ~ Spitzschwanz-Strandläufer *m (Calidris acuminata)*
solitary ~ Einsiedlerwasserläufer *m (Tringa solitaria)*
spotted ~ Drosseluferläufer *m*, Amerikanischer Uferläufer *m (Tringa macularia)*
stilt ~ Bindenstrandläufer *m (Micropalama himantopus)*
Terek ~ Terek-Wasserläufer *m*, Isländischer Strandläufer *m (Xenus cinereus)*
upland ~ → Bartram's sandpiper
white-fronted ~ Weißstirn-Regenpfeifer *m (Charadrius semipalmatus)*
white-rumped ~ → Bonaparte's sandpiper
wood ~ Bruchwasserläufer *m (Tringa glareola)*
sandscraper Sandflachkopf *m (Platycephalus indicus)*
sandweed → sandwort
sandworm Sandwurm *m (Arenicola)*
sandwort Sandkraut *n (Arenaria)*
bog ~ Steifer Meirich *m*, Steife Miere *f (Minuartia stricta)*
fringed [Irish] ~ Gewimpertes Sandkraut *n (Arenaria ciliata)*
purple ~ Roter Spärkling *m (Spergularia campestris)*
seaside ~ Schuppenmiere *f (Spergularia)*
three-nerved ~ Dreinervige Nabelmiere *f (Moehringia trinervia)*
thyme-leaved ~ Quendel-Sandkraut *n*, Quendelblättriges Sandkraut *n (Arenaria serpyllifolia)*
vernal ~ Frühlingsmeirich *m*, Frühlingsmiere *f (Minuartia verna)*
sandy sandig
sanghara-nut Schwimmende Wassernuß *f (Trapa natans)*
sanguicolous blutbewohnend, im Blut lebend
sanguifacient → sanguinopoietic
sanguiferous blutführend, blutleitend; bluthaltig
sanguification Blutbildung *f*
sanguinary Gemeine Schafgarbe *f (Achillea millefolium)*
sanguineous 1. blutrot, blutfarbig, dunkelrot; 2. bluthaltig, Blut...
sanguinivorous blutsaugend, blutfressend
sanguinopoietic blutbildend
sanguisuction Blutsaugen *n*
sanguisuga Blutegel *m (Hirudo medicinalis)*
sanicle Heilkraut *n*, Sanikel *m (Sanicula)*
false ~ Zweiblättrige Bischofskappe *f (Mitella diphylla)*
Yorkshire ~ Gemeines Fettkraut *n (Pinguicula vulgaris)*
santol Sandoribaum *m (Sandoricum)*
santolina Gartenzypresse *f*, Zypressenartige Santolina *f (Santolina chamaecyparissus)*
santonica Wurmsamenkraut *n*, Zitwersamenkraut *n (Artemisia cinna)*

sap Saft *m*; Pflanzensaft *m*
sapajou Kapuziner *m (Cebus)*
white-faced ~ Kapuziner *m*, Weißschulter-Affe-[-Kapuziner] *m (Cebus capucinus)*
white-fronted ~ Weißstirn-Kapuziner *m (Cebus albifrons)*
white-throated ~ → white-faced sapajou
sapful saftig, saftreich
saphena Rosenvene *f*
sapid schmackhaft, wohlschmeckend
sapless saftlos
sapling 1. junger Baum *m*; 2. Schößling *m*
saponaceous seifenartig, seifig
saponated verseift
saponification Verseifung *f*, Saponifikation *f*
sappan Sappanholzbaum *m*, Ostindischer Rotholzbaum *m (Caesalpinia sappan)*
sapphire:
blue-chinned ~ Blaukinnkolibri *m (Chlorestes notatus)*
blue-headed ~ Blaukopfsaphir *m (Hylocharis grayi)*
Elicia's ~ Goldschwanzsaphir *m (Hylocharis eliciae)*
golden-tailed ~ Bronzeschwanzsaphir *m (Chrysuronia oenon)*
rufous-throated ~ Rotkehlsaphir *m (Hylocharis sapphirina)*
white-chinned ~ Weißkinnsaphir *m (Hylocharis cyanus)*
sappy *(Bot.)* saftig, saftreich; fleischig
saprium Saprophytengemeinschaft *f*
saprobe [saprobiont] Saprobie *f*, Saprobiont *m*, Fäulnisbewohner *m*
saprobic saprobisch
saprobiont → saprobe
saprogenic [saprogenous] saprogen, fäulniserregend
sapromyiophilum Aasfliegenblume *f*, aasfliegenbestäubende Pflanze *f*
sapromyiophilous aasfliegenblumenliebend
sapropel Sapropel *n*, Faulschlamm *m*
sapropelic sapropelisch
saprophage Saprophage *m*, Fäulnisfresser *m*
saprophagous saprophag
saprophagy Saprophagie *f*
saprophilous saprophil
saprophyte Saprophyt *m*
parasitic ~ parasitischer Saprophyt *m*
symbiotic ~ symbiotischer Saprophyt *m*
saprophytic saprophytisch, von faulenden Stoffen lebend
saprozoite [saprozoon] Saprozoon *n*
sapsucker 1. Säftesauger *m*; 2. Saftlecker *m (Sphyrapicus)*
Williamson's ~ Kiefernsaftlecker *m (Sphyrapicus thyroides)*
yellow-bellied ~ Feuerkopf-Saftlecker *m (Sphyrapicus varius)*
sapwood Splintholz *m*, Splint *m*, Weichholz *n*
saracen's-compass Jakobs-Kreuzkraut *n*, Wiesen-Kreuzkraut *n (Senecio jacobaea)*
saracen's-corn [saracen's-wheat] Buchweizen *m*, Heidenkorn *n (Fagopyrum esculentum)*
sarcoblast Myoblast *m*, Muskel(faser)bildungszelle *f*
sarcocarp Sarkokarp *n*, Fruchtfleisch *m*; fleischige Frucht *f*
sarcocarpous sarkokarpisch, fleischfrüchtig
sarcocaul fleischiger Stengel *m*
sarcocyst Sarkozyste *f*
sarcode Zytoplasma *n*
sarcogenic sarkogen, muskelbildend
sarcolemma Sarkolemm(a) *n*, Myuolemm(a) *n*, Muskel(faser)hülle *f*
sarcolysis Sarkolyse *f*, Muskel(faser)auflösung *f*
sarcomere Sarkomer *n*, Muskel(faser)segment *n*
sarcophagous sarkophag, fleischfressend
sarcoplasm Sarkoplasma, Myoplasma *n*, Muskelplasma
sarcoplasmic Sarkoplasma...
sarcosin(e) Sarkosin *n*, Methylaminoessigsäure *f*
sarcostyle Myofibrille *f*, Muskelfibrille *f*
sarcotesta fleischige Samenschale *f*
sarcous fleischig, fleischartig, aus Muskelgewebe bestehend
sardine Sardine *f (Sardina)*
big-eyed ~ Rundhering *m (Etrumeus teres)*
California ~ Pazifik-Sardine *f*, Kalifornische Sardine *(Sardinops caerula)*
gilt ~ Ohrensardine *f (Sardinella aurita)*
Indian (oil) ~ → oil sardine
market ~ → big-eyed sardine
oil ~ Großkopfsardine *f (Sardinella longiceps)*
pilchard ~ Atlantische [Europäische] Sardine *f*, Pilchard *m (Sardina pilchardus)*
Spanish ~ → gilt sardine
sargo Schweinfisch *m (Anisotremus virginicus)*
sargue Gemeiner Geißbrassen *m (Diplodus vulgaris)*
sarment Sarmentum *n*, bewurzelter Ausläufer *m*
sarmentaceous schößlingartig
sarmentose *(Bot.)* mit Wurzeln rankend, wurzelrankend
saro Riesenotter *m (Pteronura brasiliensis)*
sarothrum Fersenbürste *f (bei Honigbienen)*
sarrajao Pelamide *f*, Mittelländischer [Atlantischer] Bonito *m (Sarda sarda)*
sarsaparilla 1. Aralie *f (Aralia)*; 2. Stechwinde *f (Smilax)*
big ~ Windende Osterluzei *f (Aristolochia macrophylla)*
yellow ~ Kanadischer Mondsame *m (Menispermum canadense)*
sassaby Halbmondantilope *f*, Leierantilope *f*, Sassaby *f (Damaliscus lunatus)*
sassafras Fenchelholzbaum *m*, Echter Sassafras *m (Sassafras officinale)*
satellite Satellit *m (des Chromosoms)*
satiated satt; gesättigt
satin → satinflower
satinflower 1. Stumpfes Silberblatt *n (Lunaria annua)*; 2. Vogelmiere *f (Stellaria media)*

satinpod Mondviole *f (Lunaria)*
satiny seidig
sation Sation *n*, Saison-Sozionunterteilung *f*
satisfaction *(Ethol.)* Befriedigung *f*
  drive ~ Triebbefriedigung *f*
  need ~ Befriedigung *f* der Bedürfnisse
satrap:
  yellow-browed ~ Goldtyrann *m (Satrapa icterophrys)*
saturant 1. sättigend; 2. neutralisierender Stoff *m*
saturate saturieren, sättigen; durchtränken
saturation 1. Sättigung *f*; 2. Tränkung *f*
saturnians Augenspinner *mpl (Saturniidae)*
sauce-alone Gemeines Knoblauchrauke *f (Alliaria officinalis)*
sauce-green Kleiner Ampfer *m*, Kleiner Sauerampfer *m (Rumex acetosella)*
saucer Involucrum *n*, Hüllkelch *m*, Hülle *f*
saucer-shaped tellerförmig; tassenförmig
saurel Bastardmakrele *f*, Pferdemakrele *f (Trachurus trachurus)*
saurian 1. Saurier *m*; Saurier..., Echsen...; 2. Eidechsen...
saurochore durch Eidechsen verbreitet, saurochor
saurochorous durch Eidechsen verbreitet
saury Makrelenhecht *m (Scomberesox)*
  atlantic ~ Atlantischer Makrelenhecht *m (Scomberesox saurus)*
  Pacific ~ Kurzschnabel-Makrelenhecht *m (Cololabis saira)*
sausage-shaped wurstförmig
savage *(Bot.)* wildwachsend
savalle [savanilla] Atlantischer Tarpun *m (Megalops atlanticus)*
savanna(h) Savanna *f*, Savanne *f*
  acacia tall grass ~ Hochgrassavanne *f* mit
  arid ~ *(Ökol.)* Trockensavanne *f Acacia spp.*
  tall grass ~ Hochgrassavanne *f*
  thorn ~ Dorn[strauch]savanne *f*
savin(e) 1. Gemeiner Sadebaum *m*, Sabinerbaum *m (Juperus sabina)*; 2. Virginischer Sadebaum *m*, Virginischer Wacholder *m (Juniperus virginiana)*
  horse ~ Gemeiner Wachholder *m (Juniperus communis)*
savola Degenfisch *m*, Haarschwanz *m (Trichiurus lepturus)*
savory Bohnenkraut *n (Satureja)*
  summer ~ Garten-Bohnenkraut *n (Satureja hortensis)*
  winter ~ Winter-Bohnenkraut *n (Satureja montana)*
sawarrinut Butternußbaum *m (Caryocar nucifera)*
sawback Höcker-Schmuckschildkröte *f (Graptemys)*
sawbill Säger *m (Mergus)*
sawed gesägt, sägezahnförmig
saw-edged gesägt, sägezahnförmig
sawfish Sägefisch *m (Pristis); pl* Sägefische *mpl*, Kammsägefische *mpl (Pristidae)*
  common ~ Westlicher Sägefisch *m (Pristis pectinatus)*
  European ~ Sägefisch *m (Pristis pristis)*
sawfly Blattwespe *f*; *pl* Blattwespen *fpl (Tenthredinidae)*
  apple ~ Apfelsägewespe *f (Hoplocampa testudinea)*
  apple web-spinning ~ Steinobstgespinstblattwespe *f (Neurotoma nemoralis)*
  arborvitae ~ Wacholderblattwespe *f (Monoctenus juniperi)*
  banded rose ~ Weißgegürtelte Rosenblattwespe *f (Emphytus cinctus)*
  black-bodied ~ → small gooseberry sawfly
  cherry leaf ~ Pflaumenblattwespe *f (Priophorus pallipes)*
  cimbicid ~ies Keulenblattwespe *fpl (Cimbicidae)*
  common gooseberry ~ → gooseberry sawfly 2.
  corn ~ Europäische Getreidehalmwespe *f (Cephus pygnaeus)*
  currant ~ → gooseberry sawfly 2.
  elm ~ → American sawfly
  European pine ~ Rot(gelb)e Kiefernbuschhornblattwespe *f (Neodiprion sertifer)*
  European spruce ~ Fichten-Buschhornblattwespe *f (Gilpinia polytome)*
  European wheat (stem) ~ → corn sawfly
  fox-coloured ~ → European pine sawfly
  gooseberry ~ 1. → small gooseberry sawfly; 2. Gelbe Stachelbeerblattwespe *f (Pteronidea ribesii)*; 3. Stachelbeerblattwespe *f (Nematus consobrinus)*
  green willow ~ Grüne Weidenblattwespe *f (Nematus virescens)*
  hazel ~ Breitfüßige Birkenblattwespe *f (Croesus septemtrionalis)*
  introduced pine ~ Kiefernschonungs-Gespinstblattwespe *f (Acantholyda erythrocephala)*
  larch ~ Große Lärchenblattwespe *f (Pristiphora erichsoni)*
  large rose ~ Gemeine Rosenbürstenhornwespe *f (Arge ochropus)*
  leaf-rolling ~ies Rosenblattwespe *f (Blennocampa pusilla)*
  mountain-ash ~ Braune Ebereschenblattwespe *f (Pristiphora geniculata)*
  native currant ~ → small gooseberry sawfly
  nursery pine ~ Kleine Dunkle Kiefernbuschhornblattwespe *f (Gilpinia frutetorum)*
  nut ~ → hazel sawfly
  palisade ~ Schwarze Pappelblattwespe *f (Stauronema compressicorne)*
  pear ~ Birnensägewespe *f (Hoplocampa brevis)*
  pear slug ~ Kirschblattwespe *f (Caliroa cerasi)*
  pine ~ Gemeine Kiefernbuschhornblattwespe *f (Diprion pini)*
  pine web-spinning ~ Große Kiefern-Gespinstblattwespe *f (Acantholida posticalis)*
  plum ~ Gelbe Pflaumensägewespe *f (Hoplocampa flava)*
  plum fruit ~ Schwarze Pflaumensägewespe *f (Hoplocampa minuta)*
  plum leaf ~ → small gooseberry sawfly
  plum web-spinning ~ Pflaumen-Gespinstblattwespe *f*

(Neurotoma inconspicua)
poplar ~ Gelbe Pappelblattwespe *f (Trichiocampus viminalis)*
raspberry ~ Erdbeerblattwespe *f (Monophadnoides geniculatus)*
rose leaf(-rolling) ~ → leaf-rolling rose sawfly
rose shoot ~ Aufsteigender Rosentriebbohrer *m (Cladardis elongatulus)*
rose slug ~ Schwarze Rosenblattwespe *f (Endelomyia aethiops)*
rose web-spinning ~ Rosen-Gespinstblattwespe *f (Pamphilius inanitus)*
small gooseberry ~ Kleine Stachelbeerblattwespe *f (Pristiphora carinata)*
small larch ~ Kleine Lärchenblattwespe *f (Pristiphora laricis)*
social pear ~ Gelbe Birnengespinstblattwespe *f (Neurotoma saltuum)*
spiraea ~ Spiräenblattwespe *f*, Spierstrauch-Blattwespe *f (Nematus spireae)*
stem ~ies → raspberry sawfly
striped alder ~ Grünerlenblattwespe *f (Hemichroa crocea)*
tamarac ~ → larch sawfly
turnip ~ Kohlrübenblattwespe *f (Athalia rosae)*
viola [violet] ~ Europäische Veilchenblattwespe *f (Protemphytus pallipes)*
web-spinning ~ies → leaf-rolling sawflies
wheat ~ → corn sawfly
wheat stem ~ Amerikanische Weizenhalmwespe *f (Cephus cinctus)*
white-legged cherry ~ Weißfüßige Kirschblattwespe *f (Priophorus padi)*
willow ~ Weidenblattwespe *f (Nematus salicis)*
willow bean-gall ~ → willow red-gal sawfly
willow pea-gall ~ Weidenblattgallenwespe *f (Pontania viminalis)*
willow red-gall ~ Weidenblattgallenwespe *f (Pontania proxima)*

saw-keivey Kalifornischer Lachs *m*, Königs-Lachs *m (Oncorhynchus tshawytscha)*
saw-shaped gezackt
saw-toothed sägezahnförmig
saw-whet Sägekauz *m (Aegolius acadicus)*
sawwort *(Bot.)* Färberscharte *f (Serratula)*
sawyer *(Ent.)* Bäckerbock *m*, Kiefernbock *m (Monochamus)*
saxatile Felsen..., Stein...
saxaul Salzsteppenstrauch *m*, Saxaul *m (Haloxylon)*
saxicavous im Felsen bohrend
saxicolous felsenbewohnend; geröllbewohnend
saxifrage Steinbrech *m (Saxifraga)*
Alpine brook ~ Bach-Steinbrech *m (Saxifraga rivularis)*
Apline clustered ~ Schnee-Steinbrech *m (Saxifraga nivalis)*
burnet ~ Steinbrech-Bibernelle *f (Pimpinella saxifraga)*
drooping bulbous ~ Nickender Steinbrech *m (Saxifraga cernua)*
golden ~ Milzkraut *n (Chrysosplenium)*
livelong ~ Trauben-Steinbrech *m (Saxifraga paniculata)*
meadow ~ 1. Körnchen-Steinbrech *m (Saxifraga granulata)*; 2. Silau *m*, Wiesensilge *f (Silaus)*
mountain ~ Roter Steinbrech *m (Saxifraga oppositifolia)*
nodding ~ → drooping bulbous saxifrage
purple ~ → mountain saxifrage
round-leaved ~ Rundblättriger Steinbrech *m (Saxifraga rotundifolia)*
sengreen ~ → livelong saxifrage
three-toothed ~ Finger-Steinbrech *m (Saxifraga tridactylis)*
tufted ~ Rasen-Steinbrech *m (Saxifraga decipiens)*
yellow marsh ~ Moor-Steinbrech *m (Saxifraga hirculus)*

scab 1. Schorf *m*, Kruste *f*, Borke *f*; 2. Schorf *m (Pflanzenkrankheit)*
apple ~ Apfelschorf *m*, Laregschorf *m (Erreger von Fusicladium dendriticum)*
peach ~ Pfirsichschorf *m (Erreger von Fusicladium carpophilum)*
potato ~ Kartoffelschorf *m (Erreger von Actionyces scabies)*
powdery ~ Pulverschorf *m (Erreger von Spongospora subterranea)*
Wheat ~ Taumelkrankheit *f (Erreger von Gibberella saubinetii)*

scabby kleinschuppig
scabious Skabiose *f (Scabiosa)*
field ~ Acker-Skabiose *f (Knautia arvensis)*
Shepherd's ~ Jasione *f (Jasione montana)*
sweet ~ Berufskraut *n (Erigeron)*

scabish Zweijährige Nachtkerze *f (Oenothera biennis)*
scabrid rauh
scabrous rauh, schuppig
scabwort Echter Alant *m (Inula helenium)*
scad 1. Bastardmakrele *f (Trachurus trachurus)*; 2. Schildmakrele *f (Decapterus)*; 3. *pl* Fadenmakrele *(Carangidae)*
common ~ Bastardmakrele *f (Trachurus trachurus)*
Jacks ~s → scad 3.
mackerel ~ → scad 2.
Mediterranean ~ Mittelmeer-Stöcker *m (Trachurus mediterraneus)*
round ~ → scad 2.

scala *(Anat.)* Treppe *f*
scalare Skalar *m*, (Großer) Segelflosser *m (Pterophyllum scalare)*
scalariform skalariform, treppenförmig
scald 1. Verbrennung *f*, Brandwunde *f*; 2. Erreger der *Rhynchosporium*-Blattfleckenkrankheit *f*
scald-fisch Steinbutt *m (Arnoglossus)*; Lammzunge *f*

(Arnoglossus laterna)
scald-weed Weiden-Seide *f*, Amerikanische Seide *f (Cuscuta gronovii)*
scale 1. Schuppe *f*; 2. Stufe *f (auf einer Skala)*; Skala *f*; Gradeinteilung *f*; 3. Maßstab *m*; 4. *pl* Schildläuse *fpl (Coccoidea)*
~ of measurement Skala *f*
apple mussel ~ → mussel scale
armored ~s Deckelschildläuse *fpl (Diaspididae)*
aspidistre ~ → fern scale
bamboo ~ Bambuspockenschildlaus *f (Asterolecanium bambusae)*
basal ~ basale Schuppe *f*
bay-tree ~ → holly scale
beech ~ Buchenwoll(schild)laus *f (Cryptococcus fagi)*
bench ~ Labormaßstab *m*
bituberculate ~ Höckrige Napfschildlaus *f (Eulecanium bituberculatum)*
black ~ Schwarze Ölbaumschildlaus *f (Saissetia oleae)*
black ~ of coffee Schwarze Napfschildlaus *f (Saissetia nigra)*
Boisduval's ~ → cymbidium scale
bract ~ *(Bot.)* Deckschuppe *f*
brown (fruit) ~ Gemeine Napfschildlaus *f (Eulecanium corni)*
brown gooseberry ~ → nut scale
brown soft ~ → soft(brown) scale
bud ~ Knospenblatt *n*
bulb ~ Zwiebelschuppe *f*
cactus ~ Kakteenschildlaus *f (Diaspis echinocacti)*
California red ~ Rote Zitrusschildlaus *f*, Rote Kalifornische Schildlaus *f (Aonidiella aurantii)*
camelia ~ Kamelien-Schildlaus *(Hemiberlesia rapax)*
cattleya ~ Veränderliche Löffelschildlaus *f (Parlatoria proteus)*
chaff ~ Zitruslöffelschildlaus *f (Parlatoria pegrandii)*
Chinese wax ~ Chinesische Wachsschildlaus *f (Ceroplastes sinensis)*
circular black ~ → Florida red scale
citrus black ~ → black scale
citrus fluted ~ → cottony-cushion scale
citrus mussel ~ → mussel purple scale
citrus red ~ → California red scale
coconut ~ Kokospalmenschildlaus *f (Aspidiotus de-structor)*
cone-~ Zapfenschuppe *f*
cottonwood maple ~ → woody currant scale
cottony-cushion ~ Australische Wollschildlaus *f (Icerya purchasi)*
cottonwood ~ → willow scale
cover ~ *(Bot.)* Deckschuppe *f*
ctenoid ~ Kammschuppe *f (Knochenfische)*
cycloid ~ Zykloidschuppe *f*, Rundschuppe *f*
cymbidium ~ Palmenschildlaus *f (Diaspis boisduvalii)*
date palm ~ Braune Dattelpalmenschildlaus *f (Parlatoria blanchardi)*
distyospermum ~ → Morgan's scale
euonymus ~ Spindelbaumschildlaus *f (Unaspis euonymi)*
European elm ~ Ulmenwollschildlaus *f (Gossyparia spuria)*
European fruit ~ → oystershell scale
European peach ~ → peach scale
European pear ~ → Italian pear scale
fern ~ Farnschildlaus *f (Pinnaspis aspidistrae)*
fig ~ Feigen-Kommaschildlaus *f (Lepidosaphes ficus)*
fig wax ~ Feigenschildlaus *f (Ceroplastes rusci)*
fish ~ Schuppe *f*, Fischschuppe *f*
Florida red ~ Rote Florida-Schildlaus *f (Chrysomphalus aonidium)*
Florida wax ~ Florida-Wachsschildlaus *f (Ceroplastes floridensis)*
fluted ~ → cottony-cushion scale
fruit ~ Fruchtschuppe *f*
ganoid ~ Ganoidschuppe *f*, Schmelzschuppe *f*
glandular ~ *(Bot.)* Drüsenschuppe *f*
globose ~ Kleine Runde Napfschildlaus *f*, Pflaumen-Napfschildlaus *f (Sphaerolecanium prunastri)*
Glover's ~ Schmale Kommaschildlaus *f (Lepidosaphes gloveri)*
golden oak ~ Eichen-Pockenschildlaus *f (Asterolecanium variolosum)*
greedy ~ Kamelien-Schildlaus *f (Hemiberlesia rapax)*
hemispherical ~ Halbkugelige Napfschildlaus *f (Saissetia coffeae)*
hemlock ~ 1. Fichtennadel-Schildlaus *f*, Gelbe Kiefernadel-Schildlaus *f (Dynaspidiotus abietis)*; 2. Kleine Fichtenquirl-Schildlaus *f (Physokermes hemicryphus)*
holly ~ Ilexschildlaus *f (Dynaspidiotus britannicus)*
horny ~ Hornschuppe *f*
Indian wax ~ Rote Austernschildlaus *f (Epidiaspis leperi)*
Italian pear ~ Rote Austernschildlaus *f (Epidiaspis leperi)*
ivy ~ → oleander scale
Japanese fruit ~ → mulberry scale
juniper ~ Wachholder-Schildlaus *f*, Zypressen-Schildlaus *f (Carulaspis minima)*
laurel ~ Lorbeerschildlaus *f (Aonidia lauri)*
leaf ~ Blattschuppe *f*
linden ~ Lindenkommaschildlaus *f (Lepidosaphes tiliae)*
long (mussel) ~ → Glover's scale
Mediterranian fig ~ → fig scale
micrometer eyepiece ~ Okularmikrometer *m*
Morgan's ~ Rote Tellerschildlaus *f (Chrysomphalus dictyospermi)*
mulberry ~ Maulbeerschildlaus *f (Pseudaulacaspis pentagona)*
mussel ~ (Gemeine) Kommaschildlaus *f (Lepidosaphes ulmi)*
mussel purple ~ Zitrus-Kommaschildlaus *f (Lepido-*

saphes beckii)
nectariferous ~ Nektar produzierend/liefernd
nut ~ Große Kugelige Napfschildlaus *f (Eulecanium tiliae)*
oleander ~ Oleanderschildlaus *f (Aspidiotus hederae)*
olive (parlatoria) ~ Obstbaum-Löffelschildlaus *f (Parlatoria oleae)*
olive soft ~ → black scale
orange ~ 1. → California red scale; 2. → mussel purple scale
orchid parlatoria ~ → cattleya scale
oystershell ~ 1. (Gelbe) Austernförmige Schildlaus *f (Quadraspidiotus ostreaeformis)*; 2. → mussel scale
papaya ~ → mulberry scale
parlatoria ~ Löffelschildlaus *f (Parlatoria)*
parlatoria date ~ → date palm scale
peach ~ Pfirsichtschildlaus *f (Eulecanium persicae)*
pear oyster ~ → oystershell scale 1.
pear-tree oyster ~ → Italian pear scale
pit ~ Schild *m* aus Wachsabscheidungen *(bei Napfschildläusen)*
pit-making oar ~ → golden oak scale
pittosporum ~ Gemeine Pockenschildlaus *f*, Efeu-Pockenlaus *f (Asterolecanium arabidis)*
placoid ~ Plakoidschuppe *f*
poplar ~ Pappelschildlaus *f (Quadraspidiotus gigas)*
prickly pear ~ → cactus scale
purple ~ → mussel purple scale
red ~ → California red scale
red date (palm) ~ Rote Dattelpalmenschildlaus *f (Phoenicococcus marlatti)*
red orange ~ → California red scale
rose [scurfy] ~ Kleine Weiße Rosenschildlaus *f (Aulacaspis rosae)*
seed ~ Fruchtschuppe *f*
soft (brown) ~ Weiche Schildlaus *f*, Zitrus-Schildlaus *f (Coccus hesperidium)*
southern pear ~ Südliche Gelbe Obstbaumschildlaus *f (Quadraspidiotus marani)*
Spanish red ~ → Morgan's scale
spruce bud ~ Große Fichtenquirl-Schildlaus *f (Physokermes piceae)*
tea parlatoria ~ Zitruslöffelschildlaus *f (Parlatoria theae)*
tortoise ~s Napfschildläuse *fpl (Coccidae)*
West-Indian peach ~ → mulberry scale
white (peach) ~ 1. → mulberry scale; 2. → oleander scale
willow ~ Weidenschildlaus *f (Chionaspes salicis)*
wooly currant ~ Wollige Napfschildlaus *f (Pulvinaria betulae)*
yew ~ Taxus-Napfschildlaus *f (Parthenolecanium pomeranicum)*
zizyphus ~ Schwarztäfelchen *n (Parlatoria zizyphi)*
scale-bearing schuppentragend
scale-up Maßstabvergrößerung *f*
scaled schuppig, beschuppt, schuppentragend
bristly ~ borstig-schuppig
closely ~ dichtschuppig
scaleless schuppenlos, ungeschuppt
scalene Skalenusmuskel *m*, Rippenhalter *m*
scallion Schalotte *f (Allium ascalonicum)*
scallop Kammuschel *f (Pecten); pl* Kammuscheln *fpl (Pectinidae)*
bay ~ Kammuschel *f (Pecten)*
common ~ Pilgermuschel *f (Pecten maximus)*
great ~ → common scallop
Iceland ~ Harfenmuschel *f (Chlamys islandica)*
large ~ → common scallop
northern ~ → Iceland scallop
queen ~ Gefleckte Kammuschel *f (Aequipecten opercularis)*
variegated ~ Bunte Lammuschel *f (Chlamys varia)*
scalloped gekerbt, kerbig, kerbzähnig
scaly schuppig, beschuppt, schuppentragend
scaly-barked schuppig berindet
scaly-flowered schuppenblütig
scaly-foliated schuppenblättrig
scaly-foot Flossenfuß *m (Pygopus); pl* Flossenfüße *mpl (Pygopodidae)*
common ~ Gewöhnlicher Flossenfuß *m (Pygopus lepidopodus)*
hooded [western] ~ Westlicher Flossenfuß *m (Pygopus nigriceps)*
scaly-fruited mit schuppenartigen Früchten
scammony Purgierwinde *f (Convolvulus scammonia)*
scandent *(Bot.)* kletternd, klimmend
scanning Scanning *n*; Abtasten *n (mit einem Elektronenstrahl)*
scansorial 1. Kletter...; 2. zu den Klettervögeln gehörig
scape Schaft *m*, Blütenschaft *m*
scape-bearing schafttragend
scape-like schaftförmig
scaphidium Skaphidie *f*
scaphoid Kahnbein *n*
scapiflorous schaftblütig
scapiform [scapoid] schaftförmig
scapigerous mit einem Schaft
scapose schafttragend, mit einem Schaft
scapula Schulterblatt *n*
scapular skapular, Schulterblatt...
scapuloclavicular Schulterblatt-Schlüsselbein...
scapulocostal Schulterblatt-Rippen...
scapulohumeral Schulterblatt-Oberarmknochen...
scapulothoracic Schulterblatt-Brustkorb...
scar Narbe *f (am Blattsatz)*
leaf ~ Blatt[stiel]narbe *f*
scare Schreck *m*; erschrecken
scarecrow Vogelscheuche *f*
scarfskin Epidermis *f*, Oberhaut *f*
scarification Skarifikation *f*, Hautritzung *f*
scarious trockenhäutig; papierartig
scarlet scharlachrot
scarlet-lightning Feuernelke *f*, Jerusalemsblume *f (Lych-*

nis chalcedonica)
scarred narbig, genarbt
scarring Narbenbildung *f*, Vernarbung *f*
scat Exkremente *pl*, Kot *m*, Mist *m*
scatobiont Koprobiont *m*
scatophagia Koprophagie *f*, Kotessen *n*
scatophagous kotfressend
scattered zerstreut, spärlich, vereinzelt
scattering Streuung *f*
forward light ~ direkte Lichtstreuung *f*
light ~ Lichtstreuung *f*
scatty Argusfisch *m (Scatophagus)*
spotted ~ Gefleckter Argusfisch *m (Scatophagus argus)*
scaup:
greater ~ Bergente *f (Aythia marila)*
lesser ~ Kleine Bergente *f*, Veilchenente *f(Aythia affinus)*
New Zealand ~ Maori-Ente *f (Aythia novaeseelandiae)*
scavenger 1. Fänger *m (z.B. Protein)*; 2. Spülmittel *n*, Reinigungsmittel *n*; 3. Saprophyt *m*; 4. Aasfresser *m*; 5. *pl* Kaiserfische *mpl (Lethrinidae)*
scent 1. Geruch *m*, Odor *m*, Duft *m*; 2. Geruchssinn *m*, Spürsinn *m*, Witterung *f*; 3. Spur *f*, Fährte *f*
to ~ about beriechen, beschnüffeln, beschnuppern
to ~ out wittern, aufspüren, spüren
sceptriform zepterförmig
schedule 1. Liste *f*, Tabelle *f*; 2. Zeitplan *m*; 3. klassifizieren
scheduled planmäßig
scheme *(Ethol.)* Schema *n*
baby ~ Kindchenschema *n*
female ~ Weibchenschema *n*
prey ~ Beuteschema *n*
schindylesis *(Anat.)* Zahnnaht *f*
schistaceous 1. schieferliebend, auf Schiefer vorkommend; 2. schiefergrau, schieferfarbig
schizocarp Schizokarpium *n*, Spaltfrucht *f*
~ capsule Spaltkapsel *f*
schizocarpous spaltfrüchtig
schizocoel Schizozöl *n*
schizogenesis Schizogenie *f*, Schizogonie *f*, Zerfallsteilung *f*
schizogenetic schizogen(etisch)
schizonotus Eibereschenblättriger Spierstrauch *m (Spirea sorbifolia)*
schizontocide Schizoten tötend
schizopetalous spaltkronblättrig
schizophagous schizophag, sich von toter organischer Substanz ernährend
schizophyllous schlitzblätterig
schlepper Schlepper-Antigen *n*
Scholander pressure chamber *(Bot.)* Scholanderbombe *f* (Gerät zur Wasserpotentialmessung)
scholar-tree Japanische Sophore *f*, Japanischer Schnurbaum *m (Sophora japonica)*
school *(Icht.)* Schwarm *m*; Zug *m*
schoolmaster Schoolmaster *m (Lutianus apodus)*
sciadophyte Schwachlichtpflanze *f*, Schattenpflanze *f*
sciadophilous schattenliebend
sciatic 1. Hüft..., Hüftbein...; 2. Hüftnerv
scimitar-bill Sichelhopf *m (Phoeniculus cyanomelas)*
Abyssinian ~ Goldschnabelhopf *m (Phoeniculus minor)*
scion 1. Ableger *m*, Steckling *m*; 2. Pfropfreis *n*
cleft-graft ~ Pfropfreis *n*
sciophilous schattenliebend
sciophyte Skiophyt *m*, Schattenpflanze *f*
scissile spaltbar, teilbar, trennbar
scission 1. Spaltung *f*, Aufspaltung *f*; 2. Furchung *f*; 3. Schnitt *m*
scissiparity Teilungsvermehrung *f*
scissortail 1. Glasbärbling *m (Rasbora trilineata)*; 2. Scherentyrann *m (Tyrannus forficatus)*
scissura Riß *m*, Spalte *f*
sclera Sklera *f*, Hornhaut *f*, Lederhaut *f*
scleral skleral, Sklera..., Lederhaut...
sclereid *(Bot.)* Sklereide *f*, Steinzelle *f*
sclerenchyma Sklerenchym *n*, Festigungsgewebe *n*
sclerite Sklerit *n*, Skelettnadel *f*
sclerobasidium Sklerobasidie *f*
scleroblast Skleroblast *m*, skelettbildende Zelle *f*
sclerocarpous hartfrüchtig
scleroconjunctival Lederhaut-Bindehaut...
sclerophyllous sklerophyll, hartlaubig
sclerophylly Sklerophyllie *f*, Hartlaubigkeit *f*
sclerophyte Sklerophyt *m*, Hartlaubgewächs *n*
scleroprotein Skleroprotein *n*, Gerüsteiweiß *n*
sclerotic verhärtet, sklerotisch
sclerotium Sklerotium *n*, Dauermycel *n*
sclerotization Sklerotisierung *f*, Verhärtung *f*
sclerotized sklerotisiert, verhärtet
sclerotome Sklerotom *n*
scoke Wein-Kermesbeere *f (Phytolacca americana)*
scoleciform bandwurmkopfförmig, bandwurmkopfartig
scolecoid 1. wurmförmig; 2. → scoleciform
scolecospore wurmförmige Spore *f*, fadenförmige Spore *f*
scolex Skolex *m*, Bandwurmkopf *m*
scolopale Skolopalorgan *n*, Skoloparium *n*
scolopacids Schnepfen *fpl*, Schnepfenvögel *mpl (Scolopacidae)*
scolophore [scolopidium] Skolopidium *n*, stiftführender Sensillus *m*
scolopophore → scolophore
scombrids Makrelen *fpl*, Thunfische *mpl (Scombridae)*
scoot 1. Trottellumme *f*, Lumme *f (Uria aalge)*; 2. Tordalk *m*, Eisalk *m (Alca torda)*
scopa Fersenbürste *f (bei Honigbienen)*
scopate bürstenförmig
scopiform besenförmig
scops-owl Zwergohreule *f (Otus scops)*
Akun ~ Mähneneule *f (Lophostrix letti)*
Brooke's ~ Radjah-Eule *f (Otus brookei)*

Celebes ~ Celebes-Zwergohreule *f (Otus manadensis)*
cinnamon ~ Zimtfarbene Zwergohreule *f (Otus icterorhynchus)*
collared ~ Halsring-Zwergohreule *f (Otus bakkamoena)*
common ~ Zwergohreule *f (Otus scops)*
flammulated ~ Ponderosa-Eule *f (Otus flammeolus)*
giant ~ Riesen-Zwergohreule *f (Otus gurneyi)*
reddish ~ Rötliche Zwergohreule *f (Otus rufescens)*
sandy ~ → cinnamon scops-owl
spotted ~ Fuchseule *f (Otus spilocephalus)*
striated ~ Blasse Zwergohreule *f (Otus brucei)*
white-faced ~ Weißgesicht-Eule *f*, Schwarzbüscheleule *f (Otus leucotis)*
white-fronted ~ Weißstirn-Zwergohreule *f (Otus sagittatus)*

scorch verbrennen
scoring Zählen *n*
scorpioid skorpionartig
scorpion Skorpion; *pl* Skorpione *mpl (Scorpionida)*
common yellow ~ Feldskorpion *m (Buthus occitanus)*
long-spinned sea ~ Langstacheliger Seeskorpion *m (Taurulus bubalis)*
sea ~ 1. Brauner Drachenkopf *m (Scorpaena porcus)*; 2. *pl* Groppen *fpl (Cottidae)*
water ~ Wasserskorpion *m (Nepa); pl* Wasserskorpione *mpl (Nepidae)*
scorpionfish Meerköpfe *mpl*, Rotbarsche *mpl*, Drachenköpfe *mpl (Scorpaenidae)*
scorpion's-tail Raupenkraut *n (Scorpiurus)*
scorzonera *(Bot.)* Schwarzwurzel *f (Scorzoneza)*
scoter:
black [common] ~ Trauerente *f (Melanitta nigra)*
surf ~ Brillenente *f (Melanitta perspicillata)*
velvet [white-winged] ~ Samtente *f (Melanitta fusca)*
scotophilous dunkelheitliebend, schattenliebend
scotopia Dunkeladaption *f*, Nachtsichtigkeit *f*, Dämmerungssehen *n*
scotopic skotopisch, nachtsichtig, dunkelsichtig
scotoplankton Skotoplankton *n*, Dinoflagellaten-Plankton *n*
scourfish Ölfisch *m (Ruvettus pretiosus)*
scout → scoot
scramble 1. krabbeln, klettern, kriechen; 2. Krabbeln *n*, Klettern *n*, Kriechen *n*
scrambler Kletterpflanze *f*, Haftpflanze *f*
scraper Hornfisch *m*, Drückerfisch *m (Balistes)*
scraping Kratzen *n*
scratch kratzen; zerkratzen
scratching Kratzen *n*
head ~ Kopfkratzen *n*
scratchweed Kletten-Labkraut *n (Galium aparine)*
scray(e) Flußseeschwalbe *f (Sterna hirundo)*
scream 1. gellender Schrei *m*; 2. schreien; 3. Gekreisch *n*; 4. kreischen
screamer Tschaja *f (Chauna); pl* Wehrvögel *mpl (Anhimidae)*
black-necked ~ Weißwangen-Tschaja *f (Chauna chavaria)*
crested ~ Tschaja *f (Chauna torquata)*
horned ~ Hornwehrvogel *m (Anhima cornuta)*
nothern [ringed] ~ → black-necked screamer
southern ~ → crested screamer
screech 1. (gellender) Schrei *m*; 2. (gellend) schreien
screech-owl Kreischeule *f (Otus asio)*
bare-shanked ~ Nacktbeinige Kreischeule *f (Otus clarkii)*
bearded ~ Bart-Kreischeule *f*, Tropfeneule *f (Otus barbarus)*
black-capped ~ Kappeneule *f (Megascops atricapillus)*
common ~ → screech-owl
long-tufted ~ → black-capped screech-owl
roborate ~ Buscheule *f (Megascops roboratus)*
rufescent ~ Salvineule *f (Otus ingens)*
Santa-Barbara ~ → bearded screech-owl
spotted ~ Gefleckte Kreischeule *f (Otus trichopsis)*
tropical ~ Tropen Kreischeule *f*, Choliba-Eule *f (Otus choliba)*
vermiculated ~ Rotgesichteule *f (Megascops guatemalae)*
white-faced ~ Weißgesichtseule *f (Otus leucotis)*
white-throated ~ Weißkehl-Kreischeule *f (Otus albogularis)*
screen 1. Bildschirm *m*; 2. Sieb *n*; 3. sieben, durchsieben; 4. prüfen; auslesen, eine Auswahl treffen
screening 1. Prüfen *n*; Auslesen *n*, Auswählen *n*; 2. Sieben *n*, Durchsieben *n*; 3. Reihenuntersuchung *f*
screw:
micrometer ~ Mikrometerschraube *f*
screw-auger Drehwurz *f (Spitanthes)*
screwworm Schraubenwurm *m*, Larve *f* der Schraubenwurmfliege *(Cochliomyia hominivorax)*
scrobe *(Ent.)* Furche *f*, Rinne *f*
antennal ~ Antennalrinne *f*, Fühlerrinne *f*
scrobiculate kleingrubig, ausgestochen
scrobiculus Grübchen *n*
scrotal skrotal, Skrotum..., Hodensack...
scrotum Hodensack *m*, Skrotum *n*
scrub 1. Gebüsch *n*, Gesträuch *n*, Gestrüpp *n*; 2. Gebüschgesellschaft *f*
scrubber Bergkänguruh *n (Macropus robustus)*
scrubbird Dickichtschlüpfer *m*, Dickichtvogel *m (Atrichornis); pl* Dickichtvögel *mpl*, Dickichtschlüpfer *mpl (Atrichornithidae)*
noisy ~ Großer Dickichtschlüpfer *m*, Braunbauch-Dickichtvogel *m*, Lärmdickichtvogel *m (Atrichornis clamosus)*
rufous ~ Kleiner Dickichtschlüpfer *m*, Rostbauch-Dickichtvogel *m (Atrichornis rufescens)*
western ~ → noisy scrubbird
scrubby gebüschreich; mit Buschwerk [bestanden]
scrubwood Gebüsch *n*, Gesträuch *n*, Gestrüpp *n*
scrub-wren Sericornis *n (Sericornis)*

scuds Flohkrebse *mpl*, Amphipoden *mpl (Amphipoda)*
scullcap Helmkraut *n (Scutellaria)*
sculpin Großkopf *m (Cottus); pl* Groppen *fpl (Cottidae)*
Arctic staghorn ~ Arktische Helmgroppe *f (Gymnocanthus tricuspis)*
big-mouthed ~ Seerabe *m (Hemitripterus americanus)*
black ~ Seeteufel *m (Myoxocephalus scorpius)*
daddy ~s Groppen *fpl (Cottidae)*
four-horned [four-spined] ~ Vierhörniger Seeskorpion *m (Triglopsis quadricornis)*
freshwater ~ Groppe *f*, Kaulkopf *m (Cottus gobio)*
gray ~ → longhorn sculpin
grunt ~ Großkopfgroppe *f (Rhamphocottus richardsoni)*
hook-eared ~ Artediellus *m (Artediellus)*; Rauher Artediellus *m (Artediellus scaber)*
longhorn [long-spined] ~ Langhorngroppe *f (Myoxocephalus octodecimspinosus)*
marbled ~ Cabezone *f (Scorpaenichthys marmoratus)*
polar staghorn ~ → Arctic sculpin
sailfin ~ Segelgroppe *f (Nautichthys oculofasciatus)*
scaleless ~s Groppen *fpl (Cottidae)*
sea ~ Seeskorpion *m (Myoxocephalus)*
shorthorn ~ → black sculpin
spotted ~ Sibirische Groppe *f (Cottus poecilopus)*
staghorn ~ Helmgroppe *f (Gymnocanthus)*
scum Schaum *m*
scup Skap *m (Stenotomus chrysops)*
scurf 1. Schuppen *fpl*; 2. Schorf *m*
scurfy 1. kleienartig; 2. schorfig; schorfartig; 3. schuppig; 4. verkrustet
scurvy rauh
scurvy-senvie Schwarzer Senf *m (Brassica nigra)*
scut 1. kurzer Schwanz *m (des Hasen)*; Wedel *m (des Rotwilds)*; 2. Stutzschwanz *m*
scutal 1. Schild...; Schildchen...; 2. schuppig
scutate schildartig, schuppig
scutch ~ Quecke *f*, Ackerquecke *f (Agropyron repens)*
scute 1. Schild *m*; 2. Paukenhöhlendach *n*
bony ~ Knochenschild *m*
scutellar 1. Schild...; 2. schildtragend
scutellate schildförmig
scutellation Beschuppung *f*, Anordnung *f* der Schuppen
scutellum Schildchen *n*, Scutellum *n*
scutiferous schildtragend
scutifolious mit schildförmigen Blättern
scutiform schildförmig
scutigerous schildtragend
scutulate schildförmig
scutum 1. Schild *m*; 2. Schildknorpel *m*; 3. knöchernes Paukenhöhlendach *n*
scypha *(Bot.)* Becher *m*
scyphiform becherförmig
scyphistoma *(Zool.)* Scyphistome *f*
scyphose becherförmig
scythebill Sichelbaumhacker *m*, Sensenschnabel *m (Campylorhamphus)*
scythe-shaped sichelförmig, sichelig
sea 1. See *f*, Meer *n*; 2. Ozean *m*, Weltmeer *n*
seabats Fledermausfische *mpl (Ogcocephalidae)*
seaberry Seebeere *f (Haloragis)*
seabird Meeresvogel *m*
seachubbs Pilotbarsche *mpl (Kyphosidae)*
sea-ear Meerohr *n*, Seeohr *n (Haliotis)*
seahorse Seepferdchen *n (Hippocampus); pl* Seepferdchen *npl*, Seenadeln *fpl (Syngnathidae)*
seal 1. Robbe *f*; 2. *pl* Hundsrobben *fpl*, Seehunde *mpl (Phocidae)*; 3. Ohrenrobben *fpl (Otariidae)*
Alaska fur ~ (Nördlicher) Seebär *m*, Bärenrobbe *f (Callorhinus ursinus)*
Antarctic ~ → Ross seal
Atlantic gray ~ → gray seal
Australian fur ~ Australischer Seebär *m (Arctocephalus forsteri)*
Baikal ~ Sibirische Ringelrobbe *f*, Baikal-Ringelrobbe *f (Pusa sibirica)*
banded ~ Bandrobbe *f (Histriophoca fasciata)*
bearded ~ Bartrobbe *f (Erignathus barbatus)*
bladder-nosed ~ Klappenmütze *f (Cystophora cristata)*
Californian elephant ~ Nördlicher See-Elefant *m (Mirounga angustirostris)*
Carribean monk ~ → West Indian monk seal
Caspian ~ Kaspi-Ringelrobbe *f*, Kaspischer Seehund *m (Pusa caspica)*
common ~ Seehund *m (Phoca vitulina)*
crabeater ~ Krabbenesser *m (Lobodon carcinophagus)*
crested ~ Klappenmütze *f (Cystophora cristata)*
eared ~ 1. Stellers Seelöwe *m (Eumetopias jubata)*; 2. *pl* Ohrenrobben *fpl (Otariidae)*
earless ~ 1. → common seal; 2. *pl* Hundsrobben *fpl*, Seehunde *mpl (Phocidae)*
elephant ~ See-Elefant *m (Mirounga)*
fur ~ 1. Südliche Seebären *mpl (Arctocephalus)*; 2. Nördliche Seebären *mpl (Callorhinus)*
gray ~ Kegelrobbe *f*, Grauer Seehund *m (Halichoerus grypus)*
great ~ → bearded seal
Greenland ~ Sattelrobbe *f*, Grönlandrobbe *f (Pagophilus groenlandica)*
Guadalupe fur ~ 1. Guadelupe-Seebär *m (Arctocephalus townsendi)*; 2. Juan-Fernandez-Seebär *m (Arctocephalus philippii)*
hairn ~ → earless seal 2.
harbor ~ → common seal 2.
harp ~ → Greenland seal
Hawaiian monk ~ Laysan-Mönchsrobbe *f (Monachus schauinslandi)*
hooded ~ → crested seal
Kerguelen fur ~ Kerguelen-Seebär *m (Arctocephalus gazella)*
leopard ~ Seeleopard *m (Hydrurga leptonyx)*

Mediterranean monk ~ Mittelmeer-Mönchsrobbe *f (Monachus monachus)*
monk ~ Mönchsrobbe *f (Monachus)*
New Zealand fur ~ Australischer Seebär *m (Arctocephalus forsteri)*
northern elephant ~ → Californean elephant seal
northern fur ~ → Alaska fur seal
ribbon ~ → banded seal
ringed ~s Ringelrobben *fpl (Pusa)*
Ross ~ Ross-Robbe *f (Ommatophoca rossi)*
saddle-backed ~ → Greenland seal
sand ~ → common seal
Solomon's ~ 1. Salomonssiegel *n (Polygonatum)*; 2. Kanadische Schattenblume *f (Majanthemum canadense)*
South African fur ~ Südafrikanischer Seebär *m (Arctocephalus pusillus)*
South American fur ~ Südamerikanischer Seebär *m (Arctocephalus australis)*
southern elephant ~ Südlicher See-Elefant *m (Mirounga leonina)*
true ~ → common seal
West Indian monk ~ Karibische Mönchsrobbe *f (Monachus tropicalis)*
white-coat ~ junge Robbe *f*

sealing Dichtung *f*, Abdichtung *f*
seam Sutura *f*, Raphe *f*, Naht *f*
seanadels Seenadeln *fpl (Syngnathidae)*
search 1. suchen; durchsuchen; 2. Suchen *n*
searcher Puppenräuber *m (Calosoma)*
searobin 1. Seehahn *m*, Trigla *f (Lepidotrigla)*; 2. Knurrhahn *m (Prionotus)*; 3. *pl* Knurrhahne *mpl*, Seehahne *mpl (Triglidae)*
armoured ~ Panzerknurrhahn *m (Peristedion weleri)*
lined [striped] ~ Gestreifter Knurrhahn *m (Prionotus evolans)*

season Jahreszeit *f*, Zeit *f*, Saison *f*
in ~ brünstig *(Tier)*
breeding ~ Brutzeit *f*
close ~ *(Ökol.)* Schonzeit *f*
dormant ~ Ruhezeit *f*, Ruheperiode *f*
dry ~ Trockenzeit *f*
growing ~ Wachstumsperiode *f*
mating ~ Paarungszeit *f*
migratory ~ Wanderzeit *f*, Zugzeit *f*
nesting ~ Nistzeit *f*
rutting ~ Brunstzeit *f*
spawning ~ Laichzeit *f*

seasonal jahreszeitlich
sea-trift 1. Russisches Salzkraut *n (Salsola ruthenica)*; 2. Queller *m (Salicornia europaea)*
seatworm Madenwurm *m*, Afterwurm *m (Enterobius vermicularis)*
seaweed Tang *m*, Meeresalge *f*
sebaceous talgig; Talg...
sebesten Brustbeerbaum *m*, Kordie *f (Cordia)*
sebiferous talgbildend, talgsezernierend, talgabsondernd
sebum Hauttalg *m*, Talg *m*, Sebum *n*
secernment Drüsensekretion *f*, Drüsenabsonderung *f*
secondary sekundär
secondine Sekundine *f*, innere Samenschale *f*
secret(a) Sekret *n*
secretagogue 1. sekretionsanregend, sekretionsfördernd; 2. sekretionsförderndes Mittel *n*
secrete sekretieren, absondern, sezernieren, ausscheiden
secretion 1. Sekretion *f*, Absonderung *f*, Ausscheidung *f*; 2. Sekret *n*, Ausscheidungsprodukt *m*
glandular ~ Drüsensekret *n*, Drüsenausscheidung *f*
mucus ~ Schleimabsonderung *f*

secreto-inhibitory sekretionshemmend, sekretoinhibitorisch
secretomotor sekretomotorisch, sekretionsanregend
secretory sekretorisch, ausscheidend, absondernd, sezernierend
section Sektion *f*, Schnitt *m*
cross ~ Querschnitt *m*
frozen ~ Gefrierschnitt *m*
longitudinal ~ Längsschnitt *m*
microscopic ~ mikroskopischer Schnitt *m*, histologischer Schnitt *m*
transverse ~ Transversalschnitt *m*
ultrathin ~ Ultradünnschnitt *m*

sectorial sektorial
secund einseitswendig; einseitig (angeordnet)
secundiflorous einseitswendig blühend
secundifolious einseitig beblättert
secundines Nachgeburt *f*, Fruchtkuchen *m*, Plazenta *f*
secundipara Zweitgebärende *f*
sedentary 1. sedentär, sitzend; 2. Stand...
sedge Segge *f*, Riedgras *n (Carex)*
black ~ Schwarze Segge *f (Carex atrata)*
blister ~ Blasen-Segge *f (Carex vesicaria)*
broom ~ 1. Bartgras *n (Andropogon)*; 2. Borstengras *n*, Aristida *f (Aristida)*
cord-rooted ~ Dünnwurzelige Segge *f (Carex chordorrhiza)*
distant ~ Entferntährige Segge *f (Carex distans)*
downy ~ Filz-Segge *f (Carex tomentosa)*
English ~ Langes Zypergras *n (Cyperus longus)*
few-flowered ~ Wenigblütige Segge *f (Carex pauciflora)*
fingered ~ Finger-Segge *f (Carex digitata)*
flea ~ Floh-Segge *f (Carex pulicaris)*
fox ~ Fuchs-Segge *f (Carex vulpina)*
hairlike ~ Haarstiel-Segge *f (Carex capillaris)*
hairy ~ → hammer sedge
hammer ~ Behaarte Segge *f (Carex hirta)*
hare's-foot ~ Hasenpfoten-Segge *f (Carex leporina)*
hoary ~ → silvery sedge
lesser panicled ~ Draht-Segge *f (Carex diandra)*
long-bracted ~ Strand-Segge *f (Carex extensa)*
marsh ~ Sumpf-Segge *f (Carex acutiformis)*
mountain ~ Berg-Segge *f (Carex montana)*
mud ~ Schlamm-Segge *f (Carex limosa)*

pendulous ~ Hänge-Segge *f (Carex pendula)*
pill-headed ~ Pillen-Segge *f (Carex pilulifera)*
prickly ~ Stachelige Segge *f (Carex spicata)*
razor ~ Geißelsegge *f (Scleria)*
remote ~ Winkel-Segge *f (Carex remota)*
rye-grass ~ Lolchartige Segge *f (Carex loliacea)*
rock ~ Felsen-Segge *f (Carex rupestris)*
sand ~ Sand-Segge *f (Carex arenaria)*
sea ~ Echter [Gemeiner] Kalmus *m (Acorus calamus)*
silvery ~ Grau-Segge *f (Carex canescens)*
small yellow ~ Schuppenfrüchtige Segge *f (Carex lepidocarpa)*
soft-leaved ~ Zarte Segge *f (Carex disperma)*
spike ~ Nadelsimse *f*, Sumpfried *n (Heleocharis)*
star-headed ~ Stern-Segge *f (Carex stellulata)*
stream-bank ~ Ufer-Segge *f (Carex riparia)*
tussock ~ Steif-Segge *f (Carex elata)*
vernal ~ Frühe Segge *f (Carex praecox)*
water ~ Wasser-Segge *f (Carex aquatilis)*
white beak ~ Weißes Schnabelried *n (Rhynchospora alba)*
wood ~ Wald-Segge *f (Carex sylvatica)*
yellow ~ Gelb-Segge *f (Carex flava)*

sedgecane [sedgerush] Echter [Gemeiner] Kalmus *m (Acorus calamus)*
sediment 1. Sediment *n*, Bodensatz *m*, Niederschlag *m*; 2. sedimentieren, absinken, sich absetzen
sedimentation Sedimentation *f*, Sedimentbildung *f*, Absetzen *n*, Bildung *f* eines Bodensatzes
seed 1. Same *m*; 2. Samen tragen; 3. sich aussäen; 4. Saat
celery ~ 1. Stumpfblättriger Ampfer *m (Rumex obtusifolius)*
corn ~ Karyopse *f (Poaceae)*
dodder ~ Saatdotter *m (Camelina sativa)*
niger ~ Nigersaat *n*, Gingellikraut *n*, Ramtilkraut *n (Guizotia abyssinica)*
resting ~ *(Bot.)* ruhender Same *m*
single ~ → corn seed
winged ~ geflügelter Samen *m*, Flugsamen *m*

seedball Samenkapsel *f*
seed-bearing samentragend
seedbud Samenanlage *f*
seed-coat Samenschale *f*, Samenhülle *f*
seed-cover → seed-coat
seedcracker Purpurastrild *m (Pyrenestes ostrinus)*
seedeater 1. samenfressender Vogel *m*; 2. Girlitz *m (Serinus)*
band-tailed ~ Spiegelcatamenie *f (Catamenia analis)*
black-bellied ~ Schwarzbauchpfäffchen *n (Sporophila melanogaster)*
black-eared ~ Schwarzwangengirlitz *m (Serinus mennelli)*
brown-rumped ~ Braunellengirlitz *m*, Rüppels Girlitz *m (Serinus tristriatus)*
buffy-fronted ~ Riesenpfäffchen *n (Sporophila frontalis)*
capped ~ Orangepfäffchen *n (Sporophila bouvreuil)*
chestnut ~ Zimtpfäffchen *n (Sporophila cinnamomea)*
double-collared ~ Schmuckpfäffchen *n (Sporophila caerulescens)*
gray ~ Einfarbpfäffchen *n (Sporophila intermedia)*
lemon-breasted ~ Zitronengirlitz *m*, Gelbbrustgirlitz *m (Serinus citrinipectus)*
parrot-billed ~ Papageischnabelpfäffchen *n (Sporophila peruviana)*
streaky ~ Strichelgirlitz *m (Serinus striolatus)*
thick-billed ~ Dickschnabelgirlitz *m (Serinus burtoni)*
variable ~ Wechselpfäffchen *n (Sporophila americana)*

seeded Samen...
prickly ~ stachelsamig, stachelige Samen

seed-finch Reisnacker *m (Oryzoborus)*
seeding Aussaat
seedless samenlos
seedling Keimling *m*, Keimpflanze *f*; Steckling *m*
seed-lobe Kotyledon *n*, Keimblatt *n*
seedsnipes Höhenläufer *mpl (Thinocoridae)*
seedstalk Samenstiel *m*, Samenstrang *m*
seepage 1. Sickern *n*; Durchsickern *n*; Versickern *n*; 2. Durchgesickertes *n*
seepweed Salzmelde *f*, Strandsode *f (Suaeda)*
segment 1. Segment *n*; 2. *(Ent.)* Segment *n*, Körperring *m*
antennal ~ Antennalsegment *n*
gravid ~ *(Helm.)* eitragendes Segment *n*
mature ~ *(Helm.)* geschlechtsreifes Segment *n*

segmental segmental, segmentförmig; segmentär, aus Segmenten gebildet
segmentation 1. Segmentierung *f*; 2. Furchung *f*
segregation Segregation *f*
seismaesthesia Vibrationssensibilität *f*, Schwingungsempfindlichkeit *f*
seismonasty Seismonastie *f*, Stoßreizbewegung *f*
seismotaxis Seismotaxis *f*, Seismotaxie *f*
seiwhale Seiwal *m*, Rudolphi-Finnwal *m (Balaenoptera borealis)*
seladang Gaur *m*, Dschungelrind *n (Bos gaurus)*
selaginella Moosfarn *m (Selaginella)*
select selektieren, auslesen
selection Selektion *f*, Auslese *f*, Auswahl *f*
selective selektiv, auslesend
selectivity Selektivität *f*, Elektivität *f*, Wahlvermögen *n*
selenotropism Selenotropismus *m*
self-aggregation Autoaggregation *f*
self-aggression Autoaggression *f*
self-amputation Autotomie *f*, Selbstverstümmelung *f*
self-antigen Autoantigen *n*
self-cleanse sich selbst reinigen
self-compatibility Selbstkompatibilität *f*, Selbstfertilität *f*
self-complementary selbstkomplementär
self-condensation Autokondensation *f*, Selbstkondensation *f*
self-development Selbstentwicklung *f*, spontane Entwicklung *f*
self-differentiation Selbstdifferenzierung *f*

self-digestion Selbstverdauung *f*, Autophagie *f*
self-dispersal Autochorie *f*
self-dissolution Autolyse *f*, Selbstauflösung *f*
self-duplication Auto(re)duplikation *f*
self-fertile selbstfertil, selbstbefruchtend
self-fertilization Selbstbefruchtung *f*, Selbstung *f*, Autogamie *f*
self-fertility Selbstfertilität *f*, Selbstfruchtbarkeit *f*, Selbstkompatibilität *f*
self-heal Kleine Braunelle *f (Prunella vulgaris)*
self-idiotype Autoidiotyp *m*
self-immunization Autoimmunisierung *f*
self-incompatibility Selbstunverträglichkeit *f*, Autoinkompatibilität *f*
self-induction Autoinduktion *f*
self-infection Autoinfektion *f*
selfing Selbstung *f*; Selbstbestäubung *f*
self-licking *(Ethol.)* Selbstflecken *n*
self-lysis Autolyse *f*, Selbstauflösung *f*
self-nourishing autotroph
self-organization Selbstorganisation *f*
self-peptide Autopeptid *n*, autologisches Peptid *n*
self-pollination Selbstbestäubung *f*, Autogamie *f*
self-preservation Selbsterhaltung *f*
self-purification Selbstreinigung *f*
  biological ~ biologische Selbstreinigung *f*
self-recognition *(Ethol.)* Selbsterkennen *n*
self-regulation Selbstregulierung *f*, Selbstregelung *f*, Autoregulation *f*
self-repair Selbstreparatur *f*
self-replication → self-duplication
self-reproduction Selbstreproduktion *f*, Autoreproduktion *f*
self-senzitization Autosensibilisation *f*
self-sterile selbststeril
self-sterility Selbststerilität *f*
self-stimulation Selbstreizung *f*
self-thinning Selbstauslichtung *f*
sella Sattel *m*
sellar Sattel..., Türkensattel...
semantization *(Ethol.)* Semantisierung *f*
semeiotic symphomatisch
semen Samen *m*, Sperma *n*
semiamplexicaul halbstengelumfassend
semiapogamy Halbapogamie *f*
semiaquatic Halbwasser...
semiarid semiarid
semibatch halbkontinuierlich
semicircular halbrund, halbkreisförmig
semicirculari-crenate halbrundgekerbt
semi-closed halbgeschlossen
semicomplete unvollkommen
semi-connate halbverwachsen
semiconservative semikonservativ
semi-convolute halbgerollt
semicordate halbherzförmig
semidesert Halbwüste *f*
semidominance Semodominanz *f*, unvollständige Dominanz *f*
semidormant mit verminderter Aktivität *f*
semidouble halbverdoppelt
semiequitant halbreitend
semifloret [semifloscule] Zungenblüte *f*, Strahlenblüte *f*
semiflosculous zungenartig
semifloscular mit Zungenblüten
semifluid halbflüssig
semifrutex Halbstrauch *m*; Zwergstrauch *m*, Kleinstrauch *m*, Staude *f*
semigaleate halbbehelmt
semigamopetalous halbverwachsenkronblättrig, semigamopetal
semiglobose halbkugelig
semihastate halbspießförmig
semihumid halbfeucht
semi-immersed halbuntergetaucht
semi-inferior halbunterständig
semi-integrifolious halbganzblättrig, fast ganzblättrig
semilatent semilatent, halbverborgen
semilenticular halblinsenförmig
semilethal semiletal
semiliane Halbliane *f*
semilocular halbfächerig
semilunar halbmondförmig, sichelförmig
semimaturation unvollkommene Reifung *f*
semimembranous semimembranös
semimetamorphosis unvollkommene Verwandlung *f*
seminal Samen...
semination Insemination *f*, Besamung *f*
seminicole [seminicolous] samenbewohnend
seminiferous samentragend, samenführend
seminific samenbildend
seminude halbnackt
semiotics *(Ethol.)* Semiotik *f*
semipalmate halbhandförmig
semiparasite Halbparasit *m*, Halbschmarotzer *m*
semipellucide halbdurchsichtig, halbdurchscheinend
semipermeability Semipermeabilität *f*, Halbdurchlässigkeit *f*
semipermeable halbdurchlässig
semiplume Dune *f*
semipupa Scheinpuppe *f*, Pseudochrysalis *f*
semiquantitative halbquantitativ
semireniform halbnierenförmig
semireticulate halb vernetzt
semi-rosette Halbrosette *f*
semisagittate halbpfeilförmig
semisavanna Halbsavanne *f*
semiseptate halbquerwänig, halbquerfächerig
seniserrate halbgesägt
semishrub Halbstrauch *m*
semisomnous halbschlafend, Halbschlaf...
semisomnus Halbschlaf *m*
semispecies Semispezies *f (Grenzfall zwischen Art und Unterart infolge fehlender Isolationsmechanismen)*

semispinalis Halbdornmuskel *m*
semistaminate halbstaubgefäßartig
semisterile semisteril, halbsteril
semisterility Semisterilität *f*
semistriate halbgestreift
semisulcate halbgefurcht
semisuperior halboberständig
semitendinosus Halbsehnenmuskel *m*
semitendinous halbsehnig
semitomentose schwach filzig
sempervirent immergrün
senecio Greiskraut *n*, Kreuzkraut *n* *(Senecio)*
senescence Seneszenz *f*, Altern *n*, Alterung *f*
senescent alternd
senet Barrakuda *m* *(Sphyraena)*
sengreen Dach-Hauswurz *f* *(Sempervivum tectorum)*
senhalanac Glattblättriger [Kahler] Sumach *m* *(Rhus glabra)*
senile senil, alt, altersschwach
senility Senilität *f*, Altersschwäche *f*
senior geschlechtsreifes Tier *n*
senna 1. Gewürzrinde *f*, Kassie *f* *(Cassia)*; 2. Blasenstrauch *m* *(Colutea)*
  bladder ~ Gemeiner [Gelber] Blasenstrauch *m* *(Colutea arborescens)*
  Indian ~ Mekkasennes *(Cassia angustifolia)*
sensation (Sinnes)-Empfindung *f*
sensational Empfindungs..., Gefühls...
sense Sinn *m*
  ~ of balance Gleichgewichtssinn *m*, Statischer Sinn *m*
  ~ of gravity Schweresinn *m*
  ~ of hearing Gehör *n*, Gehörsinn *m*, Hörsinn *m*
  ~ of orientation Orientierungssinn *m*, Ortssinn *m*
  ~ of pain Schmerzsinn *m*
  ~ of pressure Drucksinn *m*
  ~ of sight Gesichtssinn *m*
  ~ of smell Geruch(s)sinn *m*
  ~ of taste Geschmack(s)sinn *m*
  ~ of touch Tastsinn *m*
  auditory ~ Gehör *n*, Gehörsinn *m*, Hörsinn *n*
  color ~ Farb(e)sinn *m*
  dermal light ~ Hautlichtsinn *m*
  form ~ Formensinn *m*
  genesic ~ Vermehrungstrieb *m*; Geschlechtstrieb *m*
  gustatory ~ Geschmackssinn *m*
  kin(a)esthetic ~ Muskelsinn *m*
  light ~ Lichtsinn *m*
  olfactory ~ Geruch(s)sinn *m*
  muscular ~ Muskelsinn *m*
  posture ~ Körperhaltungssinn *m*
  reproductive ~ → genesic sense
  space ~ Raumsinn *m*
  tactile ~ Tastsinn *m*
  temperature ~ Temperatursinn *m*
  visual ~ Gesichtssinn *m*
sensibility Sensibilität *f*, Empfindlichkeit *f*
sensibilization Sensibilisierung *f*
sensible sensibel, (reiz)empfindlich, reizaufnehmend; sensitiv
sensilla Sensillus *m*
sensimeter Ästhesiometer *n/m*, Empfindungsmesser *m*
sensing:
  remote ~ Telemetrie *f*; Fernerkundung *f*
sensitation Sensibilisierung *f*
sensitive empfindsam, empfindlich, sensitiv
sensitivity Empfindlichkeit *f*
  light ~ Lichtempfindlichkeit *f*
  radiation ~ Strahlenempfindlichkeit *f*
sensitization Sensibilisierung *f*
  antibody ~ passive Sensibilisierung *f*
  antigen ~ aktive Sensibilisierung *f*
sensitize sensibilisieren, empfindlich machen
sensitizer Sensibilisator *m*, sensibilisierender Stoff *m*
sensomotor sensorimotorisch
sensorial sensorisch, sensoriell, Sinnes...
sensorimotor sensorimotorisch
sensorineural Sinnesnerv(en)...
sensorium 1. sensorisches Nervenzentrum *n*; 2. Sinnesapparat *m*
sensory sensorisch, sensoriell, Sinnes...
sentinel *(Ethol.)* Wächter *m*
senvy Weißer Senf *m* *(Sinapis alba)*
sepal Kelchblatt *n*, Sepalum *n*
sepaled kelchblatttragend, mit Kelchblättern
sepal-like [sepaline, sepaloid] kelchblattartig
sepalody Umwandlung von Kelchblättern in Kronblätter
sepaloid kelchblattähnlich
sepalous kelchblatttragend
sepalulum Kelchblättchen *n*
separable trennbar
separate 1. getrennt, abgesondert; 2. Separatdruck *m*, Sonderdruck *m*
separation 1. Separation *f*, Absonderung *f*, Trennung *f*; 2. Trennungspunkt *m*, Trennungslinie *f*; 3. Abscheidung *f*, Spaltung *f*
  anaphase ~ Anaphasentrennung *f*
  clean-cut ~ destillative Trennung *f* in engen Fraktionen
  distance ~ Raumisolation *f*, Raumabsonderung *f*
  protein ~ Proteintrennung *f*
separator Separator *m*
  chamber ~ Kammerseparator *m*
  phase ~ Phasen-Zentrifuge *f*
sepia 1. Gemeiner Tintenfisch *m* *(Sepia officinalis)*; 2. Sepia *f* *(Sekret der Tintendrüse)*
sepicolous zaunbewohnend
septal septal, Querwand..., Scheidewand...
septate septiert, scheidewandtragend, gefächert
septation 1. Septierung *f*, Septumbildung *f*; 2. Septum *n*, Scheidewand *f*
septemfid siebenspaltig
septemlobate siebenlappig
septemnervate siebennervig
septempartite siebenteilig

septicidal scheidenwandspaltig, wandspaltig, septizid
septiferous → septate
septiform scheidewandförmig
septifragal scheidewandbrüchig, wandbrüchig
septobasid Septobasidie *f*
septonasal Nasenscheidewand...
septulate septiert
septulum kleine Scheidewand *f*
septum Septum *n*, Scheidewand *f*
false ~ falsche Scheidewand *f*
transverse ~ Querwand *f*
sequenation Sequenzierung *f*
sequence Sequenz *f*, Folge *f*; sequenzieren
~ of acts Handlungskette *f*
aligned ~s (mit maximaler Übereinstimmung) angeordnete Sequenzen *fpl*
ancestral ~ Stammsequenz *f*
base ~ Basensequenz *f*, Nucleotidsequenz *f*
nucleotide ~ Nukleotidsequenz *f*, Basensequenz *f*
sequencing Sequenzierung *f*, Sequenzanalyse *f*
sequester sequestrieren, abtrennen, isolieren
sequoia Mammutbaum *m (Sequoiadendron)*
giant ~ Riesen-Mammutbaum *m (Sequoiadendron giganteum)*
seral Serien...
seralbumin Serumalbumin *n*
sere Serie *f*, Sukzessionsserie *f*, Sukzessionsfolge *f*
sereous seidig (Struktur)
serial serial, gereiht
sericate [sericeous] seidig, seidenartig, Seiden...; seidenhaarig; seidenglänzend
seriema Seriema *m (Cariama cristata)*
series Serie *f*, Reihe *f*
serin Girlitz *m (Serinus serinus)*
black-headed ~ Schwarzkopfgirlitz *m (Serinus nigriceps)*
common ~ → serin
gold-fronted [red-fronted] ~ Rotstirngirlitz *m (Serinus pusillus)*
seroculture Serokultur *f*, Blutserumkultur *f*
serodiagnosis Serodiagnose *f*, Serumdiagnose *f*
serodifferentiation Serotypenklassifikation *f*
serogroup Serogruppe *f*, Serumgruppe *f*
serogrouping Serumgruppeneinteilung *f*
seroimmunity Serumimmunität *f*, passive Immunität *f*
seromucoid seromukös
seroprevention Seroprophylaxe *f*
seroreaction Serumreaktion *f*, Seroreaktion *f*
seroresponse humorale Immunreaktion *f*
serosa Serosa *f*, seröse Haut *f*
serosal Serosa...
seroscopy 1. Agglutinoskopie *f*; 2. serologische Blutanalyse *f*
serose Serosa *f*, seröse Haut *f*
serotinal [serotinous] spätblühend
serous 1. serös, Serum...; 2. serös, serumbildend, serumabsondernd; 3. serumhaltig
serow Serau *m (Capricornis sumatraënsis)*
serpent Schlange *f* (→ snake)
healing ~ Äskulapnatter *f (Elaphus longissima)*
sea ~ 1. Ruderschlange *f (Hydrophis)*; *pl* Seeschlange *fpl (Hydrophiidae)*; 2. Riemenfisch *m*, Bandfisch *m (Regalecus)*; *pl* Riemenfische *mpl*, Bandfische *mpl (Regalecidae)*
serpentine 1. schlangenförmig; 2. Schlangen...
serpentinous schlangenartig
serpent's-tongue Natternzunge *f (Ophioglossum vulgatum)*
serradella Großer Krallenklee *m*, Serradella *f (Ornithopus sativus)*
serrate gesägt
serrate-leaved mit gesägten Blättern
serratiform sägeförmig
serration 1. Zackigkeit *f*; 2. Zähnchen *n*
serratulate kleingesägt
serrature Sägezähnung *f*
serratus Sägemuskel *m*
serriform sägeförmig
serrulate feingesägt
serrulifoliata feingesägtblättrig, mit fein gesägten Blättern
serum Serum *n*, Blutserum *n*
serumal Serum...
serumless serumlos
serval Serval *m*, Buschkatze *f (Leptailurus serval)*
serve decken, besamen lassen *(Haustiere)*
service 1. Felsenbirne *f (Amelanchier)*; 2. Elsbeere *f (Sorbus torminalis)*
serviceberry Felsenbirne *f (Amelanchier)*
sesame Sesam *m (Sesamum)*
Oriental ~ Orientalischer [Weißer] Sesam *m (Sesamum orientale)*
sesamoid 1. Sesam...; 2. Sesambein *n*
sesquidiploid 1. Sesquidiploide *f*; 2. sesquidiploid
sessile 1. fest sitzend, seßhaft, sessil; 2. *(Bot.)* stiellos, ungestielt
seston Seston *n*
set 1. Satz *m*, Serie *f*, Reihe *f*; 2. *(Biom.)* Zahlenreihe *f*, Menge *f*; 3. *(Bot.)* Ableger *m*; Setzling *m*; 4. Fruchtansatz *m*; 5. setzen *(Bruthenne)*; unterlegen *(Eier)*; 6. Vorstehen *n (des Hundes)*
to ~ on 1. veranlassen, drängen; 2. hetzen
to ~ up 1. wiederherstellen, kräftigen; 2. aufhetzen
grain ~ Kornansatz *m*
initial fruit ~ *(Bot.)* Initialfruchtansatz *m*
seta 1. Borste *f*, Borstenhaar *n*; 2. *(Bot.)* Seta *f*, Kapselstiel *m*
setaceous borstig, borstigbehaart; borstenförmig, borstenartig
setiferous borstentragend, borstig, mit Borsten
setiform borstig
setigerous → setiferous
setireme *(Ent.)* Schwimmextremität *f*
setose sehr borstig, borstigbehaart

setterwort Stinkende Nieswurz *f (Helleborus foetidus)*
setting 1. Hintergrund *m*; 2. Gelege *n (alle für eine Brut gelegenen Eier)*
  fruit ~ Fruchtansatz *m*
settle 1. ansiedeln, besiedeln, kolonisieren; 2. abscheiden, absitzen lassen; *(eine Flüssigkeit)* klären; 3. sich setzen, sich niederlassen
settled 1. seßhaft; 2. besiedelt
settlement 1. Ansiedelung *f*; 2. Besiedelung *f*
settler Absetzbehälter *m*, Klärbehälter *m*, Klärgefäß *n*
settling 1. Abscheiden *n*, Absetzen *n*, Ausfallen *n*; 2. Niederschlag *m*, Satz *m*; 3. *pl* Sinkstoffe *mpl*
setula [setule] Borste *f*
setulose [setulous] kleinborstig, mit kleinen Borsten
set-up:
  experimental ~ Versuchsanordnung *f*
setwell Echter [Großer] Baldrian *m (Valeriana officinalis)*
sevenbark Baumartige Hortensie *f (Hydrangea arborescens)*
seven-eyes [seven-holes] Neunauge *n (Lampetra)*
seven-leaved siebenblättrig
seven-pistilled siebengriffelig
seven-sisters Sonnen-Wolfsmilch *f (Euphorbia helioscopia)*
seven-stamened mit sieben Staubblättern
sewage Abwasser *n*; Abwässer *npl*
sewellel Stummelschwanzhörnchen *n (Aplodontia rufa)*
sex Geschlecht *n*
sexdentate sechszähnig
sexfarious sechsreihig
sexfid sechsspaltig, sechsteilig *(Calyx)*
sex-influenced geschlechtsbeeinflußt
sexjugate sechspaarig
sexless geschlechtlos, ungeschlechtlich, asexuell
sex-limited geschlechtsbegrenzt
sex-linkage Geschlechtskopplung *f*
sex-linked geschlechtsgekoppelt
sexlocular sechsfächerig
sex-specific geschlechtsspezifisch
sexual geschlechtlich, sexual, sexuell
sexuality Sexualität *f*, Geschlechtlichkeit *f*
shad Alose *f*, Alse *f (Alosa)*; Amerikanische Alse *f (Alosa sapidissima)*
  allis ~ Alose *f*, Alse *f*, (Echter) Maifisch *m (Alosa alosa)*
  American ~ Amerikanische Alse *f (Alosa sapidissima)*
  black-backed ~ Schwarzrücken-Hering *m (Alosa kessleri)*
  Black sea ~ Schwarzmeer-Hering *m (Alosa pontica)*
  Blazhnikov's ~ Azowscher Hering *m (Alosa brashnikovi)*
  Caspian ~ Kaspischer Dickwanst *m (Alosa caspia)*
  gizzard ~ Gefleckter Pazifik-Hering *m (Clupanodon punctatus)*
  hard-head ~ Menhaden *m (Brevoortra tyrannus)*
  Kerch ~ → Black sea shad
  mackerel ~ Schildmakrele *f (Decapterus)*
  twaite ~ Finte *f*, Perpel *m (Alosa fallax)*
  white ~ → American shad
shadbush Felsenbirne *f (Amelanchier)*
shaddock Pampelmuse *f (Citrus grandis)*
shade 1. Schatten *m*; 2. beschatten, verdunkeln
shade-enduring schattenertragend, schattenfest
schade-loving [shade-requiring] schattenliebend
shade-tolerant schattenertragend
shading Beschattung *f*
shadow Schatten *m*; Erythrozytenschatten *m*
shadowfish Adlerfisch *m*, Seeadler *m (Aplodinotus hololepidotum)*
shaft 1. Schaft *m*; 2. Blütenschaft *m*; 3. Schaft *m*, Diaphyse *f*, Knochenschaft *m*
  ~ **of bone** Knochenschaft *m*, Diaphyse *f*
shag Kormoran *m*, Scharbe *f (Phalacrocorax)*; *pl* Kormorane *mpl*, Scharben *fpl (Phalacrocoracidae)*
  blue ~ Tüpfelkormoran *m*, Tüpfelscharbe *f (Phalacrocorax punctatis)*
  bronze ~ Warzenkormoran *m*, Warzenscharbe *f (Phalacrocorax carunculatus)*
  common ~ Krähenscharbe *f*, Mittelmeer-Kormoran *m (Phalacrocorax aristotelis)*
  imperial ~ Weißrückenkormoran *m*, Blauaugenscharbe *f (Phalacrocorax atriceps)*
  Indian ~ Gouldscharbe *f (Phalacrocorax fuscicollis)*
  pelagic ~ Nordpazifischer Kormoran *m*, Meerscharbe *f (Phalacrocorax pelagicus)*
  pied ~ Elsterscharbe *f (Phalacrocorax varius)*
  red-footed ~ Rotfußkormoran *m (Phalacrocorax gaimardi)*
  rock ~ Felsenkormoran *m*, Felsenscharbe *f (Phalacrocorax magellanicus)*
  white-necked ~ Falkland-Kormoran *m*, Königs scharbe *f (Phalacrocorax albiventer)*
shagbark Schuppenrindenhickory *m (Carya ovata)*
shaggy zottig; Kraus...; wolligbehaart
shaggymane Schopftintling *m*, Spargelpilz *m (Coprinus comatus)*
shag hair Zottenhaar *n*
shake 1. Schütteln *n*;; 2. schütteln
  death ~ *(Ethol.)* Totschütteln *n*
shaker 1. Schüttler *m*, Schütteleinrichtung *f*; 2. Gemeines [Mittleres] Zittergras *n (Briza media)*
shallot Schalotte *f (Allium ascalonicum)*
shallow-rooted flachwurzelnd
sham 1. sich verstellen, heucheln; 2. Verstellung *f*, Heuchelei *f*
shama Schamadrossel *f (Copsychus malabaricus)*
shamrock 1. Wald-Sauerklee *m (Oxalis acetosella)*; 2. Waldlilie *f (Trillium)*; 3. Weißer Klee *m (Trifolium repens)*; 4. Gelber Klee *m (Medicago lupulina)*
  true ~ Fadenklee *m*, Kleiner Klee *m (Trifolium dubium)*
  water ~ Dreiblättriger Fieberklee *m (Menyanthes trifoliata)*

shank Unterschenkel *m*, Schienbein *n*
shanny 1. Schan *m*, Schleimfisch *m (Blennius pholis)*; 2. *pl* Bandfische *mpl (Stichaeidae)*
daubed ~ Gefleckter Bandfisch *m (Leptoclinus maculatus)*
shape 1. Gestalt *f*, Form *f*; 2. sich entwickeln, sich gestalten
shapeless formlos, gestaltlos; unförmig
sharebone Schambein *n*
shark Hai *m*
African angel ~ Afrikanischer Meerengel *m (Squatina africana)*
alligator ~ Alligatorhai *m*, Nagelhai *m (Echinorhinus brucus);* Nagelhaie *mpl*, Alligatorhaie *mpl (Echinorhinidae)*
angel ~ Engelhai *m*, Meerengel *m (Squatina squatina); pl* Engelhaie *mpl*, Meerengel *mpl (Squatinidae)*
Atlantic mud ~ Grauhai *m*, Stierhai *m*, Rotbraunhai *m (Hexanchus griseus)*
basking ~ 1. Walhai *m*, Rauhhai *m (Rhincodon);* Walhaie *mpl (Rhincodontidae)*; 2. Riesenhai *m*, Mandelhai *m (Cetorhinus); pl* Riesenhaie *mpl*, Mandelhaie *mpl (Cetorhinidae)*
big-eyed ~ → long-tailed shark
black-belly lantern ~ → lucifer shark
black-finned ~ 1. Schwarzspitzenhai *m (Carcharinus wheeleri)*; 2. Großer Atlantischer Schwarzspitzenhai *m (Carcharinus brevipinna)*
black-mouthed cat ~ Fleckenhai *m*, Sägeschwanz *m (Galeus melanostomus)*
blacktip ~ Kleiner Atlantischer Schwarzspitzenhai *m (Carcharinus limbatus)*
blue ~ Blauhai *m (Prionace glauca)*
blue nurse ~ Sandhai *m*, Schildzahnhai *m (Odontaspis ferox)*
blunt-nosed six-gilled ~ → mud shark
bone ~ → great basking shark
bonito ~ Mako(hai) *m*, Makrelenhai *m (Isurus oxyrhynchus)*
bonnethead ~s Hammerhaie *mpl (Sphyrnidae)*
bottlenose ~ blue shark
bramble ~ → alligator shark
Brazilian ~ → cigar shark
broad-nosed seven-gilled [broad-snouted] ~ Breitköpfiger Siebenkiemiger Kammzähner *m (Notorhynchus)*
bronze hammerhead ~ Gebuchteter Hammerhai *m (Sphyrna lewini)*
brown ~ 1. → mud shark; 2. Stierhai *m*, Gemeiner Grundhai *m (Carcharinus leucas)*; 3. Dunkelhai *m (Carcharinus obscurus)*; 4. Sandhai *m*, Schnauzenhai *m*, Stierhai *m (Eugomphodus taurus)*
bull ~ 1. → mud shark; 2. Stierhai *m*, Gemeiner Grundhai *m (Carcharinus leucas)*
bulldog ~ → mud shark
bullhead ~s → horn sharks
carpet ~ Ammenhai *m (Orectolobus); pl* Ammenhaie *mpl (Orectolobidae)*
cat ~ Katzenhai *m*, Pantherhai *m (Scyliorhinus); pl* Katzenhaie *mpl (Scyliorhinidae)*
cigar ~ Kleiner Leuchthai *m (Isistius brasiliensis)*
cookiecutter ~ Leuchthai *m (Isistius)*
cow ~s 1. Altertümliche Haie *mpl (Hexanchiformes)*; 2. Grauhaie *mpl*, Kammzähner *mpl (Hexonchidae)*
cub ~ → bull shark 2.
dogfish ~s Dornhaie *mpl*, Schokoladenhaie *mpl (Squalidae)*
dusky ~ Dunkelhai *m (Carcharhinus obscurus)*
elephant ~ → basking shark 2.
false cat ~ Atlantischer Falscher Marderhai *m (Pseudotriakis microdon)*
fox ~ → thresher shark
frill(ed) ~ Krausenhai *m*, Kragenhai *m (Chlamydoselachus);* Krausenhai *m*, (Aalförmiger) Kragenhai *m (Chlamydoselachus anguineus)*
giant ~ → basking shark 2.
goblin ~s Nasenhaie *mpl (Mitsukurinidae)*
gray ~ 1. Blauhai *m*, Riffhai *m*, Menschenhai *m*, Grundhai *m (Carcharinus); pl* Blauhaie *mpl*, Riffhaie *mpl*, Menschenhaie *mpl*, Grundhaie *mpl (Carcharinidae)*; 2. Grauhai *m*, Stierhai *m*, Rotbraunhai *m (Hexanchus griseus)*
gray nurse ~ Sandhai *m*, Schnauzenhai *m*, Stierhai *m (Eugomphodus taurus)*
gray sharp-nosed ~ → long-nosed shark
great basking ~ Riesenhai *m*, Mandelhai *m (Cetorhinus maximus)*
great white ~ Weißhai *m*, Menschenhai *m (Carcharodon carcharias)*
Greenland ~ 1. → frill(ed) shark; 2. Grönland-Hai *m*, Eishai *m*, Nordischer Menschenfresser *m (Somniosus microcephalus)*
griset ~ → cow sharks 2.
ground ~ → Greenland shark 2.
gummy ~ Australischer Glatthai *m (Mustelus antarcticus)*
Gurry ~ → Greenland shark 1.
hammer-headed ~ Hammerhai *m (Sphyrna);* Hammerhaie *mpl (Sphyrnidae)*
horn ~s Hornhaie *mpl (Heterodontidae)*
hound ~s Glatthaie *mpl (Triakidae)*
Japanese bullhead ~ Japanischer Hornhai *m (Heterodontus japonicus)*
Japanese mackerel ~ → salmon shark
Japanese saw ~ Japanischer Sägehai *m (Pristiophorus japonicus)*
kitefin ~s → sleeper sharks
lantern ~ Dornhai *m (Etmopterus)*
large-finned ~ Atlantischer Braunhai *m (Carcharhinus plumbeus)*
lemon ~ Zitronenhai *m (Negaprion)*
leopard ~ 1. Pazifischer Zebrahai *m (Stegostome)*; 2. Leopardenhai *m (Triakis semifasciata)*; 3. Tigerhai *m (Galeocerdo cuvieri)*

lesser-spotted cat ~ Kleingefleckter Katzenhai *m (Scyliorhinus canicula)*
little sleeper ~ Lemargo *m (Somniosus rostratus)*
liver-oil ~ → soupfin shark
long-nosed ~ Großer Atlantischer Schwarzspitzenhai *m (Carcharhinus brevipinna)*
long-tailed ~ Großäugiger Fuchshai *m (Alopias superciliosus)*
lucifer ~ Teufelshai *m (Etmopterus lucifer)*
mackerel ~ Heringshai *m (Lamna nasus);* Atlantischer Heringshai *m (Lamna nasus);* Heringshaie *mpl (Lamnidae)*
mako ~ Mako *m*, Makohai *m*, Blauhai *m*, Makrelenhai *m (Isurus oxyrhynchus)*
man-eater ~ Weißhai *m (Carcharodon); pl* Heringshaie *mpl (Lamnidae)*
Mediterranean ~ Spitzkopfsechskiemer *m (Heptranchias perlo)*
monkey ~ → leopard shark1.
mud ~ Grauhai *m*, Stierhai *m*, Rotbraunhai *m (Hexanchus griseus)*
nurse ~ 1. Ammenhai *m (Ginglymostoma)*; Atlantischer Ammenhai *m (Ginglymostoma cirratum)*; *pl* Ammenhaie *mpl (Ginglymostomatidae)*; 2. → carpet shark 3. → Greenland shark 2.
oceanic-whitetip ~ Weißspitzenhai *m (Carcharhinus longimanus)*
oil ~ 1. → basking shark; 2. → soupfin shark
Pacific seven-gilled ~ → spotted cow shark
porbeagle ~ Atlantischer Heringshai *m (Lamna nasus)*
prickle ~ → spinous shark
ragged-tooth ~ 1. → gray nurse shark; 2. Sandhai *m*, Schnauzenhai *m*, Stierhai *m (Eugomphodus)*
requiem ~ → gray shark
round-headed hammerhead ~ Glatter Hammerhai *m (Sphyrna zygaena)*
salmon ~ Pazifischer Heringshai *m*, Pazifischer Menschenhai *m (Lamna ditropis)*
sand ~s Sandhaie *mpl*, Schildzahnhaie *mpl (Odontaspidae)*
sand tiger ~ → regged-tooth shark 2.
saw ~ Sägehai *m (Pristiophorus); pl* Sägehaie *mpl (Pristiophoridae)*
sawtail cat ~ Fleckenhai *m*, Sägeschwanz *m (Galeus)*
scaffold ~ → frill(ed) shark
scalloped hammerhead ~ → bronze hammerhead shark
shool ~ → soupfin oil
seal ~ Schokoladenhai *m (Dalatias licha)*
seven-gill(ed) ~ Siebenkiemer *m*, Siebenspalthai *m (Heptranchias)*
sharp-nosed ~ Kammzähner *m*, (Aschfarbener) Siebenspalthai *m*, Spitzkopfsiebenkiemer *m (Heptranchias perlo)*
sharp-nosed mackerel ~ → bonito shark
shovelnose ~s → sand sharks
silk ~ → frill(ed) shark
six-gilled ~ Rotbraunhai *m (Hexanchus)*
sleeper ~s 1. Kleineishai *m (Somniosus)*; Grönlandhai *m*, Eishai *m (Somniosus microcephalus)*; 2. *pl* Schokoladenhaie *mpl (Dalatiidae)*
slender-tooth ~ → gray nurse shark
small blacktip ~ → blacktip shark
small-spotted cat ~ → lesser-spotted cat shark
small-toothed sand tiger ~ Sandhai *m*, Schildzahnhai *m (Odontaspis ferox)*
smooth hound ~ Glatthai *m (Mustelus);* Südlicher Glatthai *m (Mustelus mustelus)*
soupfin ~ Hundshai *m (Galeorhinus galeus)*
spear-eye ~ → gummy shark
spinous [spiny] ~ Nagelhai *m (Echinorhinus brucus)*
spot-finned ground ~ → blacktip shark
spotted cow ~ Breitköpfiger Siebenkiemiger Kammzähner *m (Notorhynchus cepedianus)*
spotted gummy ~ → gummy shark
spotted ragged-tooth ~ → gray nurse shark
thresher ~ Fuchshai *m (Alopias); pl* Fuchshaie *mpl*, Drescherhaie *mpl (Alopiidae)*
tiger ~ Tigerhai *m (Galeocerdo cuvieri)*
tope ~ → soupfin shark
typical ~ → gray shark 1.
vitamin ~ → soupfin shark
whip-tailed ~ → thresher shark
whiskery ~s → hound sharks
white ~ → man-eater shark
whitetip reef ~ Weißspitzen-Hundshai *m (Triaenodon obesus)*
zebra ~ → leopard shark 1.

sharpbill Flammenkopf *m (Oxyruncus cristatus)*
sharp-fruited spitzfrüchtig
sharp-haired spitzhaarig, mit spitzem Haar
sharplings Stichlinge *mpl (Gasterosteidae)*
sharpness of separation Trennschärfe *f*
sharp-petaled spitzkronenblättrig
sharp-pointed zugespitzt
sharp-toothed spitzzähnig, mit spitzen Zähnen
shave-weed Winterschachtelhalm *m (Equisetum hyemale)*
shearwater Sturmtaucher *m (Puffinus); pl* Sturmvögel *mpl*, Röhrennasen *fpl (Procellariidae)*
Audubon's ~ Weißgesicht-Sturmtaucher *m (Puffinus leucomelas)*
black ~ Weißnachts-Sturmtaucher *m (Puffinus nativitatis)*
Cory's ~ → Mediterranean shearwater
dusky ~ → sooty shearwater
gray ~ Grausturmvogel *m (Adamastor cinereus)*
gray-backed ~ Graunacken-Sturmtaucher *m (Puffinus bulleri)*
great(er) ~ Großer Sturmtaucher *m*, Kappensturmtaucher *m (Puffinus gravis)*
little ~ Kleiner Sturmtaucher *m (Puffinus assimilis)*
Manx ~ Schwarzschnabel-Sturmtaucher *m (Puffinus puffinus)*

Mediterranean ~ Gelbschnabel-Sturmtaucher *m (Puffinus diomedea)*
New Zealand ~ → gray-backed shearwater
short-tailed [slender-billed] ~ Millionensturmtaucher *m*, Kurzschwanz-Sturmtaucher *m (Puffinus tenuirostris)*
sooty ~ Rußsturmvogel *m*, Dunkelsturmtaucher *m (Puffinus griseus)*
streaked ~ → Audubon's shearwater
wedge-tailed ~ Keilschwanz-Sturmtaucher *m (Puffinus pacificus)*

sheatfish 1. Wels *m*, Waller *m (Silurus); pl* (Echte)Welse *mpl (Siluridae)*; 2. *pl* Welsenartige *mpl (Siluriformes)*

sheath Scheide *f*, Hülle *f*
arachnoid ~ Spinnwebenhaut *f*
bundle ~ Leitbündelscheide *f*, Bündelscheide *f*
crural ~ Unterschenkelfaszie *f*
fibrous ~ Faserscheide *f*
Henle's ~ Endoneuralscheide *f*, Endoneurium *n*
leaf ~ Blattscheide *f*
medullary ~ Markscheide *f*, Myelinscheide *f*
mucous [mucilaginous] ~ Schleimscheide *f*
myelin ~ Myelinscheide *f*, Markscheide *f*
neural ~ Neuralscheide *f*, Nervenscheide *f*; Schwannsche Scheide *f*, Neurilemm *n*
pith ~ Splint *m*
rostellar ~ Rüsselscheide *f*
starch ~ Stärkescheide *f*
synovial ~ Synovialscheide *f*
tendon ~ Sehnenscheide *f*
wing ~ Deckflügel *m*, Flügeldecke *f*

sheathbill Scheidenschnabel *m (Chionis); pl* Scheidenschnäbel *mpl (Chionididae)*
black-faced ~ Schwarzgesicht-Scheidenschnabel *m (Chionis minor)*
snowy ~ Weißgesicht-Scheidenschnabel *m (Chionis alba)*

sheathing umscheidend; scheidebildend

shed 1. abwerfen *(Laub, Federn);* abstoßen *(Hörner)*; 2. (Zähne) verlieren
to ~ the eggs laichen

shedder 1. weiblicher Lachs *m* nach dem Laichen; 2. Krebs *m* im Häutungsstadium

sheefish Weißlachs *m (Stenodus leucichthys)*

sheep Schaf *n*; Wildschaf *n*
Barbary (wild) ~ Mähnenschaf *n*, Mähnerspringer *m (Ammotragus lervia)*
bighorn ~ Dickhornschaf *n*, Schneeschaf *m (Ovis canadensis)*
blue ~ Blauschaf *n (Pseudois nayaur)*
mountain ~ 1. Wildschaf *n (Ovis ammon)*; 2. → bighorn sheep
musk ~ Moschusochs *m (Ovibos moschatus)*
Rocky mountain ~ → bighorn sheep
wild ~ 1. Wildschaf *n (Ovis ammon)*; 2. Mufflon *m*, Muffelwild *m (Ovis ammonmusimon)*

sheepberry Schafbeere *f (Viburnum lentago)*

sheepbine Ackerwinde *f (Convolvulus arvensis)*

sheep-bush Pentzie *f (Pentzia)*

sheepfoot Gelber Hornklee *m (Lotus corniculatus)*

sheephead Schafskopf-Meerbrassen *m (Archosargus probatocephalus)*

sheep-lice Echte [Gemeine] Hundszunge *f (Cynoglossum officinale)*

sheepnoses Wilde Erdbeere *f (Fragaria vesca)*

sheep-root Gemeines Fettkraut *n (Pinguicula vulgaris)*

sheep's-beard Schwanzsame *m (Urospermum)*

sheep's-bit Berg-Jasione *f*, Bergsandknöpfchen *n (Jasione montana)*

sheepweed → sheep-root

sheet Schicht *f*
pleated ~ Faltblattstruktur *f*

shelduck Kasarka *f (Tadorna);* Brandgans *f (Tadorna tadorna)*
Australian ~ Halsbandkasarka *f (Tadorna tadornoides)*
common ~ Brandgans *f (Tadorna tadorna)*
crested ~ Schopfkasarka *f (Tadorna cristata)*
paradise ~ Paradieskasarka *f (Tadorna variegata)*

shell 1. Schale *f*; Gehäuse *n*; 2. Flügeldecke *f*; 3. *(Bot.)* harte Schale *f*; 4. Kapsel *f*
abrupt wedge ~ Sägezahn *m*, (Gemeine) Stumpfmuschel *f (Donax trunculus)*
acorn ~s Rankenfüßer *pl*, Rankenfußkrebse *pl (Cirripedia)*
apple ~ Kugelschnecke *f (Ampullarius)*
arched slipper ~ Pantoffelschnecke *f (Crepidula fornicata)*
ark ~s Archenmuscheln *fpl (Arcidae)*
auger ~s Schraubenschnecken *fpl (Terebridae)*
banded wedge ~ Entenschnabel *m (Donax vittatus)*
boat ~s → slipper shells
bock ~ Gemeines Neptunshorn *n*, Gemeine Spindelschnecke *f (Neptunea antiqua)*
calcareous ~ Kalkschale *f*
cameo ~s Helmschnecken *fpl (Busyconidae)*
cap ~s Hutschnecken *fpl*, Kappenschnecken *fpl (Capulidae)*
chest ~s → arc shells
coat-of-mail ~s → mail shells
coffee-bean ~s Kerfen *mpl (Eratoidae)*
common Atlantic slipper ~ → arched slipper shell
common screw ~ Gemeine Turmschnecke *f (Turritella communis)*
conch ~s Flügelschnecken *fpl (Strombidae, Pteroboda)*
cone ~s Kugelschnecken *fpl (Conidae)*
cow ~ Gemeine Artmuschel *f (Dosinia exoleta)*
diaphanous ~ Eikapsel *f* der Haifische
disk ~ Artmuschel *f (Dosinia)*
ear ~s Seeohrenpl, Meerohrenpl *(Haliotidae)*
egg ~ Eierschale *f*
elephant-tooth ~s → tooth shells
file ~s Feilenmuscheln *fpl (Limiidae)*

flat slipper ~ Gemeine Leistenschnecke *f (Crepidula unguiformis)*
flood ~s → spire shells
frilled helmet ~s Sturmhauben *fpl (Crassidae)*
granulated top ~ Spitzkreiselschnecke *f (Calliostoma granulatum)*
helmet ~ Helmschnecke *f (Cassis); pl* Helmschnecken *fpl (Busyconidae)*
horn ~s Hornschnecken *fpl (Buccinide)*
jingle ~s Zwiebelmuscheln *fpl (Anomiidae)*
lamp ~s Armfüßer *mpl*, Spiralkiemer *mpl (Brachiopode)*
large necklace ~ Halsband-Mondschnecke *f (Natica catena)*
mail ~s Urmollusken *mpl*, Urschnecken *fpl (Amphi--neura)*
margin ~s → rice shells
miter ~s Mitraschnecken *fpl*, Kronenschnecken *fpl (Mitridae)*
moon [necklace]~s Nabelschnecken *fpl*, Mondschnecken *fpl (Naticidae)*
notch-side ~s → turret shells
nut ~s Nußmuscheln *fpl (Nuculidae)*
obelisk ~s Pyramidenschnecken *fpl (Pyramidula rupestris)*
olive ~ Olivenschnecke *f (Oliva)*
painted top ~ Bunter Kreisel *m*, Bunte Kreiselschnecke *f (Calliostoma zizyphnus)*
pelican's foot ~s Gänsefußschnecken *fpl*, Pelikanfüße *mpl (Aporrhaidae)*
pupal ~ Puppenhülle *f*
rice [rim] ~s Randschnecken *fpl (Marginellidae)*
rock ~ Purpurschnecke *f (Truncylariopsis trunculus)*
salt-marsh ~s Strandschnecken *fpl*, Ohrschnecken *fpl (Ellobiidae)*
screw ~s 1. → auger shells; 2. Turmschnecken *fpl*, Schraubenschnecken *fpl (Turritellidae)*
slipper ~s Mützenschnecken *fpl (Crepidulidae)*
slit ~s → turret shells
smooth top ~ Perlenkreisel *m (Margarites helicinus)*
spindle ~ → bock shell
spire ~s Rissoschnecken *fpl (Rissoidae)*
spotted moon ~ Gemeine Nabelschnecke *f (Natica canrena)*
tooth ~s Grabfüßer *mpl*, Elephantenzähne *mpl*, Kahnfüßer *mpl (Scaphopoda)*
top ~ 1. Kreiselschnecke *f (Trochoiea)*; 2. Perlenkreisel *m (Margarites)*
tower ~s → screw shells 2.
turret ~s Turmschnecken *fpl*, Schlitzhörner *npl (Turridae)*
tusk ~s → tooth shells
Venus ~s Venusmuscheln *fpl (Veneridae)*
Venus ear ~s → ear shells
vitreous lamp ~ Lochmuschelwurm *m*, Durchsichtiger Muschelwurm *m (Terebratula vitraea)*
volcano ~s Schlitzschnecken *fpl (Fissurellidae)*
wedge ~s Stumpfmuscheln *fpl (Donacidae)*
shellac Schellack *m*
shelled beschalt
shellfish Wassertier *n* mit Panzer [Schale]
molluscan ~ Molluske *m*, Weichtier *n*
shellflower Schildblume *f*, Schildkraut *n (Chelone)*
shell-leaved muschelblättrig
shell-less schalenlos, panzerlos
shellseed Schneckensame *m (Cochlospermum)*
shelly 1. schalentragend; panzertragend; 2. schalenförmig; panzerförmig
shelter 1. Schutz *m*; schützen; 2. *(Ent.)* Köcher *m*; 3. sich verstecken
shelterwood Mutterbestand *m*, Schirmbestand *m*
shemaya Kislarischer Hering *m*, Schemaja *f (Chalcaburnus chalcoides)*
she-pak Kasuarine *f*, Känguruhbaum *m (Casuarina)*
shepherd's-clock Acker-Gauchheil *m (Anagallis arvensis)*
shepherd's-club Echte [Kleinblütige] Königskerze *f (Verbascum thapsus)*
shepherd's-delight → shepherd's-clock
shepherd's-staff Wilde Karde *f (Dipsacus silvester)*
sheriff-pink Gemeine [Große] Wucherblume *f (Tanacetum vulgare)*
she-wolf Wölfin *f*
shield Schild *n*; Panzer *m*
dorsal ~ Rückenschild *n*, Rückenpanzer *m*
embryonic ~ Embryonalschild *n*
head ~ Kopfschild *n*
ventral ~ Bauchpanzer *m*, Bauchschild *n*
water ~ 1. Wasserhaarnixe *f*, Fischgras *n (Cabomba)*; 2. Wasserschild *n (Brasenia)*
shieldbone Schulterblatt *n*
shield-roots Wurmfarn *m (Dryopteris filix-mas)*
shieldwort Scheibenkraut *n (Peltaria)*
shift Schift *n*, Verschiebung *f*; Transposition *f*
frame ~ *(Mol.)* Rahmenverschiebung *f*
habitat ~ Biotopwechsel *m*, Wechsel *m* des Lebensraums
phase ~ Phasenverschiebung *f*
shin Schienbein(vorder)kante *f*
shinbone Schienbein *n*
shiner Amerikanische Orfe *f (Notropis)*
shingle-back Stutzechse *f*, Tannenzapfenechse *f (Trachydosaurus rugosus)*
shinleaf 1. Birnkraut *n (Pyrola);* Kleines Wintergrün *n (Pyrola minor)*; 2. Einseitswendiges [Nickendes] Wintergrün *n (Ramischia secunda)*
shinwood Kanadische Eibe *f (Taxus canadensis)*
shipworm Schiffswurm *m (Teredo navalis)*
shiver zittern
shoal 1. Fischschwarm *m*; 2. Schwarm bilden; in Schwärmen auftreten; 3. in Massen auftreten, wimmeln; 4. Sandbank *f*; 5. Untiefe *f*, seichte Stelle *f*
shockfish Zitterrochen *m (Torpedo)*
shoebill Schuhschnabel *m (Balaniceps)*

shoeflower Chinesischer Eibisch *m*, Roseneibisch *m* *(Hibiscus rosa-simensis)*
shoelike schuhförmig
shoemake Glattblättriger [Kahler] Sumach *m (Rhus glabra)*
shoemaker Fadenmakrele *f (Alectis ciliaris)*
shoe-shaped pantoffelförmig, schuhförmig
shoot 1. Schößling *m*, Trieb *m*, Sproß *m*; 2. sprießen, sprossen; 3. Jagd *f*; 4. Jagdrevier *n*; 5. in einem Revier jagen
adventitious ~ Adventivsproß *m*
aerial ~ Luftsproß *m*
annual ~ Jahrestrieb *m*
axillary ~ Achselsproß *m*
creeping ~ *(Bot.)* Ausläufer *m*
epicormic ~ Stockausschlag *m*
extending ~ verlängerter Sproß *m*
hibernating ~ *(Bot.)* Überwinterungssproß *m*
innovation ~ Erneuerungssproß, Verjüngungstrieb *m*
lammas ~ Johannistrieb *m*
lateral ~ Seitensproß *m*, Seitentrieb *m*
leading ~ Leittrieb *m*, Haupttrieb *m*; Spitzentrieb *m*
reproductive ~ *(Bot.)* generativer Sproß *m*
resting ~ *(Bot.)* Dauersproß *m*
root ~ Wurzelreiß *m*
short ~ Kurztrieb *m*
stem ~ Stockausschlag *m*
stump ~ Stockausschlag *m*
terminal ~ Endtrieb *m*, Gipfeltrieb *m*
shooting 1. Schießen *n*; 2. Jagd *f*; Jagdrecht *n*; 3. Jagdrevier *n*
shore 1. Küste *f*, Strand *m*, Ufer *n*; 2. Küsten..., Strand..., Ufer...; 3. Schorre *f*
shorebirds 1. Regenpfeifer *mpl*, Schnepfen *fpl (Charadriidae)*; 2. Ufervögel *mpl*
shore-wort Meertensie *m*, Lungenwurz *f (Mertensia)*
shortage Mangel *m*
food ~ Nahrungsmangel *m*
short-awned kurzgrannig
short-boled kurzschäftig
short-branched kurzästig
short-day Kurztag...
shortened abgekürzt, verkürzt
short-eared kurzährig
short-flowering kurzblütig
short-footed *(Bot.)* kurzfüßig, kurzstielig
short-fruited kurzfrüchtig
short-haired kurzhaarig
shorthead Kurzkopffrosch *m (Breviceps)*
shorthear Reitgras *n (Calamagrostis)*
short-leaved kurzblättrig
short-lived kurzlebig; ephemer
short-lobed kurzlappig
short-necked kurzhalsig
short-nerved *(Bot.)* kurznervig
short-petaled kurzkrönig
short-shucks Virginische Kiefer *f (Pinus virginiana)*
short-stalked kurzstengelig
short-stemmed kurzschäftig
short-styled kurzgriffelig
short-tailed kurzschwänzig
short-term kurzzeit...
short-thorned kurzstachelig
short-toothed kurzzähnig, kurzgezähnt
shortwings Kurzflügel *mpl (Brachypteryx)*
short-winged kurzflügelig
short-wooled kurzwollig
shot Spritze *f (Injektion)*
booster ~ Booster-Injektion *f*
Indian ~ Blumenrohr *n (Canna indica)*
shotten gelaicht habend /
~ **herring** Laichhering *m*
shot-gun Shot-gun-Klonieren *n*
shoulder Schulter *f*
shoulder-blade Schulterblatt *n*
shoulder-joint Schultergelenk *n*
shovel Schaufel *f*
shoveler Löffelente *f (Anas clypeata)*
blue-winged ~ Australische Löffelente *f*, Halbmond Löffelente *f (Anas rhynchotis)*
Cape ~ Kap-Ente *f*, Tüpfelente *f*, Fahlente *f (Ana capensis)*
shovelnose 1. Glattrochen *m (Rhinobatos)*; 2. → shovele
shovelweed Hirtentäschel-Kraut *n (Capsella bursa-pastoris)*
shower:
golden ~ 1. Röhrenkassie *f (Cassia fistula)*; 2. Gemeiner Goldregen *m (Laburnum anagyroides)*
shrew(mouse) Spitzmaus *f*; *pl* Spitzmäuse *fpl*, Spitzrüßle *mpl (Soricidae)*
American short-tailed ~ Nordamerikanische Kurzschwanzspitzmaus *f (Blarina brevicauda)*
armored ~ → girder-backed shrew(mouse)
Asiatic water ~ Himalajawasserspitzmaus *f (Chimmarogale platycephala)*
brown-toothed water ~ → Eurasian watershrew (mouse)
common ~s Spitzmäuse *fpl*, Rotzahnspitzmäuse *fpl (Soricinae)*
desert ~ Graue Wüstenspitzmaus *f (Notiosorex crawfordi)*
dwarf ~s Wimperspitzmäuse *fpl (Crocidura)*
elephant ~s Rüsselspringer *mpl (Macroscelididae)*
Eurasian water ~ Wasserspitzmaus *f (Neomys fodiens)*
giant African water ~s Otterspitzmäuse *fpl (Potamogalidae)*
giant Mexican ~ Große Wüstenspitzmaus *f (Notiosorex gigas)*
girder-backed ~s Panzerspitzmäuse *fpl (Scutisorex)*
gray ~ → desert shrew(mouse)
least ~ 1. Zwergspitzmaus *f (Sorex minutissimus)*; 2. Nordamerikanische Kleinohrspitzmaus *f (Cryptotis parva)*

lesser ~ → pigmy shrew(mouse)
long-clawed ~ Pearson's Langkrallenspitzmaus *f (Solisorex pearsoni)*
long-eared elephant ~ → elephant shrew(mouse)
long-tailed ~ → common shrew(mouse)
mole ~ Stummelschwanzspitzmaus *f (Anourosorex squamipes)*
musk ~ → dwarf shrew(mouse)
Old World ~ → Eurasian shrew(mouse)
piebald ~ → sand shrew(mouse)
pigmy ~ (Eurasische) Zwergspitzmaus *f (Sorex minutus)*
red-toothed ~ → common shrew(mouse)
rock elephant ~ → elephant shrew(mouse)
sand ~ Gescheckte Spitzmaus *f (Diplomesodom pulchellum)*
short-eared elephant ~ Elephantenspitzmaus *f (Ma-croscelides proboscideus)*
short-tailed ~ → American short-tailed shrew(mouse)
small African water ~ Zwergotterspitzmaus *f(Micropotamogale lamottei)*
Szechuan burrowing ~ → mole shrew(mouse)
Szechuan water ~ → web-footed shrew(mouse)
thick-tailed ~ → dwarf shrew(mouse)
Tibetan water ~ → web-footed shrew(mouse)
tree ~ Spitzhörnchen *n (Tupaia); pl* Tupajas *pl*, Spitzhörnchen *npl (Tupaciidae)*
water ~ → Eurasian shrew(mouse)
web-footed ~ Gebirgsbachspitzmaus *f (Nectogale elegans)*
white-toothed ~**s** Weißzahnspitzmäuse *f (Crocidura)*

shriek 1. schriller Schrei *m*, spitzer Schrei *m*; 2. schreien, schrille Schreie ausstoßen; 3. Kreischen *n*; 4. kreischen

shrike 1. Würger *m*; *pl* Würger *mpl (Laniidae)*; 2. *pl* Vangawürger *mpl (Vangidae)*
bay-backed ~ Rotschulterwürger *m (Lanius vittatus)*
bristled ~ Kahlkopfwürger *m (Pityriasis gymnocephala)*
brown ~ Rotschwanzwürger *m (Lanius cristatus)*
bull-headed ~ Büffelwürger *m (Lanius bucephalus)*
bush ~ Tschagra *f (Tchagra)*
chat ~ Drosselwürger *m (Lanioturdus torquatus)*
great (gray) ~ Raubwürger *m*, Grauwürger *m (Lanius excubitor)*
helmet ~ Brillenwürger *m (Prionops plumata)*
isabelline ~ Blasser Rotrückenwürger *m*, Isabellwürger *m (Lanius collurio isabellinus)*
lesser gray ~ Schwarzstirnwürger *m (Lanius minor)*
loggerhead ~ Amerikanischer Raubwürger *m (Lanius ludovicanus)*
long-tailed ~ Gelbschnabelwürger *m (Corvinella corvina)*
masked ~ → Nubian shrike
migrant ~ → loggerhead shrike
northern ~ → great (gray) shrike
Nubian ~ Maskenwürger *m (Lanius nubicus)*
puffback ~ Schneeballwürger *m (Dryoscopus cubla)*
red-backed ~ Neuntöter *m*, Rotrückenwürger *m (Lanius collurio)*
rufous-backed ~ Schachwürger *m*, Königswürger *m (Lanius schach)*
thick-billed ~ Tigerwürger *m (Lanius tigrinus)*
tit ~ Rotschwanzvanga *f*, Meisenvanga *f (Calicalicus)*
vanga ~**s** Vangawürger *mpl (Vangidae)*
white-rumped ~ → loggerhead shrike
woodchat ~ Rotkopfwürger *m (Lanius senator)*
yellow-billed ~ → long-tailed shrike

shrikebill Würgermonarch *m (Clytorhynchus)*

shrike-tanager Würgertangare *f (Lanio)*

shrike-thrush Gudilang *m (Colluricincla); pl* Dickköpfe *mpl*, Dickkopfschnäpper *mpl (Pachycephalidae)*

shrike-tit Meisenwürger *m (Falcunculus frontatus)*

shrike-tyrant Würgertyrann *m (Agriornis)*

shrill 1. gellend schreien, schrillen, gellen; 2. Schrillen *n*

shrimp 1. Garnele *f*; 2. kleiner Krebs *m*
devil ~**s** → skeleton shrimps
fairy ~**s** Kiemenfüsse *pl*, Kiemenfüßler *pl (Branchiopoda)*
freshwater ~ Flohkrebs *m (Gammarus)*
ghost ~ 1. Gespenstkrebschen *n Capella)*; 2. Sandkrebs *m (Callianassa)*
opossum ~**s** Spaltfußkrebse *mpl (Mysodacea)*
pistol ~ → snapping shrimps
skeleton ~**s** Gespenst(er)krebse *mpl*, Skelettkrebse *mpl (Caprellidae)*
snapping ~**s** Knallkrebse *mpl*, Pistolenkrebse *mpl (Alpheidae)*
tadpole ~**s** Rückenschaler *mpl*, Schildträger *mpl (Notostraca)*

shrimpfish Schnepfenfisch *m (Aeoliscus); pl* Schnepfenfische *mpl (Centriscidae)*

shrinkage Schrumpfung *f*; Verminderung *f*

shrivel welken, verwelken; runzeln

shrivelled grain *(Bot.)* gerunzeltes Korn

shrub Busch *m*, Strauch *m*
climbing ~ Kletterstrauch *m*
deciduous ~ Laubgehölz *n*
dwarf [low] ~ Zwergstrauch *m*
pea ~ Erbsenbaum *m*, Erbsenstrauch *m (Caragana)*
pincushion ~ Europäisches Pfaffenhütchen *n*, Europäischer Spindelbaum *m (Euonymus europaeus)*
prickly ~ stacheliger Strauch *m*; dorniger Strauch *m*
scented ~ → strawberry shrub
short-styled ~ Kanadischer Sanikel *m (Sanicula canadensis)*
Siberian pea ~ [Gemeiner, Großer] Erbsenstrauch *m*, Große Karagane *f (Caragana arborescens)*
spiny ~ Dorngebüsch *n*
strawberry ~ Gewürzstrauch *m (Calycanthus)*

shrubage Strauchschicht *f*

shrubbery 1. Gebüsch *n*, Gesträuch *n*, Strauchwerk *n*; 2. Gefiederte Klappernuß *f*, Gemeine Pimpernuß *f (Staphylea pinnata)*

shrubby 1. strauchförmig, strauchartig, strauchig;

2. Strauch..., Busch...
shrubland Buschformation *f*
shrublet Zwergstrauch *m,* Formation *f*
shrubwood Niederwald *m*
shuck 1. Hülse *f,* Schote *f;* grüne Schale *f (z.B. von Nüssen)*; 2. enthülsen, entschoten; schälen
shunis Schottische Mutterwurz *f (Ligusticum scoticum)*
shunt Shunt *m,* Nebenschluß *m,* Nebenweg *m*
shy scheu
sialagogic speicheltreibend, den Speichelfluß erregend
sialids Schlammfliegen *fpl,* Wasser(flor)fliegen *fpl (Sialidae)*
sialogenous speichelbildend, speichelerzeugend
sialon Speichel *m*
siamang Siamang *m (Symphalangus syndactylus)*
sibbing Geschwisterkreuzung *f*
siblings Geschwister *pl*
sibmating Geschwisterkreuzung *f*
sibs Geschwister *pl*
sibship Geschwistergruppe *f*
siccation Austrocknen *n*
siccative (aus)trocknend
siccity Trockenheit *f*
siccocolous xerophil, trockenliebend
siccostabile trockenresistent, dürreresistent
sickener Giftiger Täubling *m (Russula emetica)*
sicklebill 1. Adlerkolibri *m (Eutoxeres aquila)*; 2. Sichelvanga *f (Falculea palliata)*
black ~ Roter Sichelschnabel *m,* Breitschwanz-Sichelkopf *m (Epimachus fastuosus)*
brown ~ Sichelschnabel *m,* Meyersichelschnabel *m (Epimachus meyeri)*
buff-tailed ~ 1. Rotschwanz-Bogenschnabel *m (Eutoxeres condamini)*; 2. Gelbschwanz-Sichelschnabel *m (Drepanornis albertisi)*
common ~ Adlerkolibri *m (Eutoxeres aquila)*
pale-billed ~ Weiß-Sichelschnabel *m,* Braunschwanz-Sichelkopf *m (Drepanornis bruijnii)*
white-tipped ~ → common sicklebill
sicklefish Drepane *f (Drepana); pl* Drepanen *fpl,* Spatenfische *mpl (Ephippididae)*
sickle-fruited sichelfrüchtig
sickle-leaved sichelblättrig
sickle-lobed sichelig gelappt
sicklepod kanadische Gänsekresse *f (Arabis canadensis)*
sickle-shaped sichelförmig, sichelig
sickle-weed Pfefferknöterich *m,* Wasserpfeffer *m (Polygonum hydropiper)*
sicklewort Kleine Br(a)unelle *f (Prunella vulgaris)*
sida Samtpappel *f,* Sida *f (Sida)*
side 1. Seite *f;* Körperseite *f;* 2. Seite, Abstammungslinie *f*
spear ~ männliche Abstammungslinie *f*
sidebone Darmbein *n*
side-chain Seitenkette *f*
side-flowered seitenblumig
side-neck:
Amazonian ~ Höcker-Schienenschildkröte *f (Pelusios sextuberculata)*
Madagascar ~ Madagassische Schienenschildkröte *f (Erymnochelys)*
red-headed Amazonian ~ Cayenne-Schienenschildkröte *f (Celusios expansa)*
siderophage eisenspeichernde Zelle *f*
siderophilic [siderophilous] siderophil, eisenliebend
side-swimmers Flohkrebse *mpl,* Amphipoden *mpl (Amphipoda)*
side-veined *(Bot.)* seitennervig
sidewinder Gehörnte Klapperschlange *f,* Seitenwindeklapperschlange *f (Crotalus cerastes)*
sierra Spanische Makrele *f (Scomberomorus)*
sierra-finch Ämmerling *m (Phrygilus)*
sieve 1. Sieb *n;* 2. (durch)sieben
sievebone Siebbein *n,* Riechbein *n*
sieving 1. Durchsieben *n,* Sieben *n;* 2. Filtration *f,* Filtrierung *f;* 3. Gel-Filtration *f,* Gel-Chromatographie *f*
molecular ~ → sieving 3.
sifaka Sifaka *m,* Kronenindri *m (Propithecus)*
diedemed ~ Diadem-Sifaka *m (Propithecus diadema)*
Verreaux's ~ Larven-Sifaka *m (Ptopithecus verreaux*
sift 1. (durch)sieben; 2. filtrieren
sight Sehen *n,* Gesichtssinn *m;* Sehvermögen *n*
sigillate *(Bot.)* siegelartig
sign 1. Zeichen *n,* Symbol *n;* 2. Anzeichen *n,* Symptom *n;* 3. *(Mol.)* Signalsequenz *f;* regulatorische Sequenz *f*
stop ~ Stop-Kodon *n*
signal Signal *n*
~ "go" induziertes Signal *n;* Zellaktivierungssignal *n*
arbitrary ~ bedingtes Signal *n*
augmentative ~ verstärkendes Signal *n*
courtship ~ Balzsignal *n*
deceptive ~ täuschendes Signal *n*
olfactory ~ Duftsignal *n*
recognition ~ Erkennungssignal *n*
signaling:
mitogenic ~ mitogenische Induktion *f*
significance Signifikanz *f*
adaptive ~ Anpassungswert *m*
sika Sika(hirsch) *m,* Japanischer Hirsch *m (Cervus nippon)*
silent still, ruhig, schweigsam
siliceous 1. → silicole; 2. kieselsäurehaltig, Kiesel(säure)...
silicification Verkieselung *f,* Silifikation *f,* Silifizierung *f*
silicle Schötchen *n*
silicole 1. silikatbodenbewohnend; 2. Kieselpflanze *f*
silicon Silikon *n,* Polyorganosiloxan *n*
silicula Schötchen *n*
silicular schotenförmig
siliculose [siliculous] schötchentragend
silique Schote *f*
articulated ~ Gliederschote *f*
siliquiform schotenförmig
silk Seide *f;* Spinnfädenpl
silk-bearing seidentragend

lkfish Großer Wolfshering *m (Chirocentrus dorab)*
lkweed Seidenpflanze *f (Asclepias)*
rose [swamp] ~ Fleischrote Seidenpflanze *f (Asclepias incarnata)*
lkworm Maulbeerseidenspinner *m*, (Echter) Seidenspinner *m (Bombyx mori)*
lky seidig; seidenhaarig
llago Sandweißling *m (Sillago); pl* Sandweißlinge *mpl (Sillaginidae)*
lt Schlamm *m*
to ~ up verschlammen
coarse ~ Grobschluff *m* (Boden)
lting(up) Verschlammung *f*
ilurian Silur *n*
lva Wald *m*; Waldvegetation *f*
lvan waldbewohnend, Wald...
lver Kisutch(-Lachs) *m*, Silberlachs *m (Oncorhynchus kisutch)*
lverbell Maiblumenbaum *m*, Maiglöckchenbaum *m*, Schneeglöckchenbaum *m (Halesia)*
lverbelly Mojarra *f (Gerres)*
lverberry Breitblättrige Ölweide *f*, Silberweide *f (Elaeagnus argentea)*
lverbird Silberschnäpper *m (Empidornis semipartitus)*
lverbreams Meerbrassen *mpl*, Zahnbrassen *mpl*, Rotbrassen *mpl (Sparidae)*
lver-chain Unechte Akazie *f*, Gemeine Robinie *f (Robinia pseudoacacia)*
lverfish 1. Tarpon *m*, Tarpun *m (Megalops); pl* Tarpone *mpl*, Tarpune *mpl (Megalopidae)*; 2. Glasauge *n*, Gemeiner Silberfisch *m (Argentina sphyraena)*; 3. Silberfischchen *n (Lepisma)*
lverleaf 1. Papierblume *f (Anaphalis margaritacea)*; 2. Großblütige Magnolie *f (Magnolia grandiflora)*
lverpin:
Joan ~ Gartenmohm *m*, Schlafmohn *m (Papaver somniferum)*
lverside Ährenfisch *m (Atherina);* Kleiner Ährenfisch *m (Atherina mochon); pl* Ährenfische *mpl (Atherimidae)*
lverspot Perlmutterfalter *m (Argynnis)*
lverweed 1. Gänse-Fingerkraut *n (Potentilla anserina)*; 2. Gelbfilziger Spierstrauch *m (Spiraea tomentosa)*
lviculture Waldbau *m*, Forstkultur *f*
lvics Waldkunde *f*
imaruba Bitteresche *f*, Ruhrrindenbaum *m (Simaruba)*
imian 1. Affe *m*; Menschenaffe *m*; 2. affenartig, Affen...
imilarity Ähnlichkeit *f*
imilisymmetry Ähnlichkeitssymmetrie *f*
impler's-joy Echtes Eisenkraut *n (Verbena officinalis)*
imulation 1. Simulation *f*; 2. Simulierung *f*
computer ~ Computersimulierung *f*
imultaneous gleichzeitig
inal Sinus...
incipital Vorderkopf...
inciput Vorderkopf *m*
inew 1. Sehne *f*, Tendon *m*; 2. *pl* Muskeln *mpl*
sinewy sehnig
single 1. einzeln; 2. *(Bot.)* einfach
single-awn Borstengras *n (Aristida)*
single-celled einzellig
single-flowered einblütig
single-flowering einzelblühend
single-fruited einfrüchtig
single-stranded einsträngig, einzelsträngig
singleton 1. Individuum *n*; 2. einzelnes Tier *n*
sinistral 1. links, linksseitig; 2. linkshändig
sinistrocerebral Linkehirnhemisphären...
sinistrocular linksäugig
sinistrogyrous [sinistrorse] linkswindend, linksdrehend
sinistrotorsion Linksdrehung *f*
sink 1. versinken, einsinken, untersinken; 2. herabsinken, niedersinken
sinkfield Kanadisches Fingerkraut *n (Potentilla canadensis)*
sinuate *(Bot.)* (aus)gebuchtet, buchtig
sinoulate kleinbuchtig
sinuosity 1. Biegung *f*, Krümmung *f*, Windung *f*; 2. Gewundenheit *f*
sinuous 1. großbuchtig, vollbuchtig; 2. gewunden; wellenförmig
sinus Sinus *m*, Höhle *f*
blood ~ Blutsinus *m*
sinusal Sinus...
sinusoid Lakune *f*
siphon Sipho *m*, Atemrohr *n*
exhalant ~ ausführender Sipho *m*
inhalant ~ zuführender Sipho *m*
siphonate *(Zool.)* siphontragend, mit einem Siphon *m*
siphoneus röhrig, Röhren...
siphonial schlauchförmig
siphonogamy Siphonogamie *f*, Schlauchbefruchtung *f*
siphonoglyph Siphonoglyphe *f*, Schlundrinne *f*
siphonostele Siphonostele *f*
sippe Sippe *f*, Taxon *n*
sire 1. Vatertier *n*, männliches Stammtier *n*; 2. zeugen
siren Armmolch *m (Siren); pl* Armmolche *npl (Sirenidae)*
dwarf ~s Zwergarmmolche *mpl (Pseudobranchus)*
greater ~ Großer Armmolch *m (Siren lacertina)*
lesser ~ Kleiner Armmolch *m (Siren intermedia)*
mud ~s Südamerikanische Lungenfische *mpl (Lepidosirenidae)*
siris Albizzie *f*, Schirmakazie *f (Albizzia)*
pink ~ Seidenakazie *f*, Persische Akazie *f (Albizzia julibrissin)*
sisal:
blue ~ Blauer Sisal *m (Agave amaniensis)*
siskin Zeisig *m (Carduelis);* Zeisig *m*, Erlenzeisig *m (Carduelis spinus)*
black ~ Schwarzzeisig *m (Carduelis atratus)*
black-chinned ~ Bartzeisig *m (Carduelis barbatus)*
black-headed ~ 1. Schwarzkopfgirlitz *m (Serinus nigriceps)*; 2. Schwarzbrustzeisig *m (Carduelis notatus)*
pine ~ Fichtenzeisig *m (Carduelis pinus)*

Tibetan ~ Himalaya-Zeisig *m (Serinus thibetanus)*
sisterly Schwester...
sisymbrium Rauke *f (Sisymbrium)*
sit sitzen; brüten *(Vögel)*
sitatunga Sitatunga *f*, Wasserkudu *m*, Sumpfantilope *f (Tragelaphus spekei)*
site 1. Standort *m*; 2. Stelle *f*, Ort *m*; 3. Zentrum *n*
acceptor ~ Akzeptorort *m*
active ~ aktives Zentrum *n*
allosteric ~ allosterischer Bindungsort *m*
aminoacyl ribosome ~ Amynoazyl-Zentrum *n* des Ribosoms
aminoacyl-tRNA-binding ~ Aminoazyl-tRNA-Bindungsort *m*, A-Ort *m (auf dem Ribosom)*
antibody active ~ Antigenbindungsstelle *f*, Paratop *n*
antigen-binding [antigen-combining] ~ 1. → antibody active site; 2. Antikörperrezeptor *m*
bare ~ *(Ökol.)* vegetationsloser Standort *m*
breeding ~ Nistplatz *m*
catalytic ~ katalytisches Zentrum *n*
cleavage ~ Spaltstelle *f*
cloning ~ Klonierungsstelle *f*
combining ~ → antibody active site
complement fixation [complement fixing] ~ Komplementbindungsstelle *f*
home ~ Revier *n*
immunogenic ~ immunodominante Stelle *f*
multiple cloning ~ Mehrfachklonierungsstelle *f*, multiple Klonierungsstelle *f*
nesting ~ Nistplatz *m*
oviposition ~ Eiablageplatz *m*
p ~ → peptidyl ribosome site
paratopic ~ → antibody active site
peptidyl ribosome [peptidyl-tRNA binding] ~ Peptidyl-tRNA-Bindungsort *m*
primary ~ Primärstandort *m*
reaction ~ Reaktionszentrum *n*
receptor ~ Rezeptorstelle *f*, Rezeptorort *m*
spawning ~ Laichplatz *m*, Laichgrund *m*
site-attachment Ortstreue *f*
site-specific ortspezifisch
sitotropism Sitotropismus *m*
sitter brütender Vogel *m*; Glucke *f*
sitting *(Bot.)* festsitzend, stiellos
situation 1. Lage *f*; 2. Zustand *m*
size Größe *f*, Maß *n*; Umfang *m*
body ~ Körpergröße *f*
clutch ~ Gelegegröße *f*
litter ~ Wurfgröße *f*
sample ~ Stichprobengrösse *f*
six-leaved sechsblättrig
sizeable (ziemlich) groß, beträchtlich
skaamoogs Katzenhaie *mpl (Scyliorhinidae)*
skate Dornrochen *m*, Sternrochen *m (Raja); pl* Dornrochen *mpl*; Sternrochen *mpl (Rajidae)*
angular ~ Zweifleckiger Rochen *m (Raja miraletus)*
bonnet ~ Gefleckter Adlerrochen *m (Aetobatus narinari)*
bordered ~ Bandrochen *m*, Gerandeter Rochen *m (Raja alba)*
buckler ~ Keulenrochen *m (Raja clavata)*
dark-belly ~ Eisrochen *m (Raja hyperborea)*
flapper ~ Glattrochen *m (Raja batis)*
long-nosed ~ Spitzschnäuziger Rochen *m (Raja oxyrinchus)*
mongrel [mud] ~ Engelhai *m*, Meerengel *m (Squatina squatina)*
sharp-nosed ~ Weißrochen *m (Roja lintea)*
spiny-tailed ~ Grönland-Rochen *m (Bathyraja spinicauda)*
thorny ~ Sternrochen *m (Raja radiata)*
white ~ → bordared skate
skaters → water skaters
water ~ Echte Wasserläufer *mpl (Geridae)*
skedlock (Echter) Hederich *m*, Acker-Rettich *m (Raphanus raphanistrum)*
skeletal skeletal, Skelett...
skeletogenous skelettbildend
skeleton Skelett *n*, Knochengerüst *n*
appendicular ~ Gliedmaßenskelett *n*
axial ~ Achsenskelett *n*
branchial ~ Kiemenskelett *n*
calcareous ~ Kalkskelett *n*
carbon ~ Kohlenstoffskelett *n*
dermal ~ Hautskelett *n*
external ~ Außenskelett *n*
internal ~ Innenskelett *n*
visceral ~ Viszeralskelett *n*
skeletonizer:
apple-and-thorn [apple-leaf] ~ Apfelblattmotte *f (Anthophora pariana)*
skelly Aitel *m*, Döbel *m (Leuciscus cephalus)*
skewerwood Europäisches Pfaffenhütchen *n*, Europäischer Spindelbaum *m (Euonymus europaeus)*
skewness Gekrümmtheit *f*, Schiefe *f*
skiaphyte Schattenpflanze *f*, Schwachlichtpflanze *f*, Skiophyt *m*
skillfish Kohlenfische *mpl (Anoplopomatidae)*
skimmer Scherenschnabel *m (Rynchops)*
African ~ Afrikanischer Scherenschnabel *m*, Braunmantel-Scherenschnabel *m (Rynchops flavirostris)*
black ~ Schwarzer Scherenschnabel *m (Rynchops nigra)*
Indian ~ Indischer Scherenschnabel *m*, Halsband-Scherenschnabel *m (Rynchops albicollis)*
skimming Fluglaufen *n*
skin Haut *f*; Balg *m*; Schale *f*, Rinde *f*
larval ~ Larvenhaut *f*
sexual ~ Geschlechtshaut *f*
true ~ Korium *n*, Lederhaut *f*
yolk ~ Dotterhaut *f*, Dottermembran *f*
skink Sandskink *m (Scincus); pl* Skinke *mpl*, Glattechsen *fpl (Scincidae)*
American burrowing ~ → Florida burrowing skink

blind ~ 1. Afrikanischer Blindskink *m (Typhlosaurus)*; 2. Schlangenschleiche *f (Dibamus); pl* Schlangenschleichen *fpl (Dibamidae)*
blue-tongued ~s Blauzungen *fpl (Tiliqua)*
burrowing ~ Scelotes-Skink *m (Scelotes)*
casque-headed ~s Helmskinke *mpl (Tribolonotus)*
dart ~s Lanzenskinke *mpl (Acontias)*
Florida burrowing ~ Florida-Sandskink *m (Neoseps reynoldsi)*
lidless ~ Natteraugen-Skink *m (Ablepharus)*
long-legged ~ Langbeiniger Skink *m (Eumeces)*
prehensible-tailed ~s Wickelskinke *mpl*, Riesenskinke *mpl (Corucia)*
sand ~s 1. Schlangenskinke *mpl (Ophiomorus)*; 2. Schlankskinke *mpl (Lygosoma)*
sand swimming ~ Sandschwimmer *m (Eremiascincus)*
slender ~ → sand skink 2.
snake ~ → sand skink 1.
spiny(-tailed) ~s Stachelechsen *fpl (Egernia)*
tree ~s Waldskinke *mpl (Sphenomorphus)*
waterside ~s Kielenskinke *mpl (Tropidophorus)*
skinleaf Birnkraut *n*, Wintergrün *n (Pyrola)*
skinny kutan, häutig, Haut...
skiophilous schattenliebend, skiophil
skiophyll Schattenblatt *n*
skiophyte Schattenpflanze *f*, Schwachlichtpflanze *f*, Skiophyt *m*
skipjack 1. Echter Bonito *m (Katsuwonus)*; 2. *pl* Schnellkäfer *mpl*, Springkäfer *mpl (Elateridae)*
oceanic ~ Echter [Bauchstreifiger] Bonito *m (Katsuwonus pelamis)*
skipmackerel Blaubarsch *m*, Blaufisch *m (Pomatomus saltatrix)*
skipper 1. Dickkopffalter *m*; *pl* Dickkopffalter *mpl (Hesperiidae)*; 2. Makrelenhecht *m (Scomberesox); pl* Hornhechte *mpl*, Makrelenhechte *mpl (Scomberesocidae)*
checkered ~ Dickkopffalter *m (Pyrgus)*
cheese ~s Larven *fpl* der Käselfkiegen *(Piophilidae)*
common ~ → skipper 1.
dusky grizzled ~ Kleinwürfeliger Würfelfalter *m (Pyrgus cacaliae)*
European ~ Bergrasheiden-Dickkopf *m (Pyrgus alveus)*
large grizzled ~ → European skipper
mallow ~ Graunbrauner Steppenrasen Dickkopf *m*, Malvenfalter *m (Carcharodus alceae)*
marbled ~ Ziestfalter *m (Lavatheria lavatherae)*
pearl ~ Brauner Grasheiden-Dickkopf *m*, Komma-Dickkopf *m (Hesperia comma)*
red underwing ~ Roter Würfelfalter *m (Spialia sertorius)*
saftflower ~ Buschgrassteppen-Dickkopf *m (Pyrgus fritillarius)*
silver-spotted ~ → pearl skipper
skippy → skipper 2.
skirret Zuckerwurzel *f (Sium sisarum)*
skirt Waldrand *m*, Waldsaum *m*
skiverwood → skewerwood
skotopelagial Tiefenpelagial *n*
skotoplankton Skotoplankton *n*, Dunkelplankton *n*, Tiefenplankton *n*
skototaxis Skototaxie *f*, Hell-Dunkel-Orientierung *f*
skua Raubmöwe *f (Stercorarius)*
Arctic ~ Schmarotzerraubmöwe *f (Stercorarius parasiticus)*
Buffon's ~ → long-tailed skua
great ~ Skua *f*, Große Raubmöwe *f (Stercorarius skua)*
long-tailed ~ Kleine Raubmöwe *f*, Falkenraubmöwe *f (Strecorarius longicaudus)*
pomarine ~ Mittlere Raubmöve *f*, Spatelraubmöwe *f (Stercorarius pomarinus)*
Richardson's ~ → Arctic skua
skulk 1. lauern; 2. schleichen, umherschleichen
skull Schädel *m*
bony ~ Knochenschädel *m*, Osteokranium *n*
skullcap 1. Schädeldach *n*, Schädeldecke *f*; 2. Helmkraut *n*, Schildträger *m (Scutellaria)*
common ~ Großes Helmkraut *n (Scutellaria galericulata)*
skunk Skunk *m*
Amazonian ~ Amazonas-Skunk *m (Conepatus semistriatus)*
Eastern hog-nosed ~ Ferkelskunk *m (Conepatus leuconotus)*
Eastern spotted ~ Fleckenskunk *m (Spilogale putorius)*
hooded ~ Langschwanz-Skunk *m (Mephitis ma-croura)*
spotted ~ Fleckenskunk *m (Spilogale putorius)*
striped ~ Streifenskunk *m (Mephitis mephitis)*
striped hog-nosed ~ → Amazonian skunk
skunkbush Menziesie *f (Menziesia)*
skylark Feldlerche *f (Alauda arvensis)*
small ~ Kleine Feldlerche *f (Alauda gulgula)*
slack Purpurtang *(Porphyra)*
slant 1. Schrägagar *m*; 2. schräg, geneigt
slash Fallholz *n*; Windbruch *m*
slash and burn Brandrodung *f*
slashed gefranst, geschlitzt, ausgefranst, zerschlitzt, zerfetzt
slate Schiefer *m*
slaters Landasseln *fpl (Oniscidae)*
sleep Schlaf *m*
frozen ~ Hypothermie *f*; artifizieller Winterschlaf *m*
paradoxical [rapid-eye-movement, REM] ~ paradoxer Schlaf *m*
sleeper 1. Kleineishai *m (Somniosus)*; 2. Schläfer *m (Dormitator)*; *pl* Schläfergrundeln *fpl (Eleotridae)*
Amur ~ Amurgrundel *f (Percottus glehni)*
black [broad-headed] ~ Schwarzbauchgrundel *f (Eleotris melanosoma)*
fat ~ → striped sleeper

flat-headed ~ Schlangenkopfgrundel *f (Ophiocara porocaphala)*
striped ~ Gefleckte Schläfergrundel *f (Dormitator maculatus)*
sleeplessness Schlaflosigkeit *f*
sleet Graupel *pl*, Schneeregen *m*
slender dünn, schmal
slender-limbed *(Bot.)* dünngliederig
slice Schnitt *m*, Schicht *f*
slick 1. glatte Oberfläche *f*; 2. Ölfleck *m*, Ölfläche *f (auf dem Wasser)*
slide Objektträger *m*, Objektglas *n*, Diapositiv *n*
blood ~ Blutausstrich *m*
glass [ground] ~ Objektträger *m*, Objektglas *n*
slider:
pond ~ Buchstaben-Schmuckschildkröte *f (Pseudemys scripta)*
slime 1. Schleim *m*; 2. Schlamm *m*
slimeheads Schleimfische *mpl*, Schleimköpfe *mpl (Berycidae)*
slimy schleimig
sling schleudern *(z.B. Samen)*
~ fruit Schleuderfrucht *f*
slink 1. schleichen; 2. *(Junges)* vor der Zeit werfen, zu früh zur Welt bringen; 3. fehlgebären
slip:
cover ~ Deckglas *n*
slipcover *(Bot.)* Schiffchen *n*, Kiel *m*
slipper:
yellow lady's ~ Braungelber [Rotbrauner] Frauenschuh *m*, Venusschuh *m (Cypripedium calceolus)*
slipper-shaped pantoffelförmig
slipperwort Pantoffelblume *f*, Kalzeolarie *f (Calceolaria)*
slippery schlüpfrig
slit Spalte *f*, Schlitz *m*, Ritze *f*
genital ~ Schamspalte *f*
gill ~ Kiemenspalte *f*, Kiemenfurche *f*
sloe Dorn *m*, Schlehdorn *m*, Stechdorn *m (Prunus spinosa)*
slope 1. Hang *m*, Abhang *m*; Böschung *f*; 2. Schrägagar *m*
upper ~ *(Ökol.)* Oberhang *m*
sloth Faultier *n*; *pl* Faultiere *npl (Bradypodidae)*
Ceylon ~ Lori *m*, Schlank-Lori *m (Loris tardigradus)*
maned ~ → three-toed sloth
necklace ~ Kragenfaultier *n (Bradypus torquatus)*
pale-throated ~ → three-toed sloth
three-toed ~ Dreifinger-Faultier *n*, Dreizehen-Faultier *n (Bradypus tridactylus)*
tree ~s Faultiere *npl (Bradypodidae)*
two-toed ~s Zweifingerfaultiere *npl (Choloepus)*
slough 1. Schorf *m*, Kruste *f*; 2. Sumpfloch *n*; Sumpf *m*; 3. Exuvie *f*, abgestreifte Haut *f*; 4. abstreifen, abwerfen, sich häuten
slovenwood Eberraute *f*, Aberraute *f (Artemisia abrotanum)*
slowworm 1. Blindschleiche *f (Anguis fragilis)*; 2. Flossenfuß *m (Pygopus)*

sludge Schlamm *m*, Faulschlamm *m*, Klärschlamm *m*
activated [biological] ~ Belebtschlamm *m*
slug 1. Wegschnecke *f*; Egelschnecke *f*; 2. Larve *f* d[er] Blattwespen *(Tenthredinidae)*
ash-black ~ Schwarze Egelschnecke *f (Limax cinere[o]niger)*
bristly rose ~ Larve *f* der Ungleichen Rosenblattwespe *(Cladius isomerus)*
dusky ~ Gelbe Wegschnecke *f (Arion subfuscus)*
field ~ Gemeine Ackerschnecke *f (Deroceras agreste)*
garden ~ Braune Wegschnecke *f (Arion hortensis)*
gray field ~ → marsh slug
gray garden ~ Netz-Ackerschnecke *f (Derocera reticulatum)*
large black ~ Schwarze Wegschnecke *f (Arion ater)*
large red ~ Rote Wegschnecke *f (Arion rufus)*
marsh ~ Farnschnecke *f (Deroceras laeve)*
netted ~ → gray garden slug
pear ~ Larve *f* der Kirschblattwespe *(Caliroa cerasi)*
sea ~s Nacktkiemer *mpl (Nudibranchia)*
spotted garden ~ Große Egelschnecke *f (Limax maximus)*
white-soled ~ Graue Wegschnecke *f (Arion circumscriptus)*
slumber Schlummer *m*
flower ~ Blumenschlaf *m*
leaf ~ Blätterschlaf *m*
slurry 1. Gülle *f*, Jauche *f*; 2. Abwasserschlamm *m*
smallage Echter [Gemeiner] Sellerie *f (Apium graveolens)*
small-celled kleinzellig
small-combed [small-crested] *(Bot.)* klein gekämmt
small-fruited kleinfrüchtig
small-leaved kleinblättrig
smallmouth Kleinmäuliger Schwarzbarsch *m (Micropterus dolomieui)*
small-pistilled kleinnarbig
small-seeded kleinsamig
small-stalked kleinstengelig, kleinstielig
smartweed Pfefferknöterich *m*, Wasserpfeffer *m (Polygonum hydropiper)*
smear 1. Abstrich *m*, Ausstrich *m*, Ausstrichpräparat *n*; 2. ausstreichen
blood ~ Blutausstrich *m*
smell 1. Geruchsinn *m*; 2. Odor *m*, Geruch *m*
alliaceous ~ Knoblauchgeruch *m*; Zwiebelgeruch *m*
smellage Gartenliebstöckel *n*, Gelbes Liebstöckel *n (Levisticum officinale)*
smell-brain Riechhirn *n*, Rhinenzephalon *n*
smelling-stick Fenchelholzbaum *m*, Sassafraslorbeer *m (Sassafras officinale)*
smelt Stint *m (Osmerus eperlanus)*; (Gemeiner, Europäischer) Stint *m (Osmerus eperlanus)*; *pl* Stinte *mpl (Osmeridae)*
American ~ Amerikanischer [Asiatischer] Stint *m*, Seestint *m (Osmerus mordax)*
deep-sea ~s Goldlachse *mpl (Argentinidae)*

European ~ Europäischer Stint *m (Osmerus eperlanus eperlanus)*
freshwater ~ 1. Nudelfisch *m (Hypomesus olidus)*; 2. → American smelt
lesser ~ → silver smelt 2.
pond ~ → freshwater smelt 1.
rainbow ~ → American smelt
sand ~ Ährenfisch *m (Atherina)*; Kleiner Ährenfisch *m (Atherina mochon)*; Streifenfisch *m*, Priesterfisch *m (Atherina presbyter)*
silver [surf] ~ 1. Kleinmäuliger Kalifornischer Seestint *m (Hypomesus pretiosus)*; 2. Gemeiner Silberfisch *m*, Glasauge *n*, Goldflachs *m (Argentina sphyraena)*

smew 1. Säger *m (Mergus)*; 2. Zwergsäger *m (Mergus albellus)*
smick-smock Gemeine Wiesenkresse *f (Cardamine pratensis)*
smiddy-leaves Guter Heinrich *m (Chenopodium bonus-henricus)*
sminthopsis Schmalfußbeutelmaus *f (Sminthopsis)*
smoldering fire Schwelfeuer *n*, Schwelbrand *m*
smolt flußabwärtsziehender Lachs *m*
smoothed geglättet
smooth-edged ganzrandig
smooth-flowered glattblumig
smooth-fruited glattfrüchtig
smooth-hound Glatthai *m (Mustelus); pl* Glatthaie *mpl (Triakidae)*
dusky ~ Punktierter Glatthai *m (Mustelus canis)*
starry [stellate] ~ Sternhai *m*, Nördlicher Glatthai *m (Mustelus asterias)*
Sweet William's ~ Australischer Glatthai *m (Mustelus antarcticus)*

smooth-leaved glattblättrig
smooth-margined glattrandig, ganzrandig
smooth-muscle glatter (längsgestreifter) Muskel *m*
smooth-seeded glattsamig
smooth-shelled glattschalig; glattpanzerig
smooth-spiked glattährig
smooth-stalked glattstielig, glattstengelig
smut Brand *m*, Kornbrand *m*
ball ~ → stinking smut
black ~ Schwarzbrand *m (Erreger - Ustilago nigra)*
boil [blister] ~ Beulenbrand *m*, Maisflugbrand *m (Erreger - Ustilago zeae)*
bunt ~ → stinking smut
closed ~ → covered smut
common ~ → boil smut
covered ~ Hartbrand *m*, gedeckter Brand *m (Erreger - Ustilago hordei, Ustilago laevis)*
dwarf ~ Zwergsteinbrand *m (Erreger - Tiletia nanifica)*
false ~ falscher Brand *m (Erreger - Ustilagonoidea virens)*
flag ~ Stengelbrand *m (Erreger - Urocystis occulta)*
head ~ Kopfbrand *m*, Rispenbrand *m (Erreger - Sphacelotheca reiliana)*
kernel ~ Samenbrand *m (Erreger - Sphacelotheca spp.)*
leaf ~ 1. Blätterbrand *m (Erreger - Entyloma dactylidis)*; 2. Blattstrichelbrand *m (Erreger - Ustilago spp.)*
loose ~ nackter Brand *m*, Flugbrand *m (Erreger - Ustilago nuda)*
stinking ~ Stinkbrand *m (Erreger - Tilletia spp.)*
stripe ~ → flag smut
whole-head ~ → head smut

smutty brandig
snaffles Kanadisches Läusekraut *n (Pedicularis canadensis)*
snag Aststumpf *m*; Knorren *m*; Baumstumpf *m*
snail Schnecke *f*; *pl* Schnecken *fpl*, Bauchfüßer *mpl (Gastropoda)*
amber ~s Bernsteinschnecken *fpl (Succineidae)*
apple ~s Kugelschnecken *fpl (Ampullariidae)*
banded ~ → striped snail
brown garden ~ Gesprenkelte [Gefleckte] Weinbergschnecke *f (Helix aspersa)*
common river ~ → viviparous snail
Draparnaud's ~ Große Glanzschnecke *f (Oxychilus draparnaudi)*
edible [European garden] ~ (Große) Weinbergschnecke *f (Helix pomatia)*
garlic ~ Knoblauch-Glanzschnecke *f (Oxychilus alliarius)*
giant African ~ Achatschnecke *f (Achatina)*
glossy glass ~ Glatte Glanzschnecke *f (Oxychilus glaber)*
heath ~ Weitgenabelte Heidenschnecke *f (Helicella itala)*
land ~s Schnirkelschnecken *fpl (Helicidae)*
larger sandhill ~ Große Heidenschnecke *f (Helicella obvia)*
moss bladder ~ Moosblasenschnecke *f (Aplexa hypnorum)*
orb ~s Tellerschnecken *fpl (Planorbidae)*
pearly ~s Trochidenpl *(Trochidae)*
pond ~s 1. Sumpfschnecken *fpl*, Schlammschnecken *fpl (Lymnaeidae)*; 2. Blasenschnecken *fpl (Physidae)*; 3. Sumpfdeckelschnecken *fpl (Viviparidae)*
ramshorn ~s → orb snails
river ~s → pond snails 3.
Roman ~ → edible snail
sea ~ Scheibenbauch *m (Liparis); pl* Scheibenbäuche *mpl (Liparididae)*
shrub ~ → single-streak snail
singing ~ Zischende Weinbergschnecke *f (Helix aperta)*
single-streak ~ Gefleckte Schnirkelschnecke *f (Arianta arbustorum)*
snouted water ~s Schnauzenschnecken *fpl (Hydrobiidae)*
striped ~ Veränderliche Trockenschnecke *f (Cernuella virgata)*

striped dea ~ Großer Scheibenbauch *m (Liparis liparis)*
valve ~s Federkiemenschnecken *fpl (Valvatidae)*
violet ~s Veilchenschnecken *fpl (Jantinidae)*
viviparous ~ Lebendgebärende Sumpfdeckelschnecke *f*, Jungenwerfer *m (Viviparus viviparus)*
wheel ~ → orb snails
white garden ~ Mittelmeer-Sandschnecke *f (Theba pisana)*

snail-eating schneckenfressend

snailfish Scheibenbauch *m (Liparis); pl* Scheibenbäuche *mpl (Liparididae)*

snail-shaped schneckenförmig

snake 1. Schlange *f*; *pl* Schlangen *fpl (Seprentes)*; 2. sich schlängeln
Aesculapian ~ Äskulapnatter *f (Elaphe longissima)*
amphibious sea ~s Plattschwänze *mpl*, Plattschwanz-Seeschlangen *fpl (Laticaudidae)*
beaked ~ Schnabelnatter *f (Rhamphiophis)*
bird ~ → vine snake 2.
black ~ Schwarznatter *f (Coluber constrictor)*
blind ~s → worm snakes 2.
brown ~ 1. Braunschlange *f (Demansia)*; 2. Braunnatter *f (Storeria)*
brown water ~ Afrikanische Schwimm-Natter *f (Afronatrix)*
carpet ~ Rautenpython *(Morelia)*
cat ~ 1. Nachtbaumnatter *f (Boiga)*; 2. Katzennatter *f (Telescopus)*
chicken ~ Kletternatter *f*, Rattenschlange *f (Elaphe)*
colubrid ~s Nattern *fpl (Colubridae)*
common water ~ → water snake 1.
copperhead ~ 1. Dreieckkopfotter *f (Agkistrodon)*; 2. Australischer Kupferkopf *m (Austrelaps)*
coral ~s 1. *pl* Giftnattern *fpl (Elapidae)*; 2. Korallen-Rollschlangen *fpl (Anilius)*; 3. Echte Korallenottern *fpl*, Korallenschlangen *fpl (Micrurus)*; 4. Schmuckottern *fpl (Calliophis)*
corn ~ Kornnatter *f (Elaphe guttata)*
deep-sea ~s Schlangenmakrelen *fpl (Gempylidae)*
dwarf ~s Zwergnattern *fpl (Calamarinae)*
earth ~ Walzenschlange *f (Cylindrophis rufus)*
egg-eating ~s Afrikanische Eierschlangen *fpl (Dasypeltinae)*
elephant's trunk ~s → wart snakes
emerald ~ Grünnatter *f (Gastropyxis)*
file ~s Feilennattern *fpl (Mehelya)*
front-fanged ~s → coral snaker 1.
garter ~ 1. Strumpfbandnatter *f (Thamnophis)*; 2. *pl* Afrikanische Bänderkorallenschlangen *fpl (Elapsoidea)*
giant ~s Riesenschlangen *fpl*, Boaschlangen *fpl*, Pythonschlangen *fpl (Boidae)*
glass ~ Gewöhnliche Blindschlange *f (Typhlops braminus)*
glossy ~ Erznatter *f (Arizona)*
grass ~ 1. Ringelnatter *f*, Gemeine Natter *f (Natrix natrix)*; 2. Sandrennatter *f (Psammophis)*
gray-beaked ~ Schaufelnatter *f (Scaphiophis)*
green ~ 1. Grünnatter *f (Philothamnus semivariegatus)*; 2. Grasnatter *f (Opheodrys)*
green water ~ Grüne Wassernatter *f (Nerodia cyclopion)*
harlequin ~ Harlekin-Korallenotter *f (Micrurus fulvus)*
hog-nosed ~s Hakennasennattern *fpl (Heterodon)*
house ~s 1. Hausnattern *fpl*, Boazähner *mpl(Boaedon*; 2. Südafrikanische Hausschlangen *fpl (Lamprophis)*
Indian wart ~ → Javan wart snake
indigo ~ Indigoschlange *f (Drymarchon corais)*
iridiscent earth ~ Regenbogen-Erdschlange *f (Xenopeltisk unicolor)*
Javan wart ~ Indische [Javanische] Warzenschlange *(Acrochordus javanicus)*
keel-bellied water ~ Wasserschuppenkopf *m (Bitia hydroides)*
long-nosed ~ Nasennatter *f (Rhinocheilus)*
mangrove ~ Mangroven-Nachtbaumnatter *f (Boiga dendrophila)*
milk ~ Dreiecksnatter *f (Lampropeltis triangulum)*
oriental water ~s → wart snakes
parrot ~s Papageienschlangen *fpl*, Dünnschlangen *fpl (Leptophis)*
pelagic sea ~ Plättchen-Seeschlange *f (Pelamis platurus)*
pilot black ~ Erdnatter *f (Elaphe obsoleta)*
pipe ~s Rollschlangen *fpl*, Wühlschlangen *fpl (Aniliidae)*
queen ~ Königinschlange *f (Natrix septemvitata)*
rat ~ 1. → chicken snake; 2. Chinesische Rattennatter *f (Zaocys)*; 3. Spitzkopfnatter *f (Gonyosoma)*
red-bellied water ~ Rotbauch-Wassernatter *f (Nerodia erythrogaster)*
reed ~ → dwarf snake
ribbon ~ → garter snake 1.
Round-Island ~s Bolyer-Schlangen *fpl*, Mauritius-Boas *fpl (Bolyerinae)*
sand ~ → grass snake 3.
sea ~ 1. *pl* Seeschlangen *fpl (Hydrophiidae)*; 2. Meerschlange *f (Echelus myrus)*
shield-tailed ~s Schildschwänze *mpl*, Wühlschlangen *fpl (Uropeltidae)*
slender blind ~s → thread snakes
smooth ~ Glattnatter *f*, Schlingnatter *f (Coronella austriaca)f*
slug-eater ~ Afrikanischer Schneckenfresser *m (Duberria)*
striped ~s Augengrubennattern *fpl (Bothrophthalmus)*
sunbeam ~ Regenbogen-Erdschlange *f (Xenopeltis unicolor)*; *pl* Erdschlangen *fpl*, Wühlschlangen *fpl (Xenopeltidae)*
thread ~s Schlankblindschlangen *fpl*, Engmundschlangen *fpl (Leptotyphlopidae)*
tiger ~ → cat snake 1.

tree ~ → cat snake
twig ~ → vine snake 2.
typical ~ → colubrid ~s
vine ~ 1. Spitznatter *f (Oxybelis)*; 2. Baumnatter *f*, Vogelnatter *f (Thelotornis)*
wart ~s Warzenschlangen *fpl (Acrochordidae)*
water ~s 1. Wassernattern *fpl (Natricinae)*; 2. Wassertrugnattern *fpl (Homalopsinae)*
whip ~s Peitschennattern *fpl (Ahaetulla)*
wolf ~s Wolfsnattern *fpl (Lycophidion)*
wood ~ Erdboa *f*, Zwergboa *f (Tropidophis)*
worm ~s 1. → thread snakes; 2. Gewöhnliche Blindschlangen *fpl (Typhlopidae)*
worm-eating ~ Orientalische Wurmnatter *f (Trachischium)*
snakeberry 1. Bittersüßer Nachtschatten *m (Solanum dulcamara)*; 2. Rotes Christophskraut *n (Actaea rubra)*
snakebird Schlangenhalsvogel *m (Anhinga)*
snakefish Bandfisch *m (Lumpenus lampraetiformis)*
snakeflower 1. Weiße Lichtnelke *f (Melandrium album)*; 2. Weiße Taubnessel *f (Lamium album)*
snake-grass 1. Miere *f (Stellaria)*; 2. Sumpfvergißmeinnicht *n (Myosotis palustris)*
snakehead 1. Schlangenkopf *m (Channa); pl* Schlangenkopffische *mpl (Channidae)*; 2. Schildblume *f*, Schildkraut *n (Chelone)*
snake-pipes Sumpf-Schachtelhalm *m (Equisetum palustre)*
snakeroot 1. Giftwasserschierling *m*, Giftiger Wasserschierling *m (Cicuta virosa)*; 2. Wiesenknöterich *m (Polygonum bistorta)*; 3. Osterluzei *f (Aristolochia)*; 4. Wanzenkraut *n (Cimicifuga)*; 5. Bruchkraut *n*, Sanikel *m (Sanicula)*; 6. Kreuzblume *f (Polygala)*; 7. Männertreu *f (Eryngium)*; 8. Wasserdost *m (Eupatorium)*; 9. Haselwurz *f (Asarum)*; 10. → snakeberry 2.
black ~ → snakeroot 5.
button ~ Prachtscharte *f (Liatris)*
wild ~ Efeublättrige Gundelrebe *f*, Gundermann *m (Glechoma hederacea)*
snake's-beard Schlangenbart *m (Ophiopogon)*
snake's-head Brettspielblume *f*, Schachbrettblume *f (Fritillaria meleagris)*
snakeskin:
shed ~ Schlangenhaut *f*
snake's-tongue Natterzunge *f (Ophioglossum vulgatum)*
snakeweed 1. Fleckschierling *m*, Gefleckter Schierling *m (Conium maculatum)*; 2. Wiesenknöterich *m*, Natterwurz *f (Polygonum bistorta)*
snakewood Kanonenbaum *m (Cecropia)*
snap Schnappen *n*, Biß *m*
snapberry → snowberry
snapdragon 1. Löwenmaul *n*, Dorant *n (Antirrhinum)*; 2. Gemeine Akelei *f*, Waldakelei *f (Aquilegia vulgaris)*
snap-freezing schnelles Einfrieren *n*
snapjack Große Sternmiere *f (Stellaria holostea)*
snap mechanism *(Bot.)* Klappmechanismus *m*
snapper 1. Schnapper *m (Lutjanus); pl* Schnapper *mpl (Lutjanidae)*; 2. Massasauga *f*, Kettenklapperschlange *f (Sistrurus catenatus)*; 3. Alligatorschildkröte *f*, Kaimanschildkröte *f (Chelydra serpentina)*; 4. Aufgeblasenes Leimkraut *n (Silene latifolia)*; 5. Große Sternmiere *f (Stellaria holostea)*
black ~ Schoolmaster *m (Lutjanus apodus)*
blue ~ 1. Grüner Schnapper *m (Aprion virescens)*; 2. Blaubarsch *m*, Blaufisch *m (Pomatomus saltatrix)*
emperor (red) ~ Kaiserschnapper *m (Lutjanus sebae)*
gray ~ 1. → red snapper 2.; 2. Grauer Schnapper *m (Lutjanus griseus)*
lane ~ → red-tail snapper
red ~ 1. Kaiserfisch *m*, Kaiserbarsch *m (Beryx); pl* Schleimfische *mpl*, Schleimköpfe *mpl (Berycidae)*; 2. Roter Schnapper *m (Lutjanus argentimaculatus)*
red-tail ~ Rotschwanzschnapper *m (Lutjanus synagris)*
ribboned ~ Gestreifter Schnapper *m (Lutjanus lemniscatus)*
silk ~ Seidenschnapper *m (Lutjanus vivanus)*
yellow ~ Gelber Schnapper *m (Lutjanus argentiventus)*
yellow-streaked ~ → ribboned snapper
yellowtail ~ Gelb(schwanz)schnapper *m (Ocyurus chrysurus)*
snapping ~ Schnappen *n*
objectless ~ Nach-"Nichts"-Schnappen *n*
snapweed Springkraut *n (Impatiens)*
snare 1. Schlinge *f*, Fallstrick *m*, Falle *f*; 2. mit einer Schlinge fangen
snarl 1. knurren; die Zähne fletschen; 2. Knurren *n*; Zähnefletschen *n*
sneeze 1. Niesen *n*; 2. niesen
sneezeweed Sonnenbraut *f (Helenium)*
sneezewort (-tansy) Sumpf-Schafgarbe *f (Achillea ptarmica)*
sniff 1. schnüffeln; 2. Schnüffeln *n*; 3. riechen; 4. kurzer Atemzug *m*
sniffing Schnüffeln *n*
snipe Bekassine *f (Gallinago)*
Auckland ~ Auckland-Schnepfe *f (Coenocorypha aucklandica)*
Australian ~ → Latham's snipe
banded ~ Kaiserbekassine *f (Gallinago imperialis)*
common ~ Sumpfschnepfe *f*, Bekassine *f (Gallinago gallinago)*
double ~ → great snipe
Eastern solitary ~ Spießbekassine *f (Gallinago stenura)*
European [fantail] ~ → common snipe
giant ~ Riesenbekassine *f (Gallinago undulata)*
grass ~ → half snipe
great ~ Doppelschnepfe *f (Gallinago media)*
greater painted ~ → painted snipe
half [jack] ~ Zwergschnepfe *f (Limnocryptes minimus)*
imperial ~ → banded snipe
jack ~ → half snipe

marsh ~ Waldbekassine *f (Gallinago megala)*
noble ~ Langschnabelbekassine *f (Gallinago nobilis)*
painted ~ Goldschnepfe *f*, Buntschnepfe *f (Rostatula benghalensis)*
pin-tailed ~ → Eastern solitary snipe
red-breasted ~ Kurzschnabel-Schlammläufer *m*, Schlammläufer *m (Limnodromus griseus)*
robin ~ Knutt *m*, Isländischer Strandläufer *m (Calidris canutus)*
sea ~ Schnepfenfisch *m*, Seeschnepfe *f*, Meerschnepfe *f (Macrorhamphosus scolopax)*
small ~ → half snipe
solitary ~ Bergbekassine *f (Gallinago solitaria)*
Swinhoe's ~ Waldbekassine *f (Gallinago megala)*
wood ~ Nepal-Bekassine *f (Gallinago nemoricola)*
snipefish Schnepfenfische *mpl*, Seeschnepfen *fpl (Macrorhamphosidae)*
snoek Atun *m*, Snoek *m (Thyrsites atun)*
snook Snook *m (Centropomus); pl* Barramundi *mpl (Centropomidae)*
common [thin] ~ Olivgrüner Snook *m (Centropomus undecimalis)*
snort (wütend) schnauben
snout Schnauze *f*
snout-shaped rüsselartig, rüsselförmig
snowball Schneeball *m (Viburnum)*
common ~ Gemeiner Schneeball *m (Viburnum opulus)*
wild ~ Rorwurzel *f (Ceanothus americanus)*
snowbell Storaxbaum *m (Styrax)*
snowberry Schneebeere *f*, Schneeholder *m (Symphoricarpus)*
snowbird Winterammer *f (Junco hyemalis)*
snowbreak Schneebruch *m*, Schneeschaden *m*
snowcock Königshuhn *n (Tetraogallus)*
snowdrift Duft-Steinbrech *m (Alyssum maritimum)*
snowdrop 1. Knotenblume *f (Leucojum)*; 2. Windröschen *n (Anemone)*; 3. Gemeines Schneeglöckchen *n (Galanthus nivalis)*
yellow ~ Amerikanische Zahnlilie *f (Erythronium americanum)*
snowflake 1. → snowdrop 1.; 2. Schneeammer *f (Plectrophenax nivalis)*; 3. Bartnelke *f*, Büschelnelke *f (Dianthus barbatus)*
summer ~ 1. Doldenmilchstern *m*, Doldiger Milchstern *m (Ornithogalum umbellatum)*; 2. Sommerknotenblume *f (Leucojum aestivum)*
snow-in-summer Filziges Hornkraut *n (Cerastium tomentosum)*
snuffer Schweinswal *m (Phocoena phocoena)*
snuppy Straßenkehrer *m (Lethrinus nebulosus)*
soak 1. durchtränken, durchnässen; 2. imprägnieren; 3. durchsickern
soapberry 1. Seifenbaum *m (Sapindus)*; 2. Kanadische Büffelbeere *f (Shephordia canadensis)*
soapwort Seifenkraut *n (Saponaria)*
soar 1. segelfliegen, segeln; 2. Segeln *n*; 3. (hoch) aussteigen; 4. in großer Höhe schweben
sobole Wurzelsproß *m*; Stocksproß *m*
soboliferous wurzelsproßtragend
sociability Soziabilität *f*, Geselligkeit *f*, Sozialität *f*
social *(Zool.)* gesellig
sociality → sociability
sociation Soziation *f*
socies Sozion *f*, Sozies *f*
society Sozietät *f*; Gesellschaft *f*
animal ~ Tiergesellschaft *f*
bee ~ Bienenstaat *m*
migratory ~ Wandergesellschaft *f*
socket 1. Höhle *f*, Pfanne *f (eines Gelenks)*; 2. Zahnalveole *f*, Zahnfach *n*
antennary ~ *(Ent.)* Fühlergrube *f*
sockeye Blaurücken(lachs) *m (Oncorhynchus nerka)*
landlocked ~ im Süßwasser verbleibendes Blaurückenlachs *m*
spring [run] ~ → sockeye
sod Rasen *m*, Rasendecke *f*; Sode *f*
sodding Rasenbildung *f*
soddy Rasen..., Horst..., rasenartig
sodic Natrium...
sofia Meerschwert *m*, (Gemeiner) Schwertfisch *m (Xiphias gladius)*
soften weichmachen; enthärten
softener Weichmacher *m*, Enthärter, Enthärtungsmittel *n*
softening:
water ~ Wasserenthärtung *f*
soft-fruited weichfrüchtig
soft-leaved weichblättrig
softness Weichheit *f*
soft-shells Dreiklauen-Weichschildkröten *fpl (Trionyx)*
soft-shelled Weichschild...
soggy feucht, sumpfig; staunaß
soil 1. Boden *m*, Erdboden *m*, Erdreich *n*
alluvial ~ Alluvialboden *m*, Schwemmlandboden *m*
bogged ~ Anmoorboden *m*, mooriger Boden *m*
bottomland ~ Niederungsboden *m*, Auenboden *m*
brown ~ Braunerde *f*
buried ~ fossiler Boden *m*
chalky ~ Kalkboden *m*
chernozem ~ Tschernosem *m*, Steppenschwarzerde *f*
clay ~ Tonboden *m*, Lehmboden *m*
coarse ~ Bodenskelett *n*
fine ~ Feinerde *f*, Feinboden *m*
laterite ~ Lateriterde *f*
loam ~ Lehm *m*
loess ~ Löß *m*
marl ~ Mergel *m*
native ~ Mutterboden *m*
peaty ~ Anmoor *n*
permanently frozen ~ Dauerfrostboden *m*
red ~ Roterde *f*, Rotlehm *m*
soil-dwelling bodenbewohnend
soil-forming 1. Bodenbildung *f*; 2. bodenbildend
soiling Verschlämmung *f*
soil-inhabiting bodenbewohnend

olan Tölpel *m (Sula)*
olar solar, Sonnen...
olarization Sonnenbestrahlung *f*
oldier 1. *(Ent.)* Soldat *m*; 2. *(Bot.)* Krebsschere *f*, Wasseraloe *f (Stratiotes)*; 3. Waldlichtnelke *f (Melandrium silvestre)*; 4. *pl* Soldatenfische *mpl (Holocentridae)*
blotch-eyed ~ Roter Eichhörnchenfisch *m (Myripristis murdjan)*
fresh-water ~ Aloekrebsschere *f*, Gemeine Wasser-Aloe *f (Stratiotes aloides)*
gallant ~ Kleinblütiges Knopfkraut *n (Galinsoga parviflora)*
oldierfish Soldatenfisch *m (Holocentrus); pl* Soldatenfische *mpl*; Eichhörnchenfische *mpl (Holocentridae)*
oldier's-woundwort → sanguinary
ole 1. Sohle *f*, Fußsohle *f*; 2. Seezunge *f*, Zunge *f (Solea solea); pl* Seezungen *fpl*, Zungenschollen *fpl (Soleidae)*; 3. *pl* Hundszungen *fpl (Cynoglossidae)*; 4. Kliesche *f (Limanda)*; 5. *pl* Plattfischartige *mpl*, Pfadfische *mpl (Pleuronectiformes)*
American ~ Zwergflunder *f*, Schweinewürger *m (Achirus fasciatus)*
arrowtooth ~ Amerikanischer Pfeilzahn-Heilbutt *m (Atherestes stomias)*
brown ~ Gelbgestreifte Kliesche *f (Limanda herzensteini)*
common ~ Gemeine Seezunge *f (Solea vulgaris)*
creeping ~ Fußsohle *f*
dover ~ → common sole
dover lemon ~ Kleinköpfige Scholle *f*, Rotzunge *f (Microstomus kitt)*
flathead ~ Heilbuttschole *f (Hipoglossoides elassodon)*
four-eyed ~ Augenfleckige Seezunge *f (Microchirus ocellatus)*
gray ~ Zungenbutt *m*, Rotzunge *f (Glyptocephalus cynoglossus)*
lined ~ → American sole
little ~ → yellow sole
sand ~ Sandzunge *f*, Seezunge *f (Solea lascaris)*
thick-backed ~ Bastardzunge *f (Microchirus variegatus)*
tongue ~**s** → sole 3.
true ~ Seezungen *fpl*, Zungenschollen *fpl (Soleidae)*
warty ~ → sand sole
yellow ~ Zwergseezunge *f (Buglossidium luteum)*
yellowfin ~ Dukatenfisch *mpl (Limanda aspera)*
leal Schollenmuskel...
lenocyte Solenozyt *m*
lenodon Schlitzrüßler *m (Solenodon)*
Cuban ~ Kubanischer Schlitzrüßler *m (Solenodon cubanus)*
leplate Sohlenplatte *f*, motorische Endplatte *f*
leus Schollenmuskel *m*
licitation [soliciting] dringende Bitte *f*
lid 1. fest; 2. hart, kompakt; 3. kräftig; 4. einfarbig; 5. Festkörper *m*; 6. *pl* feste Bestandteile *pl*
algal ~**s** Algensuspension *f*
solid-hoofed Unpaarhufer...
solidification Erstarrung *f*; Härtung *f*
solidify erstarren, fest werden
solids 1. Feststoffe *mpl*; 2. Trockenmasse *f*, Trockensubstanz *f*
solid-supported trägerfixiert, trägergebunden
solidungulate Unpaarhufer *m*, Einhufer *m*
soliped Einhufer *m*
solitaire Klarino *n (Entomodestes)*
solitary solitär, einzellebend, vereinzelt
Solomon's-plume Schattenblume *f (Smilacina)*
solubility Löslichkeit *f*
solubilization Solubilisierung *f*, Löslichmachung *f*
solubilize löslich machen
solubilizer Lösungsvermittler *m*
soluble löslich, auflösbar
water ~ wasserlöslich
solute gelöster Stoff *m*
solution Lösung *f*
aqueous ~ wäßrige Lösung *f*
buffer ~ Pufferlösung *f*
destain ~ entfärbende Lösung *f*
food ~ Nährlösung *f*
nutrient ~ Nährlösung *f*
physiological (salt) ~ physiologische Kochsalzlösung
preservative ~ Fixierlösung *f*
reference ~ Kontrollösung *f*
saline ~ Salzlösung *f*
staining ~ färbende Lösung *f*, Farbstofflösung *f*
stock ~ Stammlösung *f*; Vorratlösung *f*
strong ~ konzentrierte Lösung *f*
tracer ~ Indikatorlösung *f*
weak ~ schwache [dünne] Lösung *f*
solutizer Lösungsvermittler *m*
solvable löslich
solvation Solvatation *f*, Solvatisierung *f*
solve (auf)lösen
solvent 1. Lösungsmittel *n*, Solvens *n*; 2. lösend, auflösend
soma Soma *n*, Körper *m*
somactid Flossenstrahl *m*
somaesthesia Somästhesie *f*, Körpergefühl *n*, Körperempfindung *f*
somatic somatisch, leiblich, körperlich, Körper...
somatoblast Somatoblast *m*
somatogamy Somatogamie *f*
somatogenic somatogen, körperlich bedingt
somatology Somatologie *f*, Körperlehre *f*
somatolysis Somatolyse *f*
somatome Somit *n*, Körpersegment *n*
somatometry Somatometrie *f*, Körpermessung *f*
somatopleure Somatopleura *f*
somatosensory somatosensorisch
somatotropic somatotrop(isch)
somatotropin somatotropes Hormon *n*, Somatotrophin *n*, Wachstumshormon *n*

chorionic ~ Chorionsomatotropin *n*
somatotropism Somatotropismus *m*
somatotype Körperbautyp *m*, Konstitutionstyp *m*
somesthesia → somaesthesia
somite Somit *n*, Ursegment *n*
somitic Ursegment...
somnial Schlaf...
son:
prodigial ~ Offizierfisch *m*, Königsbarsch *m* *(Rachycentron canadus)*
song Gesang *m*
amorphic ~ amorpher [strukturloser] Gesang *m*
courtship ~ Balzgesang *m*
pair ~ Duett *n*
rival ~ Rivalengesang *m*
territorial ~ Reviergesang *m*
songbird [songster] Singvogel *m*
songlark Lerchensänger *m* *(Cinclorhamphus)*
sonicate beschallen
sonication Beschallung *f*
sonogram Klangspektrogramm *n*, Sonogramm *n*
sonometer Sonometer *n*
soopoo-lalia Kanadische Ölweide *f* *(Elaeagnus canadensis)*
soothsayers Fangheuschrecken *fpl*, Gottesanbeterinnen *fpl* *(Mantodea)*
sooty rußfarben, rußbraun
sophora Schnurbaum *m*, Sophore *f* *(Sophora)*
soappy saftig
sora Karolinen-Sumpfhuhn *n* *(Porzana carolina)*
sorb sorbieren
sorediate soredientragend
soredium *(Bot.)* Soredium *n*, Soredie *f*
sorghum Sorghum *n*, Hirse *f* *(Sorghum)*
grain ~ Durra *f*, Mohrenhirse *f* *(Sorghum vulgare)*
saccharine [sugar, sweet] ~ Zuckerhirse *f*, Zuckersorgho *n* *(Sorghum saccharatum)*
soriferous sorustragend
sorose Scheinbeere *f*, Haufenfrucht *f*, Beerenhaufen *m*
sorosis zusammengesetzte Frucht *f*
sorption Sorption *f*, Anlagerung *f*
sorrel Ampfer *m* *(Rumex)*
English ~ 1. Garten-Ampfer *m* *(Rumex patientia)*; 2. Wiesen-Sauerampfer *m*, (Großer) Sauerampfer *m* *(Rumex acetosa)*
field ~ Kleiner Ampfer *m*, Kleiner Sauerampfer *m* *(Rumex acetosella)*
French ~ Schildampfer *m* *(Rumex scutatus)*
garden [green] ~ (Großer) Sauerampfer *m* *(Rumex acetosa)*
horse ~ → field sorrel
lady's ~ Hornfrüchtiger Sauerklee *m* *(Oxalis corniculata)*
meadow ~ → garden sorrel
mountain ~ Säuerling *m* *(Oxyria digyna)*
procumbent yellow ~ → lady's sorrel
red [sheep] ~ → field sorrel
true wood ~ 1. → field sorrel; 2. → wood sorrel 1.
wood ~ 1. Wald-Sauerklee *m* *(Oxalis acetosella)*; 2. → field sorrel
sort sortieren, (ein)ordnen; Sorte *f*
sorus Sorus *m*, Sporenhäufchen *n*
SOS-reparation *(Mol.)* SOS-Reparatur *f*
sound 1. Schall *m*, Laut *m*; 2. (er)schallen, (er)klingen; 3. Sonde *f*; 4. gesund, intakt
fish ~ Schwimmblase *f*
ultrasonic ~ Ultraschall *m*
sound-absorbing schalldämpfend
sounder 1. Lot *n*; 2. Wildschweinrudel *n*
sour 1. säuern, ansäuern; sauer werden; 2. sauer; 3. kalkarm *(Boden)*
sourberry Kleine Moosbeere *f* *(Oxycoccus quadripetalus)*
source 1. Quelle *f*; 2. Ausgangsstoff *m*
protein ~ Proteinquelle *f*
sour-leek Kleiner Ampfer *m*, Kleiner Sauerampfer *m* *(Rumex acetosella)*
soursop Stachelanone *f*, Stachliger Flaschenbaum *m* *(Anona muricata)*
sourtop Kanadische Heidelbeere *f*, Kanadische Moosbeere *f* *(Vaccinium canadense)*
sousa:
Indo-Pacific ~ Chinesischer Weißer Delphin *m* *(Sotalia chinensis)*
West African ~ Kamerun-Flußdelphin *m* *(Sotalia teuszi)*
souslik Ziesel *m* *(Citellus)*
large-toothed ~ Gelb-Ziesel *m*, Gelbe Zieselmaus *m* *(Citellus fulvus)*
little ~ Kleiner Ziesel *m*, Zwerg-Ziesel *m* *(Citellus pygmaeus)*
longtailed (Siberian) ~ Langschwänziger Ziesel *m* *(Citellus undulatus)*
red-cheeked [russet] ~ Großer [Rötlicher] Ziesel *m* *(Citellus major)*
spotted ~ Perl-Ziesel *m* *(Citellus suslicus)*
southernwood → slovenwood
sow 1. Sau *f*, Mutterschwein *n*, Schwein *n*; 2. säen, aussäen
sowbane Mauer-Gänsefuß *m* *(Chenopodium murale)*
sow-berry → sourberry
sow-foot Gemeiner Huflattich *m* *(Tussilago farfara)*
sowing 1. Aussaat *f*, Saat *f*; 2. Saat...
sow-tit Gemeine Erdbeere *f*, Wald-Erdbeere *f* *(Fragaria vesca)*
soya Sojabohne *f* *(Glycine)*
space Raum *m*, Zwischenraum *m*
air ~ Luftraum *m*, Lufthöhle *f*
anatomical dead ~ anatomischer Totraum *m*
apparent free ~ freier Raum *m*
arachnoid ~ Subarachnoidalraum *m*
blood ~ Blutlakune *f*
dead ~ Totraum *m*
Disse's ~ Dissescher Raum *m*, Perisinusoidalraum *m*

functional ~ physiologischer [funktioneller] Raum *m*
intercellular ~ Interzellularraum *m*, Zwischenzellraum *m*
intercostal ~ Zwischenrippenraum, Intercostalraum *m*
living ~ Lebensraum *m*
lymph ~ Lymphraum *m*, Lymphsinus *m*
perilymphatic ~ Perilymphraum *m*, perilymphatischer Raum *m*
perisinusoidal ~ → Disse's space
perivascular ~ Virchow-Robinscher Raum *m*, perivaskulärer Spaltraum *m*
physiological ~ physiologischer [funktioneller] Raum
respiratory dead ~ Totraum *m*
Robin-His ~ → perivascular space
Virchow-Robin ~ → perivascular space
spacer 1. Zwischenstück *n*, Abstandstück *n*; 2. Spacer *m* *(nichtkodierende DNA-Sequenz)*
spadebill Breitschnabel *m (Platyrinchus)*
spadefish 1. Argusfisch *m (Scatophagus); pl* Argusfische *mpl (Scatophagidae)*; 2. *pl* Spatenfische *mpl*, Drepanen *fpl (Ephippididae)*
spadefoots Krötenfrösche *mpl*, Schaufelfüße *mpl (Pelobatidae)*
spadger Haussperling *m (Passer domesticus)*
spadicate blütenkolbentragend
spadiceous 1. kolbenförmig; 2. dattelbraun
spadices *pl von* spadix
spadiciflorous kolbenblütig
spadiciform kolbenförmig
spadix Kolben *m*, Blütenkolben *m*, Spadix *m*
spado kastriertes Tier *n*
spadun (Europäischer) Aal *m*, Flußaal *m (Anguilla anguilla)*
span Dauer *f*
life ~ Lebensdauer *f*
spanandry Spanandrie *f*
spangled with besät mit, besetzt mit
spangles Rotwurzel *f (Ceanothus americanus)*
spanogyny Spanogynie *f*
spanworm Raupe *f* des Spanners *(Geometridae)*
sparadas Seebarsche *mpl (Embiotocidae)*
sparing sparsam, mäßig
sparling Stint *m (Osmerus eperlanus)*
sparrow Sperling *m (Passer)*
black-capped ~ Kapuzen-Ruderfink *m (Arremon abeillei)*
black-chested ~ Schwarzbrustammer *f (Aimophila humeralis)*
black-chinned ~ Schwarzkinnammer *f (Spizella atrogularis)*
black-throated ~ Schwarzkehlammer *f (Amphispiza bilineata)*
bush ~ Buschsperling *m*, Kleiner Kehlsperling *m (Petronia dentata)*
chipping ~ Schwirrammer *f*, Kiefernammer *f (Spizella passerina)*
cinnamon ~ Rötelsperling *m (Passer rutilans)*
cinnamon tailed ~ Zimtschwanzammer *f (Aimophila sumichrasti)*
clay-colored ~ Fahlammer *f (Spizella pallida)*
desert ~ 1. → black-throated sparrow; 2. Wüstensperling *m (Passer simplex)*
diamond ~ Diamantamadine *f*, Diamantflink *m (Stagonopleura guttata)*
eastern fox ~ Fuchsammer *f (Passerella iliaca)*
English ~ → house sparrow
field ~ Klapperammer *f*, Feldammer *f (Spizella pusilla)*
five-striped ~ Fünfstreifenammer *f (Aimophila quinquestriata)*
Gambel's ~ → white-crowned sparrow
golden-crowned ~ Goldscheitel-Ammerfink *m*, Kronenammer *f (Zonotrichia atricapilla)*
golden-winged ~ Goldflügel-Ruderammer *f (Arremon schlegeli)*
hedge ~ Braunelle *f (Prunella modularis)*
house ~ Haussperling *m (Passer domesticus)*
Java ~ Reisfink *m*, Reisvogel *m (Padda oryzivora)*
jungle ~ Dschungelsperling *m (Passer pyrrhonotus)*
lark ~ Rainammer *f*, Lerchenammer *f (Chondestes grammacus)*
Lincoln's ~ Linkolnammer *f (Zonotrichia lincolni)*
olive ~ Olivrückenammer *f (Arremonops rifivirgata)*
pale rock ~ Arabien-Steinsperling *m*, Fahlsperling *m (Petronia brachydactyla)*
rock ~ Steinsperling *m (Petronia petronia)*
rusty ~ Rostrückenammer *f (Aimophila rufescens)*
saxaul ~ Saxaulsperling *m (Passer ammodendri)*
seaside ~ Strandammer *f*, Strandammerfink *m (Ammospiza maritima)*
song ~ Singammer *f (Zonotrichia melodia)*
Spanish ~ Weidensperling *m (Passer hispaniolensis)*
striped ~ Streifenammer *f (Oriturus superciliosus)*
swamp ~ Sumpfammer *f (Zonotrichia georgiana)*
tree ~ 1. Baumammer *f (Spizella arborea)*; 2. Feldsperling *m (Passer montanus)*
vesper ~ Abendammer *f (Pooecetes gramineus)*
white-crowned ~ Dachsammer *f (Zonotrichia leucophrys)*
white-throated ~ Weißkehl-Ammerfink *m (Zonotrichia albicollis)*
sparrowgrass Garten-Spargel *m (Asparagus officinalis)*
sparrow-hawk Sperber *m (Accipiter nisus)*
American ~ Buntfalke *m (Falco sparverius)*
besra ~ Besrasperber *m (Accipiter virgatus)*
bicoloured ~ Zweifarbensperber *m (Accipiter bicolor)*
black ~ Mohrenhabicht *m*, Trauerhabicht *m (Accipiter melanoleucus)*
collared ~ Sydneys-Sperber *m (Accipiter cirrocephalus)*
great ~ → black sparrow-hawk
lesser ~ Trillersperber *m (Accipiter gularis)*
little ~ Zwergsperber *m (Accipiter minullus)*
red-breasted ~ Rotbauchsperber *m (Accipiter rufiven-*

tris)
tiny ~ Däumlingssperber *m (Accipiter superciliosus)*
sparrow-tongue Vogelknöterich *m (Polygonum aviculare)*
sparrow-wort Spatzenzunge *f*, Purgierstrauch *m (Thymelaea)*
sparse zerstreut, spärlich, vereinzelnt; unregelmäßig verteilt
sparsely spärlich; zerstreut, vereinzelt
sparsiflorous zerstreutblütig, lockerblütig
sparsifolious zersrteutblättrig, lockerblättrig
spart Glanzfrüchtige Binse *f*, Glanzbinse *f (Juncus lamprocarpus)*
spasm Krampf *m*, Spasmus *m*
spasmodic 1. spastisch, verkrampft, Krampf...; 2. spasmodisch, krampfartig
spat 1. Muschellaich *m*; Austernlaich *m*; 2. *pl* junge Auster *pl*; junge Muscheln *fpl*; junge Schalentiere *npl*; 3. laichen *(besonders Muscheln)*
spathaceous [spathal] 1. blütenscheideförmig; 2. blütenscheidetragend
spathe Spatha *f*, Blütenscheide *f*, Hochblatt *n*
spatial räumlich, Raum...
spatula Spatel *m*
spatulate spatelig, spatelförmig
spawn 1. Laich *m*; 2. laichen, ablaichen; 3. Myzel *n*, Pilzfadengeflecht *n*
spawner Rog(e)ner *m*, Fischweibchen *n* zur Laichzeit
spawning 1. Laichablage *f*, Laichen *n*, Ablaichen *n*; 2. laichend; 3. Laich...
spay kastrieren *(weibliches Tier)*, die Eierstöcke entfernen
spear 1. Sproß *m*; 2. (auf)sprießen, sprossen; 3. Lanze *f*, Spieß *m*
spear-bearing spießtragend
spear-bristled borstenspornig, dornenborstig
spearfish Fächerfisch *mpl (Istiophorus nigricans)*; *pl* Fächerfische *mpl*, Marlins *mpl (Istiophoridae)*
Indian ~ Schwarzer Marlin *m (Makaira indica)*
Japanese ~ → shortbill spearfish
long-billed ~ Langschnäuziger Speerfisch *m (Tetrapturus belone)*
shortbill ~ Kurzschnäuziger Speerfisch *m (Tetrapturus angustirostrus)*
spear-lipped spießlippig
spearmint Grüne Minze *f (Mentha spicata)*
spear-shaped spießförmig
spearwood Veilchenholz *n (Acacia homalophylla)*
spearwort Hahnenfuß *m (Ranunculus)*
creeping ~ Kriechender Hahnenfuß *m (Ranunculus repens)*
great ~ Großer Hahnenfuß *m*, Zungenhahnenfuß *m (Ranunculus lingua)*
lesser ~ Brennender Hahnenfuß *m (Ranunculus flammula)*
low ~ Zwerg-Hahnenfuß *m (Ranunculus pusillus)*
specialization Spezialisation *f*, Spezialisierung *f*
specialized spezialisiert
speciation Artbildung *f*, Speziation *f*, Artentstehung *f*
species Art *f*, Spezies *f*
accompanying ~ Begleiter *m*
adventitious ~ adventive Art *f*
aggressive ~ eindringende Art *f*
associated ~ „treue" Art *f*
bridging ~ Übergangsart *f*
characteristic ~ Charakterart *f*; Leitart *f*
collective ~ Sammelart *f*
companion ~ *(Ökol.)* Begleitart *f*, azöne Art *f*
constructive ~ aufbauende Art *f*
deleted ~ ausgestorbene Art *f*
demoid ~ formenreiche Art *f*
destructive ~ abbauende [zerstörende] Art *f*
differential ~ Differentialart *f*, Trennart *f*, differentielle Art *f*
digenomic ~ tetraploide Art *f*
endangered ~ gefährdete Art *f*
epiobiotic ~ → deleted species
faithful ~ gesellschaftstreue Art *f*
geminate ~ Vikariant *n*, vikariierende Art *f*
incipient ~ Semi-Spezies *f*, Prospezies *f*
indicator ~ Zeigerart *f*
indifferent ~ gesellschaftsvage Art *f*
invading ~ Kolonistart *f*, Kolonist *m*
local ~ einheimische Art *f*
native ~ einheimische Art *f*
original ~ Stammart *f*
relict ~ Relikt *n*
sibling ~ Geschwisterarten *fpl*, Zwillingsarten *fpl*
strange ~ gesellschaftsfremde Art *f*
substitute ~ Vikariant *n*, vikariierte Art *f*
tramp ~ adventive Art *f*
twin ~ Zwillingsarten *fpl*, Doppelarten *fpl*, Geschwisterarten *fpl*
vanishing ~ verschwindende Art *f*
vicarious ~ Vikariant *n*, vikariierende Art *f*
species-specific artspezifisch
species-typical arttypisch, arteigen
specific spezifisch, Art...
host ~ wirtsspezifisch
specificity Spezifität *f*
specimen 1. Exemplar *n*, Individuum *n*; 2. Muster *n*, Probe *f*
speck Fleckenkrankheit *f*, Fleckigkeit *f (der Pflanzen)*
speckled gesprenkelt
spectra *pl von* spectrum
spectrum Spektrum *n*
speed of response Reaktionsgeschwindigkeit *f*
speedster → spotted speedster
spotted ~ Gefleckte Königsmakrele *f (Scomberomoru maculatus)*
speedwell Ehrenpreis *m (Veronica)*; Ähriger Ehrenprei *m (Veronica spicata)*
bird's-eye ~ Gamander-Ehrenpreis *m (Veronica chamaedrys)*; Persischer Ehrenpreis *m (Veronica persica)*

common ~ Echter Ehrenpreis *m (Veronica officinalis)*
corn ~ Feld-Ehrenpreis *m (Veronica arvensis)*
field [garden] ~ Acker-Ehrenpreis *m (Veronica agrestis)*
germander ~ Gamander-Ehrenpreis *m*, Wilder Gamander *m (Veronica chamaedrys)*
marsh ~ Schild-Ehrenpreis *m (Veronica scutellata)*
purslane ~ Fremder Ehrenpreis *m (Veronica peregrina)*
skullcap ~ → marsh speedwell
upland ~ → common speedwell
wall ~ → corn speedwell
water ~ Wasser-Ehrenpreis *m (Veronica anagallis-aquatica)*
speerhawk Habichtskraut *n (Hieracium)*
spelaean höhlenbewohnend; Höhlen...
speleobios Höhlenorganismen *mpl*
speleology Speläologie *f*, Höhlenforschung *f*
spellbone Wadenbein *n*
spelt Spelzweizen *m*, Spelt *m (Triticum spelta)*
small ~ Einkorn *n (Triticum monococcum)*
speltoid *(Bot.)* spelzähnlich
spent *(von Eiern oder Samen)* entleert; nach dem Laichen
sperling 1. → sparling; 2. junger Hering *m*
sperm 1. Sperma *n*, Samen *m*; 2. Spermie *f*, Spermatozoon *n*, Spermatozoid *n*; 3. Antherozoid *n*
active ~ aktive [bewegliche] Spermatozoide *npl*
spermaduct Samengang *m*; Samenleiter *m*
spermagone [spermagonium] Spermatogonie *f*, Ursamenzelle *f*, Samenbildungszelle *f*
spermaphyte Spermatophyt *m*, Samenpflanze *f*
spermarium [spermary] Hoden *m*
sperm-aster spermatische Aster *f*
spermatangium Spermatangium *n*
spermateliosis 1. Spermatogenese *f*; 2. Spermiogenese *f*
spermatheca Spermatheka *n*
spermatic 1. spermatisch, Samen...; 2. spermienartig; 3. Samenstrang...
spermatid Spermatide *f*, Spermatoblast *m*
spermatium Spermatium *n*
spermatize besamen
spermatoblast Spermatoblast *m*, Spermatide *f*
spermatocyst Samenblase *f*
spermatocyte Spermatozyt *m*, Spermozyt *m*
primary ~ primärer Spermatozyt *m*
secondary ~ sekundärer Spermatozyt *m*
spermatogenesis Spermatogenese, Samenzellenbildung *f*
spermatogenetic [spermatogenous] 1. dem Samen entstammend; 2. spermienbildend
spermatogonium Spermatogonie *f*, Samenbildungszelle *f*, Ursamenzelle *f*
spermatoid spermatoid, spermienartig, samenzellenförmig
spermatophore Spermatophore *f*, Spermaträger *m*, Samenpaket *n*
spermatophyte Spermatophyt *n*, Samenpflanze *f*
spermatoplasm Spermatoplast *m*, männliche Geschlechtszelle *f*
spermatopoietic samenbildend
spermatoplast [spermatostrate] samenverbreitend
spermatotheca Spermatheka *n*; Samentasche *f*
spermatozoid [spermatozoon] Spermatozoid *n*, Spermium *n*, Samenzelle *f*
flagellate ~ begeißelte Samenzelle *f*
nonflagellate ~ nicht begeißelte Samenzelle *f*
spermidine Spermidin *n*
spermiducal Samenleiter..., Samengang...
spermiduct Samenleiter *m*, Samengang *m*
spermiogenesis Spermiogenese *f*, Spermatozoenbildung *f*
spermium Spermium *n*, Spermatozoid *n*, Samenzelle *f*
spermoblast Spermatide *f*
spermoderm Samenschale *f*, Testa *f*
spermoduct Samenleiter *m*, Samengang *m*
spermogonium Spermogonium *n*
spermophile Ziesel *m (Citellus)*
spermophore Samenträger *m*; Stempelträger *m*
sphaerocarpous kugelfrüchtig
sphaerospermous *(Bot.)* kugelsamig
sphagnicolous torfmoosbewohnend,
sphagniopratum Torfmoor *n*
sphagnous Sphagnum..., Torfmoos...
sphenethmoid Keilbein-Siebbein...
sphenofrontal Keilbein-Stirnbein...
sphenoid 1. Keilbein *n*; Keilbein...; 2. sphenoidal, keilförmig
sphenoidal 1. Keilbein...; 2. sphenoidal, keilförmig
sphenomalar Keilbein-Jochbein...
sphenomandibular Keilbein-Unterkiefer...
sphenomaxillary Keilbein-Oberkiefer...
spheno-occopital Keilbein-Hinterhauptbein...
sphenopalatine Keilbein-Gaumen...
sphenoparietal Keilbein-Scheitelbein...
sphenorbital Keilbein-Augenhöhlen...
sphenotemporal Keilbein-Schläfenbein...
sphere Sphäre *f*, Kugel *f*
attraction ~ Zentrosphäre *f*
spherule kleine Sphäre *f*
yolk ~ Dotterball *m*
sphincter Sphinkter *m*, Schließmuskel *m*
sphincteral [sphincteric] Sphinkter..., Schließmuskel...
sphingomyelin Sphingomyelin *n*
sphingophilous nachfalterblumig
sphinx Schwärmer *m*; *pl* Schwärmer *mpl (Sphingidae)*
pine (tree) ~ Fichtenschwärmer *m (Sphinx pinastri)*
striped morning ~ → white-lined sphinx
white-lined ~ Streifen-Labkrautschwärmer *m (Celerio lineatus)*
sphygmogram Pulskurve *f*, Sphygmogramm *n*
sphygmograph Pulskurvenschreiber, Sphygmograph *m*
sphygmography Pulskurvenschreibung *f*, Sphygmographie *f*
sphygmomanometer Blutdruckmesser *m*, Blutdruckmeßapparat *m*, Sphygmomanometer *n*
sphygmous pulsierend; Puls...

sphygmus Puls *m*; Pulsschlag *m*; Pulsation *f*
spicate 1. ährig, ährentragend; 2. ährentragend
spiceberry Kriechende Scheinbeere *f (Gaultheria procumbens)*
spicebush Fruchtbarer Gewürzstrauch *m (Calycanthus fertilis)*; Wohlriechender Gewürzstrauch *m (Calycanthus floridus)*
spiciferous ährentragend
spicigerous → spicate
spicknel Berg-Haarstrang *m (Peucedanum oreoselinum)*
spicula → spicule
spicular 1. Knochenspitzen...; 2. nadelförmig; Nadel...; 3. *(Bot.)* ährchenförmig
spiculate 1. nadelntragend; 2. stachelig, bedornt; 3. zugespitzt
spicule 1. Nadel *f*; Skelettnadel *f (z.B. eines Schwammes)*; 2. nadelartiger Fortsatz *m*; 3. Stachel *m*; 4. Ährchen *n*
  birotulate gemmule ~ Amphidiskus *m*
spiculiferous → spiculate 1., 2.
spiculigenous nadelnbildend; nadelntragend
spiculigerous → spiculate 1., 2.
spider Spinne *f*; *pl* (Echte) Spinnen *fpl (Araneidae)*
  banana ~s Jagdspinnen *fpl*, Huschspinnen *fpl (Sparassidae)*
  bird ~ Buschspinne *f (Avicularia avicularia)*
  black widow ~ Schwarze Witwe *f (Latrodectes mactans)*
  comb-footed ~s Haubennetzspinnen *fpl*, Webertspinnen *fpl (Theridiidae)*
  crab ~s Krabbenspinnen *fpl (Thomisidae)*
  dysderid ~s Röhrenspinnen *fpl*, Kieferspinnen *fpl (Dysderidae)*
  flower ~ → crab spiders
  four-lunged ~s Vierlunger *mpl (Tetrapmeumones)*
  funnel-web ~s Trichterspinnen *fpl (Agelenidae)*
  garden ~s → orb-web spiders
  jumping ~s Springspinnen *fpl*, Hüpfspinnen *fpl (Salticidae)*
  labidognathous ~s Zangenkiefer *mpl*, Hauptspinnen *fpl (Labidognatha)*
  labyrinth ~ Gemeine Labyrinthspinne *f (Agelena labyrinthica)*
  nursery-web ~s Raubspinnen *fpl*, Piratenspinnen *fpl (Pisauridae)*
  orb-web ~s Rad(netz)spinnen *fpl (Argiopidae)*
  pirate ~ Wasserjäger *m (Pirata piratica)*
  purse-web ~s Tapezierspinnen *fpl (Atypidae)*
  sea ~s Asselspinnen *fpl*, Krebsspinnen *fpl (Pantopoda)*
  trapdoor ~s Falltürspinnen *fpl (Ctenizidae)*
  two-lunged ~s Zweilungenspinnen *fpl (Dipneumones)*
  water ~ 1. Wasserspinne *f (Argyronota aquatica)*; 2. Flußspinne *f (Dolomedes)*; 3. Wasserjäger *m (Pirata)*
  wolf ~s Wolfsspinnen *fpl (Lycosidae)*
spiderflower Spinnenpflanze *f (Cleome)*
spiderhunter Spinnenjäger *m (Arachnothera)*
spiderling junge Spinne *f*
spiderweb Spinnennetz *n*; Spinngewebe *n*
spiderwort Dreimasterblume *f*, Tradeskantie *f (Tradescantia)*
  mountain ~ Virginische Dreimasterblume *f (Tradescantia montana)*
spierhaai Glatthai *m (Mustelus)*
spignel Bärwurz *f (Meum)*
spike 1. *(Bot.)* Ähre *f*; 2. Spitzenpotential *n*, Spike *m*; 3. Zacke *f*; 4. Stachel *m*, scharfe Spitze *f*; 5. junge Makrele *f*
  branched ~ ästige Ähre *f*
  compound ~ zusammengesetzte Ähre *f*
  false ~ Scheinähre *f*
  four-rowed ~ vierzeilige Ähre *f*
  lax [loose] ~ lockere Ähre *f*
  one-sided ~ einzeilige Ähre *f*
  simple ~ einfache Ähre *f*
  two-rowed ~ zweizeilige Ähre *f*
  water ~ Laichkraut *n (Potamogeton)*
spiked ährentragend
spikelet Ährchen *n*
spikenard Aralie *f (Aralia)*
  false [wild] ~ Schattenblume *f (Smilacina)*
spiladophilous lehmliebend, tonliebend
spin spinnen
spinach [spinage] Spinat *m (Spinacea)*
  French ~ Gartenmelde *f*, Wilder Spinat *m (Atriplex hortensis)*
  Indian ~ → vine spinach
  New Zealand ~ Neuseeländischer Spinat *m (Tetragonia expansa)*
  prickly-seeded ~ Gemüsespinat *m*, Gemeiner Spinat *m (Spinacea oleracea)*
  vine ~ Weiße Baselle *f (Basella alba)*
  wild ~ Guter Heinrich *m (Chenopodium bonus-henricus)*; Gemeiner [Weißer] Gänsefuß *m (Chenopodium album)*
spinal 1. spinal, dornig, dornartig; 2. spinal, Spinal..., Wirbelsäulen...; Rückenmark...
spinalis Dornmuskel *m*
spinate nadelntragend, stachelig, bedornt
spindle Spindel *f*; Teilungs-Spindel *f*
  central ~ Zentralspindel *f*
  cleavage ~ Furchungsspindel *f*
  hollow ~ Hohlspindel *f*
  maturation ~ Spindel *f* der Reifeteilung
  muscle ~ Muskelspindel *f*, Muskelendplatte *f*
  nuclear ~ Kernspindel *f*
spindle-shaped spindelförmig
spindle-stalked spindelstielig
spine 1. Stachel *m*; Dorn *m*; 2. Dornfortsatz *m*; 3. Wirbelsäule *f*
  hatching ~ *(Ent.)* Eizahn *m*
  iliac ~ Darmbeinstachel *m*
  leaf ~ Blattdorn *m*
  lumbar ~ Lendenwirbelsäule *f*
  neural ~ Dornfortsatz *m (der Wirbel)*
  sciatic ~ Sitzbeinstachel *m*

venomous ~ Giftstachel *m*
spinebill Dornschnabel-Honigesser *m (Acanthorhynchus)*
spinefoot Kaninchenfisch *m (Siganus); pl* Kaninchenfische *mpl (Siganidae)*
spineless stachellos
spinelet Stachelchen *n*
spinescent 1. stachelig, bedornt, nadeltragend; 2. zugespitzt
spinetail Stachelschwanzsegler *m (Chaetura)*
spingel Gemeiner Fenchel *m (Foeniculum vulgare)*
spinicarpous bedorntfrüchtig
spiniferous dorntragend, stacheltragend
spinifolious bedorntblättrig, stachelblättrig
spiniform dornförmig, stachelförmig
spink 1. Heide-Nelke *f*, Stein-Nelke *f (Dianthus deltoides)*; 2. Wiesenschaumkraut *n (Cardamine pratensis)*
spinneret Spinnwarze *f*, Spinndrüse *f*
spinnerule Spinnröhre *f*
spinocelullar spinozellulär, stachelzellenartig, Stachelzellen...
spinocerebellar Rückenmark-Kleinhirn...
spinocortical Rückenmark-Hirnrinden...
spinoneural Rückenmark-Nerven...
spinose [spinous] stachelig, bestachelt, Stachel...; dornig, bedornt, Dorn...
spinule Dörnchen *n*, kleiner Stachel *m*
spinuliferous dörnchentragend
spinulose kleindornig; kleinstachelig
spiny Dorn..., bedornt, dornig; stachelig, Stachel...
spiny-finned [spiny-rayed] stachelflossig
spiracle 1. Spiraculum *n*, Spritzloch *n*; 2. Stigma *n*, Atemloch *n*, Atemöffnung *f*
spiraea Spier *n*, Spierstrauch *m (Spiraea)*
birch-leaf ~ Birkenblättriger Spierstrauch *m (Spiraea betulifolia)*
blue ~ Bartblume *f (Caryopteris)*
bridal-wreath ~ Pflaumenblättriger Spierstrauch *m (Spiraea prunifolia)*
broad-leaved ~ Breitblättriger Spierstrauch *m (Spiraea latifolia)*
garland ~ Schnee-Spierstrauch *m (Spiraea arguta)*
germander ~ Ulmen-Spierstrauch *m (Spiraea chamaedryfolia)*
hardhack ~ Gelbfilziger Spierstrauch *m (Spiraea tomentosa)*
Japanese ~ Japanischer Spierstrauch *m (Spiraea callosa)*
narrow-leaved ~ Weißer Spierstrauch *m (Spiraea alba)*
oriental ~ Karpatenspierstrauch *m (Spiraea media)*
snow ~ Kerbblättriger Spierstrauch *m (Spiraea crenata)*
Ural false ~ Ebereschenblättrige Fiederspiere *f (Spiraea sorbifolia)*
willow-leaved ~ Weidenblättriger Spierstrauch *m (Spiraea salicifolia)*
piral 1. Spirale *f*; 2. spiralig, spiralförmig, schraubenförmig
spiralization Spiralisation *f*, Spiralisierung *f*
spire 1. Spirale *f*; Windung *f (einer Spirale)*; 2. Gewinde *n*; 3. Ähre *f*; 4. Sprößling *m*; 5. Grashalm *m*; Grasspitze *f*; 6. spitz zulaufen; 7. Gemeines Schilfrohr *n (Phragmites communis)*; 8. Rohrglanzgras *n (Phalaris arundinacea)*; 9. Gemeiner Strandhafer *m (Ammophila arenaria)*
spireme Spirem *n*
spirerone Serotonin *n*
spirilla [spirillum] Spirille *f*, Schraubenbakterie *f*
spirituous spirituös, alkoholisch, alkoholhaltig
spirivalve mit schraubenförmiger Schale
spirocarpous schraubenfrüchtig
spiroch(a)ete Spirochäte *f*
spirogram Spirogramm *n*, Atmungskurve *f*
spirograph Spirograph *m*, Atmungsschreiber *m*
spirography Spirographie *f*, Atmungsschreibung *f*
spiroid schraubenförmig
spirolobous spiraliggelappt
spirometer Spirometer *n*, Atemmesser *m*
spirometry 1. Spirometrie *f*, Atemmessung *f*; 2. Grundumsatzbestimmung *f*
spit 1. Speichel *m*; speichelartiges Sekret *n*; 2. fauchen, zischen *(Katze etc.)*; 3. Fauchen *n*
cuckoo ~ 1. Wiesenschaumkraut *n (Cardamine pratensis)*; 2. Kuckuckspeichel *m (Schaumabsonderungen der Schaumzikaden) (Cercopidae)*
frog ~ → cuckoo spit 2.
toad ~ Kleine Wasserlinse *f (Lemna minor)*
spittle 1. → spit; 2. → cuckoo spit 2.
spittlebug Schaumzikade *f*; *pl* Schaumzikaden *fpl (Cercopidae)*
meadow ~ Wiesenschaumzikade *f (Philaenus spumarius)*
splanchnic splanchnisch, Eingeweide...
splanchnocoel Splanchnozöl *n*, Pleuroperitonealhöhle *f*
splanchnology Splanchnologie *f*, Eingeweidelehre *f*
splanchnopleure Splanchnopleura *f*, Darmfaserblatt *n*
splashing *(Icht.)* Spritzloch *n*
spleen Milz *f*
spleenwort 1. Streifenfarn *m (Asplenium)*; 2. Frauenfarn *m (Athyrium)*
forked ~ Nordischer Streifenfarn *m (Asplenium septentrionale)*
maidenhair ~ Brauner Streifenfarn *m (Asplenium trichomanes)*
wall ~ → maidenhair spleenwort
wall-rue ~ 1. Mauerraute *f (Asplenium ruta-muraria)*; 2. Venushaar *n*, Frauenhaar *n (Adiantum capillus-veneris)*
splenetic [splenic] lienal, Milz...
splenicopancreatic Pankreas-Milz...
splenocolic Milz-Kolon...
splenocyte Splenozyt *m*, Milzmakrophag *m*
splenoid milzartig, milzähnlich
splenomedullary Milz-Knochenmark...

splenophrenic Milz-Zwerchfell...
splenorenal Milz-Nieren...
splice spleißen
splicing Spleißen *n*
split 1. spalten, aufspalten; 2. Abzweig *n (in der Chromatographie)*
splitting 1. Spaltung *f*; Hydrolyse *f*; 2. Strömungsteilung *f (in der Chromatographie)*
  thermal ~ Hitzespaltung *f*
spondylous Wirbel..., Vertebra...
spondyl(e) [spondylus] Rückenwirbel *m*, Wirbel *m*, Vertebra *f*
sponge Schwamm *m*; *pl* Schwämme *mpl (Porifera)*
  bath ~ Echter Badeschwamm *m (Euspongia officinalis)*
  bread-crumb ~s → crumb-of-bread sponges
  calcareous ~s Kalkschwämme *mpl (Calcarea)*
  crowned ~s Wabenkalkschwämme *mpl (Syconidae)*
  crumb-of-bread ~ Brotkrustenschwämme *mpl (Halichondriidae)*
  elephant's-ear ~ → bath sponge
  freshwater ~s Süßwasserschwämme *mpl (Spongillidae)*
  grass ~ → horse sponge
  horse ~ Pferdeschwamm *m (Hippospongia)*
  purse ~s Knollenkalkschwämme *mpl (Leuconidae)*
  Turkey-cup [Turkey solid] ~ Levantiner Schwamm *m (Euspongia officinalis mollissima)*
  Turkey toilet ~ Dalmatinerschwamm *m (Euspongia officinalis adriatica)*
  vegetable ~ Luffa *f*, Schwammgurke *f (Luffa)*
  velvet ~ → horse sponge
sponge-shaped schwammartig
spongicolous schwämmebewohnend
spongiose [spongious] spongiös, schwammig
spongoid schwammartig
spongophyll Spongophyll *m*
spongy 1. schwammig, schwammartig; Schwamm...; 2. locker; 3. porös; 4. sumpfig
sponk 1. Porling *m*, Porenpilz *m (Polyporus)*
spontaneous 1. spontan, plötzlich, impulsiv; 2. freiwillig, von innen heraus; 3. automatisch, unwillkürlich 4. wildwachsend
spoolwood Papierbirke *f*, Graubirke *f (Betula papyrifera)*
spoonbill Löffler *m (Platalea)*; Löffler *m (Platalea leucorodia)*
  African ~ Rosenfußlöffler *m (Platelea alba)*
  black-billed ~ Königslöffler *m (Platelea regia)*
  black-faced ~ Schwarzstirnlöffler *m (Platelea minor)*
  common ~ Löffler *m (Platelea leucorodia)*
  roseate ~ Rosalöffler *m (Ajaja ajaja)*
  white ~ → common spoonbill
  yellow-billed ~ Gelbschnabellöffler *m (Platalea flaviceps)*
spoonhunt Breitblättrige Lorbeerrose *f (Kalmia latifolia)*
spoon-shaped löffelförmig
spoonwood Amerikanische Linde *f (Tilia americana)*
spoonwort Skorbutkraut *n (Cochlearia arctica)*
spoor 1. Spur *f*; 2. eine Spur verfolgen
sporadic sporadisch, vereinzelt auftretend
sporange Sporangium *n*
sporangial Sporangium...
sporangiate [sporangiferous] sporangientragend
sporangiocarp Askokarp *n*, Schlauchfrucht *f*
sporangiole [sporangiolum] Sporangiole *f*
sporangiophore Sporangienträger *m*
sporangiospore Sporangiospore *f*, Sporangienspore *f*
sporangium Sporangium *n*, Sporenbehälter *m*
spore Spore *f*
  brand ~ Uredospore *f*, Brandspore *f*
  fragmentation ~ Konidie *f*
  permanent ~ Dauerspore *f*
  resting ~ Ruhespore *f*, Winterspore *f*, Dauerspore *f*
  secondary ~ Askospore *f*
  septate ~ Phragmospore *f*
  swarm ~ Zoospore *f*
spore-bearing sporentragend
sporeless sporenlos
sporeling junger Sporophyt *m*
spore-plants Sporenpflanzen *fpl*, Kryptogamen *mpl*
sporicide sporentötendes Mittel *n*
sporidiferous sporidientragend
sporidiole [sporidiolum] Sporidiolum *n*
sporidium Sporidie *f*
sporiferous sporentragend
sporification Sporenbildung *f*
sporiparity Sporiparität *f*, Sporenbildung *f*
sporocarp Sporokarpium *n*, Sporenfrucht *f*
sporoclade Sporenast *f*, sporentragende Ast *f*
sporocyte Sporozyt *m*, Sporenmutterzelle *f*
sporodochium Sporodochium *n*
sporogenesis Sporogenese *f*, Sporenbildung *f*
sporgenous sporogen, sporenbildend
sporogonium Sporogon *n*, Mooskapsel *f*
sporoid sporenförmig
sporophore Sporenträger *m*, Sporophor *n*
sporophydium Sporenknospe *f*; Sporophyade *f*
sporophyll Sporophyll *n*, sporentragendes Blatt *n*
sporophytic sporophytisch
sporozooid Zoospore *f*
sporozoon Sporozoon *n*, Sporentierchen *n*
sport Knospenmutation *f*, Sproßmutation *f*
sporulation Sporulation *f*, Sporenbildung *f*; Sporenverbreitung *f*
sporule Sporula *f*, kleine Spore *f*
spot 1. Fleck *m*; 2. Fleckenkrankheit *f (der Pflanzen)*; 3. Umberfisch *m (Leiostomus)*
  acoustic ~ Hörfleck *m*
  ascochyta-leaf ~ *Ascochyta*-Fleckenkrankheit *f*
  blind ~ blinder Fleck *m*
  eyelike ~ *(Ent.)* Augenfleck *m*
  germinal ~ Keimfleck *m*
  hot ~ 1. Krankheitsherd *m*; 2. *(Mol.)* hot spot
  milky ~ Milchfleck *m*

nesting ~ Nistplatz *m*
ocellated [orbicular] ~ *(Ent.)* Augenfleck *m*
pain ~ Schmerzpunkt *m*
pigment ~ Pigmentfleck *m*
round ~ *(Ent.)* Augenfleck *m*

spotflower Fleckblume *f (Spilanthes)*
spottail Amerikanische Orfe *f (Notropis)*
spotted punktiert; gefleckt
spot-throat Fleckenkehlchen *n (Modulatrix stictigula)*
spotting Fleckenkrankheit *f*, Fleckigkeit *f (der Pflanzen)*
spout 1. Fontäne *f (eines Wals)*; 2. Spritzloch *m (eines Wals)*; 3. Ausguß *m (eines Laborgeräts)*; Abflußrohr *n*
spouter (spritzender) Wal *m*
sprangletop Dünngras *n*, Feingras *n (Leptochloa)*
sprat Sprotte *f (Sprattus)*; Ostsee-Sprotte *f (Sprattus sprattus)*
Baltic ~ → European sprat
Black Sea ~ Gewöhnliche Kilka *f (Clupeonella delicatula)*
Chilean ~ Falkland-Sprotte *f (Sprottus fuegensis)*
European ~ Sprotte *f*, Ostsee-Sprotte *f (Sprottus sprottus)*

sprawl 1. sich spreizen; sich ausbreiten; 2. *(Bot.)* wuchern
sprawling ausgespreizt
spray 1. Zweig *m*, Zweigchen *n*; Reis *n*; 2. zerstäuben, sprühen, versprühen; 3. besprühen, bespritzen
sprayer Zerstäuber *m*
spraying:
defensive urine ~ *(Ethol.)* Abwehr-Harnspritzen *n*
urine ~ *(Ethol.)* Harnspritzen *m*

spread 1. ausbreiten, ausstrecken; 2. Ausbreitung *f*; 3. spreizen *(Flügel)*; 4. verbreiten *(z.B. Krankheit)*; Verbreitung *f*; 5. übersäen; 6. Flügelspanne *f*
~ **of excitation** Erregungsausbreitung *f*
wing ~ Flügelspanne *f*

spreaded *(Bot.)* ausgebreitet
spreadfish Fächerfische *mpl*, Marlins *mpl (Istiophoridae)*
spreau Maifisch *m (Alosa pseudoharengus)*
sprig 1. Zweigchen *n*; Schößling *m*, Reis *n*; 2. Ableger *m*
spring 1. Sprung *m*; 2. Springen *n*; 3. aufschießen *(Pflanzen)*; 4. auffliegen *(z.B. Rebhühner)*; 5. Frühling *m*; 6. Quelle *f*, Brunnen *m*; 7. *(Ent.)* Springgabel *f*
springbok [springbuck] Springbock *m (Antidorcas marsupialis)*
springer 1. → springbok; 2. Gestreifte Meeräsche *f (Mugil cephalus)*; 3. Frauenfisch *m (Elops saurus)*
springfish Nordamerikanische Höhlenfische *mpl*, Blindfische *mpl (Amblyopsidae)*
springhaas [springhare] Springhase *m (Pedetes cafer)*
spring-spore Azidiospore *f*
springtail Springschwanz *m*; *pl* Springschwänze *mpl (Collembola)*
garden ~ Gurkenspringschwanz *m*, Garten-Springschwanz *m (Bourletiella hoctensis)*
marsh ~ Moorspringer *m (Isotomurus palustris)*
seashore ~s Strandspringer *mpl (Anuridae)*
yellow ~ Gelber Springschwanz *m (Bourletiella lutea)*

spring-tamarins Springtamarine *mpl (Callimiconidae)*
springwort Kreuzblättrige Wolfsmilch *f (Euphorbia lathyrus)*
sprinkled *(Bot.)* gesprengelt
sprout 1. *(Bot.)* Trieb *m*; Sproß *m*, Sprößling *m*; 2. treiben, austreiben; 3. keimen; 4. schnell wachsen, sich schnell entwickeln; 5. → Brussels sprouts
Brussels ~s Rosenkohl *m (Brassica oleracea var. gemmifera)*
leaf ~ blattbürtiger Sproß *m (meist endogen am Blatt gebildet)*
stump ~s Stumpfsprosse *mpl*, Stockausschlag *m*

spruce Fichte *f (Picea)*
Alcock ~ Alcoks Fichte *f (Picea alcockiana)*
big cone ~ Douglasfichte *f*, Douglasie *f (Pseudotsuga menziesii)*
black ~ Schwarzfichte *f (Picea mariona)*
blue ~ → Colorado spruce
Canadian [cat] ~ → white spruce
Colorado ~ Koloradofichte *f*, Blaufichte *f*, Stechfichte *f (Picea pungenus)*
common ~ Gemeine Fichte *f (Picea abies)*
double → black spruce
eastern ~ Morgenländische Fichte *f (Picea orientalis)*
fir ~ → common spruce
hemlock ~ Hemlockfichte *f*, Hemlocktanne *f (Tsuga)*
Koyama ~ Koreanische Fichte *f (Picea korajensis)*
Norway ~ → common spruce
Oriental ~ → eastern spruce
pine ~ → white spruce
Quebec ~ → black spruce
red ~ Amerikanische Rotfichte *f (Picea rubra)*
Serbian ~ Serbische Fichte *f (Picea omorica)*
Siberian ~ Sibirische Fichte *f*, Altaifichte *f (Picea obovata)*
silver ~ → Sitka spruce
single ~ Balsamtanne *f (Abies balsamea)*
Sitka ~ Sitkafichte *f (Picea sitchensis)*
skunk ~ → white spruce
swamp ~ → black spruce
tideland ~ → Sitka spruce
tigertail ~ Tigerschwanzfichte *f (Picea polita)*
western ~ → Sitka spruce
white ~ Schimmelfichte *f*, Weißfichte *f (Picea canadensis)*

spur 1. Sporn *m*; 2. *(Bot.)* Dorn *m*, Stachel *m*; 3. Sporn *m (Nektarbehälter)*
fruit ~ Fruchtstiel *m*

spurdog Dornhai *m*, Speerhai *m (Squalus)*
long-nosed ~ Blainvillescher Dornhai *m (Squalus blainvillei)*

spurflower Spornblume *f*, Hahnensporn *m (Plectranthus)*
spurfowl Spornhuhn *n (Galloperdix)*
spurge Wolfsmilch *f (Euphorbia)*
cypress ~ Zypressen-Wolfsmilch *f (Euphorbia cyparissias)*
dwarf ~ Kleine Wolfsmilch *f (Euphorbia exigua)*

flowering ~ → blooming spurge
hairy ~ Zottige Wolfsmilch *f (Euphorbia villosa)*
leafy ~ Esels-Wolfsmilch *f (Euphorbia esula)*
petty ~ Garten-Wolfsmilch *f (Euphorbia peplus)*
sea ~ Dickblättrige Wolfsmilch *f (Euphorbia paralias)*
shining ~ Glänzende Wolfsmilch *f (Euphorbia lucide)*
sickle ~ Sichel-Wolfsmilch *f (Euphorbia falcata)*
spotted ~ Gefleckte Wolfsmilch *f (Euphorbia maculata)*
sun ~ Sonnwend-Wolfsmilch *(Euphorbia helioscopia)*
upright ~ Steife Wolfsmilch *f (Euphorbia stricta)*
wood ~ Mandelblättrige Wolfsmilch *f (Euphorbia amygdaloides)*
spurless spornlos
spurlike spornartig
spurred spitzig, gespornt
spurr(e)y 1. Spörgel *m*, Spark *m (Spergula)*; 2. Spärkling *m (Spergularia)*; 3. Knotiges Mastkraut *n (Sagina nodosa)*
common [corn] ~ Acker-Spörgel *m*, Feldspark *m (Spergula arvensis)*
sand ~ Rote Schuppenmiere *f (Spergularia campestris)*
squab 1. noch nicht flügges Täubchen *n*; 2. noch nicht flügge, ungefiedert
squama 1. Squama *f*, Schuppe *f*, schuppenartiger Knochen *m*; 2. Hauptschuppe *f*
squamate schuppig, beschuppt, schuppentragend
squame → squama
squamella Schüppchen *n*
squamelliferous schüppchentragend, kleinschuppig
squamiferous schuppig, beschuppt, schuppentragend
squamiform schuppenförmig, schuppenartig
squamigerous schuppentragend
squamocellular Plattenepithel...
squamooccipital Hinterhauptschuppen...
squamopetrosal Hinterhauptschuppen-Felsenbein...
squamose [squamous] schuppig, Schuppen...
squamosphenoid Keilbein-Schläfenbein...
squamula Schüppchen *n*
squamulate schüppchentragend, kleinschuppig
squamule → squamula
squamulose schüppchentragend
square-flipper Bartrobbe *f*, Blaurobbe *f*, Bärtiger Seehund *m (Erignathus barbatus)*
squaretail Quadratschwanz *m (Tetragonurus cuvieri)*
squarrose 1. sparrig; 2. vorstehend
squash Kürbis *m (Cucurbita)*; Melonenkürbis *m*, Riesenkürbis *m (Cucurbita maxima)*
China ~ Moschuskürbis *m (Cucurbita moschata)*
Guinea ~ Aubergine *f (Solanum melongena)*
summer ~ Gemeiner Kürbis *m (Cucurbita pepo)*
winter ~ Melonenkürbis *m*, Riesenkürbis *m (Cucurbita maxima)*
squat 1. sich ducken *(Tier)*; 2. hocken; 3. Hockstellung *f*
squatting Hocken *n*
squawbush 1. Hartriegel *m (Cornus)*; 2. Schneeball(strauch) *m (Viburnum)*; 3. Essigbaum *m (Rhus)*; 4. Bocksdorn *m (Lycium)*
squawk *(Orn.)* 1. Kreischen *n*; 2. kreischen
squaw-weed Kreuzkraut *n (Senecio)*
squeak 1. Gequiek(s)e *n*, Piep(s)en *n*; 2. quiek(s)en, piep(s)en
squeaker 1. Fiederbartwels *m (Synodontus)*; 2. Langfingerfrosch *m*, Quiekfrosch *m (Arthroleptis)*
squeezer Presse *f*, Saftpresse *f*
squeteague → squirt
squid Kalmar *m*; *pl* Kalmare *mpl (Theuthoidea)*
common ~ Gemeiner Kalmar *m (Loligo vulgaris)*
giant ~ Tintenschnecke *f (Architeuthis)*
little ~ Zwergkalmar *m (Alloteuthis)*
squill 1. Zweiblättriger Blaustern *m (Scilla bifolia)*; 2. Meerzwiebel *f (Urginea maritima)*
squinancy Hügel-Meister *m (Asperula cynanchica)*
squirrel Eichhörnchen *n*, Taghörnchen *n (Sciurus)*; *pl* Hörnchen *npl (Sciuridae)*
African flying ~s Dornschwanzhörnchen *npl (Anomaluridae)*
African ground ~s Afrikanische Borstenhörnchen *npl*, Zieselhörnchen *npl (Xerus)*
African palm ~ Wilson-Riesenhörnchen *n (Epixerus wilsoni)*
African pygmy ~ Afrikanisches Zwerghörnchen *n (Myosciurus pumilio)*
African striped ~ → rope squirrel
American red ~s Nordamerikanisches Rothörnchen *npl (Tamiasciurus)*
Arctic ground ~ Parry-Ziesel *m*, Langschwänziger Ziesel *m (Citellus undulatus)*
barking ~ Präriehund *m (Cynomys)*
black ~ → gray squirrel
black-eared ~s Asiatisches Zwerghörnchen *npl (Nannosciurus)*
bristly ground ~ → African ground squirrel
brown ~ → red squirrel 1.
Celebes long-nosed ~ → long-snouted squirrel
dwarf ~ → black-eared squirrel
dwarf tree ~ → Neotropical dwarf squirrel
Ethiopian ground ~ → African ground squirrel
flying ~s Gleithörnchen *npl*, Flughörnchen *npl*, Flatterhörnchen *npl (Pteromyinae)*
giantflying ~ Taguan *m (Petaurista petaurista)*
gray ~ Grauhörnchen *n*, Graues Eichhörnchen *n (Sciurus carolinensis)*
groove-toothed ~ Borneohörnchen *n (Rheithrosciurus macrotis)*
ground ~s Ziesel *mpl (Citellus)*
Indian striped ~ → palm squirrel
long-nosed (ground) ~ Langnasenhörnchen *n (Rhinosciurus laticaudatus)*
long-snouted ~ Ferkelhörnchen *n (Hyosciurus heinrichi)*
long-clawed ground ~ → thin-toed ground squirrel
Neotropical dwarf ~s Neuweltliche Zwerghörnchen

npl (Microsciurus)
oil-palm ~ Ölpalmenhörnchen *n (Protoxerus stangeri)*
oriental pygmy ~ → black-eared squirrel
palm ~ Palmenhörnchen *n (Funambulus palmarus)*
parka ~ → Arctic ground squirrel
red ~ 1. (Gemeines) Eichhörnchen *n (Sciurus vulgaris)*; 2. → American red squirrel
rock ~s Chinesische Rothörnchen *npl (Sciurotamias)*
rope ~s Rotschenkelhörnchen *npl (Funisciurus)*
Russian flying ~ Assapan *m (Glaucomys volans)*
shrew-faced ~ → long-nosed (ground) squirrel
spiny ~ → African ground squirrel
splendid-tailed ~ → African palm squirrel
spruce ~ → red squirrel 2.
sugar ~s Gleithörnchenbeutler *mpl*, Flugbeutler *mpl (Petaurus)*
sun ~ Graufußhörnchen *n (Heliosciurus gambianus)*
thin-toed ground ~ Langzehiger Ziesel *m*, Zieselmaus *f (Spermophilopsis leptodactylus)*
true [typical] ~s Hörnchen *npl (Sciuridae)*
tufted(eared) ground ~ → groove-toothed squirrel
woolly flying ~ Fels-Gleithörnchen *n (Eupetaurus cinereus)*

squirrel-ear *(Bot.)* Netz *n*
squirrelfish Soldatenfische *mpl*, Eichhörnchenfische *mpl (Holocentrus)*
big-eyed [big-scaled] ~ Roter Eichhörnchenfisch *m (Myripristis murdjan)*
longspine ~ Langdorn-Soldatenfisch *m (Holocentrus rufus)*
pinecone ~ → big-eyed squirrelfish
squirreltail Zweizeilige Gerste *f (Hordeum distichum)*
squirt Adlerfisch *m (Johnius hololepidotus)*
sea ~s Aszidien *fpl*, Seescheiden *fpl (Ascidia)*
squitch Flaches Rispengras *n (Poa compressa)*
stability Stabilität *f*
stabilization Stabilisierung *f*
stable 1. stabil, unveränderlich; 2. resistent
staff:
sea ~ Fingertang *m*, Handförmiger Riementang *m (Laminaria digitata)*
stag 1. Rothirsch *m*, Edelhirsch *m (Cervus elaphus)*; 2. Männchen *n*; 3. nach der Reife kastriertes männliches Tier *n*
stagb(r)ush Pflaumenblättriger Schneeball *m (Viburnum prunifolium)*
stage Stadium *n*, Stufe *f*, Phase *f*
~ of latency Latenzperiode *f*, Latenzzeit *f*
adult ~ *(Ent.)* Imago *f*, Vollinsekt *n*, Vollkerf *m*
assimilating ~ Assimilationsstadium *n*
blooming ~ Blühphase *f*, Blumenphase *f*
blossom ~ Blühphase *f*
bud ~ Blütenknospenbildungsstadium *n*
cleavage ~ Furchungsstadium *n*
excitement ~ Erregungsphase *f*
fruiting ~ Fruktifikationsstadium *n*
fruit ripening ~ Fruchtreifungsstadium *n*
growth ~ Wachstumsphase *f*
heading ~ Ährenschiebenstadium *n*
initial ~ Anfangsstadium *n*
juvenile ~ Jugendstadium *n*
leafing ~ Laubentfaltungsstadium *n*
milk ~ Milchreife *f*, Milchreifestadium *n*
multiplicative ~ Vermehrungsstadium *n*
paniculation ~ Ährenschiebenstadium *n*
tillering ~ Bestockungsphase *f*
transitional ~ Übergangsstadium *n*
vegetative ~ vegetative Phase *f*, vegetatives Stadium *n*
wax ~ Wachsreife *f*, Wachsreifestadium *n*

staggerwort Jakobs(greis)kraut *n*, Jakobskreuzkraut *n (Senecio jacobaea)*
stag-headedness Gipfeldürre *f*, Wipfelverdorrung *f*
staghorn Essigbaum *m*, Kolbensumach *m (Rhus typhina)*
stagnant stehend *(Gewässer)*, stagnierend
stagnation 1. Stagnation *f*, Stockung *f*, Stillstand *m*; 2. Stase *f (z.B. des Blutes)*
stagnicolous stagnikol
stagnoplankton Stagnoplankton *n*, Teichplankton *n*
stag's-head Bruchweide *f*, Bruch-Weide *f (Salix fragilis)*
stain 1. Farbstoff *m*; 2. färben, anfärben
stainable färbbar, anfärbbar
stainability Färbbarkeit *f*
stainer Rotwanze *f (Dysdercus)*; *pl* Feuerwanzen *fpl (Pyrrhocoridae)*
staining Färbung *f*, Färben *n*
staircase:
~ of vestibule Vorhoffstreppe *f*
stalk 1. Stiel *m*, Stengel *m*, Halm *m*; 2. *(Zool.)* Stiel *m (Träger eines Organs)*; 3. Federkiel *m*; 4. pirschen, sich anpirschen; 5. verfolgen
allantoic ~ Amnionstiel *m*
anther ~ Staubfaden *m*
cabbage ~ Kohlstrunk *m*
cerebellar ~ Kleinhirnstiel *m*, Brückenarm *m*
cerebral ~ Hirnstiel *m*
eye ~ Augenstiel *m*
pituitary ~ Hypophysenstiel *m*
root ~ Wurzelsproß *m*, Wurzelreis *n*
seed ~ Samenträger *m*; Stiel *m* der Samenanlage, Funiculus *m*
somite ~ Ursegmentstiel *m*
yolk ~ Dotterstiel *m*, Dottergang *m*

stalked stengelig, gestielt
stalk-eye Stielauge *n*
stalk-eyed stieläugig
stalkless ungestielt
stallion Hengst *m*, Zuchthengst *m*
stamen Staubblatt *n*, Staubgefäß *n*
stamenless staubblattlos, staubgefäßlos
staminal staminal, Staubblatt...
staminate 1. staubgefäßtragend; 2. staubgefäßbildend
staminiferous staubgefäßtragend
staminode [staminodium] Staminodie *f*, Staminodium *n*, Nebenstaubgefäß *n*, Staubfach *n*

staminody Staminodium *n (Staubgefäßrudiment, unausgebildetes Staubgefäß)*
staminose staubblattreich
stammerwort Hohe Ambrosie *f (Ambrosia artemisifolia)*
stamp stampfen
stamping Stampfen *n*
stand Bestand *m*, Pflanzenbestand *m*, Bestockung *f*
  ~ of trees Baumbestand *m*
  artificial ~ künstlicher Bestand *m*
  closed ~ geschlossener Bestand *m*
  complete ~ Vollbestand *m*
  dense ~ geschlossener Bestand *m*
  even-aged ~ gleichaltriger Bestand *m*
  grass ~ Grasbestand *m*, Grasdecke *f*
  isolated [light] ~ lichter [lockerer] Bestand *m*
  mature ~ reifer Bestand *m*
  mixed ~ Mischbestand *m*
  multistoried ~ mehrschichtiger Bestand *m*
  open ~ lichter [lockerer] Bestand *m*
  plant ~ Pflanzendecke *f*
  pure ~ Reinbestand *m*, Monokultur *f*
  single-storied ~ einschichtiger Bestand *m*
  timber ~ Baumbestand *m*, Holzbestand *m*
  unevened ~ ungleichaltriger Bestand *m*
  windbreak ~ Windschutzwaldstreifen *f*
standard 1. Standard *m*, Normal *n*; 2. Standardsubstanz *f*; 3. *(Bot.)* Fahne *f*; 4. Hochstamm *m*; 5. hochstammig; 6. *(Orn.)* Fahne *f (Federteil)*; 7. stehend, Steh...
standing 1. Stehen *n*; 2. stehend
stangster 1. Kleines Petermännchen *n (Trachinus vipera)*; 2. Seenadel *f (Syngnathus)*
stapedial Stapes..., Steigbügel...
stapes Steigbügel *m*
staphyle 1. Gaumensegel *n*, Weicher Gaumen *m*; 2. Gaumenzäpfchen *n*
staple Faser *f*
star 1. Stern *m*; sternähnliche Figur *f*; 2. Sternchen *n (weißer Stirnfleck)*; 3. Seestern *m*; *pl* Seesterne *mpl (Asteroidea)*
  basket ~s Schlangensterne *mpl (Ophiuroidea)*
  blazing ~ Prachtscharte *f*, Scharte *f (Liatris)*
  brittle ~s → basket stars
  cushion ~ Fünfeckiger Seestern *m (Asterina gibbosa)*
  feather ~s Haarsterne *mpl*, Seelilien *fpl (Crinoidea)*
  sea ~s Seesterne *mpl (Asteroidea)*
  serpent ~s → basket stars
  sun ~s Sonnensterne *mpl (Solasteridae)*
starch Stärke *f*
  animal ~ Glykogen *n*
starch-containing stärkehaltig
starch-forming stärkebildend
starch-free stärkelos
starch-splitting 1. Stärkespaltung *f*; 2. stärkespaltend, amylolytisch
starchy Tristandrossel *f (Nesocichla eremita)*
stare 1. starren; 2. starrer Blick *m*, Starren *n*
star-finch Binsenastrild *m (Neochmia ruficauda)*
starfish 1. Seestern *m*; *pl* Seesterne *mpl (Asteroidea)*; 2. Pampelfisch *m (Stromateus fiatola)*
starflower 1. Siebenstern *m (Trientalis)*; 2. Meirich *m*, Miere *f (Alsine)*; 3. Milchstern *m (Ornithogalum)*; 4. Kanadisches Fingerkraut *n (Potentilla canadensis)*
starfruit Domasonie *f (Damasonium)*
star-frontlet Musketier *m (Coeligena)*
stargazers Himmelsgucker *mpl (Uranosopidae)*
starlights Weicher Storchschnabel *m (Geranium molle)*
starling Star *m (Sturnus)*; (Gemeiner) Star *m (Sturnus vulgaris)*; *pl* Stare *mpl (Sturnidae)*
  amethyst ~ Amethystglanzstar *m (Cinnyricinclus)*
  ashy ~ 1. Glanzstar *m (Sturnus cineraceus)*; 2. Graubglanzstar *m (Spreo unicolor)*
  babbling ~ Weißflügelstar *m (Neocichla gutturalis)*
  bald ~ Kahlkopfatzel *f (Sarcops calvus)*
  brahminy ~ Pagodenstar *m (Sturnus pagodarum)*
  chestnus-bellied ~ Rotbauchglanzstar *m (Spreo pulcher)*
  chestnut-tailed ~ Graukopfstar *m (Sturnus malabaricus)*
  colonial ~ Spinnenstar *m*, Weberstar *m (Aplionis metallica)*
  common ~ (Gemeiner) Star *m (Sturnus vulgaris)*
  crested ~ Helmatzel *f (Basilornis galeatus)*
  Daurian ~ Mongolenstar *m (Sturnus sturninus)*
  gray ~ → ashy starling 1.
  grosbeak ~ Schmalschnabelstar *m (Scissirostrum dubium)*
  magpie ~ Spiegelstar *m (Speculipastor bicolor)*
  mountain ~ Rostbürzelstar *m (Aplionis pelzelni)*
  ornate ~ Prinzenglanzstar *m (Lamprotornis ornatus)*
  red-billed ~ Seidenstar *m*, Weißwangenstar *m (Aplonis brunneicapilla)*
  red-cheeked ~ Violettrückenstar *m (Sturnus philippensis)*
  red-winged ~ Rotschwingenstar *m (Onychognathus morio)*
  regal ~ Königsglanzstar *m (Spreo regius)*
  rose-colored ~ Rosenstar *m (Sturnus roseus)*
  singing ~ Siedelstar *m*, Singstar *m(Aplionis cantoroides)*
  spotless ~ Einfarbstar *m (Sturnus unicolor)*
  white-collared ~ Ringstar *m (Grafisia torquata)*
starling-house Starkasten *m*, Starenhäuschen *n*
star-of-Bethlehem 1. Engelsauge *n*, Houstonie *f (Houstonia)*; 2. Milchstern *m (Ornithogalum)*
star-of-Jerusalem Wiesenbocksbart *m (Tragopogon pratensis)*
star-of-night Klusie *f (Clusia)*
starthorn Wasserfreund *m (Hygrophila)*
starthroat:
  Angela's [blue-tufted] ~ Rotlatzkolibri *m (Heliomaster furcifer)*
  constant ~ Funkenkehlchen *n (Heliomaster constanti)*
  long-billed ~ Rosenkehlchen *n (Heliomaster longirostris)*

stripe-breasted ~ Temminckkolibri *m* *(Heliomaster squamosus)*
starvation 1. Fasten *n*, Hungern *n*; 2. Hungertod *m*, Verhungern *n*
starve 1. hungern; 2. verhungern
starve-acre Acker-Hahnenfuß *m* *(Ranunculus arvensis)*
starweed → starwort 1.
starwort 1. Miere *f*, Sternmiere *f* *(Stellaria)*; 2. Sandkraut *n* *(Arenaria)*
bog ~ Bach-Sternmiere *f* *(Stellaria alsine)*
great ~ (Große) Sternmiere *f* *(Stellaria holostea)*
lesser ~ Gras-Sternmiere *f* *(Stellaria graminea)*
water ~ Wasserstern *m* *(Callitriche)*
yellow ~ Großer Alant *m* *(Inula helenium)*
stasigenesis Stasigenese *f*
stasimorphy Stasimorphie *f*
stasis Stasis *f*, Stillstand *m*, Stauung *f*
stasium Teichgesellschaft *f*
state 1. Status *m*, Zustand *m*; 2. *(Ent.)* Staat *m*
carrier ~ Übertragungsstadium *n*
cycling ~ Zellzyklusstadium *n*
dormant ~ Ruhezustand *m*
excited ~ Erregungszustand *m*
insect ~ Insektenstaat *m*
resting ~ Ruhezustand *m*
sexually mature ~ Geschlechtsreife *f*
steady ~ 1. → stable state; 2. stationäre Phase *f*
virgin ~ Ausgangszustand *m*
station 1. Standort *m*; 2. Station *f*
breeding ~ Aufzuchtsstadium *n*
experimental ~ Versuchsstation *f*
ornithological ~ Vogelwarte *f*
stationary 1. stationär, feststehend; 2. stationär, unveränderlich, gleichbleibend
statistics Statistik *f*
biological ~ biologische Statistik *f*
multivariate ~ Multivariate Statistik *f*, Mehr-Faktoren-Analyse *f*
nonparametric ~ nichtparametrische Statistik *f*
statolith Statolith *m*, Einschlußkörper *m*, Steinchen *n*
stature Statur *f*, Gestalt *f*
status Status *m*, Zustand *n*; Stellung *f*
light ~ Lichthaushalt *m*
social ~ Rangstellung *f*
staurigamia Kreuzbestäubung *f*
staurophyll staurophyll
stavewort → staggerwort
steady-state 1. stationärer Zustand *m*; 2. Homöostase *f*, inneres Körpergleichgewicht *n*; 3. *(Mol.)*. Fließgleichgewicht *n*; 4. stationär
steam Dampf *m*
flowing ~ strömender Dampf *m*
steamer Dampfsterilisator *m*
steamer-duck Dampfschiffente *f* *(Tachyeres)*
steaming Dampfsterilisation *f*
steatogenous fettbildend
steatolytic fettspaltend, lipolytisch
stedfast Kastorbohne *f*, (Gemeiner) Wunderbaum *m* *(Ricinus communis)*
steel-blue stahlblau
steenbok → steinbo(c)k
steenbras Murbelbrassen *mpl* *(Lithognathus)*
river [send] ~ Marmorbrassen *m* *(Lithognathus mormyrus)*
steep durchtränken, imprägnieren
steepgrass Gemeines [Gewöhnliches, Blaues] Fettkraut *n* *(Pinguicula vulgaris)*
steeplebush Gelbfilziger Spierstrauch *m* *(Spiraea tomentosa)*
steer Ochse *f*
steinbo(c)k Steinböckchen *n* *(Raphicerus campestris)*
stelar concept *(Bot.)* Stelärtheorie *f*
stele Stele *f*
stellar [stellate] sternförmig
stellular kleinsternig
stem 1. Stamm *m*; Stiel *m*; 2. Stengel *m*; 3. Blütenstiel *m*, Blumenträger *m*; 4. Fruchtstiel *m*; 5. Blattstiel *m*; 6. Zwiebelstock *m*, Zwiebelkuchen *m*; 7. Halm *m*; 8. Bündel *n*; 9. stammen; 10. (Blutung) stillen *n*
~ of feather Kiel *m*, Federschaft *m*
~ of hair Haarschaft *m*
bald ~ unbehaarter Stengel *m*, kahler Stengel *m*
brain ~ Hirnstamm *m*, Stammhirn *n*
bulb ~ Zwiebelstock *m*, Zwiebelkuchen *m*
climbing ~ Stielranke *f*; Liane *f*
creeping ~ kriechender Stengel *m*; Stolon *n*
creeping aerial ~ kriechender oberirdischer Sproß *m*
creeping underground ~ Wurzelstock *m*, unterirdischer Stengel *m*
decumbent ~ niederliegender Stengel *m*
ear ~ ährentragender Stiel *m*; Kolbenstiel *m*
filamentous ~ filamentoser Stengel *m*
fstular ~ Röhre *f*, Rohrhalm *m*
floral ~ Blütenachse *f*
flower-bearing ~ Blütenstiel *m*, Blumenträger *m*
hollow ~ hohler Stengel *m*
leaflike ~ Blattzweig *m*, Kladodium *n*
lodged ~ niederliegender Stengel *m*
piping ~ Röhre *f*, Rohrhalm *m*
procumbent [prostrate] ~ kriechender Stengel *m*; Stolon *n*
subterranean ~ Wurzelstock, unterirdischer Sproß *m*
succulent ~ sukkulenter Sproß *m*
tubular ~ hohler Sproß *m*
stem-bud Stengelknospe *f*, Stammknospe *f*
stem-clasping stengelumfassend, stengelumgreifend
stemless stengellos, stengelförmig
stemma *(Ent.)* Punktauge *n*, Einzelauge *n*
stemnode *(Bot.)* Gelenk *n*
stem-root Stengelwurzel *f*
stenobotryous feintraubig
stenobulbous schmalknollig
stenocarpous schmalfrüchtig
stenocephalous schmalköpfig

stenochor Stenochor *n*, stenözische Pflanze *f*
stenochoric stenochor
stenocladous dünnzweigig
stenodont einzähnig
stenoecic stenök, geringe Umweltschwankungen ertragend
stenogynous schmalgriffelig
stenoky Stenökie *f*
stenolobate schmallappig
stenopetalous schmalkronenblättrig
stenophotic stenophot, geringe Helligkeitsschwankungen ertragend
stenophyllous schmalblättrig
stenopodium Spaltbein *n*
stenosepalous schmalkelchblättrig
stenostachyous dünnährig
stenotherm stenothermer Organismus *m*
stenothermal [stenothermic] stenotherm
stenotic verengt, stenotisch
stenotopic stenotop, nur in wenigen, gleichartigen Lebensräumen vorkommend
stenotropic stenotrop, mit spezialisiertem Nahrungsspektrum
stephanocarpous kronenfrüchtig, kranzfrüchtig
stepmother Dreifarbiges Veilchen *n*, Acker-Stiefmütterchen *n (Viola tricolor)*
steppe Steppe *f*
feather-grass ~ Federgrassteppe *f*
forb ~ Krautsteppe *f*
forest ~ Waldsteppe *f*, Baumsteppe *f*
stippa ~ Federgrassteppe *f*
stepperunner Steppenrenner *m*, Bunter Wüstenrenner *m (Eremias arguta)*
steppificated versteppt
steppification [steppization] Versteppung *f*
stercoraceous sterkoral, fäkal, kothaltig
stercus Kot *m*, Fäzes *fpl*
stereoblastula Stereoblastula *f*
stereocilia Stereozilie *f*
stereognosis Stereognosie *f*, Tastsinn *m*
stereoscopic raumbildlich, stereoskopisch
stereotype Stereotypie *f*, stereotypes Verhalten *n*
movement ~s *(Ethol.)* Bewegungsstereotypien *fpl*
stereotypy Stereotypie *f*
sterigma Sterigma *n*
sterile 1. steril, keimfrei; 2. steril, unfruchtbar
sterility 1. Sterilität *f*; Keimfreiheit *f*; 2. Unfruchtbarkeit *f*
sterilization 1. Sterilisation *f*, Sterilisieren *n*, Entkeimung *f*; 2. Sterilisation *f*, Sterilisierung *f*, Unfruchtbarmachung *f*
~ by intermittent steaming diskontinuierliche Sterilisation *f*
steam ~ Dampfsterilisation *f*
sterilize 1. sterilisieren, entkeimen; 2. sterilisieren, unfruchtbar machen, kastrieren
sterilizer Sterilisator *m*, Sterilisierapparat *m*, Autoklav *m*
dry-air [hot-air] ~ Heißluftsterilisator *m*
steam ~ Dampfsterilisator *m*, Dampfsterilisationsapparat *m*
sterlet Sterlet *m*, Kleiner Stör *m (Acipenser ruthenus)*
stern 1. Hinterteil *n (des Tieres)*; 2. Schwanz *m*
sternal Sternum..., Brustbein...
sternalis Brustbeinmuskel *m*
sternebra Brustsegment *n*
sternite Sternit *m*, Bauchplatte *f*
sternoclavicular Brustbein-Schlüsselbein...
sternocleidomastoid Kopfwender(muskel) *m*
sternocostal Brustbein-Rippen...
sternohyoid 1. Brustbein-Zungenbein...; 2. Brustbein-Zungenbein-Muskel *m*
sternoscapular Brustbein-Schulterblatt...
sternum Brustbein *n*
steroid Steroid *n*
steroidogenesis Steroidbildung *f*
sterol Sterol *n*
sterrhad Moorpflanze *f*
sterrhium Moorgesellschaft *f*
sterrhophilus moorbewohnender Organismus *m*, Moorbewohner *m*
stick 1. (trockener) Zweig *m*; 2. Stengel *m*, Stiel *m*; 3. (fest)kleben, haften; 4. sich festklammern
walking ~s Gespenstschrecken *fpl*, Stabschrecken *fpl (Phasmida)*
stick-a-back Kletten-Labkraut *n (Galium aparine)*
stick-button Große Klette *f (Arctium lappa)*
stickiness Klebrigkeit *f*
stickleback Stichling *m (Gasterosteus)*; *pl* Stichlinge *mpl (Gasterosteidae)*
bloody ~ → four-spined stickleback
brook ~ → five-spined stickleback
fifteen-spined ~ → sea stickleback
five-spined ~ Fünfstachliger Stichling *m (Culaea inconstans)*
four-spined ~ Amerikanischer Stichling *m (Apeltes quadracus)*
nine-spined [ten-spined] ~ Neunstachliger Stichling *m (Pungitius)*; Neunstachliger Stichling *m*, Zwergstichling *m (Pungitius pungitius)*
sea ~ Seestichling *m (Spinachia spinachia)*
three-spined ~ Dreistachliger Stichling *m (Gasterosteus aculeatus)*
stickseed Igelsame *m (Lappula)*
European ~ Gewöhnlicher [Aufrechter] Igelsame *m (Lappula echinata)*
sticktight → European stickseed
sticky klebrig, schleimig
stictocarpous punktiertfrüchtig
stictophyllous punktiertblättrig
stiff starr, steif, nicht flexibel
stiff-leaved hartblättrig, steifblättrig
stiff-thorned starrdornig
stiffness Steifheit *f*, Starrheit *f*
stifftail Weißkopf-Ruderente *f (Oxyura leucocephala)*
stigma 1. Augenfleck *m*; 2. Atemloch *n*, Atemöffnung *f*;

3. *(Bot.)* Narbe *f (des Pistils)*
plumose ~ gefiederte Narbe *f*
stigmatic narbig; narbenartig
stigmatiferous narbentragend
stigmatoid narbenartig
stile → style
stilet Stilett *n*
still Destillierkolben *m*; Destillierapparat *m*
stillborn totgeboren
stilogonidium Konidie *f*
stilt 1. Stelzenläufer *m (Himantopus)*; 2. Schlammstelzer *m (Cladorhynchus)*
banded ~ Schlammstelzer *m (Cladorhynchus leucocephalus)*
black-winged [pied] ~ Stelzenläufer *m (Himantopus himantopus)*
stimulant 1. stimulierend, (an)reizend, anregend, erregend; 2. Stimulans *n*, Anregungsmittel *n*
growth ~ Wachstumförderer *m*
stimulate stimulieren, (an)reizen, anregen, erregen
stimulation Stimulation *f*, Reizung *f*, Anregung *f*, Erregung *f*, Reiz *m*
photic ~ Lichtreizung *f*
threshold ~ Schwellenreiz *m*
stimulator Stimulator *m*
stimulatory stimulierend
stimuli *pl von* stimulus
stimulose nesselhaaretragend
stimulus 1. Stimulus *m*, Reiz, Antrieb *m*; 2. Nesselhaar *n*
liminal ~ Schwellenreiz *m*
nociceptive [noxious] ~ Schmerzreiz *m*
stimulus-response Reizantwort *f*, Antwortreaktion *f*, Reizbeantwortung *f*
stimulus-specific reizspezifisch
sting 1. Stachel *m*; Giftstachel *m*; 2. Stich *m*, Biß *m*; 3. *(Bot.)* Nesselhaar *n*; 4. stechen
tail ~ Schwanzstachel *m*
stingaree → stingray 1.
stinger 1. Stachel *m*; Giftstachel *m*; 2. stechendes Insekt *n*; 3. stechende Pflanze *f*
stingfish Meerköpfe *mpl*, Rotbarsche *mpl*, Drachenköpfe *mpl (Scorpcenidae)*
stinging stechend
stingray 1. Stachelrochen *m (Dasyatis); pl* Stachelrochen *npl (Dasyatididae)*; 2. Adlerrochen *m*, Meeradler *m (Myliobatis aquila)*
Atlantic ~ → common stingray
blue ~ 1. → common stingray; 2. → violet stingray
blue-spotted fantail ~ Blauflecken-Stechrochen *m (Taeniura lymma)*
common ~ Gemeiner Stechrochen *m (Dasyatis pastinaca)*
giant butterfly ~ → spiny butterfly stingray
northern ~ → rough-tailed stingray
pelagic ~ → violet stingray
rough-tailed ~ Brucko *m (Dasyatis centroura)*
spiny butterfly ~ Schmetterlingsrochen *m*, Breitflossiger Stechrochen *m (Gymnura altavela)*
violet ~ Violetter Stechrochen *m (Dasyatis violacea)*
stinkbugs Schildwanzen *fpl (Pentatomidae)*
stinkfish Leierfisch *m*, Goldgrundel *f (Callionymus); pl* Leierfische *mpl (Callionymidae)*
stinkhorn (Gemeine) Stinkmorchel *f (Phallus impudicus)*
stinkweed Mauerdoppelsame *m*, Mauerrampe *f (Diplotaxis muralis)*
stint Strandläufer *m (Calidris)*
American ~ Wiesenstrandläufer *m (Calidris minutilla)*
little ~ Zwergstrandläufer *m (Calidris minuta)*
long-toed ~ Langzehen-Strandläufer *m (Calidris subminuta)*
red-necked ~ Rotkehlstrandläufer *m (Calidris ruficollis)*
Temminck's ~ Temminckstrandläufer *m (Calidris temminckii)*
stipe Stiel *m*, Stengel *m*
stipel Stipel *f*, Nebenblättchen *n*
stipellate nebenblättchentragend, mit Nebenblättern
stippling Tüpfelung *f*
stipular nebenblätterig
stipulate mit Nebenblättern
stipule Stipel *f*, Nebenblatt *n*
stipuliferous mit Nebenblättern
stipuliform nebenblattförmig
stir rühren, umrühren
stirrer Rührer *m*, Rührapparat *m*, Rührwerk *n*
magnetic ~ Magnetrührer *m*
stirrup Steigbügel *m*
stitchbird Gelbbandhonigesser *m (Notiomystis cincta); pl* Honigfresser *mpl*, Honigesser *mpl (Meliphagidae)*
stitchwort 1. Miere *f*, Sternkraut *n (Stellaria)*; 2. Miere *f (Alsine)*
heath ~ Gras-Sternmiere *f (Stellaria graninea)*
marsh [swamp] ~ Bach-Sternmiere *f (Stellaria alsine)*
wood ~ Wald-Sternmiere *f (Stellaria nemorum)*
stoat Hermelin *n*, Großes Wiesel *n (Mustela erminea)*
stock 1. Strunk *m*; 2. Levkoje *(Matthiola)*; 3. Wurzelstock *m*; 4. Pfropfunterlage *f*; 5. Bienenstock *m*; 6. Urtyp *m*; 7. Rasse *f*; 8. Herkunft *f*; 9. Viehbestand *m*; 10. Viehzucht..., Vieh..., Zucht...
common ~ Garten-Levkoje *f*, Winter-Levkoje *f (Matthiola incana)*
down ~ bepflanzen; besetzen
stockfish Seehecht *m (Merluccius)*
stocking *(Färbung am)* Fuß *m*
stolon Stolo(n) *m*; Ausläufer *m*
stoloniferous ausläufertreibend, ausläuferbildend
stoma 1. Mund *m*; 2. *(Bot.)* Spaltöffnung *f*, Stoma *n*; 3. Atmungsloch *n (der Insekten)*
water ~ Wasserspalte *f*
stomach Magen *m*
fore ~ Netzmagen *m*, Haube *f*
gizzard ~ Muskelmagen *m*
glandular ~ Drüsenmagen *m*
honey ~ Honigblase *f*

honeycomb ~ Netzmagen *m*, Haube *f*
masticatory ~ Kaumagen *m*
read [rennet] ~ Labmagen *m*
stomachal [stomachic] Magen...
stomatal Spaltöffnungs...
stomate spaltöffnungstragend
stomatic Mund...
stomatiferous spaltöffnungstragend
stomatogastric Mund-Magen...
stomod(a)eum Stomodaeum *n*, Mundbucht,Munddarm *m*
stone Steinkern *m*
cherry ~ Geldmuschel *f*, Geld-Venusmuschel *f (Venus mercenaria)*
ear ~ Otolith *m*, Gehörstein *m*
stone-basil Borstenquendel *m (Clinopodium vulgare)*
stonechat Schwarzkehlchen *n (Saxicola torquata)*
Hodgson's ~ Hodgsonschmätzer *m (Saxicola insignis)*
pied ~ Mohrenschwarzkehlchen *n (Saxicola caprata)*
white-tailed ~ Weißschwanz-Schwarzkehlchen *n (Saxicola leucura)*
stonecress Bundesfaden *m*, Steintäschel *n (Aethionema)*
stonecrop Mauerpfeffer *m*, Fetthenne *f (Sedum)*
biting ~ → mossy stonecrop
croked yellow ~ → reflexed stonecrop
goldmoss ~ → mossy stonecrop
hairy ~ Behaarter Mauerpfeffer *m*, Zottige Fetthenne *f (Sedum villosum)*
insipid ~ Milder Mauerpfeffer *m*, Spornfetthenne *f (Sedum sexangulare)*
mossy ~ (Gemeiner, Scharfer) Mauerpfeffer *m (Sedum acre)*
reflexed ~ Felsenpfeffer *m (Sedum reflexum)*
tallest ~ Dickblatt *n (Sedum telephium)*
two-row ~ Kaukasische Fetthenne *f (Sedum spurium)*
stonefish Steinfisch *m (Synanceia); pl* Steinfische *mpl (Synanceiidae)*
stoneless *(Bot.)* kernlos
stoneloach Bartgrundel *f (Noemacheilus);* Bartgrundel *f*, Schmerle *f (Noemacheilus barbatulus)*
stoneroot Kanadische Kollinsonie *f (Collinsonia canadensis)*
stone-rue Venushaar *n*, Frauenhaar *n (Adiantum capillus-veneris)*
stoneseed Steinsame *m (Lithospermum)*
stonewort Armleuchteralge *f (Chara)*
stony *(Bot.)* steinig, Stein...
stool 1. Kot *m*; 2. Wurzelschößling *m*; 3. Wurzelstock *m*; 4. Baumstumpf *m*
stoop 1. Niederstoßen *n (Vogel)*; 2. herabstoßen
stop(ped)-flow Fließstoptechnik *f*
stopper Stopfen *m*, Stöpsel *m*, Pfropf *m*
cork ~ Korkpfropf *m*
cotton ~ Wattepfropf *m*
stop-response Stopwirkung *f*, Stopreaktion *f*
storage Speicherung *f*, Lagerung *f*, Aufbewahrung *f*
storax Storaxbaum *m (Styrax)*
store Vorrat *m*; speichern
storey *(Bot.)* Schicht *f*, Stufe *f*, Stratum *n*
storing:
food ~ Nahrungsspeicherung *f*
stork Storch *m (Ciconia); pl* Störche *mpl (Ciconiidae)*
adjutant ~ 1. Argala-Marabu *m (Leptoptilus dubius*, 2. Sunda-Marabu *m*, Malaien-Storch *m (Leptoptilus javanicus)*
African open-billed ~ Afrika-Klaffschnabel *m*, Mohrenklaffschnabel *m*, Schwarzer Klaffschnabel *m (Anastomus lamelligerus)*
American wood ~ Amerika-Nimmersatt *m*, Waldstorch *m (Mycteria americana)*
Asian open-billed ~ Indien-Klaffschnabel *m*, Silberklaffschnabel *m*, Weißer Klaffschnabel *m (Anastomus oscitans)*
black ~ Schwarzstorch *m (Ciconia nigra)*
black-necked ~ Indien-Großstorch *m (Xenorhynchus asiaticus)*
greater adjutant ~ → adjutant stork 1.
hammerhead ~ Hammerkopf *m*, Schattenvogel *m (Scopus umbretta)*
jabiru ~ Jabiru *m (Jabiru mycteria)*
lesser adjutant ~ → adjutant stork 2.
maguari ~ Maguaristorch *m (Euxenura maguari)*
marabou ~ Afrika-Marabu *m (Leptoptilus crumeniferus)*
milky ~ Malaien-Nimmersatt *m (Ibis cinereus)*
openbill [open-billed] ~ Klaffschnabel *m (Anastomus)*
oriental white ~ Schwarzschnabelstorch *m (Ciconia boyciana)*
painted ~ Indien-Nimmersatt *m*, Buntstorch *m (Ibis leucocephalus)*
saddle-billed ~ Afrika-Sattelstorch *m (Ephippiorhynchus senegalensis)*
whale-headed ~ Schuhschnabel *m (Balaeniceps rex)*
white ~ Weißstorch *m (Ciconia ciconia)*
wood ~ 1. → milky stork; 2. Amerika-Nimmersatt *m*, Waldstorch *m (Mycteria americana)*
yellow-billed ~ Afrika-Nimmersatt *m*, Nimmersatt *m (Ibis ibis)*
storksbill Reiherschnabel *m (Erodium)*
common [hemlock] ~ Gemeiner Reiherschnabel *m (Erodium cicutarium)*
storm-petrel ~ Sturmschwalbe *f (Hydrobates pelagicus); pl* Sturmschwalben *fpl*, Schwalben-Sturmvögel *mpl (Hydrobatidae)*
gray-backed ~ Graurücken-Sturmschwalbe *f (Garrodia nereis)*
least ~ Zwergsturmschwalbe *f (Halocyptena microsoma)*
white-faced ~ Fregatten-Sturmschwalbe *f*, Weißgesicht-Sturmschwalbe *f (Pelagodroma marina)*
story → storey
stove 1. Ofen *m*; 2. Treibhaus *n*
straggle 1. verstreut wuchern; 2. sich unregelmäßig ausbreiten

straight-boled geradschaftig
straight-chain geradkettig
straight-seeded geradsamig
straight-stalked geradstielig
straight-stemmed geradschaftig
straight-toothed geradzähnig
straight-veined geradnervig
strain 1. Stamm *m*, Kulturstamm *m*, Rasse *f*; 2. Überanstrengung *f*, Überlastung *f*
biological ~ biologische Rasse *f*
breeding ~s Elite *f*
field ~ Wildstamm *m*
host ~ Wirtsstamm *m*
isogenic ~ isogene Linie *f*
parent ~ elterliche Linie *f*
pure ~ reine Linie *f*
wild ~ Wildstamm *m*
strainer *(Zool.)* Filtrierer *m*
strait:
pelvic ~ 1. Beckeneingang *m*; 2. Beckenausgang *m*
stramonium Weißer Stechapfel *m*, Dornapfel *m (Datura stramonium)*
strand Strang *m*
stranger gesellschaftsfremde Art *f*
strangle-tare 1. Behaarte [Rauhhaarige] Wicke *f*; 2. Kleine Sommerwurz *f (Orobanche minor)*
strangleweed Seide *f (Cuscuta)*
starngling roots *(Bot.)* Netzwurzeln *fpl*
strata *pl von* stratum
stratification ~ Stratifikation *f*, Schichtung *f*
thermal ~ Temperaturstratifikation *f*
stratified geschichtet
stratose schichtig
stratum Schicht *f*
field ~ Grasschicht *f*, Krautschicht *n*
straw 1. Strohhalm *m*; 2. Stroh *n*
strawberry Erdbeere *f (Fragaria)*
Alpine ~ → European wood strawberry
American wood ~ Amerikanische Erdbeere *f (Fragaria americana)*
barren ~ Fingerkraut *n (Potentilla)*
bog ~ Blutauge *n*, Sumpfblutauge *n (Potentilla palustris)*
European wood ~ Gemeine [Wilde] Erdbeere *f (Fragaria vesca)*
garden ~ 1. Ananas-Erdbeere *f (Fragaria ananassa)*; 2. Zimt-Erdbeere *f (Fragaria moschata)*
hautbois ~ Zimt-Erdbeere *f (Fragaria moschata)*
hedge ~ → European wood strawberry
Indian ~ Indische Erdbeere *f (Fragaria indica)*
mountain [northern] ~ Kanadische Erdbeere *f (Fragaria canadensis)*
pine ~ → garden strawberry 1.
scarlet ~ Virginische Erdbeere *f (Fragaria virginiana)*
wild ~ 1. → European wood strawberry; 2. → mountain strawberry; 3. Kanadisches Fingerkraut *n (Potentilla canadensis)*
strawflower Strohblume *f (Helichrysum)*; Gartenstrohblume *f (Helichrysum bracteatum)*
strawworm 1. Schädling *m* der Gräser; 2. Larve *f* der Samenwespe *(Tetramesa)*
stray 1. verirrtes/streunendes Tier *n*; 2. (umher)streunen; 3. weglaufen; 4. vereinzelt
streak 1. Streif(en) *m*, Strich *m*; 2. Aufstreichimpfung *f*; 3. Streifenkrankheit *f (der Pflanzen)*
germinal ~ Keimstreifen *m*
streaker Grüner Schnapper *m (Aprion virescens)*
streaky gestreift
stream Strom *m*, Strömung *f*
blood ~ Blutstrom *m*
protoplasm ~ Protoplasmastrom *m*
transpiration ~ Transpirationsstrom *m*
streamcreeper Erdhöhlentöpfer *m*, Bachstachelschwanz *m (Lochmias nematura)*
streamertail Jamaika-Kolibri *m (Trochilus polytmus)*
strength 1. Kraft *f*, Stärke *f*; 2. Stärke *f*, Intensität *f*; 3. Stärke *f*, Konzentration *f*
antigenic ~ Antigenität *f*
muscle ~ Muskelzug *m*
response ~ Reaktionsstärke *f*
transpiration ~ Transpirationsintensität *f*
strepsitene Strepsitän *n*
streptocarpous gedrehtfrüchtig
streptocaulis gedrehtstengelig
streptophyllous gedrehtblättrig
streptopilous gedrehthaarig
stress Streß *m*, Belastung *f*; Spannung *f*
stressor stressogener Faktor *m*
stretch 1. Strecken *n*, Dehnen *n*; 2. ausstrecken, recken; 3. anspannen *(z.B. Muskeln)*
stria Streifen *n*; Riefe *f*, Rille *f*, Furche *f*
striae *pl von* stria
striated 1. gestreift; 2. *(Bot.)* gerippt; genervt, geadert
striation 1. Streifung *f*; 2. Streifen *n*
striatum Streifenhügel *m*
strict *(Bot.)* aufrecht, steif
stricture Striktur *f*, Vereng(er)ung *f*
striders:
broad-shouldered ~ Bachläufer *mpl (Veliidae)*
water ~ Echte Wasserläufer *mpl (Gerridae)*
stridulate zirpen, schrillen
stridulation Stridulation *f*, Zirpen *n*, Schrillen *n*
strigil(is) *(Ent.)* Fersenbürste *f*
strigillose kleinborstig; striegelhaarig
strigose borstig, striegelhaarig
string 1. *(Bot.)* Faser *f*, Fiber *f*; 2. Sehne *f*
gene ~ Genonema *n*
navel ~ Nabelschnur *f*, Nabelstrang *m*
stringent zusammenziehend, schrumpfend
string-leaved strickblätterig
stringlike strickartig, fadenartig
string-rooted strickwurzelig, fadenwurzelig
stringy faserig
striolate kleingestreift, feingestreift

strip 1. abziehen *(z.B. Haut)*; abschälen; abrinden; 2. Streifen *n*
wind forest ~ Windschutzgürtel *m*, Ackerschutzwaldstreife *f*
stripe 1. Strichelkrankheit *f (der Pflanzen)*; 2. Streifen *m*, Strich *m*
dorsal ~ Aalstreifen *m*, Aalstrich *m*
striped gestreift
striper Felsenbarsch *m (Roccus saxatilis)*
stripped *(Bot.)* entblößt; kahl
strobila → strobile
strobilaceous 1. zapfentragend; 2. → strobiloid
strobilation Strobilation *f*
strobile 1. zapfenförmig; Zapfen *m*; 2. *(Zool.)*. Strobila *f*
strobiliferous zapfentragend
strobiliform zapfenförmig, zapfenartig
strobilization Strobilation *f*
strobiloid zapfenförmig
stroke 1. Schlag *m*; 2. Herzschlag *m*; 3. systolisch
effective [power] ~ affektiver Schlag *m (Phase der Zilienbewegung)*
stroma 1. Stroma *n*, Grundgewebe *n*; 2. Bindegewebegerüst *n*
strombuliform schraubenförmig
structure Struktur *f*, Aufbau *m*
~ of population Aufbau *m* [Struktur *f*] der Population
age ~ Altersaufbau *m*
alveolar ~ Wabenstruktur *f*
beta-extended ~ gestreckte Beta-Struktur *f*
cellular ~ Zellstruktur *f*
cloverleaf ~ *(Mol.)* Kleeblatt-Struktur *f*
fine ~ Feinstruktur *f*
hairpin-like ~ *(Mol.)* Haarnadel-Struktur *f*
head ~ *(Bot.)* Kronengerüst *n*
helical ~ Helix-Struktur *f*
pleated sheet ~ *(Mol.)* Faltblattstruktur *f*
struggle 1. Kampf *m*; 2. kämpfen
~ for existence Kampf *m* ums Dasein, Daseinskampf
struma *(Bot.)* Kropf *m*; Schwellung *f*
strumose *(Bot.)* kropfig
stub Stumpf *m*, Baumstumpf *m*
stub-wort Wald-Sauerklee *m (Oxalis acetosella)*
studbook Zuchtstammbuch *m*; Gestütbuch *n (für Pferde)*
study Untersuchung *f*
stuff 1. Stoff *m*, Material *n*; 2. *(Tiere)* ausstopfen
food ~ Nährstoff *m*
stump Stumpf *m*, Baumstumpf *m*
stump-tail Tannenzapfenechse *f (Tiliqua rufosa)*
stun betäuben *(durch Schlag, durch Lärm)*
stunt 1. Wachstumshemmung *f*; 2. *(im Wachstum/in der Entwicklung)* hemmen; 3. Zwergwüchsigkeit *f*, Kleinwüchsigkeit *f*
stunted *(Bot.)* verkümmert
~ growth *(Bot.)* Krüppelwuchs *m*; Krüppelform *f*
stunting 1. Kleinwüchsigkeit *f*; 2. wachstumshemmend
stupulose *(Bot.)* zwergartig
sturgeon Stör *m (Acipenser); pl* Störe *mpl (Acipenseridae)*
adriatic ~ Adria-Stör *m (Acipenser naccarii)*
Amur ~ Amur-Stör *m (Acipenser schrencki)*
Atlantic ~ 1. → common sturgeon; 2. → sharp-nose sturgeon
Baltic ~ → common sturgeon
barbel [bastard] ~ Glattdick *m*, Glattstör *m (Acipenser nudiventris)*
common ~ Baltischer Stör *m (Acipenser sturio)*
fringe ~ → barbel sturgeon
great ~ Hausen *m (Huso)*; Riesiger Hausen *m*, Belug *n (Huso huso)*
great Siberian ~ Kalugahausen *m*, Sibirischer Hausen *m (Huso dauricus)*
green ~ Grüner Stör *m*, Sachalin-Stör *m (Acipenser medirostris)*
Pacific ~ → white sturgeon
red ~ → green sturgeon
Russian ~ Russischer Stör *m*, Waxdick *m*, Osseter *m (Acipenser gueldenstaedti)*
Sakhalin ~ → green sturgeon
sea ~ → common sturgeon
sharp-nosed ~ Atlantischer Stör *m (Acipenser oxyrhinchus)*
Siberian ~ Sibirischer Osseter *m (Acipenser baeri)*
spiny ~ → barbel sturgeon
starred [stellate] ~ Sternhausen *m*, Störsturggeon *m (Acipenser stellatus)*
white ~ Weißer Stör *m (Acipenser transmontanus)*
stylate griffeltragend
style 1. *(Bot.)* Griffel *m*; 2. *(Ent.)* Griffel *m*, Endgriffel *m*
crystalline ~ Kristallstiel *m*
stylet Stilett *n*; Stechborste *f*, Stachelapparat *m*
styliferous griffeltragend
styloglossal Griffelfortsatz-Zungen...
stylohyoid Griffelfortsatz-Zungenbein...
styloid 1. griffelförmig, griffelartig; 2. Griffelfortsatz...
stylomandibular Griffelfortsatz-Unterkiefer...
stylomastoid Griffelfortsatz-Warzenfortsatz...
stylopharyngeal Griffelfortsatz-Schlundkopf...
stylopids Fächerflügler *mpl (Strepsiptera)*
stylopodium Stylopodium *n*, Griffelpolster *m*
stylospore Stylospore *f*, gestielte Spore *f*
stylostegium *(Bot.)* Griffeldeckel *m*
subacid säuerlich, schwach sauer
subacute leicht zugespitzt
subalpine 1. subalpin; 2. subalpines Tier *n*; subalpine Pflanze *f*
subapical subapikal
subaquatic subaquatisch, Unterwasser...
subarctic subarktisch
subarea Teilgebiet *n*
subassociation Subassoziation *f*, Untergesellschaft *f*
subaxillary subaxillär, unter der Axilla liegend
subcartilaginous subkartilaginös, unter dem Knorpel
subcaudal Unterschwanz...
subcellular subzellulär

ıbclass Unterklasse *f*
ıbclimax Subklimax *f*
ıbcloning Überimpfen *n*, Subklonung *f*
ıbconscious 1. unterbewußt; 2. Unterbewußtsein *n*
ıbcosta *(Ent.)* Hilfsader *f*
ıbcostal subkostal, unter den Rippen
ıbculture Subkultur *f*, Nebenkultur *f*, Abimpfung *f*, Nachimpfung *f*
ıbculturing Überimpfen *n*
ıbcutaneous subkutan, Unterhaut...
ıbcuticular subkutikulär, subepidermal, unter der Epidermis
ıbcutis Subkutis *f*, Unterhaut(zell)gewebe *n*
ıbdermal Unterhaut...
ıbdivision Unterabteilung *f*
ıbdumi Halbsträucher *mpl*
ıbdural subdural, unter der harten Hirnhaut
ıbepidermal subepidermal, unter der Epidermis liegend
ıbepithelial subepithelial, unter dem Epithel liegend
ıber Kork *m*, Korkgewebe *n*
ıberect *(Bot.)* halbaufrecht
ıbereous korkig; korkartig
ıberiferous korkbildend
ıberification [suberization] Verkorkung *f*
ıberose korkig; korkartig
ıbesophageal Unterschlund...
ıbfamily Unterfamilie *f*
ıbformation Subformation *f*
ıbgenus Untergattung *f*
ıbgeocolous unterirdisch
ıbglobose kreisförmig
ıbglossal Unterzungen...
ıbgregarious kleine Ansammlungen bildend
ıbgroup Untergruppe *f*
ubhymenium Hypothezium *n*
ubimago *(Ent.)* Subimago *f*
ubinguinal subinguinal, unter der Leistengegend liegend
ubinoculation Überimpfen *n*, Passage *f*
ubitaneous Subitan..., Sommer... *(Ei)*
ubjacent darunter liegend; tiefer liegend
ubkingdom Unterreich *n*
ublayer Subschicht *f*
ubliminal unterschwellig, subliminal
ublingual sublingual, unter der Zunge
ubmarine unterseeisch, Untersee..., submarin
ubmaxilla Mandibel *f*, Unterkiefer *m*
ubmaxillary submandibulär, unter der Unterkiefer liegend
ubmental submental, unter dem Kinn
ubmentum *(Ent.)* Unterkinn *n*
ubmersed submers, Unterwasser..., Tauch...
ubmission Unterwerfung *f*
ubmissive *(Ethol.)* Demuts..., Unterwerfungs...
ubmucosa Submukosa *f*, Unterschleimhaut *f*
uboccipital subokzipital, unter dem Hinterhaupt liegend
ubopposite fast gegenständig
uborder Unterordnung *f (Taxon)*

subordination Unterordnung *f*
subparietal subparietal, unter dem Scheitellappen
subpharyngeal subpharyngeal, unter dem Rachen
subphrenic subdiaphragmatisch, unter dem Zwerchfell
subphylum Unterstamm *m*
subpopulation Unterpopulation *f*
subramose wenig verzweigt
subregion Unterregion *f*; Subprovinz *f*
subsacral unter dem Kreuzbein liegend
subsample Unterstichprobe *f*
subsampling Unterstichprobenentnahme *f*
subscapular subskapulär, unter dem Schulterblatt
subsere Subserie *f*
subserous subserös, unter der Serosa liegend
subsessile hemisessil, halbsessil
subset Unterpopulation *f*
subshrub Halbstrauch *m*
  dwarf ~ Zwergstrauch *m*
subsidiary cell *(Bot.)* Nebenzelle *f*
subsoil Unterboden *m*, Untergrund *m*
subsong *(Ethol.)* Dichten *n*, Herbstgesang *n*, Übergangsgesang *n*
subspeciation Unterartbildung *f*
subspecies Unterart *f*, Subspezies *f*
substance Substanz *f*, Stoff *m*
  agglutinin-stimulating ~ Agglutinogen *n*
  antimitotic ~ mitosehemmender Stoff *m*, antimitotisches Agens *n*
  attraktive ~ Lockstoff *m*, Attraktivstoff *m*
  cortical ~ of a cell Kortikalschicht *f* der Zelle
  dotter ~ Dotter *n*
  hereditery ~ Erbsubstanz *f*
  horny ~ Hornsubstanz *f*
  humus ~ Humus *m*
  noxious ~ Schadstoff *m*
substernal substernal, unter dem Brustbein
substitute 1. Ersatz *m*, Austauschstoff *m*; 2. ersetzen, austauschen
substitution Substitution *f*, Austausch *m*
  freeze ~ Gefriersustauschverfahren *n*
substrate 1. Substrat *n*; Nährboden *m*; 2. Träger *m*, Medium *n*
subterranean unterirdisch
subterritory Unterrevier *n*
subthreshold unterschwellig, subliminal
subtribe Subtribus *m*
subtropics Subtropenpl
subulate pfriemförmig
subumbonal buckelig
subumbrella *(Zool.)* Subumbrella *f (Schirmunterseite bei Quallen)*
subungual subungual, unter dem Nagel
subunguis Ballenkissen *n*; Zehenballen *m*
subunit Untereinheit *f*
subzero unter dem Gefrierpunkt, unter 0 Grad
subzone Teilbereich *m*
subzygomatic unter dem Jochbein liegend

succession Sukzession *f*
succise abgestutzt; abgeschnitten
succory Wegwarte *f*, Zichorie *f (Cichorium)*
gum ~ Großer Knorpellattich *m*, Großer Krümmling *m (Chondrilla juncea)*
wild ~ Gemeine Wegwarte *f (Cichorium intybus)*
succulence [succulency] Sukkulenz *f*
succulent 1. sukkulent, dickfleischig; 2. Sukkulente *f*, Fettpflanze *f*, Saftpflanze *f*
succus Saft *m*
suck 1. saugen, ansaugen; absaugen; 2. säugen
suck-bottle Weiße Taubnessel *f (Lamium album)*
sucker 1. Saugorgan *n*; Saugnapf *m*; 2. *(Bot.)* Senker *m*; 3. Blattsauger *m (Psylla)*
alder ~ Erlenblattsauger *m (Psylla alni)*
apple ~ Gemeiner Apfelblattsauger *m (Psylla mali)*
box ~ Buchsbaumsauger *m (Psylla buxi)*
buccal ~ Mundsaugnapf *m*
caudal ~ hinterer Saugnapf *m*
hawthorn ~ Weißdornblattsauger *m (Psylla crataegi)*
lump ~ Lump *m*, Seehase *m (Cyclopterus lumpus)*
mouth ~ Mundsaugnapf *m*
oral ~ Mundsaugnapf *m*
pilot ~ Schiffshalter *m*, Kopfsauger *m (Echeneis naucrates)*
sand ~ Kalifornischer Königsfisch *m (Menticirrhus undulatus)*
shark ~s Schiffshalter *mpl (Echeneididae)*
subanal ~ hinterer Saugnapf *m*
ventral ~ Bauchsaugnapf *m*
white-tailed ~ Großer Schiffshalter *m*, Kopfsauger *m (Echeneis naucrates)*
woadwaxen ~ Ginsterblattsauger *m (Psylla genistae)*
suckerfish Schiffshalter *mpl (Echeneididae)*
suckering Bestockung *f*
sucking saugend, Saug...
suckle säugen
suckling 1. Säugling *m*; 2. nicht entwöhntes Jungtier *n*; 3. Klee *m*, Kopfklee *m (Trifolium)*
lamb ~ Kriechender [Weißer] Klee *m (Trifolium repens)*
yellow ~ Fadenklee *m*, Kleiner Klee *m (Trifolium dubium)*
sucrose Sa(c)charose *f*
suction *(Bot.)* Saugwirkung *f*
suctorial Saug...
suctorian Sauginfusorie *f*; *pl* Sauginfusorien *fpl (Suctoria)*
sudation Schwitzen *n*, Schweißabsonderung *f*
sudomotor schweißdrüsenstimulierend, schweißdrüsenanregend
sudor Schweiß *m*
sudoral schweißig, Schweiß...
sudoriferous schweißproduzierend, schweißbildend
sudoriparous schweißabsondernd, schweißsezernierend
suffocation Suffokation *f*, Ersticken *n*, Erstickung *f*
suffrutescent halbstrauchartig
suffrutex Halbstrauch *m*
suffruticose [suffruticous] Halb-/Zwergstrauch...
sugar Zucker *m*
sugar-bearing zuckerliefernd
sugarbird Kap-Honigfresser *m (Promerops cafer)*
sugarberry 1. Amerikanischer Zürgelbaum *m (Celtis occidentalis)*; 2. Kanadische Felsenbirne *f (Amelanchier canadensis)*; 3. Hauseberesche *f (Sorbus domestica)*
sugarcane Zuckerrohr *n (Saccharum)*
sugarplum 1. → sugarberry 1.; 2. *pl* Roter [Gemeiner] Klee *m (Trifolium pratense)*
sugary zuckerhaltig, zuckerig
sugescent saugend
suint Wollfett *n*
suk-kegh Blaurückenlachs *m (Oncorhynchus nerka)*
sulcate Furchen..., Rinnen...
sulcation Furchenbildung *f*
sulculus kleine Furche *f*, kleine Rinne *f*
sulcus Furche *f*, Rinne *f*
sulfur 1. Gelbling *m*, Kleefalter *m (Colias)*; 2. gelber *oder* orangegelber Schmetterling *m*
spotted ~ Ackerwindenflur-Bunteulchen *n (Emmelia trabealis)*
sulfuration Sulfurierung *f*
sulfur-shelf Schwefelporling *m (Laetiporus sulphureus)*
sulfur-tuft Büschelschwamm *m*, Grünblättriger Schwefelkopf *m (Hypholoma fasciculare)*
sulfurwort Liebstöckel *n (Levisticum officinale)*
sulla Italienischer Hufeisenklee *m (Hedysarum coronaria)*
sultan:
sweet ~ Bisamflockenblume *f*, Moschusblume *f (Centaurea moschata)*
sumac(h) Essigbaum *m*, Sumach *m (Rhus)*
American ~ → staghorn sumac(h)
Asian ~ Götterbaum *m (Ailanthus altissima)*
Chinese ~ → Asian sumac(h)
elder-leaved ~ Amerikanische Eberesche *f (Sorbus americana)*
French ~ Französischer Sumach *m (Coriaria myrtifolia)*
hairy ~ → staghorn sumac(h)
poison ~ Firnisbaum *m*, Firnissumach *m (Rhus vernicifera)*
Sicilian ~ Echter Essigbaum *m (Rhus coriaria)*
smooth ~ Glattblättriger [Kahler] Sumach *m (Rhus glabra)*
southern ~ Echter [Gemeiner] Perückenstrauch *m (Cotinus coggygria)*
staghorn ~ Essigbaum *m*, Kolbensumach *m (Rhus typhina)*
swamp ~ → poison sumac(h)
upland ~ → smooth sumac(h)
velvet [Virginia] ~ → staghorn sumac(h)
white ~ → smooth sumac(h)
sumbul Ammoniakpflanze *f (Dorema)*

ummer 1. Sommer *m*; 2. Sommer...
umpfweed Sumpfholunder *m (Iva)*
umpit:
ikan ~ Schützenfisch *m (Toxotes jaculator)*
unangel Sonnenengel *m*, Sonnennymphe *f (Heliangelus)*
unbird Nektarvogel *m*; *pl* Nektarvögel *mpl (Nectariniidae)*
blue-naped ~ Streifennektarvogel *m (Hypogramma hypogrammoides)*
false ~ Pseudo-Nektarvogel *m (Neodrepanis)*
unbittern Sonnenralle *f (Eurypyga helias)*
unblister [sunburn] Sonnenbrand *m*
undew Sonnentau *m (Drosera)*
undial Perennierende Lupine *f (Lupinus perennis)*
un-fern Buchenfarn *m (Thelypteris phegopteris)*
unfish 1. Sonnenfisch *m*, Sonnenbarsch *m (Lepomis)*; *pl* Sonnenfische *mpl*, Sonnenbarsche *mpl (Centrarchidae)*; 2. *pl* Zwergbarsche *mpl (Elassoma)*
common ~ 1. Gemeiner Sonnenbarsch *m (Lepomis giblosus)*; 2. → ocean sunfish
oblong ~ Länglicher Klumpffisch *m (Ranzania laevis)*
ocean ~ Gewöhnlicher Mondfisch *m (Mola mola)*
tailed ~ Spitzschwanz-Mondfisch *m (Masturus)*
yellowbelly ~ Großohriger Sonnenfisch *m*, Rotbrustsonnenbarsch *m (Lepomis auritus)*
unflower 1. Sonnenblume *f (Helianthus)*; 2. Ackergauchheil *m*, Roter Gauchheil *m (Anagallis arvensis)*
common ~ Gemeine [Einjährige] Sonnenblume *f (Helianthus annuus)*
false ~ 1. Sonnenauge *n (Heliopsis)*; 2. Sonnenbraut *f (Helenium)*
silver-leaf ~ Silberblättrige Sonnenblume *f (Helianthus argyrophyllus)*
wild ~ Echter [Großer] Alant *m*, Großer Heinrich *m (Inula helenium)*
woodland ~rough sunflower
ungazer Riesengürtelschweif *m (Cordylus giganteus)*
ungem [horned] Sonnenstrahlelfe *f (Haliactin cornuta)*
ungrebe Zwergbinsenralle *f (Heliornis fulica)*
uni Suniböckchen *n*, Moschusböckchen *n (Neotragus moschatus)*
unleaf Lichtblatt *n*, Sonnenblatt *n*
un-loving sonnenliebend
unn Klapperhülse *f*, Klapperschote *f (Crotalaria)*
unny 1. sonnig; 2. → sunfish 1.
unrose Sonnenröschen *n (Helianthemum)*
unscald [sunscorch] Sonnenbrand *m (der Blätter)*
unwatcher Sonnengucker *m (Rhrynocephalus helioscopus)*
unweed Sonnenwolfsmilch *f (Euphorbia helioscopia)*
uperacid hyperazid, übersauer, stark sauer
uperalkalinity Überalkalinität *f*
uperaxillary *(Bot.)* oberwinkelständig
uperciliary Augenbrauen...
upercilium Augenbraue *f*
uperclass Superklasse *f*
upercoil *(Mol.)* Superspirale *f*
supercoiled supergeknäult
supercoiling Supercoiling *n*, Superknäuelung *f*
supercrescence Epibiose *f*
superdominance Superdominanz *f*, Überdominanz *f*
superexcitation Hyperexzitation *f*, Übererregung *f*
superfamily Überfamilie *f*
superfemale Überweibchen *n*, Superweibchen *n*
superficial superfiziell, oberflächlich, Oberflächen...
superimposed übereinanderliegend
superinfection wiederholte Infektion *f*
superior *(Bot.)* oberständig
palea ~ Bauchspelze *f*, Vorspelze *f*
superlactation Hyperlaktation *f*, Milchüberproduktion *f*, vermehrte Milchsekretion *f*
superloop Superschleife *f*
supermale Übermännchen *n*, Supermännchen *n*
supernatant Überstand *m*, überstehende Flüssigkeit *f*
supernormal übernormal
supernumerary überzählig, akzessorisch
supernutrition Überernährung *f*; Überfütterung *f*
superorder Überordnung *f*
superparasite Überparasit *m*, Hyperparasit *m*
superparasitism Überparasitismus *m*, Hyperparasitismus *m*
superphylum Hauptstamm *m*
superplant Epiphyt *m*
superposed oberhalb liegend, oben stehend
superposition Überlagerung *f*
supersacral über dem Kreuzbein liegend
supersecretion vermehrte Sekretion *f*
supersensitive überempfindlich
superspecies Superspezies *f*, Überart *f*
supertension Hypertension *f*; Hypertonus *m*
superterranean [superterraneous] oberirdisch
superthreshold überschwellig
supervirulent hochvirulent
supervision Kontrolle *f*
supination Supination *f*, Auswärtsdrehung *f*
supinator Auswärtsdreher *m*
supplier:
pollen ~ männliche Blüte *f*; männliche Pflanze *f*
supply 1. Lieferung *f*; 2. Versorgung *f*; 3. Beitrag *m*; 4. Vorrat *m*
blood ~ Durchblutung *f*
food ~ Nahrungsangebot *m*
nerve ~ Innervation *f*, Nervenversorgung *f*
nutrient ~ Nährstoffversorgung *f*
water ~ Wasserversorgung *f*
suppon Chinesische Weichschildkröte *f (Trionyx sinensis)*
support 1. Träger *m*, Trägermaterial *n*, Trägersubstanz *f*; 2. Stütze *f*; 3. Stativ *n*
support-free trägerfrei
suppress 1. unterdrücken, hemmen; 2. *(Blutung)* stillen
suppressor Suppressor *m*, Hemmer *m*, Hemmstoff *f*
suppurative eiternd, purulent
supra-axillary supraaxillär, über der Achselgrube liegend

suprabranchial über den Kiemen liegend
supracaudal über dem Schwanz liegend
supracondylar suprakondylär, über dem Kondylus liegend
supracostal suprakostal, über der Rippe liegend
supracranial suprakranial, auf der Schädelaußenseite *f* liegend
supradecompound *(Bot.)* mehrfachzusammengesetzt
supradorsal über der Wirbelsäule liegend
supraesophageal Oberschlund...
suprafoliar oberblattständig
supralabial Oberlippen...
supraliminal überschwellig
supralittoral Supralitoral *n*
supramaxillary supramaxillär, über dem Oberkiefer
supraoccipital supraokzipital, über dem Hinterhauptsknochen
supraorbital supraorbital, über der Augenhöhle
suprarenal 1. suprarenal, über der Niere; 2. suprarenal, adrenal, Nebennieren...; 3. Nebennierenmark *n*; 4. Nebennierenrinde *f*
suprascapular supraskapular, über dem Schulterblatt
supraspinal 1. supraspinal, über der Wirbelsäure; 2. supraspinal, über einem Dorn
suprasternal suprasternal, über dem Brustbein
supratemporal supratemporal, über der Schläfe
supraterraneous oberirdisch
suprathreshold überschwellig
sura Wade *f*
sural Waden...
surculus Wurzelsproß *m*, Wurzelausschlag *m*
surexcitation 1. Übererregung *f*; 2. Überreizung *f*
surf Trogmuschel *f (Spisula)*
surface Oberfläche *f*, Fläche *f*
  articular ~ Gelenkfläche *f*
  chewing ~ Kaufläche *f*
  cut ~ Schnittfläche *f*
  masticatory ~ Kaufläche *f*
  upper ~ Oberseite *f*
surface-active oberflächenaktiv
surfactant oberflächenaktive Substanz *f*, Tensid *n*
surfbird Gischtläufer *m (Aphriza virgata)*
surficial oberflächlich, Oberflächen...
surfperch Doppelloch *m (Ditrema); pl* Seebarsche *mpl (Embiotocidae)*
surgeonfish Doktorfisch *m (Acanthurus); pl* Doktorfische *mpl (Abanthuridae)*
suricate Surikate *f*, Erdmännchen *n (Suricata suricata)*
surmul(l)et Meerbarbe *f*, Seebarbe *f (Mullus); pl* Meerbarben *fpl*, Streifenbarben *fpl (Mullidae)*
  plain ~ Gewöhnliche [Rote] Meerbarbe *f*, Gemeine Seebarbe *f (Mullus barbatus)*
surroundings Umgebung *f*, Umwelt *f*
sursumduction Aufwärtsbewegung *f (des Auges)*
surucucu Buschmeister *m (Lachesis mutus)*
surveillance Überwachung *f*, Kontrolle *f*
survey Prüfung *f*; Schätzung *f*; Untersuchung *f*
survival Überleben *n*
survive 1. überleben, überdauern, am Leben bleiben; 2. weiterleben, fortleben
survivor Überlebender *m*
susan Stundeneibisch *m*, Stundenblume *f (Hibiscus trionum)*
susceptibility Suszeptibilität *f*, Empfänglichkeit *f*, Empfindlichekit *f*; Reizbarkeit *f*
susceptible suszeptibel, empfänglich, empfindlich; reizbar
susception (Reiz-)Suszeption *f*, Reizaufnahme *f*
suslik → souslik
suspended schwebend; suspendiert
suspension 1. Suspension *f*; Aufschwemmung *f*, Aufschlämmung *f*; 2. Suspendierung *f*
sustain stützen; unterhalten; ernähren; verpflegen
sustained Dauer...
sustenance 1. Lebensunterhalt *m*, Auskommen *n*; Nahrung *f*; 2. Nährwert *m*; 3. Erhaltung *f*, Ernährung *f*
suterberry Zahnwehholz *n (Zanthoxylum americanum)*
sutural Naht...
suture Naht *f*; Verwachsungslinie *f*
suyo Großer Nilhecht *m (Gymnarchus niloticus)*
swab 1. Tupfer *m*, Tampon *m*; 2. Ausstrich *m*
swale Wiesenfläche *f*, Grasmatte *f*
swallow 1. Schwalbe *f*; Rauchschwalbe *f (Hirundo rustica); pl* Schwalben *fpl (Hirundinidae)*; 2. (ver)schlucken, schlingen
  American rough-winged ~ Rauhflügelschwalbe *f (Stelgidopteryx ruficollis)*
  bank ~ Uferschwalbe *f (Riparia riparia)*
  barn ~ → common swallow
  black-and-white ~ Australerdschwalbe *f*, Weißrükkenschwalbe *f (Cheramoeca leucosterna)*
  cave ~ Höhlenschwalbe *f (Petrochelidon fulva)*
  cliff ~ Amerikanische Klippenschwalbe *f*, Fahlstirnschwalbe *f (Petrochelidon pyrrhonota)*
  coast ~ Südseeschwalbe *f (Hirundo tahitica)*
  common ~ Rauchschwalbe *f (Hirundo rustica)*
  European ~ → common swallow
  red-breasted ~ Rotbauchschwalbe *f (Hirundo semirufa)*
  red-chested ~ Singschwalbe *f (Hirundo lucida)*
  red-rumped ~ Rötelschwalbe *f (Hirundo daurica)*
  sand ~ → bank swallow
  sea ~ Flußseeschwalbe *f (Sterna hirundo)*
  smaller striped ~ Maidschwalbe *f*, Kleine Streifenschwalbe *f (Hirundo abyssinica)*
  striated ~ Sunda-Schwalbe *f (Hirundo striolata)*
  tawny-headed ~ Fuchsschwalbe *f (Alpochelidon fucata)*
  tree ~ Baumschwalbe *f*, Sumpfschwalbe *f (Tachycineta bicolor)*
  violet-green ~ Veilchenschwalbe *f (Tachycineta thalassina)*
  white-thighed ~ Zwergschwalbe *f (Neochelidon tibialis)*

white-throated ~ Weißkehlschwalbe *f (Hirundo albigularis)*

swallowers:

black [deepsea] ~ Kreuzzahnbarsche *f (Chiasmodontidae)*

swallowfish Flossenblätter *npl (Monodactylidae)*

swallowing Schlucken *n,* Verschlucken *n,* Schlingen *n*

swallowtail Schwanzfalter *m,* Schwalbenschwanz *m (Papilia); pl* Ritter *mpl,* Edelfalter *mpl,* Schwalbenschwänze *mpl (Papilionidae)*

European [fluted] ~ Doldenkräutertrockenrasen-Schwanzfalter *m (Papilio machaon)*

kite [scarce] ~ Schlehenkrüppelhalden-Schwanzfalter *m (Iphiclides podalirius)*

swallow-wing Schwalben-Faulvogel *m (Chelidoptera tenebrosa)*

swallowwort 1. Schwalbenwurz *f (Cynanchum officinale)*; 2. Echte [Syrische] Seidenpflanze *f (Asclepias syriaca)*; 3. (Großes) Schöllkraut *n,* Schwalbenkraut *n (Chelidonium majus)*

swamp Moor *m,* Sumpf *m;* Waldsumpf *m*

alder ~ Erlenmoor *n*

salt ~ Salz(wasser) marsch *f*

swampeels Kiemenschlitzaale *mpl (Synbrachidae)*

swampfish Nordamerikanische Höhlenfische *mpl,* Blindfische *mpl (Amblyopsidae)*

swamping Versumpfung *f,* Vermoorung *f*

swampland 1. Moor *n,* Flachmoor *n;* 2. Sumpf *m*

swampwood Lederholz *m (Dirca palustris)*

swampy sumpfig, Sumpf...

swan Schwan *m (Cygnus)*

Bewick's ~ Zwergschwan *m (Cygnus bewickii)*

black ~ Trauerschwan *m (Cygnus atratus)*

black-necked ~ Schwarzhalsschwan *m (Cygnus melanocoryphus)*

mute ~ Höckerschwan *m (Cygnus olor)*

trumpeter ~ Trompeterschwan *m (Cygnus biccinator)*

whooper ~ Singschwan *m (Cygnus cygnus)*

sward Grasbestand *m,* Grasdecke *f;* Grasnarbe *f*

swarding Rasenbildung *f,* Verfilzung *f*

swardy rasenartig

swarm 1. Schwarm *m;* 2. schwärmen

hybrid ~ Hybridpopulation *f*

swarmer Schwärmzelle *f;* Zoospore *f*

swarming Schwärmen *n*

swash zone Brandungszone *f*

sweat 1.Schweiß *m;* 2. schwitzen

sweating Schwitzen *n*

sweatweed Echter [Gemeiner] Eibisch *m (Althaea officinalis)*

swede Kohlrübe f, Steckrübe *f (Brassica napus* var. *napobrassica)*

sweep 1. Gemeine Hainbinse *f,* Hasenbrot *n (Luzula campestris)*; 2. Schwarze Flockenblume *f (Centaurea nigra)*

chinmey ~ Spitz-Wegerich *m (Plantago lanceolata)*

sweet 1. süß; 2. Frisch..., Süß... *(Wasser)*

sweetberry Schafbeere *f (Viburnum lentago)*

sweetbrier Schottische Zaunrose *f (Rosa eglanteria)*

sweetfish Ayu *m (Plecoglossus altivelis)*

sweet-fruited süßfrüchtig

sweet-hay Echtes Mädesüß *n (Filipendula ulmaria)*

sweethearts Kletten-Labkraut *n (Galium aparine)*

sweetleaf Rechenblume *f,* Saphirbeere *f (Symplocos)*

sweet-leaved süßblättrig

sweetlips 1. Grunzer *mpl,* Grunzfische *mpl (Pomadasyidae)*; 2. Emperor *mpl,* Kaiserfische *mpl (Pomacanthus)*

sweet-Mary Zitronen-Melisse *f (Melissa officinalis)*

sweet-rooted süßwurzelig

sweet-slumber Kanadische Blutwurze *f (Sanguinaria canadensis)*

sweet-William Bartnelke *f,* Büschelnelke *f (Dianthus barbatus)*

swell schwellen, anschwellen; quellen

swellfish Kugelfische *mpl (Tetraodontidae)*

swelling Schwellung *f;* Quellung *f*

swift Segler *m (Apuas);* Mauersegler *m (Apus apus); pl* Eigentliche Segler *mpl (Apodidae)*

Alpine ~ Alpen-Segler *m (Apus melba)*

band-rumped ~ Dornensegler *m (Chaetura spinicauda)*

black ~ 1. Schwarzsegler *m (Cypseloides niger)*; 2. Mauersegler *m (Apus apus)*

brown ~ Braunsegler *m (Apus niansae)*

chimney ~ Kaminsegler *m,* Schornsteinsegler *m (Chaetura pelagica)*

common ~ → black swift 2.

crested ~ Haubensegler *m (Hemiprocne longipennis)*

fence ~ (Gewöhnlicher) Zaunleguan *n (Sceloporus undulatus)*

fork-tailed ~ Sibirien-Segler *m (Apus pacificus)*

great ~ → Alpine swift

house ~ → little swift

lesser swallow-tailed ~ Steigrohrsegler *m (Panyptila cayennensis)*

little ~ Weißbürzelsegler *m,* Haussegler *m (Apus affinis)*

mottled ~ Schuppensegler *m (Apus aequatorialis)*

mouse-colored ~ → pallid swift

moustached ~ Bartsegler *m (Hemiprocne mystacea)*

needle-tailed ~ Stachelschwanzsegler *m (Chaetura caudacutus)*

pale-rumped ~ Blaßbürzelsegler *m (Chaetura egregia)*

pallid ~ Fahlsegler *m (Apus pallidus)*

plain ~ Einfarbsegler *m (Apus unicolor)*

palm ~ Altwelt-Palmensegler *m (Cypsiurus parvus)*

pygmy ~ Kuba-Palmsegler *m,* Däumlingssegler *m (Tachornis phoenicobia)*

small-scaled ~ Seitenfleckenleguan *m (Uta)*

sooty ~ Rauchsegler *m (Cypseloides fumigatus)*

spiny ~ Stachelleguan *m,* Zaunleguan *m (Sceloporus occidentalis)*

spot-fronted ~ Diademsegler *m (Cypseloides cherriei)*
tree ~ → crested swift
whiskered ~ → moustached swift
white-bellied ~ → Alpine swift
white-chested ~ Weißbrustsegler *m (Cypseloides lemosi)*
white-rumped ~ 1. → little swift; 2. Kaffernsegler *m (Apus caffer)*
swiftlet Salangane *f (Collocalia)*
black-nest ~ Schwarznest-Salangane *f (Collocalia lowi)*
edible-nest ~ Weißnest-Salangane *f (Collocalia fuciphaga)*
giant ~ Gabelsalange *f*, Riesensalangane *f (Collocalia gigas)*
mountain ~ Schwalbensalangane *f (Collocalia hirundinacea)*
swill spülen, abspülen
swills Spülwasser *npl*
swim schwimmen
swimmer 1. schwimmendes Tier *n*; 2. Schwimmorgan *n*
back ~s Rückenschwimmer *mpl (Notonectidae)*
swimmeret(te) Schwimmextremität *f*
swimming Schwimm...
swine Schwein *n (Sus)*
swine's-bane Roter Gänsefuß *m (Chenopodium rubrum)*
swine's-cress Krähenfuß *m (Coronopus)*
swine's-grass(es) Schweinekruse *f*, Vogelknöterich *m (Polygonum aviculare)*
swine's-succory Kleiner Lämmersalat *m (Arnoseris minima)*
swing Schwingen *n*, Pendeln *n*
swingletail Fuchshai *m*, Drescher *m*, Seefuchs *m (Alopias vulpinus)*
switch 1. Umstellung *f*; Austausch *m*, Verwandlung *f*; 2. umschalten; 3. mit dem Schwanz schlagen
~ off ausschalten
~ on einschalten
motivational ~ *(Ethol.)* Verhaltensumstimmung *f*
switching *(Mol.)* Umschalten *n*
sword-bearing schwerttragend
swordfish Schwertfisch *m (Xiphias gladius)*
swordick Gewöhnlicher Butterfisch *m (Pholis gunnellus)*
sword-leaved schwertblättrig
swordtail Schwertträger *m (Xiphophorus)*
swordtooth Spitzschnauzendelphin *m*, Zweizahnwal *m (Mesoplodon)*
Antillean ~ Gervais-Zweizahnwal *m (Mesoplodon europaeus)*
sycamine Maulbeerbaum *m (Morus)*
sycamore 1. Sykomore *f*, Ägyptischer Feigenbaum *m (Ficus sycomorus)*; 2. Weißer Ahorn *m (Acer pseudoplatanus)*; 3. Platane *f (Platanus)*
American ~ → false sycamore
false [plane, western] ~ Abendländische [Amerikanische] Platane *f (Platanus occidentalis)*
white ~ → sycamore 2.

syllable *(Ethol.)* Silbe *f*
sylph Sylphe *m (Aglaiocercus)*
blue-tailed ~ Himmelssylphe *m (Aglaiocercus king*
violet-tailed ~ Langschwanzsylphe *m (Aglaiocercu coelestis)*
sylva Wald *m*, Forst *m*
sylvan [sylvatic] waldig, Wald...
sylvestral [sylvestrian] waldbewohnend
sylviculture Waldzucht *f*, Baumzucht *f*; Waldkultur *f*, Forstkultur *f*
sylvula 1. Baumschule *f*; 2. Waldkultur *f*, Forstkultur *f*
symbion(t) Symbiont *m*, Symbioseteilnehmer *m*
symbiontic symbio(n)tisch, in Symbiose lebend
symbiose [symbiosis] Symbiose *f*, Lebensgemeinscha
cleaning ~ Putzsymbiose *f*
symbiote Symbiont *m*, Symbioseteilnehmer *m*
symbiotic symbio(n)tisch, in Symbiose lebend
sympathectomy Sympathektomie *f*, Grenzstrangres tion *f*
sympathetic 1. sympathisch, Sympathikus...; 2. Sym thikus *m*
sympathicoblast Sympath(ik)oblast *m*
sympathicotropic sympathikotrop, auf den Sympathi wirksam
sympathoblast → sympathicoblast
sympathomimetic sympathikomimetisch, sympathikus wirksam, sympathikusstimulierend
sympatric sympatrisch
sympatry Sympatrie *f*
sympetalous verwachsenkronenblättrig
symphyantherous *(Bot.)* mit verwachsenen Staubbeut
symphycarpous verwachsenfrüchtig
symphyllous verwachsenblättrig
symphysis 1. Symphyse *f*, Verwachsung *f*; Knochenfuge *f*; 2. Schambeinfuge *f*
sympodium Sympodium *n*, Scheinachse *f*
synandrium Männchengruppe *f*
synantherous verwachsenbeutelig, synandrisch
synanthy Synanthie *f*
synaptic synaptisch, Synapsen...
synaptolemma Synapsenmembran *f*, synaptische Membran *f*
synaptosome Synaptosom *n*
synarmophytous *(Bot.)* zwitterig
synarthrosis Synarthrose *f*, unbewegliche Knochenv bindung *f*
syncarpous synkarp, verwachsenfrüchtig
syncarpy Synkarpie *f*, Verwachsenfrüchtigkeit *f*
syncaryophyte Synkaryophyt *m*, Sporophyt *m*
syncephalic *(Bot.)* verwachsenköpfig
synchoropaedium Larvenansammlung *f*
syncyte → syncytium
syncytia *pl von* syncytium
syncytium Synzytium *n (mehrkerniger Zellverband oh Zellgrenzen)*
syndactyl syndaktyl, mit verwachsenen Fingern; mit v wachsenen Zehen

syndactyly Syndaktylie *f*, Fingerverwachsung *f*; Zehenverwachsung *f*
synema Staubgefäßsäule *f*
synepileium Räubergruppe *f* für Jagd
syngenesis Syngenese *f*
syngenetic syngenetisch
syngynium Weibchengruppe *f*
synhesia [synhesma] Tiergruppe *f* in der Fortpflanzungsperiode
synkaryophyte diploide Pflanze *f*, Sporophyt *m*
synoecy Synökie *f*
synoicous einhäusig
synorrhizous verwachsenwurzelig
synost(e)osis Synostose *f*, Knochenhaft *f*
synovium Synovialmembran *f*, Gelenk(schleim)haut *f*
synsepalous verwachsenkelchblättrig
synspermous verwachsensamig
synsystematic Pflanzengesellschaftssystematik *f*
synthesis Synthese *f*
synusia Synusie *f*, Organismengemeinschaft *f*
synzoochory Tierverbreitung *f*
syringa Falscher Jasmin *m*, Pfeifenstrauch *m* *(Philadelphus)*
syringe Spritze *f*
syringoid röhrenförmig
syrinx 1. *(Orn.)* Syrinx *m*, unterer Kehlkopf *m*; 2. Eustachische Röhre *f*, Hörtrompete *f*, Ohrtrompete *f*
syrton Makoseston *n*
systematics Systematik *f*
systematist Systematiker *m*
system System *n*
  lateral roof ~ Flachwurzelsystem *n*
systemic 1. System...; 2. Körper..., Organ...
systole Systole *f*, Herzkontraktionsphase *f*, Herzzusammenziehung *f*; Kontraktionsphase *f*
  auricular ~ Vorhofsystole *f*
  ectopic ~ Extrasystole *f*
  premature ~ vorzeitige Systole *f*
  ventricular ~ Ventrikelsystole *f*
systolic systolisch, Systole(n)...
systylous verwachsengriffelig

T

table 1. Tafel *f*; Tabelle *f*; 2. Tisch *m*; 3. Platte *f*; 4. Knochenplatte *f*
  dental ~ Reibefläche *f* des Schneidezahns
  water ~ Wasserspiegel *m*
tabular tafelartig
tabulare Plattenknochen *m*
tachinids Raupenfliegen *fpl (Tachinidae)*
tachinized tachiniert, von Raupenfliegenlarven parasitiert
tachyauxesis beschleunigstes Wachstum *n*,Schnellwachstum *n*
tachygenesis Tachygenese *f (beschleunigte Entwicklung mit dem Ausfall eines Entwicklungsstadium)*
tachytely Tachytelie *f*, Tacheotelie *f*, Explosive Entwicklungsphase *f*
tachytrophism Tachytrophie *f*, beschleunigter Stoffwechselvorgang *m*
tacticopterous gleichflügelig
tactile 1. taktil, Tast(sinn)...; 2. fühlbar, (er)tastbar
taction → tactus
tactor Taktilrezeptor *m*, Tastzelle *f*
tactual → tactile
tactus Tastsinn *m*
tadpole Kaulquappe *f*
tadpolefish Frosch-Dorsch *m (Raniceps raninus)*
taenia 1. Taenia *f*, Band *f*; 2. *pl* Tänien *fpl*, Bandwürmer *mpl (Taeniidae)*
taeniate 1. gebändert; 2. bandförmig, bandartig, schleifenförmig
taeniform [taenioid] 1. bandförmig, bandartig; 2. tänienförmig, bandwurmförmig
taeniosous → taeniate
tag 1. Etikett *n*; 2. etikettieren, markieren; 3. Ende *n* des Schwanzes; 4. markieren *(z.B. mit radioaktiven Isotopen)*
tagging Markierung *f*
  gene ~ Gen-Tagging *m (Markierung eines Gens mit Hilfe eines Transposons)*
tagma Tagma *n*, Segmentengruppe *f*
tagmosis Tagmatisation *f*, Tagmatabildung *f*
tagua Elfenbeinpalme *f (Phytelephas)*
tahr Tahr *m (Hemitragus)*; (Gemeiner) Tahr *m (Hemitragus jemlahicus)*
taiga Taiga *f*, Borealer Nadelholzwald *m*
  mountain ~ Gebirgstaiga *n*
tail 1. Schwanz *m*; Schweif *m*; Schwanzanhang *m*; 2. Schwanz *m*, Ende *n*
  forked ~ Gabelschwanz *m*
  main ~s Steuerschwanzfedern *npl*
  phage ~ Phagenschwanz *m*
tailed geschwänzt; geschweift
tailfish Ziegelbarsche *mpl (Branchiostegidae)*
tailless schwanzlos
tailor Blaubarsch *m*, Blaufisch *m (Pomatomus saltatrix)*
tailorbird Schneidervogel *m (Orthotomus)*
tailor-made maßgeschneidert *(Protein)*
tail-shaped schwanzförmig
tailspike Schwanzstachel *m*
taimen Taimen *m*, Huchen *m (Hucho taimen)*
taipan Taipan *f (Oxyuranus scutulatus)*
takahe Takahe *f (Notornis mantelli)*
take 1. Fang *m (Fischerei)*; 2. Beute *f*; 3. Anwachsen *n*, Annahme *f*, Nichtabstoßung *f (eines Transplantats)*; 4. fangen *(Fische)*; 5. nehmen; herausnehmen; auswählen; 6. annehmen *(z.B. Geruch)*; 7. vornehmen,

durchführen *(z.B. Messung)*, messen *(z.B. Größe)*; 8. anwachsen *(Steckling, Transplantat)*

takin Takin *m*, Gnuziege *f (Budorcas taxicolor)*

taking-up Aufnahme *f*; Einsaugung *f*

talapoin Grüne Meerkatze *f*, Grünaffe *m (Cercopithecus aethiops)*

talar Talus..., Sprungbein...

talipot Schopfpalme *f*, Fächerpalme *f*, Schattenpalme *f (Corypha umbraculifera)*

tall hoch, hochgewachsen, groß

tallings Abfall *m*, Rückstände *mpl*

tall grass community Hochgrasgesellschaft *f*

tallow Talg *m*

tallow-bearing talgbildend, talgtragend

tall-stalked hochstielig

tall-trunked hochstämmig

tallywag Schwarzer Sägerbarsch *m*, Schwarzer Zackenbarsch *m (Centropristes striata)*

talon Kralle *f*; Klaue *f*

talus 1. Sprungbein *n*, Astragalus *m*; 2. Schuttkegel *m*, Schutthalde *f*

tamandua Tamandua *m*, Kleiner Ameisenbär *m (Tamandua tetradactyla)*

tamarack Amerikanische Lärche *f*, Tamarack *m (Larix americana)*

tamarin Tamarin *m (Saguinus); pl* Krallenaffen *mpl (Callithricidae)*

Goeldi's ~ Goelditamarin *m*, Springtamarin *m (Callimico goeldii)*

maned ~s Löwenäffchen *npl (Leontideus)*

tamarind Tamarinde *f (Tamarindus)*

tamarisk Tamariske *f (Tamarix)*

tame 1. zahm, gezähmt; 2. zähmen

tameless ungezähmt, wild

tammar Eugenfilander *m (Macropus eugenii)*

tanager Tangare *f*; *pl* Tangaren *fpl (Thraupidae)*

blue-backed ~ Ziertangare *f (Cyanicterus)*

bush ~ Buschtangare *f (Chlorospingus)*

chestnut-bellied mountain ~ Braunbauchbergtangare *f (Delothraupis)*

chestnur-headed ~ Zimtkopftangare *f (Pyrrhocoma)*

diademed ~ Diademtangare *f (Stephanophorus)*

fawn-breasted ~ Schwarzrückentangare *f (Pipraeidea)*

golden-masked ~ Purpurmaskentangare *f (Tangara larvata)*

grass-green ~ Papageitangare *f (Chlorornis)*

gray-headed ~ Graukopftangare *f (Eucometis)*

gray-hooded ~ Graukopf-Buschtangare *f (Cnemoscopus)*

magpie ~ Elstertangare *f (Cissopis)*

mountain ~ Bergtangare *f (Anisognathus)*

olive-green ~ Olivtangare *f (Orthogonys)*

orange-throated ~ Veilchenschultertangare *f (Wetmorethraupis)*

oalm ~ Palmist *m (Phaenicophilus)*

Puerto-Rican ~ Brustfleckentangare *f (Nesospingus)*

red-billed pied ~ Rotschnabeltangare *f (Lamprospiz*

scarlet-browed ~ Brauenschopftangare *f (Heterosp gus)*

scarlet-throated ~ Rotbrusttangare *f (Compsothra pis)*

song ~ Passerintangare *f (Ramphocelus passerinii)*

stripe-headed ~ Streifenkopftangare *f (Spindalis)*

swallow ~ Schwalbentangare *f (Tersina)*

vermilion ~ Mennigtangare *f (Calochaetes)*

white-banded ~ Flügelbindentangare *f (Neothraupis*

white-rumped ~ Weißbürzeltangare *f (Cypsnagra)*

tang 1. Segelbader *m (Zebrasoma)*; 2. Seetang *m*; 3. Dor

sailfin ~ Segelflossen-Doktorfisch *m (Zebrasoma ve ferum)*

wedgetailed ~ Doktorfisch *m*, Paletten-Seebader *m (Paracanthurus hepatus)*

tangalunga Tangalunga *f (Viverra tangalunga)*

tangle Riementang *m (Laminaria)*

tangle-tail Scharfer Mauerpfeffer *m (Sedum acre)*

tangoreceptor Tangorezeptor *m*, Tastrezeptor *m*

tank 1. Tank *m*, Behälter *m*, Sammelbecken *m*, Speich *m*; 2. Gartenpastinak *m (Pastinaca sativa)*

detritus ~ Absetzbecken *n*, Klärbecken *n*

digestion ~ Faultank *m*, Faulbehälter *m*

fermentation ~ Gärtank *m*

settling ~ Klärpfanne *f*

sludge ~ Schlammfänger *m*

tansy Rainfarn *m (Tanacetum)*

tap 1. Punktion *f*, Punktur *f*; 2. punktieren

taper sich zuspitzen, sich verjüngen, spitz zulaufen

tapering spitz zulaufend, sich verjüngend

tapetum 1. Teppich *m*, Decke *f*, Fläche *f*; 2. Tapetum Auskleidung *f*; auskleidende Zellschicht *f*

tapeworm Bandwurm *m*; *pl* Bandwürmer *mpl (Cestoda)*

armed ~ Schweine(finnen)bandwurm *m (Taenia solium)*

beef ~ Rinder(finnen)bandwurm *m (Taeniarhynchu saginatus)*

broad ~ Fischbandwurm *m*, Breiter Bandwurm *(Diphyllobothrium latum)*

deer ~ Rehfinnenbandwurm *m (Taenia)*

dog ~ Dreigliedriger Hundebandwurm *m (Echinococ cus granulosus)*

dog and cat ~ gesägter Bandwurm *m (Taenia serrata*

fish [late] ~ → broad tapeworm

pork ~ → armed tapeworm

unarmed ~ → beef tapeworm

taphrium Wassergraben-Lebensgemeinschaft *f*

taphrophilus Wassergrabensbewohner *m*

taphrophyte Taphrophyt *m*, Wassergrabengewächs *n*

tapir Tapir *m (Tapirus)*; *pl* Tapire *mpl (Tapiridae)*

Baird's ~ Mittelamerikanischer Tapir *m (Tapirus bairdi)*

lowland ~ Amerikanischer [Gemeiner] Tapir *m*, Flach landtapir *m (Tapirus terrestris)*

Malayan ~ Schabrackentapir *m (Tapirus indicus)*

mountain ~ Bergtapir *m (Tapirus pinchaque)*

tapping Abharzung *f*, Harzung *f*, Harzgewinnung *f*
tap-root Hauptwurzel *f*, Pfahlwurzel *f*
tarbagan Sibirisches Murmeltier *n (Marmota sibirica)*
tardiflorous spätblühend
tardigrade Bärtierchen *n*; *pl* Bärtierchen *npl (Tardigrada)*
tardive spät, verspätet
tare Taumellolch *m (Lolium temulentum)*
  common ~ Saatwicke *f (Vicia sativa)*
target Ziel *n*; zielen
target-cell Zielzelle *f*
tarn 1. Seeschwalbe *f (Sterna)*; 2. Seeschwalbe *f (Chlidonias)*
taro Taro *m (Colocasia esculenta)*
tarpan Tarpan *m*, Europäisches Urwildpferd *n (Equus caballus gmelini)*
tarpon Tarpon *m*, Tarpun *m (Megalops atlanticus)*
tarragon Estragonbeifuß *m*, Dragon *m (Artemisia dracunculus)*
tarrilfy Ackerschotendotter *m (Erysimum cheiranthoides)*
tarsal tarsal, Tarsus..., Fußwurzel...
tarsier Fußwurzeltier *n (Tarsius)*
  yellow-bearded ~ Celebes-Koboldmaki *m (Tarsius spectrum)*
tarsometatarsus *(Orn.)* Tarsometatarsus *m*, Lauf *m*
tarsus 1. Fußwurzel *f*, Fußwurzelknochen *m*; 2. *(Ent.)* Fuß *m*
tassel 1. *(Bot.)* Schweif *m*; 2. Rispe *f*
  milky ~ Kohlgänsedistel *f (Sonchus oleraceus)*
tasselfish Fädler *m (Eleutheronema); pl* Fädler *mpl (Polynemidae)*
  common ~ Bastard-Äsche *f (Polynemus plebeius)*
  four-thread ~ Indischer Fädler *m (Eleutheronema tetradactylum)*
tasselflower Fuchsschwanz *m (Amaranthus)*
tasselgrass Salde *f (Ruppia)*
tasselweed Höhes Traubenkraut *n (Ambrosia elatior)*
taste 1. Geschmack *m*; 2. Geschmacksinn *m*
  side ~ Nebengeschmack *m*
taste-bud Geschmacksknospe *f*
taxation Taxation *f*, Bestandeseinschätzung *f*
taxis Taxis *f (Orientierungsreaktion freibeweglicher Organismen)*
taxon Taxon *n*, Sippe *f*
taxonomy Taxonomie *f*
tea 1. Tee(baum) *m*, Teestrauch *m (Thea)*; 2. Kamelie *f (Camelia)*
  Appalachian ~ Brech-Hülsdorn *m (Ilex vomitoria)*
  Ayapana ~ Dreiadriger Wasserdost *m (Eupatorium triplinervae)*
  beef ~ Fleisch-Bouillon *f*
  Canada ~ → mountain tea
  Carolina ~ → Appalachian tea
  Labrador ~ Labrador-Porst *m (Ledum groenlandicum)*
  marsh ~ Sumpfporst *m*, Wilder Rosmarin *m (Ledum palustre)*
  Mexican ~ Wohlriechender Gänsefuß *m*, Mexikanisches Teekraut *n*, Jesuitentee *m (Chenopodium ambrosioides)*
  mountain ~ Niederliegende Scheinbeere *f (Gaultheria procumbens)*
  New Jersey ~ Amerikanische Säkelblume *f (Ceanothus americanus)*
  Paraguay ~ Matebaum *m*, Matepflanze *f*, Matestrauch *m (Ilex paraguaiensis)*
  south-sea ~ → Appalachian tea
  wild ~ Ergrauender Bastardindigo *m (Amorpha canescens)*
teaberry → mountain tea
teak Teakbaum *m (Tectona grandis)*
teal Krickente *f (Anas crecca)*
  Baikal ~ Gluckente *f*, Baikalente *f (Anas formosa)*
  blue-winged ~ Blauflügelente *f (Anas discors)*
  Brazilian ~ Amazonas-Ente *f (Amazonetta brasiliensis)*
  chestnut ~ Kastanienente *f (Anas castanea)*
  cinnamon ~ Zimtente *f (Anas cyanoptera)*
  common ~ → European teal
  cotton ~ Zwerggans *f (Nettapus)*
  European ~ Krickente *f (Anas crecca)*
  falcated ~ Sichelente *f (Anas falcata)*
  garganey ~ Knäkente *f (Anas querquedula)*
  gray ~ Weißkehlente *f (Anas gibberifrons)*
  green-winged ~ → European teal
  Hottentot ~ Hottentottenente *f*, Pünktchenente *f (Anas hottentota)*
  red-billed ~ Rotschnabelente *f (Anas erythrorhynchos)*
  ringed ~ Rotschulterente *f (Anas leucophrys)*
  summer ~ → garganey teal
tear Träne *f*; Harztropfen *m*
teasel Karde *f (Dipsacus)*
  common ~ → wild teasel
  cut-leaved ~ Schlitzblattkarde *f (Dipsacus laciniatus)*
  Fuller's ~ Weberkarde *f (Dipsacus sativus)*
  wild ~ Wilde Karde *f (Dipsacus silvestris)*
teat Zitze *f*; Brustwarze *f*, Mamille *f*
technique Arbeitsverfahren *n*, Technik *f*, Methode *f*
technology Technologie *f*; Methode *f*
tectiform dachförmig
tectorial tectorial, dachartig; bedeckend
tectrix Deckfeder *n*
tectum Decke *f*, Dach *n*
teem 1. Früchte tragen; 2. Junge gebären; 3. wimmeln, voll sein
teeth Zähne *mpl*
  to bare [to show] ~ die Zähne fletschen
teethe Zahnen *n*
teething Zahndurchbruch *m*, Dentition *f*
teff Tef *m*, Tafgras *n (Eragrostis abyssinica)*
tegmen Tegmen *n*; Decke *f*; Hülle *f*
tegmentum Mittelhirnhaube *f*

tegu Teju *m (Tupinambis)*
tegula *(Ent.)* Unterflügelplatte *f*
tegulicolous dachbewohnend
tegumen → tegmen
tegument Oberhaut *f*, äußere Haut *f*, Deckhaut *f*, Integument *n*
tela Gewebe *n*; Bindegewebe *n*
telegraph-plant Telegraphenpflanze *f (Desmodium)*
teleianthous *(Bot.)* zweigeschlechtlich, zwitterblütig
telemetry Telemetrie *f*, Fernmessung *f*; Biotelemetrie *f*
telencephalon Endhirn *n*
teleoptile Alterskleid *n (bei Vogel)*
teleorganic lebenswichtig
teleosts Knochenfische *mpl (Teleostei)*
telereceptor → teleceptor
teleutosorus Teleutosorus *m*, Dauersporenhäufchen *n*
teleutospore Teleutospore *f*, Teliospore *f*, Dauerspore *f*, Winterspore *f*
teleutosporiferous teleutosporentragend
telianthus *(Bot.)* zweigeschlechtlich, zwitterblütig
teliosorus → teleutosorus
teliospore → teleutospore
teliosporulation Teleutosporenbildung *f*
teliostage Teleutostadie *f*
telmathium Sumpf-Lebensgemeinschaft *f*
telmathology Telmathologie *f*, Kleingewässerkunde *f*
telmathophilus Sumpfbewohner *m*
telmicolous telmikol, sumpfbewohnend
teloblast Teloblast *m*
telocoel Telozöl *n*, Endhirnbläschenhöhle *f*
telolemma Telolemma *n*, Endplattenmembran *f*
telomere Telomer *n*
telome theory *(Bot.)* Telomtheorie *f*
telophase Telophase *f*, Kernteilungsendphase *f*
template Matrize *f*
template-RNA Messenger-RNS *f*, Boten-RNS *f*, mRNS *f*
temple Schläfe *f*
temporal temporal, Schläfen...
temporary temporär; zeitweilig; vorübergehend
temulentous betäubend
tenacious zäh; klebrig; viskös
tenaculum *(Bot.)* Ranke *f*, Haftorgan *n*
tench (Gewöhnliche) Schleie *f (Tinca tinca)*
tenchweed Schwimmendes Laichkraut *n (Potamogeton natans)*
tender zart; weich; empfindlich
tenderflowered zartblumig
tendinous sehnenartig, sehnenähnlich, Sehnen...
tendon Sehne *f*
tendrac → tenrec
tendril Ranke *f*; Wickelranke *f*; Blattranke *f*; Stielranke *f*
  ~ formed by pedicle Blütenstielranke *f*
  root ~ Wurzelranke *f*
tendrilar rankig
tendril-shaped rankenförmig
tenebrosous dunkel
tenia → taenia
ten-o'clock Doldiger Milchstern *m*, Doldenmilchstern *m* *(Ornithogalum umbellatum)*
tenofibrils Sehnenfasern *fpl*
tenpounder Frauenfisch *m (Elops); pl* Frauenfische *mpl* *(Elopidae)*
tenrec Tanrek *m*; *pl* Tanreks *mpl*, Borstenigel *mpl (Tenrecidae)*
  aquatic ~ Wassertanrek *m (Limnogale mergulus)*
  burrowing ~ Erdtanrek *m (Geogale aurita)*
  hedgehog ~ Großer Igeltanrek *m (Setifer setosus)*
  long-tailed ~ → shrewlike tenrec
  marsh ~ → aquatic tenrec
  rice ~s Reistanreks *mpl (Oryzorictes)*
  shrewlike ~s Kleintanreks *mpl (Microgale)*
  streaked [striped] ~ Gelbstreifentanrek *m*, Halbborstenigel *m (Hemicentetes)*
  tailless ~ Großer Tanrek *m (Tenrec ecaudatus)*
  water [web-footed] ~ → aquatic tenrec
tension Tension *f*, Spannung *f*
  suction ~ Saugkraft *f*
  surface ~ Oberflächenspannung *f*
  tissue ~ Gewebetonus *m*
tensor Tensor(muskel) *m*, Spanner *m*, Spannmuskel *m*
tentacle 1. Tentakel *m*; Taster *m*; 2. Fühlfaden *m*
  maxillary ~ *(Ent.)* Kiefertaster *m*
tentacular Tentakel..., Taster...
tentaculiferous tentakeltragend
tentaculiform tentakelförmig
tentaculum → tentacle
tentorium 1. Tentorium *n*, Kleinhirnzelt *n*; 2. chitinös Stützstruktur im Gehirn
tentative 1. Versuch *m*; 2. versuchsweise, Versuchs...
tenuicaulous dünnstielig, dünnstengelig
tenuiflorous zartblütig, feinblütig
tenuifolious dünnblättrig
tentwort Frauenhaarfarn *n*, Frauenharfarn *n (Adiantum capillus-veneris)*
tenuimarginate dünngerändert
tenuirostrate dünnschnabelig
tenuispinous dünnstachelig
tenuitegillate dünnbedeckend, dünnverhüllend
tepal Perigonblatt *n*, Blütenhüllblatt *n*
tepary Teparybohne *f*, Spitzblättrige Bohne *f (Phaseolus acutifolius)*
tephracanthous aschgrau bestachelt
tephrocarpous aschgraufrüchtig
teratic Mißbildung...
teratism Teratismus *m*, Fehlbildung *f*, Mißbildung *f*
teratogen teratogenisch, Mißbildungen bewirkend
teratogenesis Teratogenese *f*, Teratogenie *f*, Monsterbildung *f*
teratogenic teratogen, Mißbildungen erzeugend
teratology Teratologie *f*, Lehre *f* von Mißbildungen
terebinth Terpentinpistazie *f (Pistacia terebinthus)*
terebinthaceous terpentinharzig
terebrate durchbohrend; bohrerhaltig
teredo Schiffsbohrer *m (Teredo navalis)*

rek Terek-Wasserläufer *m*, Isländischer Wasserläufer *m* *(Tringa cinereus)*
rete [teretial] stielrund, walzenförmig
retifolious mit runden Blättern
rfas Terfezia-Fruchtkörper *m*
rgal Tergum...
rgeminate dreipaarig; dreifachgepaart, dreifachgedoppelt, dreimalgezweit
rgite [tergum] Tergit *n*
rm Zeit *f*; Dauer *f*
rminal 1. terminal; endständig; gipfelständig; 2. Endstück *n*, Endglied *n*; Spitze *f*
nerve ~ Nervenendigung *f*
rminalia *(Ent.)* äußere Geschlechtsorgane *npl*, Hypopygium *n*
rminalization Chiasmen-Terminalisation *f*
rmination 1. Ende *n*, Schluß *m*; 2. *(Mol.)* Termination *f*
chain ~ Kettenabbruch *m*
nerve ~ Nervenendigung *f*
rmini:
blunt ~ *(Mol.)* „stumpfe" [„glatte"] Enden *npl*
cohesive ~ *(Mol.)* kohäsive [„klebrige"] Enden *npl*
rminiflorous gipfelblütig
rmitarium Termitenhügel *m*
rmite Termite *f*; *pl* Termiten *fpl*, Weiße Ameise *f* *(Isoptera)*
eastern subterranean ~ Gelbfüßige Bodentermite *f* *(Reticulitermes flavipes)*
subterranean ~s Erdholztermiten *fpl*, Nasentermiten *fpl (Rhinotermitidae)*
wood ~s Trockenholztermiten *fpl (Kalotermitidae)*
rmiticole termitikol, termitenhügelbewohnend
rn Seeschwalbe *f*; Seeschwalbe *f (Chlidonias)*
Aleutian ~ Aleuten-Seeschwalbe *f (Sterna aleutica)*
Antarctic ~ Gabelschwanz-Seeschwalbe *f*, Antipoden-Seeschwalbe *f (Sterna vittata)*
Arctic ~ Küstenseeschwalbe *f (Sterna paradisaea)*
black ~ Trauerseeschwalbe *f (Chlidonias nigra)*
bridled ~ Zügelseeschwalbe *f (Sterna anaethetus)*
common ~ Flußseeschwalbe *f (Sterna hirundo)*
crested ~ Eilseeschwalbe *f (Sterna bergii)*
gull-billed ~ Lachseeschwalbe *f (Gelochelidon nilotica)*
Indian river ~ Hindu-Seeschwalbe *f (Sterna aurantia)*
least ~ → little tern
lesser crested ~ Rüppel-Seeschwalbe *f (Sterna bengalensis)*
little ~ Zwergseeschwalbe *f (Sterna albifrons)*
marsh ~ → whiskered tern
noddy ~ Noddi *m*, Noddiseeschwalbe *f (Anous stolidus)*
roseate ~ Rosenseeschwalbe *f (Sterna dougallii)*
royal ~ Königsseeschwalbe *f (Sterna maxima)*
sandwich ~ Brandseeschwalbe *f (Sterna sandvicensis)*
sooty ~ Ruß-Seeschwalbe *f (Sterna fuscata)*
swift ~ → crested tern
whiskered ~ Weißbartseeschwalbe *f (Chlidonias hy-brida)*
white ~ Feenseeschwalbe *f (Gygis alba)*
white-winged black ~ Weißflügelseeschwalbe *f* *(Chlidonias leucoptera)*
ternate dreizählig, drei geteilt
ternatofolious drei geteiltes Blatt *n*
terniflorous dreiblütig
terragon → tarragon
terrain 1. Gelände *n*, Terrain *n*; 2. Gelände...
terraneous *(Bot.)* Land...
terrapin Schildkröte *f*
Carolina ~ → diamond-back terrapin
Caspian ~ Kaspische Wasserschildkröte *f (Mauremus caspica)*
diamond-back ~ Diamantschildkröte *f (Malaclemys terrapin)*
geographic ~ Echte Landkarten-Höckerschildkröte *f* *(Graptemys geographica)*
helmeted ~ Starrbrust-Pelomedusenschildkröte *f* *(Pe-lomedusa)*
musk ~ Moschusschildkröte *f (Sternotherus)*
painted ~ 1. Callagur-Schildkröte *f (Callagur)*; 2. Zierschildkröte *f (Chrysemys)*
pond ~ Buchstaben-Schmuckschildkröte *f (Pseudemys scripta)*
red-bellied ~ Rotbauch-Schmuckschildkröte *f* *(Pseudemys rubriventris)*
river ~ Batagur-Schildkröte *f (Batagur)*
terraria *pl von* terrarium
terrarium Terrarium *n*
terrestrial terrestrisch; Land..., landbewohnend
terrible terribel, schrecklich, furchtbar
terricolous 1. terrikol, terrestrisch, Land...; 2. erdbewohnend, bodenbewohnend
territorial territorial; Gebiets...
territorialism [territoriality] Territorialität *f*, Revierverhalten *n*, Territorialverhalten *n*
territory Territorium *n*, Revier *n*
tesajo Dünnstengeliger Feigenkaktus *m (Opuntia leptocaulis)*
tessellated schachbrettartig
test 1. Test *m*; Probe *f*, Versuch *m*; 2. Stichprobe *f*; 3. Prüfung *f*; Untersuchung *f*; 4. Kriterium *n*; 5. Analyse *f*; 6. analysieren; 7. Probe..., Versuchs..., Test...
challenge ~ Eignungstest *m*
testa 1. Samenschale *f*; 2. Panzer *m*
testaceous 1. schalenartig; 2. schalentragend
tester Tester *m*, Prüfgerät *n*; Prüfer *m*
testicle Hoden *m*, Testikel *m*, Testis *m*
testicular testikulär; Hoden...
testing 1. Testen *n*; 2. Probe..., Prüf..., Versuchs...
testis → testicle
test-sensitivity Testsensibilität *f*
tetra Salmler *m*; *pl* Salmler *mpl (Characidae)*
~ from Rio Roter *m* von Rio *(Hyphessobrycon flammeus)*
black ~ Trauermantelsalmler *m (Gymnocorymbus*

ternetzi)
black-lined ~ Schwarzbandsalmler *m (Hyphessobrycon scholzei)*
bleeding heart ~ Perez-Salmler *m*, Tetra-Perez *m (Hyphessobrycon erythrostigma)*
cardinal ~ Roter Neon(salmler) *m (Cheirodon axelrodi)*
Congo ~ Kongo-Salmler *m (Hyphessobrycon interruptus)*
flag ~ Dreibandsalmler *m (Hyphessobrycon heterorhabdus)*
glowlight ~ Glühlichtsalmler *m (*Hemigrammus erythrozonus*)*
gold ~ Goldsalmler *m*, Goldtetra *m (Hemigrammus armstrongi)*
Griem's ~ Roter Goldflecksalmler *m (Hyphessobrycon griemi)*
head-and-tail-light ~ Leuchtfleckensalmer *m*, Laternensalmler *m (Hemigrammus ocellifer)*
lemon ~ Schönflossensalmler *m (Hyphessobrycon pulchripinnis)*
neon ~ Neontetra *m*, Neonsalmler *m (Paracheirodon innesi)*
niger ~ Arnolds Rotaugensalmler *m (Arnoldichthys spilopterus)*
one-lined ~ Schwanzstrichsalmler *m (Hemigrammus unilineatus)*
pretty ~ Karfunkelsalmler *m (Hemigrammus pulcher)*
red-nosed ~ Rotmaulsalmler *m (Hemigrammus rodostomus)*
rosy ~ Rosensalmler *m (Hyphessobrycon rosaceus)*
serpa ~ Blutsalmler *m (Hyphessobrycon callistus)*
silver ~ Talerfisch *m*, Hochrückensalmler *m*, Silbersalmler *m (Ctenobrycon spilurus)*
silver-tipped ~ Kupfersalmler *m (Hemigrammus nanus)*
yellow ~ Gelber Salmler *m*, Gelber *m* von Rio *(Hyphessobrycon bifasciatus)*
tetracerous vierhörnig
tetrachaenium Tetrachäne *f*, Vierlingsfrucht *f*
tetrachotomous vierteilig; viergabelig
tetracyclic tetrazyklisch; vierquirlig
tetracyclic flower tetrazyklische Blüte *f*
tetradactyl vierfingerig
tetradenous vierdrüsig
tetradontous vierzähnig
tetragonal tetragonal, viereckig
tetragynous *(Bot.)* viergriffelig
tetramerism Tetramerie *f*, Vierteiligkeit *f*
tetramerous vierteilig; viergliederig
tetramorphic tetramorph, viergestaltig
tetrandrous *(Bot.)* mit vier Staubblättern
tetranthous vierblütig
tetrapetalous tetrapetalisch, vierkronblättrig
tetraphyllous vierblättrig
tetrapod Tetrapode *m*, Vierfüßer *m*
tetrapody Tetrapodie *f*, Vierfüßigkeit *f*
tetrapterous vierflügelig
tetrapyxis vierbüchsig; vierfächerig
tetraquetrous viereckig; vierkantig
tetrarch tetrarch, vierstrahlig
tetrasepalous vierkelchblättrig
tetraspermous tetrasperm, viersamig
tetraster Tetraster *m (vierpolige Spindel)*
tetrastichous vierreihig, vierzeilig
tetterwort Kanadisches Blutkraut *n*, Kanadische Blutwurz *f (Sanguinaria canadensis)*
T-even T-gerade *(Phage)*
texas-nettle Geschnäbelter Nachtschatten *m (Solanum rostratum)*
texture 1. Textur *f*; Struktur *f*; 2. Aufbau *m*
cellular ~ Zellbau *m*
thalamiflorous (frucht)bodenblütig
thalamus 1. *(Anat.)* Thalamus *m*; Sehhügel *m*; 2. Blütenboden *m*
thalassobionts Thalassobionten *pl*, Meeresbewohner *mpl*
thalassium Meeres-Lebensgemeinschaft *f*
thalassophilous thalassophil, meeresbevorzugt
thalassophyte Thalassophyt *m*, Meeresalge *f*, Meerespflanze *f*
thalassoplankton Meeresplankton *m*
thalli *pl von* thallus
thallicolous thallikol, thallusbewohnend, lagerbewohnend
thalline Thallus..., Lager...
thallogen Thallophyt *m*, Thalluspflanze *f*, Lagerpflanze *f*
thalloid thalloid, thallusartig, lagerartig
thallome → thallus
thallophyte Thallophyt *m*, Thalluspflanze, Lagerpflanze
thallus Thallus *m*, Lager *m*
thamin Leierhirsch *m (Cervus eldi)*
thanatocoenosis Thanatozönose *f*, Totengemeinschaft *f*
thanatoid 1. tödlich, todbringend, letal; 2. giftig *(Schlangen)*
thanatosis *(Ent.)* Thanatose *f*, Sichtotstellen *n*, Totstellreflex *m*
thar → tahr
theca 1. Theka *f*; Kapsel *f*; 2. Sporenbehälter *m*, Sporenkapsel *m*; 3. Anterenfach *m*
thecaspore Askospore *f*
thecate [theciferous, thecigerous] büchsentragend
thelephorous warzentragend
theloid zitzenartig, brustwarzenartig
thenal Daumenballen...
thenar 1. Daumenballen *m*; 2. Daumenballenmuskel *m*
theory Theorie *f*
~ of creation Schöpfungstheorie *f*; Konstanztheorie *f*
impact ~ Einschlagtheorie
therapon Tigerbarsch *m (Therapon)*; *pl* Tigerfische *mpl*, Tigerbarsche *mpl (Theraponidae)*
theriology Theriologie *f*, Mammalienkunde *f*
thermal [thermic] thermal, thermisch, Wärme..., Thermo...
thermium Thermalquellen-Lebensgemeinschaft *f*

ermobiotic thermobiotisch
ermocline Thermokline *f*, Sprungschicht *f*, Metalimnion *n*
ermocouple Thermoelement *m*, thermoelektrisches Element *n*
ermocurrent Wärmestrom *m*
ermogenesis Thermogenesis *f*; Wärmebildung *f*
ermogenic thermogen, wärmebildend, wärmeerzeugend
rmoinducible wärmeinduzierbar
ermoinhibitory wärmebildungshemmend
ermolabil thermolabil, wärmeunbeständig
ermolysis Thermolyse *f*, Wärmespaltung *f*; Hitzespaltung *f*
ermometry Thermometrie *f*, Wärmemessung *f*
ermonegative endotherm
ermoperiodicity [thermoperiodism] Thermoperiodismus *m*
ermophil Thermophil, wärmeliebender Organismus *m*
ermophilic [thermophilous] thermophil; wärmeliebend
ermophyte Thermophyt *m*, wärmeliebende Pflanze *f*
ermopile Thermosäule *f*
ermopositive exothermisch
ermoprecipitation Thermopräzipitation *f*, Wärmefällung *f*
ermorecept Thermorezeptor *m*, Wärmerezeptor *m*
ermoregulation Thermoregulation, Wärmeregulation *f*
ermoregulatory wärmeregulierend
ermoresistance [thermostability] Thermoresistenz *f*, Thermostabilität *f*; Wärmeresistenz *f*
ermostable thermostabil; wärmeresistent, wärmebeständig
hermostat Thermostat *m*, Temperaturkonstanthalter *m*
herodrymium Laubwald-Lebensgemeinschaft *f*
herophyllous laubabwerfend
herophyte Therophyt *m*, einjährige Sommerpflanze *f*
hick 1. dick; 2. dicht *(Wald)*; 2. schlammig, trübe
hicket Dickicht *n*
hick-fruited mit dicken Früchten; gedrängt früchtig
hick-haired dickhaarig
hickheads Dickköpfe *mpl*, Dickkopfschnäpper *mpl* *(Pachycephalidae)*
hick-knee Triel *m (Burhinus); Triel m (Burhinus oedicnemus); pl* Triele *mpl*, Dickfüße *mpl (Burhinidae)*
hick-leaved dickblättrig, pachyphyll
hick-lipped dicklippig
hick-rooted dickwurzelig
hick-scaled dickschuppig
hick-shelled dickschalig
hick-skinned dickhäutig; dickschalig
hick-spurred dickstachelig
hick-stalked dickstengelig
hick-stemmed dickstämmig
hick-thorned dickdornig
hick-twigged dickzweigig
hick-veined dickaderig, dickvenig

thick-walled dickwandig; dickhäutig; dickrindig
thigh Schenkel *m*, Oberschenkel *m*
thigmomorphosis Thigmomorphose *f*, Haptomorphose *f*
thigmonasty Thigmonastie *f*, Haptonastie *f*
thigmotropism Thigmotropismus *m*, Haptotropismus *m*
thimbleberry:
  black ~ Schwarze Himbeere *f (Rubus occidentalis)*
thimble-eye Japanische Makrele *f (Scomber japonicus)*
thimbleflower Gemeine Braunelle *f (Prunella vulgaris)*
thimbles 1. Rundblättrige Glockenblume *f (Campanula rotundifolia)*; 2. Roter Fingerhut *m (Digitalis purpurea)*
thimbleweed Schlitzblättriger Sonnenhut *m (Rudbeckia laciniata)*
thin 1. dünn; 2. licht *(z.B. Wald)*; 3. mager
thin-crowned lichte Krone *f*
thin emulsion layer Dünnschichtfilm *m*
thin-fruited dünnfrüchtig, schmalfrüchtig
thin-haired dünnhaarig
thinicolous dünenbewohnend
thinium Dünen-Lebensgemeinschaft *f*
thin-layer chromatography Dünnschichtchromatographie *f*
thin-layer electrophoresis Dünnschichtelektrophorese *f*
thin-leaved dünnblättrig
thin-lipped dünnlippig
thinned licht *(Wald)*
thinophilus Dünenbewohner *m*
thinophyte Dünengewächs *n*, Dünenpflanze *f*
thin-walled dünnwandig
thin-stalked dünnstengelig
thin-petaled feinkronblättrig
thin-rooted dünnwurzelig
thin-scaled feinschuppig
thin-section Dünnschnitt *m*
thin-shelled dünnschalig
thin-skinned dünnhäutig
thin-spurred dünnstachelig
thin-stalked dünnstengelig
thin-stemmed dünnstämmig
thin-thorned feinstachelig
thin-twigged dünnzweigig
thin-veined dünnaderig
thin-walled dünnwandig
thiogenic thiogen, schwefelbildend
thiomethylation Thiomethylierung *f*
thiophil schwefelliebender Organismus *m*
thiophilic thiophil, schwefelliebend
thiourea Thioharnstoff *m*
thirst Durst *m*
thistle 1. Kratzdistel *f (Cirsium)*; 2. Artischoke *f (Cynara)*; 3. Distel *f (Carduus)*
  annual sow ~ → common sow thistle
  Argentine ~ → cotton thistle
  artichoke ~ Spanische Artischocke *f (Cynara cardunculus)*
  bank ~ Nickende Distel *f (Carduus nutans)*

bell [bird] ~ → spear thistle
boar ~ → spear thistle
buch ~ → bank thistle
bull ~ → spear thistle
Canadian ~ Acker-Kratzdistel *f (Cirsium arvense)*
carline ~ Eberwurz *f (Carlina)*
common bur ~ → spear thistle
common sow ~ Gewöhnliche Gänsedistel *f (Sonchus oleraceus)*
corn ~ → Canadian thistle
corn sow ~ → field sow thistle
cotton ~ Gemeine Eseldistel *f (Onopordum acanthium)*
creeping ~ → Canadian thistle
curled ~ Krause Distel *f (Carduus crispus)*
cursed ~ → Canadian thislte
edible ~ → artichoke thistle
field sow ~ Acker-Gänsedistel *f (Sonchus arvensis)*
flowering ~ Stachelmohn *m (Argemone)*
fuller's ~ Weberkarde *f (Dipsaum sativus)*
globe ~ Kugeldistel *f (Echinops)*
golden ~ Spanische Golddistel *f (Scolymus hispanicus)*
hard ~ → Canadian thistle
holy ~ Mariendistel *f (Silybum)*
horse ~ → spear thistle
Indian's ~ → water thistle
maize ~ → star thistle
marsh ~ Sumpf-Kratzdistel *f (Cirsium palustre)*
mouse ~ → star thistle
musk ~ → bank thistle
plume ~ → spear thistle
plumeless ~ → bank thistle
prickly ~ → Canadian thistle
Russian ~ Russisches Salzkraut *n (Salsola ruthenica)*
Scotch cotton ~ → cotton thistle
sharp sow ~ Rauhe Gänsedistel *f (Sonchus asper)*
sow ~ Gänsedistel *f (Sonchus)*
spear ~ Gewöhnliche Distel *f (Cirsium vulgare)*
star ~ Sternflockenblume *f (Centaurea calcitrapa)*
water ~ Wilde Karde *f (Dipsacus silvestris)*
way ~ → Canadian thistle
weather ~ Silberdistel *f*, Große Eberwurz *f*, Wetterdistel *f (Carlina acaulis)*
welted ~ → curled thistle
yellow ~ flowering thistle

thistledown *(Bot.)* Federkrönchen *n*, Samenkrone *f*
thons Makrelen *fpl (Scombridae)*
thoracic thorakal, Brust..., Brustkorb...
thorax 1. *(Anat.)* Thorax *m*; Brustkorb *m*; 2. *(Ent.)* Thorax *m*, Brust *f*
thorn 1. Stachel *m*, Dorn *m*; 2. *(Bot.)* Weißdorn *m (Crataegus)*
black ~ Schlehe *f (Prunus spinosa)*
Christ's ~ → everlasting thorn
cock-spur ~ → Newcastle thorn
common ~ Zweigriffeliger Weißdorn *m (Crataegus oxyacantha)*
desert ~ Bocksdorn *m (Lycium)*
dwarf ~ Einblütiger Weißdorn *m (Crataegus monogyna)*
Egyptian [evergreen] ~ → everlasting thorn
everlasting ~ Feuerdorn *m (Pyracantha coccinea)*
Jerusalem ~ Christusdorn *m*, Gemeiner Stechdorn *m (Paliurus spina-christi)*
narrow-leaved ~ small-fruited thorn
sallow ~ Weiden-Sanddorn *m (Hippophae rhamnoides)*
white ~ Eingriffeliger Weißdorn *m (Crataegus monogyna)*

thornback (Dreistachliger) Stichling *m*, Rotzbarsch *m (Gasterosteus aculeatus)*
thornbill 1. Dornschnabelkolibris *mpl*, Glanzschwänzchen *npl (Chalcostigma)*; 2. Dornschnabel *m (Acanthiza)*
thornbird Bündelnister *m (Phacellodomus)*
thornbush → Newcastle thorn
thorned dornig, bedornt; stachelig, bestachelt
closely ~ dichtbestachelt
thornheads Tigerfische *mpl*, Tigerbarsche *mpl (Teraponidae)*
thorny dornig, bedornt; stachelig, bestachelt
thorny-headed dornköpfig; stachelköpfig
thoroughbred 1. reinrassig, Vollblut... ; 2. Vollblut *n*
thoroughwax Rundblättriges Hasenohr *n (Bupleurum rotundifolium)*
thoroughwort Wasserdost *m (Eupatorium)*
thousand-leaf Gemeine Schafgarbe *f (Achillea millefolium)*
thrasher Spottdrossel *f (Mimus polyglottus)*; *pl* Spottdrosseln *fpl (Mimidae)*
thread Faden *m*
chromosome ~ Chromosomenfaden *m*
thread-and-needle Fädige Palmlilie *f (Yucca filamentosa)*
threadfin Fädler *m (Eleutheronema); pl* Fädler *mpl (Polynemidae)*
four-fingered [giant] ~ Indischer Fädler *m (Eleutheronema tetradactylum)*
striped ~ Bastard-Äsche *f (Polynemus plebeius)*
thread-leaved fadenblättrig
thread-stalked fadenstielig
threadworms Fadenwürmer *mpl (Nematodes)*
threat 1. Drohung *f*; 2. drohen; bedrohen
three-awn Borstengras *n (Aristide)*
tree-dimensional Raum...
three-fork-grass Ausgebreitetes Knäuelgras *n (Dactylis patens)*
three-merous trimer, dreigliederig, dreiteilig
three-square Amerikanische Simse *f (Scirpus americanus)*
thresher Fuchshai *m (Alopias vulpinus)*; *pl* Fuchshaie *mpl*, Drescherhaie *mpl (Alopidae)*
threshold Schwelle *f*

standard ~ of hearing Normhörschwelle *f*
rift 1. Grasnelke *f (Armeria)*; 2. Strandnelke *f (Limonium)*
prickly ~ Stechnelke *f*, Igelpolster *n (Acantholimon)*
rips Blasenfuß *m*; *pl* Blasenfüße *mpl (Thysanoptera)*
cabbage ~ Frühjahrs-Ackerblasenfuß *m (Thrips angusticeps)*
carnation ~ Südeuropäischer Nelkenblasenfuß *m (Taeniothrips dianthi)*
chrysanthemum ~ Chrysanthemenblasenfuß *m (Thrips nigropilosus)*
corn ~ Getreideblasenfuß *m (Limothrips cerealium)*
flax ~ Flachsblasenfuß *m (Thrips lini)*
grain ~ → corn thrips
grape ~ Weinblasenfuß *m (Drepanothrips reuteri)*
greenhouse ~ Gewächshausthrips *m (Heliothrips haemorrhoidalis)*
honeysuckle ~ Nelkenblasenfuß *m (Thrips flavus)*
olive ~ Ölbaumblasenfuß *m (Liothrips oleae)*
onion ~ Zwiebelblasenfuß *m*, Tabakblasenfuß *m (Thrips tabaci)*
pea ~ Erbsenblasenfuß *m (Kakothrips pisivorus)*
pear ~ Birnenblasenfuß *m (Taeniothrips inconsequens)*
pine ~ Fichtenblasenfuß *m (Talniothrips pini)*
potato ~ → onion thrips
primrose ~ Primelblasenfuß *m (Taeniothrips picipes)*
privet ~ Ligusterblasenfuß *m (Dendrothrips ornatus)*
prune ~ → pear thrips
red clover ~ Kleeblasenfuß *m (Haplothrips niger)*
rose ~ Rosenblasenfuß *m (Thrips fuscipennis)*
rive gedeihen
roat 1. *(Anat.)* Kehle *f*; Rachen *m*; Schlund *m*; 2. *(Bot.)* Schlund *m*, Rachen *m*
~ **of calyx** *(Bot.)* Kelchröhre *f*
roatroot Bach-Nelkenwurz *f (Geum rivale)*
romb Thrombus *m*, Blutpfropf *m*, Blutgerinnsel *n*
rombocyte Thrombozyt *n*, Blutplättchen *n*
rombocytopoiesis Blutplättchenbildung *f*
rostle Singdrossel *f (Turdus philomelos)*
rowback 1. Regreß *n*, Rückentwicklung *f*; 2. Atavismus *m*
rum Blüte *f* mit herausragenden Staubbeuteln
rush Drossel *f*; *pl* Drosseln *fpl (Turdidae)*
black-throated ~ Schwarzkehldrossel *f (Turdus atrogularis)*
blue rock ~ Blaumerle *f*, Blaudrossel *f (Monticola solitarius)*
eye-browed ~ Weißbrauendrossel *f (Turdus obscurus)*
golden-crowned ~ Pieperwaldsänger *m*, Kronwaldsänger *m (Seiurus aurocapillis)*
golden mountain ~ Erddrossel *f*, Buntdrossel *f (Tirdus dauma aureus)*
gray-cheeked ~ Grauwangendrossel *f (Catharus minimus)*
hermit ~ Einsiedlerdrossel *f (Catharus guttatus)*
missel [mistle] ~ Misteldrossel *f (Turdus viscivorus)*
Naumann's ~ Naumanndrossel *f*, Rostflügeldrossel *f (Turdus naumanni)*
olive-backed ~ → Swainson's thrush
rock ~ Steinrötel *m (Monticola saxatilis)*
russet-backed ~ → Swainson's thrush
song ~ Singdrossel *f (Turdus philomelos)*
Swainson's ~ Zwergdrossel *f*, Swainsondrossel *f (Catharus ustulatus)*
Tickell's ~ Einfarbdrossel *f (Turdus unicolor)*
varied ~ Halsbanddrossel *f (Zoothera naevia)*
whistling ~ Pfeifdrossel *f (Myophonus)*
wood ~ Walddrossel *f*, Mäusedrossel *f (Hylocychla mustelina)*
thumb 1. Daumen *m*; 2. Vierhörniger Seeskorpion *m (Myoxocephalus quadricornis)*
thunderflower 1. Klatsch-Mohn *m (Papaver rhoeas)*; 2. Weiße Lichtnelke *f (Silene alba)*; 3. Echte Sternmiere *f (Stellaria holostea)*
thyme Thymian *m*, Quendel *m (Thymus)*
basil ~ Thymus-Bergminze *f (Calamintha acinos)*
citron ~ Zitronen-Thymian *m (Thymus citriodorus)*
common ~ Echter Thymian *m (Thymus vulgaris)*
creeping ~ Sand-Thymian *m (Thymus serpyllum)*
English ~ → common thyme
field ~ Gemeiner Wirbeldost *m (Clinopodium vulgare)*
garden ~ → common thyme
hairy ~ Rauhhaariger Thymian *m (Thymus hirsutus)*
spotted ~ Gefleckter Thymian *m (Thymus maculatus)*
Virginia ~ Virginisches Bohnenkraut *n (Satureja virginiana)*
water ~ Wasserpest *f (Elodea canadensis)*
wild ~ → creeping thyme
thymic Thymus(drüsen)...
thymifolious thymianblättrig
thymocyte Thymozyt *m*, Thymuslymphozyt *m*
thymocytopoiesis Thymozytenbildung *f*
thymoid thymianähnlich
thymus Thymus *m*, Thymusdrüse *f*, innere Brustdrüse *f*
thyreoideus thyreoid, schildförmig
thyreozyte Thyreozyt *n*, Schilddrüsenepithelzelle *f*
thyris Fensterzwergschwärmer *m (Thyris)*
thyrohyal 1. großes Zungenbeinhorn *n*; 2. Schildknorpel-Zungenbein...
thyroid 1. Schilddrüse *f*; 2. Schilddrüsen...; 3. schildförmig
thyrotropin Thyreotropin *n*, thyreotropes Hormon *n*
thyrse 1. Blütenstrauß *m*; 2. Rispe *f*
thyrsiform [thyrsoid] *(Bot.)* thyrsusartig, straußförmig
thyrsoid Blütenstrauß...
thysanocarpous wimpernfrüchtig
thysanoid fransenähnlich
thysanolepis fransenschuppig
tiariflorous turbanblütig
tibia 1. Schiene *f*, Schienbein *n*; 2. *(Ent.)* Schiene *f*
tibiae *pl von* tibia
tibial 1. Schienbein...; 2. *(Ent.)* Schiene(n)...
tibicinous pfeifenähnlich, pfeifenartig

tibiofibular tibiofibulär, Schienbain-Wadenbein...
ticks Zecke *f*; *pl* Zecken *fpl (Ixodida)*
bat ~ Fledermauszecke *f (Argas vespertilionius)*
black-legged [castor bean] ~ Gemeiner Holzbock *m (Ixodes ricinus)*
fowl ~ Persische Zecke *f (Argas persicus)*
netted ~ Gerandeter Holzbock *m (Dermacentor marginatus)*
pigeon ~ Taubenzecke *f (Argas reflexus)*
sheep ~ Schaflausfliege *f*, Schafzecke *f (Melophagus ovinus)*
tickleweed Grüner Germer *m (Veratrum viride)*
ticko Sattelvogel *m*, Sattelstar *m (Creadion carunculatus)*
tickseed 1. Wanzensame *m (Corispermum)*; 2. Mädchenauge *n (Coreopsis)*, 3. Zweizahn *m (Bidens)*
tic-polonga Kettenviper *f*, Daboia *f (Vipera russellii)*
tide Gezeiten *pl*, Ebbe *f* und Flut *f*
high ~ Flut *f*, Tide *f*
low ~ Ebbe *f*
tideway Priel *m*
tigellum *(Bot.)* Keimstengel *m*
tiger Tiger *m (Panthera tigris)*
American ~ Jaguar *m*, Amerikanische Pantherkatze *f (Panthera onca)*
deer ~ Puma *m*, Silberlöwe *m (Puma concolor)*
marsupial ~ Beutelwolf *m (Thylacinus cynocephalus)*
red ~ → deer tiger
Tasmanian ~ → marsupial tiger
water ~ *Dityscus*-Larve *f*
tigerfish Tigerfisch *m*, Tigerbarsch *m (Therapon)*
tigerflower Tigerblume *f*, Tigerlilie *f (Tigridia)*
tiger's-mouth Großes Löwenmaul *n (Antirrhinum majus)*
tigerwood Tigerbaum *m (Astronium fraxinifolium)*
tigroid 1. Tigroidsubstanz *f*, Nisselsche Schollen *m*; 2. gefleckt
tigrolysis Tigrolyse *f*, Auflösung *f* der Tigroidsubstanz
tikouka Südliche Drachenlilie *f (Cordyline australis)*
tilefish Ziegelbarsch *m*; *pl* Ziegelbarsche *mpl (Branchiostegidae)*
tiller 1. Ausläufer *m*; Sproß *m*; Trieb *m*; Bestockungstrieb *m*; 2. bestocken
tillering Bestockung *f*
tillet Kleinblättrige Linde *f (Tilia cordata)*
tilt Schräglage *f*, Neigung *f*
timbal *(Ent.)* Trommelorgan *n*
timberline Baumgrenze *f*
timbered bewaldet
time Zeit *f*
flowering ~ Blütezeit *f*
time-giver Schrittmacher *m*
timer Zeitgeber *m*
timid scheu, ängstlich, furchtsam, zaghaft
timothy Lieschgras *n (Phleum)*; Wiesenlieschgras *n*, Timothygras *n (Phleum pratense)*
swamp ~ Kopfrietähnliches Dorngras *n (Crypsis schoenoides)*
tinamou Tinamu *m (Tinamus)*; *pl* Steißhühner *mpl (Tinamidae)*
dwarf ~ Pfauensteißhuhn *n (Taoniscus)*
tinction Färbung *f*
tinctorial Färbungs...
tincture 1. Tinktur *f*; 2. Farbe *f*; 3. färben
tine Geweihsprosse *f*
brow ~ Stirnzapfen *m*, Knöcherner Stirnbeinauswuc
tinegrass Vogelwicke *f (Vicia crassa)*
tint Farbton *m*, Tönung *f*
autumn ~**s** Herbstfärbung *f*
tiny winzig, zwerghaft
tip Spitze *f*
dripping [rain] ~ Träufelspitze *f*
tiphic Teich...
tiphicolous teichbewohnend
tiphium Teich-Lebensgemeinschaft *f*
tiphophil teichliebend
tiphophyte Teichpflanze *f*; Tiphophyt *m*
tipsin(na) Genießbarer Harzklee *m*, Drüsenklee *m (Psoralea esculenta)*
tiresomeweed Echtes Seegras *n (Zostera marina)*
tirium Ödlands-Lebensgemeinschaft *f*
tissue Gewebe *n*
adipose ~ Fettgewebe *n*, fettreiches Gewebe *n*
aleurone ~ Aleurongewebe *n*
ancellous ~ spongiöses Knochengewebe *n*
cartilaginous ~ Knorpelgewebe *n*
cerebral ~ → brain tissue
cicatrical ~ Narbengewebe *n*
conductive ~ Leitungsgewebe *n*
connective ~ Bindegewebe *n*
dental ~ Dentin *n*, Zahnbein *n*
epidermic ~ Epidermis *f*
epithelial ~ Epithel(ium) *n*, Epithelgewebe *n*
fatty ~ → adipose tissue
formative ~ *(Bot.)* Meristem *n*
interstitial ~ Zwischenraumgewebe *n*, Interstitia gewebe *n*
mechanical ~ Festigungsgewebe *n*
osseous ~ Knochengewebe *n*
palisade ~ Palisadenpaenchym *n*
spurious ~ unechtes Parenchym, Pseudoparenchym
storage ~ Speichergewebe *n*
strengthening ~ Festigungsgewebe *n*
vascular ~ 1. Gefäßgewebe *n*; 2. *(Bot.)* Leitungsgewebe *n*
tit 1. Meise *f (Parus)*; 2. kleiner Vogel *m*
azure ~ Lasurmeise *f (Parus cyanus)*
blue ~ Blaumeise *f (Parus caeruleus)*
bush ~ Buschmeise *f (Psaltiparus)*
coal ~ Tannenmeise *f (Parus ater)*
great ~ Kohlmeise *f (Parus major)*
Lapp [Siberian] ~ Lappland-Meise *f (Parus cinctus)*
sombre ~ Trauermeise *f (Parus lugubris)*
willow ~ Schwarzkopfmeise *f (Parus atricapillus)*
yellow-headed ~ Goldmeise *f*, Goldköpfchen *n (Aur parus flaviceps)*

hymal Scharfe Wolfsmilch *f (Euphorbia esula)*
i Springaffe *m (Callicebus)*
collared ~ Witwenaffe *m (Callicebus torquatus)*
masked ~ Schwarzköpfiger Springaffe *m (Callicebus-personatus)*
orabussu ~ Grauer Springaffe *m (Callicebus moloch)*
lark Wiesenpieper *m (Anthus pratensis)*
mouse Meise *f (Parus)* (→ tit)
bearded ~ Bartmeise *f (Panurus biarmicus)*
black-crested ~ Schwarzkopfmeise *f (Parus atricapillus)*
crested ~ Haubenmeise *f (Parus cristatus)*
long-tailed ~ Schwanzmeise *f (Aegithalos caudatus)*
marsh ~ Sumpfmeise *f*, Glanzkopfmeise *f (Parus palustris)*
penduline ~ Beutelmeise *f (Remiz pendulinus)*
tufted ~ Indianer-Meise *f (Parus bicolor)*
rant Titrationsmittel *n*; Titrationslösung *f*, Titerlösung *f*
rate titrieren
ration Titrierung *f*, Titration *f*
re Titer *m*
tlebat Dreistachliger Stichling *m (Gasterosteus aculeatus)*
ad Kröte *f*; Echte Kröte *f (Bufo)*
African live-bearing ~ Lebendgebärende Kröte *f*, Falsche Schwimmkröte *f (Nectophrynoides)*
aquatic ~ Falsche Kröte *f (Pseudobufo subasper)*
black ~ Schwarze Kröte *f (Bufo exsul)*
burrowing ~ Nasenkrötchen *n*, Nasenfrosch *m (Rhinophrynus dorsalis)*
clawed ~ Krallenfrosch *m (Xenopus)*
dwarf ~ Philippinen-Kröte *f (Pelophryne)*
fire-bellied ~ Unke *f*, Feuerkröte *f (Bombina)*
giant ~ → marine toad
green ~ Wechselkröte *f*, Grüne Kröte *f (Bufo viridis)*
ground ~ Echte Kröte *f (Bufo)*
horned ~ Hornfrosch *m (Ceratophrys)*
marine ~ Aga-Kröte *f*, Riesenkröte *f (Bufo marinus)*
Mauric ~ Berberkröte *f*, Maurische Kröte *f (Bufo mauritanicus)*
midwife ~ Geburtshelferkröte *f*, Glockenfrosch *m (Alytes obstetricans)*
narrow-mouthed ~s Kurzkopffrösche *mpl*, Engmundfrösche *mpl*, Engmaulfrösche *mpl (Microhylidae)*
red-bellied ~ → fire-bellied toad
running ~ Kreuzkröte *f*, Rohrkröte *f*, Hausunke *f (Bufo calamita)*
sea ~s Groppen *fpl (Cottidae)*
spade-footed ~s Schaufel(fuß)frösche *mpl (Scaphiopus)*
Surinam ~ (Große) Wabenkröte *f (Pipa pipa)*
tree ~s Laubfrösche *mpl*, Baumfrösche *mpl (Hylidae)*
variable ~ → green toad
viviparous ~ → African live-bearing toad
adfish 1. Krötenfisch *m (Thallasophryne)*; 2. *pl* Froschfische *mpl*, Krötenfische *mpl (Batrachoidiformes)*
adflax Leinkraut *n (Linaria)*
toado Kugelfisch *m (Tetraodon)*
toadpipe Schlamm-Schachtelhalm *m (Equisetum limo-sum)*
toad's-mouth → tiger's-mouth
toad's-tail Keulen-Bärlapp *m (Lycopodium clavatum)*
toadstool Giftpilz *m*
tobacco Tabak *m (Nicotiana)*
common ~ → rustic tobacco
honey ~ → panicled tobacco
mountain ~ Alpen-Arnika *f (Arnica alpina)*
panicled ~ Rispen-Tabak *m (Nicotiana paniculata)*
poison ~ Schwarzes Bilsenkraut *n (Hyoscyamus niger)*
rabbit ~ Stumpfblättriges Ruhrkraut *n (Gnaphalium obtusifolium)*
rustic [Syrian, wild] ~ Bauern-Tabak *m (Nicotiana rustica)*
tobaccowood Virginia-Zaubernuß *f*, Zauberhasel *f (Hamamelis virginiana)*
toby Masken-Halfterfisch *m (Zanclus cornutus)*
tody Todi *m (Todus)*
toe 1. Zehe *f*; 2. Vorderhuf *m*
big ~ Mammutbaum *m (Sequoiadendron gigantemum)*
pussy's ~ Katzenpfötchen *n (Antennaria)*
toe-biters Riesen(wasser)wanzen *fpl (Belostomatidae)*
tokostome Geschlechtsöffnung *f*
tola Tola *f*, trockene Puna *f*
tolerable verträglich, zulässig
tolerance Toleranz *f*, Resistenz *f*, Widerstandsfähigkeit *f*
tolerance-limits Toleranzgrenzen *fpl*
tolerance-value Toleranzwert *f*
tolerant tolerant, resistent, widerstandsfähig
tolerate vertragen, tolerieren
tolerogenic tolerogen, immunotoleranzbewirkend
tollo Punktierter Glatthai *m (Mustelus canis)*
tom Männchen *n (kleinerer Tiere)*; Kater *m*
~ turkey Truthahn *m*, Puter *m*
tomcat Kater *m*
tomatillo Tomatillo *n*, Klebfrüchtige Blasenkirsche *f (Physalis ixocarpa)*
tomato Tomate *f (Lycopersicon)*
common ~ Tomate *f*, Speisetomate *f (Lycopersicon esculentum)*
currant ~ Bibernellblättrige Tomate *f (Lycopersicon pumpinellifolium)*
husk ~ Blasenkirsche *f (Physalis)*
strawberry ~ → tomatillo
tomcod Tomcod *m (Microgadus tomcod)*
tomentellous feinfilzig; schwachfilzig
tomentose filzig; filzartig
tomentulose → tomentellous
tomentum *(Bot.)* Filz *m*
tommy Weißer Hai *m (Carcharodon carcharias)*
tomography Tomopraphie *f*, Röntgenschichtverfahren *n*
tomtit 1. Meise *f (Parus)*; 2. Scheckmeisenschnäpper *m (Petroica macrocephala)*
tone 1. Ton *m*, Klang *m*; 2. Tonus *m*; 3. Stimmung *f*
fundamental ~ Grundton *m*

tongsoles → tonguefish
tongue Zunge *f*
Adder's ~ Natternzunge *f (Ophioglossum)*
tonguefish 1. Seezunge *f (Soleida solea)*; 2. Hundszunge *f (Cynoglossus browni)*
tonic 1. tonisch, Tonus...; 2. tonisierend
tonicity Tonizität *f*
ton(ic)oclonic tonisch-klonisch
tonofibril Tonofibrille *f*
tonofilamente Tonofilament *m*
tonoplast *(Bot.)* Tonoplast *m*, Zentralvakuolenmembran *f*
tonsil Tonsille *f*, Mandel *f*, Rachenmandel *f*, Gaumenmandel *f*
tonsillar tonsillar, Mandel...
tooth Zahn *m*
canine ~ Eckzahn *m*, Hackenzahn *m*, Spitzzahn *m*; Fangzahn *m*
carnassial ~ Reißzahn *m*
cheek ~ Molar *m*, Mahlzahn *m*, Backenzahn *m*, Kauzahn *m*
cuspid ~ → canine tooth
cutting ~ Schneidezahn *m*
deciduous ~ Milchzahn *m*
egg ~ 1. Oviruptor *m*, Eizahn *m*; 2. *(Ent.)* Embryonalzahn *m*
elephant's ~ Elefantenzahn *m (Dentalium entale)*
eye ~ Augenzahn *m*, oberer Eckzahn *m*
front ~ Schneidezahn *m*
grinding ~ → cheek tooth
incisive ~ → cutting tooth
lateral ~ Seitenzahn *m*, Lateralzahn *m*
milk ~ → deciduous tooth
molar ~ → cheek tooth
permanent ~ bleibender Zahn *m*
pharyngeal ~ Schlundzahn *m*
premolar ~ Prämolar *m*, vorderer Backenzahn *m*
sectorial ~ → carnassial tooth
stomach ~ unterer Eckzahn *m*
tooth-carps Zahnkarpfen *mpl (Cyprinodontidae)*
toothed gezähnt; zahntragend
tooth-leaved zahnblättrig, gezähntblättrig
tooth-sepaled zahnkelchig
toothwort Zahnwurz *f (Dentaria)*
slender ~ Verschiedenblättriger Zahnwurz *m (Dentaria heterophylla)*
top 1. Gipfel *m*, Spitze *f*; Wipfel *m*; Krone *f*; 2. oberer Teil *m* einer Pflanze
top-dry Gipfeldürre *f*, Wipfeldürre *f*; Dürrsucht *f*
tope (Südlicher) Glatthai *m (Mustelus mustelus)*, Glatthai *m*, Schulhai *m (Galeorhinus galeus)*
topi Halbmondantilope *f*, Leierantilope *f*, Sassaby *m (Damaliscus lunatus)*
topical lokal, örtlich
topinambour Erdbirne *f*, Topinambur *m (Helianthus tuberosus)*
topknot 1. Scholle *f (Pleuronectes platessa)*; Steinbutt *m (Scophthalmus maximus)*; 2. *(Orn.)* Federhaube *f*, Haube *f*, Schopf *m*
topminnows 1. Gambuse *f (Gambusia)*; Koboldkärpfli *m*, Texas-Kärpfling *m (Gambusia affinus)*; 2. Gol auge *n*, Killifisch *m*, Fundulus *m (Fundulus chrysotu*
dwarf ~ Zwergkärpfling *m (Heterandria formosa)*
pike ~ Hechtkärpfling *m (Belonesox belizanus)*
plains ~ Rückenstrichkärpfling *m (Fundulus sciadicus)*
viviparous ~s Lebendgebärende Zahnkarpfen *mpl (Poeciliidae)*
topocline Topokline *f*; Ökokline *f*
topogenous topogen, von der Landschaftsform abhängi
topospecifity Topospezifität *f*, Lokalspezifität *f*
topshaped kreiselförmig
topsoil Oberboden *m*, Mutterboden *m*
toque Makake *m (Macaca)*
torch 1. Weihrauchkiefer *f (Pinus taeda)*; 2. Kleinblüti Königskerze *f (Verbascum thapsus)*
torchwood Balsambaum *m*, Balsamstrauch *m (Amiris)*
tormentil Fingerkraut *n (Potentilla)*
tornaria Tornaria-Larve *f (bei Eichelwürmer)*
tornote stumpfrandig
torpedo Zitterrochen *m (Torpedo)*; *pl* Zitterrochen *m (Torpedinidae)*
torpid 1. schlaff, träge; 2. starr, erstarrt; 3. apathisc stumpf
torpore Torpor *m*, Stumpfheit *f*; Apathie *f*; Inaktivität *f*
cold ~ Kältestarre *f*
torrent 1. Sturzbach *m*; Gebirgsstrom *m*; 2. → torrenti rain
torrential sturzbachbewohnend
~ rain Wolkenbruch *m*
torrenticol nur in bewegtem Wasser vorkommend
torrid ausgedörrt; trocken; verbrannt
torsion Torsion *f*; Drehung *f*, Umdrehung *f*
torsk Brosme *f*, Lumb *m (Brosme brosme)*
tortifolious gedrehtblättrig
tortipil drehhaarig
tortoise Schildkröte *f* (→ turtle)
African forest ~ → hinge-back tortoise
African pancake ~ Spaltenschildkröte *f (Malacoche sus tornieri)*
bowsprite ~ Afrikanische Schnabelbrust-Schildkrö *f (Chersina)*
Cape ~s Flachschildkröten *fpl (Homopus)*
Central Asian ~ → steppe tortoise
chicken ~s Langhals-Schmuckschildkröten *fpl (Deir chelys reticularia)*
giant ~ Eigentliche Landschildkröte *f (Testudo)*
gopher ~ Gopher-Schildkröte *f (Gopherus polyphemus)*
hinge-back [hinged] ~s Gelenkschildkröten *fpl (Ki-nixys)*
Horsfield's ~ → steppe tortoise
land ~s Landschildkröten *fpl (Testudinidae)*
leopard ~ Pantherschildkröte *f (Testudo pardalis)*
Madagascar flat-tailed ~ Madagassische Flachrü

ken-Schildkröte *f (Testudo acinyxis planicauda)*
steppe ~ Vierzehen-Landschildkröte *f*, Steppenschildkröte *f (Testudo horsfieldi)*
true ~ Eigentliche Landschildkröte *f (Testudo)*, *pl* Landschildkröten *fpl (Testudinidae)*
wood ~ Waldbach-Schildkröte *f (Clemmys insulpta)*
tortoiseshell :
eastern ~ Bachweiden-Auenprachtfalter *m (Vanessa xanthomela)*
large ~ Ulmenparkland-Prachtfalter *m*, Großer Fuchs *m (Vanessa polychlorus)*
lesser [mountain, small] ~ Nesselfalter *m*, Brennessel-Prachtfalter *m*, Kleiner Fuchs *m (Vanessa urticae)*
tortricid Wickler *m*; *pl* Wickler *mpl (Tortricidae)*
apple surface-eating ~ Bräunlicher Obstbaumwickler *m (Archips podana)*
oak ~ Grüner Eichenwickler *m (Tortrix viridana)*
tortuosity 1. Krümmung *f*, Windung *f*; 2. Gewundenheit *f*
tortuous gewunden, gekrümmt, geschlängelt
torulose [torulous] kleinwulstig; kleinpolsterig
torus 1. Wulst *m*; 2. Torus *m*, Blütenboden *m*
toryweed Echte [Gemeine] Hundszunge *f (Cynoglossum officinale)*
total:
grand ~ *(Biom.)* Gesamtsumme *f*
totipotency Totipotenz *f*, Omnipotenz *f*
toucan Tukan *m (Ramphasoas); pl* Tukane *mpl (Ramphastidae)*
toucanet:
blue-throated [emerald] ~ Lauch-Arasari *m (Aulacorhynchus prasinus)*
touch Tastsinn *m*, Tastgefühl *n*
touch-and-heal Gemeines Johanniskraut *n (Hypericum perforatum)*
touch-me-not Großes [Gelbes, Echtes] Springkraut *n (Impatiens noli-tangere)*
tough zähe
touracos Turako *m*; *pl* Turakos *pl*, Bananenfresser *mpl (Musophagidae)*
great blue ~ Riesenturako *m (Corythaeola cristata)*
white-cheeked ~ Weißohrturako *m (Tourako leucotis)*
towel-gourd Schwammkürbis *f (Luffa)*
tower-cress Turmkraut *n*, Kahle Gänsekresse *f (Arabis glabra)*
tower-of-jewels Rosenroter Natterkopf *m (Echium roseum)*
tower-shaped turmförmig
towhee Grundammer *f (Pipilo)*
rufous-sided ~ Rötelgrundammer *f*, Grundammer *f (Pipilo erythrocephala)*
towlike *(Bot.)* wergartig, hederartig
toxalbumin Toxalbumin *n*, Toxin *n*
toxic toxisch, giftig, Gift...
toxicant Gift *n*, Giftstoff *m*
toxicide Antitoxin *n*
toxicity Toxizität *f*, Giftifkeit *f*
toxicogenic → toxigenic
toxicognath Toxikognath *n*, Kieferfuß *m* mit der Giftdrüse
toxicology Toxikologie *f*, Toxinlehre *f*
toxiferous toxifer, gifttragend, toxintragend; gifthaltig; giftführend
toxigenic toxigen, giftbildend
toxin Toxin *n*
toxogenesis Toxogenese *f*, Toxinbildung *f*
toxoid Toxoid *n*, Anatoxin *n*
toywort Gemeines Hirtentäschel *n (Capsella bursa-pastoris)*
trabecula Trabekel *f*; Bälkchen *n*; Balken *m*
trabekular trabekulär, Trabekel..., Bälkchen...
trabeculation Trabekulation *f*, Trabekelbildung *f*
trace 1. Spur *f*; 2. geringe Menge *f*; 3. verfolgen, aufspüren
cotyledonary ~ Keimblattspur *f*
leaf ~ Blattspur *f*
tracer Isotopenindikator *m*; Indikatorsubstanz *f*, Markierungssubstanz *f*
trachea 1. *(Anat.)*, *(Bot.)* Trachee *f*, Luftröhre *n*; 2. *(Ent.)* Trachee *f*
tubular ~ Röhrentrachee *f*
tracheal [tracheate] tracheal, Trachea...
tracheid *(Bot.)* Tracheide *f*, tracheenähnliche wasserleitende Zelle *f*
annular ~ Ringtracheide *f*
ray ~ Markstrahltracheide *f*
scalariform ~ Leitertracheide *f*, Treppentracheide *f*
trachenchyma *(Bot.)* Trachenchym *m*, Gefäßgewebe *n*
trachycarpous rauhfrüchtig
trachyphloeous rauhrindig
trachyphyllous rauhblättrig
trachyspermous rauhsamig
tracing *(Bot.)* niederliegend
tracing-root Streichwurzel *f*
track 1. Spur *f*; Wildspur *f*; 2. Weg *m*, Pfad *m*; 3. aufspüren, verfolgen
avalanche ~ *(Ökol.)* Lavinar *n (von Lawinen baumfrei gefegte Rinne)*
germ ~ Keimbahn *f*
tract Traktus *m*; Zug *m*; Zug *m*, Strang *m*, Bahn *f*
alimentary [digestive] ~ Verdauungskanal *m*, Speiseweg *m*
Flechsig's ~ Flechsigsche Bahn *f*, hintere Kleinhirnseitenstrangbahn *f*
gastrointestinal ~ Magen-Darm-Kanal *m*
genital ~s Geschlechtskanäle *mpl*
Gowers ~ Gowerssche Bahn *f*, vordere Kleinhirnseitenstrangbahn *f*
Monakow's ~ Monakow' Tractus *m*, Monakow' Fasciculus *m*
nerve ~ Nervenbahn *f*
optic ~ Sehbahn *f*
pyramidal ~ Pyramidenbahn *f*
respiratory ~ Respirationsweg *m*, Atemweg *m*
urogenital ~ Urogenitaltrakt *m*

vestibulospinal ~ Vestibulospinalbahn *f*, Heldsches Bündel *n*
visual ~ Sehbahn *f*
trail 1. Spur *f*; Fährte *f*; 2. verfolgen, nachspüren; 3. *(Bot.)* kriechen, sich ranken
odour [scent] ~ Duftspur *f*
trailer 1. Kriechpflanze *f*; 2. rankender Ausläufer *m*
trailing niederliegend
train 1. *(Bot.)* ziehen; 2. trainieren
training Abrichten *n*, Dressur *f*
trait Merkmal *n*; Kennzeichen *m*; Charakterzug *m*
trama *(Bot.)* Trama *n*, Einschlag *m*
trampling down Niedertrampeln *n*
transcendent transcendent; hervorragend
transcribe transkribieren
transcript *(Mol.)* Transkript *n*
full-length ~ Primärtranskript *n*, nicht prozessiertes Transkript *n*
reverse ~ Umkehrtranskript *n*
truncated ~ prozessierter [verkürzter] Transkript *m*
transcription *(Mol.)* Transkription *f*
reverse ~ Umkehrtranskription *f*
transduction *(Mol.)* Transduktion f
transect *(Bot.)* Transsekt *m*; Querprofil *n*, Querschnitt *m*
line ~ Linientransekt *m*, Lineartranssekt *m*
streep ~ → belt transect
transfection Transfektion *f*
transfer 1. Transfer *m*; Übertragung *f*; 2. übertragen, transferieren; 3. Überpflanzen *n*; Transplantation *f*
~ of information Informationsübertragung *f*
allogenic ~ Allotransplantation *f*
energy ~ Energieübertragung *f*
heterologous ~ Xenotransplantation *f*, Heterotransplantation *f*
homologous ~ → allogenic transfer
isologous ~ Isotransplantation *f*
one-way ~ einseitige Übertragung *f*
shuttle ~ Pendelübertragung *f (Gene)*
Southern ~ Southern-Transfer *m (DNS-Transfer von einem Gel auf eine Matrize)*
tissue ~ Gewebetransplantation *f*
xenogenic ~ → heterologous transfer
transferable transferierbar, übertragbar
transform transformieren; umformen, umgestalten umbilden, umwandeln
transformation Transformation *f*; Umgestaltung *f*; Umbildung *f*; Umwandlung *f*
~ into steppe Versteppung *f*
transformism Transformismus *m*, Transformationslehre *f*
transfuse transfundieren, Blutübertragung durchführen
transfusion Transfusion *f*, Bluttransfusion *f*, Blutübertragung *f*
transgenation 1. Genübertragung *f*; 2. Genmutation *f*, intragenische Mutation *f*
transgenesis Transgenose *f*, Genübertragung *f*
transient vorübergehend; temporär
transition 1. Transition *f*; Übergang *m*; 2. Transition *f* *(Mutationstyp)*
transitional transitorisch; übergehend; Übergangs...
translation Translation *f*; mRNA-gesteuerte Proteinsynthese *f*
translocation Translokation *f (Mutationstyp)*
mutual ~ gegenseitige Translokation *f*
translucent transluzent, durchsichtig, durchscheinend lichtdurchlässig
transmissible übertragbar
transmission Transmission *f*; Übertragung *f*
insect ~ Insektenübertragung *f (der Krankheit)*
transmitter Überträger *m*; Vektor *m*; Transmitter *m*
transmutation Transmutation *f*; Umwandlung *f*
transovarian durch die Eier übertragend
transparency Transparenz *f*, Durchsichtigkeit *f*
transparent transparent, durchsichtig, durchscheinend
transphosphorylation Transphosphorylierung *f*
transpiration 1. *(Bot.)* Transpiration *f*; Wasserdampfabgabe *f*; 2. Schweißabsonderung *f*
stomatal ~ stomatäre Transpiration *f*
transplacement Übertragung *f*, Verlagerung *f*
transplacental transplazental, durch die Plazenta
transplant 1. transplantieren; 2. Transplantat *n*, verpflanztes Gewebe *n*
transplantat Transplantat *m*, verpflanztes Gewebe *n*
transplantation Transplantation *f*, Transplantieren *n*, Gewebeverpflanzung *f*; Überpflanzung *f*
transpleural transpleural, durch das Brustfell
transport Transport *m*
active ~ aktiver Transport *m*
electron ~ Elektronentransport *m*
facilitated ~ erleichterter Transport *m*
retrograde ~ Rücktransport *m*
transposable transponibel, transponierbar *(DNS-Sequenz)*
transposition Transposition *f*, Umstellung *f*
transposon Transposon *n*, transponierbares Element *n* bewegliche DNS-Sequenz *f*
transreplication Transreplizierung *f*
transudate 1. Transsudat *n*; 2. transsudieren, Transsudat absondern
transudation Transsudation *f*, Flüssigkeitsabsonderung *f*
transversal quer, Quer...,schräg, querverlaufend
trap 1. Falle *f*; Fanggerät *n*; 2. fangen; 3. Fallen stellen
basket ~ Korbfalle *f*
box ~ Kastenfalle *f*
corral ~ Fanggehege *n*, Korral *m*
pitfall ~ Fanggrube *f*
rat ~ Rattenfalle *f*
steel ~ Fangeisen *n*
traumatic traumatisch, durch ein Trauma entstanden
travel Migration *f*; Umsiedlung *f*
traveller's-joy Gemeine [Echte, Deutsche] Waldrebe *f* *(Clematis vitalba)*
tray 1. Brett *n*, Tablett *n*; 2. flache Schale *f*; Trog *m*
treacle Melasse *f*
treaclewort Acker-Hellerkraut *n (Thlapsi arvense)*

tread 1. Tritt *m*, Schritt *m*; 2. *(Orn.)*. Treten *n (Begattung)*
treader:
marsh ~s Teichläufer *mpl (Hydrometridae)*
tread-softly Karolina-Nachtschatten *m (Solanum carolinense)*
treat behandeln; bearbeiten
treatment Behandlung *f*
biological ~ biologische Reinigung *f (der Abwässer)*
radiation ~ Bestrahlung *f*, Strahlenexposition *f*
sewage ~ Abwässerreinigung *f*
tree 1. Baum *m*; 2. auf einen Baum jagen
~ of evil fame Upasbaum *m (Antiaris toxicaria)*
~ of heaven Götterbaum *m (Ailanthus altissima)*
African Locust ~ Neytbaum *m*, Nittabaum *m (Parkia biglobosa)*
allspice Pimentbaum *m*, Nelkenpfeffer *m (Pimenta dioica)*
Americanplane ~ Abendländische [Amerikanische] Platane *f (Platanus occidentalis)*
Amoor cork ~ Amurischer Korkbaum *m*, Amurkorkbaum *m (Phellodendron amurense)*
angelin ~ Kohlbaum *m (Andira)*
apple ~ Apfelbaum *m (Malus)*
argan ~ Eisenholz *n*, Eisenbaum *m (Argania sideroxylon)*
ash ~ Esche *f (Fraxinus)*
bay ~ Lorbeerbaum *m (Laurus nobilis)*
bay-rum ~ Traubiger Pimentbaum *m (Pimenta racemosa)*
beam ~ Mehlbeere *f (Sorbus aria)*
bean ~ Gemeiner Goldregen *m (Laburnum anagyroides)*
beaver ~ Biberbaum *m*, Weißlorbeer *m*, Sumpfsassafras *m (Magnolia virginiana)*
bergamot ~ Bergamotte *m*, Bergamottbaum *m (Citrus bergamia)*
black-damar canary ~ Kanariennuß *f (Canarium)*
bo ~ Heiliger Feigenbaum *m*, Baniane *f*, Banyan *m (Ficus religiosa)*
border ~ Grenzbaum *m*; Waldrandbaum *m*, Waldsaumbaum *m*
bottle ~ Stinkbaum *m (Sterculia)*
box ~ Buchs(baum) *m (Buxus sempervirens)*
Brasil nut ~ Paranußbaum *m*, Brazilnußbaum *m (Bertholletia excelsa)*
breadfruit ~ Brot(frucht)baum *m (Artocarpus)*
bushy ~ strauchförmiger Baum *m*
butter ~ Breitblättrige Dornmelde *f (Bassia latifolia)*
button ~ Geißblatt *n (Lonicera)*
cabbage ~ → angelin tree
cajeput ~ Kajeput-Baum *m*, Weißer Teebaum *m*, Silberbaum *m (Melaleuca leucodendron)*
calabasch ~ Kalebassenbaum *m*, Kürbisbaum *m (Crescentia)*
California big ~ Mammutbaum *m (Sequoiadendron giganteum)*
camphor ~ Echter Kampferbaum *m*, Kampferlorbeer *m (Cinnamomum camphora)*
candle ~ Trompetenbaum *m*, Katalpenbaum *m (Catalpa bignobioides)*
candleberry ~ Lackbaum *m (Aleurites moluccana)*
caoutchouc ~ Kautschukbaum *m*, Parakautschukbaum *m (Hevea brasiliensis)*
carob ~ Johannisbrotbaum *m (Ceratonia siliqua)*
cassia-bark ~ Zimtkassie *f (Cinnamomum aromaticum)*
castor-bean ~ Wunderbaum *m (Ricinus communis)*
cat ~ (Europäisches) Pfaffenhütchen *n (Euonymus europeaeus)*
chaste ~ Keuschbaum *m*, Mönchspfeffer *m (Vitex agnus-castus)*
checker ~ Echter Elsebeerbaum *m*, Atlasbeerbaum *m (Sorbus torminalis)*
cherry ~ Kirsche *f*, Kirschbaum *m (Prunus)*
China [chinaberry] ~ Paternosterbaum *m (Melia azedarach)*
China wood oil ~ Bergtungbaum *m (Aleurites montana)*
Chinese angelica ~ Chinesische Aralie *f (Aralia chinensis)*
Chinese scholar ~ → Japanese pagoda tree
Chinese tallow ~ Chinesischer Talgbaum *m (Sapium sebiferum)*
chinquapin ~ 1. Kastanie *f (Castanea)*; 2. Scheinkastanie *f (Castanopsis)*
clove ~ Gewürznelkenbaum *m (Syzigium aromaticum)*
cocoa ~ Kakaobaum *m (Theobroma cacao)*
coffee ~ Kaffeebaum *m (Coffea)*
cola-nut ~ Kolabaum *m*, Kolanuß *f (Cola)*
coral ~ 1. Korallenstrauch *m (Erythrina corallodendron)*; 2. Japanischer Mahagoni *m (Hovenia dulcis)*
cork ~ Korkeiche *f (Quercus suber)*; 2. → Amoor cork tree
cornel ~ Kornelkirsche *f (Cornus mas)*
coro ~ Milchbaum *m*, Kuhmilchbaum *m (Brosimum utile)*
cotton-seed ~ Kreuzstrauch *m (Baccharis)*
cow ~ → coro tree
cranberry ~ Kalinkenbeere *f*, Gemeiner Schneeball *m (Viburnum opulus)*
cucumber ~ Gurkenbaum *m (Magnolia acuminata)*
currant ~ Felsenbirne *f (Amelanchier)*
curry-leaf ~ Orangenraute *f (Murraja koenigii)*
cutch ~ Catechu *m (Acacia catechu)*
dead standing ~s Dürrholz *n*, Trockenholz *n*
deciduous ~s Laubholz *n*
dogberry ~ Weißer Hartriegel *m (Cornus stolonifera)*
dove ~ Taubenbaum *m (Davidia)*
dragon ~ Drachenbaum *m (Dracaena draco)*
elemi canary ~ Kanariennuß *f (Canarium)*
elfin ~ Zwergbaum *m*; *pl* Knieholz *n*
epaulette ~ Epaulettenbaum *m (Pterostyrax hispida)*
flag-shaped ~ Fahnenbaum *m*
flame ~ Flamboyant *m (Delonix regia)*

fringe ~ Schneeflockenbaum *m (Chionanthus)*
fruit ~ Obstbaum *m*
genealogic(al) ~ Stammbaum *m*
goldenrain ~ Japanischer Blasenbaum *m (Koelreuteria japonica)*
goldenrod ~ Kermesbeerbaum *m (Bosea)*
gourd ~ → calabash tree
grass ~ Grasbaum *m (Xanthorrhoea)*
groundsel ~ Kreuzstrauch *m (Baccharis)*
gum ~ Fieberheilbaum *m (Eucalyptus)*
gum Arabic ~ Arabische Akazie *f (Acacia arabica)*
gutta-percha ~ Guttaperchabaum *m (Palacium gutta)*
haw ~ Eingriffeliger Hagedorn *m*, Eingriffeliger Weißdorn *m (Crataegus monogyna)*
heath ~ Baumheide *f*, Baumartige Glockenheide *f (Erica arborea)*
hop ~ Lederbaum *m (Ptelea)*
horse radish ~ Bennußbaum *m (Moringa)*
huanuco cocaine ~ Kokastrauch *m (Erythroxylum coca)*
incense ~ Weihrauchsbaum *m (Boswellia)*
jack ~ Jackbrotfruchtbaum *m (Artocarpus integer)*
Jamaica birch ~ Weißgummibaum *m (Bursera)*
Japanese pagoda ~ Japanischer Schnurbaum *m (Sophora japonica)*
Japan wood-oil ~ Japanischer Lackbaum *m (Aleurites cordata)*
Joshua ~ Baumartige Palmlilie *f (Yucca arborescens)*
Judas ~ Gemeiner Judasbaum *m*, Judaslinde *f (Cercis siliquastrum)*
kamala ~ Kamalabaum *m (Mallotus philippinensis)*
katsura ~ Kadsura *m*, Japanisches Judasbaumblatt *n (Cercidiphyllum japonicum)*
kidney-bean ~ Halbstrauchige Wistarie *f (Wisteria frutescens)*
kusso ~ Kosobaum *m (Hagenia abyssinica)*
laburnum ~ Gemeiner Goldregen *m*, Kleestrauch *m (Laburnum anagyroides)*
lacquer ~ Firnissumah *m*, Firnisbaum *m (Rhus vernicifera)*
late ~ → nettle tree
lime ~ 1. Gemeiner Tulpenbaum *m (Liriodendron tulipifera)*; 2. Amerikanische Linde *f (Tilia americana)*
lotus ~ Virginische Dattelpflaume *f*, Virginia-Lotuspflaume *f (Diospyros virginiana)*
maidenhair ~ Ginkgobaum *m (Ginkgo biloba)*
mammoth ~ Mammutbaum *m (Sequoiadendron giganteum)*
mangle ~ Mangrovebaum *m*, Leuchterbaum *m (Rhizophora mangle)*
mastic ~ Mastixpistazie *f*, Mastixstrauch *m (Pistacia lentiscus)*
mealy ~ (Gemeine) Schlinge *f*, Wolliger Schneeball *m (Viburnum lantana)*
melon ~ Melonenbaum *m (Carica papaya)*
mignonette ~ Hennastrauch *m (Lawsonia)*
milk ~ → coro tree
mole ~ Maulwurfskraut *n*, Springwolfsmilch *f (Euphorbia lathyris)*
monkey-bread ~ Baobab *m*, Affenbrotbaum *m (Adansonia digitata)*
monkey-nut ~ Amerikanische Linde *f (Tilia americana)*
monkey-puzzle ~ Chilenische Araukarie *f*, Chilifichte *f (Araucaria araucana)*
mother ~ Mutterbaum, samenproduzierender Baum *m*
myrrh ~ Myrrhenstrauch *m (Commifora)*
myrtle ~ Myrte *f (Myrtus)*
neem ~ Nimbaum *m (Antelaea azadirachta)*
nettle ~ Amerikanischer Zürgelbaum *m (Celtis occidentalis)*
nickar ~ Schusserbaum *m*, Geweihbaum *m (Gymnocladus dioica)*
nitta ~ Nittabaum *m (Parkia biglandulata)*
nut ~ Nußfrüchtler *m*, nußfrüchtiger Baum *m*, Nußbaum *m*
nytmed ~ Wohlriechender Muskatnußbaum *m (Myristica fragrans)*
opossum ~ Amerikanischer Amberbaum *m (Liquidambar styraciflua)*
orange ~ Orangenbaum *m*, Apfelsinenbaum *m (Citrus aurantium)*
pagoda ~ → Japanese pagoda tree
papaw ~ Papajabaum *m (Carcia papaya)*
paradise ~ Marupa *f*, Blaugrüne Bitteresche *f (Simarouba glauca)*
parent ~ → mother tree
pear ~ Birnbaum *m (Pirus communis)*
pecan ~ Hikorynuß *f*, Hikorynußbaum *m (Carya pecan)*
pepper ~ Pfefferbaum *m (Piper)*
phylogenetic ~ Stammbaum *m*
pick [pigeon] ~ Dornige Aralie *f (Aralia spinosa)*
pincushion ~ → cranberry tree
pine ~ Kiefer *m (Pinus)*
pipe ~ Gemeiner Flieder *m (Syringa vulgaris)*
pipperidge ~ Sauerdorn *m*, Gemeine Berberitze *f (Berberis vulgaris)*
planet ~ Wasserulme *f (Planera aquatica)*
poison ~ Firnisbaum *m*, Firnissumah *m (Rhus vernicifera)*
pomegranate ~ Granat(apfel)baum *m (Punica granatum)*
punk ~ → cajeput tree
purslane ~ Strauchportulak *m*, Speckbaum *m (Portulacaria)*
quince ~ Echte Quitte *f*, Echter [Gemeiner] Quittenbaum *m (Cydonia oblonga)*
quinine ~ → hop tree
rain ~ Regenbaum *m (Samanea saman)*
raisin ~ Gemeine Johannisbeere *f (Ribes vulgaris)*
respiratory ~s Wasserlungen *fpl (bei Seewalzen)*
rowan ~ Gemeine Eberesche *f*, Echte Vogelbeere *(Sorbus aucuparia)*

rubber ~ → caouthchouc tree
salad ~ Kanada-Judasbaum *m (Cercis canadensis)*
salt ~ Salzstrauch *m (Halimodendron halodendron)*
sandal ~ Indischer Sandoribaum *m*, Santal *m (Sandoricum indicum)*
sandpaper ~ Rosenapfelbaum *m (Dillenia)*
sawara ~ Sawara-Scheinzypresse *f (Chamaecyparis pisifera)*
service ~ 1. Kanadische Felsenbirne *f (Amelandchier canadensis)*; 2. Spierling *m*, Hausvogelbeere *f (Sorbus domestica)*
shea-butter ~ Butterbaum *m*, Schi-Baum *m (Vitellaria)*
silk ~ Persische Akazie *f*, Seidenakazie *f (Albizia julibrissin)*
silk-tassel ~ Becherkätzchen *n (Garrya)*
silver-bell ~ Karolina-Schneeglöckchenbaum *m (Ha-lesia carolina)*
slipper ~ Bowkerie *f (Bowkeria)*
smoke ~ Gemeiner Perückenstrauch *m (Cotinus coggygria)*
snag ~ Tupelobaum *m (Nyssa sylvatica)*
snakewood ~ Ameisenbaum *m (Cecropia)*
snowdrop ~ → silver-bell tree
snow-flower ~ Virginia-Schneeflockenbaum *m (Chionanthus virginica)*
soapbark ~ Seifenbaum *m*, Seifenspiere *f (Quillaia saponaria)*
soapberry ~ Seifenbaum *m*, Seifennußbaum *m (Sapindus saponaria)*
sorrel ~ Sauerbaum *m (Oxydendrum arboreum)*
spikenard ~ → pick tree
spindle ~ → cat tree
staff ~ Baumwürger *m*, Baummörder *m (Celastrus)*
strawberry ~ Erdbeerbaum *m (Arbutus unedo)*
strychnine ~ Brechnußbaum *m (Strychnos nux--vomica)*
sugar ~ Zuckerahorn *m (Acer saccharum)*
sweet-gum ~ Amberbaum *m (Liquidambar)*
tea ~ Besenartige Südseemyrthe *f (Leptospermum scoparium)*
three-leaved hop ~ Dreiblättriger Lederbaum *m (Ptelea trifoliata)*
tile ~ Verschiedenblättrige Linde *f (Tilia heterophylla)*
tolu ~ Tolu-Balsambaum *m (Myroxylon balsamum)*
toothache ~ → pick tree
traveller's ~ Baum *m* des Reisenden, Quellenbaum *m (Ravenala madagascariensis)*
treap ~ → breadfruit tree
trumpet ~ Kanonenbaum *m (Cecropia)*
tulip ~ → lime tree 1.
tung ~ Holzölbaum *m*, Tungbaum *m (Aleurites)*
turkeyberry ~ Brustbeere *f (Cordia colococca)*
turpentine ~ Terpentinpistazie *f (Pistacia terebinthus)*
umbrella ~ Dreikronblättrige Magnolie *f (Magnolia tripetala)*
unlucky ~ Banks-Kiefer *m (Pinus banksiana)*
upas ~ → tree of evil fame
vanilla ~ Vanille *f (Vanilla)*
varnish ~ Tungbaum *m (Aleurites moluccana)*
vinegar ~ Scharlachsumach *m (Rhus glabra)*
wax ~ Talgsumach *m (Rhus succedanea)*
wayfaring ~ → mealy tree
whitebeam ~ → beam tree
wilding ~ Wilder Apfelbaum *m (Malus sylvestris)*
wild service ~ → checker tree
windfallen [windthrown] ~s Fallholz *n*, Windbruch *m*
winged spindle ~ Geflügelter Spindelbaum *m (Euonymus alata)*
yew ~ Eibe *f (Taxus)*

tree-beard Louisianamoos *n*, Haarananas *f*, Tilandsia *f (Tillandsia usneoides)*
treecreeper 1. Baumläufer *m (Certhia)*; 2. Baumrutscher *m (Climacteris)*
common ~ Waldbaumläufer *m (Certhia familiaris)*
short-toed ~ Gartenbaumläufer *m (Certhia brachydactyla)*
tree-fern Baumfarn *m*
tree-finch Baumfink *m (Camarhynchus)*
tree-grass-steppe Echte Savanne *f*
treehoppers Buckelzirpen *fpl*, Buckelzikaden *fpl (Membracidae)*
treehunter Baumspäher *m (Thripadectes)*
treeless baumlos
treelessness Baumlosigkeit *f*, Holzlosigkeit *f*
treelike baumartig, holzartig
treelike-club-moss Verborgener Bärlapp *m (Lycopodium obscurum)*
tree-ocelot Langschwanzkatze *f (Felis wiedii)*
treerunner Stachelschwanz *m (Margarornis)*
tree-shrews Spitzhörnchen *n (Tupaia); pl* Spitzhörnchen *npl*, Baumspitzmäuse *fpl (Tupaiidae)*
small [smooth-tailed] ~ Bergtupaja *(Dendrogale)*
trefoil Klee *m*
bean ~ Fieberklee *m*, Bitterklee *m (Menyanthes trifoliata)*
birds-foot ~ Gewöhnlicher Hornklee *m*, Wiesenhornklee *m (Lotus corniculatus)*
bitter ~ → bean trefoil
black ~ Hopfenklee *m*, Hopfenluzerne *f*, Gelbklee *m (Medicago lupulina)*
creeping ~ Weißklee *m*, Kriechender Klee *m (Trifolium repens)*
field ~ Ackerklee *m*, Hasenklee *m*, Katzenklee *m (Trifolium arvense)*
golden ~ Spitzlappiges Leberblümchen *n (Hepatica acutiloba)*
great ~ → Spanish trefoil
greater bird's foot ~ Sumpfhornklee *m (Lotus uliginosus)*
hop ~ Goldklee *m (Trifolium agrarium)*
large bird's-foot ~ → greater bird's foot trefoil
least ~ → hop trefoil
marsh ~ → bean trefoil

melilot ~ → black trefoil
rough ~ Rauher Klee *m*, Rauhklee *m (Trifolium scabrum)*
sea ~ Strand-Milchkraut *n (Glaux maritima)*
shrubby ~ Dreiblättriger Lederbaum *m (Ptelea trifoliata)*
slender ~ Kleinblütiger Klee *m (Trifolium micranthum)*
soft ~ Gestreifter Klee *m*, Streifenklee *m (Trifolium striatum)*
sour ~ Wald-Sauerklee *m (Oxalis acetosella)*
Spanish ~ Gewöhnliche Luzerne *f*, Saatluzerne *f (Medicago sativa)*
tick ~ Süßklee *m (Hedysarum)*
true moon ~ Sichelluzerne *f (Medicago falcata)*
water ~ → bean trefoil
white ~ → creeping trefoil
wild [yellow] ~ Kleiner Klee *m*, Fadenklee *m (Trifolium dubium)*

trematodes Saugwürmer *mpl (Trematoda)*
trembler:
brown ~ Zitterdrossel *f (Cinclocerthia ruficauda)*
tremelloid gallertig, gelatinös
trend Trend *m*; Grundrichtung *f*; Tendenz *f*
trevally Makrelenbarsch *m*, Schildmakrele *f (Caranx)*
black ~ Eigentliche Kaninchenfisch *m (Siganus)*
diamond ~ Indische Fadenmakrele *f (Alectis indica)*
triactinal dreistrahlig
triacanthous dreistachelig
trial Versuch *m*, Experiment *m*; Prüfung *f*, Erprobung *f*, Probe *f*
trialate dreiflügelig
triandrous *(Bot.)* mit drei Staubblättern
triangulate dreikantig; dreieckig
triannulate dreiringig; dreifach geringelt
trianthous dreiblütig
triaristate dreigrannig
triarticulate dreigliederig
Triassic Trias *f*
tribe Tribus *m*, Stamm *m (biosystematische Einheit)*
tricarinate dreikielig
tricaudate dreischwänzig
tricephalous dreiköpfig
triceps Dreiköpfiger Muskel *m*
trichidium Trichidium *n*, Sterigma *n*
trichina Trichine *f (Trichinella)*
trichlamydeous *(Bot.)* dreimantelig
trichocalycinous behaartkelchig
trichocarpous behaartfrüchtig
trichocladous behaartzweigig
trichococcous behaartbeerig
trichocyst Trichozyste *f*
trichogen trichogene Zelle *f*
trichogyne Trichogyne *f*, Fangfaden, Empfängnisfaden *m*
trichoid haarartig, haarförmig
trichome Trichom *n*, Pflanzenhaar *n*, Zellfaden *m*
trichoneurous behaartnervig
trichophorous haartragend
trichophyllous behaartblättrig
trichopodous behaartfüßig
trichopterous behaartflügelig
trichothallic fadenlagerig
trichotrophy Trichotrophie *f*, Haarernährung *f*
trichromatic trichromatisch, dreifarbig
tricoccous dreibeerig; dreikernig
trickle Zweiblättriger Zahnwurz *m (Dentaria diphylla)*
trick-madam Felsen-Fetthenne *f*, Felsen-Pfeffer *m*, Tri-madam *f (Sedum reflexum)*
tricolor dreifarbig
tricompound dreizahlig gefiedert
tricornis dreihörnig
tricuspid 1. dreispitzig, dreizipflig; 2. Trikuspidalklapp
tridactyl dreifingerig
tridentate dreizähnig
tridigitate-pinnate dreifingerig gefiedert
triecious triözisch
triennial dreijährig
trifacial 1. Trigeminus *m*, Drillingsnerv *m*; 2. Trigeminusnerv(en)...
trifarious dreireihig; dreizeilig
trifasciate dreibänderig
trifid dreispaltig
triflorous dreiblütig
trifoliate dreiblättrig
trifurcate dreigabelig
trigamous *(Bot.)* trigam
trigeminal 1. dreifach, dreimal; 2. Trigeminusnerv(en).
trigger Trigger *m*, auslösender Faktor *m*, Starter *m*, Auslöser *m*
triggerfish Hornfisch *m*, Drückerfisch *m (Balistes)*; *pl* Hornfische *mpl*, Drückerfische *mpl (Balistidae)*
triggering Triggern *n (Auslösen einer Reaktion)*
triglumaceous dreispelzig
trigonocarpous mit dreikantigen Früchten, trigonokapisch
trigonopterous mit dreikantigen Flügeln
trigonospermous mit dreikantigen Samen
trigynous trigyn, dreigriffelig, dreiweibig
trijugate dreipaarig
trilabiate dreilippig
trilete dreistrahlig
trill *(Ethol.)* 1. Triller *m*; 2. trillern
trillium Dreiblatt *n*, Waldlilie *f (Trillium)*
red ~ Aufrechte Waldlilie *f (Trillium erectum)*
trilobate dreilappig
trilocular trilokulär, dreifächerig
trilophous dreibüschelig; dreikammig
trimerous trimer; dreigliederig
trimaculate dreifleckig
trimonoecious trimönozisch, dreihäusig
trimorphism Trimorphismus *m*, Dreigestaltigkeit *f*
trimorphous trimorph, dreigestaltig
trinervate dreinervig, dreiaderig
trinity Virginische Dreimasterblume *f (Tradescantia*

virginiana)
rinomen Trinom *n*, dreigliederiger Name *m*
rinominal trinominal
rioecious [trioicous] *(Bot.)* triözisch
rioecy *(Bot.)*Triözie *f*, Dreihäusigkeit *f*
riovulate triovulär
ripartite dreiteilig
ripe Pansen *m*, Wanst *m*
plain ~ → tripe
pocket ~ Netzmagen *m*
regular ~ → tripe
ripetalous tripetal, dreikronblättrig
ripinnate dreifach gefiedert
ripinnatifid dreifach fiederspaltig
ripinnatisect dreifach fiederschnittig
riple bond Dreifachbindung *f*
riple-nerved [triple-ribbed] dreinervig, dreiaderig
riplespine Dreistachler *m (Triacanthus)*; *pl* Dreistachler *mpl (Triacanthidae)*
riplet Triplett *n*, Dreiergruppe *f*; Drillinge *mpl*
amber ~ Amber-Triplett *n*
initiation ~ Initiatortriplett *n*, Starttriplett *n*
termination ~ Terminationstriplett *n*, Stopptriplett *n*
ripletail Dreischwanzbarsch *m (Lobotes)*
ripling Trigeminie *f*
riploidy Triploidie *f*
riplostichous dreireihig; dreizeilig
rip-madam → trick-madam
ripodfish Dreistachler *mpl (Triacanthidae)*
riporate triporat, mit drei Poren versehen
ripterous dreiflügelig
rip-toe Erlenblättriger Schneeball *m (Viburnum alnifolium)*
ripton Tripton *n*, Detritus *m*
riquetrous dreischneidig, dreikantig; im Querschnitt dreieckig
riquetrum Dreieckbein *n*
riradial [traradiate] dreistrahlig
rischistoclastic dreispaltig, dreifach gespaltet
risected dreischnittig, dreifach geschnitten
risepalous dreikelchblättrig, mit drei Kelchblättern
riseptate dreischeidewandig
riserial triserial; dreizeilig
riseriate dreizeilig
iserrate dreisägig
isetose dreiborstig
isetum Goldhafer *m (Trisetum)*
isomy Trisomie *f*
ispermous dreisamig
isporous dreisporig
istachyous dreiährig
istichous dreireihig; dreizeilig
istylous dreigriffelig
istyly Dreigriffeligkeit *f*, Tristylie *f*
iternate dreifach, dreizählig
itiated [tritium-labelled] Tritium-markiert
itiation Tritiierung *f*, Tritiumeinbau *m*

triticoide weizenähnlich
tritocerebrum Tritocerebrum *n (dritter Gehirnabschnitt der Insekten)*
tritonymph Tritonymphe *f (drittes Nymphenstadium bei Acarina)*
tritor Kaufläche *f*
tritubercular trituberkulät; dreihöckerig
triungulin Triungulinus *m (Ölkäferlarve mit drei Klauen)*
trivalent Trivalent *n*
trivalve dreiklappig
trochanter 1. *(Ent.)* Trochanter *m*, Schenkelring *m*; 2. *(Zool.)* Trochanter *m*, Rollhügel *m*
trochate radförmig
trochlea Rolle *f*
trochlear trochlear; rollenartig, Trochlea..., Rolle(n)...
trochocarpous radfrüchtig
trochophore [trochosphere] Trochophoralarve *f*
troglobiont Troglobiont *n*, Höhlenbewohner *m*
troglobios höhlenbewohnende Organismen *mpl*
troglocolous höhlenbewohnend
trogons Trogone *mpl (Trogonidae)*
troglophilous troglophil
trogloxene trogloxen
trollflower Trollblume *f (Trollius)*
trolloide trollblumenähnlich
troop Trupp *m*; Schar *f*
tropeic kielähnlich
trophallaxis Trophallaxis *f (Nahrungsaustausch)*
trophectoderm Trophektoderm *n*, Trophoblast *m*
trophi Mundteile *mpl (Insekten)*
trophic trophisch, ernährend; Ernährungs...
trophidium Trophidium-Larve *f (bei einigen Ameisen)*
trophobiosis Trophobiose *f*, Ernährungssymbiose *f*
trophoblast Trophoblast *m*, Trophektoderm *n*
trophoderm Trophoderm *n*, Nährhaut *f*
trophogenic [trophogenous] trophogen; nahrungserzeugend
trophology Trophologie *f*, Ernährungswissenschaft *f*
tropholytic tropholytisch, nahrungszersetzend
trophophyll Trophophyll *n*, assimilierendes Blatt *n*
trophotropism Trophotropismus, Nahrungstropismus *m*
trophozoite [trophozooid] Trophozoid *n*
trophy Trophäe *f*
tropical tropisch
tropism Tropismus *m*
transverse ~ Diatropismus *m*
tropodrymium Savannen-Lebensgemeinschaft *f*
tropokinesis Tropokinese *f*
tropophyte Tropophyt *n*; Tropenpflanze *f*
tropotaxis Tropotaxis *f*, Topotaxis *f*
trouble 1. Störung *f*; 2. stören; beunruhigen
trough 1. Trog *m*; 2. Schwingungsminimum *n*
trout Forelle *f (Salmo trutta)*
brook ~ Bachforelle *f (Salmo trutta fario)*
coast rainbow ~ Regenbogenforelle *f (Salmo gairdneri)*
common brook ~ Saibling *m (Salvelinus)*

Danube ~ Donaulachs *m*, Huchen *n (Hucho hucho)*
Dolly varden ~ → malma trout
eastern brook ~ → common brook trout
eastern speckled ~ Bachsaibling *m (Salvelinus fontinalis)*
green ~ Forellenbarsch *m*, Großmauliger Schwarzbarsch *m (Micropterus salmoides)*
lake ~ Seeforelle *f (Salmo trutta lacustris)*
malma ~ Malmasaibling *m (Salvelinus malma)*
mud ~ → common brook trout
princess ~ Blaurücken *m*, Rotlachs *m (Oncorhynchus nerka)*
rainbow ~ → coast rainbow trout
red ~ Wandersaibling *m*, Seesaibling *m (Salvelinus alpinus)*
rock ~ Terpug *m (Hexagrammos)*
salmon ~ Masu-Lachs *m (Oncorhynchus masou)*
sea ~ 1. → red trout; 2. Australischer Lachs *m (Arripis trutta)*
silver sea ~ Adlerfisch *m (Cynoscion)*
speckled ~ → eastern speckled trout
steelhead ~ → coast rainbow trout
truelove Aufrechte Wachslilie *f (Trillium erectum)*
truffle Echte Trüffel *f*, Speisetrüffel *f (Tuber)*
black ~ Schwarze Trüffel *f (Tuber melanosporum)*
Burgundy ~ Echte Trüffel *f (Tuber incinatum)*
French ~ → black truffle
hart's ~ Hirschtrüffel *f (Elaphonyces)*
Perigord ~ → black truffle
summer ~ Sommertrüffel *f*, Deutsche Trüffel *f (Tuber aestivum)*
white ~ Weißtrüffel *f (Choiromyces)*
winter ~ Wintertrüffel *f (Tuber brumale)*
trumpetbush Trompetenwinde *f (Tecoma)*
trumpeter Trompetervogel *m (Psophia)*
trumpetshaped trompetenförmig
trumpetweed Purpurwasserdost *m (Eupatorium purpureum)*
trumpetwood Schildartige Leuchterblume *f (Ceropegia peltata)*
truncal Stamm...
truncate gestutzt, abgestutzt
trunk 1. Stamm *m*, Baumstamm *m*; 2. Rumpf *m*, Leib *m*; 3. Rüssel *m*; 4. *(Anat.)* Stamm *m*
aortic ~ Aortenstamm *m*
arterial ~ Arterienstamm *m*
nerve ~ Nervenstamm *m*
sympathetic ~ Grenzstrang *m*
pulmonary ~ Lungenarterienstamm *m*
tracheal ~ Tracheenstamm *m*
vagal ~ Vagusnervenstamm *m*
trunkback Lederschildkröte *f (Dermochelys coriacea)*
trunkfish Kofferfisch *m*; *pl* Kofferfische *mpl*, Kuhfische *mpl (Ostraciontidae)*
truss Dolde *f*
tryma aufspringende Steinfrucht *f*
trypomastigote Trypomastigote *f*, Trypanosoma-Form *f*
tryptic tryptisch, Trypsin...
tsessebe Leierantilope *f*, Halbmondantilope *f*, Sassaby *f (Damaliscus lunatus)*
tsetse Tsetsefliege *f (Glossina palpalis)*
tsoing Banteng *m*, Balirind *n*, Rotrind *n (Bos javanicus)*
tuan Großpinselschwanzbeutelmaus *f*, Tafa *f (Phascogale topoatafa)*
tuatara Brückenechse *f*, Tuatara *f (Sphenodon punctatus)*
tuba 1. Ohrtrompete *f*; 2. Eileiter *m*
tubal 1. Tuben..., Ohrtrompeten...; 2. Eileiter...
tubate tubenförmig, röhrenförmig; tubulär
tubbot Knurrhahn *m (Trigla)*
tube 1. Tube *f*, Röhre *f*, Schlauch *m*; 2. Reagenzglas *n*
agar ~ Agarröhrchen *n*
air ~ Luftröhre *f*
alimentary ~ Verdauungskanal *m*
ambulacral ~ Ambulakralfüßchen *n*
auditory ~ Eustachische Röhre *f*
auricular ~ Aurikulärröhre *f*, äußerer Gehörgang *m*
breathing ~ Luftröhre *f*; Luftröhrchen *n*; Bronchus *m*
bronchial ~ Bronchus *m*; Luftröhrenast *m*
centrifuge ~ Zentrifugenröhrchen *n*, Zentrifugengläschen *n*
collecting ~ Sammelröhrchen *n*
culture ~ Kulturröhrchen *n*
dermomuscular ~ Hautmuskelschlauch *m*
dialysis ~ Dialyseschlauch *m*
dispensible ~ Wegwerfröhrchen *n*
dropping ~ Pipette *f*
egg ~ 1. Eileiter *m*; 2. *(Ent.)* Eiröhre *f*; Ovariole *f*
Eustachian ~ Eustachische Röhre *f*
Fallopian ~ Eileiter *m*
fermentation ~ Gär(ungs)röhrchen *n*
fertilization ~ Pollenschlauch *m*
germ ~ *(Bot.)* Keimschlauch *m*
latex ~ Milchsaftgefäß *n*, Milchsaftröhre *f*
lung ~ *(Orn.)* Lungentrachee *f*
Malpighian ~ Malpighisches Gefäß *n*
nerve ~ Nervenrohr *n*
otopharyngeal ~ → Eustachian tube
ovarian ~ → egg tube
pitch ~ Harztrichter *m*
pollen ~ → fertilization tube
receiving ~ Sammelrohr *n*
sieve ~ *(Bot.)* Siebröhre *f*
staminate ~ Androphor *m*, Staubblatt-Träger *m*
test ~ → culture tube
uterine ~ → Fallopian tube
tube-dwelling röhrenbewohnend
tuber 1. *(Anat.)* Tuber *n*, Höcker *m*; Knollen *m*; Vorsprung *m*; 2. *(Bot.)* Knolle *f*; Wurzelknolle *f*
tuberascent knolligwerdend
tubercle Tuberkel *m*, Höckerchen *n*; Verschlußkörper *m*
Darwinian ~ Darwinsches Höckerchen *n*
genital ~ Geschlechtshöckerchen *n*
piliferous ~ Haartragendes Höckerchen *n*
root ~ Wurzelknöllchen *n*

Woolner's ~ → Darwinian tubercle
tuberculate knotig, höckerig, warzig
tuberculization Knöllchenbildung *f*
tuberculose kleinknöllig, kleinhöckerig
tubergourd Quetschgurke *f (Thladiantha)*
tuberidium Scheinknolle *f*
tuberiferous knollentragend
tuberiform knollenförmig
tuberization Knollenbildung *f*
tuberose Nachthyazinthe *f*, Tuberose *f (Tuberosa)*
tuberous knollig; höckerig
tuber-root Knollen-Seidenpflanze *f (Asclepias tuberosa)*
tube-tongue Trompetenzunge *f (Salpiglossis)*
tubicinous trompetenähnlich
tubifacient röhrenbauend
tubiflorous röhrenblütig
tubilingual röhrenzüngig
tubular rohrförmig, Röhren...
tubulate(d) hohl; röhrig; schlauchig
tubulation Tubulation *f*, Röhrchenbildung *f*
tubule Röhrchen *n*
convolutes renal ~ gewundenes Nierenkanälchen *n*
convoluted seminiferous ~ gewundenes Samenkanälchen *n*
kidney ~ → renal tubule
Malpighian ~ Malpighisches Gefäß *n*
mesonephric ~ Urnierenkanälchen *n*
renal ~ Nierenkanälchen *n*, Harnkanälchen *n*
seminiferous ~ Hodenkanälchen *n*, Samenkanälchen *n*
spiral ~ gewundenes Kanälchen *n*
testicular ~ → seminiferous tubule
uriniferous ~ → renal tubule
tubuliflorous röhrchenblütig
tubulose tubulös, tubulär
tuco-tucos Kammratte *f*, Tukotuko *m (Ctenomys)*
tuft Büschel *n*; Federbusch *m*; Haarschopf *m*
tufted büschelig, schopfig behaart
tuftroot Dieffenbachie *f (Dieffenbachia)*
tufty-bells Klingelblume *f*, Moorglocke *f (Wahlenbergia)*
tui Tui *n*, Pastorvogel *m (Prosthemadera novaezealandiae)*
tulip Tulpe *f (Tulipa)*
common garden [late] ~ Gartentulpe *f (Tulipa gesneriana)*
pine ~ Dolden-Wintergrün *n (Pyrola umbellata)*
southern ~ Südliche Tulpe *f*, Süden-Tulpe *f (Tulipa australis)*
spotted ~ Gefleckte Tulpe *f*, Fleckentulpe *f (Tulipa maculata)*
star ~ Grastulpe *f*, Mormonentulpe *f (Calochortus)*
topaz ~ Gelbtulpe *f (Tulipa lutea)*
two-flower ~ Zweiblütige Tulpe *f (Tulipa biflora)*
water-lily ~ Kaufmannsche Tulpe *f (Tulipa kaufmanniana)*
wild ~ Wildtulpe *f (Tulipa silvestris)*
tulip-tree Tulpenbaum *m (Liriodendron)*
tumbling ungerichtete Bewegung *f (von Bakterien)*
tumescense Anschwellung *f*
tumefaction Schwellung *f*; Anschwellung *f*; Geschwulst *f*
tumid geschwollen, angeschwollen
tumidity Schwellung *f*
tumo(u)r Tumor *m*, Geschwulst *f*
malignant ~ bösartige Geschwulst *f*
tuna Thunfisch *m (Thunnus)*
bigeye ~ Großäugiger Thun *m*, Großaugen-Thunfisch *m (Thunnus obesus)*
dog-toothed ~ Einfarb-Pelamide *f (Gymnosarda unicolor)*
little ~ Kleiner Thun *m*, Thunine *f (Euthynnus alletteratus)*
long-finned ~ Germon *m*, Weißer Thun *m (Thunnus alalunga)*
skipjack ~ → striped tuna
striped ~ Echter [Blaustreifiger] Bonito *m (Katsuwonus pelamis)*
yellow-fin ~ Gelbflossenthun *m (Thunnus albacares)*
tundra Tundra *f*
alpine ~ Gebirgstundra *f*
barren-grounds ~ Arktische Tundra *f*
dwarf shrub ~ Zwergstrauchtundra *f*
tung Tungbaum *m*, Holzölbaum *m (Aleurites)*
tunhoof Efeublättrige Gundelrebe *f*, Gundermann *m (Glechoma hederacea)*
tunic-flower Felsennelke *f*, Felsnelke *f (Tunica)*
tunic 1. *(Anat.)* Tunika *f*, Mantel *m*; 2. *(Bot.)* Schale *f*, Mantel *m*; Hautschale *f*
nerve ~ Nervenscheide *f*
tunicated mit Schale, mit Tunica, mit Mantel
tunicates Manteltiere *npl (Tunicata)*
tunicle Hülle *f*, Integument *n*; Mantel *m*
mucous ~ Schleimhaut *f*
tunny Thunfisch *m (Thunnus)*
black-finned ~ → big-eyed tuna
little ~ 1. → little tuna; 2. Pelamide *f*, Mittelländischer Bonito *m (Sarda sarda)*
tuntong Batagur-Schildkröte *f (Batagur baska)*
tupelo Tupelobaum *m (Nyssa)*
tup 1. Widder *m*; 2. bespringen, decken
tupping Begattung *f*, Paarung *f*; Deckung *f*
tur:
Caucasian ~ Kubanischer [Westkaukasischer] Tur *m (Capra ibex caucasica)*
East Caucasian ~ Dagestanischer [Ostkaukasischer] Tur *m (Capra ibex cylindricornis)*
West Caucasian ~ → Caucasian tur
turacos Pisangfresser *mpl*, Bananenfresser *mpl (Musophagidae)*
turbaniform turbanförmig
turban-top Morchelpilz *m*, Faltenmorchel *f (Helvella)*
turn/to ~ yellow vergilben
turbellarians Strudelwürmer *mpl (Turbellaria)*
turbid 1. trübe; 2. dick, dicht
turbidity 1. Trübung *f*; Trübheit *f*; 2. Dicke *f*
bacterium ~ bakterielle Trübung *f*

protein ~ Eiweißtrübung *f*
turbinal [turbinate] gewunden
turbinicarpous kreiselfrüchtig
turbiniflorous kreiselblütig
turbot Steinbutt *m (Scophtalmus maximus)*; *pl* Steinbutte *mpl*, Sandbutte *mpl (Scophthalmidae)*
spiny ~ Heilbutt *m (Psettodes)*
turf 1. Rasen *m*; 2. Torf *m*
turfaceous torfig; in Torfmoosen wachsend
turfed [turfy] rasenartig; rasig
turgescence 1. Turgeszenz *f*; Schwellung *f*, Anschwellung *f*; 2. Turgor *m*, Gewebespannung *f*
turgid (an)geschwollen; turgeszent
turgor Turgor *m*, Gewebespannung *f*
turion Turion *n*, Hibernakel *m*
turkey (Gemeiner) Truthahn *m (Meleagris gallopavo)*
black-billed bush ~ Schwarzschnabeltalegalla *f (Talegalla fuscirostris)*
brush ~ Buschhuhn *n (Alectura lathami)*
common ~ → turkey
ocellated ~ Pfauentruthahn *m (Agriocharis ocellata)*
turmeric Safranwurz *f*, Gelbwurz *f (Curcuma longa)*
turn 1. Drehung *f*; 2. Biegung *f*; Krümmung *f*; 3. Tour *f*, einzelne Wingung *f*
turnip Rübenkohl *m (Brassica rapa)*
common [field] ~ → turnip
garden ~ Gartenrübe *f*, Mairübe *f (Brassica rapa rapifera)*
Hungarian ~ Kohlrabi *m*, Oberkohlrabi *m (Brassica oleracea gongyloides)*
Indian ~ Dreiblättriger Feuerkolben *m (Arisaema triphyllum)*
Russian ~ Kohlrübe *f*, Wrucke *f (Brassica napus rapifera)*
Swedish ~ Kohlrübe *f*, Steckrübe *f (Brassica napus* var. *napobrassicata*
wild ~ → Russian turnip
turnover Umsatz *m*; Stoffumsatz *m*
turnsole 1. Sonnen-Wolfsmilch *f (Euphorbia helioscopia)*; 2. Färberflechte *f*, Lackmusflechte *f (Roccella tinctoria)*
turnstone Steinwälzer *m (Arenaria)*; Steinwälzer *m (Arenaria interpres)*
black ~ Schwarzkopfsteinwalzer *m (Arenaria melanocephala)*
European [ruddy] ~ (Europäischer) Steinwälzer *m (Arenaria interpres)*
turtle Schildkröte *f*; Eigentliche Landschildkröte *f (Testudo)*; *pl* Landschildkröten *fpl (Testudinidae)* (→ tortoise)
alligator snapping ~ Geierschildkröte *f (Macroclemys temminckii)*
big-headed ~ Großkopfschildkröte *f (Platysternon megacephalum)*
black marsh ~ Schwarze Dickkopf-Schildkröte *f (Siebenrochiella crassicollis)*
box ~ 1. Dosenschildkröte *f (Terrapene)*; 2. Scharnierschildkröte *f (Cuora)*
Caret ~ → hawksbill turtle
chicken ~ Langhals-Schmuckschildkröte *f (Deirochelys reticularia)*
common box ~ Carolina-Dosenschildkröte *f (Terrapene carolina)*
common musk ~ Moschusschildkröte *f (Sternotherus)*
common snapping ~ Alligatorschildkröte *f*, Kaimanschildkröte *f*, Schnappschildkröte *f (Chelydra serpentina)*
crowned river ~ Diademschildkröte *f (Hardella thurjii)*
edible ~ → green turtle
eyed ~s Pfauenaugen-Sumpfschildkröten *fpl (Morenia)*
forest ~s (Asiatische) Erdschildkröten *fpl(Heosemys)*
four-eyed ~s Pfauenaugen-Wasserschildkröten *fpl (Sacalia)*
fresh-water ~ Eigentliche Sumpfschildkröte *f (Emys)*; *pl* Sumpfschildkröten *fpl (Emydidae)*
giant musk ~s Kreuzbrust-Schildkröten *fpl (Staurotypus)*
giant soft-shelled ~ Riesen-Weichschildkröte *f (Pelochelys bibroni)*
gopher ~ Gopher-Schildkröte *f (Gopherus polyphemus)*
green ~ Suppenschildkröte *f (Chelonia mydas)*
hawksbill ~ Echte Karett(en)schildkröte *f*, Bissa *f (Eretmochelys imbricata)*
helmeted ~ Starrbrust-Pelomedusenschildkröte *f (Pelomedusa subrufa)*
hidden-neck ~s Pelomedusenschildkröten *fpl (Pelomedusidae)*
leaf ~ (Zacken-)Erdschildkröte *f (Geoemyda)*
leatherback ~ Lederschildkröte *f (Dermochelys coriacea)*
loggerhead (sea) ~ Unechte Karett(en)schildkröte *f (Caretta caretta)*
loggerhead snapping ~ → common snapping turtle
long-necked ~ Schlangenhalsschildkröte *f (Chelodina)*
map ~ Landkartenschildkröte *f (Graptemys geographica)*
marsh ~ Sumpfschildkröte *f (Emys)*
matamata ~ Fransenschildkröte *f*, Matamata *f (Chelus fimbriatus)*
mud ~s Klappschildkröten *fpl (Kinosternon)*
musk ~s Moschusschildkröten *fpl (Sternotherus)*
narrow-bridged mud ~ Großkopf-Schlammschildkröte *f (Claudius angustatus)*
painted ~ Zierschildkröte *f (Chrysemys picta)*
pig-nosed ~s Neuguinea-Weichschildkröten *fpl (Ca-rettochelys)*
pond ~ 1. Teichschildkröte *f (Emys orbicularis)*; 2. (Amerikanische) Wasserschildkröte *f (Clemmys)*
river ~ → hidden-neck turtle
roofed ~s Dachschildkröten *fpl (Kachuga)*

sea ~s Seeschildkröten *fpl* Meeresschildkröten *fpl (Cheloniidae)*
sharp-snouted ~s Spitzkopf-Schlangenhalsschildkröten *fpl (Emydura)*
side-necked ~s Halswenderschildkröten *fpl (Pleurodira)*
slider ~ Buchstaben-Schmuckschildkröte *f (Pseudemys scripta)*
snake-necked ~s Australische Schlangenhalsschildkröten *fpl (Chelodina)*
snapping ~ → common snapping turtle
soft-shelled ~s Dreiklauen-Weichschildkröten *fpl (Trionyx)*
South American river ~s Schienenschildkröten *fpl (Podocnemis)*
stripe-necked ~s Eurasische Wasserschildkröten *fpl (Mauremys)*
toad-headed ~s 1. Krötenkopf-Schildkröten *fpl (Phrynops)*; 2. Froschkopf-Schildkröten *fpl (Batrachemys)*
tortoise-shell ~ → hawksbill turtle
yellow-headed temple ~ Tempelschildkröte *f (Hieremys annandalii)*
urtlebloom → turtlehead
urtledove Turteltaube *f (Streptopelia);* Turteltaube *f*, Orientalische Lachtaube *f (Streptopelia turtur)*
collared ~ Türkentaube *f (Streptopelia decaocto)*
dusky ~ Trauerturteltaube *f (Streptopelia lugens)*
eastern ~ Orientturteltaube *f*, Meenataube *f (Streptopelia orientalis)*
pink-headed ~ Afrikanische Lachtaube *f (Streptopelia roseogrisea)*
red ~ Zwerglachtaube *f*, Weinrote Halsringtaube *f (Streptopelia tranquebarica)*
spotted ~ Perlhalstaube *f (Streptopelia chinensis)*
urtlehead Schildblume *f*, Schildkraut *n (Chelone)*
ush [tusk] Stoßzahn *m*; Hauer *m*
usker 1. Elephant *m* mit ausgebildeten Stoßzähnen; 2. Keiler *m* mit Hauern
ussock 1. Bult *m*, Buckel *m*, Höcker *m*; Horst *m*; 2. Tussock-Grasland *n*
pale ~ Buchenrotschwanz *m*, Buchenspinner *m (Dasychira pudibunda)*
ussock-gras Rasenschmiele *f (Deschampsia caespitosa)*
ussock-sedge Steifsegge *f (Carex elata)*
utsan Durchlöchertes Hartheu *n (Hypericum perforatum)*
utu Gerberstrauch *m*, Lederbaum *m (Coriaria)*
uza Riesentaschenratte *f (Orthogeomys)*
wayblade 1. Großes [Zweiblättriges] Zweiblatt *n (Listera ovata)*; 2. Ragwurz *f (Ophrys)*
weezers Pinzette *f*; Greifzange *f*
wice-forked zweigabelig, zweizackig
wig Ästchen *n*, Zweiglein *n*
wigwithy Korbweide *f (Salix viminalis)*
win 1. gepaart ; 2. Zwilling *m*; Zwillings...
biovular [dioval, dizygotic] ~s zweieiige Zwillinge
enzygotic ~s → identical twins
fraternal ~s → biovular twins
identical [monoval, monozygotic, uniovular] ~s eineiige Zwillinge *pl*
twinflower Erdglöckchen *n*, Moosglöckchen *n (Linnaea)*
twinflowered gepaartblumig
twining 1. Zwillingsträchtigkeit *f*; 2. Zwillingsgeburt *f*
twisted-stalk Zierliche [Schlanke] Drehwurz *f (Spiranthes gracilis)*
twisting 1. Windung *f*; Drehung *f*; Krümmung *f*; Biegung *f*; 2. Geflecht *n*; 3. Verflechtung , Knäuel *m*; 4. Spirale *f*
dextrorse ~ Rechtswindung *f*, Windung *f* nach rechts
twistwing Steifschwingentyrann *m (Cnipodectes)*
twitch-twitch Quecke *f*, Ackerquecke *f (Agropyron repens)*
twite Berghänfling *m (Acanthis flavirostris)*
two-chambered zweifächerig, doppelfächerig
two-combed [two-crested] doppelkämmig, zweikämmig
two-forked zweigabelig
two-glanded zweidrüsig, doppeldrüsig
two-horned zweihörnig, doppelhörnig
two-humped zweihöckerig
two-layered zweischichtig
two-nerved zweinervig, zweiaderig
two-ranked zweireihig
two-seeded zweisamig
two-storied zweischichtig
two-stranded Zweistrang... *(DNS)*
two-veined → two-nerved
tyce Quinnat *m*, Königslachs *m (Oncorhynchus tschawytscha)*
tychoparthenogenesis Tychoparthenogenese *f*, zufällige Parthenogenese *f*
tychoplankter Tichoplankter *m*, Pseudoplankter *m*
tychoplankton Tichoplankton *n*, Pseudoplankton *n*
tylophyllous schwielenblättrig
tylosis Schwiele *f*
tympanic 1. Trommelfell...; 2. resonant, klingend
tympanum 1. Paukenfell *n*, Trommelfell *n*; 2. *(Ent.)* Tympanalorgan *n*
type 1. Typ(us) *m*, Urform *f*; 2. typischer Vertreter *m*; 3. Abteilung *f*; 4. Vorbild *n*, Muster *n*
reaction ~ 1. Reaktionstyp *m*; 2. Phänotypus *m*
wild ~ Wildtyp *m*
type-species Typusart *f*
typical typisch
typiform Typenform *f*
typing Typi(si)erung *f*
blood ~ Blutgruppenbestimmung *f*
phage ~ Phagentypisierung *f*
typogenesis Typogenese *f*, Typostrophe *f*
tystie [tystle] Gryllteiste *f (Cepphus grylle)*

U

uakari Kurzschwanzaffe *m (Cacajao)*
  bald ~ Scharlachgesicht *n (Cacajao calvus)*
  black-headed ~ Schwarzkopfuakari *m (Cacajao melanocephalus)*
  white ~ → bald uakari
ubiquist Ubiquist *m*
udder Euter *n*, Gesäuge *n*
udo Araiie *f (Aralia)*
ugrug [ugruk] Bartrobbe *f*, Bärtiger Seehund *m (Erignathus barbatus)*
ulcerate ulzerieren, ein Geschwür bilden; sich geschwürig verändern
ulceration Geschwürbildung *f*
ulcerous ulzerös, geschwürartig
uliginous sumpfliebend; moorliebend; marschig; moorig; sumpfig
ulim Europäischer Stechginster *m*, Gaspeldorn *m (Ulex europaeus)*
ulmifolious ulmenblättrig
ulna Elle *f*; Ellenbogen *m*
ulnar ulnär; Ulna..., Ellen...
ulotrichous kraushaarig
ulophyllous krausblättrig
ultimate 1. entferntest; äußerst; End...; 2. grundlegend, Grund...
ultracentrifugation Ultrazentrifugierung *f*
ultracentrifuge Ultrazentrifuge *f*
ultrafilter Ultrafilter *m*, Membranfilter *m*
ultramicroscope Ultramikroskop *m*, Elektronenmikroskop *m*
ultramicrotom Ultramikrotom *m*, Ultradünnschnittmikrotom *m*
ultrasonic Ultraschall...
ultrasonics [ultrasound] Ultraschall *m*
ultrasonication Ultraschallbehandlung *f*, Ultraschalleinwirkung *f*
ultrathin ultradünn
ultravisible submikroskopisch; ultramikroskopisch
ulua Makrelen-Barsch *m (Caranx)*
umbel *(Bot.)* Dolde *f*, Schirm *m*
  composite [compound] ~ zusammengesetzte Dolde *f*; Doppeldolde *f*
  cymose ~ Scheindolde *f*, Trugdolde *f*
  simple ~ einfache Dolde *f*
umbellate 1. doldig; 2. doldentragend
umbellet sekundäre Dolde *f*
umbelliferous 1. doldentragend; 2. zu den Doldengewächsen gehörend
umbelliflorous doldenblütig
umbelliform doldenförmig
umbellike bostryx Doldenschraube *f*
umbellula → umbellule
umbellulate Döldchen..., kleindoldig
umbellule Döldchen *n*, Kleindolde *f*
umbelluliferous döldchentragend
umbilical umbilikal, omphalisch, Nabel...
umbilicate nabelartig, nabelförmig
umbilicus 1. Nabel *m*, Omphalos *m*; 2. *(Bot.)* Nabel *m*, Keimgrube *f*
umbo 1. *(Bot.)* Buckel *m*; 2. Schalenwirbel *m*; 3. Trommelfellnabel *m*
umbonate buckelig; gebuckelt
umbraculiferous schirmtragend; doldentragend
umbraculiform schirmförmig
umbraculum schattiger Platz *m*
umbrageous schattig, schattenreich, schattenspendend
umbraticole [umbraticolous] schattenliebend; schattenbewohnend
umbrella Schirm *m (Quallen)*
umbrella-leaved schirmblättrig
umbretta Schattenvogel *m*, Hammerkopf *m (Scopus umbretta)*
umbrine umbrabraun, dunkelbraun
unabi Jujube *f (Zizyphus jujuba)*
unaffected unbeschädigt; intakt
unarmed unbewaffnet, unbewehrt
unau Unau *n*, Zweizehenfaultier *n (Choloepus didactylus)*
unavailable unverfügbar
unbalance Unausgeglichenheit *f*, gestörtes Gleichgewicht *n*
unbiased *(Biom.)*. unverzerrt, unverfälscht
unbonded ungebunden, nicht gebunden
unbound *(Bot.)* abgesondert, abgetrennt
unbranched unverzweigt
unbroken 1. ungebrochen, ganz; 2. ununterbrochen, ungestört; 3. nichtzugeritten *(Pferd)*; 4. ungepflügt
uncate hakenförmig
unciferous hakentragend
uncifolious hakenblättrig
unciform hakenförmig, hakenähnlich
unciforme Hakenbein *n*
uncina Segge *f (Carex)*
uncinate hakig, hakenförmig
unclosed nicht geschlossen *(z.B. Kronendach)*
uncoating:
  virus ~ Virusdekapsidation *f*
uncolored ungefärbt
unconditioned unbedingt *(Reflex)*
unconscious 1. unbewußt; 2. bewußtlos
unconsciousness 1. Unbewußtheit *f*; 2. Bewußtlosigkeit *f*
uncontrollable unkontrollierbar
uncoupler Entkoppler *m*
uncoupling Entkopplerung *f*
uncovered unbedeckt; ungehüllt
uncrystallizable nicht kristallisierbar
uncultivated land Brache *f*, Ödland *n* (landwirtschaftlich); unkultiviertes Land *n* (Wildnis)
uncus Haken *m*

uncut 1. ungeschnitten; 2. ungemäht
underbrush 1. Unterholz *n*; Unterwuchs *m*; 2. Nachwuchs *m*, Unterwuchs *m*
undercoat Wollhaare *npl*, Flaumhaare *npl*
undercooling Unterkühlung *f*
underfeeding Unterernährung *f*, Futtermangel *m*; Unterfütterung *f*
underfur Wollhaar *n*, Grundwolle *f*, Raufwolle *f*
underground unterirdisch; Untergrund...
undergrowth → underbrush 1.
underhorn *(Anat.)* Hinterhorn *n*
underjaw Unterkiefer *m*
underlay unterschichten
underlayer Unterschicht *f*
undermouth (Gewöhnliche) Nase *f*, Näsling *m*, Elze *f*, Speier *m (Chondrostoma nasus)*
undernutrition Unterernährung *f*
underparts Unterteile *mpl*
underpopulation geringe Bevölkerung *f*
underreplication unvollständige Replikation *f*
undersaturation Untersättigung *f*
undershrub Halbstrauch *m*; Halbgesträuch *m*, Halbgebüsch *n*
underside untere Seite *f*
undersized kleinwüchsig, niederwüchsig
undersoil Unterboden *m*
understaining unvollständige Färbung *f*
understerilization unvollständige Keimfreimachung *f*
understory → underbrush 1.
underwing 1. *(Ent.)* Hinterflügel *m*; 2. Ordensband *n (Catocala)*
  ash ~ Großes [Blaues] Ordensband *n (Catocala fraxini)*
  clear ~s Glasflügler *mpl*, Sesien *fpl (Aegeriidae)*
  crimson ~ → underwing 2.
  light orange ~ Kleine Espen-Tageule *f (Brephos nothum)*
  orange ~ Birken-Tageule *f (Brephos parthenias)*
  pearly ~ Rötlichbraune Erdeule *f (Agrostis saucia)*
  red ~ (Gewöhnliches) Rotes Ordensband *n (Catocala nupta)*
  rosy ~ Karminrotes Weidenauen-Ordensband *n (Catocala electa)*
  yellow ~ 1. Bunteule *f (Anarta)*; 2. Bandeule *f (Triphaena)*
underwood Unterholz *n*
undifferentiation Undifferenzierung *f*, Nichtdifferenzierung *f*
undigestible nicht verdaulich
undissociated undissoziiert, nicht dissoziiert
undissolving unlöslich, unlösbar
undose [undulate] wellig, gewellt
undulating wogend, wellenförmig bewegt, undulierend
undulation Undulierung *f*, Wellenbewegung *f*, wellenförmige Bewegung *f*
undulifolious wellenblättrig
undulosous kleinwellig
uneasiness Unruhe *f*; Ruhelosigkeit *f*
unedo Erdbeerbaum *m (Arbutus unedo)*
unencapsulated nicht enkapsuliert
uneven-aged ungleichaltrig, nicht gleichaltrig
unexcited nicht erregt
unfavo(u)rable ungünstig, nachteilig
unfertilized unbefruchtet, ungedüngt
unfilled ungefüllt; nicht besetzt
unfledged noch nicht flügge
unfold sich entfalten, sich öffnen; aufblühen
unfolding Auffaltung *f*, Entfaltung *f*
unfruitful 1. steril, unfruchtbar; 2. unergiebig
unfurl 1. sich entfalten; 2. ausbreiten
ungual Nagel...; Krallen...; Huf...
unguiculate genagelt, nagelig, benagelt; Klauen...
unguiculus kleiner Nagel *m*; kleiner Huf *m*
unguis 1. Nagel *m*; Kralle *f*; 2. Huf *m*; Klaue *f*
unguispinous nageldornig; klauendornig
ungulate 1. Huftier *n*; 2. Huftier... ; 3. hufähnlich
  even-toed ~s Paarhufer *mpl*, Paarzeher *mpl (Artiodactyla)*
  horned ~s Rinderartige *pl (Bovidae)*
  odd-toed ~s Unpaarhufer *mpl*, Unpaarzeher *mpl (Perissodactyla)*
  paridigitale ~s → even-toed ungulates
unguligrade 1. unguligrad, auf Zehenspitzen/Fingerspitzen laufend; 2. Zehenspitzengänger *m*
unhealthy ungesund; krank; kümmerlich; leidend
unialgal einzelige Alge *f*
uniarticulate eingliederig
uniaxial einachsig
unibracteate mit einer Braktee
unibranchiate einkiemig
unicamerate einkammerig
unicapsular einkapselig
unicaulous einstielig
unicell Einzeller *m*, einzelliger Organismus *m*
unicellate [unicellular] einzellig, monozellulär
uniciliate einwimperig
unicorn:
  sea ~ Narwal *m*, Einhornwal *m*, Einhorn *n (Monodon monocera)*
unicornfish Doktorfische *mpl (Acanthuroidei)*
unicorn-horn Gelber Germer *m (Veratrum luteum)*
unicostate *(Bot.)* einaderig, einnervig; einrippig
unicotyledonous einkeimblättrig
unicuspid einspitzig; einhöckerig
unidactyl einfingerig; einzehig
unidentate einzähnig
uniembryonate einkeimig
unifacial einseitig
unifarious einreihig
uniferous einmaltragend
uniflagellate eingeißelig
uniflorous einblütig
unifoliate einblättrig
uniform einförmig, gleichförmig; gleichmäßig

uniformity Uniformität *f*; Einförmigkeit *f*; Gleichmäßigkeit *f*
unigerminal einkeimig
unijugate einpaarig
unilabiate einlippig
unilaminate einschichtig
unilateral einseitig
unilobar einlappig; einzelgelappt
unilocular einfächerig
unimodal monomodal, unimodal
unimucronate mit einer Spitze versehen
uninerved *(Bot.)* einaderig, einnervig, einrippig
uninjurious nicht beschädigt; intakt
uninodous einknotig
uninuclear [uninucleate] einkernig
union Verbindung *f*, Vereinigung *f*
uniovulate eineiig
unipennate einfach gefiedert
unipetalous einkronblättrig
unipolar einpolig, monopolar
uniseptal [uniseptate] einquerfächerig, mit einer Scheidewand
uniseriate einreihig, einzeilig
uniserrate einfach gesägt
uniserrulate einfach feingesägt
unisetose einborstig
unisexual eingeschlechtlich, unisexuell
unisexuality Eingeschlechtlichkeit *f*
unispiral monospiral, einspiralig
unistrateous einschichtig
unit Einheit *f*
  ~ of evolution Evolutionseinheit *f*, Entwicklungseinheit *f*
  ~ of vegetation Vegetationseinheit *f*
  arbitrary ~ Arbiträr-Einheit *f*; willkürliche Einheit *f*
  colony forming ~ Koloniebildungseinheit *f*
  feed [folder] ~ Futtereinheit *f*
  heat ~ Wärmeeinheit *f*, Kalorie *f*
  map [Morgan] ~ Morgan-Einheit *f*, Morganide *n*
  motor ~ Motoneuron *n*
  nerve ~ Neuron *n*
  neuromotor ~ neuromotorische Einheit *f*
  operational taxonomic ~ → taxonomic unit
  panmictic ~ Panmixis-Einheit *f*
  sample ~ *(Biom.)* Stichprobenelement *n*
  syngenetic ~ syngenetische Einheit *f*, Sukzessionseinheit *f*
  thermal ~ → heat unit
univalve einklappig; einschalig
univoltine univoltin *(mit nur einer Jahresgeneration)*
univorous monophag, nur auf einer Wirtsart lebend
unload entladen, entleeren
unmixed nicht gemischt, chemisch rein
unnucleated kernlos
unpaired unpaarig
unplant ausrupfen, ausreißen
unpretentious anspruchslos
unprimed ohne *Primer*
unproductive unproduktiv; unfruchtbar
unpurified ungereinigt
unreclaimed unregeneriert
unreduced nicht reduziert, nicht desoxydiert
unrefined ungereinigt, nicht raffiniert
unrelated 1. nicht verwandt; 2. ohne Beziehung zu ...
unresponsiveness immunologische Toleranz *f*
unrest Unruhe *f*; Ruhelosigkeit *f*
unrestricted uneingeschränkt, unbeschränkt
unripe unreif
unsaturated nicht gesättigt, ungesättigt
unsegmented nicht segmentiert, unsegmentiert
unscheduled außerplanmäßig *(DNS-Synthese)*
unsolvable unlösbar
unstable instabil
unsterilized nicht keimfrei; unsterilisiert
unstratified schicht(en)los
untagged unmarkiert, nicht markiert
untreated nicht behandelt, nicht bearbeitet
unveined *(Bot.).* aderlos, ungeadert
unviable nicht lebensfähig
unwinding Entwindungs... *(z.B. Protein)*
upas Pfeilgift-Baum *m*, Upasbaum *m (Antiaris toxicara)*
uperisation Ultrapasteurisation *f*
upgrowth Aufwuchs *m*, Jungwuchs *m*
upland Hochland *n*; Anhöhe *f*
upright aufrecht, aufgerichtet
upright-flowered geradblütig, aufrecht blütig
upright-headed geradköpfig
upright-spiked geradährig
upright-spined geraddornig
uprooting Ausrupfen *n*; Ausreißen *n*, Entwurzeln *n*
upstream stromaufwärts
uptake Aufnahme *f*
urceolate krugförmig; flaschenförmig
urceole Blattschlauch *m*, Aszidie *f*
urchin 1. Igel *m*; 2. Seeigel *m*
  sea ~s Seeigel *pl (Echinoidea)*
urd Mungobohne *f (Phaseolus mungo)*
urea Harnstoff *m*
uredospore Uredospore *f*, Brandspore *f*
ureter Harnleiter *m*, Ureter *m*
ureteric Harnleiter..., Ureter...
urethan Urethan *n*, Ätylurethan *n*
urethra Harnröhre *f*
uretic Harn..., Urin...
urge Trieb *m*, Drang *m*
  sexual ~ Geschlechtstrieb *m*
urina Harn *m*, Urin *m*
urinary Harn..., Urin...
urination Urinieren *n*, Miktion *f*
urine → urina
uriniferous harnführend, harnleitend
uriniparous harnabsondernd
urinous → urinary
urnlike leaf Urnenblatt *n*

urn-schaped urnenförmig
urocarpous schweiffrüchtig
urocyst Harnblase *f*
urocystic Harnblasen...
urodelous geschwänzt
urogen harnbildend, harnproduzierend
urogenital Harn- und Geschlechtsorgan...
uromere Uromer *m*, Abdominalsegment *m*
urophyllous schweifblättrig
uropoetic → urogen
uropygial Uropygium..., Bürzel..., Steiß...
uropygium Uropygium *n*, Bürzel *m*, Steiß *m*
uroroseine Urorosein *n (Harnfarbstoff)*
urosome Schwanzregion *f*
ursine 1. bärenartig; 2. Bären...
urticant brennend, nesselnd
urticator Nesselzelle *f*
urticifolious nesselblättrig, *Urtica*-blättrig
urticinous [urticoide] nesselartig, nesselähnlich
use 1. Gebrauch *m*, Benutzung *f*, Verwendung *f*; 2. gebrauchen, benutzen
user Benutzer *m*
usura Usurierung *f*; Schwund *m*; Abnutzung *f*; Abreibung *f*
uterine uterin, Uterus..., Gebärmutter...
uterus Gebärmutter *f*, Placenta *f*
utricular [utriculiform] schlauchartig, schlauchförmig
utriculus Säckchen *n*, kleiner Schlauch *m*
uvarious beerenartig, beerenförmig
uvea Traubenhaut *f*
uviferous beerentragend
uvula Gaumenzäpfchen *n*

V

aagmar Spanfisch *m*, Nordischer Bandfisch *m (Trachipterus arcticus)*
accigenous vakzinbildend, vakzinerzeugend
accinate vakzinieren, impfen
accination Impfung *f*, Vakzinierung *f*
  renewed ~ Revakzinierung *f*
accine Vakzine *f*, Impfstoff *m*
  engineered ~ Rekombinanzvakzine *f*
  weaked ~ abgeschwächte Vakzine *f*
accine-challenged postvakzinal
accinia Vakzinie *f*, Kuhpocken *pl*
accinization Vakzinierung *f*, Impfung *f*
acuolate(d) vakuolisiert
acuolation Vakuolisierung *f*
acuole Vakuole *f*; Zellsaftraum *m*
  sap ~ zellsafthaltige Vakuole *f*
  water-expulsion ~ kontraktile Vakuole *f*
vacuolization Vakuolisierung *f*
vacuome Vakuom *n*, Vakuolensystem *n*
vagal vagal, den Vagusnerv betreffend, Vagus...
vage [vagile] beweglich; wandernd; migrierend
vagile-benthon Benthos-Wanderorganismen *mpl*
vagility Beweglichkeit *f*
vagina Vagine *f*, Scheide *f*
vaginal 1. vaginal, Scheiden...; 2. Sehnenscheiden...
vaginate *(Bot.)* blattscheidig, mit Scheide
vaginella [vaginula] *(Bot.)* kleine Blattscheide *f*
vagotomy Vagotomie *f*, Vagusdurchschneidung *f*
vagrant beweglich; wandernd
vagus Vagus(nerv) *m*, X. Hirnnerv *m*
valence Valenz *f*, Ploidiestufe *f*
valerian Baldrian *m (Valeriana officinalis)*
  African ~ Afrikanischer Baldrian *m (Fedia cornucopiae)*
  American ~ Marienfrauenschuh *m (Cypripedum calceolus* var *parviflorum)*
  cat's [common] ~ Echter Baldrian *m (Valeriana officinalis)*
  creeping ~ Kriechendes Sperrkraut *n (Polemonium reptans)*
  false ~ Goldglänzendes Kreizkraut *n (Senecio aureus)*
  garden ~ cat's valerian
  great [Greek] ~ Griechischer Baldrian *m*, Blaues Sperrkraut *n (Polemonium coeruleum)*
  marsh ~ Kleiner Baldrian *m*, Sumpfbaldrian *m (Valeriana dioica)*
  wild great → cat's valerian
valid gültig validity Validität *f*
vallecula Rinne *f*, Rille *f*, Furche *f*; Einbuchtung *f*
valleculate feingerillt, rillig, gerillt
valley floor Talboden *m*, Talgrund *m*
valonia Wallonen-Eiche *f (Quercus macrolepis)*
valuation Taxation *f*
value Wert *m*
  breeding ~ Zuchtwert *m*
  feeding ~ Futterqualität *f*
  food ~ Nahrungsqualität *f*
  germination ~ Keimfähigkeit *f*
  liminal ~ Schwellenwert *m*
  linkage ~ Kopplungswert *m*
  rough ~ ungefährer Wert *m*
valval valvulär, Klappen...
valvate valvulär, valvär, Klappen...
valve Klappe *f*
valveless klappenlos
valvelet [valvula] → valvule
valvular Klappen..., valvulär, valvar; klappenähnlich
valvule kleine Klappe *f*
vampire Echter [Gemeiner] Vampir *m (Desmodus rotundus)* ; *pl* Echte Vampire *mpl (Desmodontidae)*
  false ~s Großblattnasen *fpl*, Klaffmäuler *mpl (Megadermatidae)*
  giant false ~ Australische Gespenstfledermaus *f*

(*Macroderma gigas*)
hairy-legged ~ Kleiner Blutsauger *m*, Kammzahnflatterer *m* (*Diphylla ecaudata*)
heart-nosed false ~ Herznasenfledermaus *f* (*Cardioderma*)
vandalroot Echter [Großer] Baldrian *m* (*Valeriana officinalis*)
vane 1. (*Bot.*) Fahne *f*; 2. (*Zool.*) Federfahne *f*
vanilla Vanille *f* (*Vanilla*)
Carolina ~ Wohlriechende Prachtscharte *f* (*Liatris odoratissima*)
common ~ Flachblätterige Vanille *f* (*Vanilla planifolia*)
wild ~ → Carolina vanilla
vanish/to verschwinden
vapor Dampf *m*
vaporization Verdampfung *f*, Verdunstung *f*, Evaporation *f*
varlotze/to verdunsten, ausdampfen
vaquete Schriftbarsch *m* (*Serranus scriba*)
varden:
dolly ~ Malmasaibling *m* (*Salvelinus malma*)
varec 1. Seetang *m*; 2. Varek *m*, Seetangasche *f*
variability Variabilität *f*, Veränderlichkeit *f* (→ variation)
variable 1. Variable *f*, veränderliche Grösse *f*; 2. veränderlich, variabel
variance (*Biom.*) Dispersion *f*; Varianz *f*
variant Variante *f*
variate 1. Zufallsvariable *f*, zufällige Variable *f*, Zufallsgröße *f*; 2. sich ändern, sich ablenken
multidimensional [random] ~ mehrdimensionale Zufallsvariable *f*
standardized ~ standardisierte Zufallsvariable *f*
variation 1. Variation *f*, Variabilität *f*, Veränderlichkeit *f* (→ variability); 2. Veränderung *f*
variegate mehrfarbig, buntgefleckt, gescheckt
variegation Buntblättrigkeit *f*; Mosaikfleckung *f*; Panaschierung *f*
varietal Sorten...
variety 1. Varietät *f*, Abart *f*, Spielart *f*; 2. Sorte *f* , Kultivar *m*
check ~ Kontrollsorte *f*
dummy ~ Scheinsorte *f*
indigenous ~ lokale Sorte *f*
pollinating ~ Pollinator *m*
vary variieren
vasal [vascular] vaskulär, Vaskular..., Gefäß...
vascularity Gefäßreichtum *n*
vascularization Vaskularisation *f*, Gefäßbildung *f*
vascularized gefäßreich
vasculum Botanisierbüchse *f*, Botanisiertrommel *f*
vasifactive gefäßbildend
vasoconstriction Vasokonstriktion *f*, Gefäßverengung *f*
vasoconstrictive → vasohypertonic
vasodila(ta)tion Vasodilatation *f*, Gefäßerweiterung *f*
vasoexcitatory → vasohypertonic
vasoformative gefäßbildend
vasoganglion dichtes Netz von Blutgefässen (*z.B. Rete mirabile bei Wirbeltieren*)
vasohypertonic gefäßzusammenziehend, gefäßverengernd
vasohypotonic gefäßerweiternd
vasomotion 1. Gefäßbewegung *f*; 2. Gefäßnervenreflex *m*
vasomotor vasomotorisch
vasorelaxation Gefäßschlaffung *f*, Vasorelaxation *f*
vault 1. Gewölbe *n*; 2. knöchernes Schädeldach *n*
vection Übertragung *f*, Transmission *f*
vector 1. *Biom.* Vektor *m*; 2. Vektor *m*, Träger *m*; 3. Überträger *m*, Zwischenträger *m*; 4. Wirt *m*
vegetable 1. Gemüse *n*; Gemüsepflanze *f*; 2. planzlich, Pflanzen...
vegetal 1. → vegetable; 2. → vegetative 2.
vegetarian 1. pflanzenfressendes Tier *n*; 2. pflanzenfressend
vegetate wachsen; vegetieren
vegetation Vegetation *f*, Pflanzenwelt *f*
bottomland ~ Auenvegetation *f*, Auenboden *m*
cliff ~ Felsenflur *f*
coarse ~ hartblättrige Vegetation *f*
current water ~ Fließwasservegetation *f*
halophytic ~ Salzbodenvegetation *f*
halopsammophilous ~ halophile Sandflur *f*
larger aquatic ~ Wassermakroflora *f*
layered ~ mehrschichtige Vegetation *f*
macrophyte aquatic ~ Wassermakroflora *f*
man-made ~ künstliche Vegetation *f*
marine ~ Meeresvegetation *f*
mire ~ Moorvegetation *f*
natural ~ natürliche Vegetation *f*
nonlayered ~ nichtgeschichtete Vegetation *f*
pasture ~ Grünlandvegetation *f*
relic ~ Reliktvegetation *f*
rheophilic ~ Fließgewässervegetation *f*
riverside ~ Üfervegetation *f*
ruderal ~ Ruderalvegetation *f*
shore ~ Ufervegetation *f*
source ~ Quellvegetation *f*, Quellflur *f*
tall herb[aceous] ~ Hochstaudenflur *f*, Hochstaudenwiese *f*
vegetational pflanzlich
vegetation-inhabiting pflanzenbewohnend
vegetative 1. pflanzlich; 2. vegetativ
vehicle Vektor *m*, Träger *m*, Vehikel *n*
veil (*Bot.*) Velum *n*; Schleier *m*, Vorhang *m*, Blütenscheide *f*
vein 1. Vene *f*, Blutader *f*; 2. *Ent.* Ader *f* ; 3. (*Bot.*) Ader *f* Nerv *m*, Rippe *f*
veined geadert
closely ~ feingeadert
veining → venation
veinless aderlos
veinlet 1. Venule *f*; 2. Äderchen *n*
velamen Velamen *n*, Wurzelhülle *f*
velum 1. Velum *n*, Segel *n*; Gaumensegel *n*; 2. (*Bot.*

Velum *n*; Schleier *m*, Blütenscheide *f*
elutinate [velutinous] sammetartig
elvet 1. samtartig; feinwollig; 2. Bast *m (an jungen Geweihen)*
elvetleaf 1. Sumpflieb *(Limnoeharis)*; 2. Gelbe Schönmalve *f*, Samtpappel *f*, Chinesischer Hanf *m (Abutilon theophrasti)*
elvetweed → velvetleaf 2.
enation Aderung *f*, Benervung *f*, Nervatur *f*
netted ~ netzartige Aderung *f*
palmate ~ handförmige Aderung *f*
parallel ~ parallelnervige Nervatur *f*
pinnate ~ Fiedernervatur *f*
reticulated ~ netzartige Aderung *f*
endace Kleine Maräne *f*, Zwergmaräne *f (Coregonus albula)*
enenation Vergiftung *f*
eneniferous gifthaltig
enenous giftig, Gift...
eniplex Venengeflecht *n*
enom Gift *n*
enomosalivary Giftspeicheldrüsen...
enomotor venomotorisch, venenlumenregulierend
enomous giftig
enopressor venopressorisch, venen(lumen)verengernd
enose venenreich; aderreich
enous venös, Venen...
ent 1. Kloakenöffnung *f*; 2. After *m*, Anusum *m*
enter 1. Abdomen *n*, Bauch *m*; 2. Bauchseite *f*; 3. Muskelbauch *m*
entilation Ventilation *f*, Belüftung *f*; Beatmung *f*
lung [pulmonary] ~ Lungenventilation *f*
oluntary ~ willkürliche Ventilation *f*
entrad bauchwärts
entral ventral, bauchseitig, bauchseits, Bauch...
entricidal *(Bot.)* ventrizid, bauchnahtspaltig
entricle Ventrikel *m*; Kammer *f*; Hirnventrikel *m*, Hirnkammer *f*; Herzventrikel *m*, Herzkammer *f*
~ of the larynx Morganische Tasche *f*
aortic ~ linke Herzkammer *f*
entricose aufgeblasen, blasig, geschwollen
entricular ventrikulär, Ventrikel..., Kammer...; Herzkammer..., Hirnkammer...
entriculi *pl von* ventriculus
entriculus 1. Magen *m*; 2. → ventricle
enule 1. kleine Vene *f*, Venula *f*; 2. Äderchen *n*, kleine Ader *f*
enus's-bath → Venus's cup
enus's-comb Venuskamm *m (Scandix pecten-veneris)*
enus's-cup Wilde Karde *f (Dipsacus silvestris)*
enus's-flytrap Venusfliegenfalle *f (Dionaea muscipula)*
enus's-hair (fern) Venushaar *n*, Frauenhaarfarn *n (Adiantum capillus-veneris)*
enus's-looking-glass 1. Venusspiegel *m (Legousia speculum-veneris)*; 2. Zweiblütige Glockenblume *f (Campanula biflora)*
enus's-pride 1. Blaue Houstonie *f*, Blaue Engelblume *f (Houstonia coerulea)*; 2. Purpurengelblume *f (Houstonia purpurea)*
verbena Verbene *f*, Eisenkraut *n (Verbena) (s.a.* vervain)
blue ~ Spießförmige Verbene *f (Verbena hastata)*
lemon ~ Zitronenkraut *n (Aloysia citroidora)*
sand ~ Abronie *f (Abronia)*
white ~ Nesselblätterige Verbene *f (Verbena urticaefolia)*
wooly ~ Aufrechte Verbene *f (Verbena stricta)*
verdant 1. beblättert; 2. grün; grünend; 3. grün werdend
verdin Goldmeise *f*, Goldköpfchen *n (Auriparus flaviceps)*
verdure grüne Vegetation *f*
verification Verifikation *f*, Nachprüfung *f*
vermicide Vermizidum *n*, wurmtötendes Mittel *n*
vermicular [vermiculate] vermikular, wurmartig, wurmförmig
vermin Ungeziefer *n*, Schädlinge *mpl*, Schmarotzer *mpl*; Raubwild *n*
vermination Wurmbefall *m*, Helminthose *f*; Parasitenbefall *m*
vermis *(Anat.)* Wurm *m*; Kleinhirnwurm *m*
vernation Blätterknospenlage *f*, Knospenlage *f*, Vernation *f*
vernicose glänzend
veronica Ehrenpreis *m (Veronica)*
verruca Warze *f*, Höcker *m*, warzenartige Erhebung
verrucate [verrucose, verrucous] warzig, warzenhaft; warzenreich
verruculose kleinwarzig, feinwarzig
versatile 1. *(Bot.)* wankend, schwankend; 2. (frei)beweglich
versatility Vielseitigkeit *f*
habitat ~ Eurytopie *f*
versicolored 1. bunt; 2. farbenwechselnd
version Variante *f*, Spielart *f*
vertebra Wirbel *m*
vertebral vertebral, Wirbel...
vertebrate 1. Wirbeltier *n*; 2. Wirbel...
vertex 1. Spitze *f*, Gipfel *m*, Wipfel *m*; 2. Scheitel *m*; 3. Haarwirbel *m*
vertical 1. vertikal; 2. Scheitel-...
verticil Quirl *m*, Wirtel *m*
verticillaster Scheinquirl *m*, Trugwirtel *m*, Cyme *f*
verticillate quirlförmig; quirlig, quirlständig
verumontanum *(Anat.)* Samenhügel *m*
vervain Verbene *f*, Eisenkraut *n* (*s.a.* verbena)
American ~ → false vervain
base ~ Gamander-Ehrenpreis *m*, Wilder Gamander *m (Veronica chamaedrys)*
European ~ Echtes Eisenkraut *n (Verbena officinalis)*
false ~ Spießförmige Verbene *f (Verbena hastata)*
large-flowered ~ Kanadisches Eisenkraut *n (Verbena canadensis)*
vesical vesikal, Blasen..., Harnblasen...
vesicle Bläschen *n*, Vesikel *f*
blastodermic ~ Blasenkeim *m*, Blastula *f*, Keimblase *f*

Graafian ~ Bläschenfollikel *m*, Graafscher Follikel *m*
lipid ~ Liposom(a) *n*
water-expulsion ~ kontraktile Vakuole *f*
vesicular 1. vesikular, Bläschen..., Blasen...; 2. blasenförmig, blasig
vespertine 1. abends-aufblühend; 2. Nacht...
vespiary Wespennest *n*
vespine [vespoid] 1. Wespen...; 2. wespenartig
vessel 1. Gefäß *n*; 2. Schiff *n*
absorbent ~ Lymphgefäß *n*
annular ~ Ringgefäß *n*, Ringtracheide *f*, Ringtrachee *f*
blood ~ Blutgefäß *n*
chyliferous ~ Milchbrustgang *m*; Milchsaftgefäß *n*
Ebner's ~ perforierendes Blutgefäß *n*
helical ~ Schraubengefäß *n*
ladder-shaped ~ *(Bot.)* Treppengefäß *n*, Treppentracheide *f*, Treppentrachee *f*
latex ~ *(Bot.)* Milchsaftröhre *f*
lymphatic ~ Lymphgefäß *n*
milk ~ *(Bot.)* Milchsaftröhre *f*
minute ~ Kapillare *f*, Haargefäß *n*
reticulate ~ *(Bot.)* Netzgefäß *n*, Netztrachee *f*
scalariform ~ *(Bot.)* Treppengefäß *n*, Leitergefäß *n*, Treppentracheide *f*, Treppentrachee *f*
spiral ~ Schraubengefäß *n*, Spiralgefäß *n*, Spiraltrachee *f*
vitelline ~ Dottergefäß *n*
vestibular 1. vestibulär, Vorhof...; 2. vestibulär, Gleichgewichtsapparat...
vestibulate mit einem Vorhof
vestibule Vorhof *m*, Atrium *n*, Vorraum *m*; Herzvorhof *m*
vestige Rest *m*, Rudiment *m*; rudimentäres Organ *n*
vestigial rudimental
vestiture Außendecke *f (z.B. Gefieder, Haarkleid)*
vetch Wicke *f (Vicia)*
American ~ Amerikanische Wicke *f (Vicia americana)*
bird ~ → tufted vetch
bitter ~ Heidewicke *f (Vicia orobus)*
bramble ~ Schmalblättrige Wicke *f (Vicia tenufolia)*
bush ~ Zaunwicke *f (Vicia sepium)*
Canadian [Carolina] milk ~ Carolinischer Tragant *m (Astragalus carolinianus)*
chickling ~ 1. Saat-Platterbse *f (Lathyrus sativus)*; 2. → spring vetch 2.
choke ~ Sommerwurz *f*, Würger *m (Orobanche)*
common ~ Ackerwicke *f*, Saatwicke *f*, Sommerwicke *f*, Gemeine Wicke *f (Vicia sativa)*
cow ~ → tufted vetch
crown ~ Kronwicke *f (Coronilla)*
Dakota ~ Amerikanischer Hornklee *m (Lotus americanus)*
flexible milk ~ Biegsamer Tragant *m (Astragalus flexuosus)*
fourseed ~ Viersamige Wicke *f (Vicia tetrasperma)*
German ~ Hainwicke *f*, Heckenwicke *f (Vicia dumetorum)*
hairy ~ Zottelwicke *f (Vicia villosa)*
hatchet ~ Krönenartige Beilwicke *f (Securigera securidaca)*
horseshoe ~ Hufeisenklee *m (Hippocrepis)*
kidney ~ Vielblättriger Wundklee *m (Anthyllis polyphylla)*
narrow-leaved ~ Schmalblättrige Wicke *f (Vicia angustifolia)*
one-flower ~ Einblütige Wicke *f (Vicia articulata)*
pale-flowered ~ Erbsenwicke *f (Vicia pisiformis)*
pebble ~ → common vetch
platte milk ~ Wiesentragant *m (Astragalus pratensis)*
purplemilk ~ Dänischer Tragant *m*, Trifttragant *m (Astragalus danicus)*; Bärenschote *f*, Süßholztragant *m (Astragalus hypoglottis)*
racemose milk ~ Traubentragant *m (Astragalus racemosus)*
Russian [sand] ~ → hairy vetch
scarlet ~ Leuchtende Wicke *f (Vicia fulgens)*
sensitive joint ~ Virginischer Süßklee *m (Hedysarum virginiana)*
sessile-flowered milk ~ Dreiblättriger Tragant *m (Astragalus triphyllus)*
slender ~ Zierliche Wicke *f (Vicia tenuissima)*
slender milk ~ Zierlicher Tragant *m (Astragalus gracilis)*
smaller common ~ → narrow-leaved vetch
small-flowered ~ Kleinblütige Wicke *f (Vicia micrantha)*
spring ~ 1. Frühlings-Platterbse *f (Lathyrus vernus)*; 2. Platterbsen-Wicke *f (Vicia lathyroides)*; 3. → common vetch
tare milk ~ Rauhhaarige Wicke *f*, Zitterlinse *f (Vicia hirsuta)*
tufted ~ Vogelwicke *f (Vicia cracca)*
winter ~ → hairy vetch
wood ~ Waldwicke *f (Vicia silvatica)*
vetchling Platterbse *f (Lathyrus)*
bitter ~ Berg-Platterbse *f (Lathyrus montanus)*
hairy ~ Rauhhaarige Platterbse *f (Lathyrus hirsutus)*
low ~ Zwerg-Platterbse *f (Lathyrus pusillus)*
marsh ~ Sumpf-Platterbse *f (Lathyrus palustris)*
meadow ~ Wiesen-Platterbse *f (Lathyrus pratensis)*
yellow ~ Ranken-Platterbse *f (Lathyrus aphaca)*
vexillary [vexillate] besegelt; fahnentragend
vexillum 1. *(Bot.)* Fahne *f*, Wimpel *m*; 2. Federfahne *f*
viability Lebensfähigkeit *f*
viable lebensfähig
vial Glasröhrchen *n*; Fläschchen *n*; Phiole *f*
vibratile vibrierend
vibrio Vibriom *n*
vibrissa Vibrisse *f*; Nasenhaar *n*; Sinnesvibrille *f*; Sinnesborste *f*
viburnum Schlingbaum *m*, Schneeball *m (Viburnum)*
arrowwood ~ Gezähnter Schneeball *m (Viburnum dentatum)*
blackhaw ~ Pflaumenblättriger Schneeball *m (Vibur*

num prunifolium)
Chinese ~ Großköpfiger Schneeball *m (Viburnum macrocephalum)*
downy ~ Feinbehaarter Schneeball *m (Viburnum pubescens)*
leatherleaf ~ Runzelblättriger Schneeball *m (Viburnum rhytidophyllum)*
naked ~ → sweet viburnum
service ~ Nützlicher Schneeball *m (Viburnum utile)*
sweet ~ Duftender Schneeball *m (Viburnum odoratissimum)*
wayfaring tree ~ Wolliger Schneeball *m*, Schlinge *f (Viburnum lantana)*

vicariad [vicariant] vikariierende Art *f*, Stellvertreterart *f*
vicariation Vikariierung *f*
vicarious vikariierend, stellvertretend, sich in der geographischen Verbreitung gegenseitig ausschliessend
vicissitude Wechsel *m*; Veränderung *f*
victim Opfer *n*, Opfertier *n*
victorfish Echter [Bauchstreifiger] Bonito *m (Katsuwonus pelamis)*
vicuna Vikunja *n*, Vikugna *n (Lama vicugna)*
view Ansicht *f*, Aussehen *n*, Bild *n*
vigilance Wachsamkeit *f*
vigor Kraft *f*; Lebenskraft *f*, Vitalität *f*, Leistung *f*, Kapazität *f*
heterotic [hybrid] ~ Heterosis *f*, Heterosiseffekt *m*
vigorous kräftig, mächtig
villi *pl von* villus
villiferous → villous 2.
villiform zottenartig
villose → villous
villosity 1. Behaarung *f*; 2. Bezottung *f*
villous 1. behaart, flaumig; 2. bezottet
villus Zotte *f*, Auswuchs *m*, Zottenhaar *n*
vimba Zährte *f*, Rußnase *f (Vimba vimba)*
vimen biegsamer Langtrieb *m*
viminal rutenförmig, gertenartig
vine 1. Windepflanze *f*; Kletterpflanze *f*; 2. Liane *f*; 3. Ranke *f*, Reis *m*; 4. Weinrebe *f*, Weinstock *m (Vitis)*
bitter pea ~ Frühlings-Platterbse *f (Lathyrus vernus)*
common matrimony ~ → matrimony vine 1.
cross ~ Rankenbignonie *f (Bignonia capreolata)*
cypress ~ Prunk-Winde *f*, Röhren-Winde *f (Quamoclit)*
grass pea ~ Saat-Platterbse *f (Lathyrus sativus)*
groundnut pea ~ Erdnuß-Platterbse *f*, Knollige Platterbse *f (Lathyrus tuberosus)*
love ~ 1. Virginische Waldrebe *f (Clematis virginiana)*; 2. Dichtes Flecktgras *n*, Gedrängte Seide *f (Cuscuta compacta)*
matrimony ~ 1. Meldenblättriger Bocksdorn *m (Lycium halmifolium)*; 2. Stumpfes Silberblatt *n (Lunaria annua)*
partridge ~ Rebhuhnbeere *f (Mitchella)*
passion ~ Passionsblume *f (Passiflora)*
pepper ~ Baumartige Doldenrebe *f (Amelopsis arborea)*
pipe ~ Windende Osterluzei *f (Aristolochia macrophylla)*
potato ~ Kartoffel *f (Solanum tuberosum)*
puncture ~ Erdbülzeldorn *m (Tribulus terrestris)*
silk ~ Griechische Baumschlinge *f (Periploca graeca)*
staff ~ Baumwürger *m*, Baummörder *m (Celastrus)*
tara ~ Aktinidie *f (Actinidia arguta)*
trumped ~ Wurzelnde Glockenesche *f (Campsis radicans)*
universe ~ Echte Bärentraube *f (Arctostaphylos uvaursi)*
wild ~ Fuchstraube *f*, Isabellarebe *f (Vitis labrusca)*

vine-bean Feuerbohne *f (Phaseolus coccineus)*
violet 1. Veilchen *n (Viola)*; 2. violetter Farbstoff *m*
Adder's ~ Feinbehaarte Nestwurz *f (Neottia pubescens)*
African ~ Usambaraveilchen *n (Saintpaulia ionantha)*
Alpine ~ Labradorveilchen *n (Viola labradorica)*
arrow-leaved ~ Pfeilblättriges Veilchen *n (Viola saggittaria)*
bog ~ Gemeines [Gewöhnliches] Fettkraut *n (Pinguicula vulgaris)*
coast ~ Britannisches Veilchen *n (Viola brittaniana)*
common ~ Hainveilchen *n (Viola riviniana)*
common blue ~ → meadow violet
cresyl ~ Kresil-Blau *n (Farbstoff)*
crowfoot ~ Gestieltes Veilchen *n (Viola pedata)*
Damask [dame's] ~ Nachtviole *f (Hesperis matronalis)*
dog ~ Hundsveilchen *n (Viola canina)*
dog's-tooth ~ Zahnlilie *f (Erythronium dens-canis)*
early blue ~ → hand violet
English ~ → sweet violet
fen ~ Gräbenveilchen *n*, Milchweißes Veilchen *n (Viola stagnina)*
fringed ~ → ovate-leaved violet
garden ~ Ackerstiefmütterchen *n*, Wildes Stiefmütterchen *n*, Dreifarbiges Veilchen *n (Viola tricolor)*
gentian ~ Gentian-Blau *n (Farbstoff)*
green ~ Einfarbiges Veilchen *n (Viola concolor)*
hairy ~ Rauhes Veilchen *n (Viola hirta)*
heath ~ → dog violet
hooded ~ → meadow violet
horse(shoe) ~ → crowfoot violet
lance-leaved ~ Lanzettblättriges Veilchen *n (Viola lanceolata)*
large-leaved ~ Großblättriges Veilchen *n (Viola incognita)*
larkspur ~ → prairie violet
long-spurred ~ Geschnäbeltes Veilchen *n (Viola rostrata)*
marsh ~ → sweet violet
meadow ~ Schmetterlingsartiges Veilchen *n (Viola papilionacea)*
nodding ~ Quirlförmiges Veilchen *n (Viola verticillata)*

northern blue ~ Nordisches Veilchen *n (Viola septentrionalis)*
northern white ~ Bleiches Veilchen *n (Viola pallens)*
ovate-leaved ~ Gefranstes Veilchen *n (Viola fimbriatula)*
pale ~ → striped violet
pale meadow ~ → fen violet
prairie ~ Gestieltartiges Veilchen *n (Viola pedatifida)*
rattlesnake ~ → ovate-leaved violet
rock ~ Veilchenwurz *f (Trentepohlia)*
round-leaved ~ → yellow violet
smoothish yellow ~ Behaartfrüchtiges Veilchen *n (Viola eriocarpa)*
snake ~ → crowfoot violet
spear-leaved yellow ~ Spießförmiges Veilchen *n (Viola hastata)*
star ~ Zerstreute Houstonie *f (Houstonia patens)*
striped ~ Gestreiftes Veilchen *n (Viola striata)*
sweet ~ Wohlriechendes Veilchen *n*, Märzveilchen *n (Viola* odorata)
sweet white ~ Schönes Veilchen *n (Viola blanda)*
teesdale ~ Sandveilchen *n (Viola rupestris)*
triangle-leaved ~ Gekerbtes Veilchen *n (Viola emarginata)*
trinity ~ → garden violet
water ~ Sumpfprimel *f*, Wasserprimel *f (Hottonia palustris)*
wood ~ → crowfoot violet
yellow ~ Rundblättriges Veilchen *n (Viola rotundifolia)*

violet-ears Kolibris *mpl (Trochilidae)*

viper Otter *f*, Viper *f*; *pl* Vipera *fpl*, Ottern *fpl (Viperidae)*
African bush ~ → tree viper
burrowing ~ Erdotter *fpl (Atractaspis)*
bush ~ → tree viper
carpet ~ 1. Sandrasselotter *f (Echis carinatus)*; 2. → horned viper
horned ~ (Afrikanische) Hornviper *f (Cerastes cerastes)*
hump-nosed ~ Ceylon-Nasenotter *f (Hypnale)*
leaf-nosed [Mc Mahon's] ~ Mc-Mahons Viper *f (Eristicophis macmahoni)*
mock ~ Trugnattern *fpl (Boiginae)*
mole ~ → burrowing viper
pit ~s Grubenottern *fpl*, Klapperschlangen *fpl (Crotalidae)*
rhinoceros ~ Nashornviper *f (Bitis nasicornis)*
sand ~ 1. Hornotter *f (Cerastes cornutus)*; 2. Sandviper *f*, Transkaukasische Hornviper *f (Vipera ammodytes)*
saw-scaled ~ → carpet viper 1.
tree ~ Buschvipern *fpl*, Baumvipern *fpl (Atheris)*
tree pit ~ Amerikanische Lanzenottern *fpl (Bothrops)*
true ~ (Echte) Ottern *fpl (Vipera)*
Wagler's palm [Wagler's pit] ~ Waglers Lanzenotter *f (Tropidolaemus wagleri)*

viral viral, Virus...

vireo Vireo *m*; *pl* Vireos *mpl (Vireonidae)*
black-capped ~ Schwarzkopfvireo *m (Vireo atricapillus)*
blue-headed ~ → solitary vireo
red-eyed ~ Rotaugenvireo *m (Vireo olivaceus)*
warbling ~ Sängervireo *m (Vireo gilvus)*
white-eyed ~ Weißaugenvireo *m (Vireo griseus)*
yellow-throated ~ Gelbkehlvireo *m (Vireo flavifrons)*

virescence Ergrünung *f*, Viresenz *f*
virescent grünlich; grünwerdend, ergrünend
virgate gestreift, streifig, gebändert; stabförmig, rutenförmig
virgilia Gelbholz *n (Cladrastis lutea)*
virgin 1. jungfräulich, Jungfern...; 2. unbefruchtet
virgin's-bower 1. Clematis *f*, Waldrebe *f (Clematis)*; 2. Buschblauregen *m*, Buschglyzine *f (Wisteria frutescens)*
virion Virion *n*, vollständiges Virusteilchen *n*
virology Virusologie *f*
virulence Virulenz *f*
virulent virulent, pathogen, bösartig
viruliferous virushaltig, virustragend
virus Virus *n*
viruses-satellites Satelliten-Viren *npl*
virus-resistant virusresistent
viscacha 1. Hasenmäuse *fpl (Lagidium)*; 2. Viscachas *fpl (Lagostomus)*
mountain ~s Hasenmäuse *fpl*, Bergviscachas *fpl (Lagidium)*
plains ~ Viscacha *f (Lagostomus maximus)*
viscera Viszera *pl*, Eingeweide *npl*, innere Organe *npl*
visceral viszeral, Eingeweide...
viscerocranium Viszeralschädel *m*, Gesichtsschädel *m*
visceromotor viszeromotorisch, eingeweidestimulierend
visceroskeleton Viszeralskelett *n*
viscid viskos, zähflüssig, dickflüssig; klebrig
viscidulous klebrig
viscosity Viskosität *f*, Zähigkeit *f*, Zähflüssigkeit *f*
vision Sehen *n*, Sehvermögen *n*, Gesichtssinn *m*
mesopic ~ Dämmerungssehen *n*
visual visuell, Seh-...; sichtbar, wahrnehmbar
visualization Sichtbarmachung *f*
vital 1. vital, lebenskräftig; Lebens...; 2. lebenswichtig; 3. *pl* lebenswichtige Organe *npl*
vitalism Vitalismus *m*
vitalistic vitalistisch
vitality 1. Vitalität *f*, Lebensfähigkeit *f*, Lebenskraft *f*; 2. Lebensdauer *f*
vitellicle Dottersack *m*
vitelligenous dotterbildend
vitelline 1. Dotter...; 2. Dottersack...
vitelloduct Dottergang *m*
vitellogenesis Dotterbildung *f*
vitellogenous dotterbildend
vitellus Eigelb *n*, Dotter *n*, Eidotter *n*
vitex Radmelde *f (Vitex)*
viticolous weintraubenbewohnend

vitreous 1. glasartig, glasig; hyalin; 2. Glaskörper...

vitreum Glaskörper *m*

vitrification Verglasung *f*

viviparity Viviparie *f*, Viviparität *f*, Lebendgebären *n*

viviparous lebendgebärend

vixen Füchsin *f*

vocal vokal, Stimm...

vocalization Vokalisation *f*, Stimmensignal *n*; Lautäußerung *f*, Lautgebung *f*

  appeasement ~ beruhigende Laute *mpl*

voice Stimme *f*

volant fliegend

volatile volatil, flüchtig, ätherisch

vole Feldmaus *f*, Wühlmaus *f (Microtus)*

  bank ~ 1. Schermaus *f*, Große Wühlmaus *f*, Wasserratte *f (Arvicola)*; 2. Rötelmaus *f*, Waldwühlmaus *f (Clethrionymus glareolus)*

  Chinese ~s Pere-David's Wühlmäuse *fpl (Eothenomys)*

  common ~ Feldmaus *f (Microtus arvalis)*

  common field ~ 1. Feldmaus *f*, Wühlmaus *f (Microtus)*; 2. Erdmaus *f*, Ackermaus *f (Microtus agrestis)*

  high-mountain ~s Gebirgs(wühl)mäuse *fpl (Alticola)*

  Martino's snow ~ Bergmaus *f (Dolomys)*

  meadow ~ → common field vole 1.

  mountain ~ → high-mountain vole

  narrow-skulled ~ Langschädliche [Schmälkopfige] Feldmaus *f*, Zwiebelmaus *f (Microtus gregalis)*

  northern mole ~ Nördlicher Mull-Lemming *m*, Wurfmoll *m (Ellobius talpinus)*

  northern redbacked ~ (Sibirische) Polar-Rötelmaus *f*, nordische Rötelmaus *f (Clethrionomys rutilus)*

  oriental ~ → Chinese vole

  pine ~ Kleinäugige Wühlmaus *f*, Kurzohrmaus *f (Microtus subterraneus)*

  red-backed ~ → bank vole

  root ~ Nordische Wühlmaus *f*, Sumpfmaus *f (Microtus oeconomus)*

  sagebrush ~ Steppenlemming *m*, Graulemming *m (Lagurus lagurus)*

  tundra ~ → root vole

  water ~ Große Schermaus *f*, Große Feldmaus *f*, Wasserratte *f (Arvicola terrestris)*

volley Muskelkontraktionenserie *f*

voluble gedreht, gewunden; windend

volume Volumen *n*

  lung ~ Lungenvolumen *n*, Lungenkapazität *f*

voluntary willkürlich

volute 1. spiralisch, spiralisch gewunden, schraubig gewunden; 2. *Bot.* Wickel *m*

volution Spiraldrehung *f*

volva Scheide *f*

volvate scheidentragend

vomer Vomer *m*, Pflugscharbein *n*

vomerine Pflugscharbein...

voracious gefräßig; gierig

vortex Vortex *m*, Wirbel *m*, Strudel *m*

vulnerable verwundbar, verletzbar

vulpine Fuchs...; fuchsartig

vulture Geier *m*; *pl* Neuwelt-Geier *mpl (Cathartidae)*

  bearded ~ Bartgeier *m*, Lämmergeier *m (Gypaetus barbatus)*

  black ~ 1. Rabengeier *m (Coragyps atratus)*; 2. Mönchsgeier *m (Aegypius monachus)*

  Cape ~ Fahlgeier *m*, Kap-Geier *m (Gyps coprotheres)*

  Egyptian ~ Aasgeier *m*, Schmutzgeier *m (Neophron percnopterus)*

  griffon ~ Gänsegeier *m*, Weißköpfiger Geier *m (Gyps fulvus)*

  king ~ 1. Königsgeier *m (Sarcoramphus papa)*; 2. Kahlkopfgeier *m (Sarcogyps calvus)*

  lappet-faced ~ Ohrengeier *m (Trogos tracheliotus)*

  scavenger ~ → Egyptian vulture

  turkey ~ Truthahngeier *m (Cathartes aura)*

  white-headed ~ Wollkopfgeier *m (Trigonoceps occipitalis)*

vulturous Raub...

vulva Vulva *f*, weibliche Scham *f*

vulval [vulvar] vulvar, Vulva..., Scheideneingang(s)...

wadden → watt

wader Sumpfvogel *m*

wag 1. wackeln, wedeln, wippen *(Schwanz)*

wagtail Bachstelze *f*, Stelze *f (Motacilla)*; *pl* Stelzen *fpl (Motacillidae)*

  African mountain ~ Langschwanz-Stelze *f (Motacilla clara)*

  black-headed ~ Maskenstelze *f (Motacilla feldegg)*

  blue-headed ~ Gelbe Bachstelze *f*, Wiesenstelze *f*, Schafstelze *f (Motacilla flava)*

  forest ~ Baumstelze *f*, Waldstelze *f (Dendronanthus indicus)*

  gray ~ Graue Bachstelze *f*, Gebirgstelze *f*, Bergstelze *f (Motacilla cinerea)*

  pied [white] ~ (Weiße) Bachstelze *f (Motacilla alba)*

  yellow ~ → blue-headed wagtail

  yellow-headed ~ Zitronenstelze *f (Motacilla citreola)*

wahoo 1. Pfaffenhütchen *n*, Spindelstrauch *m (Euonymus)*; 2. Wahoo *n (Acanthocybium solandri)*

wake-robin 1. Aronstab *m (Arum maculatum)*; 2. Dreiblatt *n*, Waldlilie *f (Trillium)*

walk 1. Schritt *m*, Gangart *f*; 2. gehen, im Schritt gehen

  walking:

  chromosomal ~ Chromosom-Walking *n (Verfahren der DNS-Sequenzierung)*

wall Wand *f*; Scheidewand *f*

body ~ Körperwand *f*
cell ~ Zellhaut *f*, Zellwand *f*
muscular ~ Muskelhaut *f*
nail ~ Nagelwall *m*
partition ~ Trennwand *f*
vascular ~ Gefäßwand *f*

wallaby 1. Großkänguruh *n*, Wallabi *m*, Riesenkänguruh *n (Macropus)*; 2. Fels(en)känguruh *n (Petrogale)*
banded hare ~ → striped hare wallaby
black-tailed (swamp) ~ Sumpfwallaby *m (Wallabia bicolor)*
bridled nail-tailed ~ → silky wallaby
brush ~ Bennettkänguruh *n*, Bennettwallabi *m (Macropus rufogriseus)*
free ~ Buschkänguruh *n (Dorcopsis)*
hare ~ Hasenkänguruh *n (Lagorchestes)*
little rock ~ Zwergsteinkänguruh *n (Peradocas)*
nail-tailed ~ → silky wallaby
pademelon ~ → scrub wallaby 1.
pygmy rock ~ → little rock wallaby
red(-necked) ~ → brush wallaby
(ring-tailed) rock ~ Fels(en)känguruh *n (Petrogale)*
rufous-necked ~ → brush wallaby
scrub ~ 1. Flander *m (Thylogale)*; 2. Kurzschwanzkänguruh *n (Setonyx)*; 3. → brush wallaby
short-tailed ~ → scrub wallaby 2.
silky ~ Nagel(schwanz)känguruh *n (Onychogale)*
striped hare ~ Bänderkänguruh *n (Lagostrophus)*

wallaroo Riesenkänguruh *n*, Großkänguruh *n*, Wallabi *m (Macropus);* Berg(groß)känguruh *n (Macropus robustus)*

walleyes Barsche *m pl (Percidae)*

wallflower Goldlack *m (Cheiranthus cheiri)*

wallink Amerikanischer Ehrenpreis *m (Veronica americana)*

wall-moss Scharfer Mauerpfeffer *m (Sedum acre)*

wallow 1. sich wälzen, sich suhlen; 2. Suhle *f*

wallwort Schwarzer Holunder *m (Sambucus nigra)*

walnut Nußbaum *m (Juglans)*
American ~ → black walnut
Belgium ~ Mollukischer Holzölbaum *m*, Lichtnußbaum *m (Aleurites mollucana)*
bitternut [Bixby] ~ Butternußbaum *m (Juglans cinerea)*
black ~ Schwarznuß *f*, Schwarzer Walnußbaum *m (Juglans nigra)*
English [European, French] ~ Echter Walnußbaum *m (Juglans regia)*
lemon ~ → white walnut 2.
Manchurian ~ Mandschurischer Walnußbaum *m (Juglans mandshurica)*
Mexican [native] ~ Felsenwalnußbaum *m (Juglans microcarpa)*
Persian ~ → English walnut
satin ~ Amerikanischer Amberbaum *m*, Amerikanischer Storaxbaum *m (Liquidambar styraciflua)*
sea ~s Kammquallen *fpl*, Rippenquallen *fpl (Ctenophora)*
sweet ~ → white walnut 2.
white ~ 1. → bitternut walnut; 2. Weiße Hickory *f (Caria alba)*

walpole-tea Rotwurzel *f (Ceanotus americanus)*

walrus Atlantisches [Gemeines] Walroß *n (Odobenus rosmarus)*; *pl* Walrosse *npl (Odobenidae)*

wand:
sea ~ Fingertang *m*, Handförmiger Riementang *m (Laminaria digitata)*

wandflower Fransenschwertel *m (Sparaxis)*

wandoo-forest Fieberbaumwald *m*

wane abnehmen, nachlassen, verblassen

wankapin 1. Mexikanische Seerose *f (Nymphaea mexicana)*; 2. Gelbe Lotosblume *f (Nelumbium luteum)*

wanting fehlend, mangelnd

wapatoo Breitblättriges Pfeilkraut *n (Sagittaria latifolia)*

wapiti Edelhirsch *m*, Rothirsch *m (Cervus elaphus)*

warbler 1. Grasmücke *f*; 2. Waldsänger *m*
aquatic ~ Seggen-Rohrsänger *m (Acrocephalus paludicola)*
Arctic (willow) ~ Nordischer Laubsänger *m*, Wanderlaubsänger *m (Phylloscopus borealis)*
Australian ~ s Südseegrasmücken *fpl (Acanthizidae)*
barred ~ Sperbergrasmücke *f (Sylvia nisoria)*
bay-breasted ~ Braunbrust-Waldsänger *m (Dendroica castanea)*
black-and-white ~ Baumläufer-waldsänger *m*, Kletterwaldsänger *m (Mniotilta varia)*
black-poll ~ Kappen-Waldsänger *m (Dendroica striata)*
black-throated blue ~ Blaurücken-Waldsänger *m (Dendroica caerulescens)*
black-throated green ~ Grün-Waldsänger *m (Dendroica virens)*
blue-throated ~ Blaukehlchen *n (Luscinia svecica)*
blue-winged ~ Blauflügel-Waldsänger *m (Vermivora pinus)*
Bonelli's ~ Berglaubsänger *m (Phylloscopus bonelli)*
booted ~ Buschspötter *m (Hippolais caligata)*
brown willow ~ Zilpzalp *m (Phyloscopus collybitus)*
Canadian ~ Kanada-Waldsänger *m (Wilsonia canadensis)*
Cetti's ~ Seidensänger *m (Cettia cetti)*
chestnut-sided ~ Gelbscheitel-Waldsänger *m (Dendroica pennsylvanica)*
cinnamon-breasted ~ Zimtbrustsänger *m (Euryptila)*
desert ~ Wüstengrasmücke *f (Sylvia nana)*
dusky ~ Dunkler Laubsänger *m (Phylloscopus fuscatus)*
fan-tailed ~ 1. Cistensänger *m (Cisticola juncidus)*; 2. Breitschwanzsänger *m (Schoenicola brevirostris)*
garden ~ Gartengrasmücke *f (Sylvia borin)*
golden-winged ~ Goldflügel-Waldsänger *m (Vermivora chrysoptera)*
grasshopper ~ Feldschwirl *m*, Heuschreckensänger *m (Locustella naevia)*

greenish ~ Grüner Laubsänger *m (Phylloscopus trochiloides)*
icterine ~ Gartenspötter *m*, Gartensänger *m*, Gartenlaubvogel *m (Hippolais icterina)*
lanceolated ~ Strichelschwirl *m (Locustella lanceolata)*
magnolia ~ Magnolien-Waldsänger *m*, Hemlockwaldsänger *m (Dendroica magnolia)*
marsh ~ 1. Sumpf-Rohrsänger *m (Acrocephalus palustris)*; 2. Schilfsteiger *m (Megalurus)*
melodious ~ Orpheusspötter *m(Hippolais polyglotta)*
mountain ~ → Bonelli's warbler
moustached ~ 1. Mariskensänger *m (Acrocephalus melanopogon)*; 2. Bartgrassänger *m (Sphenocacus mentalis)*
myrtle ~ Myrtensänger *m*, Kronwaldsänger *m (Dendroica coronata)*
olivaceous ~ Blaßspötter *m(Hippolais pallida)*
olive-tree ~ Olivenspötter *m(Hippolais olivetorum)*
orphean ~ Orpheusgrasmücke *f (Sylvia hortensis)*
paddyfield ~ Feldrohrsänger *m (Acrocephalus agricola)*
Pallas's ~ Goldhähnchen-Laubsänger *m (Phylloscopus proregulus)*
parula ~ Meisen(wald)sänger *m (Parula americana)*
pine ~ Kiefernwaldsänger *m (Dendroica pinus)*
pink-headed ~ Rotwaldsänger *m (Ergaticus ruber)*
reed ~ Teichrohrsänger *m (Acrocephalus scirpaceus)*
river ~ Schlagschwirl *m (Locustella fulviatilis)*
rufous ~ Heckensänger *m (Cercotrichas galactotes)*
Sardinian ~ Samtkopfgrasmücke *f*, Schwarzkopfgrasmücke *f (Sylvia melanocephala)*
Savi's ~ Rohrschwirl *m*, Nachtigallschwirl *m*, Nachtigall-Rohrsänger *m (Locustella luscinioides)*
sedge ~ Schilfsrohrsänger *m (Acrocephalus schoenobaenus)*
spectacled ~ 1. Brillengrasmücke *f (Sylvia conspicillata)*; 2. Brillenwaldsänger *m (Myioborus melanocephalus)*
subalpine ~ Weißbart-Grasmücke *f (Sylvia cantillans)*
Upcher's ~ Dornbuschspötter *m (Hippolais languida)*
willow ~ Fitis(laubsänger) *m (Phylloscopus trochilus)*
wood ~ Waldlaubsänger *m (Phylloscopus sibilatrix)*
yellow ~ Goldwaldsänger *m*, Zitronsänger *m (Dendroica petechia)*
yellow-browed ~ Gelbbrauen-Laubsänger *m*, Goldhähnchenlaubsänger *m (Phylloscopus inoratus)*
yellow-rumped ~ → myrtle warbler

warden:
game ~ Jagdaufseher *m*, Revieraufseher *m*

ware:
red ~ Fingertang *m*, Handförmiger Riementang *m (Laminaria digitata)*
sea ~ Fukus *m*, Blasentang *m (Fucus vesiculosus)*

waringin Ficus Benjamini *m (Ficus benjamina)*
warlock 1. Ackerrettich *m (Raphanus raphanistrum)*; 2. Schwarzkohl *m*, Schwarzer Senf *m (Brassica nigra)*
warm-blooded warmblütig
warm-enduring wärmeresistent
warmot Wermut *m*, Absint *m (Artemisia absinthium)*
warm-requiring wärmeliebend
warning Warn...
warragal Dingo *m (Canis familiaris dingo)*
warren Labyrinth *n*
rabbit ~ Kaninchenbau *m*
warsaw Zackenbarsch *m*, Sägerbarsch *m (Epinephelus)*
wart 1. Warze *f*; 2. Schwiele *f*
warthog Warzenschwein *n (Phacochoerus aecthiopicus)*
wartweed → wolf's-milk
wartwort 1. Großes Schöllkraut *n (Chelidonium majus)*; 2. Sumpfruhrkraut *n (Gnaphalium uliginosum)*; 3. → wolf's-milk
warty warzig

washerwoman:
little ~ Blaues Engelsauge *n (Houstonia coerulea)*

washing *(Ethol.)* Waschen *n*
wasp 1. Wespe *f (Vespa)*; *pl* Faltenwespen *fpl*, Echte Wespen *fpl (Vespidae)*; 2. *pl* Grabwespen *fpl*, Sandwespen *fpl (Sphecidae)*
bee-killer ~ 1. (Europäischer) Bienenwolf *m*, Bienenräuber *m (Philanthus)*; 2. *pl* bienenfressende Grabwespe *fpl*
blue wood ~ Blaue Fichtenholzwespe *f (Sirex noctilio)*
chalcid ~**s** Erzwespen *fpl (Chalcididae)*
cuckoo ~**s** Goldwespen *fpl (Chrysididae)*
digger ~**s** Grabwespen *fpl*, Sandwespen *fpl (Sphecidae)*
ensign ~**s** Hungerwespen *fpl (Evaniidae)*
fig ~ Feigenwespe *f (Blastophaga)*
gall ~**s** Gallwespen *fpl (Cynipidae)*
giant wood ~ Riesen(holz)wespe *f (Sirex gigas)*
mason ~**s** → spider wasps
mud ~ Pillenwespe *f (Eumenes coarctatus)*
potter ~**s** Lehmwespen *fpl (Eumenidae)*
sand ~ Sandwespe *f (Ammophila)*
social ~**s** Faltenwespen *fpl*, Echte Wespen *fpl (Vespidae)*
sphecoid ~**s** → digger wasps
spider ~**s** Wegwespen *fpl (Pompilidae)*
spiny digger [square-headed] ~ Silbermundwespe *f (Crabro)*
thread-waisted ~**s** → digger wasps
tool-using ~ Sandwespe *f (Ammophila)*
wood ~**s** Holzwespen *fpl (Siricidae)*

wastage Verlust *m*; Verschwendung *f*, Abgang *m*
waste 1. Wüste *f*; Ödland *n*; 2. Abfälle *mpl*, Abfallprodukt *n*; Abwasser *n*; 3. öde, wüst, unfruchtbar; 4. unbrauchbar
watch 1. Beobachtung *f*; 2. beobachten
watch-glass Uhrglas *n*, Uhrglasschale *f*
water 1. Wasser *n*; 2. Gewässer *n*; 3. Fruchtwasser *n*
fresh ~ Süßwasser *n*
gravitational ~ Sickerwasser *n*, Senkwasser *n*
potable ~ Trinkwasser *n*

redistilled ~ bidestilliertes Wasser *n*
running ~ fließendes Wasser *n*
sea ~ Meerwasser *n*, Seewasser *n*
sewage ~ Abwässer *n pl*
shallow ~ Untiefe *f*
water-bean Gelbe Teichrose *f*, Gelbe Seerose *f* *(Nuphar lutea)*
water-bearing wasserhaltig
waterbelly Maräne *f*, Renke *f* *(Coregonus)*
waterblink Quellkraut *n* *(Montia)*
waterbuck Wasserbock *m* *(Kobus elipsiprymus)*
water-carrying wasserhaltig, wasserführend
waterclover Kleefarn *m* *(Marsilea)*
watercress 1. Krähenfuß *m* *(Coronopus)*; 2. Ackerkohl *m*, Ackersenf *m* *(Sinaps arvensis)*; 3. Brunnenkresse *f* *(Nasturtium officinale)*
watercup Gelbe Schlauchpflanze *f* *(Sarracenia flava)*
waterfowl Schwimmvögel *m pl*
watergrass 1. Hühnerhirse *f* *(Echinochloa crus-galli)*; 2. Doldige Wassernabel *m* *(Hydrocotyle umbellata)*
watering Begießen *n*, Berieseln *n*
watering-place Tränke *f*
waterleaf Wasserblatt *n* *(Hydrophyllum)*
waterlogged 1. versumpft; 2. wassergesättigt; 3. halbversunken
watermelon Arbuse *f*, Wassermelone *f* *(Citrullus lanatus* ssp. *vulgaris* var. *vulgaris)*
waterproof 1. wasserfest, wasserdicht
water-repellent wasserabstoßend
water-tight wasserfest, wasserdicht
water-torch Breitblättriger Rohrkolben *m* *(Typha latifolia)*
waterweed Wasserpest *f* *(Elodea)*
waterwort 1. Tännel *n* *(Elatine)*; 2. Sumpfrohrkraut *n* *(Gnaphalium uliginosum)*; 3. Lanzettlicher Milzfarn *m* *(Asplenium lanceolatum)*; Brauner Streifenfarn *n* *(Asplenium trichomanes)*
watery 1. wässerig; 2. versumpft
watt Watt *n*
wattle 1. *(Orn.)* Kehllappen *m*; 2. Bartel *f*, Bart(el)faden *m*; 3. Schottendorn *m*, Akazie *f* *(Acacia)*
Australian ~ Weicher Schottendorn *m* *(Acacia mollis)*
hickory ~ Fingernervige Akazie *f* *(Acacia penninervis)*
ironwood ~ Hohe Akazie *f* *(Acacia excelsa)*
silver ~ Echte Akazie *f* *(Acacia dealbata)*
wave 1. Welle *f*; 2. → wogen
brain ~ Gehirnwindung *f*
wave-leaved wellenblättrig
wave-petaled wellenkronenblättrig
wavy wellig, Wellen...
wawa Abachi *m* *(Triplochiton scleroxylon)*
wax Wachs *n*
ear ~ Ohrenschmalz *n*
waxberry 1. Gagel *m* *(Myrica)*; 2. Weiße Schneebeere *f* *(Symphoricarpus albus)*
waxbill Astrild *m*; Eigentlicher Astrild *m* *(Estrilda)*; *pl* Prachtfinken *mpl* *(Estrildidae)*
red-browed ~ Dornastrild *m* *(Aegintha temporalis)*
waxbird → waxwing
waxbush Gestielter Weiderich *m* *(Lythrum petiolatum)*
wax-pinks Portulakröschen *n* *(Portulaca grandiflora)*
wax-producing wachsliefernd
waxweed Weiderich *m* *(Lythrum)*
waxwing Seidenschwanz *m* *(Bombycilla)*; Europäischer Seidenschwanz *m* *(Bombycilla garrulus)*
cedar ~ Zedernseidenschwanz *m* *(Bombycilla cedrorum)*
waxwort [wax-wort] Kriechender Baummörder *m* *(Celastrus scandens)*
waxy wächsern; Wachs...
waxy-flowered wachsblumig
waxy-fruited wachsfrüchtig
waxy-leaved wachsblättrig
waxy-seeded wachssamig
waybread Großer Wegerich *m* *(Plantago major)*
way-grass Vogelknöterich *m* *(Polygonum aviculare)*
waythorn Gemeiner Kreuzdorn *m* *(Rhamnus catharica)*
weak 1. schwach; empfindlich; 2. verdünnen
weakfish Adlerfisch *m* *(Johnius hololepidotus)*; Umberfische *mpl* *(Sciaenidae)*
common ~ Adlerfisch *m* *(Johnius hololepidotus)*
wean abstillen, entwöhnen
weaning Abstillung *f*, Entwöhnung *f*
weapontail Stachelschwanzleguan *m* *(Hoplocercus)*
weasel Wiesel *n*
African striped ~ Weißnackenwiesel *n* *(Poecilogale albinucha)*
Alpine ~ Alpenwiesel *n*, Altai-Wiesel *n* *(Mustela altaica)*
bridled ~ → long-tailed weasel
Cape ~ → African striped weasel
common ~ Großes Wiesel *n*, Hermelin *n* *(Mustela erminea)*
gray-headed ~ Tayra *m* *(Eira barbata)*
greater ~ → common weasel
least ~ Mauswiesel *n*, Kleines Wiesel *n* *(Mustela nivalis)*
long-tailed ~ Langschwanzwiesel *n* *(Mustela frenata)*
Lybian striped ~ Lybisches Streifenwiesel *n* *(Poecilictis lybica)*
mountain [pale] ~ → Alpine weasel
Saharan ~ → Lybian striped weasel
short-tailed ~ → common weasel
Siberian ~ Sibirisches Feuerwiesel *n*, Sibirischer Nerz *m*, Feuermarder *m*, Erdmarder *m* *(Mustela sibirica)*
striped ~ → Lybian striped weasel
white-naped ~ → African striped weasel
yellow-bellied ~ Gelbbauchwiesel *n* *(Mustela kathiah)*
weaselfish Kinglipe *mpl*, Rocklinge *mpl*, Bartmännchen *npl* *(Ophidiidae)*
weaselsnout Goldnessel *f* *(Galeobdolon)*
weather 1. Wetter *n*, Witterung *f*

weathercock Zweiblütiges Springkraut *n (Impatiens biflora)*
weather-glass Acker-Gauchheil *n (Anagallis arvensis)*
weaver 1. Weber *m*; *pl* Webervögel *mpl (Ploceidae)*; 2. Petermännchen *n (Trachinus draco)*
black ~ Trauerweber *m (Ploceus albinucha)*
bob-tailed ~ Kurzschwanzweber *m (Brachycope anomala)*
buffalo ~ Büffelweber *m (Bubalornis albirostris)*
grosbeak ~ → thick-billed weaver
lesser ~ Viperqueise *f*, Zwergpetermännchen *n*, Kleines Petermännchen *n (Trachinus vipera)*
parasitic ~ Kuckuckweber *m (Anomalospiza)*
red-billed ~ Blutschnabelweber *m (Quelea quelea)*
red-headed ~ Scharlachweber *m (Malimbus rubri--ceps)*
rufous-tailed ~ Rotschwanzweber *m (Histurgops ruficauda)*
sociable ~ Siedelweber *m*, Siedelsperling *m (Philetarius socius)*
thick-billed ~ Weißstirnweber *m (Amblyospiza albifrons)*
white-headed ~ Starweber *m*, Weißkopf-Viehweber *m (Dinemellia dinemelli)*
weaverbird → weaver 1.
web 1. Spinngewebe *n*, Gespinst *n*; Netz *n (z.B. der Spinne)*; 2. Schwimmhaut *f*; Flughaut *f*; 3. Bart *m (einer Feder)*; 4. *(Anat.)* Gewebe *n*
food ~ trophischer Zusammenhang *m*; Nahrungsnetz *n*
spider ~ Spinngewebe *n*
webbed 1. schwimmhäutig, mit Schwimmhäuten; 2. bindegewebig
webbing Membran(e) *f*; Schwimmhaut *f*
webworm:
beet ~ Rübenzünsler *m (Loxostege stictialis)*
cabbage ~ Kohlzünsler *m*, Südeuropäischer Kruziferenzünsler *m (Hellula undalis)*
fall ~ Weißer Bärenspinner *m (Hyphantria cunea)*
grass ~s Raupen *fpl* der Grasmotten *fpl (Crambidae)*
juniper ~ Wacholder-Schabe *f (Dichomeris juniperella)*
parsnip ~ Pastinakmotte *f*, Bärenklaumotte *f (Depressaria heracliana)*
pine false ~ Rotköpfige Gespinstblattwespe *f*, Kiefernschonungs-Gespinstblattwespe *f (Acantholyda erythrocephala)*
sod ~s Wiesenzünsler *m pl*
wed trockenes [wasserloses] Flußbett *n*
wedge-leaved keilblättrig
weed 1. Unkraut *n*; 2. Kümmerling *m (schwächliches Tier)*; 3. (aus)jäten
asthma ~ Aufgeblasene Lobelie *f (Lobelia inflata)*
Canada water ~ Kanadische Wasserpest *f (Elodea canadensis)*
carpenter ~ Gemeine Braunelle *f (Prunella vulgaris)*
consumption ~ Großes [Rundblättriges] Wintergrün *n (Pyrola rotundifolia)*
continental ~ Gemeines Leinkraut *n (Linaria vulgaris)*
convulsion ~ Einblütiger Fichtenspargel *m (Monotropa uniflora)*
cornstalk ~ Spiegelndes Laichkraut *n (Potamogeton lucens)*
diel ~ Stinkende Hundskamille *f (Anthemis cotula)*
grass ~ Ungras *n*
hayfever ~ Pontischer Beifuß *m (Artemisia pontica)*
Jamestown ~ Weißer Stechapfel *m (Datura stramonium)*
kraut ~ 1. Ackersenf *m (Sinapis arvensis)*; 2. Ackerrettich *m*, Hederich *m (Raphanus raphanistrum)*
marsh-milk ~ Purpurroter Wasserdost *m (Eupatorium purpureum)*
missionary ~ Orangerotes Habichtskraut *n (Hieracium aurantiacum)*
pasture ~ Weideunkraut *n*
queen ~ Garten-Pastinak *m*, Echter Pastinak *m (Pastinaca sativa)*
quicksilver ~ Zweihäusiges Wiesenkraut *n (Thalictrum dioicum)*
rattlebag ~ Weichster Tragant *m (Astragalus mollissimus)*
rattlesnake ~ Wasser-Mannstreu *f (Eryngium aquaticum)*
skeleton ~ Großer Knorpellattich *m (Chondrilla juncea)*
tench ~ Schwimmendes Laichkraut *n (Potamogeton natans)*
turpentine ~ Kompaßpflanze *f (Silphium laciniatum)*
widgeon ~ Ruppie *f*, Salde *f (Ruppia)*
woolly ~ Habichtskraut *n (Hieracium)*
weed-gout Geißfuß *m*, Giersch *m (Aegopodium podagraria)*
weedicide Herbizid *n*
weed-killing herbizid, unkrauttötend
weedy unkrautverwachsen
weever → weaver 2.
weevil Rüsselkäfer *m*; *pl* Rüsselkäfer *mpl*, Rüssler *mpl (Curculionidae)*
acorn ~ Großer Eichelrüßler *m (Balaninus glandium)*
alder-tree ~ Erlenrüßler *m*, Erlenwürger *m (Cryptorhynchus lapathi)*
almond blossom ~ Mandelblütenstecher *m (Anthonomus amygdali)*
apple blossom ~ Apfelblütenstecher *m (Anthonomus pomorum)*
apple flea ~ Apfelspringrüßler *m (Rhynchaenus pallicornis)*
banded pine ~ Kleiner Brauner Kiefernrüßler *m (Pissodes notatus)*
bean ~ Bohnensamenkäfer *m*, Speisebohnenkäfer *m (Acanthoscelides obtecus)*
beech flea ~ Buchenspringrüßler *m (Rhynchaenus fagi)*
birch ~ Schwarzer Birkenblattroller *m (Rhynchites*

betulae)
birch flea ~ Birkenspringrüßler *m (Rhynchaenus alni)*
biscuit ~ (Kleiner) Brotbohrer *m*, Brotkäfer *m (Anobium paniceum)*
black ~ → rice weevil
black vine ~ Gefurchter Dickmaulrüßler *m (Brachyrhinus sulcatus)*
broad-bean ~ Bohnenkäfer *m*, Pferdebohnenkäfer *m (Bruchus rufimanus)*
broad-nosed ~ Dickmaulrüßler *m*, Lappenrüßler *m (Brachyrhinus)*
broad-nosed grain ~ Breitrüßliger Kornkäfer *m (Caulophilus latinasus)*
brown leaf ~ Brauner Grünrüßler *m*, Gemeiner Blattrüßler *m (Phyllobius oblongus)*
cabbage and turnip gall ~ Kohlgallenrüßler *m (Ceutorhynchus sulcicollis)*
cabbage seedpod ~ Kohlschottenrüßler *m (Ceutorhynchus assimilis)*
carrot ~ Oregonischer Rüsselkäfer *m (Lestronotus oregonensis)*
cherry ~ Kirschenbohrer *m*, Kirschkernrüßler *m (Circulio cerasorum)*
chestnut ~ Eßkastanienbohrer *m (Circulio elephas)*
clover-leaf ~ Kleeblattnager *m*, Punktierter Krautrüßler *m (Hypera punctata)*
coffee-bean ~ Kaffeebohnenkäfer *m (Araecerus fasciculatus)*
common-leaf ~ Breiter Birnengrünrüßler *m (Phyllobius pyri)*
cowpea ~ Vierfleckiger Bohnenkäfer *m (Callosobruchus maculatus)*
deodar ~ → white pine weevil
flea ~ Springrüßler *m (Rhynchaenus)*
fungus ~s Breitrüßler *mpl*, Maulkäfer *mpl (Anthribidae)*
grain ~s Calandrinie *f (Calandrinia)*
granary ~ Gemeiner Kornkäfer *m*, Kornrüßler *m (Sitophilus granarius)*
large pine ~ Großer Fichtenrüßler *m (Hylobius abietis)*
leaf ~ 1. Grünrüßler *m (Phyllobius)*; 2. Blattnager *m (Phytonomus)*
leaf-rolling ~s Blattwickler *mpl*, Blattroller *mpl (Attelabidae)*
lentil ~ Linsenkäfer *m (Bruchus lentis)*
lucerne ~ Luzerneblattnager *m (Phytonomus variabilis)*
Norway spruce ~ Weißtannenrüßler *m (Pissodes piceae)*
nut ~ Nußbohrer *m*; Nußbohrer *(Curculio)*; Haselnußbohrer *m*, Nußrüßler *m (Curculio nucum)*
oak flea ~ Eichenspringrüßler *m (Rhynchaenua quercus)*
oak gall ~ Eichengallenrüßler *m (Circulio villosus)*
pea ~ Gemeiner Erbsenkäfer *m (Bruchus pisorum)*
pea leaf ~ Gestreifter Blattrandkäfer *m*, Erbsenblattrandkäfer *m (Sitona lineata)*
pear blossom ~ Birnenknospenstecher *m (Anthonomus pyri)*
pine ~ 1. Großer Fichtenrüßler *m (Hilobius abietis)*; 2. Nadelholzbohrer *m (Pissodes)*
poplar flea ~ Pappelspringrüßler *m (Rhynchaenus populi)*
ribbed pine ~ → white pine weevil
rice ~ (Indischer) Reiskäfer *m (Sitophilus oryzae)*
scarred [short-nosed] ~s Kurzrüßler *mpl*
short-winged ~s Kurzflügelrüßler *mpl*
silver-green ~ Silbriggrüner Laubholzrüßler *m (Phyllobius argentatus)*
sweet-clover ~ Steinklee-Blattrandkäfer *m (Sitona cylindricollis)*
twig-cutting ~ Zweigstecher *m (Rhynchites coeruleus*
white pine ~ Weymouthskiefern-Rüsselkäfer *m*, Starkrüsseliger Kiefernrüßler *m (Pissodes strobi)*
willow ~ → alder-tree weevil

weigela 1. Dierville *f (Diervilla)*; 2. Weigelie *f (Weigela)*
weight Gewicht *n*
to gain ~ in Gewicht zunehmen
to reduce in ~ Gewicht verlieren
air-dry ~ Trockengewicht *n*
dry ~ Trockengewicht *n*
fresh ~ Frischgewicht *n*
green ~ Gewicht *n* der frischen Pflanze
live ~ Lebendiggewicht *n*
molecular ~ Molekularmasse *f*
ovendry ~ absolutes Trockengewicht *n*

weir 1. Wehr *m*, Stauwehr *m*; 2. Fischreuse *f*
weka Wekaralle *f (Gallirallus australis)*
welcome-to-our-house Zypressen-Wolfsmilch *f (Euphorbia cyparissas)*
weld Färber-Reseda *f (Reseda luteola)*
well-fed wohlgefüttert, wohlgenährt
wellingtonia Mammutbaum *m (Sequoiadendron giganteum)*
well-marked wohlausgeprägt
wels Wels *m*, Waller *m (Silurus)*; Echter [Gewöhnlicher] Wells *m*, Waller *m (Silurus glanis)*
wet 1. naß; 2. feucht, regnerisch; 3. Feuchtigkeit *f*, Nässe *f*
wetland Feuchtland *n*, versumpfte Landstrecke *f*
wetting Anfeuchtung *f*
whale Wal *m*; *pl* Waltiere *npl*, (Echte) Wale *mpl (Cetacea)*
Arctic (right) ~ → great polar whale
Arnoux's beaked ~ Südlicher Schwarzwal *m (Berardius arnouxi)*
Atlantic right ~ → Biskayan right whale
Baird's beaked ~ Baird-Wal *m*, Nordischer Schwarzwal *m (Berardius bairdi)*
baleen ~s Glattwale *mpl (Balaenidae)*
bay ~ → little picked whale
beaked ~s 1. Zweizahnwale *mpl*, Spitzschnauzendelphin *m*, Sowerby's Wal *m (Mesoplodon)*; 2. *pl* Schnabelwale *mpl*, Spitzschnabeldelphine *mpl (Ziphiidae)*

Biskayan right [black (right)] ~ Nordkaper *m*, Biskayerwal *m (Eubalaena glacialis)*
Blainville's ~ Blainwille-Zweizahnwal *m (Mesoplodon densirostris)*
blue ~ Blauwal *m*, Riesenwal *m (Balaenoptera musculus)*
bottlenosed ~s Entenwale *mpl*, Doglinge *mpl (Hyperoodon)*
bowhead ~ → great polar whale
calling ~ → pilot whale
California gray ~ → gray whale
coalfish ~ → fish whale
common ~ → Greenland right whale
Cuvier's beaked ~ Cuvier-Schnabelwal *m (Ziphius cavirostris)*
false killer ~ Kleiner Schwertwal *m (Pseudorca crassidens)*
fin(back) ~ Finnwale *mpl (Balaenoptera)*; Finnwal *m (Balaenoptera physalus)*; *pl* Finnwale *mpl*, Furchenwale *mpl (Balaenopteridae)*
fish ~ Seiwal *m*, Rudolphi-Finnwal *m (Balaenoptera borealis)*
giant bottle-nosed ~s Schwarzwale mpl *(Berardius)*
goose-beaked ~ → Cuvier's beaked whale
gray ~ Grauwal *m (Eschrichtius gibbosus)*
Gray's beaked ~ Gray-Zweizahnwal *m (Mesoplodon grayi)*
great polar [Greenland right] ~ Gronlandwal *m*, Polarwal *m*, Bartenwal *m (Balaena mysticetus)*
herring ~ Finnwal *m (Balaenoptera physalis)*
howling ~ → pilot whale
humpback [hunch-backed] ~ Buckelwal *m*, Langflossenwal *m*, Knurrwal *m (Megaptera novaeangliae)*
killer ~ Schwertwal *m (Orcinus orca)*
lesser killer ~ Kleiner Schwertwal *m (Pseudorca crassidens)*
lesser sperm ~ Nördlicher Entenwal *m*, (Nordischer) Dögling *m (Hyperoodon ampullatus)*
little picked ~ Zwergwal *m*, Schnabelwal *m (Balaenoptera acutorostrata)*
Minke's ~ → little picked whale
New Zealand beaked ~ → Baird's beaked whale
nord-west right ~ → northern right whale
North Atlantic [North Cape] ~ Mittelglattwal *m (Eubalaena)*
northern right ~ Nordkaper *m*, Biskayerwal *m (Eubalaena glacialis)*
North Pacific giant ~ → Baird's beaked whale
Pacific beaked ~ → giant bottle-nosed whale
Pacific gray ~ → gray whale
pike(head) ~ → little picked whale
pilot ~ (Gewöhnlicher) Grindwal *m (Globicephala melaena)*
pollack ~ → fish whale
pothead ~ → pilot whale
pygmy sperm ~ Zwergpottwal *m (Kogia breviceps)*
right ~ s → baleen whales
sardine ~ → fish whale
sei ~ → fish whale
sharp-headed (finner) ~ → little picked whale
Sherped's beaked ~ → Tasmanian beaked whale
short-headed sperm ~ → lesser sperm whale
small sperm ~ → pygmy sperm whale
social ~ → pilot whale
southern bottlenose ~ Südlicher Entenwal *m (Hyperoodon planifrons)*
Sowerby's ~ Sowerby Zweizahnwal *m (Mesoplodon bidens)*
sperm ~ (Großer) Pottwal *m*, Kaschelot *m (Physeter catodon)*
Steineger's beaked ~ Steineger Zweizahnwal *m (Mesoplodon steinegeri)*
sulfur-bottom ~ → blue whale
Tasmanian beaked ~ Shepherd-Wal *m (Tasmacetus shepherdi)*
toothed ~s Zahnwale *mpl (Odontoceti)*
whalebone ~s Bartenwale *mpl (Mystacoceti)*
white ~ Weißwal *m*, Beluga *m (Delphinapterus leucas)*
ziphiid ~s → beaked whale 2.
whalebone Fischbein *n*
whalefish Walköpfige Fische *mpl (Cetomimidae)*
whaler:
blue ~ Großer Blauhai *m (Prionace glauca)*
whaling Walfang *m*
whaup Großer Brachvogel *m (Numenius arquata)*
wheat Weizen *m (Triticum)*
beech ~ Buchweizen *m (Fagopyrum esculentum)*
bread ~ Weizen *m*, Saatweizen *m (Triticum aestivum)*
club ~ Zwergweizen *m*, Buckelweizen *m (Triticum compactum)*
common ~ Weizen *m*, Saatweizen *m (Triticum aestivum)*
cone ~ Rauhweizen *m*, Englischer Weizen *m (Triticum turgidum)*
dinkel ~ Dinkel *m (Triticum spelta)*
duck ~ Tatarischer Buchweizen *m (Fagopyrum tataricum)*
durum ~ Glasweizen *m*, Hartweizen *m (Triticum durum)*
emmer ~ Ammer *m*, Emmer *m*, Zweikornweizen *n (Triticum dicoccon)*
fall ~ Winterweizen *m*
false ~ Gemeine Quecke *f (Agropyrum repens)*
flint ~ → durum wheat
French ~ Echte [Gemeine] Hirse *f (Panicum miliaceum)*
German ~ → dinkel wheat
hard [macaroni] ~ → durum wheat
Polish ~ Polnischer Weizen *m (Triticum polonicum)*
poulard [rivet] ~ → cone wheat
soft ~ Saatweizen *m*, Weichweizen *m (Triticum aestivum)*
spelt ~ Einkornweizen *m (Triticum monococcum)*

spring Sommerweizen *m*
winter ~ Winterweizen *m*
wheatear Steinschmätzer *m*, Schmätzer *m (Oenanthe)*; Steinschmätzer *m (Oenanthe oenanthe)*
black ~ Trauer(stein)schmätzer *m (Oenanthe leucura)*
black-eared ~ Mittelmeer-Steinschmätzer *m (Oenanthe hispanica)*
desert ~ Wüstensteinschmätzer *m (Oenanthe deserti)*
Isabelline ~ Isabellsteinschmätzer *m (Oenanthe isabellina)*
pied ~ 1. Nonnen(stein)schmätzer *m (Oenanthe pleschanka)*; 2. Picata-Steinschmätzer *m (Oenanthe picata)*
white-rumped black ~ Weißbürzel-Steinschmätzer *m (Oenanthe leucopyga)*
wheatgrass:
awned ~ Hundsquecke *f (Agropyron caninum)*
wheat-thief Roggentrespe *f*, Korntrespe *f (Bromus secalinus)*
wheel-shaped radförmig
whelk 1. Wellhorn *n*, Wellhornschnecke *f (Buccinum)*; 2. Neptunshorn *n*, Spindelschnecke *f (Neptunea)*; 3. Spindelschnecke *f (Fusus)*
common ~ Gemeine Wellhornschnecke *f (Buccinum undatum)*
dog ~ 1. Netzreusenschnecke *f (Nassaria)*; 2. Purpurschnecke *f (Purpura)*
whelp 1. Welpe *m (junger Hund, Fuchs oder Wolf)*; 2. (Junge) werfen
whey Molke *f*, Milchserum *n*
whimberry Preiselbeere *f (Vaccinium vitis-idaea)*
whimbrel Regenbrachvogel *m (Numenius phaeopus)*
little ~ Zwergbrachvogel *m (Numenius minutus)*
whimper 1. Wimmern *n*, Winseln *n*; 2. wimmern, winseln
whin Gaspeldorn *m*, Stechginster *m (Ulex europaeus)*
whinchat Braunkehlchen *n*, Wiesenschmätzer *m (Saxicola rubetra)*
whine winseln, wimmern
whipbird Wippflöter *m (Psophodes)*
whipcrop 1. Wolliger Schneeball *m (Viburnum lantana)*; 2. Spitzblättriger Schneeball *m (Viburnum alnifolium)*
whiplike peitschenförmig
whippoorwill Whip-poor-will *f (Caprimulgus vociferus)*
whipray Stechrochen *m (Dasyatis)*; *pl* Stechrochen *mpl (Dasyatididae)*
whiptails 1. Hechtdorsche *mpl*, Seehechte *mpl (Merlucciidae)*; 2. Langschwänze *mpl (Macrouridae)*
whip-tongue Wiesen-Labkraut *n (Galium mollugo)*
whirligig Taumelkäfer *m (Gyrinus)*
whirr 1. schwirren, surren; 2. Schwirren *n*, Surren *n*
whiskers Barthaare *npl*, Schnurrhaare *npl*
whistle 1. pfeifen; 2. Pfeifen *n*
whistler 1. pfeifendes Tier *n*; pfeifender Vogel *m*; 2. Dickkopf *m (Pachycephala)*; *pl* Dickköpfe *mpl*, Dickkopfschnäpper *mpl (Pachycephalidae)*
whistlewood Pennsylvanischer Ahorn *m (Acer pennsylvanicum)*
white 1. Eiweiß *n*, Eiweißstoff *m*; 2. Sklera *f*, Lederhaut *f (des Auges)*; 3. Splint *m*; 4. Weißling *m*; *pl* Weißlinge *mpl (Pieridae)*; 5. wolliges Honiggras *n (Holcus mollis)*; 6. weiß; grauhaarig; 7. blaß, bleich
black-veined ~ Baumweißling *m*, Weißdornfalter *m (Aporia crataegi)*
cabbage ~ → small garden white
gray-veined [mustard] ~ Grünaderweißling *m*, Rapsweißling *m (Pieris napi)*
small garden ~ Kleiner Kohlweißling *m (Pieris rapae)*
whitebait 1. Weißfisch *m*, Breitling *m*; 2. Australische Sardelle *f (Engraulis australis)*; 3. Australischer Hechtling *m (Austrocobitis)*
Chinese ~s Nudelfische *mpl (Salangidae)*
whitebark Silberpappel *f*, Weißappel *f (Populus alba)*
whiteberry Weißes Christophskraut *n (Actaa pachypoda)*
whiteblow Hungerblümchen *n (Erophila)*
white-eye 1. Brillenvogel *m (Zosterops)*; *pl* Brillenvögel *mpl (Zosteropidae)*; 2. Tafelente *f (Aythya ferina)*
whiteface Weißstirnchen *n (Aphelocephala)*
whitefish 1. Maräne *f*, Renke *f (Coregonus)*; *pl* Maränen *fpl*, Renken *fpl (Coregonidae)*; 2. Nudelfisch *m (Salangichthys microdon)*; 3. *pl* Lachse *mpl*, Lachsfische *mpl (Salmonidae)*; 4. Weißwal *m (Delphinapterus)*
Baltic ~ Maräne *f*, Renke *f (Coregonus)*
European ~ Große Maräne *f (Coregonus lavaretus)*
river ~ Mondfisch *m (Hiodon)*
sea ~ → European whitefish
whitefly Mottenlaus *f*, Weiße Fliege *f*; *pl* Aleirodiden *fpl*, Weiße Fliegen *fpl*, Motten(schild)läuse *fpl (Aleurodidae)*
cabbage ~ Kohlmotten(schild)laus *f (Aleurodes brassicae)*
citrus ~ Citrus-Mottenschildlaus *f (Dialeurodes citri)*
glasshouse [greenhouse] ~ Orangenfliege *f (Trialeurodes vaporarium)*
maple ~ Ahornmottenlaus *f (Aleurochiton aceris)*
mulberry ~ Maulbeerenmottenlaus *f (Tetraleurodes mori)*
strawberry ~ Erdbeer-Motten(schild)laus *f (Aleurodes fragariae)*
white-girdled weißsaumig
whitehead Weißköpfchen *n (Mohoua albicilla)*
whiteheart(s) Kappenförmige Herzblume *f (Dicentra cucullaria)*
white-man's-foot Rugels Wegerich *m (Plantago rugelii)*
white-nerved weißnervig
white-rod Schlingbaum *m*, Schneeball *m*, Wasserholder *m (Viburnum)*
whiteroot Knollige Seidenpflanze *f (Asclepias tuberosa)*
whitethroat 1. Dorngrasmücke *f (Sylvia communis)*; 2. Weißkehlkolibri *m (Leucochloris albicollis)*
eastern ~ → whitethroat 1.
lesser ~ Klappergrasmücke *f*, Zaungrasmücke *f (Sylvia curruca)*
whitetop 1. Einjähriges Berufskraut *n (Erigeron annuus)*;

2. Verzweigtes Berufkraut *n (Erigeron ramosus)*
hiteweed Margerite *f*, Wucherblume *f (Leucanthemum)*
hitewood 1. (Gemeiner) Tulpenbaum *m (Liriodendron tulipifera)*; 2. Amerikanische Linde *f (Tilia americana)*; 3. Gemeine Fichte *f*, Schwarztanne *f (Picea excella)*
hiting 1. Merlan *m*, Wittling *m (Merlangius merlangus)*; 2. Seehecht *m (Merluccius)*; 3. *pl* Sandweißlinge *mpl (Sillaginidae)*
blue ~ Blauer Wittling *m*, Poutassou *m (Micromesistus poutassou)*
blue-nosed ~ Sandweißling *m (Sillago ciliata)*
king ~ Königsfisch *m*, Königsumber *m (Menticirrhus saxatilis)*
plain ~ → blue-nosed whiting
hitlowwort 1. Mauermiere *f*, Nagelkraut *n (Paronychia)*; 2. Felsenblümchen *n (Draba)*
hizzer Zentrifuge *f*
hizzing Zentrifugieren *n*
hoop Wiedehopf *m (Upupa epops)*
horl 1. Quirl *m*, Wirtel *m*; 2. Windung *f*
false ~ Scheinquirl *m*, Trugwirtel *m*
flower ~ Blütenquirl *m*
horled quirlförmig, wirtelförmig
hortleberry 1. Heidelbeere *f (Vaccinuim myrtillus)*; 2. Rauschbeere *f*, Trunkelbeere *f (Vaccinium uliginosum)*
bear's ~ Echte [Gemeine] Bärentraube *f (Arctostaphylos uva-ursi)*
blue ~ 2. Belaubte Buckelbeere *f (Gaylussacia frondosa)*
bog ~ Trunkelbeere *f*, Rauschbeere *f (Vaccinium uliginosum)*
red ~ Preiselbeere *f (Vaccinium vitis-idaea)*
ickawee Scharlachrote Kastilleja *f (Castilleja coccinea)*
icken 1. Eingriffeliger Weißdorn *m (Crataegus monogyna)*; 2. Quecke *f (Agropyron repens)*
ickup 1. Sumpflederholz *n (Dirca palustris)*; 2. → whitewood 2.
icky Schmalblättrige Lorbeerrose *f (Kalmia angustifolia)*
icopy → wickup 1.
ideawake Ruß-Seeschwalbe *f (Sterna fuscata)*
idegape Atlantischer Seeteufel *m*, Angler(fisch) *m*, Froschfisch *m (Lophius piscatorius)*
idespread weit verbreitet
i[d]geon Pfeifente *f (Anas penelope)*
American ~ Amerikanische Pfeifente *f (Anas americana)*
Cape ~ Kap-Ente *f*, Fahl-Ente *f*, Tüpfelente *f (Anas capensis)*
European ~ → wigeon
southern ~ Chile-Pfeifente *f (Anas sibilatrix)*
iggler [wiggle-tail] Mückenpuppe *f*; Mückenlarve *f*
ig-tree Perückenstrauch *m*, Perückenbaum *m (Cotinus coggygria)*
ild 1. wild; ungezähmt; in Freiheit lebend; wildwachsend; verwildert; scheu
to run ~ verwildern
in the ~ im Freien
wildebeest Gnu *n (Connochaetes)*
blue ~ Streifen-Gnu *n (Connochaetus taurinus)*
wilderness wilde Natur *f*; Widnis *f*; unkultiviertes Gebiet *n*
wilding Wildpflanze *f*; wildes Tier *n*
wildlife 1. freie Natur *f*; 2. Wild *n*; 3. wilde Tiere *n pl*
wildling → wilding
wilger Korbweide *f (Salix viminalis)*
will :
black ~ Schwarzer Sägerbarsch *m*, Schwarzer Zackenbarsch *m (Centropristes striata)*
willet Nordamerikanischer Schlammtreter *m (Catoptrophorus semipalmatus)*
willock Lumme *f (Uria)*
willow Weide *f (Salix)*
almond-leaved ~ Mandel-Weide *f (Salix triandra)*
balsam ~ → shinleaf willow
basket ~ Korb-Weide *f (Salix viminalis)*
bay ~ 1. → bay-leaf willow; 2. Schmalblättriges Weidenröschen *n (Epilobium angustifolium)*
bay-leaf ~ Lorbeer-Weide *f (Salix pentandra)*
blooming ~ → bay willow 2.
bog ~ → pussy willow
brittle ~ Bruch-Weide *f (Salix fragilis)*
Caspian ~ → violet willow
common ~ Silber-Weide *f (Salix alba)*
crack ~ → brittle willow
crane ~ → button willow
creeping ~ Kriechende Weide *f (Salix repens)*
daphne ~ → violet willow
diamond ~ → heart-leaved willow
drooping ~ → weeping willow
dwarf ~ Kraut-Weide *f (Salix herbacea)*
European ~ → common willow
flowering ~ → bay willow 2.
French ~ 1. → bay willow 2.; 2. → peach-leaved willow
glaucous ~ → pussy willow
goat ~ Sal-Weide *f (Salix caprea)*
gray(-leaved) ~ Grau-Weide *f (Salix cinerea)*
ground ~ Polar-Weide *f (Salix polaris)*
halberd ~ Spießblättrige Weide *f (Salix hastata)*
heart-leaved ~ Herzblätterige Weide *f (Salix cordata)*
herblike ~ → dwarf willow
laurel ~ → bay-leaf willow
least ~ Rundblätterige Weide *f (Salix rotundifolia)*
littletree ~ Bäumchen-Weide *f (Salix arbuscula)*
net-leaf ~ Netz-Weide *f (Salix reticulata)*
northern ~ Schnee-Weide *f (Salix glauca)*
osier ~ → basket willow
peach-leaved ~ Pfirsich-Weide *f (Salix amygdaloides)*
Persian ~ → bay willow 2.
purple ~ Purpur-Weide *f (Salix purpurea)*
pussy ~ Spitzblättrige Weide *f (Salix acutifolia)*

pygmy ~ → dwarf willow
red ~ Langblättrige Weide *f (Salix interior)*
ring ~ → weeping willow
river-bank ~ → sand-bar willow
Roman ~ Gemeiner Flieder *m (Syringa vulgaris)*
roundear ~ Ohr(en)-Weide *f (Salix aurita)*
sage ~ 1. Kraut-Weide *f (Salix herbacea)*; 2. Gemeiner Blutweiderich *m (Lythrum salicara)*
sand-bar ~ Langblättrige Weide *f (Salix interior)*
sharpleaf ~ Schmalblättrige Weide *f (Salix angustifolia)*
silver ~ → pussy willow
silver-leaf ~ Silberblättrige Weide *f (Salix argophylla)*
snap ~ → brittle willow
snow ~ Schnee-Weide *f (Salix nivalis)*
swamp ~ Schwarz-Weide *f (Salix nigra)*
sweet ~ Brabanter Myrte *f*, Gagelstrauch *m (Myrica gale)*
varnished ~ → brittle willow
violet ~ Reifweide *f*, Schimmelweide *f (Salix daphnoides)*
weeping ~ Echte Trauer-Weide *f (Salix babylonica)*
white ~ Silber-Weide *f (Salix alba)*
whortleberry ~ Moor-Weide *f (Salix myrtilloides)*
woolly ~ Wollige Weide *f (Salix lanata)*
wrinkled-leaf ~ → net-leaf willow

willowbiter Blaumeise *f (Parus caeruleus)*
willow-leaved weidenblättrig
willowweed 1. Schmalblättriges Weidenröschen *n (Epilobium angustifolium)*; 2. Wasserknöterich *m (Polygonum amphibium)*; 3. Gemeiner Blutweiderich *m (Lythrum salicaria)*
willow-wort Gemeiner Gilbweiderich *m (Lysimachia vulgaris)*
wilt 1. welken, verwelken
wind Wind *m*
onshore ~ Seewind *m*
windberry → wineberry 4.
windbreak 1. Windbruch *m*; 2. Windschutz(wald)streifen *m*
windfall Windbruch *m*
wind-firm windfest
windflower 1. Finger-Kuhschelle *f (Pulsatilla patens)*; 2. Hirtentäschelkraut *n (Capsella bursa-pastoris)*
winding Windung *f*, Biegung *f*; Winden *n*
windles Spitz-Wegerich *(Plantago lanceolata)*
windlestraw (Gemeiner) Windhalm *m (Apera scipaventi)*
windowpane Sandbutt *m (Lophopsetta)*
windpipe Luftröhre *f*
wind-pollinated anemophil, windblütig
wind-pollinating Windblütigkeit *f*, Anemophilie *f*, Anemogamie *f*
wind-protective windgeschützt
wind-resisting windfest
windroot → whiteroot
wineberry 1. Gerberstrauch *m (Coriaria)*; 2. Krähenbeere *f*, Rauschbeere *f (Empetrum)*; 3. Rote Johannisbeere *f (Ribes rubrum)*; 4. Preiselbeere *f (Vaccinium vitis-idaea)*
wing 1. Flügel *m*; 2. Federfahne *f*; 3. fliegen
to take ~ (in die Luft) auffliegen, abheben
~s of heart *(Ent.)* flügelartige Muskeln *mpl*
bastard ~ Afterflügel *m*, Daumenfittich *m*, Flügellappen *m*
clear ~s Glasflügler *m (Aegeriidae)*
fore [front] ~ Vorderflügel *m*
wingbeat Flügelschlag *m*
winged 1. geflügelt; 2. fliegend
closely ~ dichtflügelig
wing-edged flügelkantig
wing-flowered flügelblumig
winghead Flügelkopf *m (Pterocephalus)*
wingless flügellos
wingseed Kleestrauch *m*, Lederstrauch *m*, Lederbaum *m (Ptelea)*
wingstem Wechselblättrige Wanzenblume *f (Coreopsis alternifolia)*
wing-tag Flügelmarke *f*
wink 1. blinzeln, zwinkern; 2. Blinzeln *n*, Zwinkern *n*
winkle Strandschnecke *f*, Uferschnecke *f (Littorina)*
common ~ Gemeine Uferschnecke *f (Littorina littorea)*
winter 1. Winter *m*; 2. überwintern; 3. winterlich, Winter...
winter-annual Winter...
winterberry Stechhülse *f*, Stechpalme *f*, Hülse *f (Ilex)*
winterbloom Hamamelis *f*, Zaubernuß *f*, Zauberstrauch *m (Hamamelis)*
wintergreen 1. Wintergrün *n (Pyrola)*; 2. wintergrün
aromatic ~ → creeping wintergreen
chickweed ~ Amerikanischer Siebenstern *m (Trientalis americana)*
creeping ~ Liegende Scheinbeere *f (Gaultheria procumbens)*
one-sided [scrrated] ~ Birnbäumchen *n*, Einseitswendiges [Nickendes] Wintergrün *n (Ramischia secunda)*
spring ~ → creeping wintergreen
winterhardy winterfest, winterhart, frosthart
wintering Überwintern *n*
winterweed 1. Vogel(stern)miere *f (Stellaria media)*; 2. Efeublättriger Ehrenpreis *m (Veronica hederifolia)*
wintery winterlich, frostig
wire:
planting ~ Impfnadel *f*
wire-bent Borstgras *n (Nardus stricta)*
wire-ling Trunkelbeere *f*, Gemeine Krähenbeere *f (Empetrum nigrum)*
wireweed → way-grass
wireworm 1. Drahtwurm *m (Larve der Schnellkäfer, Elateridae)*; 2. *pl* Doppelfüßer *mpl (Diplopoda)*
wisent Wisent *m (Bison bonasus)*
wisteria Glyzine *f*, Wistarie *f (Wistaria)*
witch Rotzunge *f (Glyptocephalus cynoglossus)*
witchen Eberesche *f*, Echte Vogelbeere *f (Sorbus aucupa-*

ria)

witches'-bells 1. Korn(flocken)blume *f (Centaurea cyanus)*; 2. Rundblättrige Glockenblume *f (Campanula rotundifolia)*

witches'-milk (Quirliger) Tannenwedel *m (Hippuris vulgaris)*

witches'-money-bags Dreiblättriger Mauerpfeffer *m (Sedum triphyllum)*

witches'-pouches → windflower 2.

witchgrass Haarhirse *f (Pannicum capillare)*

witchwood Europäisches Pfaffenhütchen *n (Euonymus europaeus)*

wither welken, verwelken, verdorren, austrocknen,schrumpfen

withers Widerrist *m*

withewood Helmförmiger Schneeball *m (Viburnum cassinoides)*

withstand widerstehen

withwind Ackerwinde *f (Convolvulus arvensis)*

withy Bruchweide *f (Salix fragilis)*

woad Färberwaid *n (Isatis tinctoria)*

wild ~ Gelbliche Reseda *f (Reseda luteola)*

woadwaxen → woodwaxen

wobbegong Ammenhai *m (Orectolobus)*; *pl* Ammenhaie *mpl (Orectolobidae)*

wobsqua-grass Rutenförmige Hirse *f (Panicum virgatum)*

wode-whistle Gefleckter Schierling *m (Conium maculatum)*

wolf Wolf *m*; (Europäisch-asiatischer) Wolf *m (Canis lupus)*

Abyssinian ~ Abessinischer Fuchs *m*, Kaberu *m (Canis simensis)*

bitch ~ Wölfin *f*

common ~ (Europäisch-asiatischer) Wolf *m (Canis lupus)*

dog ~ Wolf *m (Männchen)*

earth ~ Erdwolf *m (Proteles cristatus)*

European [gray] ~ → common wolf

maned [marsupial, pouched] ~ → Tasmanian wolf

prairie ~ Koyote *m*, Heulwolf *m (Canis latrans)*

sea ~ (Gestreifter) Seewolf *m*, Steinbeißer *m (Anarhichas lupus)*

steppe ~ → prairie wolf

Tasmanian [tiger] ~ (Tasmanischer) Beutelwolf *m (Thylacinus cynocephalus)*

timber ~ → common wolf

zebra ~ → Tasmanian wolf

wolfberry 1. Bocksdorn *m (Lycium)*; 2. Westliche Schneebeere *f (Symphoricarpos occidentalis)*

wolffish Seewolf *m (Anarhichas)*; *pl* Seewölfe *mpl*, Wolfsfische *mpl (Anarhichadidae)*

Atlantic ~ (Gestreifter) Seewolf *m*, Steinbeißer *m (Anarhichas lupus)*

Bering ~ Dünnschwänziger Seewolf *m (Anarhichas orientalis)*

common ~ → Atlantic wolffish

northern ~ Blauer Katfisch *m*, Breitkopf-Seewolf *m (Anarhichas denticulatus)*

spotted ~ Gefleckter Seewolf *m*, Gefleckter Katfisch *m (Anarhichas minor)*

wolfsbane Akonit *m*, Eisenhut *m*, Sturmhut *m (Aconitum)*

wolf's-claws Keulenbärlapp *m (Lycopodium clavatum)*

wolf's-milk Sonnenwend-Wolfsmilch *f (Euphorbia heliscopia)*

wolverene [wolverine] (Gemeiner) Vielfraß *m (Gulo gulo)*

woma Schwarzkopfpython *m (Aspidites)*

woman's-tobacco Wegerichblättriges Ruhrkraut *n (Gnaphalium plantaginifolium)*

womb Gebärmutter *f*, Uterus *m*

wombat Wombat *m*; Plumperbeutler *mpl (Vombatidae)*

coarse-haired ~ Nacktnasenwombat *m (Vombatus ursinus)*

common ~ → coarse-haired wombat

hairy-nosed [long-eared] ~ Haarnasenwombat *m (Lasiorhunus latifrons)*

naked-nosed ~ → coarse-haired wombat

soft-furred ~ → hairy-nosed wombat

Tasmanian [ursine] ~ → common wombat

wood 1. Holz *n*; 2. Wald *m*, Gehölz *n*

autumn ~ → late wood

burr ~s Wurzelsproßbäume *mpl*

campeachy ~ Blauholz *n*, Blaubaum *m (Haematoxylon campechianum)*

canary ~ Tulpenbaum *m (Liriodendron)*

dead ~ Dürrholz *n*, Trockenholz *n*

deadfallen ~ Bruchholz *n*

early ~ Frühlingsholz *n*

fruiting ~ fruchttragender Zweig *m*

hard ~ 1. hartes Holz *n*; 2. Laub...

late ~ Spätholz *n*

light-demanding ~s lichtliebende Bäume *mpl*

manoxylic ~ lockergebautes Sekundärholz *n*

ring-porous ~ Ringporenholz *n*, rinporiges Holz *n*

secondary ~ sekundäres Holz *n*

shade-bearing ~s schattenertragende Bäume *mpl*

small ~ Waldung *f*, Feldholz *n*

smoke ~ Perückenbaum *m (Cotinus coggygria)*

soft ~ 1. weiches Holz *n*; 2. Nadel..., Zapfen...

spring ~ Frühlingsholz *n*

summer ~ Sommerholz *n*

woodbine 1. Deutsches [Nördliches] Geißblatt *n (Lonicera periclymenum)*; 2. Echte Zaunwinde *f (Calystegia sepium)*

wood-boring holzbohrend

wood-brooms Wilde Karde *f (Dipsacus silvestris)*

woodchuck Murmeltier *n (Marmota)*; Wald-Murmeltier *n (Marmota monax)*

woodcock Waldschnepfe *f (Scolopax rusticola)*

American ~ Kanada-Schnepfe *f*, Amerikanische Schnepfe *f (Scolopax minor)*

common ~ → woodcock

obi ~ Molukken-Schnepfe *f (Scolopax rochussenii)*

woodcreeper Baumsteiger *m*; *pl* Baumsteiger *mpl (Dendrocolaptidae)*
cinnamon-throeted ~ Zimtkehl-Baumsteiger *m (Dendrexetastes)*
long-billed ~ Langschnabel-Baumsteiger *m (Masica)*
olivaceous ~ Olivebaumsteiger *m*, Scheinbaumläufer *m (Sittasomus)*
scimitar-billed ~ Großer Baumsteiger *m*, Degenschnabel-Baumsteiger *m (Drymornis)*
wedge-billed ~ Rindenpicker *m (Glypho rhynchus)*
wood-eating holzfressend
wooded bewaldet, Wald...
woodland Waldgegend *f*; waldreiches Gebiet *n*
elfin ~ Krummholz *n*, Zwergwaldstufe *f*
fen ~ Bruchwald *m*
fringe ~ Galerie(n)wald *m*
open ~ lichter Wald *m*
riparian ~ Auenwald *m*
thorn ~ Dornwald *m*, Dorngehölz *n*
woodless waldlos
wood-lettuce Milchlattich *m (Cicerbita)*
wood-mat Echte Hundszunge *f (Cynoglossum officinale)*
wood-meadow Parkwald *m*
woodpecker Specht *m*; *pl* Spechte *mpl (Picidae)*
bamboo ~ Bambusspecht *m (Gecinulus grantia)*
bay ~ Großer Rindenspalter *m (Blythipicus pyrrhotis)*
black ~ Schwarzspecht *m (Dryocopus martius)*
black-backed ~ Goldschulterspecht *m (Chrysocolaptes lucidus)*
black-necked ~ Graustirnspecht *m (Chrysoptilus atricollis)*
chestnus-coloured ~ Kastanienspecht *m (Celeus castaneus)*
downy ~ Dunenspecht *m (Dendrocopos pubescens)*
golden-tailed ~ Goldschwanzspecht *m (Campethera abingoni)*
golden-winged ~ Goldspecht *m (Colaptes auratus)*
gray-headed ~ Grauspecht *m (Picus canus)*
greater spotted ~ (Großer) Buntspecht *m (Dendrocopos major)*
green ~ Grünspecht *m (Picus viridis)*
ground ~ Erdspecht *m (Geocolaptes olivaceus)*
hairy ~ Haarspecht *m (Dendrocopos villosus)*
imperial ~ Kaiserspecht *m (Campephilus imperialis)*
ivory-billed ~ Elfenbeinspecht *m (Campephilis principalis)*
lesser golden-backed ~ Orangespecht *m (Dinopium benghalense)*
lesser spotted ~ Kleiner Buntspecht *m*, Kleinspecht *m (Dendrocopos minor)*
lineated ~ Linienspecht *m*, Streifenkehl-Helmspecht *m (Dryocopus lineatus)*
middle spotted ~ Mittelspecht *m (Dendrocopos medius)*
Okinawa ~ Okinawa-Specht *m (Sapheopipo noguchii)*
pigeon ~ → golden-winged woodpecker
pileated ~ Helmspecht *m (Dryocopus pileatus)*
Syrian ~ Blutspecht *m (Dendrocopos syriacus)*
three-toed ~ Dreizehennspecht *m (Picoides tridactylus)*
white ~ Weißspecht *m (Leuconerpes candidus)*
white-backed ~ Weißrückenspecht *m (Dendrocopos leucotos)*
white-fronted ~ Kaktusspecht *m (Trichopicus cactorum)*
woodreed Reitgras *n (Calamagrostis)*
woodrowel Waldmeister *m (Galium odoratum)*
woodruff Meier *m*, Meister *m (Asperula)*
dyer's ~ Färbermei(st)er *m (Asperula tinctoria)*
sweet ~ Waldmeister *m (Galium odoratum)*
wood-sour 1. Waldsauerklee *m (Oxalis acetosella)*; 2. Kleiner Sauerampfer *m (Rumex acetosella)*
wood-sower → wood-sour
wood's-phlox → world's-wonder
woodwaxen Ginster *m (Genista)*
woodworm 1. holzfressende Insektenlarve *f*; 2. Totenuhr *(Anobium punctatum)*
woody 1. waldig, Wald...; 2. waldreich; 3. holzig, Holz...
woody-rooted verholzte Wurzel *f*
woof 1. Schnauben *n*; 2. Gebell *n*; 3. bellen
wool Wolle *f*
woolen Echte [Kleinblütige] Königskerze *f (Verbascum thapsus)*
woolly wollig
work 1. Arbeit *f*; 2. Tätigkeit *f*
cardiac [heart] ~ Herzarbeit *f*
minute heart ~ Minutenarbeit *f* des Herzen, Herzminutenvolumen *n*
stroke [systolic] ~ systolische Herzarbeit *f*
worker *(Ent.)* Arbeiter *m*
world's-wonder Echtes Seifenkraut *n (Saponaria officinalis)*
world-wide weltweit, global, kosmopolitisch
worm 1. Wurm *m*; 2. wurmähnliches Tier *n*; Raupe *f*, Larve *f*
ailanthus ~ Ailanthusspinner *m*, Japanischer Seidenspinner *m (Samia cynthia) (Larve)*
annelid ~s Ringwürmer *m pl (Annelida)*
apple ~ Apfelwurm *m (Laspeyresia pomonella)*
arrow ~ Pfeilwurm *m (Sagitta)*
blind ~ Blindschleiche *f*, Bruchschleiche *f*, Glasschlange *f (Anguis fragilis)*
brine ~ Salinenkiemenfuß *m*, Salinenkrebs *m (Artemia salina)*
bristle (-bearing) ~s Polychäten *fpl*, Vielborster *mpl (Polychaeta)*
brown stomach ~ Kleiner Magenfadenwurm *m (Ostertagia circumcincta)*
celery ~ Raupe *f* des Ajax-Segelfalters *(Papilio ajax)*
celery stalk ~ Raupe *f* des Wanderzünslers *(Nomophila noctuella)*
clam ~ Nereide *f (Nereis)*; Gemeine Nereide *f (Nereis pelagica)*
clover bud ~ Larve *f* des Kleeblattnagers *(Phytono*

mus nigrirostris)
clover hay ~ Raupe *f* des Kleeheuzünslres *(Hypsopygia costalis)*
cotton ~ Ägyptischer Baumwollwurm *m* *(Prodenia litura)*
cotton-boll ~ Altweltlicher Baumwollkapselwurm *m* *(Heliothis armigera)*
currant ~ 1. Raupe *f* des Stachelbeerspanners *(Abraxas grossulariata)*; 2. Larve *f* der Stachelbeerblattwespe *(Nematus ribesii)*
currant measuring ~ Raupe *f* des Stachelbeerspanner *(Itame armigera)*
cut ~ Erdraupe *f (Raupe der Eulen) (Noctuidae)*
eddy ~s → turbellarian worms
faggot ~s Raupe *f* des Haarflüglers
gordian ~ Wasserdrahtwurm *m (Gordius); pl* Saitenwürmer *mpl (Gordiidae)*
green clam ~ Grüne Nereide *f (Nereis virens)*
grugru ~ Palmbohrerraupe *f (Rhynchophorus)*
Guinea ~ Drachenwurm *m*, Guineawurm *m*, Medinawurm *m (Dracunculus)*
lesser acorn ~ Kleiner Eichelwurm *m (Glossobalanus minutus)*
lesser apple ~ Raupe *f* des Pflaumenwicklers *(Grapholitha prunivora)*
lesser cotton ~ Heerwurm *m (Raupe Spodoptera exigua)*
lug ~ Sandwurm *m (Arenicola)*
lung ~s Lungenfadenwürmer *mpl (Metastrongylidae)*
measuring ~s Spannerraupen *fpl (Geometridae)*
medina ~ → Guinea worm
medium stomach ~ Brauner [Kleiner] Magenfadenwurm *m (Osterfagia osterfagi)*
minute stomach ~ Haarmagenwurm *m (Trichostrongylus axei)*
nematode ~s Fadenwürmer *mpl*, Nematoden *fpl (Nematoda)*
palisade ~s Strongyliden *mpl*, Palisadenwürmer *mpl (Strongylidae)*
palolo ~ Palolowurm *m (Eunice viridis)*
plant root ~s → pot worms
polychaete ~s Polychäten *mpl*, Vielborster *mpl (Polychaeta)*
pot ~s Enchyträen *mpl (Enchytraeidae)*
proboscis ~s Hakenwürmer *mpl*, Kratz(würm)er *mpl (Acanthocephala)*
ribbon ~s Schnurwürmer *mpl (Nemertini)*
segmented ~s → annelid worms
sewage ~ → sludge worm
sipunculoid ~s Sipunculiden *mpl*, Spritzwürmer *mpl (Sipunculida)*
slow ~ → blind worm
sludge ~s Röhrenwürmer *mpl (Tubificidae)*
spiny headed ~s → proboscis worms
stomach ~ Magenwurm *m (Haemonchus)*
thorny-headed ~s → proboscis worms
thread ~s → nematode worms
tongue ~s 1. Zungenwürmer *mpl (Pentastomida)*; 2. Eichelwürmer *mpl (Balanoglossidea)*
turbellarian ~s Strudelwürmer *mpl (Turbellaria)*

wormseed 1. Gänsefuß *m (Chenopodium)*; 2. Beifuß *m (Artemisia)*; 3. Schottendotter *m*, Schötterich *m (Erysimum)*

worm-shaped wurmförmig

wormwood 1. Beifuß *m (Artemisia)*; Gemeiner Beifuß *m (Artemisia vulgaris)*; 2. Rauher Fieberheilbaum *m (Eucalyptus rudis)*
biennial ~ Zweijähriger Beifuß *m (Artemisia biennis)*
common ~ Wermut *m (Artemisia absinthium)*
field ~ Feld-Beifuß *m (Artemisia campestris)*
Hungarian ~ → Roman wormwood
Levant ~ → santonica wormwood
linear-leaved ~ Dragant *m*, Dragun(beifuß) *m*, Esdragon *n*, Estragon *m (Artemisia dracuneulus)*
rock ~ Felsen-Beifuß *m (Artemisia rupestris)*
Roman ~ 1. Pontischer Beifuß *m (Artemisia pontica)*; 2. Erhabenes Traubenkraut *n (Ambrosia elatior)*; 3. Immergrüner Erdrauch *m (Fumaria sempervirens)*
sagewort ~ → field wormwood
santonica ~ Zitwer *m*, Ingwerbeifuß *m (Artemisia cina)*
silky ~ Estragon *m*, Dragon *m (Artemisia dracunculus)*
sweet ~ Einjähriger Beifuß *m (Artemisia annua)*

wort 1. Süßmost *m*; 2. Meier *m*, Meister *m (Asperula)*
peristerian ~ Echtes [Gebräuchliches] Eisenkraut *n (Verbena officinalis)*
quill ~ Seebrachsenkraut *n (Isoetes lacustris)*
sparrow ~ Acker-Spatzenzunge *f (Thymelaea passerina)*
sulfur ~ Echter Haarstrang *m (Peucedanum officinale)*

woundwort 1. Wundklee *m (Anthyllus)*; 2. Ziest *m (Stachys)*; 3. Beinwell *m*, Beinwurzel *f (Symphytum)*
clown's ~ Sumpfziest *m (Stachys palustris)*
corn ~ Acker-Ziest *m (Stachys arvensis)*
downy ~ Woll-Ziest *m*, Deutscher Ziest *m (Stachys germanica)*
field ~ → corn woundwort
soldier's ~ Gemeine Schafgarbe *f (Achillea millefolium)*

wrack 1. Seetang *m*; Fukus *m (Fucus)*; 2. Seegras *n (Zostera)*
bady [bladder] ~ Blasentang *m (Fucus vesiculosus)*
grass ~ → wrack 2.
sea ~ Echtes Seegras *n (Zostera marina)*

wrapping einwickelnd, einhüllend

wrasse Lippfisch *m*; *pl* Lippfische *mpl (Labridae)*
cleaner ~ Pitzerlippfisch *m (Labroides)*
goldsinny ~ Klippenbarsch *m (Ctenolabrus)*
rainbow ~ Meerjunker *m*, Regenbogenfisch *m (Coris julis)*
small-mouthed ~ Kleinmäuliger Lippfisch *m (Centrolabrus)*

wreath-bearing kronentragend

wreckfish Wrackbarsch *m (Polyprion americanus)*

wren Zaunkönig *m; pl* Zaunkönige *mpl (Troglodytidae)*
Bewick's ~ Buschzaunkönig *m (Thryomanes bewickii)*
blue ~ Blauer Staffelschwanz *m*, Lasur-Staffelschwanz *m (Malurus cyaneus)*
bush ~ Neuseeland-Schlüpfer *m*, Baumscheinzaunkönig *m (Xenicus longipes)*
cactus ~ Kaktuszaunkönig *m (Campylorhynchus brunneicapillus)*
European ~ (Gemeiner) Zaunkönig *m (Troglodytes troglodytes)*
giant ~ Riesenzaunkönig *m (Campylorhynchus chiapensis)*
golden-crested ~ Wintergoldhähnchen *n (Regulus regulus)*
house ~ Hauszaunkönig *m (Troglodytes aedon)*
marsh ~ Langschnabel-Sumpfzaunkönig *m (Cistothorus palustris)*
musician ~ Rotkehl-Zaunkönig *m (Cyphorhinus aradus)*
nightingale ~ Nachtigallzaunkönig *m (Microcerculus marginatus)*
rock ~ 1. Felsschlüpfer *m (Xenicus gilviventris)*; 2. Felsenzaunkönig *m (Salpinctes obsoletus)*
song ~ → musician wren
winter ~ → European wren
wrestle *(Ethol.)* Kampf *m*; Spielkampf *m*
wriggle 1. Kleiner Sandaal *m*, Tobiasfisch *m*, Schmelte *f (Ammodytes tobianus)*; 2. sich schlängeln; sich winden; 3. kriechen; 4. schlängelnde Bewegung *f*, Schlängeln *n*
wriggler Mückenlarve *f*, Mückenpuppe *f*
wrinkle Runzel *f*; Falte *f*
wrinkle-fruited runzelfrüchtig
wrinkle-leaved runzelblättrig
wrinkle-seeded runzelsamig
wrist Handwurzel *f*
wrybill Schiefschnabel-Regenpfeifer *m (Anarhynchus frontalis)*
wryneck Europäischer Wendehals *m (Jynx torquilla)*
wuchang Zimtbaum *m*, Zimtlorbeer *m*, Zinnamom *n (Cynnamomum)*
wuhl-wuhl Inneraustralische Springbeutelmaus *f*, Zentral-Springbeutelmaus *f (Antechinomys spenceri)*
wymote Echter Eibisch *m (Althaea officinalis)*

xanthocarpous gelbfrüchtig
xanthodermic gelbhäutig, xanthodermal
xanthopous gelbstielig
xanthospermous gelbsamig
xenoaggression 1. xenogene Aggression *f*; 2. xenoimmune Reaktion *f*
xenoantibody Fremdantikörper *m*, artfremder Antikörper *m*
xenoantigen Fremdantigen *n*, artfremdes Antigen *n*
xenoantiserum Xenoantiserum *n*, artfremdes Antiserum *n*
xenobiotic Xenobiotik *f*, artfremder Stoff *m*
xenogamy Xenogamie *f*, Allogamie *f*, Kreuzbestäubung *f*
xenogenesis Heterogenese *f*
xenograft Heterotransplantat *n*
xenografting Heterotransplantation *f*
xenomorphosis Xenomorphose *f*, Heteromorphose *f*
xeric trocken, dürreresistent
xerocarpous trockenfrüchtig
xerocephalous *(Bot.)* trockenköpfig
xerocolous trockenliebend
xeroflorous trockenblütig
xerohylophilous dürrenresistente Wälder bewohnend
xerophil(e) trockenheitliebender Organismus *m*, xerophil
xerophilous Trockenheit liebend, xerophil
xerophobous Trockenheit meidend
xerophyllous trockenblättrig
xerophytic trockenheitliebend, xerophil, an Trockenheit angepasst
xeropolum Steppenvegetation *f*
xerothermic xerotherm, trockenwarm
xiphoid schwertförmig
xiphophyllous schwertblättrig
xiphosternum *(Anat.)*Schwertfortsatz *m*, Xiphoid *n*
xylan Xylan *n*, Hemizellulose *f*, Holzgummi *m*
xylem Xylem *n*, Holzteil *n*
xylene Xylol *n*
xylogen Lignin *n*
xylophage Holzfresser *m*
xylophagous holzfressend
xylophilous holzliebend, auf Holz wachsend oder lebend
xylophyte Holzpflanze *f*
xylosucrose Xylosac(c)harose *f*
xylotomous holzbohrend

yacare Südlicher Brillenkaiman *m*, Jacare *m (Caiman yacari)*
yacca Steineibe *f (Podocarpus)*
yaffier [yaffle] Grünspecht *m (Picus viridis)*
yak Grunzochse *m*, (Wilder) Yak *n*, Wildyak *n (Bos mutus)*
yallara Klein-Kaninchennasenbeutler *m (Macrotis leucura)*

yam Jams *m*, Jamswurzel *f (Dioscorea)*
Asiatic ~ Chinesischer Yam *m*, Asiatischer Yam *m (Dioscorea esculenta)*
bitter ~ Bitteres Jams *n (Dioscorea dumetorum)*
bulb-bearing ~ Knollenyams *m (Discorea bulbifera)*
Chinese ~ 1. Ausgespreizter Yam *m (Dioscorea divaricata)*; 2. → Asiatic yam
common ~ Eßbarer Jams *m (Dioscorea esculenta)*
Goa ~ → Asiatic yam
lesser ~ → Asiatic yam
winged ~ Beflügelter Jams *m (Dioscorea alata)*
yambo Sachalin-Huchen *m (Hucho perryi)*
yang 1. Chinesische Pappel *f (Populus simonii)*; 2. Zweiflügelnußbaum *m (Dipterocarpus)*
yapo(c)k Schwimmbeutelratte *f*, Schwimmbeutler *m (Chironectes)*
yaray Dachpalme *f*, Sabalpalme *f (Sabal)*
yarrow Schafgarbe *f (Achillea millefolium)*
yate Gehörnter Fieberheilbaum *m (Eucalyptus cornuta)*
yawn 1. gähnen; 2. Gähnen *n*
yean werfen *(Lamm, Zicklein)*; lammen
yeanling 1. Lamm *n*; 2. Zicklein *n*
yearling 1. Jährling *m*, einjähriges Tier *n*; einjährige Pflanze *f*; 2. einjährig
yeast 1. Hefe *f*; 2. gären
bottom (fermentation) ~ untergärige Hefe *f*
brewer's ~ Bierhefe *f*
fodder ~ Futterhefe *f*
food ~ Nahrungshefe *f*
nonspore-forming ~ asporogene Hefe *f*
spore-forming [sporulating] ~ sporogene Hefe *f*
top (fermentation) ~ obergäre Hefe *f*
wild ~ wilde Hefe *f*
yeastrel Hefeextrakt *m*
yeasty 1. Hefen...; hefig; 2. gärend
yellow 1. Gelbling *m (Colias)*; 2. Eigelb *n*; 3. gelber Farbstoff *m*
yellowbelly Sonnenfisch *m*, Sonnenbarsch *m (Lepomis)*
yellow-finch Goldgimpel *m (Sicalis)*
yellowfin Adlerfisch *m (Johnius hololepidotus)*
yellowhammer 1. Goldammer *f (Emberiza citrinella)*; 2. Goldspecht *m (Colaptes auratus)*
yellowish gelblich
yellow-jackets Faltenwespen *fpl*, Echte Wespen *fpl (Vespidae)*
yellowlegs:
greater ~ Großer Gelbschenkel *m (Tringa melanoleuca)*
lesser ~ Gelbschenkel *m (Tringa flavipes)*
winter ~ → greater yellowlegs
yellowroot 1. Kanadisches Wasserkraut *n (Hydrastis canadensis)*; 2. Dreiblättriger Goldfaden *m (Coptus trifolia)*
yellowshanks →yellowlegs
yellowtail 1. (Gemeiner) Goldafter *m*, Weißdornspinner *m (Euproctis chrysorrhea)*; 2. Gelbschnapper *m (Ocyurus chrysurus)*
yellowthroat Weidengelbkehlchen *n (Geothlypis trichas)*
yellowtop 1. Übersehenes Reitgras *n*, Moorreitgras *n (Calamagrostis neglecta)*; 2. Goldrute *f (Solidago)*
yellow-tuft Mauernsteinkraut *n (Alyssum murale)*
yellowweed 1. Gelbe Resede *f (Reseda lutea)*; 2. → yellowtop 2.
yellowwood 1. Gelbholz *n (Cladrastis)*; 2. Amerikanischer Perükkenstrauch *m (Cotinus americanus)*; 3. Osagedorn *m*, Osageorange *f (Maclura aurantiaca)*
yellowwort Bitterling *m*, Bitterenzian *m (Blakstonia)*
yelp winseln, jaulen
yew Eibe *f (Taxus)*
American ~ Kurzblättrige Eibe *f (Taxus brevifolia)*
common [English, European] ~ Eibe *f (Taxus baccata)*
fetid ~ Nußeibe *f*, Stinkeibe *f (Torreya)*
Oregon [Pacific, Western] ~ → American yew
plum ~ Kopfeibe *f*, Scheineibe *f (Cephalotaxus)*
yield 1. Ertrag *m*, Ernte *f*; 2. Ausbeute *f*
yolk Dotter *m*
yolky dotterreich
yorrell Zierlicher Fieberheilbaum *m (Eucalyptus gracilis)*
yoshua-tree Baumartige Palmlilie *f (Yucca arborescens)*
young 1. jung, Jung...; 2. Junge *p*
with ~ trächtig
youth-and-old-age 1. Gartenzinnie *f (Zinnia elegans)*; 2. Vielblütige Zinnie *f (Zinnia multiflora)*
youthwort Rundblättriger Sonenntau *m (Drosera rotundifolia)*
yucca Palmlilie *f (Yucca)*
Adaman's-needle ~ Fadentragende Palmlilie *f (Yucca filamentosa)*
bulbstem ~ Riesenpalmlilie *f (Yucca elephantipes)*
mound-lily ~ Schöne Palmlilie *f (Yucca gloriosa)*
weak-leaf ~ Herabhängende Yucca *f (Yucca flaccida)*

Z

zagouti Zagutis *npl (Plagiodontia)*
zander Zander *m*; Zander *m (Stizostedion lucioperca)*
sea ~ Meerzander *m*, Seezander *m (Stizostedion marinum)*
Volga ~ Wolga-Zander *m*, Eiszander *m (Stizostedion volgensis)*
zebra Zebra *n (Equus quagga)*
Buchell's ~ Burchell-Zebra *n (Equus quagga burchelli)*
Cape mountain ~ Kap-Bergzebra *n (Equus zebra zebra)*
common [East African] ~ → Burchell's zebra
Grant's ~ Grant-Zebra *n (Equus quagga boehmi)*

Grevy's ~ Grevy-Zebra *n (Equus grevyi)*
mountain ~ Bergzebra *n (Equus zebra)*
steppe ~ Quagga *n*, Steppenzebra *n (Equus quagga)*
zebu Zebu *m*, Buckelrind *n (Bos taurus indicus)*
zenotropism negativer Geotropismus *m*
zeren Mongolei-Gazelle *f*, Kropfantilope *f (Procapra gutturosa)*
zero:
physiological ~ physiologischer Nullpunkt *m*
temperature ~ Temperaturnullpunkt *m*
zeugopodium 1. Unterarm *m*; 2. Unterschenkel *m*
Zeu's-wheat Dattelpflaume *f (Diospyros)*
zherekh Rapfen *m (Aspius aspius)*
zibet(h) Indien-Zibetkatze *f (Viverra zibetha)*
zigzag Mittlerer Klee *m (Trifolium medium)*
zinziber Ingwer *m (Zinziber officinale)*
zoetic Lebens...
zoic tierisch
zoidiophilous *s.* zoophilous
zokor Blindmull *m (Myospalax myospalax)*
zonal zonal, zu einer Zone gehörig, streifenförmig
zonality Zonalität *f*; Zonation *f*; Gürtel *m*
zonate 1. besäumt, umgürtelt; 2. einreihig
zonation Zonierung *f*, Einteilung *f* in Zonen
zone 1. Zone *f*; 2. in Zonen aufteilen
~ of continuation [of continued sampling] *(Biom.)* Fortsetzungsbereich *m*
altitudinal ~ Höhenstufe *f*
annual ~ Jahresring *m*
disphotic ~ Dämmerungszone *f*, disphotische Zone *f*, disphotische [dämmerige] Tiefenstufe *f*
equatorial ~ Äquatorialgürtel *m*
frigid ~ arktische Zone *f*, Polarzone *f*
growth ~ Wachstumszone *f*
hadal ~ Hadal *n*, Böden und Hänge der Tiefseegrabenzone *f*
intertidal ~ → intertidal zone
littoral ~ Litoral *m*, Uferzone *f*
rejection ~ *(Biom.)* Ablehnungsbereich *m*
resting ~ *(Ökol.)*Rastplatz *m*, Rastgebiet *n*
root ~ Wurzelhorizont *m*
windbreak ~ Windschutz(wald)streifen *m*
zonociliate von Wimpern umgeben
zonula [zonule] Zonula *f*, kleiner Bezirk *m*
~ of Zinn Zinnsche Zone *f*, Linsenaufhängeband *n*
zooblast Tierzelle *f*
zoocecidium durch Tiere hervorgerufene Pflanzengalle *f*
zoocenosis Zoozönose *f*
zoogeography Zoogeographie *f*, Tiergeographie *f*
zoogonous lebendgebärend, vivipar
zoogony Viviparie *f*
zooid Zooid *n*, Einzeltier in Kolonien
zoolite [zoolith] Zoolith *m*, versteinertes Tier *n*
zoology Zoologie *f*, Tierkunde *f*
zoome Tiergemeinschaft *f*
zoon 1. Tier *n*; 2.Zooid *n*
zoonite Körpersegment
zoophagous karnivor, sich von tierischer Substanz ernährend
zoophile tierbestäubte Pflanze *f*
zoophilous zoophil, tierliebend
zoophysics [zoophysiology] Tierphysiologie *f*
zoophyte Zoophyt *m*, pflanzenähnliches Tier *n*
zooplankter Planktontier *n*
zooplankton Zooplankton *n*, tierisches Plankton *n*
zoosperm 1. Zoospore *f*; 2.Spermatozoid *n*
zoosporangium Schwärmsporenbehälter *m*, Zoosporangium *n*
zoospore Zoospore *f*, Schwärmspore *f*, Planospore *f*
zoosporiferous zoosporenbildend
zoosporogenesis Zoosporogenesis *f*, Zoosporenbildung *f*
zoosuccivorous tierblutsaugend
zootaxy Tiertaxonomie *f*, Zootaxonomie *f*
zootomy Tieranatomie *f*
zootrophic zootrophisch, tierfressend
zoozygospore mobile Zygospore *f*
zope Zope *f (Abramis ballerus)*
zorilla Lybisches Streifenwiesel *n (Poecilictis lybica)*
zorille Zorilla *f (Ictonyx striatus)*
zygapophysis Wirbelkörpergelenkfortsatz *m*
zygoid diploid
zygoma Jochbogen *m*, Jochbein *n*
zygomatic zygomatisch, Jochbogen..., Jochbein...
zygomelous mit paarigen Anhängen
zygomorphic [zygomorphous] zygomorph, monosymmetrisch
zygosperm Zygospore *f*
zygote Zygote *f*, befruchtete Eizelle *f*
zygotic zygotisch, Zygoten...
zyme Enzym *n*, Ferment *n*
zymogen 1. Zymogen *n*, Proenzym *n*; 2. enzymproduzierender Organismus *m*
serum ~ Serumzymogen *n*, Plasminogen *n*
zymogenic zymogen, zymotisch, gärungsanregend, fermentierend
zymogram Enzymogramm *n*
zymology Zymologie *f*, Fermentationslehre *f*, Gärungslehre *f*
zymolysis Zymolyse *f*, fermentative Verspaltung *f*
zymosis 1. Gärung *f*, Fermentation *f*; 2. Infektionskrankheit *f*
zymotic 1. fermentativ, gärend; 2.ansteckend, infektiös